Entwicklungspsychologie genetischer Syndrome

Entwicklungspsychologie genetischer Syndrome

von

Klaus Sarimski

3., vollständig überarbeitete und erweiterte Auflage

 Hogrefe · Verlag für Psychologie
Göttingen · Bern · Toronto · Seattle

PD Dr. Klaus Sarimski, geb. 1955. 1975-1980 Studium der Psychologie an der Universität Köln, 1980-1981 Mitarbeiter in einer pädagogischen Frühförderstelle. Seit 1981 in der Klinik und Ambulanz des Kinderzentrums München tätig. Derzeitige Arbeitsschwerpunkte: Kinder mit genetischen Syndromen und mentaler Retardierung. Lehrauftrag an der Heilpädagogischen Fakultät der Universität zu Köln.

Bibliografische Information Der Deutschen Bibliothek

Die Deutsche Bibliothek verzeichnet diese Publikation in der Deutschen Nationalbibliografie; detaillierte bibliografische Daten sind im Internet über <http://dnb.ddb.de> abrufbar.

© Hogrefe-Verlag GmbH & Co. KG, Göttingen · Bern · Toronto · Seattle 1997, 2000 und 2003
Rohnsweg 25, D-37085 Göttingen

http://www.hogrefe.de
Aktuelle Informationen • Weitere Titel zum Thema • Ergänzende Materialien

Das Werk einschließlich aller seiner Teile ist urheberrechtlich geschützt. Jede Verwertung außerhalb der engen Grenzen des Urheberrechtsgesetzes ist ohne Zustimmung des Verlages unzulässig und strafbar. Das gilt insbesondere für Vervielfältigungen, Übersetzungen, Mikroverfilmungen und die Einspeicherung und Verarbeitung in elektronischen Systemen.

Umschlagbild: Bernd Lüken, Großheide
Satz: Typografik KF, Weimar
Gesamtherstellung: AZ Druck und Datentechnik GmbH, 87437 Kempten/Allgäu
Printed in Germany
Auf säurefreiem Papier gedruckt

ISBN 3-8017-1764-X

Für meine Tochter Ruth

Inhaltsverzeichnis

Vorwort zur dritten Auflage 11

1   Einleitung 13

2   Genetische Syndrome 17
2.1   Das Konzept eines Verhaltensphänotyps 17
2.2   Definition und Entstehung genetischer Syndrome 20
2.3   Phänotyp definierter genetischer Syndrome 25

3   Prader-Willi-Syndrom 35
3.1   Einzelfälle 35
3.2   Klinische Genetik 49
3.3   Kognitive Entwicklung 52
3.4   Sprachentwicklung 58
3.5   Sozial-adaptive Entwicklung bis ins Erwachsenenalter 61
3.6   Verhaltensmerkmale 68
3.7   Familienbelastung und Beratungsschwerpunkte 87

4   Williams-Beuren-Syndrom 98
4.1   Einzelfälle 98
4.2   Klinische Genetik 112
4.3   Kognitiver Entwicklungsverlauf 115
4.4   Sprachliche Kompetenz 125
4.5   Selbstständigkeit und schulische Entwicklung 134
4.6   Sozial-emotionale Entwicklung 139

5   Fragiles-X-Syndrom 149
5.1   Einzelfälle 149
5.2   Klinische Genetik 162
5.3   Kognitive Entwicklung 164
5.4   Sprachliche Entwicklung 171
5.5   Sozial-adaptive Fähigkeiten 178
5.6   Verhaltensmerkmale 181
5.7   Elternbelastung 198

6   Sotos-Syndrom 202
6.1   Einzelfälle 202
6.2   Klinische Genetik 213

6.3	Kognitive Entwicklung	216
6.4	Sprachliche Entwicklung	224
6.5	Adaptive Fähigkeiten	225
6.6	Sozial-emotionale Entwicklung	226
6.7	Elternberatung	233
7	**Apert-Syndrom**	**237**
7.1	Einzelfälle	237
7.2	Klinische Genetik	250
7.3	Kognitive und adaptive Entwicklung	252
7.4	Sprachentwicklung	258
7.5	Soziale Entwicklung	261
7.6	Elternbelastung	268
8	**Cornelia-de-Lange-Syndrom**	**273**
8.1	Einzelfälle	273
8.2	Klinische Genetik	288
8.3	Entwicklungsmerkmale bei leicht betroffenen Patienten	290
8.4	Kognitive und adaptive Entwicklung beim klassischen Cornelia-de-Lange-Syndrom	292
8.5	Sprachliche Entwicklung	295
8.6	Sozial-emotionale Verhaltensweisen	303
8.7	Elternbelastung	311
9	**Cri-du-Chat-Syndrom**	**315**
9.1	Einzelfälle	315
9.2	Klinische Genetik	326
9.3	Kognitive und adaptive Entwicklung	329
9.4	Kommunikative Entwicklung	336
9.5	Verhaltensmerkmale	340
9.6	Elternbelastung	345
10	**Rett-Syndrom**	**350**
10.1	Einzelfälle	350
10.2	Klinische Genetik	355
10.3	Adaptive, kognitive und sprachliche Fähigkeiten	363
10.4	Verhaltensmerkmale	370
10.5	Elternbelastung und Schwerpunkte der Beratung	379
11	**Angelman-Syndrom**	**387**
11.1	Einzelfälle	387
11.2	Klinische Genetik	395
11.3	Kognitive und adaptive Entwicklung	399

11.4	Grenzen der sprachlichen Entwicklung	401
11.5	Verhaltensmerkmale	404
11.6	Elternberatung	407

12 Noonan-Syndrom 409

12.1	Einzelfälle	409
12.2	Klinische Genetik	413
12.3	Entwicklungsverlauf	415
12.4	Soziale Entwicklung und Verhaltensmerkmale	420
12.5	Schwerpunkte der Beratung	422

13 Rubinstein-Taybi-Syndrom 425

13.1	Einzelfälle	425
13.2	Klinische Genetik	428
13.3	Kognitive und adaptive Entwicklung	430
13.4	Sprachliche Entwicklung	432
13.5	Verhaltensmerkmale	434

14 Lesch-Nyhan-Syndrom 438

14.1	Einzelfall	438
14.2	Klinische Genetik	439
14.3	Kognitive und sprachliche Entwicklung	441
14.4	Verhaltensbesonderheiten	442

15 Seltene chromosomale Fehlbildungen 447

15.1	Einzelfälle	447
15.2	Körperliche Probleme bei Trisomie 18 oder 13	454
15.3	Entwicklungsverlauf bei Trisomie 18 oder 13	457
15.4	Kommunikative und Verhaltensmerkmale bei seltenen chromosomalen Störungen	459
15.5	Belastungen der Eltern	462

16 Smith-Magenis-Syndrom 471

16.1	Einzelfälle	471
16.2	Klinische Genetik	475
16.3	Kognitive und sprachliche Entwicklung	477
16.4	Verhaltensprobleme	480
16.5	Elternbelastung und -bedürfnisse	487

17 22q11-Deletion (Velocardiofaciales Syndrom) 490

| 17.1 | Einzelfälle | 490 |
| 17.2 | Klinische Genetik | 493 |

17.3 Motorische, kognitive und sprachliche Entwicklung 496
17.4 Verhaltensmerkmale und psychosoziale Entwicklung 502

18 Turner-Syndrom 506

18.1 Einzelfälle 506
18.2 Klinische Genetik 508
18.3 Kognitive und sprachliche Entwicklung 509
18.4 Sozial-emotionale Entwicklung 512

19 Klinefelter-Syndrom 517

19.1 Klinische Genetik 517
19.2 Kognitive und sprachliche Entwicklung 518
19.3 Sozial-emotionale Entwicklung 521
19.4 Jungen mit Polysomnien (z. B. XXXXY-Konstellation) 523

20 Elternberatung 525

20.1 Trauerprozess als Thema der Erstberatung 525
20.2 Psychologische Unterstützung im Bewältigungsprozess 529
20.3 Unterstützung der frühen Eltern-Kind-Kommunikation 535
20.4 Syndromspezifische Elternkompetenz 540
20.5 Grenzen des Konzeptes von Verhaltensphänotypen bei der
     Erklärung von Entwicklungs- und Verhaltensauffälligkeiten 553

Literatur 557

Anhang 598
   – Übersicht über psychologische Test- und
     Befragungsinstrumente 600
   – Hilfreiche Adressen 604

Sachregister 606

Autorenregister 610

Vorwort zur dritten Auflage

Die erste und zweite Auflage der „Entwicklungspsychologie genetischer Syndrome" haben ein erfreulich nachhaltiges Interesse unter Ärzten, Psychologen, Pädagogen und Therapeuten gefunden, die mit Kindern und Jugendlichen mit intellektueller Behinderung arbeiten. Viele Praktiker haben das Buch begrüßt als Orientierungshilfe für die Elternberatung und die Planung von pädagogischen und therapeutischen Interventionen. Ihre Rückmeldung zeigt, dass sie es haben nutzen können, um das Verhalten und die Entwicklungsschwierigkeiten von Kindern mit einzelnen genetischen Syndromen besser verstehen und Hilfen auf ihre individuellen Bedürfnisse abstimmen zu können. Einzelne Pädagogen und Psychologen haben allerdings die Befürchtung geäußert, dass das Konzept der Verhaltensphänotypen dazu beitragen könnte, Entwicklungs- und Verhaltensproblemen einseitig als genetisch determiniert zu verstehen und die Bedeutung der sozialen Beziehungen des Kindes und seiner Erfahrungen in seiner Lebensumwelt zu vernachlässigen. Auch wurde vor der Gefahr sich selbst erfüllender Prophezeiungen, pädagogisch-therapeutischer Resignation oder einer „genetischen Pädagogik" mit syndromspezifischen Erziehungs- und Behandlungsrezepten gewarnt. Diese Argumente weisen zurecht auf die Notwendigkeit eines ganzheitlichen Verständnisses der Entwicklung der individuellen Persönlichkeit eines Kindes mit einer intellektuellen Behinderung hin.

Sieben Jahre nach der Erstveröffentlichung scheint mir die Zeit reif für eine vollständige Überarbeitung des Buches. Ohne die Struktur der einzelnen Kapitel zu verändern, habe ich mich bemüht, die Vielzahl der wissenschaftlichen Studien zu Entwicklungs- und Verhaltensmerkmalen der einzelnen Syndrome einzuarbeiten, die in diesem Zeitraum publiziert wurden. Zweitens galt es, die eigenen Erfahrungen am Kinderzentrum München zusammenzufassen, die bisher nur verstreut in Fachzeitschriften publiziert wurden. In diesem Zusammenhang habe ich auch Ergänzungen zu einzelnen Fallberichten eingefügt, so dass der Leser sich ein Bild von der weiteren Entwicklung der dort vorgestellten Kinder machen kann, und einige Fallvorstellungen ergänzt, die mir besonders geeignet scheinen, syndromspezifische Verläufe anschaulich zu machen. Mit Blick auf den Gesamtumfang wurde die ein oder andere Detailinformation, die in der ersten Auflage enthalten war, zu Gunsten dieser Ergänzungen gekürzt.

Außerdem bin ich dem Wunsch einiger Kolleginnen und Kollegen nachgekommen, das Wissen um den Verhaltensphänotyp bei vier Syndromen darzustellen, die in der ersten Auflage nicht berücksichtigt waren. Es handelt sich dabei um Kinder mit Smith-Magenis-, Deletion22q11-, Turner- und Klinefelter-Syndrom. Dies war möglich, weil zu jedem der genannten Syndrome mittlerweile einige Forschungsarbeiten vorliegen und ich auch selbst jeweils mehrere Kinder kennenlernen konnte.

Schließlich habe ich die Kapitel zu diagnostischen Verfahren und Schwerpunkten der Elternberatung durchgesehen. Natürlich können sie nicht einen Gesamtüberblick über pädagogische und psychologische Ansätze der Arbeit mit Kindern mit intellektueller Behinderung ersetzen. Weitgehend unverändert blieben die Hinweise auf therapeutische Schwerpunkte bei einzelnen Syndromen – dies auch um den Eindruck zu vermeiden, dass für jedes Syndrom ein spezifisches Förderkonzept zu empfehlen wäre. Ärzte, Pädagogen, Psychologen und Therapeuten werden eine auf jedes einzelne Kind individuell abgestimmte Unterstützung seines Weges zu einem möglichst selbstbestimmten Leben und größtmöglicher sozialer Partizipation finden. Am Ende des Buches finden sich einige Hinweise zur Einordnung des Konzepts der Verhaltensphänotypen bei der Suche nach diesem Weg.

Ich hoffe, dass auch diese überarbeitete und erweiterte Fassung das Interesse vieler Fachleute findet. Auch wenn das Buch nicht primär für die Eltern der Kinder selbst geschrieben ist, hätte es ohne die Bereitschaft vieler einzelner Eltern und Selbsthilfegruppen, ihre Erfahrungen mitzuteilen, nicht entstehen können. Ihnen gilt mein besonderer Dank.

München, im Januar 2003 *Klaus Sarimski*

1 Einleitung

Es ist jetzt 30 Jahre her, dass ich meine ersten Erfahrungen mit Kindern mit einem genetischen Syndrom gemacht habe. Einige Zeit nachdem ich mein Architektur-Studium begonnen hatte, begann mein Zivildienst. Ich arbeitete in einer Sonderschule für Geistigbehinderte als Assistent der Klassenleiterin in zwei Klassen der Mittelstufe, immer mal wieder als Helfer in Klassen mit älteren Schülern und als Begleiter auf Ferienfreizeiten. Eine Klasse ist mir dabei besonders in Erinnerung geblieben: sie enthielt neun Schüler mit Down-Syndrom.

Ich hatte keine Ahnung, wie eine Behinderung dieser Art entsteht und welche Entwicklungsmöglichkeiten Kinder mit Down-Syndrom haben. Und so versuchte ich, Literatur zu finden, die mich schlauer machen sollte. Das wenige, was ich damals fand, beschrieb eine Reihe von körperlichen Besonderheiten der Kinder, z. T. schwere Fehlbildungen, ordnete den Entwicklungsmöglichkeiten den Begriff „geistige Behinderung" zu und sprach von charakteristischen Eigenschaften der Kinder, ihrer Freundlichkeit, Umgänglichkeit und Neigung zu Späßen sowie ihrer Gabe zur Nachahmung. Die Beschreibungen waren kurz und wirkten so, als ob es sich beim Down-Syndrom um eine gut erforschte, einheitliche Gruppe von behinderten Menschen handelte.

Als ich in die Klasse zurückkehrte, fand ich einiges wieder von dem, was ich gelesen hatte – allem voran die Freundlichkeit und Lebensfreude der meisten Kinder, die unseren gemeinsamen Alltag zu einer wunderschönen Zeit machte. Aber es waren doch ganz unterschiedliche Kinder. Ein Junge, der immer sehr ernst und nachdenklich einherging, wenig sprach; wenn, dann wiederholte er die Nachrichten der abendlichen Tagesschau und wusste die Namen von „Willy Brandt" bis „Leonid Breschnew" gut zu artikulieren. Ein großer, schwerer Junge, der sich im Schwimmbad pudelwohl fühlte, wie ein Delphin schwamm und tauchte, an Land aber nur sehr schwer dazu zu bewegen war, einen längeren Weg zu gehen oder sich einer „Arbeit zuzuwenden" (sein „bitte, Herr Klaus, mach Pause!" ist mir noch im Ohr).

Ein Mädchen, das mit vielen Ausschmückungen zu erzählen vermochte, dass es eine Freude war zuzuhören, aber über das Erkennen des Anfangsbuchstabens ihres Namens und des Signalwortes „Ausgang" beim Leselehrgang nicht hinauskam. Oder ein Junge, der mit zehn Jahren außer „Mama" und „Oma" kein Wort zu sagen vermochte, sich aber mit Gesten und einer schauspielreifen Mimik ebenso gut in der Gruppe verständlich machen konnte, als wenn er hätte vollständige Sätze sagen können. Schließlich ein 15-jähriger Junge, dem seine 60-jährige Mutter, seine Lehrerin und ich kaum Herr werden konnten, wenn er sich mit seinem vollem Gewicht am Morgen mitten in die Klasse fallen ließ, seine Jacke über den Kopf zog und jeden Versuch, ihn zum Aufstehen zu bewegen, mit einem „Hau ab, du störst!" quittierte. Er schien ganz und gar nicht der Literaturbeschreibung von freundlicher Umgänglichkeit entsprechen zu wollen.

So stimmte also wohl beides: Kinder mit der gleichen genetischen Besonderheit eines Down-Syndroms (Trisomie 21) hatten Gemeinsames und waren doch jedes für sich eigene Persönlichkeiten mit Stärken und Schwächen und individuellen Entwicklungsverläufen. Aus heutiger Sicht: Der „Verhaltensphänotyp" des Down-Syndroms weist einige charakteristische Entwicklungs- und Verhaltensmerkmale, aber auch eine beträchtliche interindividuelle Variabilität auf.

Behinderte Kinder und ihre Familien sind Mittelpunkt meines beruflichen Lebens geblieben. Aus dem künftigen Stadtplaner wurde der klinische Psychologe. Das, was ich aus meiner Biografie mitbrachte, und der „Zeitgeist" trafen sich im Ansatz der Verhaltenstherapie. So wie der Stadtplaner das Leitbild der „Machbarkeit allen Fortschritts" verfolgte – Wohlbefinden der Menschen ist machbar, indem wir ihre Lebensumwelt, ihre Häuser und Städte so funktional wie möglich durchplanen –, begann er auch an die Entwicklungs- und Verhaltensprobleme behinderter Kinder heranzugehen. Das Instrumentarium der Verhaltenstherapie bot das Mittel, die Modelle der Lernpsychologie die Theorie für den Glauben, Entwicklungsschritte seien machbar, jedes die Umwelt belastende Verhalten veränderbar. Die einzige Voraussetzung dafür sei, die Auslösebedingungen und Konsequenzen von Verhaltensweisen präzise zu analysieren, um dann neue Umweltreize gemäß den Wünschen des Erwachsenen, der Eltern, Lehrer und Therapeuten zu setzen.

Es hat einige Zeit gebraucht, bis ich mich von diesem Denken zu verabschieden begonnen habe. Erst allmählich haben die Wünsche und Bedürfnisse, die Enttäuschungen und die Grenzen von Kindern und Eltern einen Platz in meinem Denken gefunden. Auch die biologischen Grundlagen, die Verhaltensweisen bestimmen und Entwicklungsmöglichkeiten eines Kindes begrenzen können, sind mir erst langsam bewusst geworden.

Ein warnendes – und mich heute beschämendes – Beispiel aus jenen ersten Jahren ist mir im Gedächtnis geblieben. In der stationären Abteilung des Kinderzentrums, in der ich seit 1981 arbeitete, nahmen wir ein dreijähriges Mädchen auf namens Tatjana. Ihre Eltern berichteten von einem ganz unerklärlichen Entwicklungsverlauf. Nachdem sie sich im ersten Lebensjahr ganz „normal" zu entwickeln begonnen hatte, verlor sie plötzlich alle Fähigkeit, Dinge mit ihren Händen zu ergreifen und zu erkunden. Sie lautierte kaum noch, machte keine Ansätze zur Nachahmung, obwohl sie den Blick kaum vom Erwachsenen wandte und ganz genau zu beobachten schien. Sie hatte langanhaltende Schreiphasen, in denen sie nicht zu trösten war, bewegte ihre Hände in einem ständig gleichbleibenden Muster, als ob sie sie waschen müsste, führte sie zu den Haaren, zog an ihnen, biss sich in die Hand, ohne dass sie davon abzulenken war. Heute weiß ich, dass es sich bei Tatjana um ein Mädchen mit Rett-Syndrom handelte. Die Diagnose war Anfang der 80er Jahre aber kaum geläufig, obwohl Prof. Rett aus Wien schon 1966 drei Mädchen mit ähnlichen Entwicklungs- und Verhaltensmerkmalen beschrieben hatte.

Wir taten das, was wir als Verhaltenstherapeuten gelernt hatten. Das heißt, wir bauten Übungsprogramme auf, bei denen Tatjana über mehrere Stunden täglich mit Spielobjekten konfrontiert wurde, deren zufällige Berührung mit „materieller Verstärkung" belohnt, stereotype andere Bewegungsmuster mit unangenehmen Konsequenzen verschiedener Art bestraft wurden. Ich weiß noch, wieviele Kisten von Joghurt-Bechern wir als „Verstärker" verbrauchten und wie frustriert wir immer wieder waren, wenn Tatjana unter den Reizbedingungen des Trainings zwar kurzfristig etwas mehr Kontakt zu dem Material aufnahm, sobald die Trainingsbedingungen endeten, aber wie unter Zwang mit vermehrter Intensität und Frequenz all die unterdrückten stereotypen und selbstverletzenden Handlungen nachholte. Erst nach vier Monaten intensiver Therapieversuche gaben wir hilflos auf. Heute weiß ich, dass auch andere die Erfahrungen gemacht haben, dass verhaltenstherapeutische Verfahren bei Mädchen mit diesem spezifischen Syndrom keine Erfolgsaussichten haben.

Soweit ein bisschen aus der Vorgeschichte dieses Buches. Seit ein paar Jahren bemühe ich mich, im Rahmen meiner praktischen Arbeit in der Ambulanz und der Eltern-Kind-Station des Kinderzentrums Erfahrungen zusammenzutragen über die Entwicklungs- und Verhaltensmerkmale von Kindern mit genetischen Syndromen. Dies geschieht in einer engen Zusammenarbeit mit der Abteilung Humangenetik in unserem Haus. Die Möglichkeit, Tür an Tür zu arbeiten und Erfahrungen bei vielen Fallbesprechungen auszutauschen, hat sich dabei sehr bewährt.

Diese Erfahrungen möchte ich gern beschreiben und weitergeben, denn noch heute wird derjenige, der etwas wissen möchte über die Entwicklungsmöglichkeiten und Verhaltensbesonderheiten von Kindern mit genetischen Syndromen, die Bücher oft enttäuscht wieder zuklappen. Die Literatur konzentriert sich ganz oft auf die Beschreibung körperlicher Fehlbildungen und Merkmale sowie auf die Forschungsergebnisse zu Vererbungsmechanismus oder Genort eines Syndroms, soweit er identifiziert werden konnte. Über die Entwicklungsperspektiven der Kinder, charakteristische Verhaltensformen und die Herausforderungen und Belastungen, mit denen die Eltern fertigzuwerden versuchen, wird kaum berichtet. Wenn diese Aspekte überhaupt angesprochen werden, dann mit sehr globalen und negativen Aussagen wie „schwere geistige Behinderung, neigt in der Regel zu aggressivem Verhalten und Selbstverletzungen". Welche niederschmetternden Auswirkungen es hat, wenn Ärzte bei der Diagnosevermittlung diese Sätze als das Wissen über das, was auf die Eltern zukommt, weitergeben, das kann niemand wirklich nachempfinden, der es nicht selbst als Betroffener erlebt hat. Um die Sensibilität aller sogenannten Fachleute für die Wirkungen ihrer Botschaften zu stärken, sollen in diesem Buch auch immer wieder Eltern zu Wort kommen.

Angesichts der immensen Zahl definierter genetischer Syndrome, die in der Fachliteratur beschrieben sind, muss eine Darstellung der entwicklungspsychologischen Aspekte notwendigerweise selektiv bleiben. Sie soll auch kein Nachschlagewerk ersetzen, in dem der Humangenetiker/die Humangenetikerin Diagnosekriterien und Fallillustrationen für seine/ihre Begutachtung findet. Vorab habe ich mich entschieden, kein Kapitel über Kinder mit Down-Sydrom aufzunehmen, denn zu diesem Thema sind in den letzten Jahren viele sehr hilf-

reiche deutschsprachige Veröffentlichungen erschienen. Die Auswahl der Syndrome habe ich nach folgenden Kriterien vorgenommen:
a) Es sollen Syndrome dargestellt werden, die (mindestens bei einem Teil der betroffenen Kinder) mit einer Lern- oder geistigen Behinderung einhergehen.

b) Es sollen Syndrome dargestellt werden, die in der klinischen Praxis von Ärzten, Therapeuten und Pädagogen relativ häufig vorkommen und für die ein Basiswissen über Entwicklungsverläufe in der wissenschaftlichen Literatur zu finden ist.

c) Es sollen nur Syndrome dargestellt werden, zu denen ich selbst eigene Erfahrungen beitragen kann. Je nach Syndrom konnte ich selbst zwischen fünf und 35 Kindern kennenlernen und in ihrer Entwicklung begleiten.

Zu jedem dieser Syndrome sind nach einheitlicher Gliederung Erfahrungen zu folgenden Aspekten zusammengetragen:

– körperliche Merkmale

– kognitive Entwicklung

– sprachliche Entwicklung

– Selbständigkeit/Sozialentwicklung

– Verhaltensbesonderheiten

Jedes Kapitel wird eingeleitet durch 3 bis 5 ausführliche Falldarstellungen. Sie sollen einen anschaulichen Eindruck vom Entwicklungsverlauf geben, den besonderen Stärken und Schwächen der Kinder, ihren Verhaltensbesonderheiten und den Herausforderungen, mit denen ihre Eltern konfrontiert sind. Diese Einzelfallbeschreibungen sind mir besonders wichtig, damit jedem Leser bewusst bleibt, dass sich hinter jeder „Syndrombeschreibung" Kinder und Familien mit ihren ganz individuellen Besonderheiten verbergen, die als Ganzes Anerkennung und Unterstützung verdienen.

Soweit es die Erfahrung zulässt, habe ich auch bei einzelnen Syndromen Stellung bezogen zu syndromspezifischen Problemen der Therapie oder pädagogischen Förderung. Es ist aber nicht meine Absicht, syndromspezifische Therapiekonzepte vorzulegen, etwa für Kinder mit Cornelia-de-Lange-Syndrom oder Williams-Beuren-Syndrom. Vielmehr glaube ich, dass es für alle, die mit den betroffenen Kindern und ihren Familien arbeiten, wichtig ist, um die syndromspezifischen Besonderheiten zu wissen, damit sie dann individuelle Förderpläne erarbeiten können. Nur so können sie das einzelne Kind beobachten und verstehen, seine Entwicklung unterstützen und blockierende oder die Umwelt belastende Verhaltensformen bessern. Einige Überlegungen zu Beratungsinhalten, die mir für die Begleitung von Kindern mit genetischen Syndromen und ihren Familien von allgemeiner Bedeutung scheinen, habe ich im letzten Kapitel zusammengefasst.

2 Genetische Syndrome

2.1 Das Konzept eines Verhaltensphänotyps

Welchen Nutzen kann das Wissen um den „Verhaltensphänotyp", d. h. charakteristische Entwicklungs- und Verhaltensmerkmale, von Kindern mit genetischen Syndromen haben?

Ein erstes Ziel ist mir, *mit einer Beschreibung der Entwicklungsmöglichkeiten der Kinder zu einer besseren Form der Diagnosemitteilung und Erstberatung für neu betroffene Eltern beizutragen.* Viele Eltern haben mir in Einzelgesprächen oder bei Jahrestreffen der Selbsthilfegruppen, die sich zu vielen Syndromen mittlerweile gebildet haben, von ihren bedrückenden Anfangserfahrungen berichtet.

Immer wieder haben sie ihren Schock und ihre Verzweiflung über die Diagnose und die Realität der bleibenden Behinderung der Kinder beschrieben. Immer wieder haben sie auch erzählt, wie wenig hilfreich die Ärzte in dieser ersten Phase waren. Die Eltern erlebten sie als hilflos, manchmal wenig sensibel gegenüber diesem schweren Schicksal, unfähig, wirklich Perspektiven aufzuzeigen. Oft waren die Botschaften über das, was den Eltern bevorsteht, sehr negativ und beängstigend, was Lebenserwartung, Grad der Behinderung oder Schwere der Verhaltensstörungen angeht – oft viel negativer als die Eltern es Jahre später erlebten, wenn sie mit ihren Kindern wuchsen. Fast alle haben beklagt, dass sie keine Unterstützung für die ersten Bewältigungsversuche der traumatischen Mitteilung und die Anbahnung einer dennoch emotional tragfähigen und förderlichen Beziehung zum Kind erhielten. Die meisten machten es nicht den Ärzten persönlich zum Vorwurf, sondern sahen im Nachhinein, dass diese es nicht besser wussten. Dies macht die Auswirkungen aber nicht weniger verheerend und darf sich nicht immer aufs Neue wiederholen.

Zweitens *kann das Wissen um syndromspezifische Gemeinsamkeiten in vielen Fällen die Eltern von Schuldgefühlen entlasten, wenn sie mit schwierigen Verhaltensweisen konfrontiert sind.* Nur allzuoft berichten Eltern, dass ihnen einzelne Verhaltensweisen von Kinderärzten, Therapeuten oder Pädagogen als persönliches Unvermögen und erzieherisches Versagen ausgelegt werden, was ihre Unsicherheit und Überforderungsgefühle weiter steigert. Erst wenn deutlich wird, dass diese Verhaltensformen oder Entwicklungsprobleme Kindern mit einem bestimmten Syndrom gemeinsam sind und eine biologische – wenn auch nicht immer vollständig erklärbare – Ursache haben, können sich Eltern von diesen Gefühlen befreien. Erst dann haben sie die Chance, ihre Initiative und Kraft auf das auszurichten, was sie beeinflussen können, und sich auf das einzustellen, was den Kindern als genetisches Programm mitgegeben ist.

Solche syndromspezifischen Entwicklungs- und Verhaltensprobleme bestehen z. B. in schweren Ernährungsschwierigkeiten in den ersten Lebensjahren bei

Kindern mit Williams-Beuren- oder Cornelia-de-Lange-Syndrom. Der Alltag wird beherrscht von Fütterversuchen, die die Kinder oft ablehnen oder nach denen sie die Nahrung wieder hochwürgen; es entwickeln sich Gedeihstörungen, auf die der Kinderarzt – wenn er sie nicht als syndromspezifische Probleme versteht – inadäquat reagiert. Einige Eltern berichten, sie seien nicht ernstgenommen worden in ihrer Sorge. Sie seien mit Vorwürfen konfrontiert worden, die Gedeihprobleme seien Ausdruck von Beziehungsstörungen oder Interaktionsfehlern beim Füttern, oder erlebten, dass mögliche Hilfen (z. B. Refluxdiagnostik, operative Maßnahmen beim CdLS) erst mit unnötiger Verzögerung unternommen wurden.

Bei Kindern mit fragilem-X-Syndrom erleben Eltern häufig, dass das hyperaktive und impulsive Verhalten der Kinder von Außenstehenden als reaktive Verhaltensstörung gewertet wird. In Geschäften, Restaurants, auf Spielplätzen machen sie die Erfahrungen, dass ihnen Erziehungsunfähigkeit vorgeworfen wird, wenn die Kinder Dinge aus dem Regal reißen, ungestüm auf andere Kinder zugehen und in ihrer Impulsivität unberechenbar reagieren. Wie schwer es ist, ihr Verhalten zu lenken und ihren Bedürfnissen gerechtzuwerden, wissen oft nur die Erzieher und Lehrer, die tagtäglich mit ihnen über längere Zeit zusammensind.

Dass es zu körperlicher Gefährdung führen kann, wenn Wissen um syndromspezifische Verhaltensweisen nicht bekannt ist oder nicht ernstgenommen wird, zeigt die Erfahrung von Kindern mit Prader-Willi-Syndrom. Wenn diese Kinder im Kindergartenalter einen zwanghaften Drang zu essen entwickeln und alles, was essbar ist, zu sich zu nehmen versuchen, bedarf es strikter äußerer Kontrolle. Wenn Eltern oder Erzieher nicht um diese Besonderheit wissen, kann es sein – was nicht selten geschieht –, dass sie darauf vertrauen, dass das Kind schon selbst wissen wird, wieviel es braucht. Vielleicht sieht auch ihr pädagogisches Konzept vor, die Kinder möglichst wenig einzuschränken. In beiden Fällen kann es binnen weniger Monate zu einer immensen Gewichtszunahme kommen, die schwerwiegende körperliche und psychische Auswirkungen hat und die Kinder dauerhaft schädigen kann.

So wichtig es ist, um syndromspezifische Gemeinsamkeiten zu wissen, so *wichtig ist es, die inter- und intraindividuelle Variabilität von Entwicklungsmerkmalen bei Kindern des gleichen Syndroms zu kennen.* So ist z. B. die kognitive Entwicklung bei Kindern mit fragilem-X- oder Williams-Beuren-Syndrom sehr unterschiedlich. Einige Kinder kommen bei entsprechender Förderung dazu, lesen und schreiben zu lernen, und erreichen eine große lebenspraktische Selbstständigkeit; andere Kinder lernen trotz aller Unterstützung durch die Eltern und Pädagogen sehr langsam und sind in ihren Verarbeitungsfähigkeiten dauerhaft stark behindert. Um diese Variabilität zu wissen, schützt vor voreiligen Schlussfolgerungen und Entscheidungen. Verbinden Eltern und Pädagogen mit einer Diagnose das Bild einer schweren Behinderung, werden sie womöglich positive Entwicklungsansätze unzureichend wahrnehmen und unterstützen. Bei der Frage nach geeigneten Fördermöglichkeiten werden sie dann womöglich vorschnell den Weg in einen heilpädagogischen Kindergarten und eine Sonderschule für Geistigbehinderte als einzig möglicher Förderstätte ansehen.

Auch für die Einstellung auf syndromspezifische Verhaltensmerkmale ist es wichtig, um inter- und intraindividuelle Unterschiede zu wissen. Nicht alle Kinder mit Prader-Willi-Syndrom entwickeln die ungebremste Neigung zum Essen in gleichem Maße, nicht alle Kinder mit Cornelia-de-Lange-Syndrom entwickeln autoaggressive Verhaltensweisen, nicht alle Kinder mit fragilem-X-Syndrom sind gleichermaßen überaktiv. Wenn sich für die Eltern oder Pädagogen mit einer Diagnose das Bild einer feststehenden Verhaltensproblematik verbinden sollte, würden die Zukunftsperspektiven oft unnötig negativ geprägt und präventive oder ausgleichende Möglichkeiten nicht genutzt.

Schließlich muss uns bewusst bleiben, dass *Zuordnungen von Verhaltensmerkmalen nicht Kinder in ihrer gesamten Interaktion mit ihrer Umwelt kennzeichnen, sondern lediglich eine erhöhte Häufigkeit oder Neigung zu bestimmten Verhaltensweisen meinen.* Ein Kind mit autoaggressivem, stereotypem oder hyperaktivem Verhalten zeigt diese Verhaltensweisen nicht in allen Situationen über den Tag hinweg in gleichem Maße. Vielmehr ist sein Verhalten auch von Rahmenbedingungen der Situation und von der Qualität des Dialogs mit seinem Gegenüber abhängig. Hier fehlt uns in vielen Fällen noch die Erfahrung. Unter welchen Bedingungen werden z. B. Kinder mit fragilem-X-Syndrom sehr impulsives und unruhiges Verhalten zeigen und unter welchen Bedingungen können sie sich besser steuern und ihre Aufmerksamkeit focussieren? Unter welchen Bedingungen reagiert ein Kind mit Cornelia-de-Lange-Syndrom mit autoaggressivem Beißen und unter welchen Bedingungen kann es mit der Umwelt in einen positiven Kontakt treten?

Dabei soll nicht verschwiegen werden, dass *die Mitteilung von charakteristischen Entwicklungs- und Verhaltensmerkmalen an Eltern auch potenziell negative Auswirkungen haben kann. Sie kann elterliche Unsicherheit bestärken und zu einer sich selbst erfüllenden Prophezeiung werden.* Dies kann geschehen, wenn eine Syndromdiagnose gestellt wird, bevor die Eltern Entwicklungsbesonderheiten ihres Kindes selbst bemerken.

So wird bei der humangenetischen Beratung im Falle eines fragilen-X-Syndroms beispielsweise den Müttern ebenso wie deren Schwestern angeboten, zu untersuchen, ob sie Überträgerinnen dieser genetischen Besonderheit sind. Im Zusammenhang solcher Beratungen werden dann oft auch Kinder von Überträgerinnen untersucht. So wurde M. als Junge mit fragilem-X-Syndrom im Alter von zwei Jahren diagnostiziert. Die Eltern setzten sich intensiv mit der Entwicklungsperspektive auseinander. Dass sie im Cousin ihres Kindes einen Jungen mit ausgeprägter Behinderung heranwachsen sahen, ließ sie eine ähnliche Zukunft auch für ihren Jungen voraussehen. Fortan deuteten sie jede Verhaltensbesonderheit, z. B. eine scheue Reaktion gegenüber Fremden oder ein temperamentvolles Spiel ihres Sohnes, als typisch für das fragile-X-Syndrom und ordneten dem auch die etwas verzögerte Sprachentwicklung zu. Ihre Besorgnis und Zukunftsangst belastete sie und hemmte die spontane Interaktion mit ihrem Kind mehr als es die weitgehend altersgemäße und unauffällige Entwicklung ihres Sohnes in den folgenden Lebensjahren rechtfertigte.

In einem anderen Fall erfuhr die Mutter eines zweijährigen Jungen mit Prader-Willi-Syndrom von der syndromspezifischen Neigung zu Fixierungen auf bestimmte Themen und Gewohnheiten im späteren Alter. Sie beobachtete das Spielverhalten ihres Kindes nun mit besonderer Aufmerksamkeit und fand in der Tat, dass er gern Dinge in gleichbleibende Ordnungen brachte und bestimmte Vorlieben bei Rollenspielen hatte. Statt dies als altersübliche kindliche Form anzunehmen, sich Wissen durch Wiederholung und Ordnung anzueignen, geriet sie in große Sorge. Sie versuchte, wiederkehrende Handlungen und Beschäftigungsweisen ihres Kindes zu unterbrechen und umzulenken in der Hoffnung, so der frühen Verfestigung von Perseverationen vorbeugen zu können.

Schließlich entstehen aus dem Konzept von Verhaltensphänotypen *schwierige Fragen bei der pränatalen Diagnostik und Beratung*. Mit den wachsenden Möglichkeiten zu pränataler Diagnostik fragen immer mehr Eltern nach den Entwicklungsmöglichkeiten, die ein identifiziertes Syndrom für ihr werdendes Kind offenlässt, und beziehen sie in ihre Entscheidungsfindung über Fortsetzung oder Abbruch der Schwangerschaft ein. Ethische Grundsatzfragen und Fragen der psychologischen Beratung von Eltern in dieser Grenzsituation ihres Lebens können an dieser Stelle nicht angemessen diskutiert werden. Es sei aber darauf hingewiesen, dass vermehrtes Wissen über Entwicklungsperspektiven und interindividuelle Unterschiede bei Kindern mit definierten genetischen Syndromen den Eltern ihre Entscheidung nicht unbedingt leichter macht.

Bevor nun die Erfahrungen bei einer Reihe von genetischen Syndromen zusammengetragen werden, soll der Leser mit einigen Grundzügen humangenetischer Diagnostik und den methodischen Zugängen zur Definition eines „Verhaltensphänotyps" sowie einigen Daten zur Prävalenz von Verhaltensbesonderheiten bei mental behinderten Kindern im Allgemeinen vertraut gemacht werden.

2.2 Definition und Entstehung genetischer Syndrome

Gene sind die kleinsten Einheiten des Erbmaterials DNA, die die Programme für Wachstum und Entwicklung eines Kindes enthalten. Tausende von Genen sind auf Chromosomen angeordnet wie Perlen auf einer Kette. Diese Chromosomen können mit speziellen Techniken unter einem Mikroskop sichtbar gemacht werden, während das für die Gene mit herkömmlicher Technologie nicht möglich ist. Je die Hälfte unseres Erbmaterials, also die Hälfte unserer Gene und Chromosomen, erben wir von jedem Elternteil.

Chromosomen finden sich in allen Körperzellen außer den reifen roten Blutkörperchen. Im Zellkern befinden sich 46 Chromosomen in 23 Paaren; 23 stammen von der Mutter und 23 vom Vater. Von diesen werden 22 Paare im Labor als Autosome identifiziert und nummeriert nach ihrer Länge, den Bruchpunkten und Bandenmustern.

Ein Paar von Chromosomen heißt Geschlechtschromosomen und ist mit Buchstaben benannt. Mädchen und Frauen haben zwei X-Chromosomen, Jungen und Männer ein X- und ein Y-Chromosom. Die genetische Differenz zwischen den Geschlechtern ist in diesen Geschlechtschromosomen niedergelegt, das Y entscheidet über das männliche Geschlecht.

Neue Körperzellen entstehen, indem sich Chromosomen teilen und quasi sich selbst kopieren. Dieser Prozess der Zellteilung wird Mitose genannt und ist bei allen lebenden Organismen gleich. Er setzt sich lebenslang fort.

Bei der Produktion von Eizellen und Spermazellen verläuft dieser Prozess etwas anders. Aus der normalerweise 46 Chromosomen umfassenden Zelle wird in einem zweistufigen Reduktionsprozess (Meiose) eine Zelle mit 23 Chromosomen. Die Eizelle hat 22 Autosomen und ein X, die Spermazelle 22 Autosomen und entweder ein X oder ein Y Chromosom. Wenn die Spermazelle mit einem X sich mit einer Eizelle vereinigt, entsteht ein Mädchen, im anderen Fall ein Junge. In diesem Moment der Konzeption ist der volle Satz der 46 Chromosomen erreicht und das befruchtete Ei beginnt unmittelbar den Teilungsprozess der Mitose. Das Baby entwickelt sich.

Der Begriff eines „genetischen Syndroms" bezeichnet nun eine bestimmte Kombination von Merkmalen, die eine klinische Diagnose ausmacht. Ein Syndrom kann verschiedene Bezeichnungen haben oder die Bezeichnungen können sich wandeln. Einige Bezeichnungen gehen auf die Wissenschaftler zurück, die eine bestimmte Merkmalskombination in der Literatur erstmals beschrieben haben; andere sind diagnostische Beschreibungen. So ist das Down-Syndrom nach dem englischen Arzt Langdon Down benannt, der 1866 erstmals mehrere Kinder mit den charakteristischen Merkmalen beschrieb. Der früher gebräuchliche Beschreibungsbegriff des Mongolismus wird heutzutage nicht mehr verwendet, weil er sowohl als Beschreibung unangemessen wie auch sozio-kulturell abwertend ist. Heute wird das Syndrom als Trisomie 21 bezeichnet mit Bezug auf das zusätzliche Chromosom 21, das in jeder Körperzelle bei diesen Kindern gefunden wird.

Syndrome können aus sog. Chromosomenfehlern entstehen, bei denen die Zahl oder Struktur der Chromosomen verändert sind, oder aus der Veränderung eines einzelnen Gens. Sie können zudem multifaktoriell bedingt sein, aus schädigenden Einflüssen auf den Feten resultieren oder sporadisch, d. h. zufällig auftreten.

Wenn es sich um numerische oder strukturelle Chromosomenveränderungen handelt, entstehen in dem beschriebenen Prozess der Zellteilung Zellen, die zu viel oder nicht genug genetisches Material enthalten. Kinder mit autosomalen Veränderungen zeigen in der Regel eine Entwicklungsstörung und körperliche Besonderheiten (Dysmorphien); dies gilt nicht in jedem Fall bei Veränderungen, die die Geschlechtschromosomen betreffen. Dysmorphien sind definierte Besonderheiten des Gesichts, der Hände und der Füße, die jede für sich sehr schwach ausgeprägt sein und nur in ihrer Gesamtheit diagnostisch bewertet werden können.

Wenn Entwicklungsverlangsamungen unklarer Ursache oder Dysmorphien vorliegen, wird als erstes eine Chromosomenuntersuchung des Bluts vorgenommen und der Karyotyp bestimmt. In einigen Fällen fällt diese Chromosomenuntersuchung unauffällig aus. Es kann dann noch sein, dass die Chromosomen in einem anderen Gewebe, z. B. der Haut, auffällig sind. Man spricht dann von Mosaikformen.

Um numerische Chromosomenveränderungen handelt es sich, wenn ein Chromosom oder Teil eines Chromosoms zusätzlich in den Körperzellen eines Kindes ist oder in ihnen fehlt. Solche Chromosomenveränderungen entstehen z. B., wenn sich Chromosomen bei der Zellteilung nicht korrekt aufteilen. Man spricht dann von einer Nondisjunktion. Wenn ein solcher Fehler während der Meiose geschieht, enthalten die entstehenden Ei- oder Samenzellen 22 oder 24 Chromosomen anstelle der normalen 23. Nach der Befruchtung resultiert dies in Zellen mit entweder 45 oder 47 Chromosomen. *Ein Embryo mit Zellen, die 45 Chromosomen besitzen, hat eine sog. Monosomie. Ein Embryo mit einem zusätzlichen Chromosom in jeder Zelle hat eine sog. Trisomie.*

Die häufigste Trisomie, die mit dem Leben vereinbar ist, ist die Trisomie 21 (Down-Syndrom). Trisomie 21 bedeutet, dass jede Zelle drei Chromosomen Nr. 21 enthält. Trisomien der Geschlechtschromosomen gehen mit geringerer Ausprägung von Entwicklungsbesonderheiten einher als bei autosomalen Trisomien. Die Monosomie eines ganzen Autosoms ist in der Regel nicht mit dem Überleben vereinbar und resultiert in einer Fehlgeburt. Die häufigste Monosomie, die bei heranwachsenden Kindern nach der Geburt festgestellt wird, ist das sog. Turner-Syndrom bei Mädchen, die ein einzelnes X-Chromosom anstelle von zweien haben.

Strukturelle Chromosomenveränderungen resultieren aus Bruchprozessen. Die häufigsten strukturellen Veränderungen sind Deletionen, Translokationen, fragile Bruchpunkte, Duplikationen und Inversionen. Genetische Veränderungen dieser Art können der Fortschritte der molekulargenetischen Untersuchungsmethoden (z. B. durch eine FISH-Analyse) weitaus häufiger und genauer identifiziert werden als noch vor zehn Jahren.

Deletionen entstehen, wenn ein Fragment eines Chromosoms abbricht und verlorengeht, also ein Teil der genetischen Information fehlt. Bei Translokationen handelt es sich um Umstrukturierungen der Chromosomen, wobei es zu einem Bruch und einer Neuanbindung an ein anderes Chromosom kommt. Wenn diese Translokation ohne Zuwachs oder Verlust von chromosomalem Material geschieht, spricht man von einer balanzierten Translokation; sie hat keine Auswirkung auf Aussehen und Entwicklung des Kindes. Bei einer unbalanzierten Translokation fehlt Material oder ist zusätzliches Material vorhanden. Der Grad der Ausprägung des Syndroms hängt in diesen Fällen davon ab, welche Chromosomen betroffen sind und wieviel Material fehlt oder zusätzlich vorhanden ist. Manchmal treten solche Strukturveränderungen bei mehreren Mitgliedern einer Familie auf. Man spricht dann von familiärer Translokation. Ein unauffälliger Elternteil, der Träger einer balanzierten Translokation ist, kann ein unbalanziertes Chromosom und ein normales an ein Kind weitergeben, was in einer unbalanzierten Translokation resultiert. Das Wiederholungsrisiko nach Geburt eines Kindes mit einer solchen Translokation ist höher, wenn ein Elternteil Träger ist, als wenn das Kind eine Chromosomenveränderung als Folge einer Nondisjunktion hat.

Von fragilen Stellen spricht man, wenn einige Chromosomen an relativ festgelegten Stellen teilweise gebrochen sind. Die häufigste Bruchstelle dieser Art resultiert in einem fragilen-X-Syndrom, so bezeichnet, weil die fragile Stelle an einem bestimmten Ort am langen Arm des X Chromosoms lokalisiert ist. Von einer Duplikation spricht man, wenn ein Teil eines Chromosoms sich selbst kopiert auf dem gleichen Chromosom. Von einer Inversion schließlich spricht man, wenn ein Teil eines Chromosoms abbricht und sich an das gleiche Chromosom wieder anfügt, aber in umgekehrter Folge. Die meisten dieser Strukturveränderungen haben keine schwerwiegenden Folgen.

Entwicklungsstörungen, die auf die Veränderung eines einzelnen Gens zurückzuführen sind, können schließlich nach drei Mustern ererbt sein: autosomal-dominant, autosomal-rezessiv oder X-gebunden-rezessiv.

Im Zusammenhang mit dem dominanten Vererbungsmechanismus wird oft von variabler Expressivität der Störung gesprochen. Das bedeutet, dass eine Störung eine Vielzahl von Besonderheiten oder Veränderungen bewirkt, dass aber nicht jeder Betroffene sie unbedingt alle aufweist. Bei einigen Störungen kann der Schweregrad bei verschiedenen Betroffenen einer Familie sehr ähnlich sein, bei anderen kann eine betroffene Person die Merkmale in so geringer Ausprägung aufweisen, dass sie zeitlebens klinisch unauffällig ist, während ein anderes Familienmitglied aber schwer behindert ist. Bestimmte Fehlbildungen oder Auffälligkeiten, die aus einer solchen Genveränderung resultieren, können in mehreren Generationen einer Familie über eine Stammbaumanalyse identifiziert werden.

Genetische Veränderungen, die ein einzelnes Gen betreffen, werden autosomal dominant genannt. Etwa 2000 verschiedene Erkrankungen und Behinderungen mit diesem Erbgang sind bekannt. Eine betroffene Person hat in diesem Fall eine normale Allele (eine von zwei Parallelformen des gleichen Gens) und eine veränderte Allele, die die normale dominiert. Es besteht eine 50 %ige Wahrscheinlichkeit, dass ein betroffener Elternteil die veränderte Allele an ein Kind weitergibt, und eine 50 %ige Wahrscheinlichkeit, dass er die normale Allele weitergibt. Nur im ersten Fall erbt das Kind die Erkrankung. Manchmal kann ein Kind mit einer autosomal dominanten Veränderung das erste in einer Familie sein, in der dies auftritt. Man spricht dann von einer Neumutation.

Genetische Veränderungen, die zwei Allele umfassen, werden autosomal rezessiv genannt. Etwa 1800 autosomal rezessive Erkrankungen sind beim Menschen beschrieben. In diesem Fall muss ein Kind zwei Kopien des veränderten Alleles haben, um die Erkrankung aufzuweisen. Jedes Elternteil, das eine Kopie der veränderten Allele und eine Kopie der normalen Allele trägt, ist Überträger und selbst nicht betroffen. Wenn beide Elternteile die gleiche rezessive Allele tragen, besteht eine 25 %ige Wahrscheinlichkeit für das Kind, beide veränderten Allele zu erben und betroffen zu sein.

Es wird geschätzt, dass jeder Mensch zwischen drei und fünf „versteckte" rezessive Allele trägt, die bei entsprechendem Zusammentreffen eine Erkrankung beim Kind bewirken können. Die Wahrscheinlichkeit, dass zwei Eltern die gleiche rezessive Allele tragen, ist größer, wenn sie blutsverwandt sind, weil in diesem Fall eine höhere Wahrscheinlichkeit besteht, dass sie die Allele von einem gemeinsamen Vorfahren geerbt haben. Personen der gleichen Volksgruppe haben gleichfalls mit größerer Wahrscheinlichkeit gemeinsame Allele. So weiß man z. B., dass unter Nordeuropäern die für die Cystische Fibrose verantwortliche Allele bei 1 in 25 auftritt; unter osteuropäischen Juden ist die Allele für das Tay-Sachs-Syndrom in 1 auf 30 Individuen vertreten.

Genetische Veränderungen, die das X-Chromosom betreffen, heißen X-gebunden. Beim Menschen sind etwa 1500 Störungen dieser Art beschrieben. Bei diesen Erkrankungen ist die Mutter in der Regel Trägerin einer veränderten Allele auf einem ihrer beiden X-Chromosome. Es besteht eine 50 %ige Wahrscheinlichkeit, dass ihr Sohn das X-Chromosom mit der veränderten Allele erbt, ebenso besteht eine 50 %ige Wahrscheinlichkeit, dass ihre Tochter die veränderte Allele erbt und wiederum Überträgerin ist. Nur in seltenen Fällen sind Überträgerinnen klinisch auffällig. Die Hämophilie und die Muskeldystrophie Typ Duchenne sind Beispiele X-gebundener Erkrankungen.

Viele Merkmale der menschlichen Entwicklung werden nicht von einzelnen Genen bestimmt, sondern vom Zusammenwirken mehrerer Gene oder dem Zusammenwirken von Genen mit Umgebungsfaktoren. In diesen Fällen spricht man von polygenetischer, bzw. multifaktorieller Vererbung. Dies trifft z. B. für Lippen-Kiefer-Gaumenspalten, Klumpfüße, angeborene Herzfehlbildungen und Spina bifida zu. In diesen Fällen sind präzise Angaben zum Wiederholungsrisiko schwierig.

Die Auswirkungen von schädigenden Faktoren auf den Fetus als weiterer Verursachungsmechanismus eines angeborenen Fehlbildungssyndroms sind abhängig vom Zeitpunkt der Einwirkung der Schädigung und ihrer Dosis, sind aber zudem individuell unterschiedlich. Dies gilt z. B. für das fetale Alkoholsyndrom.

Andere Syndrome schließlich haben keine familiären Zusammenhänge und treten sporadisch auf mit geringem Wiederholungsrisiko.

2.3 Phänotyp definierter genetischer Syndrome

Eine humangenetische Diagnose kann zu jedem Zeitpunkt der Entwicklung gestellt werden. Dysmorphologische Zeichen, d. h. einzelne Besonderheiten am Kopf, den Händen und dem Gesicht, geben oft erste Hinweise, wenn sie in einer bestimmten Kombination auftreten. Zur Diagnosestellung gehört eine detaillierte Dokumentation dieser dysmorphologischen Merkmale, eine Dokumentation der Familiengeschichte, des Entwicklungsverlaufs des Kindes, eine körperliche Untersuchung sowie in vielen Fällen spezielle Blut- und Urintests, sonographische Befunde, Röntgenaufnahmen und Hör- und Sehtests. Die Gesamtheit der so definierten Merkmale macht den körperlichen Phänotyp eines Syndroms aus. Bei einem Teil dieser so definierten genetischen Syndrome besteht die Möglichkeit des Nachweises einer biologischen Veränderung durch eine spezielle zyto- oder molekulargenetische Untersuchung. Bei den anderen spricht man von nicht-chromosomalen Dysmorphiesyndromen.

Für eine wachsende Zahl dieser genetischen Syndrome wird in der Literatur ein spezifischer Verhaltensphänotyp beschrieben, d. h. eine Kombination von Entwicklungs- und Verhaltensmerkmalen. Sie können entweder Leitsymptome bei der Diagnosefindung sein oder in der Beratung helfen, den Eltern der betroffenen Kinder Perspektiven zu vermitteln, welche Entwicklung sie von ihren Kindern erwarten können und auf welche Verhaltensbesonderheiten sie sich einstellen müssen.

Das Konzept eines „Verhaltensphänotyps" ist erstmals von Nyhan (1972) formuliert worden, als er charakteristische autoaggressive Verhaltensweisen bei Kindern mit dem sog. Lesch-Nyhan-Syndrom beschrieb. Es handelt sich seiner Ansicht nach um organisch determinierte Verhaltensbesonderheiten, wenn auch der biochemische oder neurophysiologische Mechanismus, wie diese bewirkt werden, bisher nicht geklärt ist. Harris (1987) sprach in diesem Zusammenhang von „nicht gelernten Verhaltensstörungen". Ein solches enges Verständnis einer eindimensionalen biologischen Verursachung von Verhaltensbesonderheiten wird den inter- und intraindividuellen Variationen, die wir bei den meisten genetischen Syndromen antreffen, aber nicht gerecht.

Ein Verhaltensphänotyp ist eher zu verstehen als eine Kombination von bestimmten Entwicklungs- und Verhaltensmerkmalen, die bei Kindern und Erwachsenen mit einem definierten genetischen Syndrom mit einer höheren Wahrscheinlichkeit auftritt als bei Kindern und Erwachsenen mit einer Behinderung anderer Ursache (Flint & Yule, 1994; Dykens, 1995). Diese Definition trägt der Erfahrung Rechnung, dass Individuen mit einem genetischen Syndrom bestimmte Gemeinsamkeiten in ihrer Entwicklung und ihrem Verhalten zeigen, dass aber nicht alle betroffenen Kinder und Jugendlichen diese Entwicklungs- und Verhaltensmerkmale aufweisen und nicht alle in der gleichen Ausprägung. Diese Variabilität ist – ganz allgemein gesagt – zu erklären aus der Unterschiedlichkeit der genetischen Ausstattung (nicht nur der das Syndrom definierenden genetischen „Abnormität") der Betroffenen und dem Zusammenwirken dieser genetischen Ausstattung mit der Umwelt, mit der das Kind oder der Erwachsene leben.

Es gibt dabei Verhaltensweisen, die relativ spezifisch für bestimmte Syndrome sind. So werden z. B. Kinder mit Down-Syndrom oder Williams-Beuren-Syndrom als sozial zugewandt und freundlich geschildert; selbstverletzende Verhaltensweisen gelten als charakteristisch für Kinder mit Cornelia-de-Lange- oder Lesch-Nyhan-Syndrom; eine fehlende Sprachentwicklung wird bei allen Kindern mit Angelman- und Rett-Syndrom-Kindern als gemeinsames Merkmal beschrieben.

Andere Verhaltensweisen sind unspezifisch und können im Allgemeinen bei Kindern mit geistiger Behinderung auftreten wie aggressives Verhalten, zornige Verhaltensweisen oder Stereotypien. Auch sie können aber in ihrer Qualität und Funktion bei verschiedenen Syndromen unterschiedlich sein. So werden z. B. sowohl bei Schulkindern mit fragilem-X-Syndrom wie auch Prader-Willi-Syndrom aggressive und zornige Verhaltensweisen beschrieben. Jungen mit fragilem-X-Syndrom schlagen oder beißen manchmal, ohne dass ein klarer Auslöser erkennbar ist. Während hier oft eine Übersensibilität für Umweltreize eine Rolle spielt, treten aggressive Verhaltensweisen bei Kindern mit Prader-Willi-Syndrom öfter auf, wenn ihnen Nahrung verweigert wird oder wenn ein Vorhaben, dem sie mit einer gewissen Zwanghaftigkeit nachhängen, verhindert wird. Die gleiche Form von Verhalten kann somit sehr unterschiedliche funktionale Zusammenhänge haben.

Beschreibungen des Verhaltensphänotyps dieser Art in der älteren Literatur sind in der Regel anekdotischer Art und geben den globalen Eindruck von Untersuchern wider, ohne dass sie systematisch definiert und in ihrer Merkmalsausprägung gemessen wären. Erst in den letzten Jahren wurde versucht, Merkmale des Verhaltensphänotyps mit wissenschaftlichen Methoden zu dokumentieren. Dazu dienten *psychopathologische Beschreibungsmethoden aus der Psychiatrie, psychometrische Testverfahren aus der Entwicklungs- und klinischen Psychologie und syndromspezifische Beobachtungsverfahren*. Ein solcher multimethodaler Ansatz wird schon seit längerem in der klinischen Kinderpsychologie verwendet und lässt sich auf die entwicklungspsychologische Beschreibung genetischer Syndrome übertragen.

Das psychopathologische Vorgehen definiert Auffälligkeiten des Erlebens und Verhaltens als Abweichungen von einer impliziten Norm. Die Anwendung psychopathologischer Kategoriensysteme auf die Beschreibung von Erleben und Verhalten lern- und geistigbehinderter Menschen ist allerdings fragwürdig So umfassen viele kinderpsychiatrische Störungsbilder diagnostische Kriterien, die – wie beeinträchtigte Urteilsfähigkeit oder Impulskontrolle – bei Geistigbehinderten generell vorliegen, bzw. – wie die Beurteilung interner Befindlichkeit bei nicht-sprechenden Menschen – schwer zu verifizieren sind (Einfeld & Aman, 1995). Zudem stellt sich die Frage, *ob es gerechtfertigt ist, Menschen mit einer anderen genetischen Ausstattung als die sogenannte Normalpopulation nach den Maßstäben eben dieser Normalität zu beurteilen.*

Die meisten Studien zur Prävalenz von emotionalen und Verhaltensproblemen bei Kindern mit kognitiver Behinderung zeigen denn auch, dass einzelne Verhaltensformen wie Stereotypien, Autoaggressionen oder destruktive Verhaltensweisen sehr viel häufiger bei Kindern mit kognitiver Behinderung auftreten als bei nicht-behinderten Kindern. Die Angaben liegen zwischen 20 und 40 %. Die Zahlen variieren allerdings sehr stark je nach Untersuchungsvorgehen, Grad der Behinderung und Lebensumwelt der Behinderten. So ermitttelte Reiss (1990) eine Rate von 11.7 % auf der Basis von nachträglichen Analyse von Krankenakten, 30 % bei der schriftlichen Befragung von Bezugspersonen und 59.5 % bei der unmittelbaren psychologischen Untersuchung. Besonders hoch im Vergleich zu nicht-behinderten Kindern ist die Häufigkeit von autistischen, selbstverletzenden und stereotypen Verhaltensformen bei schwerbehinderten Jugendlichen und Erwachsenen in Heimeinrichtungen (Borthwick-Duffy, 1994). Diese Ergebnisse rechtfertigen aber nicht die Aussage, dass behinderte Kinder, Jugendliche und Erwachsene besonders anfällig für psychiatrische Erkrankungen im Sinne eines herkömmlichen Krankheitsbegriffs wären. Vielmehr ist zu fragen, *inwieweit die sozialen Bedingungen, unter denen sie leben, das Auftreten solcher Verhaltensformen wahrscheinlich machen.* Die Frage, welche Funktion das „abweichende Verhalten" für das einzelne Kind hat, wird aber im psychopathologischen Beschreibungsmodell nicht gestellt.

Dass klassische psychopathologische Beschreibungsweisen allein zu falschen Klassifikationen führen und Kindern mit einem spezifischen Syndrom nicht gerechtwerden können, zeigt sich am Verhaltensphänotyp des fragilen (X)-Syndroms. Da mit verzögerter oder echolalischer Sprache, Stereotypien, Rückzugsverhalten und schlechtem Blickkontakt in vielen Fällen die DSM-III-Kriterien für Autismus erfüllt waren, wurden zunächst viele Kinder mit fragilem (X)-Syndrom als autistisch bezeichnet und – im Umkehrschluss – die Hoffnung gehegt, im fragilen (X)-Syndrom eine mögliche genetische Ursache des Autismus identifiziert zu haben. Erst differenziertere Verhaltensanalysen zeigten, dass diese Kinder – anders als autistische Kinder – sehr wohl soziale Beziehungen und Bindungen zu ihren Bezugspersonen entwickelten, aber in abgestufter Form Beziehungsauffälligkeiten (Scheu, soziale Ängstlichkeit) zeigten, die einen syndromspezifischen Charakter haben.

Der psychometrische Ansatz der Entwicklungs- und klinischen Psychologie geht über den psychopathologischen Ansatz der Beschreibung von „Persönlichkeitsmerkmalen" hinaus und vergleicht den Ausprägungsgrad einzelner Merkmale mit der Verteilung in der sog. Normalpopulation der Gleichaltrigen. Auf diese Weise lässt sich definieren, wie weit sie bei einem einzelnen Kind abweichen von dem, was beim Durchschnitt gleichalter Kinder zu beobachten ist. Für eine Vielzahl von Entwicklungs- und Verhaltensbereichen stellt er standardisierte, reliable und valide Instrumente zur Verfügung: Kognition, Schulleistungen, adaptive Fähigkeiten, soziale Kompetenz, Sprache, Spiel, Temperament, Persönlichkeit und Verhaltensauffälligkeit. Psychometrische Verfahren erlauben es, Profile aus Stärken und Schwächen in jedem Bereich zu beschreiben, indem ein einheitlicher Maßstab von Standard- und Perzentilwerten und Altersäquivalenten benutzt wird.

Um diesen Zweck zu erfüllen, sollten zur Beschreibung von syndromspezifischen Profilen möglichst Instrumente gewählt werden, die unterschiedliche Fähigkeiten messen und so breitgefächert sind, dass sie alle relevanten Merkmale des Syndroms zu erfassen erlauben. Folgende Verfahren werden dabei relativ häufig verwendet:

Kasten 1: Häufig verwendete Verfahren zur Erfassung des Entwicklungsstandes

Entwicklungstests in den ersten Lebensjahren
– Bayley-Skalen
– Griffiths-Entwicklungstest (*)
– Münchener Funktionelle Entwicklungsdiagnostik (*)
– Ordinalskalen zur sensomotorischen Entwicklung (*)
Intelligenztests
– McCarthy Scales of Children's Abilities (MSCA)
– Kaufman Assessment Battery for Children (K-ABC*)
– Wechsler-Intelligence Scale for Children (WISC-III; dt. HAWIK-III *)
– Snijders-Oomen non-verbaler Intelligenztest (SON 2 1/2–7*)
Sprachentwicklungstests
– Reynell Developmental Language Scales (RDLS*)
– Sprachentwicklungstest für zweijährige, bzw. drei- bis fünfjährige Kinder (SETK-2 bzw. SETK 3–5*)
Sozial-adaptive Fähigkeiten
– Vineland Adaptive Behavior Scales (VABS)
– Heidelberger-Kompetenz-Inventar (HKI*)

Anmerkung: Die meisten Studien stammen aus dem englischsprachigen Raum. Daher sind die dort gängigen Testbezeichnungen genannt. Soweit es sich um in Deutschland entwickelte oder zumindest in einer deutschen Version erprobte Verfahren handelt, sind sie mit einem * versehen. Im Anhang findet sich zu allen genannten Testverfahren eine Kurzübersicht über die Zusamenstellung der Aufgaben u. Ä.

Die Brauchbarkeit solcher psychometrischer Testverfahren hat aber ihre Grenzen. So sind alle Verfahren mehr oder weniger *bildungs- und kulturabhängig*; die Leistung in einem Intelligenztest, der mit Kindern im Schulalter durchgeführt wird, ebenso wie das Abschneiden in Skalen zur Erfassung der sozialen Kompetenz sind mitbeeinflusst von der Art und Qualität der schulischen Förderung, die ganz andere Schwerpunkte und Ziele haben wird, wenn ein Kind eine Sonderschule für Geistigbehinderte besucht, als wenn ein gleichaltes Kind die Regelschule besucht. Zweitens *messen die Verfahren immer nur Teilaspekte der Entwicklung*; Intelligenztests z. B. umfassen eine Auswahl von Testaufgaben, die sich bewährt haben, um die Kinder zu identifizieren, die mit den Anforderungen der herkömmlichen Regelschule gut zurechtkommen werden, und die Kinder zu selektieren, die damit überfordert sein werden und einer sonderpädagogischen Fördereinrichtung überwiesen werden sollten. Für diesen Zweck wurden sie ursprünglich entwickelt. *Andere Fähigkeitsbereiche, die für die soziale Integration und die Bewältigung praktischer Alltagsanforderungen von Bedeutung sein mögen, werden in diesen Testverfahren nicht erfasst*. Sie erlauben also nur für bestimmte Fragestellungen valide Aussagen und dürfen in ihrer Aussagekraft nicht überbewertet werden.

Drittens können die psychometrischen Verfahren *in der Regel nur für eng begrenzte Altersstufen eingesetzt* werden. So sind die Aufgaben von Entwicklungstests für Kinder unter drei Jahren konzipiert. In dieser Entwicklungsphase charakterisieren ganz andere, z. B. feinmotorische oder sprachliche Fähigkeiten, die einzelnen Entwicklungsstufen als bei Kindern im Kindergarten- und Schulalter. Dementsprechend enthalten diese wieder andere Zusammenstellungen von Aufgaben, die mehr und mehr Proben von abstrahierend-schlussfolgerndem Denken enthalten.

Für die psychometrische Beschreibung von Verhaltensbesonderheiten werden in der Regel Fragebögen benutzt, bei denen die Eltern und/oder Erzieher und Lehrer anhand vorformulierter Items einschätzen sollen, ob und in welchem Ausmaß ein beschriebenes Verhaltensmerkmal für ein bestimmtes Kind zutrifft. Diese Fragebögen sind standardisiert. Sie sind an einer repräsentativen Stichprobe nicht-behinderter Kinder einer bestimmten Altersgruppe normiert, so dass sie eine valide Aussage über den Grad von Verhaltensauffälligkeit eines bestimmten Kindes im Vergleich zu dieser Bezugsgruppe erlauben. Dies gilt z. B. für die Child Behavior Checklist, eines der weltweit am häufigsten verwendeten Verfahren zur Beurteilung verhaltensauffälliger Kinder zwischen 4 und 16 Jahren.

O'Brien (1991) gab eine umfassende Übersicht über mehr als 50 Verfahren, die bei behinderten Kindern und Erwachsenen eingesetzt werden können. Sie wurde im Jahre 2002 aktualisiert (O'Brien & Bax, 2002). Diese Verfahren können eine Orientierung über den Grad und die Art der Verhaltensauffälligkeiten behinderter Kinder geben. Bei der Interpretation ihrer Ergebnisse treten aber wiederum Fragen auf. Einerseits treffen manche Aussagen, die bedeutsame

Indikatoren für Verhaltensauffälligkeit bei nicht-behinderten Kindern sein mögen, generell auf Kinder mit Behinderungen stärker zu (z. B. „verhält sich zu jung für sein Alter", „orientiert sich sehr stark am Erwachsenen"). Andererseits enthalten sie kaum Verhaltensbeschreibungen, die in der allgemeinen Population sehr selten sind, aber bei Kindern mit geistiger Behinderung oder spezifischen Syndromen eine sehr hohe Bedeutung haben und eine ausgeprägte Verhaltensbesonderheit darstellen können, z. B. zwanghafte Suche nach Essen beim Prader-Willi-Syndrom oder bestimmte „waschende" stereotype Handbewegungen beim Rett-Syndrom. Die Beschreibung eines Verhaltensphänotyps allein mit Hilfe standardisierter, in der Normalpopulation entwickelter Fragebögen kann somit unvollständig sein.

Auf der Suche nach *Instrumenten mit einer höheren Sensitivität für die Verhaltensbesonderheiten bei geistig behinderten Kindern und Erwachsenen* wurden Itempools an möglichst repräsentativen Gruppen Behinderter erarbeitet und zu reliablen und validen Skalen weiterentwickelt. Ein Fragebogen zur Sammlung vergleichender Erfahrungen bei Kindern mit verschiedenen Syndromen wurde von der „Society for the Study of Behavioural Phenotypes" (SSBP; O' Brien, 1992) entwickelt. Für erwachsene Behinderte liegen breite Erfahrungen vor mit der Aberrant Behavior Checklist (ABC).

Aus der „Child Behavior Checklist" wurde für Kinder und Jugendliche die *„Developmental Behaviour Checklist"* (Einfeld & Tonge, 1995) als modifizierte Form an einer repräsentativen Stichprobe von mehr als 1000 Kindern mit geis-tiger Behinderung unterschiedlichen Grades standardisiert und normiert. Die Auswertung erlaubt eine Aussage über die Auffälligkeit des Verhaltens in fünf Skalen: destruktiv-aggressives Verhalten, sozialer Rückzug, Kommunikationsstörung, Ängstlichkeit, soziale Beziehungsschwierigkeiten (autistische Verhaltensmerkmale). Einfeld und Tonge (1996a, b) führten mit ihrem Verfahren in Australien eine landesweite repräsentative Studie an 454 Kindern und Jugendlichen im Alter zwischen 4 und 18 Jahren durch (IQ < 70). Sie ermittelten eine Rate von 40.7 % schwerer emotionaler und Verhaltensstörungen, wobei die destruktiven und antisozialen Verhaltensformen bei den leichter behinderten Kindern, die autistischen und zurückgezogenen Verhaltensformen stärker bei den schwerer behinderten Kindern ausgeprägt waren. Das Alter oder Geschlecht spielte keine signifikante Rolle. Retest-Reliabilität und interne Konsistenz des Verfahrens sind hoch. Das Verfahren wurde mittlerweile in einer Reihe von Studien zur Epidemiologie psychischer Störungen bei Kindern und Jugendlichen mit intellektueller Behinderung und in vergleichenden Untersuchungen verschiedener genetischer Syndrome eingesetzt.

Die psychometrische Güte der Developmental Behavior Checklist (DBC) wurde in Studien in den Niederlanden und in England bestätigt. Dekker et al. (2002) setzten die Eltern- und die Lehrerversion ein bei 1040 Kindern mit intellektueller Behinderung (6 bis 18 Jahre) in Südholland und führten Untersuchungen zur Stabilität der Ergebnisse und zur Übereinstimmung mit den psychopathologischen Diagnosen der gleichen Kindern durch, die sich aus den Angaben in der CBCL ergaben. Interne Konsistenz und faktorielle Struktur des Fragebogens sowie eine relativ hohe Übereinstimmung zwischen dem Urteil beider Eltern sowie ihrem Urteil und dem eines Kinder- und Jugendpsychiaters ließen sich bestätigen. Eine englische Arbeitsgruppe bestätigte ebenfalls die faktorielle Struktur des Verfahrens bei 531 Kindern und Jugendlichen im Alter von 4 bis18 Jahren (Hastings et al., 2001). In einem repräsentativen Subsample von 123 Kindern wurden 50.4 % als klinisch auffällig (Werte über dem klinischen cut-off-Score) beurteilt. Diese Rate ist etwas höher als in der australischen Originalpublikation (Cormack et al., 2000).

Aus der „Aberrant Behavior Checklist" wurde die *„Nisonger Child Behavior Rating Form"* (NCBRF) entwickelt und an 369 Kindern zwischen 3 und 16 Jahren überprüft (Aman et al., 1996; Tasse et al., 1996). Dabei wurden vor allem Items zur Beurteilung stereotyper und selbstverletzender Verhaltensweisen ergänzt. Die Auswertung erlaubt die Beurteilung des Verhaltens behinderter Kinder auf sechs Skalen: aggressiv-oppositionelles Verhalten, Ängstlichkeit/Scheu, Hyperaktivität, selbstverletzendes/stereotypes Verhalten, ritualistisch/zwanghaftes Verhalten, Reizüberempfindlichkeit. Interne Konsistenz, Übereinstimmung von Eltern- und Lehrerurteil sowie Kongruenz mit der Beurteilung nach der „Aberrant Behavior Checklist" weisen auch dieses Verfahren als psychometrisch gut fundiertes Beurteilungsinstrument aus. Es wurde auch für eine Studie im französischen Teil Kanadas übersetzt (Tasse & Lecavalier, 2000) und in Deutschland in mehreren syndromspezifischen Untersuchungen eingesetzt.

Im deutschen Sprachraum ist bisher keines der beiden Verfahren publiziert worden; allerdings sind Übersetzungen der Items verfügbar für praktisch-klinische Zwecke. Eine deutsche Normierung und Veröffentlichung der Developmental Behavior Checklist befindet sich in Vorbereitung (Steinhausen i.V.). Auch für die deutsche Version der Nisonger Child Behavior Rating Form liegen Erfahrungen an etwa 250 Kindern und Jugendlichen mit intellektueller Behinderung vor (Sarimski, 2003a).

Der Einsatz solcher Skalen kann weiterführen bei der Definition des Verhaltensphänotyps eines genetischen Syndroms. Dazu ist es notwendig, Studien durchzuführen zur Häufigkeit und Ausprägung von Verhaltensmerkmalen bei einer Gruppe von Kindern/Erwachsenen mit einem bestimmten Syndrom im Vergleich zur Häufigkeit und Ausprägung bei Kindern/Erwachsenen mit anderer Behinderungsursache. Dies geschieht üblicherweise, indem Kinder mit einem bestimmten Syndrom verglichen werden mit einer Gruppe behinderter Kinder gemischter Ätiologie. Auf diese Weise lassen sich syndromspezifische Verhaltensweisen unterscheiden von solchen, die generell die kognitive Behinderung eines Kindes widerspiegeln.

Einige Untersucher wählten als Vergleichsgruppe Kinder mit Down-Syndrom. Dies ist nicht zu empfehlen, nachdem sich in einigen Studien gezeigt hat, dass

Kinder mit Down-Syndrom eher weniger Verhaltensauffälligkeiten zeigen als andere behinderte Kinder und somit für diese nicht als repräsentativ gelten können. Der Vergleich mit anderen umschriebenen genetischen Syndromen, die jeweils syndromspezifische Verhaltensweisen aufweisen, könnte dagegen weiterführen, wie z. B. eine Studie bei Kindern mit fragilem-X-, Prader-Willi- und Williams-Beuren-Syndrom zeigt (Sarimski, 1997b).

Nach Einfeld und Hall (1994) sollten folgende Kriterien erfüllt sein, um die Ergebnisse solcher Vergleichsuntersuchungen für Aussagen über einen syndromspezifischen Phänotyp zu verwerten:
– Kontrolle des intellektuellen Niveaus der Kinder, des Alters und Geschlechts als mögliche konfundierende Variable;

– adäquate statistische Prüfung der Gruppenunterschiede auf Signifikanz, um Zufallseffekte zu minimieren;

– Kontrolle möglicher Selektionseffekte („ascertainment") durch Sicherstellung, dass die Zusammensetzung der beiden Gruppen keinem Auswahlkriterium unterliegt, das die Ergebnisse beeinflussen könnte;

– Reduzierung von möglichen Fehlerquellen durch Offenlegung der Diagnosekriterien für die Syndromzuordnung und Verwendung standardisierter Messverfahren zur Beurteilung von Verhaltensbesonderheiten;

– Berücksichtigung der Möglichkeit eines Fehlers Typ 2, d. h. dass eine Assoziation von Verhaltensmerkmalen mit einem genetischen Syndrom nicht nachgewiesen werden konnte, weil die Stichprobengröße zu gering war, um den Unterschied signifikant werden zu lassen.

Es muss allerdings eingeräumt werden, dass es oft nicht gelingt, allen diesen Kriterien gleichermaßen gerechtzuwerden. Viele genetische Syndrome treten so selten auf, dass es schwierig ist, genügend große Stichproben zusammenzustellen. Oft wird deshalb der Weg gewählt, die Stichprobe aus Kindern zu rekrutieren, deren Eltern sich in einer entsprechenden Selbsthilfegruppe zusammengeschlossen haben oder sich an große klinische Einrichtungen zur Diagnostik und Behandlung ihrer Kinder gewendet haben.

In beiden Fällen ist die Repräsentativität der Stichprobe mit Vorsicht zu bewerten. So kann z. B. vermutet werden, dass sich eher Eltern an eine Selbsthilfegruppe anschließen, die selbst für soziale Aktivitäten offen und es relativ gewohnt sind, mit fremden Personen persönlich oder schriftlich Kontakt aufzunehmen. Zudem könnte es sein, dass sich eher Eltern anschließen, die auf Grund ausgeprägter Verhaltensschwierigkeiten ihrer Kinder den Austausch und die wechselseitige Unterstützung suchen. Bei der Rekrutierung aus klinischen Inanspruchnahmepopulationen muss ebenfalls ein Selektionseffekt vermutet werden. Sie umfassen gehäuft Kinder mit ausgeprägteren Verhaltensproblemen, während andere Kinder nicht unbedingt einer Diagnose- und

Therapieeinrichtung vorgestellt werden. Solche Einflussfaktoren, die die Ergebnisse beeinflussen können, können nur dadurch minimiert werden, dass Stichproben möglichst breit aus Versorgungseinrichtungen mit niedrigen Schwellen (z. B. Frühförderstellen, Sonderschulen, nicht-spezialisierte sozialpädiatrische Zentren und Abteilungen) gewonnen werden. Repräsentative Stichproben im engeren Sinne setzen die Registrierung aller Fälle von definierten genetischen Syndromen und epidemiologische Forschungsansätze voraus, die gegenwärtig nicht möglich sind.

Psychometrische Verfahren können Aufschluss geben, ob ein Syndrom mit einem bestimmten Verhaltensphänotyp assoziiert ist, aber sie *erlauben keinen Aufschluss über die Gründe für die interindividuelle Variabilität innerhalb der Gruppen oder über qualitative Unterschiede zwischen gleichen Verhaltensklassen bei verschiedenen Syndromen.* So treten z. B. ungewöhnliche (bizarre) stereotype Verhaltensweisen bei verschiedenen Syndromgruppen auf, haben aber jeweils charakteristische Formen. Auch perseverierende Verhaltensweisen (Vorlieben für bestimmte Beschäftigungen, Festhalten an Routinen) sind für verschiedene Syndrome charakteristisch, z. B. für Kinder mit Prader-Willi-Syndrom und Kinder mit fragilem (X)-Syndrom, treten aber in unterschiedlichen Zusammenhängen auf. Solche Differenzierungen sind nur über syndromspezifische Beobachtungen möglich.

Detaillierte Beobachtungen sind auch erforderlich, um intraindividuelle Unterschiede und funktionale Zusammenhänge zu analysieren, d. h. die Frage zu klären, *unter welchen äußeren und sozialen Bedingungen bestimmte problematische Verhaltensweisen eines Kindes auftreten und unter welchen Bedingungen sie nicht auftreten.* Diese Frage richtet die Aufmerksamkeit auf den Zusammenhang zwischen kindlichem Verhalten und Umgebung und die Beobachtung, dass Kinder Verhaltensdispositionen zeigen, die wiederum bestimmte Interaktionsformen ihrer sozialen Bezugspersonen evozieren. So liegt es nahe anzunehmen, dass die soziale Umwelt für Kinder mit Williams-Beuren-Syndrom eine wesentlich andere ist als die soziale Umwelt für Kinder mit Cornelia-de-Lange-Syndrom. Im ersten Fall handelt es sich um ausgesprochen sozial zugewandte, sprachgewandte Kinder, die in der Regel einen engen Kontakt zum Erwachsenen haben, der sich ihnen gern und mit innerer Beteiligung zuwendet. Im zweiten Fall kann das veränderte Äußere der Kinder und eine geringe sozial-kommunikative Initiative bewirken, dass die Bezugspersonen von sich aus u. U. weniger Nähe zum Kind suchen und weniger intensiv mit ihm in Kontakt treten. Die unterschiedliche Qualität der beiden Entwicklungsumwelten wird unterschiedliche Auswirkungen auf die Entwicklung der Kinder haben.

Schließlich liegt es nahe anzunehmen, dass eine förderliche Interaktion mit einem Kind mit genetischen Syndrom dann leichter gelingt, wenn es den Eltern möglich ist, ihre Trauer über die Realität der Behinderung des Kindes zu bearbeiten und sich auf das Kind als solches einzulassen, und wenn sie sich in einem stabilisierenden sozialen Bezugssystem unterstützt fühlen. Mit der Erweiterung der Perspektive auf Verhaltensphänotypen als Ausdruck eines komplexen Zusammenwirkens von genetischer Disposition und Umweltinteraktion gewinnt die psychologische Beratung der Eltern als Möglichkeit zur Erschließung des kindlichen Entwicklungspotenzials und zur Prävention von Verhaltensproblemen, die die soziale Integration erschweren, an Bedeutung.

In diesem Zusammenhang ist allerdings Vorsicht geboten vor der Vermutung, dass die interindividuelle Variabilität innerhalb eines Syndroms ausschließlich auf eben diese Umwelteinflüsse, d. h. die Qualität der elterlichen Beziehung zum Kind und pädagogischen Förderung zurückzuführen sei. Für das fragile (X)-, das Prader-Willi- und das Angelman-Syndrom wissen wir mittlerweile, dass die genetische Basis der genetischen Besonderheit selbst heterogen ist. Unser molekulargenetisches Wissen ist noch viel zu begrenzt, um sagen zu können, wieweit ähnliche Phänomene auch bei anderen Syndromen eine Rolle spielen und die Ausprägung von Verhaltensmerkmalen beeinflussen können.

Auf ein mögliches Missverständnis bei der Verwendung des Konzepts eines „Verhaltensphänotyps" genetischer Syndrome sei ausdrücklich hingewiesen. Die Berücksichtigung genetischer Verursachungsfaktoren für die Ausbildung von Entwicklungs- und Verhaltensmerkmalen ist *nicht gleichbedeutend mit der Aussage, dass das Verhaltensmuster der betreffenden Kinder genetisch festgelegt, damit unveränderlich und keiner pädagogisch-psychologischen Intervention zugänglich ist*. Ebensowenig darf das Wissen um syndromspezifische Entwicklungsmöglichkeiten und Verhaltensformen zu einer sich-selbsterfüllenden Prophezeiung werden, d. h. bestimmte Entwicklungen und Verhaltensweisen vom Kind erwartet und damit ungewollt provoziert und bekräftigt werden, oder zu einer *Stigmatisierung der betreffenden Kinder* führen. Beides widerspräche der Philosophie der sozialen Integration und Anerkennung behinderter Menschen als Partner im sozialen Leben, der sich heutzutage die allermeisten verpflichtet fühlen, die in diesem Bereich arbeiten. Dennoch sollte es ausdrücklich betont werden, denn gerade angesichts der jüngerer deutschen Geschichte ist die Erforschung genetischer Bedingungen für Persönlichkeitsmerkmale immer in der Gefahr, in die ideologische Nähe von Methoden zur Selektion auszugliedernder und „lebensunwerter" Individuen gerückt zu werden.

Vielmehr geht es darum, in Anerkennung der Grenzen pädagogischer Wirkungsmöglichkeiten und lerntheoretisch fundierter Interventionsmöglichkeiten für jedes Kind die weitestgehende soziale Integration und bestmögliche pädagogische Förderung seines Entwicklungspotenzials zu erreichen.

3 Prader-Willi-Syndrom

3.1 Einzelfälle

Marco (10;11 Jahre)

Marco ist das vierte Kind seiner Eltern (42 bzw. 44 Jahre alt). Er wurde in der 40. Schwangerschaftswoche nach Einleitung durch Notsectio wegen Nabelschnurvorfalls und Abfall der kindlichen Herztöne geboren. Mit einem Gewicht von 3460 g, einer Länge von 51 cm und einem Kopfumfang von 35 cm lagen alle Geburtsmaße im Normbereich. Die Apgar-Werte betrugen 2/7/8. Marco wurde kurzzeitig beatmet und musste wegen einer Trinkschwäche für fast vier Wochen zusätzlich sondiert werden. Bereits in der Kinderklinik wurde eine Muskelhypotonie diagnostiziert und Physiotherapie nach Vojta begonnen, die zu einer zögerlichen Besserung führte. Die Entlassung erfolgte nach vier Wochen.

Im Alter von 11 Monaten wurde Marco erstmals im Kinderzentrum vorgestellt, nachdem die Eltern sich unverändert um seine verlangsamte Entwicklung, geringe Reaktionsbereitschaft und ausgeprägte Müdigkeit Sorgen machten. Sie berichteten, Greifen und Drehen seien erst im Alter von 8 Monaten aufgetreten.

Die Erstdiagnose lautete „schwere zentrale Koordinationsstörung im Bild einer Hypotonie mit deutlich gestörter mentaler Entwicklung". Die kinesiologische Untersuchung zeigte ein disharmonisches Entwicklungsprofil, die den untersuchenden Kinderarzt differenzialdiagnostisch auch an eine neuromuskuläre oder stoffwechselbedingte Störung denken ließ. Schädelsonografie, Hörbefund und EEG waren unauffällig.

Die erste entwicklungspsychologische Untersuchung zum gleichen Zeitpunkt mit der Münchener Funktionellen Entwicklungsdiagnostik und einer videografierten Beobachtung der Mutter-Kind-Interaktion im Spiel ergab einen sensomotorisch-perzeptiven Entwicklungsstand von 7 bis 8 Monaten. Marco war in der Lage, Objekte zu ergreifen und in einfacher Form zu explorieren durch visuelles Inspizieren, Schütteln, je nach Material Zusammenknüllen oder Zusammenklopfen. Seine Wahrnehmung räumlicher Zusammenhänge erlaubte es ihm, Dinge zu verfolgen, die außer Sicht fielen, und aus einem Behälter herauszuholen. Die vorsprachlichen Kommunikationsformen entsprachen weitgehend der kognitiven Entwicklungsstufe. So machte er Wünsche nach einem Objekt deutlich, indem er die Hand in die Richtung streckte und begleitend vokalisierte. Ein gezieltes Hinzeigen war aber noch nicht zu beobachten. Die spontane Lautproduktion war insgesamt spärlich und umfasste allenfalls Doppelsilben. Auffällig war, dass er mitunter den Blick kurzzeitig von den Spielsachen abwendete und die eigenen Händchen inspizierte und in stereotyper Form hin- und herdrehte. Die Eltern wurden anhand der Beobachtungen und der Videoaufzeichnung beraten, wie sie seine kommunikative und kognitive Entwicklung unterstützen konnten.

Vier und acht Monate später wurde der Entwicklungsverlauf erneut dokumentiert. Im Alter von 15 Monaten konnte Marco krabbeln und sich zum Stand aufrichten, lief aber noch nicht frei. Zu diesem Zeitpunkt hatte die kognitive Entwicklung jedoch nur geringe Fortschritte gemacht. Das spontane Handlungsrepertoire war weiterhin auf einfache Erkundungsformen (Heraus- und Heranholen, Klopfen) beschränkt. Nur mit viel Übung gelangen Ansätze zu zielgerichteten Tätigkeiten wie Einwerfen eines Gegenstands in einen Behälter oder der Versuch, eine Dose mit einem Deckel zu verschließen. Marco plapperte verschiedene Silbenkombinationen, aber immer noch spärlich. Er hatte mittlerweile entdeckt, dass er die Hand des Erwachsenen herbeiziehen konnte, um ihn auf etwas aufmerksam zu machen.

Im Alter von 19 Monaten ließen sich dann wesentlich zielgerichtetere Tätigkeiten beobachten. Marco setzte Stecker ins Steckbrett, steckte Scheiben von sich aus auf einen Stab, baute zwei Steine aufeinander, setzte Baubecher ineinander, beschäftigte sich ausdauernd damit, Behälter mit Deckel auf- und zuzumachen. Er ahmte vertraute Handlungen mit Bezug auf sich selbst nach, bürstete z. B. die Haare mit einer Puppenbürste. Die Handlungsfähigkeiten waren zusammenfassend einem Entwicklungsalter von 12 bis 14 Monaten vergleichbar. Demgegenüber machte die sprachliche Entwicklung langsamere Fortschritte. Marco plauderte in melodischen Silbenverbindungen, aber noch ohne gezielte Wortannäherungen oder -nachahmungen. Die Physiotherapie nach Vojta war zu diesem Zeitpunkt bereits beendet. Eine kontinuierliche heilpädagogische Förderung wurde begonnen.

Die Wiedervorstellung erfolgte dann erst im Alter von 3;7 Jahren. Nachdem die Entwicklung mit gleichmäßigem Tempo vorangeschritten war, Marco auch mit 20 Monaten das freie Laufen erlernt hatte, beobachteten die Eltern im Alter von drei Jahren eine vermehrte Gewichtszunahme und einen starken Drang Marcos nach Essen. Bei einer Körpergröße von 100 cm betrug sein Gewicht 23 kg. Auf Grund einiger Besonderheiten des körperlichen Erscheinungsbildes und dieses Verhaltensmerkmals äußerte der Kinderarzt daraufhin den Verdacht auf ein Prader-Willi-Syndrom und ließ eine molekulargenetische Untersuchung vornehmen, die eine Deletion am Chromosom 15 paternalen Ursprungs bestätigte. Marco wurde dann zur Phänotypdokumentation und weiteren Familienberatung wieder zu uns überwiesen.

In der psychologischen Verlaufsanamnese berichteten die Eltern, Marco sei weniger aktiv als gleichalte Kinder, aber recht selbstständig. Er gehe tagsüber selbst zur Toilette, könne mit Besteck essen und sich fast allein anziehen. Er sei sehr bemüht, sich an Haushaltstätigkeiten zu beteiligen, liebe Bilderbücher und spiele gern Rollenspiele und einfache Tischspiele (z. B. Memory). Dabei frage er oft nach und könne anscheinend nicht gut zuhören. Am Abend gehe er bereitwillig zu Bett, schlafe rasch ein, wache aber häufig in der Nacht auf und scheine Angst vor der Dunkelheit zu haben.

Probleme bereitete den Eltern ein sturiges, zorniges Durchsetzungsverhalten in manchen Situationen sowie ein ständiges Suchen nach Essbarem, dem sie entgegenzuwirken versuchten, indem sie alle Lebensmittel verschlossen hielten. Er esse mehr als üblich, schneller als üblich und nehme sich selbst etwas zwischen den Mahlzeiten ohne Erlaubnis, bzw. frage oft nach Zwischenmahlzeiten. Darüberhinaus beobachteten sie, dass ihm jede Distanz zu fremden Erwachsenen fehle.

Seit einigen Monaten besuche Marco einen heilpädagogischen Kindergarten. Die Erzieherinnen berichteten, dass er sich gern am Gruppengeschehen beteilige, seine Gefühle und Wünsche angemessen ausdrücke, jedoch schlecht abwarten könne und zu quengeln beginne, wenn sie nicht gleich erfüllt werden. Er lasse sich leicht von anderen Kindern herumkommandieren, vermeide Streit, zeige kein aggressives oder destruktives Verhalten und folge den Anweisungen der Erzieherinnen.

Die Entwicklungsuntersuchung erfolgte mit den McCarthy Scales of Children's Abilities (MSCA). Marco arbeitete ausdauernd und kooperativ mit, bemühte sich, die Anweisungen zu befolgen und zielgerichtet zu arbeiten. Er hatte mitunter Mühe, sich auf neue Aufgaben umzustellen und begann mit Verzögerung, ließ sich dann aber kaum ablenken und machte begonnene Dinge aufmerksam zu Ende. Das quantitative Leistungsergebnis lag deutlich unter dem Durchschnitt der Altersgruppe (genereller kognitiver Index 73) und war einem um ein Jahr jüngeren Kind vergleichbar.

Die kommunikativen Äußerungen während und nach der Untersuchung umfassten spontane Fragen, Aufforderungen, Wünsche, Kommentare, wobei Marco über einen relativ differenzierten Wortschatz verfügte. In der Regel bildete er Ein- oder Zweiwortäußerungen. Die Aussprache war noch etwas undeutlich. Auffällig war die auch von den Eltern berichtete distanzlose Kontaktaufnahme zum Untersucher.

Eine erneute Untersuchung mit dem gleichen Verfahren findet knapp ein Jahr später statt. Marco ist jetzt 4;6 Jahre alt. Es zeigt sich ein stetiges Entwicklungstempo mit Fortschritten in allen Bereichen. Seine Fähigkeiten entsprechen jetzt einem Entwicklungsalter zwischen 3 1/4 und 3 3/4 Jahren mit einem relativ ausgeglichenen Profil. Im Vergleich zur Altersgruppe liegt sein genereller kognitiver Index bei 79. Er kann nun z. B. einfache Gebilde mit Bausteinen nachbauen und Striche oder Kreise abzeichnen. Er kennt die Grundfarben, kann zu Oberbegriffen (z. B. „Was kann man alles anziehen?") eine Reihe von Gegenständen angeben, weiß, was man mit Alltagsgegenständen macht, tut sich aber mit der Speicherung von Wort- oder Zahlenreihen schwer.

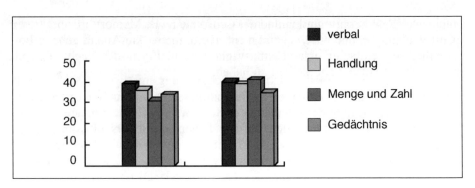

Abbildung 1: Fähigkeitsprofil Marcos in den McCarthy Scales of Children's Abilities im Alter von 3;7 Jahren (erste Säulen) vs. 4;6 Jahren (zweite Säulen)

Eine videografierte Beobachtung des symbolischen Spiels zeigt, dass Marco in der Lage ist, mehrere Handlungen zu Spielepisoden zu integrieren. So legt er die Puppe ins Bett, zunächst auf die Decke, dann sorgfältig darunter. Er imitiert den Untersucher: „Leise". Dieser schlägt dann vor, für die Puppe den Tisch zu decken. Marco ordnet Messer, Gabel und Teller auf dem Tisch an, schiebt den Stuhl an den Tisch. Dazu kommentiert er „Gemüse und Fleisch" und „mit der Gabel". Auf das Messer zeigt er mit dem Wort „blutet". Er füttert die Puppe, geht dann spielerisch mit der kleinen Puppe die große besuchen und lässt sie sagen: „Hallo Puppe, essen!".

Mit Kochutensilien beginnt er dann, für einen Teddy zu kochen. So ordnet er z. B. Teller, Schüssel, Pfanne an, rührt und schüttet um und deutet auf das (imaginierte) Essen mit dem Kommentar „das ist für Bär". Als der Untersucher mitspielen möchte, besteht er mit Nachdruck auf seiner Spielidee. Die Ablehnung der Einmischung des Untersuchers kann er auch sprachlich deutlich zum Ausdruck bringen. „Das da ist für Bär. Das nicht für dich." Zum Untersucher gewandt „heiß – ganz Vorsicht!"; dann tut er so, als ob er dem Bär das Essen richtet und spricht ihn an: „Da, Bär. Aufessen". Danach scheint er etwas den Handlungsfaden zu verlieren und wiederholt mehrfach „Bär Suppe".

Zu einem Bilderbuch, in dem der Tageslauf eines Teddybären dargestellt wird, kommentiert er dann einzelne Abbildungen, braucht aber immer wieder Nachfragen, um weiterzuerzählen. Es bleibt jeweils bei kurzen Äußerungen, ohne dass er zu einem Thema mehrere Sätze zu einer Abfolge verbindet. Die einzelnen Äußerungen selbst sind gut verständlich, aber dysgrammatisch, z. B. „hier nicht schläft" oder „hier ist der Milch".

Auch in der nachfolgenden Beobachtung bei der Montessori-Übungsstunde zeigt sich sein Interesse am Spiel und Dialog. So holt er z. B. die Einsetzzylinder aus dem Regal, lässt sie sich zeigen und macht sich dann selbst an die Arbeit, sie einzeln herauszuholen und der Größe nach wieder einzuordnen. Dabei geht er anfangs probierend vor, fragt um Hilfe, macht die Arbeit dann selbstständig fertig, wobei er sich selbst korrigiert.

Mit Enthusiasmus widmet er sich einer Schüttübung mit zwei Flaschen, Sand und Trichter. Beim Umschütten geht ihm einiges daneben. Er hebt den Trichter hoch, freut sich daran, dass der Sand in die Flasche rieselt, fragt nach einem Löffel, um den übergeschütteten Sand wieder einzufüllen. Selbermachen ist ihm wichtig. Als die Therapeutin den Trichter halten will, schiebt er ihre Hand weg mit „Will alleine". Dann allerdings bittet er sie ausdrücklich um Hilfe beim Einfüllen, indem er ihr den Löffel übergibt und mit „das da" auf den restlichen Sand zeigt. Wenn etwas nicht geht, organisiert er seine Handlung neu. So versucht er vergeblich, mit dem Löffel durch den schmalen Flaschenhals zu kommen, um den Sand zu löffeln, geht dann wieder zum Umschütten über und steckt den Trichter selbst auf die leere Flasche. Er macht die Therapeutin auf seine Arbeit aufmerksam, arbeitet aber auch konzentriert weiter, als diese sich zu einem kurzen Gespräch den Eltern zuwendet.

Auf die Nachfrage, was er jetzt machen möchte, schlägt er Kochen vor. Die Therapeutin bittet ihn, zunächst den Tisch sauber zu machen. Er holt zügig Handbesen und Schaufel, versucht, sie ihr in die Hand zu drücken, macht die Arbeit aber dann doch selbst mit dem Kommentar „der Marco putzt" „so schmutzig". Dann: „Ich muss kochen".

Während dieses abschließenden Rollenspiels wird er zusehends lebendiger. Auch seine sprachlichen Äußerungen werden länger. Er holt sich Schüsseln mit Körnern aus dem Regal, löffelt um, fragt die Therapeutin: „Willst du essen?" Er löffelt mit Ausdauer weiter und fragt nach: „Schmeckt das ganz lecker?" Dann: „Das ist für Mama. Das ist voll". Zum Vater und zum Untersucher gewandt sagt er der Therapeutin: „Die beiden müssen warten!" Dann kündigt er ihnen an: „Ein bisschen – und dann ist es fertig!".

Marco wird mit sieben Jahren in die Montessori-Schule (Zweig für lernbehinderte Kinder) aufgenommen. Am Ende des vierten Schuljahres findet eine Nachuntersuchung statt, bei der die Kaufman Assessment Battery for Children (K-ABC) durchgeführt wird. Er erreicht in der Skala intellektueller Fähigkeiten und in der Fertigkeitsskala jeweils einen Standardwert um 75. Er schreibt Wörter selbstständig, liest sinnentnehmend und selbstständig alterstypische Texte und kann (mit Materialunterstützung) einfache Rechenoperationen durchführen. Schwierigkeiten bereitet ihm die Erfassung komplexer Texte und das Kopfrechnen. Während er in der Selbstversorgung weitgehend selbstständig ist und auch kleine Besorgungen macht, braucht er im Verkehr und bei der Benutzung öffentlicher Verkehrsmittel noch Aufsicht und Hilfe. Die Kontrolle über das Essverhalten gelingt befriedigend, nur selten übertritt er die Regeln oder die zugestandenen Mengengrenzen, ist aber wenig kooperativ, wenn die Eltern ihn zu mehr sportlichen Aktivitäten anhalten möchten. Die Gewichtszunahme auf 52 kg ist deutlich.

Marcos Entwicklungsgeschichte ist ein Beispiel für einen Entwicklungsverlauf, der für Kinder mit PWS in den ersten Lebensjahren charakteristisch ist: verspätete Diagnose nach anfänglicher motorischer und kognitiver Retardierung, wenn die Gewichtszunahme einsetzt, mäßige Retardierung der kognitiven Fähigkeiten im Vergleich zum Altersdurchschnitt, aber gut ausgeprägte Fähigkeit zu Symbolspiel, zielgerichteter Handlung und sprachlicher Kommunikation mit guter praktischer Kompetenz.

Tina (15;4 Jahre)

Mehr Schwierigkeiten der sprachlichen Kommunikation und des sozialen Miteinanders treten in Tinas Entwicklung auf. Die ersten Lebensjahre sind durchaus Marcos Entwicklung recht ähnlich. Sie wurde in der 39. Schwangerschaftswoche mit unterdurchschnittlichen Geburtsmaßen geboren: Länge 43 cm, Geburtsgewicht 1980 g, Kopfumfang 33 cm. Der Vater ist bei ihrer Geburt 38, die Mutter 34 Jahre alt. Wegen Anpassungsproblemen wurde sie in die Kinderklinik verlegt, wo sie sechs Wochen verblieb. Auch bei ihr bestand eine ausgeprägte Hypotonie und Trinkschwäche, so dass Tina zunächst sondiert, später mit vielen kleinen Mahlzeiten gefüttert werden musste. Eine erste humangenetische Untersuchung ergab keine Diagnose.

Die Entwicklung im ersten Lebensjahr verlief verlangsamt. Tina schlief sehr viel, war sehr ruhig. Stabile Kopfkontrolle und das erste soziale Lächeln wurden erst mit sechs Monaten erreicht, Drehen mit elf Monaten, das freie Laufen mit 2 1/2 Jahren. Es wurde zunächst Physiotherapie nach Vojta, dann Ergotherapie durchgeführt.

Im Alter von 4;4 Jahren wurde sie im Kinderzentrum vorgestellt. Mittlerweile war sie recht selbstständig, vollständig sauber, sprach in (z. T. unvollständigen) Sätzen. Bei der entwicklungsdiagnostischen Untersuchung zeigte sich Tina lebhaft und aufgeschlossen, an den Spielangeboten interessiert, hielt aber stark an eigenen Ideen fest. In der Snijders-Oomen non-verbalen Intelligenztestreihe zeigte sie nahezu altersgemäße Fähigkeiten zur Klassifikation (nach Farbe, Form, Zusammengehörigkeit) und visuellen Kombination (Puzzles), dagegen Schwächen beim Nachbauen von Mustern und Abzeichnen. Sie wurde in einem heilpädagogischen Kindergarten angemeldet.

Für ihre Körpergröße von 96 cm war sie mit 21,6 kg weit schwerer als üblich (> p97). Das führte zu einer nochmaligen humangenetischen Begutachtung, die diesmal phänotypisch und molekulargenetisch zur Diagnose eines Prader-Willi-Syndroms (paternale Deletion) führte. Von diesem Zeitpunkt an bemühte sich die Mutter erfolgreich um die strikte Einhaltung einer Diät für Tina.

Im weiteren Verlauf der Kindergartenzeit machte sie stetige sprachliche Fortschritte, lernte die Farben, begann, Mengen abzuzählen und zu schneiden. Unsicherheiten bestanden bei grobmotorischen Anforderungen. Vor allem aber war sie in der Gruppe leicht ablenkbar und sehr eigenwillig, z. T. reagierte sie mit heftigen Wutausbrüchen auf Veränderungen.

Der Kindergarten berichtete zusammenfassend: *„Tina fällt durch ihre Stereotypien und eingefahrenen Verhaltensweisen bzw. Eigenarten auf. Grundsätzlich ist sie in das Gruppengeschehen integriert. In der Freispielzeit ist es für sie schwierig, auf Grund ihrer zwanghaften Verhaltensweisen, sich auf ein „freies" Spiel mit anderen Kindern einzulassen. Sie schafft dies nur für eine kurze Zeitspanne mit Hilfe. Dabei behindert sie ihre Unsicherheit in der Grobmotorik, da sie langsamer ist als die anderen Kinder und daher für manche Tätigkeiten länger braucht.*

Am ehesten schafft sie es, sich mit anderen Kindern auf Tischspiele einzulassen. Dabei zeigt sie Ausdauer und hilft den anderen bei der Einhaltung der Spielregeln. Insgesamt tut Tina sich im Kontakt zu gleichalten Kindern schwer, spielt am liebsten allein. Demgegenüber nimmt sie gerne und aktiv Kontakt zu Erwachsenen (auch Fremden) auf, wobei sie teilweise eine gewisse Distanzlosigkeit zeigt. Konflikten mit anderen Kindern weicht sie sehr aus, indem sie anfängt zu schreien und Erwachsene um Hilfe bittet. Es fällt ihr schwer, selbstständig eine Lösung für Konflikte zu finden und umzusetzen.

Parallel zum Kindergarten wurde eine Montessori-Einzeltherapie durchgeführt. Die Therapeutin schreibt in ihrem Verlaufsbericht: *„Tina verblüfft beim Umgang mit Mengen und Zahlen im Bereich bis zehn. Sie zeigt gern alles, was sie kann, hat aber viel Angst davor, Fehler zu machen. Das verleitet sie dazu, immer wieder nach vertrautem Material zu greifen und neuen Herausforderungen aus dem Weg zu gehen."*

Bei der Einschulungsuntersuchung mit sieben Jahren wird die Kaufman-Assessment Battery for Children durchgeführt. Tinas Verarbeitungsfähigkeiten liegen im unteren Bereich der Lernbehinderung mit harmonischem Testprofil (IQ 71). Bei Aufgaben zur akustischen Speicherung (Zahlen nachsprechen) schneidet sie besonders gut ab.

Tina verfügt über einen differenzierten Wortschatz (AWST-PR 21 im Vergleich mit den Normwerten für 6-jährige Kinder). Es zeigen sich keine wesentlichen Auffälligkeiten in Artikulation oder Grammatik in der Alltagssprache, wobei die Aussprache durch einige Lautersetzungen noch verwaschen klingt. Bei einer Sprachprobe zu Bilderbüchern kommentiert sie eher bruchstückhaft, z. B.: „Aufstehen, ins Klo gehen, Zähne putzen – und da? waschen und abtrocknen, weil er ja nass ist, und anziehen, Hose, Unterhemd, Unterhose hat er schon an, Unterhemd …" oder „und da ist der Kindergarten schon aus und da gehen sie heim und da trifft der Benjamin seine Mutter – und sein Bär? Und da Hände waschen und essen." Das Erzählen eines zusammenhängenden Ablaufs fällt ihr noch schwer.

Anders ist es bei einem Rollenspiel mit Materialien zum Kochen, das sie frei und lebendig gestaltet, indem sie mehrere Handlungsideen selbstständig zu einer Episode verbindet. Dementsprechend sind auch die sprachlichen Äußerungen flexibler: „Dann darf der Nero (ihr Plüschtier) einen Kuchen essen. Der Nero freut sich, das mag er gerne, dass er gut schmeckt." Bei anderen Sätzen gerät ihr die Wortstellung aber noch durcheinander. So möchte sie einen Becher füllen zum Trinken: „Wo müssen wir ... beim Trinken, wo man das reinschüttet. Nur halbes Glas trinken und ich."

Auffällig ist, wie sehr sie an einzelnen, ihr wichtigen Themen hängt und immer wieder auf sie zurückkommt. So erzählt sie während des Rollenspiels von einem Erlebnis, bei dem jemandem die Erbsensuppe angebrannt ist. Etwas später: „Gell, das war nicht so gut, dass Erna einfach Erbsen anbrennt. Wenn ich fertig bin mit Spielen, dann sag ich dir auch, warum die Erbsen angebrannt sind." Dann: „Die Erna hat gekocht und immer Fernsehen geschaut. Dann hat der Onkel Günther gesagt: Da riecht's. Dann hat die Erna gesagt: Da riecht nichts. Da hat der Onkel Günther gesagt: Da riecht's. Dann hat die Erna gesagt: Da riecht nichts. Dann hat die Erna in die Küche, da hat sie aber g'schaut, sind alle Erbsen angebrannt. Dann hat die Erna alles weggeschmissen." Minuten später kommt sie wieder auf die Geschichte zurück: „Der Onkel Günther hatte recht, aber die Erna hat nicht recht. Weil – da riecht's. Wenn die Erna sagen würde, da riecht's, dann hat die Erna recht."

Neben solchen perseverierenden Themen kann Tina aber durchaus auch auf Fragen und Gesprächsbeiträge des Gegenübers eingehen. So führt sie z. B. folgenden Dialog über ihre Erlebnisse mit anderen Kindern mit dem Untersucher: „(Mit wem spielst du am liebsten?) Jasmin und Werner. (Und was macht ihr da?) Dann spiel ich z. B. Barbies, manchmal. (Habt ihr auch mal Ärger miteinander?) Das mag ich lieber nicht. Wenn ich mit ihr spiele, dann mag ich nicht, dass die die Barbie auszieht. Die schaut so schön aus. Wenn ich die Barbie ausziehe, dann weint sie so (ahmt Jammern nach). Ich hab sie schon mal ausgezogen, dann hat sich die Jasmin geärgert. (Und worüber freust du dich?) Vielleicht wenn ich da schlafen kann. Aber wenn der Patrick da ist, ist zu klein. (Wie alt ist der denn?) Zwei Jahre. Und dann hat der schon mal alles rumgeschissen. Ja, und dann hab ich aufgeräumt. Aber einmal hat der Patrick auch mich gewürgt. Ich hab gedacht, der gibt mir ein Bussi! (Und wann bist du traurig?) Wenn ich ein Weh hab, dann wein' ich. Oder wenn vielleicht auch welche sterben und ich kenn' die, dann wein ich ganz feste. Und wenn der Nero vielleicht kaputtgeht, dann wein' ich ganz. Aber wenn die Mama ihn wieder richtet, dann freu' ich mich."

Bei der Montessori-Übungsstunde wählt sie sich ein Puzzle, Malen und ein Legespiel mit Zahlen aus. Beim Puzzle arbeitet sie sehr konzentriert und selbstständig. Sie freut sich über Lob und verkündet stolz: „Ich hab vom Papa die Augen." Auch dabei kommt es aber zu perseverierenden Äußerungen, die im Dialog ohne Funktion scheinen. So fragt sie sich mehrfach während der Arbeit selbst: „Warum machen wir das?" und gibt sich dann selbst als Antwort „weil das so ist".

Beim Malen ist sie erst etwas zögerlich: „Ich glaub, ich kann das nicht so malen". Dann beginnt sie sorgfältig, sich selbst zu malen, radiert mehrfach, als sie nicht zufrieden ist. Den Kommentar der Therapeutin dazu greift sie noch mehrfach auf in Frageform: „Warum hab ich geglaubt, es wird ein bisserl schöner?" Aufmerksamkeit und Ausdauer sind beeindruckend, dennoch wirkt sie äußerlich eher gleichgültig bei der Arbeit, ohne Enthusiasmus.

Schließlich zeigt sie anhand des Legespiels, wie mühelos sie bis 10 abzählen kann und Karten mit Punktmengen zuordnen kann. Auch dabei kommt es zu einigen stereotypen Redewendungen: „Warum müssen wir das so machen?" „Und wenn welche übrig bleiben, was machen wir dann?"

Tina hat somit eine Menge Lernfortschritte, sprachliches Ausdrucksvermögen und ein gutes Arbeitsverhalten erreicht. Dass das Beharrren auf bestimmten Themen und Abläufen zusammen mit einer geringen sozialen Kompetenz in der Interaktion mit Gleichaltrigen dennoch weiterhin zu gravierenden Problemen führen kann, zeigt sich zu Beginn der zweiten Klasse in der Montessorischule (Lernbehindertenzweig). Mutter und Lehrerin berichten, dass Tina den Schulbesuch z. T. verweigere, im Verhalten sehr rigide sei und einen sehr starken Kontrollzwang zeige. So gerate sie in Wutausbrüche, wenn im Schulbus ein Kind fehlt. Sie besteht in der Schule darauf, dass ein bestimmter Ablauf vorgenommen wird, sagt z. B., dass sie jetzt frühstücken wolle, und zwingt der Klasse diesen Willen auf. Folgt man diesen Wünschen nicht, dann zieht sie sich aus und beginnt sich zu kratzen. Sie zeige Leistungsängste, schlage auch schon einmal nach einem Erwachsenen, wenn sie von ihren Ängsten überwältigt scheint.

In Absprachen zwischen Eltern, Pädagogen und Psychologen wird dann ein Wechsel in eine Schule für Körperbehinderte vorgenommen, in dem die Unterrichtsgestaltung flexibler möglich ist und sie nach dem Lehrplan der Schule zur Förderung der individuellen Lebensbewältigung (Geistigbehinderte) unterrichtet werden kann. Sie macht dort gute Lernfortschritte, kann z. B. bald im Zahlenraum bis 1000 sicher addieren und subtrahieren, arbeitet sehr sorgfältig und selbstständig, soweit es sich um Beschäftigungen handelt, die sie interessieren (z. B. Puzzles).

Das Bestehen auf gewohnten Ablaufsritualen und zwanghafte Verhaltensweisen sowie impulsive Wutausbrüche nehmen jedoch auch dort in Stärke und Häufigkeit zu. So zeigt sie ein zwanghaftes Bedürfnis, sich immer wieder waschen zu müssen, bzw. die Gesundheit der Mitschüler kontrollieren zu wollen. Sie kann sich von solchen Themen kaum lösen und kommt immer wieder auf entsprechende Fragen zurück. Mit der Zeit entwickelt sie auch eine Art von inneren Drehbüchern, nach denen sie Phantasiegestalten bestimmte Sätze sagen oder Handlungen tun lässt, und wünscht sich, dass deren Rolle von den Eltern oder Mitschülern übernommen werden soll. Phasenweise wirkt sie sehr niedergeschlagen und beschäftigt sich immer wieder mit der Frage, „warum es ihr so schlecht geht".

Es bedarf vieler wohlüberlegter Absprachen zwischen den Eltern und Pädagogen in Zusammenarbeit mit einem Psychologen und konsiliarisch hinzugezogenen Kinder- und Jugendpsychiater, um individuelle Vorgehensweisen zum Umgang mit den einzelnen Verhaltensbesonderheiten und emotionalen Auffälligkeiten zu entwickeln sowie Tagesstrukturen zu erarbeiten, die ihr die Bewältigung des schulischen und häuslichen Alltags erleichtern.

Svenja (7;7 Jahre)

Die beiden Entwicklungsgeschichten illustrieren Gemeinsamkeiten und Unterschiede in der Entwicklung von Kindern mit Prader-Willi-Syndrom. Bei Marco und Tina sind die motorische und kognitive Entwicklung deutlich langsamer verlaufen als bei gleichalten Kindern. Zwanghafte Verhaltensweisen (perseverierende Äußerungen und Fixierungen auf bestimmte Abläufe und Vorlieben) sind ihnen gemeinsam. Ihr Ausprägungsgrad ist aber sehr unterschiedlich. Die Entwicklungsgeschichte Svenjas zeigt, dass auch eine weitgehend altersgemäße intellektuelle Entwicklung zum Spektrum der Möglichkeiten beim PWS gehört.

Sie wurde in der 39. Schwangerschaftswoche per Sectio geboren mit niedrigen Geburtsmaßen (Gewicht 2120 g, Länge 47 cm, Kopfumfang 33 cm). Nach Verlegung in die Kinderklinik trank sie in den ersten zwei Monaten schlecht, brauchte Krankengymnastik, entwickelte sich dann aber stetig: Fremdeln mit 5 Monaten, Robben mit 7 bis 8 Monaten, Hochziehen mit 13, freies Laufen mit 16 Monaten, erste gezielte Worte mit 13 bis 14 Monaten. Mit 3 1/2 Jahren kam sie in den Regelkindergarten, wechselte ein Jahr später aber in eine heilpädagogische Einrichtung, weil sie feinmotorische und sprachliche Schwächen zeigte. Darüberhinaus sorgten sich die Eltern über eine zunehmende Adipositas und häufige Wutanfälle in Zusammenhang mit einem zwanghaften Bedürfnis Svenjas zu essen. Im Alter von 4;7 Jahren wurde sie daraufhin humangenetisch untersucht und ein Prader-Willi-Syndrom diagnostiziert.

Bei der Vorstellung im Kinderzentrum im Alter von 6;1 Jahren findet sich eine Adipositas (Körpergröße 111 cm; Körpergewicht 24,4 kg), wobei das Gewicht seit Diagnosestellung durch enge Mengenrationierung und Bewegungsanregung gut kontrolliert werden konnte. In ihrer Gesamtentwicklung hat Svenja offensichtlich durch die heilpädagogische Förderung gute Fortschritte gemacht. Sie ist sehr selbstständig, zieht sich selbst vollständig an, putzt Zähne usw., beschäftigt sich ausdauernd mit Malen und Rollenspielen und hat feste Kontakte zu anderen Kindern.

Bei der Untersuchung mit den McCarthy-Skalen arbeitet sie bereitwillig mit und kann sich gut und mit Ausdauer auf die einzelnen Aufgaben einstellen. Ihre Fähigkeiten liegen im Grenzbereich zwischen der Durchschnittsleistung der Altersgruppe und der Lernbehinderung (genereller kognitiver Index 92). Das

Fähigkeitsprofil ist heterogen mit Stärken im Bereich sprachgebundener Fähigkeiten und Schwächen im Bereich der Gedächtnisaufgaben.

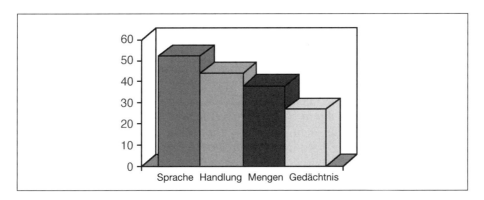

Abbildung 2: Testergebnisse in den McCarthy Scales of Children's Abilities (MSCA) bei Svenja im Alter von 6;1 Jahren

Im Allgemeinen Wortschatztest (AWST) schneidet sie altersgemäß ab (PR 69). Im Grammatik-Test (PET) hat Svenja Schwierigkeiten bei Steigerungs- und Perfektformen, das Testergebnis entspricht aber ihrem fast durchschnittlichen kognitiven Entwicklungsstand (PR 14). Bei der Aufzeichnung spontaner Äußerungen zu einem Bilderbuch sind ihre Sätze zunächst kurz, aber vollständig. Sie spricht leise und braucht immer wieder Nachfragen, um ein Bild zu beschreiben. Einige Beispiele: „da trocknet er sich ab" „Einen Mantel hat der Benjamin an." „Dann wäscht er sich und isst Mittag. Kartoffelbrei, Erbsen und Gemüse." Mit der Zeit wird das Erzählen aber flüssiger: „Baden, dann setzt er sich hin und isst zu Abend. Dann schläft er. Dann liest der noch eine Geschichte vor."

Bei der Montessori-Übungsstunde wählt sie zunächst zwei Materialien, die mit Mengen und Zahlen zu tun haben. Nach anfänglicher Unsicherheit bei der Zuordnung von Mengenkarten und Ziffern („weiß ich nicht"), zählt sie dann zuverlässig im Zahlenraum bis 10 ab. Auch beim „Apfelbaumspiel", bei dem sie kleine Äpfelchen je nach Augenzahl auf dem Würfel einstecken soll, zählt sie durchweg richtig. Bei beiden Arbeiten wirkt sie recht gleichgültig, zeigt keine Freude über Lob und Erfolg.

Mit mehr Enthusiasmus arbeitet sie dann an Schütt- und Löffelübungen, von denen sie sich mehrere nacheinander aussucht. So schüttet sie z. B. konzentriert und zielstrebig Wasser aus einem Krug in vier kleine Gläser um, schüttet wieder zurück, was danebengetropft ist. Verschmitzt kommentiert sie „Muss ich aufputzen, weil ich so'n Scheißdreck gemacht hab'". Auch bei der Schüttübung mit Trichter ist sie sehr aufmerksam bei der Sache und organisiert ihre Tätigkeit weitgehend selbst. Einmal probiert sie auch erfolgreich, ob sie den Sand ohne Trichter einfüllen kann. Auf die Frage der Therapeutin, ob sie aufhören möchte, antwortet sie leichthin: „Nein, ich hab noch länger Zeit, weil ich nicht im Kindergarten bin heute."

Am Schluss entscheidet sie sich für eine Übung aus dem Leselernprogramm. Dabei ist sie sehr motiviert. Die Therapeutin will ihr den Namen vorschreiben, damit sie danach diejenigen Dinge aus einem Sortiment heraussuchen kann, deren Namen mit den gleichen Buchstaben beginnen. Sie nimmt ihr den Stift aus der Hand mit einem vorwurfsvollen „Du weißt ihn nicht" und schreibt ihn selbst. In dem Sortiment sucht sie mit Erfolg zahlreiche Gegenstände, deren Anfangsbuchstaben in ihrem Namen vorkommen. Sie verbessert sich manchmal selbst und wirkt mit dem Ergebnis sehr zufrieden. Perseverierende Themen, eine Fixierung auf bestimmte Vorlieben oder andere zwanghaft wirkende Verhaltensweisen sind während der gesamten Beobachtungszeit nicht zu erkennen.

Tanja (5;3 Jahre)

Auch bei sehr günstig verlaufender kognitiver und sprachlicher Entwicklung können situationsabhängige Verhaltensprobleme auftreten, die für die Interaktion mit den Eltern eine große Belastung werden. Tanja, die im Alter von 4;8 Jahren erstmals vorgestellt wird, besucht seit drei Monaten einen integrativen Kindergarten, in dem sie sich sehr wohl fühlt. Sie kann sich auf erste gemeinsame Spielsituationen mit anderen Kindern einlassen, z. B. bei Rollenspielen oder gemeinsamem Puzzle, und passt sich an die Regeln an, die im Kindergarten herrschen.

Zu Hause ist sie aber sehr fixiert auf bestimmte Abläufe und Gewohnheiten. Besonders in Zeiten von Müdigkeit und Stress wiederholt sie ständig die gleiche Handlung, z. B. die Puppe an- und auszuziehen. Wenn etwas unausweichlich anders ablaufen muss als sie es gewohnt ist, reagiert sie mit Zorn und Weinen und braucht konsequente Führung, um sich darauf einlassen zu können. Mit diesem Problem umzugehen, ist für die Eltern derzeit schwerer, als das Essverhalten zu kontrollieren. Tanja akzeptiert, dass die Eltern ihr die Essensmenge zuteilen, teilweise isst sie die angebotenen Mengen nicht einmal auf und entscheidet selbst, wieviel sie möchte. Ihr Gewicht beträgt 12 kg (Größe 86.5 cm).

Eine spezielle Eigenart zeigt sich, als beide Eltern während der Bilderbuchbetrachtung kurz den Raum verlassen, um sich um die kleine Schwester zu kümmern. Tanja beginnt sofort, sich mehrfach an der Lippe zu zupfen. Dann führt sie den Ärmel zum Mund und reißt mit den Zähnen daran. Das wiederholt sich mehr als 15-mal hintereinander. Als der Vater wiederkehrt, berichtet sie ihm (eher triumpfierend): „Lippe gepuhlt". Zwei Stunden später – mitten in der Montessori-Übungsstunde – kommt sie unvermittelt darauf noch einmal zurück und fragt die Therapeutin: „Puhlst du auch immer Lippe?" (Nein, aber du?) „Ja, der Finger geht immer so (demonstriert es)." (Aber das sollst du nicht, oder?) „Ne, die Mama sagt das immer."

Sowohl bei der Sprachtestung wie auch in der Montessori-Übungsstunde finden sich neben vielen sachbezogenen, auf das jeweilige Thema abgestimmten Äußerungen und Fragen auch eine Reihe von (insbesondere Warum-)Fragen und Themen, die stereotyp wiederholt werden. So fragt sie die Therapeutin z. B. während des Aufräumens zwischen zwei Übungen viele Male nacheinander mit „Und dann?" danach, was diese als jeweils nächstes machen werde. Als die Therapeutin abschließend sagt, dass sie dann nach Hause fahre: „Und bei mir ist jetzt niemand. Ist ganz leer. Weil wir sind alle hierhingefahren." Und: „Wenn ich groß bin, kann ich's ganz alleine, hierhinfahren."

In der Montessori-Übungsstunde widmet sie sich zunächst sorgfältig einem recht komplexen Puzzle und lobt sich selbst: „Heute bin ich aber wirklich ein Puzzler!" Als sie als nächstes erneut ein Puzzle auswählen will, interveniert die Therapeutin und führt die Regel ein, dass sie sich nicht mehrmals nacheinander dasselbe Material aussuchen soll. Sofort beginnt Tanja zu kreischen und zu weinen: „Nein, ich will aber das Puzzle!" Als die Therapeutin auf dem Wechsel besteht: „Ich mag aber zu meiner Mami!" Als die Therapeutin ihr dennoch eine neue Übung zeigt, bei der sie Tischtennisbälle und Korken aus einer Wasserschüssel angelt, ist sie sofort interessiert und bereit. Kurz protestiert sie noch einmal „Aber ich mag das nicht!", ist dann aber rasch begeistert und fischt mit einem Sieb ausdauernd Korken und Bälle von einer Schüssel in die andere. Ganz vergessen hat sie ihr Vorhaben aber nicht. Nach einiger Zeit: „Wir wollen doch gleich mal aufhören, weil ich will doch puzzeln." Die Eltern berichten, dass sie sich ihrem Beharrungsvermögen zu Hause hilflos ausgeliefert fühlen. Auch das Zupfen an der Lippe macht ihnen Sorgen. Es tritt immer wieder auf, ohne dass sie wissen, warum sie dies tut, und bewirkt Verletzungen, die schlecht abheilen. Beides sind Erfahrungen, die viele Eltern von Kindern mit PWS berichten, wie wir noch sehen werden. Diese Verhaltensmerkmale sind Aspekte des syndromspezifischen Phänotyps.

Franziska (6;10 Jahre)

Während bei den bisher beschriebenen Kindern die Diagnose erst relativ spät gestellt wurde, erfahren die Eltern Franziskas schon innerhalb der ersten zwei Lebenswochen, dass es sich um ein Mädchen mit Prader-Willi-Syndrom handelt. Die Ärzte der Neugeborenen-Station haben angesichts der allgemeinen Hypotonie, der Trinkschwäche und des äußeren Erscheinungsbildes den Verdacht geäußert, der molekulargenetisch dann rasch bestätigt wurde. Konsiliarische Absprachen mit dieser Klinik machen es möglich, den Eltern bereits zu diesem Zeitpunkt eine ausführliche humangenetische und psychologische Beratung anzubieten, die ihnen hilft, sich mit der Realität der Diagnose und den

Entwicklungsperspektiven und spezifischen Bedürfnissen von Kindern mit Prader-Willi-Syndrom auseinanderzusetzen.

Die Entwicklungsberatung wird in Abständen von wenigen Monaten jeweils fortgeführt und ergänzt die krankengymnastische und später ergotherapeutische Behandlung. Franziska entwickelt rasch eine wache Neugier, inspiziert Gegenstände ausgedehnt und kann sich z. B. im Alter von neun Monaten lange und aufmerksam in passiver Sitzposition selbst beschäftigen. Sie bildet Silbenketten, lautiert allerdings deutlich weniger als andere Kinder gleichen Alters. In der sensomotorischen Entwicklung hat sie fast altersgemäße Fähigkeiten erreicht. Sie holt z. B. Gegenstände aus kleinen Behältern, klopft mit einem Schlegel auf die Trommel und streckt sich, um etwas wieder zu erlangen. Aktivität und motorische Kraft bei der Bewegungsausführung sind aber reduziert.

Mit 18 Monaten erreicht sie das freie Laufen. Bei einer ausführlichen Entwicklungsdokumentation im Alter von zweieinhalb Jahren zeigt sie im Symbolic Play Test (SPT) ein Spielverhalten, wie es für Kinder von zwei Jahren typisch ist. Sie versorgt z. B. die Puppe, kann einen Traktor beladen und eine Figur auf den Fahrersitz platzieren. In ihrer sprachlichen Entwicklung hat sie dagegen etwas langsamere Fortschritte gemacht. Sie benutzt viele einzelne Wörter zur Kommentierung von Dingen, die sie sieht, oder Abbildungen, beantwortet Fragen (z. B. „Was macht der denn da?" – „schwimmen" – „Und wo?" – „Wanne"), kombiniert aber noch keine Worte miteinander. In einer Beobachtung des Arbeitsverhaltens in der Montessori-Übungsbehandlung beeindruckt sie die Therapeutin durch sehr sorgfältiges Arbeiten. So beschäftigt sie sich z. B. ausdauernd mit Einsteckspielen und Einsetzzylindern, die sie herausholt, mischt und dann probiert, wie sie nach der Größe wieder eingeordnet werden können. Mit sichtlichem Spaß am Dialog schaut sie dabei immer wieder zur Therapeutin, fragt schelmisch „da?" und kommentiert selbst mit einem entrüsteten „nein", wenn's nicht passt. – Die Eltern berichten, dass sie zu Hause sehr zornig reagieren kann, wenn sie ihre Vorstellungen nicht durchsetzen kann – was man sich angesichts der besonders guten Kooperations- und Anpassungsbereitschaft bei den entwicklungsdiagnostischen Terminen kaum vorstellen kann.

Beharren auf ihren Vorstellungen und – teilweise bedingt durch Misserfolge beim Versuch zu kommunizieren – impulsive, zornige Reaktionen belasten den Alltag im weiteren Verlauf. So besteht sie z. B. im Geschäft darauf, bestimmte Dinge zu bekommen, und hält an starren Ritualen fest, z. B. beim Abholen der größeren Schwester aus dem Kindergarten immer ein bestimmtes Kind zu begrüßen. Sie strebt verstärkt nach Essen, akzeptiert aber die Mengenkontrolle durch die Eltern, wobei sich die Eltern gegen eine spezielle Diät und für ein gemischtes Nahrungsangebot entschieden haben.

Im Alter von 4 1/2 und 5 1/2 Jahren werden jeweils standardisierte Entwicklungs- bzw. Intelligenztests durchgeführt, um den weiteren Weg der Förderung und die Perspektiven für die künftige Schulanmeldung zu klären. Beim ersten Termin wurden die McCarthy Scales (MSCA), beim zweiten die Kaufman-Skalen (K-ABC) durchgeführt. Bei beiden Gelegenheiten arbeitet sie mit hoher Kooperationsbereitschaft und Ausdauer mit. Sie kann kleine Mengen abzählen, Fragen nach Wortbedeutungen beantworten („Rätsel"), sich drei Zahlen oder Worte in ihrer Reihenfolge merken, bei anschaulichen Aufgaben auch Analogien finden (z. B. einen Reißverschluss einer Hose zuordnen, wenn ein Knopf und ein Hemd als Modell vorgegeben werden). Beide Male ergeben sich Skalenwerte, die um 1 bis 2 Standardabweichungen vom Durchschnitt der Altersgruppe abweichen. Sie wird in den Zweig für lernbehinderte Kinder der Montessori-Schule aufgenommen.

Tabelle 1: Testergebnisse bei einem Mädchen mit Prader-Willi-Syndrom im Vorschulalter

Testverfahren	Alter	Standardwert
McCarthy Scales (MSCA)	4;4	Verbalteil 37 Perzeptionsteil 30
Kaufman Assessment Battery for Children (KABC)	5;4	Skala einzelheitlichen Denkens 73 Skala ganzheitlichen Denkens 61 Skala intellekt. Fähigkeiten 67 Fertigkeitenskala 71

Anmerkung: MSCA = Mittelwert 50, SD +/- 10; KABC = Mittelwert 100, SD +/- 15

Die fünf Beispiele zeigen Gemeinsamkeiten in Entwicklung und Verhalten, individuelle Unterschiede und Situationsabhängigkeiten des Verhaltens der beschriebenen Kinder. Welche Erfahrungen liegen nun zum körperlichen Phänotyp, dem Entwicklungsverlauf und den Verhaltensmerkmalen beim PWS im Allgemeinen vor?

3.2 Klinische Genetik

Prader, Labhart und Willi (1956) beschrieben ein Syndrom von Adipositas, Kleinwuchs, Kryptorchismus und Oligophrenie nach myotonieartigem Zustand im Neugeborenenalter, wie sie es nannten. Diese Syndrombeschreibung ist ein Beispiel für die Wortwahl, wie sie bei der Beschreibung genetischer Syndrome bis heute oft anzutreffen ist. Die medikalisierenden Begriffe, wie sie Eltern bei der Diagnosevermittlung aus den Lehrbüchern zitiert werden, benennen die Defekte der Kinder. Ihr Muskeltonus ist schwächer, sie bleiben kleiner, werden dicker und lernen langsamer als andere Kinder. Die positiven Entwicklungsmöglichkeiten der Kinder, wie sie in den Einzelbeschreibungen nachgezeichnet wurden, bleiben bei dieser Syndrombeschreibung verborgen.

Seither wurden mehr als 200 Studien über mehr als 2000 PWS-Patienten veröffentlicht, wobei der Schwerpunkt auf den klinischen und genetischen Aspekten des Syndroms lag.

Es lassen sich *zwei Entwicklungsphasen* voneinander abgrenzen, in denen sich das klinische Erscheinungsbild der Kinder mit PWS unterscheidet. Die frühe Kindheit (im ersten und zweiten Lebensjahr) ist gekennzeichnet durch eine ausgeprägte *Muskelhypotonie, die in vielen Fällen auch den Saugreflex betrifft*, so dass die Nahrungsaufnahme sehr erschwert ist und manche Säuglinge in den ersten Wochen sondiert werden müssen. Andere frühe Kennzeichen sind die *Unterentwicklung des Genitale, dysmorphologische Struktur des Gesichts, schmale Hände und Füße und eine verzögerte Gesamtentwicklung*. Die meisten Säuglinge haben zudem Regulationsstörungen der Körpertemperatur, schlafen viel und sind schwer mit Spielangeboten zu erreichen. Bei allen geschilderten Einzelfälle wurden diese Entwicklungsbesonderheiten in mehr oder weniger ausgeprägter Form berichtet.

Mit zwei bis vier Jahren werden die Kinder dann aufnahmebereiter, die Hypotonie lässt nach, das freie Laufen wird erreicht. In dieser Phase beginnen sie jedoch dann einen *exzessiven Appetit* zu zeigen, der schwer kontrollierbar ist und leicht zu extremem Übergewicht führen kann. Nicht selten – das zeigen auch unsere Fallbeobachtungen – führt erst die Entwicklung der Adipositas zu einer erneuten Ursachenforschung und dann zur humangenetischen Diagnose des Prader-Willi-Syndroms. Dementsprechend spät mag noch heute das durchschnittliche Alter, in dem die Diagnose gestellt wird. James und Brown (1992) gaben für ihre kanadische Untersuchungstichprobe ein durchschnittliches Alter von 3;10 Jahren bei Jungen und 10;0 Jahren bei Mädchen an. Neuere Daten liegen nicht vor.

Die Gewichtsentwicklung ist aber durchaus individuell unterschiedlich. Angulo et al. (1989) beschrieben fünf Patienten zwischen 5 bis 13 Jahren, die trotz einer gesicherten Diagnose ein normales Körperwachstum aufwiesen. Im Jugend- und Erwachsenenalter wurden andererseits durchschnittliche Gewichtszunahmen binnen Jahresfrist von 8 kg berichtet mit extremen Schwankungen bis zu 50 kg im gleichen Zeitraum.

Die weitere körperliche Entwicklung ist z. T. vom Ausmaß dieses Übergewichts bestimmt. Diabetes, Herz-Kreislaufprobleme, Hüfterkrankungen oder eine Skoliose treten bei 40 bis 50 % der Patienten auf (Greenswag, 1987; James & Brown, 1992). Einige dieser körperlichen Probleme beeinträchtigen die Gesundheit bereits im Kindes- und Jugendalter. In einer Studie, bei der alle 34 Kinder und Jugendlichen mit PWS einer Region untersucht werden konnten, ergaben sich folgende relative Häufigkeiten: wiederkehrende Atemwegserkrankungen 53 %, Skoliose 29 % (behandlungs-/operationspflichtig 15 %), Arm- oder Beinbrüche 34 % (Butler et al., 2002). Andere schwerwiegende Erkrankungen wie Bluthochdruck oder ein nicht-insulinabhängiger Diabetes mellitus betrafen nur Erwachsene. Behandlungsbedürftige epileptische

Anfälle traten insgesamt selten auf (6 %), 12 % der Kinder neigten zu Fieberkrämpfen.

Die Prävalenzrate liegt bei etwa 1:15 000 (Akefeldt et al., 1991); das PWS kommt in allen Rassen und bei beiden Geschlechtern gleichermaßen häufig vor. Die früher vorherrschende Annahme einer höheren Prävalenz bei Jungen ist wohl nur dadurch bedingt, dass die Verdachtsdiagnose bei Jungen anhand des auffälligen Genitales häufiger gestellt wurde. Es handelt sich fast ausnahmslos um ein sporadisches Auftreten.

Eine sichere Diagnose der genetischen Besonderheit kann in fast allen Fällen über eine molekulargenetische Analyse erfolgen. Bei etwa 70 % der Patienten

Kasten 2: Körperliche Merkmale des Prader-Willi-Syndroms

pränatale und neonatale Phase
– verminderte Kindsbewegungen
– abnorme Entbindungslage
– ungewöhnlich schwacher Schrei
– zäher Speichel
Säuglings- und Kleinkindalter
– Hypotonie
– Fütterprobleme
– Gedeihstörung
– genitale Hypoplasie und Hodenhochstand
– leichte Dysmorphiezeichen
– verzögerte motorische Entwicklung
Kindheit und Erwachsenenalter
– Adipositas/Hyperphagie
– kleine Hände und Füße
– Strabismus/Myopie
– Unfähigkeit zum Erbrechen
– Skoliose
– leicht vermindertes Wachstum
– abnorme Pubertätsentwicklung

mit PWS liegt eine *Deletion am Chromosoms 15* (15q11–13) vor. Im Rahmen der Zellteilung ist es zu einem Verlust eines Teils der vom Vater vererbten genetischen Informationsbausteine gekommen. Bei den anderen Fällen findet sich keine Deletion, sondern ein normaler Karyotyp. Etwa 20 % weisen aber eine sogenannte uniparentale Disomie auf, bei der beide Chromosomen 15 von der Mutter ererbt sind. Diese Form stellt ein Beispiel für das sog. „genomische Imprinting" dar; durch diesen Imprinting-Vorgang wird eine maternale Allele offensichtlich ausgeschaltet. Die Anwesenheit von zwei maternalen Allelen am PWS-Genort vermag das Fehlen des paternalen Chromosoms in diesem Fall nicht zu kompensieren (Knoll, 1993). Die beiden Untergruppen unterscheiden sich im äußeren Erscheinungsbild nicht bedeutsam (Butler, 1986; Gillessen-Kaesbach et al., 1995). In sehr seltenen Fällen kann ein Defekt im sog. Imprinting-Zentrum vorliegen; nur bei diesem Entstehungsmechanismus ist eine Wiederholungshäufigkeit von 50 % innerhalb der gleichen Familie bekannt.

Wie sich das Fehlen genetischer Informationsbausteine im Einzelnen auswirkt, ist noch nicht geklärt. Es muss von zentralnervösen Regulationsproblemen im Bereich des Hypothalamus ausgegangen werden, die eine Wachstumsverlangsamung, mangelhafte Ausbildung des Genitale, Thermolabilität und auch eine häufig zu beobachtende Schläfrigkeit der Patienten im Jugend- und Erwachsenenalter erklären könnten.

3.3 Kognitive Entwicklung

Intelligenztestergebnisse im Schul- und Jugendalter

Curfs und Fryns (1992) legten eine Übersicht über die Daten zur kognitiven Entwicklung der Kinder und Erwachsenen vor, die an 575 Patienten in 57 veröffentlichten Studien erhoben wurden. Die Verteilung der IQ-Werte ist bei Kindern und Erwachsenen, Jungen und Mädchen jeweils einander ähnlich. *70 % sind mäßig mental behindert (IQ < 70), 5 bis 10 % sind schwerer behindert, ebensoviele liegen mit ihren Testergebnissen aber im (unteren) Normalbereich (IQ > 70).*

Die Aussagekraft dieser Ergebnisse ist allerdings dadurch eingeschränkt, dass sehr unterschiedliche Testverfahren verwendet wurden, deren Ergebnisse mehr oder weniger auch von sprachlichen Ausdrucksfähigkeiten und Ausdauer der Arbeit unter Tempomotivation beeinflusst werden. Zudem geben herkömmliche Testverfahren nur einen Ausschnitt aus dem Leistungsvermögen eines Kindes wider.

Bei wiederholter Testung in Zeitabständen von mehreren Jahren zeigt sich ein stabiler Entwicklungsverlauf der kognitiven Fähigkeiten. Die Fähigkeiten neh-

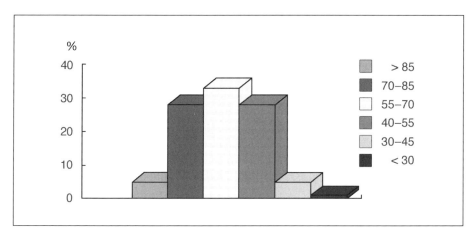

Abbildung 3: IQ-Verteilung beim Prader-Willi-Syndrom bei 575 Patienten (nach Curfs & Fryns, 1992)

men stetig zu, der relative Abstand zu Gleichaltrigen bleibt in etwa gleich (Dykens et al, 1992a).

Ebenso wie die individuellen Testergebnisse ist auch die *Verteilung von Stärken und Schwächen innerhalb der Testprofile recht unterschiedlich*. Curfs et al. (1991) legten Einzeldaten von 26 Schulkindern und Jugendlichen vor, die mit den Wechsler-Skalen (HAWIK) erhoben wurden. Der mittlere Handlungs-IQ der Gruppe lag bei 69.5, der mittlere Verbal-IQ bei 61 bei erheblichen interindividuellen Unterschieden (Schwankungsbreite 37 bis 94). Bei 10/28 Kindern und Jugendlichen war der Handlungs-IQ um mehr als 15 Punkte höher als der Verbal-IQ. Bei dreien fand sich der umgekehrte Unterschied, bei den meisten keine signifikante Differenz. Relativ höhere Fähigkeiten bei nicht-sprachgebundenen Aufgaben charakterisierten also nur eine Teilgruppe der Schüler. 9/28 hatten auf Subtestebene die höchsten Ergebnisse beim „Mosaiktest", je 5/28 beim „Zahlensymboltest" und bei „Labyrinthen". Diese Aufgaben haben gemeinsam, dass sie eine reflexive Arbeitsweise mit guter Konzentration und visueller Gestaltgliederungsfähigkeit erfordern. Auch Gross-Tsur et al. (2001) untersuchten 18 Patienten (8 bis 23 Jahre) mit dem Wechsler-Test. Sie fanden einen mittleren IQ von 73. Je fünf von ihnen hatten signifikant (um mehr als 15 Punkte) höhere Testergebnisse im verbalen Bereich, bzw. Handlungs-IQ.

Dass Kinder mit PWS relative Stärken bei visuellen Wahrnehmungsaufgaben aufweisen, sagen auch viele Eltern, die von erstaunlichen Fähigkeiten beim Puzzlen berichten. Dykens (2002) ging dieser Frage systematisch nach. Sie stellte fest, dass Kinder mit PWS in einer bestimmten Zeitspanne nicht nur weitaus mehr Puzzleteile korrekt zusammenfügen konnten als andere Kinder mit intellektueller Behinderung, sondern auch mehr Teile, als Kinder mit unbeeinträchtigter Entwicklung in der gleichen Zeit zusammenfügten. Die Arbeitsstrategien waren unterschiedlich. Während die Kinder mit PWS eine erstaunliche Fähigkeit hatten, die Puzzle von den Rändern durch geschicktes Ausprobieren aufzubauen, gingen die anderen Kinder vergleichend vor und schauten öfter auf die Vorlage.

Dykens et al. (1992a) stellten bei der Untersuchung von 21 Jugendlichen und Erwachsenen mit PWS (über 13 Jahre) mit der Kaufman Assessment Battery for Children relative Stärken bei sog. simultanen Informationsverarbeitungsprozessen fest, wie sie bei den Subtests „Gestaltschließen", „Dreiecke", „Analogien" und „Fotoserie" erforderlich sind. Bei diesen Aufgaben ist vergleichendes Erfassen von visuellen Reizen und das Entdecken von Zusammenhängen zur Problemlösung nötig.

Zur Merkfähigkeit und Fähigkeit zur sequentiellen Verarbeitung liegen widersprüchliche Testergebnisse vor. In der genannten Untersuchung konnten Zahlenfolgen recht gut gespeichert und wiedergegeben werden, Wortfolgen und Serien von Handbewegungen dagegen nicht. Das spricht gegen eine relative Schwäche im auditiven Kurzzeitgedächtnis, wie sie Gabel et al. (1986) annahmen. Diese hatten eine Reihe von HAWIK-Subtests, Tests zur auditiven Verarbeitung, visuellen Zuordnung, Planungsfähigkeit und motorischen Geschicklichkeit verwendet. Levine (1993) untersuchte 10 PWS-Patienten (4–28 Jahre) mit den McCarthy-Scales (1), den Kaufman-Skalen (4) und den Wechsler-Skalen (5). Sie fanden bei 8/10 relative Stärken im Langzeitgedächtnis und in schulischem Wissen. So konnten sie sich Ereignisse und Aktivitäten aus früherer Zeit sehr gut merken, Wort- oder Zahlenfolgen aber nicht.

Eine Schwäche bei der Verarbeitung sequenzieller Informationen hat beträchtliche Auswirkungen auf die Alltagskompetenz des Kindes. So berichten viele Eltern, dass ihre Kinder sich schwertun, sich komplexere Aufträge mit mehreren Teilschritten zu merken, entsprechende Handlungen zu planen, Zusammenhänge der Reihe nach zu erzählen und mit Zeitbegriffen wie „vorher", „bis" adäquat umzugehen. Im Alltag sind sie daher leicht überfordert, wenn Pläne für den Tag besprochen werden. Es liegt nahe, dass sie sich an dem „festzuhalten" versuchen, was sie kennen; in den Augen der anderen wirkt dieses Verhalten als Zwanghaftigkeit und Sturheit.

Im Vergleich zu den im Test gemessenen intellektuellen Fähigkeiten erreichen Kinder und Jugendliche mit PWS bessere *schulische Leistungen*, als zu erwarten wäre. Dabei scheint ihnen das Rechnen schwerer zu fallen als das Erlernen des Lesens und Schreibens (Cassidy, 1984; Dykens et al., 1992a). Eine solche Diskrepanz lässt sich durch Schwächen bei sequentiellen Verarbeitungsprozessen erklären, die bei Rechenoperationen benötigt werden.

Aus älteren Studie ließ sich ein Zusammenhang zwischen frühzeitiger Diagnosestellung, Gewichtsentwicklung und intellektueller Entwicklung vermuten (Crnic et al., 1980). Dykens et al. (1992a) konnten einen solchen Zusammen-

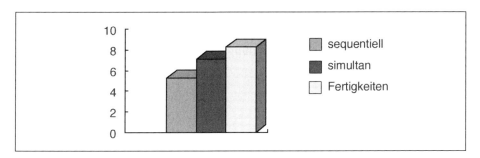

Abbildung 4: Ergebnisse der Kaufman-Skalen bei 21 Jugendlichen und Erwachsenen mit Prader-Willi-Syndrom (Altersmittelwerte bei 10 Punkten, Standardabweichung 3 Punkte; nach Dykens et al., 1992a)

hang bei ihrer Untersuchung von 21 Jugendlichen und Erwachsenen jedoch nicht bestätigen. Erste Erfahrungen zur Wirksamkeit der Wachstumshormonbehandlung bei einzelnen Kindern mit PWS zeigen keine eindeutigen Zusammenhänge zwischen Gewichts- und Intelligenzentwicklung. Die Behandlung wirkt sich jedoch günstig aus auf die motorische Entwicklung und die allgemeine Aktivität der Kinder (Eiholzer, 2001).

Die spezifische genetische Veränderung scheint die Entwicklung etwas unterschiedlich zu beeinflussen. Ein systematischer Unterschied im Fähigkeitsprofil findet sich zwischen Kindern, bei denen eine Deletion und solchen, bei denen eine uniparentale Disomie vorliegt. Roof et al. (2000) untersuchten 38 Jugendliche und Erwachsene mit dem Wechsler-Test und stellten bei der Gruppe mit uniparentaler maternaler Disomie einen signifikant höheren Verbal-IQ fest. Bei der Hälfte lag er > 70. Ein solcher Unterschied ließ sich bei der anderen Gruppe nicht finden. Kinder mit paternaler Deletion zeigten dagegen signifikant höhere Fähigkeiten beim Lösen von Puzzles (Dykens, 2002). Retrospektiv ergibt sich daraus der Eindruck, dass die widersprüchlichen Befunde zum Fähigkeitsprofil von Kindern mit PWS möglicherweise auf unterschiedliche genetische Ursachen zurückzuführen sind, die zu jenem Untersuchungszeitpunkt noch nicht differenziert werden konnten.

Frühentwicklung kognitiver und sprachlicher Fähigkeiten

Zur frühen Entwicklung von Kindern mit PWS liegen überwiegend retrospektiv erhobene Daten zum Alter vor, in dem verschiedene Meilensteine der Entwicklung bewältigt wurden. So wird für das selbstständige Sitzen ein Durchschnittsalter von 11 bis 12 Monaten angegeben, für das Krabbeln 15 bis 16 Monate, das freie Laufen von 24 bis 27 Monaten und das Erreichen eines Wortschatzes von zehn Wörtern oder mehr bei 3 1/2 Jahren. Ergebnisse von standardisierten Entwicklungstests bei jungen Kindern sind noch die Ausnahme. Eiholzer et al. (2000) teilten die Ergebnisse von zehn Kindern im Alter unter zwei Jahren mit und fanden relative Defizite im Bereich der motorischen und sprachlichen Fähigkeiten (Abbildung 5).

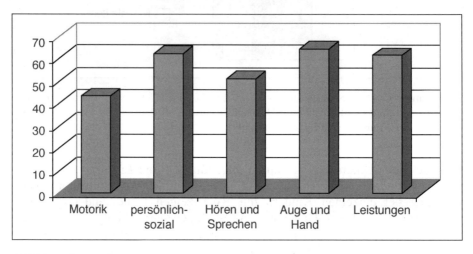

Abbildung 5: Entwicklungsquotienten bei zehn Kindern mit Prader-Willi-Syndrom unter zwei Jahren im Griffiths-Entwicklungstest (Eiholzer et al., 2000)

Eine eigene Übersicht bezieht sich auf neun Kinder im Alter von 2 bis 3 Jahren und 14 Kinder im Alter von 3 bis 7 Jahren. In der ersten Gruppe wurde der Symbolic Play Test (SPT) durchgeführt und eine Auswertung der spontanen Sprachäußerungen während des Spiels und einer Bilderbuchbetrachtung vorgenommen. Die sprachlichen Äußerungen der Kinder wurden untergliedert in drei Stufen. Die Stufe I war gekennzeichnet durch Einzelwörter, die Stufe II durch erste Zweiwortverbindungen aus Haupt- und Tätigkeitswörtern und die Stufe III durch den Gebrauch von Formen der Verbflexion und Hilfsverben. In der zweiten Gruppe wurden bei allen Kindern die McCarthy Scales of Children's Abilities (MSCA) durchgeführt, bei den meisten ergänzt durch einen Grammatik-Test (aus dem Psycholinguistischen Entwicklungstest) und den Allgemeinen Wortschatztest (AWST).

In der ersten Gruppe schwankte das Lebensalter zwischen 26 und 36 Monaten. Das Entwicklungsalter, das mit dem Symbolspieltest ermittelt wurde, lag bei sieben der neun Kinder zwischen 26 und 30 Monaten. Bei drei Kindern wich es um mehr als sechs Monate vom Lebensalter ab; wenn man aus den Daten Entwicklungsquotienten bildet, so lagen diese nur bei diesen drei Kindern < 70. Auch wenn aus anderen Studien bekannt ist, dass die Ergebnisse des Symbolic Play Tests die Entwicklungsalterswerte, die mit anderen Verfahren (z. B. Bayley-Scales) erhoben werden, um durchschnittlich drei Monate überschätzen, ergibt sich daraus doch das Bild einer relativ rasch fortgeschrittenen kognitiven

Frühentwicklung der untersuchten Kinder. Im Vergleich zu ihren kognitiv-symbolischen Fähigkeiten zeigten sich in der expressiven Sprachentwicklung bei den gleichen Kindern dagegen deutlich größere Verzögerungen. Sechs Kinder äußerten sich nur mit einzelnen Wörtern, eines bildete erste Zweiwortverbindungen, zwei Kinder hatten die Stufe III erreicht. Sprachliche und kognitive Entwicklungsstufe divergierten somit in den meisten Fällen.

Die Auswertung der McCarthy Scales (MSCA) in der zweiten Altersgruppe ergab einen mittleren kognitiven Index (GCI) von 66.3 Punkten. Fünf Kinder erreichten Werte > 70, vier wiesen eine leichte intellektuelle Behinderung (GCI 50 bis 69), sechs Kinder eine mäßiggradige intellektuelle Behinderung (GCI < 50) auf. Beim Vergleich der Subtestergebnisse ergaben sich signifikante Unterschiede zwischen den sprachgebundenen Fähigkeiten und den perzeptiven Fähigkeiten, dem Wissen um Mengen und Zahlen sowie den Gedächtnisfähigkeiten. Die relativen Stärken lagen bei vielen Kindern im sprachgebundenen Wissen. Das spricht dafür, dass die anfängliche Retardierung der sprachlichen Entwicklung im weiteren Verlauf ausgeglichen werden kann. Allerdings ist zu berücksichtigen, dass die Aufgaben des McCarthy-Tests sprachliches Wissen und Speicherfähigkeiten, nicht aber die Kenntnis von morphologischen und syntaktischen Regeln oder die Komplexität sprachlicher Äußerungen messen.

Bei sieben Kindern fand sich ein Unterschied von mehr als zehn Punkten (einer Standardabweichung) zwischen dem Ergebnis des sprachbezogenen Aufgaben-

Tabelle 2: Testergebnisse von 14 Kindern mit Prader-Willi-Syndrom im Vorschulalter (McCarthy Scales of Children's Abilities)

	GCI	Verbal	Perzeptiv	Menge/Zahl	Gedächtnis
A	79	39	39	46	35
B	86	55	36	35	35
C	63	31	33	33	33
D	<50	33	22	26	22
E	89	39	58	32	35
F	92	52	44	38	27
G	<50	36	22	22	23
H	<50	31	22	22	22
I	61	35	22	25	26
J	62	33	27	24	22
K	68	34	34	30	26
L	<50	31	22	22	22
M	<50	22	22	22	22
N	78	39	30	27	34

Anmerkung: GCI: M = 100, SD +/- 16; übrige Skalen: M = 50, SD +/- 10

teils und mindestens einer der übrigen Skalen. Nur ein Kind erreichte höhere perzeptive als sprachgebundene Fähigkeiten. Auf Einzeltestebene zeigten sich bei fünf Kindern relative Stärken bei Aufgaben, die das Vervollständigen von Sätzen (sprachliche Analogien), bzw. verbale Flüssigkeit (Nennen von Einzelheiten zu Oberbegriffen) prüfen. Bei ebensovielen Kindern fielen besonders gute Fähigkeiten bei Puzzles auf.

3.4 Sprachentwicklung

Die *verzögerte Sprachentwicklung in den ersten Lebensjahren* kann durch die hypotone Muskulatur und orofaziale Schwächen erklärt werden. Dies gilt auch für die oben vorgestellten Kinder. Dauerhafte Schwächen der mundmotorischen Koordination und leichte Anomalien von Kiefer und Gaumen können die Artikulation dann auch im weiteren Verlauf der Sprachentwicklung im Kindesalter und im Erwachsenenalter beeinträchtigen. Sie können auch ein leises Sprechen mit einer auffällig hohen oder heiseren Stimme bedingen sowie als Folge einer ungünstigen Atmung eine nasale Sprechweise. Dies trifft aber nicht für alle Kinder zu.

Die Entwicklung von Wortschatz, Satzbildung und Sprachgebrauch sind bei Kindern mit PWS bisher kaum untersucht worden. Hall und Smith (1972) berichteten, dass die meisten Kinder mit etwa 3 1/2 Jahren kleine Sätze zu bilden beginnen; dies sei in Einzelfällen aber schon mit zwei Jahren zu beobachten. Branson (1981) untersuchte 21 Kinder und fand bei 18/21 sprachliche Fähigkeiten, die ihrer kognitiven Entwicklungsstufe entsprachen, wobei das Sprachverständnis in den meisten Fällen deutlich besser entwickelt war als die aktive Ausdrucksfähigkeit.

Kleppe et al. (1990) werteten Spontansprachproben, Wortschatz- und Satzbildungstests bei 18 PWS-Kindern zwischen 8 und 17 Jahren aus. 83 % der sprachlichen Äußerungen waren verständlich (Schwankungsbreite 68 bis 96 %). Zum Vergleich sei angemerkt, dass in der Regel bereits bei 4-jährigen normal entwickelten Kindern alle Äußerungen verständlich sind. Ein Kind stotterte, bei zahlreichen Kindern kam es zu einzelnen Unflüssigkeiten beim Sprechen, vor allem Interjektionen und Revisionen, oft in Zusammenhang mit Wortfindungsschwierigkeiten.

Sie untersuchten auch das Wortverständnis (Peabody Picture Vocabulary Test PPVT) und das Satzverständnis (Test for Auditory Comprehension of Language TACL). In beiden rezeptiven Sprachmaßen fand sich eine deutliche Diskrepanz zum Lebensalter der Kinder. 13/18 erreichten im PPVT ein Entwicklungsalter zwischen sechs und acht Jahren, nur ein Kind lag bei zehn Jahren, obwohl 14/18 Kindern über zehn Jahre alt waren. Die Ergebnisse im TACL lagen auf dem gleichen Entwicklungsniveau, wobei zu berücksichtigen ist, dass dieses Verfahren eine Testobergrenze bei sieben Jahren hat.

Auch die Ergebnisse der expressiven Sprachtests zeigten, dass bei 15/18 Kindern der Wortschatzumfang und das Wissen um morphologisch-syntaktische Regeln (z. B. Mehrzahlbildungen, unregelmäßige Vergangenheitsformen, Steigerungsformen) nicht dem Alter entsprach. Die Abbildung 6 zeigt die Verteilung der Altersvergleichswerte der 18 Kinder zwischen 8 und 17 Jahren. Die meisten Kinder bildeten vollständige Sätze mit Subjekt-Prädikatbeziehungen. Der Anteil grammatisch korrekter Sätze schwankte dabei von Kind zu Kind (46 bis 100 %, im Mittel 77 %). Bei 15/18 Kindern lag die mittlere Äußerungslänge bei maximal 6 Wörtern. Dies entspricht etwa der üblichen Länge von Äußerungen 4- bis 5-jähriger Kinder. Bedauerlicherweise war die Interpretation der Daten eingeschränkt dadurch, dass die interindividuelle Variabilität sehr groß war und keine Intelligenztestergebnisse zum intraindividuellen Vergleich mitgeteilt wurden. Zusammenfassend lässt sich sagen, dass sich *PWS-Kinder ab dem Schulalter in der Regel differenziert und in vollständigen Sätzen mitteilen können*. Auch wenn ihr sprachliches Regelwissen, wie es in Sprachtests beurteilt wird, einem jüngeren Kind gleicht, bedeutet dies keine wesentliche Einschränkung ihrer sprachlichen Kommunikationsfähigkeit.

Akefeldt et al. (1997) führten in einer schwedischen Studie von 11 Kindern und jungen Erwachsenen (4 bis 26 Jahre) eine systematische Untersuchung der Intelligenz, der oral-motorischen Fähigkeiten, der Stimmqualität, Artikulation sowie des Sprachverständnisses und der grammatischen Fähigkeiten mit Hilfe von Sprachtests und Spontansprachproben durch. Bei acht von ihnen stellten sie eine hypernasale Sprache, hohe Stimmführung und oral-motorische Defi-

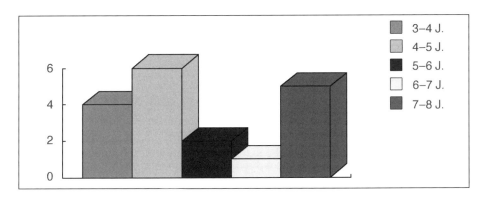

Abbildung 6: Sprachentwicklungstestwerte bei 18 Kindern mit PWS zwischen 8 und 17 Jahren (nach Kleppe et al., 1990)

zite fest. Sprachverständnis und Satzbildungsfähigkeiten entsprachen einer Vergleichsgruppe, die nach dem Intelligenzalter parallelisiert worden war. Es fand sich somit eine Retardierung der Sprachentwicklung, aber kein Abweichen von den normalen Entwicklungsmustern.

Dies gilt unserem Eindruck nach auch im Vorschulalter. Wir führten bei sieben jüngeren Kindern mit PWS den Allgemeinen Wortschatztest (AWST 3–6) und den Grammatik-Subtest aus dem Psycholinguistischen Entwicklungstest (PET) durch. Der Wortschatzumfang lag nur bei drei Kindern, die auch in ihrer allgemeinen Entwicklung deutlich verlangsamt waren, weit unter dem Altersdurchschnitt (PR < 10). Die anderen vier Kinder erzielten Prozentrangwerte im mittleren Bereich der Altersgruppe (Schwankung PR 12 bis PR 54). Das morphologisch-syntaktische Regelwissen lag dagegen auch bei ihnen unter dem Durchschnitt ihrer Altersgruppe – etwa vergleichbar ihrem kognitiven Entwicklungsstand (Abbildung 7; Sarimski, 1998a).

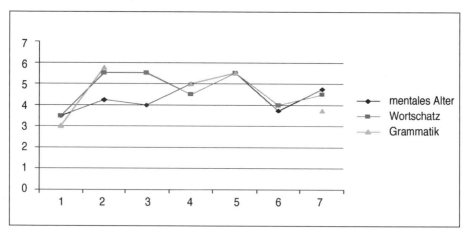

Abbildung 7: Mentales Alter (MSCA), Wortschatzalter (AWST) und Entwicklungsalter grammatischer Fähigkeiten (PET-Grammatik) bei sieben Kindern mit Prader-Willi-Syndrom im Vorschulalter (Sarimski, 1998a)

Der Beobachtung einer *Häufung von Sprachunflüssigkeiten* beim PWS gingen Defloor et al. (2000) in einer Untersuchung mit 15 Kindern und Jugendlichen (9 bis 20 Jahre) systematisch nach. Sie bestätigten die Befunde von Kleppe et al. (1990). Bei etwa 10 % der Äußerungen kam es zu Wiederholungen von Worten oder Wortteilen, Blockaden, Wortabbrüchen, meist zu Beginn eines Satzes oder Wortes.

Wenige Erfahrungen liegen bisher zu anderen kommunikativen Besonderheiten bei Kindern mit PWS vor. Wir führten dazu eine Befragung bei 46 Eltern von PWS-Kindern durch. Zwei Drittel berichteten, dass ihre Kinder zur *Echolalie* neigen (also die Äußerungen ihres Dialogpartners wiederholen), *perseverierende Äußerungen* bilden (eigene Worte, Sätze oder Themenbeiträge wieder und wieder wiederholen) und/oder häufig *Selbstgespräche* führen. Einige Eltern beschreiben diese Beobachtungen so: „*ständige Wiederholung von Aussa-*

gen und Fragen, Fixierung auf bestimmte Themen wie Spinnen, Essen, Feuerwehr", *„wiederholt oft Fragen, deren Antwort er kennt"*, *„ist von einem Thema schlecht wieder abzubringen"*, *„führt Selbstgespräche mit an sich logischem Inhalt"*. Unter jüngeren und älteren Kindern (d. h. über 6-Jährigen) traten diese Besonderheiten mit gleicher relativer Häufigkeit auf. 44 % der Kinder bildeten längere Sätze, weitere 35 % Dreiwortsätze. Angesichts dieser recht fortgeschrittenen Sprachentwicklung bei der Mehrheit der Kinder, deren Eltern befragt wurden, können diese kommunikativen Besonderheiten nicht als Teilaspekt einer allgemeinen Sprachentwicklungsverzögerung erklärt werden, sondern stellen pragmatische Sprachauffälligkeiten dar. Die Funktion, die sie im Dialog für die Kinder haben, bedarf noch weiterer Untersuchung.

In der Literatur werden schließlich einige Fälle schwerster expressiver Sprachentwicklungsstörung genannt, bei denen keine lautsprachliche Verständigung möglich ist, sondern die Kinder gestische Mittel oder eine Zeichensprache nutzen. Uns sind ebenfalls zwei solchermaßen schwer betroffene Kinder bekannt. In beiden Fällen hatten die Kinder wesentlich höhere allgemeine kognitive Fähigkeiten und Fähigkeiten zum Symbolgebrauch (z. B. im Rollenspiel mit Puppenmaterial) erreicht. Eine Erklärung für das Ausbleiben lautsprachlicher Fähigkeiten bei einzelnen Kindern mit Prader-Willi-Syndrom ist derzeit nicht bekannt.

3.5 Sozial-adaptive Entwicklung bis ins Erwachsenenalter

Schulbesuch

Der schulische Lernerfolg ist natürlich stark vom jeweiligen Schulsystem eines Landes und den Möglichkeiten lernzieldifferenter Integration von behinderten Kindern abhängig. Waters (1991) befragten Eltern englischer Schulkinder, welche Schulformen ihre Kinder besuchten. Die Hälfte – vor allem die Jugendlichen zwischen 12 und 16 Jahren – besuchte die Sonderschule für Lern- oder Geistigbehinderte, je 7 % eine Schule für Körperbehinderte, bzw. Sprachbehinderte. 35 % waren in eine Regelschulklasse integriert. Dies entsprach den Erfahrungen, die Waters et al. (1990) in einer retrospektiven Befragung von Eltern bereits erwachsener PWS-Patienten gemacht hatten. Allerdings dürfte es sich hier nicht um eine repräsentative Stichprobe gehandelt haben. Soweit IQ-Daten mitgeteilt wurden, handelte sich um eine Teilgruppe kognitiv gut entwickelter Kinder (74 % der Gruppe hatten IQs > 70). Diese Erfahrungen weisen aber nachdrücklich darauf hin, dass die Diagnose PWS nicht in jedem Fall mit dem Besuch einer Sonderschule verbunden sein muss.

Repräsentative Erhebungen zum Schulbesuch bei Kindern mit PWS liegen in Deutschland nicht vor. In Zusammenarbeit mit der deutschen und der österreichischen Eltern-Selbsthilfegruppe konnten aber die Daten zum Schulbesuch bei 58 Kindern ausgewertet werden. 14 Kinder wiesen nach Einschätzung der Eltern eine leichte intellektuelle Behinderung auf; die Einschätzung stimmte mit der systematischen Beschreibung ihrer adaptiven Fähigkeiten im Heidelberger-Kompetenz-Inventar überein. 32 Kinder ließen sich einer zweiten Gruppe mit einer mäßigen intellektuellen Behinderung zuordnen, neun Kinder wiesen eine schwere intellektuelle Behinderung auf. Ein Drittel der 58 Kinder besuchte die Förderschule für geistigbehinderte Kinder, ebensoviele die Schule für körper- oder lernbehinderte Kinder. 19 % waren mit oder ohne zusätzliche Hilfen in eine Klasse der Regelschule integriert (Sarimski, 2002a).

Tabelle 3: Schulbesuch bei 58 Kindern mit Prader-Willi-Syndrom

Schulart	Zahl	%
Regelschule	3	5.2
Regelschule mit Integrationshilfen	8	13.8
Förderschule für lernbehinderte Kinder	9	15.5
Förderschule für körperbehinderte Kinder	10	17.2
Förderschule für geistigbehinderte Kinder	19	32.8
Förderschule für sprachbehinderte Kinder	4	6.9
Montessori-Schulen	1	1.7
Anthroposophische Schulen	4	6.9

Adaptive Kompetenzen

Adaptive Kompetenzen umfassen kognitive Fertigkeiten, praktische Fertigkeiten der Selbstversorgung und des täglichen Lebens, kommunikative und soziale Fähigkeiten. Sie lassen sich mit standardisierten Fragebogen systematisch dokumentieren. Dykens et al. (1992b) setzten bei 21 Jugendlichen und Erwachsenen dazu die „Vineland Adoptive Behavior Scale" (Sparrow et al., 1984) ein, die eine Zuordnung zu Referenzwerten aus der Entwicklung adaptiver Fähigkeiten bei nicht behinderten Kindern erlaubt. In allen Altersgruppen lagen die sozialen Fähigkeiten von Patienten mit PWS deutlich unter den anderen beiden Bereichen. Relative Stärken zeigten sich dagegen in den praktischen Fertigkeiten (z. B. bei Haushaltstätigkeiten). James und Brown (1992) benutzten ein Erhebungsinstrument, das an geistigbehinderten Kindern und Jugendlichen standardisiert wurde. In der Progress Assessment Chart (PAC; Gunzburg, 1968) erwies sich der Stand der sozial-adaptiven Entwicklung bei 42 Patienten mit PWS im Durchschnitt als höher als bei Geistigbehinderten im Allgemeinen. Allerdings waren die individuellen Unterschiede sehr groß. Bei den meisten lagen die Stärken im Bereich kommunikativer Fähigkeiten gegenüber Schwächen in praktischen und sozialen Kompetenzen.

In der genannten Befragung der Eltern von Schulkindern benutzten wir mit dem Heidelberger-Kompetenz-Inventar (HKI) ein Erhebungsverfahren, das in Deutschland entwickelt wurde und zu dem Referenzwerte zu Schülern an deutschen Förderschulen für geistigbehinderte Kinder vorliegen. Die Abbildung 8 zeigt die Summen-Rohwerte in den Skalen „praktische Kompetenzen", „kognitive Kompetenzen" und „soziale Kompetenzen" in drei Altersgruppen. In jeder der drei Skalen ergibt sich eine altersbezogene Zunahme der Werte. Ein signifikanter Unterschied besteht allerdings nur zwischen der Gruppe der Kinder, die zwischen zehn und 15 Jahre alt sind, und den jüngeren Kindern hinsichtlich der praktischen Kompetenzen und der kognitiven Kompetenzen. Die Kompetenzen von Jugendlichen (> 15 Jahre) sind – soweit sie im HKI erfasst werden – nicht wesentlich höher als die Kompetenzen der Kinder im mittleren Schulalter (Sarimski, 2002a).

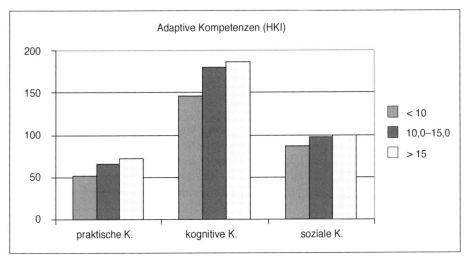

Abbildung 8: Praktische, kognitive und soziale Kompetenzen in drei Altersgruppen bei 41 Kindern mit Prader-Willi-Syndrom und Intelligenzminderung mäßigen oder schweren Grades (HKI)

Die Inspektion der Rohwertverteilung in den einzelnen Items zeigt z. B., dass in der Altersgruppe der Kinder unter zehn Jahren fast alle Kinder bereits in der Lage sind, selbstständig die Toilette zu benutzen und sich die Hände zu waschen; beim selbstständigen Anziehen benötigt jedoch ein Drittel von ihnen noch Hilfe. Über wichtige kognitive Kompetenzen für den praktischen Alltag verfügen in dieser Altersgruppe erst wenige Kinder. So kennen 9 (von 17) Kindern die Wochentage, vier können an der Uhr ganze Stunden ablesen, nur einem trauen die Eltern zu, dass es sich auf der Straße verkehrsgerecht verhält. Je 14 Kinder dieser Altersgruppe zählen aber bereits kleine Mengen und schreiben einfache Wörter ab. 10 Kinder können mindestens erste Wörter lesen. Diese

Fähigkeiten beherrschen fast alle Kinder der beiden anderen Altersgruppen. Je 12 (von 18) Kinder der Altersgruppe von 10 bis 15 Jahren können selbstständig schreiben und einfache Rechenoperationen im Zahlenraum > 20 vollziehen. Letzteres können 15 (von 18) Kinder, die über 15 Jahre alt sind.

Vergleicht man die einzelnen Angaben zu den Kindern aus der Teilgruppe, deren intellektuelle Entwicklung mäßig oder schwer behindert ist, mit den Referenznormen, die für das Heidelberger-Kompetenz-Inventar vorliegen, so zeigt sich ein deutlicher Unterschied zwischen den verschiedenen Dimensionen adaptiven Verhaltens. Ein beträchtlicher Anteil von Kindern mit PWS verfügt über kognitive Kompetenzen, die über dem Durchschnitt der Schüler an Schulen für Geistigbehinderte liegen. Dagegen sind die praktischen Kompetenzen, die sich die Kinder angeeignet haben, in vielen Fällen niedriger als die dieser Vergleichsgruppe zum gleichen Alterszeitpunkt (Abbildung 9). 16 Kinder haben einen großen Hilfebedarf in der Körperpflege, je 14 Kinder beim An- und Ausziehen.

Tabelle 4: Ausgewählte praktische und schulische Fertigkeiten bei Kindern mit PWS (in Abhängigkeit vom Alter)

Fertigkeiten	< 10 J.	10 bis 15 J.	> 15 J.
zieht sich allein an	11	18	18
isst mit Messer und Gabel	6	8	13
geht selbstständig auf die Toilette	15	17	18
wäscht sich selbstständig die Hände	15	14	16
kämmt sich selbstständig	5	9	12
trocknet Geschirr ab	9	11	19
spült Geschirr selbstständig	2	5	11
kocht sich Essen selbst	0	1	4
geht mit Begleitung auf Gehweg	7	12	13
verhält sich verkehrsgerecht	1	5	6
benutzt Verkehrsmittel auch auf unbekannten Strecken	0	2	6
kauft mit Begleitung ein	10	15	13
kennt Wochentage	9	15	16
liest Stunden von Uhr ab	4	8	14
zählt Mengen bis 5 ab	14	18	15
addiert und subtrahiert > 20	5	12	15
schreibt einfache Worte ab	14	16	19
liest mindestens 5 Wörter	10	16	17
schreibt 10 Wörter selbst	7	12	11
stellt Fragen (wo, wann, wie)	15	18	17
gibt Geschichten wieder	6	9	9

Offenbar bestehen *spezifische Defizite in den adaptiven Kompetenzen, während der Stand der kognitiven Fähigkeiten wesentlich höher ist.* Bei der Interpretation dieser Ergebnisse muss allerdings einschränkend gesagt werden, dass nur ein indirekter Vergleich zwischen den Dimensionen möglich ist. Anders als z. B. in der „Vineland Adaptive Behavior Scale", bei der den Fähigkeiten Entwicklungsalterswerte zugeordnet werden können, ist die Einschätzung von Stärken und Schwächen hier nur über einen Vergleich mit den Fähigkeiten, die Kinder an Schulen für Geistigbehinderte im Allgemeinen zeigen, möglich.

Kinder mit stärkerem Übergewicht unterscheiden sich in ihren Kompetenzen nicht signifikant von Kindern mit geringerem Übergewicht hinsichtlich der kognitiven und sozialen Kompetenzen, unter ihnen sind jedoch mehr Kinder mit Defiziten in praktischen Fähigkeiten.

Als Vorläufer der kognitiven Kompetenz vieler Kinder mit PWS, die sich in diesen Fragebogen zeigt, können eine gute Aufmerksamkeit und Arbeitshaltung bei jüngeren Kindern angesehen werden. Wir konnten die Qualität der Mitarbeit von acht Kindern im Kindergartenalter in der Montessori-Übungsbehandlung anhand von Videoaufzeichnungen dokumentieren (Sarimski, 1998a). Sobald sie sich für eine Tätigkeit entschieden hatten, waren sie mit großer Aufmerksamkeit bei der Sache. Sie arbeiteten zielgerichtet und konzentriert, korrigierten sich selbst bei der Durchführung, wenn ihnen ein Fehler unterlaufen war, bemühten sich ausdauernd, zum Ziel zu kommen und eine Arbeit (z. B. Schüttübung, Größenzylinder, Vorübungen zum Rechnen an der Spindelkiste) fertigzustellen, und freuten sich stolz am Erfolg.

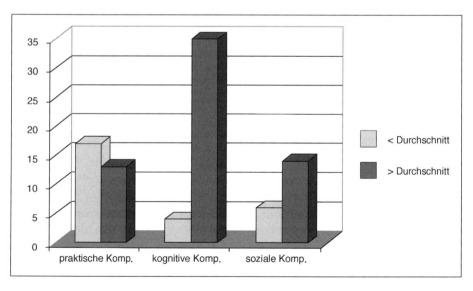

Abbildung 9: Anzahl der Kinder mit PWS und Intelligenzminderung, deren adaptive Kompetenzen unter bzw. über dem Durchschnitt geistigbehinderter Kinder liegen (HKI)

Probleme der Sozialentwicklung

Bei vielen Kindern und Jugendlichen mit einer Lern- oder geistigen Behinderung geht die kognitive mit einer sozialen Behinderung einher. Das liegt u. a. daran, dass Kinder mit eingeschränkten kognitiven oder kommunikativen Fähigkeiten mehr Mühe haben als andere, gemeinsames Spiel und soziale Situationen zu gestalten, und als Spielpartner meist weniger attraktiv sind für Gleichaltrige. Dazu kommt beim PWS eine relative Schwerfälligkeit, wenn die Kinder sehr übergewichtig sind. Zum anderen bedeutet die Separierung entwicklungsauffälliger Kinder in eigene pädagogische Einrichtungen, wie sie teils bereits im Kindergartenalter, spätestens aber im Schulalter in den meisten Bundesländern noch üblich ist, ein erhebliches Handicap für ihre soziale Integration. Dies spiegelte sich auch in unserer Elternbefragung wider. 47 % der Eltern berichteten, dass ihr Kind nur einen oder gar keinen Freund in der Klasse habe, 65 % geben an, dass ihr Kind keine Freunde im häuslichen Umfeld hat.

Dies gilt in anderen Ländern ähnlich wie in Deutschland. Hermann (1981) befragte 250 Familien mit PWS-Kindern in Kanada. 58 % der Eltern berichteten, dass ihre Kinder wenig Freundschaftsbeziehungen haben, wenig oder gar nicht mit anderen Kindern spielen, oft gehänselt oder übervorteilt werden. In ihren

---

Beispiel

Eine Erzieherin: „Soziale Entwicklung, Kontakte und Integration sind ganz normal bei diesem Kind. Schwierigkeiten oder Frustrationen entstehen höchstens durch den mangelnden Abstand zu anderen Kindern. Sandra kann es schlecht akzeptieren, wenn sie mal irgendwo nicht mitspielen darf, sie bricht dann in Tränen aus. Auch ‚mein' und ‚dein' kann sie nicht so gut auseinanderhalten. Sandras körperliche Entwicklung (Kleinwüchsigkeit) erweist sich ebenfalls als problematisch, sie merkt, sie kann nicht so mithalten mit den anderen.

In unserer Gruppe herrschen recht ideale Bedingungen, um ein Kind mit PWS hereinzunehmen. Die Anzahl der Kinder beträgt 15, also gut überschaubar für Sandra. Eine große Schwester des Kindes, die ebenfalls in die Spielgruppe geht, ist durch ihr liebevolles Verhalten ein ideales Vorbild für die anderen Kinder. Die Gruppenstruktur muss in Ordnung sein, eine gesunde Gruppe kann ein ‚anderes' Kind leicht mittragen.

Wichtig ist auch das Verhalten und die Einstellung der Erzieherin. Anfangs möchte man das Kind ganz normal behandeln, merkt aber dann bald, dass die üblichen Erziehungsmethoden nicht so fruchten. Man muss dann selbst sehr konsequent und oft richtig streng dem Kind gegenüber sein, dann auch wieder lockerlassen und auch nicht zu viele Erwartungen an das Verhalten des Kindes haben. Lässt man sich darauf ein, ist so ein Kind eine Bereicherung für die Gruppe und die Erzieherin."

Augen haben 32 % ein niedriges Selbstwertgefühl. *Soziale Isolierung, soziale Unsicherheit, Unreife und Ablehnung durch Gleichaltrige* stellen gerade im Schulalter einen Teufelskreis dar, der die sozial-adaptive Entwicklung dauerhaft beeinträchtigt.

Probleme im Umgang mit Gleichaltrigen finden sich bereits im Vorschulalter, wie eine eigene ältere Untersuchung der sozialen Kompetenzen von 20 PWS-Kindern im Kindergartenalter zeigte (Sarimski, 1995a). Wir verwendeten den „Verhaltensbeurteilungsbogen für Vorschulkinder" (VBV 3–6, Döpfner et al., 1993), der u. a. Items zur Konfliktlösefähigkeit, Spielintensität und -produktivität und sozialen Offenheit enthält. Er wurde von den Eltern und in neun Fällen auch von der Erzieherin im Kindergarten ausgefüllt. Acht Kinder (40 %) wurden von ihren Eltern als sehr unreif in ihren sozialen Kompetenzen im Vergleich zu Gleichaltrigen beschrieben (PR < 11). Die Erzieherinnen von 5/9 Kindern sahen in den geringen sozialen Kompetenzen der Kinder ein großes Problem.

Lebenssituation im Erwachsenenalter

Die Beeinträchtigung der sozial-adaptiven Kompetenzen beeinflusst natürlich auch die *Selbstständigkeit im Erwachsenenalter*, wobei auch an dieser Stelle noch einmal betont werden soll, dass der Grad der sozialen Behinderung der Heranwachsenden nicht nur von ihrem eigenen Entwicklungspotenzial, sondern auch entscheidend von ihren sozialen Lernmöglichkeiten und ihrer Integration geprägt wird. Drei Untersuchungen aus den USA, Kanada und England geben Auskunft über die Lebenssituation von Erwachsenen mit PWS.

Von 232 befragten Erwachsenen in den USA lebten nur fünf selbstständig mit minimaler sozialpädagogischer Betreuung, 50 % in der elterlichen Familie, 15.9 % in speziellen Wohnheimen für Erwachsene mit PWS, wie sie dort relativ häufig sind, ebensoviele in allgemeinen Wohnheimen. 8.2 % lebten in großen Behinderteneinrichtungen (Greenswag, 1987). Die gleiche Untersuchung dokumentiert auch die Beschäftigungsverhältnisse. 45.7 % arbeiteten in Werkstätten für Behinderte, nur neun Erwachsene waren bei einem öffentlichen oder privaten Arbeitgeber angestellt. Mehr als ein Drittel der Befragten arbeitete überhaupt nicht.

Einige Einzelfallberichte aus Kanada ergeben ein etwas optimistischeres Bild (James & Brown, 1992). 71 % der Befragten lebten zu Hause. Acht Erwachsene lebten in Wohnheimen, davon vier mit geringer sozialpädagogischer Unterstützung. 4/17 Erwachsene standen in einem regulären Beschäftigungsverhältnis: als Teilzeitmitarbeiter in einem Rehabilitationszentrum, einem Videoshop, als Vollzeitkraft in einem Restaurant, bzw. einer Werkstatt, die beide von einer Behindertenorganisation betrieben wurden.

Auch in der englischen Nachbefragung bei 33 Männern und 37 Frauen mit PWS durch Waters et al. (1990) hatten neun ein Teilzeit- oder Vollzeitarbeitsverhältnis, z. B. Packer in der Fabrikation, Arbeiterin, Helferin in einem Kindergarten oder in der Gemeinde. Sie kamen in der Regel mit den Anforderungen hinreichend gut zurecht, solange sie nicht unter Zeitdruck gerieten und eine gute Aufsicht hatten. Die überwiegende Mehrheit war aber auch hier nicht regulär beschäftigt. 20 % befanden sich noch in einer Ausbildungseinrichtung, 33 % in einer Werkstatt für Behinderte, 25 % waren ohne Beschäftigung zu Hause. Von 45 Erwachsenen über 19 Jahren lebten 35 zu Hause, vier in einem Wohnheim, drei in einer psychiatrischen Langzeitstation.

Die englische Befragung erfasste auch einige Aspekte der selbstständigen Lebensgestaltung im Erwachsenenalter. Die Angaben zeigen eine große Variabilität, aber auch ein beträchtliches Selbstständigkeitspotenzial bei einigen Erwachsenen, das nicht unterschätzt werden sollte. So konnten 25 % selbstständig Fahrten mit öffentlichen Verkehrsmitteln unternehmen, 13 % auch längere Reisen, z. T. allein mit dem Flugzeug. 35 % gingen selbstständig einkaufen, 60 % übten zumindest einmal in der Woche eine sportliche Aktivität aus, vor allem Schwimmen. Nach Angaben der Eltern hatten ein Drittel der Betroffenen zumindest eine feste Freundschaftsbeziehung, acht Männer und fünf Frauen auch engere, wenn auch nicht sexuelle Beziehungen zu einer Partnerin oder einem Partner. Nach ihrer Ansicht erlebten sich 35 % der Erwachsenen mit PWS selbst nicht als behindert.

Ein kontrovers diskutiertes Thema in der gegenwärtigen Fachdiskussion stellt die *Gründung von Wohneinrichtungen speziell für Jugendliche und Erwachsene mit Prader-Willi-Syndrom* dar. Viele Eltern befürworten diese Entwicklung, da nur Einrichtungen, deren Konzept und Personalschlüssel auf die besonderen Verhaltensmerkmale von Menschen mit PWS und die Notwendigkeit, ihr Essverhalten strikt zu kontrollieren, eingestellt ist, den besonderen Bedürfnissen dieser Gruppe gerechtwerden können. Verfechter von Prinzipien einer größtmöglichen Selbstbestimmung von Menschen mit intellektueller Behinderung argumentieren gegen die Errichtung spezieller Wohneinrichtungen, die meist eine größere Entfernung zur Herkunftsfamilie mit sich bringen und die sozialen Kontakte auf Menschen mit gleichartiger Behinderung zu konzentrieren drohen. Es ist aber wohl unstrittig, dass angesichts der lebensbedrohlichen Folgen eines unzureichend kontrollierten Essverhaltens eine Einschränkung der Selbstbestimmung in Kauf genommen werden muss, solange keine ursächlichen Behandlungsmöglichkeiten der Störung verfügbar sind.

3.6 Verhaltensmerkmale

Auffallendes Verhalten bei jüngeren Kindern

Erhebungen an Schulkindern zeigen, dass es sich um eine Gruppe von Kindern mit sehr belastendem Verhalten handelt. In einer holländisch-belgischen Studie mit der CBCL fanden Curfs et al. (1991), dass 22/27 Kindern und Jugendlichen mit PWS zumindest klinisch auffällig waren (d. h. in der Summe der auffälligen Einzelmerkmale oberhalb von PR 90 lagen). Es fand sich dabei kein Unterschied zwischen den Kindern mit höherem vs. niedrigerem kognitiven Entwicklungsstand (IQ > 70 vs. IQ < 70). Auch in einer Untersuchung von 43 Kindern und Jugendlichen in einer amerikanischen Stichprobe ergaben sich bei 72 % CBCL-Gesamtwert im „klinisch auffälligen" Bereich (Dykens & Kasari, 1997). Tabelle 5 zeigt die häufigsten Problemverhaltensweisen.

Eine eigene Untersuchung bei 26 Jungen und 20 Mädchen zeigte eine ähnliche Konstellation von charakteristischen Verhaltensmerkmalen, wie sie im späteren Alter gefunden wurde, bereits bei kleinen Kindern (Sarimski, 1995a). Das mittlere Alter der Kinder lag bei 9;3 Jahren (sd = 5;5 Jahre). ³/₄ von ihnen waren Kleinkinder zwischen 2 und 6 Jahren (n = 22) und jüngere Schulkinder zwischen 7 und 12 Jahren (n = 12). Wir verwendeten zur Befragung der Eltern den „Verhaltensfragebogen der Society for the Study of Behavioural Phenotypes" (SSBP; O'Brien, 1992) und je nach Alter den „Verhaltensbeurteilungsbogen für Vorschulkinder" (VBV 3–6; Döpfner et al., 1993), bzw. die „Child Behavior Checklist" (CBCL; dt. Remschmidt & Walter, 1990).

Tabelle 5: Relative Häufigkeit spezifischer problematischer Verhaltensweisen bei 43 Kindern mit PWS (in %; CBCL; Dykens & Kasari, 1997)

Problematische Verhaltensweisen	Häufigkeit
selbstverletzendes Kneifen oder Kratzen	95
Argumentieren	95
stures Verhalten	93
Passivität	91
zwanghaftes Verhalten	88
Wutanfälle	88
Unfolgsamkeit	81
übermäßiges Essen	80
Stimmungsschwankungen	77
ungebremstes Reden	74
exzessive Müdigkeit	74
Impulsivität	74

Tabelle 6 gibt wieder, welche Verhaltensmerkmale die Eltern als charakteristisch empfinden. 91.4 % der Kinder, Jugendlichen und jungen Erwachsenen werden als *starrköpfig* beschrieben. Bei etwa der Hälfte wird dies als großes Problem eingestuft. 78.3 % bestehen auf festen Gewohnheiten und reagieren zornig auf Veränderungen. Bei mehr als der Häfte berichten die Eltern auch von einer *ungewöhnlichen Fixierung auf bestimmte Interessen oder Themen*.

82.6 % werden von den Eltern als *sehr passiv* geschildert. 28.3 % trauen den Kindern zu, dass sie den ganzen Tag nichts täten, wenn sie es zuließen. Dies gilt insbesondere für die Kinder im Schulalter. Bei 20 % ist die Aktivität ziellos. Stereotype Bewegungsmuster kommen aber nur als Ausnahme vor. Ein Drittel zeigt selbstverletzende Verhaltensweisen, wobei für acht Kinder ausdrücklich das Kratzen an Wunden und für drei das Zupfen an Hautfalten genannt wird. Diese Verhaltensweisen treten in allen Altersgruppen auf, werden aber bei Schulkindern häufiger berichtet.

Im sozialen Kontakt sind mehr als zwei Drittel *freundlich-distanzlos* zu Fremden. Dies wird besonders von den Eltern der Jugendlichen vermerkt. Mehr als die Hälfte der Eltern klagen über drastische Stimmungsschwankungen. Ausgesprochene Wutanfälle werden bei Schulkindern häufiger berichtet als bei jüngeren Kindern. 40 % erleben ihre Kinder als eher sozial isoliert, 34.8 % als schwierig in der Öffentlichkeit. Unglücklich oder ängstlich sind nur wenige Kinder. Aggressivität tritt bei älteren Kindern in Form von verbalen Beleidigungen gehäuft auf.

Für die 20 Kinder, die einen Kindergarten besuchen, liegen die Werte für oppositionelles Verhalten, Aufmerksamkeitsschwäche und emotionale Labilität im Vergleich zur sogenannten Normalpopulation im Durchschnittsbereich. Fünf Kinder (25 %) werden allerdings als konzentrationsschwach, zwei als emotional labil und eines als aggressiv beschrieben (PR > 89). An einzelnen Verhaltensweisen werden oft genannt: kann nicht abwarten, beruhigt sich schnell wieder, wenn wütend, ist rasch beleidigt oder fängt an zu weinen, schimpft oder mault schnell, folgt nicht, ist distanzlos.

Für neun der 20 Kinder liegen auch Verhaltensbeurteilungen durch die Erzieherinnen im Kindergarten vor. Sie sehen in hohem Maße als Problem an: übermäßiges Essen (4), langsames Essen (6), stereotype Handlungen (3), nervöse Bewegungen (d. i. Kratzen, 2), Stottern (2). Im Vergleich zu Gleichaltrigen gelten drei Kinder als emotional labil (PR > 89). Ein Kind wird zudem als aggressiv und oppositionell-hyperaktiv eingeschätzt.

Bei 24 Kindern und Jugendlichen im Schulalter erlaubt die „Child Behavior Checklist" eine zusammenfassende Einstufung als „verhaltensauffällig" (PR > 90) oder „sozial unangepasst" (PR > 75). 19 (79 %) sind danach als verhaltensauffällig anzusehen, die übrigen fünf als unangepasst. Die Werte für Jungen und Mädchen unterscheiden sich nicht bedeutsam. Jugendliche über 12 Jahre werden als signifikant auffälliger beschrieben als jüngere Schulkinder. Tabelle 6 zeigt, welche Verhaltensmerkmale besonders ausgeprägt sind.

Tabelle 6: Häufige Verhaltensmerkmale bei 46 Kindern mit PWS (Elternangaben im Verhaltensfragebogen der SSBP)

Häufige Verhaltensmerkmale	%
Soziales Verhalten	
sozial isoliert	40.0
freundlich-distanzlos	71.7
ungewöhnlicher Blickkontakt	15.2
ungewöhnliche Gestik/Mimik	15.2
Körperliche Bewegung	
Passivität	82.6
ungeschickt	67.4
ziellose Aktivität	20.0
unübliche Bewegungen/Interessen	
unübliche Bewegungen, z. B. flattern	15.2
auffällige Fixierung auf Themen	55.6
Bestehen auf Gewohnheiten	78.3
Selbstverletzung und Aggression	
Selbstverletzung, z. B. sich kratzen	32.6
körperliche Angriffe auf andere Kinder	8.7
Zerstören von Gegenständen	21.7
körperliche Angriffe auf Erwachsene	8.7
aggressiv-beleidigende Sprache	19.6
starrköpfig	91.4
Ängstlichkeit und Stimmung	
oft übermäßig glücklich	32.6
oft elend oder sehr unglücklich	15.2
oft sehr ängstlich	17.4
rasche Stimmungsschwankungen	52.2
tägliche Tobsuchtsanfälle	26.1
unangepasste Stimmung	22.2

Auch die Lehrerinnen und Lehrer erleben die Kinder als auffällig in ihrem sozialen Verhalten. Für zehn Kinder (8 Jungen und 2 Mädchen) liegen Verhaltensbeurteilungen vor. Acht Kinder werden als sozial unangepasst beschrieben, sechs von ihnen als verhaltensauffällig.

Tabelle 7: Verhaltensbeschreibungen mit einem Itemwert über 1.00 bei 26 Schulkindern mit PWS (CBCL; max. 2.00)

Verhaltensbeschreibungen	Itemwert
zu jung für sein Alter	1.85
zu abhängig vom Erwachsenen	1.65
isst zuviel	1.50
unbeholfen, schwerfällig	1.46
langsam, träge	1.46
fordert viel Aufmerksamkeit	1.38
hat Übergewicht	1.38
streitet (widerspricht, motzt)	1.31
hält an bestimmten Gedanken fest	1.31
hat Sprachprobleme	1.27
zupft an der Haut o. Ä.	1.23
ist lieber mit Jüngeren zusammen	1.23
kann sich nicht konzentrieren	1.23
weint leicht	1.08
eigensinnig, dickköpfig	1.08
Wutausbrüche, leicht reizbar	1.08
plötzliche Stimmungswechsel	1.04

Verhaltensprobleme bei Jugendlichen und Erwachsenen

Eine erste systematische Beschreibung von Merkmalen von Persönlichkeit und Motivation bei 35 Adoleszenten und Erwachsenen mit PWS legten Dykens und Rosner (1999) vor. Sie benutzten das Reiss-Profil, mit dem die Ausprägung von 15 Persönlichkeitsmerkmalen gemessen werden kann. Im Vergleich zu einer Gruppe, bei der die intellektuelle Behinderung andere Ursachen hatte, war für sie die Beschäftigung mit Essen („genießt Essen mehr als alles andere", „denkt immerzu an Essen"), das Bedürfnis nach Ordnung („erregt sich bei Veränderungen von gewohnten Abläufen", „macht alles sehr sorgfältig"), Hilfsbereitschaft, geringe Toleranz für Hänseleien und Frustrationen („kann schlecht abwarten") sowie ein geringeres Interesse an sexuellen Kontakten und an Bewegungsaktivitäten charakteristisch.

Für Jugendliche und Erwachsene liegen auch einige Untersuchungen zu spezifischen problematischen Verhaltensweisen vor. So ließ Greenswag (1987) die Eltern von 232 Erwachsenen mit PWS das Zutreffen von einer Reihe von Verhaltensmerkmalen auf einer vierstufigen Ratingskala beurteilen: *Sturheit, Schläfrigkeit, Langsamkeit, Verhandeln um Nahrung, Irritierbarkeit und Impulsivität* wurden am häufigsten genannt.

Dykens et al. (1992b) benutzten die „Child Behavior Checklist" (CBCL; Achenbach & Edelbrook, 1983) bei 21 Jugendlichen und Erwachsenen. Die

Tabelle 8: Verhaltensmerkmale bei 232 Erwachsenen mit PWS (mittlere Ratings; nach Greenswag, 1987)

Verhaltensmerkmale	mittlere Ratings
langsam	3.6
gutwillig	3.5
stur	3.5
schläfrig	3.4
verhandelt um Nahrung	3.3
irritierbar	3.2
impulsiv	3.0
faul	3.0
verhandelt um andere Inhalte	2.9
antisozial mit Gleichaltrigen	2.8
stimmungslabil	2.7
antisozial innerhalb der Familie	2.7
körperlich aggressiv	2.2

Mittelwerte im *Grad der Verhaltensauffälligkeit* lagen in allen drei Altersgruppen, in die die Stichprobe unterteilt wurde, *deutlich über dem Durchschnitt*. Besonders ausgeprägt waren externalisierende Verhaltensprobleme bei den 13- bis 19-jährigen Jugendlichen. Einige schwierige Verhaltensweisen zeigten sich sowohl im Jugend- wie im Erwachsenenalter: extreme Esssucht, häufiges Argumentieren, Schummeln/Lügen, häufige Zornesausbrüche, Sturheit, Zwanghaftigkeit. Andere traten im späteren Alter seltener auf, z. B. zerstörerisches Verhalten, exzessives Reden, Weglaufen, wieder andere wurden erst ab dem Erwachsenenalter als wachsende Probleme genannt, z. B. Rückzug, Passivität, Schläfrigkeit.

Clarke et al. (1989) berichteten, dass 34.5 % der erwachsenen Männer und 43.8 % der Frauen mindestens einmal in der Woche einen Wutanfall hatten. Häufiges selbstverletzendes Kneifen wurde sogar bei 82.8 % der erwachsenen Männer und 87.5 % der Frauen berichtet. Whitman und Accardo (1987) berichteten eine Rate von 57 %, Butler et al. (1986) 76 bis 83 %.

Stein et al. (1994) befragten die Eltern von 347 Kindern (über fünf Jahre) und Erwachsenen mit PWS zu problematischen Verhaltensweisen. Nach ihren Angaben stellten impulsive Wutanfälle bei 49 % ein bedeutsames Problem dar. Sie waren bei Kindern und Jugendlichen signifikant häufiger als bei Erwachsenen. Tabelle 9 zeigt, welche Verhaltensbeobachtungen dabei charakteristisch waren. Dabei zeigt sich wieder, dass die jeweiligen Beobachtungen nicht für alle betroffenen Kinder, Jugendlichen und Erwachsenen gleichermaßen zutrafen.

Tabelle 9: Impulsive Verhaltensweisen bei Wutanfällen (n = 347; nach Stein et al., 1994)

Symptom	Sehr charakteristisch	Ziemlich charakteristisch
jemanden anschreien	47.7	30.3
verbales Argumentieren	45.1	28.3
Türen schlagen, gegen Stuhl treten u. Ä.	26.3	29.5
jemanden beleidigen	21.1	18.5
etwas aus Wut zerstören	16.2	19.4
Besitz zerstören	13.9	17.1
jemanden zu schlagen drohen	10.1	13.3
drohende Gesten machen	6.9	15.0

Neben den impulsiven Verhaltensweisen treten auch zwanghafte Verhaltensformen im späteren Kindes- und Erwachsenenalter bei Menschen mit PWS in ungewöhnlicher Häufigkeit und Ausprägung auf. Dykens et al. (1996) erhoben bei 91 Patienten mit PWS (5 bis 47 Jahre) die Art und Häufigkeit von zwanghaften Verhaltensweisen („Yale-Brown Obsessive-Compulsive Scale") und fanden bei 58 % eine exzessive Neigung, Dinge wie Papier, Stifte, Abfall oder Toilettenartikel zu horten, ein zwanghaftes Wiederholen von bestimmten Tätigkeiten (z. B. dem Aufschreiben einzelner Sätze) bei 37 %, eine ungewöhnliche Fixierung auf Symmetrie, Exaktheit und Ordnungen bei 35 bis 40 %. 53 % zeigten auch ein exzessives Bedürfnis, bestimmte Fragen oder Mitteilungen zu wiederholen, und eine Perseveration bei bestimmten Themen. 64 % wirkten durch diese Verhaltensweisen emotional belastet, 80 % sozial beeinträchtigt. Viele Eltern berichteten, dass die Unterbrechung zwanghafter Verhaltensweisen zu erhöhter Unsicherheit, verbalem Argumentieren und Wutanfällen führt. Der Schweregrad variierte mit dem Alter und der Stärke der kognitiven Behinderung der Patienten.

Ebenfalls ungewöhnlich ist ein zwanghaftes Kratzen und Kneifen an der Haut („skin picking"). Dieses Verhalten ist bereits bei jüngeren Kindern zu beobachten und findet sich in allen Altersgruppen. Das Kratzen und Kneifen wird vorwiegend auf das Gesicht und die Arme und Beine gerichtet. Unter Umständen haben Kinder und Erwachsene mit PWS in den Körperzonen, die auch bei der chinesischen Akupunktur benutzt werden, eine veränderte Schmerzwahrnehmung, die sie zu diesen Verhaltensweisen motiviert (Symons et al., 1999).

Spezifität der Verhaltensprobleme

Einfeld et al. (1994) verglichen die Verhaltensbeschreibungen bei 60 Kindern, Jugendlichen und jungen Erwachsenen mit PWS mit denen von 454 geistig Behinderten in ihrer australischen Standardisierungsstichprobe für die „Developmental Behaviour Checklist" (DBC). Die Gruppen wurden nach Alter und IQ parallelisiert. Die Patienten mit PWS zeigten signifikant mehr Verhaltensauffälligkeiten als die Kontrollgruppe, wobei die Differenz in dieser Studie auf eine eng umschriebene Gruppe von Verhaltensmerkmalen (insbesondere das Essverhalten) zurückzuführen war.

Clarke et al. (1996) benutzten die „Aberrant Behavior Checklist" (ABC; Aman et al., 1985) in einer Untersuchung von 30 Erwachsenen mit PWS. Sie wählten eine nach Alter, Geschlecht und Schwere der mentalen Behinderung parallelisierte Vergleichsgruppe, um beurteilen zu können, inwieweit Verhaltensmerkmale syndromspezifisch oder kennzeichnend für Geistigbehinderte im Allgemeinen sind. Es zeigte sich, dass Zornesausbrüche, selbstverletzendes Verhalten, Impulsivität, Stimmungsschwankungen, Passivität und perseverierende

Sprachäußerungen (insbesondere Fragen) bei Erwachsenen mit PWS signifikant häufiger auftraten.

Tabelle 10: Verhaltensmerkmale von Erwachsenen mit PWS in der ABC (nach Clarke et al., 1996)

Verhaltensmerkmale	PWS	Vergl.-Gr.	Sign.
Irritabilität	18.8	6.2	<.001
Rückzug	6.8	6.6	Ns
Stereotypien	0.96	2.4	Ns
Hyperaktivität	9.3	9.2	Ns
Sprachauffälligkeit	3.93	2.2	<.05

Wir konnten eine Untersuchung mit der Nisonger Child Behavior Rating Form durchführen, die speziell für Kinder mit Behinderungen entwickelt wurde, und die Angaben der Eltern von 40 Kindern mit mäßiger oder schwerer intellektueller Behinderung und PWS mit den Angaben der Eltern von 30 Kindern gleichen Alters mit anderen Behinderungen vergleichen (Sarimski, 2002a).

Unter den 40 Kindern wurden 23 Kinder (57.5 %) als besonders reizempfindlich, 22 Kinder (55 %) als sozial unsicher und ängstlich geschildert. Bei 19 Kindern (47.5 %) wurden ausgeprägte selbstverletzende und stereotype Verhaltensformen vermerkt und bei 18 Kindern (45 %) ritualistisch-zwanghafte Verhaltensformen (Abbildung 10). In der Ausprägung der einzelnen Verhaltensauffälligkeiten unterschieden sich die zehn Kinder, die jünger als zehn Jahre sind, nicht von den jeweils 15 Kindern, die 10 bis 15 Jahre oder älter sind. Es fand sich gleichfalls kein signifikanter Zusammenhang zwischen dem Anteil von Kindern mit überdurchschnittlich belastendem Verhalten und den verschiedenen Schultypen oder dem Ausprägungsgrad des Übergewichts (BMI > 30 vs. BMI < 30). So finden sich in Schulen für körper- oder geistigbehinderte Kinder nicht mehr Kinder mit ausgeprägten herausfordernden Verhaltensweisen als in anderen Schultypen.

Tabelle 11 listet die Einzelitems aus der „Nisonger Child Behavior Rating Form" (NCBRF) auf, in denen sich Kinder und Jugendliche mit PWS von den Kindern der nach Alter, Geschlecht und Grad der intellektuellen Behinderung parallelisierten Kontrollgruppe unterschieden. Kinder mit PWS werden als wesentlich „dickköpfiger", leichter zu ärgern, langsamer, empfindlicher, häufiger wütend und reizbarer geschildert. Ihre Eltern berichten häufiger, dass es zu Streit mit Erwachsenen kommt, die Kinder lügen oder stehlen (wohl vor allem in Bezug auf Lebensmittel) und sich selbst (durch Kratzen an Wunden) verletzen.

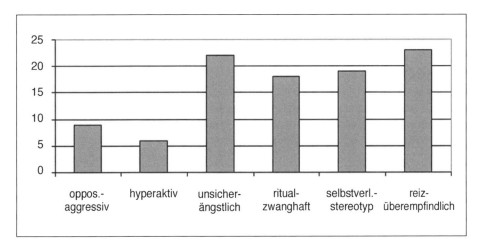

Abbildung 10: Anzahl der Kinder und Jugendlichen mit Prader-Willi-Syndrom und Intelligenzminderung, deren Verhaltensauffälligkeiten stärker ausgeprägt sind (T-Werte >50) als in einer (amerikanischen) Referenzgruppe (Sarimski, 2002a)

In den Summenwerten für die einzelnen Dimensionen unterscheidet sich die Gruppe der Kinder mit PWS von der Kontrollgruppe signifikant hinsichtlich „oppositionell-aggressivem Verhalten" und der „Neigung zu selbstverletzendem oder stereotypem Verhalten". Zudem besteht eine stärkere Tendenz zu „ängstlich-unsicherem Verhalten" bei Kindern mit Prader-Willi-Syndrom.

Entstehungsbedingungen impulsiver und zwanghafter Verhaltensformen

Es fehlt bisher an systematischen Studien über auslösende und aufrechterhaltende Bedingungen der einzelnen Verhaltensbesonderheiten und die Wechselwirkungen sozialer und körperlicher Faktoren bei der Entwicklung von Verhal-

Tabelle 11: Problematische Einzelverhaltensweisen bei Kindern mit Prader-Willi Syndrom und einer Kontrollgruppe (NCBRF; Sarimski, 2002a)

Items der NCBRF	PWS		Kontr.-Gr.		
	M	SD	M	SD	P
dickköpfig	2.08	.86	1.40	1.04	**
leicht zu ärgern	1.96	.89	1.10	.84	***
langsam	1.80	1.04	.93	1.05	**
übermäßig empfindlich	1.76	.72	1.30	.91	*
häufige Wutanfälle	1.76	.83	.90	.76	***
redet zu viel	1.64	1.11	1.03	1.03	*
Selbstverletzung d. Kratzen	1.56	1.08	.26	.69	***
leicht reizbar	1.44	.82	.90	.76	*
streitet viel mit Erwachsenen	1.36	.95	.73	.69	**
lügt oder stiehlt	1.00	.64	.37	.49	***

* = p < .05; ** = p < .01; *** = p < .001

tensproblemen. Lediglich Waters et al. (1990) befragten die Eltern und Betreuer von 61 Menschen mit PWS nicht nur nach Art und Häufigkeit, sondern auch den Auslösern für impulsive Wutanfälle. Die Eltern und Betreuer nannten am häufigsten Situationen, in denen den Kindern, Jugendlichen oder Erwachsenen Aufträge gestellt, bzw. Wünsche verweigert werden mussten. Bei etwa 25 % wurde die Verweigerung von Speisen als hauptsächlicher Auslöser für Wutanfälle genannt. Nach diesen Angaben reagierten 12 % auf Frustration und Druck, 8 % auf die Veränderung von gewohnten Routineabläufen mit Wutanfällen.

Aus retrospektiven Einzelfallberichten ergibt sich der Eindruck, dass Wutanfälle und impulsive Verhaltensweisen in etwa zur gleichen Zeit beginnen wie die Zunahme des Strebens nach Essen. Sie könnten somit Ausdruck der Frustration über die Einschränkungen und Grenzen sein, die die Eltern dem zwanghaften Streben setzen müssen. Im Jugendalter erscheinen dann depressive Verhaltensmerkmale wie Rückzug, Isolation und negatives Selbstbild häufiger. Sie könnten eine Reaktion auf die soziale Erfahrung der Heranwachsenden sein, auf Grund ihres körperlichen Erscheinungsbildes und ihrer impulsiven Verhaltensweisen oft von Gleichaltrigen abgelehnt zu werden.

Tabelle 12: Auslöser für Wutanfälle (n = 61) (nach Waters et al., 1990)

Auslöser	männlich (%)	weiblich (%)
Verweigerung von Essen	28	27
Wunschverweigerung, Aufträge	45	27
Veränderungen von Routinen	6	8
Frustration und Druck	11	12
Müdigkeit	2	7
Langeweile	2	2
Enttäuschung	2	2
geneckt werden	2	5
Menstruation	–	2

Nicht alle problematischen Verhaltensweisen können aber als Reaktion auf die sozialen Erfahrungen der Kinder interpretiert werden. Schon im Alter von zwei bis drei Jahren werden bei Kindern mit PWS häufiger zwanghafte Verhaltensformen berichtet als in anderen Gruppen. Dimitropoulos et al. (2001) verglichen die Elternangaben zu 45 Kindern mit PWS und 39 Kindern mit Down-Syndrom und Kindern mit unbeeinträchtigter Entwicklung gleichen Alters. Sie benutzten dazu einen Fragebogen, bei dem bestimmte zwanghafte Verhaltensweisen systematisch abgefragt werden („Compulsive Behavior Checklist"). Bei etwa der Hälfte der Kinder mit PWS berichteten die Eltern ein Bestreben, Dinge in bestimmte Anordnungen zu platzieren oder Tätigkeiten nach immer dem gleichen Ritual ablaufen zu lassen. Ein Drittel der Eltern beobachtete, dass sich die Kinder zwanghaft zu kratzen oder kneifen begannen oder bestimmte Objekte sammelten und versteckten, bzw. sich zwanghaft zu waschen bestrebt waren. Die Rate dieser Auffälligkeiten war wesentlich höher (Abbildung 11) als bei den beiden Vergleichsgruppen und nahm bei Kindern mit PWS zwischen den beiden Altersgruppen zu.

Gleichzeitig wurden die Eltern nach dem Essverhalten ihrer Kinder, der Häufigkeit von Wutanfällen und ihren Auslösern gefragt. 42 % der Kinder begannen im Alter von zwei Jahren in auffälliger Weise nach Essen zu streben. Bei 10 % beobachteten die Eltern dies bereits im ersten, bei 21 % im dritten, bei 5 % im vierten Lebensjahr. 17.5 % der Untersuchungsgruppe zeigte (noch) kein auffälliges Essverhalten. Der Zeitpunkt des Auftretens häufiger Wutanfälle korrelierte mit dem Zeitpunkt des Beginns der Essstörung. Anders als in den beiden Vergleichsgruppen, berichteten die Eltern einen sehr heftigen, impulsiven Ausbruch von Wut als charakteristisch. Auch hinsichtlich der Auslöser ergaben sich signifikante Unterschiede. Bei 77 % der Kinder mit PWS gaben die Eltern an, dass ihre Kinder mit Wutanfällen auf Grenzen beim Essen

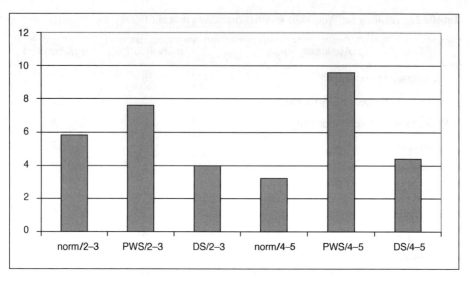

Abbildung 11: Mittlere Zahl zwanghafter Verhaltensformen bei Kleinkindern mit unbeeinträchtigter Entwicklung, Prader-Willi-Syndrom und Down-Syndrom im Alter von 2 bis 3 bzw. 4 bis 5 Jahren (Dimitropoulos et al., 2001)

reagierten, während dies bei Kindern mit Down-Syndrom oder unbeeinträchtigter Entwicklung sehr viel seltener der Fall war.

Der parallele zeitliche Verlauf spricht dafür, dass die *impulsiven und zornigen Verhaltensweisen häufig durch die Einschränkungen beim Essen motiviert sind, während die zwanghaften Verhaltensweisen auch unabhängig von der Essensproblematik bestehen und schon sehr früh in der Entwicklung vieler Kindern mit PWS zu beobachten sind.* Sie sind auch nicht durch die intellektuelle Retardierung allein zu erklären. Wahrscheinlicher ist, dass diese Verhaltensweisen Ausdruck einer besonderen Disposition oder Regulationsschwierigkeit sind, die – wie auch die Störung des Essverhaltens – auf neurophysiologische Störungen der Verhaltensregulation im Bereich des Hypothalamus beruht.

Der Grad der intellektuellen Beeinträchtigung hat keinen signifikanten Einfluss auf die Entwicklung der Verhaltensprobleme. Im Kindesalter zeigte sich eine Zunahme der Probleme mit wachsendem Alter, insbesondere eine höhere Rate von depressiven Reaktionen und sozialem Rückzug (Dykens & Cassidy, 1995). Bei Erwachsenen fand sich ein Effekt des Körpergewichts, allerdings entgegen der Erwartung: Depressive und ängstliche Verhaltensmerkmale sowie Denkstörungen waren bei den Erwachsenen mit höherem Übergewicht weniger ausgeprägt als bei den anderen. Möglicherweise führt eine erhöhte Stressbelastung durch ständiges Bemühen um Gewichtskontrolle, bzw. die damit verbundenen Einschränkungen zu vermehrten impulsiven oder zwanghaften Verhaltensformen.

Auch unterschiedliche genetische Grundlagen können eine Rolle spielen. Kinder und Erwachsene mit paternaler Deletion unterscheiden sich von solchen mit maternaler uniparentaler Disomie. Dykens et al. (1999) setzten die Child Behavior Checklist und eine Skala zur Beurteilung zwanghafter Verhaltensformen bei je 23 Kindern, Jugendlichen und Erwachsenen mit einer der beiden genetischen Subtypen ein. Der relative Anteil von Patienten mit zwanghaftem Horten, „skin-picking", exzessivem Essen und sozial zurückgezogenem Verhalten war in der ersten Gruppe jeweils deutlich höher. Patienten, bei denen eine paternale Deletion vorliegt, scheinen also ein höheres Risiko für die Ausbildung problematischer Verhaltensweisen zu haben.

Abschließend sei noch auf ein erhöhtes Risiko der Ausbildung psychischer Erkrankungen hingewiesen. Depressive Symptome (besondere Besorgtheit, unglückliche Grundstimmung, Stimmungslabilität) wurden in den verschiedenen Befragungen bei 42 bsi 77 % der Patienten mit PWS berichtet. Eine systematische Untersuchung, ob es sich dabei um nachhaltige affektive Störungen handelt, fehlt noch. Mehrere Untersucher haben Einzelfallstudien publiziert über junge Erwachsene mit akuter psychotischer Symptomatik (Verhoeven et al., 1998). Clarke (1998) befragte 95 Eltern und Betreuer von Erwachsenen mit PWS. 6.3 % berichteten, dass es in letzter Zeit zu psychotischen Auffälligkeiten gekommen war. Stein et al. (1994) berichteten – ebenfalls auf der Basis von Elternberichten – eine Rate von 12 % an visuellen oder auditiven Halluzinationen unter 347 Patienten mit PWS. Diese Zahlen sind auch im Vergleich zu anderen Menschen mit intellektueller Behinderung auffallend hoch und sprechen dafür, dass beim Prader-Willi-Syndrom ein erhöhtes Risiko zur Ausbildung einer psychiatrischen Erkrankung vorliegt, wobei die Zusammenhänge noch ungeklärt sind.

Besonderheiten des Schlafverhaltens

Auch das *Schlafverhalten* von Kindern und Erwachsenen mit PWS weist einige Besonderheiten auf. In unserer eigenen Elternbefragung stellten wir fest, dass Einschlafstörungen bei Kindern mit PWS kaum autreten, wohl aber Durchschlafprobleme bei 26.7 % (*„wird mehrmals in der Nacht wach, will spielen und essen", „steht manchmal nachts auf und will nicht mehr schlafen"*). Von den 12 Jugendlichen (d.h. über 12-Jährigen), deren Eltern befragt wurden, wurden fünf öfters in der Nacht wach, sechs schliefen auch tagsüber ein, was in diesem Alter sehr unüblich ist (*„hat öfters am Tag Minutenschlafphasen", „nach der Schule schläft er manchmal ein"*). Die Eltern von zwei Kindern berichteten über Schlafapnoen.

Exzessives Einschlafen am Tage und ein verlängerter Nachtschlaf treten offensichtlich im Erwachsenenalter häufiger als syndromspezifische Besonderheiten beim PWS auf. 56 von 60 Erwachsenen in einer englischen Studie schliefen z.B. tagsüber häufig ein. Vier Männer und elf Frauen schliefen in der Nacht ungewöhnlich lange, d. h. in der Regel mehr als zehn Stunden. Eine Beziehung zum Ausmaß des Übergewichts fand sich nicht (Clarke et al., 1989; Cassidy et al., 1990).

Polygrafische Untersuchungen, die in letzter Zeit durchgeführt wurden, bestätigten die *exzessive Schläfrigkeit vieler Jugendlicher und Erwachsener* mit PWS (Helbing-Zwanenburg et al., 1993; Hertz et al., 1995). Sie zeigten auch Besonderheiten der Schlafarchitektur, d. h. der Regulation der verschiedenen Schlafstadien, wie sie auch bei stark übergewichtigen, hypotonen Erwachsenen ohne PWS auftreten. Viele Eltern berichten, dass ihre Kinder im Schlaf in auffälliger Weise schnaufen und schnarchen. Hertz et al. (1995) weisen einen unmittelbaren Zusammenhang zwischen Sauerstoffsättigung im Schlaf und Ausmaß des Übergewichts bei Patienten mit PWS nach. Als Ursache für diese Phänomene wird wiederum eine Regulationsstörung im Hypothalamus angenommen.

Richdale et al. (1999) befragten die Betreuer von 29 Kindern, Jugendlichen und Erwachsenen zu Besonderheiten des Schlafverhaltens und korrelierten die Ergebnisse mit den Verhaltensauffälligkeiten, die mit der Developmental Behaviour Checklist (DBC) dokumentiert wurden. Exzessive Schläfrigkeit tagsüber wurde bei 10 Patienten festgestellt, nächtliches Schnarchen bei drei Patienten. In einer Vergleichsgruppe, die nach Alter und Grad der Behinderung parallelisiert war, traten diese Auffälligkeiten nicht auf. Innerhalb der Gruppe mit PWS fand sich kein Zusammenhang zwischen den Schlafmerkmalen und dem Alter, bzw. dem Grad des Übergewichts. Kinder, Jugendliche und Erwachsene mit exzessiver Schläfrigkeit tagsüber zeigten jedoch wesentlich mehr und ausgeprägtere Verhaltensauffälligkeiten als diejenigen, bei denen diese Schlafbesonderheiten nicht vorlagen.

Kontrolle des Essens und der Gewichtsentwicklung

Waters et al. (1990) befragten die Betreuer von 61 Erwachsenen mit PWS nach dem Essverhalten der Betroffenen und ihrer Fähigkeit, sich an Diätregeln zu halten. 54 der 61 Erwachsenen befanden sich auf Diät. Dennoch lag ihr Gewicht bezogen auf die Größe weit über der Norm. Eine Frau und acht Männer hatten extremes Übergewicht. Weder das gegenwärtige Alter noch das Alter zum Zeitpunkt der Diagnosestellung hatte einen Einfluss auf den Grad des Übergewichts. Dabei ist allerdings zu berücksichtigen, dass zum Zeitpunkt der Diagnosestellung der hier befragten Patienten – vor mehr als 25 Jahren – noch die ärztliche Einstellung vorherrschte, dass die Gewichtsentwicklung beim PWS nicht beeinflussbar sei. Von 49 der 61 Erwachsenen wird berichtet, dass sie regelmäßig Nahrungsmittel entwenden. Tendenziell fand sich dabei ein Zusammenhang zwischen Schweregrad des Stehlens von Essbarem und Grad des Übergewichts. Etwa die Hälfte der Betroffenen litt unter ihrem Übergewicht, einem Drittel machte es nach eigenen Angaben aber nichts aus. In Einzelfällen wurde eine tägliche Kalorienaufnahme von bis zu 5200 kcal berichtet (Holm & Pipes, 1976).

Eine ähnlich hohe Häufigkeit des Stehlens von Nahrungsmitteln fanden auch Whitman und Accordo (1987). Bei 60 % der 35 untersuchten Jugendlichen und jungen Erwachsenen trat dieses Verhalten zu Hause, bei 37 % außerhalb der häuslichen Umgebung auf.

Bei jüngeren Kindern mit PWS scheint die *Variabilität im Essverhalten* größer zu sein. Wir baten 28 Eltern von PWS-Kindern (mittleres Alter 8;1 Jahre; sd = 4;11 Jahre) um eine Beschreibung des Essverhaltens ihrer Kinder mittels des „Children's Eating Behaviour Inventory" (CEBI; Archer et al., 1991). In den Elternangaben spiegelte sich der Drang nach Essen bei vielen, aber keineswegs allen Kindern mit PWS wider. 57.1 % fragten häufig zwischen den Mahlzeiten nach etwas zu essen, 32.1 % nahmen bei Besuchen oder außerhalb der Familie Nahrung zu sich, was sie nicht sollen, 17.9 % taten dies zu Hause. 10.7 % versteckten Essen.

Wir untergliederten dann die Stichprobe nach dem individuellen Gewicht-/Größekoeffizienten und verglichen die zehn schwersten und die zehn leichtesten Kinder in ihrem Essverhalten miteinander. Alle problematischen Verhaltensweisen traten bei den Kindern mit dem größten Übergewicht signifikant häufiger auf. Die Eltern bemühten sich um eine Kontrolle der Essensmenge. 67.9 % erlaubten ihren Kindern keine Zwischenmahlzeiten, 39.3 % begrenzten die Essensmenge bei den Mahlzeiten (Sarimski, 1996a).

In der Befragung der Gesamtgruppe der Eltern von 46 Kindern und Jugendlichen mit PWS (Sarimski, 1995a) wird das Ausmaß der elterlichen Kontrolle noch deutlicher. 80.4 % gaben an, dass sie die Essensmenge und die Einhaltung der Diät ständig kontrollieren müssen. Unter dieser Aufsicht aßen 47.8 % nicht mehr als altersüblich. Das galt allerdings vorwiegend für jüngere Kinder. Unter den über 12-Jährigen lag der Anteil derer, die mehr oder sehr viel mehr essen als üblich, bei 50 %. Die Fähigkeit zur Selbstkontrolle beim Essen war unterschiedlich ausgeprägt. Vier Kinder (9.8 %) waren erfolgreich um Selbstkontrolle bemüht, zehn Kinder (24.4 %) hatten dabei teilweise Erfolg. 20 Kinder (48.7 %) konnten sich aber gar nicht selbst an Diätvorschriften halten.

Gerade bei älteren Jugendlichen mit PWS ist es nicht unüblich, dass sie alle Gelegenheiten nutzen, um an Essen zu gelangen. So essen sie ihr Pausenbrot auf, während sie noch im Schulbus sitzen, und erbetteln sich dann Nahrungsmittel oder Geld von ihren Mitschülern oder Lehrern, um Essen zu kaufen. Sie nutzen Möglichkeiten, in Selbstbedienungs-Restaurants an Speisen zu gelangen, und suchen mitunter sogar nach Nahrung in Mülleimern. Dykens (2000) bestätigte diese ungewöhnliche Neigung, jede Art von Speisen zu sich zu nehmen, in einer Untersuchung von 50 Jugendlichen und Erwachsenen. Sie legte ihnen eine Auswahl von Abbildungen vor, die übliche Kombinationen von

Speisen, unübliche Kombinationen (z. B. Pizza mit Schokaladensoße, Eis mit Senf) oder ungenießbare Nahrung (z. B. Kuchen mit Gras) darstellten und fragten sie, welche von diesen Speisen sie gern essen würden. Patienten mit PWS zeigten eine viel höhere Bereitschaft, auch ungewöhliche und (zum Teil) ungenießbare Speisen zu wählen.

> **Einige Elternaussagen**
>
> „erhält fett- und zuckerreduzierte Diät unter ständiger Kontrolle; alle Nahrungsmittel müssen weggestellt und verschlossen werden; nimmt anderen das Essen weg"; „ständige Kontrolle, ständiges Fragen nach Essen, Verschließen der Küchentür und Verstecken der Lebensmittel nötig", „Es ist schwierig, alles von ihr fernzuhalten; nicht so sehr zu Hause, aber wenn wir irgendwo zu Besuch sind, beim Arzt oder einkaufen gehen", „entwendet Lebensmittel, untersucht Abfalleimer, im Haus, in der Schule, in der Stadt, hatte deshalb bereits eine Lebensmittelvergiftung" „bekommt Wutanfälle, wenn er nichts zu essen bekommt".
>
> *Es gibt aber auch positive Bemerkungen:* „würde mehr essen, hat aber durch unsere Kontrolle gelernt, von gewissen Speisen weniger zu essen, ohne dass andere Familienmitglieder darunter leiden", „braucht geringe Mengen", „Reduzierung der Nahrungsmenge ab dem dritten Lebensjahr, akzeptiert Kontrolle durch die Mutter".

In zwei anderen Studie stellten Glover et al. (1996) fest, dass Erwachsene mit PWS – wenn sie vor die Wahl gestellt wurden – sich mehr an der Menge als am Geschmack der angebotenen Speisen orientieren. Sie bevorzugten eine große Menge einer „neutralen" Speise gegenüber einer kleineren Menge ihrer Lieblingsspeise. Erwachsene mit Übergewicht, bei denen kein PWS vorlag, reagierten anders. Joseph et al. (2002) boten eine Wahl zwischen einer größeren Menge einer Speise, die nach kurzer Wartezeit eingenommen werden durfte, und einer kleineren Menge, die sofort verzehrt werden durfte. Die Probanden mit PWS entschieden sich häufiger für die größere Menge, bei ebenfalls adipösen Erwachsenen, bei denen das Übergewicht andere Ursachen hatte, verteilten sich die Wahlen gleichmäßig.

Das Streben nach einer möglichst großen Essensmenge geht einher mit einem Ausbleiben des Sättigungsgefühls. Zipf und Berntson (1987) analysierten das Essverhalten von Erwachsenen mit PWS unter experimentellen Bedingungen. Wenn ihnen das Essen freigestellt war, nahmen sie exzessive Mengen zu sich und schienen kein Sättigungsgefühl zu verspüren. Holland et al. (1993, 1995) machten die gleiche Beobachtung. Sie befragten die Eltern nach Einzelheiten des Essverhaltens der Kinder in den vergangenen vier Wochen, beobachteten das Essverhalten in einer standardisierten Situation und ließen die Patienten auf einer Skala einschätzen, wie hungrig sie sich fühlen und wie stark ihr Wunsch nach Essen ist. Diese Einschätzungen wurden vor, während der einstündigen Mahlzeit und einige Zeit danach erhoben. 10/13 Patienten mit PWS nutzten den unbegrenzten Zugang zum Essen während der Mahlzeit aus und nahmen in der gleichen Zeit fast viermal soviele Kalorien auf wie eine normale Kontrollgruppe (1292 vs. 369 kcal). Nach dieser Stunde äußerten sie nicht weniger Appetit als zu Beginn des Essens, während die normalen Probanden wesentlich weniger Lust auf Essen verspürten. Physiologische Maße zeigen das gleiche Phänomen. Lindgren et al. (2000) verglichen Schulkinder mit PWS und nicht behinderte Kindern mit und ohne Übergewicht. Die Gruppen unterschieden sich vor allem darin, dass die übergewichtigen Kinder zu Beginn der Mahlzeit sehr rasch aßen, dann aber bald satt waren, während die Kinder mit PWS über sehr viel längere Zeit in gleichmäßigem Tempo aßen, ohne eine Sättigung zu erreichen.

Der zwanghafte Drang nach Essen und das offenbar ausbleibende Sättigungsgefühl ist allerdings nicht die einzige Ursache des extremen Übergewichts vieler Patienten. Ein niedriger Energieverbrauch bei weniger Bewegung – bedingt durch die allgemeine Hypotonie – und evtl. weitere Stoffwechselbesonderheiten, die zu einem veränderten Verhältnis von Muskel- vs. Fettmasse im Körper führen, tragen zur Entwicklung des Übergewichts bei.

Versuche einer medikamentösen Beeinflussung des abnormen Essverhaltens, z. B. durch Fenfluramin oder Naltrexon, sind bisher nicht erfolgreich gewesen (Selikowitz et al., 1990; Zlotkin et al., 1986). Hoffnungen richten sich in letzter Zeit auf den *Einsatz von Wachstumshormonen* beim Prader-Willi-Syndrom. Mehrere kontrollierte Studien belegten eine verminderte Hormonausschüttung mit niedrigem IGF-1 bei vielen Kindern mit PWS und einen nachdrücklichen positiven Effekt auf den körperlichen Entwicklungsverlauf (Reduzierung des Körperfetts, Muskelstärkung und schlankerer Körperbau) bei denen, die mit Wachstumshormonen behandelt wurden (Eiholzer et al., 2001; Carrel, 1999). Es besteht aber noch keine Einigkeit in der Diskussion darüber, welcher der günstigste Zeitpunkt für einen Behandlungsbeginn ist und ob die Diagnose des PWS selbst eine Behandlung rechtfertigt oder diese auf die Patienten mit nachgewiesenem Wachstumshormonmangel beschränkt bleiben sollte. Auf jeden Fall gehört die Wachstumshormontherapie heutzutage zu den häufig erwogenen Verfahren in der Behandlung von Kindern mit PWS. Auf die Gefahr der Verstärkung einer angelegten Skoliose im Laufe der Behandlung sei hingewiesen, was im Einzelfall ein Abbruchkriterium sein kann.

Ob sich durch die Wachstumshormonbehandlung neben der Gewichtsentwicklung auch andere Aspekte des Verhaltensphänotyps günstig beeinflussen lassen, ist noch offen. Erste Hinweise sprechen für eine Steigerung der Mobilität und Aktivität bei Kindern, die früh behandelt wurden (Eiholzer et al., 2000). Whitman et al. (2002) legten eine Evaluationsstudie zur Wirkung der Wachstumshormonbehandlung bei 54 Kindern mit PWS (4 bis 16 Jahre) über einen Zeitraum von zwei Jahren vor, bei der sie neben den körperlichen Veränderungen auch psychosoziale (emotionale Auffälligkeiten, Verhaltensprobleme, Elternbelastung) systematisch dokumentierten. Es fanden sich keine negativen Veränderungen der Stimmung oder des Verhaltens unter der Therapie. Auch Aufmerksamkeitsprobleme, Ängstlichkeit, zwanghaftes Verhalten und impulsive Ausbrüche zeigten keine signifikanten Veränderungen vor und nach Therapiebeginn, bzw. im Vergleich zu einer nicht behandelten Kontrollgruppe. Eine stabile Besserung ergab sich in der Therapiegruppe in der Ausprägung depressiver Symptome; sie zeigte sich überwiegend bei Kindern und Jugendlichen über 11 Jahren.

Viele Eltern haben ihre eigenen Wege gefunden, die exzessive Gewichtszunahme ihrer Kinder unter Kontrolle zu halten. James und Brown (1992) berichteten, welche Erfahrungen sie dabei machen. 42% haben sich angewöhnt, Reste nach dem Essen sofort wegzuräumen und zu verschließen und bewerteten dies als gute Möglichkeit der Kontrolle. Ebenso erfolgreich, aber nur von einer Minderheit der Familien eingesetzt, ist das Verschließen der Küchen- oder Kühlschränke. 41% der Befragten hatten Erfahrung mit einer Beratung durch eine Diätassistentin, zwei Drittel von diesen empfanden sie als hilfreich. Einige Eltern und Kinder nahmen auch an Selbsthilfegruppen teil („weight watchers"), empfanden dies aber nur zum Teil als hilfreich. 65% der befragten Eltern hatten zumindest zeitweise eine strikte Kalorienplanung versucht, 40% eine spezielle Zusammenstellung des Speiseplans. Zum Teil führte das aber dazu, dass die Eltern selbst heimlich in ihrem Schlafzimmer aßen und den anderen Geschwistern nach der Schlafenszeit des PWS-Kindes noch Extraportionen zukommen ließen.

Goldberg et al. (2002) befragten 293 Eltern, wie sie mit dem zwanghaften Essverhalten ihrer Kinder umgingen (Tabelle 13). Beratung fanden sie am häufigsten über die Eltern-Selbsthilfegruppe (34%) und den Kinderarzt (30%), seltener bei Ernährungsberatern (16%) oder spezialisierten Kliniken (14%). Neben allgemeinen Informationen über die Besonderheiten der Entwicklung von Kindern mit PWS erhielten sie Empfehlungen zum Kalorienbedarf, zur Speisenplanung und Diätgestaltung sowie Gewichtskontrolle. Eine Diätempfehlung wurde nur von einem Teil der Eltern als realisierbar empfunden. Lediglich 15% erhielten auch eine psychologische (verhaltensorientierte) Beratung zum Umgang mit den Problemen, viele hielten aber eben dies für entscheidend für das Gelingen der Gewichtskontrolle.

Die Empfehlungen wurden als unterschiedlich hilfreich empfunden. Viele Eltern klagten über fehlende Zeit oder Kraft zum Durchhalten von Diätvorschriften, Schwierigkeiten, sie in Restaurants durchzuführen und den Zugang zu Speisen zu versperren, oder mit dem Alter zunehmende Verhaltensprobleme bei Einschränkungen. Einige fühlten sich von den Pädagogen im Kindergarten oder in der Schule sehr gut unterstützt. Andere beklagten, dass die Diätvorschriften dort nicht hinreichend beachtet würden, weil die Betreuer die Notwendigkeit nicht einsehen, die Einschränkungen des Kindes beim Essen nicht mit ihrem pädagogischen Selbstverständnis vereinbaren zu können glauben oder im Falle von wütenden Reaktionen des Kindes dann doch eher nachgeben.

Als besonders schwierig erscheinen Situationen, in denen das betroffene Kind etwas Anderes essen soll als die anderen Kinder (z. B. bei Geburtstagsfeiern).

Tabelle 13: Strategien zum Umgang mit zwanghaftem Essverhalten (Goldberg et al., 2002)

Strategien	erprobt	ziemlich / sehr erfolgreich
dem Kind kleine Portionen geben	96 %	68 %
das Kind ständig beaufsichtigen	95 %	47 %
für regelmäßige Bewegung sorgen	88 %	71 %
kalorienarme Nahrung als Zwischenmahlzeiten bereithalten	85 %	64 %
Anreize schaffen, die nichts mit Essen zu tun haben	84 %	58 %
Speisen verschließen	66 %	66 %
spezielle Diät zusammenstellen	58 %	40 %

3.7 Familienbelastung und Beratungsschwerpunkte

Elternbelastung und Bedürfnisse

Diese Ausführungen zum Umgang mit dem zwanghaften Streben nach Essen und den anderen auffälligen Verhaltensweisen machen deutlich, dass viele Eltern mit Kindern mit PWS unter einer hohen Belastung stehen. Dies zeigt sich auch in schriftlichen Befragungen. Wir verwendeten zur Dokumentation der subjektiven Belastung den „Parenting Stress Index" (PSI; Abidin, 1990). Dieser Fragebogen erlaubt die Einschätzung von sechs Aspekten der Belastung in der alltäglichen Interaktion mit dem Kind und sieben Aspekten der Belastung des eigenen elterlichen psychischen Wohlbefindens.

Die interaktionsorientierte Belastung (Anpassungsfähigkeit, Akzeptanz des Verhaltens des Kindes, forderndes Verhalten, Stimmungsschwankungen, geringe positive Verstärkung für Eltern) und Zweifel an der eigenen erzieherischen Kompetenz waren weit überdurchschnittlich ausgeprägt. Psychische Probleme wie Depressiviät, soziale Isolierung oder Partnerschaftsprobleme wurden dagegen von Müttern mit PWS-Kindern nicht stärker berichtet als von Müttern, die keine behinderten Kinder haben.

Es fand sich ein deutlicher Alterseffekt. Mütter von Schulkindern und Jugendlichen berichten eine signifikant höhere interaktionsbezogene und psychische Belastung als Mütter jüngerer Kinder. Von den 28 Müttern, die den Fragebogen ausfüllten, waren nach den an der Rohwertverteilung orientierten Kriterien des Parenting Stress Index 20 hinsichtlich der interaktionsbezogenen Belastung, sieben hinsichtlich ihrer psychischen Belastung und 17 in beiden Bereichen als beratungsbedürftig anzusehen.

Tabelle 14 listet schließlich die Einzelitems auf, für die die Mütter Belastungswerte oberhalb von zwei Standardabweichungen über dem Durchschnitt ihrer Bewertungen auf einer Skala von 1 bis 5 angaben. Langsames Lernen, forderndes Durchsetzungsverhalten, Anpassungsprobleme an Veränderungen und hohe Beanspruchung durch die Sorge für das Kind stellen sich auch hier als die Hauptprobleme in der Interaktion mit PWS-Kindern dar.

Auf die Frage, inwiefern die Eltern ihr Familienleben auf die Bedürfnisse von Kindern mit PWS einstellen mussten, geben die meisten Eltern die Veränderungen der Essgewohnheiten und die Belastung der anderen Kinder der Familie an. Im späten Jugendalter ist auch die Anregung von Sozialkontakten für die be-

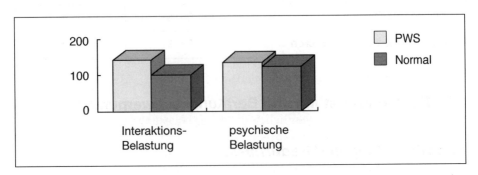

Abbildung 12: Belastung bei 28 Müttern von Kindern mit PWS im Vergleich zur Normalgruppe

troffenen Kinder ein besonderes Problem. Geschwisterkinder müssen die Einschränkungen der Essgewohnheiten für die ganze Familie hinnehmen und dabei auf vieles verzichten, was sie gerne möchten. Ihnen wird oft die Rolle zugewiesen, das Essverhalten des Bruders oder der Schwester zu kontrollieren. Sie fühlen sich mitunter zurückgesetzt, sozial isoliert, schämen sich, wenn

Tabelle 14: Einzelbelastungen im Parenting Stress Index (n = 28)

Items im Parenting Stress Index	Belastungswerte
Wenn mein Kind etwas haben möchte, ist es sehr ausdauernd.	4.36
Mein Kind scheint nicht so schnell zu lernen wie andere.	4.36
Mein Kind macht Dinge, die mich sehr ärgern.	4.00
Mein Kind aufzufordern oder ihm etwas zu untersagen, ist schwer.	3.89
Mein Kind hat mehr körperliche Probleme als ich dachte.	3.86
Mein Kind reagiert heftig, wenn etwas geschieht, was es nicht mag.	3.79
Der Tag ist fast ausgefüllt von Dingen, die ich für mein Kind tue.	3.75
Mein Kind stellt mehr Anforderungen an mich als ich dachte.	3.71
Mein Kind macht einige Dinge, die mich sehr aufregen.	3.71
Mein Kind hat Schwierigkeiten, sich an Veränderungen anzupassen.	3.61
Mein Kind lässt sich nicht leicht ablenken, wenn es etwas will.	3.50

Freunde zu Besuch kommen und einen Wutanfall des Geschwisterkindes mit PWS miterleben. Zum Teil sorgen sie sich darum, ob die Behinderung erblich ist und sie selbst von ihr noch betroffen sein können.

James und Brown (1992) verglichen die Stressbelastung von Müttern und Vätern in Familien mit einem PWS-Kind untereinander und mit der Situation bei Familien mit Down-Syndrom oder nicht behinderten Kindern. Die Belastung beider Eltern war in Familien mit PWS-Kindern deutlich höher. Mütter fühlten sich z. T. sozial isoliert, vermieden Außenkontakte, bei denen sie ihr u. U. extrem übergewichtiges Kind mitnehmen müßten. Sie fühlten sich in ihrem Bemühen um das Kind mit PWS nicht hinreichend von ihrem Partner unterstützt. Väter klagten vor allem über die geringe gemeinsame Zeit und die Einschränkungen beim Essen.

Hodapp et al. (1997b) erhoben die subjektive Belastung der Eltern von 42 Kindern und Jugendlichen mit PWS mit Hilfe des „Questionnaire on Resources and Stress" und analysierten Zusammenhänge zu den Hilfequellen, über die die Familien verfügten, und dem Grad der Verhaltensproblematik der Kinder, gemessen mit der CBCL. Im Vergleich zu Eltern von behinderten Kindern im Allgemeinen äußerten die Eltern von Kindern mit PWS auch in dieser Befragung ein *höheres Maß an Belastung*. *Diese war unabhängig vom Alter oder dem Grad des Übergewichts des Kindes, korrelierte aber mit seiner Verhaltensproblematik*. Befragt nach den für sie hilfreichen Unterstützungen, nannten die meisten Eltern Familienmitglieder und Freunde. Nur ein Drittel empfand einzelne Fachkräfte als hilfreich in der Bewältigung der Probleme.

In unserer Elternbefragung untersuchten wir schließlich, welche Bedürfnisse die Eltern als vordringlich formulierten. 27 Mütter und 23 Väter beantworteten die „Family Needs Survey" (Bailey & Simeonsson, 1988). Die meisten Eltern suchten nach Informationen über Möglichkeiten der Förderung und des Umgangs mit Verhaltensproblemen des Kindes, wobei die Mütter einen stärkeren Wunsch ausdrückten als die Väter. Neun Mütter und vier Väter wünschten sich ausdrücklich professionelle psychologische oder pädagogische Beratung, die übrigen antworteten auf diese Frage mit einem „teils-teils". Mehr Kontakt mit anderen Eltern behinderter Kinder wünschten sich relativ wenige Eltern, was daran liegen mag, dass es sich überwiegend um Eltern handelte, die sich bereits in einer Selbsthilfegruppe organisiert hatten.

Auf die ausdrückliche Frage, für welche Bereiche sie sich am dringendsten Unterstützung wünschten, gaben 16 Eltern den Umgang mit den Verhaltensproblemen an (Zorn, Sturheit, Stimmungsschwankungen, Passivität), zehn eine bessere Unterstützung bei der Kontrolle des Essverhaltens, sechs bei der Förderung der sprachlichen Kommunikation, zwei bei der Förderung sozialer Kontakte zu anderen Kindern, drei bei der Entscheidung konkreter Kindergarten- oder Schulfragen.

Umgang mit zwanghaftem Verhalten und Wutanfällen

Eine *medikamentöse Behandlung von häufigen Wutanfällen, zwanghaften Verhaltensweisen und insbesondere zwanghaftem Kneifen der eigenen Haut* wurde in Einzelfällen mit Erfolg versucht (Dech & Budow, 1991; Warnock & Kestenbaum, 1992; Hellings & Warnock, 1994). Stein et al. (1994) berichteten in einer Befragung bei Eltern von 347 Schulkindern und jungen Erwachsenen mit PWS, dass 11 % mit Fluoxetine und 7 % mit Haloperidol behandelt wurden. Nur bei knapp einem Drittel der mit Psychopharmaka behandelten Patienten zeigte sich allerdings eine deutliche Besserung der Wutanfälle. Bei 20 % ließ sich das selbstverletzende Kneifen durch Gabe von Haloperidol bessern, während andere Medikamente kaum einen Effekt hatten. Die Daten zeigen insgesamt, dass Medikamente nur bei einer kleinen Teilgruppe von Patienten mit PWS eingesetzt werden und bei dieser wiederum eine individuell sehr unterschiedliche Responsivität besteht (Tu et al., 1992, Whitman & Greenswag, 1996).

Tabelle 15: Bedürfnisse von 27 Müttern und 23 Vätern von Kindern mit PWS (Family Needs Survey)

Bedürfnis nach	Mütter	Väter
mehr Informationen über künftige Fördermöglichkeiten	22	14
mehr Informationen über Möglichkeiten der Verhaltensbeeinflussung	16	12
mehr Informationen, wie Kinder mit Entwicklungsproblemen aufwachsen	13	12
schriftlichem Material, wie andere Eltern zurechtgekommen sind	12	8
mehr Zeit für mich selbst	11	6
mehr Möglichkeiten, wie ich meinem Kind etwas beibringen kann	10	9
mehr Zeit mit Lehrer/Therapeut	9	6
regelmäßiger Beratung bei Psychologen oder Sozialarbeiter	9	4

Verhaltensmodifikatorische Strategien zur Beeinflussung der Wutanfälle erfordern ein hohes Maß an elterlicher Konsequenz, bei ihren jeweiligen Anforderungen zu bleiben und dem Schreien und Verweigern der Kinder nicht nachzugeben. Dies ist naturgemäß im häuslichen Rahmen leichter möglich als in der Öffentlichkeit. Wenn ein Wutanfall auftritt, ist es als erste Reaktion wichtig, möglichst auf wortreiche Ermahnungen zu verzichten und sich nicht auf ein Argumentieren mit dem Kind einzulassen. Es sollte *ignoriert oder aus der sozialen Situation ausgeschlossen werden*, bis sein Zorn nachlässt, um es dann von dem Thema, das den Wutanfall ausgelöst hat, abzulenken. Erst wenn das Kind sich wieder beruhigt hat und aufnahmefähig ist, macht es Sinn, noch einmal über die Situation, das unakzeptable Verhalten und mögliche Alternativen bei einer künftigen Gelegenheit zu sprechen. Wenn es bei dem Konflikt um Essen ging, kann die Notwendigkeit der Begrenzung der Essensmenge und die Folgen des Übergewichts dabei auch immer wieder erklärt werden. Übermüdung nach nächtlichen Durchschlafproblemen kann die Auftretenshäufigkeit von Wutanfällen steigern. In diesem Fall sollte u. U. der Schlafrhythmus des Kindes verändert werden.

Wenn es gelingt, über eine sorgfältige Verhaltensbeobachtung spezielle Auslöser für das zornige Verhalten des Kindes zu identifizieren, können diese kritischen Situationen auch zum Thema eines *„Ärger-Managements"* gemacht werden. In manchen Fällen gelingt es, die Situationen mit dem Kind vorzubesprechen und Alternativen im Sinne einer besseren Selbstkontrolle („Selbstinstruktionen") zu suchen, auf die das Kind dann in der realen Situation zurückgreifen kann. Die mit solchen vorbereitenden Gesprächen verbundene Anerkennung der Gefühle des Kindes und die Kommunikation mit ihm kann das Bemühen um sozial akzeptables Verhalten fördern.

Stures Bestehen auf dem eigenen Vorhaben seitens des Kindes und Widerstand gegen das, was die Eltern für erforderlich erachten, erfordert die gleiche elterliche Konsequenz. Unter Umständen muss anschaulich klargemacht werden, welche natürlichen Konsequenzen das Verhalten des Kindes hat, z. B. „Wenn du nicht mit mir einkaufen gehst, können wir nichts für dich zum Abendessen kaufen."

Kinder mit PWS tun sich z. T. sehr schwer, *sich an Veränderungen anzupassen*. Es ist deshalb zu empfehlen, Alltagsabläufe in einer immer gleichen Form geschehen zu lassen, denn die Routine gibt den Kindern Sicherheit. In der Schule können Listen und anschauliche „Stundenpläne" helfen, den Tagesablauf für das Kind überschaubar zu machen. Die Kinder müssen aber auch lernen, mit nicht vorgeplanten Abläufen zurechtzukommen. Zur Übung ist es günstig, sie im vertrauten Alltag bewusst immer wieder vor Wahlmöglichkeiten zu stellen, z. B. was sie kaufen oder anziehen möchten oder an einem nicht verplanten Tag tun möchten. Wenn eine Veränderung gegenüber der üblichen Routine absehbar ist, empfiehlt es sich, sie frühzeitig und ausdrücklich anzukündigen und dem Kind genügend Möglichkeiten zu geben zu Fragen, was geschehen wird, damit es sich einen „inneren Fahrplan" aufbauen kann. Geht etwas nicht nach Plan, kann manchmal auch ein Rückgriff auf eine humorvolle Bemerkung weiterhelfen. Generell gilt, dass jeweils individuelle Lösungen für die Verhaltensprobleme gesucht werden müssen und es keine „erzieherischen Rezepte" beim PWS gibt.

Das *selbstverletzende Kneifen und Kratzen an Wunden* ist schwer zu beeinflussen. Wenn es auftritt, sollten die Kinder vor der Folge gewarnt werden, dass die Wunde nicht verheilen wird, und dann möglichst auf eine andere Tätigkeit abgelenkt werden. Häufiges Schneiden der Fingernägel und Ölen, Eincremen oder Pflastern der Wunde ist sinnvoll. Auch im Hinblick auf dieses Verhalten ist eine sorgfältige Beobachtung nötig, um Auslösebedingungen des Verhaltens (z. B. Angst oder Überforderung) spezifizieren zu können. Wenn es z. B. unter Stressbelastung verstärkt auftritt, können evtl. für Zeiten unvermeidlicher Anforderungen Dinge bereitgehalten werden, mit denen das Kind seine Hände beschäftigt halten kann, statt zwanghaft kratzen oder zupfen zu müssen.

In vielen Fällen nehmen die Verhaltensprobleme offensichtlich während der Pubertät zu. Diese Zeit kann für die Eltern äußerst belastend sein. Es darf aber auch nicht übersehen werden, dass sie eine besonders schwierige Zeit für die Heranwachsenden darstellt. In der Regel nehmen sie selbst wahr, dass sie anders sind, aber es kann für sie sehr schwierig sein, über ihre Gefühle des Andersseins zu sprechen. Sie haben es schwer, soziale Anerkennung in der Gruppe der Gleichaltrigen zu finden, und müssen weiterhin eine strikte Kontrolle über ihr Essverhalten akzeptieren. Zudem werden sie in einigen Situationen (z. B. im Sportunterricht) wegen ihrer körperlichen Untüchtigkeit und Unförmigkeit gehänselt. Diese Hinweise zeigen schon, dass ein Versuch der *Beeinflussung der Verhaltensprobleme bei Jugendlichen* nicht nur auf die Heranwachsenden selbst abzielen kann, sondern das soziale Umfeld einbeziehen und die soziale Integration des Jugendlichen fördern muss.

Die erzieherischen Vorgehensweisen, die für das Kindesalter beschrieben wurden, gelten im Prinzip auch im Jugendalter. Mehr und mehr muss aber die Kooperation des Heranwachsenden gesucht werden, z. B. bei der Planung von Token-Programmen. Einzelne Ziele, um welche positiven Verhaltensweisen der Jugendliche sich bemühen soll und welche körperlichen Aktivitäten er in seinen Tageslauf einbaut, sollen miteinander ausgehandelt und positive Anreize vereinbart werden, die für den Jugendlichen von Bedeutung sind. Die Absprachen des Gewichtskontrollprogramms (Diätplanung, Selbstkontrolle, Bewegungsförderung) sind in diesem Alter oft leichter mit einer anderen Bezugsperson (z. B. dem Arzt oder Psychologen, der das Kind betreut) möglich als mit den Eltern selbst. Ein solcher außenstehender Berater kann in diesem Alter auch hilfreich sein, mit dem Jugendlichen über seine Selbstwahrnehmung zu sprechen und seine soziale Kompetenz im Umgang mit Gleichaltrigen (Erklärung der eigenen Besonderheit bei Nachfragen, Kontaktaufnahme zu anderen Jugendlichen) zu stärken. In einigen Fällen eskalieren die Verhaltensprobleme so stark, dass eine pharmakologische Behandlung versucht werden muss.

Umgang mit unkontrolliertem Essverhalten

Eine erfolgversprechende Prävention und Behandlung exzessiver Gewichtszunahme beim PWS umfasst drei Elemente:
– Diätplanung und Kontrolle der Nahrungsmenge

– Modifikation des Essverhaltens

– Bewegungsförderung

Eine frühzeitige Diagnose des PWS ist für die Eltern und das Kind wichtig, um durch Diät lebensbedrohliches Übergewicht zu vermeiden. Die Diätbehandlung hat das Ziel, die notwendige Energie- und Nährstoffzufuhr für Wachstum und Entwicklung sicherzustellen, Übergewicht vorzubeugen oder das Gewicht bei bereits entwickeltem Übergewicht zu reduzieren und damit das Risiko für Folgekrankheiten herabzusetzen, sowie dem Hungergefühl abzuhelfen.

Eine gewöhnliche Diät kann für Personen mit PWS noch zuviel Kalorien enthalten. Sie haben einen Energiebedarf von 50 bis 70 % des Energiebedarfs gleichaltriger Personen. Dies liegt u. a. daran, dass Menschen mit PWS eine geringere Muskelmasse und mehr Fettgewebe haben. Fettgewebe benötigt nicht soviel Energie we Muskelmasse.

Die notwendige Kalorienzahl errechnet sich u. a. aus der Körpergröße. Soll ein Kind mit PWS abnehmen, so wird empfohlen, zu Beginn der Diätbehandlung 7 kcal/cm Körpergröße zu geben. Soll das Gewicht erhalten bleiben, werden 8 bis 11 kcal/cm empfohlen. Der Energiebedarf ist allerdings nicht bei allen Menschen mit PWS gleich. In der Praxis wird die *Diät für Kleinkinder meist 600 bis 800 kcal, für größere Kinder und Erwachsene 800 bis 1100 kcal täglich* enthalten.

Hauptanteil mit 55% bilden die Kohlenhydrate (Brot, Kartoffeln, Gemüse, Milch, Obst). Die zusamengesetzten Kohlehydrate, wie sie in grobem Brot, Kartoffeln und Gemüse vorkommen, werden langsamer aufgenommen. 25% Eiweiß (in Fleisch, Geflügel, Milch- und Kornprodukten sowie Hülsenfrüchten) und 20% Fett (vor allem mehrfach ungesättigte Fettsäuren in Pflanzenölen und Pflanzenmargarine) ergänzen die Kost. Eine abwechslungsreiche Kost sorgt für eine genügende Zufuhr von Vitaminen und Mineralien, evtl. sollte ein ergänzendes Vitaminpräparat gegeben werden. Frei zugänglich sind zuckerfreies Obst (z. B. Melone, Grapefruit, Rhabarber), grünes Gemüse und Salat, klare Suppen und künstliche Süßstoffe.

Bei der Planung des Speisezettels ist die Warendeklarierung eine Hilfe. Hier wird angegeben, wieviel Energie (in kJ oder Kcal) und wieviele Gramm Kohlehydrate, Fett und Proteine in 100 g der Ware enthalten sind. Eine Planung des Speisezettels nach Kalorienvorgaben ist aber nicht jedermanns Sache. Oft wird eine Mischung aus kalorienarmer Ernährung und einer Reduzierung der dem Kind erlaubten Nahrungsmenge bei gemeinsamen Mahlzeiten versucht. Es geht darum, für jedes Kind einen individuellen Weg zu finden.

Kasten 3: Diätprinzipien bei der Zusammenstellung der Kost

- weniger Energie (Kilojoule/Kilokalorien) als bei Gleichaltrigen
- mager essen
- grob essen (d. h. viel rohes, gekochtes oder mit wenig Fett gedünstetes Gemüse, grobes Brot u. a.), um dem Hungergefühl abzuhelfen
- abwechslungsreich essen, um genügend lebenswichtige Nährstoffe zu bekommen
- häufige Mahlzeiten mit niedrigem Energiegehalt essen, um dem Hungergefühl abzuhelfen, z. B. drei Hauptmahlzeiten und drei Zwischenmahlzeiten
- Zucker und zuckerhaltige Lebensmittel vermeiden
- kalorienfreie Getränke (Mineralwasser, Früchtetee) wählen

Bei der Durchführung der Diät sind feste Regeln und eine konsequente Kontrolle entscheidend. So sollten so früh wie möglich feste Mahlzeiten und Portionsgrößen (z. B. kleinere Teller) eingeführt, Portionen bereits in der Küche vorbereitet oder abgepackt werden. Für besondere Gelegenheiten wie Feste und Geburtstage müssen dem Kind Ersatznahrungsmittel für das mitgegeben werden, was es dort nicht essen oder trinken darf, z. B. zuckerfreier Sprudel oder rohes Gemüse. Wenn das Kind zwischen zwei Mahlzeiten Nahrung zu sich genommen hat, muss die entsprechende Menge bei der nächsten Mahlzeit wieder abgezogen werden.

Verwandte, Erzieher und Lehrer müssen über die Behinderung und die Diätbehandlung informiert werden, so dass die Regeln für das Essverhalten in allen Umgebungen gleichermaßen eingehalten werden können, ohne das Kind zu desintegrieren. Alle diese Personen müssen die Art der kindlichen Essstörung verstehen. Pädagogen sind oft mit einer größeren Zahl von (oft schwerer behinderten) Kindern konfrontiert, so dass sie in der Gefahr sind, in der Alltagssituation die Bedeutung der Fremdkontrolle über das Essverhalten zu wenig ernstzunehmen.

Der zwanghafte Charakter des Essverhaltens lässt die Betroffenen mit großem Einfallsreichtum Gelegenheiten zum Essen suchen. Es dürfen deshalb keine Speisen frei zugänglich sein oder in Sichtweite aufbewahrt werden. Es muss darauf geachtet werden, dass kein Essen in Schlafzimmern, Taschen oder Ranzen gehortet wird. Kinder dürfen niemals ohne Aufsicht in einem Raum sein, in dem Nahrung zugänglich ist. Das gilt auch für das Klassenzimmer, den Schulhof und den Schulbus. Kontrolle über Nahrungsmittel kann auch bedeuten, Küchenschränke, Kühlschränke oder die Küche abzuschließen. Jugendliche mit PWS dürfen nur begrenzten Umgang mit Geld haben, für das sie sich Nahrungsmittel kaufen könnten. Solche strikten Einschränkungen sind den Entwicklungsbesonderheiten von Heranwachsenden mit PWS angemessen und sollten ohne schlechtes Gewissen eingeführt werden, soweit es im Lebensalltag des Kindes zu Hause, im Kindergarten oder in der Schule möglich ist.

Trotz der Zwanghaftigkeit des Essverhaltens können Kinder, Jugendliche und Erwachsene mit PWS in Grenzen lernen, ihr Essverhalten selbst zu kontrollieren. Dazu gehört, dass sie
- selbst beurteilen lernen, welche Nahrungsmittel sie essen dürfen
- selbst einteilen lernen, wie groß ihre Portionen pro Mahlzeit sein dürfen
- selbst ihre Tagesmengen aufteilen lernen, z. B. wenn sie am Nachmittag bei Freunden sind

Wieweit sie sich aktiv an der Diätplanung beteiligen lassen, ist individuell unterschiedlich. Essenregeln zu befolgen oder Gewichtsgrenzen über längere Zeiträume einzuhalten, kann dabei über ein Punkteprogramm systematisch belohnt werden. Das gelingt, wenn vielfältige Anreize als „Eintauschbelohnungen" geboten werden: Bücher, Puzzles, Aufkleber, Poster, Werkzeug, Kosmetikartikel, Modeschmuck, Besuche eines Konzerts, Theaters oder einer Discothek, Einkaufsbummel oder eine andere gemeinsame Aktivität, für die Zeit allein für das Kind reserviert wird. Dabei gilt das Prinzip der positiven Bekräftigung; ein Entzug solcher Anreize (im Sinne eines response-cost-Programms) ist wegen der damit verbundenen Provokation von Wutanfällen nicht zu empfehlen. Generell sollte vom Kindesalter an die Ausgestaltung solcher Token-Programme vom Kind mitbestimmt werden.

Ein genereller Verzicht auf essbare Belohnungen ist nicht erforderlich, wenn diese systematisch eingeplant werden. So kann der Besuch einer Salatbar, bei McDonald's oder auch nur ein kalorienfreier Kaugummi ein besonders hoher Anreiz im Rahmen eines verhaltensmodifikatorischen Programms sein.

Eine zweite Komponente der Verhaltensmodifikation ist die Förderung regelmäßiger körperlicher Aktivitäten, um den Energieumsatz zu stimulieren und zur Aufrechterhaltung des Gewichts beizutragen. Mögliche sportliche Aktivitäten sind Spazierengehen, Laufen, Schwimmen, Radfahren (in und außerhalb der Wohnung) und Musikgymnastik. Auch Alltagsgelegenheiten zur Bewegungsstimulation sollten genutzt werden, z.B. Zeitungen austragen, Botengänge, Rasenmähen.

Die bisher vorliegenden Studien zur Wirksamkeit verhaltensmodifikatorischer Interventionen dieser Art beziehen sich auf Einzelfälle oder sehr kleine Gruppen. Page et al. (1983a) berichteten über zwei Fälle, bei denen das Stehlen von Nahrungsmitteln über ein Tokenprogramm mit differentieller Verstärkung alternativer Verhaltensweisen modifiziert wurde. Während hier nur die Effekte unter klinischen Bedingungen gemessen wurden, berichteten Page et al. (1983b), dass sich eine Generalisierung eines Programms, bei dem körperliche Aktivitäten und Gewichtsreduktion durch positive Anreize bekräftigt wurden, auf das Leben in einer relativ offenen Wohngruppe erreichen ließ.

Altman et al. (1978) berichtete über zwei jugendliche Mädchen mit PWS, mit denen ein Belohnungsprogramm zur Selbstbeobachtung der täglichen Kalorienaufnahme, Gewichtsentwicklung und körperlichen Bewegung und anschließend Belohnungen für die Reduzierung der Kalorienaufnahme bei einzelnen Mahlzeiten und einen wöchentlichen Gewichtsverlust eingeführt wurde. Das erste Mädchen verlor 29 kg (Ausgangsgewicht 111 kg), das zweite 14 kg (Ausgangsgewicht 55 kg) über einen Zeitraum von 36 Wochen. Beide konnten ihr Gewicht während eines Follow-up-Zeitraums von weiteren 12 Monaten halten. Mullins und Vogl-Maier (1987) berichteten über eine erfolgreiche Gewichtskontrolle bei neun Jugendlichen über Ernährungsberatung, körperliche Anregung und soziale Wahrnehmungsförderung.

Descheemaeker et al. (1994) evaluierten ein Präventionsprogramm mit monatlichen Trainingssitzungen über einen Zeitraum von einem Jahr. Vier Kinder mit PWS zwischen 6 und 9 Jahren lernten, Nahrungsmittel mit niedrigem vs.

hohem Kaloriengehalt zu identifizieren und sich dann selbst nach einer individuellen Diätvorgabe ihre Mahlzeiten zusammenzustellen. Darüberhinaus enthielt das Programm Übungen zur körperlichen Aktivierung und Spiele zur Bewertung empfehlenswerter und ungünstiger Nahrungsmittel. Die Eltern und Pädagogen der Kinder wurden aktiv in das Programm einbezogen. Zwei Mädchen hielten ihr Gewicht während des Jahres, in dem das Programm stattfand, die beiden anderen nahmen um drei, bzw. fünf Kilo ab. Die Selbstkontrollelemente des Programms wirkten den ansonsten häufigen Konflikten um die Essensmenge entgegen und stärkten das Selbstwertgefühl der Kinder.

Die Wirksamkeit dieser Programme entspricht den Erfahrungen, die allgemein mit verhaltenstherapeutischen Gewichtsreduktionsprogrammen bei adipösen Kindern gesammelt wurden (Brezinka, 1991). In früheren Arbeiten lag der Akzent primär auf der Verwendung rein verhaltenstherapeutischer Verfahren wie Selbstprotokollierung, Aufbau von Essgewohnheiten, Verstärkung für Gewichtsabnahme. Durch Selbstprotokollierung sollten Kinder und Eltern erfassen, was, wann und wieviel gegessen wird. Es wurde versucht, neue Essgewohnheiten zu erlernen wie z.B. immer am gleichen Platz zu essen, während des Essens nicht fernsehen oder Aufgaben machen, zwischen zwei Bissen das Besteck hinlegen usw. Für neue Essgewohnheiten und Gewichtsverlust wurde das Kind verstärkt, was in einem Vertrag zwischen Kind und Eltern festgelegt wurde. Neuere Behandlungsprogramme umfassen zusätzlich eine ausgewogene Diät (mit Regeln für eine gesunde Ernährung statt fertiger Speisepläne) und Bewegungsförderung mit Übungen zu Beginn und Ende einer Stunde und „Hausaufgaben".

Kontrollierte Studien weisen signifikante und stabile Erfolge solcher Programme bei Kindern ab sechs Jahren und präventive Effekte im Vorschulalter nach, wobei diese Programme mehr auf Elternkontrolle als Selbstkontrolle der Kinder setzten (u.a. Epstein et al., 1986; Brownell et al., 1983).

Als wichtige Elemente haben sich drei Aspekte erwiesen:
– eine unmittelbare Anleitung der Eltern beim Auswählen kalorienarmer, ballaststoffreicher Mahlzeiten (z.B. in Form eines Kochkurses oder gemeinsamen Essens in der Klinikkantine) sowie
– Selbstprotokollierung der Kinder, was und wieviel sie täglich zu sich nehmen und in welchen Situationen sie dazu neigen, besonders viel zu essen.

– darauf aufbauende Lösungsvorschläge für Risikosituationen, die im Rollenspiel geübt werden können (z.B. „Es ist Nachmittag und ich habe Hunger – was soll ich mir aus der Küche holen?" oder „Mein Freund bietet mir eine Tafel Schokolade an. Was soll ich tun?").

4 Williams-Beuren-Syndrom

4.1 Einzelfälle

Timo (9;2 Jahre)

Timo ist das zweite Kind seiner bei Geburt 25 Jahre alten Mutter und seines 33 Jahre alten Vaters. Die Entbindung erfolgte spontan in der 42. SSW mit einem Geburtsgewicht von 2690 g, einer Körperlänge von 49 cm und einem Kopfumfang von 34 cm. Postpartal trank das Kind zunächst schlecht, es wurde eine Kuhmilchunverträglichkeit diagnostiziert. Nach Wechsel der Ernährung gab es keine Essprobleme mehr.

Die motorische Entwicklung verlief verlangsamt. Timo konnte sich mit zehn Monaten aufsetzen, mit 18 Monaten laufen. Das erste Wort wurde dagegen schon mit einem Jahr gesprochen, Dreiwortsätze mit zweieinhalb Jahren. Spielverhalten und kognitive Entwicklung wirkten verzögert. Im Alter von 3;4 Jahren traten drei Episoden mit Blässe, torkelndem Gang, plötzlicher Gesichtsrötung, Speichelfluss und Kopfschütteln auf, allerdings ohne Sturz oder Bewusstseinsverlust. Bei der stationären Untersuchung konnte nicht geklärt werden, ob es sich um ein Anfallsleiden handelt. Es wurde allerdings eine periphere Pulmonalstenose diagnostiziert. Dieser Befund, die Entwicklungsverzögerung und ein auffälliges Gesicht führten zur Diagnose eines Williams-Beuren-Syndroms. Die Diagnose wurde später molekulargenetisch bestätigt (Mikrodeletion am Chromosom 7).

Bei der Erstvorstellung im Kinderzentrum im Alter von 3;9 Jahren ergab die körperliche Untersuchung grenzwertige Befunde: Länge 95 cm (p10), Gewicht 13 kg (< p5) und Kopfumfang 47 cm (< p5). Grob- und feinmotorische Koordination waren verzögert. Die Eltern berichteten, dass eine Aufnahme im Regelkindergarten gescheitert war, da Timo nach Meinung der Erzieherin dazu noch nicht reif sei und sich nicht in die Gruppe eingliedern könne. Zu Hause sei er für die Eltern aber problemlos zu lenken.

Die entwicklungspsychologische Untersuchung erfolgte mit der Münchener Funktionellen Entwicklungsdiagnostik (MFED), dem Symbolic Play Test (SPT) und den Sprachverständnisskalen von Reynell. Im Umgang mit dem Symbolspielmaterial zeigte Timo die kognitive Vorstellungsfähigkeit eines 1 3/4-jährigen Kindes. Er fütterte und kämmte die Puppe, legte sie zu Bett, setzte sie auf einen Traktor und ließ sie fahren. Er setzte Baubecher ineinander und einfache Formen in Umrisse, was der gleichen Entwicklungsstufe entsprach. Er verstand Gegenstandsbezeichnungen und einzelne Tätigkeitsbegriffe. Weiter entwickelt waren die Feinmotorik und vor allem die expressive

Sprache. So konnte er z. B. Verschlüsse auf- und zudrehen und bereits Perlen auffädeln (24 Mon./50 %-Norm). Er benannte Abbildungen mit Tätigkeitswörtern („das Kind tut essen"), bildete Vier- und Fünfwortsätze und stellte sachbezogene Fragen (Entwicklungsalter 30 Mon.). Als Auffälligkeit berichtete der Vater noch, dass Timo besonders lärmempfindlich sei. So halte er sich bei lauten Geräuschen, z. B. in der Werkstätte des Vaters, oder wenn der Traktor bei Verwandten angelassen werde, die Ohren zu, obwohl er an dem Fahrzeug eigentlich sehr interessiert sei.

Ein halbes Jahr später wurde er in einen heilpädagogischen Kindergarten aufgenommen. Er akzeptierte die sozialen Regeln dort und machte Fortschritte im Spielvermögen. Eine kurze Zeit später stattfindende Kontrolluntersuchung mit den gleichen entwicklungsdiagnostischen Verfahren zeigte deutliche Fortschritte. Mit den Miniaturobjekten des Symbolic Play Tests gestaltete er jetzt die Szenen differenziert und erreichte ein Entwicklungsalter von 2;9 Jahren. Die gleiche Entwicklungshöhe hatte das Sprachverständnis erreicht. So führte er Aufträge aus, bei denen er Objekte nach ihrem Gebrauchszweck identifizieren sollte (z. B. „Was braucht man zum Schneiden?"), und kannte ungebräuchlichere Tätigkeitswörter (z. B. „Wer trägt etwas?", wobei er auf eine unter vier Figuren zeigen soll, die in ihrer Hand einen Eimer trägt). Schwierigkeiten machten abstraktere Zuordnungsaufgaben, z. B. wenn er Dinge der Größe nach ordnen oder gleiche Bilder einander zuordnen sollte. In diesem Bereich hatte er lediglich den Entwicklungsstand eines eben zweijährigen Kindes erreicht.

Die sprachliche Ausdrucksfähigkeit hatte weiter zugenommen. Timo sprach in kurzen Sätzen, wenn auch noch mit Umstellungen und Auslassungen sowie morphologischen Fehlern. Im Einzelwort wurden die Laute meist richtig gebildet, in längeren Sätzen waren aber viele Wörter schwer verständlich.

Die Diskrepanz zwischen perzeptiven und sprachlichen Fähigkeiten charakterisiert auch das Entwicklungsprofil bei der Wiedervorstellung im Alter von 6;0 Jahren. Zwischenzeitlich ist Timo am neuen Wohnort in einer anderen heilpädagogischen Kindergarten aufgenommen worden. Die Erzieherin beschreibt ihn als distanzlos, er könne schlecht abwarten, sei leicht ablenkbar, störe andere Kinder beim Spiel, redet und fragt sehr viel. Es kommt zu aggressiven Auseinandersetzungen mit anderen Kindern und zornigen Reaktionen, wenn etwas nicht nach seinem Kopf geht.

Timo isst selbstständig, aber sehr langsam, geht zur Toilette und wäscht sich selbstständig. Er hat eine ausgeprägte Vorliebe für Traktoren, LKW, Bagger und Rollenspiele. Er wird als unruhig beschrieben, distanzlos, spricht fremde Personen an, kann schlecht zuhören, verliert schnell das Interesse, schläft unruhig.

Die McCarthy Scales of Children's Abilities (MSCA) können mit guter Motivation und Kooperationsbereitschaft des Jungen vollständig durchgeführt werden. In den sprachgebundenen Aufgaben zeigen sich auch jetzt wieder seine

Stärken (Entwicklungsalter 4 1/2 Jahre). Er kann Wortbedeutungen erklären (z. B. „Was ist Werkzeug?") und findet zu Oberbegriffen binnen 20 Sekunden bis zu sieben Einzelheiten (z. B. „Dinge zum Essen?" – „Hamburger, Semmel, Wurst, Fleisch, Gurke, Streichwurst, Paprikaschote"). Auch Gedächtnisaufgaben werden recht gut bewältigt. So merkt er sich z. B. regelmäßig zwei von vier Worten einer Wortreihe. Größte Schwierigkeiten bereitet ihm dagegen der Umgang mit Mengen und Zahlen sowie das Nachbauen, Nachzeichnen und visuell-räumliche Kombinieren. Selbst einfachste Puzzle aus drei Teilen überfordern ihn. Sein Entwicklungsalter entspricht in diesen Bereichen allenfalls einem Kind im Alter von 2 3/4 Jahren. Als rechnerischer Mittelwert erreicht er einen IQ von 60.

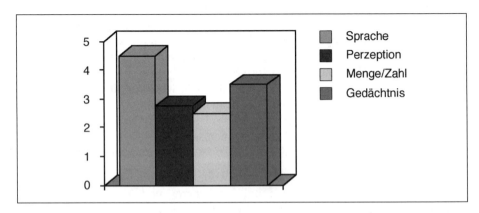

Abbildung 13: Entwicklungsalter Timos in den Teilskalen der McCarthy Scales im Alter von 6 Jahren

Bei Symbolspielangeboten gestaltet er jetzt Sequenzen aus mehreren Handlungsschemata und kommentiert sie sachgerecht, wobei er z. T. seine Äußerungen an die Spielfigur richtet. So sagt er ihr z. B.: „Bauer, komm jetzt raus, du musst essen erstmal!" Dann setzt er die Figur auf einen kleinen Tisch, korrigiert sich aber gleich und setzt sie auf den Stuhl. „Auf Stuhl kann er sitzen." Er legt die Tischdecke auf. Dann lauscht er auf ein fernes Hubschraubergeräusch, das von draußen aus der Ferne hereinklingt, und fragt: „Wo ist der Hubschrauber?" Während er lauscht, schiebt er die Puppe vom Tisch: „So, Bauer, jetzt kannst du wieder fahren". Er setzt sie auf den Traktor.

Auch ein Bilderbuch kommentiert er mit kurzen Sätzen, braucht allerdings immer wieder Nachfragen, um den Fortgang des Geschehens auf den Abbildungen zu beschreiben: „Der tut duschen. Da tut er kackern." – „Abtrocknen. Tut sich grad anziehen. O, schau mal. Der Benjamin, der tut gerade Zahnpasta – zuviel. Da ist wieder der Benjamin." – „Schau mal, der tut was pinseln. Da sind viel Bären. Die Bärenkinder tun da trinken." Er richtet Fragen an den Untersucher: „Da geht er heim?" Einige Sätze bleiben unvollständig: „Da tut er Couch schlafen. Der ist krank." Die Äußerungen sind durchwegs sachbezogen.

Bei der Montessori-Übung ist er mit großer Aufmerksamkeit bei der Sache. Er wählt z. B. das Tablett mit den Gießübungen. Die Therapeutin zeigt ihm, wie das Wasser mit einer Spritze aufgesaugt und umgefüllt wird. „Ich auch tun." Er drückt zunächst unbeholfen auf den Ballon der Spritze und fragt nach „Wie geht denn das?" Mit etwas Hilfe wird er immer sicherer und füllt nach einiger Zeit das Wasser zielsicher und geschickt um. Er lächelt die Therapeutin an und ist stolz. Dann scheint er den Faden der Handlung zu verlieren. Auf die Frage, ob er weitermachen möchte, wiederholt er die Frage, lächelt sie dann an und fragt „Ist das Wasser?" und verliert sich in der Reihenfolge von Aufsaugen und Ausdrücken der Spritze. Teilweise drückt er auf den Ansaugballon, ohne dass die Spritze das Wasser berührt, als ob er das Prinzip nicht verstehe. Auch hierbei ist ihm die Lautstärke von Geräuschen ein Thema. Er lässt Blasen steigen und fragt: „Das ist laut, gell?"

Im Alter von neun Jahren sehen wir Timo wieder. Er besucht im zweiten Jahr die Schule zur Förderung der individuellen Lebensbewältigung (Schule für Kinder mit geistiger Behinderung). Er kennt eine Reihe von Buchstaben und macht erste Ansätze, Worte zu lesen; große Schwierigkeiten bereitet ihm dagegen das Rechnen und der Umgang mit Mengen und Zahlen. Das Fähigkeitsprofil zeigt erneut deutliche Diskrepanzen. In der Klasse von sieben Kindern fühlt er sich aber sehr wohl.

Andrea (7;10 Jahre)

Timo hat eine gute Selbstständigkeit und sprachliche Ausdrucksfähigkeit erreicht. Seine Behinderung zeigt sich eher bei Tätigkeiten, die die folgerichtige Organisation eines Ablaufs erfordern oder die visuelle Gestalterfassung. Diese Diskrepanz in den Fähigkeiten ist nicht in allen Fällen so ausgeprägt. Die Variabilität des sprachlichen und kognitiven Entwicklungsverlaufs beim Williams-Beuren-Syndrom zeigt sich in Andreas Entwicklungsgeschichte, die mit sechs Jahren erstmals im Kinderzentrum vorgestellt wurde.

Sie wurde nach unauffälliger Schwangerschaft mit normalen Geburtsmaßen entbunden (Gewicht 2950 g, Länge 48 cm, Kopfumfang 35 cm). Anfangs trank sie langsam, ohne dass es zu Ernährungsproblemen kam. Die motorische Entwicklung verlief verzögert, Andrea setzte sich mit 12 Monaten auf und lief mit 18 Monaten frei. Das erste gezielte Wort wurde zum gleichen Zeitpunkt gebildet, die weitere Sprachentwicklung verlief wiederum verzögert. Mit $2\,1/2$ Jahren stellte der Kinderarzt erstmals die Verdachtsdiagnose eines Williams-Beuren-Syndroms anhand einer Reihe von Gesichtsdysmorphien, einer Entwicklungsretardierung und auffällig tiefen, rauhen Stimme sowie einer Überempfindlichkeit gegenüber Geräuschen. Anhaltspunkte für eine Aortenstenose ergaben sich nicht. Die Diagnose wurde später auch in diesem Fall molekulargenetisch bestätigt.

Bis zum Alter von 6;9 Jahren besuchte sie den Regelkindergarten, in dem sie gut zurechtkam. Die Erzieherin berichtete, dass sie sich gut beteilige, hilfsbereit sei. Sie akzeptiere Grenzen und folge ihren Anweisungen. Die Eltern schildern sie als recht ausdauernd, sie freue sich am Erfolg ihrer Tätigkeiten, sei einerseits recht empfindsam, gerate aber andererseits häufiger in Streit mit anderen Kindern. Sie esse sehr langsam. Sie äußere sich in vollständigen Sätzen mit fast fehlerfreier Artikulation, stelle viele Fragen und erzähle von Erlebnissen und Eindrücken. Mit Blick auf die bevorstehende Einschulung machen sich die Eltern Gedanken, welche Schulform geeignet sei. Sie wissen, dass Andrea von neuen Anforderungen leicht verunsichert wird und bei geringfügigen Überforderungen blockiert.

Eine testpsychologische Untersuchung mit der Testbatterie für entwicklungsrückständige Schulanfänger (TES) zeigte Stärken im passiven Wortschatz Andreas (PPVT-PR 24) und der Figurerfassung (PR 75), jedoch Schwächen bei Aufgaben, die Auge-Hand-Koordination (Perlen aufreihen: PR 3) oder Konzentration unter Zeitdruck (PR 4) erfordern.

Die Untersuchung mit dem Handlungsteil des Hannover-Wechsler-Intelligenztests für das Vorschulalter (HAWIVA), dem Allgemeinen Wortschatztest (AWST 3–6) und dem Teiltest „Grammatik" aus dem Psycholinguistischen Entwicklungstest (PET) im Alter von 7;1 Jahren zeigt ein ähnliches Fähigkeitsprofil. Der aktive Wortschatz ist altersgemäß (AWST-PR 76 mit Vergleich zu den Normen für 6-jährige Kinder), bei der Prüfung des grammatischen Regelwissens zeigen sich noch einige Defizite (u. a. bei Steigerungsformen) (PR 5; Entwicklungsalter 5 bis 5 $1/4$ Jahre). Bei den Perzeptionsaufgaben erreicht Andrea mit guter Leistungsmotivation und Aufmerksamkeit ein Entwicklungsniveau, das etwa einem 5 $1/2$-jährigen Kind entspricht. Sie arbeitet sorgfältig, hat aber sichtlich Mühe, bei Labyrinth- und Mosaikaufgaben Raumlageverhältnisse zu erkennen und zu verarbeiten. Größere Schwierigkeiten hat sie, wenn sie eigenständig abstrakte Vergleichs- und logische Problemlöseaufgaben bearbeiten soll, wie sie z. B. im CFT 1 geprüft werden. Nur mit vermehrter Ermutigung und Führung kommt sie hier zu Ergebnissen.

Einfallsreichtum und sprachliche Ausdrucksfähigkeit zeigt sie im Rollenspiel mit Kochutensilien und in einer Bilderbuchbetrachtung. Sie verbindet mehrere Handlungen zu Sequenzen, z. B. schaltet sie den Herd an, stellt den Topf darauf, spricht den Affen an: „So, Affe, jetzt kommt Essen; guten Appetit, Affe. Komm doch her!" Zu Abbildungen kommentiert sie spontan: „Er steht auf. Da geht er aufs Klo. 'N Bär und einen Ball. Da geht er in Dusche. Da kommt Mama Bär. Da tut er seine Zähne putzen. Tut viel Zahnpasta rausmachen." Auch auf Fragen zu emotionalen Inhalten vermag sie schon einzugehen. Ein Beispiel: (Mit wem streitest du dich?) „Mit dem Stefan streit' ich immer. Der haut die ganze Zeit immer." (Und was ist, wenn du Wut hast?) „Da tu ich den auch zurückschlagen. Da hau ich auch ganz arg." (Bist du auch mal traurig?) „Doch, mal. Mei, hab' keine Freundschaft."

Einige Monate später ist sie in die erste Grundschulklasse zur Probe aufgenommen worden. Bei der Wiedervorstellung arbeitet sie in der Montessori-Übungssituation zielgerichtet, kooperativ und ausdauernd mit ausgeprägter Freude am sprachlichen Dialog. Sie äußert Wünsche, wählt das Material selbst aus und führt mit der Therapeutin spontan ein längeres Gespräch. Sie entscheidet sich für den Bauernhof, stellt die Tiere einzeln auf. Von sich aus verstellt sie ihre Stimme und fragt: „Mögt ihr noch Futter, Küh?" Sie kommentiert die Tiere und sucht zueinander passende, z. B. „Wo ist er denn, der Gockel? Ich hab ihn ja." Dann entdeckt sie eine große Spielpuppe im Raum namens Willy. Es entspannt sich ein längerer Dialog, bei dem die Therapeutin die Rolle Willys übernimmt. Andrea: „In die Schule geh' ich, Willy, warum du nicht?" „Sieben bin ich" „Warum kannst du denn nicht aufstehen, Willy?" Anschließend mahlt sie Körner mit einer Getreidemühle und malt ein Bild dazu, auf dem sie erkennbar die Dinge darstellt, die sie gebraucht hat. Die Therapeutin schreibt dann einige zum Bild passende Worte auf. Andrea identifiziert die Buchstaben, die sie bereits in der Schule gelernt hat, und umkreist sie.

Trotz ihrer Fähigkeiten und ihres Interesses an schulischen Lerninhalten zeigt sich bald, dass sie mit dem raschen Unterrichtsfortgang in der Schule nicht schritthalten kann. Besonders schwer tut sie sich beim Rechnen und Schreiben, wenn sie selbstständig arbeiten muss. Die zunehmende Überforderung lässt die Motivation zur Mitarbeit in der Klasse und bei den Hausaufgaben sinken, so dass nach vier Monaten eine Überweisung in die Förderschule (Sonderschule für Lernbehinderte) erfolgt. Leider ist in dem betreffenden Bundesland eine Einzelintegration mit stützenden sonderpädagogischen Hilfen nicht vorgesehen, die für einen befriedigenden Schulerfolg Andreas in der Grundschule notwendig wären.

Alexander (9;7 Jahre)

In den ersten Lebensjahren des kleinen Alexander stand nicht die Entwicklungsverzögerung, sondern die Problematik des Fütterns im Vordergrund der elterlichen Sorgen.

Von Geburt an erbrach Alexander z. T. im Schwall, gehäuft nach den Mahlzeiten und gegen Abend. Eine Ultraschalluntersuchung im Alter von vier Monaten ergab den Verdacht auf einen gastro-ösophagealen Reflux, eine Röntgen-Untersuchung des Schluckvorgangs ergab keine Anomalie, der Appetit des Kindes nahm aber ständig ab. Zeitweise wurde die gesamte Nahrung verweigert, die Gewichtszunahme stagnierte. Im Alter von 14 Monaten wurde dann eine leichte Hypercalcämie und eine deutliche Hypercalciurie diagnostiziert. Länge und Körpergewicht lagen unter der dritten Perzentile, das Knochenalter entsprach einem drei Monate alten Kind.

Zusammen mit einer auffälligen Facies, einer leichten supravalvulären Aorteneinengung und einer allgemeinen Retardierung ergab sich daraus die Diagnose eines Williams-Beuren-Syndroms. Die Entwicklungsschritte des Drehens wurden mit acht Monaten, Hochziehens zum Stand mit 15 Monaten, das freie Laufen dann mit 24 Monaten erreicht.

Bei einer entwicklungsneurologischen Untersuchung im Alter von 21 Monaten wurden einfache Spielformen beobachtet wie Schütteln, Klopfen, Ausräumen, Suchen versteckter Gegenstände, Ineinanderstellen von Baubechern. Er verstehe Verbote, sagten die Eltern, und könne Körperteile zeigen. Deutlich weiter entwickelt war bereits zu diesem Zeitpunkt das sprachliche Ausdrucksvermögen. Alexander hatte einen Wortschatz von 20 bis 25 Wörtern und begann, Zweiwortsätze zu bilden. Dies entsprach seinem Lebensalter, während der Entwicklungsstand in den übrigen Bereichen (nach den Kriterien der MFED) einem Entwicklungsalter von 13 bis 14 Monaten zugeordnet wurde.

Bei der Vorstellung im Kinderzentrum im Alter von 2;6 Jahren liegen die Körpermaße weiterhin auf der 3. Normperzentile. Die Interaktionsprobleme beim Essen haben aber abgenommen, seit die Eltern sich damit begnügen, Brei- und Gläschennahrung (auf 4-Monats-Niveau) zu füttern. Festere Nahrung wird zum Mund geführt, aber dann häufig wieder ausgespuckt. Auch die vormals bestehenden Einschlafprobleme, in die er sich bis zum Erbrechen hineingesteigert habe, haben nachgelassen. Er brauche zwar bis zu einer Stunde, bis er eingeschlafen sei, bleibe aber im Bett.

Belastend für die Eltern ist eine erhebliche Unruhe. Alexander braucht sehr viel Aufsicht und kann sich allein nur für kurze Zeit beschäftigen. Mit einem Erwachsenen zusammen könne er aber über längere Zeit mit Einsetzpuzzles, Bilderbüchern und Autos spielen. Die Differenz zwischen erwachsenenbegleitetem und selbstgesteuerten Spiel zeigt sich auch in der entwicklungspsychologischen Untersuchung. So kann er unter Anleitung Perlen auffädeln und Formen in die Formbox so einsetzen, wie es für ein 2-jähriges Kind typisch wäre. Im Symbolspiel bleibt es aber bei einzelnen Handlungselementen, Kombinationen von Spielschemata oder die Gestaltung von Szenen (z. B. beim Tischdecken) gelingen noch nicht.

Zwei Beispiele: Der Untersucher breitet eine kleine Puppe, ein Puppenbett, eine Decke und ein Kissen vor ihm aus. Alexander lautiert, wobei nur das Wort „Bett" verständlich ist. Nachdem er einmal zugeschaut hat, wie die Puppe ins Bett gelegt wird, holt er sie ungestüm wieder heraus, dreht sie in der Hand, steht auf und schaut umher. Auf den Auftrag, sie wieder ins Bett zu legen, weist er zwar auf das Puppenbett, handelt aber nicht. Er lässt sich die Hand beim Zudecken führen, zieht aber Decke und Puppe sofort wieder beiseite, greift nach anderen Spielsachen und sagt: „Mama geben Puppe". – Als nächstes legt der Untersucher ihm Besteck, Teller, Tisch und Stuhl vor. Er kaut auf dem Messer, legt es dann auf den Tisch, die Gabel auf den Teller. Anschließend hantiert er mit dem Stuhl, führt ihn zum Mund, streicht mit dem Messer über den Stuhl, dreht die Sachen in der Hand, lässt sich von einem Geräusch im Flur ablenken. Er findet hier noch nicht zu einem komplexen Handlungsablauf.

Die sprachlichen Äußerungen umfassen spontane Bezeichnungen, Kommentare und Wünsche (z. B. „kann essen", „nicht mehr spielen", „ich Auto spielen", „noch einer"), häufig echolaliert er aber auch Äußerungen des Untersuchers (z. B. „ein Bett" oder „leise sein, psst"). Durch seine Kommunikationsfreude und seine freundliche, distanzlose Kontaktaufnahme nimmt er rasch für sich ein. Erst bei längerem Kontakt miteinander wird deutlich, dass er manche Abläufe und Fragen nicht versteht.

Auch bei der Montessori-Übungsstunde kommentiert er spontan, antwortet auf Fragen und äußert Wünsche nach Gegenständen, spricht aber auch viel nach von dem, was die Therapeutin sagt. Er hat Interesse am Material, wählt es z. T. selbst aus, ist bei einigen Tätigkeiten enthusiastisch bei der Sache und freut sich am Erfolg, bei anderen ruhelos und leicht abgelenkt. Er sucht wenig nach Hilfe durch die Therapeutin oder gemeinsamem Spiel.

So beginnt er z. B. spontan, auf eine Maltafel zu kritzeln. Die Therapeutin bietet an, mit ihm zu malen, holt einen Schwamm dazu. Er kommentiert „putzen", wischt die Tafel ab, steht dann aber auf und geht im Raum umher, schaut aber immer wieder zu ihr und antwortet auf ihre Frage, was sie malen soll, mit einzelnen Worten. Dann gibt sie ihm Stifte, die er zum Tisch trägt. Dabei echolaliert er „kann tragen". Auf die Frage, ob sie mit ihm malen solle, sagt er „ja", hopst aber umher und geht wieder weg.

Dann bietet sie ihm eine Schüttübung mit zwei Flaschen, einem Trichter und Sand an. Er schüttet beidhändig mit guter Aufmerksamkeit und Vorsicht. Dann schließt er die Flasche mit dem Deckel, probiert, wie der Sand knirscht, macht den Deckel wieder ab, schüttet erneut um. Von da ab bleibt er sehr lange mit dieser Tätigkeit beschäftigt, wobei er immer wieder Hinweise braucht, um den Trichter an die richtige Stelle zu setzen. Zwischendurch versucht er sich daran, ohne Trichter zu schütten, lässt sich die Hände dabei führen. Stolz kommentiert er „das ist leer". Mitunter schüttet er ungestüm oder lässt sich durch Außengeräusche ablenken. Schließlich schraubt er die Flaschen wieder zu und trägt sie ins Regal zurück.

Im Alter von 4 1/2 Jahren wird er wieder vorgestellt. Er besucht jetzt für drei Stunden pro Tag den Regelkindergarten. Nach anfänglichen Schwierigkeiten habe er gelernt, die sozialen Regeln in der Gruppe und die Bedürfnisse der anderen Kinder zu respektieren. Sowohl im Kindergarten wie auch zu Hause kann er sich aber nur kurz selbstständig beschäftigen und benötigt weiterhin viel Aufsicht. Aus Sicht der Eltern zugenommen hat die Empfindlichkeit für Geräusche, die ihn oft in Panik versetzen, und die Einschlafproblematik. Er kommt vielfach wieder aus dem Bett und muss zurückgeführt werden.

Die entwicklungspsychologische Dokumentation erfolgt mit dem Perzeptionsteil der McCarthy Scales of Children's Abilities (MSCA). Alexander kann zuverlässig Dinge nach gemeinsamen Merkmalen sortieren, macht Ansätze zum Malen und zum Nachbauen von Mustern, geht aber dabei und bei Puzzles noch planlos vor. Die Fähigkeiten sind einem dreijährigen Kind vergleichbar. Andererseits äußert er sich in vollständigen Sätzen und beteiligt sich gern am Gespräch der Erwachsenen.

Durch eine gut strukturierte, auf die Bedürfnisse Alexanders und seine Entwicklungsbesonderheiten abgestimmte pädagogische Arbeit im Kindergarten ist es bis zur Wiedervorstellung ein Jahr später gelungen, seine Beteiligung am Gruppengeschehen und seine Ausdauer bei eigenständigen Beschäftigungen zu fördern. Diese Fortschritte spiegeln sich auch im Bericht der Ergotherapeutin wieder, die kontinuierlich mit Alexander arbeitet. Sie schildert Fortschritte bei Aufgaben zur Form- und Farbwahrnehmung, einfachen Regelspielen, bei denen z. B. kleine Mengen auf dem Würfel erfasst werden müssen, sowie beim Bauen und Malen. Spontan baue er zwar nur einfache Türme und benutze den Stift zum Kritzeln, hat aber gelernt, auf Aufforderung einen Kopffüßler zu malen und vergisst dabei – bei reger sprachlicher Kommentierung – keine Einzelheiten. Die Übungsbehandlung muss aber in einem reizarmen Raum durchgeführt werden, weil er sich leicht – vor allem durch Außengeräusche – ablenken lässt.

Mit sieben Jahren führten wir als Hilfe zur Entscheidungsfindung für die Einschulung die Kaufman-Assessment Battery for Children (K-ABC) durch. Tabelle 16 zeigt die Ergebnisse der Subtests. Alexander arbeitete mit guter Leistungsbereitschaft und Aufmerksamkeit, allerdings beträchtlicher motorischer Unruhe mit. Es ergibt sich ein sehr diskrepantes Leistungsprofil mit Stärken bei sprachgebundenen Aufgaben, wenn er z. B. Rätsel lösen oder Wissensfragen beantworten soll. Vollständig überfordert war er mit Aufgaben, bei denen komplexe visuell-konstruktive Leistungen geprüft werden, z. B. wenn er Muster mit farbigen Dreiecken nachbauen oder sich die räumliche Anordnung von Bildern merken soll.

Tabelle 16: Testergebnisse in den Kaufman-Skalen (K-ABC) bei einem 7;2 Jahre alten Jungen mit Williams-Beuren-Syndrom

K-ABC-Skalen	Skalenwert
Handbewegungen	4
Gestaltschließen	8
Zahlennachsprechen	5
Dreiecke	1
Wortreihe	2
Bildhaftes Ergänzen	5
Räumliches Gedächtnis	1

Fotoserie	1
Gesichter und Orte	85
Rechnen	64
Rätsel	85
Skala einzelheitlichen Denkens	59
Skala ganzheitlichen Denkens	49
Skala intellektueller Fähigkeiten	55

Alexander wird dann in eine Förderschule aufgenommen, die nach den Konzepten der anthroposophischen Heilpädagogik arbeitet. Die Lehrerin beklagt die ausgeprägte Ablenkbarkeit und motorische Unruhe Alexanders im Unterricht und den großen individuellen Unterstützungsbedarf. Es sei ihm aber gelungen, Basisfertigkeiten im Lesen und Schreiben zu erlernen. Alexander schreibt einzelne Worte und alle Buchstaben korrekt nach Diktat und liest bereits kleine Sätze. Seine gute sprachbezogene Merkfähigkeit erlaubt es z. B., ihm in einem kleinen Theaterstück die Hauptrolle zu übertragen. Im Vergleich dazu fällt es ihm sehr schwer, die Anforderungen im Rechnen zu bewältigen. Additionsaufgaben im Zehnerraum gelingen nur mit zusätzlicher Veranschaulichung am Rechenmaterial.

Zur sozialen Entwicklung berichten die Eltern, dass Alexander wenig Freunde habe, weil er bei Konflikten so impulsiv reagiere und keine Absprachen einhalte. Dabei ergeben sich durchaus viele soziale Begegnungen dadurch, dass er recht selbstständig geworden ist, z. B. in der Wohnsiedlung allein mit dem Fahrrad umherfährt, und durch eine besondere musikalische Begabung bei Festen viel Beachtung und Anerkennung erfährt.

Sabine (6;10 Jahre)

Früher als viele andere Kinder mit Williams-Beuren-Syndrom lernen wir Sabine kennen. Bei einer kardiologischen Untersuchung nach wenigen Monaten wurde eine supravalvuläre Pulmonalstenose und Aortenstenose festgestellt und erstmals die Verdachtsdiagnose geäußert, die später dann auch molekulargenetisch bestätigt wurde. Ihre psychomotorische Entwicklung verlief trotz frühzeitig eingeleiteter Krankengymnastik verzögert. Im Alter von 14 Monaten wird sie erstmals zur sozialpädiatrischen Untersuchung, Diagnoseklärung und zur syndromspezifischen Beratung vorgestellt.

Zu diesem Zeitpunkt kann sie stabil sitzen und auf dem Po durch den Raum rutschen. Sie hat interesse für die Erkundung von Gegenständen, holt sie sich heran, macht mit unterschiedlichen Lauten auf sich aufmerksam, protestiert, wenn man ihr etwas wegnimmt, bildet Silbenketten und erste Nachahmungen. Die Stimmung ist sehr ausgeglichen ohne besondere Empfindlichkeiten. Sie lässt sich gut füttern, macht aber noch keine Ansätze, festere Nahrung zu kauen oder selbstständig zu essen. Das Schlafen ist unproblematisch.

In der Entwicklungsuntersuchung zeigt sie sich sehr aufmerksam und kooperationsbereit. Sie holt kleine Dinge aus Behältern, sucht sie unter einer Abdeckung, weiß, wie sie sie an einer Schnur heranziehen kann, hat Spaß am Trommeln und lässt gern Dinge in einen Behälter fallen. Im Umgang mit der Puppe beginnt sie, vertraute Handlungen (z. B. das Füttern mit der Flasche) nachzuahmen. Diese kognitiven und perzeptiven Fähigkeiten sind der Entwicklungsstufe von 11 bis 12 Monaten zuzuordnen und stellen eine günstige Voraussetzung für die weitere Entwicklung dar.

Bei regelmäßigen Terminen zur Entwicklungsberatung ergibt sich ein stetiger Entwicklungsverlauf, der durch Krankengymnastik und heilpädagogische Frühförderung, später durch Montessori-Einzeltherapie, logopädische und ergotherapeutische Behandlung unterstützt wird. Sie bildet mit knapp zwei Jahren die ersten Worte, setzt sie sofort gezielt ein und erweitert ihren Wortschatz rasch. Das freie Laufen gelingt dagegen erst nach einer langen Phase, in der sie immer noch den Halt des Erwachsenen sucht, mit 3;1 Jahren.

Bei mehreren Beobachtungen in der Montessori-Einzeltherapie beeindruckt jeweils ihre Ausdauer und ihre sorgfältige Arbeitshaltung. Sie beobachtet sehr genau, wie die Therapeutin Tätigkeiten demonstriert, und hält sich an die Reihenfolge. Auch im Rollenspiel wird sie zunehmend kompetenter. Im Alter von 2 1/2 Jahren füttert sie z. B. eine Puppe, kämmt sie, legt sie ins Bett, deckt sie zu, belädt den Anhänger eines Traktors, lässt eine Figur auf den Fahrersitz einsteigen und versucht, den Anhänger anzukoppeln, wie es Kinder im Alter von 1 1/2 bis 2 Jahren zu tun pflegen.

Im Alter von 3 1/2 Jahren besucht sie einen integrativen Kindergarten. Sie bildet zu diesem Zeitpunkt viele Mehrwortverbindungen, wenn auch noch nicht mit Beachtung der Wortstellungs- oder Formenbildungsregeln (z. B. „Papa Arbeit wieder"), setzt sie sehr sachbezogen ein, ist als Spielpartnerin besonders bei größeren Kindern beliebt und beachtet die Gruppenregeln.

Mit 4 1/2 Jahren führen wir dann den Perzeptionsteil der McCarthy Scales of Children's Abilities (MSCA) und zur Beurteilung des Sprachverständnisses die Sprachentwicklungsskalen von Reynell (RDLS-III) durch. Ihre Fähigkeiten entsprechen etwa einem dreijährigen Kind. So kann sie z. B. Aufträge ausführen, bei denen sie zwei Bestimmungsstücke oder Ortsbeziehungen wie unter/vor/auf beachten muss. Sie weiß um den Gebrauchszweck von Gegenständen (z. B. Handtuch zum „Abtrocknen"), kann zu Oberbegriffen Einzelheiten angeben (z. B. zu Tieren: „Affe", „Kamel", „Elefant") und einzelne Puzzleteile zusammenfügen. Lediglich das Nachmalen einfacher Muster gelingt noch gar nicht.

Im Alter von 6;3 Jahren führen wir den Snijders-Oomen non-verbalen Intelligenztest (SON 2 1/2 –7) und zusätzlich eine Spontansprachprobe durch. Abbildung 14 zeigt die Verteilung der Referenzalterswerte in den sechs Subtests. Während die Fähigkeiten zum Erfassen von Zusammenhängen und schlussfolgernden Denken einem 5- bis 6-jährigen Kind entsprechen, bestehen ausgeprägte Defizite in visuell-konstruktiven Fähigkeiten („Mosaike" und „Zeichenmuster"), wobei auch in diesem Bereich jetzt einfache Aufgaben (z. B. Abzeichnen von Drei- und Vierecken mit Punktvorgaben) gelöst werden können. Als zusammenfassender Wert der sprachfreien intellektuellen Fähigkeiten ergibt sich ein IQ von 71. Sie kennt viele Begriffe und bildet jetzt ausgeformte Sätze zu Abbildungen, wobei häufig Nachfragen zur Vervollständigung der Informationen erforderlich sind. Einige Beispiele: „Der spielt Ball, der Junge." „Ein Baby ist rausgefallen" – (auf Nachfrage, wo es denn liegt) „hier auf dem Boden". „Da ist eine Schildkröte" – (auf Nachfragen) „im Wasser" „schwimmt". „Ein Clown hat einen Hut. Und einen Eimer."

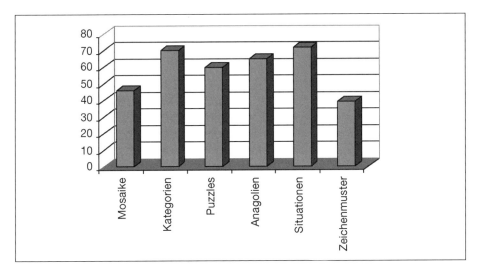

Abbildung 14: Testergebnisse eines 6;3 Jahre alten Mädchens mit Williams-Beuren-Syndrom im Snijders-Oomen non-verbalen Intelligenztest (Angaben in Monaten)

In einem Fragebogen zur Beurteilung des Verhaltens behinderter Kinder (NCBRF) geben die Eltern ein erhöhtes Maß an „Ängstlichkeit/soziale Unsicherheit" an. Sabine äußere häufiger Angst vor Gespenstern oder Gewittern, spricht manchmal vom Sterben, was für diese Entwicklungsstufe ungewöhnlich ist. Zu Hause und im Kindergarten fällt außerdem eine Redeflussstörung auf, wenn sie Übergänge zwischen verschiedenen Tätigkeiten bewältigen oder sich gegen andere Gesprächsteilnehmer durchsetzen muss. – Sabine wird in eine Schule zur individuellen Lernförderung aufgenommen, die nach den Konzepten der anthroposophischen Heilpädagogik arbeitet.

Gerd (17;8 Jahre)

Allen beschriebenen Kindern ist gemeinsam, dass ihre sprachlichen Ausdrucksfähigkeiten z. T. weit über ihren Wahrnehmungs- und Handlungsfähigkeiten liegen. Wie sich dies im Jugendalter darstellen kann, soll abschließend an einigen Beobachtungen zu Gerd illustriert werden, der bei der Nachuntersuchung im Kinderzentrum gerade 17 Jahre alt geworden ist.

Im Alter von 15 Monaten wurde er erstmals im Kinderzentrum vorgestellt. Die Eltern machten sich Sorgen um die allgemeine Entwicklung, beschrieben ihn als ängstlich, berichteten Schlaf- (aber keine Ess-)störungen. In der entwicklungsdiagnostischen Untersuchung fand sich in allen Bereichen eine leichte Retardierung um 2 bis 3 Monate; er lief noch nicht frei, hatte gerade begonnen, sich an Möbeln aufzurichten zum Stand. Im Laufe kinderkardiologischer Kontrolluntersuchungen wurde eine supravalvuläre Aortenstenose diagnostiziert, die zusammen mit den Gesichtsdysmorphien und der Entwicklungsretardierung zur Einordnung des Bildes als Williams-Beuren-Syndrom führte.

Es wurde dann eine Ergo-, später Montessori-Einzeltherapie durchgeführt. Entwicklungsdiagnostische Kontrolluntersuchungen dokumentierten zunächst deutliche Fortschritte in den Bereichen Feinmotorik und Perzeption, aber eine sehr langsame Sprachentwicklung. Im Alter von 3;2 Jahren sprach er außer „Mama" noch kein Wort. Bei einer weiteren Untersuchung im Alter von vier Jahren hatte er dann im Bereich der Feinmotorik einen Entwicklungsstand von 22 bis 26 Monaten erreicht, in der Perzeption 26 Monaten, in der Sprache 24 Monate. Er benannte Bilder, gebrauchte Haupt-, Zeit- und Eigenschaftswörter und bildete Zweiwortsätze. Im lebenspraktischen Bereich war er schon sehr selbstständig.

Gerd besuchte dann den Montessori-Kindergarten und die Montessori-Schule (Zweig für geistigbehinderte Kinder). Bei einer Nachuntersuchung im Alter von zehn Jahren erreicht er im Peabody Bilderwortschatztest (PPVT) und in der Columbia Mental Maturity Scale (CMM; beides Teile der Testbatterie für Geistigbehinderte, TBGB) Werte im mittleren Bereich geistigbehinderter Schüler. Er schloss die Montessori-Schule ab und wechselte in die Werkstufe einer Sonderschule für Geistigbehinderte.

Die Mutter berichtet, dass Gerd ziemlich aktiv sei und besondere Vorlieben für elektrische Maschinen, z. B. Rasenmäher, Schweißgerät und die Küchenmaschine, habe. Er sei leicht abgelenkt und reizbar.

Bei der Durchführung des HAWIK-R (Teiltests Mosaik, allg. Verständnis, Puzzle) und beim Kommentieren von Bildergeschichten zeigt sich das divergierende Fähigkeitsprofil. Bei den Mosaik- und Puzzleaufgaben bewältigt Gerd nur die ersten Aufgaben (für 6- bis 8-jährige Kinder) selbstständig. Auch bei diesen geht er sehr unsicher vor, braucht mehrere Versuche, bis er den richtigen

Platz eines Details gefunden hat. Seine Unsicherheit spiegelt sich auch immer wieder in Nachfragen „wahrscheinlich daher?". Bei schwirigen Mustern gelingt ihm keine Annäherung an die Vorgabe mehr, was er aber selbst gar nicht zu bemerken scheint.

Bei Fragen zum „allgemeinen Verständnis" lassen die Antworten erkennen, dass er mit den einzelnen Begriffen durchaus Vorstellungen verbindet. Teils fällt es ihm schwer, auf den Kern, die „wesentliche Information" also, der Bedeutungserklärung zu kommen. Bei anderen Beispielen springt der Dialog rasch über zu einer Mitteilung eines eigenen Erlebnisses, das er mit dem betreffenden Wort verknüpft.

„Was ist ein Absender?" – „O weia, das ist schwierig. Wenn du z. B. einem Freund schreiben willst, dann schreib ihm: Hallo Freund, ich bin im Urlaub – wie geht es dir? Wenn ich wieder nach Hause komme, dann kann ich ihn wieder besuchen." – „Aber warum der Absender?" – „Sonst kann der nich wissen, welchen Namen der hat."

„Was ist ein Schiedsrichter?" – „z. B. wenn du Tennis spielst, dass du gute Punkte hast oder schlechte, dass du gewinnst oder verlieren kannst. Der schreibt auf Zahlen, genau. – Ich schau immer Bayern und Deutschland. Klinsmann hat zwei Tore geschossen, ja. (lacht)."

Es gelingt ihm sogar, eine Abfolge von Bildern als Geschichte zu beschreiben mit wörtlicher Rede der beteiligten Personen und mit Betonungen und Ausrufen, die das Interesse des Zuhörers wachhalten. „Also die Mama will gerne einkaufen gehen, die Kinder sind alleine. Die Kinder fangen an zu weinen. Dass irgendwer nicht aufpasst zu Hause. Die Kinder sind da eingesperrt, da kommt eine Frau runter. Da sagen sie: „Ich möchte gern raus!" Die Frau sagt: „Du kannst die Tür aufmachen." Da bleibt sie auf der Treppe sitzen und wartet, bis die Mutter zurückkommt. Da geht sie wieder und die Mutter ist wieder da. Hat gesagt: „Wie geht's dir so – was machst du denn den ganzen Tag? Ist dir langweilig, dass du keinen Besuch hast." – Dann zu sich: „Ich kann schon alleine bleiben, ich weine nicht. Als ich klein war, haben sie mich nie alleingelassen."

Die assoziative Gesprächsführung, bei der Gerd erst auf Fragen oder Sachverhalte eingeht und dann eigene Erfahrungen damit verknüpft, kennzeichnet auch seine sprachlichen Äußerungen zu Bildmaterialien, die er mit der Montessori-Therapeutin anschaut. „Der hat einen Pfeil in der Hand. Ich kenn das schon, das sind Ananas, die mag ich gern, da machen wir einen Schinken und Käse, Ananas und Toast dazu, Hawaii-Toast. Meine Mama kauft im Krone ein." Zum nächsten Bild: „Und da ist Schnee – leise, leise rieselt der Schnee – das kenn ich schon, das Lied" Zu einem Kaktus kommentiert die Therapeutin: „Die Pflanze wird 100 Jahre alt." Darauf Gerd lachend: „Meine Schwester ist eh schon 28!"

4.2 Klinische Genetik

Die Beschreibung des „Williams-Beuren-Syndroms" hat verschiedene Ursprünge. Anfang der sechziger Jahre beschrieben neuseeländische und deutsche Kinderkardiologen unabhängig voneinander eine Reihe von Patienten mit den charakteristischen Merkmalen einer supravalvulären Aortenstenose, einer bestimmten Facies (sog. Elfengesicht mit breitem Vorderkopf, aufgewölbter Nase, breitem Mund, vollen Lippen, breitem Zahnabstand, schlanker Kopfform, schmalem Kinn und flacher Nasenbrücke) und einer geistigen Retardierung (Williams et al., 1961; Beuren et al., 1962).

Später stellten Garcia et al. (1964) und Martin et al. (1984) fest, dass dieses körperliche Erscheinungsbild den Kindern glich, die Lightwood (1952) und Fanconi et al. (1952) unter dem Begriff der „idiopathischen infantilen Hypercalcämie" beschrieben hatten. Diese Erkrankung äußerte sich in frühkindlichen Ernährungs- und Verdauungsproblemen (frühe Koliken, Erbrechen, Durchfälle oder Konstipation, erhöhte Irritabilität und Schlafprobleme insbesondere zwischen dem 4. und 10. Lebensmonat), die sich durch eine kalzium- und vitamin-D-arme Diät bessern ließen und vorübergehender Art waren. In weiteren Laborstudien wurde dann eine gemeinsame genetische Basis entdeckt zwischen einer Störung der Produktion von Calcitonin, die die hypercalcämischen Symptome erklären kann, und einem Peptid (CGRP), das für die kardiovaculären und zentral-nervösen Besonderheiten der betroffenen Kinder verantwortlich ist. Es hat sich jedoch mittlerweile gezeigt, dass die Hypercalcämie nur bei etwa 15 % der Kinder mit dem charakteristischen Bild des Williams-Beuren-Syndroms vorliegt und sie meist nach dem 8. Lebensmonat ohne weiteren Behandlungsbedarf abklingt.

An weiteren körperlichen Besonderheiten fanden sich bei Patienten mit diesen Entwicklungsbesonderheiten ein niedriger Muskeltonus, Überstreckbarkeit der Gelenke, Probleme der motorischen Koordination, Planung und des Krafteinsatzes sowie oral-motorische Dysfunktionen (Trauner et al., 1989; Dilts et al., 1990).

Die Beobachtung einer Konkordanz bei zwei monozygoten Zwillingspaaren mit WBS (Murphy et al., 1990) und die Beschreibung eines Falles, bei dem Vater und Sohn die Merkmale des WBS aufwiesen, durch Bellugi et al. (1994) bekräftigten die Annahme einer genetische Basis des WBS. Im Jahre 1993 wurde eine submikroskopische Deletion am Chromosom 7 (7q11.23) als biologischer Marker nachgewiesen (Ewart et al., 1993). Sie findet sich bei 99 % der Kinder, Jugendlichen und Erwachsenen mit Williams-Beuren-Syndrom. Seither ist eine molekulargenetische Sicherung der Diagnose möglich, die wegen der im frühen Kindesalter mitunter schwierigen Differenzialdiagnose zu empfehlen ist (von Beust et al., 2000).

Es handelt sich um einen Bereich, in dem bisher 14 einzelne Gene identifiziert werden konnten. Dazu gehört das sogenannte Elastin-Gen (ELN); eine Mutation dieses Gens erklärt die Bindegewebsschwäche und eine supravalvuläre Aortenstenose, die zum klinischen Erscheinungsbild des Williams-Beuren-Syndroms gehören. In der gleichen Genregion befindet sich das sogenannte Lim-Kinase-1-Gen (LIMK1). Einige Familien konnten untersucht werden, bei denen nur dieses, nicht aber das Elastin-Gen verändert war. Bei diesen Patienten fand sich eine normale Intelligenz, aber ausgeprägte Störungen der visuell-räumlichen Wahrnehmung, jedoch keine anderen Merkmale des WBS. Dies spricht dafür, dass das spezifische Fähigkeitsprofil von Kindern, Jugendlichen und Erwachsenen mit WBS (s. unten) unmittelbarer Ausdruck einer Deletion des LIMK1-Gens ist (Frangiskakis et al., 1996). Diese Ergebnisse sind jedoch umstritten, seit Tassabehiji et al. (1999) einzelne Patienten beschrieben, bei denen die Deletion, nicht aber das typische kognitive Fähigketisprofil vorlag. Ebenfalls in der genannten Region befindet sich das RFC2-Gen, dessen Deletion mit der Wachstumsretardierung in Zusammenhang gebracht werden kann.

Pankau et al. (1992) dokumentierten den Verlauf der körperlichen Entwicklung bei 165 Patienten und stellten ein verlangsamtes Wachstum fest. Das Geburtsgewicht ist normal. Wachstums- und Gewichtsentwicklung sind in den ersten zwei bis vier Lebensjahren in der Regel sehr verlangsamt. Die Entwicklung verläuft dann entlang der 3. Perzentile mit einem Wachstumsspurt zwischen dem 10. und 13. Lebensjahr und erneutem Abflachen der Kurve mit Endgrößen um die 3. Perzentile. Es liegen aus dieser Studie syndromspezifische Wachstumskurven vor, die es erlauben, einen individuellen Verlauf mit dem Verlauf zu vergleichen, der für Kinder mit Williams-Beuren-Syndrom „normal" ist. Die mittlere Körpergröße im Erwachsenenalter wird bei Männern mit 164 cm, bei Frauen mit 152 cm angegeben (Partsch et al., 1999).

Zumindest in den ersten Lebensjahren tragen zu dem verlangsamten Wachstum Fütterschwierigkeiten bei, die bei 70 bis 80 % der Säuglinge und Kleinkinder auftreten (Morris et al., 1988). Viele Kinder wehren zudem auf Grund einer oralen Überempfindlichkeit längere Zeit feste Nahrung ab. Eine chronische Obstipation liegt bei etwa 40 % der Patienten mit Williams-Beuren-Syndrom vor und ist auch als Folgeerscheinung der Deletion des Elastin-Gens anzusehen.

Elternbefragungen zeigen als weitere klinische Auffälligkeiten eine Neigung zu wiederkehrenden Mittelohrentzündungen (in > 50 %, wobei bei etwa 25 % der Kinder das Einsetzen von Paukenröhrchen erforderlich ist) und eine besondere Überempfindlichkeit für Geräusche (in bis zu 95 % der Fälle; Klein et al., 1990). Hodenius et al. (1994) berichteten Hörstörungen (Hochtonverlust und erworbene Innenohrschwerhörigkeit) bei 19/22 erwachsenen Patienten, bei 3/22 eine Epilepsie, bei 11/22 einzelne Anfälle im Verlauf der Entwicklung. Schließlich wurde bei vielen Patienten ein sternförmiges Irismuster als charakteristisches Merkmal berichtet (Holstromm et al., 1990). Bei der Hälfte der Patienten mit WBS findet sich ein Strabismus, ebensooft eine leichte oder mäßiggradige Kurzsichtigkeit, die eine Brillenversorgung erforderlich macht (Winter et al., 1996).

Die körperlichen Besonderheiten machen eine regelmäßige Kontrolle durch Ohren- und Augenarzt, Kardiologen und Pädiater erforderlich. Die Rate von kardiovasculären Auffälligkeiten (vor allem supravalvuläre Aortenstenose oder Pulmonalstenose) wird mit über 75 % angegeben. Sie sind unterschiedlichen Schweregrads und bedürfen in etwa 30 % der Fälle eines operativen Eingriffs (Kececioglu et al., 1993). Da vor allem bei Jugendlichen und Erwachsenen ein chronischer Bluthochdruck festgestellt wird, wird auch in dieser Hinsicht eine regelmäßige Kontrolle empfohlen. Darüber hinaus ist eine kinderorthopädische Kontrolle sinnvoll, da etwa 20 % der Kinder und Jugendlichen mit WBS eine Skoliose entwickeln.

Die einzelnen körperlichen Besonderheiten, insbesondere das charakteristische Gesicht der Kinder, sind in den ersten Lebensmonaten nicht leicht erkennbar. Insofern ist es nicht überraschend, dass für Kinder mit Williams-Beuren-Syndrom ein durchschnittlicher Zeitpunkt für die Erstdiagnose bei 4;0 Jahren ermittelt wurde (Morris et al., 1988). Bei der Durchsicht vieler Fotos der Kinder aus der Säuglings- und Kleinkindzeit stellten die Autoren aber fest, dass die charakteristischen Gesichtsdysmorphien im Ansatz schon im Alter von vier Monaten erkennbar waren und das typische Gesicht der Kinder mit WBS in der Regel mit 18 Monaten evident war. Es ist somit zu hoffen, dass mit zunehmender Sensibilisierung für die Besonderheiten des Gesichts, die frühen Ernährungs- und Verdauungsprobleme und die allgemeine Retardierung der Kinder eine frühere Diagnosestellung möglich wird, zu der auch die Möglichkeit der molekulargenetischen Überprüfung einer Verdachtsdiagnose beitragen wird. Exakte Prävalenzangaben fehlen, es wird jedoch von einer Häufigkeit von etwa 1 : 20 000 ausgegangen (Morris, 2001).

Kasten 4: Körperliche Merkmale des Williams-Beuren-Syndroms

- typische Gesichtsdysmorphien („Elfengesicht")

- supravalvuläre Aortenstenose oder Pulmonalstenose

- infantile Hypercalcämie in den ersten Lebensjahren

- verlangsamtes Körperwachstum

- auditive Hypersensibilität

- auffällig tiefe und rauhe Stimme

- sternförmiges Irismuster

4.3 Kognitiver Entwicklungsverlauf

Intellektuelle Fähigkeiten im Kindesalter

Die intellektuelle Entwicklung von Kindern mit Williams-Beuren-Syndrom, wie sie sich in herkömmlichen Intelligenztests darstellen lässt, wurde von einer englischen Arbeitsgruppe in einer Serie von Veröffentlichungen mit z. T. überlappenden Stichproben beschrieben.

Martin et al. (1984) werteten Elternfragebogen und Akten von 67 Kindern aus, wobei sie bei 26 Kindern ein Entwicklungstestergebnis und bei 11 Kindern ein Intelligenztestergebnis vorfanden. Bei den 26 jüngeren Kindern ermittelten sie bei einem mittleren Lebensalter von 3;6 Jahren einen durchschnittlichen Entwicklungsquotienten von 60 im Griffiths-Test. Bei den 11 Schulkindern, bei denen der WISC – die englische Fassung des HAWIK – durchgeführt worden war, lag der mittlere IQ bei 56.

Udwin et al. (1987) publizierten dann die Testergebnisse von 44 Kindern im Schulalter (6 bis 16 Jahre). In der englischen Fassung des HAWIK lagen *mehr als die Hälfte bei einem IQ < 50, 40 % zwischen 50 und 70 und zwei Kinder oberhalb von 70*. Bei zwei Drittel der untersuchten Kinder fanden sich höhere Leistungen im Verbalteil gegenüber dem Handlungsteil, der Unterschied zwischen dem durchschnittlichen Verbal- vs. Handlungs-IQ war signifikant. Ein Kind erreichte einen Verbal-IQ von 109.

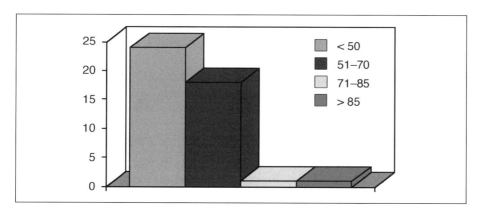

Abbildung 15: Intelligenzentwicklung bei 44 Kindern mit Williams-Beuren-Syndrom (nach Udwin et al., 1987)

Auch auf der Ebene der Teiltests fanden sich Unterschiede. So lagen im Verbalteil die Ergebnisse bei den Teiltests „Gemeinsamkeiten finden" und „Wortschatz" signifikant höher als im „Allgemeinen Wissen", „Allgemeinen Verständnis" und „Rechnen". Viele Kinder verfügten somit über eine besondere Stärke im Umgang mit sprachlichen Begriffen. Im Handlungsteil hatten sie signifikant niedrigere Ergebnisse im „Zahlensymboltest", der konzentriertes Zuordnen von abstrakten Symbolen unter Zeitdruck prüft.

Tabelle 17: Verbal- und Handlungs-IQ bei 44 Kindern mit WBS (Udwin et al., 1987)

IQ	Verbalteil		Handlungsteil	
	N	%	N	%
< 50	15	34.1	25	56.8
51 – 70	21	47.7	15	34.1
71 – 85	7	15.9	4	9.1
> 85	1	2.3	0	0

23/44 Kinder aus dieser Gruppe wurden 8 bis 10 Jahre später nachuntersucht. Ihr Intelligenztestergebnis lag jetzt etwas höher als bei der Ersttestung. Alle erreichten im Wechsler-Test für das Erwachsenenalter einen IQ > 50. Der mittlere IQ dieser Gruppe (mittleres Alter 21;9 Jahre) lag bei 61. Die Differenzen in den Ergebnissen sind wahrscheinlich auf die unterschiedlichen Vergleichsnormen bei den beiden verwendeten Versionen des Wechsler-Tests zurückzuführen (Udwin et al., 1996).

Amerikanische Untersucher fanden in einer Stichprobe von 76 Kindern im Alter zwischen vier und 17 Jahren eine recht ähnliche Verteilung. Der generelle Score des von ihnen verwendeten Tests schwankte zwischen 32 und 78, der Durchschnitt (vergleichbar der Wechsler-IQ-Skalierung) lag bei 58 Punkten (Mervis & Klein-Tasman, 2000). Die Intelligenztestergebnisse, die bei 14 Kindern im Vorschul- und Schulalter im Kinderzentrum erhoben wurden, zeigt Tabelle 18.

Höhere sprachgebundene vs. handlungsgebundene Fähigkeiten finden sich nicht nur im Kindesalter, sondern auch bei Erwachsenen mit Williams-Beuren-Syndrom. Plissart et al. (1994) berichteten über 11 Erwachsene im Alter zwischen 17 und 65 Jahren. Die Intelligenztestergebnisse schwankten zwischen 37 und 61 (McCarthy Scales of Children's Abilities). Es fand sich ein Profil, das – nach Umrechnung in Entwicklungsalterswerte (mental age) – dem Profil ähnelt, das für das Kindesalter beschrieben ist. Alle Probanden hatten höhere verbale Fähigkeiten als motorische, 3/8 schnitten in Subtests zur verbalen Begriffsbildung signifikant besser ab als in den anderen Subtests.

Howlin et al. (1998) untersuchten 70 Erwachsene mit dem Wechsler-Test (WAIS-R) und ermittelten einen durchschnittlichen Gesamt-IQ von 61 (Verbal-IQ 65, Handlungs-IQ 61). Fünf Erwachsene hatten einen Gesamt-IQ > 70, drei

Tabelle 18: Intelligenztestbefunde bei Kindern mit Williams-Beuren-Syndrom

	Alter / Test	Ergebnisse
UN	6;0 / MSCA	Verbal 35, Perzeption < 22, Menge/Zahl 30, Gedächtnis < 22, Genereller kognitiver Index 50
AE	7;0 / MSCA	Genereller kognitiver Index < 50
TW	4;10 / MSCA	Verbal 50, Perzeption 51, Menge/Zahl 29, Gedächtnis 42, Genereller kognitiver Index 100
SA	6;7 / MSCA	Verbal 42, Perzeption 32, Gen. Kognitiver Index 69
VA	6;11 / MSCA	Verbal 40, Genereller kognitiver Index 76
KS	9;9 / KABC	Einzelheitliches Denken (SED) 63, ganzheitliches Denken (SGD) 54, intellektuelle Fähigkeiten (SIF) 58
MS	12;2 / KABC	SED 69, SGD 41, SIF 52
TS	7;5 / KABC	SED 74, SGD 57, SIF 64
AB	7;2 / KABC	SED 59, SGD 49, SIF 55
EE	8;0 / KABC	SED 46, SGD 54, SIF 43
KS	6;9 / KABC	SED 80, SGD 77, SIF 78
LS	12 / HAWIK-R	Verbal-IQ 82, Handlungs-IQ 61
AW	5;4 / SON	SON-IQ 50
GR	5;9 / SON	SON-IQ 60
AL	5;9 / SON	SON-IQ < 50

einen IQ < 50. Die Diskrepanz zwischen sprach- und handlungsgebundenen Fähigkeiten war bei einem Viertel der untersuchten Erwachsenen erkennbar, jedoch nur bei sieben von ihnen signifikant. Die Verteilung der Subtestwerte im Wechsler-Test sind im Kindes- und Erwachsenenalter weitgehend identisch (Abbildung 16).

Entwicklungsprofile im frühen Kindesalter

Ob die höhere sprachliche Kompetenz auch für jüngere Kinder charakteristisch ist, lässt sich nicht eindeutig beantworten. Zudem spielt das Alter der jeweils untersuchten Kinder eine große Rolle, denn einige Kinder mit Williams-Beuren-Syndrom beginnen erst spät zu sprechen, entwickeln aber dann rasch gute sprachliche Ausdrucksfähigkeiten.

Erste Untersuchungen bezogen sich jeweils auf sehr kleine Stichproben (Bennett et al., 1978; Kataria et al., 1984). Gosch und Pankau (1995) fanden bei 20 Kindern (mittleres Alter 3;3 Jahre) bei Prüfung der Entwicklungsalterswerte in der „Münchener Funktionellen Entwicklungsdiagnostik" keine signifikanten Unterschiede. Durchschnittlich lagen sie je nach Teilskala zwischen 19 und 22

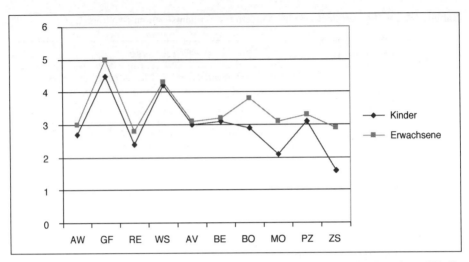

AW: Allgemeines Wissen, GF: Gemeinsamkeitenfinden, RE: Rechnen, WS: Wortschatz, AV: allgemeines Verständnis, BE: Bilder ergänzen, BO: Bilder ordnen, MO: Mosaiktest, PZ: Puzzles, ZS: Zahlen-Symbol-Test

Abbildung 16: Verteilung der durchschnittlichen Subtestwert im Wechsler-Test bei Kindern und Erwachsenen mit Williams-Beuren-Syndrom (Howlin et al., 1998)

Monaten. Mervis et al. (1999) untersuchten zehn dreijährige Kinder mit den Bayley-Skalen (BSID II). Der mittlere Entwicklungsquotient lag bei 61, die Werte schwankten aber sehr stark.

Plissart und Fryns (1999) berichteten über 14 Kinder mit WBS, die im Alter zwischen 5 und 48 Monaten mindestens zweimal mit den Bayley-Skalen untersucht wurden. Tabelle 19 gibt anhand einzelner Meilensteine der Entwicklung einen Eindruck vom Grad und der Variabilität der Entwicklungsretardierung in den grob- und feinmotorischen, perzeptiven und sprachlichen Fähigkeiten.

Mervis et al. (1999) dokumentierten den frühen Verlauf perzeptiver und sprachlicher Fähigkeiten, indem sie jeweils sechs Kinder mit WBS und Down-Syndrom in den ersten Lebensjahren in Abständen von je sechs Monaten mit den Bayley-Skalen mehrmals untersuchten und dann die Ergebnisse für beide Aufgabengruppen verglichen. *Die Kinder mit WBS vermochten sehr viel mehr sprachgebundene Items zu lösen als die Kinder mit Down-Syndrom* (Abbildung 17).

Eine eigene Übersicht über zehn Kinder im Alter von 1;6 bis 6;11 Jahren stellte die retrospektiven Angaben der Eltern zum Entwicklungsverlauf zusammen. Die Angaben entsprachen der Schwankungsbreite, die in der belgischen Studie genannt worden war. Das freie Laufen wurde nach Erinnerung der Eltern mit 17 bis 28 Monaten erreicht. Die ersten Worte wurden dagegen bei 7 von 8 Kindern im Alter zwischen 12 und 24 Monaten gebildet. Dabei ist allerdings zu vermerken,

Tabelle 19: Erreichen von Meilensteinen der psycho-motorischen Entwicklung bei 14 Kindern mit Williams-Beuren-Syndrom (in Monaten; Plissart & Fryns, 1999)

Meilensteine der Entwicklung	WBS		Bayley-Normen	
	Mittel	Range	Mittel	Range
Greifen nach Objekten	8	5–10	4,5	3–6,5
Wechseln von Hand zu Hand	18	8–33	5,5	4,5–7,5
Pinzettengriff	25	20–30	9,5	7,5–14
Kritzeln	27	18–37	14,5	11–20
Turmbauen	36	28–46	14	11,5–19
selbstständiges Sitzen	12,5	9–20	8	6–10,5
Krabbeln	22	14–32	9	6,5–11,5
selbstständiges Gehen	28,5	19–37	14	10,5–17,5
Heranziehen eines Objekts	16	20–23	7,5	6–11
Formen zuordnen	36	18–48	20	16–25,5
Farben sortieren	45	38–48	24	–
Wiederholung von Doppelsilben	18	11–27	9,5	7–13,5
Gesten zur Wunschvermittlung	24,5	21–29	14	11,5–17,5
Zweiwortverbindungen	26	18–31	15,5	12,5–19,5
Benennung von 5–10 Bildern	41	38–44	25	18–30

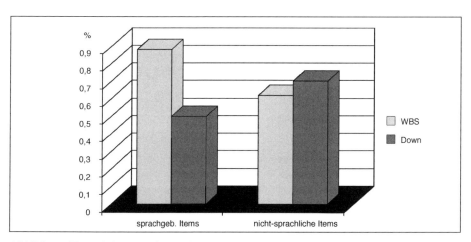

Abbildung 17: Relativer Anteil sprachgebundener und nicht-sprachlicher Items, die Kinder mit WBS und Down-Syndrom in den ersten Lebensjahren bewältigten (Bayley-Skalen, Mervis et al., 1999)

dass es sich um retrospektive Angaben handelt, ein Elternpaar diesen Zeitpunkt nicht erinnern konnte und zwei Kinder zum Zeitpunkt der Untersuchung mit 14, bzw. 18 Monaten noch keine Worte gebrauchten (Sarimski, 1999a).

Neben den Elternangaben wurden zu jedem Kind die Ergebnisse der Entwicklungseinschätzung mit der Münchener Funktionellen Entwicklungsdiagnostik für die Skalen Feinmotorik/Perzeption (gemittelt) und aktive Sprache (bei vier Kindern), bzw. für die Skalen der perzeptiven und verbalen Fähigkeiten aus den McCarthy Scales of Children's Abilities (MSCA) zusammengestellt (Tabelle 20). Die vier jüngeren Kinder (unter drei Jahren) zeigten eine mäßige Retardierung in ihren feinmotorischen und perzeptiven Fähigkeiten. Ein Mädchen (33 Monate) bildete Mehrwortverbindungen mit Beachtung der Formenbildung und war in der sprachlichen Entwicklung ihren kognitiven Fähigkeiten voraus. Bei den sechs älteren Kindern fanden sich unterschiedliche Ergebnisse. Ein Junge (4;11 Jahre) erreichte in beiden Skalen der MSCA altersgerechte Werte, ein Mädchen war in beiden Skalen leicht retardiert. Vier Kinder wiesen in beiden Bereichen deutliche Entwicklungsverzögerungen auf, eines davon mit höheren sprachlichen als perzeptiven Fähigkeiten.

Schließlich wurde das Spielverhalten in der Montessori-Übungsbehandlung videografiert. Die Videoaufzeichnungen wurden in einem Time-Sampling-Verfahren analysiert hinsichtlich der Ausdauer und Komplexität von zielgerichteten Tätigkeiten im Spiel. Im Einzelnen wurden zielgerichtete Aktivitäten von einfacher Exploration, Beobachtung des Erwachsenen oder Inspektion des Materials, Hilfeersuchen und ausweichendem Verhalten („off-task") unterschieden (Abbildung 18). Bereits die jüngeren Kinder zeigten sich an den Materialien sehr interessiert und vermochten selbst auszuwählen, womit sie sich beschäfti-

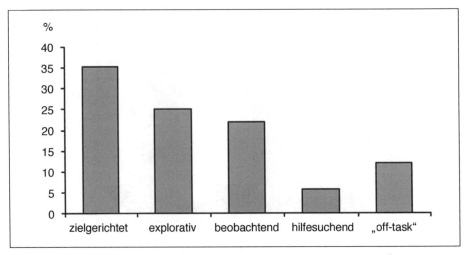

Abbildung 18: Relativer Anteil zielgerichteter Tätigkeiten in der Montessori-Übungsbehandlung bei zehn jungen Kindern mit WBS (Sarimski, 1999a)

Tabelle 20: Meilensteine der Entwicklung und Entwicklungstestergebnisse von 10 Kindern mit WBS im frühen Kindesalter (in Monaten; Sarimski, 1999a)

	A	B	C	D	E	F	G	H	I	J
freies Sitzen	14	8	14	14	8	12	8	16	10	12
freies Laufen	–	17	23	28	20	24	24	26	18	18
erste Worte	–	–	23	?	15	24	12	19	18	18
Alter bei Untersuchung	14	18	26	33	58	69	71	76	83	83
Handlungsfähigkeiten	10	12	15	21	57	36	33	39	60	66
sprachgeb. Fähigkeiten	<12	<12	15	30	57	45	54	32	69	66

gen wollten. Zum Teil fiel es ihnen noch schwer, eine Handlung zu Ende zu führen, vor allem wenn es sich um feinmotorisch „anspruchsvolle" Tätigkeiten handelte. Die sechs älteren Kinder waren ausdauernd bei der Sache und wiederholten Tätigkeiten, die sie interessierten, mehrfach, brauchten aber Hilfen, um zu einem organisierten Handlungsablauf zu finden (z. B. den richtigen Schlüssel zum Öffnen von Schlössern zu finden oder einen Trichter beim Umschütten auf die richtige Flasche zu setzen). 35 % der Spielzeiten ließen sich als zielgerichtete Aktivität kodieren, weitere 25 % als spielzeugbezogene Exploration. Ausweichendes Verhalten trat im Beobachtungszeitraum nur selten auf (12 %).

Spezifisches Merkmal:
Störung der visuell-räumlichen Wahrnehmung

MacDonald und Roy (1988) und Crisco et al. (1988) gingen der Frage nach, inwieweit es sich bei der bei Kindern mit WBS anzutreffenden Diskrepanz zwischen sprachgebundenen und perzeptiven Fähigkeiten um eine syndromspezifische Besonderheit handelt. Sie verwendeten Kontrollgruppen, die in ihrem generellen Intelligenzniveau parallelisiert waren. Beide Arbeitsgruppen fanden spezifische Schwächen bei Aufgabe zur visuomotorischen Integration.

Udwin und Yule (1991) verglichen die Leistungen in einer neuropsychologischen Testbatterie bei 20 der zuvor untersuchten Kinder mit 20 Kindern, die nach Alter, Geschlecht, Sozialschicht und Verbal-IQ parallelisiert wurden. Es zeigte sich wiederum, dass die Kinder mit WBS wesentlich schlechter abschnitten in vier von fünf Subtests des Handlungsteils des WISC-R (HAWIK-R). Sie reagierten langsamer und fehlerhafter bei Aufgaben, bei denen Karten nach gemeinsamen (nicht-sprachlichen) Merkmalen zu klassifizieren waren, und hatten mehr Schwerigkeiten bei Aufgaben, die die Speicherung räumlicher Anordnungen prüften. Mindestens genausogut wie die Vergleichsgruppe schnitten sie dagegen bei Proben zum Wortverständnis und zur Speicherung verbaler Inhalte ab, aber auch beim Wiedererkennen von Gesichtern. d. h. dass *neben der generellen Dissoziation zwischen sprachgebundenen und non-verbalen Fähigkeiten offensichtlich nochmals Fähigkeitsstärken und -schwächen innerhalb beider Bereiche unterschieden werden müssen.*

Die Arbeitsgruppe um Bellugi (Wang & Bellugi, 1993; Bellugi et al., 1994) gehörte zu den ersten, die die visuellen Wahrnehmungsfähigkeiten beim WBS näher untersuchte. Sie berichteten über zehn Jugendliche mit Williams-Beuren-Syndrom (IQ 41 bis 59). Ihre Fähigkeiten wurden in einer Reihe kognitiver, sprachlicher und visuell-perzeptiver Aufgaben analysiert und mit denen von nach IQ parallelisierten Gruppen (z. B. Jugendlichen mit Down-Syndrom) verglichen.

Bei der Analyse der Verarbeitungsprozesse bei Nachzeichen- und Nachbauaufgaben von Mustern (u. a. Benton-Test, Developmental Test of Visuo-motor Integration, Mosaik-Test) zeigte sich, dass den Jugendlichen mit WBS offensichtlich die Wahrnehmung und Reproduktion einer komplexen Gestalt aus einzelnen Komponenten unmöglich war (Bihrle et al., 1989; vgl. Gerd). In ihrer Darstellung spiegelten sich zwar lokale Details wider, es gelang aber *keine Annäherung an die globale Konfiguration der Vorlage.* Die Reproduktionsversuche von Jugendlichen mit Down-Syndrom glichen dagegen der Vorlage als Ganzem, ihnen fehlte aber oft die räumliche Anordnung der Details.

Wenn dagegen nur *das visuelle Erfassen selbst* gefordert ist, wie z. B. bei Aufgaben zum Wiedererkennen von Gesichtern, schnitten Probanden mit WBS ebenso gut ab wie nicht-behinderte Jugendliche und wesentlich besser als alle Vergleichsgruppen. Offensichtlich handelt es sich dabei um eine andere visuelle Informationsverarbeitungsstrategie, die sich an lokalen Hinweisreizen statt globalen Reizkonfigurationen orientiert. Spätere Untersuchungen bei 50 Kindern, Jugendlichen und Erwachsenen mit WBS zeigten, dass sie sich von frühem Alter an in dieser Fähigkeit nicht von Kindern mit unbeeinträchtigter Entwicklung unterscheiden (Bellugi et al., 1999).

Eine beispielhafte Beschreibung einer 18-jährigen Frau mit WBS (IQ 49) illustriert die Diskrepanz zwischen Gestaltwiedergabe und sprachlichem Ausdrucksvermögen: „Und was ist nun ein Elefant, es ist ein Tier. Und was tut er, er lebt im Dschungel. Er kann auch im Zoo leben. Und wie sieht er aus – er hat lange graue Ohren, wie Fächer, Ohren, die im Wind flattern können. Er hat einen langen Rüssel, mit dem er Gras aufnehmen kann oder Heu .. Wenn er schlechter Laune ist, kann er schrecklich sein .. Er kann wild werden wie ein Bulle... Du wirst einen Elefanten nicht zum Freund haben wollen, eher eine Katze oder einen Hund oder einen Vogel." Die gleiche Frau zeichnet den Elefanten:

Abbildung 19: Zeichnung eines Elefanten; 18-jährige Frau mit WBS (nach Bihrle et al., 1989)

Auch andere Arbeitsgruppen kamen unabhängig voneinander zu dem Ergebnis, dass solche Stärken und Schwächen innerhalb des Fähigkeitsprofils für Kinder, Jugendliche und Erwachsene mit Williams-Beuren-Syndrome charakteristisch sind. Abbildung 20 zeigt die Ergebnisse bei Aufgaben zur sprachgebundenen Merkfähigkeit und zu visuell-konstruktiven Fähigkeiten – jeweils bezogen auf denselben Vergleichsmaßstab – aus einer großen Stichprobe von Patienten mit WBS. Die Merkfähigkeit für sprachliche Informationen ist relativ höher entwickelt als andere kognitive Fähigkeiten und entspricht bei einem beträchtlichen Teil der untersuchten Kinder und Jugendlichen den durchschnittlichen Fähigkeiten der jeweiligen Altersgruppe, obwohl die allgemeinen intellektuellen Fähigkeiten der Probanden deutlich beeinträchtigt sind. Ausgeprägte Defizite finden sich dagegen bei Aufgaben, die visuell-konstruktive Fähigkeiten erfordern, z. B. dem Mosaiktest (Mervis et al., 1999).

Jarrold et al. (2001) dokumentierten die Leistungen in einem Wortschatz- und Mosaiktest bei 15 Probanden mit WBS im Längsschnitt über einen Zeitraum von 3 1/2 Jahren und stellten einen signifikant rascheren Zuwachs der sprachlichen Kompetenzen fest. Auch die visuell-räumlichen Wahrnehmungsfähigkeiten verbessern sich mit wachsendem Alter, die Zeichnungen werden im Alter von 12 bis 14 Jahren zunehmend differenziert und in ihrer Gestalt erkennbar (Bertrand et al., 1997; Stiles et al., 2000). Das Entwicklungstempo ist aber in diesem Bereich wesentlich langsamer als im Bereich der sprachlichen Fähigkeiten. Die beschriebenen schweren Störungen der visuell-räumlichen Wahrnehmung finden sich allerdings nicht bei allen Kindern mit WBS (Jarrold et al., 1998); auch die Zeichenfähigkeiten sind sehr variabel (Dykens et al., 2001).

Die Probleme der visuell-räumlichen Wahrnehmung sind zentrale Verarbeitungsstörungen und nicht Folge peripherer Augenprobleme. Es findet sich kein Zusammenhang zwischen der Schwere der Wahrnehmungsprobleme und dem Vorliegen einer Sehstörung (Strabismus, Kurz- oder Weitsichtigkeit, Amblyopie; Atkinson et al., 2001). Eine nähere Analyse zeigte, dass sich die Leistungen bei visuell-konstruktiven Aufgaben verbessern, sobald ein Muster beim Mosaiktest nicht mehr als Ganzes erfasst werden musste, sondern seine einzelnen Teile voneinander abgehoben wurden. Dies spricht dafür, dass es Kindern mit Williams-Beuren-Syndrom kaum gelingt, diesen Prozess der visuellen Segmentierung spontan vorzunehmen, und sie deshalb beim Versuch der Gestaltreproduktion scheitern. Ähnliche Rückschlüsse ergeben sich aus Studien, die den „Test of Visuomotor Integration" (VMI) verwendeten oder die Subtestdaten der McCarthy Scales analysierten (Wang et al., 1995; Bertrand et al., 1997).

Ob Probanden mit WBS tatsächlich scheitern, weil sie ihre Aufmerksamkeit auf Einzelreize zum Nachteil der Gestalterfassung focussieren, ist noch nicht abschließend geklärt. In einer Studie von Farran et al. (2001) ergaben sich große Differenzen zur Leistung von anderen Kindern nur bei den Aufgaben, bei denen eine „innere Vorstellung" der Rotation von Bausteinen beim Nachlegen von Mustern erforderlich ist; womöglich ist diese Teilfertigkeit in spezifischer Weise unterentwickelt.

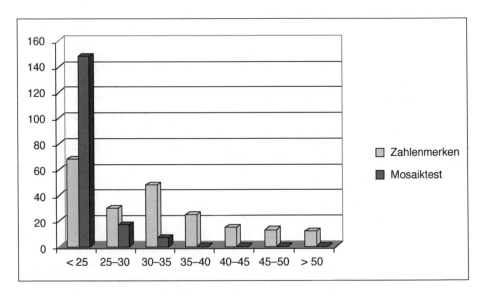

Abbildung 20: Testergebnisse im Zahlenmerken und Mosaiktest bei 207 bzw. 179 Patienten mit Williams-Beuren-Syndrom (Differential Ability Scales, DAS; Skalenwerte mit einem Mittelwert von 50 und einer Standardabweichung von 10; Mervis et al., 1999)

Auf jeden Fall wirken sich die Defizite auch auf die Leistungen bei Gedächtnisaufgaben aus, bei denen die räumliche Anordnung von Bildern gespeichert oder reproduziert werden soll. Vicari et al. (1996) stellten 16 Kindern und Jugendlichen mit WBS (mittleres Alter 10;1 Jahre) verschiedene Aufgaben zur Beurteilung von Gedächtnisfunktionen und verglichen ihre Leistungen mit gleichalten Kindern, die keine Entwicklungsstörung aufweisen. Während sich keine Unterschiede zwischen beiden Gruppen beim Zahlennachsprechen fanden, schnitten die Kinder und Jugendlichen in Aufgaben wesentlich schlechter ab, bei denen sie Muster aus dem Gedächtnis nachbauen sollten. Kinder mit WBS lösen wesentlich weniger Aufgaben dieser Art als Kinder mit unterschiedlichen Formen intellektueller Behinderung oder Kinder mit Down-Syndrom mit gleichem allgemeinen Entwicklungsniveau (Jarrold et al., 1999).

4.4 Sprachliche Kompetenz

Sprachgewandtheit

Der höhere Entwicklungsstand sprachlicher Fähigkeiten beim WBS wird in vielen klinischen Berichten verbunden mit der Beschreibung einer *„Cocktail-Party-Sprache"*, *d. h. formal korrekter, flüssiger Äußerungen, die mit einer gewissen*

Kasten 5: Förderschwerpunkt visuell-räumliche Wahrnehmung

Kinder mit WBS stellen den Lehrer in seiner alltäglichen Arbeit vor eine besondere Herausforderung. Pädagogische Probleme bereiten einerseits die spezifischen kognitiven Defizite der Kinder, andererseits ihre Planlosigkeit und leichte Ablenkbarkeit, die z. T. durch eine Überempfindlichkeit für Geräusche bedingt ist. Lehrer sind oft unsicher in der Einschätzung der Kinder – im Test schneiden sie ab als geistigbehindert, sie sprechen wie ein gut begabtes Kind, verhalten sich auffällig und haben spezielle Schwierigkeiten wie ein lernbehindertes Kind.

Es ist wichtig, das gute Gedächtnis der Kinder und ihre sprachgebundenen Äußerungs- und Speicherfähigkeiten als Stärken für das Lernen zu nutzen. Kognitives Modellieren von Selbstinstruktionen zur Entwicklung von Problemlösefähigkeiten und Kontrolle über impulsives Arbeitsverhalten bieten dafür geeignete Ansätze. Kognitive und visuell-räumliche Aufgaben (Nachbauen, Nachzeichnen, Abschreiben) müssen in Teilschritte zerlegt werden. Über Prozesse des Modellernens lernt das Kind, anfangs laut und später mittels stiller Selbstinstruktionen die Aufgabe Schritt für Schritt zu bewältigen und sich selbst bei der Arbeit zu kontrollieren. Eine zeitliche Begrenzung der konzentrierten Arbeit an solcherart strukturierten Aufgaben ist sinnvoll, an deren Ende wiederum eine positive Belohnung als Anreiz stehen soll. Die einzelnen Schritte der Arbeitsstrategie müssen sich wiederholen, aktiv memoriert und immer wieder zur Überprüfung der Tätigkeit eingesetzt werden.

Auf jeden Fall sollte an die Verwendung von Unterrichtshilfen gedacht werden, bei denen die visuell-räumlichen Verarbeitungsprobleme teilweise kompensiert werden können (z. B. Einbeziehung von Musik und Rhythmus bei phonetischen Leseübungen, Digital- statt Normaluhr zum Ablesen der Uhrzeit, kleine Taschenrechner, Computerlernprogramme).

Sprachgewandtheit eingesetzt werden, aber oberflächlich und klischeehaft wirken. Dieses Phänomen tritt häufig zusammen mit einer großen sozialen Offenheit und Distanzlosigkeit auf und wurde zuvor bereits bei Kindern mit Hydrocephalus und Spina bifida beschrieben. Wir sahen es z. B. bei Timo und Alexander. Diese Sprachgewandtheit erlaubt es den Kindern, rasch Kontakt herzustellen. Es geschieht aber leicht, dass der Interaktionspartner das Verständnisvermögen des Kindes überfordert, indem er sich an seiner Sprechfreude allein orientiert.

Udwin und Yule (1990) analysierten bei den Kindern der bereits beschriebenen englischen Stichprobe auch die spontanen Äußerungen in einer 30-minütigen Konversation, die sich zu je gleichen Teilen auf alltägliche Begebenheiten aus dem Leben des Kindes, ein Rollenspiel mit Puppenmaterial und die Betrachtung eines Bilderbuches bezogen. 16 % der 43 Kindern verfügten noch nicht über ein flüssiges sprachliches Ausdrucksvermögen. Unter den übrigen erwiesen sich in der Tat 16 (d. h. 37 % der Gesamtgruppe) als besonders sprachgewandt. Ihre Sätze waren länger, meist grammatisch vollständig und enthielten *soziale Phrasen und Klischees, eigene Erfahrungen ohne Dialogbezug, rhetorische Fragen und Bewertungen sowie Erklärungen, Schlussfolgerungen und Bezüge zu vergangenen Ereignissen.*

Konsistente Merkmale, die diese Teilgruppe von den anderen, weniger sprachgewandten Kindern mit WBS unterscheiden, ließen sich nicht finden. Insbesondere fanden sich keine Differenzen hinsichtlich körperlicher Variablen, Diagnosezeitpunkt, IQ, emotionale Auffälligkeit und Hyperaktivität oder verbale vs. visuelle Speicherfähigkeit. Wie Anlage und Umweltreaktionen bei der Ausbildung dieses Merkmals zusammenwirken, ist noch nicht befriedigend geklärt.

Es zeigt sich also, dass die in den klinischen Berichten genannte Sprachgewandtheit für einen Teil, aber nicht für alle Kinder mit WBS zutrifft. So fanden Gosch et al. (1994) z. B., dass 4- bis 10-jährige Kinder mit WBS im Heidelberger Sprachentwicklungstest nicht besser und nicht schlechter grammatikalisch falsche Sätze korrigieren oder Satzstrukturen verstehen konnten als Kinder mit anderen Behinderungsformen.

Das Bild der „Cocktail-Party-Sprache" wird offensichtlich durch klischeehafte Äußerungen und soziale Phrasen geprägt, die die Kinder verwenden. Auf jeden Fall scheint es nicht so zu sein, dass die Kinder einfach eine in jeder Hinsicht unbeeinträchtigte Spachentwicklung vollziehen und nur in anderen Teilbereichen retardiert sind. In diesem Alter ist es auch nicht die Länge oder der Komplexitätsgrad der Äußerungen an sich, wenn man Spontansprachproben oder Sprachtests durchführt, der den Eindruck der besonderen Sprachgewandtheit ausmacht (Udwin & Yule, 1990; Gosch et al., 1994).

Die sprachlichen Äußerungen werden mit zunehmendem Alter immer differenzierter. Darin unterscheiden sich Jugendliche mit WBS von anderen behinderten Jugendlichen, z. B. mit Down-Syndrom. *Sie sprechen flüssig, verfügen über einen reichhaltigen Wortschatz, gebrauchen ungewöhnliche Begriffe –* und scheinen doch oft mit ihren Äußerungen „leicht neben dem Thema zu liegen". Zudem wird die Diskrepanz zu ihrem schulischen Leistungsvermögen und ihren Perzeptions- und Handlungsfähigkeiten noch augenfälliger. Auch hierzu lieferte die Arbeitsgruppe von Bellugi eine Reihe von Vergleichsstudien.

Jugendliche mit WBS verfügten über einen Wortschatz und Satzbildungsfähigkeiten, die höher lagen, als ihre kognitive Behinderung erwarten ließ. Eine beispielhafte Äußerung einer 18-jährigen mit einem IQ von 49, deren Schulleistungen nicht über dem Niveau der ersten Klasse lagen: „Sie haben einen professionellen Schriftsteller vor sich. Meine Bücher werden voller Spannung und Aktion sein. Und jeder wird sie lesen wollen ... Ich werde Bücher schreiben, Seite für Seite, Kapitel für Kapitel. Am Montag geht's los." Die einzelnen Äußerungen umfassten komplexe Strukturen wie Passiv- oder Konditionalsätze. Die Jugendlichen konnten grammatisch fehlerhafte Sätze korrigieren oder komplexe Sätze richtig vervollständigen. Auch das Verständnis für komplizierte Sätze (z. B. Passivkonstruktionen wie „Das Pferd wird von dem Mädchen verfolgt") und ungewöhnliche Begriffe war gegeben, wie sich bei entsprechenden Bildwahlaufgaben zeigte (Bellugi et al., 1994).

Beeinträchtigungen einzelner sprachlicher Fähigkeiten

Trotz dieser sprachlichen Kompetenzen sollte nicht von einer unbeeinträchtigten Entwicklung („spared abilities") der grammatischen Fähigkeiten gesprochen werden. Einzelne Studien zeigen, dass sich Kinder mit WBS gegenüber Kindern mit unbeeinträchtigter Entwicklung sehr wohl im Tempo des Erwerbs von bestimmten Formenbildungen unterscheiden. Dies wiesen Volterra et al. (1996) z. B. für den Erwerb der Artikel im Italienischen, Krause und Penke (2002) für die unregelmäßige Mehrzahlform und die unregelmäßige Partizipform im Deutschen, Clahsen und Almazan (1998) für die Bildung unregelmäßiger Verbformen im Englischen, Grant et al. (2002) für die Bildung von Relativsätzen im Englischen nach.

Mervis et al. (1999) analysierten Spontansprachproben von Kindern mit WBS im Alter zwischen 2 1/2 und 12 Jahren (Durchschnitt: 7 Jahre), berechneten die mittlere Äußerungslänge und ordneten die Kinder je nach Komplexität der Äußerungen verschiedenen Sprachentwicklungsstufen zu. Die syntaktische Entwicklung war verzögert gegenüber der normalen Entwicklung in gleichem Alter (mittlere Äußerungslänge 3.18). Anders als bei Kindern mit anderen genetischen Syndromen (z. B. Down- oder Fragiles-X-Syndrom) entsprach der Komplexitätsgrad der Äußerungen den Erfahrungen, die in der normalen Entwicklung bei der entsprechenden Äußerungslänge vorgefunden werden. Die Autoren zogen aus ihren Ergebnissen die Schlussfolgerungen, dass die syntaktischen Fähigkeiten bei Kindern mit WBS wesentlich höher entwickelt sind, als nach den visuell-räumlichen Wahrnehmungsfähigkeiten der Kinder zu erwarten wäre, aber niedriger, als auf Grund des rezeptiven Wortschatzumfangs und der sprachlichen Merkfähigkeit vorherzusagen wäre.

Auch das Verständnis komplexer Satzstrukturen („Test for Reception of Grammar", TROG) ist nicht unbeeinträchtigt, wie Karmiloff-Smith et al. (1997) in einer Untersuchung von 18 Kindern und Erwachsenen mit WBS und Volterra et al. (1996) bei 17 italienischen Kindern im Alter zwischen vier und 15 Jahren feststellten. Andererseits fanden Mervis et al. (1999) in einer Untersuchung von 77 Kindern, Jugendlichen und Erwachsenen (5 bis 52 Jahre) mit dem gleichen Verfahren, dass 56 % von ihnen im Bereich der durchschnittlichen oder nur leicht verzögerten Entwicklung (Standardwerte > 70) hinsichtlich ihres grammatischen Verstehens lagen. Die meisten erreichten Standardwerte zwischen 55 und 85 und schnitten in diesem Verfahren besser ab als in Intelligenztestaufgaben (Abb. 21).

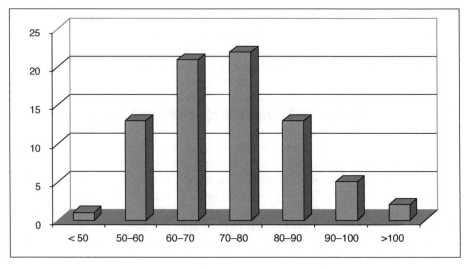

Abbildung 21: Ergebnis eines Satzverständnistests (TROG) bei 77 Kindern, Jugendlichen und Erwachsenen mit Williams-Beuren-Syndrom (Mervis et al., 1999)

Eine *Stärke in den semantischen Fähigkeiten* (Wissen um Wortbedeutungen) zeigt sich z. B. bei Aufgaben, bei denen sie sehr selten gebrauchte Wörter zu entsprechenden Bildern zuordnen oder in einer bestimmten Zeitspanne möglichst viele Details zu einem Oberbegriff nennen sollen. Jugendlichen mit WBS fielen mehr Begriffe ein als einer Vergleichsgruppe (z. B. „Nenne mir alle Tiere, die du kennst!"), aber auch ungebräuchlichere (z. B. „Wiesel"). Timo zeigte diese Fähigkeiten exemplarisch bereits im Vorschulalter.

Das gilt auch für das Verständnis von Wortbedeutungen. Mervis et al. (1999) führten bei 127 Kindern, Jugendlichen und Erwachsenen (4 bis 52 Jahre) den Peabody-Test (PPVT) durch, bei dem zu vorgegebenen Begriffe jeweils eines von vier Bildern ausgewählt werden muss. Während die Ergebnisse der gleichen Probanden in Intelligenztests im Bereich der geistigen Behinderung lagen, erreichten 42 % von ihnen bei diesen Aufgaben einen Wert, der einem IQ > 70 vergleichbar wäre; 4 % erreichten Ergebnisse, die der 50 %-Perzentile in der Referenzgruppe nicht behinderter Kinder entsprachen oder diese sogar überschritten.

Pragmatische Fähigkeiten im Dialog

Diese Stärke im begrifflichen Wissen bei Testaufgaben bedeutet aber nicht, dass sie auch in jedem Gesprächszusammenhang auf die Beiträge des Gegenübers eingehen können. Carey et al. (1995) fanden, dass Jugendliche mit WBS große Schwierigkeiten hatten, Beiträge des Gegenübers zu komplexen Dialogen genau zu verstehen. Es wirkte so, als ob es sich um zwei verschiedene Konzepterwerbsstrategien handelt. Es gelingt ihnen gut, Einzelheiten zu Oberbegriffen aufzuzählen, es fällt ihnen aber schwer, den Kern der Bedeutung eines Begriffes oder eines Satzes zu analysieren.

Stojanovik et al. (2001) untersuchten formale Aspekte des Satzverstehens und der Satzbildung in standardisierten Tests, darüberhinaus aber auch pragmatische Aspekte des Sprachgebrauchs im Kommentieren von Abbildungen, die vertraute Alltagsszenen darstellen. Sie verglichen die Ergebnisse von vier Kindern mit WBS und vier Kindern mit spezifischer Sprachentwicklungsstörung. Neben Entwicklungsdefiziten im Verständnis und der Bildung von komplexen Satzstrukturen (z. B. Passivkonstruktionen oder eingebettete Nebensätze) zeigten sich auch Grenzen in der kommunikativen Kompetenz der Kinder. Sie waren zwar sichtlich am Gespräch interessiert und äußerten sich in sozial angemessener Form, vermittelten aber oft nicht die Informationen, die der Gesprächspartner zum Verständnis ihrer Äußerungen benötigte, bzw. konnten ihrerseits auf Beiträge des Erwachsenen nicht adäquat eingehen. Offenbar hängt ihre Sprachgewandtheit vom jeweiligen Thema ab. Sie können am ehesten ein Gespräch über ein Thema führen, das ihnen besonders gefällt und in dem sie sich auskennen.

Wenn sie gebeten werden, zu einer Bildserie eine Geschichte zu formulieren, setzen sie wesentlich *mehr prosodische Details ein, benutzen emphatische und lautmalerische Ausdrücke, sprechen mit vertauschten Rollen, erwähnen innere Zustände der handelnden Personen und erzählen eine Geschichte kohärent*, d. h. beschreiben klar den wichtigsten Inhalt und die Botschaft einer Geschichte. Es gelingt ihnen oft auf eine sehr expressive Weise, den Zuhörer zu fesseln (Reilly et al., 1991). Die Äußerungen Gerds zu einer Bildergeschichte illustrieren diese Fähigkeit. Vergleichende Untersuchungen von Bellugi et al. (1999) an 50 Kindern, Jugendlichen und Erwachsenen mit WBS (> 5 Jahre) zeigen, dass sie solche prosodischen Merkmale, lautmalerische Ausdrücke und Betonungen sehr viel häufiger als Kinder mit Down-Syndrom, aber auch häufiger als nicht behinderte Kinder einsetzen, wenn sie gebeten werden, eine Geschichte zu erzählen (Abbildung 22). Das unterscheidet sie auch von autistischen Kindern mit fortgeschrittenen kognitiven Fähigkeiten (Pearlman-Avnion & Eviatar, 2002).

Das Muster der guten sprachlichen Fähigkeiten, aber schlechten visuell-räumlichen Funktionen, das sich somit bei Kindern und Jugendlichen mit WBS findet, erinnert auf den ersten Blick sehr an das Muster, das sich bei Erwachsenen mit Läsionen der rechten Hemisphäre und bei Kindern mit nonverbaler Lernstörung (Rourke 1995) findet. Die motorischen Entwicklungsdefizite, einzelheitliche statt globale Konfigurationen erfassende visuelle Verarbeitungsstrategien, die guten Fähigkeiten zum automatisierten Speichern und zum sprachlichen Ausdruck finden sich auch bei diesen Patientengruppen. Andere Befunde entspre-

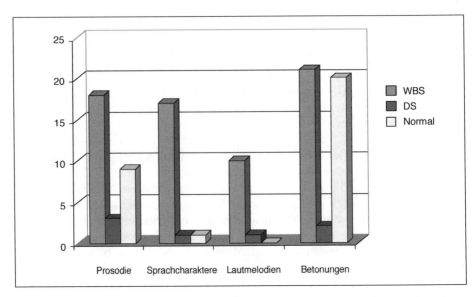

Abbildung 22: Gebrauch von Merkmalen der Sprachgestaltung beim Erzählen einer Geschichte durch Kinder, Jugendliche und Erwachsene mit WBS, Down-Syndrom oder normaler Entwicklung (nach Bellugi et al., 1999)

chen allerdings nicht dem Bild, das sich bei rechtshemisphärischen Läsionen ergibt. So wäre die ausgeprägte Flüssigkeit im Wortgebrauch, die Fähigkeit, Sachverhalte mit prosodisch-affektiven Details zu erzählen und die Fähigkeit zum Wiedererkennen von Gesichtern untypisch, denn diese Fähigkeiten hängen nach bisherigem Wissensstand mehr von der Integrität der rechten Hemisphäre ab.

Schließlich ergeben auch die vorliegenden neuroanatomischen und neurophysiologischen Befunde beim WBS keinen Hinweis auf rechtshemisphärische Strukturveränderungen (Bellugi et al., 1994; Jernigan & Bellugi, 1994). Auf die mit den modernen Untersuchungstechniken der PET (Positron-Emissions-Topografie), MRI (Magnet-Resonanz-Verfahren) und ERP (Event-related potentials) gewonnenen Ergebnisse soll aber nicht weiter eingegangen werden, da ihre Interpretation ein vertieftes Wissen um neuropsychologische Modellbildungen und Zusammenhänge voraussetzt.

Sprachentwicklung im frühen Kindesalter

Die Beobachtungen zum frühen Entwicklungsverlauf, die Plissart und Fryns (1999) mitteilten, korrespondieren mit dem klinischen Erfahrungswissen, dass die *Sprachentwicklung bei Kindern mit WBS verspätet einsetzt*. Dies ist auf den ersten Blick ein Widerspruch angesichts der später bestehenden besonderen Sprachgewandtheit.

Auch in unserer eigenen Stichprobe von zehn Kindern (Sarimski, 1999a) konnten alle Kinder, die über zweieinhalb Jahre alt waren, Zweiwortkombinationen bilden. Sie beachteten morphologische und syntaktische Regeln (Verbflexion und Wortstellung), bildeten – zumindest bei der spontanen Sprachprobe, die erhoben wurde – aber keine komplexen Sätze mit Nebensatzkonstruktionen. Sie setzten ihre Äußerungen im Gespräch sinnvoll zur Kommentierung von Sachverhalten oder zum Nachfragen ein. Drei von ihnen initiierten selbst ein Gesprächsthema, eines erzählte eine längere Begebenheit von zu Hause.

Tabelle 21: Erreichen von Meilensteinen der sprachlichen Entwicklung bei Kindern mit Williams-Beuren-Syndrom (in Monaten; nach Plissart & Fryns, 1999)

Meilensteine der sprachlichen Entwicklung	WBS		Bayley-Normen	
	Mittel	Range	Mittel	Range
Zweisilbige Wiederholungen	18	11–27	9,5	7–13,5
Kommunik. Gebrauch von Gesten	24,5	21–29	14	11,5–17,5
Zweiwortverbindungen	26	18–31	15,5	12,5–19,5
Benennung von 5–10 Bildern	41	38–44	25	18–30

Mervis und Robinson (2000) untersuchten den Sprachentwicklungsverlauf bei 15 Kindern im Alter zwischen 24 und 27 Monaten mit den MacArthur Communicative Development Inventories (CDI, dt. Adaptation ELFRA). Neun von ihnen lagen in ihrer expressiven Sprachfähigkeit zu diesem Zeitpunkt unter der 5. Perzentile, vier weitere überschritten diesen Wert knapp, der die untere Grenze der normalen Schwankungsbreite markiert. Zwei Kinder dagegen hatten bereits einen Wortschatz erreicht, der weit über dem Durchschnitt der Altersgruppe (PR > 75) lag. Er umfasste über 400 Worte. Es zeigte sich darüberhinaus, dass die Satzbildung ebenfalls verzögert begann. Sie verlief – soweit dies im Rahmen des CDI beurteilt werden kann – so wie bei anderen Kindern parallel zur Erweiterung des Wortschatzes. Die Autoren verglichen den Sprachentwicklungsstand mit gleichalten Kindern mit Down-Syndrom. Der expressive Wortschatz der Kinder mit WBS umfasste durchschnittlich 55 Worte, der der Kinder mit Down-Syndrom nur 19 Worte. Das mittlere Sprachentwicklungsalter der Kinder mit Down-Syndrom lag bei 13 Monaten, das der Kinder mit WBS bei 17 Monaten. In beiden Gruppen fanden sich aber beträchtliche individuelle Unterschiede. Einige Kinder mit Down-Syndrom hatten zu diesem Zeitpunkt bereits viele Worte erworben, einige Kinder mit WBS standen dagegen noch ganz am Anfang ihrer Sprachentwicklung (Abbildung 23). Die Ursache für diese individuellen Unterschiede liegt nicht in genetischen Unterschieden. So fanden die Autoren bei den beiden Kindern mit WBS mit extrem raschem Wortschatzerwerb keinen Unterschied in der Deletionslänge oder im Bruchpunkt bei der genetischen Analyse im Vergleich zu den anderen Kindern mit WBS.

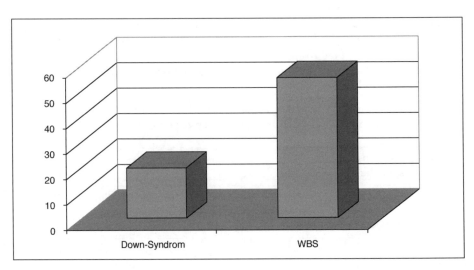

Abbildung 23: Expressiver Wortschatzumfang bei Kindern mit Down-Syndrom und Williams-Beuren-Syndrom im Alter von 24 bis 27 Monaten (nach Mervis & Robinson, 2000)

Goodman (1994) untersuchte mit dem gleichen Verfahren den Wortschatzumfang von je neun Kindern mit WBS und Down-Syndrom im Alter von durchschnittlich 3 ½ Jahren. Zu diesem Zeitpunkt hatten die Kinder mit WBS im Durchschnitt einen doppelt so großen Wortschatz (272 vs. 124 Wörter) wie die Kindern mit Down-Syndrom; dagegen gebrauchten sie weniger Gesten, um auf interessante Dinge hinzuweisen oder Wünsche zu vermitteln.

In einer eigenen Erhebung mit der deutschen Adaptation des Verfahrens (ELFRA) kamen wir zu ganz ähnlichen Ergebnissen. Wir verglichen je vier Kinder mit WBS und Down-Syndrom (mittleres Alter 22,6 Monate), die nach Alter und expressivem Wortschatz zu Beginn der Untersuchung parallelisiert waren. Die Kinder wurden ein Jahr später nachuntersucht. Beide Gruppen machten signifikante Fortschritte in der rezeptiven und expressiven Sprachentwicklung. Während sich im nachahmenden Spiel und im Zuwachs des rezeptiven Wortschatzes keine Unterschiede fanden, *machten die Kinder mit Down-Syndrom etwas mehr Fortschritte im Gebrauch von Gesten zur Kommunikation, während die Kinder mit WBS deutlich mehr Worte zu gebrauchen lernten.* Auch wir stellten jedoch große individuelle Unterschiede im Verlauf innerhalb beider Gruppen fest (Abb. 24).

Zwei Abweichungen vom normalen Verlauf der frühen Sprachentwicklung lassen sich festhalten. Erstens ist die rasche Erweiterung des Wortschatzes („vocabulary spurt"), der sich in diesen Daten wiederspiegelt, entwicklungsmäßig früher zu beobachten als Fortschritte in anderen kognitiven Fähigkeiten – z. B. der Kategorienbildung –, die in der typischen Entwicklung etwa zeitgleich auftreten (Mervis et al., 1999). Der Wortschatzerwerb verläuft atypisch.

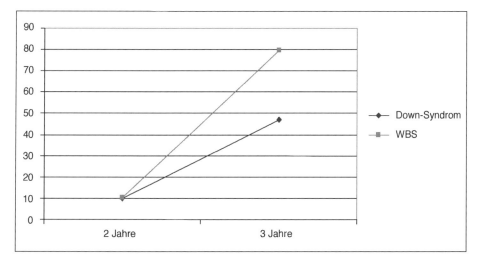

Abbildung 24: Fortschritte im expressiven Wortschatz bei je vier Kindern mit Down-Syndrom und Williams-Beuren-Syndrom im Laufe eines Jahres (ELFRA)

Zweitens beginnen Kinder mit WBS offenbar früher, die ersten Worte zu gebrauchen, verstehen und benutzen aber später als andere Kinder eine hinweisende Geste zum Zeigen und Herstellen gemeinsamer Aufmerksamkeit mit einem Erwachsenen. Diese beiden Entwicklungsschritte werden normalerweise in der umgekehrten Folge bewältigt, wie Mervis und Bertrand (1997) im Vergleich zwischen Kindern mit WBS und Kindern mit unbeeinträchtigter Entwicklung oder einer spezifischen Sprachentwicklungsretardierung feststellten. Wahrscheinlich ist diese Diskrepanz eine Folge der visuell-räumlichen Orientierungsprobleme von Kindern mit WBS. Das Gelingen des Dialogs zwischen Kind und Erwachsenem hängt in dieser Phase sehr davon ab, dass sich der Erwachsene an der Aufmerksamkeitsrichtung des Kindes orientiert.

4.5 Selbstständigkeit und schulische Entwicklung

Essen und Schlafen

Sorgen bereitet vielen Eltern ein *sehr wählerisches Essverhalten,* das sie auch noch von vielen Schulkindern berichten. So gaben 29 Eltern (64.4 %) in unserer Befragung an, dass ihr Kind nur bestimmte Speisen esse (*„isst manche Speisen nur pürriert", „verweigert oft feste Nahrung, bevorzugt Süßes", „isst nur Brot mit Butter und Käse", „fast nicht dazu zu überreden, etwas neues auszuprobieren"*). 62 % der Kinder kauten nicht ihrem Alter entsprechend, 20 % bevorzugten pürrierte Nahrung, 18 % brauchten sehr lange zum Essen (> 30 Min.) (Sarimski, 1996a).

Häufig treten auch *Schlafstörungen* auf, die die Kräfte der Eltern herausfordern. In der genannten Stichprobe hatten 17 (37.8 %) Einschlafprobleme, 14 (31.1 %) wachten nachts häufiger auf. Die Schlafstörungen waren z. T. stark ausgeprägt (*„wacht oft mehrmals in der Nacht schreiend auf, schweißgebadet, lässt sich nur durch engen Körperkontakt wieder beruhigen", „hat seit Geburt nur 7mal durchgeschlafen", „braucht eine Sauerstoffflasche wegen nächtlicher Atemstillstände", „schläft noch immer bei den Eltern im Bett", „benötigt ständig Schlaf- und Beruhigungsmittel"*). 28 % ließen Angst vor dem Schlafen im Dunkeln erkennen, 16 % klagten selbst darüber, dass sie schlecht einschlafen können.

Auch in anderen Untersuchungen wurden bei jeweils mehr als der Hälfte der Kinder mit WBS Ess- oder Schlafstörungen berichtet (Einfeld et al., 1997, Udwin et al., 1987; Dykens & Rosner, 1999). Es handelt sich dabei um Stichproben sehr unterschiedlichen Alters. Aus den Ergebnissen ergibt sich der Eindruck, dass diese Probleme häufiger auftreten als bei anderen Kindern mit Behinderungen, vergleichende Studien, die Ess- und Schlafprobleme in verschiedenen Altersgruppen genauer untersuchen, fehlen aber noch.

Praktische Selbstständigkeit

Unsere Erfahrung aus einer Befragung von 45 Eltern von Kindern mit WBS-Syndrom zeigt, dass schon im Kindesalter eine recht hohe Selbstständigkeit erreicht wird (Sarimski, 1996b). Die Stichprobe umfasste 28 Jungen und 17 Mädchen. 20 Kinder waren unter sechs Jahre, weitere 19 sechs bis zwölf Jahre alt. Weit mehr als die Hälfte der Kinder der Gesamtgruppe ging selbstständig tagsüber zur Toilette (79.5%), konnte sich (nahezu) allein anziehen (60%) und aß mit Messer und/oder Gabel (62.2%). Im Kindergartenalter nässten nur 4/16 Kindern tagsüber noch ein.

Gosch und Pankau (1994) verglichen die praktischen Fertigkeiten von 4 bis 10 Jahre alten Kindern mit WBS und die Fertigkeiten von Kindern mit anderen Behinderungsformen. Kinder mit WBS wiesen dabei weniger lebenspraktische Fertigkeiten (Essen, Kämmen, Toilettenbenutzung usw.) auf als die Parallelgruppe. Allerdings umfasste die Stichprobe lediglich 19 Kinder. In anderen Untersuchungen entsprach der Entwicklungsstand der adaptiven Fertigkeiten weitgehend dem allgemeinen kognitiven Niveau. Die kommunikativen und sozialen Fähigkeiten waren dabei deutlich weiter fortgeschritten als die praktischen Alltagsfertigkeiten. Die Entwicklung in diesem Bereich wird stärker von fein- und grobmotorischen Unsicherheiten und visuell-räumlichen Wahrnehmungsproblemen beeinträchtigt als die Entwicklung in anderen Bereichen (Greer et al., 1997; Mervis et al., 2001; Abbildung 25).

Zahlreiche Einzelberichte sprechen dafür, dass *Jugendliche und Erwachsene mit WBS durchaus eine beträchtliche praktische Selbstständigkeit erreichen* können. So versorgen sich viele im Alltag selbst (An- und Ausziehen, Körperpflege), können einfache Haushaltstätigkeiten übernehmen und bei vertrauten Routen

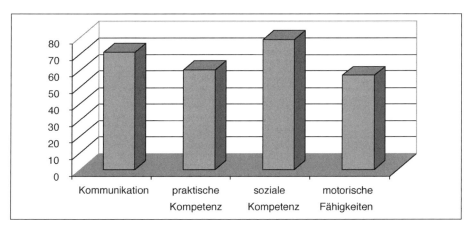

Abbildung 25: Adaptive Kompetenzen von 41 Kindern mit WBS im Alter von 4–8 Jahren (VABS-Standardwerte; Mervis et al., 2001)

auch öffentliche Verkehrsmittel benutzen (Udwin, 1990; Plissart et al., 1994). Diese Angaben stammen allerdings aus schriftlichen Befragungen der Eltern.

Eine systematische Untersuchung der adaptiven Fähigkeiten von 70 Erwachsenen mit WBS in England (Davies et al., 1997; Howlin et al., 1998) zeigte, dass etwa 75 % völlig selbstständig beim Toilettengang waren, etwa die Hälfte sich selbstständig waschen und anziehen konnten. 30 % konnten mit einer gewissen Hilfe öffentliche Verkehrsmittel benutzen und die Uhrzeiten lesen, 75 % weitgehend selbstständig telefonieren. Nur wenige waren allerdings in der Lage, sich selbstständig eine Mahlzeit zu bereiten, den Haushalt zu machen oder einzukaufen. In der Vineland Adaptive Behavior Scale (VABS) fanden sich in dieser Altersgruppe relative Stärken bei der Spiel- und Freizeitgestaltung, in der expressiven Sprache und in der Fähigkeit zur selbstständigen Beteiligung am öffentlichen Leben. Der Entwicklungsstand der adaptiven Fähigkeiten lag aber unter dem, der nach dem allgemeinen Intelligenzniveau zu erwarten wäre. Bei der Wertung empirischer Daten zur Selbstständigkeit erwachsener Menschen mit Behinderungen ist allerdings zu berücksichtigen, dass die individuelle Kompetenz in hohem Maße von der Förderung und den Möglichkeiten abhängt, die die Heranwachsenden in diesem Bereich erhalten haben.

Schulische Fertigkeiten

Der schulische Lernerfolg ist individuell unterschiedlich. *Viele Kinder lernen offensichtlich recht gut lesen, was mit ihren guten sprachlichen Entwicklung korrespondiert, haben aber auf Grund der visuell-räumlichen Verarbeitungsschwächen wesentlich mehr Schwierigkeiten beim Schreiben und Rechnen.* Retrospektive Erfahrungen liegen von Udwin (1990) bei 119 Erwachsenen mit

Tabelle 22: Praktische Fertigkeiten von Erwachsenen mit WBS (in %; n = 70; Davies et al., 1997)

Praktische Fertigkeiten	selbstständig	mit Hilfe	abhängig
Toilettengang	73	17	10
Waschen	56	29	16
Anziehen	43	36	21
Kochen	4	16	80
Putzen	3	9	89
Einkaufen	1	4	94
Kenntnis von Uhrzeiten	16	26	59
Umgang mit Geld (Planung)	1	4	94
Telefonieren	13	63	24
Öffentliche Verkehrsmittel nutzen	3	40	57

WBS vor. *105 (88%) hatten eine Sonderschule besucht, davon 32 eine Schule für Geistigbehinderte (school for children with severe learning difficulties) und 44 eine Schule für Lernbehinderte (school for children with moderate learning difficulties),* wobei die Schulbezeichnungen des englischen Schulsystems nicht auf Deutschland übertragen werden können. Je 6% hatten Klassen in kooperativen bzw. integrativen Schulen besucht. 53% hatten mindestens einmal die Schule gewechselt, meist von der Regel- in die Lernbehindertenschule. In diesen häufigen Schulwechseln spiegelt sich wohl wieder, dass die Fähigkeiten von Kindern mit WBS auf Grund ihrer guten sprachlichen Ausdrucksfähigkeit anfangs oft überschätzt werden. 34% der Eltern waren mit der schulischen Förderung ihrer Kinder unzufrieden und hätten sich entweder mehr Förderung in den Kulturtechniken (12%) oder in der praktischen Selbstständigkeit der Kinder (13%) gewünscht.

Die folgende Tabelle 23 gibt die erreichten Fähigkeiten im Lesen, Schreiben und Rechnen wieder. Mehr als 40% haben fortgeschrittene Fähigkeiten im Lesen erreicht, aber nur 20% konnten mehr als kurze Sätze schreiben. 3/4 der Erwachsenen konnten z. B. mit der Uhr umgehen.

Tabelle 23: Lese-, Schreib- und Rechenfertigkeit bei 119 Erwachsenen mit WBS (Udwin, 1990)

Lese-, Schreib- und Rechenfertigkeit	N	%
Lesen		
kann nicht lesen	24	20.2
10 oder mehr Signalworte	22	18.5
einfache Geschichten	22	18.5
Bücher für Jugendliche	51	42.9
Schreiben		
kann nicht schreiben	53	44.5
10–40 Wörter	12	10.1
kleine Sätze	30	25.2
verständliche Briefe	24	20.2
Rechnen		
kein Verständnis für Zahlen	5	4.2
zählt bis 10	17	14.3
zählt 10 oder mehr Objekte ab	48	40.3
einfache Additionen und Subtraktionen	49	41.2

Es handelte sich bei diesen Ergebnissen um retrospektiv erhobene Daten. Bei einer aktuellen Untersuchung fanden Davies et al. (1997) unter 70 Erwachsenen 13 (19%), die selbstständig lesen konnten; 37% brauchten dazu eine gewisse Unterstützung, 44% hatten nicht die Stufe des sinnerfassenden Lesens erreicht. Selbstständig schreiben konnten lediglich drei Erwachsene. 57% gelang dies mit Hilfe, 39% konnten nicht schreiben.

Für das Kindesalter liegen Daten zur Lesefähigkeit aus der Studie von Udwin et al. (1996) vor. Die Hälfte der untersuchten Kinder hatten grundlegende Fähigkeiten im Lesen und Schreiben erworben, wobei sie viele Wörter mündlich richtig buchstabieren, aber oft nicht niederschreiben konnten. Ihre Lese- und Schreibfähigkeit entsprach einem Entwicklungsalter von etwa sieben Jahren, während das Lebensalter der Kinder dieser Teilgruppe bei 12 Jahren lag. Kinder, die eine grundlegende Lesefertigkeit erreicht hatten, hatten höhere Intelligenztestwerte als die anderen Kinder.

Laing et al. (2001) gingen der Frage nach, warum einige Kinder mit WBS lesen lernen und andere nicht. Sie führten dazu eine Reihe von Tests zur Beurteilung der phonologischen Wahrnehmungs- und Verarbeitungsfähigkeiten sowie Gedächtnistests durch. Neben dem generellen intellektuellen Niveau erwiesen sich die phonologischen Dekodierungsfähigkeiten – wie bei nicht behinderten Kindern auch – als bedeutsamer Prädiktor für die Lesefähigkeit. Nicht behinderte Kinder assoziierten aber zusätzlich zur Schreibweise und Phonemfolge Wörter als Ganzes mit Bedeutungen und machten so raschere Lernfortschritte, während die Kinder mit WBS auf die Phonemdekodierung beim Lesen angewiesen blieben.

Aus den Erhebungen zur Lebenssituation von Erwachsenen ergeben sich zusätzlich einige Hinweise zu Wohn- und Arbeitsmöglichkeiten. 75% der 119 Erwachsenen lebten zu Hause bei den Eltern, 13.4% in einem Wohnheim für Behinderte. Von den 100 Erwachsenen, die zum Befragungszeitpunkt die Schule bereits verlassen hatten, arbeiteten 53 in Werkstätten für Behinderte (z.B. im Garten, in der Küche oder in der Wäscherei). 26 Erwachsene befanden sich in Ausbildungseinrichtungen für Lernbehinderte. Acht Erwachsene hatten reguläre Arbeitsverhältnisse (leichte Packarbeiten in einer Fabrik, Haushaltshilfe, Hilfspersonal in einem Restaurant). 15% der Betroffenen und 23% der Bezugspersonen waren mit der Beschäftigungssituation unzufrieden, vor allem klagten sie über Langeweile und unzureichende Anforderungen angesichts ihrer persönlichen Interessen und Möglichkeiten (Udwin, 1990).

Schließlich wurden bei dieser Erhebung noch die *sozialen Kontakte der Erwachsenen* dokumentiert. Sie waren *extrem begrenzt*, teils weil sie den Kontakt zu Älteren dem Kontakt zu Gleichaltrigen vorzogen, teils weil sie nicht in der Lage waren, Gespräche und gemeinsame Aktivitäten zu gestalten, sobald ihre bevorzugten Interessensgebiete als Themen erschöpft waren. Nur 8.5% waren es gewohnt, ihre Freizeit selbst zu gestalten, z.B. in ein Kino oder ein Gasthaus zu gehen. Für die übrigen bestanden Freizeitbeschäftigungen überwiegend in Fernsehen oder im Besuch von Clubs für Behinderte (44%), sofern diese Möglichkeit bestand. 14% hatten stabile gegengeschlechtliche Beziehungen, eine Frau war verheiratet, 64% hatten aber niemals einen Freund oder eine Freundin gehabt.

Diese Daten zu den Begrenzungen des sozialen Lebens, Wohnens und Arbeitens von Erwachsenen mit WBS machen den Bedarf deutlich, vermehrt Angebote im Bereich betreuten Wohnens und Arbeitens zu organisieren, die dem Entwicklungspotenzial der praktischen und kommunikativen Fähigkeiten der Betroffenen gerechtwerden.

4.6 Sozial-emotionale Entwicklung

Klinische Beschreibungen von Kindern, Jugendlichen und Erwachsenen mit WBS enthalten in der Regel auch Hinweise auf charakteristische Merkmale des Verhaltensphänotyps. Dazu gehören Kontaktfreude, Kooperationsbereitschaft und soziale Offenheit. Neben diesen positiven Eigenschaften werden Überaktivität, Konzentrationsschwierigkeiten, Fixierung auf bestimmte Objekte und Themen sowie eine geringe Fähigkeit, Freundschaften mit Gleichaltrigen zu knüpfen und aufrechtzuerhalten, als typisch genannt. Beschreibungen der Persönlichkeitsmerkmale, die Dykens und Rosner (1999) bei 60 Kindern mit WBS von den Eltern mit Hilfe des „Reiss Personality Profiles" erbaten, betonen die positiven Merkmale des Sozialverhaltens.

Dass diese sozialen Stärken (positive Grundstimmung und soziale Zugewandtheit) jedoch nicht in jedem Fall bedeuten, dass die Alltagsbeziehungen miteinander unbelastet sind, zeigt z. B. die Auswertung von 204 Fragebögen zu Temperamentsmerkmalen, die die Eltern von Kindern mit WBS im Alter zwischen 1 und 12 Jahren ausfüllten. Insbesondere unter den Über-3-Jährigen fand sich in dieser großen Stichprobe ein beträchtlicher Anteil von Kindern, die nach den Kriterien dieser standardisierten Fragebögen als „schwierig" anzusehen waren. Dies waren 36.9% (vs. 12.6% in der Standardisierungsstichprobe; Tomc et al., 1990).

Mehrere empirische Studien dokumentieren die Merkmale der sozial-emotionalen Entwicklung und den Grad der Verhaltensauffälligkeit bei Kindern im Schulalter. Udwin et al. (1987) verwendeten den Rutter-Fragebogen für Eltern und Lehrer bei *44 Kindern mit WBS zwischen 6 und 16 Jahren. Nach den dort angegebenen Kriterien wurden 67% der Kinder von den Lehrern und 80% von den Eltern als verhaltensauffällig eingestuft.* Folgende Einzelbeschreibungen charakterisierten nach Meinung der Eltern mehr als der Hälfte ihrer Kinder: einsam, ohne soziale Kontakte (84.1%), situationsbedingt oder allgemein überaktiv (72.1%), oft besorgt (70.4%), leicht irritierbar (68.2%), freundlich-distanzlos auch gegenüber Fremden (64%), ängstlich (63.6%), häufig Kopfschmerzen (63.6%), häufiges Einnässen (61.3%), häufige Zornesausbrüche (61.3%), unfolgsam (59.1%), Essprobleme (56.9%), häufige Bauchschmerzen (54.5%), Vorliebe für bestimmte Objekte oder Themen, z. B. Maschinen, Züge, Babies (52%).

Tabelle 24: Positive Merkmale des sozialen Verhaltens bei 60 Kindern mit WBS (in %; Dykens & Rosner, 1999)

Positives Sozialverhalten	%
freundliche Grundstimmung	100
fürsorglich	94
kontaktfreudig	90
mitfühlend, wenn jemand Anderes Schmerzen hat	87
auf andere Personen zugehend	87
Freude an gemeinsamen Aktivitäten	83
nicht nachtragend	83
selbstlos	83
sehr froh, wenn es anderen gut geht	75
sehr hilfsbereit	66

Eine Teilgruppe von 20 Kindern mit WBS wurde nach dem Verbal-IQ parallelisiert mit Kindern gleicher Entwicklungshöhe, aber anderer Behinderungsursache (Udwin & Yule, 1991). Im direkten Vergleich fanden sich eine Reihe signifikanter Unterschiede und Tendenzen. Die Kinder mit WBS wurden von den Lehrern signifikant häufiger als verhaltensauffällig und von den Eltern als hyperaktiv eingeschätzt. Das Bild, das Lehrer und Eltern von den Kindern hatte, war recht ähnlich. Sie beschrieben sie häufig als konzentrationsschwach, auf stereotype Vorlieben fixiert und sozial isoliert.

Levine und Castro (1995) verglich die Lehrereinschätzungen der sozialen Kompetenz („Teacher Rating of Social Skills") und die Elternbeurteilungen („Personality Inventory for Children") bei 58 Kindern mit WBS mit Erfahrungswerten bei nicht-behinderten Kindern und lern-, bzw. geistigbehinderten Kindern. In den Augen der Lehrer war die Fähigkeit zur Aufmerksamkeitskontrolle und Mitarbeit bei schulischen Aufgaben wesentlich niedriger, während sich in den anderen Fragengruppen wider Erwarten keine Unterschiede zur Normalpopulation und deutlich bessere soziale Fähigkeiten als bei anderen behinderten Kindern zeigten. Kinder mit WBS waren in der Lage zu sozialen Initiativen (z. B. ein gemeinsames Spiel zu beginnen), beliebt bei anderen Kindern und in ihren Impulsen kontrolliert. Die Eltern sahen dagegen sehr viel mehr Unterschiede zur Normalgruppe. Sie beschrieben ihre Kinder als leicht ablenkbar, zu Zerstörung oder milder Aggression neigend, emotional labiler und ängstlicher. So gaben sie z. B. an, dass 79 % sich vor Kleinigkeiten fürchten, mehr als 50 % sich über Dinge Sorgen machen, von denen sonst nur Erwachsene beunruhigt sind. Ängstlichkeit und Probleme der Impulskontrolle stellen somit trotz der guten sozialen Kontaktbereitschaft der Kinder Hindernisse dar für die Entwicklung von privaten Freundschaftsbeziehungen, können in strukturiertem schulischen Rahmen aber u. U. ausgeglichen werden.

Kasten 6: Förderung sozialer Kompetenzen

Für den Erwerb sozialer Kompetenzen fehlt es Kindern mit WBS nicht – wie anderen behinderten Kindern – an Motivation und Initiative zur Kontaktaufnahme zu fremden Erwachsenen und gleichaltrigen Kindern. Oft ist es aber schwierig, soziale Regeln einzuhalten und eine gemeinsame Aktivität zu organisieren. So kann es eine große Hilfe sein, immer wiederkehrende Situationen vorab kognitiv (und/oder im Rollenspiel) einzuüben, z. B. die adäquate Begrüßung fremder Erwachsener oder die Abfolge der Spielschritte und -regeln bei Brett- oder Ballspielen. Auf diese Weise erwerben die Kinder quasi innere „Drehbücher" für bestimmte Situationen, an denen sie sich orientieren und für die konkrete Situation dann instruieren können, was zu tun ist. Für die Gestaltung gemeinsamer Spielzeiten mit gleichalten Kindern haben sich dabei auch Puppenspielübungen bewährt, bei denen häufige Szenen wie Tisch decken, zu Bett bringen, Lastauto beladen, Tiere auf dem Bauernhof füttern usw. durchgespielt werden.

Soziale Konflikt- und Problemsituationen können ebenfalls z. T. kognitiv vorbereitet werden. Um impulsive Handlungsweisen zu hemmen, soll das Kind lernen, zunächst innezuhalten, nicht zu reagieren, sich die Folgen der Handlungsalternativen bewusstzumachen und auszusprechen, um dann eine Alternative zu wählen. Vorbereitende Übungen an Bildmaterial oder Videoausschnitten können helfen, dem Kind die Unterschiedlichkeit der Sichtweisen einer Situation bewusstzumachen. Für die Bewältigung solcher kritischer Situationen bringt es gute Voraussetzungen mit, denn es kann Emotionen beim Gegenüber erfassen und sich mögliche Ursachen und innere Zusammenhänge für die Reaktionen des Gegenübers bewusst machen.

In einer eigenen Elternbefragung bei 45 Kindern mit WBS (mittleres Alter 7;11 Jahre/sd = 4;2 Jahre) sammelten wir Erfahrungen bei jüngeren Kindern. 20 von ihnen waren unter sechs Jahre und weitere 19 unter zwölf Jahre alt (Sarimski, 1996b). Tabelle 25 zeigt die relative Häufigkeit von Auffälligkeiten des sozialen Verhaltens, der Aktivität, unüblicher Bewegungen, selbstverletzender, aggressiver oder ängstlicher Verhaltensweisen im SSBP-Fragebogen. Fast alle Kinder *(39/45)* werden von ihren Eltern als freundlich-distanzlos beschrieben. *35/45 zeigten eine ungewöhnliche Empfindlichkeit für Geräusche (Hyperacusis).* Diese Merkmale können als charakteristisch für den Phänotyp angesehen werden.

Eine Teilgruppe wird als überaktiv beschrieben (28.9 %). Bei 22.2 % stellt Starrköpfigkeit ein Problem für die Eltern dar. Eigenartige Bewegungen und Beziehungen zu bestimmten Objekten werden bei einer Teilgruppe von zehn Kindern als auffällig erlebt. *Auffällig fixierte Interessen finden sich dagegen bei vielen Kindern (40 %)*, z. B. für Spinnennetze, drehbare Objekte, elektrische Maschinen. Aggressives, destruktives oder selbstverletzendes Verhalten kommt nur in Einzelfällen vor. Einige Beispiele: „*Er unterschätzt seine Kraft. Er drückt seinen kleinen Bruder, so dass dieser anfängt zu schreien; ich habe den Eindruck, dass er das nicht extra macht, aber die Umarmungen fallen immer etwas gewalttätig aus.*" – „*Er kratzt mit dem Zeigefinger die Haut am Daumen ab, bis nur noch rohes Fleisch da ist.*" 16 Eltern *(36.4 %) erleben ihre Kinder als sehr ängstlich,* 19 *(43.2 %) als stimmungslabil.* Bei einem Viertel werden häufige Zornesausbrüche genannt.

Kasten 7: Umgang mit Geräuschüberempfindlichkeiten

> Einen besonderen Störfaktor für die Konzentrationsfähigkeit stellen Geräusche dar. Oft sind es spezielle Töne, auf die die Kinder empfindlich reagieren, indem sie sich die Ohren zuhalten, zu weinen beginnen, sich in Panik anklammern oder den Raum verlassen wollen: Donner, Ballonplatzen, Sirene, Bohrmaschine, Motorrad, Rasenmäher, Staubsauger, Zug oder Flugzeug, Bellen eines Hundes, aber auch laute Musik, Fernsehen, Telefonklingeln, Stimmen und Gelächter auf dem Spielplatz. Die Hyperacusis führt dann zu Konzentrationsverlust in Arbeitssituationen oder zum Vermeiden entsprechender sozialer Situationen, in denen die Geräusche einmal aufgetreten sind.
>
> Um dies zu vermeiden, hat sich eine systematische Desensibilisierung bewährt. Ein gewisser Gewöhnungseffekt kann schon dadurch erreicht werden, dass das Kind so oft wie möglich die Kontrolle über die entsprechenden Geräusche selbst ausübt. Es kann in die eigenen Hände klatschen, mit einem Luftballon spielen, selbst den Staubsauger ein- und ausschalten. Dann können Geräusche, die das Kind ängstigen, auf Cassette aufgenommen werden. Das Kind kann lernen, unter entspannten Rahmenbedingungen den Recorder ein- und auszuschalten und dem Geräusch zuzuhören. Dabei kann er zunächst ganz leise gestellt werden, dann innerhalb einiger Tage und Wochen mehr aufgedreht werden. Die Erfahrung mit den Geräuschen, aber unter der Bedingung, dass das Kind die Dosis selbst bestimmen und kontrollieren kann, bewirkt eine immer größere Toleranz und schwächt die Überempfindlichkeit ab.

Diese Daten zeigen, dass das in den Lehrbüchern vermittelte Bild von Kindern mit WBS als freundlich, positiv-gestimmt und kontaktfreudig den Erfahrungen der Eltern nur teilweise gerechtwird. Dies spiegelt sich auch in der Elterneinschätzung der sozialen Kompetenz, aggressiv-oppositioneller, hyperaktiv-impulsiver und emotional labiler Verhaltensweisen bei 16 Kindergartenkindern im Vergleich zu Gleichaltrigen wider („Verhaltensbeurteilungsbogen für Vorschulkinder", VBV 3–6). 8/16 Kinder werden als auffällig in ihrer sozialen Kompetenz (PR < 11) beschrieben, 10 als hyperaktiv-impulsiv (PR > 89), je zwei als auffällig oppositionell oder emotional labil. *Geringe Ausdauer, Wechselhaftigkeit und Distanzlosigkeit* werden auch auf der Ebene der Einzelitems als charakteristisch für die 16 Kindergartenkinder beschrieben.

Für neun Kinder liegen auch Verhaltenseinschätzungen durch die Erzieherinnen vor. Sie erleben fünf Kinder als hyperaktiv, drei als emotional labil und zwei als oppositionell. Unter den Einzelitems werden „kann nicht stillsitzen",

Tabelle 25: Verhaltensmerkmale von 45 Kindern mit Williams-Beuren-Syndrom

Verhaltensmerkmale	%
soziales Verhalten	
wirkt isoliert, wie in eigener Welt	17.8
Fremden gegenüber distanzlos-freundlich	86.7
ungewöhnlicher Blickkontakt	8.9
ungewöhnliche Gestik/Mimik	28.9
Körperliche Aktivität	
überaktiv	28.9
ungeschickt	46.7
zappelig, ständig in Bewegung	55.6
unübliche Bewegungen und Interessen	
unübliche Bewegungen, z. B. Armwedeln	22.7
besondere Beziehungen zu eigenartigen Objekten	22.7
auffällig fixierte Interessen	40.0
Bestehen auf Gewohnheiten	35.6
ungewöhnliche Reaktion auf Geräusche	77.8

Selbstverletzendes und aggressives Verhalten	
selbstverletzendes Verhalten	22.2
körperliche Angriffe auf Gleichaltrige	6.7
körperliche Angriffe auf Erwachsene	2.2
destruktiv	22.2
oft starrköpfig	22.2
Ängstlichkeit und Stimmung	
übermäßig fröhlich	31.1
oft sehr unglücklich	6.8
oft sehr ängstlich	36.4
häufige Zornesausbrüche	22.7
unangepasste Stimmung	22.7

„schnell beleidigt" und „schimpft/mault bei Verboten" häufig genannt. Die Geräuschempfindlichkeit bereitet dabei häufig Probleme. Beispiel: *„Gerade in Konfliktsituationen mit anderen Kindern, in denen es lauter wird, hält sie sich gerne die Ohren zu. Auf diese Weise kann sie keine eigenen Problemlösestrategien für sich erarbeiten. In der Praxis hat es sich bewährt, Nadines Konzentration auf andere Dinge zu lenken, wenn derartige Situationen beginnen. So hält sie sich nicht die Ohren zu, bekommt im Hintergrund zwar die Lautstärke mit, ist aber derart auf einen anderen Reiz ausgerichtet, dass für sie das Laute nicht im Vordergrund steht. Nach kurzer Zeit richtet sie von sich aus die Aufmerksamkeit auf das Laute, erträgt es und kann dann aktiv an den Problemlöseprozess gehen."*

Ganz ähnlich werden auch die *Schulkinder im CBCL* beschrieben. Konzentrationsschwäche, Aufmerksamkeit forderndes Verhalten, Ängstlichkeit sind am häufigsten genannt. 12 Kinder erhalten Werte, denen im Vergleich zur Normalpopulation ein Prozentrang über 75 zugeordnet ist, sieben weitere Werte über PR 90; die Mehrheit (79 %) der Schulkinder ist somit als verhaltensauffällig anzusehen. Dies gilt auch für die Lehrereinschätzungen (8/11 erhalten einen Prozentrang über 75).

Eine andere Arbeitsgruppe verglich die Verhaltensmerkmale von Kindern und Jugendlichen mit WBS systematisch anhand der „Developmental Behaviour Checklist" – einer adaptierten und für behinderte Kinder normierten Version des CBCL – mit den Verhaltensmerkmalen anderer behinderter Kinder und untersuchte die Stabilität über einen Zeitraum von mehreren Jahren hinweg (Einfeld et al., 1992, 1997, 2001). Von 70 Kindern mit WBS (mittleres Alter

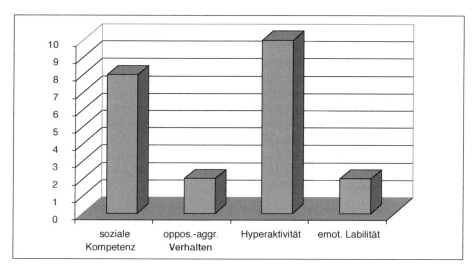

Abbildung 26: Auffällige Verhaltensweisen in der Verhaltensbeurteilung von 16 Kindergartenkindern mit WBS (VBV 3–6)

9;2 Jahre) wurden in der ursprünglichen Stichprobe 61.4 % als verhaltensauffällig klassifiziert. Das waren deutlich mehr als in der Vergleichsgruppe (40.7 %). Im Vergleich waren die Aufmerksamkeits- und Konzentrationsprobleme ausgeprägter als bei anderen Kindern mit intellektueller Behinderung; zu dieser Frage liegen aber widersprüchliche Befunde vor (Dykens & Rosner, 1999). Aufmerksamkeits- und Konzentrationsprobleme sind eher als unspezifische Merkmale von Kindern mit intellektueller Behinderung anzusehen.

Tabelle 26: Itemausprägungen im CBCL > 1.00 bei Schulkindern mit WBS

8	konzentrationsschwach	1.79
1	verhält sich zu jung für sein Alter	1.67
11	verhält sich zu abhängig vom Erwachsenen	1.58
19	fordert viel Aufmerksamkeit	1.50
93	redet zuviel	1.25
10	zappelig, zu aktiv	1.25
50	furchtsam, ängstlich	1.13
63	lieber mit älteren zusammen	1.13
9	fixiert auf bestimmte Gedanken	1.08
3	streitet, widerspricht	1.08
62	körperlich unbeholfen	1.04

Persistenz der Verhaltensmerkmale bis ins Erwachsenenalter

Viele der im Kindes- und Jugendalter beschriebenen Verhaltensmerkmale persistieren bis ins Erwachsenenalter. So berichtete Udwin (1990), dass bei über 60 % der Erwachsenen Unruhe, schlechte Konzentration, übermäßige Besorgtheit, Ängstlichkeit und (psycho-)somatische Beschwerden als Auffälligkeiten genannt werden. Extreme Besorgtheit und zwanghafte Vorlieben fanden auch Plissart et al. (1994) als besonders auffällig im Erwachsenenalter. Im Vergleich zu anderen Behinderten zeigten Erwachsene mit WBS aber weniger Problemverhalten, insbesondere weniger aggressives Verhalten.

Eine freundlich-distanzlose Kontaktaufnahme auch gegenüber Fremden, aber geringe Möglichkeiten zur Entwicklung fester Freundschaftsbeziehungen sind nicht nur charakteristisch für die sozialen Beziehungen im Kindesalter, sondern

Tabelle 27: Verhaltensmerkmale bei 119 Erwachsenen mit Williams-Beuren-Syndrom (nach Udwin, 1990)

Verhaltensmerkmale	%
einsam	71.4
unfolgsam	33.6
destruktiv	25.2
schlägert	20.2
ruhelos	71.4
kann sich nicht beruhigen	76.5
irritierbar	67.2
besorgt	87.4
unglücklich	50.4
ängstlich	73.1
quengelig	40.3
klagt über Schmerzen	67.2
Zornesausbrüche	47.1
Essstörungen	44.5
Schlafstörungen	39.5
freundlich-distanzlos mit Fremden	73.1
zwanghafte Vorlieben	82.4

auch für die Beziehungen von Erwachsenen mit WBS. Davies et al. (1997) stellten dies bei der überwiegenden Mehrheit der 70 untersuchten Erwachsenen fest. Bei 59 % umfasste das distanzlose Verhalten auch eine ungehemmte Aufnahme von Körperkontakt, die die Betreffenden der Gefahr von sexuellen Übergriffen aussetzen. Impulsive Reaktionen, ungehemmtes Reden und Festhalten an bevorzugten Themen, geringe Frustrationstoleranz und geringe soziale Kompetenz zur Ausgestaltung von Beziehungen und zur Lösung sozialer Konflikte lassen die sozialen Beziehungen in vielen Fällen leider nicht dauerhaft gelingen.

Wenn die Kinder erwachsen werden, richten sich die Sorgen der Eltern natürlich auch auf die Frage, wo die Tochter oder der Sohn leben werden, wenn sie selbst die Versorgung nicht mehr übernehmen können (31 %), und auf die Suche nach einer befriedigenden Beschäftigung (28 %, Udwin, 1990). Das Fehlen sozialer Beziehungen und das Angewiesensein auf die Familie wurde von 15 % der Eltern als Sorge genannt. Unter den einzelnen Verhaltensweisen bewerteten 13 % Zornesausbrüche als Problem, 17 % die Abhängigkeit von den Eltern und 8 % eine gewisse Sturheit. Die Hälfte der Bezugspersonen fühlte sich eingeschränkt in ihren Möglichkeiten, am Abend oder Wochenende etwas für sich zu tun. Nur 9 % nutzten regelmäßig familienentlastende Dienste. Einzelfragen der Eltern bezogen sich auf die Möglichkeiten der weiteren Ausbildung, der Förderung der Selbstständigkeit, des Umgangs mit Stimmungsschwankungen, Einnässen und Sexualität des behinderten Erwachsenen.

Elternbelastung

Entsprechend dem Grad der Verhaltensauffälligkeiten ist auch die *Belastung der Eltern* überdurchschnittlich hoch. In unserer Elternbefragung füllten 32 Mütter den „Parenting Stress Index" (PSI) aus. *Die hohe Belastung stammt in erster Linie aus den Problemen der unmittelbaren Interaktion mit dem Kind (PR 95), durch die sich 21 hochbelastet fühlen.* Sie leiden dabei besonders unter Aufmerksamkeit forderndem und unakzeptablem Verhalten der Kinder.

Auch die psychische Belastung ist größer als bei Müttern nicht-behinderter Kinder. Die Mütter empfinden *ausgeprägte Zweifel an ihrer erzieherischen Kompetenz* (PR > 90), starke rollenbedingte Einschränkungen und Belastungen der körperlichen Gesundheit (PR 75). Bindungsprobleme, Gefühle sozialer Isolierung, Belastungen der Partnerschaft und Depressivität werden als nicht stärker empfunden als bei einer Vergleichsgruppe. 13 Mütter sind hinsichtlich ihrer psychischen Belastung als beratungsbedürftig anzusehen (40 %).

Im Vordergrund der Bedürfnisse der Mütter und Väter steht der Wunsch nach mehr Informationen über Fördermöglichkeiten, den Entwicklungsverlauf bei

Kindern mit gleicher Behinderung und den Umgang mit den problematischen Verhaltensweisen des Kindes. Je ⅓ der Mütter äußert zudem den Wunsch nach mehr Zeit für sich selbst und nach mehr Gesprächsoffenheit innerhalb der Familie. Regelmäßige professionelle Beratung sucht ⅙ der Mütter. Insgesamt äußern Väter weniger Bedürfnisse nach Unterstützung, Beratung und Entlastung als Mütter.

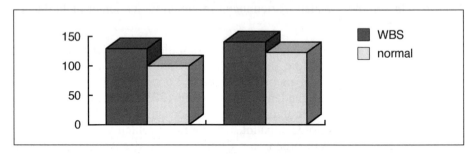

Abbildung 27: Parenting Stress Index bei 32 Müttern von Kindern mit WBS (interaktionsorientierte und psychische Belastung im Vergleich zur Normalgruppe)

Die Beobachtungen zur sozial-emotionalen Entwicklung beim Williams-Beuren-Syndrom und zu den Bedürfnissen ihrer Eltern zeigen einen hohen Beratungsbedarf in allen Altersgruppen. Die klinischen Beschreibungen in manchen Lehrbüchern geben offensichtlich ein einseitiges Bild wider. Neu betroffene Eltern sollten wissen, dass ihre Kinder positive Entwicklungschancen besonderer Art haben und gute Voraussetzungen für die soziale Integration mitbringen. Sie sollten aber gleichermaßen ermutigt werden, psychologische Unterstützung beim Umgang mit den besonderen Verhaltensmerkmalen ihrer Kinder zu nutzen.

5 Fragiles-X-Syndrom

5.1 Einzelfälle

Sven (5;9 Jahre)

Sven ist das einzige Kind seiner zur Geburt 24-jährigen Mutter und des 25-jährigen Vaters. Schwangerschaft und Geburt verliefen komplikationslos. Die Geburtsmaße betrugen 3740 g, Körperlänge 52 cm, Kopfumfang 36 cm (alle Maße > p 90). Das freie Laufen wurde mit 15 Monaten für kurze Strecken, sicher dann mit 24 Monaten erreicht. In einem Entwicklungstest, den der Kinderarzt im Alter von 18 Monaten mit Sven durchführte, fand sich ein harmonischer Entwicklungsrückstand um sechs Monate. Es wurde Krankengymnastik und heilpädagogische Frühförderung begonnen. Insbesondere die expressive Sprache machte aber nur langsame Fortschritte.

Grund der Vorstellung im Kinderzentrum war dann im Alter von 2;9 Jahren, dass Sven wenig Ausdauer beim Spiel habe, sich ohne Erwachsenen kaum gezielt beschäftigen könne und gegenüber anderen Kindern, aber auch den Eltern und fremden Erwachsenen aggressiv sei, schlage, kratze oder beiße. Zudem war die Sprache verzögert, er verfügte über 20 Einzelwörter. Eine entwicklungsdiagnostische Untersuchung (MFED) brachte folgende Altersvergleichswerte: Feinmotorik 24 Monate, Perzeption 21 bis 25 Monate, aktive Sprache 19 Monate, Sozialentwicklung 20 Monate. Svens Entwicklung war somit in allen Bereichen mäßig verlangsamt (im Verhältnis 2:3 zum Lebensalter). Die Untersuchung gestaltete sich schwierig, da Sven häufig Anforderungen verweigerte, im Zimmer umherlief oder sich an die Mutter klammerte. Die Eltern berichteten, dass dieses Verhalten auch zu Hause auftrete und sie ihm häufig nachgeben.

Bis zu einer ersten Wiedervorstellung sechs Monate später hatte Sven erfreuliche Fortschritte gemacht. Bei einer Kontrolluntersuchung mit der MFED erreichte er in den Bereichen Feinmotorik und Perzeption jeweils ein Entwicklungsalter von 30 Monaten, Sprachverständnis 27, Sprachalter 29 Monate. Kooperation und Aufmerksamkeit hatten deutlich zugenommen. Es gelang den Eltern nach Anleitung, durch feste Regeln und Grenzen sowie Schutz vor Reizüberflutungen Svens schwieriges Verhalten besser zu steuern. Eine Untersuchung mit den Kaufman-Skalen im Alter von 3;10 Jahren ergab dann folgende Werte: einzelheitliches Denken Skalenwert (SW) 62, ganzheitliches Denken SW 68, intellektuelle Fähigkeiten SW 65, Fertigkeitsskala SW 75. Alle Werte liegen im Bereich der Lernbehinderung.

Bei einer Wiedervorstellung im Alter von 4;10 Jahren berichten die Eltern, dass Sven mittlerweile einen heilpädagogischen Kindergarten besucht und Ergotherapie erhält. Im Kindergarten sei er sehr zurückhaltend und suche meist die Nähe zur Erzieherin, während er zu Hause ausdauernder spiele, male, singe, Bilderbücher anschaue und auch selbstständig ein Mädchen aus der Nachbarschaft zum Spielen einlade.

Die Beobachtung umfasst Rollenspiele mit Puppenmaterial, eine Bilderbuchbetrachtung und die Handlungsfähigkeiten in der Montessori-Übungsbehandlung. Sven verfügt jetzt über eine ausgeprägte symbolische Vorstellungsfähigkeit, tritt rasch mit dem Untersucher und den Eltern in Dialog und kommentiert sein Spiel, macht Vorschläge und stellt Fragen. Die sprachlichen Ausdrucksformen sind noch verkürzt und unvollständig, z. B. „Was macht?" oder „Du auch daheim solche?". Der Wortschatz ist aber differenziert, die Artikulation verständlich, die Satzbildung noch dysgramatisch. Auf Nachfragen und Themen des Dialogpartners vermag er in der Regel einzugehen und das Thema fortzuführen. Wenn er seinerseits das Gespräch beginnt, hat sein Thema meist nichts mit der Situation selbst zu tun. So fragt er die Therapeutin z. B. unvermittelt „Du Auto dabei?" oder „Nächste mal mitbringen – du freuen?"

Trotz sichtlichem Interesse am Material und Kooperationsbereitschaft hat er Mühe, eine Tätigkeit zu Ende zu führen. Bei einem Puzzle, bei dem er jeweils zwei zueinanderpassende Teile suchen soll, schweift er oft ab. Ein Säckchen mit Kreiseln interessiert ihn. Er untersucht aber nicht, wie er die Kreisel zum Drehen bringen kann, sondern räumt sie ein und aus, macht dann aus eigener Initiative eine Art Verkaufsspiel daraus. Auch bei einem gemeinsamen Regelspiel (Quips) mit Mutter und Therapeutin ist er sehr bemüht, aber impulsiv. Es gelingt ihm zunächst, sich an die Regeln zu halten, er kennt die Farben und weiß, wann er an der Reihe ist. Nach einigen Minuten lässt die Konzentrationsfähigkeit dann sichtlich nach, so dass die Übungsstunde beendet wird.

Neugier, aber kurze Aufmerksamkeitsspanne, impulsives Handeln, Sprach- und Lernverzögerung, soziale Unsicherheit im Kontakt mit Gleichaltrigen und zumindest zeitweise auftretendes aggressives Verhalten sind Beobachtungen, die bei Kindern mit fragilem-X-Syndrom häufig gemacht werden. Diese genetische Besonderheit wurde bei Sven im Alter von 3;10 Jahren diagnostiziert.

Richard (11;2 Jahre)

Ausgeprägtere sprachliche und soziale Auffälligkeiten zeigt Richard. Er wurde nach unauffälliger Schwangerschaft und Geburt mit ebenfalls überdurchschnittlichen Geburtsmaßen geboren: Gewicht 3630 g, Geburtslänge 52 cm, Kopfumfang 35 cm. Die motorische Entwicklung verlief verzögert, das freie Laufen errreichte er mit 18 Monaten, erste Wörter mit 24 Monaten. Es wurde eine ergotherapeutische, dann auch logopädische Behandlung begonnen. Ein Versuch einer Integration in einen Regelkindergarten im Alter von 3;4 Jahren führte dann wegen seiner Lebhaftigkeit, geringen Frustationstoleranz und z. T. heftigen Wutausbrüche zu großen Schwierigkeiten.

Bei einer kinderpsychiatrischen Untersuchung wurde eine „leichte atypische Form des frühkindlichen Autismus mit hyperkinetischem Syndrom und Entwicklungsrückstand" diagnostiziert. Er wurde als bei der Untersuchung sehr unruhig beschrieben, sein Spiel sei unstet gewesen, er öffnete und schloß Behälter ziellos, wobei er darauf bedacht war, alle hervorgesuchten Spielsachen zwanghaft genau wieder aufzuräumen.

Im Alter von 7;2 Jahren – vor der Einschulung in eine Sonderschule für Lernbehinderte – erfolgte dann eine erste Vorstellung im Kinderzentrum. Die psychologische Testuntersuchung umfasste den HAWIK-R, die Bunten Progressiven Matrizen (CPM) und den Heidelberger Sprachentwicklungstest (HSET). Bei manchen Aufgaben schien er die Instruktionen nur teilweise zu verstehen, wirkte oft fahrig und unkonzentriert, echolalierte häufig. Dann überraschte er mit formelhaften Wendungen wie z. B. am Testende „Ich bedanke mich sehr herzlich". Die Testergebnisse lagen im Bereich der Lernbehinderung (Verbal-IQ 62, Handlungs-IQ 66). Seine Stärke liegt im Bereich des visuellen Auffassens („Bilder ergänzen" und „Figurenlegen"), während ihn Aufgaben zur visuellen Gestaltreproduktion („Mosaiktest") und zur abstrakten sprachlichen Erklärung von Zusammenhängen oder Bedeutungen rasch überfordern. Im Sprachtest zeigen sich relativ gute morphologische Kompetenzen (z. B. Plural-Singular-Bildung), auch hier aber große Schwierigkeiten bei allen Anforderungen, bei denen er sprachliche Inhalte analysieren oder Zusammenhänge formulieren müsste (z. B. Satzbildung, Wortfindung). Die humangenetische Untersuchung, die am gleichen Tage stattfand, führte jetzt zur Diagnose eines fragilen-X-Syndroms.

Im Alter von 8;9 Jahren wird er wieder vorgestellt. Mittlerweile wiederholt er die erste Klasse der Lernbehindertenschule. Als Hauptproblem wird von der Lehrerin die allgemeine Unruhe und Konzentrationsschwäche genannt. Einzelne Buchstaben und Signalwörter werden erkannt, Abzählen gelingt, Zusammenzählen oder sinnentnehmendes Lesen jedoch noch nicht. Die soziale Kommunikation sei schwierig, viele sprachliche Äußerungen seien nicht situationsadäquat.

Zu Hause belasteten verbale Beleidigungen, Schimpfwörter und eskalierende Zornesausbrüche den Alltag. Die Eltern berichten, dass Richard aus eigentlich nichtigen Anlässen die Kontrolle verliere, z. B. wenn ihm ein Wunsch verweigert werde oder man ihm ungefragt helfe. Er schreie dann, kratze oder beiße sich. In solchen Situationen versuchen die Eltern teils, ihn festzuhalten und zu beruhigen, teils ihn in sein Zimmer zu befördern, wo er sich nach einiger Zeit auch selbst beruhige. Die erzieherischen Reaktionen sind inkonsistent. Besonders belastend sei das Verhalten des Jungen in der Öffentlichkeit und wenn beide Eltern anwesend sind. Deutlich entspannter sei er, wenn er körperlich gefordert werde (z. B. durch Rad fahren, Wandern, Gartenarbeit), Musik höre oder aber krank bzw. sehr müde sei. Als Stärke heben die Eltern hervor, dass Richard in vielen praktischen Tätigkeiten (Essen, Anziehen, Waschen, Körperpflege, Mithilfe im Haushalt etc.) sehr selbstständig und geschickt sei. Viele Handlungen vollziehe er in atemberaubendem Tempo. Darüberhinaus habe er eine besondere Gabe zur Nachahmung (imitiert z. B. schauspielreif den Gang des Großvaters) und zur Speicherung, wo er etwas gesehen hat.

In der „Child Behavior Checklist" nennt die Mutter u. a. als charakteristische Verhaltensmerkmale: streitet, widerspricht; lässt sich leicht ablenken, ist zappelig; zu aktiv; fordert viel Aufmerksamkeit und Beachtung; kommt mit anderen Gleichaltrigen nicht aus; schreit laut; produziert sich gern; kaspert herum; hat Probleme mit dem Sprechen (schnell, nuschelnd, undeutlich), flucht, wird leicht zornig/reizbar.

Bei der Testung mit den Kaufman-Skalen ergeben sich diesmal folgende Werte: einzelheitliches Denkens SW 44, ganzheitliches Denken > SW 41, Fertigkeitenskala SW 58. Im Vergleich zur Altersgruppe sind seine Defizite bei diesen Aufgaben deutlich größer als bei der Untersuchung eineinhalb Jahre zuvor. Das Leistungsprofil ist aber sehr ähnlich. Relative Stärken liegen wiederum beim Erfassen visueller Einzelheiten („Gestaltschließen") und beim Abrufen sprachlichen Wissens („Gesichter und Orte" sowie „Rätsel"). Diesmal ist er sehr bemüht, die Instruktionen umzusetzen und sich auf die einzelnen Aufgaben einzustellen. Er freut sich über richtige Lösungen, ist aber leicht ablenkbar durch Geräusche, wedelt dann oft mit den Armen und ist sehr unruhig. In der sprachlichen Kommunikation fallen Wortwiederholungen im Satz auf, assoziative Antworten und zahlreiche formelhafte Phrasen, z. T. gefolgt von unverständlichen, polternden Äußerungen.

Diese sprachlichen Besonderheiten kennzeichnen auch das Gespräch mit Richard außerhalb der Testuntersuchung, als der Untersucher ihn nach Schul- erfahrungen, Freundschaftsbeziehungen etc. fragt. Er kann auf entsprechende Fragen eingehen und kurze Antworten formulieren, z.B „Was gefällt dir an …?" – „Weil der gern mitspielt." oder „Was ärgert dich an deiner Schwester?" – „Die schreit mich an, jeden Tag. Das nervt, Mensch!" Zum Teil wirken seine Antworten leicht „am Thema vorbei". So antwortet er z. B. auf die Frage, woran man merkt, dass er sich ärgert: „Wenn ich draußen Fußball spiele." – „Wie siehst du dann aus?" – „Wenn mich keiner stört …" – „Bist du dann wütend?" Darauf gleitet er in formelhafte Phrasen ab, „das will ich lieber nicht erzählen" oder „kann ich gar nicht glauben, ja".

Auf die Frage, was er am liebsten tut, antwortet er z. B.: „Ich tät lieber Trompete spielen, zwei Bläser." – „Was magst du sonst?" – „Ich hör Radio. Radio im ICE." (wedelt mit den Armen) „Ich geh gern zum Opa." – „Und was machst du da?" – „Ich guck da fern."

Mit schimpfenden und fluchenden Äußerungen begleitet er manche Tätigkeiten, z.B als er ein Puzzle zusammenbaut („wohin denn – das verflixte …"; „so was Blödes!"). Rollenspielangebote greift er auf, agiert aber sehr hastig und setzt eher einzelne Handlungsideen aneinander, statt wirklich eine Episode auszugestalten. So kocht er spielerisch ein Essen und kommentiert dazu „zum Essen entsteht ein Braten, Wurst anbraten, so – Essen – guten Appetit!". Wenn er sich zu Bildern äußern soll, sind seine Sätze kürzer als im freien Dialog, Handwedeln und Grimassieren häufiger. Einige Beispielsätze: „da zieht er sich aus" „guckt daraus", „da freut er sich", „ist Geschichte fertig – gute Nacht!".

Auch in der Montessori-Übungsbehandlung ist Richard überaktiv, leicht abgelenkt, hat Schwierigkeiten, seine Handlungen zu planen und zu organisieren und spricht sehr viel. Ein großer Teil der Äußerungen ist nicht auf den Dialogpartner bezogen; so wendet er sich z. B. an den „Kameramann" („Gucken Sie da rein, los!") oder schimpft parallel zu seiner Tätigkeit vor sich hin („so blöd, geht nicht. Des da rein"). Die Aussprache ist überhastet, polternd, deshalb oft schwer verständlich.

Relativ lange wendet er sich einem Schlüsselbrett zu. Er versucht planlos, die einzelnen Schlüssel in die Schlösser einzuführen, schimpft und „mault" dabei. Nur flüchtig schaut er in den Kasten, den er schließlich geöffnet hat. Er holt hastig die Bilder heraus, redet dabei unablässig, z. T. fluchend. Dann geht er auf den Vorschlag der Therapeutin ein, auch etwas zu malen, kritzelt etwas auf das Papier, legt es weg, befestigt die Schlösser wieder. Auch dabei arbeitet er impulsiv, steckt die Schlüssel z. B. in bereits verschlossene Schlösser, ohne die Größen zu vergleichen. Dann wählt er sich einen Schraubenblock, schraubt die einzelnen Schrauben geschickt ab, möchte etwas zusammenbauen. Er hat aber keine Vorstellung, wie er die Hölzer verbinden kann, verteilt die Schrauben und Muttern wahllos und steckt sie wieder zusammen. Dabei schimpft er vor sich hin („so du Schraube, geh doch rein, du Schraube, du blödes Ding!").

Benjamin (10;5 Jahre)

Impulsiv-überaktives Verhalten und kommunikative Besonderheiten wie bei Richard bestimmen das Verhaltensbild in vielen Fällen schon bei jüngeren Kindern mit fragilem-X-Syndrom, wie sich bei Benjamin zeigt.

Er wurde in der 39. Schwangerschaftswoche geboren (Gewicht 4010 g, Länge 52 cm, Kopfumfang 36 cm). Die Entwicklung verlief von Anfang an verlangsamt, das freie Laufen wurde dann mit 21 Monaten, die ersten Worte mit 24 Monaten erreicht. Bei einer ersten Untersuchung im Alter von 2;2 Jahren wurde ein breitbeiniger Gang beschrieben, unsicheres Treppensteigen im Kleinkinderschritt, exzessive motorische Unruhe, große Ablenkbarkeit und geringe Ausdauer. In der MFED ergaben sich folgende Vergleichswerte: Handgeschicklichkeit 24 Monate, Perzeption 22 Monate Sprachverständnis 20 bis 23 Monate, aktive Sprache 22 Monate. Zu diesem Zeitpunkt wurde die Diagnose gestellt.

Bei der Erstvorstellung im Kinderzentrum im Alter von 2;8 Jahren beschrieben die Eltern die gleichen Verhaltensbesonderheiten, wobei das Sprachverständnis im Alltag besser geworden sei und auch kurzzeitig gezielte Tätigkeiten, z. B. Puzzle einsetzen, möglich geworden seien. Sprachlich machte er Wünsche mit einzelnen Worten deutlich, kommentierte mit Zwei- und Dreiwortverbindungen, echolalierte daneben aber noch viel und tendierte zu einem „Kauderwelsch" ohne kommunikativen Bezug.

Im Spiel mit den Materialien des Symbolic Play Tests (SPT) zeigte er zahlreiche einzelne Handlungsideen, verknüpfte sie aber noch nicht zu Sequenzen oder Szenen. Sein Entwicklungsalter lag bei 28 Monaten. Bei feinmotorischen und perzeptiven Aufgaben aus der MFED bewältigte er jene Aufgaben gut, die durch probierendes Vorgehen zu lösen sind (z. B. Kette auffädeln, Flasche aufschrauben, Formen in Formenkiste einwerfen), scheiterte aber, wenn Vergleichen, Planung oder abstraktere Zuordnungen gefordert sind (z. B. Baubecher der Größe nach ordnen, Strichzeichnungen einander zuordnen).

Bei der Wiedervorstellung im Alter von 3;8 Jahren hat das Symbolverständnis deutlich zugenommen. Er gestaltet Szenen wie Tischdecken oder Traktor beladen, wie es für 3-jährige Kinder typisch ist. In den Sprachentwicklungsskalen von Reynell kommentiert er Bilder sachbezogen mit Mehrwortäußerungen und versteht Aufträge, bei denen er Gegenstände nach Gebrauchszweck identifizieren („Womit kann man schneiden?"), selten gebräuchliche Tätigkeitswörter umsetzen und Eigenschaftsbegriffe beachten soll. Hier entsprechen seine Fähigkeiten einem Entwicklungsalter von 3;2, bzw. 3;0 Jahren.

Bei einer Videoaufzeichnung des Symbolspiels, der Kommentierung eines Bilderbuchs und der Äußerungen im freien Dialog, die einige Wochen später stattfindet, zeigt sich, dass diese Fähigkeiten noch sehr an strukturierende Hilfen des Erwachsenen gebunden sind. In offenen Alltagssituationen ist es sehr schwierig für ihn, sich auf Fragen und Themen des Gesprächspartners einzustellen und seine Handlungen zu organisieren.

Beim Symbolspiel vollzieht er viele Einzelhandlungen in rascher Folge, kommentiert sie sprudelnd, z. B. „kochen, pritschel, pritschel" oder „mit dem Löffel rühren kann man". z. T. assoziiert er vertraute Redewendungen wie „Kamm für den Papi" oder zum Telefon „hallo mein Schatz", die er offensichtlich gespeichert hat.

Bei der Bildbetrachtung benennt er einzelne Gegenstände oder Handlungen, die abgebildet sind, wobei die Äußerungen kurz sind (z. B. „ein Haus", „die Frau wohnt da", „ein Traktor"). Tätigkeiten als Ganzes werden nur selten beschrieben, z. B. „Kartoffeln in die Säcke geladen".

Im freien Dialog ist er bemüht, auf Fragen zum Tagesablauf zu antworten, wirkt aber sehr unsicher (z. B. „Was hast du heute früh gemacht?" – „Zähne geputzt"). Auf Fragen, die sich nicht auf die unmittelbare Gegenwart beziehen, assoziiert er typische Einzelheiten, z. B. „was hast du bei deiner Oma gemacht?" – „Kartoffel gegessen". Auf die Frage, was er gern macht, kommen Antworten, die das Thema nicht genau treffen, z. B. „Auto kann man fahren". Dann gleitet er auf die Frage, was er noch gern macht, in ein Fantasiethema ab („Rübezahl"), bei dem er offensichtlich bestimmte Redewendungen aus dem, was ihm erzählt worden ist, gespeichert hat und nun assoziativ verknüpft („hörst du bestimmt" „ist hinter dem Baum versteckt" „Osterhase hinter dem Baum versteckt"). Dann wechselt der Dialog auf emotionale Themen. „Wen magst du?" – „Mami" – „Warum?" – „Kann man schön schlafen gehen" – „Wen noch?" – „Osterhase ist im Baum versteckt." – „Und worüber freust du dich?" – „Wenn du zu Hause bist." – „Und wann bist du traurig?" – „Mami nicht da ist." Seine Antworten zeigen, dass er den Sinn solcher Fragen durchaus zu erfassen vermag.

Mit 5;4 Jahren wird dann eine Kontrolluntersuchung mit den McCarthy Scales durchgeführt. Benjamin ist mittlerweile recht selbstständig geworden. Er isst ohne Hilfe mit dem Löffel, wenn auch viel und hastig, zieht sich weitgehend selbstständig an, kann auch Knöpfe und Reißverschlüsse schließen. Er ist sehr motiviert zu praktischen Tätigkeiten, bei denen er gut beobachten kann. Wenn ihn aber eine Situation überfordert, zieht er sich auf stereotype Handlungen zurück (z. B. immer von neuem eine Spieluhr aufzuziehen) oder gerät in Erregung, die sich in heftigem Wedeln mit den Armen und manchmal Weinen zeigt.

Das Arbeitsverhalten ist noch immer impulsiv, überhastet, die motorische Überaktivität deutlich. Dennoch erreicht er je nach Teilbereich im McCarthy-Test Leistungen, die einem Kind zwischen 4 und 4 1/2 Jahren gemäß sind. Er kann recht gut Puzzle zusammensetzen und Muster nachbauen, Worte erklären und Einzelheiten zu Oberbegriffen finden. Sehr schwer tut er sich beim Abzeichnen. Die sprachgebundenen und Gedächtnisleistungen liegen an der unteren Grenze der Altersnorm, die perzeptiven Leistungen weichen deutlich ab.

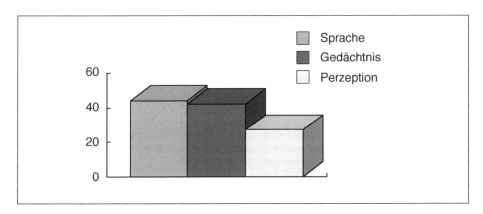

Abbildung 28: Leistungen Benjamins im McCarthy-Test (Standardwerte; im Alter von 5;4 Jahren)

Benjamin besucht seit eineinhalb Jahren einen integrativen Kindergarten. Die Erzieherinnen berichten, dass er sehr gern komme, sich an die Regeln anpassen könne, aber im Kontakt mit den anderen Kindern noch sehr unsicher sei und Anleitung brauche, um gemeinsame Spielepisoden zu gestalten. Teilweise geht er auf die anderen sehr impulsiv zu, um Kontakt aufzunehmen. Konzentriertes Arbeiten gelingt ihm wesentlich besser in Zeiten, in denen er allein oder mit zwei oder drei anderen Kindern in einem Nachbarraum ist.

Neben dem Kindergarten erhält er Montessori-Einzeltherapie. Ein Ausschnitt aus dem Therapiegeschehen: Die Therapeutin nimmt sich am Anfang vor, mit ihm einen Dialog zu führen über den Tages- und Übungsverlauf. Das gelingt für einige Momente. „Die Mami hat mich im Kindergarten abgeholt. Topfnudeln gegeben." Er erzählt dann etwas Unverständliches, lediglich das Wort „Riesen" ist zu erkennen. Auf Nachfrage kommentiert er „brave Riesen – der kann ziemlich nerven" und fragt dann rasch „Was spielen wir heute?", um dem unstrukturierten Dialog, der ihn verunsichert, auszuweichen.

Dann wählt er eine Schüttübung mit zwei Flaschen und Sand selbst aus. Die Therapeutin demonstriert den Ablauf, er schaut aufmerksam zu, hält vorsichtig den Trichter fest, beobachtet das Rieseln, als er selbst schüttet. Er nimmt im rechten Augenblick den Trichter ab und setzt ihn auf die andere Flasche, kommentiert „und ich mach das wie Frau …", schüttet aber dann zu viel um, so dass der Sand auf den Tisch rieselt („hab voll gemacht"). Als eine Flasche voll ist, will er den Inhalt gleich wieder zurückschütten. Die Therapeutin fragt ihn, was er auf der Flasche brauche. Er antwortet „Trichter", setzt ihn auf, schüttet aber sehr rasch und hastig um. Er holt den Besen und die Kehrschaufel, um aufzufegen, was danebengeraten ist. Dabei gibt er sich selbst Anweisungen: „Ich räum den Besen auf." Er kehrt zum Tisch zurück, will im Stehen rasch weiter zusammenräumen. Bei diesen Handlungsvollzügen hat er gelernt, schon viel systematischer und kontrollierter zu arbeiten als früher.

Dann schlägt ihm die Therapeutin eine Übung zum Abzählen vor. Er soll mit einem großen Kunststoffwürfel würfeln und dann Stecker auf Augenkarten zuordnen. Er will schon beginnen zu würfeln, bevor die Karten ordentlich ausgebreitet sind. Dann ordnet er einzelne Stecker je nach Augenzahl auf die Karten, wobei er oft von einer Karte zur anderen springt („Die laß ich frei, die Punkte.") und Hilfe braucht, um seine Aufmerksamkeit zu steuern und korrekt abzuzählen. Dabei ist deutlich zu sehen, dass er die Aufgabe verstanden hat, aber immer wieder die Übersicht verliert. Teilweise gibt er sich selbst Anweisungen: „Und Pause danach". Mit zunehmender Zeit zählt er trotz ungestümen Tempos immer öfter korrekt ab. Während der Tätigkeit spricht er über andere Themen „Hat die Frau … Geburtstag", die nichts mit seiner Tätigkeit zu tun haben. Beim Aufräumen schließlich ist er sehr bestrebt, alles selbst zu machen, z. B. den Teppich zusammenzurollen: „Doch, das kann ich!".

Der sehr geordnete Übungsablauf der Montessori-Therapie mit vielen ritualisierten Elementen, die ihm Halt geben, hilft ihm offensichtlich, seine Handlungen zu organisieren, impulsive Reaktionen zu steuern und seine kognitiven Fähigkeiten zu zeigen. Die Eltern entscheiden sich deshalb, ihn im Alter von sieben Jahren in die Montessori-Schule einschulen zu lassen. Gemäß seiner intellektuellen Fähigkeiten wird eine Klasse für lernbehinderte Kinder gewählt, wobei seine große Unruhe und Impulsivität die Beteiligung am Unterricht in dieser doch relativ großen Klasse und die Lenkung durch die Lehrerin vor allem in der ersten Zeit sehr schwierig machten. Als Ergänzung zu den pädagogischen Hilfen wird eine medikamentöse Behandlung mit Ritalin während der Schulzeit eingeleitet.

Mit hoher Bereitschaft, sich auf Lernangebote einzulassen, und intensiver Unterstützung durch die Lehrerin und die Mutter gelingt es ihm in den ersten beiden Schuljahren das sinnentnehmende Lesen von komplexen Texten zu erreichen. Fehler entstehen durch überhastetes Vorgehen beim Erfassen der Wörter; grundsätzlich kann aber die Bedeutung auch fremder Texte erfasst und auf Nachfrage adäquat wiedergegeben werden. Bei einer Verlaufsdokumentation mit der Schulleistungstestbatterie (SBL 2) kann er zum Beispiel unter einander ähnlichen Wortbildern oder aus vier einander ähnlichen, aber semantisch unterschiedlichen Sätzen zuverlässig dasjenige herausfinden, was zu einer Abbildung passt. Abschreiben und Wortdiktat gelingen bei einfachen Wörtern, wobei er sich an der Lautfolge orientiert und das Schriftbild auf Grund von Raum-Lage-Unsicherheiten noch sehr ungeordnet ist. Dagegen überfordern ihn selbst einfache Rechenoperationen mit Zehnerübergang noch, wenn er kein Material zum Abzählen der Mengen zur Verfügung hat.

Die weitere intellektuelle Entwicklung wird mit der Kaufman-Assessment Battery for Children (K-ABC) zweimal im Alter von 8;8 und 10;5 Jahren dokumentiert. Das Arbeitsverhalten war zu beiden Zeitpunkten gekennzeichnet durch eine ausgeprägte Überaktivität mit Mitbewegungen der Armen und Beine, Aufmerksamkeitsstörungen und eine Impulsivität, wobei er sich mit zunehmendem Alter immer mehr um eine eigene Kontrolle über seine vorschnellen Reaktionen bemühte.

Zu beiden Untersuchungszeitpunkten liegt das Gesamtergebnis für die intellektuellen Fähigkeiten im Bereich der geistigen Behinderung (Standardwert 52, bzw. 55), wobei die Subtestergebnisse innerhalb einer Untersuchung und zwischen beiden Untersuchungen sehr schwanken. Das sprachgebundene Wissen, wie es sich im Subtest „Rätsel" zeigt, und die Fähigkeit zu sinnentnehmendem Lesen lassen ihn dagegen in der Fertigkeitenskala deutlich besser abschneiden als auf Grund der intellektuellen Grundkapazität zu erwarten wäre. Im Vergleich zu den Testergebnissen im Vorschulalter zeigten sich nun mit wachsendem Abstraktionsgrad der Anforderungen die Grenzen seiner kognitiven Verarbeitungsfähigkeiten deutlicher.

Nach der Child Behavior Checklist (CBCL), die die Eltern ausfüllen, bestehen Probleme vor allem in der sozialen Unsicherheit, in der Interaktion mit Gleichaltrigen, zwanghaftem Verhalten und Aufmerksamkeitsstörungen. Aggressives oder dissoziales Verhalten ist wenig ausgeprägt (Abbildung 29).

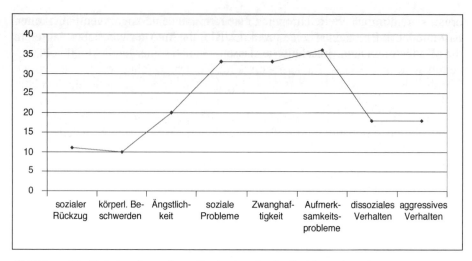

Abbildung 29: Verhaltensbeurteilung Benjamins durch die Eltern im Alter von 10 Jahren (CBCL; Transformation der Skalenwerte, behandlungsbedürftiger Bereich > 30)

Im lebenspraktischen Bereich hat er dagegen eine beeindruckende Selbstständigkeit erreicht. So ist er in der Lage, mit öffentlichen Verkehrsmitteln selbstständig von zu Hause in die Schule zu fahren; ein Handy gibt ihm die Sicherheit, bei unerwarteten Zwischenfällen die Mutter erreichen und um Anweisungen bitten zu können. Er besucht eine Judo- und eine Musikgruppe für Kinder gleichen Alters am Ort und hat mit mehreren Internet-Partnern einen regen Austausch von E-Mail-Botschaften begonnen, bei denen er immer weniger Assistenz durch die Mutter benötigt.

Uli (6 Jahre)

Entwicklungsverzögerung – insbesondere der Sprache – und sehr unruhiges-impulsives Verhalten haben als Leitsymptome schon früh zur Diagnose eines fragilen-X-Syndroms bei Uli geführt.

Die Eltern beschreiben ihn bei der Erstvorstellung im Kinderzentrum mit zwei Jahren als sehr interessiert an seiner Umwelt, aber übermäßig aktiv und z.T. noch sehr ungeschickt. Er bevorzugt Spiele mit viel Bewegung, tobt gern herum und liebt alle Dinge, die Räder haben und sich drehen lassen. Die Kommunikation ist noch vorsprachlicher Art. Er zeigt auf Dinge, die er haben möchte, und vokalisiert, wobei er selten Blickkontakt sucht. Einige Wortannäherungen sind zu hören (z. B. „wa-wa" für Hund, „m" für Kuh), überwiegend aber plappernde Silbenkombinationen. Sein Sprachverständnis ist aber schon weit entwickelt. Er versteht einfache Aufforderungen (z. B. winken, klatschen, blasen, schneuzen), Bezeichnungen für Körperteile (Nase, Augen, Ohr) und holt auf Auftrag einzelne Gegenstände (z. B. Ball, Auto, Schuhe), bzw. weiß um ihre Bedeutung (Klo, Bett, Dusche, Tee).

Uli vermag mit dem Löffel und der Gabel zu essen, hat auch schon gelernt, aus dem Glas zu trinken. Belastend im Alltag sind Einschafschwierigkeiten und selbstverletzende Verhaltensweisen. Er schlägt sich an die Stirn oder an die Wange in Übergangsphasen in oder aus dem Schlaf sowie tagsüber bei Müdigkeit, Stress und Reizüberflutung.

Eine erste Entwicklungsuntersuchung mit dem Symbolic Play Test und der MFED zeigt, dass seine Handlungsfähigkeiten einer Entwicklungsstufe von 15 bis 18 Monaten entsprechen. Er vermag die Puppe nachahmend mit dem Löffel zu füttern und zu bürsten, steckt Stecker ins Steckbrett, verschließt eine Flasche mit Deckel, dreht im Ansatz zu, sucht etwas unter einer von zwei Abdeckungen. Er hat Freude am Lautdialog und am Hin- und Herrollen eines Balles und macht seinen Wunsch nach Fortsetzung des Spiels deutlich durch Vokalisation und Hinzeigen. Die Aufmerksamkeit ist gut zu focussieren für kurze Zeit, wenn es gelingt, seine spontanen Interessensrichtungen und Initiativen aufzugreifen.

Bei der Montessori-Übungsbehandlung zeigt sich Uli zunächst sehr aktiv und ungestüm. Er holt zwar ein Übungsmaterial aus dem Regal, strebt dann aber gleich wieder vom Tisch weg, läuft umher. Dann lässt er sich auf den Stuhl setzen und für eine Dose und Korken interessieren, die er einwerfen soll. Er macht den Deckel ab, holt die Korken heraus, legt sie in den Korb, schaut die Therapeutin an, die ihn lobt. Dann wechselt er sich mit der Therapeutin beim Einwerfen ab. Immer wieder schaut er hoch, ob er auch gelobt wird. Nachdem alle Korken in der Dose sind, hebt er den Deckel ab, schaut hinein, dreht sich dann aber weg. Er entdeckt eine andere Art, damit zu spielen, beginnt, die Dose vor und zurück zu rollen und begleitet das mit freudig-brummigen Tönen. Er rollt sie mehrere Male gezielt zur Mutter, freut sich, was sich auch in der angespannten Körperhaltung und wedelnden Armbewegungen niederschlägt.

Dann läuft er wieder umher, wirkt ziellos, lautiert. Als die Therapeutin ihn wieder auf den Stuhl setzen will, schimpft er heftig und windet sich heraus, bis die Mutter ihn nimmt. Sie bietet ihm die Einsteckzylinder an. Er setzt die Stecker selbstständig ein, schaut dabei sehr aufmerksam hin, probiert, wo sie passen, klatscht bei Erfolg freudig in die Hände.

Die Therapeutin holt Becher und Bohnen, die man von einem zum anderen umschütten kann. Er steckt eine in den Mund, beobachtet dann mit Interesse die Demonstration der Arbeit. Er sortiert mit den Fingern einzelne Bohnen von einem Becher zum anderen, schüttelt dann den Becher mit beiden Händen, freut sich am Geräusch. Dann lässt er sich die Hand führen zum Umschütten, ist vom Rieseln fasziniert. Mehrere Male schaut er zu, dann versucht er ungestüm, selbst umzuschütten, schüttet die Bohnen auf das Tablett, greift hinein und freut sich am Wühlen. Jede dieser Arbeiten mit Material beginnt er mit Neugier, ist aber sehr unstet und wenig ausdauernd.

Durch eine regelmäßige Einzelförderung und Beratung der Eltern in der Gestaltung ihres Alltags mit ihm lernt er immer besser, seine Handlungen zu organisieren. Dieser Alltag ist durch das impulsive Verhalten Ulis allerdings in hohem Maße belastet. So fällt es ihm sehr schwer, zu tolerieren, wenn er auf das Essen warten, vom Spielplatz mit den Eltern wieder ins Haus zurückkehren oder eine Grenze akzeptieren soll, und reagiert dann oft mit autoaggressivem Kopfschlagen. Er kann sich noch wenig selbst beschäftigen und versucht, die Aufmerksamkeit des Erwachsenen an sich zu binden, indem er Hilfe einfordert oder Dinge im Raum umherwirft, wenn er allein spielen soll.

Eine Erleichterung bedeutet die Aufnahme in eine Kindergartengruppe, die im Alter von 3 1/2 Jahren erfolgt. Uli zeigt keine Trennungsschwierigkeiten und lässt sich in der Gruppensituation auf die sozialen Regeln, die die Erzieherinnen setzen, gut ein. Er hat begonnen, sich mit Zweiwortkombinationen oder unvollständigen Sätzen zu verständigen (z. B. „Popdil (Krokodil) beißt", „Wo is denn die?" „die aua ma(ch)t"), deren Artikulation aber noch stark beeinträchtigt ist, so dass sie nur im Kontext verständlich sind. Montessori-Einzeltherapie und logopädische Behandlung werden im Wochenwechsel ergänzend zur sozialen Förderung im Kindergarten durchgeführt.

Mit 5;10 Jahren wird eine Untersuchung mit den McCarthy Scales of Children's Abilities und dem Allgemeinen Wortschatztest durchgeführt, der als Grundlage für die Entscheidung über die künftige schulische Förderung dienen soll. Uli hat mittlerweile gelernt, in der Einzelsituation sehr ausdauernd und kooperationsbereit mitzuarbeiten. Er geht – z. B. beim Zusammenfügen von Puzzles – recht gezielt vor und freut sich am Erfolg, was sich in erregtem Armwedeln ausdrückt. Schwierigkeiten hat er insbesondere mit Aufgaben, bei denen er sich sprachliche oder visuell dargebotene Informationen merken soll (z. B. Wortreihen reproduzieren).

Die quantitative Auswertung ergibt ein Entwicklungsalter von 3 1/2 Jahren. Der generelle kognitive Index (GCI < 50) ist damit dem Bereich der geistigen Behinderung zuzuordnen. Innerhalb des Leistungsprofils zeigen sich relative Stärken bei allen sprachbezogenen Aufgaben, z. B. Wortbedeutungen erklären, Sätze vervollständigen, Einzelheiten zu Oberbegriffen nennen. Auch bei der Wortschatzprüfung mit dem AWST zeigt sich ein recht differenzierter Wortschatz, dessen Umfang dem entspricht, was bei 3 bis 4-jährigen Kindern üblich ist. Die eigenen Kommentare, die in einer Spontansprachprobe zu Bildern erhoben werden, umfassen zwei bis fünf Worte, deren Artikulation durch Lautbildungsschwierigkeiten und eine polternde, überhastete Sprechweise beeinträchtigt ist. Darüberhinaus fällt es ihm schwer, bei einem Thema im Gespräch zu bleiben. Er reagiert auf einzelne Fragen mit sachgerechten Antworten, stellt aber dann Assoziationen zu anderen Themen her, so dass ein flüssiges Gespräch misslingt.

Die Eltern sind sich der Grenzen und des Hilfebedarfs Svens bei der Bewältigung abstrakter schulischer Anforderungen bewusst, haben aber im Kindergarten erlebt, wie sich das Zusammenarbeiten mit nicht behinderten Kindern positiv auf seine Leistungsbereitschaft und seine sozialen Fähigkeiten auswirkt. Sie unternehmen daher große Anstrengungen, eine Teilnahme am gemeinsamen Unterricht mit nicht behinderten Kindern zu erreichen; es gelingt ihnen, die zuständigen Behörden für einen Modellversuch (integrative Klasse innerhalb einer Grundschule) zu gewinnen.

Christian (16;5 Jahre)

Die herausfordernden Verhaltenweisen und Fähigkeiten von Kindern mit fragilem-X-Syndrom sind sehr unterschiedlich ausgeprägt. Vielen Eltern und Lehrern gelingt es, sich auf die Empfindlichkeit der Kinder für Reizüberforderung einzustellen und ihre große Lernbereitschaft und Beobachtungsfähigkeit zu nutzen, so dass sie sich viele praktische Kompetenzen aneignen und eine gute soziale Integration erreichen können.

Christian zeigt das typische Fähigkeitsprofil von Kindern mit fragilem-X-Syndrom. Bei einer Intelligenztestung mit den Kaufman-Skalen im Alter von 11 Jahren erreicht er einen Gesamtwert im Bereich der geistigen Behinderung (IQ 50), aber relativ gute Fähigkeiten bei Aufgaben zu visuellen Auffassungsleistungen (Subtest „Gestaltschließen") und zu sprachlichem Wissen (Subtest „Rätsel" und „Gesichter und Orte"). Im den Fertigkeitenskalen erreicht er einen Standardwert von 67.

Die Mutter berichtet, dass er zu Hause sehr selbstständig sei. Er könne viele Aufgaben im Alltag übernehmen, einkaufen gehen am Ort, habe auch stabile soziale Kontakte. So fährt er viel Fahrrad, besucht den Konfirmandenunterricht, Schlagzeugunterricht und hat einen festen Freund in der Nachbarschaft. Durch eine intensive Einzelförderung ist es ihm gelungen, relativ sicher einzelne Wörter lesen zu lernen. Er schreibt auch einzelne Worte nach Diktat, hat aber noch erhebliche Rechenschwierigkeiten. Es bestehen weder zu Hause noch in der Geistigbehindertenklasse der Montessori-Schule schwerwiegende Verhaltensprobleme. Früher hat er in Überforderungssituationen häufig mit selbstverletzendem Beißen in den Pullover oder seine Hand reagiert, dies komme aber jetzt fast nicht mehr vor.

Eine Wiedervorstellung im Alter von 16 Jahren dient der Beratung zu weiteren Entwicklungsperspektiven nach dem bald bevorstehenden Abschluss der Schulzeit. In den Kaufman-Skalen löst er nicht wesentlich mehr Aufgaben als bei der Untersuchung einige Jahre zuvor; das Entwicklungstempo intellektueller Fähigkeiten hat sich offenbar verlangsamt. Sein Arbeitsverhalten ist impulsiv, so dass ihm z. B. beim Nachbauen von Mustern oder Ordnen von Fotos leicht Flüchtigkeitsfehler unterlaufen. Die sprachlichen Äußerungen sind sachbezogen, im Sprechtempo polternd und die Artikulation undeutlich, aber für den Gesprächspartner verständlich.

Zur Beurteilung der adaptiven Kompetenzen und der sozialen und emotionalen Verhaltensmerkmale werden das Heidelberger-Kompetenz-Inventar (HKI) und der Nisonger Beurteilungsbogen für das Verhalten behinderter Kinder (NCBRF) durchgeführt, welche jeweils den Vergleich zu Erfahrungswerten erlauben, die bei anderen Kindern mit intellektueller Behinderung gesammelt wurden. Christians adaptive Kompetenzen liegen über dem Durchschnitt von Schülern an Schulen für geistigbehinderte Kinder gleichen Alters. Er bewegt sich am Wohnort selbstständig mit dem Fahrrad, erledigt kleinere Einkäufe, bei denen er auch zuverlässig mit Geld umgeht, und fährt mit Zug und U-Bahn allein zur Schule. Am Nachmittag spielt er Fußball, hat einen festen Tennispartner und nimmt an einer Sport- (Aikido-) und einer kirchlichen Jugendgruppe teil.

Er kann relativ ausdauernd bei einer Arbeit bleiben, mit gelegentlichen Misserfolgen besser umgehen als früher, Veränderungen gegenüber dem gewohnten Ablauf akzeptieren und seine Wünsche und Bedürfnisse in angemessener Form durchsetzen. Im Vergleich zu anderen Jugendlichen mit geistiger Behinderung wird er von den Eltern als in fremden Situationen befangen und unsicher geschildert. Wenn er angespannt ist, neigt er noch manchmal dazu, sich in den Handrücken zu beißen. Sein Verhalten (Hyperaktivität, Kooperationsbereitschaft, zwanghaftes Verhalten) erscheint aber nicht problematischer als bei anderen Jugendlichen.

In seinen praktischen und sozialen Fähigkeiten liegt ein großes Potenzial für ein möglichst selbstbestimmtes Arbeiten und Leben im Erwachsenenalter. Da die Arbeitsmöglichkeiten für Menschen mit geistiger Behinderung in der Region, in der die Familie wohnt, auf Werkstätten beschränkt sind, suchen die Eltern Mitstreiter für die Eröffnung eines Arbeitsprojekts, bei dem mehrere junge Erwachsene mit geistiger Behinderung unter pädagogischer Assistenz in einer Cafeteria tätig sind, die dem örtlichen Krankenhaus angeschlossen ist. Sie lassen sich von bürokratischen und formalen Hindernissen nicht entmutigen und erreichen, dass er nach Abschluss der Schulzeit dort einen anspruchsvollen, seinen Fähigkeiten entsprechenden Arbeitsplatz findet.

5.2 Klinische Genetik

In den vierziger Jahren wurde in einer Familie eine Merkmalskombination aus geistiger Behinderung, großen Ohren, langem, schmalen Gesicht, großem, vorstehenden Kinn und großen Hoden sowie Sprachauffälligkeiten beschrieben und nach den Verfassern zunächst als Martin-Bell-Syndrom (Martin & Bell, 1943) benannt. Es trat nur bei den männlichen Familienmitgliedern auf.

Lubs (1969) stellte bei cytogenetischen Untersuchungen fest, dass sich bei Kindern und Erwachsenen mit dieser Merkmalskombination eine brüchige Stelle am langen Arm des X-Chromosoms finden ließ. Zum körperlichen Phänotyp gehört neben den *relativ wenig spezifischen Merkmalen des äußeren Erscheinungsbildes eine Bindegewebsschwäche, überstreckbare Gelenke, ein hoher Gaumen und eine weiche Haut über dem Handrücken.* Die einzelnen Besonderheiten werden bei 50 und 80 % der betroffenen Kinder und Erwachsenen gefunden (Froster, 1995; de Vries et al., 1998). Auch die Variabilität der Expression der einzelnen Merkmale ist beträchtlich. Ein auffälliges EEG-Muster wurde ebenfalls beschrieben, nur bei etwa 20 % der Kinder kommt es aber zu Anfällen, die in der Regel durch Antiepileptika gut zu kontrollieren sind (Mesumeci et al., 1999; Berry-Kravis, 2002). Die Diagnose kann heute über eine molekulargenetische Untersuchung relativ einfach und rasch gesichert werden.

Kasten 8: Phänotypmerkmale des fragilen-X-Syndroms

– langes, schmales Gesicht
– große Ohren
– große Hoden
– überstreckbare Gelenke
– Sprachauffälligkeiten
– Beeinträchtigung des Lernvermögens

Das fragile-X-Syndrom gilt als die *zweithäufigste ererbte Ursache einer geistigen Behinderung* nach dem Down-Syndrom. Prävalenzstudien, wie sie z. B. in Australien und Kanada durchgeführt wurden, zeigen, dass es bei Jungen mit einer Häufigkeit von 1 : 4000, bei Mädchen mit einer Häufigkeit von 1 : 8000 vorkommt (Turner et al., 1996). Es muss angenommen werden, dass viele betroffene Kinder und Erwachsene nicht diagnostiziert werden, weil das äußere Erscheinungsbild nicht so markant ist, dass eine humangenetische Begutachtung eingeleitet wird. Bei Screening-Untersuchungen in Einrichtungen für Behinderte fand sich z. B. bei 8 % der Betroffenen, deren Diagnose bis dahin ungeklärt war, ein fragiles-X-Syndrom (Thake et al., 1987).

Beim fragilen-X-Syndrom liegt ein ungewöhnlicher Vererbungsgang vor. Im Jahre 1991 wurde der molekulargenetische Entstehungsmechanismus analysiert, der zum fra-X-Syndrom führt. Es handelt sich um eine *Veränderung in einer sogenannte Trinukleotidsequenz in der Region, in der das FMR-1-Gen lokalisiert* ist. In der Normalpopulation findet sich in dieser Region eine 6 bis 50fache Wiederholung eines aus drei Basenbausteinen (CGG) bestehenden DNS-Abschnitts. Bei einer Instabilität dieser „Repeatsequenz" mit 50 bis 200fachen Wiederholungen spricht man von einem Prämutationsstatus, bei mehr als 200 Wiederholungen geschieht die Inaktivierung des FRM-1-Gens auf dem langen Arm des X-Chromosoms, die für das Syndrom charakteristisch ist.

Ein solcher Prämutationsstatus kommt offenbar mit einer Prävalenz von bis zu 1:250 Frauen vor. Wie die „Entgleisung" des Wiederholungsmechanismus und wie daraus dann die körperlichen und kognitiven Besonderheiten des Syndroms zu erklären sind, ist noch nicht erklärt.

Für Ausprägung und Vererbung bedeutet das, dass alle Männer, bei denen das FMR1-Gen methylisiert, d. h. die Produktion des entsprechenden, für die Hirnreifung bedeutsamen Proteins ausgeschaltet ist, das klinische Bild des fragilen-X-Syndroms zeigen. Bei der Hälfte der Frauen wird die Auswirkung durch das normal funktionierende FMR1-Gen des zweiten X-Chromosoms, das sie tragen, teilweise ausgeglichen. Körperliche Merkmale und Entwicklungsbeeinträchtigungen sind bei ihnen daher weniger ausgeprägt. Männer geben die genetische Veränderung an ihre Töchter weiter. Liegt bei ihnen ein Prämutationsstatus vor, wird er in der Regel unverändert an die Töchter vererbt. Liegt bei Frauen ein Prämutationsstatus vor, besteht eine erhöhte Wahrscheinlichkeit, dass im Zuge des Vererbungsprozesses die Zahl der CGG-Repeats steigt und es zu einer Inaktivierung des FMR1-Gens bei ihrem Kind kommt.

Neben Prä- und Vollmutation sind noch Mosaikformen zu unterscheiden, bei denen nur in einem Teil der Körperzellen das FMR-1-Gen inaktiviert ist. Die Zahl dieser Mosaikformen ist relativ hoch. Rousseau et al. (1994) fanden unter 387 männlichen Betroffenen in einer multizentrischen Studie 12 % mit Mosaikformen. Außerdem kann es – aus noch unbekannten Gründen – bei einzelnen Männern zu einer parziellen Methylierung des FMR1-Gens, also der Produktion einer begrenzten Menge des Proteins kommen, so dass ihre Entwicklung unbeeinträchtigt bzw. weniger beeinträchtigt ist. Sowohl bei ihnen wie bei den betroffenen Frauen hat sich eine Korrelation zwischen der Proteinproduktion und der Ausprägung der körperlichen Merkmale sowie dem Grad der intellektuellen Beeinträchtigung nachweisen lassen (Tassone et al., 1999). Eine prognostische Aussage ist bei einer vollständigen Methylierung des FMR1-Gens dagegen nicht möglich (Bailey et al., 2001).

Die Frage, ob Frauen mit Überträgerstatus phänotypische Besonderheiten aufweisen, ist noch nicht eindeutig beantwortet. Während Untersuchungen von kognitiven Merkmalen keine Abweichungen zu normalen Kontrollgruppen finden, zeigen sie für Persönlichkeitsmerkmale unterschiedliche Ergebnisse (Reiss et al., 1993; Sobesky et al., 1994).

5.3 Kognitive Entwicklung

Zahlreiche Arbeitsgruppen in Deutschland, Holland, England und den USA haben in den letzten Jahren die Verteilung von Intelligenztestergebnissen bei Kindern und Erwachsenen mit fra(X)-Syndrom untersucht. Die Zahl und das Alter der jeweils untersuchten Kinder schwankte dabei erheblich (z. B. 12 bis 66 oder

3 bis 62 Jahre). Die meisten Untersucher benutzten einen der drei gängigen Intelligenztests, Wechsler-Skalen, d. i. HAWIK/HAWIE, Stanford-Binet-Test oder Kaufman Assessment Battery for Children. Die Darstellung der Ergebnisse geschah allerdings unterschiedlich. Einige Arbeitsgruppen klassifizierten nach leicht, mäßig und schwer behindert und gaben die Daten in dieser Form wieder. Andere beschränkten sich auf die Angabe des mittleren IQs der gesamten Gruppe, wieder andere gaben Einzelergebnisse an.

Wenn man die vorliegenden Daten zusammenfasst, so findet sich dort, wo überwiegend Schulkinder untersucht wurden, ein *durchschnittlicher IQ von 50, allerdings mit einer breiten Variabilität von leichter zu schwerer Behinderung* (Dykens et al., 1987; Borghraef et al., 1987; Freund & Reiss, 1991; Hodapp et al., 1990). In einer Untersuchung an einer deutschen Stichprobe von 49 Jungen mit fragilem-X-Syndrom, bei der die Kaufman Assessment Battery for Children (K-ABC) verwendet wurde, lag der mittlere IQ z. B. bei 47 (Backes et al., 2000). Abbildung 30 zeigt die Ergebnisse bei 130 Jungen, die Dykens et al. (1996) mitteilten.

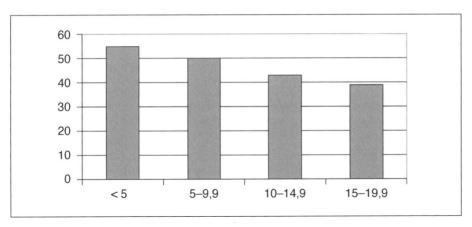

Abbildung 30: Durchschnittliche IQ-Werte bei 130 Jungen mit FraX-Syndrom in vier Altersgruppen (Dykens et al., 1996)

In mehreren Studien wurden auch einzelne Kinder berichtet mit nur leichter Beeinträchtigung der kognitiven Entwicklung, z. B. je ein Kind mit Stanford-Binet, McCarthy- bzw. Kaufman-IQ von über 80 (Lachiewicz et al., 1987; Madison et al., 1986; Kemper et al., 1988). Dabei dürfte es sich um Jungen handeln, bei denen eine parzielle Methylierung und FMR1-Proteinproduktion vorliegt. Hagerman et al. (1985) legten Ergebnisse des HAWIK-, bzw. Kaufman-Tests bei vier Jungen vor, deren Leistungen den Durchschnittsbereich der Altersgruppe erreichten. Auch Kinder mit solchen relativ hohen Intelligenztestwerten hatten allerdings deutliche Lernstörungen, insbesondere bei Aufgaben, die mathematisches Denken, abstrahierendes Denken oder konzentrierte Aufmerksamkeit erfordern. Ihre Stärken lagen in Aufgaben, die den Wortschatz, die Lesefähigkeit und die Fähigkeit zu visueller Zuordnung von Bildern prüfen (Kemper et al., 1988; Dykens et al. 1987; Pennington et al., 1991).

In einer klinischen Population von 250 männlichen Betroffenen mit fragilem-X fanden sich 13 % mit einem IQ von 70 oder höher (Hagerman et al., 1994). Nur sieben von ihnen waren aber ältere Jugendliche oder Erwachsene, die meisten jüngere Kinder. Der Anteil der Kinder mit leichter Beeinträchtigung der kognitiven Entwicklung ist höher, wenn nur Kinder im Vorschulalter untersucht werden. Freund et al. (1995) untersuchten 18 Jungen im Alter zwischen 1;4 und 5;4 Jahren. 44 % von ihnen hatten einen IQ/EQ > 70.

In einer systematischen Elternbefragung von 63 Jungen mit FraX-Syndrom (6 bis 18 Jahre) erhoben wir Daten zum Schulbesuch. 11 Jungen aus unterschiedlichen Bundesländern nahmen am gemeinsamen Unterricht teil; die Klassenkonstellationen variierten zwischen Modellklassen mit zwei Fachkräften bis zu Diagnose- und Förderklassen, in denen 12 bis 14 Kinder mit unterschiedlichen Teilleistungs-, Lern- oder Verhaltensproblemen in den ersten drei Schuljahren zusätzliche Hilfen erhalten, um den basalen Lernstoff zu bewältigen. Vier Jungen besuchten eine Schule für Lernbehinderte. *Die überwiegende Mehrzahl (75 %) wurden in einer Schule für Geistigbehinderte beschult.*

Entwicklungsverlauf kognitiver Fähigkeiten

Je mehr ältere Jugendliche und Erwachsene zur untersuchten Gruppe gehörten, umso niedriger liegt offenbar der durchschnittliche IQ. Man könnte vermuten, dass es sich um den Effekt von Anregungs- und Förderdefiziten handelt, d. h. dass die Älteren früher schlechter gefördert wurden und auch jetzt im Erwachsenenalter weniger Anregung in ihrer sozialen Umgebung erhalten. Möglicherweise kommt es aber bei Jugendlichen mit fra(X)-Syndrom im Laufe der weiteren Hirnreifung zu einer biologisch bedingten Verlangsamung des Entwicklungstempos. Sie ist nur bei Jungen und Männern mit einer vollständigen Inaktivierung des FMR1-Proteins zu beobachten, nicht aber bei partieller Methylierung. Eine solche relative Verlangsamung der Weiterentwicklung ist nicht typisch für den Verlauf der intellektuellen Entwicklung bei Kindern mit geistiger Behinderung im Allgemeinen.

Besser als mit Querschnittsstudien lässt sich der Verlauf beurteilen, wenn die gleichen Probanden mehrfach über einen längeren Zeitraum untersucht werden. Auch hierzu liegen mittlerweile einige Ergebnisse multizentrischer Studien vor (Fisch et al., 1996, 2002). Sie unterscheiden sich, je nachdem welche Entwicklungsspanne betrachtet wird. Über die gesamte Spanne des Kindesalters hinweg zeigt sich eine relative Verlangsamung vor allem bei den Kindern, die bei der Erstuntersuchung (im Vorschulalter) besonders gut abgeschnitten haben. Verlaufsbeobachtungen jenseits des 15. Lebensjahres zeigen in den meisten Fällen einen Abfall der Testergebnisse.

Bailey et al. (1998) teilten z. B. die Verlaufsdaten zu 46 Jungen im frühen Kindesalter (2 bis 6 Jahre) mit, die alle sechs Monate untersucht wurden. Es ergab sich ein durchschnittliches Entwicklungstempo, das ziemlich genau die Hälfte des jeweiligen chronologischen Altersverlaufs (mittlerer Entwicklungsquotient 48) ausmachte. Innerhalb dieses Untersuchungszeitraums ergab sich kein Hinweis auf eine signifikante Verlangsamung des Tempos, allerdings nahm die Zahl der Kinder mit deutlich retardierter Entwicklung (EQ < 65) zu. Während im Alter von 2 bis 3 Jahren nur 60 bis 80 % der Jungen als bedeutsam retardiert eingestuft wurden, traf dies für alle Jungen bei den späteren Untersuchungszeitpunkten zu. *Jungen mit fragilem-X-Syndrom, bei denen autistische Verhaltensmerkmale vorlagen (s. unten), erreichten in den Entwicklungstests deutlich niedrigere Werte als diejenigen, bei denen diese Symptome nicht vorlagen* (Bailey et al., 2000, 2001; Rogers et al., 2001, Abbildung 31).

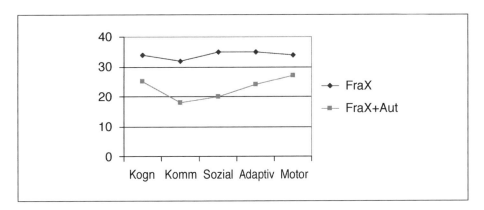

Abbildung 31: Entwicklungstestwerte (in Monaten) bei Jungen mit fragilem-X-Syndrom mit und ohne autistische Verhaltensmerkmale (Battelle Developmental Inventory, Bailey et al., 2000)

Die in den verschiedenen Verlaufsstudien ermittelten IQ-Differenzen zwischen mehreren Messzeitpunkten sind zwar statistisch signifikant. Es handelt sich aber oft nur um 5 bis 6 Punkten (Borghgraef et al., 1987; Hodapp et al., 1990; Lachiewicz et al., 1987; Fisch et al., 1991). In einer Studie an 20 Kindern zeigte z. B. ¼ einen Abfall um mehr als 16 IQ-Punkte im Verlauf (d. i. eine Standardabweichung), 60 % aber weniger als 10 IQ-Punkte (Wiegers et al., 1992). Die Bedeutsamkeit dieser Differenzen für die Praxis ist somit meist gering. Sie bedeuten keinesfalls, dass die kognitive Aufnahmefähigkeit bei Jugendlichen und

Erwachsenen mit fragilem-X-Syndrom grundsätzlich nachlässt. Vielmehr stellen sie einen Aufruf an die Pädagogen dar, auch im späteren Schulalter die intellektuelle Entwicklung der Jugendlichen innerhalb und außerhalb der Schule intensiv zu fördern.

Wahrscheinlich spiegeln sich in diesen Ergebnissen auch testspezifische Faktoren. Mit zunehmendem Alter enthalten Intelligenztests proportional mehr Aufgaben, die abstraktes Denken und Problemlösefähigkeiten prüfen. Die älteren fra(X)-Probanden werden also mehr mit ihren spezifischen Schwierigkeiten konfrontiert (Hay, 1994). Grundsätzlich macht die jeweils unterschiedliche Aufgabenstruktur der Intelligenztests, die in verschiedenen Altersgruppen eingesetzt werden, longitudinale Vergeichsaussagen schwierig.

Spezifisches Fähigkeitsprofil

Für die praktische Förderung bedeutsamer ist die Frage, ob es spezifische *Stärken und Schwächen der kognitiven Leistungsfähigkeit* gibt, in denen sich fra(X)-Kinder von anderen Kindern mit vergleichbarem Grad der Entwicklungsverlangsamung unterscheiden. Dazu ist es nötig, Verfahren zu verwenden, die eine Profilauswertung erlauben, also den Vergleich von Teilbereichen der kognitiven Fähigkeiten beim einzelnen Kind.

Einige Arbeitsgruppen stellten höhere Leistungen bei einigen sprachgebundenen Aufgaben fest, die Wortschatzumfang und allgemeines Verständnis prüfen, gegenüber perzeptiven Aufgaben, bei denen Muster nach- oder Puzzle zusammengebaut werden sollen (Veenema et al., 1987; Mieczejeski et al., 1986). Ein genereller Unterschied zwischen verbaler und Handlungsintelligenz fand sich allerdings nicht.

In den Kaufman-Skalen zeigte sich bei zwei unabhängigen Untersuchungen ein spezifisches Muster (Dykens et al., 1987; Kemper et al. 1988). Kinder mit fragilem-X-Syndrom haben besondere Schwierigkeiten mit sequenziellen Verarbeitungsprozessen (z. B. wenn sie eine Serie einfacher Handbewegungen nachahmen sollen), während sie Bildzeichnungen und Analogien besser erfassen können. Die *schulischen Leistungen und das sprachgebundene Wissen sind in der Regel weiter entwickelt als die Fähigkeit zur Verarbeitung sequenzieller Informationen und zur flexiblen Problemlösung.* Innerhalb der schulischen Leistungen erreichen viele Kinder *bessere Ergebnisse beim Lesen als beim Rechnen*, denn dort sind eben diese Fähigkeiten besonders gefragt. In der deutschen Untersuchung von 49 Jungen ergab sich eine solche Profildifferenz dann, wenn nicht die Standardwerte (deren Mittel für die einzelnen Skalen bei 46 bis 48 Punkten lagen) verwendet, sondern die Subtestergebnisse auf das individuelle Entwicklungsalter bezogen wurden. In der Skala einzelheitlichen Denkens (sequenzielle Verarbeitung) schnitten sie signifikant schlechter ab als in der Skala ganzheitlichen Denkens sowie in der Fertigkeitenskala (Backes et al., 2000).

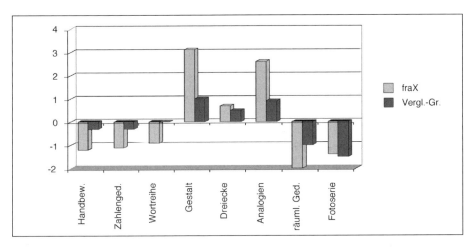

Abbildung 32: Fähigkeitsprofil in den Kaufman-Skalen bei Kindern mit fragilem-X-Syndrom (nach Kemper et al., 1988)

Ein solches Muster von Stärken und Schwächen fand sich nicht bei behinderten Kindern gemischter Ätiologie. Bei Down-Syndrom-Kindern stellte man dagegen eine spezifische Stärke bei der Speicherung und Nachahmung visuell dargebotener Sequenzen fest, wenn die drei Gruppen nach Lebensalter und Intelligenzalter parallelisiert wurden (Hodapp et al., 1992).

Freund et al. (1995) stellten ähnliche Profilunterschiede bereits im Vorschulalter fest. Soweit die Kinder in ihrer sprachlichen Entwicklung schon so weit waren, dass mit ihnen der Stanford-Binet-Test als differenzierter Intelligenztest durchgeführt werden konnte, zeigten sie relative Stärken bei sprachbezogenen Aufgaben und relative Schwächen bei Aufgaben, die Kurzzeitgedächtnis und den Umgang mit Mengen und Zahlen prüfen (Abzählen, Mengenzuordnung, Wiedererkennen von Bildern und Nachsprechen kurzer Wortreihen).

Das gleiche Bild ergab sich auch bei erwachsenen Männern mit fra(X). Maes et al. (1994b) fanden relative Stärken bei sprachgebundenen Fähigkeiten und Aufgaben, die erworbenes Wissen oder das Gedächtnis für bedeutungsvolle Zusammenhänge prüfen (z. B. Geschichte wiedergeben), dagegen Schwächen bei der visuellen Gestaltgliederung (z. B. Nachbauen) und bei der Speicherung einzelheitlicher Informationen (z. B. Wortreihen oder Zahlenfolgen wiedergeben). Allerdings lassen sich solche syndromspezifischen Profile eher bei Erwachsenen mit höherem Leistungsvermögen feststellen. Simon et al. (1995) untersuchten Patienten mit fragilem-X- und Down-Syndrom mit einem IQ < 40 und fanden keine typischen Profile.

Die Profilunterschiede lassen sich als Ausdruck von spezifischen Defiziten in der Aufmerksamkeitskontrolle und Handlungsplanung interpretieren. Bei Aufgaben, die für die Kinder in dieser Hinsicht besondere Anforderungen stellen, steigt das Erregungsniveau, was wiederum die Leistungen negativ beeinflusst (Cohen, 1995). Systematische Forschungsarbeiten, bei denen neurophysiologische Maße (z. B. Herzschlagrate) zur Beurteilung des Erregungsgrades bei der Bearbeitung kognitiver Anforderungen eingesetzt werden, stehen aber erst am Anfang (Boccia & Roberts, 2000), so dass diese Interpretation nur als Arbeitshypothese gelten kann.

Kognitive Fähigkeiten bei Mädchen

Die Beinträchtigung der Lern- und Verarbeitungsfähigkeit ist bei Mädchen und Frauen mit fragilem-X-Syndrom in der Regel geringer, wenn auch sehr variabel (Abrams et al., 1994). Ihre intellektuelle Leistung liegt im Durchschnitt um 20 IQ-Punkte unterhalb ihrer Altersgruppe. *Etwa 25 % der Mädchen haben einen IQ im Bereich der leichten geistigen Behinderung (55 bis 70), etwa ebensoviele im Bereich der Lernbehinderung* (70 bis 85; Hagerman et al., 1992). Im Erwachsenenalter scheint der Anteil von Lern- und geistigen Behinderungen höher zu sein. In einer belgisch-holländischen Studie ergab sich z. B. bei 71% der 33 untersuchten Frauen ein IQ < 85 (de Vries et al., 1996).

Die kognitive Beeinträchtigung ist nicht auf ungünstige familiäre Entwicklungsbedingungen zurückzuführen. Es ergab sich der gleiche Unterschied, wenn nicht-betroffene Schwestern zum unmittelbaren Vergleich herangezogen wurden (deVries et al., 1996). Der Grad der Aktivierung des FMR1-Proteins korreliert stärker mit dem Intelligenzquotienten der Mädchen als der elterliche IQ (Reiss et al., 1995; Kuo et al., 2002). Eine individuelle Prognose ist aus dieser statistischen Korrelation dennoch natürlich nur begrenzt abzuleiten.

Die *kognitiven Entwicklungsprofile der Mädchen und Frauen mit voller Mutation zeigen ähnliche Stärken und Schwächen wie bei Jungen* und Männern. In Studien, in denen die Wechsler-Tests verwendet wurden, liegt der Handlungs-IQ etwa 10 Punkte unter dem Verbal-IQ (Kuo et al., 2002). Wie die Jungen tun sie sich besonders schwer mit Aufgaben zur sequenziellen Verarbeitung (in den Kaufman-Skalen z. B. in den Aufgaben „Handbewegungen" und „Wortreihe", bzw. „Zahlennachsprechen") und beim Rechnen (Mieczejeski et al., 1986; Zwink, 1998). Viele Mädchen mit FraX-Syndrom benötigen in diesem Fach eine spezielle sonderpädagogische Förderung (Hull & Hagerman 1993). Darüber hinaus zeigen sich auch Schwächen in visuell-konstruktiven Fertigkeiten und Planungsprozessen, dagegen Stärken bei Aufgaben zum Erkennen von verbalen Zusammenhängen. Ein solches spezifisches Leistungsprofil findet sich sowohl bei Mädchen und Frauen mit durchschnittlicher Intelligenz wie auch bei jenen mit einer intellektuellen Behinderung (Freund & Reiss, 1991; Mazzocco et al., 1992, 1993; Mazzocco, 2000).

Cornish et al. (1998) untersuchten die visuelle Wahrnehmung und visuell-konstruktiven Fähigkeiten bei 17 Mädchen im Alter zwischen 7 und 14 Jahren. Der

Mosaiktest, das Zusammenfügen von Puzzles (in den Wechsler-Tests) oder das Mannzeichnen fielen ihnen relativ schwer, nicht aber eine reine visuelle Wahrnehmungsaufgabe wie das „Gesichter erkennen" oder „Gestalterfassen" (im KABC). Zwink (1998) untersuchte 33 Mädchen (5 bis 18 Jahre) u. a. mit Aufgaben zu exekutiven Funktionen, bei denen sie über längere Zeit ihre Aufmerksamkeit aufrechterhalten und flexible Problemlösestrategien einsetzen sollten (z. B. Wisconsin Card Sorting Test, Stroop-Test, Tower-of-Hanoi-Test). Im Vergleich zu Mädchen mit einer intellektuellen Beeinträchtigung gleichen Grades, aber anderer Ursache hatten sie mit diesen Aufgaben wesentlich größere Schwierigkeiten.

Die relative Verlangsamung der intellektuellen Entwicklung, die sich bei Jungen beobachten lässt, findet sich auch bei Mädchen, obgleich Verlaufsdaten bei Mädchen noch spärlich und widersprüchlich sind. Eine amerikanisch-belgische Studie bezieht sich z. B. lediglich auf 13 Mädchen im Alter zwischen 4 und 15 Jahren, die im Abstand von zwei Jahren mit dem Stanford-Binet-Test nachuntersucht wurden (Fisch et al., 1999a). Nur sehr wenige Erfahrungen liegen bisher zur frühen kognitiven Entwicklung von Mädchen mit fragilem-X-Syndrom vor. Schwächen im Umgang mit Mengen und Zahlen zeigen sich aber bereits früh, wie eine Untersuchung von 5-jährigen Mädchen im Vergleich zu Kindern mit vergleichbarer Intelligenz, aber anderer genetischer Ursache zeigte (Mazzocco, 2001). Verlaufsstudien, die kognitive Entwicklung, Temperament, Verhaltensmerkmale und adaptive Fähigkeiten von Mädchen im Vorschulalter dokumentieren, sind im Gange und werden dazu beitragen, die Früherkennung dieser Störung auch bei Mädchen zu verbessern (Keysor & Mazzocco, 2002).

5.4 Sprachliche Entwicklung

Entwicklung von Wortschatz und Satzbildung

Eine verlangsamte Sprachentwicklung ist häufig ein erstes Hinweiszeichen für die Diagnose bei einem Kind mit fragilem-X-Syndrom. Die individuellen Unterschiede sind allerdings auch in diesem Bereich beträchtlich. Manche Kinder beginnen im zweiten oder dritten Lebensjahr zu sprechen und bilden mit dreieinhalb bis vier Jahren Dreiwortsätze, andere fangen später an und bilden erst mit sechs Jahren oder noch später ihre ersten Sätze (Largo & Schinzel, 1985).

Systematische Untersuchungen zum Entwicklungsverlauf des Wortschatzes und der Satzbildungsfähigkeit bei Jungen mit fragilem-X-Syndrom sind noch selten und fehlen bei Mädchen noch völlig. Die Ergebnisse aus Untersuchungen an Stichproben unterschiedlichen Alters sprechen allerdings dafür, dass sich die *formalen Sprachmerkmale parallel zu den übrigen kognitiven Fähigkeiten entwickeln* (Abbeduto & Hagerman, 1997).

Bailey et al. (1998) dokumentierten den Entwicklungsverlauf bei 46 Jungen zwischen zwei und sechs Jahren mit Hilfe des Battelle-Entwicklungsinventars im Längsschnitt und stellten fest, dass das Entwicklungstempo kognitiver und sprachlicher Fähigkeiten gleichermaßen um etwa 50 % gegenüber der unbeeinträchtigten Entwicklung verlangsamt verläuft. Roberts et al. (2001) verwendeten die Sprachentwicklungsskalen von Reynell bei 39 Jungen zwischen 20 und 86 Monaten und bestätigten diese Aussagen zum Entwicklungstempo für die rezeptive Sprache, fanden aber eine deutliche Diskrepanz zum Verlauf der Entwicklung von expressiven Sprachfähigkeiten. In diesem Bereich machten die Kinder im Durchschnitt lediglich einen Entwicklungsfortschritt von .39 pro Monat (d. h. Entwicklungstempo etwa 1:3). In beiden Sprachentwicklungsbereichen fand sich jedoch eine große interindividuelle Variabilität. Einige Jungen machten zwischen zwei Untersuchungszeitpunkten erhebliche Fortschritte (vor allem im Sprachverständnis), bei anderen war kaum eine Veränderung festzustellen.

Sudhalter et al. (1991) analysierten die Spontansprachproben von 19 Jungen und Männern mit fragilem-X-Syndrom (6 bis 36 Jahre). Die strukturelle Komplexität ihrer Äußerungen entsprach denen von Kindern im Vorschulalter, ohne dass spezifische Abweichungen von der normalen Sprachentwicklung zu erkennen gewesen waren. Fisch et al. (1999b) dokumentierten die sprachlichen Fähigkeiten bei 16 Schulkindern und Jugendlichen mit FraX (6 bis 17 Jahre) mit Hilfe der „Clinical Evaluation of Language Fundamental-Preschool" (CELF-P), einem Verfahren, das für 3- bis 7-jährige Kinder standardisiert ist. Auch hier schwankten die Entwicklungsalterswerte zwischen drei und 4 1/2 Jahren. Es fand sich kein eindeutiger Zusammenhang zum Lebensalter und zum kognitiven Entwicklungsstand der Jungen, gemessen mit dem Stanford-Binet-Test.

Eine eigene Übersicht bezieht sich auf 30 Jungen mit fragilem-X-Syndrom im Alter zwischen dem zweiten und siebten Lebensjahr, die zur Entwicklungsdiagnostik und Förderberatung vorgestellt wurden (Sarimski, 2002b). Es wurde bei allen Jungen eine Spontansprachprobe dokumentiert und nach der durchschnittlichen Zahl der semantisch korrekten Wörter pro Äußerung und dem Komplexitätsgrad der Äußerungen (Einzelwörter vs. Worthäufungen vs. Äußerungen mit Satzcharakter) ausgewertet. Je nach sozialer Kompetenz und Entwicklungsstufe wurden zusätzlich standardisierte Sprachentwicklungstests durchgeführt. Kooperationsbereitschaft, Sprachentwicklungsstand und zeitliche Möglichkeiten ließen dies allerdings nur bei fünf Kindern zu.

Trotz des intensiven Bemühens, die Kinder zu sprachlichen Äußerungen zu ermutigen, konnten in sechs Fällen keine erkennbaren (nicht imitativen) Worte dokumentiert werden. Bei weiteren sechs Jungen blieb die Zahl der identifizierbaren Äußerungen unter 10. Mehrere Kinder dieser beiden Gruppen imitierten allerdings Äußerungen des Untersuchers (die nicht in die Auswertung eingingen). Bei 13 Kindern schwankte die Zahl der Äußerungen zwischen 10 und 30, bei fünf Kindern umfasste das Sample mehr als 30 Äußerungen.

Abbildung 33 zeigt die Verteilung der individuell erreichten Sprachentwicklungsstufen, bezogen auf drei Altersgruppen. Berücksichtigt wurden bei der Darstellung nur die 24 Kinder, die mindestens das Einwortniveau erreicht hatten. In der Gesamtgruppe verfügten 8 Jungen über die Fähigkeit, sich in Sätzen zu äußern. Sieben Jungen bildeten Mehrwortäußerungen, die noch keinen Satzcharakter haben; neun Jungen konnten sich lediglich mit Einzelwörtern ausdrücken. Die visuelle Inspektion lässt bereits einen Alterseffekt erkennen; der relative Anteil der Kinder, die das Bilderbuch mit Sätzen kommentieren, ist in der Gruppe der älteren Kinder größer als in den beiden anderen Gruppen. In der jüngsten Altersgruppe überwiegen die Kinder, die sich mit Einzelwörtern äußern. Allerdings zeigt Abbildung 33 auch eine beträchtliche Variabilität in jeder Altersstufe.

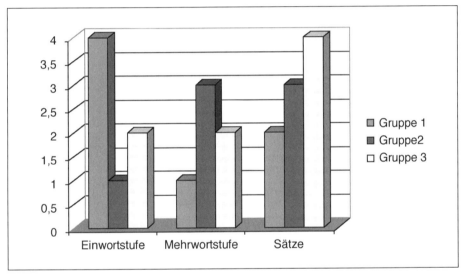

Abbildung 33: Sprachentwicklungsstufe bei 24 Kindern mit FraX-Syndrom im Vorschulalter (Beurteilung einer Spontansprachprobe; Gruppe 1:Lebensalter < 50 Monate; Gruppe 2: < 65 Monate; Gruppe 3: < 82 Monate (Sarimski, 2002b)

Ermittelt man die mittlere Äußerungslänge in Wörtern (DAWA) bei den Kindern, die mindestens die Einwortstufe erreicht haben, so zeigt sich die *Zunahme des Äußerungsumfangs in Abhängigkeit vom Alter* deutlich (Abbildung 34). Ein Vergleich der jüngeren mit den älteren Kindern (Teilung am Median der Altersverteilung) ergibt einen statistisch signifikanten Unterschied. Die mittlere Äußerungslänge in Wörtern ist bei älteren Kindern signifikant höher als bei jüngeren Kindern. Es findet sich erwartungsgemäß ein Zusammenhang zwischen dem Grad der mentalen Behinderung und dem Sprachstand. Kinder mit stärkerer Behinderung haben eine niedrigere mittlere Äußerungslänge in Wörtern als Kinder mit leichterer intellektueller Behinderung.

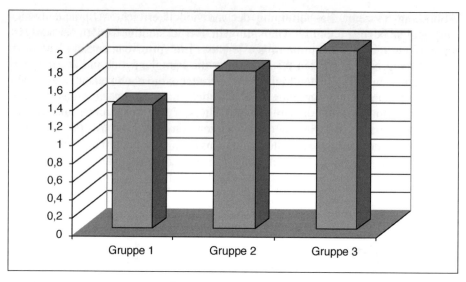

Abbildung 34: Durchschnittliche Äußerungslänge in Worten bei 24 Kindern mit FraX-Syndrom im Vorschulalter (Beurteilung einer Spontansprachprobe; Sarimski, 2002b)

Bei drei Jungen ließ sich der Wortschatzumfang mit dem Allgemeinen Wortschatztest (AWST) und ein Eindruck von den grammatischen Kompetenzen mit dem entsprechenden Subtest des Psycholinguistischen Entwicklungstests (PET) erheben. Zwei der drei Jungen erreichten Werte im unteren Durchschnittsbereich der Referenzgruppe (PR 23, bzw. 38 im AWST; PR 14, bzw. 78 im Grammatik-Test); bei beiden Kindern zeigte sich auch hinsichtlich der intellektuellen Leistungsfähigkeit eine geringere Beeinträchtigung als bei der Mehrzahl der untersuchten Kinder (z. B. K-ABC-IQ 68). Der Wortschatzumfang und das Wissen um morphologisch-syntaktische Regeln des dritten Jungen (6;4 Jahre; SON-IQ 52) entsprach dem Durchschnitt 3- bis 4-jähriger Kinder.

Bei zwei Jungen im Alter von 2;7 und 4;9 Jahren konnte der Sprachentwicklungstest für zweijährige Kinder (SETK-2) zumindest teilweise durchgeführt werden. Der jüngere bewältigte die Mehrzahl der Aufgaben zum Wortverstehen und bildete einzelne Worte zu den Abbildungen von Einzelgegenständen, Tieren u. Ä., war aber mit den Aufgaben zum „Satzverstehen" und zur Satzbildung noch überfordert. Sprachverständnis und Sprachbildung des älteren Jungen konnten mit dem SETK-2 adäquat erfasst werden. Da das Verfahren lediglich Referenzangaben für die Altersgruppe der zwei- bis dreijährigen Kinder enthält, ist allerdings eine bewertende Aussage nur insoweit möglich, als der Junge die Satzverständnis- und Satzbildungsaufgaben so löste, wie das für ein 30 bis 36 Monate altes Kind mit unbeeinträchtigter Entwicklung typisch wäre.

Tabelle 28 gibt eine Übersicht über qualitative Aspekte der sozialen Kommunikation und die Verständlichkeit der Äußerungen in der Untersuchungssituation.

Sechs Kinder zeigten ausgeprägte Abwehrverhaltensweisen gegen die Anforderung und wirkten mit den Untersuchungsbedingungen überfordert. Dies waren nicht – wie man vielleicht erwarten könnte – die jüngeren Kinder. Vielmehr zeigten zwei Kinder der Gruppe 2 und vier Kinder der Gruppe 3 ausgeprägte Abwehr gegen die Untersuchung. Sechs weitere Kinder reagierten sehr scheu und wichen dem Blickkontakt mit dem Untersucher aktiv aus. Diese Jungen gingen z. T. durchaus auf die Aufgabe, die Bilder zu kommentieren ein, vermieden aber über den gesamten Zeitraum, den Untersucher anzuschauen. Drei Jungen äußerten sich ungewöhnlich leise und waren deshalb schwer zu verstehen.

Tabelle 28: Qualitative Merkmale der Kommunikation bei 30 Jungen mit FraX-Syndrom im Vorschulalter (Sarimski, 2002b)

sehr leise Stimme	3
überhastete, polternde Sprechweise	6
eingeschränkte Verständlichkeit	17
Neigung zur Echolalie	7
soziale Scheu (Blickvermeidung)	6
ausgeprägtes Abwehrverhalten	6

Sechs Kinder hatten erhebliche Probleme der Aufmerksamkeitssteuerung, kommentierten impulsiv, blätterten rasch weiter und strebten sehr schnell nach einem neuen Reizangebot, so dass es auch bei ihnen nicht gelang, eine größere Anzahl von sprachlichen Äußerungen zu dem standardisierten Material zu dokumentieren. Nachfragen bei den Eltern ergaben, dass keines der sechs Kinder, die in der Untersuchungssituation kein Wort äußerten, im vertrauten häuslichen Rahmen dazu in der Lage gewesen wäre. Bei mehreren sprechenden Kindern berichteten die Eltern dagegen, dass ihr Kind sich zu Hause umfangreicher und länger äußere als in der Untersuchungssituation. Es ergab sich kein Hinweis auf einen Zusammenhang zum Alter der Kinder.

Pragmatische Auffälligkeiten

Die Auffälligkeiten der Sprache liegen offenbar weniger in sprachstrukturellen Merkmalen als in Defiziten im pragmatischen Sprachgebrauch. Schon in den frühen klinischen Beschreibungen von Kindern mit fra(X)-Syndrom gehörten besondere Sprech- und Sprachmerkmale zu den Charakteristika. Sie sind mittlerweile durch eine Reihe von Untersuchungen als Eigenheiten des fra(X)-Syndroms bestätigt worden: Artikulationsprobleme (Lautersetzungen und -auslassungen), Auffälligkeiten des Tempos und der Impulsivität ihrer Äußerungen, Wiederholungen einzelner Worte, Sätze und Themen (Perseverationen).

Ein Kennzeichen der sprachlichen Äußerungen von Kindern und Erwachsenen mit fra(X)-Syndrom ist ihre *Schnelligkeit und ein ungleichmäßiger Rhythmus*, eine Mischung aus raschen Wortkaskaden und langen Pausen (Wolf-Schein et al., 1987). Eine solche polternde Sprechweise fand sich bei den meisten Kindern ab dem Schulalter, seltener früher (Borghgraef et al., 1987). Teilweise werden Laute weggelassen oder ersetzt, wobei die Kinder mit der Verkettung unterschiedlicher Silben besondere Schwierigkeiten haben (z.B bei dem Wort „Linoleum"). Oft kommt es zu Wiederholungen des ersten Buchstabens eines Wortes oder des ersten Wortes eines Satzes (Newell et al., 1983). Diese Auffälligkeiten könnten Folge von Schwierigkeiten der Umsetzung in artikulatorische Bewegungsmuster sein, aber auch Folge einer generellen Schwierigkeit, sequenzielle Informationen zu bearbeiten, wie sie sich als Spezifikum des kognitiven Profils erwiesen hat.

Sechs Jungen unserer eigenen Untersuchung hatten eine auffällige Sprechweise mit überhastetem Tempo und polterndem Charakter. Die Äußerungen von 11 weiteren Jungen wurden auf Grund von Lautersetzungen und -auslassungen als schwer verständlich klassifiziert. Bei 17 von 24 sprechenden Jungen war somit die Verständlichkeit deutlich beeinträchtigt. Sieben Jungen neigten zu häufigem Echolalieren der Erwachsenenäußerung; vier von ihnen befanden sich auf der Einwortstufe.

Eine *litanei-ähnliche Wiederholung einzelner Äußerungen (Worte, Sätze oder Themenbeiträge)* zeigte sich bei Kindern und Erwachsenen mit fra(X)-Syndrom häufiger als bei solchen mit unterschiedlichen Behinderungsursachen oder Down-Syndrom (Hanson et al., 1986). Solche Perseverationen unterscheiden die Sprache von Kindern und Erwachsenen mit fra(X)-Syndrom von der Sprache autistischer Kinder, die viele Echolalien enthalten, d. h. Wiederholungen dessen, was der Dialogpartner sagt (Sudhalter et al., 1990; Ferrier et al. 1991).

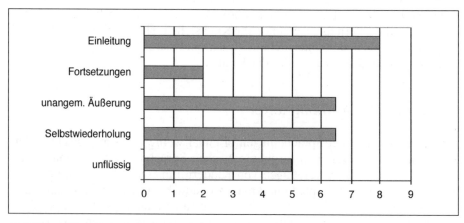

Abbildung 35: Relativer Anteil von unangemessenen, repetitiven oder unflüssigen Beiträgen an den sprachlichen Äußerungen von Kindern und Erwachsenen mit fragilem-X-Syndrom (nach Ferrier et al., 1991)

Dabei haben sie ein großes Bedürfnis, den Dialog mit dem Erwachsenen aufrechtzuerhalten. Die Zahl ihrer Dialogbeiträge, in denen sie Fragen stellen, Wünsche äußern oder eine Äußerung des Partners aufgreifen und fortführen, war höher als z. B. bei Down-Syndrom- oder autistischen Kindern, aber auch die Zahl der Äußerungen, die nur an sich selbst gerichtet oder schlecht auf das Thema abgestimmt sind (Ferrier et al., 1991, Sudhalter et al., 1990, Wolf-Schein et al, 1987). *Perseverierende und vor allem schlecht auf das Thema abgestimmte (tangenzielle) Äußerungen treten signifikant häufiger bei fragilem (X)-Syndrom als bei anderen Kindern auf, und zwar dann, wenn die Betroffenen ein Gespräch beginnen oder ein Thema aufrechterhalten sollen* (Sudhalter, 1996).

Auch diese Neigung zu perseverierenden Äußerungen lässt sich als Ausdruck sozialer Unsicherheit verstehen. Einige neuere Untersuchungen sprechen für diese Erklärung. Kinder und Erwachsene mit fra(X)-Syndrom haben nicht grundsätzlich mehr Schwierigkeiten, einen Gedanken in eine korrekte sprachliche Form zu bringen. Die syntaktischen Fähigkeiten sind nicht stärker beeinträchtigt als die kognitive Entwicklung im Allgemeinen; auch findet sich kein Zusammenhang zwischen grammatischer Kompetenz und der relativen Häufigkeit repetitiver und perseverierender Äußerungen am Gesamt der sprachlichen Beiträge (Sudhalter et al., 1991). Es fanden sich aber Zusammenhänge mit sozialen Unsicherheiten der Kinder. So ließ sich z. B. zeigen, dass sowohl Perseverationen wie auch autonome Erregungssteigerungen häufiger auftraten, wenn die Kinder im Gespräch vom Gegenüber unmittelbar angeschaut wurden (Belser & Sudhalter, 1996).

Das Vermeiden von Blickkontakt bei unmittelbarer Ansprache scheint ein charakteristisches Verhaltensmerkmal bei einer Teilgruppe (20%) von Kindern mit fragilem-X-Syndrom zu sein. Es fand sich häufiger gegenüber fremden Erwachsenen als gegenüber den eigenen Eltern und öfter als bei anderen behinderten Kindern. Das Vermeiden von Blickkontakt ist auch ein Merkmal des autistischen Syndroms. Bei Kindern mit fragilem-X-Syndrom zeigte sich aber ein spezielles Muster. Während die autistischen Kinder gar nicht auf die soziale Interaktion des Erwachsenen einzugehen scheinen, ließ sich bei Kindern mit fra(X) durch minutiöse Analysen zeigen, dass sie diese sehr wohl wahrnehmen, zunächst aktiv den Blickkontakt vermeiden, bis der Erwachsene kurz wegschaut, sie dann aber wieder den Blick auf ihn richten. Es wirkt, als ob der direkte Blickkontakt für sie unangenehm sei (Cohen et al., 1989).

Belser und Sudhalter (2001) videografierten das Gesprächsverhalten von 10 Jungen und Männern mit FraX-Syndrom (9 bis 32 Jahre), Probanden mit autistischem Syndrom bzw. intellektueller Behinderung anderer Ursache und ermittelten die Häufigkeit von repetitiven Äußerungen. Während sich bei Äußerungen, die sich in den Gesprächsfluss einfügten, kein signifikanter Unterschied fand, traten sie bei tangenziellen, nicht auf den gegenüber abgestimmten oder echolalischen Äußerungen bei Probanden mit FraX-Syndrom sehr viel häufiger auf.

Kinder mit fragilem-X-Syndrom scheinen generell eher mit Perseverationen zu reagieren, wenn sie Schwierigkeiten haben, eine passende Antowrt zu finden, während sie adäquat antworten können, wenn es um anschauliche Themen geht, die ihnen geläufig sind (Sudhalter et al., 1992). Auch wenn sie ungewöhnliche Fragen beantworten sollen, reagieren sie oft mit assoziativen Antworten, als ob sie den Gehalt der Frage nicht erfassen, sondern impulsiv auf einzelne Begriffe reagieren, die sie wiedererkennen (Sudhalter et al., 1990).

5.5 Sozial-adaptive Fähigkeiten

Die sozial-adaptive Kompetenz umfasst die Fähigkeit zur sozialen Kommunikation, Selbstständigkeit in der Selbstversorgung, bei Haushaltstätigkeiten, bei der Gestaltung von Freizeit und sozialen Kontakten sowie die soziale Kompetenz in der Interaktion mit Gleichaltrigen. Die sozial-adaptiven Fähigkeiten lassen sich über standardisierte Befragung, z. B. die „Vineland Social Maturity Scale", dokumentieren.

Bei vielen Kindern, Jugendlichen und Erwachsenen mit fra(X) scheint die lebenspraktische Selbstständigkeit besser ausgeprägt als ihre Fähigkeit zur sprachlichen Kommunikation und Gestaltung sozialer Beziehungen (Dykens et al., 1992; Wiegers et al., 1993). Sie können z. B. im Haushalt und bei der Körperpflege viele Tätigkeiten allein ausführen, z. B. Mahlzeiten vorbereiten, Abwaschen, sich waschen und kämmen, für die andere Kinder mit vergleichbarer Behinderung Hilfe benötigen.

Besondere Stärken in diesem Bereich im Vergleich zu ihren anderen Fähigkeiten fielen besonders im Jugend- und Erwachsenenalter auf. Sie finden sich unabhängig von der Lebensumwelt, d. h. bei Erwachsenen, die in großen Behinderteneinrichtungen leben, ebenso wie bei denen, die in kleinen Wohnheimen oder zu Hause leben (Dykens, 1995b). Offensichtlich ist ihnen dabei die Fähigkeit zur Beobachtung, Speicherung und Nachahmung gleichbleibender Abläufe von Nutzen. Dass ihre Irritierbarkeit mit dem Alter nachlässt, macht ihnen den Erwerb komplexer praktischer Fähigkeiten leichter.

Im Vergleich zu den praktischen Fertigkeiten des täglichen Lebens scheinen die sozialen Fertigkeiten – soweit sie mit den Vineland Scales erfragt werden – stärker beeinträchtigt (Dykens et al., 1993; Fisch et al., 1996). Analysen einzelner sozialer Kompetenzen, z. B. der Fähigkeit zur Bewertung von sozialen Situationen, Gestaltung sozialer Beziehungen und Lösung sozialer Konflikte, liegen noch kaum vor. Lediglich die Fähigkeit, Emotionen am Gesicht abgebildeter Personen zu erkennen oder in sozialen Situationen die Perspektive Anderer zu berücksichtigen (als Teilaspekte der sogenannten „Theory of Mind"), wurden näher untersucht. Sie scheinen beim FraX-Syndrom dem allgemeinen Entwicklungsstand zu entsprechen und nicht spezifisch beeinträchtigt zu sein

(Mazzocco et al., 1994; Simon & Finucane, 1996; Turk & Cornish, 1998; Garner et al., 1999).

Tabelle 29 zeigt einen Ausschnitt aus den Ergebnissen einer Befragung der Eltern von 63 Jungen mit FraX-Syndrom (6 bis 18 Jahre), bei der wir das Heidelberger-Kompetenz-Inventar (HKI) verwendeten. In diesen Daten zeigt sich, dass ein beträchtlicher Anteil von Jungen höhere lebenspraktische Fertigkeiten (z. B. „kauft selbstständig Kleinigkeiten ein", „verhält sich verkehrsgerecht") erworben hatten als schulisch-abstrakte Kompetenzen (z. B. „kann sinnentnehmend lesen", „kann im Zahlenraum < 20 rechnen").

Tabelle 29: Ausgewählte praktische und schulische Fertigkeiten bei 63 Schulkindern mit FraX-Syndrom (HKI; Sarimski, 2003b)

Praktische und schulische Fertigkeiten	%
zieht sich selbstständig an	90.2
isst mit Messer und Gabel	74.6
meldet sich am Telefon und gibt Nachricht weiter	52.4
kauft selbstständig Kleinigkeiten ein	41.3
verhält sich verkehrsgerecht	36.5
versteht eine Kindergeschichte	85.8
führt mehrteilige Anweisungen aus	63.5
spricht mindestens in Zweiwortsätzen	92.1
stellt verständliche Fragen	85.7
bildet komplexe Haupt- und Nebensätze	52.4
kann sinnentnehmend lesen	19.0
kann Worte selbstständig schreiben	14.2
kann im Zahlenraum < 20 addieren und subtrahieren	4.8

Nach ihren sprachlichen Ausdrucksfähigkeiten und ihrem Lernstand im Lesen und Schreiben wurden sie in zwei Gruppen leichter vs. schwerer intellektueller Behinderung gegliedert. Die beiden Gruppen unterschieden sich signifikant in allen drei Bereichen der Kompetenzerhebung (praktische, kognitive und soziale Kompetenzen). Beim Vergleich von drei Altersgruppen (< 9 Jahre, 9 bis 12 Jahre, > 12 Jahre) zeigt sich ein altersabhängiger Anstieg der praktischen und kognitiven Kompetenzen, während sich die sozialen Kompetenzen nicht im gleichen Maße veränderten.

Legt man die Referenzwerte aus Schulen für geistigbehinderte Kinder zum Vergleich zugrunde, haben 14 % der Jungen mit FraX-Syndrom höhere kognitive,

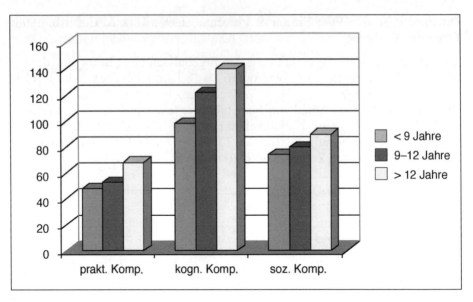

Abbildung 36: Altersabhängige Zunahme der adaptiven Fähigkeiten bei 63 Jungen mit FraX-Syndrom (Sarimski, 2003b)

praktische und soziale Kompetenzen als Kinder gleichen Alters, die diese Schulform besuchen. Es handelt sich durchweg um jüngere Kinder (< 12 Jahre) mit leichterer intellektueller Behinderung, die zum Teil auch am gemeinsamen Unterricht mit nicht behinderten Kindern teilnehmen, bzw. eine Förderklasse für lernbehinderte Kinder besuchen. 21 Jungen (33 %) haben höhere Lesefertigkeiten, 28 Jungen höhere sprachliche Ausdrucksfähigkeiten als Kinder gleichen Alters, die eine Schule für Kinder mit geistiger Behinderung besuchen. Andererseits finden sich im Bereich der praktischen Kompetenzen 12 Jungen (19 %), deren Fähigkeiten in der Selbstversorgung und Beteiligung an Tätigkeiten des praktischen Lebens weniger weit entwickelt sind als bei Kindern mit geistiger Behinderung im Allgemeinen. 28 Kinder (44 %) haben mehr Schwierigkeiten mit dem Rechnen (PR < 25) als diese Vergleichsgruppe.

Diese Befunde stehen auf den ersten Blick im Widerspruch zu den anderen Untersuchungen, die mit den Vineland-Scales erhoben wurden. Diese Unterschiede können auf Differenzen in den verwendeten Erhebungsverfahren zurückzuführen sein; denkbar ist auch, dass es sich bei den Kindern mit unterdurchschnittlichen praktischen Kompetenzen um Kinder handelt, bei denen ausgeprägte autistische Verhaltensmerkmale die Kooperation mit Anleitungen zu praktischen Fertigkeiten erschweren. Eine differenzierte Erhebung autistischer Symptomatik erfolgte im Rahmen unserer Studie leider nicht.

Nicht immer findet sich eine spezifische Stärke im Bereich der praktischen Fähigkeiten. Baumgartner et al. (1995) fanden keine signifikanten Unterschiede in den Ergebnissen der Vineland Social Maturity Scale zwischen je 30 Kindern mit fragilem-X-Syndrom und nach dem IQ parallelisierten Kindern mit gemischten Behinderungsformen (mittleres Alter: 9 Jahre). Maes et al. (1994a) berichteten über die persönliche Selbstständigkeit von 58 erwachsenen Männern mit fragilem(X). Auch sie fanden keine signifikanten Unterschiede in der Fähigkeit zur Kommunikation, Arbeitshaltung und im Umgang mit sozialen Situationen im Vergleich zu anderen Erwachsenen mit geistiger Behinderung. Wohl aber erwiesen sich die Betroffenen mit fra(X) als selbstständiger in basalen Alltagsfertigkeiten wie Anziehen, Waschen, Zähneputzen, Bettenmachen oder Tischdecken.

Im longitudinalen Verlauf zeigt sich, dass die adaptiven Fähigkeiten beim fragilen-X-Syndrom stetig zunehmen bis zum Alter von zehn Jahren. So wurden Daten von 187 Jungen und Männern zwischen einem und 40 Jahren in mehreren Zentren gesammelt (Dykens et al., 1996b). Bei wiederholter Dokumentation der adaptiven Fähigkeiten binnen zweieinhalb Jahren fand sich ein Zuwachs von jeweils durchschnittlich einenviertel Jahren bis zum Alter von 10 Jahren, danach jedoch nicht mehr. Es kam zu einem Entwicklungsplateau, wie es auch bei der Entwicklung der kognitiven Funktionen beschrieben wurde. Die Entwicklungsverläufe in beiden Bereichen korrelierten miteinander und waren weitgehend parallel, wobei die multizentrische Studie zeigte, dass bei 45 % die adaptiven Fähigkeiten weiter entwickelt waren als nach dem IQ-Niveau zu erwarten gewesen wäre (Fisch et al., 1994, 2002; Dykens et al., 1996b)..

Die Diskrepanz zwischen adaptiven und intellektuellen Fähigkeiten, wie sie in Intelligenztests gemessen werden, kann dadurch bedingt sein, dass es sich um Fertigkeiten handelt, die durch Beobachtung, Wiederholung und Einübung in praktischen Zusammenhängen erworben werden und einen Schwerpunkt der schulischen Förderung darstellen. Viele Eltern sind aber auch der Ansicht, dass sich in den adaptiven Fähigkeiten das tatsächliche Leistungsvermögen ihrer Kinder wiederspiegelt, während diese bei Intelligenztestungen mit sozialen Anforderungen konfrontiert werden, die ihre Toleranz überfordern, so dass sie ihre Fähigkeiten auf Grund der sozialen Ängstlichkeit, Ablenkbarkeit und Hyperaktivität nicht adäquat zeigen können. Auf jeden Fall besteht ein beträchtliches Potenzial zur Selbstständigkeit und sozialen Partizipation im Erwachsenenalter, das es in der pädagogischen Förderung zu nutzen gilt.

5.6 Verhaltensmerkmale

Spezifische Verhaltensbesonderheiten

Über Einschätzskalen, die die Eltern ausfüllten, erwiesen sich fünf Gruppen von Verhaltensweisen bei fra(X)-Kindern als besonders stark ausgeprägt: *abnorme Sprachmerkmale (d. h. die bereits beschriebenen Perseverationen, ra-*

sche und polternde Äußerungen, z. T. begleitet von ungewöhnlichen Handbewegungen), Fehlen oder Vermeiden von sozialem Blickkontakt, taktile Überempfindlichkeit (Widerstand gegen Berührung, Halten, Aufgenommenwerden), mangelnde Kontrolle über impulsive Reaktionen (Kopfschlagen, Handbeißen, Beriechen oder Belecken von Objekten der Umgebung), Wedeln mit den Armen oder Händen. Nicht alle diese Verhaltensweisen sind für alle Kinder mit fra(X)-Syndrom charakteristisch. Bei mehr als drei Viertel von 55 Jungen mit fragilem-X-Syndrom fanden sich jedoch Perseverationen, eine polternde Sprechweise, geringer Blickkontakt, Handwedeln oder Übererregung und Überempfindlichkeit gegen Berührungen. Von diesen Verhaltensmerkmalen erwiesen sich zumindest die sprachlich-kommunikativen Besonderheiten, die taktile Überempfindlichkeit und eine ausgeprägte soziale Unsicherheit und Scheu als syndromspezifisch. Im Vergleich zu entwicklungsmäßig parallelen Kindern traten diese Merkmale viermal häufiger auf (Lachiewicz et al., 1994).

Die Befunde variieren etwas mit den verwendeten Untersuchungsinstrumenten und dem Alter der Untersuchungsstichprobe. So fand die eine Arbeitsgruppe bei Kindern vor der Pubertät z. B. Auffälligkeiten des Blickkontakts bei 85%, Hyperaktivität bei 81%, Handwedeln bei 89%, Handbeißen bei 54%; die andere bei überwiegend Erwachsenen die gleichen Merkmale bei 37%, 74% und 37% (Hagerman et al. 1991; Butler et al., 1991). Baumgartner et al. (1995) dokumentierten die Verhaltensmerkmale von je 30 Schulkindern mit fragilem-X und nach IQ parallelisierten Kindern mit gemischten Behinderungsformen mit Hilfe der „Aberrant Behavior Checklist". Sowohl in der Einschätzung der Eltern wie auch in der Einschätzung der Erzieher und Lehrer erwiesen sich Überaktivität (leicht ablenkbar, ruhelos, impulsiv), Stereotypien (Handwedeln) und Sprachauffälligkeiten (exzessives Sprechen, Selbstverbalisationen, Perseverationen) als signifikante Unterscheidungsmerkmale, nicht aber eine Neigung zu sozialem Rückzug. Es fand sich kein eindeutiger Zusamenhang zwischen der Ausprägung der charakteristischen Verhaltensmerkmale und dem IQ der Kinder.

Tabelle 30: Verhaltensmerkmale von Kindern mit fragilem-X und Kindern einer Kontrollgruppe in Elternbeurteilungen (ABC; nach Baumgartner et al., 1995)

Verhaltensmerkmale	fra-X	Kontr.-Gr.	p
Überaktivität	19.9	13.6	.04
Stereotypie/Selbstverletzung	4.9	2.2	.03
Sprachauffälligkeit	5.7	3.0	.03
sozialer Rückzug	5.8	4.5	Ns
Irritierbarkeit	12.6	12.2	Ns

In einer deutschen Befragung der Eltern von 49 Jungen mit fragilem-X-Syndrom (5 bis 16 Jahre) wurde neben der Child Behavior Checklist (CBCL) ein kinderpsychiatrisches Interview (Kinder-DIPS) durchgeführt. *Bei 74 % wurde die Diagnose einer Aufmerksamkeits-/Hyperaktivitätsstörung gestellt, bei 29 % die Diagnose einer oppositionellen Verhaltensstörung, bei 10 % die Diagnose einer emotionalen Störung mit Trennungsangst. Fast 90 % der Jungen erreichten CBCL-Werte im klinisch auffälligen Bereich.* Dabei dominierten Aufmerksamkeitsprobleme und soziale Probleme. In diesen Skalen waren jeweils mehr als drei Viertel der Jungen auffällig im Vergleich zu nicht behinderten Kindern gleichen Alters (Backes et al., 2000; von Gontard et al., 2002).

Hatton et al. (2002) verwendeten ebenfalls die CBCL in einer Untersuchung von 59 Jungen (4 bis 12 Jahre) und ermittelten niedrigere Raten auffälliger Befunde als die deutsche Arbeitsgruppe. 49 % der Gesamtwerte lagen im Bereich klinischer Auffälligkeit. Bei 56 % der Jungen wurden Aufmerksamkeitsprobleme oder Denkstörungen (welche vor allem autistische Verhaltensmerkmale widerspiegeln), bei 26 % soziale Probleme mit Gleichaltrigen beschrieben. Die Elternangaben zu den Verhaltensauffälligkeiten erwiesen sich über einen Zeitraum von drei Jahren als weitgehend stabil.

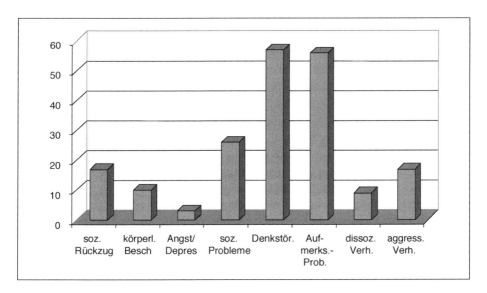

Abbildung 37: Skalenwerte im auffälligen Bereich bei 59 Jungen mit FraX-Syndrom (CBCL; Hatton et al., 2002)

An einer eigenen Befragung zu Ausmaß und Bedingungen von Verhaltensproblemen beteiligten sich 31 Eltern von Jungen mit gesicherter Diagnose eines fra(X)-Syndroms (Sarimski, 1996c). 14 Jungen befanden sich im Vorschulalter (unter 6 Jahren), 11 im frühen Schulalter (6 bis 10 Jahre), 6 waren älter als zehn Jahre. Zur Beurteilung der Verhaltensmerkmale wurde der Verhaltensfragebogen der „Society for the Study of Behavioural Phenotypes" eingesetzt sowie je nach Alter der „Verhaltensbeurteilungsbogen für Vorschulkinder" (VBV 3–6; Döpfner et al., 1993) oder die „Child Behavior Checklist" (CBCL).

Tabelle 31 gibt einen Überblick, wie die Eltern das emotionale und soziale Verhalten ihrer Kinder beurteilen. Es fanden sich auch hier die beschriebenen charakteristischen Verhaltensmerkmale. *Zwei Drittel der Kinder wurden als überaktiv oder impulsiv reagierend beschrieben, reagierten heftig auf Veränderungen, starrköpfig und schwankend in ihren Stimmungen.* Bei 40 % wurden ungewöhnliche Empfindlichkeiten für Geräusche und Berührungen geschildert. Ihre Erregung äußerten viele Kinder, indem sie mit den Armen wedeln oder sich in die Hand beißen.

Welche Belastungen für das Miteinander sich hinter diesen spröden Beschreibungen verbergen, zeigen einige Elternäußerungen:

Äußerungen von Eltern

„läuft beim Spaziergang sehr weit vor, kann kaum ruhig sitzen, auch nicht beim Essen; bewegt sich zu Hause auf einem Hüpfball, was auch gleichzeitig seine Sitzgelegenheit ist, besonders bei schlechten Gerüchen steigert er sich bis zum Erbrechen"

„sich bewegende Gegenstände oder Bilder (TV) werden mit heftigem Flattern der Arme, Auf- und Niederhopsen sowie kleinen, hohen Schreien begleitet; er beißt sich in die Hände, kratzt sich, legt sich auf den Boden"

„er will ständig schaffen, auch draußen ist er ständig auf der Suche nach einer Beschäftigung; er läuft/fährt mit dem Roller weg und füttert Hühner mit Zierpflanzen; er streckt die Zunge raus, stößt schrille Schreie aus und schlägt, wenn er sich ärgert; er kann einem nicht in die Augen schauen; er wedelt mit den Händen, wenn er sich freut"

„bei Beanspruchung (z. B. vielen Kindern, neuen Situationen, besonderen Aufregungen) beißt er in seine Anziehsachen (z. B. in den Ärmel), teilweise auch bei Freude"

„seine Stimmung ist labil; an schlechten Tagen macht er immer die gleiche Beschäftigung (kochen, Waschmaschine beobachten), verzweifelt wegen jeder Kleinigkeit, ist aggressiv, laut; wenn er helfen will und jemand ihm zuvorkommt, kann es dazu kommen, dass er die Person angreift, als ginge es um sein Leben; er ist aber sehr viel ruhiger geworden. Ich bin auch sehr stolz auf ihn, weil ich glaube, dass es ihm oft schwer fällt, sich nicht außerhalb der Norm zu benehmen; aber er bemüht sich sehr und hat sich gut im Griff"

Gelegentliche körperliche Angriffe auf andere Kinder wurden bei etwa 40 % der Kinder beobachtet; ebenso häufig berichteten Eltern über beleidigende sprachliche Äußerungen. Diese Verhaltensweisen wirkten nicht aggressiv, sondern impulsiv. Einige Eltern betonten, dass ihr Kind sein Kontaktverhalten mit der Zeit besser kontrollieren gelernt hat.

Äußerungen von Eltern
„Da er durch seine dauernde Unruhe mit Spielsachen oder auch Tieren und Kindern oft etwas grob umgeht, wird er von anderen Kindern vom Spiel ausgeschlossen, was bei ihm zu Frust und Aggressivität führt. Er zerstört Gegenstände, ohne sich etwas dabei zu denken"
„in der Öffentlichkeit macht er meistens viel durcheinander, hat kein Gefahrenbewusstsein; er schlägt andere Kinder, wie zum Kennenlernen; will mit ihnen spielen, ist aber zu dominant und impulsiv"
„Er bleibt nicht am Tisch, schlingt ohne abzubeißen, kaut nicht; hält fast keinen Blickkontakt; ist sehr sprunghaft, kennt keine Gefahr, schreit viel bei schnellen Bewegungen. In Situationen, in denen er früher auf Menschen oder Dinge wütend losging, hat er sich jetzt so unter Kontrolle, dass er es bei Fäusteballen oder Geschrei belässt. Wenn Besuch kommt oder fremde Leut ihn ansprechen, läuft er davon, spricht wirr oder krabbelt unter den Tisch."

Eine *allgemeine Ängstlichkeit und auffällige Scheu vor Blickkontakt* wurde bei 40 % der Kinder beschrieben. Sie charakterisiert eine Teilgruppe der Kinder. Andere wurden als freundlich-zugewandt und in ihrer Kontaktaufnahme eher distanzlos geschildert.

Im Vergleich zu ihrer Altersgruppe wurden 8/13 Vorschulkinder in ihrer sozialen Kompetenz (Konfliktlösefähigkeit, Spielproduktivität, Offenheit gegenüber Eltern) als unterdurchschnittlich angesehen. *Oppositionell-aggressives Verhal-*

Tabelle 31: Verhaltensmerkmale bei 31 Jungen mit fra(X)

Verhaltensmerkmale	n	%
soziales Verhalten		
sozial isoliert/in eigener Welt	12	40.0
freundlich-distanzlos	18	58.1
auffälliger Blickkontakt	12	40.0
schwierig in der Öffentlichkeit	15	48.4

körperliche Bewegung		
überaktiv	20	66.7
ungeschickt	9	29.0
macht zielloses Durcheinander	15	48.4
unübliche Bewegungen und Interessen		
Bewegungen, z. B. Handwedeln, -flattern	17	58.6
auffällige Interessen, Fixierung auf Themen	11	35.5
besteht auf Gewohnheiten, Erregung bei Veränderung	22	71.0
ungewöhnliche Empfindlichkeit für Geräusche	12	41.4
ungewöhnliche Empfindlichkeit für Berührungen	9	31.0
Körperschaukeln	3	10.3
Beißen in die eigene Hand	20	68.9
aggressives Verhalten		
körperliche Angriffe auf andere Kinder	12	38.7
körperliche Angriffe auf Erwachsene	6	19.4
Schlagen ohne erkennbaren Grund	13	41.9
Zerstören von Gegenständen	9	29.0
aggressiv-beleidigende Äußerungen (manchmal/oft)	13	43.4
starrköpfig (manchmal/oft)	19	63.3
Ängstlichkeit und Stimmung		
elend oder sehr unglücklich	7	22.6
sehr ängstlich	12	40.0
rasche Stimmungsschwankungen	19	63.3
häufige (mind. täglich) Wutausbrüche	8	25.8
der Situation unangepasste Stimmung	10	32.3
oft übermäßig glücklich	10	38.5

ten (Stimmungsschwankungen, impulsives oder ablehnendes Verhalten, gegenstandsbezogene oder körperliche Aggression) wurde *bei 10/13 Kindern als auffällig hoch angesehen. 9/13 Kinder zeigten eine überdurchschnittliche Hyperaktivität* (Unruhe, Aufmerksamkeitsschwäche, Leistungsunsicherheit, geringe Ausdauer). Emotionale Labilität und soziale Ängstlichkeit beschrieben 4/13 Eltern als auffällig.

In den Augen der Erzieherinnen ist die soziale Kompetenz der meisten Kinder unterdurchschnittlich. 6/11 sind kaum in der Lage zum gemeinsamen Spiel und zur Lösung von Konflikten. 8/11 Kindern wurden als hyperaktiv beurteilt, aber nur zwei als impulsiv, aggressiv oder emotional labil und ängstlich.

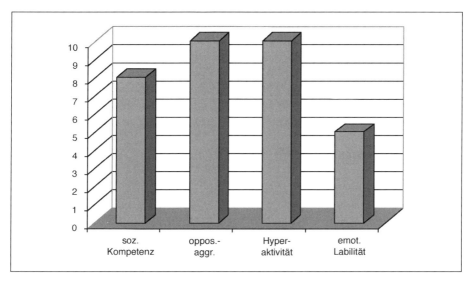

Abbildung 38: Auffälliges Verhalten bei Kindergartenkindern mit fragilem-X-Syndrom (VBV 3–6)

Als Einzelbeobachtungen wurden häufig genannt: Konzentrationsschwäche beim Spiel, leichte Ablenkbarkeit, kann am Tisch nicht sitzenbleiben, macht Spiele nicht zu Ende. Bei 8/11 Kindern beobachteten die Erzieherinnen nervöse Bewegungen (z. B. Fingernägel beißen oder an den Knöpfen und der Kleidung nesteln).

Einige Erzieherinnen beschrieben positive Erfahrungen mit der sozialen Integration der Kinder, wenn die Gruppe klein und eine konsequente pädagogische Führung möglich ist.

Beispiel
„Der Junge ist drei Jahre im integrativen Kindergarten. Es gab eine lange und schwierige Eingewöhnungsphase. Er hatte lange eine Außenseiterrolle, auch auf Grund seines aggressiven Verhaltens und seiner mangelhaften sprachlichen Fähigkeiten. Zur Zeit ist der Junge in der Gruppe akzeptiert. Er kann sich ausdrücken, ist weniger aggressiv und ruhiger geworden. Er kann sich mit Hilfe eines Erwachsenen in die Gruppe integrieren und sich an gemeinsamen Aktivitäten beteiligen."

> „Voraussetzungen für das Gelingen sozialer Interaktionsprozesse sind unseres Erachtens kleine Kindergruppen; gute, intensive personelle Ausstattung, die zulässt, eine Interaktion in Kleingruppen zu beginnen; praktische und anschauliche Förderung mit kindgerechtem und attraktivem Material, weil es die Konzentration auf die Situation erleichtert, wobei es wichtig ist, die Vorlieben des Kindes herauszufinden; eine Atmosphäre, in der alle Gruppenmitglieder geachtet werden und sich wohlfühlen (Toleranz, Wertschätzung im Umgang miteinander und Grenzen, Regeln einhalten); dem Kind das Gefühl zu geben, dass hier Sachen gemacht werden, die es gern mag, also von der Grundstimmung her die Kindergartengruppe als etwas Interessantes und Schönes zu erleben; eindeutiges, klares und konsequentes Verhalten der Bezugspersonen."

Bei der Beschreibung der Schulkinder durch die Eltern im CBCL standen die allgemeine und sprachliche Entwicklungsverzögerung, hyperaktive, impulsive, Aufmerksamkeit fordernde Verhaltensweisen und Zeichen sozialer Unsicherheit und Ängstlichkeit im Vordergrund. *10/12 Schulkinder wurden als hoch sozial auffällig klassifiziert, die übrigen beiden als sozial unangepasst.*

Tabelle 32: Charakteristische Verhaltensmerkmale im Schulalter (CBCL)

verhält sich zu jung für sein Alter	1.83
kann sich nicht konzentrieren, leicht abzulenken	1.83
fordert viel Aufmerksamkeit und Beachtung	1.67
ist für sein Alter zu abhängig vom Erwachsenen	1.67
kann nicht stillsitzen, zappelig, überaktiv	1.58
hat Probleme beim Sprechen	1.50
ist lieber mit Älteren zusammen	1.36
ist befangen, leicht verlegen	1.27
streitet oft (widerspricht, motzt)	1.08
fürchtet sich vor bestimmten Tieren, Situationen	1.08
handelt ohne zu überlegen, ist impulsiv	1.08
jammert, quengelt viel	1.08

Auch aus der Sicht der Lehrerinnen und Lehrer in den Schulen, die die Kinder besuchen, erwiesen sich die Konzentrationsprobleme, Ablenkbarkeit, Nervosität und Unruhe als charakteristisch. Weiterhin wurde das Festhalten an bestimmten Handlungen, abrupte Wechseln der Stimmung und der ungebremste

Redefluss als auffällig angesehen. Sechs der neun Kinder wurden – im Vergleich zu den Altersnormen – als verhaltensauffällig beurteilt (PR > 90), die übrigen zeigten Probleme der sozialen Anpassung (PR > 75).

Eine Lehrerin schrieb

„Julians Unruhe kann sich leicht auf die anderen Kinder der Gruppe und die Lehrer übertragen. Dadurch werden Gruppenaktivitäten und damit seine sozialen Lernmöglichkeiten beeinträchtigt. Ebenfalls behindern sein Jammern und Quengeln das Gruppengeschehen. Durch seine Weigerung, an gemeinsamen Spielen teilzunehmen oder konkrete Aufgaben auszuführen, schränkt er seine Möglichkeiten ein, das Gruppengeschehen aktiv mitzugestalten und mitzubestimmen. Sein Zurückweichen vor neuen Situationen behindert seine Kommunikations- und Interaktionsmöglichkeiten."

Eine soziale Integration in der Klasse kann dennoch gelingen, wenn der Lehrer sich auf die besonderen Verhaltensmerkmale und Bedürfnisse der Kinder einstellen kann:

Beispiel

„Wichtig sind ruhige Umgebung mit wenig Ablenkungsmöglichkeiten, gleichbleibender Tages- und Wochenablauf und häufige Wiederholung konkreter Gruppenaktivitäten, die Sicherheit geben, Ankündigung neuer Situationen und geplanter Aktivitäten und Ankündigung, dass er nach ihrem Ende spielen darf, was er möchte; gleichbleibendes Signal für das Ende gemeinsamer Aktivitäten; regelmäßig Zeit für Freispiel einräumen als Raum für selbstbestimmte Interaktionen; klare Regeln für das Gruppengeschehen, die er befolgen kann und an die er sich halten muss."

Da bei der geschilderten ersten Erhebung charakteristischer Verhaltensmerkmale mit der CBCL und dem VBV zwei Instrumente eingesetzt wurden, die ursprünglich nicht für die Identifikation von Verhaltensmerkmalen behinderter Kinder entwickelt worden sind, und die Stichprobe altersmäßig sehr inhomogen war, führten wir eine zweite Untersuchung durch, die sich ausschließlich auf Jungen im Schulalter bezog (Sarimski, 2003b).

Dabei verwendeten wir den Nisonger Beurteilungsbogen für das Verhalten behinderter Kinder (NCBRF) und verglichen die Einschätzungen von Eltern und Lehrern miteinander. Die Gesamtstichprobe umfasste 63 Jungen; von 52 Jungen lagen die Angaben der Lehrer vor. Im Vergleich zu den Referenzwerten für Kinder mit intellektueller Behinderung wurden 57 % als hyperaktiv eingeschätzt. 49 % zeigten überdurchschnittlich viele zwanghafte und ritualisierte

Verhaltensformen. In diesen beiden Skalen ergaben sich signifikante Korrelationen zwischen den Einschätzungen der Lehrer und der Eltern. Generell empfanden aber mehr Lehrer das Verhalten der Jungen mit FraX-Syndrom als hyperaktiv als Eltern, während das zwanghaft-ritualistische Verhalten von den Lehrern sehr viel seltener als besonders auffallend angesehen wurde.

43 % der Eltern schilderten eine besondere Reizempfindlichkeit und 33 % eine erhöhte Neigung zu stereotypem und selbstverletzendem Verhalten. In diesen beiden Skalen erlebten die Lehrer sehr viel weniger Jungen als auffallend als die Eltern. Beide Beurteiler – 36 % – berichteten eine besondere soziale Unsicherheit als auffallend.

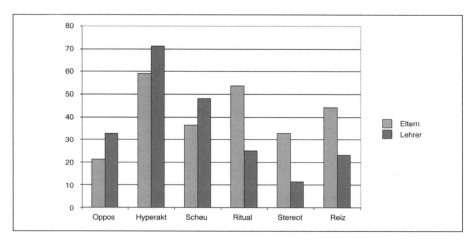

Abbildung 39: Anteil von Jungen mit FraX-Syndrom mit überdurchschnittlich ausgeprägten Verhaltensauffälligkeiten im Eltern-, bzw. Lehrerurteil (NCBRF; Sarimski, 2003b)

Vergleichende Studien zwischen Kindern mit FraX-Syndrom und anderen genetischen Syndromen bestätigten die Spezifität einiger Merkmale. Sie wurden z. B. mit der CBCL und der „Developmental Behaviour Checklist" (DBC) durchgeführt (Sarimski, 1997b; Steinhausen et al., 2002). Jungen mit FraX-Syndrom wurden dabei als impulsiver und irritierbarer beschrieben, suchten mehr Aufmerksamkeit vom Erwachsenen, zeigten mehr stereotype, selbstverletzende und überaktive Verhaltensweisen, kommunikative Auffälligkeiten, unverbundene Gedankengänge und soziale Scheu mit Vermeidung von Blickkontakt als Kinder mit anderen genetischen Besonderheiten (z. B. Prader-Willi-Syndrom, Williams-Beuren-Syndrom). Diese Verhaltensmerkmale erwiesen sich unabhängig vom Alter und Intelligenzniveau als syndromspezifisch.

Zum Teil wurden die charakteristischen Verhaltensmerkmale in „Checklisten" zum Screening auf fra(X)-Syndrom erprobt, um aus größeren Untersuchungsstichproben diejenigen Kinder zu identifizieren, die zur humangenetischen Untersuchung vorgestellt werden sollten. In den meisten Fällen ließ sich dann die Diagnose auch cyto-, bzw. molekulargenetisch bestätigen (Hagerman et al., 1991; Lachiewicz et al., 2000).

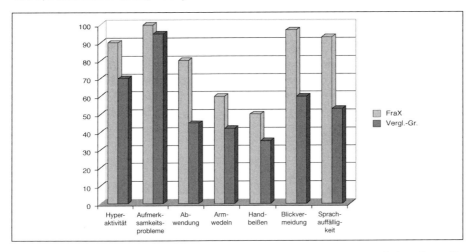

Abbildung 40: Unterschiede zwischen Kindern mit fragilem-X-Syndrom und einer Kontrollgruppe (nach Hagerman et al., 1991)

Entwicklungsverlauf einzelner Verhaltensmerkmale

Vorläufer von Aufmerksamkeits- und Hyperaktivitätsprobleme, wie sie sich in den Elternfragebögen niederschlagen, lassen sich auch in der unmittelbaren Beobachtung des Spielverhaltens von Jungen mit FraX-Syndrom im frühen Kindes- und Vorschulalter feststellen. Wir analysierten das Spielverhalten von zehn Jungen im Alter zwischen 2;11 und 7 Jahren in einer Übungsstunde der Montessori-Einzeltherapie und verglichen es mit dem Spielverhalten von Kindern mit unbeeinträchtigter Entwicklung und dem Verhalten von Kindern mit intellektueller Behinderung anderer Ursache (Sarimski, 1999b).

In der Übungsstunde zeigten 7/10 Jungen die Fähigkeit zur selbstständigen Wahl von Spiel- und Arbeitsmaterialien. Sie bevorzugten Sinnesmaterialien (z. B. Größen- und Einsetzzylinder) und Übungen des praktischen Lebens (u. a. Schüttübungen, Löffelübungen unterschiedlicher Komplexität). 9/10 Jungen ließen sich auf gemeinsame Spielsituationen mit der Pädagogin ein und beachteten ihre Demonstration von Handlungsabläufen oder ihre Korrekturhilfen, wo diese angezeigt waren. Freude am Handlungserfolg und Stolz über das Ergebnis zeigten 6/10 Jungen. Alle hatten jedoch deutliche Probleme in der Selbstorganisation komplexer Handlungsabläufe (z. B. Unsicherheiten bei der Platzierung eines Trichters auf der vollen statt der leeren Flasche bei einer Schüttübung, unkontrolliertes, impulsives Umfüllen von einem Behälter in den anderen, so dass vieles danebenging).

Eine detaillierte Auswertung der Videoaufzeichnungen in einem Time-sampling-Verfahren zeigte, dass *die Jungen nur ein Viertel der gesamten Zeit mit zielge-*

richteten, ausdauernden Tätigkeiten beschäftigt waren. Der Anteil an ausweichenden (off-task-) Verhaltensformen war hoch. Ihr Spielverhalten unterschied sich damit deutlich von den beiden Vergleichsgruppen (Abbildung 41).

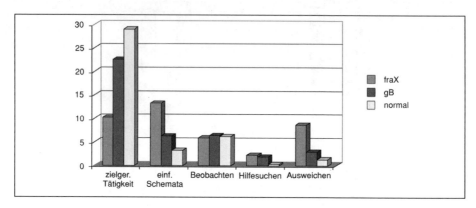

Abbildung 41: Spielverhalten in einer Montessori-Übungsstunde von je 10 Jungen mit FraX-Syndrom, geistiger Behinderung anderer Ursache oder normaler Entwicklung (Gesamtzahl der Beobachtungsintervalle: 40; Sarimski, 1999b)

Freund et al. (1995) stellten fest, dass sich Kinder mit fragilem-X-Syndrom bereits im Vorschulalter in ihrer sozialen Kompetenz deutlich von anderen Kindern vergleichbaren Entwicklungsstandes unterscheiden. Im CBCL wurden Vermeidung von Blickkontakt, Trennungsängste, aufgeregte Reaktionen in fremder Umgebung und Scheu als besonders charakteristische Merkmale genannt.

Kau et al. (2000) verwendeten Temperamentsskalen, die CBCL und die Aberrant Behavior Checklist (ABC) bei 41 3- bis 6-jährigen Jungen mit FraX-Syndrom und stellten eine geringe soziale Rückzugstendenz, aber ausgeprägtere Ängstlichkeit (Vermeidung neuer Reize und Anforderungen) fest als bei Kindern gleichen Alters und IQs. Hinsichtlich Aufmerksamkeitsproblemen und Hyperaktivität fand sich kein Unterschied zu dieser Vergleichsgruppe. Allerdings handelte es sich um eine klinische Vergleichsgruppe von Kindern, die gleichfalls wegen Verhaltensauffälligkeiten vorgestellt worden waren, was die Aussagekraft der Ergebnisse schmälert.

Während Aufmerksamkeitsprobleme und Hyperaktivität bei jüngeren Kindern sehr charakteristisch scheinen, fanden zwei sorgfältig parallelisierte Kontrollgruppenstudien keinen signifikanten Unterschied mehr bei Jugendlichen und Erwachsenen (Dykens et al., 1988, Einfeld et al., 1991). Die Hyperaktivität lässt offensichtlich mit Beginn der Pubertät nach, die soziale Kooperationsfähigkeit nimmt zu, Impulsivität und Ablenkbarkeit bleiben aber bestehen (Borghgraef et al., 1987; Hagerman et al., 1986; Reiss & Freund, 1990; Einfeld et al., 1989). Vergleiche zwischen Kindern (7 bis 11 Jahre) und Erwachsenen (16 bis 28 Jahre) mit dem Fragebogen der „Society for the Study of Behavioral Phenotypes" (SSBP) und der Child Behavior Checklist (CBCL) zeigten z. B. eine niedrigere Häufigkeit überaktiver oder zwanghafter Verhaltensweisen, ungewöhnlicher Bewegungen, Überempfindlichkeit für Reize, selbstverletzender Verhaltensformen und Stimmungsschwankungen bei Erwachsenen im Vergleich zu Kindern. Soziales Rückzugsverhalten wird im Erwachsenenalter dagegen häufiger vermerkt (Cornish, 1996a).

Tabelle 33: Relative Häufigkeit (%) von Verhaltensmerkmalen bei Jungen, bzw. Männern mit Fra-X-Syndrom (SSBQ-Fragebogen; Cornish, 1996a)

Verhaltensmerkmale	**7–11 Jahre**	**16–28 Jahre**
soziales Rückzugsverhalten	33.3	71.4
ungewöhnlicher Blickkontakt	71.4	60.0
ungewöhnliche Körperbewegungen	86.7	40.0
zwanghaftes Festhalten an Abläufen	86.7	42.9
ungewöhnliche Reaktion auf Reize	71.4	40.0
selbstverletzendes Verhalten	73.3	40.0
Stimmungsschwankungen	78.6	26.7

Einfeld et al. (1994, 1999b) verwendeten die Developmental Behaviour Checklist (DBC) und wiederholten ihre Erhebung nach sieben Jahren. Sie stellten keine signifikanten Unterschiede fest. Die Häufigkeit störender Verhaltensweisen hatte etwas ab-, die Häufigkeit aggressiv-oppositioneller Verhaltensweisen etwas zugenommen. Im Vergleich zu Kindern mit anderen Formen geistiger Behinderung unterschieden sich Jungen mit FraX-Syndrom zu beiden Zeitpunkten durch soziale Scheu und Vermeidung von Blickkontakt von der Vergleichsgruppe. Soziale Beziehungsprobleme nahmen im Verlauf der genannte Zeitspanne zu.

Die Ursachen und Zusammenhänge der belastenden Verhaltensweisen – taktile Überempfindlichkeit, Überaktivität, Handwedeln und -beißen, Stereotypien und perseverative Äußerungen sowie soziale Scheu – sind noch nicht hinreichend geklärt. Klinische Einzelbeobachtungen sprechen dafür, dass sie vermehrt in Situationen auftreten, in denen die Jungen sich auf neue Anforderungen einstellen sollen. Sie lassen sich als Ausdruck von sozialer Unsicherheit und Problemen der Impulskontrolle verstehen (Cohen, 1995).

Fragiles-X-Syndrom und autistische Störung

Viele der beschriebenen Verhaltensmerkmale erinnern an die Leitsymptome bei der Diagnose des frühkindlichen Autismus. Eine mögliche Assoziation von fragilem-X-Syndrom und Autismus hat beträchtliches Forschungsinteresse geweckt, da man hoffte, damit eine genetische Ursache des Autismus nachweisen zu können. So wurden autistische Kinder cytogenetisch auf das Vorliegen des fra(X)-Syndroms untersucht und bei Kindern und Erwachsenen mit fragilem-X-Syndrom das Vorliegen der diagnostischen Kriterien des Autismus geprüft.

Mehr als 50 Studien gingen der Frage der Prävalenz des fra(X)-Syndroms unter autistischen Kindern nach. Die Rate schwankte zwischen 0 und 16 % und lag im Mittel bei 5 %. Die Häufigkeit des fragilen-X-Syndroms war bei autistischen Kindern damit nicht höher als bei geistigbehinderten Kindern und Erwachsenen im Allgemeinen (Einfeld et al., 1989; Fisch, 1992). Größer ist die Schwankung der Angaben, wie groß der Anteil der Kinder und Erwachsenen unter allen untersuchten Patienten mit fra(X)-Syndrom ist, auf die die Kriterien des autistischen Syndroms zutreffen. Sie lagen zwischen 5 und 60 %. Dies ist auch auf uneinheitliche diagnostische Kriterien für Autismus zurückzuführen. Aus keinem der beiden Forschungsansätze lässt sich eine spezifische Assoziation zwischen Autismus und fra(X)-Syndrom ableiten. Die beim fragilen-X-Syndrom zu beobachtenden Verhaltensweisen sind eher als Ausdruck von sozialer Ängstlichkeit und Problemen der Regulation von Erregungsprozessen sowie der Reizverarbeitung zu verstehen und unterscheiden sich damit von den grundsätzlichen Störungen der sozialen Informationsverarbeitung und Beziehungsgestaltung, die sich bei Kindern mit autistischem Syndrom finden.

Besonders im frühen Kindesalter ist die klinische Differenzialdiagnose allerdings schwierig. Die Verhaltensweisen aus dem Spektrum autistischer Symptome legen bei relativ vielen Jungen die Diagnose einer autistischen Störung nahe. So fanden Rogers et al. (2001) in einer Untersuchung bei 2- bis 4-jährigen Jungen mit FraX-Syndrom, dass bei 33 % die Diagnosekriterien der autistischen Störung erfüllt waren. Kinder mit autistischen Merkmalen und FraX-Syndrom waren in den gängigen Erhebungsinstrumenten zur Autismusdiagnose nicht unterscheidbar von den Kindern, bei denen allein eine autistische Störung vorlag, aber kein FraX-Syndrom. Bei vielen Kindern mit FraX-Syndrom und ausgeprägter autistischer Problematik zeigt sich aber im weiteren Verlauf der Entwicklung im Rahmen gezielter Förderung eine wesentlich stärkere Verbesserung ihrer sozialen und sprachlichen Defizite als bei Kindern mit autistischem Syndrom.

Emotionale und Verhaltensbesonderheiten bei Mädchen

Die bisher genannten Häufigkeitsangaben für einzelne Verhaltensmerkmale und unsere eigene Elternbefragung beziehen sich auf Jungen und Männer mit fragilem-X-Syndrom. Unter den Mädchen und Frauen mit fragilem-X fanden sich bei einer Teilgruppe die gleichen Verhaltensbesonderheiten, sie sind jedoch meist weniger stark ausgeprägt.

Probleme in den sozialen Beziehungen zu anderen stehen dabei im Vordergrund und treten häufiger auf als in alters- und intelligenzmäßig parallelen Gruppen. Mädchen mit fragilem-X-Syndrom zeigten *mehr soziale Unsicherheit und Zurückgezogenheit, reduzierten Blickkontakt und häufiger depressive Stimmungen.* Je nach Stichprobe und Beurteilungskriterien (psychiatrisches Interview, standardisierter Fragebogen) waren diese Merkmale für 50 bis 75 % der Mädchen und Frauen charakteristisch. Handwedeln, Handbeißen, exzessives Nagelbeißen und zwanghaftes Belutschen von Objekten fand sich bei 1/4 bis 1/3 der Mädchen. Aufmerksamkeitsstörungen (Impulsivität, leichte Ablenkbarkeit, kurze Aufmerksamkeitsspanne) und Hyperaktivität wurden bei der Hälfte diagnostiziert. Die einzelnen Verhaltensmerkmale traten unabhängig vom Grad der intellektuellen Beeinträchtigung auf (Lachiewicz, 1992; Freund et al., 1993; Hagerman et al., 1992; Lachiewicz & Dawson, 1994).

Tabelle 34: Psychiatrische Diagnosen bei Mädchen mit/ohne fragiles-X-Syndrom (Angaben in %) (nach Freund et al., 1993)

Psychatrische Diagnosen	Fragiles-X-S.	Kontrollgr.
Aufmerksamkeits-/Hyperaktivitätsstörung	38	52
emotionale Störung mit Trennungsangst	20	0
soziale Scheu	66	16
Depressivität	50	6
Stereotypien	38	0

Mazzocco et al. (1997) untersuchten bei 30 Mädchen mit FraX-Syndrom (6 bis 16 Jahre) autistische und ängstliche Verhaltensmerkmale. Sie stellten das gleiche Muster an autistischen Zügen fest wie bei Jungen mit FraX-Syndrom. Viele Mädchen zeigten wenig Kreativität zum sozialen und phantasievollen Spiel, hatten Defizite in ihrem non-verbalen und sprachlichen Ausdrucksvermögen und neigten zu stereotypen Verhaltensformen. Anders als Mädchen mit autistischem Syndrom ergaben sich jedoch keine Anzeichen für eine soziale Beziehungsstörung oder eine generelle Unfähigkeit zur Nachahmung. Die Häufigkeit der einzelnen Verhaltensweisen war allerdings niedriger, als sie bei Jungen berichtet wird. Auch bei Mädchen sind aber die individuellen Unterschiede im Verhalten groß (Lachiewicz, 1995). So wurde in einer Untersuchung von neun Mädchen (7 bis 15 Jahre) in Holland nur bei je einem Mädchen ein ADHD-Syndrom, bzw. eine depressive Störung diagnostiziert; fast alle Skalenwerte der CBCL waren unauffällig (Borghgraef et al., 1996). Bemerkenswert ist auch, dass die Mädchen selbst bei direkter Fragen keine Einschränkungen in ihren sozialen Beziehungen berichten.

Kasten 9: Therapeutische Hilfen

Therapeutische Hilfen

Die Behandlung der Hyperaktivität und Aufmerksamkeitsprobleme erfordert einen mehrdimensionalen Ansatz von Hilfen zur Tolerierung und Verarbeitung von Umweltreizen und Hilfen zur Organisation von Handlungsabläufen. Voraussetzung ist eine sorgfältige Verhaltensanalyse, um die Bedingungen herauszufinden, unter denen Unsicherheit, Übererregung und impulsive Verhaltensweisen auftreten.

Die sensorische Integationstherapie (Ergotherapie) enthält viele Elemente, die sich für diese Zielsetzung als erfolgreich gezeigt haben. Ziel ist im Einzelnen die Besserung von:
– sensorischer Überempfindlichkeit gegen taktile, orale, akustische, optische oder olfaktorische Reize

– Selbstregulationsproblemen (Modulation der Erregung, Aufmerksamkeitssteuerung)

– Haltungsmängeln (Überstreckbarkeit der Gelenke, schlaffer Muskeltonus, Gleichgewichtsunsicherheiten, mangelhaftes Körperschema)

– Dyspraxie (Probleme der Planung von grob- und feinmotorischen Tätigkeiten und komplexen Handlungssequenzen)

Intensive propriozeptive Reize können einen beruhigenden Effekt haben, das Körperbewusstsein fördern und die Aufmerksamkeit regulieren helfen. Diese propriozeptive Stimulation kann in viele Alltagstätigkeiten eingebaut oder als Beruhigungs- und Aufmerksamkeitshilfe bei der Gestaltung der Lernsituation beachtet werden:
– Sitzposition auf Sitzkissen, im Schaukel- oder angepassten Stuhl, u. U. mit Abgrenzung gegenüber dem übrigen Raum

– langsames Drücken, Bürsten und Massieren des Körpers für wenige Minuten (Massage und Tiefendruck)

– orale Stimulation (z. B. Kaugummi kauen, Zahnputzbürsten)

– rhythmische Bewegungsstimulation

– Entspannung über Hüpfen und Springen, z. B. auf Trampolin oder Therapieball, Vibration und Musik

Solche Hilfen zur Prävention von Übererregung können kombiniert werden mit pädagogischen Vorgehensweisen, bei denen im Dialog eine gemeinsame Tätigkeit aus der Initiative des Kindes entwickelt wird. Das strukturierte Vorgehen der Montessori-Therapie und die Materialangebote zum Begreifen von Zusammenhängen, die in diesem Konzept vorgesehen sind, erleichtern den Kindern den Erwerb sensomotorischer, kognitiver und praktischer Kompetenzen.

Sprachliche Äußerungen können durch rhythmisch-musikalische Elemente erleichtert werden. Um sachgerechte Dialoge führen zu können, hilft es den Kindern, über Themen sprechen zu können, die ihr Interesse finden und die mit anschaulichem Material illustriert sind. Auch hier ist der Einsatz von Hilfen, die die Erregung des Kindes modulieren, und eine Verhaltensanalyse hilfreich, unter welchen Bedingungen dem Kind die Anpassung seiner eigenen Beiträge im Dialog leichter oder schwerer fällt.

Für das schulische Lernen ist schließlich der Aufbau von Routinen für das Kind wichtig, um den Alltag zu bewältigen. Oft hilft es ihm, wenn Abäufe durch Bildkarten (z. B. als „Stundenplan in Bildern" an einer Wandleiste) verdeutlicht werden und wenn Übergänge zu neuen Tätigkeiten angekündigt werden (z. B. durch ein frühzeitiges Signal vom Tonband), damit es sich besser darauf einstellen kann. Notwendige Veränderungen von Routineabläufen sollten sorgfältig vorbereitet und – soweit möglich – in kleine Schritte zerlegt werden.

Die Verwendung von Computern im Unterricht erleichtert es vielen Kindern, sich mit Lese-, Schreib- und Rechenanforderungen auseinanderzusetzen. Dabei wird die besondere Fähigkeit der Kinder genutzt, visuelle Reize zu verarbeiten. Die Arbeit am Gerät erfordert zudem weniger Anpassungen an soziale Interaktionsanforderungen mit dem Lehrer, so dass Anlässe zur Übererregung vermieden werden. Zudem können Schreibprogramme auch von Kindern mit ausgeprägten fein- und visuomotorischen Steuerungsproblemen bewältigt werden.

Wenn diese Maßnahmen nicht befriedigend helfen, sollte ein medikamentöser Behandlungsversuch überlegt werden. In der frühen Kindheit kann dies eine Folsäurebehandlung mit Vitamin B sein. Ihre Wirksamkeit ist aber nicht eindeutig belegt. Die ursprünglich euphorischen Hoffnungen werden sicherlich nicht erfüllt (Froster-Iskenius et al., 1986). Die konventionelle Form der Stimulantientherapie (Ritalin u. a.) ist bei Kindern mit fragilem (X) im Schulalter erprobt worden und zeigte sich bei zwei Drittel als wirksam zur Verminderung der Überaktivität und Impulsivität. Die Stichprobe umfasste jedoch nur 15 Kinder, so dass die Generalisierbarkeit der Ergebnisse fragwürdig ist (Hagerman et al., 1988). Hagerman (1995) berichtete später, dass sich bei zwei Dritteln von 35 Kindern durch Clonidin eine Besserung erzielen ließ. 70 bis 80 % besserten sich in ihrem Verhalten durch Fluoxetin. In jedem Fall müssen medikamentöse und pädagogisch-psychologische Maßnahmen eng aufeinander abgestimmt werden.

5.7 Elternbelastung

Die Vielzahl der Verhaltensbesonderheiten der Kinder stellt eine hohe Belastung für viele Familien dar. Dies spiegelt sich in unserer Elternbefragung mit dem „Parenting Stress Index" (PSI) wider (Sarimski, 1996c). Die schwankende Stimmung, das unruhige, unangepasste und viel Aufmerksamkeit fordernde Verhalten der Kinder wird als ausgeprägte Belastung erlebt (PR 95). Entsprechend viele Mütter äußerten auch Zweifel an ihrer Fähigkeit, mit den Herausforderungen der Erziehung und des Alltags fertigzuwerden (PR 85).

Die Qualität der Partnerschaft und die eigene körperliche Gesundheit waren ebenfalls stärker belastet als bei Müttern, die keine behinderten Kinder haben. Gefühle der sozialen Isolation, Einschränkungen durch die erzieherischen Aufgaben, Depressivität oder Unsicherheit der Bindung zum Kind wurden dagegen nicht häufiger berichtet als von anderen Müttern.

Nach den Kriterien des „Parenting Stress Index" waren 22 Mütter als in der Interaktion mit dem Kind hochbelastet und beratungsbedürftig anzusehen; drei von ihnen auch auf Grund ihrer hohen psychischen Belastung. Bei 17 Müttern lag eine sehr hohe Gesamtbelastung vor (Rohwert über 260).

28 Mütter und 15 Väter füllten zusätzlich einen Fragebogen zur Wahrnehmung der eigenen Familienbeziehungen aus. In den Antworten spiegelte sich ein hohes Maß an subjektiver Zufriedenheit mit dem Engagement innerhalb der Familie, dem Zusammenhalt und der Kommunikationsfähigkeit der Familie wieder. Dies gilt für 70 bis 85 % der Antworten und für Mütter und Väter gleichermaßen.

Von Gontard et al. (2002) benutzten in ihrer deutschen Befragung der Eltern von 49 Jungen mit fraX-Syndrom den „Questionnaire on Ressources and Stress" (QRS) als Belastungsmaß und verglichen ihre Angaben mit denen von

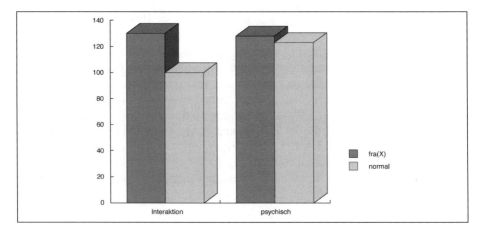

Abbildung 42: Erzieherische Belastung bei 28 Müttern von Jungen mit fragilem-X-Syndrom

Tabelle 35: Subjektive Wahrnehmung der Familienbeziehungen bei 28 Müttern und 15 Vätern von Kindern mit fragilem-X-Syndrom

Wahrnehmung der Familienbeziehung	Mütter	Väter
Wir stehen zusammen bei Schwierigkeiten.	24	12
Wir nehmen uns Zeit für wichtige Dinge.	24	11
Beziehungen sind uns wichtiger als Besitz.	24	12
Es macht uns Freude, zusammen zu sein.	22	12
Wir achten darauf, Zeit füreinander zu haben.	22	12
Wir glauben, dass es etwas Gutes auch in der schwierigsten Lage gibt.	20	12
Die ganze Familie entscheidet, wie Probleme gelöst werden.	19	10

Eltern, deren Kinder eine schwere Körperbehinderung (spinale Muskelatrophie) haben, und einer Kontrollgruppe. Eltern von Jungen mit fragilem-X-Syndrom äußerten ein höheres Maß an subjektiver Belastung als beide Vergleichsgruppen. Dies galt für die Belastung durch Verhaltensmerkmale des Kindes sowie Einschränkungen des Familienlebens; lediglich die Belastung durch die körperliche Beanspruchung war bei den Eltern der Kinder mit spinaler Muskelatrophie größer. Andererseits waren die Eltern von Jungen mit fragilem-X-Syndrom auch mehr als die anderen beiden Gruppen bemüht, externe Hilfen zur Belastungsbewältigung zu mobilisieren. Der Grad der Belastung korrelierte mit dem Grad der Verhaltensauffälligkeiten der Kinder (CBCL-Werte).

Auf die Frage, welche Bedürfnisse sie haben, betonten die meisten Mütter und Väter in unserer Befragung den Wunsch nach Informationen über Fördermöglichkeiten für das Kind und Beratung zum Umgang mit seinen Verhaltensweisen. Viele Eltern wünschten sich auch, von anderen Eltern und dem Verlauf der Entwicklung anderer Kinder mehr zu erfahren. 10/27 Mütter und 5/14 Väter wünschten sich mehr Gesprächsmöglichkeiten innerhalb, 8/27 Mütter auch außerhalb der Familie. 11 Mütter sehnten sich nach mehr Zeit für sich selbst.

Eine Beschreibung der gemeinsamen Geschichte, wie sie die Mutter eines jetzt 7 Jahre alten Jungen mit fragilem-X-Syndrom formuliert, ist wohl für viele repräsentativ:

Beispiel

Als unser Sohn Stefan vor 7 Jahren geboren wurde, gratulierten uns alle zu unserem gesunden Kind. Größe, Gewicht, Kopfumfang, Apgar-Werte – alles völlig normal, nichts deutete darauf hin, dass mit unserem langersehnten Wunschkind etwas nicht stimmen könnte.

Das erste halbe Lebensjahr war Stefan ein sehr pflegeleichtes und unkompliziertes Baby – und doch spürte ich bereits damals erste Zweifel. Warum sah mich mein Baby nicht an, wenn ich mit ihm sprach? Warum drückte es mich weg, wenn ich es streicheln und mit ihm kuscheln wollte?

Aber ansonsten fühlte es sich ja ganz offensichtlich sehr wohl. Stefan war ein ausgesprochen fröhliches Kind, lachte viel und wurde immer lebhafter. Ständig waren seine Arme und Beine in Bewegung, es hielt ihn keine Minute an einem Platz. Er krabbelte wie ein Wirbelwind durch die Wohnung und kam mit etwa einem 3/4 Jahr in eine extreme Trotzphase – die, wenn auch in abgeschwächter Form – bis heute anhält.

Mein Kinderarzt, der bei meinem Sohn keinen Grund für sein Verhalten finden konnte, verwies mich an eine Erziehungsberatungsstelle, als er zwei Jahre alt war. Auch dort wurde er als völlig normal beurteilt. Es war also „normal", dass ein Kind mit nunmehr 2 1/2 Jahren nur ein paar kaum verständliche Worte sprach und mit nichts länger als zwei Minuten spielte? Dass es bei den geringsten Anlässen Tobsuchtsanfälle bekam und auf mich einschlug? Dass es sich, wenn es ein Besucher ansprach, auf den Boden warf und unter den Tisch verkroch, obwohl es denjenigen gut kannte? Oder dass es keinen Blickkontakt halten konnte und sich gegen Berührungen wehrte? Nun, dann musste es also doch an mir liegen!

Erst als er viereinhalb Jahre alt war, wurden wegen seiner Hyperaktivität eine Reihe von Tests in einem Kinderneurologischen Zentrum vorgenommen. Es wurde das fragile-X-Syndrom diagnostiziert. Mein Kinderarzt rief mich an und sagte: „Es tut mir leid, es wurde festgestellt, dass Stefan an einer Form von Schwachsinn leidet. Kommen Sie doch einmal zu einem Gespräch in meiner Praxis vorbei."

Damals begann ich, viel über mich und den Sinn meines Lebens nachzudenken. Ich erkannte, wieviel ich von einem Kind lernen konnte, was wirklich wichtig ist im Leben. Wie oft denken wir vielzuviel an die Vergangenheit oder leben mit unseren Gedanken in der Zukunft? Stefan kennt nur das Jetzt und Hier und erlebt jeden Augenblick ganz bewusst. Wenn man ihm etwas Schönes für morgen oder nächste Woche verspricht, fällt es ihm sehr schwer darauf zu warten und er nervt einen stundenlang nörgelnd immer monoton mit derselben Frage, wann es denn jetzt soweit sei. Er will sich jetzt freuen, nicht später. Wenn man ihn schimpft, bekommt er oft einen Tobsuchts- oder Weinanfall, aber eine Viertelstunde später ist er wieder fröhlich wie zuvor. Das Schimpfen ist vorbei und damit nicht mehr wichtig, er ist also nie nachtragend oder länger beleidigt.

Wenn man weiß, dass Kinder wie Stefan alle Reize, die sie empfangen, gleich stark wahrnehmen (er sitzt z. B. am Essenstisch, riecht die Suppe, hört die Unterhaltung der Eltern, spürt den Lufthauch vom geöffneten Fenster, sieht draußen ein Auto vorbeifahren etc.), sich jedoch für keinen der Reize so richtig entscheiden können, kann man sich den „Gewittersturm" in ihrem Kopf lebhaft vorstellen. Ich habe mit der Zeit gelernt, bestimmte vorhersehbare chaotische Situationen zu entschärfen, und es Stefan – und damit auch mir – leichter zu machen. Er hat auch viele Fortschritte gemacht. Wenn heute etwas nicht sofort so geht wie er sich das vorstellt, rastet er zwar nach wie vor schnell aus, er beruhigt sich jedoch viel leichter und begnügt sich meistens mit einem zornigen Fäusteballen oder Brüllen, statt wie früher auf mich einzuschlagen oder Dinge kaputtzumachen.

Ich habe auch gelernt, offen auf andere Menschen zuzugehen und mit ihnen über Stefans Krankheit zu sprechen. Man sieht einem Kind mit fragilem-X-Syndrom seine Behinderung nicht unbedingt an. Wie kann ich da der Kassiererin im Supermarkt ihre missbilligenden und verständnislosen Blicke verdenken, wenn sich mein 7-jähriger Sohn aus für sie unersichtlichen Gründen auf den Boden setzt und brüllt? Wie sollen die anderen Kinder am Spielplatz verstehen, warum er freudestrahlend ihren Fußball wegnimmt und mit einem gekonnten Abschlag in den Wald schießt? Ich erkläre anderen bei jeder sich bietenden Gelegenheit das Syndrom und habe damit nur gute Erfahrungen gemacht. Er ist überall beliebt und man gab mir nie das Gefühl, mit meinem etwas „anderen" Kind unerwünscht zu sein.

6 Sotos-Syndrom

6.1 Einzelfälle

Tobias (9;7 Jahre)

Tobias ist das zweite von drei Kindern seiner Eltern. Die Geburt erfolgte spontan mit einem Geburtsgewicht von 4660 g, Länge 58 cm und Kopfumfang von 36 cm. In den ersten Lebenswochen fiel neben diesen überdurchschnittlichen Körpermaßen eine besondere Zittrigkeit des Kindes auf; ein Verdacht auf Krampfanfälle wurde aber nicht weiter untersucht. Tobias sei in dieser Zeit insgesamt auffallend ruhig gewesen.

Tobias wuchs überdurchschnittlich schnell, während seine psychomotorische Entwicklung verlangsamt und die Muskulatur hypoton war. Im Alter von zehn Monaten traten zwei Fieberkrämpfe auf. EEG, Schädel-CT, Schädel-NMR und Röntgenaufnahmen brachten als einziges Ergebnis ein gegenüber dem Lebensalter weit fortgeschrittenes Knochenalter. Auch im weiteren Verlauf lagen die Körpermaße immer weit über p97. Im Alter von zwei Jahren war er 99 cm groß, 17,6 kg schwer. Erst im Alter von 2;4 Jahren wurde bei einer humangenetischen Untersuchung die Diagnose eines Sotos-Syndroms gestellt.

Mit 16 Monaten hatte Tobias das freie Laufen erreicht. Erste Worte traten mit 24 Monaten auf. Bei einer entwicklungsdiagnostischen Untersuchung mit der MFED im Alter von 31 Monaten erreichte er Altersvergleichswerte von 20 bis 23 Monaten in der feinmotorischen, perzeptiven und sprachlichen Entwicklung. Er konnte selbstständig mit dem Löffel essen und trinken, brauchte aber beim Anziehen und Waschen noch viel Hilfe.

Bei einer zweiten Untersuchung im Kinderzentrum im Alter von 3;2 Jahren berichtet die Mutter, dass Tobias sich seit kurzem auch mit Zweiwortverbindungen äußere. Sein Wortschatz umfasse mehr als 50 Begriffe. Seine Grundstimmung sei sehr ausgeglichen. Wenn ihm allerdings Wünsche verweigert oder Verbote ausgesprochen werden, kommt es oft zu heftigen zornigen Reaktionen. Früher habe er sich bei solchen Gelegenheiten auch selbst in die Hand gebissen. Das sei aber nun sehr selten geworden. Bei der Kontaktaufnahme mit Erwachsenen und Kindern ziehe er ihnen öfters an den Haaren und schlägt nach ihnen, als ob er ihre Reaktion darauf testen wolle.

Die Mutter schildert ihn als leicht ablenkbar, sehr ängstlich, wenn sie nicht in seiner Nähe ist. Er weine bei kleinen Anlässen. Bei kleinen Veränderungen der Umgebung oder der gewohnten Abläufe reagiere er aufgeregt oder bekümmert, scheine sehr die Gleichförmigkeit zu brauchen, um sich sicher zu fühlen.

Diese zweite entwicklungsdiagnostische Untersuchung erfolgt mit dem Symbolic Play Test (SPT), Sprachverständnisskalen von Reynell (RDLS) und Spontansprachproben und zeigt eine mäßige Retardierung mit Schwerpunkten im Bereich der Feinmotorik und der Sprachproduktion. Die kognitive Vorstellungsfähigkeit, wie sie sich in der Spielgestaltung mit Puppenmaterial zeigt, entspricht einem Entwicklungsalter von 2;5 Jahren. So vermag Tobias z. B. mit kleinem Geschirr und Besteck den Tisch zu decken, setzt die Puppe zum Essen hin, später dann auf den Traktor zum Fahren. Er integriert die einzelnen Handlungen zu einer Szene, wobei ihre feinmotorische Ausführung oft unbeholfen ist (z. B. beim Aufsetzen der Puppe auf den Stuhl oder dem Ankoppeln des Anhängers). Seine Handlungen kommentiert er mit Ein-, hin und wieder Zweiwortsätzen, z. B. „Baby heia" oder „Baby Hunger", „Bagger". Die Aussprache ist noch sehr verwaschen, im Kontext sind die Wörter aber verständlich. Einige Äußerungen haben stereotypen Charakter. Ein reziproker Dialog aus Fragen und Antworten gelingt noch nicht.

Im Sprachverständnistest hat er keine Mühe, Alltagsobjekte zu identifizieren, nach denen er gefragt wird, und einfache Aufträge auszuführen. Ungewohnte Aufträge, bei denen er zwei Bestimmungsstücke beachten muss (z. B. „Leg das Messer in die Tasse!"), oder Aufträge, bei denen Dinge nach ihrem Gebrauchszweck zu identifizieren sind (z. B. „Womit kann man schneiden?") befolgt er noch nicht zuverlässig. Das Entwicklungsalter liegt in diesem Bereich bei 2;1 Jahren.

Die Montessori-Übungsstunde beginnt Tobias sehr zögernd. Er bleibt vor dem Regal stehen, schüttelt den Kopf, als die Therapeutin ihm etwas anbietet. Erst mit der Mutter geht er dann auf die Materialien zu. Mit ihrer Hilfe wählt er eine Löffelübung mit zwei Schüsseln aus, in die er Bohnen umfüllen kann. Er greift gern hinein, beobachtet die Demonstration und ahmt sie nach. Einige Bohnen fallen daneben. Er versucht sie aufzunehmen, tut sich aber sehr schwer.

Er ist motiviert, hat aber nur eine kurze Aufmerksamkeitsspanne. Wenn er selbstständig weiterarbeiten soll, verliert er rasch die Handlungsabfolge aus den Augen und sucht durch nörgelndes und jammerndes Verhalten die Aufmerksamkeit seiner Mutter. So greift er rasch wieder in die Bohnen und wühlt in ihnen, sobald sich die Therapeutin und die Mutter abseitssetzen und ihn auffordern, die Arbeit fortzusetzen. Im Dialog mit einem Erwachsenen kann er dann aber wieder sehr konzentriert arbeiten, z. B. Wasser von einem Glas ins andere umschütten. Das ist seine Lieblingsbeschäftigung, die er stundenlang fortsetzen würde, wenn man ihn ließe, meint die Mutter.

Sie berichtet aus ihrem Alltag

„Problematisch sind die häufigen Infektionen und damit verbunden die Angst vor einem Krampfanfall. Wenn Tobias krank ist, sind mein Mann und ich deutlich mehr besorgt als bei den anderen Kindern. Ebenfalls schwierig sind die Probleme, die mit seinem schlechten Muskeltonus zusammenhängen, wie z. B. seine extremen Knick-Senkfüße, seine Tolpatschigkeit, sein Sabbern, so dass das Kinn und Hemd ständig naß sind, seine mangelnde Körperbeherrschung und damit verbunden die erhöhte Verletzungsgefahr.

Schade finden wir es auch, dass Tobias keine Freunde hat, die zu uns nach Hause kommen, um mit ihm zu spielen. Anderen Kindern fällt sofort sein Anderssein auf, und er ist ihnen oft suspekt. In seiner Kindergartengruppe hat er einen besten Freund, ein autistischer Junge, mit dem er sich laut Erzieherin prächtig versteht.

Seine Körpergröße ist eine ständige Herausforderung. Wir müssen uns selbst immer wieder sagen, dass er erst drei Jahre alt ist, für Außenstehende ist diese Situation noch gravierender. Rein körperlich ist es anstrengender, ihn zu pflegen und zu erziehen, da er im Grunde ein Riesenbaby ist. Er muss noch gewickelt werden, ihm muss viel öfter geholfen werden – bei 25 kg und 116 cm keine leichte Aufgabe."

Tobias besucht dann einen integrativen Kindergarten in einer Gruppe von 15 Kindern. Er lebt sich in der Gruppe gut ein, bevorzugt allerdings die jüngeren Kinder als Spielpartner. Sprachlich macht er stetige Fortschritte. So kann er im Alter von 4 1/2 Jahren ein Bilderbuch mit vollständigen, grammatisch jedoch noch nicht immer ganz fehlerfreien Sätzen kommentieren wie „Der geht auf die Toilette" oder „Da spielen die mit die Kinder". Zu Hause lässt er sich gut in die praktischen Tätigkeiten des Alltags einbeziehen, hilft im Haushalt und macht gern Rollenspiele mit seiner jüngeren Schwester.

Mit 6 1/4 Jahren wird eine erneute Entwicklungsdiagnostik durchgeführt, um seinen individuellen Förderbedarf in der Schule abzuschätzen und die Eltern in der Schulwahl zu beraten. Dazu werden der Wiener Entwicklungstest (WET) und die Aufgaben der Skala zum ganzheitlichen Denken der K-ABC durchgeführt; zur Beurteilung der Sprachentwicklung dienen die Sprachverständnisskalen von Reynell III sowie der Subtest „Grammatik" aus dem Psycholinguistischen Entwicklungstest. Seine Mitarbeit ist sehr gut, die sprachlichen Äußerungen aber auf Grund der noch immer bestehenden Lautbildungsschwächen oft schwer verständlich.

Die quantitative Auswertung zeigt relative Stärken beim Erfassen und Erklären von anschaulichen Zusammenhängen sowie beim Verstehen komplexer Sätze. Hier entsprechen seine Fähigkeiten der Entwicklungsstufe von 4 1/2- bis 5-jährigen Kindern. Das Wissen um syntaktische Regeln bei der Satzbildung ist noch nicht ganz so weit entwickelt; so bildet er z. B. Partizipialformen des Verbs oder Steigerungsformen von Adjektiven noch nicht immer korrekt. Schwierigkeiten hat er auch mit Merkaufgaben, bei denen er sich einzelne Informationen (z. B. Zahlen) oder den Ort von Gegenständen, die an verschiedenen Plätzen versteckt werden, merken soll. In beiden Bereichen gleichen seine Fähigkeiten der Entwicklungsstufe von 3 1/2-jährigen Kindern. Die größten Probleme bereiten schließlich die Aufgaben, bei denen feinmotorische Geschicklichkeit oder visuell-konstruktive Fähigkeiten gefordert sind. Eine zusätzliche Einschätzung der intellektuellen Fähigkeiten, die im Rahmen des Sonderschulaufnahme-Verfahrens andernorts mit dem Snijders-Oomen nonverbalen Intelligenztest (SON 2 1/2–7) durchgeführt wird, ergibt einen IQ von 62. Auf dieser Grundlage wird er in eine Klasse eines Förderzentrums aufgenommen, die nach dem Lehrplan für Kinder mit geistiger Behinderung unterrichtet wird.

Aus dem Zeugnis, das er am Ende des dritten Schulbesuchsjahres mitbringt, wird deutlich, dass er sich in der Schule wohlfühlt und guten Kontakt zu seinen Mitschülern gefunden hat. Die Lehrer freuen sich an seiner Begeisterungsfähigkeit und seinem Interesse an Umwelt- und Sachthemen; er ist aber noch leicht ablenkbar und braucht pädagogische Hilfen, um komplexere Arbeitsaufträge zu Ende führen zu können. Er erkennt alle Buchstaben und viele Wörter, braucht aber noch Hilfe beim synthetisierenden Lesen. Das Schreiben gelingt – im Rahmen seiner feinmotorischen Möglichkeiten – korrekt. Er rechnet im Zahlenraum bis 20, wobei ihm die Übertragung von Rechenoperationen auf unterschiedliche Aufgabenstellungen noch schwer fällt. Im Gespräch bleibt er oft an seine „Lieblingsthemen" gebunden, ohne zu prüfen, ob der Gesprächspartner die Zusammenhänge kennt und versteht.

Die testpsychologische Untersuchung erfolgt mit der Kaufman-Assessment Battery for Children (K-ABC). Er arbeitet konzentriert mit, kommentiert die Situation mit vollständigen Sätzen, deren Artikulation nun verständlich, aber durch die oralmotorischen Schwächen weiterhin beeinträchtigt ist. Es ergibt sich ein Standardwert von 68 in der Skala intellektueller Fähigkeiten. Relative Stärken finden sich in Aufgaben, die einfache Speicherung sprachlicher Informationen oder das visuelle Erfassen von Zusammenhängen erfordern. Bei Aufgaben, bei denen eine komplexere Abfolge von Informationen gespeichert werden müssen oder visuell-konstruktive Fähigkeiten, bzw. Planungsvorgänge erforderlich sind (z. B. in den Subtests „Fotoserie" und „Dreiecke" der K-ABC) ist er dagegen auch zu diesem Zeitpunkt noch rasch überfordert.

Aus diesen Beobachtungen lässt sich vorhersagen, dass er weitere Lernfortschritte im Lesen, Rechnen und Schreiben erreichen kann (vor allem wenn ihm ein Schreibcomputer zur Verfügung gestellt wird); darüberhinaus wird es darum gehen, Fertigkeiten des praktischen Lebens im Familienalltag und außerhalb (z. B. Einkäufe, selbstständige Gänge im Verkehr) systematisch so einzuüben, dass er eine möglichst große Selbstständigkeit und Selbstbestimmung erreicht. Seine Lernbereitschaft und Motivation, sich auch mit herausfordernden Aufgaben auseinanderzusetzen, stellen günstige Voraussetzungen auf diesem Weg dar.

Manuel (8;6 Jahre)

Manuel hat im Alter von Tobias ganz ähnliche kognitive, sprachliche und feinmotorische Verzögerungen gezeigt. Er ist das erste Kind seiner Eltern. Die Geburt erfolgte in der 41. SSW spontan mit deutlich über der Norm liegenden Körpermaßen (Gewicht 3790 g/p90; Länge 55 cm/> p90; Kopfumfang 37 cm/ > p90). Bereits in den ersten Wochen wurde eine Muskelhypotonie diagnostiziert und eine Physiotherapie nach Vojta eingeleitet. Im Alter von 8 Monaten kam es zu einem ersten Krampfanfall, in den folgenden Wochen dann zu einem BNS-Leiden, das erst nach einer Shunt-Implantation sistierte. Krabbeln wurde mit 18 Monaten, Laufen an einer Hand mit 2;3 Jahren, freies Laufen mit 2;7 Jahren erreicht. Die Diagnose eines Sotos-Syndroms wurde durch eine humangenetische Untersuchung im Alter von 2;10 Jahren gestellt. Die Körpermaße lagen zu diesem Zeitpunkt mit 102 cm/19 kg/KU 55 cm alle über p97.

Eine erste entwicklungsdiagnostische Untersuchung im Kinderzentrum erfolgte im gleichen Alter. Die Eltern berichteten, dass sich Manuel gut mit Gesten verständige könne, aber nur „Mama, Oma, Opa, (Sil)via" sage. Er höre aber gut, sei für Geräusche wie Staubsauger, Fön, Küchenmaschine eher überempfindlich. Er erreichte folgende Altersvergleichswerte im Test: Handgeschicklichkeit 25 bis 29 Monate, Perzeption 23 Monate, Sprachverständnis 19 Monate, Sprache 12 Monate. So ordnete er Formen noch probierend in Umrisse ein, zeigte Körperteile und einige Bilder von Tieren und Alltagsgegenständen.

Eine entwicklungspsychologische Nachuntersuchung erfolgt dann erst im Alter von 8;3 Jahren. Manuel besucht die Unterstufe der Sonderschule für Geistigbehinderte. Er kann Signalwörter lesen und nutzt diese Fähigkeit aus für das, was ihn interessiert, z. B. bei der Auswahl von Videofilmen. Er beschäftigt sich gern mit seiner Eisenbahn, dem Kinder-Computer oder Wasser. Sprachlich kann er sich erst seit dem Alter von knapp 7 Jahren in längeren Sätzen ausdrücken, wobei die Aussprache noch schwer verständlich ist. Bis dahin seien seine Äußerungen kurz und unvollständig gewesen. Er könne aber etwas umschreiben, wenn er nicht im ersten Versuch verstanden werde.

Im Alltag sei er oft unwillig, wenn er Anforderungen befolgen solle („hab keine Lust"). Er braucht geduldige Wiederholungen. Am Abend sucht er die Gegenwart des Erwachsenen zum Einschlafen, schläft auch nachts unruhig. Belastende, z. B. aggressive oder überaktive Verhaltensprobleme bestehen nicht.

Die Entwicklungsuntersuchung umfasst die McCarthy-Scales und eine Spontansprachprobe sowie die Beobachtung in der Montessori-Übungsbehandlung.

In den McCarthy-Scales (Abbildung 43) liegen seine Fähigkeiten im Bereich der geistigen Behinderung. Seine Stärke liegt im perzeptiven Erfassen von Zusammenhängen, während sein sprachbezogenes Wissen und insbesondere seine Fähigkeit zur Speicherung von dem, was er hört, und zum Umgang mit Mengen und Zahlen deutlich mehr beeinträchtigt sind. Er kann noch keine Mengen abzählen, vom Inhalt einer Geschichte noch keine Einzelheiten wiedergeben, wohl aber ein komplexes Puzzle bewältigen. Die Sprachäußerungen zu einem Bilderbuch beschränken sich auf Zweiwortäußerungen mit differenziertem Wortschatz („vespern", „bauen", „Zähne putzen"). Dabei spricht er sehr leise.

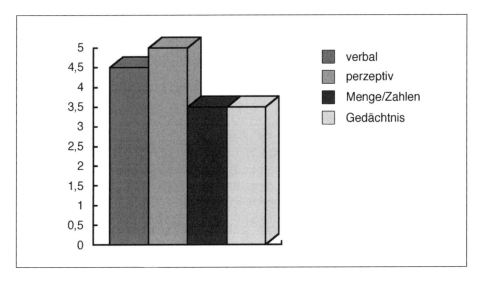

Abbildung 43: Entwicklungsalterswerte Manuels in den McCarthy-Scales im Alter von 8;3 Jahren

Sowohl bei der Testuntersuchung wie in der Montessori-Übung verhält sich Manuel zunächst sehr scheu, zieht sich ängstlich zurück, vermeidet Blickkontakt und versteckt sein Gesicht z.T. hinter den Händen. Dies gilt besonders dann, wenn der Untersucher oder die Therapeutin ihn unmittelbar etwas fragt („Magst du Tiere?" – Kopfschütteln. – „Und was wünschst du dir?" – „Nix").

Bei der Montessori-Übung schaut er der Demonstration eines Zuordnungsspiels zu, das ihn sichtlich interessiert, weil richtige Lösungen dazu führen, dass eine kleine Lampe aufleuchtet. Er drückt dann auch probeweise auf die entsprechenden Knöpfe, versteckt sein Gesicht aber nach jeder Handlung wieder hinter den Händen. Das Lob der Therapeutin scheint sein Rückzugsverhalten eher zu verstärken. Als die Therapeutin fragt, ob er noch etwas anderes machen wolle, antwortet er leise „keine Lust mehr" und steht auf, um sich hinter den Vater zu kauern. Erst mit dem Vater zusammen setzt er sich dann wieder an den Tisch. Er entdeckt ein Magnetspiel, bei dem sich ein spielerischer „Kampf" um einige metallene Dinge mit der Therapeutin entwickelt. Das macht ihm Spaß und doch versteckt er sein Gesicht im nächsten Moment wieder hinter den Händen.

Johannes (5;1 Jahre)

Ängstliches Rückzugsverhalten charakterisiert auch das Bild von Johannes, wenn ihm Anforderungen gestellt werden. Dies gilt jedoch nur bei fremden Personen, während die Eltern ihn im häuslichen Alltag nicht als gehemmt oder scheu erleben.

Johannes ist das dritte Kind seiner Eltern. Die Entbindung erfolgte 12 Tage nach Termin spontan mit überdurchschnittlichen Geburtsmaßen: Länge 55 cm (> p90), Gewicht 3720 g (> p75), Kopfumfang 37,5 cm (> p 90). Postpartal fielen eine leichte Trinkschwäche und eine Muskelhypotonie auf. Es wurde zusätzlich ein leichter Herzfehler diagnostiziert, der aber keine Beeinträchtigung darstellte. Nach drei Wochen kam es zu zwei Krampfanfällen. Die psychomotorische Entwicklung verlief verzögert. Das freie Laufen erreichte er erst mit drei Jahren. Die überdurchschnittlichen Körpermaße und craniofaziale Auffälligkeiten führten im Alter von 10 Monaten zu einer humangenetischen Untersuchung mit dem Ergebnis eines Sotos-Syndroms.

Im Alter von 23 Monaten wurde eine erste entwicklungsdiagnostische Untersuchung im Kinderzentrum durchgeführt. Die Eltern berichteten zu diesem Zeitpunkt, dass er schon recht viel verstehe, z. B. Fragen nach Körperteilen, Fragen nach Personen, kleine Aufträge, Ankündigungen folgender Tätigkeiten. Aus eigener Initiative versuche er sich durch Hindeuten, Blickausrichtung und Vokalisationen verständlich zu machen. Wird er missverstanden, reagiere er klar mit Kopfschütteln und intensiviere seine Verständigungsversuche. Die Sprachproduktion sei noch auf Silben und lautmalerische Äußerungen („brum") beschränkt. Zu Hause bestehen keine spezifischen Verhaltensprobleme.

Bei der Entwicklungsuntersuchung zeigt sich Johannes jedoch sehr abwehrend. Sein Entwicklungsalter nach den Kriterien der MFED liegt bei 15 bis 17 Monaten in den Bereichen Handgeschicklichkeit und Wahrnehmungsverarbeitung. Johannes steckt Stecker ins Lochbrett, legt Scheiben gezielt auf den Scheibenturm, setzt einen Kreis in ein Formbrett, wobei er probierend vorgeht. Im Umgang mit Puppenmaterial (SPT) füttert er sich selbst und die Puppe, weiß z. B., dass Traktor und Anhänger hintereinandergehören, sucht sich einen Platz für den Fahrer. Diese symbolischen Spielansätze sind ebenfalls einem Entwicklungsalter von 17 Monaten gemäß. Die Vokalisation ist dagegen noch spärlich, ohne Plaudern oder Ansätze zur Imitation.

Bei einer Nachuntersuchung im Alter von 4;9 Jahren hat Johannes eine erfreuliche spielerische und sprachliche Entwicklung gemacht. Er beschäftigt sich mit Traktor, Sand, Rollenspielen, Auffädeln, Malen, äußert sich in längeren Sätzen, wobei die Aussprache noch schwer verständlich und er außerhalb der vertrauten Umgebung immer noch sehr scheu und zurückhaltend ist. Die Sauberkeit wurde mit 4;3 Jahren erreicht. Alltagsschwierigkeiten bestehen nicht, sagen die Eltern, wohl lehne er Übungsanforderungen ab. Die deutlichsten Fortschritte habe er seit dem Alter von 3 1/4 Jahren gemacht, als er endlich laufen und erste Worte sprechen gelernt habe. Er besucht den Regelkindergarten.

Die Entwicklungsuntersuchung erfolgt mit dem Symbolic Play Test und den McCarthy Scales of Children's Abilities (MSCA). Johannes kombiniert Spielhandlungen und gestaltet Szenen, z. B. Tischdecken, Traktor beladen. Grob- und Feinmotorik sind aber noch unsicher. Im Perzeptionsteil der McCarthy-Skalen erreicht er ein Entwicklungsalter von 3 1/2 Jahren, liegt also um etwa 1 1/2 Jahre unter der Altersnorm. Er baut einfache Muster mit Bausteinen nach, setzt kleine Puzzle zusammen, malt Striche und Kreise nach, kann auf Aufforderung Dinge nach der Größe und Farbe sortieren und identifizieren. Die sprachlichen Fähigkeiten sind nicht beurteilbar, weil Johannes sich in der fremden Situation selbst den Eltern gegenüber kaum äußert. Beim Anschauen des Bilderbuches beschränkt er sich auf sehr leise Antworten auf Fragen der Mutter: „Gummistiefel, Socken, Jacke, essen, Kindergarten, Tasche, Mittag, Keks, Nudeln, Eis, baden, Apfel, lesen, Turm".

Auch bei der Montessori-Übungsbehandlung verhält er sich zunächst sehr schüchtern, geht dann aber an der Hand der Mutter durch den Raum und schaut sich die Materialien an. Als die Therapeutin ihm etwas anbietet, schüttelt er den Kopf. Dann setzt er im Stehen einige geometrische Formen in ein Formenbrett ein. Die Therapeutin holt sie an den Tisch, demonstriert die Arbeit. Er versteckt den Kopf zunächst hinter seinen Armen, übernimmt aber dann bereitwillig die Aufgabe. Später umreißt er die Formen sorgfältig mit dem Farbstift. Während dieser Arbeit lehnt er es ab, sich hinzusetzen, lacht aber und wirkt offener.

Die Therapeutin bietet ihm dann eine Löffelübung mit Sieb und Ping-Pong-Bällen an, denen er sich interessiert zuwendet. Dann entdeckt er eine Übung zum Umschütten mit verschiedenen Flaschen und Trichtern. Jetzt ist er neugierig, weiß, wo er den Trichter einsetzen muss. Er schüttet über, putzt das Wasser auf und arbeitet sofort aufmerksam weiter. Die Koordination verschiedener Handlungsschritte ist noch unbeholfen. Das zeigt sich bei einer Schraubübung. Er dreht an der Schraube, ohne zu erkennen, dass er die Flügelmutter auf der anderen Seite halten muss. Er lässt es sich von der Therapeutin vormachen, braucht Hilfe beim Drehen der Schraube, verbindet aber schließlich zwei Holzstücke völlig selbstständig. Bei diesen praktischen Tätigkeiten ist er zunehmend freudig und engagiert bei der Sache.

Ferdinand (4;0 Jahre)

Ferdinands Entwicklung zeigt, dass die beschriebenen Entwicklungsverzögerungen nicht bei allen Kindern mit Sotos-Syndrom auftreten und sie sich auch kognitiv und sprachlich altersgemäß entwickeln können.

Ferdinand ist das zweite Kind seiner Eltern. Die Geburt erfolgte in der 38. SSW per Sectio: Geburtslänge 57 cm, Gewicht 3650 g, Kopfumfang 38 cm (alle > p 90). Die Neugeborenenperiode verlief unauffällig, die weitere psychomotorische Entwicklung nur leicht verzögert. Freies Sitzen wurde mit 11 Monaten erreicht. Im Alter von vier Monaten wurde wegen des großen Kopfumfangs eine Schädelsonographie und eine Kernspinuntersuchung durchgeführt. Es fand sich eine Erweiterung der Ventrikel, eine Zyste und eine Balkenhypoplasie. Bei der Erstvorstellung im Kinderzentrum im Alter von 1;1 Jahren führte die Phänotypdokumentation (Länge und Kopfumfang über p97, auffälliges Gesicht) zur Diagnose eines Sotos-Syndroms.

Entwicklungsdiagnostische Untersuchungen mit der MFED zu mehreren Zeitpunkten zeigten jeweils ein knapp altersentsprechendes Bild (12 bis 14 Monaten). Bei einer Nachuntersuchung im Alter von 3;8 Jahren berichten die Eltern, dass Ferdinand den Regelkindergarten besucht. Er könne sich sehr gut beschäftigen mit Bilderbüchern, Cassetten, Dreirad, Auffädeln, Steckspiele, Puzzles, Schneiden; bei einigen motorischen Aktivitäten fehle ihm noch die Kraft. Er ist tagsüber trocken. Er bevorzugt weiche Kost und kaut nur mühsam.

Die Entwicklungsuntersuchung umfasst den Perzeptionsteil der MSCA, den Symbolic Play Test und eine Spontansprachprobe. Die perzeptiven Fähigkeiten sind altersgerecht (SI 49). Er baut einfache Muster mit Bausteinen nach, setzt kleine Puzzle aus 2 bis 3 Teilen zusammen, malt Striche und Kreise nach, kann auf Aufforderung Dinge nach der Größe und Farbe identifizieren und sortieren. Die Kooperationsbereitschaft während der gesamten Untersuchung ist gut.

Ferdinand äußert sich in kurzen Sätzen mit differenziertem Wortschatz, wobei noch Wortstellungs- und Artikulationsfehler auffallen. Die sprachliche Äußerungsfähigkeit entspricht einem über 3-jährigen Kind. Dies gilt auch für das Symbolspiel. So kommentiert er das Spiel mit dem Traktor: „Da ist der Hänger. Jetzt fährt sie mit dem Bulldog. Und jetzt fährt der Traktor zu dem Flugzeug." Er integriert einzelne Handlungen zu einer Episode. So parkt er den Traktor, legt die Puppe ins Bett und kommentiert dann lächelnd: „wieder Tag und die Sonne scheint". Er beschäftigt sich konzentriert mit den Sachen, hat aber feinmotorische Probleme. So gelingt es ihm nicht, die Puppe auf den Sitz des Traktors zu setzen.

Bei der Montessori-Übung interessiert er sich zunächst für die Lernuhr, lässt sich von der Therapeutin einzelne Uhrzeiten einstellen und ahmt die Zeigerstellung nach. Bei einem recht komplizierten Puzzle ist er dann sehr ausdauernd und freut sich jedes Mal, wenn er ein Teil gefunden hat. Er findet einen großen Kunststoffwürfel, kann daran die Augenzahlen bis 5 abzählen und greift sofort die Demonstration auf, steckt einzelne Stecker in die Vertiefungen und ordnet sie dann auf entsprechende Zahlkarten. Rasch wendet er sich aber wieder anderen Dingen zu und lässt sich nur unwillig dazu bewegen, die Arbeit abzuschließen. Schließlich entdeckt er die verschiedenen Größenzylinder, holt alle auf einmal heraus und macht sich an das Einsetzen. Dabei geht er probierend vor und nicht systematisch, merkt aber selbst, wenn etwas nicht passt und geht auf die Hilfestellungen der Therapeutin ein, so dass er trotz der großen Zahl der Zylinder zum Ziel kommt und 24 Zylinder einordnet.

Andrea (9;1 Jahre)

Andrea zeigt sich bei der Untersuchung von Anfang an sehr kooperativ und interessiert. Auch ihre Entwicklung verlief in allen Bereichen verlangsamt. Darum machten sich die Eltern in den ersten Jahren aber weniger Sorgen als um belastende Verhaltensformen. Andrea sei sehr durchsetzungsfähig, halte an dem fest, was sie jeweils möchte und könne sich noch schlecht auf wechselnde Situationen einstellen, berichten die Eltern bei der Erstvorstellung im Kinderzentrum, als sie fast drei Jahre alt ist.

Sie wurde nach einer seelisch belasteten Schwangerschaft in der 41. SSW mit folgenden Geburtsmaßen entbunden Länge 54 cm (> p90), Gewicht 3780 g (< p90), KU 35 cm (p75). In der Neugeborenenzeit fielen eine Kopfschiefhaltung, unklare Zuckungen und Zittern auf. Andrea schrie sehr viel bis zum 8. Lebensmonat. Auf Grund einer ZKS wurde Krankengymnastik nach Vojta begonnen, dann nach Bobath fortgesetzt. Das freie Laufen wurde mit 16 Monaten erreicht. Zu diesem Zeitpunkt führten Entwicklungsverlauf, dysmorphologische Untersuchung und das Ergebnis einer Röntgenuntersuchung des Knochenwachstums zur Diagnose des Sotos-Syndroms.

Bei der psychologischen Untersuchung im Alter von 2;11 Jahren berichtet die Mutter, dass Andrea gerne Rollenspiele mache, Wasser, Bücher, Malen und Schneiden möge. Sie kann sich seit kurzem in Mehrwortverbindungen äußern, die Aussprache sei z. T. noch undeutlich. Im Alltag schildert sie ihre Tochter als sehr auf das fixiert, was sie im Moment möchte. Sie sei recht empfindlich und weinerlich, schwer zu lenken sowie sehr auf die Mutter bezogen. Die Stimmung sei wechselhaft. Oft erlebe sie Misserfolge, weil sie grob- und feinmotorisch noch sehr tolpatschig sei. Sie sei dann sehr wütend.

Bei der Entwicklungsuntersuchung mit MFED, Symbolic Play Test, Sprachskalen von Reynell und Spontansprachprobe lässt sie sich aber sehr bereitwillig auf die verschiedenen Angebote ein, was die Mutter überrascht. Feinmotorische und perzeptive Anforderungen werden gut bewältigt, z. B. kann sie Kreise und Striche verschiedener Richtung nachmalen und Dinge nach Farben und Formen ordnen. Schwierigkeiten bereiten Aufgaben, bei denen sie Dinge nach der Größe sortieren oder gleiche Strichzeichnungen einander zuordnen soll. Die beobachteten Fähigkeiten lassen sich einer Entwicklungsstufe von 25/32 Monaten (50%-/95%-Norm) zuordnen. Die spontanen Handlungsideen im Umgang mit Symbolspielmaterial sind gleichfalls einem Entwicklungsalter von 2½ Jahren gemäß. So legt sie die Puppe zu Bett, spielt so, als ob sie ihr etwas auf den Teller zurechtschneide, setzt die Puppe auf den Stuhl, füttert sie mit der Gabel, legt sie dann wieder ins Bett und lacht den Erwachsenen an, als sie ihr die Decke wegzieht. Dabei kommentiert sie ihre Handlungen mit kurzen Äußerungen wie „Wurst gibt's" und „da Becher hin".

Die sprachlichen Äußerungen zu Bilderbüchern umfassen dann zahlreiche differenzierte Mehrwortverbindungen, die im Kontext verständlich sind. Einige Beispieläußerungen zum Bilderbuch: „Zähne putzen" (imitiert Geste) „Strümpfe, ein Hemd, Schuhe, Unterhemd" „lernen, Haus bauen, Mami da, Farbe malen" „Brot essen, trinken, Strohhalm trinken".

Bei der Montessori-Übungsstunde sucht sie sich gleich ein Einsteckbrett und Korken aus und beginnt sofort mit der Arbeit „ich alleine – ausschütten?" Während der Arbeit kommentiert sie mit „gleich fertig" und wirkt sehr bereitwillig. Als sie einen Korken übersehen hat, korrigiert sie sich selbst, bringt dann das Material selbst zum Regal, um aufzuräumen.

Als nächstes sucht sie sich etwas zum Malen aus, holt die Stifte einzeln, legt sie auf ihren Platz, blickt beim Kritzeln hoch und sucht das Lob der Therapeutin: „Sonne malt". Dann steht sie auf, holt sich die Schere und schneidet mit recht geschickter Technik, hält das Papier unbeholfen, ist aber unermüdlich und stolz.

Anschließend geht sie auf die Suche nach neuen Arbeitsmaterialien: „Ich schau mal". Sie sucht ein Würfelspiel aus, trägt mit unsicherem Gang den Arbeitsteppich herbei, breitet ihn mit Hilfe aus. Sie beobachtet, wie die Therapeutin würfelt und dann einzelne Stecker den Vertiefungen auf dem Würfel und schließlich der Augenkarte zuordnet. Sie ahmt das nach, versteht aber die Zuordnungsregel noch nicht. Dann räumt sie den Arbeitsteppich selbst wieder auf und sucht sich eine neue Arbeit aus „ich leine mach", schleppt die Größenzylinder herbei, holt sie einzeln heraus, stellt sie in eine Reihe und ordnet sie probierend wieder ein. Die Therapeutin muss einige Hilfen geben, bis alle eingesetzt sind. Zum Schluss findet sie ein Bilderbuch und schaut es mit der Therapeutin an. Sie kommentiert es mit Zweiwortäußerungen, z. B. „Meister Eder", „Pumuckl Bauchweh".

Einige Monate später wird sie wieder vorgestellt. Mittlerweile ist die Aufnahme in eine integrative Kindergartengruppe erfolgt. Die Trennung von ihren Eltern machte ihr einige Schwierigkeiten. Sie hat sich inzwischen zwar an die Situation gewöhnt, aber noch keine Kontakte zu anderen Kindern der Gruppe geknüpft, was in erster Linie wohl an ihren impulsiven Reaktionen und unvermittelten Stimmungsschwankungen liegt, die für die anderen schwer verständlich sind. Es lässt sich nun eine standardisierte Untersuchung mit den McCarthy Scales of Children's Abilities (MSCA) durchführen. Sowohl bei perzeptiven wie auch bei verbalen Aufgaben weichen ihre Fähigkeiten nur wenig vom Durchschnitt ihrer

Altersgruppe ab. Sie kann selbstständig mehrteilige Puzzles kombinieren, sortiert nach Gemeinsamkeiten und kann zu Oberbegriffen zahlreiche Einzelheiten nennen. Mühe macht ihr das Abzeichnen von einfachen geometrischen Formen.

Zwei Jahre später – im Alter von 6;2 Jahren – wird die Untersuchung mit dem gleichen Verfahren wiederholt. Wiederum zeigt sie nahezu altersgemäße Leistungen; besonders gut ist ihr begriffliches Wissen entwickelt. Wie zuvor, bestehen relative Schwächen beim Nachzeichnen von Mustern und beim Mannzeichnen. Bei allen Aufgaben und bei einer anschließenden Beobachtung der Handlungsfähigkeiten in der vorbereiteten Umgebung der Montessori-Übungsbehandlung zeigt sie sich sehr aufgeschlossen, neugierig und ausdauernd.

Andrea wird dann in die Diagnose- und Förderklasse aufgenommen. Gegen Ende der dritten Klasse – im Alter von neun Jahren – erfolgt eine Wiedervorstellung. Andrea hat gelernt, selbstständig und sinnerfassend zu lesen, schreibt lautgetreu, wenn auch mit zahlreichen Rechtschreibfehlern und unbeholfenem Schriftbild. Große Schwierigkeiten bereiten ihr Rechenoperationen, wenn mehrere Arbeitsschritte und die Speicherung von Zwischenergebnissen gefordert sind wie beim Subtrahieren mit Zehnerübergang. Die Intelligenzuntersuchung erfolgt diesmal mit der Kaufman-Assessment Battery for Children (K-ABC). Es ergeben sich leicht unterdurchschnittliche Standardwerte in den Skalen zum einzelheitlichen und ganzheitlichen Denken (Standardwerte 81, bzw. 83). Sie arbeitet zügig und systematisch, ist aber bei komplexeren Aufgaben zur Speicherung sprachlicher Informationen unsicher und kann sich nicht mehr als vier Elemente merken.

Sorgen bereitet den Eltern neben der Bewältigung der künftigen schulischen Anforderungen, dass Andrea keine festen Freundschaftsbeziehungen hat. Im Umgang mit anderen Kindern kommt es häufig zu Konflikten. Andrea sucht den Kontakt offenbar häufig durch provokative Verhaltensweisen, wird dann aber von den anderen gehänselt und abgelehnt, so dass sie sich zurückzieht. Auch zu Hause in der Interaktion mit den Eltern und Geschwistern ist sie oft impulsiv, reagiert auf Grenzen aggressiv, was ihr nachher leid tut. Damit ein Wechsel in die örtliche Grundschule und die Bewältigung der dritten Klasse dort gelingen kann, bedarf es neben der individuellen Hilfestellungen zur Bewältigung der schulischen Anforderungen (vor allem im Rechnen) auf jeden Fall einer systematischen Förderung sozialer Kompetenzen in der Kontaktaufnahme mit anderen Kindern, angemessenen Formen der Selbstbehauptung und Konfliktlösung.

6.2 Klinische Genetik

1964 beschrieben Sotos et al. fünf Kinder mit von Geburt an beschleunigtem Körperwachstum, großem Kopf, charakteristischen craniofazialen Besonderheiten, einem gegenüber dem Lebensalter fortgeschrittenen Knochenalter und einer deutlichen Verlangsamung der motorischen, kognitiven und sprachlichen

Entwicklung. Seither wurden mehr als 200 weitere Fälle – teilweise unter der Bezeichnung „cerebraler Gigantismus" – beschrieben (Dodge et al., 1983). Die Einzelfallbeschreibungen zeigten neben den Hauptkriterien eine Vielzahl weiterer klinischer Befunde bei Kindern mit Sotos-Syndrom. Da bis 2001 kein biologischer Marker bekannt war, fehlt es an zuverlässigen Prävalenzangaben.

Eine japanische Arbeitsgruppe vermochte bei 42 Patienten mit Sotos-Syndrom dann eine Mikrodeletion oder Punkt-Mutation am Chromosom 5 (5q35) zu identifizieren, die eine Haploinsuffizienz des NSD1-Proteins als Ursache für den ungewöhnlichen Wachstumsverlauf von Kindern und Jugendlichen mit Sotos-Syndrom nahelegt (Imaizumi et al., 2002; Kurotaki et al., 2002). Die Mechanismen, die zu den übrigen Entwicklungsbesonderheiten der Kinder führen, bedürfen weiterer Aufklärung. Inwieweit neuroradiologische Befunde (z. B. Ventrikelerweiterungen und Hypoplasie des Corpus Callosum) dazu beitragen können, lässt sich noch nicht eindeutig beurteilen (Schaefer et al., 1997). Erste Erfahrungen anderer Arbeitsgruppen sprechen auf jeden Fall dafür, dass sich die vorgefundene molekulargenetische Veränderung bei Patienten mit Sotos-Syndrom replizieren und zur Bestätigung einer Diagnose nutzen lässt.

Dennoch wird die Diagnose auch zukünftig erst nach klinischen Gesichtspunkten zu stellen sein, bevor eine molekulargenetische Überprüfung gesucht wird. Cole und Hughes (1990, 1994) legten die bislang umfangreichste und differenzierteste Untersuchung über die klinischen Merkmale und den Entwicklungsverlauf beim Sotos-Syndrom vor. 79 Patienten mit der Vordiagnose „Sotos-Syndrom" wurden untersucht. Bei 41/79 Kindern wurde die Diagnose dann von vier Experten bestätigt. Diese niedrige Quote zeigt, dass die Diagnose auf viele fragliche Fälle angewendet wird und eine präzise Definition des diagnostischen Symptomenspektrums zur Differenzialdiagnose notwendig ist. Einheitliche Diagnosekriterien waren dabei:

Kasten 10: Diagnostische Merkmale des Sotos-Syndroms

- charakteristische Gestalt des Gesichts (lange Gesichtsgestalt, vorgewölbte, hohe Stirn, prominentes Kinn, Hypertelorismus, antimongoloide Lidfalte und hoher Gaumenbogen)
- weit überdurchschnittliche Körperlänge bei Geburt und in der Kindheit (> p97)
- weit überdurchschnittlicher Kopfumfang (> p97)
- vorzeitiges Knochenwachstum
- Entwicklungsretardierung

Die körperlichen Merkmale sind im frühen Kindesalter ausgeprägter als später. Hände und Füße sind oft größer als es der Körpergröße des Kindes entspricht, das Knochenalter entspricht röntgenologisch einem wesentlich höheren Lebensalter, auch der Zahndurchbruch geschieht meist verfrüht. Bereits bei Geburt ist die Körperlänge in der Regel weit überdurchschnittlich. Die Wachstumskurve verläuft vor allem in den ersten fünf Lebensjahren beschleunigt, dann kontinuierlich oberhalb der 97. Perzentile und gleicht sich im Rahmen der Pubertät dann an den oberen Normalbereich an. Die Pubertät selbst tritt zumindest bei den Mädchen eher früher ein als üblich. In einer Gruppe von 20 Erwachsenen mit Sotos-Syndrom wurde als durchschnittliche Körperlänge der Männer 184 cm, der Frauen 173 cm ermittelt. Beide Werte liegen (um 11, bzw. 6 cm) über dem Durchschnitt der Referenzgruppe (Agwu et al., 1999). Extreme Abweichungen der Körpergröße sind im Erwachsenenalter aber die Ausnahme.

Bei den meisten Patienten findet sich eine Hypotonie im ersten Lebensjahr. Die motorischen Meilensteine werden verspätet erreicht, das freie Laufen z. B. im Durchschnitt zwischen 19 und 21 Monaten. Gangbild und motorische Koordination sind auch im späteren Kindesalter unbeholfener als bei gleichalten Kindern.

In der genannten Untersuchung (Cole & Hughes, 1994) fanden sich als weitere körperliche Besonderheiten bei Kindern mit Sotos-Syndrom:
- Ernährungsprobleme im Säuglingsalter, z. T. Sondierung

- vermehrter Appetit und Flüssigkeitsbedarf

- Neigung zur Konstipation

- erhöhte Infektionshäufigkeit, v. a. Mittelohrentzündungen

- Strabismus

- orthopädische Probleme (Knicksenkfüße, Skoliose)

- Ventrikelerweiterung unterschiedlichen Grades

- abnorme EEGs mit unspezifischem Muster

- epileptische Anfälle (bis zu 50 %, bei 1/3 in Verbindung mit Fieberzuständen)

- Herz- und Nierenfehlbildungen (in Einzelfällen)

Häufige körperliche Erkrankungen der Kinder belasten den Alltag vor allem in den ersten Lebensjahren. Mittelohr- oder Blaseninfektionen können das kindliche Wohlbefinden merklich beeinträchtigen und müssen frühzeitig erkannt werden. Bei rezidivierenden Mittelohrentzündigungen ist in vielen Fällen eine Paukenröhrchen-Operation erforderlich. Sorgfältige Untersuchungen des Hörvermögens sind ebenso wichtig wie das frühe Erkennen von Sehproblemen, die bei Kindern mit komplexen Entwicklungsstörungen leicht übersehen werden.

Kurz- oder Weitsichtigkeit, bzw. Strabismus werden in 40 bis 50 % der Kinder mit Sotos-Syndrom festgestellt (Maino et al., 1994).

Das Sotos-Syndrom tritt in den meisten Fällen als Spontanmutation auf. Bei einigen in der Literatur beschriebenen Fällen familiären Auftretens ist die Diagnose nachträglich in Frage gestellt worden (Cole & Hughes, 1994). Auf jeden Fall kann von einer sehr geringen Wiederholungswahrscheinlichkeit ausgegangen werden.

6.3 Kognitive Entwicklung

Intelligenzentwicklung

Die Erstbeschreiber des Sotos-Syndroms berichteten eine geistige Behinderung als wesentliches Merkmal. In einer ersten Übersicht über 80 Fälle gaben Jaeken et al. (1972) eine kognitive Behinderung bei 83 % an. Diese Sichtweise hat sich jedoch als zu pessimistisch und einseitig herausgestellt. Spätere Untersuchungen zeigten, dass die *intellektuelle Kapazität von Kindern mit Sotos-Syndrom sehr variabel ist*. Ein Teil von ihnen weist lediglich umschriebene Lernbehinderungen auf, die die Sprachentwicklung, die Aufmerksamkeit und visuelle Perzeption oder die Rechen- und Schreibfähigkeit betreffen.

Zuverlässige Aussagen über das Entwicklungsspektrum beim Sotos-Syndrom sind derzeit nur begrenzt möglich. Die Untersuchungsstichproben sind in der Regel klein und hinsichtlich des Alters inhomogen. Zudem handelt es sich um klinische Gruppen, die nicht repräsentativ sind, denn zur psychologischen Untersuchung werden eher diejenigen Kinder angemeldet, deren Lernfähigkeit wesentlich beeinträchtigt ist. Schließlich werden in den meisten Untersuchungen lediglich Intelligenztestergebnisse als Summenwerte mitgeteilt und keine Subtestprofile beschrieben. Dies kann sehr irreführen. So berichtete Hulse (1981) z. B. über einen Jungen, dessen Verbal-IQ bei 100, dessen Handlungs-IQ aber nur bei 69 lag, so dass ein Gesamt-IQ von 83 zugeordnet wurde. Die Tabelle 36 gibt einen Überblick über die Publikationen zu Intelligenztestergebnissen bei Kindern und Jugendlichen mit Sotos-Syndrom.

Rutter und Cole (1991) berichteten Intelligenztestergebnisse von 15 Schulkindern (mittleres Alter 9;4 Jahre), die mit der englischen Version des HAWIK-Tests erhoben wurden. Sie stellten bei vielen Kindern beträchtliche Diskrepanzen der Werte von Verbal- und Handlungsteil fest. Sie betrugen bis zu 28 Punkten. Es zeichnete sich allerdings kein einheitliches Muster von Stärken und Schwächen ab. Auch die *Ergebnisse in den einzelnen Subtests schwankten bei einzelnen Kindern sehr*. Sie erreichten je nach Subtest zwischen einem und 13 Wertpunkte. Die IQ-Gesamtwerte lagen zwischen 54 und 96 (mittlerer Wert

74). Für 12 Kinder konnte auch die Entwicklung der Lesefähigkeit dokumentiert werden. Sie war im Durchschnitt um zwei Jahre verzögert. Bei den Kindern, deren Intelligenz im Normalbereich lag, fanden sich auch deutliche Rechenschwächen.

Tabelle 36: Intellektuelle Fähigkeiten bei Kindern und Jugendlichen mit Sotos-Syndrom (nach Mouridsen & Hansen, 2002)

Studie	N (Alter)	Tests	IQ < 50	IQ 50–70	IQ > 70
Jaeken et al. (1972)	61 (1–15)	Keine Angaben	22	15	24
Varley & Crnic (1984)	11 (5–13)	WISC, Stanford-Binet, Bayley-Test	2	6	3
Wit et al. (1985)	20 (2–22)	Keine Angaben	7	11	2
Rutter & Cole (1991)	15 (5–14)	WPPSI, WISC	0	5	10
Finegan et al. (1994)	27 (5–16)	WISC		6	21
Mauceri et al. (2000)	6 (2–12)	WISC, Brunet-Lezine	4	2	0

Cole und Hughes (1994) berichteten später die Testergebnisse von 23 Patienten. Ihr *Entwicklungs- oder Intelligenzquotient schwankte zwischen 40 und 129 mit einem mittleren Wert von 78.* Der sich daraus ergebende Eindruck einer allgemeinen Lernbehinderung als charakteristisch für das Sotos-Syndrom ist jedoch u. U. nicht richtig. Die Autoren weisen darauf hin, dass 10/17 Kinder ihrer Stichprobe, die die Regelschule besuchten, nicht formal untersucht wurden und ihre höheren Intelligenzwerte somit nicht in die Berechnung eingingen.

Clarke et al. (1991) stellten die Verteilung der individuellen IQ-Werte bei 84 Kindern vor, die bis zu jenem Zeitpunkt untersucht worden waren (Abbildung 44). Die Mehrzahl von ihnen hatte Testwerte im Bereich der Lernbehinderung oder leichten geistigen Behinderung, viele aber auch im Normbereich.

Unter den Kindern, bei denen im Kinderzentrum die klinisch-dysmorphologische Diagnose eines Sotos-Syndroms zweifelsfrei gestellt, bzw. bestätigt werden konnte, befinden sich sieben junge Kinder im Alter unter dreieinhalb Jahren und 13 Kinder im Kindergarten- und Schulalter. Der perzeptive und kognitive Entwicklungsstand der jüngeren Kinder wurde mit den entsprechenden Aufgaben aus der Münchener Funktionellen Entwicklungsdiagnostik (MFED) und dem Symbolic Play Test (SPT) eingeschätzt. Die Abbildung 45

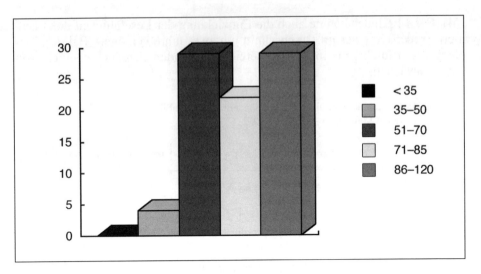

Abbildung 44: IQ-Werte von 84 Kindern mit Sotos-Syndrom (nach Clarke et al., 1991)

zeigt, dass *fünf der sieben Kinder bedeutsam retardiert sind gegenüber ihrem Lebensalter (EQ < 75)*. Fünf Kinder haben – zum Zeitpunkt der Untersuchung zwischen 2;4 und 3;5 Jahre alt – die Stufe der Zweiwortverbindungen erreicht, zwei von ihnen bilden auch schon etwas längere Äußerungen, bei denen aber noch keine Regeln zur Formenbildung o. Ä. beachtet werden.

In der Untersuchungssituation selbst reagieren drei Kinder auf unmittelbare Aufforderungen und Aufgaben ausweichend und orientieren sich hilfesuchend an den Eltern, die darauf unsicher und mit einem hohen Maß an Verständnis und besorgter Zuwendung reagieren. Die meisten Kinder lassen sich aber sehr wohl zu Spielformen motivieren, bei denen sie die Wahl zwischen verschiedenen Materialien und Möglichkeiten haben (z. B. nicht vom Erwachsenen gelenktes symbolisches Spiel mit Miniaturobjekten). Vier Kinder arbeiten in allen Untersuchungsteilen dagegen wesentlich bereitwilliger mit, als die Eltern erwartet haben. Alle Eltern berichten, dass ihre Kinder im häuslichen Rahmen auf unmittelbar an sie gerichtete Anforderungen meist ausweichend, auf Grenzen und Lenkungen oft mit impulsivem Zorn, z. T. auch selbstverletzenden Verhaltensweisen (Kopfschlagen, Beißen) reagieren.

Die Tabelle 37 gibt die Testergebnisse von 13 Kindern im Vorschul- und Schulalter mit gesicherter klinischer Diagnose des Sotos-Syndroms wieder, die im Kinderzentrum mit standardisierten Intelligenztests untersucht wurden. Die Vergleichbarkeit der Einzelergebnisse ist eingeschränkt durch die Unterschiede im Alter zum Zeitpunkt der Untersuchung, im eingesetzten Testverfahren und damit in der Aktualität der Referenznormen.

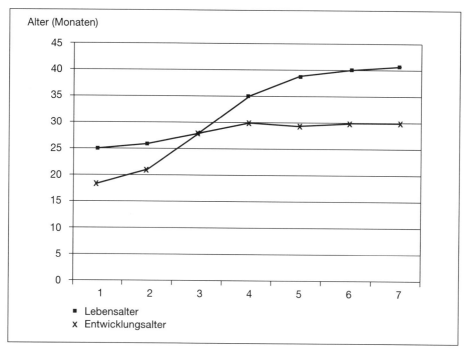

Abbildung 45: Lebensalter (obere Linie) und Entwicklungsalter im Symbolic Play Test (SPT) bei sieben jungen Kindern mit Sotos-Syndrom

Zwei Kinder zeigten ausweichende Verhaltensweisen bei unmittelbar an sie gerichteten Anforderungen, die den Beobachtungen bei den jüngeren Kindern ähnelten und sich von ihrem recht offenen Auftreten im Alltag unterschieden. Sie verweigerten nachdrücklich die Beteiligung bei sprachbezogenen Aufgaben, so dass nur der sprachfreie Teil des Intelligenztests – in diesen Fällen der McCarthy Scales of Children's Abilities (MSCA) – ausgewertet werden konnte. Die übrigen elf Kinder ließen sich in der Untersuchungssituation dagegen hinreichend gut zur Mitarbeit motivieren. Bei drei Kindern wurden aus organisatorischen Gründen lediglich die sprachfreien kognitiven Fähigkeiten mittels des Snijders-Oomen Intelligenztests (SON 2½–7) erhoben.

Die Testergebnisse zeigen auch in unserer Stichprobe die Unterschiedlichkeit der intellektuellen Entwicklung von Kindern mit Sotos-Syndrom. Während bei einer *Hälfte der Kinder eine intellektuelle Leistungsfähigkeit vorliegt, die in schulbezogenen Kategorien als geistige Behinderung zu klassifizieren ist*, entsprechen die Testwerte – erhoben mit der Kaufman Assessment Battery for Children, bzw. dem non-verbalen Intelligenztest von Snijders-Oomen oder den McCarthy Scales – bei zwei Kindern dem unteren Durchschnittsbereich der Altersgruppe. Selbstverständlich handelt es sich dabei um nicht-repräsentative Daten aus einer Gruppe von Kindern, die explizit zur Untersuchung von Entwicklungs- und Lernschwierigkeiten in unserem Hause vorgestellt wurden.

Tabelle 37: Intelligenztestergebnisse von 13 Kindern mit Sotos-Syndrom im Vorschul- und Schulalter

	Alter	Test	IQ	Relative Schwächen
JB	4;1	Snijders-Oomen	60	Rez./expr. Sprache
MC	4;7	McCarthy	94	Expressive Sprache, Merkfähigkeit
MB	4;9	Snijders-Oomen	57	Expressive Sprache
JE	4;10	McCarthy	74	–
MB	4;10	McCarthy (Perz.)	74	Expressive Sprache
KS	5;10	McCarthy	91	Visuell-konstruktive Fähigkeit
MV	6;4	Snijders-Oomen	93	Visuell-konstruktive Fähigkeit, Merkfähigkeit
MK	6;7	McCarthy (Perz.)	< 50	Expressive Sprache
BK	8;3	McCarthy	< 50	–
KST	9;1	K-ABC	82	Merkfähigkeit
MN	9;4	K-ABC	65	Merkfähigkeit
IL	9;4	K-ABC	106	–
MK	9;7	K-ABC	68	Visuell-konstruktive Fähigkeit, Merkfähigkeit

Auch hinsichtlich relativer Stärken und Schwächen im Leistungsprofil der (Vor-) Schulkinder ergibt sich – wie in der Untersuchung von Rutter und Cole (1991) – kein einheitliches Bild. Bei fünf Kindern liegen ausgeprägte Defizite in der expressiven Sprache vor, welche aber nicht systematisch durch standardisierte Testverfahren dokumentiert werden konnten. Bei den übrigen ist die formale Struktur der spontanen sprachlichen Äußerungen dagegen unauffällig und die Verständlichkeit zumindest nicht wesentlich beeinträchtigt.

Bei fünf Kindern zeigen sich im Rahmen der Intelligenztestung Defizite in der Speicherung komplexer sprachlicher Informationen. Bei drei Kindern findet sich eine deutliche Teilleistungsschwäche in den visuell-konstruktiven Fähigkeiten, wie sie z. B. beim Nachbauen oder Abzeichnen komplexer Muster erforderlich sind. Drei Kinder zeigten ein ausgeglichenes Profil intellektueller Verarbeitungsfähigkeiten. Bei allen Kindern wurde zusätzlich zu den genannten Schwächen in der motoskopisch-pädiatrischen Untersuchung eine Störung der fein- und grobmotorischen Koordination im Vergleich zu gleichalten Kindern diagnostiziert.

Schulbesuch

Die Tabelle 38 zeigt, welche Schulen die 41 Kinder besuchten, die Cole und Hughes (1994) untersuchten. Auch hier zeigt sich die interindividuelle Variabilität des Entwicklungsverlaufs. Eine Verallgemeinerung der Daten ist jedoch angesichts der Unterschiedlichkeit der Schulsysteme in den einzelnen Ländern nicht möglich.

Tabelle 38: Schulbesuch bei 41 Kindern mit Sotos-Syndrom (nach Cole & Hughes, 1994)

Schulart	Anzahl
Regelschule	10
Regelschule mit zusätzlicher Förderung	7
Sonderschule	19
Kindergarten/unbekannt	5

In einer Elternbefragung zu den Entwicklungs- und Verhaltensproblemen von Schulkindern mit Sotos-Syndrom, die in Zusammenarbeit mit der deutschen Eltern-Selbsthilfegruppe (EISS) durchgeführt wurde, wurde besonderer Wert gelegt auf die Stichprobenzusammenstellung. Es wurden nur Kinder berücksichtigt, bei denen die klinischen Merkmale eindeutig erfüllt und durch doppelte Begutachtung von Kinderfotos durch zwei unabhängige Beurteiler bestätigt wurden. Kinder, bei denen in einer humangenetischen Untersuchung lediglich der Verdacht auf ein Sotos-Syndrom geäußert wurde, wurden aus der Stichprobe ausgeschlossen. Auf diese Weise konnten Daten zu 36 Kindern (22 Jungen und 14 Mädchen) im Alter zwischen 6 und 18 Jahren (Mittelwert 11;3 Jahre) gesammelt werden (Sarimski, 2003c). Die Tabelle 39 zeigt, welche Schulen diese Kinder besuchen.

Tabelle 39: Schulbesuch bei 36 deutschen Kindern mit Sotos-Syndrom

Schulart	Zahl	%
Regelschule	9	25.0
Regelschule mit Integrationshilfen	4	11.1
Förderschule für lernbehinderte Kinder	4	11.1
Förderschule für körperbehinderte Kinder	3	8.3
Förderschule für geistigbehinderte Kinder	9	25.0
Förderschule für sprachbehinderte Kinder	3	8.3
Sonstige	4	11.1

13 Kinder (36%) besuchten danach die Regelschule, wobei vier von ihnen zusätzliche Hilfen im Unterricht brauchen. Nach globaler Einschätzung der Eltern und den Angaben zu schulischen Fertigkeiten, die ebenfalls erhoben wurden, sind sechs Kinder als unbeeinträchtigt in ihren intellektuellen Lern- und Auffassungsfähigkeiten zu bezeichnen. 18 Kinder sind in ihrer intellektuellen

Entwicklung leicht behindert (Lernbehinderung, IQ-Angaben – soweit vorhanden – 70 bis 85), 12 Kinder geistigbehindert.

Entsprechend den unterschiedlichen intellektuellen Fähigkeiten unterscheiden sich die kognitive Kompetenzen der Kinder, die mittels des Heidelberger-Kompetenz-Inventars erhoben wurden. Bei einem Vergleich dieser Angaben wurden Kinder im Alter bis zu 15 Jahren berücksichtigt, nicht aber die Kinder mit durchschnittlicher Intelligenz, für die das Erhebungsverfahren nicht geeignet ist. Kinder mit leichter intellektueller Beeinträchtigung haben höhere Kompetenzen in Teilfertigkeiten wie Rechnen, Umgang mit Geld, Wissen um Zeitangaben, Sicherheit im Verkehr oder in der Nutzung öffentlicher Dienstleistungen. Keine Unterschiede zu stärker behinderten Kindern ergaben sich in der Sprach-, Lese- und Schreibkompetenz. Relativ zum Lesen und Schreiben finden sich bei beiden Teilgruppen jeweils häufiger besondere Lernschwierigkeiten im Rechnen.

In der expressiven Sprache, im Lesen und Schreiben verfügten auch einige Schüler, die eine Schule für Kinder mit geistiger Behinderung besuchten, über relativ weit entwickelte Fähigkeiten. So konnten sich sieben von ihnen in vollständigen Sätzen ausdrücken, vier einfache Texte lesen und schreiben (Tabelle 40). Legt man zum Vergleich die Referenznormen des Heidelberger-Kompetenz-Inventars, das an mehr als 1000 Kindern in Schulen für Geistigbehinderte normiert wurde, zu Grunde, so zeigt sich, dass die Hälfte der Kinder mit Sotos-Syndrom und geistiger Behinderung höhere kognitive Kompetenzen erreicht haben als der Durchschnitt der Schüler dieses Schultyps (> 75. Perzentile).

Tabelle 40: Kognitive Kompetenzen von Kindern mit Sotos-Syndrom und intellektueller Beeinträchtigung (Heidelberger-Kompetenz-Inventar, HKI)

Kompetenzbereich	Leichte intellekt. Behinderung		Geistige Behinderung		Sign
	M	SD	M	Sd	
Verkehr	20.00	3.71	18.08	2.50	
Geld	18.50	5.50	12.17	4.20	
Dienstleistungen	20.39	3.94	17.33	3.34	**
Zeit	21.11	3.88	16.67	3.47	*
Einfache Geometrie	20.17	3.91	15.08	6.51	**
Einfaches Rechnen	21.28	4.84	13.58	5.81	*
Lesen und Schreiben	20.83	5.03	17.83	4.59	***
Sprachverständnis	22.61	2.06	20.50	2.68	*
Expressive Sprache	22.94	1.63	22.08	2.37	
Kognitive Kompetenz	187.83	28.50	153.33	21.83	***

Anmerkung: * = p<.05; ** = p<.01; *** = p<.001

Die inter- und intraindividuellen Leistungsunterschiede bei Kindern mit Sotos-Syndrom machen eine Prognose im Einzelfall sehr schwierig. Die pädagogische Förderung muss auf der individuellen Analyse der Stärken und Schwächen eines Kindes aufbauen; generelle Empfehlungen sind derzeit noch nicht möglich. Dazu kommt, dass sich Entwicklungsmerkmale beim Sotos-Syndrom mit wachsendem Lebensalter verändern können.

Bei 10 Kindern legten Cole und Hughes (1994) Verlaufsdaten vor, die in den meisten Fällen eine *Verbesserung der Ergebnisse über die Zeit hinweg* dokumentierten. Auch wenn einzelne Meilensteine der motorischen, sprachlichen und adaptiven Entwicklung deutlich verspätet bewältigt wurden, erreichten mehrere Kinder später durchschnittliche Testergebnisse. Auch Bloom et al. (1983) berichteten, dass 4/6 Kindern nach anfänglicher deutlicher Retardierung im Schulalter Testergebnisse im Normalbereich erzielten. Bale et al. (1985) beschrieben zwei Mädchen, die im Kleinkindalter deutlich verzögert waren (Bayley-EQ 53, bzw. 61), später aber wesentlich besser abschnitten (z. B. Wechsler-IQ 91 im Alter von 7;3 Jahren).

Diese Beobachtung sprechen dafür, dass das „wahre" Leistungsvermögen der Kinder erst im Schulalter deutlich wird. *Frühere Testergebnisse fallen u. U. auch deshalb ungünstiger aus, weil die Bewältigung der Aufgaben hier in besonderem Maße von sprachlichen und motorischen Koordinationsfähigkeiten abhängt, die auf Grund der Hypotonie der Kinder erst zu einem späteren Zeitpunkt erworben werden.* Allerdings ist nicht geklärt, für wieviele Kinder mit Sotos-Syndrom dieses günstige Verlaufsmuster zutrifft.

Günstige Voraussetzungen für den Kompetenzerwerb zeigen sich bereits im Spielverhalten von Vorschulkindern. Wir analysierten die Videoaufzeichnungen von Übungsstunden in der Montessori-Therapie bei zehn Kindern mit Sotos-Syndrom (mittleres Alter 5;7 Jahre). Es wurden jeweils 10-minütige Videosequenzen nach einem Time-Sampling-Verfahren kodiert, bei dem für Intervalle von je 15 Sekunden beurteilt wurde, ob die Tätigkeit des Kindes als zielgerichtete Tätigkeit, einfache explorative Handlung, reines Beobachten, nicht-spielzeugbezogene, ausweichende Handlung („off-task") oder als Hilfesuchen beim Erwachsenen zu klassifizieren war. Auf diese Weise ergab sich ein Maß für die Ausdauer bei zielgerichteten Tätigkeiten als relativer Anteil bezogen auf 40 Intervalle von je 15 Sekunden Dauer (Sarimski, 1997f).

Die jüngeren Kinder wählten überwiegend praktische Übungen aus, z. B. Schütt- oder Löffelübungen und Steckmaterial; die älteren bevorzugten die geometrische Kommode, Formenpuzzle oder Rechenmaterialien. Sie blieben sehr gut bei der Sache, beobachteten aufmerksam die Demonstration der Pädagogin und suchten danach selten ihre Hilfe. Sie zeigten sich in der Lage, ihre Tätigkeit auf das jeweilige Ziel hin zu organisieren (z. B. Umschütten mit einem Trichter, bis eine Flasche leer ist). 61 % der gesamten Übungszeit erfüllten die Kriterien zielgerichteter Tätigkeit (Abbildung 46).

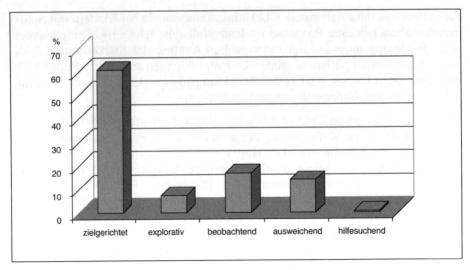

Abbildung 46: Ausdauer bei zielgerichteten Tätigkeiten in der Montessori-Übungsbehandlung bei zehn Kindern mit Sotos-Syndrom (Sarimski, 1997f)

6.4 Sprachliche Entwicklung

Clarke et al. (1991) berichteten auch retrospektive Daten zur sprachlichen Entwicklung. Die ersten Worte wurden im Durchschnitt mit 25 Monaten geäußert. Auch im Kindergartenalter äußerten sich viele Kinder zumindest unter Untersuchungsbedingungen kaum und griffen noch stark auf gestische Ausdrucksmittel zurück. Dabei ist nicht klar, ob es sich um eine Art Sprachhemmung als soziales Entwicklungsmerkmal, eine Folge der Hypotonie oder um eine spezifische verbale Apraxie handelt. Die Stimme wird schließlich als ungewöhnlich leise und rauh beschrieben. Bloom et al. (1983) fanden bei vier Schulkindern mit normaler Intelligenz Wortfindungsprobleme und ein langsameres Verarbeitungstempo für auditive Reize. Systematische Untersuchungen zu Teilbereichen der Sprachverarbeitung fehlen aber noch.

Bei den von uns untersuchten zehn Kindern (2;6 bis 9;5 Jahre) fanden wir in 8/10 Fällen einen verspäteten Sprachbeginn (erste Worte > 24 Mon.) und Artikulationsmängel zum Zeitpunkt der Untersuchung. 6/10 Kinder äußerten sich nur zurückhaltend, teils sehr leise und in Ein- oder Zweiwortsätzen, die übrigen aber in längeren Sätzen, z.T. mit differenzierten Formulierungen. Ein Beispiel für die sprachliche Gewandtheit einiger Kinder: Tina fragt die Montessori-Therapeutin während der Übung mit schelmischem Gesichtsausdruck: „Darf ich auf dem Tisch sitzen?" – „Nein, auf dem Stuhl." (lachend) „ach so". Dann: „Was mach ich? Ich weiß es – einen Regenbogen!" Als sie fertig ist, kommentiert sie ihr Bild mit „das ist bunter Regen" und schreibt ihren Vornamen dazu (Sarimski, 1997f).

Auch bei den Besonderheiten der Sprachentwicklung scheint es sich um ein Phänomen zu handeln, das im Schulalter kompensiert werden kann. Finegan et al. (1994) untersuchten 27 Kinder mit Sotos-Sndrom aus der genannten britischen Studie (Cole & Hughes, 1994). Zum Vergleich dienten 20 Kinder aus der Gruppe derer, für die die Diagnose nicht bestätigt werden konnte. Diese Kontrollgruppe wurde parallelisiert hinsichtlich körperlicher Merkmale (Kopfumfang, Körpergröße), Entwicklungsverlauf (verzögerte motorische und sprachliche Frühentwicklung) und Intelligenz (Wechsler-Test). Die Kinder waren durchschnittlich neun Jahre alt. Geprüft wurde das Verständnis für Wortbedeutungen und Satzkonstruktionen sowie der expressive Wortschatz und die Fähigkeit zur Erklärung von Wortbedeutungen und zur Satzbildung. *Sie fanden keine spezifischen Profilunterschiede in Teilbereichen der Sprachverarbeitung mehr. Die sprachlichen Fähigkeiten entsprachen im Schulalter dem Stand der kognitiven Entwicklung.*

6.5 Adaptive Fähigkeiten

Zur Entwicklung adaptiver Fähigkeiten liegen nur wenige Erfahrungen vor. In einer eigenen Elternbefragung bei 21 jüngeren Kindern (mittleres Alter 5;4 Jahre) zeigte sich, dass die Mehrheit der Kinder eine befriedigende lebenspraktische Selbstständigkeit beim Essen und Anziehen erreicht hatte. 2/3 der Kinder benutzten selbstständig die Toilette. Einzelne feinmotorische Anforderungen wie Reißverschlüsse oder Knöpfe schließen und Schleifen binden überforderte die meisten Kinder allerdings noch. Natürlich lassen sich diese Beobachtungen nicht auf andere Altersgruppen verallgemeinern. Es handelte sich überwiegend um jüngere Vorschulkinder.

Tabelle 41: Selbstständigkeitsfertigkeiten bei 21 Kindern mit Sotos-Syndrom im frühen Kindesalter

Fertigkeiten	Anzahl	%
Essen mit dem Löffel	9	42.9
Essen mit Messer/Gabel	10	47.6
Trinken aus dem Glas	21	100
mit etwas Hilfe anziehen	9	42.9
allein anziehen	5	23.8
allein waschen	10	47.6
selbstständig zur Toilette gehen	14	66.7

Ess- oder Schlafprobleme scheinen nicht charakteristisch. Nur bei drei Kindern wurden Einschlaf- und bei vier Kindern Durchschlafschwierigkeiten angegeben. Immerhin gaben 1/3 der Eltern an, dass ihre Kinder mehr essen und trinken als altersüblich. Acht Kinder seien sehr wählerisch beim Essen.

Auch in der bereits genannten Untersuchung der Entwicklungs- und Verhaltensbesonderheiten von Schulkindern wurden praktische Fertigkeiten abgefragt. *Der Anteil von Kindern, die einzelne praktische Fertigkeiten erworben haben, nimmt mit dem Alter weiter zu.* So benutzen fast alle Kinder im Schulalter selbstständig die Toilette und können sich selbstständig die Hände waschen. Größere Schwierigkeiten haben sie – wohl auf Grund motorischer Ungeschicklichkeit – beim selbstständigen Anziehen, was einigen Kindern in den ersten Jahren der Schulzeit noch nicht gelingt, und beim Essen mit Messer und Gabel. Die Mehrzahl beteiligt sich gern an Haushaltstätigkeiten oder Einkäufen, braucht aber noch Anleitung und Unterstützung bei komplexeren Aufgaben, z. B. dem selbstständigen Geschirrspülen oder dem Vorbereiten einer einfachen Mahlzeit.

Aus den Elternangaben lässt sich eine stetige Zunahme der praktischen Kompetenz im Laufe des Schulalters erkennen. Auch im Erwachsenenalter wird der Grad an Selbstständigkeit und spezifischem Hilfebedarf in Abhängigkeit von den intellektuellen Fähigkeiten variieren; Erfahrungen zur Lebenssituation von Erwachsenen mit Sotos-Syndrom und intellektueller Behinderung, erreichten Schul-, bzw. Berufsabschlüssen und dem Gelingen der Integration ins Arbeitsleben, bzw. des Übergangs in ein selbstbestimmtes Leben fehlen leider noch völlig.

6.6 Sozial-emotionale Entwicklung

Neben kognitiven und sprachlichen Entwicklungsproblemen wurden bei vielen Kindern mit Sotos-Syndrom in Einzelfallberichten sozial-emotionale Schwierigkeiten geschildert (Varley & Crnic, 1984). Um dies mit standardisierten Methoden zu überprüfen, ließen Rutter und Cole (1991) die Eltern und Lehrer von 16 Kindern einen Fragebogen zu Verhaltensauffälligkeiten ausfüllen. Danach wurden 12/16 Kindern von den Eltern und 8/16 von den Lehrern als verhaltensauffällig beurteilt. Das wichtigste Merkmal war dabei eine Überaktivität der Kinder. 9/16 Kinder wurden von ihren Eltern als – zumindest in einigen Situationen – hyperaktiv beschrieben (Tab. 42).

Auch in unserer eigenen Befragung bei 21 jüngeren Kindern beschrieben die Eltern emotionale und soziale Verhaltensauffälligkeiten, wobei die individuellen Unterschiede wiederum groß sind. Bei mehr als der Hälfte der Kinder wurden eine *kurze Aufmerksamkeitsspanne, motorische Ungeschicklichkeit, Bestehen auf Gewohnheiten und Starrköpfigkeit* als charakteristisch angegeben (Sarimski, 1999c, Tab. 43).

Tabelle 42: Sozial-emotionale Auffälligkeiten bei 16 Schulkindern (nach Rutter & Cole, 1991)

Sozial-emotionale Fertigkeiten	Anzahl
Wutanfälle und aggressives Verhalten zu Hause	13
Schlafprobleme	11
frühes Erwachen	10
phobische Reaktionen (z. B. Hunde, Waschmaschinen)	10
geringe Kenntnis von Gefahren	9
exzessives Trinken	9
wenig soziale Kontakte zu anderen Kindern	8
ritualistisch-zwanghaftes Verhalten	8

Tabelle 43: Verhaltensbesonderheiten bei 21 Kindern mit Sotos-Syndrom im frühen Kindesalter (SSBP-Fragebogen)

Soziales Verhalten	Anzahl
wirkt isoliert, wie in eigener Welt	2
Fremden gegenüber distanzlos-freundlich	11
ungewöhnlicher Blickkontakt	4
ungewöhnliche Gestik/Mimik	2
schwierig in der Öffentlichkeit	7
Körperliche Aktivität	
unteraktiv	7
überaktiv	2
ungeschickt	13
zappelig, ständig in Bewegung	5
beschäftigt sich höchstens 10 Minuten	10
Unübliche Bewegungen und Interessen	
unübliche Bewegungen, z. B. Armwedeln	3
besondere Beziehungen zu eigenartigen Objekten	2
auffällig fixierte Interessen	4
Bestehen auf Gewohnheiten	11
starrköpfig	16

Selbstverletzendes und aggressives Verhalten	
selbstverletzendes Verhalten	5
körperliche Angriffe auf Gleichaltrige	3
körperliche Angriffe auf Erwachsene	4
destruktiv	6
schlägt ohne Grund	6
Ängstlichkeit und Stimmung	
übermäßig fröhlich	3
oft sehr ängstlich	6
häufige Zornesausbrüche (mind. wöchentlich)	3
rasche Stimmungsschwankungen	8

Eine Teilgruppe (etwa ein Viertel der Kinder) wird als *ängstlich und in ihren Stimmungen sehr schwankend geschildert.* Im sozialen Kontakt sind viele Kinder aber auch fremden Personen gegenüber sehr offen, solange sie keine Leistungsanforderungen spüren. Einige Kinder zeigen destruktive und aggressive Verhaltensweisen, die sehr belastend sein können. Das trifft aber nur für eine Minderheit der Kinder zu. Relativ viele Kinder (23.8 %) zeigen *autoaggressives Verhalten (Beißen, Kopfschlagen u. a.),* wenn sie Misserfolge erleben, ihnen etwas verwehrt wird oder sie durch die Reizvielfalt einer Situation überfordert werden.

Emotionale Auffälligkeiten, soziale Anpassungsschwierigkeiten und impulsive Reaktionen scheinen für viele Kinder mit Sotos-Syndrom – zumindest im frühen Kindesalter – charakteristisch zu sein. Wir prüften die Frage, ob dies auch im Schulalter zutrifft, mit Hilfe zweier standardisierter Erhebungsinstrumente. Im „Children's Social Behaviour Questionnaire" (CSBQ; Luteijn et al., 1998) werden Verhaltensweisen dieser Kategorien von den Eltern der Schüler als charakteristisch angegeben (Tabelle 44). Es finden sich keine signifikanten Unterschiede im Ausprägungsgrad von sozialen Kontaktproblemen, ängstlichen und zwanghaften Verhaltensweisen oder impulsiven und oppositionellen Verhaltensweisen zwischen den Kindern mit Sotos-Syndrom und unbeeinträchtigter intellektueller Entwicklung gegenüber solchen mit Lernbehinderungen, bzw. stärkeren Intelligenzminderungen. Lediglich stereotype Verhaltensformen treten bei den Kindern mit geistiger Behinderung häufiger auf als bei den anderen Gruppen.

Tabelle 44: Auffälligkeiten des sozialen Verhaltens bei 36 Kindern mit Sotos-Syndrom mit unterschiedlichen intellektuellen Fähigkeiten (CSBQ)

Sozialverhalten	Mittel (0–2)
Hat wenig Freunde	1.23
Hat Schwierigkeiten, sich anderen anzuschließen	1.14
Hat Trennungsängste	1.03
Wird schnell wütend	1.00
Hat Panik in neuen Situationen	0.97
Regt sich vorzeitig auf	0.94
Spricht immer wieder über Vergangenes	0.94
Zieht sehr viel Aufmerksamkeit auf sich	0.86
Hat wenig Kontakt zu anderen	0.85

Vergleicht man die Angaben der Eltern von Kindern mit Sotos-Syndrom mit den Angaben von Eltern nicht behinderter Kinder (Luteijn et al., 2000), so zeigen sich erhöhte Werte (> 1.5 Standardabweichungen) in den Skalen „soziale Kontaktprobleme", „ängstliches und zwanghaftes Verhalten" sowie „stereotypes Verhalten". Im Grad impulsiven und oppositionellen Verhaltens unterscheiden sie sich nicht wesentlich von anderen Schulkindern. Es finden sich keine Zusammenhänge zwischen dem Grad der Auffälligkeiten und dem Alter der Kinder.

Wir untersuchten dann mögliche Unterschiede zu anderen Kindern mit intellektueller Behinderung, indem wir die Kinder der Untersuchungsgruppe, bei denen eine leichte oder schwere Intelligenzminderung vorlag, mit einer altersgleichen Gruppe von Kindern verglichen, bei denen die intellektuelle Behinderung andere Ursachen hatte (Sarimski, 2003c). Soziale Kontaktprobleme und Ängste waren bei Kindern mit Sotos-Syndrom wesentlich ausgeprägter, z. B. wurden sie signifikant häufiger als trennungsängstlich und ängstlich in neuen Situationen beschrieben.

In einem nächsten Schritt baten wir die Eltern, einzelne Verhaltensauffälligkeiten in einem Fragebogen zu beurteilen, der für Kinder mit intellektuellen Behinderungen entwickelt und in den USA normiert ist (Nisonger Child Behavior Rating Form). Im Vergleich zu diesen Referenznormen ergaben sich *für 39 % der Kinder überdurchschnittlich oder weit überdurchschnittlich hohe Werte in der Skala „Ängste/soziale Unsicherheit". 21 % der Kinder werden als besonders reizempfindlich geschildert, 18 % hatten sehr hohe Werte in den Skalen „zwanghaftes Verhalten" oder „hyperaktives Verhalten".* Weniger als 10 % der Kinder wurden als besonders impulsiv oder oppositionell in ihrem Verhalten beschrieben. Die Schüler, die eine Schule für Geistigbehinderte besuchten, unterschieden sich

Einige Einzeläußerungen

„Ist im Umgang mit Erwachsenen und Kindern recht tolpatschig und schlägt schon mal vor Übermut zu, meist ins Gesicht."

„Läuft gern weg oder legt sich in der Öffentlichkeit hin; wenn er erregt ist, beißt er sich in die Hand und haut neben ihm stehendes Kind."

„Früher schrie er oder schlug sich selbst auf die Wange, wenn er etwas nicht bekam."

„Er ist sehr schüchtern; wenn viel Besuch kommt, muss ich ihn heben; es kommt auch vor, dass er den Besuch solange anschreit, bis er wieder geht."

„Sie hat einen eigenen starken Willen und will diesen immer durchsetzen. Sie spielt oft den Clown und ist nicht ernst genug."

Ein Vater schreibt rückblickend: „Schwerwiegend sind die seit dem Kleinkindalter auftretenden Phasen von abnormer Trotzigkeit und teilweise Aggressivität. Das stört besonders bei den ganz alltäglichen Besorgungen, denn Eltern ernten bei einem 7 oder 8 Jahre alten Kind deutlich kritische Blicke. Aggression äußert sich teilweise ohne äußeren Anlass gegenüber anderen Kindern und Geschwistern. Unser Eindruck ist, dass eine der Ursachen im verbalen und mentalen Entwicklungsrückstand liegt und P. dies auch selbst – Gleichaltrigen gegenüber – registriert. Zudem fällt uns auf, dass sich bei Reizüberflutung (z. B. wenn zu viele Kinder gleichzeitig anwesend sind) Aggressionen häufen, wobei einzelne Kinder niemals bedrängt werden, andere jedoch immer als Prügelknabe herhalten müssen."

In den freien Beschreibungen findet sich häufig der Hinweis, dass die Diskrepanz zwischen äußerem Erscheinungsbild und Entwicklungsstand schwierige Situationen heraufbeschwöre. „Unser Sohn ist jetzt vier Jahre alt. Äußerlich macht er den Eindruck eines 6-jährigen Kindes, sein Verhalten entspricht einem 3-jährigen und seine Kraft einem 9-jährigen. – Beim Kinderarzt hatte ich erst einmal den Eindruck, mein Sohn wurde als geistig behindert abgestempelt."

---

im Grad der genannten Verhaltensauffälligkeiten nicht signifikant von denen, die andere Sonderschulen besuchten. Unter ihnen fanden sich lediglich mehr Kinder mit stereotypen oder selbstverletzenden Verhaltensweisen.

Diese Ergebnisse sprechen dafür, dass Ängste und eine besondere *soziale Unsicherheit ein spezifisches Merkmal des Verhaltensphänotyps von Kindern mit Sotos-Syndrom* sind. Dies bestätigt sich auch, wenn man die Angaben der Eltern von Kindern mit Sotos-Syndrom vergleicht mit den Angaben der Eltern der genannten Kontrollgruppe. Kinder mit Sotos-Syndrom erhalten signifikant höhere Werte in dieser Skala als Kinder mit intellektueller Behinderung anderer Ursache (Sarimski, 2003c).

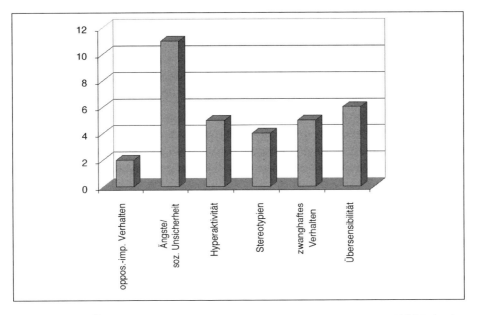

Abbildung 47: Überdurchschnittlich hohe Werte in den Skalen der Nisonger Child Behavior Rating Form im Vergleich zu amerikanischen Referenznormen bei 27 Kindern mit Sotos-Syndrom und intellektueller Behinderung (Sarimski, 2003c)

Eine Möglichkeit ist, dass sich diese Verhaltensweisen bei retardierten Kindern mit Großwuchs und dysmorphologischen Zeichen im Allgemeinen zeigen und nicht spezifisch für Kinder mit Sotos-Syndrom sind. Finegan et al. (1994) führten eine Vergleichsstudie bei 27 Kindern mit Sotos-Syndrom (5 bis 16 Jahre) und 20 Kindern mit Großwuchs anderer Ursache durch. Sie verwendeten die Child Behavior Checklist (CBCL) und die Aberrant Behavior Checklist (ABC) zur Dokumentation der Verhaltensmerkmale.

Tabelle 45: Spezifische Problemverhaltensweisen bei Kindern mit Sotos-Syndrom (in %) (nach Finegan et al., 1994)

Verhalten	Sotos	normal	klinisch	Kontrolle
Ängste	35	5	11	45
Wutanfälle	42	7	28	20
Schlafprobleme	54	–	–	65

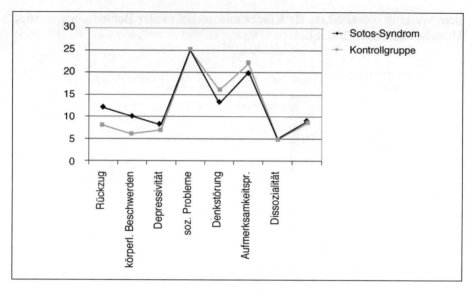

Abbildung 48: Sozial-emotionale Verhaltensmerkmale (CBCL) bei Kindern mit Sotos-Syndrom im Vergleich zu anderen Kindern mit Großwuchs (nach Finegan et al., 1994)

Im Vergleich zu nicht-behinderten Kindern beschrieben 65 % der befragten Eltern und Lehrer die Kinder mit Sotos-Syndrom in der CBCL als verhaltensauffällig. Aufmerksamkeitsprobleme, Hyperaktivität, soziale Unsicherheit, Ängste, Wutanfälle und Schlafprobleme wurden überdurchschnittlich häufig und als charakteristisch für 1/3 bis 1/2 der Kinder genannt.

Im Vergleich zur Kontrollgruppe fanden sich – nach statistischer Kontrolle von IQ-Differenzen – kaum signifikante Unterschiede. Soziale Unsicherheit und Unreife, Aufmerksamkeitsprobleme, Hyperaktivität, spezifische Ängste und Schlafprobleme traten in beiden Gruppe etwa gleich häufig auf. Tendenziell waren sozialer Rückzug und stereotype Verhaltensweisen bei Kindern mit Sotos-Syndrom etwas stärker ausgeprägt. *Die sozialen Unsicherheiten könnten somit als Verhaltensbesonderheiten retardierter großwüchsiger Kinder im Allgemeinen zu verstehen sein.* Wahrscheinlich wirken angeborene Faktoren im Sinne einer höheren Empfindlichkeit und die Erfahrungen, die die Kinder mit ihrer Umwelt machen, zusammen. Es ist anzunehmen, dass die Fähigkeiten und die soziale Selbstständigkeit von Kindern mit Sotos-Syndrom auf Grund des beschleunigten Größenwachstums von ihren Bezugspersonen leicht überschätzt werden. *Ihr Verhalten entspricht dann in vielen Fällen nicht den Erwartungen der Eltern, Verwandten und Erzieher oder Lehrer. Häufige Überforderung führt zu sozialer Unsicherheit und kann aggressive Reaktionen des Kindes auslösen.* Zudem erleben Kinder mit Sotos-Syndrom viele *Misserfolge im Umgang mit Gleichaltrigen*, denen sie sich nicht verständlich machen können oder denen sie im Spiel und in ihrer Bewegungstüchtigkeit nicht ebenbürtig sind. Schließlich besteht die Gefahr, dass sie *auf Grund ihrer Größe und ihres besonderen Aussehens gehänselt werden.*

Finegan et al. (1994) untersuchten schließlich Zusammenhänge zwischen IQ, Sprachentwicklungsstand und Verhaltensbesonderheiten. Sie fanden, dass die intellektuelle Entwicklung eine bedeutsame Rolle spielte; unter den Kindern mit Testwerten im Durchschnittsbereich der Altersgruppe wurden nur 33 % als verhaltensauffällig klassifiziert. Dies sind zwar mehr als bei nicht-behinderten Kindern, aber wesentlich weniger als unter den Kindern mit kognitiver Retardierung. Die sprachlichen Fähigkeiten der Kinder hatten im Schulalter keinen zusätzlichen Einfluss mehr. Kommunikative Misserfolge werden eher die soziale Entwicklung im frühen Kindesalter beeinflussen.

Abschließend sei noch darauf hingewiesen, dass in seltenen Fällen auch autistische Verhaltensmerkmale bei Kindern mit Sotos-Syndrom beschrieben sind. Morrow et al. (1990) und Zappella (1990) stellten jeweils einzelne Kinder vor, die die Kriterien des Autistischen Syndroms erfüllten. Auch unter den im Kinderzentrum vorgestellten Kindern erfüllte ein Junge diese Kriterien. Bei der Untersuchung im Alter von neun Jahren vermied er den sozialen Kontakt zu den Erwachsenen, antwortete trotz guter sprachlicher Ausdrucksfähigkeiten nicht auf Fragen, wiederholte stattdessen perseverierend bestimmte Sätze wie „mit der U-Bahn fahren wir wieder heim" oder „der Topf ist heiß", ließ sich kaum zur Mitarbeit bei Aufgaben bewegen. In der vorbereiteten Umgebung der Montessori-Übungsbehandlung bleibt er auf seine bevorzugten Beschäftigungen mit zwei Bilderbüchern, die er mit auswendig gelerntem Text kommentierte, und Malen mit Stiften fixiert.

6.7 Elternberatung

Entsprechend den Verhaltensbeschreibungen ist die subjektive Belastung der Eltern in der Erziehung ihrer Kinder deutlich höher als bei nicht-behinderten Kindern (PR 75 bis 80), wie sich aus der Befragung der Eltern von 21 jüngeren Kindern ergab. Viele Kinder fordern sehr viel Aufmerksamkeit und sind in den Augen der Eltern wenig anpassungsfähig. Die psychische Belastung der Eltern selbst ist dagegen nicht durchgängig höher als bei Eltern nicht-behinderter Kinder. Sie fühlen sich nicht stärker eingeschränkt oder depressiver. Allerdings empfinden eine Reihe von Eltern sich als stärker sozial isoliert und in ihrer Partnerbeziehung belastet. Deutlich sind die Zweifel an der eigenen erzieherischen Kompetenz. Der Umgang mit Lern- und Konzentrationsproblemen steht dabei im Vordergrund.

In den freien Beschreibungen berichteten die Eltern häufig, dass sie relativ wenig Hilfe von den Ärzten erhielten. Deutschsprachiges Informationsmaterial habe kaum zur Verfügung gestanden. Als hilfreiche Unterstützung wurden dagegen die Therapeuten der Frühförderstellen hervorgehoben.

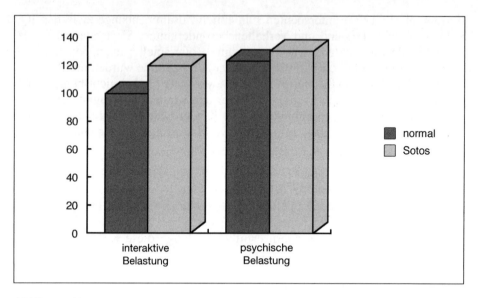

Abbildung 49: Interaktive und psychische Belastung bei 21 Müttern von Kindern mit Sotos-Syndrom

Die ersten Lebensjahre wurden von den meisten Eltern als die schwierigste Zeit geschildert. Die verlangsamte Entwicklung, häufige Infektionserkrankungen, Arzt- bzw. Klinikbesuche, bei denen die Kinder mitunter Untersuchungen ausgesetzt wurden, die sich im nachhinein als überflüssig erwiesen, sowie die Unsicherheit über die zukünftige Entwicklung machten die größten Sorgen. Oft entspannte sich die Situation mit Eintritt in den Kindergarten und dann in die Schule.

Die Mehrzahl der Eltern wünscht sich mehr Informationen über die Behinderung, schriftliche Materialien, wie andere Eltern mit den Problemen zurechtkommen, und konkrete Hilfen zum Umgang mit Verhaltensproblemen und Lernschwierigkeiten der Kinder. Diese Bedürfnisse wurden von Müttern und Vätern gleichermaßen als vordringlich geäußert. Ein Drittel der Mütter wünscht sich mehr Zeit für sich selbst. Relativ gering ist bei den von uns befragten Eltern das Interesse an mehr Gesprächen mit dem Lehrer/den Therapeuten des Kindes oder der Beratung durch einen Psychologen. Dies kann seinen Grund haben in unzureichenden Beratungsangeboten oder in der Einschätzung, dass diese Fachleute zu wenig syndromspezifische Empfehlungen geben können, die für die Erziehungspraxis hilfreich sind.

Drei Eltern berichten

„Er ist sehr aufgeschlossen und beliebt im Kindergarten. Er geht jedoch immer noch ungern zum Arzt, ist dort sehr unkooperativ und überängstlich, weint und gibt teilweise keine oder falsche Antworten. Er kann sich nicht lange konzentrieren, mag nicht zeichnen, puzzlen und auch keine Gesellschaftsspiele."

„Nach den anfänglichen Saugproblemen und dem fehlenden Blickkontakt machte uns die sprachliche Retardierung die größten Probleme. Bedingt durch die körperliche Größe wird meist mehr von ihr erwartet, als sie zu leisten vermag. Diese nicht erbrachten körperlichen und sprachlichen Leistungen werden uns Eltern meist als Erziehungsfehler angelastet. Jetzt ist sie im Kindergarten und viel aufgeschlossener für Fremde, kann puzzlen, gut eine Melodie oder einen Text behalten und ist recht selbstständig. Im Spiel ist sie gern dominant, besonders bei jüngeren Kindern. Sie bemuttert und bevormundet ihren jüngeren Bruder ständig. Auch hält sie ihn und auch andere Kinder oft so krampfhaft fest, dass diese anfangen sich zu wehren. Bei allem, was sie tut, versucht sie so schnell und gewandt zu sein wie ihre größeren Geschwister."

„Seit einem halben Jahr besucht er eine Diagnose- und Förderklasse. Er gibt sich viel Mühe, ist jedoch sehr leicht frustriert, wenn ihm etwas nicht auf Anhieb gelingt. Mit seiner Körpergröße hat er weniger Probleme als die Erwachsenen um ihn herum. Viel Einfühlungsvermögen hat ihn inzwischen zu einem selbstbewußten und fröhlichen Jungen werden lassen."

Tabelle 46: Bedürfnisse von 21 Müttern und 10 Vätern von Kindern mit Sotos-Syndrom

Bedürfnisse	M	V
mehr Information über Behinderung	16	8
mehr Information, wie andere Kinder mit Behinderung aufwachsen	16	6
mehr Information über künftige Fördermöglichkeiten	14	9
schriftliche Materialien, wie andere Eltern zurechtkommen	10	5
mehr Information über den Umgang mit Verhaltensproblemen	9	4
mehr Information, wie ich dem Kind etwas beibringen kann	9	5
mehr Zeit für mich selbst	7	2
mehr Kontakte zu anderen Eltern	5	1
mehr Gespräche innerhalb der Familie	5	1
mehr Zeit mit dem Lehrer/Therapeuten	3	1
mehr Beratung mit einem Psychologen	1	0

Für die pädagogische Förderung und die Elternberatung stellt sich dabei neben der Analyse einzelner schulischer Lernschwierigkeiten (vor allem im Rechnen) die Entwicklung von Strategien, wie die Kinder mit einer besonderen Empfindlichkeit, Reizbarkeit und Ängstlichkeit in sozialen Situationen umgehen lernen und positive soziale Kompetenzen zur Verbesserung der sozialen Integration erwerben können, als wichtigste Aufgabe dar. Kasten 11 gibt einige Hinweise über spezifische Hilfen im Kindergarten- und Schulalter, die individuelle Übungsbehandlungen zur Verbesserung der grob- und feinmotorischen Koordination und der Artikulationsfähigkeit möglichst frühzeitig ergänzen sollten. Wichtig ist es, die Erwartungen an das individuelle Leistungsvermögen der Kinder anzupassen und nicht an Lebensalter und Körpergröße zu orientieren und sensibel mit Ausweich- und Verweigerungsverhalten umzugehen, um diese ungünstigen Verhaltensmuster nicht ungewollt zu bestärken.

Kasten 11: Bausteine der Förderung sozialer Kompetenz

Bausteine der Förderung sozialer Kompetenz

- Strategien für angemessene Formen sozialer Initiative (Begrüßung, Vorschläge für gemeinsame Spielepisoden, Bitte um Spielzeug, Einladung zum Mitspielen, Angebot von Hilfe)
- Einübung von spezifischen Handlungsmustern und Äußerungen für wiederkehrende Rollenspiele in der Kleingruppe („Script-Training")
- Förderung der Kommunikation über ein gemeinsames Thema (Blickkontakt, Themavorschläge, Fragen und Antworten auf das, was das andere Kind mitteilt, Kommentierung einer eigenen Handlung oder Erzählen eines Erlebnisses, Nachfragen bei Missverständnissen)
- Aufbau von Kooperation mit sozialen Regeln im Gruppengeschehen (selbstständige Wahl von Spiel und Arbeit, Befolgen von Aufforderungen an die ganze Gruppe, Abwarten bei gemeinsamen Aktivitäten, z. B. in der Kreisrunde, beim Frühstücken, Regelspiel am Tisch, vom Erzieher Unterstützung erbitten, Respektieren des Besitzes anderer Kinder und ihrer jeweiligen Tätigkeit)
- Einübung von Strategien zur Konfliktlösung im Rollenspiel (Teilen von Material, Aushandeln von Spielthemen und -rollen, Hemmung impulsiver Reaktionen und Förderung angemessenen Ausdrucks von Ärger und anderen Emotionen)

7 Apert-Syndrom

7.1 Einzelfälle

Christian (3;2 Jahre)

Christian wird in der 37. SSW nach Blasensprengung spontan entbunden. Die Körpermaße waren 2960 g, Länge 50 cm, Kopfumfang 33 cm. Wegen ausgeprägter Fehlbildungen des Kopfes, der Hände und Füße wurden umgehend CT- und MR-Untersuchungen sowie Röntgenaufnahmen des Skelettsystems durchgeführt und ein Apert-Syndrom diagnostiziert. In der 5. Lebenswoche wurde dann eine Schädeloperation durchgeführt. Bis zum Alter von 15 Monaten erfolgten drei Operationen zur Korrektur der Finger- und Zehenfehlbildungen.

Die Mutter erinnert sich an die Geburt
„Die Mischung aus Freude über die Geburt unseres ersten Kindes und der Schock über die Fehlbildung ist natürlich prägend für mein Leben. Wichtig aber war, dass mein Mann dabei war, die Ärzte großes Einfühlungsvermögen zeigten und ich nicht von unserem Sohn getrennt wurde, so dass ich ihn sogar stillen konnte."
Der Vater
„Die Freude über das Geburtserlebnis war größer als die Besorgnis über die Fehlbildungen. Die Zeit der Ungewissheit, was mein Kind hatte, war am schlimmsten. Am Anfang empfand ich es als zutiefst ungerecht gegen meinen Sohn, aber auch gegen uns, dass wir, die wir uns ein Kind wünschten, ein fehlgebildetes Kind bekamen. Noch heute tut es mir manchmal weh, wenn ich Kinder sehe, deren Finger so vollkommen sind. – Obwohl ich meinen Sohn von Anfang an liebte, hatte ich Probleme, mich mit ihm zu zeigen. Erst mit der Zeit wurde das einfacher. Heute gibt es damit für mich absolut kein Problem mehr. Ich möchte ihn heute mit keinem anderen Kind der Welt tauschen."

Christian wurde bis zum 8. Monat voll gestillt. Soziales Lächeln wurde mit ca. vier Monaten beobachtet, Aufsetzen mit 13 Monaten, freies Laufen mit 18 Monaten. Die motorische Entwicklung war somit nur leicht verlangsamt. Bis zu diesem Zeitpunkt wurde Krankengymnastik durchgeführt, zunächst nach der Vojta-, dann nach der Bobath-Methode. Mit 18 Monaten seien auch die ersten Wörter („Mama", „tjüs") zu hören gewesen.

Christian wird im Alter von 2;5 Jahren zur entwicklungsdiagnostischen Untersuchung vorgestellt. Die Mutter berichtet zu diesem Zeitpunkt, dass er noch zu wenig Ausdauer habe, um sich allein zu beschäftigen, sich aber gern an gemeinsamen Tätigkeiten im Haushalt beteilige. Er verstehe viele Aufforderungen und teile sich selbst mit, indem er auf das deutet, was er möchte, und erste Wortannäherungen mache. Er sei sozial sehr offen und finde schnell Kontakt, so dass es ihm kaum von Nachteil ist, dass er sich noch nicht sprachlich verständigen kann. Belastende Verhaltensweisen wie Zornanfälle oder aggressive Verhaltensweisen kennt sie von Christian nicht. Das Ess- und Schlafverhalten wird als unauffällig geschildert, wobei er in der Nacht häufiger aufwache und schreie.

Die Untersuchung umfasst den Symbolic Play Test (SPT) sowie Teile der MFED (Feinmotorik und Perzeption) und die Sprachverständnisskalen von Reynell. Im Umgang mit dem Symbolspielmaterial zeigt er Kombinationen von Handlungsideen, indem er z. B. die Puppe bürstet, ins Bett legt, den Traktor hin und herfährt und belädt, jedoch noch keine vollständige Situationsgestaltung vornimmt. Er setzt einzelne Aufforderungen gezielt um, wobei er im Umgang mit sehr kleinen Gegenständen Mühe hat. Vorschläge des Untersuchers greift er lachend auf und kommentiert seine Handlungen spontan: „Kamm", (Tas)"se", „Te(ll)er", „Li(cht) an". Die aktiven sprachlichen Äußerungen sind schwer verständlich, z. T. lautmalerisch („brumm") und formelhaft („Licht an"). Quantitativ entsprechen seine Handlungsvorstellungen einem Entwicklungsalter von 23 Monaten. Die kognitive Entwicklung ist somit ebenfalls nur leicht verlangsamt.

Auf der gleichen Stufe befindet sich seine perzeptive und feinmotorische Entwicklung. Er setzt drei Formen und einige Puzzleteile sicher in Umrisse ein, setzt Baubecher der Größe nach ineinander, geht aber bei komplexeren Formzuordnungsaufgaben rein probierend vor. Einige feinmotorische Anforderungen bewältigt er trotz der funktionalen Einschränkungen der Fingerbeweglichkeit mit beeindruckendem Geschick, z. B. Aufstecken, Zu- und Aufdrehen einer Flasche. Was einmal sein Interesse gefunden hat, lässt er kaum wieder los.

Sprachverständnisaufgaben weicht er z. T. aus, stapelt stattdessen Dinge aufeinander oder benutzt sie wieder zum Symbolspiel. In anderem Zusammenhang wählt er dann aber einzelne Dinge zuverlässig aus und ordnet sie einander zu (z. B. „Setz die Puppe auf den Stuhl!").

Während der Untersuchung ist seine Kooperationsbereitschaft wechselhaft. So entwickelt er mit dem Symbolspielmaterial und bei feinmotorischen Aufgaben beträchtliche eigene Initiative und zeigt Interesse, weicht aber bei Aufgaben zum Sprachverständnis und insgesamt bei sprachlichen Anforderungen aus. Stattdessen verfolgt er beharrlich eigene Ziele, schiebt das Material des Untersuchers beiseite, steht auf oder wirft es weg. Bei konsequenter Führung arbeitet er dann aber jeweils weiter.

Sven (11;10 Jahre)

Sven hat eine ähnliche Vorgeschichte wie Christian. Er wurde mittels Sectio geboren. Die Geburtsmaße betrugen 3550 g/56 cm/36.5 cm. Bereits am zweiten Lebenstag musste wegen Atembeschwerden ein Luftröhrenschnitt gesetzt werden, im Alter von vier Monaten eine Tracheostomie vorgenommen werden. Die erste Kopfoperation folgte mit acht Monaten. Bis zum Alter von 22 Monaten erfolgten vier Handoperationen zur Syndaktilie-Trennung. Mehrere weitere Klinikaufenthalte waren erforderlich zur Trachealversorgung und zum Einsetzen einer PEG-Sonde (Gastrostomie), schließlich eine Gaumenspalten-OP im Alter von drei Jahren.

Die Entwicklung war beträchtlich verzögert. Bei einer ersten entwicklungsdiagnostischen Beobachtung im Alter von 16 Monaten zeigte Sven Interesse an Geräuschobjekten und erkundete Dinge – soweit feinmotorisch möglich. Sein Entwicklungsalter entsprach dem eines acht Monate alten Kindes. Erste Worte wurden dann mit zwei Jahren gebildet. Er verstand Aufforderungen, zeigte Körperteile und Kleidungsstücke und äußerte selbst „Mama", „Papa" und „hei(ß)". Das freie Laufen wurde mit drei Jahren erreicht. Bis zu diesem Zeitpunkt wurde er auch sondiert, lernte dann aber recht bald das selbstständige Essen.

Sven wird im Alter von 4;9 Jahren erstmals im Kinderzentrum vorgestellt. Er besucht den Kindergarten, mache dort auch bei Rollen- und Gemeinschaftsspielen gut mit, könne sich aber zu Hause kaum allein beschäftigen. Neben dem Kindergarten wird Krankengymnastik und Ergotherapie durchgeführt. Die Sprache ist aufgrund der Trachealkanüle in der Verständlichkeit stark beeinträchtigt, wird jedoch spontan und kommunikativ von ihm eingesetzt.

Sven ist bei der Entwicklungsuntersuchung gut zur Mitarbeit bewegen, lässt sich jedoch leicht ablenken und ist rasch frustriert. Nach Misserfolgen oder bei wachsenden Anforderungen neigt er dazu auszuweichen. In der Interaktion mit dem Untersucher hält er Blickkontakt, stellt Fragen, äußert Wünsche, kommentiert Geschehnisse, wobei er oft zu Wiederholungen der Fragen greift, um den Dialog aufrechtzuerhalten. Er sucht schnell Kontakt und testet Grenzen aus.

In freien Spielsituationen zeigt er noch wenig Gestaltungsfähigkeit. So vollzieht er beim Rollenspiel mit Kochutensilien nur einzelne Handlungen, ordnet z. B. die Teller auf dem Tisch an, imitiert Schneiden mit dem Tortenheber, stapelt dann die Dinge aufeinander, ohne wirklich zu einem Rollenspiel zu finden. Dabei kommentiert er seine Handlungen und spricht mit verteilten Rollen („mach da drauf" „kriegt der Bär – hast du Hunger?"). Er kann durchaus längere Sätze bilden („ich schau jetzt in die Kamera" „auf'm Klo sitzen – kann man schlecht Fußball spielen").

Die McCarthy Scales zeigen eine deutliche Entwicklungsretardierung um etwa ein Jahr (GCI 76), wobei das sprachgebundene Wissen im Durchschnittsbereich liegt (SI 44). Der Umgang mit Mengen und Zahlen und Perzeptionsaufgaben bereiten ihm besondere Schwierigkeiten, z.B. das Kombinieren von Puzzleteilen und Nachzeichnen. Das Sprachverständnis liegt mit einem Entwicklungsalter von 3;11 Jahren auf gleichem Entwicklungsniveau. Sven bewältigt längere Aufträge, bei denen er z.B. Ortsbestimmungen und Begriffe der Größe, Farbe und Länge beachten muss. Der aktive Wortschatz umfasst auch seltenere Tätigkeitsbegriffe und Gegenstandsbezeichnungen. Quantitativ erreicht Sven auch hier ein Entwicklungsalter von knapp vier Jahren.

Ein Jahr später – im Alter von 5;9 Jahren – zeigt sich ein ähnliches Leistungsprofil. Die sprachgebundenen Fähigkeiten (Wortbedeutungen erklären u.Ä.) sowie Gedächtnisleistungen liegen im unteren Durchschnittsbereich (SI 47, bzw. 46). Das sprachlich-syntaktische Regelwissen ist gut entwickelt (PET-Subtest PR 76). Deutliche Defizite zeigen sich aber weiterhin bei visuellen Wahrnehmungsleistungen und visuomotorischen Anforderungen (Puzzle zusammenlegen, Nachbauen, Abzeichnen), in denen seine Leistungen eher einem 4 1/2 Jahre alten Kind entsprechen (SI 31). Dies wird auch für den Besuch der Schule ein erhebliches Handicap darstellen, so dass er zunächst zurückgestellt wird.

Bei der zu diesem Zeitpunkt durchgeführten Montessori-Spielbeobachtung sucht sich Sven zunächst das Malen aus mit Wachsmalkreiden. Er arbeitet aufmerksam, eigenständig und ausdauernd trotz der Probleme, die Kreide mit den Fingern zu halten. Er faltet das fertige Bild und überreicht es den Eltern. Dann wählt er ein Farbdomino aus, bei denen er die Zahlen und Farben korrekt benennt, z.T. aber Fehler beim Anlegen macht, weil er zu schnell arbeitet, ohne genau hinzuschauen, und sich leicht ablenken lässt. Dann wird er übermütig, kündigt z.B. an „Jetzt werf ich ..." und wartet auf die Reaktion der Therapeutin. Am Schluss wählt er sich die Matrjoschka-Puppe aus, setzt sie zunächst planlos ineinander, dann aber mehrere Puppenteile in der richtigen Größenabfolge. Als er merkt, dass er ein kleines Püppchen übersehen hat, schaut er weg, spricht die Therapeutin an und braucht ihre Hilfe bei der Re-Organisation, um die Arbeit fertigzustellen.

Bei der Wiedervorstellung im Alter von 8;4 Jahren berichten die Eltern, dass er mittlerweile die erste Klasse einer Grundschule besucht. Zur Integration von drei Kindern wurde diese Klasse mit zwei Fachkräften, einem Regel- und einem Sonderschullehrer, besetzt. Mit der dadurch möglichen individuellen pädagogischen Hilfe hat Sven einfache Wörter lesen gelernt und das Schreiben in Druckschrift bewältigt. Er kann bis 20 abzählen und einfache Additionsaufgaben lösen, braucht aber bei komplexeren Aufgaben noch Hilfsmittel. Sowohl in der Schule wie auch zu Hause benötigt er viel Unterstützung durch den Erwachsenen, um Aufgaben fertigzustellen. Seine Ausdauer und Anstrengungsbereitschaft sind noch gering.

Bei der Intelligenztestung werden jetzt die Kaufman-Assessment Battery for Children (K-ABC) sowie einige Aufgaben des HAWIK-R eingesetzt. Sven arbeitet kooperativ und mit Freude mit, braucht aber wiederum eine klare Führung durch den Untersucher, um konzentriert bei der Sache zu bleiben und oberflächliche, impulsive Lösungen zu kontrollieren. Die sprachlichen Äußerungen sind mit Hilfe der Sprechkanüle gut verständlich. Die im Kindergartenalter erkennbaren Differenzen zwischen einzelnen Verarbeitungsbereichen sind jetzt wesentlich ausgeprägter. Seine Stärken liegen im sprachbezogenen Wissen und schlussfolgernden Denken – wie sie z. B. in den Subtests „Allgemeines Verständnis" und „Gemeinsamkeitenfinden" des HAWIK-R geprüft werden – sowie in sequenziellen Verarbeitungsprozessen, wie sie in der Skala einzelheitlichen Denkens der K-ABC erforderlich sind. Aufgaben, die visuelle Perzeptionsprozesse erfordern, z. B. unvollständige Bilder zu erkennen, Muster nachzubauen oder Analogiebildungen anhand von geometrischen Formen zu vollziehen, machen ihm dagegen große Mühe.

Zwei Jahre später findet sich das gleiche Muster im Subtestprofil der Kaufman-Skalen (Abbildung 50). Sven hat mittlerweile eine recht gute Lese- und Schreibfähigkeit erreicht, wobei sein Schreibtempo und Schriftbild aufgrund der funktionellen Handicaps der Handgeschicklichkeit natürlich beeinträchtigt ist. Im Rechnen gelingen Additionen und Multiplikationen im Hunderterraum zuverlässig. Das Arbeitsverhalten wird von den Lehrern und Eltern aber weiterhin als oberflächlich und wenig leistungsorientiert beschrieben.

Im Alter von fast 12 Jahren sehen wir ihn wieder. Er besucht jetzt eine integrative Klasse in einer Gesamtschule. Fünf von 20 Kindern haben einen sonderpädagogischen Förderbedarf und erhalten neben dem Unterricht durch die Fachlehrer gezielte Förderung durch einen Sonderpädagogen. In Mathematik und Englisch arbeitet Sven an anderen Unterrichtsinhalten als seine Mitschüler, in den übrigen Fächern nimmt er am gemeinsamen Unterricht teil. Seine Kooperations- und Anstrengungsbereitschaft ist gewachsen, was sich auch in seiner Mitarbeit im HAWIK-R wiederspiegelt. Im Verbalteil erreicht er ein Ergebnis, das nur knapp unter dem Durchschnittsbereich liegt (Verbal-IQ: 79). In allen Subtests ergeben sich sechs oder sieben Wertpunkte. Im Handlungsteil zeigen sich dagegen erneut die ausgeprägten Störungen der visuellen Gestalterfassung und der visuell-konstruktiven Fähigkeiten, so dass er bereits an einfachen Aufgaben zum „Figurenlegen", im „Mosaiktest" und beim „Bilderordnen" scheitert. Dies führt dazu, dass er im Handlungsteil lediglich einen IQ von 50 erreicht.

Sven gehört zu den Kindern, bei denen eine integrative Beschulung mit hinreichenden pädagogischen Hilfen gelungen ist, so dass er trotz erheblicher syndromspezifischer Verarbeitungsprobleme über weite Strecken am gemeinsamen Unterricht teilnehmen kann. Dies kommt nicht nur dem schulischen Lernerfolg, sondern auch seiner sozialen Integration zugute. Er ist trotz seines veränderten Aussehens in der Klasse anerkannt, macht keine negativen, ablehnenden Erfahrungen auf dem Schulhof, ist in einen Fanclub seines örtlichen Fußballvereins bestens integriert und lässt kein Heim- und kaum ein Auswärtsspiel seiner Mannschaft aus.

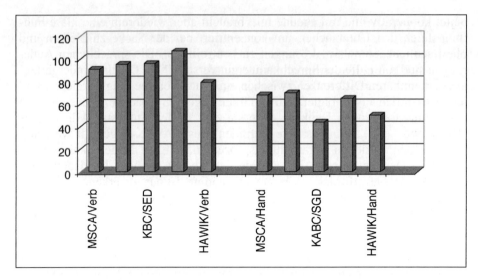

Abbildung 50: Testwerte in sprach- und handlungsbezogenen Intelligenzprüfungen bei einem Jungen mit Apert-Syndrom zu 5 Untersuchungszeitpunkten (4;9, 5;9; 8;4; 10;8 und 11;9 Jahre)

Julia (10;9 Jahre)

Der Entwicklungsverlauf Julias zeigt, dass es trotz der besonderen Belastungen, die für Kinder mit Apert-Syndrom mit den Fehlbildungen und Klinikaufenthalten verbunden sind, zu einer altersgemäßen Entwicklung der Fähigkeiten und Arbeitshaltung kommen kann. Die leichte Ablenkbarkeit und Unruhe, die sich bei Sven zeigte, hat sich bei ihr durch die pädagogische Förderung wesentlich bessern lassen. Der Anfang der gemeinsamen Entwicklung war jedoch sehr schwer.

Eine erste Schädeloperation erfolgte mit fünf Monaten, dann mehrere Mittelgesichts-, Hand- und Fußkorrekturen. Trotz einer Vielzahl von damit verbundenen Krankenhausaufenthalten erreichte Julia das freie Laufen mit 18 Monaten, begann mit Beginn des dritten Lebensjahres zu sprechen, ist mit 3 1/2 Jahren tags und mit 4 1/2 Jahren nachts sauber. Sie lernte selbstständig mit dem Löffel zu essen, aus einer Tasse zu trinken und sich mit etwas Hilfe anzuziehen.

Im Alter von 4 1/2 Jahren besucht sie vormittags den Regelkindergarten. Die Eltern berichten, dass sie dort mittlerweile gut integriert sei, allein und mit anderen Kindern spiele (Puzzle, Bauen, Memory, Rollenspiele, Singen und Bilderbücher anschauen), wobei ihre Ausdauer wechselhaft und sie mitunter leicht ablenkbar sei. Trotzdem kann sie sich gut an Tisch- oder Rollenspielen beteiligen, hält sich an Absprachen und lässt sich auch rasch wieder beruhigen, wenn ihr etwas misslingt und sie sich ärgern muss. Sie quengelt aber leicht, wenn sie nicht die volle Aufmerksamkeit hat. Ihre Mutter: *„Ich bin abends aufgearbeitet und müde, da ihre Aktivität sehr anstrengend ist."* Die sprachlichen Äußerungen seien spontan und umfangreich, im Kontext meist verständlich trotz der anatomisch bedingten Artikulationsstörungen.

Der Vater erinnert sich an Julias Geburt

„Die Hebamme kommt mit dem Reanimationswagen, auf dem das neugeborene Etwas liegt – unser Kind. Ich bin stolz und glücklich. Doch plötzlich der Schock: Das Kind fängt an zu schreien, wirft die linke Hand hoch. Ich sehe es und bekomme einen Schreikrampf: Die Finger sind zusammengewachsen. Warum wir, warum muss uns das widerfahren? Ich schreie immer noch, wie lange weiß ich nicht. Plötzlich bekomme ich eine Ohrfeige, damit ich aufhöre. Die Hebamme nimmt mich in die Arme und drückt mich an sich. Wir gehen zurück in den Kreissaal und ich bekomme unsere Tochter in die Hand gedrückt, um sie zu waschen und anzukleiden. Die Hebamme lässt mir keine Zeit zum Schlappmachen. Es ist unsere Tochter – egal wie sie aussieht und was sonst noch mit ihr ist." Im Rückblick sagt er: „Es gab sehr starke Probleme, da meine Frau in den ersten Wochen keine Beziehung zu unserer Tochter aufbauen konnte und sie nur mechanisch versorgte. Sie hatte Angst, bei der Versorgung und den OPs zu versagen, war dadurch sehr reizbar und wir waren sehr isoliert voneinander. Die Ärzte verlangten von mir, dass ich den starken Mann und Berufsprofi spielen musste. Meine Trauer und Hilflosigkeit um unser Apert-Syndrom-Kind interessierte niemand."

Die Mutter: „Mein Mann erklärte mir, dass Julia ins Kinderkrankenhaus muss und bald abgeholt wird. Er würde sie jetzt holen. Darauf habe ich gesagt: Ich möchte sie nicht sehen. Er hat mir gut zugeredet und sie dann doch geholt. Sie war so klein und noch sehr verbeult. ... Die Sanitäter kamen und Julia wurde aus dem Zimmer gefahren. Leere! Leere! Es war furchtbar – ich konnte nicht weinen, nicht lachen. ... Nach zehn Tagen kam sie wieder. Ich hatte überhaupt keinen Bezug zu ihr. Sie lag in ihrem Bett – so hilflos. Aber ich konnte keine Beziehung aufbauen. Ist das wirklich unser Kind? Warum musste das alles kommen? Habe ich für irgendetwas in meinem Leben jetzt die Rechnung bekommen? Aber wieso – alles Fragen, aber keine Antwort."

Die Erzieherinnen im Kindergarten beschreiben sie als sehr freundliches und spontanes Kind, das sich äußern und andere um Hilfe bitten kann. Konflikte könne sie noch nicht lösen oder ihre Interessen verteidigen. Dort drängt sie sich nicht in den Mittelpunkt, passt sich an, geht auf Vorschläge anderer Kinder ein. Aggressives oder destruktives Verhalten kommt nicht vor. Die Erzieherinnen sehen die motorische Unruhe (ständiges Fragen, nicht stillsitzen können) und leichte Ablenkbarkeit als Problem an. Mitunter wirke sie zudem teilnahmslos, ohne dass ein Anlass erkennbar sei; hin und wieder erlebt sie, dass sie aus einem Spiel der anderen ausgeschlossen wird. Ob das aber an der Fehlbildung liegt oder der speziellen Gruppenkonstellation, ist nicht zu sagen. Die Gruppe besteht bereits längere Zeit vor Julias Eintritt in den Kindergarten, so dass auch andere neu hinzukommende Kinder Schwierigkeiten haben. Im Wesentlichen ist sie gut in die Gruppe aufgenommen. Bei einigen Kindern habe sie eine Sonderstellung als zu beschützendes, nicht gleichwertiges Kind. Aufgrund der Handfehlbildungen gab es anfangs, so berichten die Erzieherinnen, Probleme bei der Aufnahme von Körperkontakt zu einigen Kindern („Du hast aber komische Hände"), was sie unsicher machte. Diese Anfangsunsicherheiten wurde aber bald überwunden, weil Julia immer wieder fröhlich und aufgeschlossen auf die anderen Kinder zugehe.

Im Alter von 4;9 Jahren findet eine erste entwicklungspsychologische Untersuchung statt. In zwei Untersuchungsetappen gelingt es Julia, sehr ausdauernd und konzentriert mitzuarbeiten. Erst nach jeweils 45 bis 60 Minuten lässt ihre Aufmerksamkeit nach, sie weicht dann auf „alberne" Verhaltensweisen aus. Wenn sie etwas nicht weiß, zieht sie sich kurz zurück, lässt sich dann aber zum Weitermachen bewegen. Die sprachlichen Äußerungen sind reichhaltig und sachgerecht, sie kann Wünsche formulieren und auf Fragen sachgerecht antworten.

In den McCarthy Scales erreicht sie ein altersgemäßes Ergebnis. Der generelle kognitive Index liegt bei 96. Die sprachgebundenen und perzeptiven Fähigkeiten sowie ihre Gedächtnisleistungen und der Umgang mit Mengen und Zahlen liegen alle im Durchschnittsbereich. Betrachtet man die einzelnen Teiltests, so zeigt Julia besonders gute Leistungen bei visuellen Kombinationsaufgaben (Puzzle kombinieren), bei der visuellen Speicherung (Bildergedächtnis und Tapping) und bei Begriffsklassifikationen. Schwierigkeiten hat sie bei Aufgaben zum Nachzeichnen- oder Mannzeichnen sowie bei der Speicherung akustisch angebotener Inhalte (Geschichte nacherzählen, Zahlenreihen nachsprechen). In den letztgenannten Bereichen entsprechen ihre Leistungen jeweils einem 3 1/2-jährigen Kind, während sie in den anderen Teiltests in ihren Fähigkeiten einem 4 3/4-jährigen Kind gleicht oder darüber liegt.

Im Rollenspiel mit Kochutensilien ist sie mit großem Interesse bei der Sache und weiß jeweils um den Gebrauchszweck der Dinge („das hat meine Mama auch"). Sie kündigt Spielhandlungen an („Kuchen gibt's – und was zu trinken auch!"), organisiert sich den Ablauf selbst, vollzieht auch imaginative Handlungen (schüttet z. B. ein) und kommentiert sie mit längeren Äußerungen: „Mit Löffel – aber ich weiß nicht, wo der Löffel ist!" „da kriegt er noch eine Gabel und was zu trinken" „da schütt' ich Apfelsinensaft rein".

Die positive Entwicklung hat sich fortgesetzt, als sie 1 1/2 Jahre später zur Nachuntersuchung kommt. Im Alter von 6;4 Jahren bewältigt sie nun den HA-

WIVA mit altersgerechten Ergebnissen (PR 50) im Handlungsteil und beim rechnerischen Denken. Lediglich beim Nachzeichnen geometrischer Formen zeigen sich noch leichte Unsicherheiten. Im Verbalteil, bei dem sie Sachverhalte erklären und Wortbedeutungen bschreiben muss, liegen ihre Leistungen knapp im Altersspektrum (PR 16 bis 31).

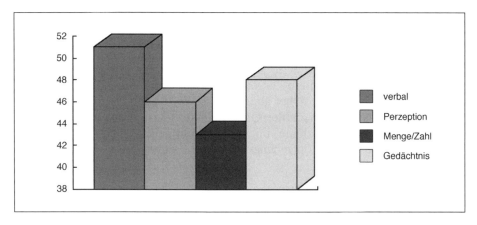

Abbildung 51: Skalenwerte Julias in den McCarthy-Scales im Alter von 4;9 Jahren

Die Sprachuntersuchung bringt ebenfalls ein altersgemäßes Ergebnis. Im Allgemeinen Wortschatztest erreicht sie PR 79 (mit Bezug auf die Normen 5- bis 6-jähriger Kinder), im Grammatik-Subtest des PET einen Prozentrang von 32, wobei sie z. T. bei Steigerungs- und Perfektformen noch unsicher ist. Die Aussprache ist entsprechend den anatomischen Gegebenheiten weiter beeinträchtigt, aber verständlich und nach der mittlerweile erfolgten Mittelgesichts-OP wesentlich besser als bei der Erstuntersuchung. Einige spontane Äußerungen zum Bilderbuch: „da sitzt er auf der Toilette und macht Pipi" „da guckt er sich im Spiegel" „isst er Brötchen, Käse, Honig".

In der Montessori-Übungssituation zeigt sich Julias Schulreife in einem ausgeprägten Interesse an Materialien, bei denen sie die Zahlen- und Mengenzuordnung sowie den Umgang mit Buchstaben üben kann. In einem Zuordnungsspiel, bei dem die Richtigkeit einer Lösung visuell rückgemeldet wird, ordnet sie Tiere, dann Mengen und Zahlen einander zu, zählt im Zahlenraum bis 5 zusammen, benennt einzelne Buchstaben und findet sie wieder. Dann wählt sie ein Lesematerial aus, einen Schubladenschrank, in dem jede Schublade mit einem Buchstaben gekennzeichnet ist. Sie enthält Dinge, die mit diesem Anfangsbuchstaben beginnen. Julia findet nacheinander die Buchstaben ihres Namens und benennt den Inhalt der Schubladen. Als auf diese Art zahlreiche Objekte auf dem Tisch verteilt sind, gelingt es ihr fast ohne Hilfe, sie wieder richtig einzuräumen, indem sie sich die jeweilige Bezeichnung vorspricht, den Anlaut heraushört und die entsprechende Schublade sucht.

Neben diesen Arbeiten, die zum Vorbereitungsprogramm auf Rechnen und Lesen/Schreiben gehören, zeigt Julia ihre Fingerfertigkeit und Aufmerksamkeit bei Tast- und Schüttübungen. Sie untersucht die Oberflächen von Tastmaterialien und ordnet sie paarweise einander zu, indem sie sorgsam darüberstreicht. Beim abschließenden Umschütten von Wasser aus einer Kanne in kleine Becher arbeitet sie beidhändig und sorgfältig.

Sie wird in einer Förderschule für sprachbehinderte Kinder eingeschult. Zu Beginn der zweiten Klasse wird sie wieder vorgestellt. Sie gehört in ihrer Klasse zu den besten Schülern, hat bereits das sinnentnehmende Lesen fremder Texte gelernt, schreibt sicher ab und erste Worte nach Diktat. Das gelingt ihr langsamer als den Mitschülern, das Schriftbild ist aber gut lesbar. Probleme hat sie mit dem Rechnen, mit Hilfsmitteln gelingen einfache Additionen und Subtraktionen, Kopfrechnen oder Zehnerübergänge sind aber noch schwierig.

Die Intelligenzuntersuchung erfolgt diesmal mit der Kaufman-Assessment Battery for Children (K-ABC). In der Skala einzelheitlichen Denkens erreicht sie knapp durchschnittliche Ergebnisse (Standardwert 88). In der Skala ganzheitlichen Denkens fallen auch ihr – wie Sven – die Aufgaben schwer, die visuell-konstruktive Fähigkeiten prüfen (z.B. Muster aus Dreiecken nachbauen). Ihr Ergebnis liegt unter dem Durchschnitt der Altersgruppe (Standardwert 74). Die Fertigkeitenskala, die Aufgaben zum Rechnen, zum begrifflichen Wissen und zum Leseverständnis umfasst, löst sie wiederum altersgemäß. Zwei Jahre später (im Alter von 10;9 Jahren) hat sie deutliche Fortschritte gemacht. Noch immer sind Schwächen in visuell-konstruktiven Fertigkeiten erkennbar (Tabelle 47). Jetzt liegen jedoch alle Skalenwerte im mittleren Bereich der Altersgruppe (Gesamtwert 101).

In der Klasse von 12 Kindern ist sie gut integriert, allerdings erlebt sie außerhalb des Klassenraums nicht selten Hänseleien durch ältere, verhaltensauffällige Schüler, vor denen sie sich zurückzieht. Die schulischen Ergebnisse im Lesen und Schreiben sind befriedigend, im Rechnen und beim zeichnerischen Gestalten hat sie Schwierigkeiten. Komplexere Rechenaufgaben können nur mit Anschauungsmaterial bewältigt werden. Sie wird im Anschluss an die 4. Klasse nun in die Hauptschule für Sprachbehinderte wechseln, in der sie die Fachoberschulreife erwerben kann.

Tabelle 47: Ergebnisse der Intelligenzprüfung mit der K-ABC bei einem Mädchen mit Apert-Syndrom im Alter von 8;9 und 10;9 Jahren

Bereich	8;9 Jahre	10;9 Jahre
Einzelheitliches Denken	88	109
Ganzheitliches Denken	74	96
Intellektuelle Fähigkeiten	80	101
Fertigkeiten	88	97
Handbewegungen	8	11
Gestaltschließen	7	11
Zahlen nachsprechen	8	8
Dreiecke	6	6
Wortreihe	8	15
Bildhaftes Ergänzen	8	13
Räumliches Gedächtnis	8	8
Fotoserie	3	9

Manuel (8;2 Jahre)

Die kognitive und soziale Entwicklung von Kindern mit Apert-Syndrom ist – wie man sieht – sehr variabel. Auch eine geistige Behinderung kann sich einstellen. Manuel wurde nach einer Entlastungspunktion in der 34. SSW geboren. Er war mit 54 cm zu groß für die Schwangerschaftswoche, ebenso sein Kopfumfang (35 cm), das Geburtsgewicht lag im oberen Normbereich (2900 g). Es entstand eine perinatale Hirnblutung und eine cardiopulmonale Anpassungsstörung. Manuel musste beatmet und sondiert werden.

Im Alter von fünf Tagen sah die Mutter Manuel zum ersten Mal. Sein Kopf und Gesicht seien „schlimm" gewesen. Die ersten sechs Monate verbrachte er in einer Kinderklinik der ehemaligen DDR, wo es für die Eltern schwierig war, eine Beziehung zu ihm aufzubauen. Auch sei ihnen abgeraten worden, das Kind zu besuchen. Erst im Alter von 7 Monaten sei auf Druck der Eltern eine Schädeloperation durchgeführt worden, gefolgt von sechs handchirurgischen Operationen nach der Übersiedlung in die BRD.

Das freie Laufen wurde erst mit 2 1/2 Jahren erlernt. Die ersten Worte verwendete er ebenfalls in diesem Alter. Im Alter von 3 1/2 Jahren umfasste sein Wortschatz etwa zwanzig Wörter, die er kommunikativ einsetzte. Im integrativen Kindergarten und mit Hilfe logopädischer Behandlung erweiterte sich sein Wortschatz dann fortwährend und er begann, sich mit 3–4-Wortsätzen zu verständigen. In dieser Zeit waren zwei weitere Kopfoperationen erforderlich wegen einer Hirndrucksymptomatik. Zudem hatte Manuel häufige Infekte der oberen Luftwege, drei Lungenentzündungen und eine Otitis media. Wegen rezidivierender Tubenergüsse wurden Paukendrainagen durchgeführt. Sein Hörvermögen ist leicht eingeschränkt.

> **Im Entwicklungsbericht sagt die Erzieherin**
>
> „Manuel greift zielsicher Kleinigkeiten. Er kann Perlen auf eine Kette fädeln. Zum Schneiden benutzt er eine spezielle Therapieschere. Er kann selbstständig Schraubverschlüsse öffnen und schließen. ... In der Anfangsphase erlebten wir Manuel als ruhiges Kind, mit verschmitztem Charme, der die Herzen der Kinder und Betreuer sofort gewann. Alleine beschäftigte er sich am liebsten mit Autos, Feuerwehr und Eisenbahn. Dazu legte er sich seitlich lang ausgestreckt auf den Boden, bewegte die Fahrzeuge und imitierte die Geräusche. Im Freispiel sind das immer noch seine bevorzugten Spiele. Inzwischen ist sein Spiel reichhaltiger geworden, z. B. werden bei der Eisenbahn Tunnel mit Bauklötzchen dazugebaut oder Verkehrsschilder mit Schranken eingesetzt. ... Bei Aktivitäten der Gruppe, z. B. Kreisspielen oder Malen, wollte Manuel immer mitmachen. ‚ich auch'. Er brauchte dann aber oft Unterstützung einer Bezugsperson, um dabei bleiben zu können. ... Um eigene Interessen, Wünsche und Vorhaben durchzusetzen, kann Manuel sehr vehement sein und lässt sich nicht davon abbringen. Dazu wiederholt er ständig seinen Wunsch und ist für keine Argumentation zugänglich."

Als Manuel im Alter von 7;9 Jahren zur entwicklungspsychologischen Untersuchung im Kinderzentrum vorgestellt wird, besucht er die Sonderschule für Praktisch Bildbare. Die Mutter beschreibt ihn zu diesem Zeitpunkt als recht ausgeglichen, er könne mit anderen Kindern zusammen spielen (z. B. Tisch- und Rollenspiele), teile sich mit, sei aber ständig „auf Achse" und könne sich schlecht allein beschäftigen. Manchmal reagiere er scheu und unsicher. Auch nach dem Bericht der Lehrerin ist er sehr umtriebig, redet oder fragt ständig, ist in der Gruppe aber kooperativ und sehr hilfsbereit. Seine Ausdauer bei Beschäftigungen scheint dort besser zu sein; er akzeptiert Grenzen und folgt den Anweisungen der Lehrerin.

Seine Aufmerksamkeit lässt sich bei jedem der beiden Untersuchungstermine für 30 bis 45 Minuten gut aufrechterhalten. Dann lässt er den Kopf auf den Tisch hängen und braucht viel Ermutigung zum Weitermachen. Eine sprachliche Kommunikation ist sachgerecht möglich, wobei er sich mit Kommentaren, Fragen und Wünschen äußert, die im Kontext trotz der Artikulationsmängel verständlich sind. Einige Beispiele: „Fleisch und Salz" „Apfelsine ausdrücken" „Zähne putzen" „Stulle essen" „geht Schule".

In den McCarthy Scales of Children's Abilities (MSCA) zeigt sich ein heterogenes Leistungsprofil. So geht er an Aufgaben zum Nachbauen und Kombinieren von Puzzleteilen sorgfältig heran und löst sie richtig. Im Nachzeichnen und Mannzeichnen gelingen Annäherungen, wenn ihm Strukturierungshilfen gegeben werden. Seine Leistungen entsprechen hier insgesamt einem Entwicklungsalter von fünf Jahren.

Bei den sprachgebundenen Aufgaben erreicht er ein Entwicklungsalter von 3 3/4 Jahren. Er vermag die Bedeutung von Worten, die ihm inhaltlich vertraut sind, zu erklären, z. B. „Was ist Werkzeug?" – „Zum Arbeiten, Hammer, Säge" Auch zu Oberbegriffen kann er eine Reihe von Einzelheiten zu nennen. Sein Wortschatz entspricht ebenfalls dem eines 3- bis 4-jährigen Kindes.

Größere Verarbeitungsschwierigkeiten zeigen sich beim Umgang mit Mengen und Zahlen und bei Gedächtnisaufgaben, insbesondere wenn er eine kurze Geschichte inhaltlich wiedergeben soll. Hier entsprechen seine Fähigkeiten eher denen 3-jähriger Kinder, so dass sich als zusammenfassendes Ergebnis ein Entwicklungsalter von 4 1/4 Jahren (GCI < 50) ergibt, welches im Bereich der geistigen Behinderung liegt.

Im Vergeich zu diesen schulrelevanten Fähigkeiten zeigt er bei praktischen Tätigkeiten eine unerwartet hohe Kompetenz und Sorgfalt. In der Montessori-Übung sucht er sich z. B. ein Schlüsselbrett aus, bemüht sich ausdauernd, die Schlüssel ins Schloss zu stecken und aufzudrehen. Er braucht etwas Hilfe beim Herausziehen der Schlüssel und beim Drehen in die richtige Richtung. Er ist engagiert bei der Sache, sucht sich dann auch von sich aus ein zweites, leichteres Schlüsselbrett, das er selbstständig bewältigt. Danach wählt er eine Übung aus, bei der er Röhrchen mit einer Spritze mit Wasser füllt. Manchmal füllt er zuviel ein, ohne es zu merken. Er arbeitet aber sehr sorgfältig. Als ihm etwas umfällt, stellt er es behutsam wieder auf und putzt das Tablett trocken. In diesen praktischen Tätigkeiten liegt seine Stärke.

Peter (14;9 Jahre)

Auch bei deutlichen kognitiven Verarbeitungsschwächen kann unter günstigen Bedingungen eine schulische Integration gelingen. Das zeigt sich am Beispiel von Peter. Er wird erstmals im Alter von 12;4 Jahren zur psychologischen Untersuchung vorgestellt.

Die Untersuchung wird mit dem HAWIK-R und verschiedenen Wahrnehmungs- und Konzentrationstests durchgeführt. Peter ist kooperativ, ausdauernd und anstrengungsbereit. Im begleitenden Gespräch äußert sich Peter spontan und ohne Scheu, oft mit altklugen Redewendungen. Deutliche Schwierigkeiten bereiten ihm Gesprächsteile mit sozial-emotionalem Inhalt (z.B über Freundschaftsbeziehungen oder Selbstbeschreibungen von Gefühlen). Hier wirkt er sehr unsicher und nicht altersgemäß differenziert; er beschreibt sich eher als „rundum zufrieden".

Das intellektuelle Leistungsvermögen des Jungen ist unterdurchschnittlich, die Leistungshöhe aber sehr vom Aufgabentyp abhängig. Im HAWIK-R erreicht er einen Gesamt-IQ von 74, Verbal-IQ 86, Handlungs-IQ 68. Die sprachgebundenen Leistungen (z. B. allg. Wissen, Gemeinsamkeitenfinden) liegen dabei ebenso wie die visuellen Differenzierungsleistungen im unteren Durchschnitt seiner Altersgruppe (WP 7–10). Erhebliche Schwierigkeiten hat er aber mit allen Aufgaben, die visuelle Gestaltgliederung und Erfassung von logischen Sequenzen erfordern (Bilderordnen, Mosaiktest, Figurenlegen). Hier erreicht er lediglich 2 bis 4 Wertpunkte.

Dennoch besucht er die Regelschule, z. Zt. das fünfte Schuljahr. Sein Vater ist Lehrer an der gleichen Schule und konnte ihn so weit zu Hause fördern, dass er jeweils das Klassenziel erreichte. Deutliche Schwächen bestehen in der Mathematik (besonders bei Aufgaben, die Vorstellungs- und Planungsvermögen betreffen) und im Bereich der Sachkunde, für die er geringes Interesse und mangelndes Vorstellungsvermögen mitbringt. Die soziale Integration in der Klasse ist befriedigend. Zu Hause beschäftigt sich Peter viel selbst (z. B. am Computer), fährt ausgiebig mit dem Vater Rad und geht selbstständig einkaufen. Außerhalb der Schule hat er aber keine festen Beziehungen zu Gleichaltrigen.

7.2 Klinische Genetik

Das Apert-Syndrom gehört zu den Craniosynostose-Syndromen und ist charakterisiert durch eine Mittelgesichtshypoplasie und Syndaktilie der Finger und Zehen. Das äußere Erscheinungsbild der betroffenen Kinder wird bestimmt von prominenter Stirn, Exophtalmus, Hypertelorismus und Mittelgesichtsretraktion mit hypoplastischem Oberkiefer und engem Gaumen, teilweise auch Gaumenspalte sowie der knöchernen Verschmelzung der Finger und Zehen.

Es handelt sich um eine genetisch bedingte Entwicklungsstörung mit autosomal-dominantem Erbgang, wobei die meisten Fälle Spontanmutationen darstellen. Weltweit sind elf Fälle beschrieben, in denen Erwachsene mit Apert-Syndrom selbst Kinder bekamen (Cohen & Kreiborg, 1991). Der Genort der

Kasten 12: Körperliche Merkmale des Apert-Syndroms

- Craniosynostose (prominente Stirn, Exophthalmus, Hypertelorismus)
- Mittelgesichtsfehlbildung
- Syndaktilie der Finger (und evtl. der Zehen)
- Schalleitungsprobleme
- Refraktionsanomalien, Ptosis, Strabismus
- obstruktive Verlegung der oberen Luftwege
- weiche Gaumenspalte

Mutation konnte von Wilkie et al. (1995) auf dem Chromosom 11 identifiziert und als FGFR 2-Gen benannt werden, so dass nun ein eindeutiger molekularer Nachweis des Syndroms und eine Differenzialdiagnose zwischen den verschiedenen Craniosynostosen (z. B. Pfeiffer-, Carpenter-, Crouzon- und Saethre-Chotzen-Syndrom) möglich ist. Die Prävalenz liegt bei etwa 1:65 000 Neugeborenen (Cohen et al., 1992). Das Apert-Syndrom macht dabei etwa 4.5 % aller Fälle mit Craniosynostosen aus.

Um einer vorzeitigen Fusion der Schädelknochen und Hirndrucksteigerung vorzubeugen und so ein regelrechtes Hirnwachstum zu erlauben, wird in den meisten Fällen im Alter von 3 bis 6 Monaten eine Schädeloperation vorgenommen. Dieser Zeitpunkt hat sich als günstig erwiesen, denn zuvor sind die Schädelknochen noch zu dünn. Während des ersten Lebensjahres wächst das Gehirn rasch. Sein Wachstum trägt dazu bei, den Schädel auszuformen, wenn durch die Operation eine Neupositionierung der Schädelknochen und Rekonstruktion der Augenhöhle gelungen ist. In den meisten Fällen sind später – oft im Alter von 5 bis 7 Jahren – weitere Operationen zur Modulation des Mittelgesichts (Oberkiefer, Augenhöhle, Nase und Wangenknochen) notwendig, um ein bestmögliches äußeres Erscheinungsbild zu erreichen (Marsh et al., 1991).

Handchirurgische Operationen sind hilfreich, um die knöcherne Fusion der Finger zu lösen. So kann in mehreren Stufen die Ausbildung von zehn Fingern erreicht werden, die allerdings steifer bleiben als üblich. Eine solche plastische Operation ist schwerer, wenn es zu einer Fusion aller fünf Finger gekommen ist. Fehlbildungen der Füße von ähnlichem Schweregrad sind seltener.

In einer Übersicht über 136 Patienten beschrieben Cohen et al. (1993) die Vielzahl der körperlichen Entwicklungsprobleme beim Apert-Syndrom. Körperlänge und -gewicht liegen bei Geburt über dem Durchschnitt, die Kurve des Größenwachstums verflacht aber im Verlauf der Entwicklung, vor allem mit Beginn der Pubertät. Besonders auffällig ist die weit überdurchschnittliche Kopfhöhe.

Zentralnervöse Fehlbildungen betreffen vor allem das Corpus callosum und/oder die limbischen Strukturen (Cohen & Kreiborg, 1990). Solche Auffälligkeiten fanden sich bei 30 der in der Literatur beschriebenen Fälle; der Zusammenhang zu neuropsychologisch definierten Leistungsdefiziten der Patienten ist aber unklar. Daneben findet sich im CT oder MRI häufig eine Ventrikelerweiterung. Murovic et al. (1993) stellten sie bei 25/44 Patienten fest. Sie ist als Ausdruck der Schädelfehlbildung zu werten und hat offensichtlich keine Aussagekraft für die kognitive Entwicklungsprognose (Noetzel et al., 1985; Murovic et al., 1993). Die Entwicklung eines Hydrocephalus ist seltener als früher angenommen wurde. 10/44 Patienten, die Murovic et al. untersuchten, wiesen diesen Befund auf. Dennoch werden regelmäßige CT-Kontrollen zumindest in den ersten fünf Jahren und ggf. eine rechtzeitige Shunt-Versorgung empfohlen. Cardiovasculäre oder urologische Anomalien (komplexe Herzfehlbildungen, Kryptorchidismus) finden sich bei etwa 10 % der Patienten.

Cervikale Anomalien bei zwei Drittel der Patienten machen besondere Vorsicht in der Anästhesie bei Operationen nötig.

Die Operation des Schädels erleichtert nicht nur das Wachstum des Gehirns. Sie ist auch zum Schutz der Augäpfel erforderlich (Rekonstruktion der knöchernen Augenhöhlen) und zum Schutz vor steigendem intrakraniellen Druck mit sekundärer Schädigung des Sehnervs. Eine augenärztliche Kontrolle empfiehlt sich zur rechtzeitigen Behandlung von Refraktionsanomalien, Ptosis und Strabismus (Buncic, 1991). Hertle et al. (1991) fanden eine bedeutsame Verminderung der Sehschärfe durch Brechungsfehler in 16/17 Fällen, Ptosis und Strabismus je bei der Hälfte der Kinder. Abklebebehandlung und Brillenversorgung sind schwierig durchzuführen.

Zu den otolaryngologischen Problemen der Kinder gehören obstruktive Verengungen der oberen Luftwege, die in der Neugeborenenzeit oft eine längere Klinikaufnahme und Beobachtung erfordern und auch später ein Risiko für Schlafapnoen darstellen. Von Schlafapnoen wird gesprochen, wenn sich in sieben Stunden Nachtschlaf mehr als 30 Episoden der Atemunterbrechungen für mehr als 10 Sekunden zeigen. Sie können durch die Mittelgesichtsoperation vermindert werden. In schweren Fällen, die mit einer nächtlichen Sauerstoff-Mangelversorgung einhergehen, kann auch eine Tracheostomie angezeigt sein (McGill, 1991).

Schalleitungsprobleme und chronische Mittelohrentzündungen treten bei fast allen Kindern mit Apert-Syndrom auf und können die Sprachentwicklung hemmen. Sie werden allerdings häufig angesichts der vordringlichen neurochirurgischen Maßnahmen übersehen. Bei einer audiologischen Untersuchung von 35 Patienten zeigte sich bei allen eine Schalleitungsstörung, die bei 13/35 auch nicht durch Paukenröhrchen behoben werden konnte (McGill, 1991).

Schließlich berichteten Kreiborg und Cohen (1992) eine weiche Gaumenspalte bei 41 % von 119 Patienten. Zu den weiteren oralen Besonderheiten gehören ein deutlich verspäteter Zahndurchbruch der ersten und der bleibenden Zähne und Fehlstellungen der Zähne im schmalen Kiefer, die in Verbindung mit den frühen kraniofazialen Operationen (Verlagerung des Oberkiefers) und durch kieferorthopädische Maßnahmen im Kindesalter korrigiert werden müssen.

7.3 Kognitive und adaptive Entwicklung

Der vorzeitige Verschluss der Schädelknochen bei Kindern mit Apert-Syndrom ist nicht notwendigerweise gleichbedeutend mit einer Begrenzung des Hirnwachstums und einer Behinderung der intellektuellen Entwicklung, wenn eine frühzeitige Operation durchgeführt wurde. Ihr besonderes Aussehen führt aber dazu, dass Kinder mit schweren craniofazialen Fehlbildungen in der Öffentlichkeit, aber auch von Ärzten, Therapeuten und Pädagogen immer wieder voreilig als geistig behindert eingeschätzt werden. Solche Fehlannahmen haben immense Auswirkungen auf die Art der Förderung und die sozialen Lebens- und Integrationsmöglichkeiten der Betroffenen. Wenn ein Kind nur ungenügend in seinen Fähigkeiten und Bedürfnissen wahrgenommen wird, seine Lernmotivation nicht gestärkt und Teilleistungsschwächen nicht rechtzeitig erkannt und durch gezielte Förderung gebessert werden, kann daraus leicht eine sich selbst erfüllende Prophezeiung werden. Die Entwicklungschancen des Kindes bleiben ungenutzt.

Bisher liegen nur wenige Erfahrungen über die kognitive Entwicklung von Kindern mit Apert-Syndrom vor. Ältere Studien sprachen global von einem gewissen Grad mentaler Beeinträchtigung in allen Fällen (z. B. Blank, 1960). Eine kanadische Arbeitsgruppe um Lefebvre et al. (1986) untersuchte 20 Kinder und ermittelte einen *Intelligenzquotienten (im HAWIK) zwischen 52 und 89 (Mittelwert 73.6)*. Die Fähigkeiten von zwei der untersuchten Kinder lagen im unteren Normalbereich. Eine Beschreibung von kognitiven Stärken und Schwächen der Kinder wurde nicht versucht, lediglich sprachgebundene und perzeptiv-handlungsgebundene Fähigkeiten unterschieden. Die *Handlungsintelligenz lag trotz der visuomotorischen und feinmotorischen Erfahrungsdefizite, die die Handfehlbildungen für die Kinder mit sich bringen, um durchschnittlich 12 IQ-Punkte höher.* Darüberhinaus bestand offensichtlich keine Beziehung zwischen dem Grad der Fehlbildungen im äußeren Erscheinungsbild der Kinder (Syndaktilien und Synostosen) und dem Grad der intellektuellen Beeinträchtigung. Die beiden Kinder mit durchschnittlichem Intelligenztestergebnis gehörten zu denen mit stark ausgeprägten Fehlbildungen. 4 der 20 untersuchten Kinder besuchten eine Schule für Geistigbehinderte, 12 eine Schule für körperbehinderte Kinder.

Eine zweite, etwas umfangreichere Untersuchung der intellektuellen Entwicklung von 29 Patienten zwischen 8 und 35 Jahren stammt aus England (Patton et al., 1988). Es handelt sich um Patienten der Geburtsjahrgänge 1952 bis 1980. *Die Hälfte der dort untersuchten Kinder hatten einen IQ > 70*, allerdings in keinem Fall mit einem IQ > 100.

Renier et al. (1996) untersuchten 38 Kinder, Jugendliche und junge Erwachsene (3 bis 28 Jahre) mit den Wechsler-Skalen. Auch in dieser Studie ergab sich eine weite Schwankung der Testergebnisse (bis zu einem IQ von 114). 32 % hatten einen Wechsler-IQ < 70.

Von den 14 Kindern, die in der englischen Studie eine durchschnittliche oder nur leicht beeinträchtigte intellektuelle Entwicklung zeigten, *besuchten neun die Regelschule und fünf eine Sonderschule* (davon je ein Kind eine Körperbehinderten- und eines eine Sehbehindertenschule). Alle Kinder mit einem IQ < 70 besuchten eine Sonderschule für Geistigbehinderte. Dies zeigt, dass im englischen Schulsystem hinreichende Integrationsbedingungen bestehen, die Kindern mit craniofazialen und Handfehlbildungen den Besuch der Regelschule erlauben.

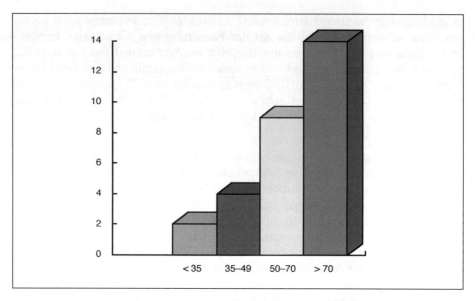

Abbildung 52: IQ-Verteilung bei 29 Kindern mit Apert-Syndrom (nach Patton et al., 1988)

Der Schulerfolg von Kindern mit Apert-Syndrom hängt aber wohl nicht nur von ihrer intellektuellen Ausstattung ab. *Kinder mit schweren craniofazialen Fehlbildungen sind in der Gefahr, in ihrem Leistungsvermögen falsch eingeschätzt, nicht angemessen gefördert und u. U. voreilig in eine Sonderschule überwiesen zu werden.* Einige Studien an Kindern mit Lippen-Kiefer-Gaumenspalte, einer leichteren Form der craniofazialen Fehlbildung, geben entsprechende Hinweise. Ihre intellektuellen Fähigkeiten liegen in aller Regel im Normalbereich, ein recht großer Teil von ihnen besucht aber nicht die jeweils ihrem Jahrgang entsprechende Schulklasse („underachiever"). Die nähere Untersuchung zeigt, dass sie nicht ausreichend gelernt haben, konzentriert zu arbeiten, eine geringe Leistungsmotivation haben und die sozialen Erwartungen an sie und die Einschätzung ihres Leistungsvermögens durch die Lehrer niedriger sind (Richman, 1978; Heller et al., 1985).

Wie in der Schule, kann auch die berufliche und soziale Integration im Erwachsenenalter gelingen, wie die Berichte von Patton et al. (1988) zeigen. 14 Patienten hatten bereits ihre Schulausbildung abgeschlossen, darunter sieben mit höheren intellektuellen Fähigkeiten. Vier von ihnen hatten einen angemessenen Arbeitsplatz gefunden und waren finanziell unabhängig. Zwei befanden sich noch in der Ausbildung. Ein junger Erwachsener konnte auf dem freien Markt keine Beschäftigung finden und arbeitete in einer Werkstatt für Behinderte. Auch die Mehrzahl der übrigen Erwachsenen hatte eine beträchtliche Selbstständigkeit erreicht, wenn auch keinen Arbeitsplatz in der freien Wirtschaft. Dass die körperlichen Fehlbildungen dann, wenn adäquate Operationen durchgeführt worden waren, kein dauerhaftes Handicap darstellten, zeigte sich z. B.

in den Berichten zu speziellen Fähigkeiten. Vier Patienten konnten gut Schreibmaschine schreiben, vier hatten gelernt, Auto zu fahren, vier hatten Schwimmen gelernt und zwei hatten eine spezielle Fertigkeit im Rechnen.

Die Ursachen für die Intelligenzminderung eines Teils der Kinder sind noch nicht befriedigend geklärt. Nur z.T. lassen sie sich durch eine ungenügende Absorption der Hirnflüssigkeit (Hydrocephalus) erklären (Murovic et al., 1993). Noetzel et al. (1985) untersuchten 26 Kinder mit unterschiedlichen Fehlbildungssyndromen, darunter drei mit Apert-Syndrom, 15 mit Crouzon-Syndrom, fünf mit Pfeiffer-, je eines mit Saethre-Chotzen-, Carpenter und Kleeblattschädel-Syndrom. Bei 5/26 Kindern zeigte das CT einen Hydrocephalus, bei 8 weiteren eine asymmetrische, nicht fortschreitende Ventrikelerweiterung. 17 Kinder hatten einen durchschnittlichen IQ, zwei eine leichte, vier weitere eine ausgeprägte Lernbehinderung. Es bestand aber kein eindeutiger Zusammenhang zu den neurologischen Befunden, d.h. es fanden sich Kinder mit Hydrocephalus und Shunt-Ableitung mit völlig unbeeinträchtigter Intelligenzentwicklung. Wahrscheinlicher als ein solcher Zusammenhang ist, dass bei den Kindern mit Apert-Syndrom, bei denen eine deutliche Intelligenzminderung vorliegt, die Entwicklung der Hirnstrukturen bereits in der Frühschwangerschaft gestört wurde.

In einer eigenen Untersuchung von 11 Patienten mit Apert-Syndrom im Alter zwischen 2;5 und 12;3 Jahren dokumentierten wir die kognitiven Fähigkeiten und gingen der Frage von charakteristischen Profilunterschieden nach (Sarimski, 1997c). Die beiden jüngeren Kinder wurden mit der MFED und dem Symbolic Play Test untersucht, zwei Schulkinder mit dem HAWIK-R, ein weiteres mit der Kaufman-Assessment Battery for Children (K-ABC), die übrigen sechs Kinder im Vorschulalter mit einer deutschen Fassung der McCarthy Scales of Children's Abilities (MSCA). Fünf Kinder besuchten den Regelkindergarten, je eines den integrativen und den heilpädagogischen Kindergarten. Ein Kind besuchte die Regelschule, zwei die Sonderschule für Körperbehinderte, eines die Sonderschule für geistigbehinderte Kinder.

Bei allen Kindern lagen die Diagnosekriterien des Apert-Syndroms vor, in den meisten Fällen molekulargenetisch bestätigt. Alle Kinder hatten mindestens eine Kopfoperation im Alter zwischen zwei und neun Monaten hinter sich, darüberhinaus zwischen zwei und zehn Finger-Operationen.

Bei den beiden jüngeren Kindern, bei denen die MFED und der Symbolic Play Test (SPT) durchgeführt wurden, fand sich eine leichte, im anderen Fall eine mäßige intellektuelle Retardierung (EQ 75 und 48), aber kein wesentlicher Unterschied in der Entwicklungshöhe der feinmotorischen vs. perzeptiven und kognitiven Fähigkeiten. Beide Kinder hatten aber eine gegenüber ihren sonstigen Fähigkeiten deutlich stärker verzögerte Sprachentwicklung. Das eine Kind bildete einzelne nachahmende Laute, z.B. Tierlaute, und einige einzelne Wörter (kognitives Entwicklungsalter 22 Monate); das andere noch keine Wortannäherungen oder Wörter (kognitives Entwicklungsalter 24 Monate).

Die Tabelle 48 gibt die Ergebnisse der McCarthy Scales of Children's Abilities für sechs Kinder wieder, untergliedert in sprachgebundene Fähigkeiten, perzeptive Fähigkeiten, Fähigkeiten im Umgang mit Mengen und Zahlen und Gedächtnisfähigkeiten. Angegeben sind jeweils Skalenwerte (Mittelwert für die Altersgruppe = 50; sd = 10). Für den generellen kognitiven Index gilt ein Mittelwert von 100 und eine Standardabweichung von 15. 3/6 Kindern erreichen kognitive Gesamtergebnisse im Normalbereich, zwei Kindern zeigen eine leichte, ein Kind eine deutliche kognitive Behinderung (IQ < 50).

Tabelle 48: Testergebnisse von sechs Kindern mit Apert-Syndrom (MSCA; Sarimski, 1997c)

Bereich	JL	NJ	MN	SM	FD	LM
Alter	4;9	4;9	5;6	5;7	5;8	7;9
Sprachgebundene Fähigkeiten	44	51	54	44	36	<22
Perzeptive Fähigkeiten	29	46	50	53	40	25
Mengen und Zahlen	32	43	43	46	40	<22
Gedächtnis	37	48	43	31	34	<22
genereller kognitiver Index	76	96	101	94	77	<50

Um die individuellen Testergebnisse untereinander vergleichbar zu machen, führten wir eine „ipsative Profilanalyse" durch. Dazu transformierten wir den generellen kognitiven Index in das Entwicklungsalter, für das der ermittelte Rohwert dem Altersmittel (100) entspricht, und ordneten diesem Entwicklungsalter die individuellen Rohwerte für die einzelnen Skalen als Abweichungswerte (sd = 10) zu. Beispiel: FD erreichte einen generellen kognitiven Index von 77; ihr Summenrohwert wäre altersgemäß (GCI = 100) für ein Alter von 4 3/4 Jahren. Bezieht man ihre Skalenrohwerte auf die Altersgruppe der 4 3/4-jährigen Kinder, so ergeben sich folgende Abweichungswerte: sprachgebundene Fähigkeiten SI 45, perzeptive Fähigkeiten SI 58, Mengen und Zahlen SI 50, Gedächtnis SI 43. Mittelt man diese transformierten Werte über die sechs Kinder, ergeben sich systematische Profilunterschiede. Die Kinder zeigen – bezogen auf den eigenen Mittelwert – deutlich bessere Leistungen in den perzeptiven Fähigkeiten, aber schlechtere Leistungen im Umgang mit Mengen und Zahlen und insbesondere bei Gedächtnisleistungen (Abbildung 53).

Einige Kinder konnte seither im Schulalter mit dem HAWIK-R oder der K-ABC nach-, bzw. erstmalig untersucht werden (Tabelle 49). Bei zwei von drei Jungen, die mit dem HAWIK-R getestet wurden, ergaben sich ausgeprägte Diskrepanzen zwischen Verbal- und Handlungsteil in Folge einer schweren Störung der visuell-konstruktiven Fähigkeiten. Der dritte Junge wies eine schwere intellektuelle Behinderung ohne signifikante Profilunterschiede auf. Die Ergebnisse bei den vier

Kindern, die mit der K-ABC getestet wurden, waren uneinheitlich. Sie lagen bei zwei Kindern im Durchschnitt der Altersgruppe. Zwei Kinder erreichten höhere Werte in der Skala ganzheitlichen Denkens, bei einem Kind zeigten sich ähnliche Störungen der visuell-konstruktiven Fähigkeiten wie bei den beiden Kindern, die mit dem HAWIK-R untersucht wurden. Von 13 Kindern, bei denen standardisierte Intelligenztests durchgeführt wurden, liegen die Ergebnisse von sechs Kindern im Bereich einer intellektuellen Behinderung (IQ < 70), bei vier Kindern im Bereich der durchschnittlichen intellektuellen Entwicklung.

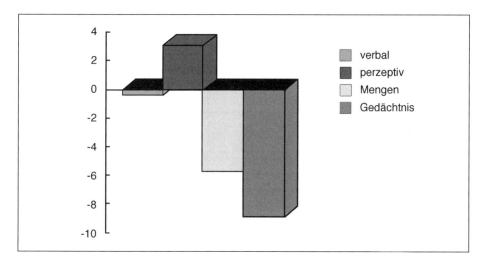

Abbildung 53: Ipsative Profilanalyse im McCarthy-Test bei sechs Kindern mit Apert-Syndrom im Vorschulalter

Eine schlüssige Interpretation dieser Befunde ist angesichts der Unterschiede in der Aufgabenzusammenstellung und im Alter der untersuchten Kinder schwierig. Sie sprechen am ehesten dafür, dass Schwächen in Gedächtnisleistungen, wie sie bei jüngeren Kindern festgestellt wurden, durch Aufmerksamkeitsstörungen bedingt sind, die im weiteren Verlauf der Entwicklung von einigen Kindern kompensiert werden können. Bei einem Teil der Kinder mit Apert-Syndrom werden bei komplexeren Anforderungen dann aber ausgeprägte zentrale Störungen der visuell-konstruktiven Fähigkeiten erkennbar, die nicht aufmerksamkeitsabhängig sind.

Schließlich muss darauf hingewiesen werden, dass nicht bei allen Kindern mit Apert-Syndrom standardisierte Testverfahren durcheführt werden können. Unter den Kindern, die im Kinderzentrum in regelmäßiger Betreuung sind, befindet sich – wie in der englischen Studie, die Patton et al. (1988) publizierten – ein Kind mit schwerer geistiger Behinderung und autistischen Verhaltensmerkmalen. Über die Prävalenz autistischer Symptome unter Kindern mit Apert-Syndrom sind keine Daten bekannt.

Tabelle 49: Ergebnisse von standardisierten Intelligenztestungen bei 15 Kindern mit Apert-Syndrom

	Alter	Verfahren	Ergebnisse
KN	4;1	MFED/SPT	EQ ca. 60
NR	4;9	MFED/SPT	EQ ca. 60
MN	5;6	MSCA	GCI 101
SM	5;7	MSCA	GCI 94
FD	5;8	MSCA	GCI 77
JW	5;8	SON	SON-IQ 52
FL	5;10	MSCA	GCI 74
LM	7;9	MSCA	GCI < 50
SG	8;3	KABC	SED 75 / SGD 41
RE	9;3	KABC	SED 59 / SGD 68
MV	9;6	KABC	SED 90 / SGD 110
MR	9;11	HAWIK-R	VIQ 53 / HIQ 47
NJ	10;9	KABC	SED 109
JL	11;9	HAWIK-R	VIQ 79 / HIQ 50
FX	12;4	HAWIK-R	VIQ 86 / HIQ 68

7.4 Sprachentwicklung

Die Sprachentwicklung ist bei vielen Kindern mit Apert-Syndrom durch ein eingeschränktes Hörvermögen beeinträchtigt. McGill (1991) stellte bei allen 35 Patienten, die er untersuchte, eine Schallleitungsproblematik unterschiedlichen Grades fest. Bei einem Drittel davon handelte es sich nicht um eine gestörte Tubenfunktion, die durch den Einsatz von Paukenröhrchen behandelbar war, sondern um eine Fehlbildung der Gehörknöchelchen.

Ein weiterer Einflussfaktor sind die *anatomischen Besonderheiten der Schädelund Kieferform und der Zahnstellung,* die bei Kindern mit Apert-Syndrom vorliegen. Sie führen zu Beeinträchtigungen der Aussprache. Die Sprache klingt oft näselnd, weil die Nasenatmung erschwert ist. Die Bildung von Lauten, die mit Lippe und Zunge im vorderen Mundraum erzeugt werden, und Lippenverschlusslaute sind durch die anatomischen Verhältnisse erschwert. Inwieweit die Kinder ihre orofazialen Fehlbildungen bei der Artikulation auszugleichen vermögen, ist individuell sehr unterschiedlich. Oft bringt nicht die logopädische Behandlung, sondern erst eine Mittelgesichtsoperation im Alter von 5 bis 7 Jahren eine deutliche Verbesserung der Aussprache.

Ergebnisse von Sprachentwicklungstests zur Beurteilung der kommunikativen Entwicklung von Kindern mit Apert-Syndrom liegen noch kaum vor. Elfenbein et al. (1981) führten bei vier Patienten (7;5 bis 13;6 Jahre) neben Artikulationstests den Peabody Picture Vocabulary Test (PPVT) zur Beurteilung des rezeptiven Wortschatzes, den Psycholinguistischen Entwicklungstest (PET) und eine Spontansprachprobe von 50 Äußerungen zur Beurteilung der semantischen und syntaktischen expressiven Fähigkeiten durch. Bei allen vier Kindern lagen leichte Schalleitungsstörungen vor.

Die vier Kinder zeigten sehr unterschiedliche sprachliche Fähigkeiten. Ein Kind war schwer geistig behindert (IQ 34); sein rezeptiver Wortschatz war dementsprechend gering, seine aktiven sprachlichen Äußerungen nicht verständlich. Die Intelligenztestergebnisse der drei anderen Kinder lagen im Bereich der Lernbehinderung (IQ 77 bis 85). Bei einem von ihnen ließen sich keine sprachlichen Äußerungen erheben. Das zweite Kind erreichte im rezeptiven Wortschatztest und in der Analyse der Spontansprachprobe unterdurchschnittliche Ergebnisse (PR 7, bzw. 10), das dritte jeweils durchschnittliche Werte.

Von den 15 im Kinderzentrum untersuchten Kindern konnte nur bei sechs Kindern standardisierte Wortschatz- und Grammatiktests durchgeführt werden (Sarimski, 1997d). Bei drei Kindern war dies aus organisatorischen Gründen nicht möglich. Bei den übrigen sechs Kindern hatte die Wort- und Satzbildung noch nicht eingesetzt. Fünf dieser sechs Kinder waren bereits über vier Jahre alt; bei ihnen hatte eine logopädische Behandlung bis zum Untersuchungszeitpunkt keinen wesentlichen Erfolg gezeigt, so dass in diesen Fällen von einer schweren expressiven Sprachstörung ausgegangen werden muss.

Von den Kindern, bei denen die Sprachentwicklung so weit fortgeschritten war, dass eine standardisierte Untersuchung möglich war, zeigten 3/6 Kindern unterdurchschnittliche semantische Fähigkeiten. Alle sechs Kinder verfügten jedoch über ein altersgemäßes syntaktisches Regelwissen.

Tabelle 50: Sprachtestergebnisse von sechs Kindern mit Apert-Syndrom

Bereich	JL	NJ	MN	SM	FD	MW
Alter	4,9	4;9	5;6	5;7	5;8	9;6
AWST/PR	21	79	62	8	1	–
PET-GT/PR	76	31	–	46	58	79

Bei acht Kindern konnte eine Spontansprachprobe ausgewertet werden. Je Kind wurden 50 Äußerungen wörtlich transkribiert. Die Äußerungen wurden klassifiziert nach Länge (Zahl der Wörter pro Äußerung), Vollständigkeit (Subjekt-Prädikat-Ergänzungs-Struktur, soweit die Äußerung mehr als zwei Worte umfasste), grammatikalische Korrektheit (bei vollständigen Äußerungen), Verständlichkeit (eindeutige Erkennbarkeit der Worte).

Ein Junge (7;9 Jahre; gB) äußerte sich überwiegend mit einzelnen Wörtern. Ein Mädchen (5;7 Jahre; IQ 77) verhielt sich sehr scheu und äußerte sich ebenfalls nur mit Ein- und Zweiwortsätzen. Die wenigen Äußerungen, die länger waren, waren meist vollständige, grammatisch korrekte Sätze. Im Grammatiktest bei anderer Gelegenheit erreichte sie altersgemäße Werte, so dass ihre Ergebnisse offensichtlich durch ihre soziale Hemmung verfälscht sind.

Die übrigen sechs Kinder äußerten sich mit Mehrwortsätzen, darunter 24 bis 67 % vollständige Sätze. Von den vollständigen Sätzen waren die meisten (74 bis 100 %) grammatisch korrekt gebildet. Von allen Äußerungen waren in jedem Fall mehr als 70 % verständlich, ohne dass Nachfragen erforderlich waren. Bei einem Kind kamen gehäuft stereotype Fragen oder Äußerungen ohne Bezug zur Situation vor. Der pragmatische Einsatz der sprachlichen Fähigkeiten wirkt unauffällig, die mittlere Äußerungslänge (in Worten) ist bei den Kindern aber kürzer als nach ihren Sprachtestergebnissen zu erwarten wäre. Dies ist z. T. als flexible Anpassung an die jeweilige Sprachsituation anzusehen; bei der Beantwortung von Fragen des Untersuchers und der Kommentierung von Abbildungen in der Spontansprachprobe ist die Bildung vollständiger Sätze generell eher selten. Inwieweit andere Faktoren wie soziale Scheu in der Untersuchung, Beeinträchtigung der Atemkapazität oder auditive Merkschwäche relevant sein können, ist nicht zu entscheiden.

Die größten Hindernisse für das Gelingen der sprachlichen Kommunikation scheinen somit nicht im Bereich der semantischen oder syntaktischen Fähigkeiten zu liegen, sondern in den Artikulationsproblemen, die durch die strukturell beeinträchtigte Nasenatmung, Kieferfehlstellung und Mittelgesichtshypoplasie bedingt sind. Die Verständlichkeit ist durch ein geschlossenes Näseln mit kehligem Stimmklang, reduzierte Zungenbewegungen und Störungen der Bildung von Lippenverschlusslauten und Lauten im vorderen Mundraum in vielen Fällen erheblich erschwert.

In einer Untersuchung von zehn Kindern im Vorschulalter kamen Shipster et al. (2002) zu recht ähnlichen Ergebnissen. Sie verwendeten standardisierte Verfahren zur Beurteilung phoniatrischer Aspekte (Lautbildung, Stimme), der oral-motorischen Fertigkeiten und der rezeptiven und expressiven Sprachfähigkeiten (Clinical Evaluation of Language Fundamentals, CELF; Pre-School Language Scale 3; PLS-3). Die non-verbalen intellektuellen Fähigkeiten – gemessen mit der British Ability Scale – lagen bei sieben von acht Kindern, bei denen diese Daten vorlagen, im Normalbereich (IQ > 85). Bei allen Kindern fanden sich oral-motorische Schwächen und eine abnorme Stimmführung. Bei acht von zehn Kindern fand sich eine leichte oder mäßiggradige Retardierung der expressiven Sprachfähigkeiten (Standardwerte < 85; Abbildung 54).

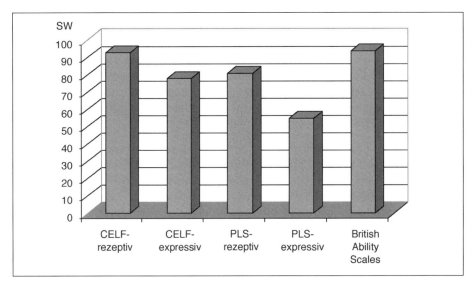

Abbildung 54: Sprachentwicklungs- und Intelligenztestergebnisse von Vorschulkindern mit Apert-Syndrom (n = 6–10; Standardwerte: 85–115 als Normalbereich; Shipster et al., 2002)

7.5 Soziale Entwicklung

Das auffällig bleibende Erscheinungsbild des Gesichts und der Hände, die häufigen Klinikaufenthalte und Operationen und die intensiven Behandlungsmaßnahmen, die zur Verbesserung der motorischen und sprachlichen Fähigkeiten nötig sind, stellen Risiken für die sozial-emotionale Entwicklung der betroffenen Kinder dar. *Von Beginn an ist die Entwicklung der Beziehung der Eltern zu ihrem Kind durch das Erscheinungsbild des Kopfes und die Fehlbildung der Hände belastet. Eltern empfinden einen Schock, Trauer, Depression, die einerseits zu einem zeitweisen Rückzug von ihrem Baby führen können, andererseits das Baby verunsichern.*

Dass Babys schon in den ersten Lebensmonaten auf ein deprimiertes Ausdrucksverhalten des Erwachsenen reagieren, aus Unsicherheit den Blickkontakt vermeiden oder zu weinen beginnen, zeigen experimentelle Untersuchungen zur Interaktion mit nicht-behinderten Säuglingen. Dies gilt sicherlich auch für Babys mit craniofazialer Fehlbildung. Dennoch sind die Gefühle des Schocks, der Verzweiflung und der Niedergeschlagenheit normale und angemessene erste Reaktionen auf diesen Schicksalsschlag, den die Eltern erleiden.

Eine Elternbefragung bei 42 Müttern und 31 Vätern von Apert-Syndrom-Kindern (Jaczek & Sarimski, 1995) zeigt, dass mitunter Jahre später noch die Erinnerung an den Schock über die Fehlbildung und die Angst um das Überleben und die Zukunft der Kinder lebendig ist. Bei 26/42 Müttern (61 %) werden diese Gefühle genannt. Sechs Mütter gaben sich damals selbst die Schuld, ein fehlgebildetes Baby geboren zu haben, fünf suchten nach Gründen.

Die wenigen Studien, bei denen die unmittelbare Interaktion zwischen Müttern und Babys mit craniofazialer Fehlbildung beobachtet wurde, zeigen denn auch, dass die natürlichen, den Eltern intuitiv verfügbaren Anregungs- und Gestaltungsmöglichkeiten in der ersten Zeit gehemmt werden.

Field und Vega-Lahr (1984) beobachteten die Interaktion drei Monate alter Babys mit Lippen-Kiefer-Gaumenspalte und ihren Müttern. Im Vergleich zu einer Parallelgruppe mit gesunden Kindern *erwiesen sich die Mütter als weniger aktiv, spielten, erzählten und lächelten weniger mit ihren Babys*. Die Autoren nahmen an, dass sich darin die Niedergeschlagenheit der Eltern über die Realität der Behinderung des Kindes widerspiegelt. Eine alternative Hypothese wäre, dass die Eltern aufgrund des veränderten Erscheinungsbildes des Gesichts und der Störung der Gesichtsmimik geringere Erwartungen an die soziale Reaktionsbereitschaft haben. Eine *Wechselwirkung* spiegelte sich darin wider, dass die Babys ihrerseits weniger Blickkontakt suchten, weniger lächelten und vokalisierten. Barden et al. (1989) beobachteten 10 Mutter-Kind-Dyaden, zu denen fünf Kinder mit kraniofazialen Fehlbildungen gehörten. Auch ihre Mütter zeigten weniger anregendes Spielverhalten, suchten weniger Körperkontakt und reagierten weniger auf die Babys. Die Kinder ihrerseits zeigten sich weniger reaktionsbereit und lächelten und vokalisierten weniger.

Es scheint jedoch fraglich, ob diese Interaktionsauffälligkeiten allein eine Reaktion auf die Gesichtsfehlbildungen der Kinder darstellen, denn diese stellen nur einen Belastungsfaktor neben der Anfälligkeit für Krankheiten, den Krankenhausaufenthalten und Operationen dar (Hoeksma et al., 1987). Einige Kinder haben zudem bedrohliche Atmungsprobleme und lassen sich nur sehr mühsam füttern.

Wenn diese zusätzlichen Belastungen am Anfang überwunden und die erste chirurgische Operation gelungen ist, so kann sich durchaus eine gut aufeinander abgestimmte Interaktion entwickeln. Speltz et al. (1990) stellten bei 33 1- bis 3-jährigen Kindern mit Lippen-Kiefer-Gaumenspalte bzw. sagittaler Synostose – einer dem Apert-Syndrom hinsichtlich der Schädelfehlbildung und frühen Operationsnotwendigkeit vergleichbaren Gruppe von Kindern, die aber nicht von komplexen Fehlbildungen betroffen sind – keine signifikanten Unterschiede in der Interaktion im Vergleich zu gesunden Kleinkindern und ihren Müttern mehr fest.

Zwei Drittel der Kinder wurden dann im Alter von 5 bis 7 Jahren mit der „Child Behavior Checklist" nachuntersucht. Nur vier von 24 Kindern mit Fehlbildungen wurden von ihren Eltern als verhaltensauffällig beurteilt (T-Werte > 70), wenn auch soziale Probleme etwas häufiger auftraten als in der Vergleichsgruppe (Speltz et al., 1993). Insgesamt zeigten die Kinder eine überraschend gute soziale Entwicklung trotz der Belastungen, denen sie durch Operationen und Behandlungsmaßnahmen ausgesetzt waren.

Im Schulalter hat das äußere Erscheinungsbild auf die sozialen Beziehungen zu anderen Kindern bereits mehr Einfluss als zuvor. Tobiasen (1987) legte Schulkindern Fotos vor, auf denen Kinder mit Spaltbildungen zu sehen waren, und Fotos der gleichen Kinder, auf denen diese wegretuschiert waren. Die Schüler sollten die Persönlichkeitseigenschaften dieser (anonymen) Kinder beurteilen. Sie schätzten die Kinder mit Spaltbildungen als weniger freundlich und weniger beliebt in der Gruppe ein.

Die Beobachtungen zum Sozialverhalten von Kindern mit Spaltbildungen im Schulalter sind uneinheitlich. Eltern und Lehrer beschreiben sie z. T. als scheuer und sozial zurückgezogener, z. T. als überaktiv und oppositionell (u. a. Richman, 1978). In beiden Verhaltensmerkmalen können sich soziale Unsicherheit und negative Erfahrungen im Kontakt widerspiegeln. Heller et al. (1985) fanden bei 38 % der Jungen und 14 % der Mädchen im CBCL soziale Anpassungsprobleme im Schulalter.

Etwas anders ist die Situation wohl im Jugendalter, in dem das äußere Erscheinungsbild eine größere Bedeutung für die Anerkennung in der Gruppe und die Gestaltung von Freundschaftsbeziehungen hat. Besonders Mädchen mit Lippen-Kiefer-Gaumenspalten haben in diesem Alter ein geringes Selbstwertgefühl (Richman, 1983). Mit wachsendem Alter bemühen sie sich z. T., sich bei solchen Befragungen als „normal" zu präsentieren, auch wenn ihre Lebenswelt anders aussieht. McWilliams (1983) stellte fest, dass sie sich als sozial gut integriert beschreiben, im Berufsleben strebsam und gut angepasst. Im weiteren Verlauf der Entwicklung zeigte sich dann aber, dass sie stärker familiengebunden blieben, später heirateten als Gleichaltrige, eher Einzel- als Gruppenbeschäftigungen in der Freizeit bevorzugten und weniger Freunde hatten. In einer Nachuntersuchung von 96 jungen Erwachsenen äußerten sich 56 % unzufrieden über ihre sozialen Beziehungen (Heller et al., 1981).

Ähnliche Erfahrungen sammelten Arbeitsgruppen, die das Sozialverhalten und Selbstbild von Kindern und Jugendlichen mit anderen craniofazialen Fehlbildungen untersuchten. Pertschuk und Whitacker (1985) führten Interviews, Persönlichkeitsfragebögen und Elternbefragungen bei 43 Kindern mit craniofazialer Dysostose oder hemifazialer Microsomie im Alter zwischen 6 und 13 Jahren durch. Sie *beschrieben sich als ängstlicher und introvertierter als eine Vergleichsgruppe und hatten ein geringeres Selbstwertgefühl. Ihre Eltern und Lehrer beurteilten ihr Verhalten häufiger als hyperaktiv* im Vergleich zur Kontrollgruppe. In der Zahl der Freunde und ihren sozialen Kompetenzen in den Augen der Eltern unterschieden sie sich nicht von der Vergleichsgruppe. Sie waren nicht stärker gehemmt, aggressiver oder mehr um ihr körperliches Wohlbefinden besorgt. 6/43 Kinder mit kraniofazialen Fehlbildungen wurden als introvertiert und gehemmt beschrieben und hatten wenig soziale Kontakte. Die Mehrheit war aber gut sozial integriert. Obwohl alle Kinder negative soziale

Erfahrungen besonders durch fremde Kinder berichten, war keines zum Opfer oder Sündenbock der Schulgruppe geworden.

Bei Kindern mit komplexeren Fehlbildungen – wie dem Apert-Syndrom – treten zusätzliche Belastungen der sozial-emotionalen Entwicklung auf, die die Ergebnisse u. U. anders ausfallen lassen. Die Andersartigkeit ihres Aussehens bleibt trotz Operationen bestehen. Sie müssen oft eine Vielzahl von Operationen und Klinikaufenthalten hinnehmen, die ihnen Angst machen und die ihren Kontakt zu Freunden und den Schulbesuch immer wieder unterbrechen. Die eingeschränkte Funktionsfähigkeit der Hände kann das Begreifen der Umwelt erschweren und die Motivation zum Selbermachenwollen von Anfang an dämpfen. Je nach Operationserfolg sind sie auch im späteren Leben bei Alltagsfertigkeiten wie Schuhebinden, Knöpfeschließen etc. auf Hilfe angewiesen. Die vorliegenden Berichte und die Erfahrungen mit den Kindern, die wir selbst kennenlernen konnten, zeigen aber auf beeindruckende Weise, wie diese Handicaps kompensiert und ein stabiles Selbstwertgefühl erreicht werden kann.

An einer eigenen Untersuchung (Sarimski, 1995b) nahmen 15 Mütter von Kindern im Kindergartenalter teil (mittleres Alter 4;5 Jahre). Die Hälfte von ihnen schätzten ihre Kinder selbst als altersgerecht in ihrer Entwicklung oder nur leicht verzögert ein. Die übrigen hatten eine Lern- oder geistige Behinderung. Eines der Kinder besuchte einen heilpädagogischen Kindergarten, die übrigen Integrations- und Regeleinrichtungen. Mehr als die Hälfte der Kinder hatten zum Zeitpunkt der Untersuchung mindestens zwei Kopf- und mehr als drei Handoperationen hinter sich gebracht.

Die Selbstständigkeit der Kinder wurde im „Questionnaire for the Study of Behavioural Phenotypes" (SSBP) erfragt. Feinmotorische Handicaps der Kinder machten sich beim selbstständigen Essen, Trinken und Anziehen bemerkbar. Aber 6/15 Kinder konnten schon im Kindergartenalter mit Messer und Gabel essen, 10/15 konnten sich selbst etwas zu trinken eingießen, 6/15 weitgehend selbst anziehen. Sich selbstständig waschen konnten die Hälfte der Kinder. 10/15 Kindergartenkindern meldeten sich, wenn sie zur Toilette müssen, 8 gingen vollständig selbstständig.

Die Beurteilung der sozial-emotionalen Entwicklung erfolgte mit dem „Verhaltensbeurteilungsbogen für Vorschulkinder" (VBV 3–6, Döpfner et al., 1993). Darüberhinaus wurden die Eltern um freie Antworten gebeten zu den Leitfragen, wieweit sie das andersartige Aussehen ihrer Kinder als Handicap für ihre soziale und schulische Entwicklung betrachten und welche Erfahrungen sie mit anderen Kindern gemacht haben. Die beiden Fragebogen wurden zusätzlich von den Erzieherinnen ausgefüllt, die die Kinder im Kindergarten betreuten. Soweit ihre Einschätzung vorlag, entsprach die Verteilung der Ergebnisse weitgehend denen, die bei der Auswertung der Elternfragebogen ermittelt wurde (Sarimski, 1995b).

Die Abbildung 55 zeigt die Einschätzungen der sozialen Kompetenz, des oppositionell-aggressiven oder hyperaktiven Verhaltens und emotionaler Labilität durch die Mütter der Kinder im Vergleich zur Altersgruppe. *Im Kindergartenalter beurteilen die meisten Mütter ihre Kinder als durchschnittlich sozial kompetent und nicht als sozial auffälliger als andere Kinder dieser Altersgruppe.* Nur 3/15 Kinder haben im Bereich der sozialen Kompetenz und hinsichtlich emotionaler Reaktionen auffällige Werte. Keines der Kinder ist in allen Verhaltensbereichen auffällig. Keines wird als unglücklich erlebt oder kontaktscheu, etwa die Hälfte als eher distanzlos gegenüber Fremden.

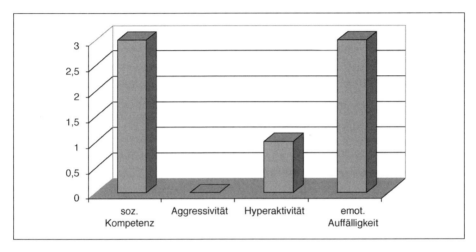

Abbildung 55: Auffälligkeiten der sozial-emotionalen Entwicklung bei 15 jungen Kindern mit Apert-Syndrom (Verhaltensbeurteilungsbogen für Vorschulkinder)

Alle Kinder mit Defiziten im Spiel miteinander oder bei der sozialen Konfliktlösung gehören zur Gruppe der auch deutlich kognitiv beeinträchtigten Kinder; allerdings gibt es auch innerhalb dieser Teilgruppe große individuelle Unterschiede. Die meisten Kinder mit Apert-Syndrom lernen offenbar gut, mit anderen Kindern in Gruppen zurechtzukommen und sind nicht ausgeschlossen aus dem gemeinsamen Spiel.

Oppositionell-aggressives Verhalten ist eher schwächer ausgeprägt als bei anderen Kindern dieser Altersgruppe. Kein Kind ist in dieser Hinsicht auffällig. Wutausbrüche, Stimmungsschwankungen, Maulen bei Verboten, mangelndes Befolgen von Aufforderungen werden sehr selten als Probleme genannt. Unruhe und Konzentrationsprobleme sind dagegen häufiger. Ein Kind wird als ausgesprochen hyperaktiv beschrieben.

Zwei Drittel der Mütter berichten zu ihren Erfahrungen im Umgang mit anderen Kindern, dass sich andere Kinder schnell zufriedengeben, wenn sie auf ihre Fragen bezüglich des andersartigen Aussehens der Kinder altersgerechte Antworten erhalten. Sie akzeptieren das andersaussehende Kind. Die langfristige Akzeptanz hängt aber sehr von der aktiven Förderung sozialer Kontakte durch die Eltern ab.

Tabelle 51: Emotionale Verhaltensmerkmale bei 15 Kindergartenkindern mit Apert-Syndrom

Verhaltensmerkmale	ja	nein
beruhigt sich schnell, wenn es wütend ist	14	1
zeigt situationsadäquate Betroffenheit	13	2
hält Verbote ein	13	2
drückt Ärger angemessen aus	11	4
spricht andere Kinder an	8	7
erzählt den Eltern meist von Erlebnissen	7	8
gibt selten Antwort auf Fragen der Erwachsenen	7	8
ist zu Erwachsenen ausgesprochen freundlich	6	9
zeigt Scheu vor Erwachsenen	2	13
hat Trennungsschwierigkeiten	0	15
wirkt oft ernst, traurig, übermäßig empfindsam	0	15

Eine (teilweise Nach-) Untersuchung von insgesamt 25 Kindern im Schulalter (mittleres Alter 8;6 Jahre, 5 bis 17 Jahre) erfolgte mit der Child Behavior Checklist und bestätigte diese Ergebnisse im Wesentlichen. Acht Kinder, d. h. knapp ein Drittel, wurden im Vergleich zu nicht behinderten Kindern als auffällig beurteilt (PR > 95). Fünf Kinder haben internalisierende Verhaltensprobleme; sie gehören alle zur Gruppe der Kinder mit leichter Lernbehinderung. Drei Kinder zeigten ausgeprägte externalisierende Probleme; unter ihnen befinden sich je ein Kind mit normaler Intelligenz, Lernbehinderung und mäßiger geistiger Behinderung (Sarimski, 2001a).

Eine differenziertere Auswertung der Daten zeigte, dass sich die sozialen Anpassungsschwierigkeiten auf zwei Bereiche konzentrieren. Im Vergleich zu Kindern mit unbelasteter Entwicklung wurde bei 14 Kindern ein höheres Maß an *sozialen Problemen* (Orientierung an Erwachsenen, Hänseleien durch andere Kinder, Bevorzugung jüngerer Kinder als Spielpartner etc.), bei neun Kindern eine Neigung zu sozialem Rückzug beschrieben (Abbildung 56). Die Eltern von vier Kindern geben ausdrücklich an, dass sie von anderen Kindern gehänselt werden und sich deshalb von ihnen zurückziehen. Acht Kinder werden als zeitweise niedergeschlagen beschrieben. Als zweiter Bereich von Auffälligkeiten werden *Aufmerksamkeitsprobleme* bei zehn Kindern genannt. Sechs Kinder waren – angesichts der häufigen Klinikaufenthalte und Operationen verständlicherweise – in Sorge um ihr körperliches Wohlbefinden, drei Eltern berichteten Symptome von Trennungsängsten.

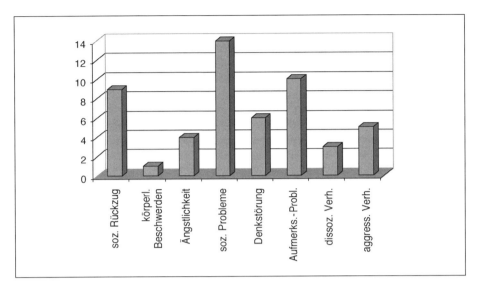

Abbildung 56: Zahl der Kinder mit sozialen Anpassungsproblemen unter 25 Kindern mit Apert-Syndrom (CBCL; PR > 95)

Trotz der erheblichen Belastungen durch schwere Operationen, wiederholte Klinikaufenthalte, funktionale Einschränkungen der Handlungsmöglichkeiten und negative soziale Erfahrungen, die die Kinder machen, scheint sich die Mehrzahl der Kinder mit Apert-Syndrom somit sozial-emotional unauffällig zu entwickeln. Zwei Drittel der Kinder sind in den Augen der Eltern – übrigens auch der Lehrer, soweit sie Beobachtungen mitteilten – unauffällig. In diesem positiven Ergebnis spiegelt sich wohl die *Kompensationsmöglichkeit des einzelnen Kindes wie der unterstützenden, die emotionale Stabilität fördernden Eltern-Kind-Beziehung wider.*

Schließlich wirkt sich auch der Erfolg plastischer Operationen auf das Selbstwertgefühl und die sozialen Kontaktmöglichkeiten günstig wirken. Lefebvre et al. (1986) berichteten über 25 Kinder mit Apert-Syndrom vor der plastischen Operation und 1, 2 und 4 Jahre danach. Die Beurteilung des äußeren Erscheinungsbildes durch die Eltern und die Selbsteinschätzung verbesserte sich nach der Operation deutlich. Eine ähnliche Beobachtung machten Barden et al. (1988a, b), die „naiven" Beurteilern zwanzig Fotos von Kindern mit craniofazialen Fehlbildungen vorlegten. Die Beurteiler äußerten sich, ohne vom Zeitpunkt der Aufnahme zu wissen, positiver hinsichtlich der Attraktivität der und ihrer Bereitschaft zur sozialen Kontaktaufnahme mit den fotografierten Kindern sowie ihrer emotionalen Reaktion auf die Fotos, die nach einer plastischen Operation aufgenommen wurden.

> **Eine Mutter**
>
> „Das Wichtigste ist, ganz normal im Regelkindergarten unterzukommen. Nach vielen Vorurteilen und Absagen glückte mir dieser Schritt. Anfangs war es schwer. Es kommt darauf an, welche Erzieherinnen oder Lehrer man bekommt. Wenn diese solche Probleme in Griff kriegen, gibt es im Kindergarten oder jetzt in einer großen, gemischten Regelschule gar keine Probleme wie Hänseleien. Wenn Apert-Kinder lustig, einigermaßen selbstbewusst und nicht streitsüchtig sind, sind sie bestimmt so beliebt und gerne auf Geburtstagsfeiern eingeladen wie unsere Tochter."

> **Eine andere Mutter**
>
> „Kinder sind brutal offen – fragen direkt – aber ich liebe es, ihnen zu antworten (Erwachsene glotzen bloß). Wenn Kinder alle Fragen beantwortet haben, wiederholen sie sie noch einmal. Danach ist es für Kinder o.k. und sie gehen recht unbefangen mit meiner Tochter um. Natürlich kommt es auch vor, dass Kinder laut und böse hänseln. Meistens spreche ich dann die Kinder an und erkläre ihnen, was meine Tochter hat. Meistens vergeht den Kids dann das Lachen und sie ziehen sich beschämt zurück."

> **Manche Eltern berichten auch bedrückende Reaktionen**
>
> „Mit allen vier Kindern bin ich immer viel draußen unter Leuten. Manche Kinder geben sich schnell mit einer Erklärung zufrieden, mit manchen kann man gut reden, andere nerven einen oder ärgern das behinderte Kind. Ab und zu bin ich zu genervt und fühle mich wie ein Affe im Zoo, manchmal bin ich auch heute noch nach Spielplatzbesuchen traurig."

7.6 Elternbelastung

Die vielfältigen körperlichen Fehlbildungen, notwendigen Behandlungsmaßnahmen und Erschwernisse für die Gestaltung der frühen sozialen Interaktion mit dem Kind bedeuten eine spezielle Belastung für Eltern craniofazial fehlgebildeter Kinder. Dazu kommt in vielen Fällen die Sorge, ob und in welchem Maße das fehlgebildete Kind in seiner jeweiligen sozialen Umgebung angenommen und integriert werden wird, ob es Freunde und später Partner wird finden können (Uhlemann, 1990).

Speltz et al. (1990, 1993) befragte die Mütter der von ihnen beobachteten 1- bis 3-jährigen Kindern mit leichteren craniofazialen Fehlbildungen nach ihrer emotionalen Belastung. Im Vergleich zu Müttern anderer Kinder gleichen Alters äußerten sie im Parenting Stress Index erwartungsgemäß ein geringeres

Zutrauen in die eigenen Fähigkeiten, den Bedürfnissen des Kindes und der speziellen Erziehungsaufgabe gerechtwerden zu können. Sie berichteten darüberhinaus häufiger von Meinungsverschiedenheiten und Spannungen zwischen den Ehepartnern und waren weniger zufrieden mit der sozialen Unterstützung, die sie in ihrer Umgebung erhielten. Während das Zutrauen in die erzieherischen Fähigkeiten im Laufe des Vorschulalters wuchs, blieb der allgemeine Grad der Belastung hoch. Dies war unerwartet, da es sich um Kinder handelte, die sich altersgemäß entwickelten und deren äußeres Erscheinungsbild postoperativ wesentlich gebessert war, zeigt aber, welche langfristigen Auswirkungen die Fehlbildung auf das psychische Gleichgewicht der Eltern hat.

Ein Elternpaar

„Das war schrecklich, was uns die Ärzte gesagt haben, um was es sich handelt. Die Operationen, die unsere Tochter vor sich hatte, haben uns das Leben grausam gemacht. Wir haben immer nur um unsere Tochter Angst gehabt, dass sie es nicht schaffen wird. Am schlimmsten ist es, dass wir nicht wissen, was die Zukunft bringt und wir in Angst leben müssen."

Eine Mutter

„Man hat einem Kind das Leben geschenkt mit einem Weg, gespickt mit Kummer, Leid und größten Schwierigkeiten. Der mögliche Lebensweg spielt sich schon vorher in grauenvollen Vorstellungen ab. Ich sah immer die grauenvollen Probleme mit fremden Kindern, Erwachsenen, Schulalter, Abwertung der Frau in der ganzen Person. Beim Baden, Schwimmen wird man immer angestarrt. Erst nach vielen Jahren gewöhnt man sich daran, wird besser damit fertig. Doch akzeptieren will man es eigentlich nicht."

Eine andere Mutter

„Ich habe mein Kind immer sehr im Umgang mit anderen Kindern beobachtet und teilweise auch versucht zu lenken (z. B. durch Einladungen). Das kostet viel Zeit, erspart meiner Tochter aber bisher wirklich böse Erfahrungen. Natürlich stehen in der Öffentlichkeit immer schnell Kinder um sie herum, die sie aber nicht zu beachten scheint. Meistens hat sie ohnehin nicht-behinderte Kinder aus ihrem früheren Kindergarten, ihrer Schule, ihrer Freizeitgruppe und ihre Schwester um sich, die sich um solche Dinge kümmern."

In einer eigenen Befragung von 41 Müttern und 32 Vätern von Kindern mit Apert-Syndrom gingen wir der Frage nach, inwieweit diese Ergebnisse auch für Eltern stärker fehlgebildeter Kinder gelten und inwieweit sich Unterschiede im Erleben von Müttern und Vätern finden. Auch hier wurde der „Parenting Stress Index" eingesetzt.

Die interaktionsorientierte Belastung der Mütter war relativ hoch ausgeprägt (PR 70 im Vergleich zu Müttern nicht-behinderter Kinder). Dabei ist die Interaktion weniger durch schwer zu tolerierende Verhaltensweisen wie Überaktivität, Stimmungsschwankungen oder geringe Anpassungsfähigkeit der Kinder belastet, sondern durch die objektiven Anforderungen, die die Kinder an die Eltern stellen (z. B. zahlreiche Arzt-, Klinik- und Therapietermine), ihr langsameres Lerntempo und die Betroffenheit durch ihr andersartiges Aussehen (Sarimski, 1997a).

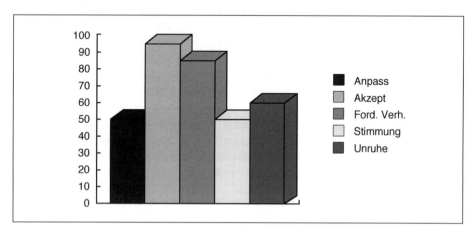

Abbildung 57: Interaktionsbelastung bei 41 Müttern von Kindern mit Apert-Syndrom (Prozentrangwerte im Parenting Stress Index)

82.5 % der Mütter äußerten Zweifel an ihrer Fähigkeit, mit den spezifischen Anforderungen fertigzuwerden, die auf sie zukommen. Gefühle der sozialen Isolierung und Belastungen der eigenen körperlichen Gesundheit waren stärker ausgeprägt als bei Müttern nicht-behinderter Kinder. 65 % gaben an, viel von ihrem eigenen Leben zugunsten des Kindes aufzugeben, 44 % berichteten, mit dem Partner seit Geburt des Kindes nicht mehr so viele Dinge machen zu können. Relativ oft berichten sie über Schlafstörungen. Unsicherheiten der Bindung an das Kind, allgemeine Depressivität oder Beziehungsprobleme zum Partner sind dagegen nicht weiter verbreitet als unter Eltern nicht-behinderter Kinder.

Die Belastung der Mütter hängt nicht entscheidend vom Alter der Kinder ab. Zwischen den Müttern von Kleinkindern, Kindergarten- und Schulkindern findet sich kein systematischer Unterschied. Die Mütter der Schulkinder klagen lediglich öfter über Aufmerksamkeit fordernde Verhaltensweisen. Auch der Grad der geistigen Behinderung macht keinen systematischen Unterschied aus, wenn man die Mütter der leicht vs. schwerer verzögerten Kinder einander gegenüberstellt.

Bei den Vätern fand sich nahezu das gleiche Bild der interaktionsorientierten Belastung. Auch für sie bedeutet die Akzeptanz des andersartigen Aussehens und fordernden, Aufmerksamkeit suchenden Verhaltes des Kindes eine hohe Anforderung an ihr psychisches Gleichgewicht. Das gilt in besonderem Maße für die Väter von Schulkindern und von kognitiv behinderten Kindern.

Die psychische Gesamtbelastung der Väter ist ähnlich hoch wie die der Mütter. Sie empfinden jedoch eine geringere Einschränkung durch ihre Erziehungsaufgabe – was gemäß der herkömmlichen Rollenverteilung zu erwarten ist. So sagen z. B. bedeutend weniger Väter, dass der größte Teil ihres Lebens durch das ausgefüllt ist, was sie für die Kinder tun. Zweifel an der eigenen Kompetenz haben mehr Väter von Schulkindern als Mütter.

Auch in den freien Äußerungen dokumentieren sich die psychischen Belastungen der Väter, wenn auch beschwichtigende oder verleugnende Antworten relativ häufig sind.

Eine Frau sagt über ihren Mann

„Mit einer midlife crisis verabschiedete er sich noch in der Schwangerschaft. Nach der Geburt sah er meine Tochter zwei Mal. ‚So habe ich mir mein Kind nicht vorgestellt! Ich kann mit ihr nichts anfangen' war seine Aussage. Seither ist von mir kein Kontakt mehr erwünscht und besteht auch nicht."

Ein Vater sagt dagegen

„Es gibt Tage, da werde ich leichter damit fertig, wie sich die Gesellschaft uns gegenüber verhält (wenn Blicke töten könnten). Manchmal aber werde ich dadurch etwas verunsichert. In anderen Worten: Ich fühle mich nicht wohl in meiner Haut. Es gibt aber auch positive Beispiele, wie sich die Leute so normal wie möglich verhalten. Das macht mir persönlich Hoffnung."

Dass viele Väter und Mütter trotz der Belastungen ihr emotionales Gleichgewicht wiederfinden und aufrechterhalten, hängt zum Teil von der Qualität der partnerschaftlichen Beziehung ab. Die meisten der hier befragten Eltern beschrieben ihre familiären Beziehungen sehr positiv.

Natürlich gibt es auch in dieser Hinsicht positive und negative Beispiele.

Eine Mutter berichtet

„Wir haben uns immer weiter auseinandergelebt. Der Vater verdrängte alles. Ich musste mich um alles allein kümmern." Ein Vater erzählt: „Die ständigen Trennungen bei Klinikaufenthalten sind sehr belastend. Auch, sich gegenseitig Mut zu machen, ist oft nicht einfach bei der ständigen Angst, die man in Bezug auf die weitere Entwicklung des Kindes hat."

> **Ein Vater**
>
> „Die Belastungen waren natürlich größer als mit einem nicht fehlgebildeten Kind. Größere Probleme zwischen uns entstanden daraus jedoch nicht. Im Gegenteil. Manchmal glaube ich, dass uns unser Sohn näher zusammengebracht hat. Oft sehe ich in anderen Familien größere Probleme, für die ich manchmal kein Verständnis mehr aufbringen kann."

Die Beschreibungen, die die Eltern von ihrer psychischen Belastung unmittelbar nach der Geburt und im weiteren Verlauf der Entwicklung geben, zeigen einen dringenden Bedarf für eine psychologische Beratung im Rahmen eines craniofazialen Behandlungsteams. Die Unterstützung der Eltern ist dabei ebensowichtig wie die Prävention oder Behandlung von Verhaltensproblemen der Kinder und die Förderung des Selbstbewusstseins.

Kasten 13: Förderung des Selbstbewusstseins von Kindern mit Fehlbildungen

> Die soziale Interaktion von Menschen mit craniofazialen Besonderheiten ist beeinträchtigt, denn sie erleben oft, dass soziale Regeln ihnen gegenüber missachtet werden und die soziale Interaktion angespannter ist. Der Gegenüber im Gespräch hält z. B. weniger Blickkontakt als üblich, beendet ein Gespräch abrupt. Für den Betroffenen ensteht der Eindruck, dass sein anderes Aussehen diese Veränderungen bewirkt.
>
> Für Kinder mit schweren craniofazialen Fehlbildungen ist es deshalb wichtig:
> - Gelegenheit zu haben, über ihr anderes Aussehen zu sprechen, statt es zu verleugnen
>
> - Gelegenheit zu haben, ihren Ärger über Benachteiligungen und negative soziale Erfahrungen auszusprechen
>
> - Möglichkeiten der Kontaktaufnahme und der Reaktion auf negative Erfahrungen mit anderen Kindern und Erwachsenen im Rollenspiel vorzubereiten
>
> - Unterstützung und Anerkennung der individuellen Fähigkeiten in besonderem Maße zu erhalten, damit für sie der Satz *„Anderes Aussehen ist nicht alles"* zum Leitmotiv werden kann

8 Cornelia-de-Lange-Syndrom

8.1 Einzelfälle

Thomas (6;1 Jahre)

Thomas wurde nach unauffälligem Schwangerschaftsverlauf zum errechneten Termin mit knapp durchschnittlichen Geburtsmaßen geboren (Gewicht 3070 g, Körperlänge 47 cm, Kopfumfang 33 cm). Von Anfang an legten einige körperliche Besonderheiten (z. B. starke Behaarung, Wachstumsverzögerung, Gesichtsdysmorphien) den Verdacht auf ein Cornelia-de-Lange-Syndrom nahe, der im Alter von neun Monaten dann auch durch eine humangenetische Untersuchung bestätigt wurde.

Die Entwicklung verlief verzögert. Thomas habe sehr viel geschlafen und erst mit sieben Monaten zu greifen und mit 12 Monaten zu lautieren begonnen. Insbesondere in den ersten Wochen habe er sehr schlecht getrunken (20 bis 25 ml/Stunde); bis zum Ende des ersten Lebensjahres habe er nur die Flasche akzeptiert, erst dann allmählich auch Löffelangebote. Mit einem Jahr habe er sich von der Bauch- in die Rückenlage und zurück rollen können, aber noch nicht sitzen. Eine krankengymnastische Behandlung nach Bobath konnte an der langsamen Entwicklung nichts Wesentliches ändern.

Dies war auch der motorische Stand zum Zeitpunkt der Erstvorstellung im Kinderzentrum im Alter von 15 Monaten. Thomas zeigte aber eine gute visuelle Aufmerksamkeit, verfolgte und inspizierte Dinge, lokalisierte eine Geräuschquelle, explorierte Effekte durch Schütteln, Klopfen und absichtliches Wegwerfen. Ebenso waren erste räumliche Wahrnehmungs- und Gedächtnisleistungen zu sehen; er holte Dinge aus einem Behälter und suchte sie unter einer Abdeckung. Insgesamt entsprach das Handlungsvermögen einem Entwicklungsalter von 9 Monaten.

Größere Rückstände zeigte die kommunikative Entwicklung. Thomas hielt zwar intensiven Blickkontakt zum Untersucher, setzte die Blickrichtung auch gezielt ein, um sein Interesse an Gegenständen zu zeigen, konnte das Hinschauen aber noch nicht mit Hindeuten oder Vokalisationen als Ausdrucksmittel verbinden. Die spontane Lautbildung war insgesamt äußerst spärlich.

Bei der Wiedervorstellung im Alter von 3;1 Jahren hat er in diesem Bereich – entgegen der sonstigen Entwicklung – kaum Fortschritte gemacht. Die Eltern berichten, dass er zu Hause hin und wieder Silbenketten bilde. Bei der Untersuchung macht er durch Blickkontakt zum Erwachsenen und einfache Vokalisationen deutlich, wenn er etwas möchte, durch Wegschieben und ärgerliche Laute, wenn er etwas nicht (mehr) möchte. Insgesamt zeigt er wenig kommunikative Initiative. Auf Aufträge reagiert er nur dann zuverlässig, wenn sie durch hinweisende Gesten unterstützt werden.

Die feinmotorischen, perzeptiven und spielerischen Fähigkeiten sind aber deutlich weiter entwickelt, worin sich auch der Erfolg einer intensiven heilpädagogischen Frühförderung in der Zwischenzeit niederschlägt. Er läuft mittlerweile frei und sicher. Thomas kann Dinge auf- und zudrehen, aufeinanderbauen, Baubecher ineinander bauen, gezielt Formen in Umrisse einordnen und Farben sowie einfache Bilder einander zuordnen. Das Auffädeln gelingt fast selbstständig. Er beobachtet sehr genau, wie etwas zu machen ist, bevor er es dann mit einiger Verzögerung selbst probiert. Die feinmotorische und kognitive Entwicklung entspricht nach den Kriterien der MFED einem Entwicklungsalter von mindestens 26 Monaten, so dass sich ein Entwicklungsquotient von über 65 ergibt. Einige Fähigkeiten, z. B. das Nachzeichnen von Strichen oder das Bauen eines hohen Turmes sind sogar einer höheren Entwicklungsstufe zuzuordnen. Allerdings scheint er bei der Handlungsplanung auf Materialien angewiesen zu sein, denen eine Struktur innewohnt. Bei offenen Spielangeboten, z. B. beim Puppenspiel, tut er sich wesentlich schwerer. Er beobachtet das Füttern und Kämmen einer Puppe z. B. lange, bevor er es – dann aber zielgerichtet – nachahmt.

Belastende Verhaltensprobleme im Alltag bestehen nicht. Thomas hat mit zwei Jahren Normalkost zu akzeptieren begonnen, lässt sich aber noch füttern und beißt nicht ab. Er kann sich gut auf verschiedene Bezugspersonen einstellen. Einige Handlungen wiederholt er nach Angaben der Eltern sehr stereotyp (z. B. Möbel oder Schuhe „anknabbern", Stühle umkippen), könne sehr zornig werden, lasse sich dann aber trösten. Die Kontaktaufnahme zu anderen Kindern ist noch ungestüm (z. T. mit Schubsen und Hauen). Er reagiert auf ihre negativen Reaktionen dann betroffen.

In der Montessori-Übungsbehandlung zeigt sich, dass eine deutliche Diskrepanz besteht zwischen seinem Repertoire an eingeübten Fertigkeiten und seiner noch wenig entwickelten Fähigkeit, sich in einer vorbereiteten Umgebung selbstständig mit Materialien auseinanderzusetzen. Er ist noch sehr auf die Wahrnehmung unmittelbarer Sinneserfahrungen bezogen. Es zeigen sich aber Ansätze zu einem kooperativen Dialog mit der Therapeutin.

Sie bietet ihm zunächst einen Krabbelsack an. Er holt gemeinsam mit ihr Krabbelsack und Teppich, ist dabei sehr vorsichtig und langsam, beobachtet genau, zieht die Teppichecke glatt. Er holt einzelne Gegenstände aus den Säckchen und untersucht sie. Er dreht z. B. mit Hilfe eine Dose auf, schaut in den Sack mit einem erstaunten „u", holt den Teddybär heraus, schüttelt ihn, legt ihn dann achtlos beiseite. Als nächstes holt er den Tannenzapfen und die Cremedose heraus, dreht auch hier den kleinen Verschluss ab, setzt ihn dann wieder auf, schaut kurz zur Therapeutin und scheint ihre Hilfe zu suchen. Sie hilft ihm daraufhin beim Zudrehen. Dann findet er im Krabbelsack ein Auto, schiebt es hin und her. Es bleibt jeweils bei kurzen Momenten des Erkundens der gefundenen Gegenstände.

Dann bietet sie ihm eine Schüttübung mit zwei Flaschen, Sand und Trichter an, um ihn zu einer längeren Tätigkeit zu führen. Sie führt seine Hand beim Aufdrehen der Flaschen, dann beim Umschütten durch den Trichter. Er zieht aber die Hand zurück und schaut fasziniert dem Sand hinterher. Dann will er selbst die Flasche greifen, die sich aber als zu schwer erweist, so dass sie mit dem Sand umkippt. Er ärgert sich, ohne die Miene zu verziehen, wirft schwungvoll erst den Deckel, dann die Flasche weg. Die Therapeutin kommentiert seinen Ärger und räumt auf, nachdem er auf Aufforderung den Deckel geholt hat.

Als nächstes wählen beide eine Tafel und Kreide aus. Er beginnt spontan, mit der Kreide Striche zu machen. Sie nimmt sich ebenfalls eine Kreide und versucht, im Wechsel mit ihm zu malen. Er schaut nach jedem Strich hoch, zögert, übergibt dann aber auch seine Kreide an die Therapeutin, macht mit „e" und Blickkontakt deutlich, dass sie mit Malen an der Reihe ist. Es gelingt sogar für einen Moment eine wechselseitige Nachahmung, indem sie beide abwechselnd Punkte auf die Tafel machen.

Dann nimmt er die Schale, in der der Schwamm liegt, schüttelt sie auf und ab, so dass der Schwamm runterfällt. Sie legt ihn wieder rein, er wiederholt das Spiel mehrfach, lächelt, schaut die Therapeutin an, ob sie wieder reagiert. Sie schiebt ihm die Tafel zu. Er nimmt sich den Schwamm und wischt sie ab, nimmt die Kreide und malt erneut, lässt den Schwamm dann nochmals hopsen und freut sich sichtlich an den Effekten seiner Handlung.

Mit sechs Jahren wird er dann wieder vorgestellt. Im sprachfreien Intelligenztest (Snijders-Oomen non-verbaler Intelligenztest, SON 2 $1/2$ – 7) ergibt sich ein mentales Entwicklungsalter von 3;6 Jahren (IQ 50). Relative Stärken finden sich in den Subtests „Puzzles" und „Analogien", wo seine Fähigkeiten jeweils Kindern über vier Jahren entsprechen. Im Sprachverständnistest (RDLS III) führt er Aufträge, bei denen er zwei benannte Objekte verbinden soll (z.B. „Leg den Apfel auf das Bett") zuverlässig aus, ebenso Handlungsaufträge wie „Lass den Teddy auf der Kiste sitzen". Komplexere Aufträge, die die Verarbeitung von Farbbegriffen, Zahlwörtern oder seltener gebrauchten Präpositionen erfordern, sind für ihn noch zu schwierig. Den Ergebnissen wird ein Entwicklungsalter von 2;5 Jahren zugeordnet.

Er wird als fröhlicher und ausgeglichener Junge geschildert, der sich bestens selbst beschäftigen kann, z.B. mit einer Kugelbahn, Eisenbahn oder Autos. Auch hier untersucht er aufmerksam eine Fisher-Price-Kasse und beteiligt sich an einem ausgedehnten Rollenspiel mit dem Untersucher, bei dem er einen Tisch deckt, Traktor belädt und hin- und herfährt. In der Montessori-Beobachtung sucht er sich selbstständig die Lernuhr aus, erkennt einzelne Zahlen auf ihr und ordnet die Zeiger auf Auftrag zu und wendet sich dann Übungen des praktischen Lebens (Schütten) und Sinnesmaterialien zu, die er mit großer Sorgfalt ausführt. Die Einsetzzylinder z.B. ordnet er sorgsam nach der Größe. Insgesamt wirkt er sehr aufmerksam und an Zusammenhängen in seiner Umwelt interessiert, reagiert aber auf Aufforderungen und Aufträge sehr zurückhaltend.

Die Eltern berichten über erfreuliche Fortschritte im Bereich der praktischen Selbstversorgung. Er isst mit dem Löffel selbstständig, füllt sich den Teller selbst auf und kann Getränke ohne Hilfe eingießen. Er kann z. B. Hose und Schuhe selbst aus-, aber noch nicht anziehen, benutzt tagsüber die Toilette. Dabei ist er recht geschickt; so klemmt er sich z. B. den Pullover unters Kinn, um die Hose hoch- oder runterziehen zu können. Nachts braucht er noch die Windel. Im sozialen Kontakt ist er zunächst zurückhaltend, wenn eine Situation für ihn noch neu ist. Er verweigert dann oft die Antwort, wenn man ihn etwas fragt oder etwas von ihm möchte. Im Kindergarten hat er sich mehr und mehr von den Erwachsenen gelöst und kann mittlerweile auch mit anderen Personen „flirten" und albern. Er nimmt aber von sich aus keinen Kontakt zu anderen Kindern auf, sondern muss von ihnen einbezogen werden. Körperkontakt scheint ihm unangenehm. Zu Hause – berichten die Eltern – provoziere er häufig seinen jüngeren Bruder, indem er ihm Spielsachen wegnimmt.

Thomas hat gelernt, sich durch Mimik und Gesten auszudrücken. Die Erzieherinnen können offenbar zuverlässig erkennen, ob er fröhlich, albern, verschämt, eingeschnappt oder traurig ist. Wünsche oder Bedürfnisse macht er jedoch in der Gruppe selten von sich aus deutlich, sondern wartet, bis ihn jemand anschaut und fragt, was er möchte. Zu Hause ist er aktiver um Verständigung bemüht. Dort zieht er die Eltern z. B. dorthin, wo er ihre Hilfe möchte, zeigt auf Gegenstände, die er haben mag. Seitdem er fünf Jahre alt ist, gelingt es ihm auch, einzelne Worte zu bilden. Sie sind durch Lautauslassungen noch schwer verständlich, werden aber eindeutig gezielt gebraucht. So drückt er Wünsche z. B. aus, indem er „(k)omm" sagt oder „Au(t)o (f)ahren", und kommentiert interessante Sachverhalte mit „Licht au(s)" oder „lau(t)". Die Eltern schätzen den Umfangs seines Wortschatzes auf ca. 20 Begriffe.

Franziska (7;10 Jahre)

Einen deutlich schwereren Ausprägungsgrad hat das Syndrom bei Franziska. Nach ebenfalls unauffälliger Schwangerschaft wurde sie mit niedrigen Geburtsmaßen (Gewicht 2590 g, Länge 46 cm, Kopfumfang 31 cm) in der 38. SSW geboren. Franziska hatte von Anfang an schwere Trinkstörungen, brauchte eineinhalb Jahre lang eine Sonde und erbrach sich häufig. Die psychomotorische Entwicklung war stark verzögert. Mit 18 Monaten konnte sie sich aufsetzen, mit 3;2 Jahren frei laufen. Krankengymnastik nach Vojta wurde zwei Jahre lang durchgeführt. Zusätzlich bestand eine Kurzsichtigkeit und eine Schalleitungsstörung mäßigen Grades.

Bei der Erstvorstellung im Kinderzentrum im Alter von 4;10 Jahren berichten die Eltern, dass sie sich ausdauernd selbst beschäftigen könne, gerne Dinge ausräume und ihre Tast- und Geräuschqualitäten erkunde. Ihr Spielverhalten sei aber schwer lenkbar, sie sei unruhig und ablehnend bei Anforderungen, z. B. beim Essen, Baden oder ersten Versuchen, sie auf den Topf zu setzen. Es bestehen stereotype Vorlieben. Die Förderung umfasst sensorische Integrationsbehandlung und Frühförderung; zudem besucht Franziska einen integrativen Kindergarten.

Bei der Untersuchung zeigt sich, dass Franziska durchaus in der Lage ist, sich gemeinsam mit dem Untersucher bis zu eine Stunde lang mit wechselnden Spielangeboten zu beschäftigen. Dabei gelingt es immer wieder, ihre Aufmerksamkeit zu wecken (insbesondere wenn die Gegenstände Geräusche machen) und über eine gewisse Zeit aufrechtzuerhalten, solange sie wahrnimmt, dass sie selbst zwischen verschiedenen Angeboten entscheiden kann und nicht an einem Ort bleiben muss. Sie lässt sich aber auch an einen Ort zurückführen und auf den Stuhl setzen, wenn dies nicht zu lange von ihr erwartet wird. Der Gesamteindruck ist aber eher so zu beschreiben, dass Franziska „in ihrer eigenen Welt" ist und kaum die Kommunikation mit dem Gegenüber sucht. Das kennen die Eltern auch aus dem häuslichen Rahmen, in dem sie nur hin und wieder aktiv kommuniziert, den Erwachsenen bei der Hand nimmt und ihm auf diese Weise zeigt, was sie möchte.

Die Untersuchung zeigt, dass Franziska über kombinatorische sensomotorische Handlungsfähigkeiten verfügt. Sie probiert Dinge aus, sucht sie, holt sie sich heran. Sie weiß um den Gebrauchszweck einzelner Gegenstände, z. B. der Flasche, des Löffels und der Bürste. Diese zielgerichteten Handlungen werden aber immer wieder abgewechselt von stereotypen Mustern, wenn sie mit den Gegenständen klopft, sie zum Mund führt und auf sie beißt. Wenn ihr etwas sehr wichtig ist, z. B. die Spieluhr aufzuziehen oder die Malkreide zurückzubekommen, setzt sie Gesten ein, um ihren Wunsch mitzuteilen. Sie schiebt die Hand des Erwachsenen nachdrücklich dorthin, wo sie seine Hilfe braucht, drückt ihm den entsprechenden Gegenstand in die Hand, allerdings ohne Blickkontakt aufzunehmen. Wenn sie etwas nicht möchte, schiebt sie das Objekt weg oder dreht sich selbst weg.

Franziska schaut mit Aufmerksamkeit Bücher an und tippt auf Abbildungen. Ein sicheres Wortverständnis, benannte Gegenstände oder Abbildungen zu zeigen, hat sie noch nicht. Die spontane Lautbildung umfasst melodische Silbenverbindungen. Sie sind aber sehr selten und noch nicht imitativ abrufbar. Prusten oder Blasen mit den Lippen wird dagegen freudig nachgeahmt.

Als erstes holt sie sich ein Greifspielzeug aus, bei dem Kugeln an einem Ring baumeln. Sie klopft es auf den Boden, lauscht, legt es weg, holt sich das nächste Spielzeug und untersucht es auf die gleiche Weise. Erneut nimmt sie sich das Kugelspiel und klopft es diesmal auf eine Dose. Der Untersucher imitiert das Klopfen mit anderen Spielsachen, um ein kooperatives Spiel entstehen zu lassen. Sie ahmt ihn tatsächlich kurz nach, wendet sich dann aber ab.

Bei anderen Spielangeboten gelingt ein solches gemeinsames Spiel nicht. So bietet er z. B. ein Steckbrett mit Steckern und zwei Dosen an und zeigt ihr, wie sie diese mit Deckeln verschließen kann. Sie nimmt sich beide Deckel, klopft damit auf die Matte, führt sie zum Mund, beißt hinein. Dann holt sie einen Stecker aus der Dose, versucht ihn in das Lochbrett zu stecken, was misslingt. Sie lässt ihn fallen, beißt wieder in den Deckel. Der Untersucher demonstriert das Einstecken. Sie holt einen Stecker nach dem anderen wieder heraus und wirft sie weg.

Als nächstes bietet er ihr Kamm, Bürste, Flasche, Tasse an und demonstriert das Füttern einer Puppe. Sie ahmt das nach, als er ihr den Löffel in die Hand drückt. Er zeigt ihr, wie die Puppe trinken kann. Sie krabbelt wieder weg, schaut aber von weitem aufmerksam zu. Nach nochmaliger Demonstration gibt sie der Puppe dann selbst dreimal die Flasche und führt den Löffel an den Mund.

Dann versucht sie, den kleinen Deckel auf die Flasche zu setzen. Sie lässt sich die Hand führen beim Zudrehen. Anschließend probiert sie es selbst. Als es nicht gelingt, gibt sie dem Untersucher die Flasche in die Hand mit deutlicher Aufforderungsgeste, ihr zu helfen. Auch bei einer Spielepisode mit einer Spieluhr zeigt sie, dass sie Wünsche mit Gesten ausdrücken an. Sie krabbelt näher, als sie aufhört zu spielen, schaut hoch, versucht dann selbst an der Schnur zu ziehen. Dann holt sie entschlossen die Hand des Erwachsenen herbei und führt sie zur Spieluhr, damit er sie wieder anmache.

Die Eltern berichten über den weiteren Verlauf, als sie mit fast acht Jahren wieder vorgestellt wird. Sie hat weiterhin eine Vorliebe für das Ausräumen von Kisten und die Erkundung der Umwelt, spielt gern mit Wasser und bringt gern Dinge in von ihr selbst gewählte Ordnungen, indem sie sie symmetrisch aufbaut oder aufreiht. Für sozialen Kontakt ist sie offen, zeigt aber unverändert wenig kommunikative Initiative, um Wünsche mitzuteilen oder mit dem Erwachsenen in einen Dialog zu treten. Sie hilft mit beim Anziehen und Zähneputzen, kann sich auch die Gabel oder den Löffel selbst zum Mund führen und festere Nahrung kauen, lässt sich aber noch gern füttern. Ein systematisches Toilettentraining hat noch nicht stattgefunden.

Zu spezifischen Verhaltensmerkmalen berichten die Eltern eine ausgeprägte Vorliebe für monotone Bewegungen und repetitive Manipulation von Gegenständen (rotierende Körperbewegungen, Schaukeln von Bändern), Selbststimulationen (ausgedehntes Betrachten der eigenen Hände, Zähneknirschen, Hyperventilation), und gelegentlich selbstverletzendes Beißen in den Handrücken. Die Auslösebedingungen dieser Verhaltensweisen sind nicht recht klar; die Eltern vermuten manchmal Langeweile, in anderen Situationen scheint es sich eher um den Versuch zu handeln, Unbehagen oder Schmerzen mitzuteilen.

In der entwicklungspsychologischen Untersuchung und in der Montessori-Beobachtung lässt sie sich bereitwillig auf gemeinsame Aktivitäten auf der Spielmatte oder am Tisch ein, zeigt aber rasch ihren Unwillen, wenn ihre Vorstellungen von bestimmten Abläufen oder Anordnungen gestört werden. Auch in diesen Momenten kommt es aber nicht zu Verweigerung oder problematischen Verhaltensformen; vielmehr lässt sie sich durch eindeutige Führung des Untersuchers zur begonnenen Tätigkeit zurücklenken. Besonderes Interesse findet die Fisher-Price-Kasse. Sie versucht ausdauernd, ein Geldstück in einen passenden Schlitz zu stecken, beobachtet die Demonstration, wie das Geld einzuwerfen, dann ein Hebel zu drücken und durch Tastendruck die Schublade zu öffnen ist, und imitiert diese Handlungsfolge nach einigen Wiederholungen. In den Momenten, wo sie nicht allein zum Ziel kommt, greift sie nach der Hand des Erwachsenen und führt sie dorthin, wo sie Hilfe braucht. Dies geschieht allerdings, ohne dass sie Blickkontakt aufnimmt oder sich mit Lauten verständlich zu machen versucht.

Symbolische Spielweisen mit der Puppe gelingen im Ansatz. So füttert sie eine Puppe mit dem Löffel und kämmt ihr die Haare, nachdem ihr das gezeigt wurde. Die Handlungsausführung bleibt aber flüchtig; komplexere Handlungen mit der Puppe oder abstraktes Zuordnen, z. B. von Bildern zueinander, überfordern sie noch. In der Montessori-Beobachtung zeigt sie eindeutige Vorlieben und Abneigungen. Für ein Spiellied oder Übungen zum Händewaschen ist sie kaum zu interessieren, die Übung mit den Größenzylindern fasziniert sie dagegen. Allerdings weicht sie von dem Übungsziel der Größenordnung mehrmals ab, indem sie die Zylinder wiederholt in symmetrische Anordnungen bringt. Abgelenkt ist sie von den vielen Reizen im Spielzimmer – und vom Regen vor dem Fenster.

Ein sicheres Verständnis von Worten ist noch nicht zu beobachten. So geht sie auf Aufträge, einzelne Bilder von Alltagsgegenständen zu zeigen, nicht ein, sondern „beklopft" sie ziellos. Die Eltern haben den Eindruck, dass sie manchmal Ankündigungen im Situationszusammenhang versteht, z. B. „rausgehen", „baden", „essen", jedoch nur mit Verzögerung reagieren kann. Sie variiert Silben, macht aber keine Versuche, Worte zu bilden oder nachzusprechen. Von sich aus kommuniziert sie einen Wunsch nur dann, wenn ihr etwas sehr reizvoll erscheint. So inspiziert sie lächelnd ein Aufziehspielzeug und beobachtet, wie der Untersucher Seifenblasen macht. In beiden Fällen greift sie nach seiner Hand, um deutlich zu machen, dass sie eine Fortsetzung der Aktion möchte. Sie nimmt keinen Blickkontakt auf, scheint aber eine Reaktion des Erwachsenen zu erwarten und schaut sehr ausdauernd auf das Objekt ihres Interesses.

Franziska hat mit einer zusätzlichen Integrationshelferin für zwei Jahre den örtlichen Kindergarten besucht. Rückblickend betrachten die Eltern den Versuch der Integration als gelungen, obgleich Franziska unverändert wenig Initiative zur Kontaktaufnahme zu anderen Kindern zeigt und unter den Bedingungen einer großen Gruppe im Regelkindergarten nur eine sehr begrenzte Einzelanleitung für sie möglich war. Mittlerweile ist sie in die Schule für geistig behinderte Kinder aufgenommen worden.

Julian (7;9 Jahre)

Die anfänglichen Ernährungsprobleme, die von Franziskas Eltern berichtet wurden, standen bei Julian für lange Zeit im Vordergrund. Er wurde zum errechneten Termin mit normalen Geburtsmaßen geboren. Schon als Neugeborenes war Julian sehr trinkschwach, verschluckte und erbrach sich häufig. In den ersten Lebenstage traten mehrere Apnoen auf, die zu einer stationären Aufnahme und dort auf Grund einer Reihe dysmorphologischer Merkmale zur Verdachtsdiagnose des Cornelia-de-Lange-Syndroms führten. Sie wurde im Alter von vier Monaten bei einer humangenetischen Untersuchung bestätigt.

Im 7. Lebensmonat wurde Julian wegen anhaltenden Erbrechens und rezidivierenden Aspirationspneumonien wiederum stationär aufgenommen. Es wurde eine Hiatushernie mit gastroösophagealem Reflux sowie eine Nierenfehlbildung diagnostiziert. Trotz Hochlagern, Andicken der Breimahlzeiten und häufigerem Füttern kleiner Mengen kam es zu einer Ösophagitis, die mehrere weitere stationäre Behandlungen erforderte. Er ließ sich dabei problemlos füttern und begann mit zwei Jahren auch selbstständig zu essen, erbrach die Nahrung aber häufig. Im Alter von 2;10 Jahren wurde schließlich eine Fundoplicatio vorgenommen, die die Nahrungsaufnahme zumindest für pürrierte Nahrung umgehend besserte. Auch etwas größere, weiche Brocken wurden bewältigt. Allerdings blieb dieser Erfolg nicht stabil. Mit vier Jahren musste er erneut operiert werden. Auch danach bleibt das Essen sehr schwierig; er akzeptierte nur wenige Speisen und war außerordentlich unruhig.

Die körperliche und motorische Entwicklung verlief deutlich verlangsamt, die Körpermaße lagen stets unter p 3. Drehen und Stützen wurde mit 7 Monaten erreicht, freies Sitzen und Hochziehen zum Stand mit 17 Monaten, erste freie Schritte dann mit 24 Monaten, wenn auch noch sehr unsicher. Die entwicklungspsychologische Untersuchung bei der Erstvorstellung im Kinderzentrum im Alter von 11 Monaten zeigte einen perzeptiven Entwicklungsstand von 8 bis 9 Monaten. Julian untersuchte Gegenstände interessiert, schüttelte sie, vermochte sie aus einem Behälter herauszuholen, schaute ihnen auch nach, wenn sie wegrollten, und versuchte, sie wieder zu erlangen. Die Lautproduktion beschränkte sich dagegen noch auf einfache Silben, ein gezielter Einsatz des Blicks und ein Hindeuten auf Gegenstände als Verständigungsmittel waren noch nicht zu beobachten.

Mit zwei Jahren hatte Julian begonnen, Dinge in einen Behälter hineinzuwerfen und zu kombinieren, z. B. auf die Trommel zu klopfen. Er konnte jetzt z. B. Stecker ins Steckbrett stecken, Becher ineinanderbauen, aufeinanderstapeln, eine Dose mit Deckel verschließen und begann zu kritzeln. Das Handlungsrepertoire entsprach mittlerweile einer Entwicklungsstufe von 12 bis 15 Monaten. Auch bei Julian war die kommunikative Entwicklung stärker verzögert als die perzeptiv-kognitive Entwicklung. Er streckte zu diesem Zeitpunkt die Arme entgegen, um hochgenommen zu werden, bildete hin und wieder Silbenketten. Er verstand allerdings einige häufig wiederkehrende Begriffe (z. B. „heiß"). Zu diesem Zeitpunkt wurde in einer phoniatrischen Untersuchung eine Schwerhörigkeit diagnostiziert, die zur Anpassung eines Hörgerätes führte. Julian tolerierte das Gerät und begann nach Auskunft der Eltern, mehr auf Geräusche der Umgebung zu achten. Seine Sprachentwicklung machte aber keine Fortschritte.

Im Alter von 2;6 Jahren videografierten wir eine Übungsbehandlung der Montessori-Therapie. Auch zu diesem Zeitpunkt zeigte sich die Diskrepanz zwischen aufmerksamem Erkunden der Umgebung, Kombinieren und Anordnen von Gegenständen einerseits und einer geringen sozialen Initiative andererseits. Immerhin gelang es der Therapeutin einige Male, ihn zu Nachahmungen zu motivieren.

So interessiert er sich z. B. für Tafel, Kreide und Schwamm, zieht Striche auf der Tafel, beobachtet, wie die Therapeutin Punkte macht, imitiert das Tippen mit der Kreide, schaut auch einmal zu ihr hoch. Das Gemalte mag er nicht mit dem Schwamm abwischen, toleriert aber ein Wechselspiel, in dem er jeweils Striche zeichnet und die Therapeutin sie wegwischt. Die Ausdauer ist noch nicht groß. Bald strebt er vom Stuhl, geht zum Regal, versucht sich kurz am Reißverschlussrahmen, lässt sich aber nicht helfen. Es gelingt ihm, ein Säckchen mit Reißverschluss zu öffnen, er holt etwas heraus, lässt es fallen, geht an einen anderen Ort, nimmt sich Bausteine. Die Therapeutin versucht, darauf einzugehen, und zeigt ihm, wie er die Steine zusammenklopfen kann. Er schaut kurz hoch und ahmt es dann mehrfach nach. Sie versucht dann wieder, ein Wechselspiel entstehen zu lassen, indem sie eine Pause nutzt, um erneut „vorzuklopfen". Julian registriert das, wendet sich aber ab.

Auch im weiteren Entwicklungsverlauf bleibt es sehr schwierig, Julian zu „erreichen" und zu gemeinsamen Tätigkeiten zu motivieren. Die Eltern berichten ein Jahr später, dass er zu Hause sehr umtriebig sei, alle möglichen technischen Geräte erkunde, auf Möbel klettere und auf Einschränkungen oft sehr zornig reagiere. Dabei beiße er sich z. B. in die eigene Hand, reiße seine Brille herunter oder schlage mit dem Kopf gegen Möbel. Eine Anleitung zu gezieltem Spiel gelingt nur dann, wenn sie seine Bewegungsfreiheit einschränken und ihn in den Hochstuhl setzen. Unter dieser Bedingung zeigt sich, dass er durchaus über einige Fähigkeiten verfügt, z. B. Formen in die Formenkiste einwerfen oder an einer Puppe das Füttern nachahmen kann. Er zeigt aber kein Interesse an der Fortsetzung der Handlung und strebt rasch weg.

Bei einer Wiedervorstellung im Alter von fast acht Jahren ist die autistische Verhaltensproblematik weiterhin sehr deutlich. Er reagiert auf Aufforderungen oder Spielangebote nur sehr unregelmäßig, macht keine Ansätze zur Wortbildung, nimmt nicht von sich aus Blickkontakt auf, beginnt unvermittelt zu lachen, ohne dass der Grund erkennbar ist, und stimuliert sich selbst, indem er bizarre Bewegungen mit Bausteinen oder anderen Spielsachen vor den Augen vollführt, sie kreiseln lässt oder auf sie beißt. Ungewöhnlich ist jedoch, dass diese Verhaltensmuster immer wieder von kurzen Phasen abgelöst werden, in denen er sich auf den Gegenüber und ein Spielangebot einlassen kann, z. B. Formen einsteckt oder eine Puppe mit einer kleinen Gabel zielgerichtet füttert. Auch in der Montessori-Beobachtung ist sein Verhalten sehr wechselhaft. Als die Therapeutin ihm zeigen möchte, wie sich Korken aus einer Schüssel fischen und in einen Behälter transportieren lassen, bleibt er völlig unbeteiligt. Als sie jedoch mit ihm neues Wasser holt, ist er plötzlich sehr aufmerksam, schaut in die Schüssel, benetzt einen Finger, führt ihn zum Mund und lächelt, als sie seine Hand bespritzt. Als sie ihm beim Angeln helfen will, lässt er sich für kurze Zeit führen, dreht sich aber dann weg und will unbedingt aufstehen.

Stereotypes Verhalten, impulsives Treten oder Schlagen, mit dem er sich manchmal gegen Anforderungen wehrt, und selbstverletzende Reaktionen (sich kratzen, ins Gesicht oder auf andere Körperteile schlagen) stellen eine große Herausforderung für die Bewältigungskräfte der Eltern zu Hause und für die soziale Integration im heilpädagogischen Kindergarten, bzw. dann in der Schule für Geistigbehinderte dar. Wir schlagen den Eltern daher eine Aufnahme auf unserer Kinderstation vor, um durch eine ausgedehnte Verhaltensanalyse Ansatzpunkte für eine systematische Modifikation der einzelnen belastenden Verhaltensweisen zu erarbeiten.

Gregor (4;7 Jahre)

Eine sehr frühe Elternberatung zu syndromspezifischen Förderbedürfnissen bei Kindern mit Cornelia-de-Lange-Syndrom kann dazubeitragen, auch bei sehr schwer körperlich und geistig behinderten Kindern einen guten Weg zur sozialen Integration zu ebnen. Gregors Eltern wandten sich noch während der stationären Erstversorgung ihres Kindes an das Kinderzentrum. Gregor war zu diesem Zeitpunkt drei Wochen alt; mit neun Wochen wurde er dann erstmals selbst vorgestellt und von da ab in regelmäßigen Abständen begleitet. Es handelt sich um einen Jungen mit schweren Reduktionsfehlbildungen (Monodaktylie beidseits und ausgeprägte Dysplasie der Unterarme), der in der 32. SSW mit auch für diesen Geburtszeitpunkt weit unterdurchschnittlichen Körpermaßen zur Welt gekommen ist.

In der Anfangszeit bereiten eine vegetative Instabilität und ausgeprägte Fütterschwierigkeiten die größten Sorgen. Für mehrere Monate wird er überwiegend per Sonde ernährt und erst allmählich an die orale Ernährung herangeführt. Mit Unterstützung einer Krankengymnastin gewinnen die Eltern mehr und mehr Sicherheit im Umgang mit den Fütterproblemen. In der Beratung geht es von Beginn an darum, die Wahrnehmung der Eltern für Signale von Umweltinteresse und sozialer Kommunikation zu stärken und ihnen zu helfen, positive Entwicklungsperspektiven aufzubauen.

Bereits mit sieben Monaten lässt sich an seiner Blickrichtung ein ausgeprägtes Interesse an seiner Umwelt erkennen. Er verfolgt Ereignisse, freut sich an mundmotorischen Spielen des Erwachsenen, lautiert dann in einfacher Form selbst und beginnt wenig später, den Erwachsenen anzulächeln, Blickkontakt zu halten und seine Aufmerksamkeit je nach seinen Bedürfnissen selbst zu regulieren. Mit dem ihm verbleibenden einen Finger bemüht er sich, Rasseln oder Kugeln anzutippen, wenn sie ihm so angeboten werden, dass er sie erreichen kann. Im weiteren Verlauf trägt die Ergo- und Musiktherapie dazu bei, dass er immer mehr Eigenaktivität entwickelt und sich an der sozialen Kommunikation mit einem Gegenüber freut. Wenn er Lust dazu hat, kann er ausgedehnte „Erzähldialoge" führen. Insgesamt ist seine Aufmerksamkeit für akustische Reize merklich größer geworden. Dazu hilft auch, dass es trotz extrem kleiner Gehörgänge gelungen ist, ihm im Alter von zwei Jahren Hörgeräte zur Kompensation einer Schallempfindungs-Schwerhörigkeit anzupassen.

Mit 2 1/2 Jahren hat er Spaß an der Aufrichtung entwickelt, hält sich selbst in Sitzposition und beginnt, sich zum Stand an Möbeln hochzuziehen, wenn er sich mit den Armstümpfen aufstützen kann. Er beobachtet andere Kinder und Personen im Raum, rollt sich umher und versucht, auch seine Füße zur Erkundung von Gegenständen einzusetzen. Der Alltag ist mittlerweile sehr ausgeglichen, auch das Füttern mit dem Löffel gelingt in entspannter Atmosphäre; allerdings bereiten ihm Verdauungsschwierigkeiten immer wieder körperliches Unbehagen. Mit 3;8 Jahren beobachten wir seine Reaktionen auf verschiedene Spielangebote, z. B. eine Handtrommel und Seifenblasen. Er hält sich mit dem ihm verbliebenen Fingerchen an der Tischkante, schaut aufmerksam zu und vermag durch gezieltes Hinschauen zum Untersucher und dann wiederum zum Gegenstand mitzuteilen, dass er eine Fortsetzung des Geschehens wünscht. Mimik und Laute zeigen, dass ihm beides Freude macht. Die relative Stabilität des körperlichen Befindens und sein eindeutiges Streben nach neuen Reizen und nach Kontakt mit anderen Kindern machen es den Eltern nun möglich, sich für die Anmeldung in einem heilpädagogischen Kindergarten zu entscheiden, den er dann auch mit Unterstützung einer zusätzlichen Integrationshelferin in einer Gruppe von acht Kindern besucht – und sich äußerst wohl fühlt.

Silke (11;9 Jahre)

Der Entwicklungsverlauf ist beim Cornelia-de-Lange-Syndrom durchaus unterschiedlich. Ein Teil der betroffenen Kinder erreicht ein beträchtliches Maß an Selbstständigkeit und kognitiven Fertigkeiten, die auch Lese- und Rechenfähigkeiten einschließen können. Silke, die wir im Alter von fast zwölf Jahren kennenlernen, gehört zu dieser Gruppe von Kindern mit günstigem Entwicklungsverlauf.

Sie kam in der 35. SSW vorzeitig wegen einer EPH-Gestose der Mutter zur Welt (Körpermaße 1630 g, 40 cm, KU 28 cm). Sie musste acht Wochen lang auf der Frühgeborenenstation aufgezogen werden und trank sehr schlecht. Die weitere Entwicklung verlief leicht verzögert. So konnte sie mit sieben Monaten rollen, sich mit 13 Monaten selbstständig aufsetzen, mit 15 Monaten zum Stand hochziehen und mit ca. 19 Monaten frei laufen. Mit 2 1/2 Jahren hatte sie etwa zehn Wörter gelernt. Mit vier Jahren verfügte sie bereits über einen beträchtlichen Wortschatz, den sie in kurzen Äußerungen einsetzte. Die Sauberkeit tagsüber war mit sechs Jahren, nachts mit acht Jahren erreicht.

Sie besucht seit dem siebten Lebensjahr eine Sonderschule für Geistigbehinderte.

> **Im ersten Entwicklungsbericht schreibt die Lehrerin**
>
> „Silke ist eine selbstsichere und spitzbübische Schülerin, die sich in der Klasse rasch eingewöhnt hat. Sie nimmt von sich aus Kontakt zu ihren Klassenkameraden auf, die öfters mit Konflikten einhergehen, so dass eine Lenkung durch Erwachsene noch notwendig ist. Für Unterrichtsinhalte ist sie meist gut zu motivieren, sie lässt sich aber leicht ablenken. Bisweilen hemmt sie sich selbst in ihren Lernmöglichkeiten durch ihr eigensinniges Verhalten. Erfreulich sind ihre Fortschritte in der Spontansprache. Hervorzuheben sind auch ihre gute Merkfähigkeit und ihre gute Beobachtungsgabe, die in ihrem starken Nachahmungsverhalten sichtbar werden."

Sie lernt in den folgenden Jahren die Grundfarben, Buchstaben und einige Ziffern, kann Bilder und Wortgestalten erkennen, jedoch noch nicht per Lautsynthese lesen. Visuomotorische Aufgaben wie Schneiden, Schreiben, Ausmalen und freies Malen machen ihr noch Schwierigkeiten.

Zu Hause kann sie sich gut beschäftigen, macht gern Tischspiele, Puzzles und Rollenspiele. Sie hat eine freundschaftliche Beziehung zu einem jüngeren Kind in der Nachbarschaft. Interaktionsprobleme im familiären Alltag berichtet die Mutter nicht.

Die psychologische Untersuchung im Alter von 11;9 Jahren umfasst die Handlungsteile der McCarthy Scales of Children's Abilities (MSCA) und des Hannover-Wechsler-Intelligenztests für das Vorschulalter (HAWIVA) sowie Aufgaben zur visuellen Wahrnehmung und zu schulischen Fertigkeiten aus den Kaufman-Skalen und eine Dokumentation der sprachlichen Ausdrucksfähigkeiten mit dem Allgemeinen Wortschatztest (AWST 3–6) sowie einer Spontansprachprobe mit Bilderbüchern und beim Rollenspiel.

Silke zeigt sich den Aufgaben gegenüber äußerst kooperativ und arbeitet in mehreren Etappen ausdauernd mit. Auch bei den Aufgaben, bei denen sie sich unsicher fühlt, bemüht sie sich um eine Lösung. Im Rollenspiel hat sie viele Einfälle, kombiniert Handlungen, z. B. beim Kochen, und kommentiert sie mit reichhaltigem Wortschatz, allerdings meist nur kurzen Ein- und Zweiwortäußerungen. Einige Beispiele: „schläft noch", „aufstehen", „Handtuch. Anziehen, Hemd, Pullover, Hose, Schuhe, Socken", „essen Bär", „Tür offen", „essen Apfel, Bananen, Obstsalat". Auch im Wortschatztest zeigt sich ihr differenziertes Repertoire an Objekt- und Tätigkeitsbezeichnungen, wie es einem 4- bis 5-jährigen Kind entsprechen würde.

Obgleich Silkes Leistungsvermögen im Bereich einer geistigen Behinderung liegt, finden sich erhebliche Profilunterschiede zwischen Stärken und Schwächen in einzelnen Bereichen. So zeigt sie z. B. im McCarthy-Test gute Fähigkeiten zur visuellen Kombination (Puzzle) und zum Sortieren nach Begriffen. Hier gelingt ihr auch das Nachbauen dreidimensionaler Vorgaben mit Bausteinen und das Nachzeichnen einfacher Formen sowie das Mannzeichnen. Insgesamt sind ihre Leistungen in den genannten Bereichen einem 5-jährigen Kind vergleichbar.

Bei komplexeren Anforderungen an ihre visuelle Gestaltgliederungsfähigkeit (Mosaiktest, Labyrinthe) und Visuomotorik (Figurenzeichnen), wie sie z. B. im HAWIVA gestellt werden, hat sie erkennbar mehr Schwierigkeiten. Eine ausgeprägte Stärke zeigt sich dagegen beim reinen visuellen Auffassen/Wiedererkennen, z. B. wenn sie unvollständige Strichzeichnungen erfassen soll. Hier entsprechen ihre Fähigkeiten denen eines 7-jährigen Kindes.

In der Montessori-Übungssituation haben wir ihre Fähigkeiten im Lesen und im Umgang mit Mengen und Zahlen zu dokumentieren versucht. So bietet ihr die Therapeutin zunächst Tierbilder an, die Silke mit Enthusiasmus benennt; die Artikulation ist bei einzelnen Buchstabenverbindungen noch sehr verwaschen. Auf den Bildern sind die Namen der Tiere vermerkt. Die Therapeutin bietet ihr jetzt entsprechende Wortkarten an, die sie zuordnen soll. Das gelingt ihr zuverlässig, wobei sie immer wieder zur Therapeutin schaut, um sich eine Bestätigung zu holen. Dabei echolaliert sie ihre Äußerungen, z. B. „prima" und „da ist noch eines".

Als nächstes machen beide eine Art „Laufdiktat". Sie erliest mit Hilfe der Therapeutin Wortkarten zu verschiedenen Dingen im Raum und hängt diese Karten dann an die entsprechenden Orte. Dabei benennt sie den Anfangsbuchstaben, kann aber bei fremden und einander ähnlichen Worten das ganze Wort nicht sicher erkennen. Als nächstes zeigt die Therapeutin ihr Wortkarten vor und bittet sie, die gleiche Karte wieder zu suchen und einzusammeln, also Pärchen zu bilden. Silke erkennt dabei zuverlässig das Wortbild und ordnet die Wortkarten korrekt einander zu. Sie ist mit sichtlichem Eifer bei der Sache und nickt auf die Frage, ob sie gern arbeitet.

Bei Rechenmaterialien ist sie unsicherer. So kann sie zwar die Ziffern benennen, zählt aber größere Mengen über drei Teilen noch nicht ab und braucht Hilfe, um den Ziffern die entsprechende Mengen zuzuordnen. Als die Aufgabe in ein Rollenspiel zum Einkaufen eingebettet ist, ist sie unsicher, was sie machen soll, und echolaliert häufig die Frage der Therapeutin. Diese Beobachtungen zeigen noch einmal, dass Silke eine besondere Stärke im Bereich der visuellen Wahrnehmung hat, die ihr das Erkennen eines breiten Wortschatzes von „Signalwörtern" erlauben wird. Hier ist ihr schulisches Lernpotenzial noch nicht ausgeschöpft.

An ihrem Entwicklungsverlauf zeigt sich, dass das Cornelia-de-Lange-Syndrom keineswegs in allen Fällen mit einer schweren geistigen Behinderung einhergeht, wie es in vielen älteren Lehrbüchern beschrieben ist. Die Diagnose sollte die Bemühungen um eine bestmögliche Förderung praktischer und schulischer Fertigkeiten einschließlich des Lesens, Schreibens und Rechnens nicht entmutigen. Die pädagogische Arbeit muss auf der sorgfältigen Analyse der individuellen Stärken und Schwächen aufbauen.

Svenja (14 Jahre)

Leider kann es auch bei Kindern mit recht differenzierten intellektuellen Fähigkeiten und sprachlichem Ausdrucksvermögen zur Entwicklung sehr problematischer Verhaltensweisen kommen, die die soziale Integration in der Familie und in der Schule gefährden. Svenja lernen wir im Alter von 8 1/2 Jahren kennen. Sie besucht eine Sonderschule für geistigbehinderte Kinder, hat viele Interessen (z. B. an Musik, Dreiradfahren, Bilderbüchern, Malen, gemeinsamen Tischspielen). Sie kann sich sprachlich verständigen und bis zu drei Worte miteinander kombinieren, ist aber in fremder Umgebung äußerst zurückhaltend und spricht fast ausschließlich zu Hause.

An Verhaltensmerkmalen berichten die Eltern eine kurze Aufmersamkeitsspanne, eine gewisse Stimmungslabilität besonders am Morgen, ein beharrliches Bestehen auf einmal gefassten Vorhaben sowie ein zwanghaftes wirkendes, phasenweise auftretendes selbstverletzendes Verhalten, bei dem sie sich heftig im Gesicht kratzt. Sie lässt sich durch Spiele davon ablenken und z. B. durch intensive Massage beruhigen.

In der psychologischen Untersuchung mit sprachfreien Aufgaben aus den McCarthy Scales of Children's Abilities (MSCA) und einem Sprachverständnistest (RDLS) zeigt sie sich sehr ausdauernd und kooperativ, wobei sie sich oft der Aufmerksamkeit der Eltern rückversichert. Sie kann Farben ordnen, einfache Formen abmalen, sehr kleine Perlen auffädeln, mit der Schere schneiden und zeigen, dass sie um den Gebrauchszweck von Gegenständen weiß. Insgesamt sind ihre Fähigkeiten der Entwicklungsstufe 3-jähriger Kinder vergleichbar.

Als sie drei Jahre später wieder zu uns kommt, hat sie erfreuliche Fortschritte in ihren schulischen Fertigkeiten gemacht. Sie kann mittlerweile Worte sinnentnehmend lesen und zahlreiche Begriffe am Computer selbstständig schreiben. Die kognitiven Fortschritte lassen sich auch mit dem Handlungsteil der McCarthy Scales dokumentieren, in dem sie jetzt ein Entwicklungsalter von 5 Jahren erreicht. Gegenüber den beiden Lehrerinnen der Klasse äußert sie sich nun auch verbal, verstummt aber, sobald sie in einen anderen Raum kommt oder eine weitere Person hinzutritt. Insgesamt reagiert sie gegenüber Veränderungen des gewohnten Alltags zunehmend ablehnend.

Die belastenden Verhaltensformen haben im Alltag zugenommen. Sie zeigt vermehrt selbstverletzende und destruktive Verhaltensweisen (Kratzen im Gesicht, Aufkratzen von Wunden, Aufreißen des Nagelbetts, Zerreißen von Kleidungsstücken). Eine sorgfältige Verhaltensanalyse ergibt, dass die Verhaltensweisen vor allem dann auftreten, wenn sie unzureichende Anregungen erhält (z. B. bei Auto- oder Busfahrten, im Bad oder im Bett), dann zwanghaft mit hoher Frequenz wiederholt werden, jedoch durchaus unterbrechbar sind durch Ablenkung auf Tätigkeiten, die einen gezielten Gebrauch der Hände erfordern. Fremdaggressive Verhaltensweisen treten in Situationen auf, in denen ihr kein adäquates Handlungsrepertoire zur Verfügung steht, z. B. in der Interaktion mit einem Tagespflegekind. Wir besprechen verhaltensorientierte Interventionen für den Alltag zu Hause und in der Klasse.

Ein Jahr später melden sich die Eltern in großer Unruhe, da die psychischen Auffälligkeiten Svenjas so zugenommen hätten, dass sie sich nur noch durch eine stationäre Aufnahme in einer jugendpsychiatrischen Einrichtung zu helfen gewusst hätten. Sie bitten um ambulante Weiterbegleitung durch unser Haus, wenn Svenja demnächst aus der stationären Betreuung wieder entlassen wird. Beim nächsten Termin machen wir uns ein Bild über die Zusammenhänge der kritischen Verhaltensweisen.

Weiter zugenommen haben impulsive und aggressive Verhaltensweisen gegenüber anderen Kindern und Erwachsenen, die sie kratzt, zwickt und schlägt. Sie scheinen teilweise eine Reaktion auf eine Überforderung ihrer Toleranz für Nähe von Personen, die sie umgeben, und haben die Funktion eines Selbstschutzes. In anderen Situationen zielen sie aber eindeutig darauf ab, die soziale Aufmerksamkeit auf sich zu lenken und die Reaktionen der Umwelt zu testen. Die problematischen Verhaltensweisen treten sehr unvermittelt auf und sind selbst für die Eltern schwer vorhersehbar. Daneben kommt es in unbeobachteten Momenten häufig zu selbstverletzendem Kratzen, Zerreißen von Kleidungsstücken und zu stereotypen Selbstgesprächen. Insgesamt sei sie sehr antriebsarm geworden und zu den Beschäftigungen, die ihr früher Spaß machten, nicht mehr zu bewegen, phasenweise auch von innerer Unruhe getrieben.

Auf der Grundlage des stationären psychiatrischen Behandlungskonzepts, das auch medimentöse Interventionen einbezieht, versuchen wir, eine Tagesstruktur aufzubauen, bei der Svenja schrittweise wieder in den familiären Alltag und in die Schulklasse integriert wird, und einzelne Vorgehensweisen zu planen, wie den belastenden Verhaltensweisen begegnet werden kann. Für die Wiederaufnahme des Schulbesuchs ist eine zusätzliche Assistenz erforderlich. Leider lässt sich dennoch die Betreuungszeit in der Klasse nicht über zwei Stunden täglich ausdehnen. Die Familie sieht sich schließlich in ihren Bewältigungskräften überfordert und sucht mit unserer Unterstützung eine Heimsonderschule, die Svenjas individuellen Bedürfnissen und den besonderen Herausforderungen, die ihr phasenweise sehr problematisches Verhalten mit sich bringen, gerecht werden kann.

8.2 Klinische Genetik

Das Cornelia-de-Lange-Syndrom ist ein Dysmorphiesyndrom, das durch multiple angeborene Fehlbildungen und in den meisten Fällen eine schwere geistige Behinderung gekennzeichnet ist. Die Erstbeschreibung wurde von der holländischen Kinderärztin gleichen Namens im Jahre 1933 vorgenommen. Da bereits 1916 ein Patient mit ähnlichen Merkmalen von Brachmann beschrieben wurde, trägt das Syndrom in der englischsprachigen Literatur z. T. auch den Namen beider Erstbeschreiber.

Die Diagnose kann bis heute nur aus den klinischen Merkmalen gestellt werden. Trotz Anstrengungen mehrerer Arbeitsgruppen konnte bislang weder ein biochemischer noch ein chromosomaler Marker gefunden werden. Allerdings wird in einzelnen Fällen eine Translokation am Chromosom 3 (q26.3) berichtet (Ireland et al., 1991). Diese Beobachtung und Ähnlichkeiten im Erscheinungsbild zwischen dem CdLS und dem Duplikation-3q-Syndrom legen die Vermutung nach, dass in der Zukunft eine genetische Variation am Chromosom 3 als diagnostischer Marker wird identifiziert werden können (Rizzu et al., 1995).

Solange diese Frage nicht geklärt ist, bleiben auch Angaben zur Prävalenz und zum Wiederholungsrisiko fragwürdig. Eine extensive dänische Studie in den Jahren 1967–1982 ergab eine Inzidenz von 1:50 000 (Beck, 1976). Dies gilt jedoch als Minimum, andere Schätzungen geben eine Häufigkeit von 1:10 000 an (Opitz, 1985). Es findet sich kein Geschlechtereffekt, ebenso kein systematischer Einfluss des Alters der Eltern auf die Auftretenshäufigkeit.

Die meisten Fälle treten sporadisch als Neumutationen auf. Es sind jedoch einzelne familiäre Fälle beschrieben. Der Nachweis einer leichteren Form der Dysmorphien bei einem Elternteil und einer schweren Form beim betroffenen Kind spricht für einen autosomal dominanten Erbgang (Kozma, 1996).

Kasten 14: Körperliche Merkmale des CdLS

- Microcephalie
- Minderwuchs
- charakteristische Gesichtszüge
- Anomalien und Fehlbildungen der Gliedmaßen
- exzessive Körperbehaarung

Minderwuchs, niedriges Körpergewicht und Microcephalie (in der Regel unter p3) gehören zu den obligatorischen Merkmalen. Die durchschnittliche Endgröße von Kindern mit CdLS liegt bei Mädchen knapp über 130 cm, bei Jungen knapp unter 150 cm (Kline et al., 1993a). Schon das Geburtsgewicht liegt in vielen Fällen unter 2500 g.

Leitsymtome für die Diagnosestellung sind meist die Besonderheiten des Gesichts (u. a. zusammengewachsene Augenbrauen/Synophrys, lange Augenlider und niedriger Haaransatz, dünne Lippen, prominentes Philtrum), so dass die Diagnose in vielen Fällen in den ersten Tagen nach der Geburt gestellt wird. Die Anomalien der Hände und Füße sind sehr unterschiedlichen Schweregrades (kleine Hände oder/und Füße, Streckhemmungen der Gelenke, Klinodaktylien, Syndaktilie des 2. und 3. Zehs jeweils bei 60 bis 80 % der Kinder, Fehlen einzelner Finger bis zu Verkürzungen oder völligem Fehlen von Teilen der oberen Extremitäten in ca. 25 % der Fälle).

Zu den häufigen medizinischen Komplikationen gehören gastrointestionale Störungen mit gastro-ösophagealem Reflux (Rückfluss des Mageninhalts in die Speiseröhre) und schweren Ernährungsstörungen (Würgen und häufiges Erbrechen, Kau- und Schluckprobleme, geringes Interesse für die Nahrungsaufnahme). Sie tragen zur Wachstumsminderung der betroffenen Kinder bei (Beck & Finger, 1985). Allerdings wird auch von Kindern mit weit unterdurchschnittlichen Körpermaßen berichtet, die keine Ernährungsstörungen zeigen. Jackson et al. (1993) berichten, dass 4.5 % der ihnen bekannten Kinder frühzeitig verstorben sind. Die häufigsten Todesursachen sind Apnoen, Aspirationen, Herzfehler, intracranielle Blutungen und postoperative Komplikationen (Mehta & Ambalavanan, 1997; Tsusaki & Mayhew, 1998).

Kongenitale Herzdefekte unterschiedlicher Art finden sich bei 20 bis 30 % der Kinder, ebenso verschiedene Augenprobleme wie Ptosis, Nystagmus, Strabismus, chronische Konjunktivitis und Fehlsichtigkeit (Jackson et al., 1993). Hörstörungen werden häufig übersehen. Sataloff et al. (1990) stellten fest, dass die Hälfte von 45 Patienten eine hochgradige Hörbeeinträchtigung aufwiesen, die übrigen leichtere Schalleitungsprobleme. Nur bei 6 % waren diese zuvor erkannt worden. In einer Dokumentation von 21 Kindern in einer deutschen Studie berichteten Fleischer et al., (1992), dass 38 % ein Hörgerät trugen. Regelmäßige Kontrollen beim Augen- und Ohrenarzt werden deshalb empfohlen.

Obwohl alle Patienten mit CdLS einen charakteristischen Phänotyp und eine bestimmte Merkmalskombination aufweisen, ist der Ausprägungsgrad insgesamt sehr variabel. Heutzutage wird deshalb die klassische Form unterschieden von einer „milden Ausprägungsform", bei denen Minderwuchs, intellektuelle Beeinträchtigung und Gesichtsdysmorphien weniger auffällig sind und keine Reduktionsfehlbildungen der Extremitäten vorliegen (deDie-Smulders et al., 1992; Allanson et al., 1997). Es findet sich eine Tendenz, dass die weniger betroffenen Kinder ein höheres Geburtsgewicht haben (Hawley et al., 1985, Goodban, 1993).

8.3 Entwicklungsmerkmale bei leicht betroffenen Patienten

Die Entwicklung ist auch bei dieser Teilgruppe verzögert, wobei die feinmotorische Entwicklung weniger betroffen scheint als die grobmotorische, perzeptive und sprachliche. Das Verhalten wird oft als scheu und zurückgezogen beschrieben. So berichtete eine Mutter, dass ihr Kind Schwierigkeiten hatte, sich an neue Personen oder Situationen anzupassen, und sich von sozialen Interaktionen im Allgemeinen zurückzieht (Halal & Silver, 1992). Von einem anderen, 6-jährigen Kind berichteten die Eltern, dass es sehr an bestimmten Routineabläufen und Gedanken festhalte und zu aggressiv-explosiven Ausbrüchen neige, wenn sich etwas ändere (Bay et al., 1993). Diese Aussagen über Kinder mit der „milden" Form des CdLS beziehen sich allerdings nur auf Einzelfallbeschreibungen.

Tabelle 52: Normaler kognitiver Entwicklungsverlauf bei einem Kind mit CdLS (in Monaten; nach Saal et al., 1993)

Alter	MDI/GCI	Entw.-A.	Spr.-V.	Spr.-Prod	Grobm.	Feinm.
7	99	7	6	6	6	6
25	101	24	22	16	18	18
54	92	50	42	42	48	54

Saal et al. (1993) berichteten über einen eigenen Patienten im Alter von 4 1/2 Jahren. Der Junge wurde im Alter von 7 und 25 Monaten mit den Bayley-Skalen und mit 4 1/2 Jahren mit den McCarthy Scales untersucht. Die Tabelle 52 gibt die Testergebnisse zu den drei Zeitpunkten wieder.

Von den sieben weiteren Patienten, die zu diesem Zeitpunkt in der Literatur mit einem Intelligenztestergebnis über 70 beschrieben waren, waren drei unter zwei Jahren alt, zwei ebenfalls im Vorschulalter und zwei Erwachsene. Allen acht Patienten gemeinsam war, dass ihr Geburtsgewicht über 2500 g lag, die dysmorphologischen Merkmale schwächer ausgeprägt waren und keine schweren Gliedmaßenanomalien vorlagen.

Moeschler und Graham (1993) berichteten über drei weitere Patienten. Der erste wurde im Alter von 20 Monaten diagnostiziert. Zum damaligen Zeitpunkt erreichte er in den Bayley-Skalen einen EQ von 76. Bei einer Nachuntersuchung im Alter von 18 Jahren lag der IQ bei 66 mit deutlichen Schwächen im Bereich der aktiven Sprache. Der zweite Junge wurde mit 4;8 Jahren mit den McCarthy-Scales untersucht und erreichte ein mentales Alter von 3;6 Jahren. Eine differenzierte Untersuchung im Alter von 6;7 Jahren ergab einen Stanford-Binet-IQ von 66 (mentales Alter von 4;9 Jahren). Relativ schlechter schnitt er bei Aufgaben zur Visuomotorik ab, die rezeptiven und produktiven Sprachfähigkeiten entsprachen dem mentalen Entwicklungsalter weitgehend. Der dritte Junge wurde im Vor- und Schulalter dreimal mit den Wechsler-Skalen getestet und erreichte im Alter von 8;10 Jahren einen Gesamt-IQ von 63 (Verbal-IQ 66, Handlungs-IQ 65). Ähnliche Ergebnisse erreichte er in Sprachtests. Die schulischen Leistungen lagen deutlich unter dem Durchschnitt. Mit 7;10 Jahren konnte er aber immerhin alle Buchstaben des Alphabets schreiben und lesen und im Zahlenraum bis 5 rechnen.

Einen eigenen Patienten konnten wir mit 16;9 Jahren untersuchen. Er erreichte einen Verbal-IQ von 55 und einen Handlungs-IQ von 65, wobei das Subtestprofil große Diskrepanzen aufwies. Relative Stärken fanden sich in den Teiltests „Bilderergänzen" (10 Wertpunkte) und „Mosaiktest" (5 Wertpunkte), bei dem er auch komplexe Vorlagen mit sehr systematisch-vergleichendem Vorgehen nachzubauen vermochte, sowie im Subtest „Gemeinsamkeitenfinden" (5 Wertpunkte). Er konnte viele Worte sinnentnehmend lesen und zumindest lautgetreu schreiben und auch größere Zahlen schriftlich addieren; bei anderen Rechenoperationen zeigte er sich noch unsicher. Er antwortete auf Fragen mit kurzen Sätzen, bildete aber keine komplexen Sätze und äußerte sich auch nicht mehr, als unbedingt nötig. Die Eltern berichteten, dass er in fremden Situationen immer sehr zurückhaltend sei und schweigsam, zumindest dann, wenn seine Eltern oder Lehrer in der Nähe sind, die „für ihn antworten könnten". Dieses selektiv mutistische Verhalten begrenzt seine soziale Partizipation im Alltag beträchtlich.

Stefanatos und Musikoff (1994) analysierten schließlich das Fähigkeitsprofil eines Mädchens im Alter von 14 Jahren mit eindeutigen körperlichen Merkmalen des CdLS, aber gut entwickelten kognitiven Fähigkeiten (HAWIK-R:

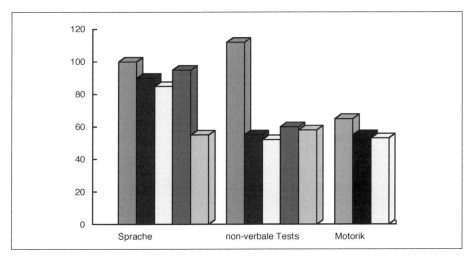

Abbildung 58: Neuropsychologische Testergebnisse eines 14-jährigen Mädchens mit CdLS (Stefanatos & Musikoff, 1994)

Verbal-IQ 92, Handlungs-IQ 61, Gesamt-IQ 76) mit einer Reihe neuropsychologischer Testverfahren (Abbildung 58). Die Lese- und Schreibleistungen waren dem Alter entsprechend, die Rechenfähigkeiten unterdurchschnittlich. Das Fähigkeitsprofil zeigte gute sprachliche Fähigkeiten, aber deutliche Schwächen im Bereich der visuellen Perzeption, des visuellen Gedächtnisses und der mathematischen Fähigkeiten. Mit den spezifischen Verarbeitungsschwächen ging auch in diesem Fall eine *soziale Unreife und ausgeprägte soziale Scheu* einher. Die Zahl der beschriebenen Kinder mit einer leichten Form des Cornelia-de-Lange-Syndroms ist allerdings bisher zu klein, um zu entscheiden, ob es sich dabei um einen charakteristischen Verhaltensphänotyp handelt.

8.4 Kognitive und adaptive Entwicklung beim klassischen Cornelia-de-Lange-Syndrom

Vier Arbeiten beschreiben das Entwicklungsprofil bei Patienten mit (klassischem) CdLS. Hawley et al. (1985) berichteten über eine Elternbefragung bei 64 Kindern und Jugendlichen aus der amerikanischen Elterngruppe. Ihr mittleres Alter lag bei 7;0 Jahren. *Etwa die Hälfte der Kinder konnte laufen und einfache Aufträge ausführen, ein Drittel selbstständig essen, aber nur wenige Kinder verfügten über weitere praktische Fähigkeiten und sprachliche Ausdrucksmöglichkeiten komplexerer Art.*

Beck (1987) untersuchte 36 dänische Patienten im Alter von 5–47 Jahren mit den Vineland Social Maturity Scales (VSMS) und sammelte Intelligenztestergebnisse, soweit sie in den Akten vorlagen.

Die Sozialentwicklungs-Quotienten hatten nahezu die gleiche Verteilung. Bei 81 % lagen sie unter 52. Es fehlen dabei jedoch genauere Angaben, in welchem

Tabelle 53: Fähigkeiten bei Kindern und Jugendlichen mit Cornelia-de-Lange-Syndrom (in %; Hawley et al., 1985)

Fähigkeiten	%
erkennt Bezugspersonen	82.6
läuft frei	47.4
verbindet Worte	11.5
befolgt einfache Aufforderungen	45.1
isst selbstständig	35.8
ist sauber	19.0
zieht sich selbstständig an	23.5

Alter und durch wen die Daten erhoben wurden. 15 Kinder und Erwachsene lebten in Heimeinrichtungen. Von den 22 Kindern und Jugendlichen unter 19 Jahren konnte sich etwa die Hälfte im wesentlichen im Alltag selbst versorgen, jedoch nur ein Drittel sprachlich ausdrücken.

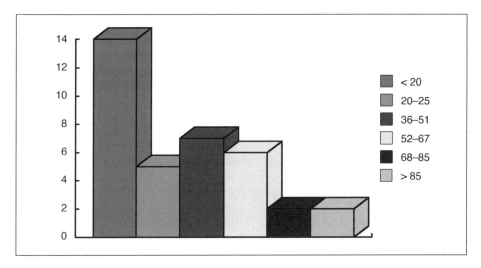

Abbildung 59: Verteilung der IQ-Werte bei 36 Patienten mit CdLS (Beck, 1987)

Auch innerhalb der Gruppe der Kinder, die die klassischen Merkmale des Cornelia-de-Lange-Syndroms aufweisen, lässt sich eine breite Variabilität in den adaptiven Fertigkeiten und der intellektuellen Entwicklung feststellen. Eine eigene Untersuchung bei 27 Kindern (mittleres Alter 7;1 Jahre; sd = 4;9 Jahre; 14 Kinder unter 6 Jahren, 13 über 6 Jahren) ergab ein weniger günstiges Bild als die dänische Studie; offenbar überwogen in unserer Stichprobe, die in Zusammenarbeit mit der deutschen Elternvereinigung zusammengestellt wurde,

Tabelle 54: Selbstständigkeitsfertigkeiten bei 22 Kindern und Jugendlichen (nach Beck, 1987)

Fertigkeiten	ja	nein
Essen	11	11
Anziehen	11	11
selbstständige Beschäftigung	10	12
freie Fortbewegung ohne Aufsicht	8	14
Dialogfähigkeit	6	16

Kinder mit schwerer intellektueller Behinderung. So konnten sich nur drei Kinder weitgehend selbstständig anziehen, waschen und allein zur Toilette gehen. Sechs Kinder (22.2%) aßen mit dem Löffel, zwei Kinder mit Messer und Gabel.

Die umfangreichste Dokumentation von Entwicklungsdaten wurde von Kline et al. (1993b) vorgelegt. Sie bezog sich auf 122 Kinder, Jugendliche und Erwachsene im Alter zwischen vier Monaten und 37 Jahren. Bei 48 Patienten ließen sich sowohl Entwicklungs- und Intelligenztestwerte (Bayley-Skalen, Peabody Picture Vocabulary Test, Vineland Adative Behavior Scales, Stanford-Binet-, Wechsler- oder McCarthy-Intelligenztest) ermitteln wie auch

Tabelle 55: Selbstständigkeitsfertigkeiten bei 27 Patienten mit CdLS (eigene Untersuchung)

Fertigkeiten	< 6 J.	> 6 J.
isst mit Löffel	2	4
isst mit Messer/Gabel	1	1
isst mit der Hand	2	1
trinkt aus der Tasse	7	13
geht allein zur Toilette	0	3
zieht sich allein an	0	3
wäscht sich allein	0	2

Fragebogendaten zum Zeitpunkt, zu dem bestimmte Entwicklungsschritte nach Erinnerung der Eltern bewältigt worden waren. Bei den übrigen lagen entweder nur diese Befragungsdaten vor oder zusätzlich Verlaufsdokumentationen in Patientenakten. *Die Intelligenztestwerte schwankten zwischen < 30 und 85 (Mittelwert von 53).* Sie waren somit in vielen Fällen höher, als sie in älteren Lehrbuchtexten über das Cornelia-de-Lange-Syndrom genannt werden.

Soweit Differenzierungen zwischen einzelnen Teilbereichen möglich waren, fanden sich *relative Stärken im Bereich der visuellen Perzeption und Speicherung; hier lagen die Ergebnisse bis zu drei Standardabweichungen höher als in den anderen Bereichen. Die feinmotorischen Fertigkeiten waren oft besser als der Entwicklungsstand im Allgemeinen, soweit keine Gliedmaßenfehlbildungen schwerer Art vorlagen. Die expressive Sprache war in den meisten Fällen deutlich weiter retardiert als das Sprachverständnis, beide Bereiche lagen niedriger als die übrigen Fähigkeiten.*

Der Entwicklungsverlauf hängt offensichtlich auch davon ab, ob eine frühe Förderung möglich war. Tendenziell fanden sich relativ die niedrigsten IQ-

Werte bei den Probanden, die vor 1980 geboren wurden und noch keine intensive Frühförderung erhalten hatten. Die Durchschnittswerte der jüngeren Probanden lagen im Schnitt um mindestens 10 Punkte höher.

Tabelle 56: Entwicklungs- und Intelligenztestwerte bei 48 Patienten mit CdLS (nach Kline et al., 1993b)

Test	Mittel	Schwankung
Intelligenztests	53	< 30–85
Bayley-Entwicklungsskalen	47	< 10–106
Peabody Picture Vocabulary Test	43	< 10–71
Vineland Adaptive Behavior Scales	48	< 20–87

Die Tabelle 57 erlaubt eine Übersicht, in welchem Alter Kinder mit Cornelia-de-Lange-Syndrom in der Regel bestimmte Fähigkeiten erwerben. Die Datenbasis beruht auf 92 ausgefüllten Fragebogen aus der genannten amerikanischen Stichprobe, wobei bei 71 von ihnen die Elternangaben mit Angaben in der Verlaufsdokumentation der Patientenakte verglichen werden konnten. Einschränkend muss gesagt werden, dass nicht alle Eltern den Zeitpunkt des ersten Auftretens der entsprechenden Fertigkeiten erinnern konnten und nicht alle Kinder bereits die erfragten Fertigkeiten erreicht hatten, so dass sich sehr unterschiedliche Fallzahlen ergeben.

Es zeigt sich, dass viele Kinder das selbstständige Sitzen mit 12 Monaten und das freie Laufen mit 24 Monate erreichten. Erste Aufträge wurden mit 30 Monaten verstanden und erste Wortverbindungen mit 4 1/2 Jahren gebildet. Viele Kinder waren mit drei Jahren sauber und konnten sich mit 4 1/2 Jahren anziehen. Die Daten zeigen das Spektrum der Entwicklungsmöglichkeiten bei Kindern mit CdLS. Nicht alle Kinder erreichen aber alle aufgeführten Fähigkeiten.

8.5 Sprachliche Entwicklung

In den bislang vorgestellten Studien zeigte sich, dass bei vielen Patienten mit der klassischen Form des CdLS die Sprachentwicklung ein besonderes Problem darstellt. Auch dies gilt aber wiederum nicht für alle Kinder mit CdLS.

Goodban (1985) berichtete über den Sprachentwicklungsverlauf bei einem Mädchen mit mäßiger mentaler Behinderung. Mit 8 Monaten konnte sie einzelne Laute bilden. Nach Einsetzen der Frühförderung vermochte sie mit 21 Monaten einfache Aufträge umzusetzen. Mit 3;8 Jahren begann sie Bilder zu benennen und zu erzählen, wie dies Zweijährige tun. Gelegentlich traten sogar

Tabelle 57: Entwicklungsverlauf bei 92 Kindern und Jugendlichen mit CdLS (nach Kline et al., 1993b)

Entwicklungsverlauf	50%	75%
	erreichten im Alter von ...	
freies Sitzen	1;0	1;8
Krabbeln	1;3	1;7
Aufrichten zum Stand	1;4	2;0
freies Laufen	2;0	3;5
selbstständiges Essen (mit Fingern)	1;6	3;0
selbstständiges Essen (mit Löffel)	3;0	4;5
Ausziehen	3;6	5;0
Sauberkeit tagsüber	3;0	6;0
erste Worte	1;6	2;0
Verständnis für Aufträge	2;0	3;6

Zwei- und Dreiwortverbindungen auf; etwa die Hälfte der Äußerungen war verständlich.

Bereits Fraser und Campbell (1978) beschrieben zwei Jugendliche mit beträchtlichem sprachlichen Ausdrucksvermögen. Ein 22-Jähriger äußerte sich in vollständigen Sätzen mit breitem Wortschatz. Ein 14-Jähriger konnte ebenfalls längere Sätze bilden, neigte aber zu Perseverationen und Echolalien.

Cameron und Kelly (1988) beschrieben den Verlauf bei einem anderen Mädchen. Bei einer Entwicklungsuntersuchung im Alter von 19 Monaten war ihr Sprachverständnis im wesentlichen altersgemäß, sie plauderte aber noch nicht und bildete wenige Konsonanten. Knapp ein Jahr später schnitt sie nach intensiver Frühförderung im Sprachverständnis und in der Sprachbildung nahezu gleich gut und altersgemäß ab. Im PPVT erreichte sie einen Standardwert von 99 und bildete 2- bis 4-Wortsätze.

Goodban (1993) gab dann einen Überblick über den *Sprachentwicklungsstand bei 116 Patienten (mittleres Alter 5;6 Jahre). 44% der über 2-Jährigen und 53% der über 4-Jährigen konnten zwei oder mehr Worte miteinander verbinden. 61% der über 2-Jährigen und 67% der über 4-Jährigen hatte einen expressiven Wortschatz von mindestens 3 bis 10 Worten. 33% der über 4-Jährigen hatten allerdings keine sprachlichen Ausdrucksfähigkeiten erreicht.* Bei vier Patienten (4%) war die Sprachentwicklung in etwa altersgerecht. In den meisten Fällen lag das Sprachverständnis über dem Ausdrucksvermögen.

Zudem gab es eine Diskrepanz zwischen semantischer, syntaktischer und pragmatischer Kompetenz. Zahlreiche Kinder hatten einen relativ breiten Wortschatz, setzten ihn aber nicht zur Satzbildung, Frageformulierung etc. ein. Auch die Kinder, die über relativ viele Worte verfügten, sprachen eher selten und wenig. Die Tabelle 58 gibt einige Hinweise für die individuelle Prognose und zeigt, welche Merkmale die Kinder charakterisierten, die im Alter von vier Jahren mindestens Zweiwortverbindungen erreicht hatten.

Kinder, bei denen die Sprachentwicklung ausblieb oder sehr stark verzögert war, hatten oft ein Geburtsgewicht unter 2500 g, eine mäßige oder schwere Hörbehinderung, Reduktionsfehlbildungen der oberen Extremitäten, stark verzögerte motorische Entwicklung. Oft war die ausbleibende Sprachentwicklung Teil einer wenig ausgeprägten sozial-kommunikativen Kontaktbereitschaft der Kinder und autistischer Verhaltensmerkmale.

In einer Analyse von Videoaufzeichnungen beim gemeinsamen Spiel mit einem Erwachsenen gingen wir der Frage nach, ob sich Kinder mit Cornelia-de-Lange-Syndrom und einer solchen schweren Behinderung in ihrem kommunikativen Verhalten unterscheiden von anderen Kindern mit einer geistigen Be-

Tabelle 58: Anteil der Kinder mit CdLS mit (mindestens) Zweiwortverbindungen (nach Goodban, 1993)

Merkmale	%
< 2500 g / > 2500 g Geburtsgewicht	20 / 56
Hörschädigung / normales Hörvermögen	21 / 70
Reduktionsanomalien / keine Gliedmaßen-Fehlbildungen	9 / 65
geringer / guter sozialer Bezug	14 / 82
freies Laufen vor / nach 30 Monaten erreicht	21 / 71

hinderung (Sarimski, 2002c). Wir werteten dazu die Spielbeobachtungen von 13 Kindern aus, deren Alter zwischen zwei und acht Jahren schwankte (mittleres Alter 5 Jahre). Bei vier von ihnen lag eine schwere Reduktionsfehlbildung vor, bei drei Kindern eine gravierende Hörbehinderung, die eine Versorgung mit Hörgeräten erforderlich machte. Die Mehrzahl der Kinder wurde den Stufen III und IV der sensomotorischen Intelligenzentwicklung zugeordnet, keines der Kinder hatte kognitive Fähigkeiten oberhalb eines Entwicklungsalters von 18 Monaten. Alle dreizehn Kinder kommunizierten mit vorsprachlichen Mitteln und vermochten noch keine Worte zu bilden.

Es wurde eine Spielsituation mit einem Erwachsenen videografiert, in der die Kinder verschiedene Spielsachen vorfanden, die sich zu einfachen Tätigkeiten des Untersuchens und Ordnens, zu symbolischem Spiel oder zu Tätigkeiten des praktischen Lebens (z. B. Schütten oder Umfüllen) eigneten. Dazu gehörten z. B. Baubecher, Behälter mit Deckel, einfache Einsetzpuzzle, eine Puppe mit einigen Dingen zum Füttern und Versorgen. Der Erwachsene stand dem Kind als unterstützender Spielpartner zur Verfügung, achtete aber darauf, das Spiel nicht durch Aufforderungen oder Vorgaben zu lenken. Von der gesamten Spielzeit, die 40 Minuten betrug, wurden 12 Minuten ausgewählt, die sich einer „Aufwärmzeit" von fünf Minuten anschlossen.

In einem Time-sampling-Verfahren kodierten wir in 5-sec-Intervallen die Qualität zielgerichteten Spiels des Kindes (koordinierte Handlung, einfache Exploration, Beobachtung, „off-task" oder geführte Handlung) und notierten für die Beobachtungszeit die Häufigkeit kommunikativer Handlungen. Als solche wurde jede motorische oder vokale Aktivität in Richtung auf einen Erwachsenen gewertet (z. B. Blickkontakt, Körperhaltung oder Berührung), bei der das Kind eine Antwort erwartet (d. h. ihn anschaut, in der eigenen Handlung innehält, beharrlich abwartet). Dabei wurden selbstinitiierte proto-imperative, proto-deklarative Handlungen, Reaktionen und Protest voneinander unterschieden. Beispiele für proto-imperative Handlungen (Aufforderungen) sind: eine Hand auf ein Objekt hin ausstrecken, die Hand des Erwachsenen auf oder in Richtung auf einen Gegenstand ziehen, ihm etwas mit oder ohne Blickkontakt in die Hand drücken, auf etwas zeigen (mit oder ohne Vokalisation). Beispiele für proto-deklarative Handlungen (Kommentare): einen Gegenstand aufnehmen und ihn dem Erwachsenen zeigen, auf etwas deuten, um die Aufmerksamkeit dorthin zu lenken.

Die gleichen Auswerteprozeduren wurden in einer Vergleichsgruppe aus 12 Kindern vorgenommen, die die gleiche sensomotorische Stufe erreicht hatten wie die Kinder mit CdLS. Diese Vergleichsgruppe setzte sich je zur Hälfte zusammen aus Kindern, bei denen ebenfalls eine schwere intellektuelle Behinderung vorlag, sowie Kindern mit leichterer intellektueller Behinderung, aber bekannten spezifischen expressiven Sprachentwicklungsstörungen. Die erste Teilgruppe umfasste sechs Kinder mit Cri-du-Chat-, die zweite sechs Kinder mit Down-Syndrom.

Die Abbildung 60 zeigt die Verteilung der verschiedenen Spielweisen innerhalb der Gruppe der 13 Kinder mit CdLS. Jeweils mehr als ein Drittel der Spielzeit waren die Kinder in einer passiven Beobachtunghaltung oder richteten ihre Aufmerksamkeit nicht auf das Spielangebot („off-task behavior"). Fast 20 % der Zeit waren sie mit der Exploration der Gegenstände beschäftigt, nur je 6 % der Zeit machten zielgerichtete, koordinierte Handlungen oder geführte Handlungen aus. In keinem dieser Aspekte des Spielverhaltens unterschieden sie sich signifikant von den Kindern der Vergleichsgruppe.

Die Tabelle 59 und Abbildung 61 zeigen, dass sich die Gruppen in ihrem kommunikativen Verhalten dagegen deutlich unterschieden. Kinder mit Down-Syndrom oder Cri-du-Chat-Syndrom setzten signifikant mehr vorsprachliche kom-

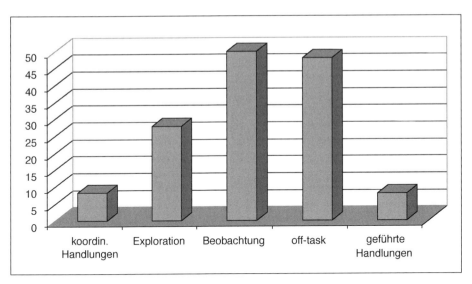

Abbildung 60: Anteil verschiedener Formen zielgerichteter Tätigkeiten im Spiel (12-Min.-Beob., Time-sampling; Sarimski, 2002c)

munikative Akte ein, um die Aufmerksamkeit des Erwachsenen zu lenken (Kommentare) oder den Dialog aufrechtzuerhalten (Reaktionen auf eine Aussage oder Antworten auf eine Frage des Erwachsenen). *Die durchschnittliche Häufigkeit kommunikativer Handlungen lag in der Gruppe der Kinder mit CdLS bei etwa 3.5 während der 12-minütigen Spielzeit. Die Rate kommunikativer Handlungen von Kindern mit Down- oder Cri-du-Chat-Syndrom war etwa viermal höher.*

Auch wenn viele nicht-sprechende Kinder mit CdLS offenbar eine geringe kommunikative Initiative und Reaktionsbereitschaft zeigen, verfügen sie doch nach dem Eindruck der Eltern im Alltag über einzelne non-verbale Ausdrucksfähigkeite, die für ihre soziale Integration von großer Bedeutung sind. Wir dokumentierten mit Hilfe des Pre-verbal Communication Schedule (PVCS; Kiernan & Reid, 1987) die lautsprachliche und non-verbale kommunikative Entwicklung bei 27 überwiegend schwer behinderten Kindern mit CdLS. Dabei wurde zwischen Kindern unter und über 6 Jahren unterschieden. Nur drei Kinder (11 %) bildeten verständliche Worte (Sarimski, 1997e).

Viele Kinder verfügten dagegen über einfache non-verbale Kommunikationsformen. Sie suchen z. B. die Aufmerksamkeit des Erwachsenen, indem sie sich ihm nähern, lautieren oder die Arme ausstrecken, um hochgenommen zu werden. Sie können ausdrücken, dass sie etwas nicht möchten, indem sie seine Hand wegschieben.

Um Wünsche und Bedürfnisse auszudrücken, benutzen zumindest einige der älteren Kinder differenzierte gestische Ausdrucksmittel. Sie übergeben Objekte, wenn sie die Hilfe des Erwachsenen bei einer Tätigkeit brauchen, ziehen ihn an der Hand, damit er mit ihr/ihm irgendwohin geht, lächeln ihn an, wenn sie von ihm etwas möchten. Hinzeigen ist dagegen auch bei den älteren Kindern selten.

Tabelle 59: Alter, kognitive Stufe und Häufigkeit kommunikativer Handlungen bei 25 Kindern mit Cornelia-de-Lange-, Down- und 5p-Syndrom (Sarimski, 2002c)

	Alter	Stufe	Aufford.	Kommentar	Antwort	Protest
CdL1	40	II	1	2	0	3
CdL2	27	II	7	0	1	3
CdL3	37	V	1	0	0	0
CdL4	47	IV	0	0	0	2
CdL5	46	IV	1	1	0	0
CdL6	94	IV	0	1	0	0
CdL7	68	III	0	0	0	1
CdL8	94	IV	2	0	0	0
CdL9	36	IV	6	1	0	0
CdL10	58	IV	2	0	1	0
CdL11	86	V	3	0	0	6
CdL12	73	II	0	0	0	0
CdL13	84	III	0	0	0	0
DS1	22	IV	0	4	2	0
DS2	17	IV	0	4	1	0
DS3	24	IV	4	6	1	0
DS4	29	IV	0	12	0	0
DS5	45	V	3	7	0	9
DS6	25	III	4	15	2	0
5p- 1	62	III	7	1	6	2
5p- 2	60	IV	3	1	0	0
5p- 3	58	V	0	6	5	4
5p- 4	62	III	0	2	4	1
5p- 5	24	II	0	2	0	8
5p- 6	36	II	1	9	0	5

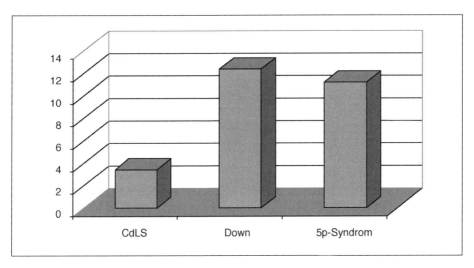

Abbildung 61: Kommunikative Rate von Kindern mit Cornelia-de-Lange-Syndrom im Vergleich zu Kindern mit Down- und 5p-Syndrom

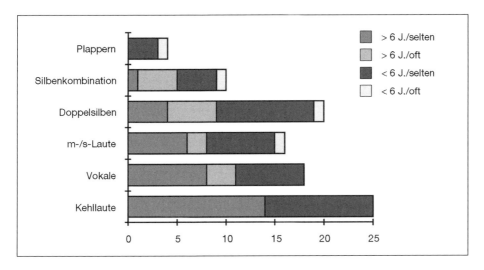

Abbildung 62: Lautbildung bei 27 Kindern mit Cornelia-de-Lange-Syndrom

Auch die jüngeren Kinder suchen offenbar Kontakt zum Erwachsenen, indem sie schmusen, lautieren, ihm Dinge in die Hand drücken oder ihn dorthin holen, wo sie ihn brauchen. Wie die Analyse der Videoaufzeichnungen gezeigt hat, *setzen sie diese Fähigkeiten in herkömmlichen Spielsituationen aber wesentlich seltener ein als andere Kinder mit intellektueller Behinderung. Kommunikative Initiativen scheinen bei ihnen in hohem Maße abhängig von Reizen und Anregungen, die ihren individuellen Vorlieben entsprechen.*

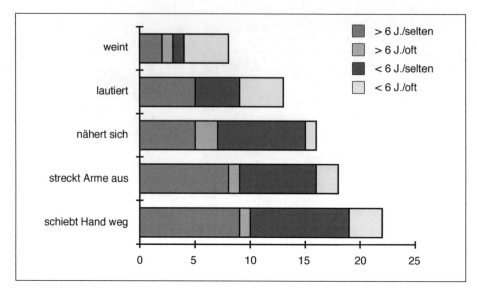

Abbildung 63: Non-verbale Kommunikationsformen zur Aufmerksamkeitslenkung bei 27 Kindern mit CdLS

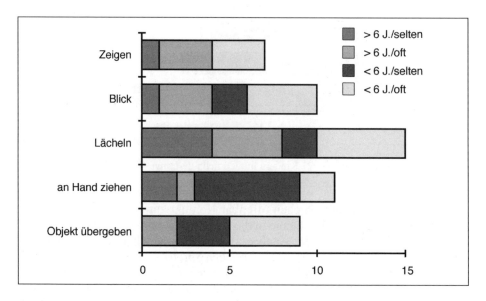

Abbildung 64: Non-verbale Kommunikation von Wünschen bei 27 Kindern mit CdLS

8.6 Sozial-emotionale Verhaltensweisen

Fütterschwierigkeiten und Refluxprobleme

Aus der gleichen Elternbefragung liegen einige Erfahrungen zur Häufigkeit und Art von Essproblemen vor. Vielen Eltern bereitet die *geringe Nahrungsaufnahme* Sorgen. So essen und trinken mehr als die Hälfte der Kinder weniger als altersüblich. 14/27 akzeptieren nur weiche oder pürrierte Kost. Vier Eltern berichten auch dabei noch über *extreme Fütterprobleme,* drei weitere blicken auf eine z. T. mehrjährige Phase der Sondenernährung zurück.

Diese Daten korrespondieren mit den Erfahrungen bei anderen Elternbefragungen. Hawley et al. (1985) berichteten Ernährungsprobleme bei 71 % ihrer 65 Patienten (Erbrechen, Würgen, Kau- und Schluckstörungen, geringes Interesse für Essen). Von 310 Patienten, über die Jackson et al. (1993) in einer Befragung der amerikanischen Elterngruppe berichteten, litten 48 % unter gastro-intestinalen Problemen, 62 % unter persistierendem Erbrechen, 77 % unter Ernährungsproblemen im Allgemeinen. Bei 25 % wurde ein Reflux diagnostiziert, oft mit der Folge einer chronischen Entzündung der Speiseröhre, Anämie und Aspirationsneigung (Bull et al., 1993). In einer englischen Untersuchungsgruppe von 49 Patienten fanden sich gastro-intestinale Probleme bei 67 %.

Eine Mutter schreibt

„Bis zum zweiten Lebensjahr musste sie sondiert werden. Danach haben wir das Essen hineingezwungen. Seit sie breiige Kost bekam, ging es besser, heute gibt es kaum noch Probleme." Eine andere Mutter: „Ab der 5. Lebenswoche fing sie immer stärker und öfter zu spucken an. Zuletzt blieb fast gar nichts mehr drin, meist spuckte sie alles durch die Nase wieder aus. Sie weinte viel, kämpfte mit ihrem Reflux, hatte sogar richtige Schreianfälle und verweigerte immer häufiger die Flasche. Dann wurde sie operiert und bekam eine Hiatusplastik. Sie spuckte jetzt weniger, aber ihr Trinkverhalten änderte sich nicht. Der Fütterstress blieb der gleiche, da ich nie mehr als 400 ml in sie hineinkriegte."

Dass diese Probleme eine sehr große Belastung für Kind und Eltern darstellen, häufig sehr lange anhalten und auch im späteren Kindesalter oft noch der Behandlung bedürfen, ergibt sich aus einer retrospektiven Befragung von 15 Eltern aus dem „Arbeitskreis Cornelia-de-Lange-Syndrom e. V.", deren Kinder unter einem schweren gastro-ösophagealen Reflux litten. Im Einzelnen fragten wir nach Geburtsgewicht und -größe, frühen Ernährungsproblemen (Sondenernährung, Erbrechen, Schluckschwierigkeiten), Häufigkeit von Pneumonien, refluxbezogenen medizinischen Untersuchungen, medikamentöser bzw. operativer Behandlung und Veränderungen des körperlichen Wohlbefindens und/oder Verhaltens nach der Behandlung. Das Alter der Kinder zum Zeitpunkt der Befragung schwankte zwischen zwei und 22 Jahre.

Alle Kinder wiesen bereits zum Geburtszeitpunkt unterdurchschnittliche Wachstumsmaße auf. Bei 14 Kindern lag das Geburtsgewicht unter 2000 g, bei allen Kindern die Größe bei Geburt unter 45 cm. Schwere Ernährungsprobleme in den ersten Lebensmonaten und -jahren spiegeln sich wider in der Dauer der Sondenfütterung. Nur drei Kinder mussten weniger als drei Monate voll- oder teilsondiert werden. Bei sieben Kindern betrug die Dauer der Sondenfütterung zwischen drei und zwölf Monaten. Dabei war der Verlauf bei zwei Kindern schwankend und die Sonde lediglich zur Flüssigkeitszufuhr gebraucht. Bei vier Kindern war eine Sondierung über das erste Lebensjahr hinaus erforderlich (bis zu 30 Monaten), bei einem Kind fehlen die entsprechenden Angaben.

14 Eltern berichten, dass ihr Kind zu schwallartigem Erbrechen der Speisen neigte. Sieben von ihnen geben an, dass das Erbrechen mit ungewöhnlichen Körperbewegungen (Überstrecken), Schreien und anderen Zeichen von Schmerzen einherging. Bei zwei Kindern trat das Erbrechen nur unregelmäßig auf, z. B. bei übergroßen Sondierungsmengen. Bei zwei weiteren Kindern besserte es sich im Laufe des ersten Lebensjahres (z. B. nach Einführung von Breistatt Flaschenernährung). Bei den übrigen zehn Kindern hielt es jedoch über den ersten Geburtstag hinaus an. Bei acht Kindern ist eine schwere (in den meisten Fällen rezidivierende) Pneumonie vermerkt.

Vier Eltern gaben an, dass die Problematik nach zeitweiser Besserung dann im Alter von 10, 11, 12, bzw. 18 Jahren wieder zugenommen habe, was dann zur Einleitung einer ausführlichen Diagnostik geführt habe. Zum gleichen Zeitpunkt beobachteten sie bei ihren Kindern Unruhezustände tagsüber und nachts. Zwei dieser älteren Kinder zeigten darüberhinaus eine Neigung zum selbstverletzenden Beißen und Kopfschlagen. Selbstverletzendes Beißen trat darüberhinaus bei einem jetzt 5-jährigen Mädchen als chronisches Problem auf. Bei zwei der genannten älteren Kinder kam es im Alter von 10, bzw. 14 Jahren auch zu erneuten Lungenentzündungen.

Nach Diagnosestellung erfolgte in allen Fällen zunächst eine medikamentöse Behandlung, bei 10 Kindern später eine Operation. Bei drei Kindern wurde diese als nicht nötig erachtet, bei zwei anderen Kindern (8 und 22 Jahre) entschieden sich die Eltern aus Sorge um mögliche Komplikationen gegen eine Operation. Der Zeitpunkt der Operation variierte zwischen 1;4 und 21 Jahren. Bei zwei Kindern wurde eine Hiatus-Reflux-Plastik eingesetzt, bei acht eine Fundoplication nach Nissen oder Thal vorgenommen.

Bei allen Kindern, bei denen eine Fundoplication durchgeführt wurde, berichten die Eltern – unabhängig vom Zeitpunkt der Operation – über eine wesentliche

Besserung der Ernährungsprobleme: Appetitsteigerung, Toleranz für festere Nahrung, weitgehende Reduzierung des Erbrechens. Bei vier der acht Kinder beschreiben sie auch eine Reduzierung der allgemeinen Unruhe, bzw. ungewöhnlichen Bewegungen. Vier Eltern machen auch Angaben über selbstverletzende Verhaltensweisen. Bei einem kleinen Mädchen, bei einem jungen Mann, bei dem die Operation mit 19 Jahren vorgenommen wurde, und einer 21-jährigen jungen Frau traten sie postoperativ unverändert auf (Augenbohren, Haarereißen, Fingerbeißen und selbstverletzendes Kratzen). Nach der Operation eines 5 1/2-jährigen Jungen sei die Neigung, sich in den eigenen Arm zu beißen, bzw. nach Erwachsenen zu schlagen deutlich zurückgegangen.

Die Angaben der Eltern sprechen dafür, dass bei ungewöhnlicher Unruhe, häufigem Überstrecken oder Erbrechen in Zusammenhang mit der Nahrungsaufnahme an einen gastro-ösophagealen Reflux als Ursache gedacht werden und möglichst bald eine Diagnostik und medizinische Behandlung eingeleitet werden muss. Bei schwerer Symptomatik ist auch eine Operation in Betracht zu ziehen. Eine solche Behandlung kann zu einer wesentlichen Besserung der Ernährungsproblematik sowie der begleitenden Unruhezustände führen.

Sozial-emotionale Verhaltensmerkmale

Tabelle 60 gibt einen Überblick über die relative Häufigkeit einzelner sozial-emotionaler Verhaltensmerkmale, wie wir sie mit Hilfe des SSBP-Fragebogens in einer Gruppe von 27 Kindern mit CdLS ermittelt haben. Etwa die *Hälfte der Kinder wird von den Eltern beschrieben als „zappelig, ständig in Bewegung, kann sich nur kurz beschäftigen, macht zielloses Durcheinander".* Allerdings werden auch 40 % als sehr passiv geschildert.

Die geringe kommunikative Initiative und Reaktionsbereitschaft, die sich in den Studien zur Sprachentwicklung von Kindern mit CdLS gezeigt hat, spiegelt sich auch in den Angaben der Eltern wieder. *Zwei Drittel der Kinder werden als in ihrer Mimik und Gestik auffällig arm und maskenhaft beschrieben, die Hälfte (vor allem ältere Kinder) scheinen den Eltern wenig Bezug zur Umwelt zu haben.* Entsprechend oft finden sie es schwierig zu erkennen, was ihr Kind fühlt. 46 % klagen über rasche Stimmungsschwankungen der Kinder. Ein Viertel wird als sehr ausgeglichen und zufrieden beschrieben. Unter den älteren Kindern werden vier als sehr ängstlich empfunden, drei zeigen häufige Zornesausbrüche. 16/27 Kinder unserer Studie hängen an festen Gewohnheiten und reagieren erregt auf Veränderungen.

Es liegen zwei vergleichbare Untersuchungen zu sozial-emotionalen Verhaltensmerkmalen vor. Hawley et al. (1985) fanden unter ihren 65 Patienten *57.1 % mit Verhaltensproblemen, wozu sie exzessives Schreien, Beißen und Schlagen der eigenen Person oder anderer Personen und häufige Zornesausbrüche zählten.* Berney et al. (1999) berichteten nach einer Elternbefragung bei

Tabelle 60: Sozial-emotionale Verhaltensweisen bei 27 Kindern mit CdLS

Soziales Verhalten	< 6;0	> 6;0	% (Ges.)
isoliert, wie in eigener Welt	4	9	54.2
distanzlos-freundlich zu Fremden	7	5	46.2
ungewöhnlicher Blickkontakt	4	8	50.0
ungewöhnliche Mimik und Gestik	9	8	70.8
schwierig zu erkennen, was es fühlt	6	7	48.1
schwierig in der Öffentlichkeit	5	5	37.0
Körperliche Aktivität			
überaktiv	3	2	19.2
zappelig, ständig in Bewegung	6	6	48.0
sehr passiv	6	5	42.3
kann sich höchstens 10 Min. beschäftigen	7	6	50.0
Unübliche Bewegungen und Interessen			
Arme umherschleudern, hin- und herrennen	5	6	40.7
besondere Beziehung zu Objekten	2	6	29.6
auffällig fixierte Interessen	3	4	26.9
feste Gewohnheiten, Erregung bei Veränderung	5	11	61.5
ungewöhnliche Reaktion auf Geräusche u. Ä.	–	5	18.5
Selbstverletzendes und aggressives Verhalten			
beißen, kratzen, Kopfschlagen u. Ä.	2	9	40.7
körperliche Angriffe auf andere Kinder	–	–	–
schlägt manchmal ohne erkennbaren Grund	2	1	11.1
zerstört Gegenstände	–	2	7.4
gewalttätig	–	2	7.4
starrköpfig (großes Problem)	1	2	12.0
Ängstlichkeit und Stimmung			
oft übermäßig glücklich	4	3	26.9
sehr unglücklich	2	1	12.0
sehr ängstlich	–	4	15.4
rasche Stimmungsschwankungen	6	6	46.2
unangepasste Stimmung	1	6	33.3

> **Einige Beispiele**
>
> „Sie sieht sich alles an, fasst alles an, probiert, was man mit dem Gegenstand alles anfangen kann und wirft es dann fort. Sie steht, kniet oder liegt dabei auf dem Rücken." – „Er wirft Gegenstände zu Boden vom Tisch oder Schrank, räumt Schubladen aus, zerreißt Papier, macht Unordnung, reagiert aggressiv auf Körperkontakt." – „Sie versteht kein ‚Nein', ist sehr anstrengend, immer aktiv, braucht ständig Aufsicht." – Sie macht, was sie will, lässt sich von uns nicht gern etwas aufdrängen. Sie kann wunderbar die Situation abschätzen, um Sachen zu ergattern und runterzuschmeißen, das mit einer Schnelligkeit, die für uns Eltern einfach unüberschaubar ist."

49 Kindern und Erwachsenen in England (davon zwei Drittel im Kindesalter, 20% im Jugendalter), in der ebenfalls der Fragebogen der „Society for the Study of Behavioural Phenotypes" (SSBP) verwendet wurde, eine hyperkinetische Störung (geringe Aufmerksamkeitsspanne, ziellose Aktivität, Überaktivität) bei 74% und häufiges aggressives Verhalten bei 49% (überwiegend als destruktives Verhalten gegen Sachen). Impulsive Wutanfälle wurden bei fünf Patienten täglich, bei weiteren sieben Patienten zumindest einmal in der Woche berichtet (d. h. 25%). Alle genannten Probleme korrelierten mit dem Schweregrad der intellektuellen Behinderung sowie dem Ausprägungsgrad der Phänotypmerkmale des CdLS (vor allem den dysmorphologischen Merkmalen und dem Wachstum).

Ein besonderes Problem stellen bei vielen Kindern mit CdLS stereotype und selbstverletzende Verhaltensweisen dar. Tabelle 61 zeigt die relative Häufigkeit, die wir bei der Befragung von 27 Eltern ermittelten (Sarimski, 1997e). *15 Kinder zeigen rhythmisches Körperschaukeln, 14 bizarre Körperhaltungen, 12 rhythmisches Drehen von Gegenständen.* Stereotypien treten somit bei der Hälfte der Kinder auf. Aggressives und destruktives Verhalten ist dagegen seltener und nur bei sieben Kindern (28%) überhaupt zu beobachten, z. B. Beißen, an den Haaren ziehen, Schlagen. Als Hauptproblem wird es nur bei zwei älteren Kindern genannt.

Häufiger und belastender sind dagegen selbstverletzende Verhaltensweisen (40.7%). Sie treten bei 9/13 älteren Kindern auf. Aus der Gesamtgruppe beißen oder kratzen sich 11 Kinder selbst, neun zeigen Kopfschlagen oder kneifen sich, je acht reißen an den eigenen Haaren oder würgen Nahrung wieder heraus (ruminieren). Bei bis zu 20% der Kinder treten einzelne dieser Verhaltensweisen häufiger als einmal pro Tag auf. Die Eltern von 14 Kindern berichten zudem, dass diese mit den Zähnen knirschen.

Die autoaggressiven Verhaltensweisen treten relativ häufiger auf bei schwer behinderten und älteren Kindern. Tabelle 62 zeigt die relative Häufigkeit von mehr als zwei schweren autoaggressiven Symptomen (Beißen, Kratzen, Kopfschlagen, Erbrechen/Würgen, Körperschlagen, Haare ausreißen), ein bis zwei dieser Symptome und Symptomfreiheit.

Tabelle 61: Relative Häufigkeit stereotyper und selbstverletzender Verhaltensweisen bei 27 Kindern mit CdLS

Selbstverletzung	< 1x/Tag	> 1x/Tag
Zähne knirschen	5	10
sich beißen	8	3
sich kratzen	6	5
Objekte in Mund stecken	3	6
sich kneifen	8	1
erbrechen/würgen	5	3
an Körper schlagen	5	3
Haare ausreißen	7	1
an Kopf schlagen	6	3
Stereotypien		
rhythmisches Schaukeln	5	10
bizarre Haltungen	6	8
rhythmisches Drehen von Objekten	4	8
Aggression		
destruktives Verhalten	6	1
an Haaren ziehen	6	1
andere beißen	7	0

Kinder mit mehreren autoaggressiven Symptomen finden sich häufiger unter denen, die wenige non-verbale Kommunikationsmöglichkeiten (PVCS-Items 39, 46, 50, 52, 54, 59; Summenwert < 12) entwickelt haben. Erwartungsgemäß empfinden sich Eltern, deren Kinder mehrere autoaggressive Symptome zeigen, als stärker belastet (PSI-Gesamtwert > 260).

Ähnliche Befunde ergeben sich aus dänischen und englischen Studien. Beck (1987) fand selbstverletzende Verhaltensweisen (Fingerbeißen) bei 6 von 36 Patienten. Berney et al. (1992) berichteten in einer vorläufigen Zusammenstellung bei 35 Kindern aus der englischen Selbsthilfegruppe folgende Zahlen: Fingerbeißen 30 %, Kopfschlagen 17 %, Kratzen 18 %, Beißen in den Handrücken 6 %, Augenbohren 6 %. Bei 20/35 Patienten wurde auch eine fehlende Schmerzempfindlichkeit berichtet, 14 von diesen zeigten selbstverletzende Ver-

Tabelle 62: Relative Häufigkeit von Autoaggressionen bei 27 Kindern mit CdLS (I)

Symptome	Sprache		Behinderung		Ernährungsprobleme		Alter	
	−	+	mäßig	Schwer	−	+	< 6 J.	> 6 J.
> 2	3	1	0	4	0	1	0	4
1–2	6	1	4	3	0	2	5	2
0	14	2	4	12	21	3	9	7

haltensweisen. In der Gesamtgruppe von 49 Patienten traten selbstverletzende Verhaltensweisen bei 56 % auf, in schwerer Form bei 23 %. Sie waren bei älteren und schwer behinderten Patienten häufiger; 82 % derjenigen, deren Alter über 12 Jahren lag, zeigten selbstverletzende Verhaltensweisen, gegenüber 42 % der jüngeren Kinder. Allerdings traten selbstverletzende Verhaltensweisen auch bei einzelnen Kindern mit einer „milden" Form des CdLS auf (Berney et al., 1999).

Tabelle 63: Relative Häufigkeit autoaggressiver Symptome bei 27 Kindern mit CdLS (II)

Symptome	non-verb. Kommunikation		Elternbelastung	
	< 12	> 12	< 260	> 260
> 2	3	1	1	3
1–2	4	3	1	6
0	3	12	6	9

Die Hintergründe dieser belastenden Verhaltensweisen sind unzureichend geklärt. Es ist jedoch wahrscheinlich, dass sie in einigen Fällen *Ausdruck körperlicher Schmerzen und Missbehagens* sind (z. B. bei Reflux, Infektionen der oberen Luftwege oder des Mittelohrs, Zahn- oder Kopfschmerzen). Körperliches Unbehagen durch einen unbehandelten schweren gastroösophagealen Reflux kann zur Ausbildung eines sog. Sandifer-Syndroms führen, bei dem die Kinder versuchen, sich durch bizarre Körperbewegungen (Schaukeln, Wippen, Unruhe, Überstrecken des Kopfes oder Rumpfes) Erleichterung zu verschaffen. Dies ist als mögliche Ursache vor allem für Stereotyien zu berücksichtigen. In den meisten Fällen werden die Stereotypien jedoch Ausdruck der schweren Behinderung bei der Entwicklung adaptiver und zielgerichteter Tätigkeiten sein und mit wachsendem Handlungsvermögen der Kinder nachlassen.

Eine englische Arbeitsgruppe analysierte die Form belastender Verhaltensweisen bei 88 Kindern, Jugendlichen und Erwachsenen mit CdLS im Alter zwischen einem und 38 Jahren (mittleres Alter 12;9 Jahre). An der Befragung, die an alle Mitglieder der englischen Selbsthilfegruppe adressiert wurde, beteiligten sich vor allem die Eltern von Patienten, bei denen problematische Verhaltensweisen häufig waren, was die hohe Rate von 63.6 % selbstverletzender Verhaltensweisen, 56.8 % stereotyper Verhaltensweisen, 53.4 % destruktiver und 43.2 % aggressiver Verhaltensweisen erklärt (Hyman et al., 2002). Die selbstverletzenden Verhaltensweisen machten den Eltern wesentlich mehr Sorgen als die übrigen Probleme. Befragt nach ihren Annahmen über ursächliche Zusammenhänge, vermuteten etwa 60 % den Grad der intellektuellen Behinderung, die fehlenden sprachlichen Ausdrucksmöglichkeiten oder körperliche

---

Ein Elternbericht

„M. – heute 9 Jahre alt – zeigte seit seinem zweiten Lebensjahr Autoaggressionen. Er hat sich seitdem immer wieder in die Unterarme gebissen, was sich eine Zeitlang durch schützende Verbände und eine medikamentöse Behandlung (Dipiperon) recht gut beherrschen ließ. Zusätzlich zu diesem zwanghaft wirkenden Beißen in die Arme hat er sich angewöhnt, an seinem linken Ohr zu reißen – er ist auf diesem Ohr hochgradig hörbehindert – und, wenn man ihn daran zu hindern versucht, den Kopf anzuschlagen. Wenn man ihm einen Sturzhelm mit Gesichtsschutz aufsetzte, biss er sich die Lippen blutig. Kurz gesagt, wir wussten nicht mehr weiter und waren fix und fertig! Erst auf einem Elterntreffen erfuhren wir, dass das Verhalten in einem massiven Reflux seinen Grund haben könnte. Tatsächlich besserte es sich binnen zwei Wochen nach einer Medikation (Alimix). Er ist nun wesentlich ruhiger, wird nur aggressiv, wenn er Schmerzen hat. Wenn M. sich nun verletzt oder aggressiv ist, wissen wir, dass ihm etwas wehtut – er kann sich nur so mitteilen."

Schmerzen als Ursache. Nur 11 % sahen das Verhalten als unmittelbar genetisch determiniertes Merkmal des Verhaltensphänotyps beim CdLS an. Dementsprechend waren sie relativ optimistisch, das Verhalten erfolgreich beeinflussen zu können, während sie z. B. weniger Hoffnung hatten, die stereotypen Verhaltensweisen verändern zu können (Hyman & Oliver, 2001).

Erfragt wurde auch, auf welche Weise die Patienten sich selbst gegen selbstverletzende Verhaltensweisen zu schützen versuchen. Mehr als die Hälfte der Eltern hatten entsprechende Beobachtungen gemacht; sie berichteten z. B., dass ihre Kinder sich in solchen Phasen an anderen Personen festhalten, Gegenstände in der Hand zu behalten versuchen oder ihre Hände in der Kleidung verbergen. Schließlich fragten die Autoren die Eltern nach verschiedenen anderen Verhaltensauffälligkeiten. Bei 87.5 % war zumindest eine Form zwanghaften Verhaltens (zwanghafte Anordnungen, Kontrollzwang, Beharren auf Vollständigkeit, Sauberkeit u. Ä.) zu beobachten.

Bei den Patienten, die selbstverletzende Verhaltensweisen zeigten und sich aktiv dagegen zu schützen versuchten, fanden sich wesentlich mehr zwanghafte Verhaltensweisen. Die Autoren interpretieren dies als Hinweis darauf, dass es sich bei dieser Teilgruppe (bei denen es sich insbesondere um Jugendliche und Erwachsene handelte) um eine *zwanghafte Form selbstverletzender Verhaltensweisen handelt, die keine soziale Funktion hat.* Sie vermuten, dass einzelne selbstverletzende Verhaltensweisen im Kindesalter spontan aufgetreten, ungewollt von der Umgebung sozial bestärkt werden, so dass sie mit der Zeit ins Verhaltensrepertoire des Kindes aufgenommen werden und dann eine Art „biologischer Grenze" überschreiten, ab der die repetitiven Verhaltensweisen bestimmte neurochemische Aktivierungen auslösen, die sie dann zwanghaften Charakter annehmen lassen.

Ein solcher zwanghafter, innengesteuerter Charakter selbstverletzender Verhaltensweisen trifft aber sicherlich nur auf einen Teil der Beobachtungen zu. In anderen Fällen sind sie durch Situationsbedingungen zu erklären. In der englischen Befragung wurden die Eltern auch nach ihren Beobachtungen zu Zusammenhängen gefragt, unter denen das Verhalten auftritt (Berney et al., 1999). 34 % der Eltern sahen selbstverletzende Verhaltensweisen als Reaktionen auf Grenzsetzungen und „Frustration" der Kinder an, 18 % als Zeichen einer Überforderung durch Reize, 13 % als Zeichen einer unzureichenden Stimulation und 5 % in ihnen ein Streben nach Vermeidung von Anforderungen. Eine *sorgfältige Analyse der Bedingungen und kommunikativen Funktionen* der schwierigen Verhaltensweisen (vgl. Kapitel 20) ist Voraussetzung für eine erfolgreiche Intervention.

8.7 Elternbelastung

Im Vergleich zu den Eltern nicht-behinderter Kinder beschreiben sich die Eltern von Kindern mit Cornelia-de-Lange-Syndrom in unserer Befragung von 27 Eltern erwartungsgemäß als wesentlich stärker belastet (Parenting Stress Index).

Das gilt besonders für die unmittelbare Interaktion mit dem Kind (PR > 95). Es ist schwer für sie, die schwierigen, fordernden Verhaltensweisen und die z. T. geringe Anpassungsfähigkeit der Kinder anzunehmen sowie auszuhalten, dass sie von ihnen wenig positiv bestärkende Rückmeldung erhalten. Sie fühlen sich unsicher in ihrer erzieherischen Kompetenz, ihren Kindern Grenzen zu setzen und mit ihren impulsiven, Aufmerksamkeit fordernden Verhaltensweisen zurechtzukommen. Die psychische Belastung der Eltern durch Depressivität, Bindungsprobleme zum Kind, Einschränkungen der Lebensgestaltung und körperliche Beschwerden ist ebenfalls überdurchschnittlich hoch ausgeprägt (PR 75).

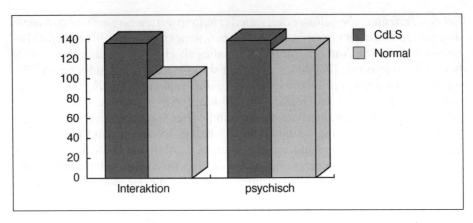

Abbildung 65: Interaktionsorientierte und psychische Belastung bei 27 Müttern von Kindern mit Cornelia-de-Lange-Syndrom

Die Belastung der Mütter ist bei Kindern über sechs Jahren signifikant höher als bei Müttern jüngerer Kinder. Die Mütter der älteren Kinder erleben die Stimmungsschwankungen der Kinder und ihre Anpassungsprobleme als belastender, sehen aber auch mehr Probleme in der Bindung zu ihrem Kind und in der Beziehung zum Partner als die Mütter von Kleinkindern oder Kindergartenkindern.

Auch Jahre nach der *Mitteilung der Diagnose erinnern die meisten Eltern noch sehr deutlich ihren Schock* (z. B. *„Die Tatsache, dass wir ein schwerbehindertes Kind haben, hat uns gelähmt und untätig werden lassen"*). Mehrere berichten, dass die Ärzte fachliche Neugier auf den ungewöhnlichen Fall, aber wenig menschliches Interesse gezeigt und sie mit ihren Fragen alleingelassen hätten. *Die anfänglichen Botschaften über die Zukunft des Kindes waren in den meisten Fällen niederschmetternd,* über positive Entwicklungschancen wurde nichts gesagt. Auch im weiteren Verlauf beklagen die Eltern oft eine geringe, aber nicht eingestandene Kenntnis über das Syndrom, sie fühlen sich in ihren Beobachtungen nicht ernstgenommen, insbesondere was die schweren Ernährungsprobleme angeht, und wünschen sich eine einfühlsamere Aufklärung und Beratung.

In ihrem engeren Umfeld haben viele Eltern nach anfänglicher Unsicherheit viel Unterstützung und Hilfsbereitschaft erfahren, die ihnen geholfen hat, ihr persönliches und familiäres Gleichgewicht wiederzufinden. Zwei Elternpaare haben sich allerdings getrennt, eines hat eine Heimunterbringung für ihre Tochter gewählt. 5/27 Eltern (18 %) berichten ein Überwiegen negativer sozialer Erfahrungen (Kontaktabbruch durch Freunde oder Verwandte, gaffende Beobachtung in der Öffentlichkeit).

In den Äußerungen zu ihrer Familiensituation beschreiben viele Eltern ihre partnerschaftlichen Beziehungen als sehr positiv („Family Functioning Style

> **Einige Erfahrungen**
>
> „Mir wurde noch während Biancas Aufenthalt auf der Frühgeborenenstation wörtlich gesagt, ich solle mich gar nicht erst an das Kind gewöhnen und es lieber sofort ins Heim geben, da werde sowieso nichts draus." – „Es ist so schlimm, dass man es gar nicht glauben kann. Ich habe mich am Anfang geschämt, ein behindertes Kind zu haben. Aber jetzt wird unsere C. zwei Jahre alt und wir freuen uns über jede Kleinigkeit, die sie leistet. Wir würden sie nicht mehr hergeben." – „Zunächst war es ein Schock, dann überkam uns Ratlosigkeit. Wir fühlten Ungewissheit, da wir nicht wussten, was auf uns zukommt. Es wäre anfangs sicher leichter gewesen, wenn wir besser aufgeklärt worden wären. Am schlimmsten war dann die erste Zeit allein zu Hause."

Scale", FFSS, Deal et al. 1988). Hierin liegt offensichtlich ein wichtiger Beitrag, der es den Familien ermöglicht, mit den besonderen Belastungen des Alltags und den Zukunftssorgen fertigzuwerden. Beide Partner betonen ihre Bereitschaft, sich in der Auseinandersetzung mit den Belastungen zu engagieren und sich gegenseitig zu unterstützen. Mütter äußern seltener als Väter, dass sie auch helle Seiten des Lebens zu sehen vermögen. Väter teilen nach diesen Eindrücken seltener ihre Gefühle mit und achten weniger darauf, Zeit füreinander zu haben, als Mütter dies tun.

Tabelle 64: Familienbeziehungen von 27 Müttern und 14 Vätern von Kindern mit Cornelia-de-Lange-Syndrom

Familienbeziehungen	Mütter (27)	Väter (14)
Familienbeziehungen sind wichtiger als materieller Besitz.	25	12
Es macht uns Freude, zusammen zu sein.	24	13
Wir können uns in schwierigen Zeiten aufeinander verlassen.	24	12
Die Familie steht zusammen, egal welche Schwierigkeiten es gibt.	24	12
Wir betrachten uns nicht als gegenseitigen Besitz.	24	11
Entscheidungen werden so getroffen, dass sie der ganzen Familie nützen.	24	11
Die Familie entscheidet, wie Probleme gelöst werden.	23	11
Wir übernehmen persönliche Opfer, wenn es der Familie nützt.	22	11

Auf die Frage, welche Bedürfnisse sie gegenwärtig haben, sagen etwa 80 % der Mütter und Väter, dass sie sich mehr Informationen über gegenwärtige und künftige Fördermöglichkeiten für ihre Kinder wünschen („Family Needs Survey"). Etwa die Hälfte der Befragten suchen nach mehr (auch schriftlichen) Informationen über die Behinderung und konkrete Vorschläge zur Gestaltung der Spiel- und Sprachförderung sowie den Umgang mit schwierigen Verhaltensproblemen. Ein Viertel der Eltern suchen mehr Austauschmöglichkeiten mit anderen betroffenen Eltern. Die Hälfte der Mütter, aber nur ein Viertel der Väter äußert den Wunsch nach praktischer Entlastung, um mehr Zeit für sich selbst und die Geschwisterkinder zu finden. Sieben Eltern sorgen sich um die Betreuung des Kindes jenseits der Schulzeit, vier um die Bewältigung von Ernährungs- und Verhaltensproblemen. Professionelle Beratung wünschen sich ein Viertel der Mütter, aber nur wenige Väter, wobei sich diese nicht auf familiäre Beziehungsprobleme, sondern konkrete Erziehungsfragen beziehen soll.

Es handelt sich somit um eine Gruppe von hochbelasteten Eltern, bei denen es besonders wichtig ist, nach außerfamiliären Unterstützungsmöglichkeiten (Familienentlastende Dienste, Kurzzeit-Pflegeeinrichtungen) zu suchen, bevor die familiären Bewältigungskräfte überfordert sind. Viele erleben den Austausch mit anderen Eltern, die sich im „Arbeitskreis Cornelia-de-Lange-Syndrom e. V." bundesweit organisiert haben, als hilfreich und nehmen an überregionalen Treffen oder an Familienfreizeiten teil.

9 Cri-du-Chat-Syndrom

9.1 Einzelfälle

Thomas (3 Jahre)

Thomas wurde erstmals im Alter von 3 1/2 Monaten vorgestellt. Es handelt sich um das zweite Kind der Eltern, die bereits einen 6 Jahre alten Sohn haben. Die Geburt erfolgte ohne Komplikationen. Wegen auffälligem äußeren Erscheinung erfolgte eine Chromosomenanalyse, die die Diagnose eines Cri-du-Chat-Syndroms (parzielle Monosomie 5p) ergab. Von Anfang an war Thomas ein äußerst unruhiger Säugling, dessen Rastlosigkeit sich in den Abendstunden noch steigerte. Er trank in der Nacht besser als während des Tages, in dessen Verlauf er außerordentlich viel schrie. Das Schreien hatte einen klagenden, jammernden Tonfall.

Das extrem irritierbare Verhalten von Thomas belastet die Eltern sehr. Sie haben das Gefühl, ihn kaum erreichen zu können; er lasse sich nicht beruhigen, reagiere mit aktiver Blickabwendung auf Kontakt- und Spielangebote, vermeide Blickkontakt und scheine für Gegenstände viel mehr Interesse zu haben als für sie. Zur Ruhe käme er nur, wenn man ihn gänzlich sich selbst überlasse oder die Mutter ihn längere Zeit sehr fest hält, bis er vor Erschöpfung einschläft. Der extrem überreizte Zustand von Thomas am Untersuchungstag macht eine entwicklungsdiagnostische Einschätzung oder eine Beobachtung der Eltern-Kind-Interaktion im spielerischen Dialog unmöglich. Ziel der ersten Beratung ist es, den Eltern zu helfen zu verstehen, dass die Verhaltensweisen nicht durch eine Ablehnung der Beziehungs- und Spielangebote motiviert, sondern Ausdruck seiner noch sehr geringen Toleranz für die Vielfalt der Reize sind.

In den folgenden Wochen gelingt es den Eltern besser, sich auf seine spezifischen Bedürfnisse einzustellen, ihre spielerischen Angebote zu verlangsamen, die Menge der Reize zu reduzieren, auf vertraute und Halt gebende Umgebungsstrukturen zu achten und Ansätze zur Selbstregulation zu fördern. In einer Beobachtung der Mutter-Kind-Interaktion beim zweiten Beratungstermin zeigt er sich dementsprechend wesentlich zugänglicher, greift nach angebotenen Spielsachen und hält immer wieder für einige Zeit Blickkontakt. Er hat selbst Möglichkeiten gefunden, wie er sich ruhiger halten kann, indem er immer mal wieder an seinen Fingerchen lutscht oder die Hände zusammenführt.

Bei einer erneuten Vorstellung im Alter von fast zehn Monaten zeigt er Interesse an verschiedenen Kugeln und Rasseln, ergreift sie, führt sie zum Mund, schüttelt sie. Wenn ihm ein Effekt gefällt, wiederholt er ihn sofort. Besonders aufmerksam reagiert er auf das Gesicht des Untersuchers, das er mit den Händen erkundet und nach dessen Brille er zielsicher greift. Allerdings ist es für ihn immer noch sehr schwer, seine Aufmerksamkeit stabil zu halten. Er schwankt zwischen erregten, dysregulierten Phasen und Ansätzen zu zielgerichtetem Erkunden. Die Lautbildung ist begrenzt auf einzelne – noch immer „jammernd" klingende – Laute; er achtet aber neugierig auf die Imitation durch den Untersucher.

Mit 2 1/2 Jahren hat er dann ein differenzierteres sensomotorisches Handlungsvermögen erreicht, obgleich die erste Kontaktaufnahme mit einem neuen Material jeweils weiterhin über den Mund geschieht. Er holt sich Dinge aus einem Behälter, zieht Scheiben vom Scheibentrum ab, macht einen noch unbeholfenen Ansatz, sie wieder aufzustecken, drückt auf eine Taste, die bewirkt, dass ein paar Bälle in die Luft hopsen. Die Aufmerksamkeitsspanne für die einzelnen Angebote ist unverändert eng begrenzt. Er strebt rasch weg, wenn er etwas Neues bemerkt, beobachtet nur kurz, was der Untersucher ihm zeigt, reagiert unwillig, wenn er seine Hand nehmen will, um eine Handlung mit ihm gemeinsam auszuführen.

Seine Lautbildung hat sich nur wenig verändert. Die Eltern wissen, dass die expressive Sprachentwicklung für viele Kinder mit Cri-du-Chat-Syndrom besondere Probleme macht, und haben deshalb früh begonnen, im Dialog mit Thomas zusätzliche Gesten zur Verdeutlichung der Wortbedeutungen einzuführen. In einer Beobachtung im Alter von 3;4 Jahren zeigen sich erste Erfolge. Er vermag einige Bilder (z. B. „Hase", „Schere") aus einer Auswahl korrekt zu identifizieren, wenn die Mutter sie mit der jeweiligen spezifischen Geste begleitet. Er selbst setzt spontan z. B. eine Geste (Schwimmbewegung der Hände) ein, als er eine Ente entdeckt. Offenbar hat er ein erstes Verständnis dafür entwickelt, dass mit Worten und Gesten ein bestimmtes Objekt oder eine Tätigkeit gemeint ist. Dies korrespondiert mit Fortschritten in seiner Spielweise. Er weiß jetzt um den Gebrauchszweck einer Bürste oder eines Löffels. Mit der Bürste kämmt er erst die Puppe, dann sich selbst, benutzt den Löffel zum Füttern, wobei die Ausführung der Handlungen noch impulsiv, aber eindeutig zielgerichtet ist.

In der Steuerung seiner Aufmerksamkeit und im Umgang mit unterschiedlichen Situationen sowie in der Kontaktaufnahme zu anderen Kindern ist Thomas auf ein hohes Maß an individueller Assistenz durch einen Erwachsenen und eine gut überschaubare Umgebung mit festem Tagesablauf und vertrauten Ritualen angewiesen. Wir empfehlen den Eltern daher, ihn in einem heilpädagogischen Kindergarten mit anthroposophischem Förderkonzept anzumelden, in dem es möglich sein wird, auf seine individuellen Bedürfnisse einzugehen.

Janine (3;7 Jahre)

Janine wurde als erstes und bisher einziges Kind ihrer Eltern nach intrauteriner Wachstumsverzögerung geboren. Die Geburtsmaße lagen bei 44 cm (< p10), 2270 g (< p10), 32 cm (> p10), sie war zu klein und zu leicht. Sie verbrachte einige Tage im Inkubator und musste teilweise sondiert werden. Den Ärzten fielen dysmorphologische Zeichen und eine hohe Stimmlage beim Weinen und

Schreien auf. Im Alter von 6 Wochen wurde sie dann mit Sonde nach Hause entlassen. Eine Bestimmung des Karyotyps bestätigte den Verdacht eines Cri-du-Chat-Syndroms (Deletion 5p-).

Bei der ersten Vorstellung im Alter von 26 Monaten berichteten die Eltern, dass die Nahrungsaufnahme nach Entlassung per Flasche und Löffel insgesamt schwierig geblieben sei. Mittlerweile lasse sie sich recht gut füttern, könne aber noch nicht kauen. Sie esse Normalkost, toleriere feste Stücke aber nur teilweise, schiebe sie gern wieder aus dem Mund. Erst spät habe sie Interesse an der Erkundung ihrer Umwelt entwickelt, Robben mit 9 bis 12 Monaten, Krabbeln mit etwa 21 Monaten gelernt.

Jetzt sei sie ein sehr erkundungsfreudiges Mädchen, das z.B. gern Schubladen ausräume, Dinge untersuche und sehr kontaktfreudig sei. Sie empfinden sie nicht als überaktiv, allerdings „ständig in Bewegung". Sie schläft nachts gut durch, 10 bis 11 Stunden lang. Wenn sie aufgeregt sei, beiße sie in die Kleidung und sei manchmal recht ungestüm in der Kontaktaufnahme. Bei Zorn schlage sie sich mit der Hand ins Gesicht, was allerdings selten vorkomme.

Janine ahme einzelne Bewegungen und Gesten nach, z.B. Winken, Klatschen, „Bussi geben", bilde Silbenkombinationen wie „hoppa", „jetza", „papa", „ja", die sie aber noch nicht gezielt einsetze. Sie kommuniziere mit gestischen Mitteln, z.B. zeigt sie einer anderen Person spontan ein Objekt vor, damit sie es anschaue, streckt die Arme aus, um hochgenommen zu werden, berührt eine andere Person, um ihre Aufmerksamkeit auf sich zu lenken und zeigt mit der Hand auf entferntere Gegenstände. Sie winkt als Zeichen, dass eine Person gehen soll und sie nichts mit ihr machen möchte.

Die Entwicklungsuntersuchung bestätigte das interessierte Erkundungsverhalten Janines. Sie konnte in ihren Spielhandlungen erste Kombinationen herstellen, holte sich Dinge aus einem Behälter und suchte sie in einer Dose, legte etwas hinein, schloss sie mit einem Deckel, versuchte, die Flasche zu verschließen, konnte den Verschluss jedoch noch nicht zudrehen. Stecker wurden nach einigen Versuchen selbstständig ins Steckbrett gesteckt, Scheiben z.T. auch auf den Scheibenturm. Symbolische Handlungen mit Puppenmaterial interessierten sie noch nicht.

Einige kommunikative Fähigkeiten, die die Eltern berichteten, zeigte sie auch in der Untersuchungssituation. Sie reagierte auf Aufträge mit Gestenunterstützung, z.B. „Gib es mir" oder „Gib es Papa", konnte aber noch nicht sicher Körperteile zeigen. Sie nahm Blickkontakt auf, suchte Bestätigung, wenn sie etwas gemacht hatte. Ansatzweise zeigte sie, was sie haben möchte, wenn es zu weit entfernt war. Dabei produzierte sie einzelne Silben. Die Lautbildung war atypisch und hatte nicht den Charakter des Plauderns oder dialogischen Lautierens. Das Spiel entsprach dem kognitiv-perzeptiven Verarbeitungsvermögen eines 12 bis 14 Monate alten Kindes. Das Sprachverständnis und die aktive Sprachentwicklung waren stärker beeinträchtigt.

Bei der Montessori-Übungssituation arbeitete sie zunächst auf dem Schoß der Mutter, später auf einem eigenen Kinderstuhl. Die Therapeutin bietet ihr am Anfang eine Dose mit Steinen zum Einwerfen ein; Janine holt sie selbstständig aus dem Korb und wirft sie ein. Dabei bleibt sie aktiv, ohne dass sie zum Weitermachen aufgefordert werden muss. Zwischendurch schaut sie mal zur Mutter, mal zur Therapeutin. Dann hebt sie den Korb hoch und beißt hinein, schaut unsicher-abwartend umher. Sie scheint das Interesse an dieser Tätigkeit verloren zu haben und sucht etwas Neues. Die Therapeutin räumt das Material weg und zeigt ihr die Größenzylinder. Janine holt einige heraus, dreht sie, scheint aber anfangs keine Vorstellung zu haben, was sie damit machen könnte. Dann schaut sie wieder hin, holt einen Zylinder nach dem anderen heraus und versucht, sie irgendwo einzustecken. Mehrfach probiert sie, einen großen Zylinder in ein zu kleines Loch zu stecken. Einmal findet sie das richtige, es wirkt aber zufällig. Die Aufmerksamkeitsspanne bei solchen Spielhandlungen ist noch kurz.

Janine wird ein Jahr später wieder vorgestellt. Zu diesem Zeitpunkt bewegt sie sich mit Hilfe des Puppenwagens oder Bobby-cars fort, räumt viele Dinge aus, legt z. B. einen Deckel auf Schüsseln und baut etwas in- oder aufeinander. Die vormals bestehenden Essprobleme machen keine Sorgen mehr. Sie esse Normalkost, z. T. selbstständig mit dem Löffel. Ausdauer und Kooperation bei gemeinsamen Tätigkeiten sind aber immer noch sehr gering.

Bei der Entwicklungsbeobachtung zeigt sie noch wenig zielgerichtetes Spiel, wenn sie auf sich allein gestellt ist. Am Tisch ist sie unter Anleitung fähig zum Aufstecken von Scheiben, Einstecken ins Steckbrett, Ineinanderbauen von Baubechern. Qualitativ arbeitet sie aufmerksamer als vor einem Jahr, quantitativ hat ihre spielerische und kommunikative Entwicklung aber nur wenig Fortschritte gemacht.

Natascha (5;8 Jahre)

Unruhe und herausfordernde Verhaltensweisen sind bei Natascha weitaus ausgeprägter als bei Janine und belasten den Familienalltag sehr. Natascha ist das dritte Kind der Eltern und hat eine 11-jährige Schwester und einen 15-jährigen Bruder. Die Entbindung erfolgte wegen chronischer Wachstumsretardierung und Verdacht auf Placentainsuffizienz per Sectio in der 34. SSW. Die Geburtsmaße lagen bei 1760 g, 42 cm, 29.5 cm. Natascha wurde 4 Tage beatmet.

Alle Entwicklungsschritte traten sehr viel später auf als üblich. Natascha lächelte erstmals mit sechs Monaten, setzte sich mit 22 Monaten auf und lief frei mit fünf Jahren. Das erste gezielte Worte sei mit drei Jahren zu hören gewesen. Zum Zeitpunkt der ersten Vorstellung im Kinderzentrum im Alter von 5;3 Jahren besucht sie einen heilpädagogischen Kindergarten, in dem sie auch Ergotherapie und logopädische Behandlung erhält.

Als Beschäftigungsvorlieben schildert die Mutter ein gleichförmiges Manipulieren von Puppen, v. a. Playmobil-Figuren, die sie dreht oder auf eine Oberfläche klopft. Ausräumen von Kisten, Anschauen von Bilderbüchern und erste Rollenspielansätze mit der Puppe sind ebenfalls zu beobachten, es ist aber noch schwierig, sie für längere Zeit für eine Beschäftigung zu interessieren.

Sie weiß, wie sie auf sich aufmerksam machen kann, indem sie sich einem Erwachsenen nähert oder ihn am Ärmel zieht. Dabei zeigt sie ihre Zuneigung deutlich. Sie macht durch drängende Vokalisation und Zeigen deutlich, was sie möchte. Darüberhinaus benutzt sie einige selbstgefundene Gesten (z. B. für Essen, Trinken, Telefonieren, Schaukeln und Schlafen) sowie Worte (Papa, Puppe, Ball, Decke, Kette, ata, muh, ga-gack). Ihr Sprachverständnis sei aber wesentlich größer. Sie esse mit dem Löffel, verteile das Essen aber oft noch auf dem Tisch. Andere Selbstständigkeitsfertigkeiten sind noch nicht erreicht.

An Verhaltensbesonderheiten berichtet die Mutter erhebliche Durchschlafstörungen. Wenn Natascha in der Nacht wach werde, schlage sie oft mit dem Kopf gegen die Bettkante, wippe auf den Knien hin und her, reibe sich z. T. die Fingerknöchel blutig. Dann finde sie aber selbst wieder in den Schlaf. Tagsüber sei ihre Unruhe sehr anstrengend, sie schaukele sehr viel mit dem Körper hin und her, kratze sich immer mal wieder selbst oder stecke sich Dinge in den Mund und schlage mit dem Kopf auf Kissen oder Matratze. Sie müsse ständig beaufsichtigt werden. Alle Veränderungen seien für sie schwer zu tolerieren, z. B. wenn viele Gäste da sind oder sich jemand verabschiedet.

Die Entwicklungsuntersuchung zeigt ebenfalls die geringe Initiative zu zielgerichteten Tätigkeiten und ausgeprägte Fixierung auf Puppen, von der die Mutter berichtet hatte. Es ist aber immer wieder möglich, Nataschas Aufmerksamkeit auf andere Spielangebote zu lenken. So übernimmt sie nach Demonstration einfache symbolische Handlungen, z. B. aus einer Tasse oder aus einer Flasche trinken, versucht Behälter zu verschließen mit einem Deckel, sucht etwas unter einer Abdeckung, holt sich etwas heran, kritzelt auf dem Papier. Zwischenzeitlich strebt sie häufig nach neuen Objekten oder zeigt mit drängenden Lauten, dass sie ihre Lieblingsobjekte wiederbekommen möchte.

Einige Beispiele: Natascha nimmt sich Löffel und Teller, füttert sich selbst, dreht und wendet die Puppe, führt dann die Tasse zum eigenen Mund und unaufgefordert zum Mund des Untersuchers, dann auf seinen Vorschlag auch zum Mund der Puppe. – Sie versucht, eine kleine Flasche aufzudrehen, zeigt sie dann der Mutter mit der Bitte um Hilfe, führt sie zum Mund, schüttet ein, setzt unbeholfen den Deckel wieder auf die Flasche. – Sie beobachtet, wie der Untersucher die Puppe ins Bett legt, legt dann aber ohne Plan den Löffel ins Bett; der Untersucher führt sie bei der Nachahmung. Dann schiebt sie mit drängendem „Puppe" die Hand des Untersuchers weg, will ihre Puppe wiederbekommen, lautiert, wedelt mit den Armen, klatscht bittend in die Hände. Sobald der Untersucher sie ihr wieder gibt, nimmt sie die Puppe an sich und gibt ihr ein Bussi. Solche Szenen, in denen sie hartnäckig danach strebt, die Puppe zurückzubekommen, wiederholen sich auch bei anderen Spielepisoden.

Mit Blickkontakt und Zeigen kann sie sich in vielen Situationen erfolgreich verständlich machen, z. B. auch um sich eine Bestätigung oder Erlaubnis zu holen. Andererseits zeigt sie ihren Unwillen über etwas deutlich, indem sie Blickkontakt vermeidet. Spontan kommentiert sie „Puppe", „Ball" und „gack", entsprechende Bilder und Dinge. Zu anderen Abbildungen hat sie spezifische Gesten wie Schmatzen (zum Brötchen) oder Riechen (zur Blume) entwickelt.

Bei der Montessori-Übungssitzung ist sie ebenfalls zunächst sehr von den Puppen fasziniert. Sie klatscht mehrfach in die Hände, wedelt mit den Armen, wünscht sich die „Puppe". Als die Therapeutin sie nach einiger Zeit wegräumt, lässt sie sich auf eine Einwerfübung ein, bei der sie farbige Hölzer in ein Glas werfen soll, das sie erst aufschrauben muss. Dabei fallen ihr die Hölzer oft daneben, weil sie kaum hinschaut. Als die Therapeutin mit einem kritischen „nein" reagiert, verzieht sie das Gesicht, jammert, strebt zur Mutter. Die Therapeutin lässt sich davon aber nicht beeindrucken und bietet ihr als nächstes Material einen Tastsack an. Natascha jammert weiter. Als sie merkt, dass die Therapeutin sie nicht entlässt, wirkt sie aber dann plötzlich wieder aufmerksam und auf das Material neugierig. Sie legt die Dinge auf den Tisch, die das Säckchen enthält. Dann soll sie bestimmte Dinge wieder hineintun, die die Therapeutin benennt. Das gelingt ihr, soweit sie hinschaut. Trotz Nataschas Unruhe und Ausweichverhalten lässt sich somit eine gezielte gemeinsame Arbeit aufbauen, wenn die Therapeutin sie konsequent von ihren fixierten Vorlieben wegführt und ihren Handlungen klare Strukturen gibt.

Patrick (5;2 Jahre)

Unruhe und Verhaltensprobleme lassen sich auch bei Patrick verstehen als Folge seiner geringen Möglichkeiten, Handlungen selbstständig zu organisieren und seine Wünsche verständlich zu machen. Patrick ist das einzige Kind der Eltern.

Bei der ersten Vorstellung im Kinderzentrum im Alter von 5;2 Jahren berichten die Eltern, dass Patrick zwar von sich aus noch wenig zielgerichtete Tätigkeiten entwickelt, aber viele Dinge inspiziert, ausräumt, ertastet, Autos hin- und herschiebt, sich mit Wasser und Sand beschäftigt. Ein gemeinsames Spiel dabei scheitert aber oft daran, dass er sehr spezielle Vorstellungen hat, wie eine Handlung zu erfolgen hat, und sich zurückzieht, wenn dies nicht so erfolgt. Bei anderen Materialangeboten, z. B. zum Ein- und Aufstecken oder Stapeln, wäre eine Hilfestellung durch den Erwachsenen nötig, um zum Erfolg zu kommen, weil er feinmotorisch noch sehr unbeholfen ist. Eine solche Hilfestellung toleriert er jedoch kaum.

Patrick hat eine Reihe non-verbaler Verständigungsmöglichkeiten entwickelt. Er lautiert in Doppelsilben, zeigt auf Gegenstände, die er haben möchte, klatscht in die Hände, nickt gezielt auf Fragen und schüttelt den Kopf, nimmt den Erwachsenen bei der Hand, um zu zeigen, was er möchte. Auch hat er 4 bis 6 Handzeichen entwickelt. z. B. hält er die Hände auf die Ohren, wenn etwas laut ist, zeigt auf sich, wenn etwas ihm gehört, macht eine spezielle Geste, wenn er ein bestimmtes Lied hören möchte. Die Verständigung misslingt aber oft, so dass er mit heftigem Zorn reagiert. Dann beißt er sich in die eigene Kleidung, zieht an den Haaren des Gegenübers, kneift oder beißt ihn. Darüberhinaus weiß er z. B. durch Wegwerfen von Dingen den Erwachsenen zu provozieren.

In der freien Spielsituation führt er zunächst sehr stereotyp einzelne Gegenstände zum Mund. Überdies hält er ein vertrautes Objekt fest, als ob er sich daran festhalten müsse, was seine Erkundungsmöglichkeiten begrenzt. Immer wieder entwickelt er dann aber doch aus eigenem Antrieb komplexere Handlungen, z. B. das Aufstecken von Ringen oder Einstecken in ein Steckbrett, sucht ein kleines Objekt unter verschiedenen Abdeckungen, schließt eine Dose mit Deckel.

Auf Führung und direktive Aufforderung des Erwachsenen reagiert er ausweichend und versucht aufzustehen. Er lässt sich aber bei klarem, konsequentem Nein zum Weiterarbeiten bewegen. Interesse findet die Demonstration von Symbolspielansätzen, z. B. die Puppe zu füttern und zu kämmen, was er dann auch nachahmt. Er bürstet ihr mit Handführung die Haare, nimmt sie von allein hoch zum Kuscheln, schaut den Untersucher an, zeigt auf die Augen der Puppe, rührt im Teller, verliert aber dann die Spielidee aus den Augen und beißt in den Teller. Anschließend demonstriert der Untersucher das Zudecken der Puppe. Patrick nimmt das Tuch und schiebt es ihm in die Hand, damit er es wiederhole. Die Handlungsidee hat er verstanden.

Bei der Montessori-Übung agiert Patrick zunächst sehr vorsichtig. Er beobachtet, wie die Therapeutin eine Schüssel mit Wasser füllt, freut sich, greift ins Wasser und holt die Bällchen heraus, lässt sie wieder fallen, legt sie dann behutsam in die andere Schüssel. Einmal benutzt er ein Sieb, das sie ihm anbietet, zum Umfüllen, danach greift er wieder mit der Hand ins Wasser, steckt sie in den Mund, schaut aus dem Fenster, winkt den Eltern zu. Die Therapeutin bietet ihm dann eine Löffelübung an. Er greift in die Schüssel mit Bohnen und lässt sie rieseln. Er freut sich mit quietschenden Lauten daran, lässt sich dann die Hand führen beim Umlöffeln, betastet Löffel und Bohnen, hält den Löffel unbeholfen, weiß ihn aber nicht selbstständig einzusetzen.

Er ist neugierig auf die anderen Dinge im Raum, entdeckt einen Kugelbaum, zieht mit Hilfe die Kugeln ab, belutscht sie und legt sie in eine Kiste. Dann steckt er einige Kugeln unsicher, aber gezielt auf, an anderen leckt er, lässt sie fallen und beobachtet, wie sie im Zimmer umherrollen. Die Exploration, was man alles mit den Gegenständen machen kann, scheint ihn mehr zu faszinieren als eine Handlung abzuschließen.

Angela (11;8 Jahre)

Die Entwicklung von Angela soll ausführlicher dargestellt werden, da sie sowohl Verhaltensprobleme wie Familienbelastungen bem Cri-du-Chat-Syndrom deutlich macht. Es handelt sich um das erste Kind, welches nachfolgend noch zwei jüngere Brüder bekommen hat. Sie wurde in der 42. SSW mit einem GG von 3200 g, KL von 50 cm und KU von 34 cm geboren. Am dritten Lebenstag wurde wegen des auffälligen Schreiens die Verdachtsdiagnose des CdC gestellt. Die Entwicklung verlief deutlich verlangsamt. Bei einer Entwicklungsuntersuchung im Alter von 18 Monaten kann sie frei sitzen, rollen und kriechen, aber noch nicht stehen. Ihr Spielverhalten ist sehr stereotyp.

Zur Diagnosemitteilung erinnert die Mutter

„Ich wurde gleich am ersten Tag in der Klinik auf eine mögliche Behinderung aufmerksam gemacht. Ich war allein, kurz nach der anstrengenden Geburt, ohne meinen Mann, und es traf mich wie ein Schlag. Meine erste Reaktion, als ich das Kind an mich drückte, war: Wir gegen den Rest der Welt." – „Die Zeit im Krankenhaus war schlimm. Mein Kind wurde aus meinem Zimmer genommen wegen Gelbsucht. Zum Stillen ging ich durch endlose Gänge und Stockwerke wie in Trance zu ihr. Das war eine schlimme Prozedur. Ich wusste nicht, dass sie syndrombedingt eine Saugschwäche hatte. Sie war mein erstes Kind und die Schwestern hatten keine Zeit." – „Wir hatten dann ein Gespräch im humangenetischen Institut, wo wir endlich informiert wurden. Als wir Gewissheit über die Behinderung hatten, ging es irgendwie leichter. Es war etwas Konkretes. Wir weinten viel in der Zeit, auch mein Mann, der das sonst nie tat. Ich hatte keine Vorstellung von geistiger Behinderung, ich kannte keine Betroffenen. Ich wusste nur, alles, was ich mir so schön vorgestellt hatte während der Schwangerschaft, würde so nicht laufen. Wir hatten dann Gott sei Dank mit ihr so viel zu tun, dass wir gar nicht so viel zum Grübeln kamen. Die Augenblicke der Ohnmacht und Trauer kamen jedoch immer wieder."

Sie beklopft Dinge, leckt an ihnen und schüttelt sie, ist aber leicht ablenkbar und durch Reize aus dem Gleichgewicht zu bringen. In diesem Fall streckt sie die Beine in Rückenlage hoch, dreht ihre Hände vor den Augen und schaukelt mit dem Kopf hin und her. In anderen Momenten beschäftigt sie sich intensiv mit kleinen Gegenständen, ergreift sie mit Pinzettengriff, holt sie aus einem Behälter, lässt sie auch gezielt hineinfallen, schaut heruntergefallenem Spielzeug nach und bemüht sich, es wieder zu erreichen. Wenn sie etwas fasziniert – z. B. eine Kiste mit Muggelsteinen, eine Handtrommel oder ein Quietschigel – kann sie sich recht lange damit beschäftigen. Sie bildet prustende Laute und Silbenketten. Qualitativ wird die Kontaktaufnahme als indifferent freundlich gegenüber fremden Personen beschrieben.

Die heilpädagogische Frühförderung schließt ihren Förderbericht dann im Alter von 3;6 Jahren ab mit einer Testuntersuchung (MFED), die folgende Altersvergleichswerte ergibt: Laufen 17 Monate, Handgeschicklichkeit 17 Monate, Perzeption 16 Monate, Greifen 14 Monate, Sprachverständnis 21 Monate Das freie Laufen hat sie im Alter von 32 Monaten erreicht. Angela kann zu diesem Zeitpunkt z. B. die Seiten eines Bilderbuchs umblättern, Stifte in das Steckbrett und Ringe auf einen Stab stecken. Sie malt Striche und flache Spiralen, räumt ein und aus und steckt Materialien durch kleine Öffnungen, z. B. Bohnen durch den Flaschenhals, kleine Knöpfe durch einen Schlitz. Sie setzt Becher ineinander, einen Kreis in ein Formbrett, kippt einen Gegenstand aus der Flasche, erkennt verschiedene Körperteile und einfache Abbildungen. Sie kann Brot alleine essen und aus einem Becher trinken. Im Rahmen ihrer geistigen Behinderung hat sie somit sehr viele Fähigkeiten erworben. Leider zeigt sie diese Fähigkeiten nur dann, wenn sie in der Einzelsituation mit einem Erwachsenen arbeitet. Im freien Spiel entwickelt sie kaum zielgerichtete Tätigkeiten. In Frustrationsphasen kann es aber auch jetzt noch dazu kommen, dass Angela sehr irritiert ist, dann ihre Eltern in den Arm oder das Bein beißt, z. B. wenn sie gegen ihren Willen angezogen wird. Sie stimuliert sich oft mit dem Mund, beißt in fremde Gegenstände, sei auch nicht davon abzuhalten, Sand und Schnee sofort in den Mund zu nehmen. Sie holt sich einzelne Dinge heran, untersucht sie kurz, verliert aber dann das Interesse.

Im kommunikativen Bereich hat sie Fortschritte gemacht. Sie zeigt auf einen Gegenstand oder nimmt die Eltern an die Hand und führt sie zu dem Gewünschten hin. Sie imitiert einfache Gesten wie Klatschen und Winken sowie häusliche Tätigkeiten wie Wischen und Fegen. Sie hat begonnen, Tierlaute wie „kikeriki" und „Grunzen" eines Schweinchens nachzuahmen.

Im Alter von nicht ganz vier Jahren wird sie in den heilpädagogischen Kindergarten aufgenommen. Dort ist sie anfangs ängstlich und unsicher, kann die Reaktionen der anderen Kinder schlecht einschätzen und reagiert oft verschreckt. Sie beobachtet gern, kann aber eigene Bedürfnisse gegen die anderen Kinder nicht durchsetzen. Mit der Zeit lernt sie dann erste Nachahmungsspiele (Puppe anziehen, fegen etc.) und die Bedeutung verschiedener Gegenstände (z. B. Zahnbürste, Putzlappen) kennen. Inzwischen hat sie auch einen kleinen aktiven Wortschatz entwickelt, der es ihr ermöglicht, Dinge zu benennen, Wünsche zu äußern und Personen zu rufen. Dabei neigt sie zu stereotypen Fragen („isn das?"). Sie spricht mehrsilbige Wörter nach (z. B. Puppenbett oder Papagei), kann auch Mehrwortsätze bilden („Noch mehr Wasser machen."). Sie kann z. T. Reime und ganze Satzformationen speichern.

Mit sieben Jahren wird sie dann in die Tagesbildungsstätte aufgenommen. Sie macht weiterhin Fortschritte, bleibt aber empfindlich für Überforderungen. Auf den dort herrschenden Lärmpegel und die häufigen Erzieherwechsel reagiert sie z. B. mit Unruhe. Sie sei ständig in Aktion, fordere, bis sie ihr Ziel erreiche, wisse manchmal noch abends, was sie morgens wollte. Manchmal wird sie durch irgendein Wort zu sprachlichen Assoziationen angeregt, bekomme dies dann nicht mehr aus dem Kopf und beginne, mit dem Kopf zu schlagen. z. B. schnappt sie bei der Untersuchung auf „Du hast heute einen Termin hier, du kannst nicht weg" und will dann ständig wissen, was ein Termin ist.

Im letzten Entwicklungsbericht im Alter von elf Jahren beschreibt die Lehrerin dann, dass sie viel ausgeglichener und ruhiger geworden sei. Beim An- und Ausziehen ist sie selbstständig, geht auch allein zur Toilette. Sie beschäftige sich oft für einen Zeitraum von 20 bis 30 Minuten mit Dingen aus ihrer Umwelt, sei nicht mehr so leicht frustriert. Sie braucht aber eine starke Strukturierung der Situation und klare Führung. Andernfalls reagiert sie mit Erregungszuständen, destruktiven und selbstverletzenden Verhaltensweisen.

Auch ihre sprachlichen Äußerungen variieren je nachdem, wie wohl sie sich in einer Situation fühlt. Ist sie aufgeregt, bildet sie oft nur 2- oder 3-Wortsätze, fuchtelt mit den Armen und zieht den Gegenüber am Ärmel, „Musik anmachen". Wenn man sie auffordert, kann sie den ganzen Satz sagen: „Mama, kannst du bitte Musik anmachen!". Sie kann aber auch sehr gezielt fragen nach etwas, was sie nicht versteht, nimmt dann den Erwachsenen an die Hand, sucht seinen Blick und fragt „warum?" oder „was bedeutet das?", „was machst du da?" und „warum lachst du?" Auch Ablehnung kann sie deutlich machen. So sagt sie „tjüs" und schubst eine Person weg, wenn sie möchte, dass sie weggehen soll, oder schiebt ihre Hand weg, wenn sie keine Störung will.

Zu Hause ist ihr Verhalten weiterhin sehr belastend. Wenn ihr etwas misslingt, kann sie sehr wütend werden, schlägt um sich, zieht den kleinen Bruder an den Haaren.

Selbststimulationen und autoaggressive Verhaltensweisen (Körperschaukeln, Fingerstereotypien, Kopfschlagen, Kratzen an der Haut) treten meist dann auf, wenn Angelas Reizverarbeitungsfähigkeiten überfordert werden durch eine unruhige Situation und rasche Anforderungswechsel. Teilweise interveniert die Mutter mit kurzem Festhalten, teilweise bleibt es bei einem einmaligen Kopfschlagen, was keine Reaktion des Gegenübers erfordert. Im gesamten Tagesablauf fällt es ihr leichter zurechtzukommen, wenn sich wiederholende, überschaubare Strukturen bestehen.

Die Mutter berichtet

„Ich muss ständig aufpassen. Öffentliche Veranstaltungen sind immer stressig. Die anderen Mütter trinken Kaffee und ich laufe zwei Stunden nur hinter meiner Tochter her, versuche sie zu beruhigen, ihr etwas zu erklären, Kontakte herzustellen, Ausflippen zu vermeiden, Verletzungen vorzubeugen. – Wie kann ich ihre labilen Gemützustände und Stimmungsschwankungen beeinflussen? Die ganze Familie muss sie wie ein rohes Ei behandeln und ständig damit rechnen, dass der Vulkan ausbricht."

Die entwicklungspsychologische Untersuchung im Alter von 11;9 Jahren umfasst den Symbolic Play Test (SPT), die Perzeptionsskala der McCarthy Scales (MSCA), die Sprachentwicklungsskalen von Reynell und den Allgemeinen Wortschatztest (AWST). Nach anfänglich starker Fixierung auf Puppenmaterialien löst sich Angela mehr und mehr von der Mutter und diesen Vorlieben und lässt sich auf die verschiedenen Aufgaben ein. Dabei bedarf es klarer Führung und Rückmeldung, um ihre Aufmerksamkeit zu focussieren. Bei wechselnden Anforderungen ist aber durchaus eine zielgerichtete gemeinsame Arbeit von jeweils bis zu 45 Minuten Dauer möglich.

Im Umgang mit Symbolspielmaterialien zeigt sie die Fähigkeit, einzelne Handlungen zu kombinieren und Szenen wie Tischdecken oder Traktor beladen zu gestalten. Sie kommentiert dazu „auf den Tisch", „auf den Stuhl", „aus Plastik", legt aber zwischendurch auch einmal den Teller unter den Tisch oder steckt eine kleine Gabel in die Öffnung einer Dose, schweift ab, will eine bestimmte Puppe wieder haben. Als der Untersucher sie auf später „vertröstet", schlägt sie sich an den Kopf.

Bei den Perzeptionsaufgaben gelingt ihr das Kombinieren von Puzzleteilen zu einem Ganzen und das Nachbauen eines Turmes, das Nachzeichnen von Kreis und Strichen, das Identifizieren von Dingen nach Größen-, Form- und Farbbezeichnungen. Sobald die Aufgabe komplexer wird, z. B. mehrere Teile zusammenzufügen oder zu sortieren sind, ist ihre Fähigkeit zur Handlungsorganisation noch überfordert, wenngleich sie das Aufgabenprinzip durchaus versteht. Nach der quantitativen Auswertung ergibt sich daraus ein kognitives Entwicklungsalter von knapp drei Jahren.

Dass dies jedoch nicht ein valides Bild ihrer Leistungsmöglichkeiten darstellt, zeigt sich bei den sprachlichen Aufgaben. Sie vermag sowohl im Reynell- wie auch im Wortschatztest zahlreiche Einzelbilder zu benennen mit Gegenstands- und Tätigkeitsbegriffen; auch die Erklärung, was man mit einzelnen Dingen macht (z. B. „Was macht man mit einem Apfel/Buch/Kleid?" „Was heißt laut?") ist ihr durchaus so möglich, wie es bei etwa 4-jährigen Kindern zu beobachten ist.

Dies gilt auch für ihr Sprachverständnis. Im Reynell-Test erreicht sie hier ein Entwicklungsalter von 3;10 Jahren. Erstaunlich ist, dass sie komplexe Aufträge mit Tierfiguren, die die Berücksichtigung von Präpositionen u. Ä. erfordern, umzusetzen vermag (z. B. „Stell den Bauern und zwei Pferde nebeneinander!"). Darüberhinaus zeigt sich ihr Verständnis in einem Teiltest, bei dem Spielhandlungen simuliert und auf entsprechende Fragen die Figuren identifiziert werden müssen, auf die die Aussage zutrifft (z. B. „Peter schubst das Baby um. Wen nimmt die Mutter dann auf und wen tröstet sie?"). Solche Einzelbeobachtungen zeigen, dass sie viel mehr Zusammenhänge versteht als es beim ersten Kontakt scheint. Neue Anforderungen bringen sie aber sehr aus dem Gleichgewicht, so dass sie mit stereotypen Äußerungen und Handlungen reagiert.

Die abschließende Beobachtung in der Montessori-Situation zeigt diese Empfindlichkeit gegen Reizüberflutung. In der ablenkungsreichen Umgebung vermag sie sich nicht auf einzelne Tätigkeiten und Angebote (z. B. Löffelübungen, Schleifenbinden, Erkundung von unterschiedlichen Tastqualitäten an Stoffstücken) einzulassen, steht ständig auf, weicht aus, beriecht und beleckt die Gegenstände, greift der Therapeutin in die Haare, streicht über ihre Wange mit der stereotypen Frage „Hast du einen Hund?", jammert („Was ist denn hier so witzig?") und klammert sich an eine Puppe fest, die sie nicht mehr aus der Hand legen mag.

9.2 Klinische Genetik

Das Cri-du-Chat-Syndrom (auch als Deletion 5p-Syndrom bezeichnet) wurde von Lejeune et al. (1963) erstmals beschrieben. Es handelt sich um den gleichen Arzt, der nachwies, dass Kindern mit Down-Syndrom eine Trisomie 21 gemeinsam ist. Lejeune beschrieb drei Mädchen, die geistig retardiert waren und ähnliche Erscheinungsformen des Gesichts hatten sowie ein schrilles, katzenartig miauendes Schreien, das so unverwechselbar war, dass der Franzose das Syndrom Katzenschrei-Syndrom benannte.

Die Inzidenzrate wird mit 1 : 50 000 geschätzt, d. h. dass z. B. in den USA jährlich etwa 50 bis 60 Kinder mit dieser Behinderung zur Welt kommen. Es tritt etwas häufiger bei Mädchen auf im Verhältnis von 4:3 (Niebuhr, 1978). Niebuhr (1978) berichtete aus einer Untersuchung der Gesamtpopulation dänischer Kinder mit geistiger Behinderung eine Prävalenzrate von 22/18150.

Die genetische Ursache ist eine parzielle Deletion am kurzen Arm des Chromosoms 5. Die zytogenetische Variationsbreite ist groß von einfachen terminalen Deletionen unterschiedlicher Größe, bei denen das genetische Material vom Ende des kurzen Arms eines Chromosoms 5 verlorengegangen ist, über interstizielle Deletionen (Stückverluste nach zwei Bruchereignissen) bis zu einer Vielzahl struktureller Neubildungen. Durch neuere Untersuchungstechniken konnte gezeigt werden, dass für das „klassische Bild" des Cri-du-chat-Syndroms, zu dem auch craniofaciale Besonderheiten und eine geistige Behinderung gehört, eine Deletion im Bereich Bande 5p15.2–p15.3 ausschlaggebend ist. Die in diesem Bereich lokalisierten Gene und die Mechanismen, die zu den Entwicklungsstörungen beim CdC-Syndrom führen, sind noch nicht vollständig bekannt. Es ließ sich aber nachweisen, dass das Symptom des katzenähnlichen Schreis selbst in der Bande 5p15.31 lokalisiert ist. Patienten, bei denen die genetische Veränderung auf diesen oder eng benachbarten Bereiche (5p14, bzw. 5p15) beschränkt ist, weisen zwar verschiedene Symptome des CdC auf, sind in ihrer intellektuellen Entwicklung aber nicht schwer beeinträchtigt (Cornish et al., 1999b).

Die Befunde zu der Frage, ob innerhalb der kritische Bandbreite eine Korrelation zwischen Ausdehnung der Deletion und Entwicklung besteht, sind widersprüchlich. Cerruti Mainardi et al. (2001) führten molekulargenetische Untersuchungen bei 62 Patienten der italienischen Selbsthilfegruppe durch und untersuchten Zusammenhänge zum Ausprägungsgrad der körperlichen Dysmorphien und zum Zeitpunkt, zu dem nach Angaben der Eltern bestimmte Meilensteine der Entwicklung erreicht worden waren. Kinder, Jugendliche und Erwachsene mit breiterer Ausdehnung der Deletion hatten auch stärker ausgeprägte dysmorphe Merkmale und häufiger eine Microcephalie; ihre Eltern erinnerten signifikant spätere Zeitpunkte, zu dem die Kinder die ersten Worte gesagt, Worte kombiniert oder selbstständig die Toilette besucht hatten. Marinescu et al. (1999) korrelierten die molekulargenetischen Befunde von 50 Patienten mit der aktuellen sozial-adaptiven Kompetenz, erhoben mit den Vineland Adaptive Behavior Scales. Sie fanden keinen systematischen Zusammenhang, sondern eine erhebliche Variabilität im Niveau der sozialen und kommunikativen Fähigkeiten.

Bei der Mehrzahl der Fälle (etwa 85 %) handelt es sich um de novo Deletionen, meist mit paternalem Ursprung. Die meisten der übrigen Fälle (10 bis 15 % insgesamt) resultieren aus unbalanzierten Translokationen, die mütterlicher- oder väterlicherseits ihren Ursprung haben können. Wenn bei einem Elternteil eine balanzierte Translokation vorliegt, besteht ein erhöhtes Wiederholungsrisiko. Daher empfiehlt sich eine zytogenetische Untersuchung der Eltern von Kindern mit Cri-du-Chat-Syndrom, um festzustellen, ob sie Translokationsträger sind. Das Alter der Eltern hat keinen Einfluss. Eine pränatale Diagnose ist möglich. Die Kinder mit unbalancierter Translokation zeigen in aller Regel unterschiedliche Strukturarrangements, so dass kein Kind denselben Phänotyp aufweist. Betroffene mit familiären und de novo Translokationen zeigen schwerere körperliche Fehlbildungen und eine langsamere kognitive Entwicklung als Individuen mit isolierten Deletionen. Ihre sozial-adaptiven Fähigkeiten sind deutlich weniger entwickelt. Kinder, bei denen eine unbalanzierte Translokation vorliegt, erreichen einen IQ, der um durchschnittlich 18 Punkte niedriger ist als Kinder mit terminaler Deletion (Wilkens et al., 1980, 1983; Dykens & Clarke, 1997).

In etwa 20 bisher beschriebenen Fällen handelt es sich um eine Mosaikform, bei der der Bruch des Chromosoms 5 in einem frühen Entwicklungsstadium des Feten aufgetreten ist, so dass nur ein Teil der fetalen Zellen das deletierte Chromosom enthält.

Kinder mit Cri-du-Chat-Syndrom haben ein charakteristisches Gesicht. Im Säuglingsalter ist das Gesicht rund mit Hypertelorismus, schräg gestellter Lidachse, Epikanthus (extra Hautfalte im inneren Augenwinkel), tiefsitzende Ohren, einer breiten und flachen Nase sowie einem kleinen, zurückfliehenden Kinn. Die Merkmale des Gesichts verändern sich mit dem Alter. Das Gesicht wird länger, im Jugendalter werden dann die Gesichtszüge gröber mit charakteristisch hervorstehenden Augenbrauenwülsten, tiefliegenden Augen, einer hypoplastischen Nasenbrücke und kleinem Unterkiefer, der häufig zu einem starken Überbiss führt.

Kasten 15: Charakteristische Merkmale beim Cri-du-Chat-Syndrom

- Gesichtsform (Hypertelorismus, schräg gestellte Lidachse, Epikanthus, tiefsitzende Ohren, breite, flache Nase, kleines Kinn)
- niedriges Geburtsgewicht
- frühe Hypotonie
- Saug- und Atembeschwerden im Säuglingsalter
- dauerhafte Microcephalie
- dauerhafter Minderwuchs
- angeborene Herzfehlbildungen (30 %)
- häufige (z. B. Mittelohr-) Entzündungen

Zum körperlichen Erscheinungsbild gehört neben den Besonderheiten der Facies ein pränataler Minderwuchs, ein niedriges Geburtsgewicht und eine Microcephalie. In den ersten Lebensmonaten sind viele Kinder hypoton, trinken schlecht und sehr langsam, erbrechen die Nahrung und haben eine schlechte Kopfkontrolle, Atembeschwerden und Gelbsucht. Diese Probleme machen bei etwa der Hälfte der Kinder eine längere externe Beatmung und Sondierung erforderlich. Sie lassen aber mit zunehmendem Alter der Kinder nach und sind ohne prognostische Aussagekraft auf die künftige Entwicklung. Eine ausgeprägte Wachstumsminderung und Microcephalie bleiben dagegen bestehen. So hatten die von Wilkens et al. (1980) untersuchten Kinder im Alter von zehn Jahren durchschnittlich die Größe 7-jähriger Kinder erreicht, der Kopfumfang entsprach dem Durchschnitt bei einjährigen Kindern. Im späteren Jugendalter liegen zumindest die Größen der Mädchen unter dem Durchschnitt (143 bis 156 cm; Niebuhr, 1978).

Im Säuglingsalter ist ein ungewöhnlicher Schrei besonders auffällig, der als hoch, klagend, schwach, monoton oder schrill beschrieben wird mit Ähnlichkeit zum Miauen einer Katze, was dem Syndrom den Namen gegeben hat. Die Ursache dieser Besonderheit liegt wohl in einem abnormal schlaffen Kehlkopf, der die normale Funktion der Stimmbänder nicht unterstützt; andere Autoren vermuten eine cerebrale Ursache. Der katzenähnliche Klang des Schreiens wird nicht bei allen betroffenen Kindern vorgefunden. Bei einem Drittel der Kinder ist er im Alter von zwei bis drei Jahren zudem gänzlich verschwunden. Der Entwicklungsverlauf dieser Teilgruppe unterscheidet sich aber ansonsten nicht von der Gesamtgruppe. Sobald die Kinder Sprache entwickeln, hat ihre Stimme einen charakteristischen, relativ hohen, monochromatischen Klang.

Wilkens et al. (1980) berichteten über weitere körperliche Besonderheiten und den psychomotorischen Entwicklungsverlauf bei 80 Kindern. Die psychomotorischen Meilensteine wurden deutlich später erreicht. Auch nachdem sie das freie Laufen gelernt hatten, war ihr Gang meist breitbasig mit durchgedrückten Knien und unkoordiniert. Ungefähr ein Viertel der Kinder wurde mit Klumpfüßen geboren, die orthopädisch korrigiert werden mussten. Etwa 20 % entwickelten später eine Skoliose.

Angeborene Herzfehlbildungen unterschiedlichen Schweregrades (Septumdefekt oder offener Ductus), die in einigen Fällen operiert werden mussten, fanden sich bei etwa 30 % der Kinder. Die Herzanomalien traten häufiger und in schwererer Form bei Kindern mit unbalanzierten Translokationen auf. Zu den selteneren Befunden gehören gastrointestinale Auffälligkeiten (z. B. intestinale Malrotation und Hirschsprung-Krankheit). Schwere Konstipation findet sich als chronisches Problem bei etwa der Hälfte der Kinder.

Eine chronische Mittelohrentzündung lag bei einem Drittel der Kinder vor. Insbesondere Kinder mit unbalanzierten Translokationen neigten häufiger zu chronischen Erkrankungen dieser Art. 47 % der Kinder mit isolierter Deletion und 71 % der Kinder mit unbalanzierter Translokation wurden mindestens einmal im ersten Lebensjahr wegen eines dieser Probleme oder einer Operation stationär aufgenommen. Bei etwa der Hälfte der Kinder zeigten augenärztliche Untersuchungen einen Nystagmus, ein Schielen oder Kurzsichtigkeit.

Die Pubertätsentwicklung verläuft verzögert. Bei 4/11 Mädchen setzte die Menstruation im Alter von durchschnittlich 13 1/2 Jahren ein, bei 6/11 Mädchen im Alter von 10 bis 16 Jahren war sie noch nicht eingetreten. Von sechs männlichen Jugendlichen hatte bis zum Zeitpunkt der Untersuchung erst einer sekundäre Geschlechtsmerkmale entwickelt.

Die Lebenserwartung ist beim CdC nicht notwendig eingeschränkt. Ein Erwachsener mit CdC im Alter von 56 Jahren ist beschrieben. Wilkens et al. berichteten, dass 7/80 Kindern vorzeitig verstarben, davon 2 im ersten Lebensjahr an Herz- und Atmungskomplikationen, vier während der Kindheit an Darmproblemen oder Lungenentzündungen und ein Erwachsener im Alter von 20 Jahren aus unbekanntem Grund. Die meisten Erwachsenen mit CdC weisen aber keine gravierenden medizinischen Probleme auf.

9.3 Kognitive und adaptive Entwicklung

Das Cri-du-Chat-Syndrom gehört zu den Syndromen, denen in den humangenetischen Lehrbüchern eine schwere geistige Behinderung (z. B. IQ < 20), sehr eingeschränkte sprachliche Ausdrucksfähigkeit und Selbstständigkeit zugeschrieben wird (Schinzel, 1976). Sehr viele Kinder, Jugendliche und Erwachsene mit CdC, auf die sich diese Erfahrungen beziehen, wuchsen in Heimeinrichtungen unter nicht-optimalen Förderbedingungen auf, so dass Angaben zu ihrem Entwicklungsverlauf nicht auf die heutige Zeit zu übertragen sind.

Motorische Entwicklung

Die erste systematische Studie zur Entwicklung von 80 Kindern mit Cri-du-Chat-Syndrom, die zu Hause aufwuchsen, stammte von Wilkens et al. (1980, 1983). Die Meilensteine der motorischen Entwicklung wurden sehr verspätet erreicht: Drehen im Durchschnitt mit acht Monaten, *freies Sitzen mit 18 Monaten, freies Laufen mit über drei Jahren (frühestens mit 18 Monaten)*. Die Variation der Entwicklungsverläufe war jedoch erheblich. 10 der 40 Kinder, die älter als acht Jahre waren, waren noch nicht in der Lage, allein zu laufen. Der retrospektive Charakter der Befragung macht allerdings die Gültigkeit einiger Elternangaben fragwürdig.

Tabelle 65: Entwicklungsverlauf bei 80 Kindern mit CdC in retrospektiver Befragung (nach Wilkens et al., 1983)

Entwicklungsverlauf	Mittelwert	Schwankung	Normal
rollen	5	1–24	2–5
sich aufsetzen	14	2–36	5–8
krabbeln	20	5–48	7–10
an Möbeln entlanggehen	30	10–72	7–13
allein laufen	43	14–108	11–15
Sauberkeit	90	24–276	24–36
sich selbst anziehen	78	24–192	24–40

Carlin (unveröffentlicht) führte eine internationale Elternbefragung durch, an der sich auch 37 Eltern der deutschen Selbsthilfegruppe beteiligten. Darunter sind 18 Kinder im Alter unter sechs Jahren, 14 im Alter zwischen sechs und zwölf Jahren und fünf ältere Jugendliche und junge Erwachsene. Berger (1996) stellte die Ergebnisse für die deutsche Teilgruppe zusammen und verglich sie

Tabelle 66: Motorische Fähigkeiten bei 37 Kindern mit Cri-du-Chat-Syndrom (nach Berger, 1996)

Motorische Fähigkeiten	min	max	< 6;0 (18)	6,1–12;0 (14)	> 16;0 (5)
rollen	0;11	3;0	18	10	3
selbstständiges Sitzen	0;9	4;0	16	14	4
krabbeln	0;8	4;0	16	13	4
gehen an der Hand	1;3	10;0	11	13	4
freies Laufen	1;7	12;0	9	10	4

mit den Daten aus einer Vorauswertung der Angaben von 105 Eltern amerikanischer Kinder mit CdC. Es zeigte sich erneut eine große individuelle Variabilität im Verlauf der motorischen Entwicklung.

Eine retrospektive Befragung von 84 Eltern von Kindern der italienischen Elterngruppe ergab ein mittleres Alter von 14 Monaten für das freie Sitzen, 21 Monaten für das freie Stehen und 3 Jahren für das freie Laufen (Cerrruti Mainardi, 2000).

Kognitive Entwicklung

Cornish et al. (1999a) untersuchten *26 Kinder im Schulalter mit dem Wechsler-Test (WISC-III). Das Ergebnis von 21 Kindern lag im Bereich einer schweren intellektuellen Behinderung (IQ < 50).* Der Gesamt-IQ schwankte zwischen 40 und 57 mit einem mittleren Wert von 47.8 IQ-Punkten. Es fanden sich keine signifikanten Unterschiede zwischen dem Verbal- und dem Handlungsteil des Tests und insgesamt ein ausgeglichenes Profil in den Subtests ohne spezifische Stärken oder Schwächen.

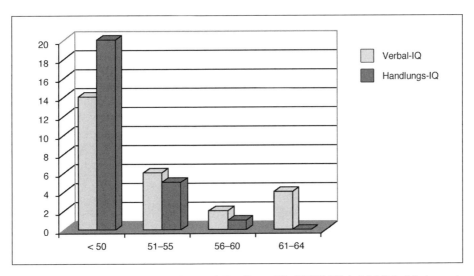

Abbildung 66: Verteilung von Verbal- und Handlungs-IQ (WISC-III) bei 26 Schulkindern mit Cri-du-Chat-Syndrom (Cornish et al., 1999a)

Smith et al. (1990) und Cornish (1996) berichteten jeweils über einzelne Patienten mit CdC, bei denen die motorische Entwicklung nur leicht verzögert war und die kognitiven Fähigkeiten im Bereich der Lernbehinderung lagen. Smith et al. (1990) teilten bei einem Mädchen mit 5;3 Jahren einen Handlungs-IQ von 87 und Verbal-IQ von 70 mit. In der Folgezeit konnte sie mit sonderpädagogischen Hilfen in die Regelschule integriert werden und lernte in begrenz-

Tabelle 67: Entwicklungstestwerte bei neun jungen Kindern mit Cri-du-Chat-Syndrom (Sarimski, 1998b)

Bereich	Testergebnisse von 9 Kindern								
Alter (in Mon.)	26	28	37	58	59	60	61	62	63
Feinmotorik (Mon.)	12	12	24	26	30	15	24	26	13
Perzeption (Mon.)	12	12	21	26	36	15	22	26	14

tem Maße lesen und ihren Namen schreiben. Cornish (1996) ermittelte ein sehr heterogenes Fähigkeitsprofil im WISC-R bei einem Mädchen im Alter von 11;9 Jahren. Der Verbal-IQ lag bei 95, der Handlungs-IQ bei 52 (Gesamt-IQ 72), der Wortschatz war altersgemäß.

Eine gravierende Verlangsamung der kognitiven Entwicklung zeigt sich ebenso bei der Untersuchung von jüngeren Kindern. In einer eigenen Studie Untersuchung von neun Kindern mit Cri-du-Chat-Syndrom im Alter zwischen 2,2 und 5,3 Jahren wurde die Münchener Funktionelle Entwicklungsdiagnostik (MFED) sowie der Symbolic Play Test (SPT) durchgeführt (Sarimski, 1998b). Alle Kinder wiesen eine deutliche Behinderung auf (EQ < 60) und ein weitgehend ausgeglichenes Profil zwischen feinmotorischen und kognitiven Fähigkeiten.

Allerdings fanden sich deutliche individuelle Unterschiede im Entwicklungstempo. Von sechs nahezu gleichalten Kindern (5 Jahre) waren zwei schwer mental behindert. Die übrigen vier Kinder sind feinmotorisch schon recht geschickt, können z. B. unterschiedliche Formen malen, auffädeln, versuchen sich am Schneiden mit der Schere. Sie haben erste Abstraktionsfähigkeiten entwickelt, ordnen Farben, gleiche Bilder oder Formen einander zu und können auch mit Miniaturobjekten kleine Szenen gestalten, z. B. den Tisch für die Puppe decken, sie auf den Stuhl setzen und dann essen lassen.

Adaptive Kompetenz

In der Entwicklungsstudie von Wilkens et al. (1983) wurde die „Vineland Social Maturity Scale" zur Bestimmung der sozialen und praktischen Fähigkeiten eingesetzt sowie der Slosson-Intelligenztest. Der *Sozialquotient lag im Mittel bei 41, der IQ bei 35. Es zeigten sich aber in beiden Verfahren außerordentlich große individuelle Unterschiede (6 bis 88, 7 bis 98).* Beide Daten korrelierten hoch miteinander. Bei einem durchschnittlichen Alter von 6;5 Jahren lag das soziale und mentale Entwicklungsalter bei 2;6, bzw. 2;5 Jahren. Marinescu et al. (1999) berichteten einen durchschnittlichen Score von 35 bei der Erhebung der adaptiven Fähigkeiten mit den Vineland Adaptive Behavior Scales (VABS). Auch hier fanden sich aber erhebliche individuelle Unterschiede mit Werten zwischen 20 und 75.

Offensichtlich hat ein früher Beginn der pädagogischen Förderung einen wesentlichen Einfluss auf den Entwicklungsverlauf beim Cri-du-Chat-Syndrom. Kinder, die eine frühe Förderung erhalten hatten, zeigten eine bessere Entwicklung als Kinder, bei denen spät mit der Förderung begonnen wurde. Sie erreichten eher das freie Laufen, mehr Selbstständigkeitsfertigkeiten und gestische oder verbale Kommunikationsfähigkeiten (Tab. 68).

Innerhalb der verschiedenen Teilbereiche der adaptiven Kompetenz liegen die Stärken von Kindern, Jugendlichen und jungen Erwachsenen mit CdC-Syndrom offenbar im Bereich der sozialen Beziehungen. Bei der Auswertung von 100 Fragebögen (VABS) ergab sich in diesem Bereich ein Skalenwert von 47, der deutlich höher lag als in den Skalen, die kommunikative Fähigkeiten, praktische Kompetenzen des Alltags und motorische Fähigkeiten messen (Skalenwerte 33 bis 40; Dykens et al., 2000; Tab. 69).

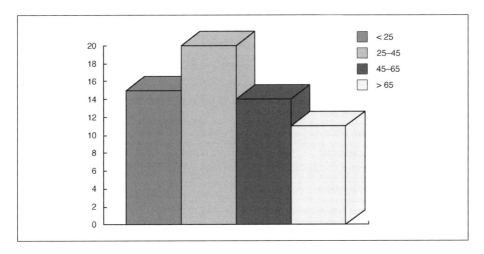

Abbildung 67: Sozialquotient bei 80 Kindern mit Cri-du-Chat-Syndrom (Wilkens et al., 1983)

Bei zwanzig Kindern (4–16 Jahre; mittleres Alter 7;6 Jahre) fanden Cornish et al. (1998) allerdings keine signifikanten Unterschiede zwischen den drei Entwicklungsbereichen (Kommunikation, praktische Fertigkeiten, soziale Fähigkeiten). Im Durchschnitt erreichten die Kinder in allen Bereichen ein Entwicklungsniveau, das zweijährigen Kindern vergleichbar war. Lediglich das Sprachverständnis wurde von den Eltern als wesentlich weiter entwickelt beschrieben als die anderen Entwicklungsbereiche.

Eine eigene Untersuchung mit einer postalischen Befragung der Eltern von 22 Kindern mit Cri-du-Chat-Syndrom (9 Jungen und 13 Mädchen) erbrachte ergänzende Informationen zur Entwicklung der Selbstständigkeit und des Schlaf- und Essverhaltens. Das mittlere Alter der Kinder lag bei 5;6 Jahren (sd = 3;0 J.); die Mehrzahl der Kinder war unter sechs Jahren alt. Von ihren Eltern wurden 16 Kin-

Tabelle 68: Sozialquotienten bei 41 Patienten mit CdC in Abhängigkeit vom Beginn der Förderung (nach Wilkens et al., 1983)

Beginn der Förd.	Zahl der Kinder	Schwankung SQ	mittlerer SQ
< 1 Jahr	9	32–85	64
1 – 3 Jahre	14	26–80	50
> 3 Jahre	18	9–76	36

Tabelle 69: Ausgewählte adaptive Kompetenzen bei 100 Kindern, Jugendlichen und Erwachsenen mit CdC-Syndrom (Angaben in %; Dykens et al., 2000)

Kompetenzen	%
Unterscheidet Familienmitglieder von anderen	97
Versteht mindestens 10 Worte	95
Ist empfänglich für Lob	95
Imitiert Handlungen von anderen	94
Hat Interesse an Gleichaltrigen	82
Nimmt Objekte mit Pinzettengriff auf	80
Zieht sich selbst mit Hilfe an	70
Klettert auf dem Spielplatz	54
Weiß, dass heiße Dinge gefährlich sind	45
Räumt Dinge nach Aufforderung auf	40
Gibt seinen Vor- und Nachnamen an	37
Geht Treppen im Erwachsenenschritt	33
Spricht 50 oder mehr Worte	30

der (76,2 %) als schwer behindert eingeschätzt, vier als mäßig behindert und eines als leicht verzögert. Drei Kinder erhielten eine heilpädagogischen Frühförderung, sechs besuchten einen heilpädagogischen Kindergarten, drei einen integrativen Kindergarten. 8 Kinder besuchten eine Sonderschule für Geistigbehinderte. Die meisten Kinder (10/47.6 %) erhielten zusätzlich Krankengymnastik und Ergotherapie. Sechs der Kinder konnten noch nicht frei laufen. Bei je einem lag ein zusätzliches Anfallsleiden und eine Hörbehinderung vor.

Tabelle 70 gibt einen Überblick über die Selbstständigkeit der Kinder. Sie zeigt, dass der relative Anteil von Kindern mit praktischen Alltagskompetenzen mit dem Alter wächst.

11/22 Kinder sind in der Lage, selbstständig zu essen, 5/22 ziehen sich weitgehend selbstständig an. 7/22 Kinder (31.8 %) essen weniger als in ihrem jewei-

Tabelle 70: Selbstständigkeit bei 22 Kindern mit CdC

Selbstständigkeit	< 5;0 J. (11)	> 5;1 J. (11)
essen mit Löffel oder Gabel	3	8
trinken aus der Tasse	7	10
zur Toilette gehen	0	3
anziehen mit etwas Hilfe	1	4
Waschen	0	1

ligen Alter üblich. 11/22 (50 %) trinken auch weniger als üblich. Bei 8/22 Kindern geben die Eltern an, dass das Essverhalten der Kinder sehr wählerisch sei und sie nur bestimmte Speisen zu sich nehmen. Drei Kinder akzeptieren auch heute noch nur pürrierte Nahrung. Bei drei weiteren berichten die Eltern, dass früher große Ernährungsprobleme bestanden. Fünf Kinder kauen auch heute noch schlecht.

Einige Beispieläußerungen
„kaut schlecht, schlingt, hat viel Blähungen und Verstopfung, isst heute noch kein Brot, sondern bevorzugt warmes Essen", „greift mit der Hand ins Essen, quetscht es durch die Finger und wirft es umher", „unruhig und zappelig beim Füttern"

Natürlich können die Daten nicht als repräsentativ für die Verteilung von Selbstständigkeitsfertigkeiten unter Kindern und Jugendlichen mit CdC angesehen werden. Die Zahl der befragten Eltern ist klein, die Kinder sind überwiegend noch nicht im Schulalter und werden viele Fähigkeiten zu einem späteren Zeitpunkt noch erwerben. In der retrospektiven Befragung bei 84 Eltern aus der italienischen Stichprobe ergab sich z. B. ein mittleres Alter für das selbstständige Essen bei 4 Jahren, für das selbstständige Anziehen mit 6 1/2 Jahren. Fast alle Kinder konnten mit zehn Jahren selbstständig essen und sich anziehen (Cerruti Mainardi, 2000).

Drei Kinder unserer Stichprobe gehen selbstständig zur Toilette. Aus den Elternberichten geht allerdings nicht hervor, wie systematisch ein Sauberkeitstraining bei den übrigen Kindern durchgeführt wurde. Wilkens et al. (1983) berichteten, dass es bei zahlreichen Kindern ihrer Stichprobe erfolgreich war. Unter den über 10-jährigen Kindern war die Mehrheit tagsüber sauber. Das galt auch für die Hälfte der Schulkinder und Jugendlichen in der dt. Elternbefragung von Berger (1996). In der italienischen Stichprobe wurde der selbstständige Toilettengang im Mittel mit 5 1/2 Jahren erreicht (Cerruti Mainardi, 2000).

7/22 Kinder (31.8 %) haben Einschlaf-, 12/22 (54.5 %) Durchschlafprobleme. Sechs Kinder haben fast jeden Abend Einschlafschwierigkeiten, sieben wachen zweimal pro Nacht oder öfter auf. 13/22 Kinder schreien in der Nacht auf oder sind sehr unruhig. Bei vier Kindern wird ein stereotypes Kopfschlagen im Zusammenhang mit dem Schlafen genannt. Schlafprobleme sind somit häufige Belastungen für Kind und Eltern.

Einige Beispieläußerungen

„war früher oft nächtelang wach, schlägt heute noch mit dem Kopf beim Einschlafen und pult sich die Finger wund, wacht jede Nacht mindestens einmal auf", „schlägt mit dem Kopf gegen die Matratze, wenn er in der Nacht aufwacht", „schlägt mit dem Kopf und wippt auf den Knien, wobei er sich selbst wehtut", „oft nachts mehrere Stunden wach, muss schlafend zu Bett gebracht werden".

Die Frage, ob es sich bei den Besonderheiten des Ess- und Schlafverhaltens um syndromspezifische Probleme handelt und unter welchen Bedingungen sie auftreten, bedarf weiterer Untersuchungen.

Verlaufsdaten über das schulische Lernvermögen der Kinder und den Grad der praktischen Selbstständigkeit, die Jugendliche und Erwachsene mit Cri-du-Chat-Sydrom erreichen können, ihre Wohn- und Beschäftigungsmöglichkeiten fehlen leider noch völlig. Es ist anzunehmen, dass viele Erwachsene in Werkstätten für Schwerstbehinderte arbeiten. Wie hoch der Anteil von Erwachsenen ist, die zu Hause, bzw. in Heimen leben, ist nicht bekannt.

9.4 Kommunikative Entwicklung

Auch zur kommunikativen Entwicklung liegen Einzelfallberichte vor, die zeigen, dass einige Kinder mit Cri-du-Chat-Syndrom durchaus eine beträchtliche sprachliche Verständigungsfähigkeit erreichen können. Sparks und Hutchinson (1980) berichteten z.B über ein 7;6-jähriges Mädchen (IQ 42), das das Sprachverständnis eines Kindergartenkindes (Entwicklungsalter im Test 3;7 Jahre) erreicht hatte und sich in Dreiwortsätzen sachgerecht ausdrücken konnte.

Die Erfahrungen von Wilkens et al. (1983) an 80 Kindern zeigten, dass die Sprachentwicklung zwar ein besonders ausgeprägtes Entwicklungsproblem vieler Kinder darstellte, eine Verständigung in Form von Mehrwortverbindungen und Sätzen aber durchaus nicht die Ausnahme ist.

23 % der Kinder über drei Jahre konnten sich in Sätzen mit drei oder mehr Wörtern äußern. 43 % gebrauchten einzelne Worte und 34 % konnten nicht sprechen.

Die Kinder, die nicht zur lautsprachlichen Verständigung fanden, konnten oft alternative Ausdrucksmöglichkeiten erwerben. *21 Kindern lernten Handzeichen.* Zehn Kinder nutzten sie regelmäßig, um Gegenstände zu identifizieren und ihre Wünsche mitzuteilen. Fünf Kinder lernten auf diese Weise sogar, ein Vorkommnis zu beschreiben oder eine Frage zu beantworten. Dykens et al. (2000) berichteten, dass unter den 100 Kindern, Jugendlichen und Erwachsenen, für die ihnen die Vineland Adaptive Behavior Scales vorlagen, 30 % mindestens 50 Worte sprechen und 21 % Sätze von vier und mehr Wörtern.

Tabelle 71: Sprachliche Fähigkeiten bei 86 Kindern über drei Jahren (nach Wilkens et al., 1983)

sprachliche Fähigkeiten	%
kann nicht sprechen	34
gebraucht einzelne Wörter	43
kann Sätze von drei oder mehr Wörtern bilden	23

In der Befragung von 37 Eltern durch Berger (1996) zeigte sich ein ähnliches Bild. 61 % benützten mindestens ein Wort, 32 % sprachen mehrere Wörter und 11 % benutzten einfache Sätze. Die Zahlen können allerdings nicht als repräsentativ für die Gesamtgruppe der Personen mit CdC gesehen werden. Die Stichprobe enthielt viele jüngere Kinder, von denen weitere sprachliche Fortschritte im Verlauf der Entwicklung erwartet werden können. In der italienischen Stichprobe gaben die Eltern rückblickend die ersten Worte im Mittel bei 3 Jahren, Zweiwortverbindungen mit 5 1/2 Jahren an (Cerruti Mainardi, 2000).

Tabelle 72: Sprachliche Meilensteine bei 37 Kindern und Jugendlichen mit CdC (nach Berger, 1996)

sprachliche Meilensteine	min	max	< 6;0 J. (18)	6–12 J. (14)	> 16;0 J. (5)
benutzt erstes Zeichen	0;9	6;0	11	7	2
zeigt auf Körperteile	1;9	6;0	14	9	3
befolgt Anweisungen	1;6	10;0	11	10	3
erstes Wort	1;0	6;0	12	8	3
spricht mehrere Worte	2;0	9;0	8	3	1
benutzt einfache Sätze	4;0	15,0	3	–	1
benutzt Kommunik.-Tafel	4;6	9;0	1	3	–

Tabelle 72 gibt einen Überblick über die Beobachtungen zum Sprachverständnis und die non-verbalen und lautsprachlichen Ausdrucksmöglichkeiten, die Berger (1996) bei 37 Kindern und jungen Erwachsenen sammelte. Er zitierte die Angaben von Carlin (1990) und Cornish und Pilgram (1996), dass zwei Drittel der Kinder zumindest im Schulalter Gesten und Handzeichen gelernt haben, um ihre Bedürfnisse auszudrücken. Im Einzelfall kann dabei eine beträchtliche kommunikative Kompetenz erreicht werden; so nutzt eine Frau regelmäßig 45 Handzeichen und kenne mehr als 120.

Cornish und Munir (1998) und Cornish et al. (1999) berichteten über die Ergebnisse von standardisierten Testverfahren bei insgesamt 26 Kindern im Schulalter (6 bis 15 Jahre). Sie verwendeten je einen Test zum Wort- und Satzverständnis und beurteilten die expressive Sprache mit den Reynell-Sprachentwicklungsskalen sowie einem Wortschatztest. Fast alle Kinder hatten ein Wort- und Satzverständnis, welches zumindest dem Entwicklungsniveau 4-jähriger Kinder entsprach. Die expressive Sprache lag dagegen bei der Mehrzahl der Kinder unter der Entwicklungsstufe 2-Jähriger.

Nach den Elternangaben in unserer eigenen Befragung verfügten 10/22 Kinder (45 %) über sprachliche Ausdrucksmöglichkeiten. Zwei Kinder im Schulalter bildeten einzelne Worte, je eines Zweiwortsätze, Dreiwortverbindungen und sogar vollständige Sätze. Fünf jüngere Kinder konnten einige Gegenstände benennen. Bei zwei Kindern gaben die Eltern an, dass die sprachlichen Äußerungen viele Wiederholungen (Echolalien) enthalten und oft nicht zum Thema des Dialogs passen. Bei den Kindern, die noch nicht sprechen, ist auch die Lautent-

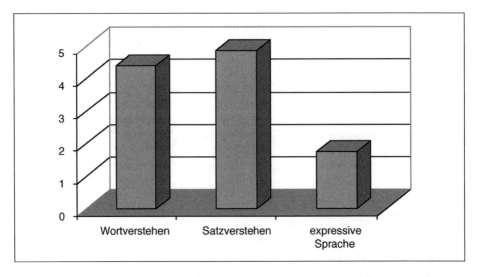

Abbildung 68: Rezeptive und expressive Sprache bei 26 Kindern mit Cri-du-Chat-Syndrom im Schulalter (Angaben in durchschnittlichen Entwicklungsalterswerten; Cornish et al., 1999a)

wicklung selbst sehr wenig entwickelt. Unter den elf jüngeren Kindern bilden acht regelmäßig Kehllaute und Vokale, sechs Konsonanten, neun Doppelsilben, aber nur zwei kombinieren unterschiedliche Silben miteinander.

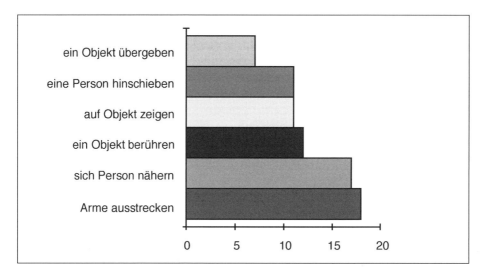

Abbildung 69: Kommunikationsformen bei 22 Kindern mit Cri-du-Chat-Syndrom

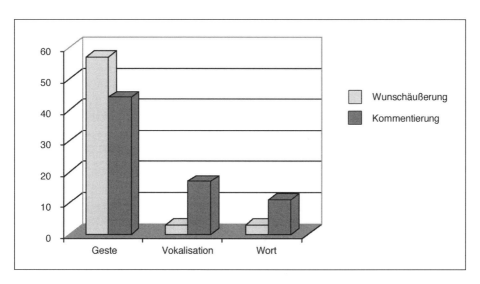

Abbildung 70: Verteilung verschiedener Formen der Kommunikation zur Mitteilung von Wünschen und Kommentierung in Spielsituationen bei neun Kindern mit Cri-du-Chat-Syndrom (2 bis 5 Jahre; Sarimski, 1998b)

Die Abbildung 69 zeigt, dass aber *viele Kinder gestische Ausdrucksformen zur Aufmerksamkeitssuche, Wunschäußerung und positiven Interaktion einsetzen.* So können in unserer Stichprobe die meisten jüngeren Kinder (< 5 Jahre) deutlich machen, wenn sie hochgenommen werden, die Aufmerksamkeit des Erwachsenen auf sich lenken oder schmusen möchten. Einen Wunsch nach einer Handlung oder einem Gegenstand auszudrücken, ist für viele noch schwierig. Dies gelingt aber mehr als 2/3 der älteren Kinder, indem sie eine Person an einen Ort schieben, damit sie einen Wunsch erfüllt, ein Objekt berühren und zur Person blicken, ein Objekt übergeben, das mit der Lösung eines Problems zusammenhängt, oder auf ein Bild oder ein Objekt zeigen, um einen Wunsch mitzuteilen. Das geringe sprachliche Ausdrucksvermögen der Kinder ist somit nicht gleichbedeutend mit einem geringen kommunikativen Interesse.

Eine Beobachtung von neun jungen Kindern (2 bis 5 Jahre) in Spielsituationen zeigte ebenfalls, dass sie vorwiegend Gesten einsetzten, um einen Wunsch zu äußern oder einen Sachverhalt zu kommentieren (Sarimski, 1998b; Abb. 70). Vier von ihnen setzen einzelne Worte ein, die sich bei zweien aber auf wenige stereotyp verwendete Begriffe beschränken. Ein Mädchen kombiniert Gesten und Wörter zu einem recht flüssigen Dialog. So zeigt sie z. B. mit einer Geste, dass sie um den Gebrauchszweck eines abgebildeten Telefons weiß, benennt „Puppe" und „Apfel" und deutet spontan auf den Himmel und kommentiert „Papa", als ein Flugzeug zu hören ist – der Vater arbeitet am Flughafen. Ein anderes Mädchen ahmt beim Anblick eines Apfels das Hochwürgen von Essen nach, tut anschließend so, als ob sie umfalle, und versucht so zu zeigen, dass sie das Bild an das Märchen von Schneewittchen erinnert.

9.5 Verhaltensmerkmale

Die Beschreibungen zu charakteristischen Verhaltensmerkmalen von Kindern mit Cri-du-Chat-Syndrom sind widersprüchlich. Viele Kinder werden als liebenswürdig und „pflegeleicht" beschrieben. Bei Kindern mit schwerer Behinderung (IQ < 40) seien jedoch Kopfschlagen und stereotype Verhaltensweisen (Körperschaukeln, Wedeln mit den Armen, Saugen an der Hand) nicht selten.

Unruhe, Überaktivität, leichte Irritierbarkeit und Destruktivität werden als Verhaltensmerkmale in vielen Berichten genannt. Berger (1996) fand bei 37 Kindern in einer deutschen Elternbefragung eine niedrige Aufmerksamkeitsspanne/Hyperaktivität (60 bis 70 %), Kopfschlagen (58 %), Stereotypien (52 %), Hautzwicken (50 %), Beißen (40 %) als häufigste Verhaltensprobleme. Cornish et al. (1998) befragten die Eltern von 20 Kindern mit CdC-Syndrom (4 bis 16 Jahre) mit den Vineland Adaptive Behaviour Scales, die ebenfalls eine Skala zur Dokumentation problematischer Verhaltensformen enthalten. Alle Eltern berichteten über Konzentrationsschwächen und Aufmerksamkeitsprobleme, 90 % schilderten ihre Kinder als hyperaktiv, 70 % als übermäßig impulsiv. Diese Beschreibung treffen aber nicht auf jedes Kind mit Cri-du-Chat-Syndrom zu (Wilkens et al., 1980, 1983). Einige der genannten Verhaltensauffälligkeiten gehören andererseits zum Merkmalsspektrum bei vielen Kindern mit intellektueller Behinderung.

In einer vergleichenden Studie an 146 Kindern, Jugendlichen und Erwachsenen mit CdC-Syndrom, bei der ein standardisiertes Beurteilungsverfahren (Aberrant Behavior Checklist) angewendet wurde, erwiesen sich „Hyperaktivität" und „Irritabilität" als stärker ausgeprägt als andere Verhaltensmerkmale im Vergleich zu anderen Kindern mit intellektueller Behinderung (Dykens & Clarke, 1997). Die Ergebnisse hängen jedoch offenbar von den verwendeten Vergleichsgruppen ab. So fanden Clarke und Marston (2000) mit dem gleichen Verfahren keine Unterschiede in der Ausprägung hyperaktiven Verhaltens gegenüber Kindern mit Angelman-Syndrom oder Smith-Magenis-Syndrom. Tabelle 73 zeigt, welche Verhaltensweisen von mehr als der Hälfte der befragten Eltern und Betreuer von 133 Kindern, Jugendlichen und Erwachsenen mit CdC-Syndrom (mittleres Alter 12 Jahre) als charakteristisch angegeben wurden.

Es fanden sich keine Korrelationen mit dem Alter. Irritabilität und Stereotypien waren stärker ausgeprägt bei Kindern und Erwachsenen mit schwerer intellektueller Behinderung. Passivität und sozialer Rückzug („isoliert sich selbst",

Tabelle 73: Verhaltensmerkmale von 146 Kindern, Jugendlichen und Erwachsenen mit CdC-Syndrom (Angaben in %; Dykens & Clarke, 1997)

Verhaltensmerkmale	%
leicht ablenkbar	85
unruhig, unfähig sitzen zu bleiben	79
stört andere	75
außerordentlich aktiv	74
ignoriert Aufforderungen und Anweisungen	74
kann nicht abwarten	73
impulsiv	71
aggressiv gegenüber anderen	70
unfolgsam	70
Wutanfälle	67
stört Gruppenaktivitäten	64
unkooperativ	64
verletzt sich selbst	61
leicht irritierbar	55
stereotype Bewegungsmuster	52

„reagiert nicht auf andere", „ist schwer zu erreichen", „zeigt wenig emotionale Reaktionen", „kommuniziert nicht") sind signifikant ausgeprägter in der Teilgruppe, bei der eine Translokation statt der einfachen Deletion vorliegt (Dykens & Clarke, 1997).

Irritierbarkeit, leichte Ablenkbarkeit und Überaktivität fallen auch in Alltags- und Spielsituationen als Merkmale vieler junger Kinder mit CdC-Syndrom auf. Wir führten eine systematische Analyse von videografierten Spielbeobachtungen durch und bestimmten den relativen Anteil von koordinierten Spielhandlungen, einfacher Exploration von Gegenständen, Beobachtung, Hilfeersuchen sowie „off-task behavior", d. h. Verhaltensweisen, die nicht auf die Spielangebote gerichtet waren. Die Daten wurden bei 10 Kindern mit CdC-Syndrom (mittleres Alter 57 Monate; Altersspanne 2 bis 7 Jahre) ermittelt und mit den Daten von zwei Gruppen verglichen, die nach mentalem Alter parallelisiert waren.

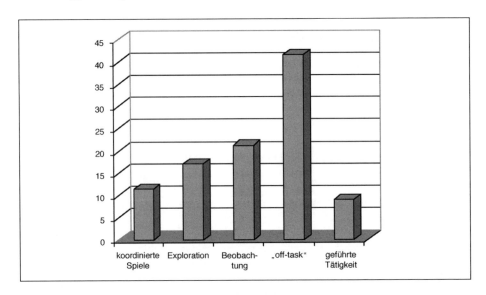

Abbildung 71: Relativer Anteil verschiedener Spielformen in der direkten Beobachtung von 10 Kindern mit CdC-Syndrom (Sarimski, 2003d)

Der Anteil koordinierter Spielhandlungen lag bei Kindern mit CdC-Syndrom lediglich bei 11.4 %. Exploratives Spiel machte 17 % der Spielzeit aus, passive Beobachtung 21.1 %. Mehr als 60 % der verfügbaren Zeit war die Aufmerksamkeit der Kinder dagegen nicht auf die Spielangebote gerichtet. Kinder mit CdC-Syndrom zeigten signifikant weniger exploratives Spiel und Beobachtung als die Vergleichsgruppe, jedoch wesentlich mehr „off-task behavior" (Sarimski, 2003d).

Auch in unserer schriftlichen Befragung von 22 Eltern wurden mehr als 50 % als distanzlos, ungeschickt und ständig in Bewegung beschrieben, einige Kinder auch als sehr empfindlich und angewiesen auf feste Gewohnheiten.

> **Einige Beispieläußerungen der Eltern**
>
> „M. provoziert öfter und macht mich total zornig, aber ich unterstelle nicht, dass sie böse sein will. Es ist immer etwas gewesen (Frust, Überforderung, Stress usw.). Als sie klein war, hat sie oft stereotyp provoziert. Aber ich hatte damals immer das Gefühl, sie handelt zwanghaft, ist ihrem Verhalten ausgeliefert. Heute wird sie in neuen Situationen sehr aufgeregt, läuft rastlos hin und her, braucht viel Aufsicht. Sie hat Vorlieben für bestimmte Materialien (Plastik, Chrom). Wenn jemand anderes kommt, um auf sie aufzupassen, so geht sie auf ihn zu, findet es witzig, kichert. Wenn sie wütend ist, ihr z. B. beim Spiel etwas nicht ausgeht, schlägt sie um sich, zieht den kleinen Bruder an den Haaren, wahllos, wer gerade in der Nähe ist, ‚flippt aus‘; wenn man mit den Brüdern schimpft, spürt sie das Familienklima und reagiert mit Jammern oder Aggressionen. Ihre Stimmungsschwankungen waren oft schwer zu verstehen; seit sie besser sprechen kann, ist vieles leichter geworden."
>
> „Bei Unmut wirft es den Kopf zurück, reißt die Arme hoch bei Freude, schreit, lacht laut; beim Essen steht es ständig auf. – Es kennt keine Gefahren, kein ‚nein‘, steckt die Finger in Löcher, zerreißt Papier. – F. beißt sich in die Hand, wenn ihm etwas nicht passt. – B. braucht ständig Aufsicht, da sie sehr neugierig ist und alles anfassen muss und runter schmeißt; sie ist empfindlich gegen Veränderungen. – Wenn etwas nicht so geht, wie sie sich das vorstellt, wird sie schnell wütend und schlägt sich mit der Hand an den Kopf oder den Kopf auf den Boden, hält auch aus Zorn die Luft an. – Seit für A. eine Hängematte im Wohnzimmer hängt, stellt sie viel weniger an; vorher konnte man sie nicht aus den Augen lassen; sie hat panische Angst vor lauten Geräuschen. – Man kann sie nicht aus den Augen lassen, sie steckt alles in den Mund, tut anderen Kindern weh, läuft auf die Straße, räumt Blumentöpfe aus, zieht sich ständig aus, dreht Elektroherd und Wasserhähne auf, schmeißt Gläser auf den Boden."

Mit Hilfe des „Behavior Problems Inventory" (Rojahn, 1986) versuchten wir zu dokumentieren, bei wie vielen Kindern selbstverletzende, stereotype und aggressive Verhaltensweisen häufiger, d. h. mindestens einmal am Tag auftreten. Kopfschlagen ist danach relativ häufig bei jüngeren Kindern (45.5 %). Je drei Kinder beißen und kratzen sich selbst oder knirschen exzessiv mit den Zähnen. 13 Kinder neigen dazu, alle Objekte in den Mund zu stecken und drohen sie zu verschlucken; allerdings ist unklar, inwieweit dies auch ein einfaches Erkunden mit dem Mund umfasst und nicht stereotypen Charakter hat. Bei fünf Kindern tritt rhythmisches Körperschaukeln gehäuft auf. Aggressive Reaktionen sind sehr selten. Gelegentlich kommt es zu Beißen, an den Haaren ziehen, Kratzen oder Kneifen anderer Personen.

Eine größere Gruppe von Eltern wurde in England gebeten, mit dem gleichen Verfahren über das Auftreten und die Häufigkeit stereotyper, selbstverletzender und aggressiv-destruktiver Verhaltensweisen ihrer Kinder Auskunft zu geben (Ross Collins & Cornish, 2002). Es handelte sich um 66 Kinder, Jugendliche und Erwachsene im Alter zwischen 6 und 37 Jahren (mittleres Alter 14.7 Jahre). Nur 18 % der Eltern gaben an, dass ihr Kind keine Stereotypien zeige; bei 8 % treten keine selbstverletzenden Verhaltensweisen, bei 12 % keine aggressiven oder destruktiven Verhaltensweisen auf. Rhythmisches Körperschaukeln, Haare ziehen, Schlagen anderer Kinder oder Erwachsener und Kopfschlagen wurden bei mehr als 50 % genannt. Wenn sie auftraten, hatten stereotype und selbstverletzende Verhaltensweisen jeweils eine hohe Frequenz.

Eine Mutter

„Was immer noch sehr schlimm ist, ist ihr Pulen an den Händen. In nervösen, aber auch entspannten Situationen, im Bett vor dem Einschlafen. Sie kann es willentlich schwer beeinflusen. Sie sagt, sie will aufhören, wenn ich schimpfe, fängt aber dann automatisch wieder an wie unter einem inneren Zwang. Ständiges Reiben der Finger aneinander, bis Blasen entstehen. Die gehen auf, es blutet. Außerdem schlägt sie mit der Hand gegen den Kopf, im Stehen und im Laufen."

Tabelle 74: Auftreten und Häufigkeit von stereotypen, selbstverletzenden und aggressiven Verhaltensweisen bei 66 Patienten mit CdC-Syndrom (Behavior Problems Inventory; Ross Collins & Cornish, 2002)

Verhalten	% (gesamt)	täglich	stündlich
Rhythmisches Kopf- oder Körperschaukeln	71.2	48.9	19.0
Rhythmisches Manipulieren von Objekten	40.9	40.8	18.6
Repetitive, echolalische Äußerungen	39.4	69.3	15.4
Selbst beißen	47.0	51.6	9.8
Kopfschlagen	55.0	49.7	5.5
Sich kratzen	40.9	3.7	3.7
Sich an den Haaren ziehen	34.8	34.7	17.3
Zähne knirschen	43.9	34.6	13.7
Andere schlagen	65.2	37.1	9.2
Anderen an den Haaren ziehen	65.2	37.1	6.9
Andere kneifen	45.5	33.4	6.6

Anmerkung: Die Häufigkeitsangaben beziehen sich auf die jeweilige Zahl der Kinder, bei denen das genannte Verhalten auftritt

Die Elternangaben machen deutlich, dass stereotype, selbstverletzende und aggressive Verhaltensformen zumindest bei einem Teil der Kinder mit CdC-Syndrom zu einem belastenden Problem werden können. Im Einzelfall ist es wichtig, die Bedingungen ihres Auftretens zu analysieren und nicht voreilig von einer biologischen Determination des Verhaltens auszugehen. Es wird sich dann oft ein Zusammenhang zu Umweltbedingungen finden, z. B. Zeiten der Unterforderung und Langeweile, die die Kinder auf Grund ihrer begrenzten Eigeninitiative und Planungsfähigkeit mit stereotypen statt ziel- und außengerichteten Handlungen füllen, oder Zeiten der Reizüberforderung, Aufregung oder Frustration, auf die sie mit Selbstimulationen und Rückzug reagieren.

9.6 Elternbelastung

Die Häufigkeit und Ausprägung der genannten Verhaltensprobleme lässt erwarten, dass sich die Mütter von Cri-du-Chat-Syndrom-Kindern als außerordentlich hochbelastet erleben. Wir führten dazu bei 22 Kindern auch eine Befragung mit dem „Parenting Stress Index" durch. Sowohl der Gesamtwert wie auch der Wert für Belastungen, die in der unmittelbaren Interaktion mit dem Kind erlebt werden, sind sehr hoch im Vergleich zu Müttern von nicht behinderten Kindern (Prozentrang > 90). Als besonders anstrengend schildern sie auch hier, dass die Kinder sehr viel Aufmerksamkeit fordern durch unakzeptables Verhalten und sich schlecht an wechselnde Situationen anpassen können.

Die eigene psychische Belastung der Mütter liegt ebenfalls über dem Durchschnitt (PR 70). Sie erleben Zweifel an ihrer eigenen erzieherischen Kompetenz, fühlen sich in ihren Möglichkeiten eingeschränkt dadurch, dass das Kind

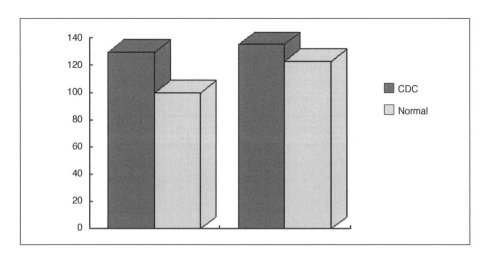

Abbildung 72: Belastung von 22 Müttern mit Cri-du-Chat-Syndrom-Kindern

soviel Zuwendung und Aufsicht braucht, und körperlich überfordert. Die Bindung zu ihrem Kind, die Qualität der Partnerbeziehung und die eigene Grundstimmung empfinden sie dagegen nicht als besonders belastet.

Hodapp et al. (1997a) verwendeten den „Questionnaire on Resources and Stress" (Friedrich et al., 1983) in einer Befragung von 99 Familien aus der amerikanischen Selbsthilfegruppe. Auch sie stellten ein hohes Maß an Belastung fest, die entsprechende Ergebnisse aus anderen Befragungen von anderen Eltern mit Kindern mit intellektueller Behinderung übertrafen. Sie korrelierte in hohem Maße mit der Ausprägung von problematischen Verhaltensweisen der Kinder, die gleichzeitig mit der „Aberrant Behavior Checklist" (ABC) erhoben wurde. Eltern von Kindern mit Cri-du-Chat-Syndrom gehören zu der Gruppe von Eltern, die in besonderem Maße der Unterstützung und Beratung zum Umgang mit den besonderen Verhaltensformen ihrer Kinder bedürfen.

Im Rückblick auf die Mitteilung der Diagnose erinnern die meisten Mütter auch heute – zum großen Teil mehrere Jahre nach diesem Zeitpunkt – diese Erfahrung als Schock und die Zeit danach als Zeit der tiefen Trauer und Verzweiflung, des Abschiednehmens von dem, was sie für das gemeinsame Leben mit dem Kind gewünscht hatten. Elf Mütter nennen Trauer und Schock als das beherrschende Gefühl.

Ein Drittel der Mütter klagen ausdrücklich über das geringe Wissen der Ärzte über das Syndrom (7/22), eine z.T. wenig einfühlsame Mitteilung (3/22) und das Überwiegen sehr negativer, z.T. aber unzutreffender prognostischer Aussagen (6/22).

Acht Mütter nennen als drängendste Sorge die um die zukünftige Betreuung des Kindes, wenn es erwachsen sein wird. Fünf Mütter sind auf der Suche nach besseren Therapiemöglichkeiten, vier klagen über die Schwierigkeiten der sozialen Integration.

Auf die Fragen, was sie als wichtigste Bedürfnisse für sich und ihre Familie ansehen, antworten 20 Mütter und 16 Väter. Mütter und Väter wünschen sich überwiegend mehr Informationen, wie sie ihr Kind fördern und sein Verhalten lenken können. Darüberhinaus wird der Wunsch nach Entlastung (mehr Zeit für sich, familienentlastende Dienste) deutlich sowie nach Erfahrungsaustausch mit anderen Eltern. Mütter bevorzugen dabei persönlichen Austausch, Väter mehr schriftliche Informationen. Etwa ein Viertel der Mütter und Väter wünscht sich auch mehr Zeit von und sensible Beratung durch Ärzte, Psychologen und Pädagogen.

Unter den Wünschen an die Fachleute überwiegt der Wunsch nach mehr Informationen über die Behinderung (10), positiven Anfangsbotschaften (2) und frühzeitiger Information über Elternkontaktmöglichkeiten (2). Praktische Anleitung erwarten sich drei Mütter, sozialrechtliche Unterstützung zwei Mütter. Zwei Mütter betonen, dass sie sich mehr Offenheit seitens des Fachleute und eine ganzheitliche, nicht defizitorientierte Sicht des Kindes wünschen.

> **Auf unsere Frage, wie sie die Belastung insgesamt bewältige, antwortet eine Mutter**
>
> „Ohne zusätzliche Hilfe ginge es bei uns gar nicht. Seit der erste Sohn geboren wurde, habe ich stundenweise Hilfe durch eine Frau aus dem Dorf, die sich sehr interessiert und engagiert. Obwohl sie etwa 20 Std./Woche bei uns ist, fällt kaum Freizeit für mich und meinen Mann ab. Es reicht gerade, die Versorgung der Kinder zu gewährleisten. Die beiden Brüder sind allerdings auch beide von klein auf oft krank gewesen. – Wenn wir ausgehen wollen, brauchen wir zwei Babysitter, einen für die Jungs, einen für M. Urlaub haben wir mit den Kindern noch nie gemacht, das wäre noch viel zu anstrengend."

> **Mütter blicken zurück**
>
> „Verdacht auf Chromosomenaberration gleich nach der Entbindung, danach psychischer Schockzustand, keine Freude oder Glücksgefühle nach der Geburt und grenzenlose Enttäuschung und Sinnlosigkeit" – „An die Mitteilung der Diagnose kann ich mich noch sehr gut an jede Einzelheit erinnern, oftmals läuft dies wie ein Film in meinem Gedächtnis ab. Meine Gedanken waren damals: Das bin nicht ich, das ist die Geschichte von jemand Anderem. Oder alles ist ein Traum, ich wache auf, und alles ist wieder in Ordnung."
>
> „Das kann man nicht mit Worten beschreiben." „Hilflosigkeit, Leere, Zukunftsangst." „Die mit der Behinderung verbundenen Belastungen nimmt mir sowieso keiner ab. Wir bewältigen die anfallenden Probleme mit Verbitterung, sind aggressiv gegen Eltern, die mehr Glück hatten als wir."
>
> „Es war für uns im Grunde eine Kampfansage, die wir uns gestellt haben. Natürlich hatten wir Respekt und Angst vor dem, was da kommen möge, aber wir sagten uns: Das schaffen wir!"
>
> „Was ich schlimm fand, dass die Ärztin mir nichts sagte. Ich wolle wissen, was sie vermutete, beunruhigt war ich eh. Meine Schwägerin wälzte Lexika – wir hatten ja 3, 4 Anhaltspunkte: Handfurche, Lidfalte, hoher Schrei – und fand das Syndrom. Was dort stand, klang vernichtend." – „Die Mitteilung war schlecht gemacht. Keine Vorwarnung oder Aufklärung. Ich war allein zum Gespräch, obwohl mein Mann auch häufig zu Besuch war. Mir wurde dann auch viel Falsches erzählt über Lebensdauer etc. Ich bekam

zwanzig Zeilen von einem Buch zu lesen auf Nachfrage. Es fehlte etwas an Mitgefühl, fand ich. Erst in den nächsten Tagen ging es besser. Mein Mann war da und ich konnte viel mehr aufnehmen und Fragen stellen." – „Sehr negativ und deprimierend. Es wurden alle Teile der Behinderung sehr extrem geschildert. Allerdings gab man zu, keine näheren Informationen zu haben. Was den Ärzten bekannt war, wurde nur negativ geschildert. Zum Beispiel: Kind ist sehr aggressiv, kann wahrscheinlich niemals laufen, ist kleinwüchsig (wörtlich: Zwergenwuchs). Nichts davon ist bei uns bis jetzt eingetreten."

Sorgen von Müttern

„Was passiert mit M., wenn wir nicht mehr für sie sorgen können? Was kann ich den Geschwistern zumuten?" „Selbstverständlich machen wir uns Sorgen wie es ist, wenn das Kind größer wird und erwachsen ist, aber das lassen wir auf uns zukommen." „Was wird, wenn wir alt sind? Können wir unserer Tochter zumuten, sich um J. zu kümmern? Ist es möglich, J. in unserem Dorf zu integrieren – mit J. will kein Kind spielen? Dass er immer auf fremde Hilfe angewiesen sein wird, ist uns klar, aber wie groß muss diese Hilfe sein?" – „Die Einbahnstraße Sondereinrichtung. Dadurch können sich nicht Betroffene überhaupt nicht vorstellen, welcher Belastung man ausgesetzt ist. Man wird abgeschirmt mit dem Kind und den Sorgen, fühlt sich allein oder nur noch von anderen Betroffenen verstanden."

„Sich selbst beißen und seine leichte Erregbarkeit, ständige Aufsicht nötig – wir sind sehr in unserer Freizeitgestaltung eingeschränkt." „Wir sind viel ans Haus gebunden. Woanders isst er Pflanzen und kleine Sachen – wäre schon fast einmal erstickt. Wenn man irgendwo hinfahren will, muss alles geplant und mitgenommen werden. Buggy, etwas zu trinken und zu essen, Kleidung zum Wechseln – wie mit einem Baby, ein Leben lang." „Schlafstörungen unseres Kindes, d. h. seit der Geburt vor fast drei Jahren gab es keine Nachtruhe mehr. Außerdem das schlechte und unruhige Essen."

„Je älter M. wird, umso mehr Schwierigkeiten haben wir mit ihm. Seine immer häufiger auftretenden Schluckbeschwerden in der Einschlafphase, deren Ursache bisher noch keiner kennt, belasten uns zusätzlich. Es wird auch immer schwieriger, ihn zu beschäftigen und geeignetes Spielzeug für ihn zu finden."

„Die Streitigkeiten, die bei Beantragung verschiedener Leistungen entstehen, über die Zuständigkeiten. Manche Ämter tun so, als würden sie sie aus eigener Tasche bezahlen müssen."

Wünsche von Müttern

„Nicht therapieren bis aufs letzte, sondern auch den Menschen sehen; andere Meinungen gelten lassen; sich ständig neu informieren bzgl. der Krankheitsbilder und Therapiemaßnahen; bereit sein zu kämpfen, wenn es um die Kostenübernahme für Therapien geht" – „möglichst viele Anregungen – wie kann ich reibungsloser meinen Alltag gestalten, wie kann ich meinem Kind Verbote beibringe, wie kann ich ihm helfen beim Zusammenspiel mit anderen Kindern, wie kann ich sein Selbstbewusstsein fördern?" – „Hilfe in Form von aktiver Unterstützung und nicht nur leere Worte. Fachleute sollten Eltern Mut machen und nicht noch die letzte Hoffnung nehmen, sich nach Erfolgen und Niederlagen erkundigen. Stundenlange Wartezeiten vermeiden."

„Im Allgemeinen müsste viel mehr Hilfe und Unterstützung angeboten werden, Fachärzte, Kinderzentren, Therapeuten, Hilfe in Extremsituationen. Manchmal fühlt man sich so hilflos und total überfordert, nur weil kein geeigneter Weg im Moment sichtbar ist." – „Dass endlich mal Spezialisten für dieses Syndrom sich finden, bzw. Ärzte sich überhaupt damit auseinandersetzen. Wir haben nach 3 1/2 Jahren noch keinen Arzt gesehen, der ein Katzenschrei-Syndrom-Kind überhaupt kennt. Um die Psyche der Eltern kümmert sich niemand, man wird völlig allein gelassen." – „Dass Literatur in Deutsch erscheint, so wie es beim Down-Syndrom der Fall ist."

10 Rett-Syndrom

10.1 Einzelfälle

Cornelia (12;8 Jahre)

Cornelia wurde in der 38. SSW geboren mit einem Geburtsgewicht von 1990 g, Größe 45 cm, Kopfumfang 29 cm. Nach kurzer postpartaler Adaptationsstörung verlief die psychomotorische Entwicklung zunächst in den Augen der Eltern altersgemäß. Cornelia fixierte und lächelte mit 6 Wochen, begann mit vier Monaten zu greifen, setzte sich mit 8 Monaten auf, zog sich mit 10 Monaten zum Stand hoch, krabbelte mit 12 Monaten und erreichte das freie Laufen mit 16 Monaten. Mit 12 Monaten bildete sie die ersten Worte „Papa", „Mieze" und „wauwau".

Ab dem 12. Monat kam es dann zu einem Entwicklungsknick mit einer Verlangsamung der statomotorischen Entwicklung. Bereits erworbene Fähigkeiten gingen wieder verloren. Mit 2 Jahren konnte sie ihre Hände nicht mehr gezielt einsetzen. Sie lief noch frei, aber unsicher. Auch die genannten Worte waren verschwunden. Mit 2 3/4 Jahren, als Cornelia erstmals im Kinderzentrum vorgestellt wurde, beobachtete die Mutter häufige Handstereotypien, ein unregelmäßiges und sehr schnelles Atmen, Zähneknirschen sowie plötzliche Zuckungen des Kindes insbesondere nach dem Aufwachen. Es sei nicht mehr möglich, einen gezielten Kontakt zu ihr herzustellen. Computertomographie und ähnliche apparative Untersuchungen erbrachten keine auffälligen Befunde. Bei der Erhebung der Körpermaße fiel eine Abnahme des Kopfumfangs gegenüber den Vorbefunden auf. Das EEG und die klinische Beobachtung bestätigten den Verdacht auf ein Anfallsleiden.

Während der stationären Beobachtungszeit zeigt sie sich als freundliches und zumeist zufrieden wirkendes Kind. Ihre Pflege bereitet keine größeren Schwiergkeiten. Auffallend sind Handstereotypien, wobei sie eine Hand in den Mund steckt und mit der anderen an ihren Haaren zupft. Sie läuft viel im Zimmer umher und hantiert dabei zeitweise mit einem Plastikbilderbuch, ohne es anzuschauen. Zu gezielten Spielhandlungen ist sie nicht in der Lage. Greifen und Perzeption sind einer Entwicklungsstufe von 6 bis 9 Monaten vergleichbar, die Lautäußerungen inkonsistent und auf einem niedrigeren Entwicklungsniveau.

In den Ordinalskalen zur sensomotorischen Entwicklung zeigt sie Handlungsweisen, die den Stufen III und IV der sensomotorischen Entwicklung nach Piaget zuzuordnen sind. So beginnt sie, nach dem Schnuller zu suchen, wenn er versteckt wird, bewegt sich auf ein Objekt zu, um es zu ergreifen, verfolgt etwas, was außer Sicht fällt, lässt Dinge absichtlich los und setzt verschiedene Explorationsmuster ein wie Zusammenknüllen von Gegenständen, Schütteln, Hin- und Herschwingen, ohne dass es zu längeren Erkundungshandlungen kommt. Imitation von Gesten oder Lauten ist auch nicht im Ansatz zu evozieren.

Auch bei einer Beobachtung der spontanen Interaktion mit den Eltern, dem Untersucher und Spielzeug zeigen sich die beschriebenen Verhaltensweisen. Sie geht im Raum umher, wühlt in ihren Haaren, führt die Hand zum Mund, lacht unvermittelt, schaukelt mit dem Oberkörper hin und her. Dann nimmt sie sich das Plastikbilderbuch, das sie am liebsten hat, vom Tisch, stellt sich vor die Eltern hin, lacht, allerdings ohne sie anzuschauen. Als die Mutter es ihr spielerisch entziehen will, hält sie es fest und macht unwillige Laute. Andere Spielsachen ignoriert sie.

Nachdem die Diagnose eines Rett-Syndroms gestellt und eine Anfallsmedikation dosiert ist, wird Cornelia entlassen. Die Belastung der Familie ist sehr groß, zumal Cornelia mehr und mehr Abwehr gegen die alltägliche Versorgung, z. B. gegen das Wickeln und Anziehen, entwickelt. Am Abend braucht sie mehrere Stunden, um einzuschlafen. Zeitweise wird sie nachts schreiend wach und ist schwer zu beruhigen. Beide Eltern teilen sich die Betreuung Cornelias soweit es geht. Entlastung bringt das Gespräch mit Freunden und mit anderen betroffenen Eltern. Mit 3 1/2 Jahren wird Cornelia dann in einen heilpädagogischen Kindergarten aufgenommen.

Dort scheint sie sich wohlzufühlen. Sie erhält logopädische Behandlung zur Verbesserung der Mundmotorik, Physiotherapie und Musiktherapie. Als sie vier Monate später wiedervorgestellt wird, hat die aktive Kontaktaufnahme zu Gegenständen aber leider weiter abgenommen. Cornelia setzt sich zwar hin, wendet aber ihre visuelle Aufmerksamkeit kaum den angebotenen Gegenständen zu und greift nicht nach ihnen. Sie entzieht sich auch der manuellen Führung durch den Untersucher immer wieder, führt die Hand zum Mund und beißt auf sie, reißt an ihren Haaren, schaukelt mit dem Körper heftig und ruckartig vor und zurück. Dann zieht die Mutter ihr einen Handschuh über, mit dem sie sie zu Hause vor dem selbstverletzenden Beißen schützt. Cornelia beißt auf den Handschuh, greift nun aber selbst nach den angebotenen Spielsachen und holt sie auch wieder, als sie wegrollen. Der Kontakt zu den Gegenständen bleibt flüchtig; sie reagiert nicht auf Aufforderungen und kommuniziert nicht erkennbar von sich aus.

Bei der Wiedervorstellung im Alter von nicht ganz fünf Jahren wirkt sie dann wesentlich ruhiger und offener. Sie bleibt über längere Zeit am Tisch, lässt sich die Hand zum Material führen, ergreift einige Dinge auch selbst, führt sie zum Mund, bewegt sie kurz. Die Stimmung ist überwiegend freundlich, sie lacht, nimmt Blickkontakt auf, allerdings als ob sie „durch den Erwachsenen durchschaue", wirkt entspannt. Hyperventilation und Zähneknirschen sind hier – wie auch zu Hause – seltener geworden. Die Handstereotypien mit zwanghaftem Charakter bestehen aber fort. Sie hat sich durch die zwirbelnden Bewegungen an den Haaren bereits größere Büschel ausgerissen. Die Kontaktaufnahme zu Gegenständen gelingt häufiger, wenn die Hand durch einen Handschuh geschützt ist.

Im Kindergarten ist Cornelia in ihrer Besonderheit angenommen. Sie wirkt am Geschehen interessiert, bleibt in der Nähe der anderen Kinder, beobachtet. Die Erzieherinnen wissen, dass sie sie nicht zu Spielhandlungen o. Ä. drängen. Besondere Freude hat sie im Schwimmbad.

Im Alter von fast acht Jahren wechselt sie dann in eine Schule für körperlich und geistig behinderte Kinder. Die ruhige Gruppenatmosphäre und der sehr strukturierte Tagesablauf tun ihr sichtlich gut. Durch einen relativ günstigen Personalschlüssel ist es möglich, ihr ein hohes Maß an individueller Zuwendung zu geben; auch therapeutische Angebote wie Musiktherapie und Schwimmen sind im Rahmen des Hauses verfügbar.

Mehrere Beratungsgespräche im Laufe der nächsten vier Jahre drehen sich jeweils um die Frage, wie die Eltern ihr gemeinsames Leben mit Cornelia so organisieren können, dass auch für sie gemeinsame Zeiten möglich bleiben und sie zeitweise von den besonderen Betreuungs- und Pflegeanforderungen entlastet werden. Dazu bietet die Schule Kurzzeit-Aufnahmen in einer angeschlossenen Wohneinrichtung an, in der Cornelia dann tags und nachts versorgt ist. Die Familiensituation lässt sich mit dieser Unterstützung gut stabilisieren.

Cornelia selbst zeigt im Laufe der Jahre eine relative Besserung ihrer sozialen Kontaktbereitschaft und Aufnahmefähigkeit für die Umwelt, jedoch keine Fortschritte in ihren Handlungs- oder Kommunikationsfähigkeiten. Ausgeprägte repetitive Handbewegungen, zeitweise exzessives Zähneknirschen und Hyperventilieren prägen das Verhaltensbild. Nachts wacht sie gelegentlich auf und beginnt – ohne erkennbaren Anlass – zu lachen, schläft dann aber selbstständig wieder ein. Sie bleibt mobil und kann zumindest kürzere Strecken zu Fuß gehen.

Anne (13;6 Jahre)

Auch Anne zeigt den charakteristischen Verlauf mit Verlust erworbener Fähigkeiten beim Rett-Syndrom. Leider gehört sie zu den Kindern, denen nach einiger Zeit auch das freie Laufen nicht mehr möglich ist. Anne ist das zweite Kind ihrer Eltern. Die Geburt erfolgte in der 42. Schwangerschaftswoche mit normalen Körpermaßen. Die Entwicklung sei in den ersten Lebensmonaten unauffällig gewesen. Mit 8 Monaten habe sie frei gesessen, mit neun „Mama", „Papa" gesagt und weitere Wörter nachzuahmen begonnen. Mit einem Jahr habe sie dann diese Fähigkeiten verloren. Bei einer nachfolgenden Untersuchung wurden Kleinwuchs, Microcephalie, ein staksig-tastendes Gangbild berichtet. Im

Alter von 2;9 Jahren erreichte sie schließlich das freie Laufen, nach dem dritten Geburtstag war dies jedoch nur noch mit Hilfe möglich.

Mit 4;11 Jahren wird sie wegen schwerer Verhaltensprobleme vorgestellt. Anne hyperventiliert häufig, zittert leicht und kratzt sich bei Aufregungen. Sie knirscht mit den Zähnen, nestelt an den Kleidern, schiebt den Daumen in den Mund und lutscht an ihm, bis es zu Verletzungen kommt, die sich leicht entzünden. Die Handstereotypien lassen sich nur dadurch unterbinden – so berichten die Eltern – dass ein Objekt mit starkem Reizcharakter – z.B. ein Nopperstein – in der Hand festgebunden wird. Am ehesten entspannt sie sich im Wasser und bei Musik. Nachts erwacht sie mitunter, setzt sich im Bett auf und lacht unvermittelt.

Bei einer Beobachtung der Eltern-Kind-Interaktion zeigt sich, wie schwierig es für Anne ist, einen Kontakt zur Umwelt oder zu Personen aufzubauen. Sie lässt sich zwar die Hände zu einzelnen Gegenständen wie dem Kugelball führen, zieht sie aber rasch wieder zurück, jammert, hyperventiliert, schaukelt mit dem Oberkörper und beißt sich in die Hand. Nur für kurze Momente hält sie inne und lauscht einer Spieluhr. Sie schließt die Augen, als ihre Mutter ihr mit einem Gegenstand sanft über das Gesicht streicht. Die Spieluhr verfolgt sie auch für einen kurzen Moment, als der Vater sie in ihrem Blickfeld wandern lässt.

In der Montessori-Übung zeigt sie keine Initiative zu aktiver Tätigkeit. Als die Therapeutin ihr eine Dose anbietet, um Dinge hineinzuwerfen, schaut sie zwar hin, hält aber Dinge, die man ihr gibt, nicht fest, sondern wirft sie weg, führt ihre Hand dann rasch zum Mund und beißt sich. Die Therapeutin demonstriert, wie sie Pingpong-Bälle in eine Schüssel fallenlassen kann. Anne schaut wiederum kurz zu, lässt einen Ball hineinfallen und registriert das entstehende Geräusch aufmerksam, wendet sich dann aber wieder ab. Ein gezieltes Spiel miteinander entsteht nicht.

Bis zur Wiedervorstellung mit sieben Jahren hat die Mutter vor allem versucht, Annes Mobilität und Selbstständigkeit aufrechtzuerhalten. Sie hat ihr ein Stützkorsett und orthopädische Schienen anpassen lassen und mit Hilfe ihrer Krankengymnastin viele Übungen entwickelt, bei denen Anne trainiert, über unterschiedliche Oberflächen zu laufen, Hindernisse zu umgehen, so dass sie sich im Alltag mit Hilfe fortbewegen kann. Beim Essen übt sie, den Löffel zum Mund zu führen.

Da die körperliche Belastbarkeit Annes begrenzt und ihr Pflegebedarf hoch ist, finden die Eltern zunächst keine Schule, die Annes besonderen Bedürfnissen gerecht werden kann. Sie entscheiden sich deshalb, eine Befreiung vom Schulbesuch zu beantragen. Anne wird somit dauerhaft zu Hause betreut. Regelmäßige Physiotherapie, Manualtherapie und verschiedene orthopädische Operationen tragen dazu bei, dass sie sich körperlich wohlfühlt und die Entwicklung einer Skoliose zumindest verlangsamt werden kann; die freie Fortbewegung lässt sich jedoch trotz der Bemühungen nicht aufrechterhalten, sie benötigt einen Rollstuhl.

Eine Bereicherung ihres Alltags ist die Musiktherapie, zu der die Mutter sie einmal in der Woche fährt, sowie die Anregung nach dem Konzept der Basalen

Stimulation, die durch Studentinnen der Sonderpädagogik im häuslichen Rahmen geboten wird. Der aktive Gebrauch der Hände ist weiterhin nur sehr begrenzt möglich, stereotype nestelnde Bewegungen an der Kleidung stehen im Vordergrund. Die Eltern berichten über häufiges Innehalten der Atmung, zeitweise Hyperventilieren und Zähneknirschen; dennoch erleben sie die Alltagssituation mit Anne als harmonisch und ihre Grundstimmung als ausgeglichen und zufrieden. Dazu trägt bei, dass sie keine Ess- oder Schlafprobleme hat; lediglich die chronische Verstopfung scheint ihr Wohlbefinden zu stören.

Lara (4;7 Jahre)

Lara vermag etwas mehr Kontakt zur Umwelt aufzunehmen. Ihre Entwicklungsgeschichte ist der der anderen Mädchen ähnlich, allerdings hat sie zu keinem Zeitpunkt zu sprechen begonnen. Sie wird zum errechneten Termin geboren mit normalen Maßen (3730 g, 52 cm, 37 cm KU). Fixieren und soziales Lächeln werden mit 4 bis 6 Wochen erinnert. Die statomotorische Entwicklung verlief aber dann verlangsamt. Krabbeln wurde mit 14 Monaten, freies Laufen mit 20 Monaten erreicht. In dieser Zeit produzierte sie Silbenverdopplungen, aber noch keine Wortannäherungen, reagierte kaum auf „nein" oder ein anderes Wort.

Die Untersuchung im Alter von 3;8 Jahren zeigt, dass sie nicht gezielt mit Gegenständen spielen kann. Sie ergreift einzelne Dinge, dreht und wendet sie, führt sie zum Mund, lutscht an ihnen, klopft sie gegen ihre Handinnenfläche. Meist führt sie aber die Hand zum Mund mit wringenden Bewegungen, beißt in die eigene Hand, ist sehr unruhig, hyperventiliert, knirscht mit den Zähnen. Im Schlaf kommt es zudem zu Schaukelstereotypien. Der Gang ist breitbasig. Das EEG ist auffällig.

Sie hat aber einige Möglichkeiten zur Verständigung. Dazu gehört Kopfschütteln als Zeichen der Ablehnung von Essen oder Trinken. Wenn sie Interesse an einem Gegenstand hat, stellt sie sich vor den Erwachsenen hin, schaut ihn an, vokalisiert. In einzelnen Situationen, z. B. beim Treppensteigen, sucht sie auch seine Hilfe, indem sie ihn bei der Hand nimmt.

In einer Beobachtung der Mutter-Kind-Interaktion wirkt sie immer wieder für kurze Momente aufmerksam und aufnahmebereit. So hält sie inne, als die Mutter mit einem Stofftier über ihr Gesicht streicht, schaut ihr zu, als sie auf die Trommel klopft, berührt einen Kugelball mit der Hand, den sie anbietet. Die meiste Zeit wirkt sie aber in ihrer eigenen Welt, führt die Hand zum Mund und lutscht an ihr, hyperventiliert, prustet, produziert einzelne ungezielte Laute. Sowohl zur Mutter wie auch zum Untersucher nimmt sie ausgedehnten Blickkontakt auf. Handstereotypien und Hyperventilation wechseln sich mit den kurzen Momenten ab, in denen sie die Trommel oder den Kugelball anschaut und berührt.

In der stationären Beobachtungszeit versuchen wir, das Interesse Laras an einzelnen Gegenständen, die Geräusche und Klänge machen, und am sozialen Kontakt aufzugreifen. Wir bereiten die Umgebung so vor, dass sie an bestimmten Plätzen Dinge vorfindet, die ihre Aufmerksamkeit wecken, z. B. einen Kreisel, eine Spieluhr, ein Windrad und ein Zupfinstrument. Jedes Mal, wenn sie sich dem Ort nähert, treten wir neben sie und ermuntern sie, es auszuprobieren. Sobald sich eine Hinbewegung der Hand andeutet, versuchen wir, mit ihr gemeinsam den Kreisel zu drücken oder an der Schnur der Spieluhr zu ziehen. Die Musiktherapeutin versucht in ihren Stunden ebenfalls, Laras Blickrichtung und Körperhaltung als Mitteilungsversuch zu werten und sie zu Wechselspielen mit Instrumenten zu führen. Das gelingt immer wieder einmal, auch wenn ihre aktiven Handlungen, z. B. Klopfen auf die Trommel, Zupfen etc., zufällig und unabsichtlich wirken. In der Musiktherapie wirkt Lara entspannt und offen für den sozialen Kontakt.

10.2 Klinische Genetik

Charakteristische Merkmale

Das Rett-Syndrom ist eine phänotypisch definierte neurologische Störung mit einem charakteristischen Muster kognitiver und funktionaler Entwicklungsstagnation und anschließender Rückentwicklung. Die Störung wurde erstmals von Rett (1966) beschrieben, der zufällig mehrere Mädchen entdeckte mit auffallend ähnlichen Verhaltensmerkmalen und Entwicklungsverläufen. Mehr Aufmerksamkeit fand dann eine Publikation von 35 Fällen durch Hagberg et al. (1983) aus Frankreich, Portugal und Schweden.

Kinder mit Rett-Syndrom zeigen einen *charakteristischen Entwicklungsverlauf (Naidu et al., 1986). Prä- und perinatale Entwicklung sind in der Regel unauffällig. Die Eltern berichten eine normale körperliche, sensomotorische und sprachliche Entwicklung in den ersten 6 bis 18 Monaten. Es folgt eine Phase der Verlangsamung und des Entwicklungsstillstandes (z. B. oft beim Laufen) und dann ein rascher Verfall der Fähigkeiten. Bereits erworbene Fähigkeiten der Sprache, des Greifens und zielgerichteter Handbewegungen gehen verloren.* Die Mädchen verlieren das Interesse an Objekten oder Personen und zeigen nur noch begrenzten interpersonalen Kontakt, wobei allerdings der Blickkontakt erhalten bleibt (Trevarthan & Naidu, 1988; Witt-Engerstrom, 1987). Dieser Verfall vollzieht sich zwischen dem Alter von 6 und 30 Monaten; es besteht dann eine *schwerste Behinderung mit stereotypen Bewegungsmustern.*

Ein Leitsymptom zur Diagnosefindung sind stereotype Handbewegungen wie Klatschen, „Waschbewegungen" und ständige Bewegungen der Hand zum Mund. Im Laufe der Adoleszenz treten gehäuft Spastizität, Skoliose und Wachstumsverlangsamungen sowie vasomotorische Störungen der unteren Extremitäten auf. Fortbewegungsmöglichkeiten können ganz verlorengehen. Grimassieren, Zähneknirschen (Bruxismus), Hyperventilation, periodische Apnoen (Atemanhalten), Aerophagie (Luftschlucken), Konstipation und Anfallsaktivität sind begleitende Symptome (Trevarthan & Naidu, 1988).

Kasten 16: Diagnosekriterien beim Rett-Syndrom

notwendig

- wahrscheinlich normale prä- und perinatale Periode
- wahrscheinlich normale psychomotorische Entwicklung in den ersten sechs Monaten (evtl. bis zu 18 Monaten)
- normaler Kopfumfang bei Geburt
- Stagnation des Kopfwachstums zwischen 0;5 und 4 Jahren
- Verlust zielgerichteter Handbewegungen zwischen 6 und 30 Monaten, zeitlich assoziiert mit kommunikativer Dysfunktion und sozialem Rückzug
- Entwicklung einer schweren rezeptiven und expressiven Sprachstörung bei gleichzeitiger schwerer psychomotorischer Retardierung
- stereotype Handbewegungen wie Händewaschen/-drücken, Klatschen, zum-Mund-Führen nach Verlust gezielter Manipulationsfähigkeiten mit den Händen
- Rumpfataxie/-apraxie im Alter von 1 bis 4 Jahren
- Verdachtsdiagnose zwischen 2 und 5 Jahren

unterstützend

- Dysfunktion der Atmung (periodische Apnoen während Wachzeiten, intermittierende Hyperventilation, Anhalten der Luft, forciertes Ausatmen oder Speicheln)
- EEG-Abnormitäten (langsame Hintergrundaktivität im Wachzustand und intermittierende Verlangsamung/3–5 Hz, epileptiforme Entladungen mit oder ohne klinische Anfälle)
- Spastizität, oft gekoppelt mit Muskelschwund und Dystonie
- periphere vasomotorische Störungen
- Skoliose
- Wachstumsretardierung
- hypotrophe kleine Füße

Ausschlusskriterien
– Nachweis intrauteriner Wachstumsverlangsamung
– Zeichen von Speicherstörungen
– Retinopathie oder optische Atrophie
– Microcephalie bei Geburt
– Nachweis perinataler Hirnschädigung
– Nachweis identifizierbarer metabolischer oder anderer progressiver neurologischer Störungen
– erworbene neurologische Störung nach schwerer Infektion oder Schädelhirntrauma

Bei Mädchen und Frauen, die alle diagnostischen Kriterien des Rett-Syndroms erfüllen, liegt die sogenannte „klassische Form" vor. Über die Jahre hinweg hat sich aber nun gezeigt, dass das Spektrum des Phänotyps wesentlich breiter ist als ursprünglich beschrieben. Zahlreiche Mädchen weisen atypische Formen auf, die insbesondere hinsichtlich der Bewegungsentwicklung und des Grades der handmotorischen Dysfunktion einen leichteren Verlauf nehmen. Hagberg und Gillberg (1993) und Zappella et al. (1998) beschrieben Varianten, bei denen der Beginn der Entwicklungsauffälligkeiten bereits vor dem 6. Lebensmonat liegt ebenso wie andere, bei denen kein eindeutiger regressiver Verlauf abzugrenzen ist (congenitale Form), und Mädchen und Frauen, bei denen die Regression später auftritt und die Handstereotypien geringer ausgeprägt sind („Form fruste"), bzw. sprachliche Ausdrucksmöglichkeiten erhalten bleiben („preserved speech variant").

Entwicklungsverlauf

Hagberg und Witt-Engerstrom (1986) haben aus ihren klinischen Beobachtungen ein vierstufiges Verlaufsmodell des „klassischen" Rett-Syndroms entwickelt. Die Stufe I beginnt mit der Stagnation der motorischen Entwicklung und Hypotonie. Die Mädchen können im Allgemeinen selbstständig sitzen, bevor die Stagnation beginnt, aber Krabbeln, Stehen und Laufen werden verzögert entwickelt, Rennen und Klettern in den meisten Fällen nie erreicht; 80 % erreichen das selbstständige Laufen (Kerr, 1987; Naidu et al., 1986; Nomura & Segawa, 1990). Die höchsten Fähigkeiten werden meist mit einem Jahr erreicht (Pinzettengriff, Manipulationsfähigkeiten der Hände und einzelne Worte).

Bereits in dieser *ersten Phase* verlangsamt sich das Kopfwachstum. Eine Stagnation kann bereits mit drei Monaten, aber auch erst mir vier Jahren auftreten (Naidu et al., 1986). Einige Autoren gehen davon aus, dass bereits von Geburt an Entwicklungsbesonderheiten bestehen, die aber durch das rasche Reifungstempo überdeckt werden. So berichtete Hanefeld (1985), dass bereits in diesem frühen Alter dyskinetische Handbewegungen zu sehen seien. Exzessives Klatschen und Wedeln oder unwillkürliches Öffnen und Schließen der Hände, unspezifisch kreisende Hand-zum-Mund-Bewegungen und geringe Initiative zum Spiel sind erste Zeichen (Kerr et al., 1987). Die zufriedene Stimmung und soziale Zugewandtheit der Kinder beruhigt die Eltern aber oft, so dass sie noch keinen fachlichen Rat suchen.

In der *zweiten Phase* treten ohne erkennbaren Erkrankungsgrund mit dem raschen Verfall bereits erworbener Fähigkeiten die typischen Handstereotypien und autistischen Verhaltensweisen auf (8 Monate bis 4;5 Jahre). Es handelt sich um waschende, wringende oder klatschende Bewegungen, die in der Mittellinie ausgeführt werden, manchmal aber auch an der Seite, um das Gesicht herum oder hinter dem Kopf. Sie beherrschen die gesamte Wachphase, hören aber im Schlaf auf (Glaze et al., 1987). Die Kinder nehmen keinen gezielten Kontakt zu Dingen ihrer Umwelt mehr auf, haben z.T. plötzlich auftretende Schreiphasen, wirken sozial-emotional sehr zurückgezogen. In einer klinischen Verlaufsstudie von Budden (1995) trat der Verlust der Handfunktionen ab dem Alter von 5 Monaten auf. Mit 2 1/2 Jahren hatten 66 % der Mädchen ihre Fähigkeit zur gezielten Exploration von Gegenständen verloren, 31 % verfügten noch über Greif- und Erkundungsfunktionen.

Eine Mutter beschreibt die Veränderungen so

„Bald nach ihrem ersten Geburtstag war sie innerhalb von ein paar Wochen total verändert. Sie wurde inaktiv und sehr ruhig, hörte auf zu spielen und zu plaudern und die paar Worte, die sie schon gelernt hatte, verschwanden wieder. Sie fürchtete sich vor allem – Geräuschen, Fremden, Wasser und überhaupt vor allen möglichen Veränderungen. Wenn sie sich erschreckte, begann sie zu schreien, hysterisch und untröstlich. Wenn man versuchte, sie aufzunehmen, blieb sie verzweifelt und versuchte mit Gewalt loszukommen. Sie konnte auch nicht mehr auf einem Stuhl sitzen, sie musste auf dem Boden essen. Nur im Bett und mit ihrer Puppe fühlte sie sich sicher." Eine andere Mutter: „Sie hörte von einem Tag zum anderen auf zu greifen – wenn man ihr einen Löffel in die Hand gab, tat sie so, als ob der heiß wäre." (zit. nach Lindberg, 1991)

Es wirkt so, als ob die Mädchen die Fähigkeit verlieren, Reize über mehrere Kanäle aufzunehmen und zueinander in Beziehung zu setzen, also auf eine Situation als ganze zu reagieren. Neue und intensive Reize überfordern sie leicht und drohen sie in ein inneres Chaos zu stürzen. Es wirkt, als ob sie sich davor zu schützen scheinen, indem sie sich unerreichbar machen für alle Arten von Reizen und Signalen der Außenwelt. Andererseits scheinen einige unwillkürliche Bewegungsmuster durchaus weiterhin zur Verfügung zu stehen. So lässt sich bei vielen Mädchen beobachten, dass sie sich im Rhythmus zu Musik oder im Wasser bewegen, sich im Fallen abstützen oder auf einer Schaukel vor dem Herabgleiten schützen können. Offenbar handelt es sich dabei um Muster, die von ihnen nicht „aktiv" geplant werden müssen, sondern von anderen Regelkreisen gesteuert werden.

Bei allen Mädchen, die bereits laufen können, treten ataktisch-apraxische Gangstörungen auf. Im Sitzen scheinen sie durch ungewöhnliche Rumpfbewegungen ihr Gleichgewicht stabilisieren zu müssen. Oft wandern sie ohne erkennbares Ziel hin und her, manchmal im Zehenspitzengang.

In der *dritten Phase* beginnen die Mädchen in gewissem Maße die Residualfunktionen zu nutzen und wieder ein etwas größeres Interesse an ihrer Umwelt zu entwickeln. Sprachfähigkeiten bessern sich etwas; so plappern die Mädchen oft wieder und einige sind in der Lage, Wortteile zu benutzen, die für die jeweilige Situation relevant sind. Kein Mädchen mit klassischem Rett-Syndrom kommt aber über dieses einfachste Sprachniveau wieder hinaus. Auch wenn sich lautsprachlich keine Fortschritte einstellen, verbessert sich die Interaktion vor allem durch gezieltere intentionale Blickausrichtung. Die stereotypen Handbewegungen werden dagegen intensiver und störender. In dieser dritten Stufe sind darüberhinaus eine verminderte Schmerzempfindlichkeit, Konstipation und Gewichtsverlust sowie ein Wechsel von Hypotonie zur Hypertonie und Rigidität charakteristisch.

Die *vierte Phase* ist gekennzeichnet durch eine abnehmende Mobilität, zunehmende Rigidität, Skoliose, Schwäche und ausgeprägte vasomotorische Störungen. Die Mädchen verlieren in der Regel die Fähigkeit zur freien Fortbewegung. Dies trifft allerdings nicht in jedem Fall zu. 8 von 9 Mädchen mit Rett-Syndrom, die Naidu et al. (1986) im Alter von über 15 Jahren untersuchten, konnten laufen. Dystonien, Hypomimik, Bradykinesien, Rigidität kennzeichnen die Bewegungsfähigkeiten bei mehr als 75 % der Heranwachsenden. Die Verschlechterung betrifft allerdings nur die motorischen Bereiche, während das kognitive Niveau stabil ist und sich der interpersonale Kontakt wieder bessern können. Anfälle, Stereotypien und dysfunktionale Atmung nehmen ab.

Das Körperwachstum ist in der dritten und vierten Krankheitsstufe erheblich verlangsamt, während das Knochenwachstum und die sexuelle Entwicklung dem Alter entsprechen. Die Lebenserwartung selbst ist wahrscheinlich angesichts der Immobilität vieler Frauen niedriger. Es fehlt aber an Erfahrungen, da wahrscheinlich viele ältere Patientinnen in Behinderteneinrichtungen leben, ohne dass eine Diagnose gestellt wurde. Die älteste z. Zt. bekannte Frau mit Rett-Syndrom ist 65 Jahre alt. Plötzliche Todesfälle sind zu verschiedenen Zeitpunkten berichtet, wobei unerkannte Krampfanfälle oder Atemregulationsstörungen als Ursache vermutet werden.

Genetische Veränderung

Bis vor wenigen Jahren stellte das Rett-Syndrom eine völlig rätselhafte Erkrankung dar, deren genetische Grundlage vermutet, aber nicht bewiesen werden konnte. Ein Durchbruch gelang der Forschung im Jahre 1999, als Amir und seine Mitarbeiter verschiedene Mutationen am MECP2-Gen auf dem langen Arm des X-Chromosoms (Xq28) nachweisen konnten (Amir et al., 1999). Ein Fülle von nachfolgenden Untersuchungen bestätigte diesen kausalen Zusammenhang und identifizierte mehr als 100 Mutationen an diesem Genort. Gegenwärtig lässt sich in ca. 80 % der Patientinnen mit klassischem Rett-Syndrom eine Mutation nachweisen (Van der Veyver & Zoghbi, 2002). Bei Mädchen und Frauen mit einer der verschiedenen atypischen Formen des Rett-Syndroms findet sich gegenwärtig in 50 % der Fälle eine Mutation am MECP2-Gen (Shabazian & Zoghbi, 2001).

Bei allen Patientinnen, bei denen eine MECP2-Mutation festgestellt wurde, lagen auch die Merkmale des Rett-Syndroms vor. Allerdings wurde dabei mehr und mehr deutlich, dass die Variabilität im Schweregrad sehr viel breiter ist als ursprünglich beschrieben. Es ist anzunehmen, dass sie von dem relativen Anteil der Zellen beeinflusst wird, der durch die Mutation inaktiviert ist.

Grundsätzlich kann das Rett-Syndrom auch bei Jungen auftreten. Die Symptomatik ist dann aber offenbar so schwer, dass das Kind nicht lebensfähig ist. Einzelne Jungen mit charakteristischen Merkmalen des Rett-Syndroms sind allerdings bekannt. Ein mehrfaches Auftreten des Syndroms innerhalb einer Familie ist ebenfalls äußerst selten, aber nicht ganz ausgeschlossen; monozygote Zwillinge sind konkordant.

Ursächlich muss von einer Spontanmutation in den Keimzellen eines Elternteils ausgegangen werden. Wenn das Rett-Syndrom vorliegt, besteht allerdings im Falle, dass es zu einer Schwangerschaft kommen sollte, eine 50-prozentige Wiederholungswahrscheinlichkeit. In der Tat hat ein schwedisches Mädchen mit Rett-Syndrom nach einer Vergewaltigung ein Kind zur Welt gebracht, das ebenfalls betroffen ist.

Neuropathologische und neurophysiologische Studien haben trotz intensiver Bemühungen bisher kein schlüssiges Modell entwerfen können, das die Störungen der Handlungsplanung und den spezifischen Verlauf bis ins höhere Lebensalter erklären könnte (Armstrong, 2002; Glaze, 2002)

Differenzialdiagnostische Unsicherheiten bestehen oft in der ersten Phase, wenn die Regression milde verläuft und/oder autistische Merkmale vorliegen. Viele Mädchen mit Rett-Syndrom werden zunächst als Kinder mit *infantilem Autismus* diagnostiziert. Ähnlichkeiten zwischen beiden Syndromen bestehen in den Stereotypien (Körperschaukeln), der Störung der kommunikativen Entwicklung und geringen Aufmerksamkeitsspanne. Autistische Kinder behalten jedoch ihre motorischen Fähigkeiten bei Verlust der Sprache und der interaktiven Kompetenzen. Außerdem sind ihre Bewegungsmuster eher monoton. Anders als bei autistischen Kindern sind beim klassischen Rett-Syndrom eine Abwehr körperlicher Nähe und zärtlicher Kontaktaufnahme, exzessive Fixierung auf bestimmte Objekte, Rotation kleiner Gegenstände oder stereotype Spielgewohnheiten nicht zu beobachten.

Einige Ähnlichkeiten bestehen zum *Angelman-Syndrom*. Auch dort werden die Entwicklungsstörungen oft erst am Ende des ersten Lebensjahres deutlich nach unauffälliger Geburt und früher Säuglingszeit. Weitere Gemeinsamkeiten sind Auffälligkeiten des Gangbildes, Schlafstörungen und eine freundliche Grundstimmung. Mädchen mit Rett-Syndrom weisen aber keine spezifischen Gesichtsdysmorphologien auf. Kinder mit Angelman-Syndrom ihrerseits zeigen keine exzessiven stereotypen Handbewegungen, wie sie beim Rett-Syndrom charakteristisch sind.

Prävalenzstudien zur Häufigkeit des Rett-Syndroms stammen aus Schweden (Hagberg, 1985), Schottland (Kerr & Stephenson, 1986) und Texas (Kosinetz et al., 1993). Die Prävalenzangaben schwanken zwischen 1:12000 und 1:23000. Diese Zahlen zeigen, dass das Syndrom nicht zu den extrem seltenen Krankheitsbildern gehört. Man muss davon ausgehen, dass sich unter zehn Mädchen mit schwerer und mehrfacher Behinderung in der Regel eines mit Rett-Syndrom finden wird.

Körperliche Behandlungsbedürfnisse

Anfälle treten bei mehr als 80 % in der dritten Phase auf und sind bei etwa der Hälfte der Patientinnen dauerhaft behandlungsbedürftig (Steffenburg et al., 2001). Sie beginnen im Durchschnitt mit 3 1/2 Jahren: generalisierte, tonische, tonisch-klonische Anfälle, atypische Abscencen, komplexe parzielle myotonische oder atonische Anfälle. In einigen Fällen sind sie medikamentös sehr schwer beherrschbar (Coleman et al., 1988). Eine genaue Bestimmung der Anfallshäufigkeit ist oft schwierig, da einige syndromspezifische Verhaltensweisen (periodisches Atemanhalten, Starren, episodisches Schreien und kurze Bewusstseinsstörungen, sog. „vacant spells") als Störungen der autonomen Regulation auftreten und von epileptischen Anfällen schwer zu unterscheiden sind (Naidu et al., 1988; Julu et al., 2001). Nächtliches Schreien oder nächtliches Aufwachen und Lachen hat sich allerdings nicht als Anfallsäquivalent herausgestellt (Coleman et al., 1988).

Skoliosen bilden sich oft ab dem Alter von 7 bis 11 Jahren aus. Budden (1995) berichtete über den klinischen Verlauf bei 60 Patientinnen und stellte bei 39 von ihnen eine Skoliose fest (65 %). Bei 5 Mädchen war durch intensive Therapie eine Rückbildung zu erzielen, in 13 Fällen konnte keine Veränderung erreicht werden. Der Grad der Skoliose ist sehr unterschiedlich, kann aber bei einigen Patienten eine Korsettbehandlung oder Operationen erforderlich machen.

Die Gewichtsentwicklung ist in vielen Fällen ein Anlass zur Sorge. In einer Untersuchung von 27 Mädchen und Frauen mit Rett-Syndrom fanden sich 26 % mit ausgeprägtem Untergewicht (mehr als 4 Standardabweichungen unter dem Durchschnitt; Reilly & Cass, 2001). Dazu tragen *Fütter- und Essstörungen* bei, die auf Haltungsprobleme, oral-motorische Schwierigkeiten beim Kauen, Schlucken und in der Kontrolle über die Zungenbewegung sowie Probleme der Koordination mit der Atmungsregulation zurückzuführen sind. Budden et al. (1990) fanden allgemeine Ernährungsprobleme bei 82 % und oral-motorische Störungen bei 41 % der 60 Mädchen und Frauen, die ihr in der Klinik vorgestellt wurden. Mädchen mit ausgeprägten Regulationsstörungen der Atmung scheinen auch einen vermehrten Energiebedarf zu haben, der durch die normalen Essensmengen, die sie zu sich nehmen, nicht ausreichend gedeckt wird, so dass sich ihre Ernährungssituation oft zunehmend verschlechtert. Sie gehören zu den besonders schmächtigen Mädchen (Morton et al., 1997; Leonard et al., 1999).

Im späteren Jugend- und Erwachsenenalter wird das körperliche Wohlbefinden zusätzlich durch eine chronische Konstipation als Folge eines geringen parasympathischen Tonus, zu niedriger Flüssigkeitsaufnahme und körperlicher Bewegung sowie in vielen Fällen durch einen gastro-intestinalen Reflux beeinträchtigt, der Schmerzen und Appetitverlust verursacht. Wenn dieser konservativ nicht befriedigend gebessert werden kann oder häufige Aspirationen auftreten, kann im Einzelfall auch eine zusätzliche Diät oder eine Ernährung über eine PEG-Sonde erforderlich werden, um die nötige Nahrungszufuhr sicherzustellen. Unter 60 Mädchen und Frauen, über die Budden (1995) berichtete, traf dies bei 15 % zu.

Bei einem Teil der Mädchen treten *Schlafstörungen* auf, die das familiäre Gleichgewicht belasten. Polysomnographische Untersuchungen zeigen eine hohe Rate von gestörten Schlafrhythmen (Nomura et al., 1987). Mädchen mit Rett-Syndrom schlafen im Vergleich zu Kindern gleichen Alters weniger, schlafen oft nur mit großer Verzögerung ein und wachen früh wieder auf (Piazza et al., 1990). In der Regressionsphase ist bei vielen Mädchen auch ein unvermitteltes nächtliches Aufwachen, Lachen oder Schreien zu beobachten (Sansom et al., 1993).

Eine Untersuchung der Schlafgewohnheiten bei 83 Mädchen mit Rett-Syndrom, deren Eltern ein detailliertes Schlafprotokoll führten, zeigte keine altersabhängige allmähliche Verminderung der Tages- und Nachtschlafzeiten, wie sie bei anderen Kindern üblich ist (Ellaway et al., 2001). Vielmehr schliefen die jüngeren Kinder (unter 5 Jahren) weniger, die älteren (über 15 Jahren) deutlich mehr als die Vergleichsgruppe. Längere und häufigere Schlafzeiten tagsüber waren insbesondere bei den Mädchen zu beobachten, die sich nicht selbstständig fortbewegen konnten und/oder bei denen eine Epilepsie vorlag.

MacArthur und Budden (1998) konnten bei neun Mädchen mit Rett-Syndrom zeigen, dass die Gabe von Melatonin die Schlafdauer insgesamt verlängerte, das Einschlafen beschleunigte und zu einem harmonischeren Schlaf beitrug. Da noch keine Erfahrungen zu den Effekten der Melatonin-Gabe im Langzeitverlauf vorliegen, wird gegenwärtig allerdings nur zu einer intermittierenden Gabe geraten, die auf Mädchen mit schweren Schlafstörungen beschränkt sein sollte.

Diagnostik und Behandlung von Anfallsleiden, Skoliosen, gastro-intestinalen Problemen und Ess- bzw. Schlafstörungen erfordern eine sorgfältige und regelmäßige medizinische Betreuung von Mädchen mit Rett-Syndrom durch Kinderärzte, die mit diesem Krankheitsbild Erfahrung haben. Ein stabiles körperliches Wohlbefinden ist eine unerläßliche Voraussetzung für das Gelingen entspannter Alltagsinteraktionen, z. B. beim Füttern, und die Stärkung der Motivation der Mädchen zur Beteiligung am sozialen Geschehen innerhalb der Familie oder der Kindergarten- und Schulgruppe.

10.3 Adaptive, kognitive und sprachliche Fähigkeiten

Die Beschreibung der charakteristischen klinischen Merkmale und der Entwicklungsstadien beim Rett-Syndrom zeigt, dass es sich um eine Gruppe von Mädchen mit schwerer und mehrfacher Behinderung handelt.

Fontanesi und Haas (1988) beurteilten die adaptiven Fähigkeiten von 18 Mädchen mit Rett-Syndrom im Alter zwischen zwei und 23 Jahren mit den Vineland Adaptive Behavior Scales (VABS). 11 von ihnen konnten frei stehen und laufen. In den Skalen, die praktische Fertigkeiten des täglichen Lebens, Spiel, soziale und kommunikative Kompetenz sowie fein- und grobmotorische Fähigkeiten erheben, ergaben sich bei allen Mädchen Entwicklungsalterswerte zwischen 6 und 12 Monaten.

Perry et al. (1991) teilten einige Einzelheiten zu *adaptiven Fähigkeiten mit. Die meisten der 28 von ihnen untersuchten Kinder vermochten nach Angaben der Eltern selbstständig zu essen* (mit den Fingern, z. T. auch mit der Gabel) *und aus der Tasse zu trinken. Waschen und Anziehen gelang in keinem Fall selbstständig. Einige Mädchen waren bei regelmäßigem Absetzen sauber,* die meisten trugen jedoch Windeln. Auch Naidu et al. (1995) legten Verlaufsdaten vor, die mit den gleichen Skalen erhoben wurden und eine Zunahme der praktischen Fertigkeiten mit wachsendem Alter dokumentierten. Der hohe Pflege- und Unterstützungsbedarf spiegelt sich auch in einer Befragung von Eltern wieder, die Leonard et al. (2001) mit Hilfe eines standardisierten Bogens zur Beurteilung der funktionalen Selbstständigkeit bei Kindern (WeeFIM) an 86 Mädchen und Frauen in vier Altersgruppen erhoben.

Einige Arbeitsgruppen haben versucht, auch den Verlauf der kognitiven und sprachlichen Entwicklung bei Mädchen mit Rett-Syndrom mit herkömmlichen Entwicklungstests zu beschreiben. Der Vergleich mit gleichalten Kindern zeigt natürlich die Schwere ihrer Behinderung überdeutlich. Perry et al. (1991) untersuchten 15 Mädchen mit der Cattell Infant Intelligence Scale zwischen zwei und 19 Jahren. Keines der Mädchen erreichte nach Testnorm ein kognitives Entwicklungsalter von mehr als 8 Monaten. Alle Mädchen richteten ihre Aufmerksamkeit auf visuelle und akustische Reize, zeigten etwas Interesse an Spielzeug und ergriffen es kurz und zeigten ein gewisses antizipatorisches Verständnis für Zusammenhänge beim Essen. Nur eines verfügte aber über einen Begriff der Objektpermanenz und ließ erkennen, dass es um den Ort eines Gegenstandes wusste, der verschwunden war.

Tabelle 75: Hilfebedarf, bzw. Selbstständigkeit bei 86 Mädchen und Frauen mit Rett-Syndrom (WeeFIM; Leonard et al., 2001)

Grad der Abhängigkeit	vollständig	teilweise hilfebedürftig	selbstständig
Selbstversorgung			
Waschen	84	2	0
Essen	73	13	1
Anziehen	85	1	0
Toilettengang	85	1	0
Sauberkeit			
Blasenkontrolle	76	9	1
Stuhlkontrolle	62	23	1
Fortbewegung			
Allgemein	58	13	15
Treppensteigen	59	20	7

Woodyatt und Ozanne (1993) benutzten die „Ordinalskalen zur sensomotorischen Entwicklung" in einer Verlaufsstudie bei sechs Mädchen über einen Zeitraum von drei Jahren. Bei zwei von ihnen ließ sich in diesem Zeitraum keine Veränderung in den sensomotorischen Fähigkeiten feststellen. Die vier anderen Mädchen machten Fortschritte, die allerdings von Bereich zu Bereich variierten. Während gestische und verbale Imitation unmöglich blieben, erreichten zwei Mädchen die Stufe III und zwei Mädchen die Stufe IV der Wahrnehmung von Mittel-Zweck-Verbindungen, d.h. sie waren z.B. in der Lage, ein Hindernis zu entfernen, um ein Objekt zu erreichen, das sie haben wollten. Demeter (2000) ordnete die Beobachtungen bei 37 Mädchen mit Rett-Syndrom in neun Fällen der Stufe III (Koordination sekundärer Schemata) und in vier Fällen einer höheren sensomotorischen Entwicklungsstufe zu.

Olsson und Rett (1987) führten mit 27 Kindern mit Rett-Syndrom eine Serie von Beobachtungsaufgaben durch, bei denen sich die Fähigkeit zum Ergreifen und Umgehen mit Objekten, Mittel-Zweck-Wahrnehmung und Kommunikation mit dem Untersucher dokumentieren ließ. Auch sie fanden *viele Fähigkeiten der Stufe III und IV der sensomotorischen Entwicklung nach Piaget, d.h. dass die Mädchen mit Interesse Handlungen wiederholten, die Effekte auslösten.* Sie versuchten, durch Blick und Lächeln Kontakt aufzunehmen; die Zeit, die sie sich Personen zuwandten, erschien mindestens ebenso lang wie die Zeit, die sie ihre Aufmerksamkeit auf Gegenstände richteten.

Qualitative Beschreibungen der Fähigkeiten und der Art und Weise, wie ein Kind Kontakt zu seiner Umwelt aufnimmt, sind wesentlich hilfreicher als Orientierungspunkte für die Förderplanung als quantitative Einschätzungen über standardisierte Entwicklungstests herkömmlicher Art. Die Ordinalskalen zur sensomotorischen Entwicklung können dazu ein Raster bilden, um die Beobachtungen einzuordnen. Auch wenn die Beobachtung der Blickrichtung der Mädchen („eye pointing"), ihre verzögerten Ansätze zu zielgerichteten Handlungen oder Bewegungen des Kopfes in eine entsprechende Richtung als mögliche „Antworten" einbezogen werden, bleibt es angesichts der schweren Dyspraxie aber außerordentlich schwer, sich ein valides Bild davon zu machen, was die Kinder verstehen und welche Zusammenhänge in ihrer Umwelt sie erkennen. Dies gilt selbst dann, wenn es gelingt, die Beobachtungen zu Hause durchzuführen in der vertrauten Umgebung des Kindes, sie zu wiederholen und zu videografieren, so dass sie im Nachhinein nochmals analysiert werden können.

Eine Mutter beschreibt die Art der Handlungen ihres Kindes so

„Sie steht vor ihrem Spielzeugregal, schaut und schaut, hyperventilert, knirscht mit den Zähnen, reibt intensiv ihre Hände an den Daumen und ist am ganzen Körper steif und gespannt. Schließlich gelingt es ihr – manchmal – eine Hand von dem stereotypen Bewegungsmuster freizubekommen und dann schlägt sie auf ein Ding, so dass es zu Boden fällt. Vielleicht wollte sie es nehmen, aber es wurde ein Hinschlagen daraus. Vielleicht wollte sie damit spielen, aber in ihrer Unfähigkeit konnte sie es nur streifen und sobald sie das Ding berührt, ist die Bewegung zu abrupt und zu schnell, sie wirft es hinunter anstatt es zu ergreifen." (zit. nach Lindberg, 1991)

Nicht nur die Eltern von Mädchen mit Rett-Syndrom, sondern auch viele Fachleute berichten von Beobachtungen, die dafür sprechen, dass Mädchen mit Rett-Syndrom womöglich viel mehr verstehen als sich die Entwicklungstests dokumentieren lässt. Es gilt, die Dinge herauszufinden, die ihnen persönlich wichtig sind, und die feinen Veränderungen in ihrem Verhalten wahrzunehmen, an denen sich eine Erwartung über ein Ereignis, das Verständnis für eine Abfolge oder einen Zusammenhang erkennen lässt. Das gilt ebenso für die Einschätzung des Sprachverständnisses und der kommunikativen Fähigkeiten. *Sprachliche Äußerungen wirken ebenso blockiert wie der Kontakt zu Gegenständen und die Initiative zu zielgerichteten Handlungen,* ohne dass es bisher gelungen ist, die zu Grunde liegenden Verarbeitungsprobleme der Kinder und das widersprüchliche Bild ihrer Fähigkeiten schlüssig zu erklären. Viele Mütter sagen, es wirke so, als ob ihre Kinder sich mit besonderer Anstrengung um Worte bemühen: *„Es ist, als lägen die Worte auf der Zunge, aber sie kann sie nicht herausbringen."* In Momenten der Entspannung kann dagegen plötzlich ein Wort zu hören sein, das danach nie oder lange nicht wieder hervorzulocken ist.

Budden et al. (1990) berichteten über die kommunikativen Fähigkeiten bei 20 Mädchen mit Rett-Syndrom im Alter von 3;11 bis 19;4 Jahren. Sie teilten die Kinder nach den vier Verlaufsstadien des Syndroms ein und befragten die Eltern, welche kommunikativen Fähigkeiten die Mädchen früher erreicht hatten und wie ihr gegenwärtiges Kommunikationsvermögen sei. *17/20 Mädchen zeigten zum gegenwärtigen Zeitpunkt kommunikative Fähigkeiten, wie sie typischerweise im Alter zwischen vier und acht Monaten zu beobachten sind.* Sie lagen somit auf der gleichen Stufe wie ihre sensomotorisch-kognitiven Fähigkeiten. Bei allen Mädchen wurde ein deutlicher Verlust gegenüber der Zeit vor dem Abbauprozess berichtet, in der sie meist einen Entwicklungsstand von 12 bis 16 Monaten erreicht hatten.

In größeren Untersuchungsgruppen finden sich immer wieder einzelne Mädchen, die über ein gewisses Sprachvermögen verfügen, es aber nicht im Dialog angemessen einsetzen können (atypische Form des Rett-Syndroms, Zappella, 1996). Ihre Zahl ist aber klein. So teilten Uchino et al. (2001) in einer Untersuchung von 99 Mädchen und Frauen in Japan (3 bis 29 Jahre) mit, dass immerhin drei zum Zeitpunkt der Untersuchung mehr als 30 (zweisilbige) Wörter und Zweiwortverbindungen äußerten. Die Mehrzahl der Mädchen hatte vor Erkrankungsbeginn bereits einzelne Wörter gesprochen, 14 % von ihnen auch Zweiwortsätze, sie aber überwiegend im zweiten und dritten Lebensjahr wieder verloren.

Von Tetzchner et al. (1996) berichteten über die kognitive und kommunikative Entwicklung bei 42 Patientinnen im Alter zwischen 2 1/2 und 47 Jahren aus Norwegen. 11 von ihnen setzten konsistente Lautbildungen ein, 5 von ihnen verfügten über 3 bis 5 Worte, zwei über mehr Worte. Bei zwei Mädchen war die Fähigkeit zur Bildung von Sätzen erhalten geblieben, wobei diese Sätze nur von den Mädchen eingesetzt wurden, um Vorlieben und Bedürfnisse auszudrücken. Die Zahl der noch verfügbaren Wörter korrelierte mit der Größe des Wortschatzes vor Erkrankungsbeginn. Die Eltern von 10 Patientinnen berichteten, dass ihre Töchter ihrem Eindruck nach auch kein Sprachverständnis hätten, während 32 sicher waren, dass die Mädchen zumindest hin und wieder auf bestimmte Worte und Sätze reagierten.

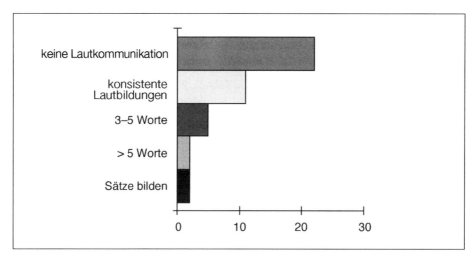

Abbildung 73: Lautsprachliche Kommunikation bei 42 Mädchen und Frauen mit Rett-Syndrom (nach von Tetzchner et al., 1996)

Woodyatt und Ozanne (1992) analysierten Verständnis und kommunikatives Handlungsniveau von sechs Mädchen mit klassischem Rett-Syndrom in einer 30-minütigen Beobachtungsphase. Jeweils eines der Mädchen reagierte auf „nein" und seinen Namen sowie vertraute Sätze in vertrautem Kontext (z. B. „Gib Mami einen Kuss"). Drei Kinder reagierten positiv auf Musik und erkannten ihre Lieblingslieder, was sich in Lächeln und gesteigerter Aktivität oder Hyperventilation ausdrückte. Keines der Mädchen benutzte ein Wort, um einen Wunsch oder ein Bedürfnis mitzuteilen. Bei einem Mädchen wurde von den Eltern berichtet, dass sie unter Stress zu Hause die Namen ihrer Lehrer genannt habe.

Gezielt eingesetzte non-verbale Kommunikationsweisen ließen sich aber bei mehreren Mädchen beobachten. Sie dienten dazu, Aufmerksamkeit zu erzielen, soziale Interaktion zu initiieren oder etwas zu essen zu erhalten. Die Mädchen berührten dazu die Person oder das, was sie mochten. Wenn sie etwas zu essen nicht mochten, schlossen sie den Mund, verweigerten das Kauen, schauten weg oder schoben den Teller weg. Wenn sie sich freuten, lächelten sie, vokalisierten und hyperventilierten mehr. Vertraute Bezugspersonen wurden mitunter mit Lächeln begrüßt. Diese Mädchen mit klassischem Rett-Syndrom hatten also sehr wohl Möglichkeiten, Emotionen auszudrücken und Unmut zu zeigen. Gezielte Handlungen, um den Wunsch nach einem Gegenstand mitzuteilen oder das gemeinsame Interesse auf ein Thema zu lenken, z. B. Übergeben, Hindeuten, Bei-der-Hand-Nehmen, Zeigen, Vorführen, wurden dagegen bei keinem Mädchen beobachtet.

Um die Variabilität und Art der vorsprachlichen Verständigungsfähigkeiten an einer möglichst großen Stichprobe zu untersuchen, baten wir die Eltern von 83

Mädchen mit Rett-Syndrom, einen standardisierten Fragebogen zu kommunikativen Fähigkeiten („Pre-verbal Communication Schedule, Kiernan & Reid, 1987) auszufüllen. Das Alter der Kinder schwankte zwischen 2 und 18 Jahren (Mittelwert 8;4 Jahre) und verteilte sich etwa gleichmäßig auf drei Altersgruppen (< 6 Jahre; 6 bis 10 Jahre; > 10 Jahre). Mit Hilfe dieses Fragebogens lassen sich u.a. die Fähigkeiten eines Kindes zur Aufmerksamkeitssuche/ Kontaktaufnahme, Äußerung von Wünschen oder Bedürfnissen, Ablehnung und Etablierung gemeinsamer Aufmerksamkeit dokumentieren (Sarimski, 2003e).

72 Mädchen waren nicht in der Lage, verbal zu kommunizieren. Bei 11 Mädchen liegt eine atypische Variante des RS mit einer erhaltenen Sprachfunktion vor. Allerdings ist der expressive Wortschatz auch in dieser Gruppe eng begrenzt. Nach Elternangaben benutzten vier Kinder fünf Wörter, zwei Kinder drei, bzw. vier, ein Kind sieben Worte und zwei Kinder zehn Worte.

Das „Pre-verbal Communication Schedule" umfasst einige Fragen zu basalen Fähigkeiten der visuellen und akustischen Wahrnehmung, zum Handgebrauch und zur Lautbildung. Fast alle Mädchen zeigen Interesse an der Umgebung, indem sie ein Objekt fixieren oder im Raum verfolgen. Sie orientieren sich zu einer Geräuschquelle und richten den Blick auf eine Person, die sie anspricht. Jeweils mehr als 80 % der Eltern geben an, dass sie diese Fähigkeiten regelmäßig bei ihrer Tochter beobachten; mit zwei Ausnahmen sind sie bei den übrigen Mädchen zumindest zeitweise zu erkennen. Die Antworten zum Handgebrauch spiegeln dagegen die RS-typischen Charakteristika wieder. Nur 43 % der Mädchen können regelmäßig Objekte ergreifen und festhalten. Ein gezielter Einsatz der Hände (z. B. durch Pinzettengriff oder Drücken auf Tasten mit dem Finger, um interessante Effekte zu erzielen) ist nur wenigen Mädchen möglich.

Tabelle 76 zeigt, welche non-verbalen kommunikativen Fähigkeiten von den Eltern bei ihren Töchtern manchmal, bzw. regelmäßig beobachtet werden. 72 % lächeln den Erwachsenen – manchmal oder regelmäßig – an, wenn sie etwas möchten. 40 % sind in der Lage, ihn zu diesem Zweck zu berühren und anzuschauen. 47 % richten ihren Blick gezielt auf einen Gegenstand oder ein Bild, um zu zeigen, dass sie dies möchten.

Wenn sie die Aufmerksamkeit des Erwachsenen auf sich lenken möchten, nähern sich 48 % gezielt dem Erwachsenen und bilden einzelne Laute; 34 % strecken die Arme aus. Die Aufmerksamkeit des Erwachsenen auf ein „gemeinsames Thema" zu lenken, fällt vielen Mädchen mit Rett-Syndrom schwer fällt. Auf ein Objekt oder ein Bild zu zeigen, ist die Ausnahme. Ablehnung von Aufforderungen und sozialen Angeboten oder Frustrationen sind aus Sicht der Eltern bei der Hälfte der Mädchen dagegen deutlich an der Mimik zu erkennen. 21 % der Eltern geben an, dass sich ihre Tochter in solchen Situationen – regelmäßig oder manchmal – zu Boden wirft, 29 % berichten, dass sie dann nach dem Erwachsenen schlägt.

Tabelle 76: Vorsprachliche Kommunikationsformen bei 83 Mädchen mit Rett-Syndrom (PVCS; Angaben in Prozent)

Kommunikative Fähigkeiten	regelmäßig	manchmal
Aufmerksamkeitssuche		
Streckt Arme aus	16.9	16.9
Nähert sich, um Aufmerksamkeit zu erhalten	31.3	16.9
Nähert sich und lautiert, um Aufmerksamkeit ...	25.3	22.9
Ausdruck von Wünschen und Bedürfnissen		
Zeigt auf ein Bild oder Objekt bei Wahlgelegenheit	8.4	10.8
Gibt einem Erwachsenen ein Objekt, wenn es Hilfe braucht	2.4	3.6
Schaut auf ein Bild oder Objekt und Erwachsenen	27.7	19.3
Benutzt (nachahmende) Geste	2.4	3.6
Schiebt oder zieht jmd. an gewünschten Ort	2.4	7.2
Berührt jmd. Und blickt ihn an	18.1	22.9
Lächelt jmd. an, wenn es etwas möchte	47.0	25.3
Etablierung von gemeinsamer Aufmerksamkeit		
Zeigt auf ein Bild, um Aufmerksamkeit zu lenken	4.8	4.8
Schiebt oder zieht jmd. hin, um etwas zu zeigen	1.2	8.4
Zeigt auf Objekt, um Aufmerksamkeit zu lenken	4.8	7.2
Lautiert, um Aufmerksamkeit zu lenken	13.3	21.7
Ausdruck von Ablehnung		
Wirft sich auf den Boden	10.8	10.8
Winkt, dass jmd. gehen soll	1.2	2.4
Runzelt die Stirn	21.7	26.5
Schlägt nach Person, wenn sie es frustriert	15.7	13.3

Die Häufigkeitsangaben zeigen eine beträchtliche Variabilität im kommunikativen Ausdrucksvermögen innerhalb der Gruppe der Mädchen mit Rett-Syndrom. Das Alter spielt dabei keine entscheidende Rolle. Mädchen mit zusätzlicher Epilepsie verfügen nach Elternangaben über weniger kommunikative Fähigkeiten zur sozialen Kontaktaufnahme und zur Mitteilung von Wünschen. Mädchen mit einer atypischen Form des RS unterscheiden sich in jedem Aspekt der non-verbalen Kommunikationsfähigkeit von Mädchen mit der klassischen Form (Abbildung 74). Sie zeigen mehr Fähigkeiten zur Mitteilung von Bedürfnissen und Wünschen, zur Etablierung gemeinsamer Aufmerksamkeit, zur Ablehnung von Aufforderungen und zur sozialen Kontaktaufnahme.

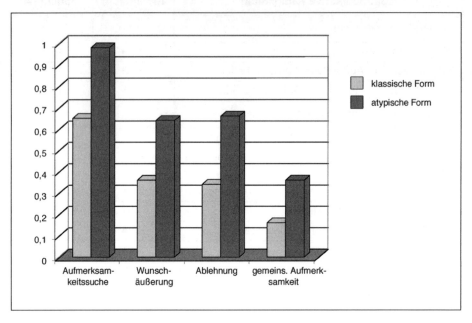

Abbildung 74: Kommunikative Ausdrucksformen bei Mädchen mit klassischer vs. atypischer Form des Rett-Syndroms

10.4 Verhaltensmerkmale

Die gleiche Untersuchung diente dazu, Merkmale des Verhaltens und des emotionalen Ausdrucks bei Mädchen mit Rett-Syndrom differenziert zu beschreiben. Dazu verwendeten wir einen Fragebogen, der von einer englischen Arbeitsgruppe speziell für diese Patientengruppe entwickelt wurde (Rett Syndrome Behaviour Questionnaire", Mount et al., 2002). Für diesen Fragebogen wurden aus 110 Items, die in Einzelfallbeschreibungen zum Verhalten von Patientinnen mit Rett-Syndrom genannt wurden, diejenigen ausgewertet, die im Expertenurteil (Eltern und Fachleute) als charakteristisch genannt wurden und sich in einer Vergleichsstudie als Unterscheidungsmerkmale zwischen Mädchen mit Rett-Syndrom und Patienten mit schwerer geistiger Behinderung anderer Ursache erwiesen. 46 Items wurden nach einer Faktorenanalyse acht Skalen zugeordnet: Stimmungsschwankungen, Probleme der Atemregulation, Körperschaukeln/reduzierte Gesichtsmimik, Handbewegungen, nächtliche Auffälligkeiten, repetitive Gesichtsbewegungen,

Angst/Unsicherheit und Auffälligkeiten des Stehens/Laufens (Mount et al., 2002).

Die Angaben zu den Einzelitems (Tabelle 77) lassen auch im Verhalten und emotionalen Ausdruck individuelle Unterschiede zwischen Mädchen mit Rett-Syndrom erkennen, spiegeln andererseits das Merkmalsspektrum der klassischen Form des Rett-Syndrom wieder. Die meisten Eltern nennen *Störungen*

Tabelle 77: Besonderheiten des Verhaltens und emotionalen Ausdrucks bei 83 Mädchen mit Rett-Syndrom (RSBQ-Items; Auswahl; Sarimski, 2003e)

	Trifft nicht	manchmal	sehr zu
Stimmungsschwankungen	%	%	%
plötzliche Stimmungswechsel	15.7	54.2	30.1
plötzliches Schreien während des Tages	41.0	42.2	16.9
manchmal unglücklich ohne erkennbaren Anlass	31.3	42.2	26.5
plötzliches Weinen	41.0	42.2	16.9
von Zeit zu Zeit irritierbar ohne Grund	33.7	51.8	14.5
anhaltende Schreiattacken	39.8	34.9	24.1
an einigen Tagen wesentlich „schlechter" als sonst	18.1	45.8	36.1
bildet Laute ohne erkennbaren Grund	32.5	36.1	31.3
Atemregulationsstörungen			
von Zeit zu Zeit Luft anhalten	26.5	36.1	37.3
Luftschlucken	34.9	36.1	28.9
Aufblähen des Bauchs mit Luft	6.0	30.1	63.9
rasches Hyperventilieren	28.9	30.1	41.0
Ausspucken von Luft oder Speichel	42.2	27.7	30.1

des Handgebrauchs und der Atemregulation (Hyperventilation, Aufblähen des Bauches, Anhalten des Atems). *Andere Verhaltensmerkmale, die Angst und Unsicherheit des Kindes erkennen lassen, geringe mimische Responsivität, Grimassieren, plötzliche Stimmungswechsel, Körperschaukeln oder unangemesse-*

nes Lachen sind Besonderheiten, die bei vielen Mädchen manchmal, aber nicht regelmäßig zu beobachten sind. Weniger als 40 % der Eltern bezeichnen diese Verhaltensweisen als charakteristisch für ihre Tochter. Nächtliche Auffälligkeiten (Schreiattacken oder untröstliches Weinen) werden mit geringerer Häufigkeit berichtet als andere Besonderheiten des Verhaltens oder emotionalen Ausdrucks (Abbildung 75).

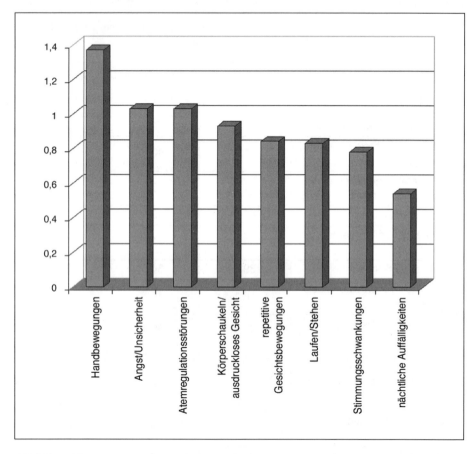

Abbildung 75: Merkmale des Verhaltens und emotionalen Ausdrucks bei 83 Mädchen mit Rett-Syndrom (RSBQ; Sarimski, 2003e)

Auch bei den Elternangaben zum Verhaltensphänotyp wurden Effekte des Alters, einer zusätzlichen Epilepsie oder Unterschiede zwischen der klassischen und atypischen Formen des RS analysiert. In keiner der Verhaltensskalen finden sich signifikante Unterschiede zwischen den 72 Mädchen mit dem klassischen Bild des Rett-Syndroms und den 11 Mädchen mit atypischen Varianten.

Auch die Mädchen mit zusätzlicher Epilepsie unterscheiden sich nicht signifikant von denen, bei denen diese neurologische Störung nicht vorliegt. Zwischen den drei Altersgruppen findet sich nur bei einer der acht Skalen ein signifikanter Unterschied. Mädchen im Alter zwischen 6 und 10 Jahren werden in ihrer Stimmung als labiler beschrieben als jüngere oder ältere Mädchen. Tendenziell zeigen mehr Mädchen unter 6 Jahren abnorme nächtliche Verhaltensweisen (Schreiattacken, untröstliches Schreien, Lachen ohne erkennbaren Anlass) als ältere Mädchen.

Diese Eindrücke stimmen überein mit den Angaben zu Verhaltensmerkmalen, die in postalischen Befragungen in Zusammenarbeit mit der amerikanischen und der englischen Selbsthilfegruppe erhoben wurden (Coleman et al., 1988; Sansom et al., 1993) sowie den Ergebnissen, die Naidu et al. (1990) aus der unmittelbaren Beobachtung bei 22 Mädchen und Frauen sowie Lindberg (1991) aus ihren Erfahrungen bei 39 schwedischen Patientinnen mitteilten. 31 von ihnen lebten zu Hause und besuchten Sonderschulen für Mehrfachbehinderte, fünf lebten in Heimeinrichtungen, drei weitere in anthroposophischen Einrichtungen.

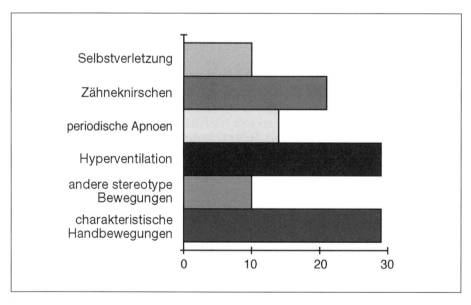

Abbildung 76: Stereotype und selbstverletzende Verhaltensweisen bei 39 Mädchen mit Rett-Syndrom (nach Lindberg, 1991)

29/39 zeigten die charakteristischen Handbewegungsmuster, davon 22 in besonders intensiver Form, die übrigen 10 Mädchen stereotype Bewegungsmuster anderer Art. 29/39 hyperventilierten, 14/29 hielten häufig die Luft an, 21/39 knirschten viel mit den Zähnen, 11 weitere hatten dieses Symptom früher gezeigt. 14/39 konnten frei laufen, 20 mussten jedoch einen Rollstuhl benutzen. Selbstverletzende Verhaltensweisen wie Kopfschlagen oder Beißen in die eigene Hand wurden bei 10/39 Mädchen berichtet, insbesondere als Reaktion auf frustrierende Situationen, sieben weitere haben nach Angaben ihrer Eltern dieses Verhalten früher gezeigt.

Atemregulationsstörungen mit Hyperventilation, Unterbrechungen der Atemtätigkeit und Luftanhalten für 30 bis 40 Sekunden, z. T. bis zu zwei Minuten, sind näher untersucht worden. Es handelt sich dabei offenbar um physiologische Veränderungen, die als Ausdruck einer Entwicklungsstörung von Hirnstammarealen erklärt werden, die es den Mädchen nicht erlaubt, die Atmung adäquat zu regulieren (Julu et al., 2001). Sie sind Teilaspekte einer allgemeinen Störung der Regulation von para- und sympathischer Aktivität, die sich auch in anderen körperlichen Phänomenen niederschlägt (kalte Füße, erweiterte Pupillen). Die Atemregulationsstörungen treten nur im Wachzustand auf, sind aber nicht unter der willkürlichen Kontrolle der Mädchen. Sie sind ausgeprägter, wenn die Patientin aufgeregt ist, und gehen manchmal mit plötzlichen Stimmungsänderungen oder plötzlichem Schreien einher.

Auf die hohe Verbreitung von *Stimmungsschwankungen und ängstlichen Reaktionen* weisen die Erfahrungen von Sansom et al. (1993) aus einer Elternbefragung bei 107 Rett-Syndrom-Mädchen hin. 30 Mädchen wurden auch unmittelbar untersucht. Mehr als zwei Drittel zeigten depressive Stimmungen, 75 % waren emotional labil und reagierten z. T. mit panikähnlichen Reaktionen (Hyperventilation, Schreien, Selbstverletzung, allg. Erschrecken) auf laute Geräusche, bestimmte Arten von Musik, fremde Leute oder Plätze, Veränderungen von Routineabläufen und exzessive Aktivität in der Nähe des Kindes. Zur Beruhigung trugen Musik, Singen, Halten, Kuscheln, Massage, Spiel mit Wasser bei.

Eine Mutter berichtet zum Beispiel

„Sie kam nach der Schule mit mir nach Hause, blieb aber am Eingang stehen, ging ins Zimmer, kam wieder zurück. Sie regte sich sehr auf, atmete heftig, knetete ihre Hände und begann zu weinen. – Der Grund lag wohl darin, dass wir normalerweise noch auf dem Heimweg einkaufen gingen, etwas, woran sie sich gewöhnt hatte und was ihr fehlte."

Die Hälfte der Eltern, die Sansom et al. (1993) befragten, gaben an, dass ihre Kinder *selbstverletzendes Verhalten*, vor allem Beißen in die Hand und Finger (28 %), Kopfschlagen (12 %), Haarereißen (5 %) und Kratzen (3 %), zeigen. Teilweise bewirkt die exzessive Wiederholung der Handstereotypien Hautverletzungen. Auf jeden Fall müssen Erregungszustände, die mit Selbstverletzungen einhergehen, ernst genommen werden. Eine solche Irritation des Mädchens kann ein Hinweis sein auf eine Überforderung durch Situationsmerkmale, unzureichende Anregung in einer nicht auf ihre Bedürfnisse abgestimmten Umgebung oder Schmerzzustände, die die nicht-sprechenden Mädchen nicht auf andere Weise mitteilen können. Es gilt, mögliche körperliche Erkrankungen auszuschließen wie z. B. Zahn- oder Kopfschmerzen, Reflux, Ekzeme, Mundfäule, vaginale, Blasen- oder Hautinfektionen oder Menstruationsbeschwerden. Ausgeprägtes Zähneknirschen (Bruxismus) entwickelt sich schließlich bei mehr als 90 % der Patientinnen (Fitzgerald et al., 1990). Dies kann zum Abrieb der Zähne führen und mit der Zeit schmerzhaft sein, so dass in vielen Fällen ein Schutz der Zähne durch zahnärztliche Maßnahmen erforderlich ist.

Tabelle 78: Verhaltensweisen bei 107 Mädchen mit Rett-Syndrom (nach Sansom et al., 1993)

Verhaltensmerkmale	N	%
Ängstlichkeit		
kurze angstgetönte Episoden	76	71.0
lange angstgetönte Episoden	18	16.8
mit spezifischen Auslösern	69	64.5
Stimmung		
kurze Phasen von Niedergeschlagenheit	67	62.6
lange Phasen von Niedergeschlagenheit	10	9.3
weint ohne Anlass	67	62.6
Stimmungswechsel mit spez. Auslösern	42	39.2
Selbstverletzung	52	48.6
Essen		
variabler Appetit	30	28.0
Nahrung löst Verhaltensprobleme aus	39	36.4
Schlafen		
frühes Aufwachen	80	74.8
nächtliches Lachen	90	84.1
nächtliches Weinen	63	58.9
nächtliches Schreien	52	48.6

Stereotype und selbstverletzende Verhaltensweisen werden bei relativ vielen Kindern mit schwerer und mehrfacher Behinderung beobachtet. Es stellt sich somit die Frage, ob es sich bei den genannten Merkmalen um syndromspezifische Besonderheiten des Rett-Syndroms handelt. Zum Vergleich von Verhaltensmerkmalen bei 143 Mädchen mit Rett-Syndrom mit 85 Mädchen mit schwerer und mehrfacher Behinderung anderer Ursache setzten Mount et al. (2002) u. a. die Developmental Behaviour Checklist (DBC) ein. Mädchen mit Rett-Syndrom zeigten mehr Probleme der sozial-kommunikativen Kontaktaufnahme und weniger oppositionelle oder „anti-soziale" Verhaltensformen.

Der Rett Syndrom Behaviour Questionnaire (RSBQ) diskriminierte die beiden Gruppen wesentlich besser. Mädchen mit Rett-Syndrom unterschieden sich in der Ausprägung von Handstereotypien und Auffälligkeiten der Atemregulation, in der Häufigkeit von Stimmungsschwankungen, Zeichen von Ängstlichkeit, untröstlichem Schreien und nächtlichen Auffälligkeiten, repetitiven Mund- und Zungenbewegungen sowie Grimassieren (Abbildung 77).

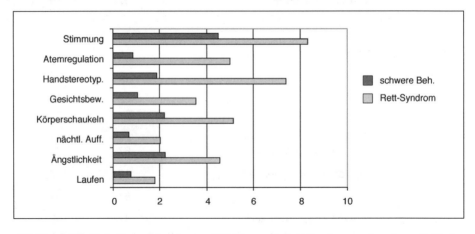

Abbildung 77: Verhaltensmerkmale von Mädchen mit Rett-Syndrom und anderen Behinderungsformen (RSBQ; Mount et al., 2002)

In einer eigenen Studie erhoben wir die Häufigkeit und Schwere von stereotypen, selbstverletzenden und aggressiven Verhaltensformen in einer Gruppe von 40 Mädchen mit Rett-Syndrom und 20 Kindern mit anderen Formen schwerer Behinderung, die nach Alter und Fähigkeitsstand parallelisiert waren. Wir setzten dazu das Behavior Problems Inventory (BPI) ein. Die Auftretenshäufigkeit von selbstverletzenden Verhaltensweisen war höher bei Mädchen mit Rett-Syndrom, wozu insbesondere eine hohe Rate von exzessivem Zähneknirschen und Luftanhalten beitrugen. Zum-Mund-Führen von Objekten, Kopfschlagen, Kratzen, Beißen in die eigene Hand und Haareziehen traten bei 20 bis 40 % der Mädchen mit Rett-Syndrom, aber auch bei den Kindern der Vergleichsgruppe auf. Erwartungsgemäß fand sich ein weiterer signifikanter Unterschied in der

Häufigkeit stereotyper Körper- und Handbewegungen, jedoch kein genereller Unterschiede bei anderen Formen von Stereotypien. Aggressive Verhaltensweisen traten in beiden Gruppen nur selten auf.

Tabelle 79: Auftretenshäufigkeit von selbstverletzenden und stereotypen Verhaltensformen bei 40 Mädchen mit Rett-Syndrom und einer Vergleichsgruppe (Behaviour Problems Inventory; Angabe in %)

Verhaltensmerkmale	Rett-Syndrome		Vergleichsgruppe	
	relative Häufigkeit	täglich/ stündlich	relative Häufigkeit	täglich/ stündlich
Zähne knirschen	82.5	55.0	35.0	30.0
Luftschlucken	57.5	30.0	0	0
In-Mund-Stecken von Objekten	40.0	20.0	10.0	0
Haare ziehen	22.5	5.0	10.0	0
Kopfschlagen	25.0	7.5	25.0	10.0
Sich beißen	25.0	15.0	15.0	5.0
Sich kratzen	32.5	7.5	15.0	0
Erbrechen/Ruminieren	22.5	7.5	15.0	0
rhythmische Körper- oder Handbewegungen	80.0	70.0	45.0	30.0
repetitive Lautäußerungen	45.0	35.0	35.0	30.0
bizarre Körperhaltungen	37.5	17.5	45.0	30.0
rhythmisches Manipulieren von Objekten	30.0	20.0	25.0	20.0

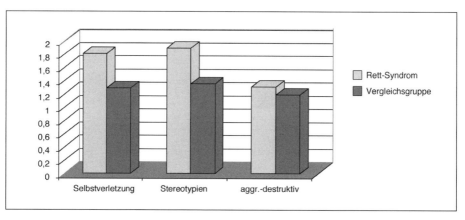

Abbildung 78: Verhaltensmerkmale von Mädchen mit Rett-Syndrom und einer Vergleichsgruppe (Behaviour Problems Inventory)

Umgebungsbedingungen können aber auch bei solchen Verhaltensweisen eine Rolle spielen, die als biologisch determiniertes Merkmal eines spezifischen genetischen Syndroms gelten. Oliver et al. (1993) analysierten in einer Einzelfallstudie die Auftretensbedingungen der stereotypen und selbstverletzenden Verhaltensweisen bei einem dreieinhalbjährigen Mädchen mit Rett-Syndrom. Dazu registrierten sie das Verhalten unter folgenden Bedingungen: fortwährende soziale Aufmerksamkeit, Kind allein im Raum, Angebot von vertrauten Spielobjekten, unmittelbare Anforderungen an das Kind (z. B. Arbeiten an Steckbrett und Steckpyramide). Unterschieden wurde zwischen kurzen Bewegungen der Hand zum Mund (Stereotypie) und Schlagen gegen den Mund oder das Kinn (selbstverletzendes Verhalten). Die Stereotypien traten am häufigsten auf, wenn das Kind allein war, das autoaggressive Schlagen dagegen bei kontinuierlicher sozialer Aufmerksamkeit. Sie nahmen zu, je länger die Aufmerksamkeit oder eine konkrete Anforderung an das Kind gerichtet blieben, besonders dann, wenn der Erwachsene das Kind viel ansprach und Körperkontakt suchte.

Beide Verhaltensweisen hatten also unterschiedliche Funktionen. Die funktionale Analyse spricht dafür, dass die stereotype Handbewegung sensorisch verstärkt und mit hoher Rate aufrechterhalten wird, solange keine alternative angenehme Sinnesanregung besteht. Das autoaggressive Schlagen hatte dagegen eine kommunikative Funktion. Es diente dem Schutz vor Überforderung durch die soziale Interaktion und wird negativ bekräftigt.

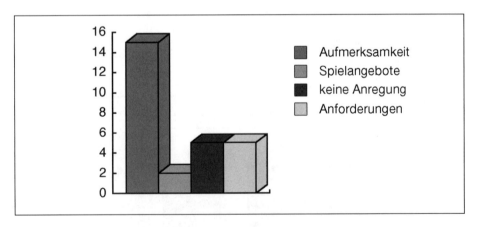

Abbildung 79: Relative Häufigkeit selbstverletzenden Schlagens unter vier Auslösebedingungen (nach Oliver et al., 1993)

10.5 Elternbelastung und Schwerpunkte der Beratung

Elternbelastung

Angesichts der Schwere der Verhaltensauffälligkeiten und des Verlaufs der Behinderung ist die Belastung der betroffenen Eltern selbstverständlich besonders hoch. Perry et al. (1993) interviewten 28 Familien, die sich in einer kanadischen Elterngruppe zusammengeschlossen haben. Das Alter der Mädchen lag zwischen zwei und 19 Jahren. Die Eltern wurden u. a. gebeten, den Parenting Stress Index (PSI) auszufüllen und zwei Skalen zur Selbsteinschätzung der Beziehungsqualität der Eltern sowie zur Wertorientierung, Organisation, dem Zusammenhalt und der Kommunikation innerhalb der Familie.

Die Belastung, die die Eltern in der alltäglichen Interaktion mit den Mädchen erleben, ist ebenso hoch wie die von Eltern autistischer Kinder, die ebenfalls befragt wurden. Die Bindung zum Kind wird als unsicher erlebt, die Beziehung zum Partner, soziale Isolierung und körperliche Gesundheit als unbefriedigend.

Wie in vielen anderen Elternbefragungen zeigte sich aber, dass Eltern schwerbehinderter Kinder nicht notwendigerweise „pathologische" Familienbeziehungen entwickeln. Zahlreiche Paare berichteten von größerer Nähe und Verbundenheit angesichts der besonderen Belastung. In anderen Antworten spiegelten sich die Anpassungen wider, die der Alltag mit einem schwerbehinderten Kind erfordert. Eltern beschrieben sich als mehr aufeinander angewiesen und ihre Alltagsabläufe als starrer durchorganisiert und weniger flexibel.

In einer eigenen Befragung von 83 Müttern von Mädchen mit Rett-Syndrom verwendeten wir den Fragebogen „Handicap-related Problems for Parents Inventory" (HPPI; Wallander & Marullo, 1997). Es handelt sich um eine 17 Items umfassende Skala zur Beurteilung verschiedener Aspekte der psychosozialen Belastung durch Eltern körperbehinderter Kinder. Die Items beziehen sich auf Belastungen der Interaktion zwischen Mutter und Kind sowie des Kindes zu anderen, Alltagsbelastungen in der Pflege und Betreuung und Belastungen, die aus körperlichen Problemen des Kindes resultieren. Ein Problem ist dabei definiert als eine Situation, in der keine unmittelbar wirksame Lösung zur Verfügung steht. Die Eltern werden gebeten anzugeben, wie häufig die einzelne Probleme in den letzten zwei Monaten bestanden. Die Skalierung reicht von „gar nicht" bis „täglich und öfter". Die empirische Überprüfung des Fragebogens belegte die konvergente Validität zur Beurteilung der Belastung von Müttern mit körper- oder sinnesbehinderten Kindern.

Tabelle 80 zeigt, welche Aspekte der Beziehung zu ihrem Kind, der Interaktion des Kindes mit anderen Personen, der Pflege und Betreuung sowie der Belastungen, die aus den körperlichen Problemen des Kindes resultieren, von den Müttern als Problem erlebt werden. Dabei wird unterschieden, ob die Probleme mindestens einmal wöchentlich oder täglich auftreten.

Tabelle 80: Psychosoziale Probleme von Eltern von Mädchen mit Rett-Syndrom (Handicap-Related Problems for Parents Inventory; in %)

Psychosoziale Probleme	> 1mal/Wo	täglich
Essen, Anziehen und Pflege	68.7	43.4
Zeit für persönliche Interessen	60.2	14.5
Zeit für Arbeit, Ausbildung, Hausarbeit	55.4	24.1
Beschäftigung und Spaß meines Kindes	47.0	20.5
Gesundheit meines Kindes	42.2	12.0
Transport meines Kindes	41.0	25.3
Verhalten meines Kindes	38.6	12.0
Förderung meines Kindes	33.7	18.1
Beziehung des Kindes zu Anderen	24.1	12.0
Beziehung des Kindes zur Familie	30.1	12.0
Gesundheitsfürsorge und Therapie	32.5	10.8
Finanzen	22.9	9.6
Meine Beziehung zum Kind	21.7	9.6
Meine Beziehung zu meinem Partner	28.9	8.4
Meine Beziehung zu anderen Familienmitgliedern	32.5	8.4
Meine Beziehung zu Freunden	27.7	3.6

Für viele Mütter stehen die Probleme der täglichen Versorgung des Kindes (Essen, Anziehen, Körperpflege) im Vordergrund. Als zweiter Aspekt wird die fehlende Zeit für eigene Berufstätigkeit oder eigene Interessen genannt. Anregung des Kindes, Förderung seiner Fähigkeiten und Umgang mit problematischen Verhaltensweisen, bzw. die Bewältigung gesundheitlicher Probleme stellen für die Hälfte der Mütter Probleme dar, die regelmäßig (mindestens einmal pro Woche) belastend sind. Die Beziehung zum Kind und seine Beziehung zu den übrigen Familienmitgliedern, Freunden und Anderen wird nur von 20 bis 30 % der Mütter als problematisch geschildert. Wichtig ist zu vermerken, dass 16 Mütter (19.3 %) angeben, keinen der angesprochenen Bereiche als regelmäßig (mindestens einmal im Monat) belastend zu erleben.

Die von den Eltern berichtete Belastung unterscheidet sich nicht je nach Alter oder klassischer, bzw. atypischer Form des Rett-Syndroms. Wohl aber finden sich Unterschiede zwischen hoher und niedriger elterlicher Belastung (Aufteilung der Gruppen nach dem Median der Gesamtgruppe) in Abhängigkeit von der Ausprägung einzelner Besonderheiten des Verhaltens und emotionalen Ausdrucks (Abbildung 80). Eine höhere psychosoziale Belastung wird von den Müttern angegeben, deren Töchter mehr Stimmungsschwankungen, mehr ängstliche Verhaltensweisen und mehr problematische nächtliche Verhaltensweisen zeigen. In der Gesamtgruppe korreliert die psychosoziale Belastung mit dem Gesamtwert des Rett Syndrome Questionnaires. Die präverbalen Kommunikationsfähigkeiten des Kindes haben dagegen keinen nachweisbaren Einfluss auf den Grad der erlebten mütterlichen Belastung (Sarimski, 2003e).

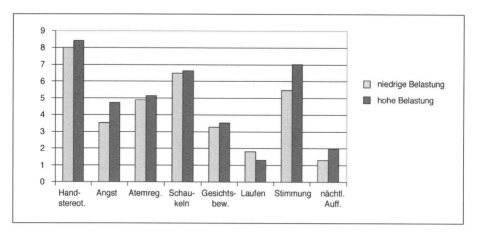

Abbildung 80: Zusammenhang zwischen Verhaltensmerkmalen und Grad der mütterlichen Belastung bei Mädchen mit Rett-Syndrom

Darüberhinaus erhoben wir qualitative Aspekte der Belastung, indem wir nach den Erinnerungen an die Diagnosemitteilung, Erfahrungen mit Verwandten, Bekannten und anderen Kindern, gegenwärtigen Problemen und Sorgen sowie den Wünschen an die Fachleute fragten.

Die Mitteilung der Diagnose einer so schweren Entwicklungsstörung, die nur sehr begrenzt durch therapeutische Hilfen beeinflussbar ist, stellt extreme Anforderungen an die elterlichen Bewältigungskräfte.

Einige Beispiele

Extreme seelische Belastung, Depression, Hilflosigkeit, tiefe Trauer, wie gelähmt vor Schmerz, als ob ich ein Kind durch Tod verloren hätte. Zu all dem ständige Rechtfertigungen und Erklärungsversuche gegenüber Freunden und Verwandten, die alles besser wussten, verdrängten, ignorierten. Schuldsuche, Suizidgedanken. Dann Einzeltherapie – ohne den Partner, der es vorzog, die Sache alleine zu verarbeiten. Ablehnen meiner Tochter, Partnerprobleme. Nach etwa neun Monaten erste Schritte zur Akzeptanz und der Wille zu kämpfen ... Rückblickend die schlimmste Zeit meines Lebens. (7 Jahre)

> Es war ein Schock! Ich weiß nicht, wie ich diesen Tag, an dem wir die Diagnose erhalten haben, verbracht habe, ich wollte niemanden sehen, habe nur geweint. Das schöne Leben, das man sich vorgestellt hat, war zu Ende. In den nächsten Tagen wäre ich am liebsten zu jeder denkbaren Therapie gegangen, in der Hoffnung irgendwas „heilt" das Rett-Syndrom. Zwischenzeitlich hat sich das Leben damit „eingespielt" ... (5 Jahre)
>
> Bei den Ärzten stand das Stellen einer Diagnose völlig im Vordergrund, Ideen, Vermutungen wurden genannt, ohne einen Gedanken daran, wie es uns Eltern damit gehen könnte, ohne jegliche Wertschätzung für das Kind. Das Kind als Objekt der Erforschung ... Psychosoziale Begleitung fehlte völlig. Komplett neuer Lebensentwurf für beide Partner – Schock, Lähmung, wieso trifft uns so etwas? Einsamkeit, Ausgegrenztheit – alle anderen haben „normale", gesunde Kinder ... (4 Jahre)
>
> Der Arzt hat sich sehr einfühlsam verhalten. Gab mir aber auf Grund von Unkenntnis falsche Angaben zur Erkrankung, wie sich nachher herausstellte. Die Diagnose ... lief wie im Film ab, bis heute weiß ich nicht genau, wie ich von der Klinik nach Hause gekommen bin. Eine psychologische Hilfe hätte mich direkt nach der Diagnose in Empfang nehmen müssen. ... Aber dass die extrem belastende Ungewissheit mit der Diagnose zu Ende war, das haben mein Mann ich „sehr positiv" empfunden. (4 Jahre)

Belastend ist die Sorge um die zukünftige Betreuung des Mädchens, wenn die Eltern die Grenzen ihrer Kräfte erreichen, sowie die Befürchtung um eine Verschlechterung der körperlichen Situation durch eine zunehmende Skoliose oder schwer behandelbare Epilepsie. Die negative oder unsichere Entwicklungsperspektive wird besonders von den Eltern jüngerer Kinder beklagt. Eigene körperliche Erschöpfung und häufige Auseinandersetzungen mit den Kostenträ-

Tabelle 81: Gegenwärtige Probleme und Sorgen

Probleme und Sorgen	< 8 Jahre	> 8 Jahre
zukünftige Betreuung	19	18
körperliche Probleme (Epilepsie)	8	8
körperliche Probleme (Skoliose)	6	8
Auseinandersetzung mit Kostenträgern	5	9
eigene körperliche Erschöpfung	5	8
negative/unsichere Entwicklungsperspektive	10	1
fehlende Ausdrucksmöglichkeiten d. Kindes	2	4
Beachtung der Geschwisterbedürfnisse	4	2
unzureichende Entlastung (FED u. Ä.)	2	3

gern über Hilfsmittel und therapeutische Maßnahmen werden vor allem von den Eltern der Jugendlichen genannt.

In den Wünschen an die sogenannten Fachleute wird das Bedürfnis nach mehr Verständnis für die Familiensituation, nach Anerkennung der elterlichen Kompetenz und Würdigung des Kindes in seiner ganzen Persönlichkeit ebenso deutlich wie die Enttäuschung über unzureichende fachliche Kompetenz in der ärztlichen (und sicher auch psychosozialen) Betreuung.

Wünsche der Eltern

Für Ärzte ist die Diagnose gleichzeitig das Ende ihrer Arbeit. Für uns Eltern ist es der Anfang eines Weges, den wir nicht gewählt haben. Ein Arzt sollte bei seiner Arbeit auch soziale Kompetenz zeigen. (2 Jahre)

Behindertenschulen sollten umgewandelt werden in spezielle Behandlungszentren zur Therapie von behinderten Kindern. Die Schulferien sollten abgeschafft werden – ein Viertel des Jahres keine Therapie und keine Betreuung. Schulung des Fachpersonals in Verhaltenstherapie und unterstützter Kommunikation – in den USA ist das Standard. Früher mit Förderung beginnen statt vertrösten mit „das kommt noch". (9 Jahre)

Sparen solcher Sprüche wie „wo nichts ist, kommt auch nichts". Stimmt auch nicht, siehe zunehmende soziale Kompetenz und Aufnahmebereitschaft meines Rett-Syndrom-Kindes. Völlig unzureichende Zusammenarbeit von Medizinern und Pädagogen in der Praxis (Mediziner wurschteln vor sich hin, Lehrer und Psychologen ebenfalls). Wenig gezielte Weiterbildung, z. B. in Kommunikationshilfen für Rett-Kinder, Musiktherapie wird von den Krankenkassen gar nicht anerkannt – dafür müssten sich die Fachleute einsetzen. (12 Jahre)

Ansätze zur Förderung

Die therapeutischen Erfahrungen beim Rett-Syndrom zeigen, dass eine Kombination von mehreren Therapieverfahren sinnvoll ist, um im Rahmen der syndromspezifischen Grenzen der Entwicklung der Mädchen Verbesserungen zu erreichen. Lindberg (1991) gibt eine Übersicht über pädagogische Möglichkeiten bei Mädchen mit Rett-Syndrom aus ihrer eigenen Erfahrung als Sonderpädagogin in einer Schule für schwer- und mehrfachbehinderte Kinder in Schweden. Natenstedt (1990) stellt dar, welche Erfahrungen Sonderpädagogen in den USA bei 49 Mädchen mit Rett-Syndrom im Alter zwischen 4 und 23 Jahren gemacht haben.

Medikamentöse Behandlungsmethoden mit Antikonvulsiva, L-Dopa, 5-HPT haben sich bisher als wirkungslos erwiesen. Inwieweit die allgemeine Unruhe oder die spezifischen Atemregulationsprobleme durch Medikamente erfolgreich beeinflusst werden kann, ist Gegenstand gegenwärtiger Forschungsarbeiten (Percy, 2002).

Kasten 17: Pädagogisch-therapeutische Ansatzpunkte beim Rett-Syndrom

Gestaltung einer vorhersehbaren Umwelt
– Einführen von Routinen und Ritualen
– Einführen eindeutiger Signale für Beginn und Ende einer Situation
– Unterbrechung von Ritualen zur Provokation einer gezielten Mitarbeit
Analyse von individuellen Bedingungen für Stimmungsschwankungen
– körperliches Unbehagen (z. B. Verstopfung, Schmerzen, Anfälle)
– Bedürfnisse (Haltung, Mobilität, anregende Sinnesangebote, soziale Beteiligung, Hunger, Schlaf)
– überfordernde Reizvielfalt
Förderung von Mobilität und körperlichem Wohlbefinden
– Physiotherapie zur Verbesserung von Koordination und Gleichgewicht, Übung im Laufen auf unterschiedlichen Oberflächen und Überwinden von Hindernissen, Beeinflussung einer fortschreitenden Skoliose, Hilfsmittelversorgung
– Schwimmen zur Muskelentspannung und Mobilitätsanregung
– Reiten zur Verbesserung von Haltung, Koordination und Aufmerksamkeit
– Massage und Entspannungstechniken
Erleichterung zielgerichteter Handlungen
– zeitlich begrenzte Beschränkung von Handstereotypien durch Arm-/Handschienen
– Anleitung zur Erkundung von Gegenständen und teilweisen Selbstständigkeit beim Essen (intensiv geführte Tätigkeit)
– visuelle und akustische Anregung durch Bilder, Fernsehen, rhythmische Tanz- und Fingerspiele
– Einsatz von technischen Hilfen zur Bedienung von Geräten (Kontrolle über die Umwelt)

> **Förderung des kommunikativen Ausdrucks**
>
> – videogestützte Analyse der individuellen Kommunikationsformen
> – kommunikative Haltung (aufmerksames Reagieren auf kindliche Signale, „Überinterpretation" zunächst unwillkürlich erscheinender Bewegungen)
> – Vorbereitung der Umgebung, um alternative Verständigungswege gelingen zu lassen (Blickrichtung, Antippen von Objekten etc.)
> – systematische Übung der Mitteilung von Wünschen über Ja/Nein-Karten, Bilder und Kommunikationstafeln
> – systematische Anleitung zum Gebrauch leicht bedienbarer technischer Hilfen mit Sprachausgabe (z. B. BigMack, Step-by-Step, GoTalk)

Verhaltenstherapeutische Interventionen vermögen die besonderen Verhaltensweisen bei Mädchen mit Rett-Syndrom nicht nachhaltig zu verändern. So berichteten Smith et al. (1995) über drei Mädchen, mit denen eine intensive Verhaltenstherapie mit 10 bis 30 Stunden Therapiezeit pro Woche über einen Zeitraum von acht Monaten, bzw. zwei Jahren durchgeführt wurde. Es fanden sich keine konsistenten Verbesserungen der Fertigkeiten und keine stabile Veränderung der problematischen Verhaltensweisen. Lediglich die Häufigkeit von Erregungszuständen sank, was allerdings auch bei nicht-behandelten Mädchen mit Rett-Syndrom in vielen Fällen in einem vergleichbaren Zeitraum zu beobachten ist. Die Handstereotypien sind als Ausdruck der Störung von Reizverarbeitung und Handlungsplanung zu verstehen und als Einzelsymptome nicht direkt zu beeinflussen.

Bei einigen Patienten zeigte sich eine Besserung, wenn Armschienen angepasst wurden. In der Verlaufsstudie von Budden (1995) trugen 47 % der 60 Mädchen solche Armschienen, was die Unruhe, selbstverletzendes Verhalten und die Aufmerksamkeit der Mädchen besserte. Unter diesen Schutzbedingungen war es dann leichter, alternative Handlungsmöglichkeiten mit den Händen aufzubauen, z. B. Spiel mit Wasser, Mithilfe beim Vorbereiten von Mahlzeiten, Handlungen mit Tastmaterial oder batteriebetriebenen Spielzeugen, die auf einfache Weise bedient werden können, interessante Effekte bieten und die Mädchen faszinieren können (Natenstedt, 1990). Einige Mädchen wehren solche Armschienen allerdings ab (Nagamuma & Billingsley, 1988). Sie sollten nur für begrenzte Zeiten getragen werden, sind aber oft sinnvoll, wenn damit verhindert werden kann, dass es durch die repetitiven Handstereotypien zu infektiösen und schmerzhaften Hautverletzungen kommt.

Methoden der „Basalen Stimulation" mit Massage und behutsamer Desensibilisierung für Bewegungs- und Berührungserfahrungen, Hydro- und Musiktherapie tragen zu einer Besserung bei. Insbesondere die Musiktherapie kann die

Aufmerksamkeit und Kontaktbereitschaft zur Umwelt steigern und zu einer Beruhigung der Atemregulation und der Handstereotypien beitragen (Wesecky, 1986). Einige Mädchen mit Rett-Syndrom lernen, zielgerichtete Handbewegungen an Rhythmusinstrumenten zu vollziehen, mehr Blickkontakt und soziale Interaktion zu initiieren und bestimmte Handbewegungen bei vertrauten Liedern nachzuahmen (Coleman, 1988). Yasuhara und Sugiyama (2001) wiesen den positiven Effekt auf die Dauer und Häufigkeit der Kontaktaufnahme zu Objekten innerhalb von 40 Therapiestunden bei drei Mädchen nach. Allerdings kann von einer solchen Therapieform nicht erwartet werden, dass es zu einer Generalisierung der Fortschritte auf andere Alltagskontexte kommt.

Warum viele Mädchen im Kontext musikalischer Aktivitäten wesentlich aufnahme- und reaktionsbereiter erscheinen, ist noch nicht geklärt. Neuropsychologische Forschungsergebnisse an nicht behinderten Menschen sprechen aber dafür, dass Musik in anderen Bereichen des Gehirns verarbeitet wird als Sprache. Möglicherweise sind diese Funktionsbereiche bei Mädchen mit Rett-Syndrom wesentlich weniger beeinträchtigt als die höheren kortikalen Funktionen der Sprachverarbeitung.

Grundsätzlich geht es in der pädagogischen Förderung von Mädchen mit Rett-Syndrom darum, ihre Kommunikationsbereitschaft wahrzunehmen und Wege der Mitteilung zu suchen. Das Entwicklungspotenzial der kommunikativen Fähigkeiten ist beim Rett-Syndrom variabler als zunächst angenommen wurde und die grundsätzliche Neugier auf den Kontakt mit anderen, die Freude, im Mittelpunkt des Interesses zu stehen, und die positive Grundstimmung, die weite Strecken des Alltags mit Mädchen mit Rett-Syndrom prägen, stellen günstige Voraussetzungen für die Ausbildung kommunikativer Fähigkeiten dar. Sie wird dabei zunächst – ähnlich wie in der frühen Interaktion zwischen Müttern und Babys –, intuitive Verhaltensbereitschaften zur Stärkung der kindlichen Aufmerksamkeit und zur Etablierung von dialogischen Interaktionsformen nutzen. Anders als bei Kindern mit autistischem Syndrom, macht der innige Blickkontakt, den viele Mädchen mit Rett-Syndrom suchen, die Entwicklung einer positiven Beziehung leicht. Es gilt, die Blickrichtung des Kindes als Ausdrucksmittel zu fördern und später Bildkarten oder elektronische Kommunikationshilfen einzuführen, um die non-verbalen Verständigungsfähigkeiten von Mädchen mit Rett-Syndrom gezielt anzuregen.

11 Angelman-Syndrom

11.1 Einzelfälle

Christoph (5;0 Jahre)

Christoph wurde als drittes Kind seiner Eltern geboren und hat zwei Brüder. Die Geburt erfolgte in der 38. SSW spontan. Geburtslänge 58 cm, Geburtsgewicht 3230 g, und Kopfumfang 35 cm lagen etwas oberhalb des Durchschnitts. Die Neugeborenenperiode verlief komplikationslos. Er trank wenig.

Die weitere psychomotorische Entwicklung war verzögert. Aufsetzen, Krabbeln und Stehen wurde mit zwölf Monaten, freies Gehen mit 22 Monaten erreicht. Mit zehn Monaten wurde Krankengymnastik nach Bobath begonnen, mit 18 Monaten Frühförderung. Besonders deutlich war die sprachliche Entwicklungsstörung. Im Alter von mehr als zwei Jahren lautierte er noch keine Doppelsilben.

Bei der Erstvorstellung im Kinderzentrum im Alter von 16 Monaten wurde eine Verlangsamung des Kopfwachstums (< p3), hypertone Bewegungsstörung und eine verlangsamte Grundaktivität im EEG festgestellt. Er befolgte in der Untersuchungssituation kleine Aufforderungen und beteiligte sich z. B. am Ausziehen, kommunizierte aber noch nicht durch Zeigen o. Ä. und lautierte ohne Nachahmungsansatz. Die Entwicklungsdiagnostik ergab ein Entwicklungsalter zwischen 8 und 12 Monaten je nach Untersuchungsbereich. Ein gutes halbes Jahr später hatte Christoph gerade das freie Laufen erreicht. In der MFED ergaben sich jetzt folgende Altersvergleichswerte: Laufalter 17 Monate, Feinmotorik 16 Monate, Perzeption 13 Monate, Sprachverständnis 15 Monate.

Eine erneute Enwicklungseinschätzung im Alter von 3;6 Jahren zeigt deutliche Fortschritte. Christoph kann jetzt Verschlüsse auf- und zuschrauben, Perlen auffädeln, Papier reißen und schneiden (29/38 Monate). Er ordnet Baubecher der Größe nach und einfache runde Formen in entsprechende Umrisse (19/25 Monate). Er zeigt Körperteile und zahlreiche Abbildungen korrekt (22/29 Monate), isst selbstständig mit dem Löffel und zieht sich aus. Lediglich in der expressiven Sprache haben sich kaum Veränderungen ergeben. Er setze „Maman" und „esse" nach Aussagen der Eltern gezielt ein und summe Melodien mit, mache aber keine Ansätze zur Nachahmung anderer Wörter.

Die genannten zielgerichteten Tätigkeiten kann er aber nur unter strukturierten Übungsbedingungen vollziehen. Im familiären Alltag ist er sehr umtriebig und weicht gemeinsamem Spiel oder Aufforderungen meist aus. Die Grundstimmung ist dabei positiv. Christoph lacht oft, ohne dass den Eltern der Zusammenhang unmittelbar erkennbar sei. Belastend ist vor allem die impulsive

Ablehnung von alltäglichen Anforderungen, z. B. die Brille aufzubehalten. Zudem zehren die nächtlichen Durchschlafstörungen an den Kräften der Eltern. Er wird oft schon nach 3 bis 4 Stunden wieder wach und will sich für den Rest der Nacht nicht wieder ins Bett legen. Die humangenetische Untersuchung bestätigt den Verdacht auf ein Angelman-Syndrom.

In der Montessori-Übungsstunde erweist er sich unter der engen Führung der Therapeutin als kooperativer und zielgerichteter um die Bewältigung der Anforderung bemüht als die Eltern es von ihm in der häuslichen Situation kennen. Die Therapeutin beginnt mit einem Begrüßungslied. Christoph nimmt Blickkontakt auf, lächelt kurz. Dann geht er an der Hand der Therapeutin zum Regal, greift nach Materialien, die dann herausfallen. Er trägt mit ihr zusammen vorsichtig ein Tablett mit Material zum Tisch, versteht den Auftrag, den Stuhl an den Tisch zu schieben. Sie zeigt ihm, wie kleine Kugeln in Röhrchen gefüllt werden. Er greift nach einzelnen Kugeln und versucht sie einzufüllen, ist aber ungestüm, so dass sie ihm danebenfallen. Er schaut kurz zur Therapeutin, dann im Raum umher, greift sich später von selbst eine neue Kugel und zielt diesmal besser. Bereitwillig hebt er mit der Therapeutin zusammen die heruntergefallenen Kugeln auf, lässt sich zum Tisch zurückführen und arbeitet mit ihrer Führung weiter.

Dann bietet die Therapeutin ihm einen Beutel mit Tastmaterial an. Er lacht über den Namen „geheimnisvoller Beutel". Dann holt er einen Gegenstand nach dem anderen heraus, reagiert auf die Frage der Therapeutin, was er findet, mit einem „bä" (Schäfchen) und „bebe" (Glöckchen), lächelt sie an. Dann will er aufstehen. Als die Therapeutin ihn mit einem festen „nein" am Stuhl hält, bleibt er zwar sitzen, dreht sich aber weg und entzieht sich ihrer manuellen Führung. Nach einiger Zeit holt er noch einmal einen Ball aus dem Beutel, wirft ihn dann aber mit provozierendem Lachen weg. Auf Missbilligung durch die Therapeutin reagiert er sofort ernst, hebt ihn bereitwillig mit ihr zusammen auf. Auch hier zeigt sich wieder sein gutes Sprachverständnis. Sie sagt „schau auf den Boden!", worauf er prompt reagiert. Offensichtlich versteht er mehr und kann zielgerichteter arbeiten als er im Alltag zeigt.

Patrick (6;1 Jahre)

Patrick wurde mit Sectio in der 38. Schwangerschaftswoche geboren. Von Anfang an bestand eine ausgeprägte Saugschwäche, die sich erst nach Umstellung auf Flaschennahrung besserte. Patrick habe damals häufig geschrien, sei schwer zu trösten gewesen, habe einen schlaffen Muskeltonus gehabt und wenig gestrampelt. Körperliche Berührung habe er als Baby nur schlecht toleriert.

Die psychomotorische Entwicklung verlief verzögert. Mit eineinhalb Jahren versuchte er sich hochzuziehen. Zur Fortbewegung rutschte er auf dem Hosenboden. Mit 26 Monaten sei er die ersten Schritte frei gelaufen, aber noch sehr wackelig. Er bildete keine Silben oder differenzierte Laute, verstand aber zu diesem Zeitpunkt einfache Aufforderungen.

Im Alter von fünf Jahren wird er von den Eltern als hyperaktiv geschildert. Er könne sich schlecht konzentrieren. Auch er zeigt allerdings in der Montessori-Übung, dass er in dieser vorstrukturierten Umgebung im Dialog mit der Therapeutin gezielt zu arbeiten vermag. Zunächst trägt Patrick das Material für eine Löffelübung auf einem Tablett selbst an den Tisch. Die Therapeutin demonstriert das Umlöffeln von Körnern in eine Kanne. Er vollzieht die Handlung selbst, versucht aber dann rasch aufzustehen, lautiert einzelne Silben, schaut immer wieder im Raum umher mit einem hinweisenden „da", winkt den Eltern. Dann klaubt er einige Körner auf, die danebengefallen sind. Er löffelt wieder selbst um, wobei er impulsiv arbeitet und die Körner z. T. auf dem Tisch verteilt. Er deutet auf die Körner mit einem „da-da", strebt dann wieder weg, lässt sich aber von der Therapeutin führen und stellt das Tablett zurück.

Sie bietet ihm die Einsetzzylinder an. Er ist sehr interessiert, lautiert freudig, während er ihr zuschaut, und holt alle Zylinder heraus. Dann versucht er wieder aufzustehen. Die Therapeutin besteht darauf, dass er sitzenbleibt. Die Größenordnung hat sie vorgegeben. Mit Führung, dann aber auch selbstständig setzt er die Zylinder wieder ein. Eigenhändig bringt er das Material auf Aufforderung ins Regal zurück.

Anschließend wählt er selbst Gläser und Farbstecker aus und holt sie zum Tisch. Die Therapeutin schüttet die Stecker einer Farbe auf das Tablett. Er nimmt sie mit dem Zangengriff auf und steckt sie aus eigener Initiative durch das kleine Loch im Deckel eines Glases. Dann wedelt er freudig mit den Armen, führt die Hand der Therapeutin an seinen Bauch, offensichtlich damit sie ihn streichelt. Unmittelbar danach will er aufstehen, macht nur unwillig und mit schlechter Aufmerksamkeit weiter.

Bei einer letzten Schüttübung mit Flaschen und Trichter lässt er sich bereitwillig die Hand führen beim Umschütten der Bohnen von einer Flasche in die andere. Er lacht stolz, legt die Bohnen mit der Hand einzeln in die Flasche. Auf Aufforderung steckt er dann den Trichter auf die leere Flasche, schüttet die Bohnen um und schaut zu den Eltern. Diese Handlung wiederholt er mehrmals Die Therapeutin muss ihm aber zeigen, wo der Trichter hingehört. Er ist z. T. so impulsiv, dass ihm viel überläuft. Die Therapeutin wechselt dann die Bohnen gegen Gries aus, so dass ihm weniger danebengeht. Er schaut dem rieselnden Gries fasziniert zu und setzt nun selbst den Trichter um. Er ist mit voller Aufmerksamkeit bei der Sache, merkt aber nicht selbst, wenn er den Trichter auf der falschen Flasche platziert hat.

Patrick beteiligt sich mit großem Interesse an diesen praktischen Tätigkeiten. Die Ausführung der Handlungen ist noch impulsiv, folgerichtige Planungen mehrerer Schritte überfordern ihn noch, so dass er sich angewöhnt hat, schnell aufzugeben. Bei sensibler, eindeutiger Führung durch den Erwachsenen kann er aber sehr wohl erfolgreich „arbeiten".

Im Alter von acht Jahren wird Patrick wieder vorgestellt. Er besucht mittlerweile eine Schule für Geistigbehinderte. Die Eltern berichten, dass seine allgemeine Unruhe deutlich abgenommen habe und er sich gut zu einfachen Tätigkeiten anleiten lasse. Er hat einige praktische Fertigkeiten zur Selbstversorgung gelernt, kann z. B. ohne Hilfe mit dem Löffel, der Gabel und ansatzweise mit dem Messer essen und benutzt zuverlässig die Toilette. Allerdings klagen die Pädagogen darüber, dass er auf Verbote und Misserfolge oft impulsiv reagiert und nach anderen schlage.

Die Fortschritte in Ausdauer und Arbeitshaltung lassen sich auch in der Montessori-Übungssituation beobachten. Patrick ist nun in der Lage, sich selbst ein Material auszuwählen und mit Bedacht an den Tisch zu holen. Er beobachtet die Demonstration durch die Therapeutin und arbeitet ausdauernd an Übungen des praktischen Lebens – hier dem Umfüllen von Wasser von einem Becher in eine Flasche mit Hilfe einer Spritze sowie dem Umschütten von einem Behälter in den anderen mit Hilfe eines Trichters. Er bleibt mit dem Blick allerdings nicht lange bei der Sache, sondern sucht andere Reize im Raum, und braucht Anleitung, um dann wieder den richtigen Platz für den Trichter zu finden.

In Zusammenarbeit mit einer Logopädin hat er einige einfache Handzeichen gelernt, mit denen er Wünsche wie Essen, Trinken, Rausgehen oder Toilettengang ausdrückt. Darüber hinaus wird versucht, ihn zum Gebrauch von Bildkarten anzuleiten. Es scheint ihm aber noch sehr schwer zu fallen, die Identität von Abbildung und realem Objekt zu verstehen. Die lautsprachlichen Ausdrucksmöglichkeiten sind weiterhin auf einzelne Laute und Silben begrenzt.

Katarina (4 Jahre)

Katarinas Anfangsentwicklung war unbeeinträchtigt. Sie konnte gestillt werden und habe gut gesaugt. Sorgen bereitete den Eltern aber die Entwicklung einer Epilepsie in der Mitte des ersten Lebensjahres. Lange Zeit sei sie nicht über das Robben hinausgekommen und habe sich erst mit gut einem Jahr aufgesetzt und mit 18 Monaten zu krabbeln begonnen. Auch zum Zeitpunkt der Erstvorstellung mit 2 1/2 Jahren hat sie das freie Laufen noch nicht ganz erreicht, hält sich am Kinderwagen fest, und bewegt sich steif. Während die Entwicklungsprobleme anfangs dem Anfallsleiden zugeschrieben worden seien, sei mit dem Ausbleiben von Ansätzen zur sprachlichen Entwicklung der Verdacht auf eine globale Entwicklungsstörung gestellt worden. Neuromotorische Entwicklung, (erfolgreich medikamentös eingestelltes) Anfallsleiden, ausbleibende Sprachentwicklung und ein ausgesprochen freundliches Wesen des Mädchens haben den betreuenden Arzt an ein Angelman-Syndrom denken lassen. Diese Diagnose wurde molekulargenetisch dann bestätigt; bei Katarina liegt eine Mutation im UBE3A-Gen vor.

Zu Hause beschäftige sie sich am liebsten mit Wasser, Sand, Umschütten und Ausräumen. Sie sei aber noch wenig ausdauernd, wohl neugierig, aber leicht ablenkbar. Bei der entwicklungsdiagnostischen Untersuchung der sensomotorischen und kommunikativen Fähigkeiten im gemeinsamen Spiel mit dem Untersucher zeigt sie sich über einen längeren Zeitraum an den angebotenen Spielsachen interessiert und in guter, ausgeglichener Stimmung. Sie untersucht einen Kreisel und schafft es, ihn herunterzudrücken, so dass er sich dreht. An einer „Kugelbank" versucht sie, mit einem Hammer die Kugeln durch die Löcher zu klopfen, ist aber noch wenig zielsicher, unbeholfen in der Ausführung der Handlungen und leicht ablenkbar.

Beim Angebot von kleinen Sachen zum Puppenspiel scheint sie zunächst die Dinge nicht gezielt gebrauchen zu können. So versucht sie eine Bürste in die Öffnung einer Flasche zu stecken. Dann aber zieht sie die Puppe an sich und drückt sie fest, entdeckt einen Telefonhörer, strahlt, als der Untersucher sie mit „Hallo, Katarina" antelefoniert, nimmt selbst den Hörer, hält sie der Puppe hin, nimmt dann die Flasche und führt sie erst zum Mund der Puppe, dann zum eigenen Mund. Sie beobachtet, wie der Untersucher die Puppe füttert, lächelt, drückt dann der Puppe erst den Löffel, dann den Teller an den Mund, strebt weg, kehrt zurück, wiederholt die Handlung. Es entsteht noch keine Handlungskette, kein „Versorgen" der Puppe, wohl aber verfügt sie über einzelne Handlungsideen zu diesem Spiel.

Zur Beurteilung der vorsprachlichen kommunikativen Fähigkeiten füllen die Eltern einen Fragebogen aus, der ihre Beobachtungen im Alltag dokumentiert. Sie verstehe erste Aufträge wie „Gib mir …" oder „Mach … aus", könne aber noch nicht gezielt einen benannten Gegenstand oder einen Körperteil zeigen. Wenn sie etwas haben möchte, macht sie diesen Wunsch durch Ausstrecken der Arme und drängende Vokalisation deutlich. Wenn sie vom Erwachsenen Hilfe braucht, übergibt sie ihm den jeweiligen Gegenstand oder schiebt seine Hand dorthin, wo sie benötigt wird. An der mimischen Reaktion ist eindeutig zu erkennen, wann sie sich richtig verstanden fühlt. Die aktive Lautbildung ist jedoch noch spärlich und geht nicht über Silbenketten hinaus.

Ein Jahr später findet eine erneute systematische videografierte Beurteilung des Spielverhaltens und eine Dokumentation der kommunikativen Fähigkeiten mit Hilfe des Fragebogens statt. Katarina besucht mittlerweile einen integrativen Kindergarten, in dem sie sich gern in der Puppenecke beschäftigt und die anderen Kinder der Gruppe beobachtet. Sie ist beliebt, findet trotz ihres mitunter stürmischen Kontaktverhaltens viel Verständnis und zeigt sich ihrerseits mitfühlend und sozial aufmerksam.

Sie beschäftigt sich nun wesentlich ausdauernder mit den Spielangeboten. Nachahmende Spielhandlungen kann sie jetzt ganz selbstständig initiieren. So nimmt sie sich eine Bürste, „frisiert" die Puppe, führt ihr eine Tasse zum Mund, tut dann so, als ob sie selbst trinke. Mit einem Traktor und Anhänger kann sie noch nicht so viel anfangen. Sie schiebt ihn hin und her, dreht ihn um, freut sich am lautmalerisch begleiteten Einführen einer kleinen Kuh durch den Untersucher, setzt sie auf Auftrag – unterstützt durch eine entsprechende Geste – in den Anhänger. Auch die Formenkiste untersucht sie jetzt ausdauernd. Ein Loch für eine Kugel findet sie sofort, bei anderen Formen geht sie noch probierend vor, lässt sich helfen, entdeckt dann eine Klappe, mit der die Formen wieder aus der Kiste herausgeholt werden können, bemüht sich wieder um das Einwerfen, braucht aber Hilfe.

Sprachbezogene Leistungen fallen ihr dagegen immer noch schwer. Wenn der Untersucher in den Spielablauf kleine Aufträge einstreut (z. B. „gib mir die Kuh"), ohne sie mit einer Geste zu begleiten, ist nicht sicher zu erkennen, ob Katarina das verstanden hat. Bilder betrachtet sie ausgedehnt, scheint zwei gleiche Bilder von einem Hund zu erkennen und deutet darauf, gibt aber dann aus einer Auswahl immer das ihrer linken Hand nächstliegende Bild, wenn der Untersucher sie bittet, ein bestimmtes Bild zu reichen. Andererseits lässt sich an der Richtung ihres Blicks deutlich erkennen, dass sie an der Puppe einige Bezeichnungen für Körperteile zuordnen kann und z. B. zu den Augen oder Füßen schaut, wenn der Untersucher nach ihnen fragt. Auch auf die Frage „Wo sind deine Haare?" reagiert sie sofort, zeigt sie, dann auf die Frage nach dem Mund auf den Mund des Untersuchers. Keine Schwierigkeiten macht es ihr, zu zeigen, wovon sie gern noch mehr möchte. So schaut sie mit Erwartungsfreude auf die Seifenblasen, kneift schon vorab die Augen zu, streckt die Hand aus als Zeichen, dass sie eine Fortsetzung des Blasens möchte und bekräftigt das mit einem „a" und Blick zum Erwachsenen.

Im Fragebogen (ELFRA 1–2) geben die Eltern an, dass sie viele Begriffe für Essen, Trinken, Möbel, Bekleidung, Haushaltsgegenstände, Spielsachen, Tiere und Tätigkeiten kenne. Auch bei einzelnen Eigenschaftswörtern wie „groß", „nass" oder „traurig" sind sie sich sicher, dass Katarina weiß, was damit gemeint ist. Sie zeige auf das, was sie möchte, führe den Erwachsenen hin oder drücke einen Wunsch aus, indem sie einen passenden Gegenstand nehme (z. B. eine Tasse, wenn sie etwas zu trinken haben möchte) oder die Schuhe, bzw. auf die Tür zeige, wenn sie rausgehen möchte. Sie nähert sich jemand und lautiert, um auf sich aufmerksam zu machen, winkt, wenn jemand geht. Sie zeigt auf ein Objekt oder berührt es und schaut abwechselnd wieder zurück zum Erwachsenen, um einen Wunsch mitzuteilen. Sie höre aufmerksam zu, reagiere auf kleine Aufträge wie „komm her" oder „gib das der Mama" und scheine auch manchmal eine Wortmelodie nachzuahmen, könne aber keine Wörter nachsprechen.

Tim (5;7 Jahre)

Tim wird uns erstmals im Alter von 4;4 Jahren vorgestellt. Nach unproblematischer Schwangerschaft und Geburt habe er sich sehr schlecht stillen, bzw. füttern lassen. Insgesamt erinnern die Eltern ihn als sehr anspruchslos; er habe keinen Körperkontakt gesucht, habe zwar früh gelächelt, aber viel geschlafen. Mit einem Jahr habe er sitzen, mit 21 Monaten an Gegenständen entlanglaufen, mit zwei Jahren dann erste Schritte machen können. Bis zu diesem Zeitpunkt habe er nur a-Laute gebildet. Das Entwicklungsalter (MFED) der motorischen und non-verbalen Fähigkeiten wurde damals bei knapp einem Jahr eingeschätzt. Mit 2;8 Jahren wird dann die klinische Verdachtsdiagnose eines Angelman-Syndrom molekulargenetisch bestätigt. Es wird ein Methylierungsdefekt (Imprinting-Defekt) am von der Mutter ererbten Chromosom 15 festgestellt.

Bei der ärztlichen Untersuchung zeigt sich Tim grobmotorisch recht geschickt. Er läuft zwar noch mit rigidem Gangbild, habe aber kaum noch Gleichgewichtsprobleme und könne auch Treppen steigen. Feinmotorische Anforderungen fallen ihm dagegen sehr schwer. Die Eltern berichten, er sei gern bei Haushaltstätigkeiten dabei, beschäftige sich mit Wasser und Bilderbüchern, schalte liebend gern technische Geräte aus und an. Zielgerichtetes Spielen gelinge jedoch nur für jeweils kurze Zeit und nur mit Unterstützung eines Erwachsenen. Er brauche ständige Aufsicht und Lenkung. – Seit kurzem besuche er einen integrativen Kindergarten, in dem es ihm auf Grund sehr konsistenter und strukturierter pädagogischer Vorgehensweisen der Erzieherinnen gelingt, sich an die sozialen Anforderungen anzupassen.

Sehr belastend sei neben der allgemeinen Unruhe sein Schlafverhalten. Er schlafe nur ein, wenn er im Bett mit einem Sigurfix-Gurt in seiner Bewegungsfreiheit eingeschränkt sei und während der Einschlafphase von den Eltern gestreichelt werde. Ein- oder zweimal werde er aber in der Nacht wach, befreie sich dann geschickt aus dem Gurt und zerstöre Dinge im Zimmer. Die Eltern müssen sich dann für 1 bis 2 Stunden neben ihn legen, bis er wieder in den Schlaf findet.

Spontanes Interesse findet bei der Untersuchung eine Lokomotive, die er aufmerksam erkundet, dann ein Scheibenturm, Baubecher und die Formenkiste. Dabei fällt es ihm schwer, seine Handlungen und seine Aufmerksamkeit zu kontrollieren. Einzelne Handlungen, wie Ein- oder Aufstecken, Schließen einer Dose mit Deckel, gelingen. Er freut sich sichtlich, klatscht in die Hände, setzt die Handlung aber dann nicht fort, sondern schaut weg, will aufstehen oder greift nach der Brille des Untersuchers. Auf ein festes „Nein" reagiert er sehr betroffen mit anhaltendem Weinen, lässt sich dann aber wieder für Spielsachen interessieren. Einen Traktor schiebt er hin und her, wirft den Fahrer dann aber erst einmal in hohem Bogen weg, versucht, den Anhänger anzukoppeln, setzt ein Tier auf den Fahrersitz. Es scheint ihm nicht zu gelingen, die Spielidee umzusetzen.

Mit größeren Puppenmaterialien kommt er besser zurecht. Er klopft mit einer Bürste auf den Tisch, benutzt sie dann aber gezielt, um sich selbst und eine Puppe zu bürsten, findet einen Löffel und ahmt Füttern nach. Auch dabei fällt es ihm aber schwer, eine begonnene Handlungsidee zu verfolgen. So schlägt er zwischendurch mit der Spielzeugflasche auf den Kopf des Untersuchers, führt sie dann zu den Haaren der Puppe, braucht Lenkung, um sie wieder „sinnvoll" einzusetzen. Dabei ist schwer zu erkennen, inwiefern er die Vorschläge oder sprachlichen Aufforderungen des Erwachsenen versteht. Auf jeden Fall weiß er, wie er sich selbst verständlich machen kann, z. B. indem er dem Untersucher den Anhänger in die Hand drückt, den er vergeblich selbst anzukoppeln versucht hat.

Bei der Wiedervorstellung, die 1 1/4 Jahre später stattfindet, hat auch er einige Fortschritte in der Fähigkeit zur Organisation seiner Handlungen gemacht; Misserfolge ergeben sich aber immer noch aus der Impulsivität, mit der er sie ausführt. So belädt er den Anhänger, setzt auch den „Fahrer" hinein, greift aber so ungestüm zu, dass er sich wieder vom Traktor löst. Als er ein Bett, eine kleine Decke und ein Kissen erhält, führt er die Decke sogleich an die Wange, um den eigenen Kopf „abzulegen", legt dann den Mann ins Bett, winkt, als ob er „gute Nacht" sagen wolle, drückt dem Untersucher das Kissen in die Hand, das er nicht unter die Puppe zu bugsieren vermag.

Abstraktere Arbeitsaufgaben, wie sie ihm beim sprachfreien Intelligenztest von Snijders-Oomen (SON 2 1/2–7) gestellt werden, vermag er dagegen noch nicht eindeutig zu lösen. So ordnet er zwar einige gleiche Bilder einander zu und fügt zwei Teile eines Bildes zusammen, geht aber dann dazu über, die Reaktionen des Untersuchers zu testen, indem er die Bildkarten zum Mund führt, wegwirft oder versteckt. Zwar ist er durch konsequentes Ignorieren dieser Verhaltensweisen und klare Führung gut zu lenken, sein wahres Leistungsvermögen ist aber schwer zu beurteilen.

Aus dem Fragebogen (ELFRA 1–2), den die Eltern zum gleichen Zeitpunkt ausfüllen, ergibt sich ein recht differenzierter passiver Wortschatz für Gegenstände und Tätigkeiten des täglichen Lebens. Er gebraucht Gesten zur Verständigung. Im Einzelnen berichten sie folgende Kompetenzen:

– Streckt den Arm aus, um etwas zu zeigen, das er in der Hand hält

– Gibt einen Gegenstand, den er in der Hand hält, damit man ihn anschauen soll

– Zeigt auf einen Gegenstand, den er haben möchte

– Schüttelt den Kopf, um zu zeigen, dass er etwas nicht will

– Führt den Erwachsenen, um deutlich zu machen, was er gerne hätte

– Benutzt imitative Gesten, um z. B. Hunger oder Durst auszudrücken

Darüberhinaus haben die Eltern in Zusammenarbeit mit einer Logopädin eine Reihe von Bildmaterialien erstellt und ein standardisiertes Programm zur Gebärdenkommunikation angeschafft. Tim benutzt bereits mehrere Gesten, um deutlich zu machen, dass er Fahrradfahren oder am Computer arbeiten möchte. Bei der Arbeit mit dem PC ist er sehr aufmerksam. Wenig später wurde dann als elektronische Kommunikationshilfe mit Sprachausgabe der „Small-Talker" eingeführt, der ihm die Möglichkeit gibt, durch Antippen von Abbildungen auf einem tragbaren Gerät zu Hause und im Kindergarten Bedürfnisse auszudrücken. Therapeuten und Pädagogen sind intensiv einbezogen, so dass er diese alternativen Mittel mehr und mehr zur Verständigung im Alltag einsetzt.

11.2 Klinische Genetik

Angelman (1965) beschrieb erstmals eine Entwicklungsstörung mit einer Merkmalskombination aus schwerer mentaler Behinderung, unangemessen wirkendem Lachen, ataktischen Bewegungsmustern und einem spezifischen Erscheinungsbild des Gesichts. Den ungewöhnlich fröhlichen Gesichtsausdruck fasste er damals unter dem Begriff des „happy puppet syndromes" zusammen; dieser wird allerdings wegen des abwertenden Beiklangs der Bezeichnung nicht mehr verwendet.

Die Inzidenz des Angelman-Syndroms wird mit 1:12000 bis 1:20000 geschätzt (Petersen et al., 1995). Da sich die Diagnose lange Zeit nur auf die klinischen Merkmale stützten konnte, muss davon ausgegangen werden, dass es in Einrichtungen für erwachsene Menschen mit geistiger Behinderung zahlreiche Menschen mit Angelman-Syndrom gibt, bei denen die Diagnose nicht gestellt wurde. Das Syndrom kommt in allen ethnischen Gruppen sowie unter Mädchen und Jungen gleich häufig vor. Der älteste gegenwärtig beschriebene Patient ist 76 Jahre alt, so dass eine normale Lebenserwartung angenommen werden kann (Bjerre et al., 1984).

Die meisten Fälle treten sporadisch auf. Eine Deletion am proximalen langen Arm des Chromosoms 15 (15q11–q13) wurde bei 70 % der Fälle entdeckt, welche ähnlich der Deletion beim Prader-Willi-Syndrom ist, aber ausnahmslos am mütterlich ererbten Chromosom auftritt (Knoll et al., 1989). Eine uniparentale Disomie des Chromosoms 15, bei dem beide Kopien des Chromosoms 15 vom Vater ererbt werden, wird in 2 bis 7 % der Fällen gefunden. Bei diesen beiden Gruppen besteht ein niedriges Wiederholungsrisiko. Bei 2 bis 3 % konnte ein sogenannter Imprinting-Defekt am Chromosom 15, bei weniger als 1 % eine Strukturveränderung (Translokation) auch bei einem Elternteil nachgewiesen werden. In diesen Fällen besteht ein höheres Wiederholungsrisiko. Dies gilt auch für die Fälle (4 bis 10 %), bei denen in den letzten Jahren spezifische Punktmutationen im UBE3A-Gen diagnostiziert wurden. Dennoch verbleiben derzeit etwa 10 %, bei denen die Diagnose des Angelman-Syndroms nach klinischen Kriterien zweifelsfrei vorliegt, die molekulargenetische Untersuchung aber keine der genannten Auffälligkeiten zeigt (Laan et al., 1998). Dies mag auf gegenwärtig noch nicht nachweisbare submikroskopische Deletionen oder Mutationen zurückzuführen sein.

Williams et al. (1995) veröffentlichten einheitliche diagnostische Kriterien zur Diagnose des Angelman-Syndroms. Die Diagnose wird in den meisten Fällen im Alter von 1 bis 4 Jahren gestellt, wobei oft ein spezifisches abnormes EEG-Muster zum Verdacht führt. Die Entwicklungsverlangsamung ist – nach normaler pränataler und perinataler Entwicklung – ab der zweiten Hälfte des ersten Lebensjahres deutlich. Bei einzelnen Kindern wurde die Diagnose auch bereits zu diesem Zeitpunkt gestellt (Yamada & Volpe, 1990; VanLierde et al., 1990; Fryburg et al., 1991). Hinweiszeichen waren neben der Entwicklungsverlangsamung eine beginnende microcephale Entwicklung, Anfälle, Auffälligkeiten der Willkürmotorik und Hypopigmentierung. Auch frühe Ernährungsstörungen und ein ausgeprägt fröhliches Wesen der Kinder können zur Verdachtsdiagnose führen.

Kasten 18: Klinische Merkmale des Angelman-Syndroms

A. konsistente Merkmale (100 %)

- schwere Entwicklungsstörung
- weitgehendes Fehlen sprachlicher Ausdrucksmöglichkeiten bei besseren rezeptiven und non-verbalen Verständigungsfähigkeiten
- Störungen der Bewegung und des Gleichgewichts, v. a. ataktisches Gangbild
- Verhaltensbesonderheiten, v. a. häufiges Lächeln/Lachen; ausgeprägte Fröhlichkeit; leichte Erregbarkeit, oft mit Handwedeln; Hyperaktivität und kurze Aufmerksamkeitsspanne

B. häufige Merkmale (über 80 %)

- verlangsamtes, dysproportionales Kopfwachstum mit Mikrocephalie im zweiten Lebensjahr
- Anfälle (in der Regel mit Beginn vor dem 3. Lebensjahr)
- abnormes EEG-Muster mit hohen Amplituden und Spikes, provoziert durch Augenschluss

C. assoziierte Merkmale (20 bis 80 %)

- charakteristisches Gesicht (u. a. großer Mund, weiter Zahnabstand, prominentes Kinn)
- Strabismus
- hervorstoßende Zunge
- Schluck- und Saugschwäche

- exzessives Belutschen von Objekten
- häufiges Speicheln
- erhöhte Hitzeempfindlichkeit
- Schlafstörungen
- Faszination durch Wasser

Metabolische und chemische Laborwerte sind normal, MRI der CT zeigen keine wesentlichen strukturellen Abweichungen, allenfalls leichte Ventrikelerweiterungen oder Zeichen einer cerebralen Atrophie.

Das Gesicht der Kinder mit dem „klassischen Bild" des Angelman-Syndroms ist typischerweise lang mit prominentem Kinn, einem großen Mund mit weitem Zahnabstand, dünner Oberlippe, Mittelgesichtshypoplasie und tiefliegenden Augen. Eine Microcephalie (Kopfumfang zwei Standardabweichungen unter der Norm) als Ausdruck der abnormen Hirnreifung, welche das Wachstum von Schädel und Gesichtsknochen beeinflusst, findet sich bei der Mehrzahl der Betroffenen.

Zu den körperlichen Auffälligkeiten gehören Koordinationsstörungen der Mundmotorik, die dazu führen, dass der Mund oft geöffnet, die Zunge hervorgeschoben und die Kontrolle über den Speichelfluss beeinträchtigt ist. Frühe Ernährungsstörungen mit Schluckproblemen oder anhaltendem Würgen der Nahrung und ein gastro-ösophagealer Reflux werden bei einem Teil der Kinder retrospektiv geschildert (Zori et al., 1992; Lossie et al., 2001). Viele Eltern sagen, ihr Baby habe sehr langsam zugenommen. In der ersten Zeit kommt es auch häufig zu respiratorischen Infektionen und Mittelohrentzündungen, die körperliche Anfälligkeit nimmt aber mit dem Alter ab.

Erfahrungen zum Verlauf der motorischen Entwicklung liegen aus Studien in den USA, England und den Niederlanden, bzw. Belgien vor, die über mehr als 190 Kinder und Jugendliche berichten (Zori et al., 1992; Clayton-Smith, 1993; Buntinx et al., 1995). Die Variabilität ist außerordentlich groß. Das freie Sitzen wird zwischen sechs Monaten und drei Jahren erreicht. Die meisten Kindern krabbeln ab dem Ende des zweiten Lebensjahres, allerdings in einem abgehackten „Kommando-"Stil. In der englischen Studie lag der Zeitpunkt des freien Laufens zwischen 18 Monaten und 7 Jahren, in der belgisch-holländischen Studie zwischen 2 und 12 Jahren. Ein ataktisches, breitbasiges Gangbild und unkoordinierte Willkürbewegungen mit assoziiertem Zittern zeigen sich in fast allen Fällen. Die Arme werden oft beim Laufen in einer angewinkelten Beugehaltung gehalten, was den „marionettenhaften" Eindruck des Gangbilds verstärkt. Eine kleine Gruppe der betroffenen Kinder (11 % in der Stichprobe von Clayton-Smith, 1993) erreicht das freie Laufen nicht und weist eine schwere Spastik auf. Eine Skoliose tritt bei etwa 10 % ein (vor allem Mädchen) und muss früh behandelt werden.

In mehr als 80 % besteht ein Anfallsleiden, das meist im Alter von 18 bis 24 Monaten einsetzt. Dem ersten Anfall geht oft eine fieberhafte Erkrankung oder ein Zahndurchbruch voraus. Die Anfälle selbst haben unterschiedliche klinische Erscheinungsbilder (infantile Spasmen im Säuglingsalter, Grand-Mal-, Petit-Mal und myoklonische Attacken) und ein besonderes Verlaufsmuster mit Phasen schwer kontrollierbarer häufiger Anfälle und Phasen von Anfallsfreiheit über mehrere Monate. Bei der Hälfte der betroffenen Kinder sind sie schwierig unter Kontrolle zu bringen und bedürfen multipler Medikamentengabe. Die Anfälle nehmen in Häufigkeit und Stärke nach dem Alter von vier Jahren ab und verschwinden oft gänzlich jenseits des 10. Lebensjahres. In einzelnen Fällen kommt es jedoch auch zu einem plötzlichen Wiederauftreten von Anfällen, die dann schwer zu kontrollieren sind (Buntinx et al., 1995; Clayton-Smith, 2001). Bei EEG-Ableitungen findet sich ein spezifisches Muster als charakteristisches diagnostisches Hinweiszeichen (Boyd et al., 1988). Im Jugend- und Erwachsenenalter stellen die Anfälle das häufigste medizinische Problem dar.

Die Identifikation des genetischen Subtyps ist bedeutsam, um die Eltern bei bestehendem Kinderwunsch über die Möglichkeit des erneuten Auftretens eines Angelman-Syndroms zu beraten. Außerdem gehört das Angelman-Syndrom (wie das Prader-Willi-Syndrom) zu der Gruppe von Syndromen, bei denen die Entwicklung je nach genetischer Ursache unterschiedlich verläuft, was für die Beratung der Eltern zu Entwicklungsperspektiven wichtig zu wissen ist. Kinder und Erwachsene mit einer Deletion weisen die „klassischen" klinischen Merkmale des Angelman-Syndroms auf, während bei denjenigen, bei denen eine uniparentale Disomie oder eine Punktmutation am UBE3A-Gen vorliegt, die Merkmale des körperlichen Erscheinungsbilds und das Anfallsleiden weniger stark ausgeprägt sind (Smith et al., 1996; Gillessen-Kaesbach et al., 1996; Fridman et al., 2000; Lossie et al., 2001). In einer vergleichenden Studie an 104 Patienten fanden sich auch signifikante Unterschiede im Zeitpunkt, zu dem das freie Laufen erreicht wurde. Kinder mit Deletion erreichten das freie Laufen durchschnittlich mit 4;6 Jahren, alle anderen untersuchten Kinder um etwa zwei Jahre früher (Lossie et al., 2001). Nur bei ihnen findet sich auch Hypopigmentierung der Haut (Saitoh et al., 1994).

Tabelle 82: Unterschiede zwischen Kindern mit Angelman-Syndrom je nach molekulargenetisch definiertem Subtyp (Fridman et al., 2000)

	Uniparentale Disomie	Deletion
Diagnosezeitpunkt	7;3 J.	4;3 J.
Körpergewicht > p75	70.6 %	20 %
Microcephalie	15.8 %	57.9 %
fehlende Sprache	47.4 %	88.9 %
Zeitpunkt des freien Laufens	2;9 J.	4;6 J.
Anfälle	42.1 %	81.7 %
Beginn der Anfälle	5;10 J.	1;11 J.

11.3 Kognitive und adaptive Entwicklung

Zu den charakteristischen Entwicklungsmerkmalen beim Angelman-Syndrom gehört eine *schwere geistige Behinderung*. Sie zeigt sich auch in systematischen Entwicklungsuntersuchungen. Andersen et al. (2001) führten bei 14 Jungen und 6 Mädchen mit Angelman-Syndrom (mittleres Alter 7;4 Jahre) die Griffiths-Entwicklungsskalen durch. Allen Kindern war ein mentales Entwicklungsalter unter 24 Monaten zuzuordnen. Sechs Kinder konnten z. B. Bausteine aufeinandersetzen, vier von ihnen auch unterschiedliche Formen in Formenbretter einsetzen. Sieben ahmten einfache Handlungen wie Füttern oder Trinken nach, nur ein Kind konnte jedoch in symbolischer Weise mit einer Puppe spielen, keines mit drei Steinen einen Zug nachbauen und ihn fahren lassen oder einen Kreis nachmalen.

Allerdings zeigen Kinder mit Angelman-Syndrom in Alltagssituationen oft mehr Verständnis und Verarbeitungsfähigkeiten, als sich in standardisierten psychologischen Tests dokumentieren lässt. Insbesondere die Kinder, bei denen eine schwere Form der Ataxie und des Anfallsleidens vorliegt, sind in ihrer Aufmerksamkeits- und Mitarbeitsfähigkeit so eingeschränkt, dass sich kaum valide Testergebnisse ermitteln lassen. Viele Eltern berichten, dass sich ihre Kinder und Jugendlichen gern in praktische Tätigkeiten im Haushalt und gemeinsame Aktivitäten einbeziehen lassen, beim Putzen, Staubsaugen oder Tischdecken mithelfen und Interesse am Fernsehen, Sport oder anderen Freizeitbeschäftigungen haben (Clayton-Smith, 1993). Sie machen im Entwicklungsverlauf stetige kleine Fortschritte.

Systematische Studien zu ihren adaptiven und sozialen Kompetenzen liegen jedoch noch kaum vor. Laan et al. (1996) berichteten über 28 Erwachsene. 80 % vermochten selbstständig mit Löffel und Gabel zu essen, 50 bis 60 % konnten sich selbstständig ausziehen, ebensoviele tagsüber die Toilette benutzen. Solche

Angaben können aber nicht als repräsentativ für die Entwicklungschancen gelten, da der Erwerb praktischer Fertigkeiten in hohem Maße abhängig ist von dem Ausmaß an Förderung und Anleitung, die das jeweilige Kind erhält. In einer klinischen Studie an 28 *Jugendlichen und Erwachsenen* berichtete Clayton-Smith (2001), dass 20 *selbstständig essen* konnten. Ebensoviele waren *tagsüber sauber*, während nur drei auch in der Nacht selbstständig die Toilette benutzten. 17 konnten *einfache Haushaltstätigkeiten ausführen*, alle benötigten etwas Hilfe bei der Körperpflege, aber die Hälfte von ihnen konnte sich selbstständig an- und ausziehen, wenn die Verschlüsse nicht zu schwierig waren. Komplexere Leistungen wie der Umgang mit Geld oder die Beteiligung am Straßenverkehr überforderten sie, zumal sie in der Regel kein Gefahrenbewusstsein entwickelten. Die Freizeit gestalteten einige von ihnen mit Schwimmen, Reiten, Kegeln oder Mitmachen in einer Theatergruppe; drei Erwachsene gingen Hilfstätigkeiten (z. B. Putzen, Zeitung austragen, Zuarbeiten in einem Geschäft) nach, benötigten aber ständige Aufsicht. 15 von ihnen lebten noch zu Hause.

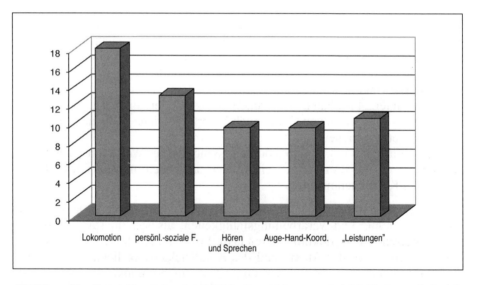

Abbildung 81: Entwicklungsalter im Griffiths-Entwicklungstest bei 20 Kindern mit Angelman-Syndrom (Andersen et al., 2001)

Holz (2002) führte eine *Befragung der Eltern von 124 Kindern* mit Angelman-Syndrom in Zusammenarbeit mit der deutschen Elterngruppe durch. Es handelte sich um 51 3- bis 7-jährige Kinder, 49 8- bis 12-jährige Kinder und 24 13- bis 25-jährige Jugendliche und junge Erwachsene. Das Durchschnittsalter bei Diagnosestellung variierte stark zwischen sieben und 174 Monaten (mittlerer Wert 39 Monate). 90 % der Kinder hatten im Laufe ihres Lebens schon einmal einen Krampfanfall erlitten. Ein Drittel von ihnen war zum Zeitpunkt der Befragung anfallsfrei. Das freie Sitzen wurde nach Erinnerung der Eltern im Durchschnitt im Alter von 19 Monaten erreicht (6 bis 72), das Krabbeln mit 27 Monaten (4 bis 120), das freie Stehen mit 38 Monaten (12 bis 108), das freie Laufen mit 43 Monaten (18 bis 144). 94 % der Kinder hatten dies bis zum Ende des sechsten Lebensjahres erreicht.

Zum Zeitpunkt der Befragung hatten 51 % das selbstständige Essen mit Löffel oder Gabel erlernt (im Durchschnitt im Alter von 49 Monaten). 44 % der Kinder mussten bei den Hauptmahlzeiten zwar noch gefüttert werden, konnten aber kleine Häppchen selbstständig mit den Händen essen. *29 % der 3- bis 7-Jährigen, 69 % der 8- bis 12-Jährigen und 58 % der 13- bis 25-Jährigen konnten selbstständig essen.* 13 % der Kinder konnte sich selbstständig anziehen (im Durchschnitt im Alter von 94 Monaten), 39 % waren fähig, sich allein auszuziehen (74 Monate). 12 % konnten sich selbstständig waschen, weitere 15 % halfen dabei mit. *6 % waren vollständig, 33 % tagsüber trocken.* Diese Fähigkeit hatten mehr als die Hälfte der über 8-Jährigen erreicht. Alle Kinder waren in der Lage, sich innerhalb der häuslichen Umgebung zurechtzufinden. Das Haus, in dem sie lebten, erkannten 95 % der Kinder wieder. In der näheren Umgebung fanden sich 80 % der Kinder zurecht. 12 % waren in der Lage, Farben zu unterscheiden, 27 % konnten Formen unterscheiden, 38 % auf Bildern einfache Gegenstände erkennen und auf diese zeigen.

Viele Kinder mit Angelman-Syndrom sind von Wasser, Musik oder Lichtreflexen an Spiegeln fasziniert. Während dies auch für viele andere Kinder mit schwerer Behinderung zutrifft, fällt bei ihnen zusätzlich eine besonders ausgeprägte Neigung auf, Gegenstände in den Mund zu stecken und auf ihnen zu kauen (Summers et al., 1995). In einer Befragung von Eltern von 73 Kindern, Jugendlichen und Erwachsenen mit Angelman-Syndrom gab mehr als Hälfte dies als charakteristisch an (Clarke & Marston, 2000).

11.4 Grenzen der sprachlichen Entwicklung

Besonders schwer beeinträchtigt ist beim Angelman-Syndrom die Sprachbildung. Bereits im ersten und zweiten Lebensjahr fällt eine geringe Frequenz und Variationsbreite der Lautbildung auf. Im weiteren Verlauf der Entwicklung beginnen viele Kinder z. B. auf Körperteile zu zeigen oder Bedürfnisse durch einfache Gesten auszudrücken und verstehen kleine Aufträge; die Wortimitation und Wortbildung bleibt jedoch weitgehend aus. Summers et al. (1995) gaben eine Übersicht über die Sprachfähigkeiten von 108 Patienten, die in der Literatur beschrieben wurden. *Keines der Kinder hatte mehr als wenige Worte zur Verfügung. Von den von ihnen selbst untersuchten Kindern im Alter von 2 bis 12 Jahren benutzte eines ein Wort, ein weiteres 2 bis 3 Worte. 9/11 Kinder konnten sich aber mit Gesten verständigen. 10/11 konnten zumindest einige Aufträge verstehen und ausführen.*

Auch die sprachlichen Fähigkeiten *variieren offenbar mit dem in der molekulargenetischen Untersuchung definierten Subtyp* des Syndroms. Von 104 – überwiegend von den Autoren selbst untersuchten – Kindern und Jugendlichen, über die Lossie et al. (2001) berichteten, konnten 53 % der Patienten mit Deletion einfache Aufträge befolgen; 71 % hatten keine Worte, die übrigen 29 % maximal drei Worte zur Verfügung. Unter den 27 Patienten mit uniparentaler Disomie, 20 Patienten mit Imprinting-Defekt, 46 Patienten mit Punktmutationen im UBE3A-Gen und 11 Patienten, bei denen keine genetische Veränderung identifiziert werden konnte, war der jeweilige Anteil, der mehrere Worte zu gebrauchen wusste, wesentlich höher.

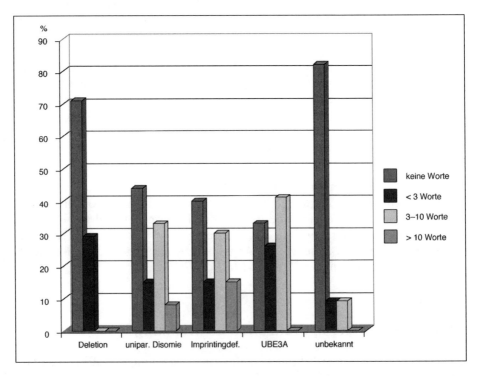

Abbildung 82: Sprachliche Fähigkeiten bei 104 Patienten mit Angelman-Syndrom (Loosie et al., 2001)

Viele Patienten nutzen alternative Wege der Kommunikation mit Gesten, Handzeichen oder Bildkarten. Unter den 82 Patienten, die Clayton-Smith (1993) untersuchte, verfügte keiner über mehr als sechs Worte, die meisten über einzelne Wörter wie „Ma-ma", „heia", „Bad", „bye". 20 % konnten aber standardisierte Handzeichen („Makaton") benutzen. Ein 19-jähriges Mädchen hatte auf diese Weise einen Wortschatz von 60 verschiedenen Zeichen erworben. Andere äußerten Wünsche, indem sie auf etwas zeigten oder auf Bilder deuteten.

Das Sprachverständnis war durchweg weiter entwickelt als die expressive Sprache. Zudem wurde von vielen Patienten ein gutes Gedächtnis für Gesichter und Orte berichtet.

Die individuellen Unterschiede in der Entwicklung, die natürlich auch von der Qualität der Förderung abhängt, sind beträchtlich. Jolleff und Ryan (1993) untersuchten das Sprachverständnis und expressive Kommunikationsfähigkeiten bei elf Kindern im Alter zwischen 2;5 und 15;3 Jahren. Sie benutzten dazu einen standardisierten Sprachtest und das „Pre-verbal Communication Schedule" (PVCS; Kiernan & Reid, 1987) zur Dokumentation der nicht-sprachlichen Ausdrucksfähigkeiten. Die älteren Kinder dieser Gruppe verstanden zahlreiche einzelne Wörter und Aufträge mit zwei Bestimmungsstücken, wie es knapp 2-jährigen Kindern entspricht. Längere und komplexere Aufträge überforderten sie. Die meisten Kinder verfügten über non-verbale Ausdrucksmöglichkeiten. Sie machten Wünsche deutlich, indem sie den Erwachsenen bei der Hand nahmen und dorthin zogen, wo sie etwas von ihm wollten, machten ihn auf sich aufmerksam, indem sie in berührten, machten Ablehnung deutlich, indem sie jemanden wegschoben.

Andere Vorläufer sprachlicher Entwicklung waren dagegen wesentlich seltener zu beobachten, z. B. eine referenzielle Abstimmung des Blickkontakt auf ein gemeinsames „Thema", ein Hindeuten auf gewünschte Dinge oder ein abwechselndes Spielen. Auch die fünf Kinder, die einige Handzeichen gelernt hatten, benutzten sie eher auf Aufforderung und als Antwort auf die Frage „Was ist das?", jedoch kaum zur spontanen Kommunikation. Somit ist nicht nur die Fähigkeit zur verbalen Imitation selbst beeinträchtigt. Die Probleme der Steuerung der eigenen Aufmerksamkeit erschweren offenbar auch basale Prozesse der sozialen Abstimmung, die für die Entwicklung eines dialogischen Sprachgebrauchs Voraussetzung sind.

Penner et al. (1993) untersuchten sieben Jugendliche und Erwachsene (12 bis 40 Jahre), bei denen diese grundlegenden Schwierigkeiten der sozialen Kommunikation sehr deutlich zu beobachten waren. Sie explorierten Gegenstände und Spielsachen und freuten sich an unterschiedlichen Effekten. Fünf von ihnen zeigten jedoch kaum kommunikatives Verhalten. Nur wenn es ihnen besonders wichtig war, suchten sie Blickkontakt zum Gegenüber oder übergaben ihm etwas, wenn sie nicht allein zum Ziel kamen (z. B. ein Keks in einem Behälter verschlossen wurde oder ein batteriebetriebenes Spielzeug aufgezogen werden sollte). Vier bildeten nur einzelne Vokale. Zwei Patienten benutzten allerdings referenzielle Blickausrichtung und/oder gezielte Laute, um Wünsche mitzuteilen. Einer der beiden zeigte auf etwas oder tippte jemandem auf die Schulter, um auf sich aufmerksam zu machen. Die Beschreibungen zeigen auch im Erwachsenenalter eine nur sehr begrenzte Fähigkeit zur sozialen Partizipation. Diese ist aber in hohem Maße von der pädagogischen Förderung und der Lebensumwelt abhängig, in der Kinder und Jugendliche mit geistiger Behinderung aufwachsen, so dass die Angaben nicht als repräsentativ für die Entwicklungsperspektiven von Kindern und Jugendlichen mit Angelman-Syndrom angesehen werden sollten.

In der deutschen Elternbefragung gaben die Eltern an, dass 56 % einzelne Wörter sprechen. Ihre Zahl schwankte zwischen einem und acht Wörtern. Tabelle 83 zeigt, welche kommunikativen Fähigkeiten die Kinder zur Mitteilung von Bedürfnissen und Wünschen einsetzten.

Tabelle 83: Non-verbale kommunikative Fähigkeiten von 124 Kindern mit Angelman-Syndrom (Holz, 2002)

Fähigkeiten	%
Schreien, Weinen und Lachen	31
Mimik	79
Zeigen auf gewünschte Gegenstände	56
Führen von Personen zu gewünschten Gegenständen	50
einfache Handzeichen oder Gesten	61
standardisierte Gebärden (> 5)	19
Bildkarten	17
technisches Kommunikationsgerät	4

In einer klinischen Untersuchung von 28 älteren Jugendlichen und Erwachsenen berichtete Clayton-Smith (2001), dass die Grundstimmung unverändert freundlich und sozial zugewandt war. Die non-verbale kommunikative Fähigkeit zum Ausdruck grundlegender Bedürfnisse hatte zugenommen, die Hyperaktivität merklich nachgelassen. Drei Patienten verfügten über ein breites Repertoire an Handzeichen, eine Frau benutzte ein elektronisches Kommunikationsgerät und kannte darauf ungefähr 200 Symbole.

11.5 Verhaltensmerkmale

Die meisten Kinder mit Angelman-Syndrom werden von ihren Eltern als sozial zugewandt und liebenswürdig geschildert, mögen Körperkontakt und haben eine fröhliche Grundstimmung – eine Beobachtung, die schon Angelman selbst in seine Beschreibung charakteristischer Merkmale der von ihm untersuchten Kinder aufnahm. Die fröhliche Grundstimmung erleichtert den Alltag miteinander und den Kontakt zu anderen Kindern und Erwachsenen.

Hin und wieder wird darauf hingewiesen, dass es sich bei dem fröhlichen Lachen der Kinder nicht immer um eine der Situation entsprechende emotionale Reaktion handelt (z. B. bei Blutabnahmen). Episoden unangemessen scheinenden Lachens werden allerdings nur bei einem Teil der Kinder berichtet. Nur 57 % der befragten Eltern von 73 Kindern, Jugendlichen und Erwachsenen im Alter von 5 bis 33 Jahren gaben dies als charakteristisch an (Clarke & Marston, 2000). Eine sorgfältige Einzelfallanalyse der Zusammenhänge zeigte zudem, dass *Kinder mit Angelman-Syndrom zwar ungewöhnlich häufig lächeln und lachen, dies aber sehr wohl meist auf den sozialen Kontext bezogen ist.* So tritt es kaum auf, wenn das Kind einen Arbeitsauftrag erhält oder für sich allein ist (Oliver et al., 2002).

Tabelle 84: Verhaltensmerkmale von 11 Kindern mit Angelman-Syndrom (CBCL; Summers et al., 1995)

Verhaltensmerkmale	manchmal	häufig
Hyperaktivität/Aufmerksamkeitsprobleme	2	9
Impulsives Greifen nach Personen	1	10
Verletzen anderer	11	0
Wutanfälle	4	1
Oppositionelles Verhalten	2	7
Stereotypes, repetitives Verhalten	4	4
Einschlafprobleme	3	7
Durchschlafstörungen	3	8

Überaktivität und begrenzte Aufmerksamkeitsspanne sind charakteristische Merkmale im Kindesalter und machen es den Eltern sehr schwer, die Kinder für längere Zeit für eine Beschäftigung zu interessieren (Summers et al., 1995; Clarke & Marston, 2000). 91 % der Kinder wurden in der deutschen Elternbefragung als hyperaktiv geschildert. Unter den ältesten Kindern, deren Eltern befragt wurden, traf dies noch auf 46 % zu (Holz, 2002). Die Eltern fast aller Kinder gaben an, dass ihr Kind eine sehr fröhliche Grundstimmung habe. *17 % zeigten nach Aussage der Eltern ein aggressives Verhalten. Kneifen (35 %), Beißen (40 %) und Andere an den Haaren ziehen (72 %)* kamen zwar häufig vor, wurden von den Eltern zumeist aber nicht als aggressive Verhaltensweisen angesehen, sondern als Übermut, fehlende Einschätzung der eigenen Kräfte oder Versuch, Aufmerksamkeit zu erlangen. *27 % der Kinder zeigten autoaggressive Verhaltensweisen.* Folgende Verhaltensweisen wurden des Weiteren genannt: Sturheit (81 %), Bockigkeit (77 %), ständige Aufmerksamkeitssuche (59 %), Trotz (48 %), Wutanfälle (23 %), mangelnde Folgsamkeit (79 %). Etwa zwei Drittel der Eltern erlebten diese Verhaltensweisen als sehr belastend.

Irritabilität und zornige Reaktionen sind wesentlich geringer ausgeprägt als z. B. bei Kindern mit Prader-Willi, Smith-Magenis-, Cri-du-Chat-Syndrom. Hyperaktive und stereotype Verhaltensweisen sind nicht häufiger als bei anderen Kindern mit intellektueller Behinderung (Summers & Feldman, 1999; Clarke & Marston, 2000).

Tabelle 85: Problematische Verhaltensweisen bei Kindern und Jugendlichen mit Angelman-Syndrom im Vergleich zu anderen behinderten Kindern (Aberrant Behavior Checklist; Summers & Feldman, 1999)

Problematische Verhaltensweisen	Angelman-Syndrom	gemischte Gruppe	Klinik-Stichprobe	p
Irritabilität, zornige Reaktionen	4.48	12.70	21.63	***
sozialer Rückzug	4.59	10.30	12.83	*
stereotypes Verhalten	3.00	3.96	7.71	*
Hyperaktivität	14.41	13.13	24.54	**

Anmerkung: *= p < .05; **= p < .01; ***= p < .001

Belastend im Alltag sind allerdings die bereits erwähnte *Neigung vieler Kinder, nicht-konsumierbare Dinge in den Mund zu stecken und z. T. zu verschlucken* (z. B. Pflanzen, Steine, Sand, Plastik, Papier), sowie *ausgeprägte Ein- und Durchschlafstörungen.* Beide Verhaltensweisen werden bei mehr als 80 % der Kinder, die in der Literatur beschrieben sind, genannt (Clayton-Smith, 1993; Summers et al., 1995). 70 % der Eltern in der deutschen Befragung klagten über Ein- und Durchschlafstörungen der Kinder.

Kinder mit Angelman-Syndrom scheinen weniger Schlaf zu brauchen als andere und kommen oft mit 5 bis 6 Stunden in der Nacht aus. Viele Eltern berichten, dass die Kinder in der Nacht sehr umtriebig sind, wenn sie unbeaufsichtigt sind. Die Mechanismen, die zu den Schlafstörungen führen, sind unklar. Die Schlafstörungen bessern sich mit dem Alter (Clayton-Smith, 1993; Buntinx et al., 1995). Die nächtliche Unruhe ist oft schwer zu kontrollieren. Viele Eltern entscheiden sich, in der Nacht die Schlafzimmer- und Badezimmertüren abzuschließen, z. T. auch spezielle Gitterbetten anzuschaffen, um die extrem unruhigen Kinder vor Selbstverletzungen zu schützen. In der deutschen Stichprobe waren 76 % nachts gesichert, 56 % mit Hilfe eines Sigurfix-Gurtes und 44 % mittels eines Gitterbetts.

Es liegen bisher nur wenige systematische Studien zur Behandlung von Schlafstörungen beim Angelman-Syndrom vor. In der amerikanischen Elterngruppe werden einzelne positive Erfahrungen mit medikamentösen Hilfen (z. B. Benadryl) oder Melatonin angegeben. Summers et al. (1992) berichteten über eine Kombination von verhaltensorientierter und medikamentöser Behandlung der Schlafstörungen eines 9-jährigen Jungen mit Angelman-Syndrom. Die Intervention umfasste eine strikte Kontrolle über die Tagesschlafzeiten und den Zeitpunkt des abendlichen Zu-Bett-Bringens sowie ein konsequentes Zurückführen ins Bett, wenn er in der Nacht erwachte. Auf diese Weise konnte seine Nachtschlafzeit auf 8 Stunden gesteigert werden. Der Effekt blieb auch nach Ausschleichen der Medikation stabil.

11.6 Elternberatung

37 Eltern der belgischen und holländischen Elterngruppe nahmen an einer ausführlichen Befragung zu ihrer subjektiven Belastung teil. Die Kinder waren unter 12 Jahre alt. In den Antworten der Eltern spiegelte sich ein großes Bedürfnis nach Informationen über die Entwicklungsperspektiven und Förder-/Behandlungsmöglichkeiten der Kinder wider, nach Hilfen beim Umgang mit den schwierigen Verhaltensproblemen im Alltag und die Sorge, die künftigen Herausforderungen nicht meistern zu können (van den Borne et al., 1999).

Tabelle 86: Psychosoziale Probleme und Sorgen von Eltern von Kindern mit Angelman-Syndrom (ausgewählte Angaben in %; n = 37; van den Borne et al., 1999)

Psychosoziale Probleme und Sorgen	%
Ich brauche mehr Informationen, wie mein Kind sich entwickeln kann.	95
Ich suche nach Informationen über medikamentöse Hilfen.	81
Ich suche nach Informationen zur Sprachtherapie.	81
Ich suche nach dem besten Weg, mit meinem Kind im Alltag gut zurechtzukommen.	69
Ich frage mich, wie andere Eltern mit der Behinderung zurechtkommen.	57
Ich suche nach anderen Eltern mit Kindern mit AS.	39
Ich mache mir Sorgen über die Folgen der Behinderung, mit der mein Kind in der Zukunft konfrontiert werden wird.	19
Ich mache mir Sorgen, dass meine Geduld bei der Unterstützung meines Kindes nicht ausreichen wird.	16
Ich mache mir Sorgen darüber, dass ich immer auf andere angewiesen sein werde wegen der Behinderung.	22
Ich mache mir Sorgen, dass Besuche bei anderen so schwierig sind wegen der Behinderung meines Kindes.	19
Ich mache mir Sorgen um die Zukunft.	27
Ich fühle mich rasch erschöpft.	14

In einer Befragung von Eltern der deutschen Selbsthilfegruppe (Holz, 2002) zu den Veränderungen, die das Angelman-Syndrom in ihrem Leben mit sich gebracht habe, gaben 40 % an, dass sich die Anzahl ihrer Freundschaften und die Häufigkeit von Kontakten vermindert habe. 80 % der Mütter und 65 % der Väter fühlten sich in ihrer Freizeitgestaltung durch ihr Kind eingeschränkt. 72 % der Mütter und 52 % der Väter fühlten sich manchmal oder oft überfordert von der Betreuung des Kindes. 45 % waren mit der Betreuungssituation unzufrieden und hätten sich mehr Entlastung gewünscht. Eine regelmäßige außerfamiliäre Betreuung stand nur 44 % der Familien zur Verfügung.

Im Rückblick äußerten sich 58 % der Eltern mit der ärztlichen Betreuung ihrer Kinder unzufrieden. Sie fühlten sich nicht ernstgenomen in ihren Sorgen (30 %), die Diagnose wurde zu spät gestellt (16 %) oder mit unzureichenden Informationen oder Hilfen verbunden (11 %). Etwa 40 % klagten auch über mangelnde Unterstützung durch die Krankenkasse und Behörden (Bewilligung von Hilfsmitteln und Kostenübernahme von Therapien). Die wichtigste außerfamiliäre Unterstützung stellte für fast 90 % der befragten Eltern die Selbsthilfegruppe dar. Praktische Unterstützung durch Freunde und Verwandte erfuhren etwa 40 % der Mütter, bzw. 30 % der Väter. Eine fachliche psychologische Hilfe hatten 28 % der Mütter und 13 % der Väter bereits einmal in Anspruch genommen.

12 Noonan-Syndrom

12.1 Einzelfälle

Eva (9;3 Jahre)

Eva kam in der 39. SSW mit einem Gewicht von 4150 g (> p90) zur Welt; Länge (49 cm) und Kopfumfang (35 cm) lagen im oberen Normbereich. Von Anfang an bestand eine ausgeprägte Trinkschwäche, die eine Teilsondierung erforderlich machte, sowie Atemprobleme. Neuroradiologisch wurde eine parzielle Hirnatrophie festgestellt, in der neurologischen Überprüfung eine mittelschwere zentrale Koordinationsstörung, ophtalmologisch ein Iriskolobom und eine parzielle Optikusatrophie sowie bei einer Herzschalluntersuchung ein Vorhofseptumdefekt und eine mittelgradige Pulmonalstenose. Die persistierende Störung der Nahrungsaufnahme machte einen längeren stationären Aufenthalt im Kinderzentrum erforderlich, bei dem schließlich erfolgreich die orale Nahrungsaufnahme aufgebaut werden konnte. In diesem Rahmen wurde dann die Diagnose eines Noonan-Syndroms im Alter von 13 Monaten gestellt.

Bei entwicklungsdiagnostischen Untersuchungen im ersten Lebensjahr zeigte Eva jeweils eine Retardierung um 2 bis 3 Monate in den perzeptiven und frühen sprachlichen Fähigkeiten, während die motorische Entwicklung sich deutlich langsamer vollzog. Im Alter von 1 1/2 Jahre vermochte sie dann aber sicher zu stehen und an Möbeln entlangzulaufen. Sorgen bereitete den Eltern, dass sie im Alter von knapp zwei Jahren noch immer außerordentlich stark fremdelte, sehr scheu auf fremde Personen reagierte und außer „ja" und „nein" noch keine Worte sprach. Kurze Zeit später erreichte sie dann das freie Laufen.

Ein halbes Jahr danach wurde sie wieder vorgestellt. Sie war jetzt im Laufen sicher, wenn auch langsam und gemächlich, und konnte bereits klettern. Die Scheu hatte abgenommen, die Interaktion im Alltag war im Vergleich zu den ersten beiden Lebensjahren leichter geworden. Die Schwierigkeiten der Nahrungsaufnahme bestanden nicht mehr. Ihre sprachlichen Äußerungen waren für Fremde noch nicht verständlich.

Im Alter von 28 Monaten wurde dann erneut eine Entwicklungsdiagnostik durchgeführt. In den Skalen zu grobmotorischen Fähigkeiten, Perzeption und Sprachverständnis der Münchener Funktionellen Entwicklungsdiagnostik lagen ihre Alterswerte bei 21 bis 23 Monaten. Die feinmotorischen und sprachlichen Fähigkeiten entsprachen Kindern im Alter von 1 1/2 Jahren. Eva konnte z. B. eine Schnur in das Loch einer Perle stecken, Striche hin- und herzeichnen, verschiedene Formen in Umrisse setzen, zeigte mehrere Körperteile und verschiedene Dinge sowie Tiere auf Abbildungen und verstand Eigenschaftsbegriffe wie „groß". Sie sagte aber selbst nur wenige Wörter. Mit drei Jahren waren dann viel mehr einzelne Worte verständlich, mit 3 1/2 versuchte sie alles nachzusprechen, was sie hörte.

Im Alter von 4;3 Jahren berichtete die Mutter, dass Eva mittlerweile auch längere, grammatisch vollständige und verständliche Sätze bilden könne. Im integrativen Kindergarten fand sie sich gut zurecht, hielt sich aber noch oft an die Erzieherinnen, statt mit den anderen Kindern zu spielen. Gelegentlich reagierte sie überängstlich, vor allem auf jüngere Kinder, ohne dass die Auslöser recht klar werden. Mit 5;0 Jahren führten wir die McCarthy Scales of Children's Abilities (MSCA) durch. Eva war in der Lage, sich über eine Dauer von mehr als 45 Minuten auf die Testanforderungen einzustellen. Durchweg bewältigte sie sprachbezogene Aufgaben recht gut, hatte aber Schwierigkeiten bei visuellen Wahrnehmungsaufgaben und Aufgaben zur akustischen Speicherung. Sie erreichte im sprachbezogenen Teil knapp altersgemäße Werte. Bei Perzeptions- und Gedächtnisaufgaben entsprachen ihre Fähigkeiten eher einem Kind zwischen 3 1/2 und 4 Jahren. Zusammenfassend ergab sich ein IQ im Bereich einer Lernbehinderung (GCI 78).

Eine deutliche Diskrepanz zwischen sprachbezogenem Wissen und der visuellen Wahrnehmung und Fähigkeit zur Handlungsplanung bei anderen Aufgaben charakterisiert auch das Bild bei der Intelligenzuntersuchung mit dem HAWIVA zum Zeitpunkt der Einschulung. Sie kann die Bedeutung von Begriffen differenziert beschreiben nach Form, Aussehen oder Funktion des genannten Gegenstandes. So erklärt sie z. B., was Benzin ist, mit „fürs Auto – sonst kann man nicht mehr fahren"; was ein Apfel ist, mit „kann man essen, rot oder gelb, hat einen braunen Stiel". Dagegen bereitet es ihr große Schwierigkeiten, einfache Muster nachzulegen oder abzuzeichnen.

Sie wird in eine Klasse der Montessori-Schule aufgenommen und nach dem Lehrplan für lernbehinderte Kinder unterrichtet. Mit neun Jahren suchen die Eltern Beratung, weil sie im Gegensatz zur gut erreichten Lese- und Schreibfähigkeit erhebliche Schwierigkeiten beim Erlernen des Rechnens habe, wenig Ausdauer bei herausfordernden Aufgaben zeige und sich in ihren Fähigkeiten nicht angemessen einschätzen könne, sondern oft so tue, als ob sie „alles könne".

Bei der Fähigkeitsdiagnostik wird jetzt die Kaufman-Assessment Battery for Children (K-ABC) eingesetzt. Bei komplexer werdenden Aufgaben hat sie deutliche Schwierigkeiten, den Problemlöseprozess zu steuern und zu kontrollieren, kann oft kaum die Instruktion abwarten, bzw. beachtet sie nicht bei der Aufgabenbearbeitung und lässt in ihrer Aufmerksamkeit rasch nach. Die quantitative Auswertung zeigt, dass ihr Leistungsvermögen jetzt deutlich von gleichalten Kindern abweicht (Standardwert 53). Alle Skalenwerte liegen mehr als zwei Standardabweichungen unter dem Durchschnitt. Die von den Eltern berichteten relativ guten Fertigkeiten im Lesen und Rechtschreiben lassen sich dagegen bestätigen (Schulleistungstest für Lernbehinderte SBL 2). Sie vermag

Wörter und kleine Sätze sinnerfassend zu lesen, füllt Lückenwörter und schreibt Wörter bei Lückentexten lautgetreu. Einige Beispiele: „Es ist schönes *Weter*. Jürgen *gist* die Beete. Darf ich noch den Rasen *sprizen*." Selbst einfache Rechenaufgaben (z. B. Addition von Zehnern) überfordern sie jedoch (20 + 70 = 40; 12 + 13 = 14).

Tabelle 87: Verlauf der intellektuellen Entwicklung eines Mädchens mit Noonan-Syndrom

Test	Alter	intellektuelle Entwicklung
Münchener Funktionelle Entwicklungsdiagnostik	2;4	Grobmotorik 22 Monate Feinmotorik 18 Monate Perzeption 23 Monate Sprachproduktion 18 Monate Sprachverständnis 23 Monate
McCarthy Scales of Children's Abilities	5	Verbalteil 43 (Mittelwert 50) Handlungsteil 33 Gedächtnis 31 Gesamtwert (GCI) 78
Hannover-Wechsler-Intelligenz-Test für das Vorschulalter	6;1	Verbalteil PR 50–69 Handlungsteil PR 2.3 Rechner. Denken PR 31 Tierhäuser PR 16
Kaufman-Assessment Battery For Children	9;3	Einzelheitl. Denken 56 (Mittelwert 100) ganzheitl. Denken 49 intellekt. Fähigkeiten 53

Christina (6;8 Jahre)

Christinas erste Lebensjahre waren von schweren kardiologischen Problemen überschattet, die eine Herzoperation im Alter von 14 Monaten erforderten, von der sie sich nur langsam erholte. Auch in den nächsten Jahren blieben ihre Eltern in ständiger Sorge um ihr körperliches Befinden, da sie anfällig für Infektionen und dann immer wieder rasch gefährdet war. Zahlreiche medizinische Kontrollen und Behandlungen bestimmten den Alltag.

Im Alter von 3 1/2 Jahren wurde sie erstmals im Kinderzentrum zur entwicklungsdiagnostischen Untersuchung und Beratung vorgestellt. Sie fand schnell Kontakt, hatte Interesse für die verschiedenen Spielangebote und arbeitete durchaus sehr zielstrebig, indem sie z. B. ein mehrteiliges (Contura-) Puzzle zusammensetzt. Sie hatte Verständnis für Rollenspiele und ein recht gutes Wortverständnis. So konnte sie auf Fragen angeben, was man mit einzelnen Dingen macht (z. B. „Handtuch" – „Hände waschen"), und kleine Aufträge ausführen, bei denen sie Farb- und Größenbegriffe beachten musste (Reynell-Sprachverständnisskalen). Sie äußerte sich flüssig, feste Redewendungen wurden korrekt gebildet, ansonsten beachtete sie aber bei ihren Äußerungen noch keine Formenbildungs- oder Wortstellungsregeln. Die Verständlichkeit war durch ausgeprägte oral-motorische Störungen erschwert. Die logopädische Untersuchung ergab eine eingeschränkte Zungen- und Lippenbeweglichkeit, schlaffe Gesichtsmuskulatur und multiple Lautersetzungen sowie Auslassungen von Anfangslauten bei der Wortbildung.

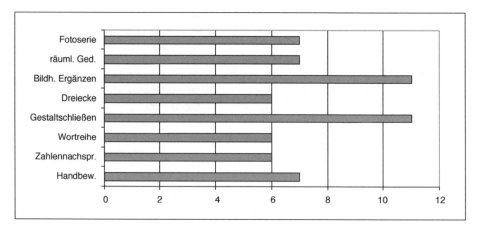

Abbildung 83: Testprofil eines Mädchens mit Noonan-Syndrom im Alter von 6;8 J. (KABC)

Vor der Einschulung wurde im Alter von 6;8 Jahren dann bei einer Wiedervorstellung die Kaufman-Assessment Battery for Children (K-ABC) durchgeführt. Ihre körperliche Belastbarkeit ist weiterhin begrenzt, so dass sie mehrere Pausen braucht; auch sind öfter Hilfen und Hinweise nötig, um die Konzentration auf der Aufgabe zu halten. Ihre kognitiven Fähigkeiten liegen jedoch fast im Durchschnittsbereich ihrer Altersgruppe (Standardwert 84). Relative Stärken (Skalenwert 11) finden sich bei den Subtests „Gestaltschließen" und „Bildhaftes Ergänzen", d. h. Aufgaben, die visuelle Auffassungsprozesse prüfen, sowie im sprachlichen Wissen („Rätsel"). Schwächen liegen in Speicherfähigkeiten und beim Planen logischer Abfolgen, bei dem ihr öfter Flüchtigkeitsfehler unterlaufen. Sie verfügt über prä-numerische Fähigkeiten und vermag einfache geometrische Formen gestaltgetreu abzuzeichnen. Die Artikulation ist weiterhin beeinträchtigt, die Satzbildung aber jetzt korrekt und verständlich. Wir empfehlen die Anmeldung in einer Grundschulklasse, die integrative Bedingungen bietet. Wichtig wird es sein, dort auf ihre begrenzte Belastbarkeit Rücksicht zu nehmen, Hilfen zur Aufmerksamkeitssteuerung zu geben und ihre Entwicklung durch eine graphomotorische und logopädische Therapie zusätzlich zu unterstützen.

12.2 Klinische Genetik

Im Jahre 1963 beschrieben Noonan und Ehmke eine Gruppe von Kindern mit valvulärer pulmonarer Stenose, Kleinwuchs, einem charakteristischen äußeren Erscheinungsbild und Lernbehinderungen. Die Inzidenz des so beschriebenen Noonan-Syndroms wird als hoch eingeschätzt (1:1000 bis 1:2500). Da die Phänotypausprägung aber sehr variabel ist, sind diese Zahlenangaben unsicher. In Familienuntersuchungen in Belgien und Holland konnte das für das Syndrom verantwortliche Gen auf dem Chromosom 12 (q22-qter) lokalisiert werden (Jamieson et al., 1994). Die Identifizierung der spezifischen Mutation ist jedoch noch nicht gelungen, so dass noch keine Laboruntersuchung zur eindeutigen Bestätigung der Diagnose verfügbar ist und sich diese weiterhin auf die Phänotypanalyse stützen muss.

Es handelt sich um eine autosomal-dominant vererbte Erkrankung mit variabler Expressivität. Wie groß der Anteil familiären Auftretens ist, wird unterschiedlich beurteilt. Mendez und Opitz (1985) identifizierten 33 Familien, in denen das Noonan-Syndrom in zwei oder drei Generationen nachgewiesen wurde. Sharland et al. (1993) fanden bei 117 Familien eine eindeutige familiäre Übertragung bei 14 % der Fälle; bei weiteren 31 % hatte ein Elternteil fragliche Anzeichen des Syndroms, vor allem charakteristische Gesichtszüge. Die übrigen Fälle galten als sporadisches Auftreten. Da die Merkmale des Syndroms jedoch sehr schwach ausgeprägt sein können, besteht die Möglichkeit, dass auch unter diesen nicht-erkannte Fälle autosomal-dominanter Vererbung sind. Die Genveränderung wird wesentlich häufiger von der Mutter als vom Vater ererbt, da Männer mit Noonan-Syndrom häufig infertil sind.

Kasten 19: Körperliche Merkmale beim Noonan-Syndrom

- charakteristische Gesichtszüge
- Herzfehler, v. a. Pulmonalstenose
- Kleinwuchs
- Abnormalität des Brustkorbs
- Sehbeeinträchtigung (Strabismus und Kurz- oder Weitsichtigkeit)
- vergrößerte Leber
- Blutgerinnungsschwierigkeiten
- Hodenhochstand
- frühe Ernährungsschwierigkeiten

Sharland et al. (1992) berichteten über die körperliche Entwicklung von 151 Patienten mit einem mittleren Alter von 12;6 Jahren (zwischen wenigen Wochen und 60 Jahren). Die meisten waren zum Termin mit unauffälligen Geburtsmaßen geboren, verloren aber nach Erinnerung der Eltern häufig in den ersten Lebenswochen in exzessivem Maße an Gewicht. Etwa die Hälfte lagen zum Untersuchungszeitpunkt hinsichtlich Gewicht und Körpergröße unter der 3. Perzentile ihrer Altersgruppe, während der Kopfumfang in der Regel dem Durchschnitt entsprach. Syndromspezifische Wachstumskurven mit ähnlichen Ergebnissen sind von Ranke et al. (1988) vorgelegt worden. Der übliche pubertäre Wachstumszuwachs bleibt in der Regel aus, die Endgröße wird erst mit dem 20. Lebensjahr erreicht und liegt im unteren Normalbereich. Im Erwachsenenalter liegt die Körpergröße bei Männern bei etwa 160 cm, bei Frauen bei etwa 150 cm. Die Pubertät tritt bei Jungen und Mädchen verspätet ein. Bei mehr als zwei Drittel der Jungen wird zudem ein Hodenhochstand festgestellt.

Unter den kardiologischen Befunden stellten Sharland et al. (1992) bei 62 % eine pulmonare Stenose fest, z. T. in Verbindung mit anderen Herzfehlbildungen; eine hypertrophische Kardiomyopathie fand sich bei 20 % (Ishizawa et al., 1996). Eine japanische Untersuchung kommt zu sehr ähnlichen Ergebnissen. Schwere Fehlbildungen dieser Art können die Lebenserwartung begrenzen, so dass eine Herzoperation notwendig ist. Bei 31/151 Patienten war bis zum Zeitpunkt der Untersuchung eine solche Operation erfolgt. Nur bei 12 % waren die kardiologischen Untersuchungen unauffällig.

Zu den Besonderheiten der Gesichtszüge zählen ein Hypertelorismus, hoch gebogene Augenbrauen, Epikanthusfalte, volle Oberlippen, flache Nasenwurzel mit breiter Basis und niedriger Ohransatz mit verdickter Helix (Allanson et al., 1985). Als für die Diagnose hilfreiches Leitsymptom erwiesen sich besondere Hautpölsterchen an den Fingern, die bei 67 % gefunden wurden. Eine Ptosis lag bei 42 % vor. Die von den Erstbeschreibern genannte vermehrte Nackenbehaarung fand sich in der englischen Studie dagegen nur bei 23 %.

Hörminderungen lagen bei 40 % der Patienten vor. In fast allen Fällen waren sie auf rezidivierende Mittelohrentzündungen zurückzuführen. Zusammen mit einer erhöhten Rate von respiratorischen Infektionen spricht dies für eine verminderte Immunabwehr. Lee et al. (1992) untersuchten 58 Patienten dieser Gruppe augenärztlich und stellten bei 61 % Refraktionsanomalien fest, bei 48 % einen Strabismus, bei 33 % eine Amblyopie. 70 % brauchten eine Brille.

Zu den körperlichen Auffälligkeiten gehörten schließlich bei einigen Patienten eine Blutgerinnungsschwäche (bei 24 % ausgeprägter Art), eine Lebervergrößerung (26 %), Überstreckbarkeit der Gelenke und Hypotonie (50 %) und epileptische Anfälle (13 %). Die Häufigkeit von Herzfehlern und Blutgerinnungsproblemen macht besondere Vorsicht bei Operationen erforderlich.

Phänotypähnlichkeiten bestehen zum sogenannten Cardio-facio-cutanen Syndrom (CFC-Syndrom), die zu kontroversen Diskussionen geführt haben, ob es sich dabei überhaupt um ein selbstständiges Bild oder eine Subgruppe des Noonan-Syndroms handelt. In diesen Fällen ist die intellektuelle Behinderung in der Regel stärker ausgeprägt und geht oft mit autistischen Zügen, Krampfanfällen und schweren gastro-intestinalen Problemen einher.

12.3 Entwicklungsverlauf

Entwicklung im frühen Kindesalter

Etwa 10 % der Kinder mit Noonan-Syndrom kommen zu früh zur Welt (Ranke et al., 1988). Die meisten Kinder bleiben länger unter stationärer Betreuung als üblich. Massarano et al. (1996) berichteten, dass die Hälfte der von ihnen untersuchten Kinder in der ersten Lebenswoche beatmet werden mussten. In einer eigenen Nachbefragung bei den Eltern von 26 Kindern gaben 19 an, dass ihr Kind länger als zwei Wochen in der Klinik bleiben musste; zwei Kinder mussten länger als vier Wochen beatmet werden (Sarimski, 2000).

Probleme der Nahrungsaufnahme beherrschen – wie in Evas Fall – oft das Säuglingsalter. Zahlreiche Kinder, die Sharland et al. (1992) nachuntersuchten, tranken in dieser Zeit schlecht und hatten wenig Interesse für die Nahrungsaufnahme. Ein Viertel der Kinder musste für längere Zeit mit der Sonde ernährt werden. Auch nach dem ersten Lebensjahr kauten sie wenig, waren besonders wählerisch in ihrem Geschmack und erbrachen häufiger als gleichalte Kinder (38 %).

Lees (1992) berichtete über die Untersuchung des Trink- und Essverhaltens bei 35 Kindern mit Noonan-Syndrom im Alter zwischen wenigen Monaten und 15 Jahren. Die Untersuchung umfasste ein Elterninterview, eine Videoaufzeichnung des Essens und eine differenzierte Untersuchung der Mundmotorik. Bei der Hälfte der Kinder war anfangs eine Sondenernährung erforderlich, bei 77 % kam es zu häufigem Erbrechen. Wahrscheinlich wirken mundmotorische Schwächen, allgemeine Hypotonie, Grenzen der körperlichen Belastbarkeit durch kardiologische Probleme und andere Anlagefaktoren bei der Entstehung dieser Essprobleme zusammen.

Bei einem Drittel der Kinder ließen sie nach einem Jahr, bei zwei Drittel nach drei Jahren nach, bei 7 % der Kinder hielten die Ernährungsprobleme allerdings an. Bei den genannten Zahlen ist allerdings zu berücksichtigen, dass es sich um Kinder handelt, die ausdrücklich wegen Fütter- und Essstörungen vorgestellt wurden. Sie geben Aufschluss darüber, welche Fütterprobleme beim Noonan-Syndrom auftreten, sind aber nicht repräsentativ für ihre Häufigkeit. Eine eigene Befragung bei 26 Eltern zeigt, dass das Essverhalten auch bei einem Teil der älteren Kinder noch problematisch ist (Sarimski, 2000; Tabelle 88).

Tabelle 88: Ernährungsprobleme in der Säuglingszeit und Gegenwart bei 26 Kindern mit Noonan-Syndrom

Ernährungsprobleme	Anzahl
In der Säuglingszeit	
saugte schwach	22
ermüdete rasch beim Füttern	22
erbrach sich oft	16
hatte Schluckschwierigkeiten	13
meldete sich nie	12
hatte Kauprobleme	11
In der Gegenwart	
isst sehr langsam	10
ist sehr wählerisch beim Essen	7
verweigert ungewohnte Konsistenzen	7
wirft oder schiebt das Essen häufig weg	7
dreht den Kopf beim Essen oft weg	4
spuckt das Essen häufig aus	3

Neben den Ernährungsproblemen sind viele Eltern über die verzögerte allgemeine Entwicklung ihrer Kinder besorgt. Die *motorische Verlangsamung* ist als Folge der Muskelhypotonie zu verstehen, die *sprachliche Retardierung* kann im Einzelfall durch häufige Mittelohrentzündungen und eine daraus resultierende Hörminderung mitbedingt sein (Sharland et al., 1992).

Tabelle 89: Entwicklungsdaten (in Monaten) bei 26 Kindern mit Noonan-Syndrom und Vergleich mit einer englischen Stichprobe von 126 Kindern und Kindern mit typischer Entwicklung

Entwicklung	Sarimski (2000)		Sharland et al. (1992)	typische Entwicklung
	Mittel	Variation		
Sitzen	12.2	8–36	10	8
Freies Laufen	21.6	13–48	21	13
Essen mit dem Löffel	24.8	10–60		15
Selbstständiges Anziehen	49.1	36–72		27
Sauberkeit tagsüber	41.4	30–66		30
Erste Worte	20.4	12–42		16
Wortkombinationen	32.7	12(?)–66	31	24
Vollständige Sätze	44.6	12(?)–84		

Systematische Untersuchungen zu fein- und grobmotorischen Koordinationsfähigkeiten jenseits der ersten Lebensjahre fehlen noch. Viele Eltern berichten allerdings, dass ihre Kinder weniger geschickt sind als andere, Gleichgewichtsprobleme haben, die ihnen z. B. das Lernen des Radfahrens erschweren, oder graphomotorische Schwierigkeiten haben, die sich in einem schlechten Schriftbild zeigen. Kindergärtnerinnen fällt oft als erstes auf, dass das jeweilige Kind recht passiv sei und Bewegungsspiele meide.

Kognitive und sprachliche Fähigkeiten im Schulalter

Im weiteren Verlauf können die Verzögerungen der kognitiven und sprachlichen Entwicklung offenbar in vielen Fällen ausgeglichen werden. 84 % von 100 Kindern, die Sharland et al. (1992) im Schulalter nachuntersuchten, besuchten die Regel-, fünf eine Körperbehinderten- und elf eine Lernbehindertenschule. Dies spricht für eine günstigere kognitive Entwicklungsprognose, als sie in früheren Berichten mitgeteilt wurde. So fanden Mendez und Opitz (1985) bei den von ihnen zusammengestellten 121 Einzelfallstudien 24 Kinder mit geistiger Behinderung, über deren testpsychologische Messung jedoch keine Angaben gemacht wurden.

In der eigenen Untersuchung besuchten von den zehn Kindern im Schulalter vier eine Regelschule, zwei eine Schule für Körperbehinderte, eines eine Schule für Lernbehinderte und drei eine Schule für Geistigbehinderte. Von ihren Eltern wurden 5 der 26 Kinder der Gesamtgruppe als deutlich beeinträchtigt in ihrer intellektuellen Entwicklung und mehr als ein Drittel als deutlich beeinträchtigt in ihren motorischen und sprachlichen Fähigkeiten beurteilt (Sarimski, 2000).

In systematischen Studien variiert der relative Anteil von Kindern mit intellektueller Behinderung je nachdem, wo die Stichprobe erhoben wurde. So verglichen Ranke et al. (1988) 83 Kinder mit Noonan-Syndrom, die wegen eines

Tabelle 90: Einschätzung des Entwicklungsstandes durch die Eltern bei 26 Kindern mit Noonan-Syndrom

Entwicklungsstand	altersgerecht	leicht verzögert	deutlich verzögert
Grobmotorik	6	11	9
Feinmotorik	7	11	8
Sprachverständnis	13	7	6
aktive Sprache	10	5	10
geistige Entwicklung	9	11	5
Selbstständigkeit	5	14	5

Herzfehlers in einer kardiologischen Klinik vorgestellt wurden, bzw. dort diagnostiziert wurden, mit 38 Kindern, die in einem (sozial-)pädiatrischen Zentrum, z. B. wegen Wachstums- oder allgemeiner Entwicklungsretardierung, vorgestellt wurden. In der ersten Gruppe waren 26.5 % intellektuell beeinträchtigt, dagegen 59 % in der zweiten Gruppe.

Auf keinen Fall gehört eine Lern- oder geistige Behinderung obligatorisch zum Merkmalsspektrum beim Noonan-Syndrom. Die *Ergebnisse von Untersuchungen mit standardisierten Intelligenztestverfahren variieren* deutlich. Es sind einige Einzelfälle mit hoher Begabung (Gesamt-IQ 127, bzw. 137) bekannt (Money & Kalus, 1979; Finegan & Hughes, 1988). Chery et al. (1993) ermittelten bei 42 von 67 untersuchten Kindern und Erwachsenen (d. h. 62 %) einen IQ zwischen 70 und 85. Bei 32 % lag er zwischen 50 und 70, bei vier Kindern (6 %) unter 50. Allerdings gaben die Autoren keine Einzelheiten zum Zeitpunkt der Untersuchung und den verwendeten Tests an.

Über die größte Gruppe, bei der die Ergebnisse standardisierter Tests angegeben wurden, wurde von Hill (1992) in einem Mitteilungsblatt der englischen Noonan-Syndrom-Selbsthilfegruppe berichtet. Es handelte sich um 50 Kinder im Alter zwischen vier und 16 Jahren. *Über 60 % hatten Wechsler-IQ-Werte im Normalbereich, 26 % im Bereich der mentalen Behinderung (IQ < 70), 4 % im überdurchschnittlichen Bereich (IQ 120 bis 129). Ein Drittel benötigte sonderpädagogische Hilfen unterschiedlicher Art.*

Von den neun in den letzten Jahren im Kinderzentrum untersuchten Kindern waren zwei unter drei Jahren. Sie zeigten bei der Untersuchung mit der Münchener Funktionellen Entwicklungsdiagnostik und dem Symbolic Play Test eine leichte Retardierung in ihren kognitiven Fähigkeiten und einen deutlichen Sprachentwicklungsrückstand. Bei sieben Kindern konnten standardisierte Intelligenztests durchgeführt werden. Die Ergebnisse lagen bei einem Mädchen im unteren Normbereich (K-ABC-Standardwert 84). Zwei Jungen verfügten über relativ gute Fähigkeiten zur Lösung wahrnehmungsgebundener Aufgaben; sie waren hier 1 bis 2 Jahre retardiert gegenüber dem Lebensalter, hatten aber schwere expressive Sprachentwicklungsstörungen. Bei zwei Kindern bestand eine erhebliche Diskrepanz in umgekehrter Richtung. Ihre Stärken lagen im begrifflichen Wissen, die intellektuellen Fähigkeiten insgesamt im Bereich einer leichten geistigen Behinderung (IQ 50 bis 70).

Die außergewöhnliche große Variationsbreite, die sich in diesen Ergebnissen zeigt, lässt es nicht sinnvoll erscheinen, von einem „durchschnittlichen IQ beim Noonan-Syndrom" zu sprechen, wie es teilweise in der Literatur geschieht. Einige Autoren geben z. B. einen mittleren IQ von 102 an. Dieser Wert entstammt einer Studie an acht Jungen und Männern zwischen 13 und 26 Jahren, die Money und Kalus (1979) durchführten. Diese Stichprobe ist zu klein, um als repräsentativ gelten zu können, zumal sie nur aus Jungen besteht; der angegebene Mittelwert verdeckt, dass die individuellen Testergebnisse zwischen 64 und 127 IQ-Punkten lagen, und ergibt somit einen falschen Eindruck.

Tabelle 91: Intelligenztestbefunde bei 7 Kindern mit Noonan-Syndrom

Alter	Test	Ergebnisse
6 1/2	K-ABC	Skala intellektueller Fähigkeiten SW 84 (Mittelwert 100)
5	HAWIVA	Verbalteil PR 50–69; Handlungsteil PR 2.3
9	K-ABC	Skala intellektueller Fähigkeiten SW 54
7	MSCA	Verbalteil SI 22, Handlungsteil < 22 (Mittelwert 50)
9	K-ABC	Skala intellektueller Fähigkeiten SW 40
6 1/2	MSCA	Verbalteil und Handlungsteil Entwicklungs-Alter 4 1/2 – 4 1/2 Jahre
5	MSCA	Handlungsteil Entwicklungs-Alter 4 Jahre
8	SON	Entwicklungs-Alter 5–6 Jahre
10	HAWIK-R	Verbalteil IQ 70, Handlungsteil IQ 44; Gesamt-IQ 52

Es finden sich *keine einheitlichen Stärken und Schwächen im kognitiven Leistungsprofil.* So wurde z. B. bei einem 22-jährigen Mann mit Noonan-Syndrom ein Verbal-IQ von 97 und ein Handlungs-IQ von 79 ermittelt (Allanson et al., 1985). Troyer und Joschko (1997) berichteten über zwei Schulkinder, deren Verbal-IQ bei 81, bzw. 73, der Handlungs-IQ dagegen bei 96, bzw. 105 lag. Cornish (1996b) untersuchte die Mutter von zwei Mädchen, die ebenfalls Trägerin des Noonan-Syndroms ist, und ermittelte einen Verbal-IQ von 77 sowie einen Handlungs-IQ von 88. In den Daten von Hill (1992) ergaben sich höhere sprachbezogene Werte bei sieben, höhere handlungsbezogene Werte bei 21 und ausgeglichene Profile bei ebensovielen Kindern. Auch wurden einzelne Kinder mit besonders guten Fähigkeiten bei visuell-konstruktiven Aufgaben (z. B. dem Nachbauen von Mustern oder Abzeichnen) beschrieben, andere haben gerade hier ihre größten Schwierigkeiten (Money und Kalus, 1979). Aus diesen widersprüchlichen Ergebnissen lassen sich keine Schlussfolgerungen zu den Schwerpunkten der Förderung ableiten. Zukünftige Forschungen werden evtl. zeigen, dass den unterschiedlichen Verläufen unterschiedliche genetische Grundlagen entsprechen und es sich beim Noonan-Syndrom nicht um ein einheitliches Störungsbild handelt.

Der *Verlauf der intellektuellen Entwicklung korreliert mit dem Ausprägungsgrad körperlicher Merkmale* des Noonan-Syndroms. Van der Brugt et al. (1999) klassifizierten 35 Kinder zwischen 7 und 18 Jahren nach klinischem Schweregrad. Kriterien der Klassifikation waren dysmorphologische Aspekte des Gesichts, Herzfehler und Grad der Wachstumsretardierung. Für die Gesamtgruppe wurde ein HAWIK-IQ von 86 ermittelt. Die 16 Kinder mit stärker ausgeprägtem klinischem Erscheinungsbild schnitten jedoch um 10 Punkte niedriger ab als diejenigen mit leichterem Erscheinungsbild. Dieser Unterschied beruhte insbesondere auf niedrigeren sprachbezogenen Fähigkeiten (in den Subtests „Allgemeines

Wissen", "Rechnen", "Zahlen nachsprechen"). Bei sechs der 19 Kinder mit leichterem Erscheinungsbild fand sich dagegen ein um mehr als 11 Punkte höherer Verbal- als Handlungs-IQ, in keinem Fall eine Differenz in umgekehrter Richtung.

Zur sprachlichen Entwicklung von Kindern mit Noonan-Syndrom fehlt es noch an systematischen Studien, die den Verlauf und die Einflussfaktoren genauer analysieren. Hopkins-Acos & Bunkter (1979), Wilson und Dyson (1982) und Cornish (1996b) berichten jeweils über einzelne Kinder, bei denen sowohl die rezeptive wie auch die expressive Sprache beeinträchtigt war, letztere jedoch in weit stärkerem Maße. Das gleiche Bild ergibt sich aus einer Untersuchung mit den Reynell-Sprachentwicklungsskalen (RDLS), die in Norwegen an zehn Kindern (3 bis 8 Jahre) durchgeführt wurde (Fossen 1993). In Elternbefragungen schätzen etwa 40 % die sprachliche Entwicklung als verzögert ein (Wood et al., 1995; Sarimski, 2000).

12.4 Soziale Entwicklung und Verhaltensmerkmale

Es liegt nahe anzunehmen, dass ein verlangsamtes Wachstum, das "andere Aussehen", motorische Unbeholfenheit und sprachliche Verständigungsprobleme nicht ohne Folgen für die Entwicklung der Beziehungen zu anderen Kindern bleiben. Keiner der einzelnen Faktoren ist bei Kindern mit Noonan-Syndrom systematisch untersucht worden. Erfahrungsberichte von Eltern sprechen aber oft von *sozialer Unreife und Schwierigkeiten in der sozialen Interaktion mit anderen Kindern.*

Beispiel

G. war immer ein "Einzelgänger" und hatte niemals wirkliche Freunde, obwohl er durchaus beliebt war in der Schule und einige der sensibleren Kinder ihm halfen, wenn er gehänselt wurde.

B. kommt mit anderen Kindern schlecht zurecht und hat wenig feste Beziehungen zu Gleichaltrigen. Sie war immer sehr nervig und sprunghaft seit dem Säuglingsalter und hat den Krach, den die meisten Kinder zu mögen scheinen, nie gut vertragen. Sie war auch ziemlich empfindlich und hielt sich immer wieder an einzelnen Dingen fest. Sie ist ziemlich klein und verhält sich meistens recht unreif, so dass sie Schwierigkeiten hatte, in ihrer Klasse zurechtzukommen.

Zwei systematische Befragungen (Wood et al., 1995; Sarimski, 2000) gehen der Frage nach, ob bestimmte (soziale) Verhaltensmerkmale als charakteristisch für Kinder mit Noonan-Syndrom gelten können. Beide beziehen sich allerdings auf recht kleine Stichproben (21 bzw. 26 Kinder) mit breiter Altersspanne (2 bis 17 Jahre) und unterschiedlichem Entwicklungsniveau, was die Aussagekraft der Ergebnisse einschränkt.

Allgemeine Unruhe und Probleme der Aufmerksamkeit und Konzentration wurden bei 40 bis 60 % der Kinder als Verhaltensmerkmale genannt. Sie sind jedoch nicht spezifisch für Kinder mit diesem Syndrom und lassen sich bei vielen Kindern mit Lern- oder geistigen Behinderungen oder körperlichen Beschwerden (angeborene Herzfehler, postnatale Komplikationen mit längerer stationärer Behandlungsbedürftigkeit) beobachten. Relativ häufig beschreiben die Eltern ihre Kinder auch als „stur" und „willensstark". Dabei könnte es sich um Folgeprobleme von sprachlichen Verständnis- und Verständigungsschwierigkeiten handeln oder um ein gelerntes Verhalten, das sich aus frühen Interaktionsproblemen beim Füttern und Essen generalisiert und verfestigt hat. Solche Beschreibungen sind jedoch ebenfalls bei Kindern mit anderen Entwicklungsbeeinträchtigungen häufig. Darüberhinaus ist dieser Begriff sehr wenig aussagekräftig; „stures" Verhalten mag bei Kleinkindern völlig andere Formen, Zusammenhänge und Folgen für die soziale Integration haben als bei Jugendlichen.

Tabelle 92: Verhaltensmerkmale von Kindern mit Noonan-Syndrom

Verhaltensmerkmale	Sarimski (2000) N = 26		Wood et al. (1995) N = 21
	n	%	%
Soziales Verhalten			
distanzlos	9	32	57
ungewöhnlich fehlender Blickkontakt	4	15	29
fixierte Interessen	6	23	24
zwanghaftes Verhalten	10	36	43
aggressives Verhalten	2	8	19
selbstverletzendes Verhalten	2	8	24
zerstörerisches Verhalten	4	15	–
Aktivität			
zappelig, ständig in Bewegung	10	36	62
motorisch unbeholfen	12	46	71
überempfindlich	5	19	62
stur	11	40	62
Stimmung			
oft sehr ängstlich	5	19	–
leicht irritierbar	9	32	52
häufige Zornesausbrüche	6	23	42

Einige Kinder in beiden Studien werden von ihren Eltern als leicht irritierbar und überempfindlich, andere als sozial distanzlos geschildert. Manche betonten den besonders liebenswürdigen, warmherzigen und (oft übermäßig) besorgten Charakter ihrer Kinder. Keines der genannten Merkmale trifft in der Untersuchung von Wood et al. (1995) auf mehr als zwei Drittel, bzw. in unserer eigenen Befragung auf mehr als die Hälfte der Kinder zu. Offenbar handelt es sich auch in dieser Hinsicht um ein sehr variables Bild, so dass *nicht von einem spezifischen Verhaltensphänotyp von Kindern mit Noonan-Syndrom gesprochen werden sollte.* Schwere Verhaltensprobleme wie aggressives, destruktives oder selbstverletzendes Verhalten sind die Ausnahme.

Vergleiche zur allgemeinen Population – allerdings nicht systematisch parallelisierten Kontrollgruppen – zeigen, dass bei Kindern mit Noonan-Syndrom mit einer erhöhten Rate belastender Verhaltensprobleme gerechnet werden muss. So wurden in der Untersuchung von Hill (1992) 44 % der Kinder nach den Vergleichswerten des Rutter Behaviour Questionnaires als „verhaltensauffällig" klassifiziert. Van der Brugt et al. (1999; S. 709) fassen ihre Daten zu dieser Frage, die mit der Child Behavior Checklist (CBCL) erhoben wurden, in den Satz zusammen: „Die Kinder mit Noonan-Syndrom zeigten *mehr Verhaltensprobleme als die Kontrollgruppe, lagen aber nicht im behandlungsbedürftigen Bereich. Höhere Werte ergaben sich aus den Elternangaben für soziale Probleme, Aufmerksamkeitsprobleme und körperliche Beschwerden.* Kein Zusammenhang ließ sich feststellen zum Geschlecht, Alter, besuchen Schultyp oder Ausprägungsgrad körperlicher Merkmale des Syndroms." Nach Wood et al. (1995) waren 47 % der untersuchten Kinder nach den Kriterien der CBCL als verhaltensauffällig zu bezeichnen.

In unserer eigenen Untersuchung war ein solcher Vergleich mit der Verteilung in einer repräsentativen Gesamtstichprobe nur für die 15 Kindergartenkinder möglich. Verwendet wurde der „Verhaltensbeurteilungsbogen für Vorschulkinder (VBV). Acht Kinder verfügten über eine geringe soziale Kompetenz, fünf werden als impulsiv, hyperaktiv oder emotional irritabel beschrieben (Prozentränge > 90). Die häufigsten Einzelbeschreibungen waren: *„kann nicht abwarten, ist schnell beleidigt, kann beim Essen nicht stillsitzen, folgt nicht".* Fünf Kinder wiesen Auffälligkeiten in mehr als einem dieser Bereiche auf. Zusammenhänge zum Grad der intellektuellen Behinderung oder zum Schweregrad eines Herzfehlers fanden sich nicht.

12.5 Schwerpunkte der Beratung

Die erzieherischen Probleme, die im alltäglichen Umgang mit Kindern mit Noonan-Syndrom auftreten, müssen ernstgenommen werden. Im Parenting Stress Index (PSI), einem Fragebogen zur Beurteilung der subjektiven Belastung, gaben zahlreiche Eltern an, dass sie sich besonders durch das Aufmerksamkeit fordernde Verhalten der Kinder und ihre leichte Ablenkbarkeit belastet fühlen (Sarimski, 2000). 12/26 Eltern gaben an, dass sie glauben, für erzieherische Probleme im Umgang mit dem Verhalten und der mangelnden Folgsamkeit des Kindes Beratung zu brauchen. Acht Eltern sehen Probleme in der sozialen Interaktion mit anderen Kindern und der sozialen Integration.

Tabelle 93: Subjektiv empfundene Belastung der Eltern von 26 Kindern mit Noonan-Syndrom (Parenting Stress Index)

empfundene Belastung	Summenwert	Prozentrang in der Normstichprobe
Ablenkbarkeit	26.8	75
forderndes Verhalten	26.3	95
Depressivität	21.8	70
Zweifel an der eigenen Kompetenz	31.8	70

Einige Einzelbeschreibungen zeigen, dass die Essprobleme nachhaltig belasten

„Als C. geboren wurde, versuchte ich ihn zu stillen. Jeder sagte mir, dass ich etwas falsch mache und gab mir gute Ratschläge. Es war so frustrierend. Er schrie Tag und Nacht. Ich hab das einige Monate versucht und hab geglaubt, dass jeder da durch müsse. Aber als ich auf Löffelangebote wechselte, war das Problem genauso groß. Mein Kinderarzt sagte nur, ich sollte es weiter versuchen. Es war schrecklich." „Zu Hause war es der reinste Albtraum. Alles dreht sich um Essen, Essen, Essen – und er hat es immer wieder ausgespuckt, so dass wir ständig die Kleidung wechseln mussten und enorm viel zu waschen hatten." – „Sie trinkt nur Wasser und isst weder Obst noch Gemüse, außer Kartoffeln und seit kurzem Gurken. Sie ist sehr wählerisch und die Sachen, die sie vor einiger Zeit noch mochte, wie Lasagne, scheinen für sie jetzt der reinste Horror zu sein." – „Wir haben all die Jahre so sehr gekämpft und alles versucht, um sie zum Essen zu bringen, z. B. keine Zwischenmahlzeiten, gefüttert, wann sie wollte, ihr jede Wahl gelassen beim Essen, nur um ein paar Kalorien in sie hinein zu bekommen – Frustration ist eine Untertreibung dafür."

Eine wirksame Intervention bei schweren Fütterproblemen erfordert die Zusammenarbeit von Kinderarzt, Physiotherapeutin oder Logopädin (mit Fachkenntnissen in oral-motorischen Übungsbehandlungen) und Psychologen. Es kann dabei notwendig sein, auch stationäre Behandlungsangebote zur Sondenentwöhnung in Anspruch zu nehmen. Wichtig ist eine frühe und kontinuierliche Beratung, um einer Verfestigung der Ernährungsprobleme zu dauerhaften

Interaktions- und Beziehungsstörungen vorzubeugen. Im Einzelnen gilt es, die Kinder systematisch zu „desensibilisieren", d. h. sie in kleinen Schritten an unterschiedliche Speisen und zunehmend festere Nahrung zu gewöhnen, die Nahrungsmengen pro Mahlzeit klein zu halten, die individuellen Vorlieben des Kindes zu berücksichtigen und Zwang beim Füttern zu vermeiden.

In den letzten Jahren wurden einige Erfahrungen gesammelt zur Wirksamkeit einer Wachstumshormonbehandlung bei Kindern mit Noonan-Syndrom. Kontraindiziert ist sie bei Kindern mit hypertrophischer Kardiomyopathie. In einer multizentrischen amerikanischen Studie wurden 150 Kindern über durchschnittlich drei Jahre behandelt. Die mittlere Größe dieser Kinder lag 3.3 Standardabweichungen unter der Altersnorm. Die Wachstumsbeschleunigung durch die Hormonbehandlung machte durchschnittlich eine Standardabweichung aus und wurde auch nach Abschluss der Behandlung beibehalten, war aber individuell sehr unterschiedlich (Romano et al., 1996). In einer englischen Studie blieb der Erfolg bei sechs von 36 Patienten jedoch aus, was nur in drei Fällen auf eine unzureichende Compliance bei der Behandlung zurückzuführen war (Cotterill et al., 1996). Einzelne Eltern berichten auch positive Nebenwirkungen wie eine geringere Passivität der behandelten Kinder und bessere Aufmerksamkeit. Es liegen jedoch nicht genügend systematische Studien zur Wirksamkeit und Dauerhaftigkeit von Effekten vor, um diese Behandlungsform bei Kindern mit Noonan-Syndrom generell zu empfehlen.

Ein besonderer Bedarf an psychologischer Unterstützung der Eltern besteht schließlich – wie bei allen Eltern, denen die Mitteilung einer dauerhaften Entwicklungsproblematik ihres Kindes gemacht werden muss – im Zusammenhang mit der Diagnosestellung und mit schweren Herzoperationen, wenn die Eltern um das Überleben der Kinder fürchten. Im Rückblick berichteten 7/26 Eltern in unserer Befragung, dass sie die Diagnosemitteilung als Schock erinnern und besonders die kardiologischen Probleme als bedrohlich empfanden. Drei Eltern gaben an, dass sie erleichtert waren, mit der Diagnose endlich Klarheit über die Art der Entwicklungsauffälligkeiten zu haben. Fünf Eltern klagten darüber, dass die Diagnose erst sehr spät gestellt wurde. Die Hälfte der befragten Eltern wünschten sich von den sogenannten Fachleuten mehr spezielles Wissen über das Syndrom und mehr Beratung zu Fördermöglichkeiten.

13 Rubinstein-Taybi-Syndrom

13.1 Einzelfälle

Thomas (9;8 Jahre)

Thomas wird erstmals im Alter von 3;10 Jahren im Kinderzentrum vorgestellt. Die Geburt erfolgte in der 39. SSW mit leicht unterdurchschnittlichem Geburtsgewicht. Die Erstuntersuchung zeigte einige craniofaziale Dysmorphien sowie einen breiten, medial abgeknickten Daumen. Die weitere Entwicklung verlief deutlich verlangsamt. Eine humangenetische Untersuchung im Alter von 12 Monaten ergab dann die Diagnose eines Rubinstein-Taybi-Syndroms. Es handelt sich um einen ausgesprochen freundlichen Jungen, der sich neugierig für die Spielangebote interessiert und rasch Spaß am gemeinsamen Spiel mit dem Untersucher hat.

Mit den kleinen Gegenständen des „Symbolic-Play-Test" ahmt er Alltagshandlungen mit der Puppe nach, kommentiert die Dinge, die er vorfindet, wiederholt aber häufig Teile der Sätze des Untersuchers, z. B. „Die Puppe hat Hunger." „Puppe Hunger – essen". Er deckt selbstständig einen kleinen Tisch und füttert die Puppe, belädt einen Traktor und lässt ihn umherfahren. An einer Formenkiste versucht er verschiedene Formen einzufügen, geht aber noch gänzlich probierend vor und braucht die Hilfe des Untersuchers zur Lösung. Ein Bilderbuch betrachtet er aufmerksam und beschreibt von sich aus, was er sieht, mit einzelnen Wörtern oder Zweiwortsätzen, z. B. „Zähne putzen", „Apfel – essen", „Turm bauen". Viele Äußerungen sind jedoch durch Lautersetzungen und –auslassungen schwer zu verstehen.

Auch in der Montessori-Beobachtung ist er mit viel Aufmerksamkeit bei der Sache, beobachtet die Demonstration der Therapeutin und beschäftigt sich dann längere Zeit mit dem Umfüllen von Flüssigkeiten aus einer Karaffe in verschiedene Gläser – sorgsam darauf achtend, dass ihm nichts danebengeht – und dem Öffnen verschiedener Schraubverschlüsse. Immer wieder schaut er zu den Eltern und der Therapeutin und strahlt sie an, stolz auf seine Leistung. Besonderen Spaß hat er an ihren Kommentaren, z. B. wenn sie „Halt" ruft, kurz bevor die Flüssigkeit überläuft.

Die besondere Fähigkeit, Kontakt auch zu fremden Personen aufzubauen, und seine sehr freundliche, fröhliche Grundstimmung kennzeichnen auch die zweite Untersuchung. Zu diesem Zeitpunkt ist er 7 1/2 Jahre alt und besucht noch eine schulvorbereitende Einrichtung. Bei der Untersuchung mit den McCarthy Scales of Children's Abilities (MSCA) und den Sprachentwicklungsskalen von Reynell (RDLS III) ergibt sich jeweils ein Entwicklungsalter zwischen 3 und 3 ½ Jahren. Er kann Dinge nach Gemeinsamkeit sortieren und versteht Aufträge, bei denen verschiedene Eigenschaftsbegriffe oder Ortsbestimmungen zu beachten sind. Er kann den Gebrauchszweck von Gegenständen angeben, die benannt werden, z. B. Handtuch – „zum Abtrocken", Werkzeug – „zum Reinklopfen; Papa Hammer", und kennt Einzelheiten zu Oberbegriffen. So zählt er z. B. folgende Tiere auf: „Katze, Löwe, kann schon beißen, Tiger, Hahn, Hund, wauwau – weiß nicht mehr". Die Kommentare zu Abbildungen sind nun wesentlich länger als früher, haben aber noch nicht immer den Charakter von ausgeformten Sätzen, z. B. „Der Bär tut auf Klo, da tut er aa machen" oder „der will auch essen, aber kein Essen mehr". Auffallend sind ausgeprägte Wortfindungsschwierigkeiten, wenn er eine Frage beantworten möchte.

Im Alter von neun Jahren hat er dann eine beträchtliche praktische Selbstständigkeit erreicht. So zieht er sich ohne Hilfe an und aus, isst mit Messer und Gabel und kann auch Fleisch schneiden. Er benutzt selbstständig die Toilette, kann sich allein waschen und duschen. Wörter kann er abschreiben und einzelne Wortbilder erkennen, aber noch nicht neue Wörter oder Sätze sinnentnehmend lesen oder kleine Rechenoperationen vollziehen. Auch die Sprachentwicklung hat weitere Fortschritte gemacht. Er benutzt verschiedene Fragewörter und kann Ereignisse oder Geschichten so wiedergeben, dass die wesentlichen Elemente enthalten sind. Manchmal gebraucht er zusätzlich Gesten, um seine Mitteilungen verständlich zu machen. Oft wiederholt er die Fragen viele Male, obwohl er die Antworten kennt, bzw. spricht immer wieder über dasselbe Thema, statt sich auf die jeweilige Situation einzustellen oder eine Frage aufzugreifen, mit der der Gegenüber ein Gespräch eingeleitet hat. Er hat Lieblingsausdrücke und -sätze, die er oft ohne Bezug zur Situation einsetzt. Seine Kontaktfreude macht ihn einerseits unter den Kindern seiner Gruppe beliebt, andererseits bereitet sie den Eltern Sorgen, weil er keine Hemmungen kennt und soziale Situationen nicht erfassen kann. So merkt er z. B. nicht, wenn andere Kinder ihn hänseln oder seine Gutmütigkeit ausnutzen.

Michael (14 Jahre)

Michael ist das erste Kinder seiner Eltern. Die Geburt erfolgte in der 39. SSW mit normalem Geburtsgewicht. Auch bei ihm ergab die Erstuntersuchung einige craniofaziale Dysmorphien sowie einen breiten, medial abgeknickten Daumen und eine verdoppelte Großzehe, es wurde aber zunächst keine weitere Syndromzuordnung versucht. Die Chromosomenanalyse war unauffällig.

Die Entwicklung verlief deutlich verzögert. Michael lief mit 21 Monaten und sagte zu diesem Zeitpunkt auch die ersten Worte. Danach stagnierte die Sprachentwicklung. Bei der Erstvorstellung im Kinderzentrum mit 4;5 Jahren wurden ein Kleinwuchs, eine Hypotonie mit Koordinationsmängeln sowie Dysmorphien festgestellt, was zur Diagnose eines Rubinstein-Taybi-Syndroms führte.

Die entwicklungspsychologische Untersuchung (MFED) ergab einen kognitiven Entwicklungsstand zwischen 19 und 25 Monaten. Der Umgang mit Spielzeug hatte noch recht stereotypen Charakter und wurde bestimmt von einfachen, oft oralen Explorationsmustern und kurzen Sequenzen von Funktionsspiel. Auch die sprachlichen Äußerungen hatten eher den Charakter des Spielens mit Worten und wurden noch nicht mit kommunikativer Absicht eingesetzt. Die rezeptiven und expressiven sprachlichen Fähigkeiten waren ebenfalls einem Entwicklungsalter von 1 3/4 Jahren zuzuordnen.

Michael erhielt dann Montessori-Einzeltherapie und logopädische Behandlung. Er besuchte einen integrativen Kindergarten. Nach anfänglicher Kontaktscheu entwickelte er eine gute Beziehung zu den Therapeutinnen, interessierte sich z. B. sehr für die Übungen des praktischen Lebens. Bei einer Kontrolluntersuchung im Alter von 5;8 Jahren entsprachen seine Fähigkeiten einem Entwicklungsalter zwischen 23 und 31 Monaten. Das stereotype Spielverhalten hatte abgenommen, die Aufmerksamkeitsspanne war aber weiterhin kurz. Die sprachlichen Äußerungen wurden jetzt kommunikativ sinnvoll eingesetzt, wenngleich sich einige Lieblingssätze („Was ist das?") noch oft wiederholten. Die Aussprache war noch schwer verständlich.

Mit 7;5 Jahren wird dann zur Einschulungsberatung u. a. die Snijders-Oomen Nonverbale Intelligenztestreihe (SON) durchgeführt. Auf diese sprachfreien Aufgaben kann er sich gut und ausdauernd konzentrieren. Das Entwicklungsalter liegt bei drei Jahren, wobei er deutliche Stärken in Aufgaben zeigt, bei denen er sich etwas Gesehenes merken oder Dinge nach Zusammengehörigkeit sortieren soll, während ihm Aufgaben zur visuellen Gestaltgliederung (Mosaiktest, Nachzeichnen) sehr viel schwerer fallen. Einfache Handlungsaufträge werden zuverlässig ausgeführt, komplexere überfordern seine Konzentrationsspanne noch. Die aktiven Sprachäußerungen umfassen kurze, einfache Sätze wie „Der Bär zieht die Jacke an" oder „der zieht die Schuhe an", „der Teddy geht wieder in Kindergarten", zum Teil verkürzt, dysgrammatisch („eine Höhle baut") und leise. Michael wird dann in eine Klasse für geistigbehinderte Kinder aufgenommen, in der er rasch sehr beliebt ist.

Zwei Jahre später findet eine Kontrolluntersuchung statt, bei der die McCarthy Scales of Children's Abilities (MSCA) durchgeführt werden. Diesmal fällt es ihm wesentlich schwerer, sich auf die Aufgaben einzustellen. Er reibt sich oft am Kopf, wirkt müde, schaukelt mit dem Oberkörper, zeigt wenig Interesse an den Materialien. Seine sprachlichen Äußerungen drehen sich immer wieder um Themen, die ihn offenbar beschäftigen (z. B. „Wenn ich fertig bin, kann ich das mit nach hause nehmen" und „Ich hab dann Musik bei Frau..."). Er hantiert mit den Materialien, ohne recht bei der Sache zu wirken, und begleitet seine Handlungen mit unvollständigen Sätzen, die formelhaft wirken, z. B. „aber ich hab doch noch nicht ..." oder „jetzt das natürlich ..." Es kommt zu keinem Dialog.

Schwierigkeiten, die sprachlichen Fähigkeiten im Gespräch sinnvoll einzusetzen, zeigen sich auch bei einer nächsten Begegnung zwei Jahre später. Vor Beginn der

Testuntersuchung stellt der Untersucher einige Fragen zum Alltag in der Schule und zu Hause sowie zu bevorzugten Freunden und Beschäftigungen. Er versteht erkennbar den Sinn der Frage und versucht, darauf einzugehen, oft bleibt die Antwort aber sprunghaft und unvollständig. So antwortet er auf die Frage, wer sein Freund ist: „Ja der Matthias" – Und was machst du gern mit ihm? „Bisschen arbeiten." – Und wenn du zu Hause bist? „Mit meiner Mama und meinem Papa und Matthias. Ich habe am Freitag ... am Freitag ist Sprachtherapie. Was mach ich zu Hause? Hausaufgabe und auf'm Klavier. Die Lotte ist mein Freund und die ... Hausaufgaben und meine Mama holt mich ab." Auch bei Handlungsaufgaben, z. B. beim Nachbauen einfacher Muster mit Bausteinen, hat er Mühe, bei der Sache zu bleiben und sich auf eine Anforderung einzustellen. Er richtet seinen Blick zwar auf die Vorlage, baut dann aber etwas, ohne sich an ihr zu orientieren. Andererseits kann er sich längere Sätze merken. Im Zusammenhang einer längeren Geschichte verliert er aber rasch die Übersicht und beginnt von Dingen zu erzählen, die nichts mit dem Thema zu tun haben.

Er hat eine basale Selbstständigkeit erreicht (Anziehen, Ausziehen, Toilettenbenutzung tags und nachts), kann einige häufig geübte Wörter schreiben und als Wortbilder erkennen. Ein sinnentnehmendes Erfassen der Bedeutung oder das Schreiben fremder Wörter sowie Rechenoperationen sind ihm jedoch nicht möglich. Zu Hause klagen die Eltern über die Langsamkeit, mit der er Aufträge ausführt, und unkooperatives Verhalten sowie ein starres Festhalten an Gewohnheiten und bevorzugten Beschäftigungen (fast ausschließlich Fernsehen in der Freizeit).

13.2 Klinische Genetik

Rubinstein und Taybi (1963) beschrieben sieben Kinder mit einer deutlichen Behinderung der körperlichen und geistigen Entwicklung, Besonderheiten des Gesichts, die sich aber oft erst im Laufe der Entwicklung ausbilden – und besonders breiten Daumen und großen Zehen. Diese Merkmalskombination wurde als „Rubinstein-Taybi-Syndrom" benannt. Die Auftretenshäufigkeit wird mit 1:125 000 geschätzt bei gleichmäßiger Geschlechtsverteilung.

Die meisten Fälle treten sporadisch auf. Einige familiäre Fälle – z. B. eines von zwei Kindern einer erwachsenen Frau mit Rubinstein-Taybi-Syndrom – und einige Fälle konkordanten Auftretens bei eineiigen Zwillingen sind beschrieben, was für einen autosomal-dominanten Erbgang spricht (Hennekam et al., 1990). Die Ätiologie ist noch ungeklärt. Breuning et al. (1993) identifizierten Mikrodeletionen am Chromosom 16 (16p13.3) bei einigen betroffenen Patienten. Veränderungen am Chromosom 16 lassen sich mit den gegenwärtig verfügbaren Methoden aber lediglich bei etwa 12 % der Patienten nachweisen, so dass die Diagnose in den meisten Fällen nach klinischen Merkmalen gestellt werden muss. Dies geschieht im Durchschnitt bisher im Alter von etwa 15 Monaten.

Kasten 20: Körperliche Merkmale beim Rubinstein-Taybi-Syndrom

– breite Daumen und breite Großzehen
– spezifische Besonderheiten des Gesichts (u. a. prominente Nase mit breiter und flacher Brücke, Hypertelorismus, ausgeprägten Augenbrauen, hohem und engem Gaumen, schmalem Mund)
– Verzögerung der Skelettreifung mit häufigen Frakturen
– steifes Gangbild
– Hypotonie und überstreckbare Gelenke (bei 70 %)
– Hodenhochstand (bei mehr als 80 %)
– zusätzliche Behaarung (Hirsutismus, 75 %)

Zu den häufigsten körperlichen Problemen der Entwicklung gehören frühe Ernährungs- und Gedeihstörungen, die u. U. Folge eines gastro-ösophagealen Refluxes sein können, häufiges Erbrechen und wiederkehrende respiratorische Infektionen sowie eine besondere Neigung zur Konstipation. Häufigkeitsangaben dazu entstammen einer Übersicht über 571 Fälle aus vierzig Ländern, die Rubinstein (1990) selbst vorlegte, sowie aus einer klinischen Studie an 45 Patienten, über die Hennekam et al. (1990) berichteten.

Tabelle 94: Häufige körperliche Befunde bei Kindern mit Rubinstein-Taybi-Syndrom (nach Rubinstein, 1990)

körperliche Befunde	%
frühe Ernährungsstörungen	77
häufige respiratorische Infektionen	78
Neigung zur Konstipation	54
Körpergröße < 5. Perzentile	78
Kopfumfang < 2. Perzentile	94
Strabismus	71
Fehlsichtigkeit	56
EEG-Abnormalität	66
Anfälle	28

Bei einer Minderheit der betroffenen Kinder werden congenitale Herzfehler (38 %) und Nierenprobleme (28 %; Stevens et al., 1990) festgestellt. Mit wachsendem Alter neigen – insbesondere weibliche – Patienten mit RTB zu Übergewicht. Die Pubertät tritt altersgemäß ein. In der niederländischen Stichprobe betrug die mittlere Größe der Männer mit RTB 163 cm, der Frauen 151 cm. Eine Einschränkung der Lebenserwartung besteht nicht, es sind Patienten im Alter über 60 Jahren beschrieben.

13.3 Kognitive und adaptive Entwicklung

Die psychomotorische Entwicklung von Kindern mit RTB verläuft deutlich verlangsamt. Aus Elternbefragungen und Entwicklungsdokumentationen bei 50 amerikanischen Kindern und jungen Erwachsenen (Stevens et al., 1990) und 30 holländischen Patienten (Hennekam et al., 1992) liegen Erfahrungswerte für einige wichtige Entwicklungsschritte vor. Diese Daten zeigen eine generelle Verlangsamung, aber auch die individuelle Variabilität im Entwicklungsverlauf. Je später die Kinder das freie Sitzen, Krabbeln, Stehen und Laufen erreichen, umso niedriger ist später ihr Intelligenzniveau (Hennekam et al., 1992).

Tabelle 95: Meilensteine der Entwicklung in retrospektiven Befragungen (nach Stevens et al., 1990; Hennekam et al., 1992)

Meilensteine der Entwicklung	USA		NL	
	Mittel	Schwankung	Mittel	Schwankung
Rollen	7.4	2–24	10.1	4–18
Aufsetzen	10.5	6–30	15.8	9–24
Krabbeln	15.3	8–30	19.3	12–36
freies Laufen	30.1	15–54	34.9	18–54
erste Worte	25.4	6 (?)–57	24.3	6 (?)–84
Dreiwortsätze	65.0	24–156	–	–
Sauberkeit	62.5	30–216	–	–

Bei der Mehrheit der Kinder liegt das Intelligenzniveau im Bereich einer geistigen Behinderung, nur wenige Kinder erreichen Testergebnisse oberhalb eines IQ von 70. Ein 8-jähriger Junge mit einem IQ von 80 (Rubinstein & Taybi, 1963), ein zweiter mit einem non-verbalen IQ von 82 (Stevens et al., 1990) sind beschrieben. In der amerikanischen Studie lag der mittlere IQ bei 29 untersuchten Kindern und jungen Erwachsenen bei 51. 19 von 28 Kindern verfügten im Schulalter über eine einfache Lesefertigkeit. Rubinstein (1990) fand in seiner Zusammenstellung von publizierten Fällen eine etwas ungünstigere Verteilung. Bei 74 % wurde ein IQ < 50 angegeben, was wohl darauf zurückzuführen ist, dass viele der älteren Patienten aus dieser Gruppe in Heimeinrichtungen lebten und weniger Förderung in ihren kognitiven Fähigkeiten erhalten haben als Kindern, die zu Hause leben.

Hennekam et al. (1992) berichteten über den Verlauf der kognitiven Entwicklung bei 30 Kindern und Erwachsenen in den Niederlanden und Belgien. Es ergab sich ein ähnliches Bild. *Die IQ-Werte lagen im Mittel bei 36 (Schwankung 25 bis 79)* mit einem deutlichen Abfall des Entwicklungstempos mit zunehmendem Lebensalter (nicht aber dem Verlust bereits erworbener Fähigkeiten), wenn ein Kind im späteren Jugendalter nachuntersucht wurde. Auch bei der Interpretation dieser Daten ist zu berücksichtigen, dass es sich zu einem beträchtlichen Teil um Patienten handelt, die in Institutionen für Menschen mit geistiger Behinderung aufwachsen. Unterteilt man die Gesamtgruppe, so ergibt sich für die 22 Kinder, Jugendlichen und Erwachsenen, die zu Hause leben, mit einem durchschnittlichen IQ von 45.5 ein wesentlich höheres Ergebnis als für diejenigen, die in Heimeinrichtungen leben. Signifikante Unterschiede auf Subtestebene waren nicht festzustellen. Neun von 15 Patienten hatten einen höheren Handlungs-, vier einen höheren Verbal-IQ.

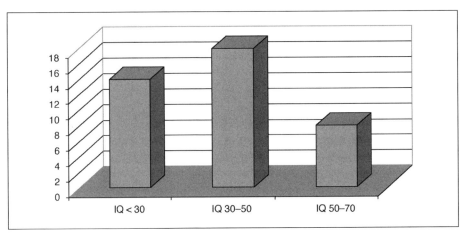

Abbildung 84: IQ-Wert-Verteilung bei Kindern und Jugendlichen mit RTB (Hennekam et al., 1992)

In einer Befragung in der englischen Elterngruppe mit Hilfe des Fragebogens der „Society for the Study of Behavioural Phenotypes Postal Questionnaire" (SSBQ) wurde der Entwicklungsstand der adaptiven Fähigkeiten von 31 Kindern und Jugendlichen mit Rubinstein-Taybi-Syndrom dokumentiert (Boer et al., 1999). Vier hatten das freie Laufen noch nicht erreicht. Von den übrigen waren 19 in ihrem Gangbild oder in ihrer Ausdauer beeinträchtigt. 12 Kinder konnten mit Messer und Gabel essen, 13 weitere Kinder mit einem Löffel. Nur zwei Kinder waren noch vollständig auf Hilfe beim Essen angewiesen. 14 Kinder konnten sich selbstständig waschen, sieben die Toilette benutzen. 13 Kinder konnten sich mit etwas Hilfe anziehen, 6 brauchten dazu viel Hilfe, 11 waren beim Anziehen noch völlig auf den Erwachsenen angewiesen (Boer et al., 1999).

Eine kanadische Nachuntersuchung von 11 Patienten, die 18 bis 23 Jahre nach Diagnosestellung noch einmal aufgesucht wurden, zeigte eine relativ große Selbstständigkeit im Erwachsenenalter. Sie lebten zu Hause oder in betreuten Wohnheimen. Schwerwiegende Verhaltensprobleme oder Verschlechterungen der körperlichen Gesundheit waren nicht eingetreten (Partington, 1990).

13.4 Sprachliche Entwicklung

Bei den meisten Kindern mit Rubinstein-Taybi-Syndrom verläuft die sprachliche Entwicklung verzögert. Hennekam et al. (1992) berichteten die Ergebnisse von standardisierten Sprachtests bei 25 Kindern. *In Sprachverständnistests* (Peabody Test for Word Comprehension sowie ein holländischen Test zum Satzverstehen) *entsprachen ihre Ergebnisse ihrer kognitiven Entwicklungsstufe*, ihr rezeptiver Wortschatz im Durchschnitt einem Entwicklungsalter von 5;5 Jahren (Schwankung 2 bis 10 Jahre). *Die aktiven sprachlichen Ausdrucksfähigkeiten waren bei den meisten Kindern stärker beeinträchtigt.* Die mittlere Äußerungslänge betrug 3.3 Wörter, keines der Kinder bildete komplexe, mehrteilige Sätze. Viele Kinder konnten sich trotz nasaler Aussprache und Problemen bei der Aussprache einzelner Laute aber gut verständlich machen, an Gesprächen mit Erwachsenen und anderen Kindern beteiligen und ihre Wünsche und Bedürfnisse mitteilen.

Einige Kinder mit RTB entwickeln keine Lautsprache, lernen aber, sich durch Handzeichen auszudrücken. Die Hälfte der 50 Kinder, die Stevens et al. (1990) untersuchten, verständigte sich mit einer Kombination von Worten und Gesten. Drei von ihnen benutzten ausschließlich Handzeichen. Unter den 30 Kindern, deren Sprachentwicklung Boer et al. (1999) dokumentierten, benutzten 21 Kinder die Lautsprache, drei Handzeichen oder Symbole und sechs andere überwiegend non-verbale Kommunikationsmöglichkeiten. Eine Erklärung für die Unterschiedlichkeit des Sprachentwicklungsverlaufs beim Rubinstein-Taybi-Syndrom ist nicht bekannt.

In einer eigenen Elternbefragung sammelten wir Erfahrungen zu Sprachentwicklungs- und Verhaltensmerkmalen bei 15 Kinder mit Rubinstein-Taybi-Syndrom im Alter zwischen 5 und 16 Jahren (mittleres Alter: 8;8 Jahre). Sieben Kinder konnten zusätzlich ausführlich untersucht werden. Bei einem Jungen verlief die Entwicklung der sprachfreien intellektuellen Fähigkeiten nur leicht verzögert; er begann aber erst mit dreieinhalb Jahren zu sprechen. Bei allen anderen Kindern lagen die Ergebnisse im Bereich einer geistigen Behin-

Tabelle 96: Auffälligkeiten des Sprachgebrauchs bei 11 Kindern mit RTB (Children's Communication Checklist, CCC)

Trifft zu ...	etwas	auf jeden Fall
Form der Äußerungen		
kann lange und komplexe Sätze bilden	5	4
macht manchmal Fehler bei Pronomen	5	2
Gesprächseinleitung		
spricht jeden und jede an	4	5
spricht immer wieder über Dinge, die niemand anderen interessieren	6	2
stellt Fragen, obwohl es schon die Antworten kennt	3	6
Gesprächszusammenhang		
kann klar über das sprechen, was es tun will	4	5
hat Schwierigkeiten, etwas zu erklären	3	8
hat Schwierigkeiten, eine Geschichte zu erzählen	4	6
scheint nicht zu erkennen, dass der Zuhörer bestimmte Informationen zum Verstehen braucht	3	5
Stereotype Äußerungen		
kommt im Gespräch oft auf ein bevorzugtes Thema zurück	4	5
gebraucht Worte in einer übergenauen Bedeutung; z. T. nachahmender Tonfall	4	3
Bezug und Gebrauch von Kontextinformationen		
neigt dazu, das zu wiederholen, was jemand anders gesagt hat	4	4
sagt manchmal sozial unangemessene Dinge	5	2
geht nicht auf Gesprächseinleitungen anderer ein	7	1
gebraucht gezielt Gesten, um seine Mitteilung verständlich zu machen	5	6
schaut aktiv weg von der Person, mit der es spricht	7	2

derung mäßigen Grades. Neun Kinder besuchten eine Sonderschule für Geistigbehinderte, drei einen integrativen, drei einen heilpädagogischen Kindergarten.

Alle Kinder verstehen einfache Aufforderungen. Komplexere Aufträge, bei denen z. B. Präpositionen zu beachten sind, werden von vier Kindern immer, von drei Kindern meist korrekt ausgeführt. Mehrere aufeinanderfolgende Anweisungen können vier Kinder ausführen. Ein Kind hat erst einen expressiven Wortschatz von etwa 20 Wörtern erreicht. Alle anderen Kinder bilden einfache Sätze, können Fragen mit „wo" oder „wann" stellen.

Bei 11 Kindern lagen uns auch Angaben zum Sprachgebrauch vor (Tabelle 96). Wir verwendeten dazu die „Children's Communication Checklist" (CCC), einen Fragebogen, bei dem die Eltern Angaben zu Form der Äußerungen, Stereotypien und Schwierigkeiten der Gesprächsführung machen. Obwohl die Mehrzahl der Kinder formal wohlgeformte Sätze zu bilden vermag, haben sie große *Schwierigkeiten, sich auf ein gemeinsames Thema zu beziehen, die Informationsbedürfnisse des Gesprächspartners zu berücksichtigen und einen Gesprächszusammenhang aufrechtzuerhalten. Stereotype und echolalische Äußerungen kommen gehäuft vor.* Dies entspricht auch den Erfahrungen, die Boer et al. (1999) aus der englischen Elterngruppe mitteilten.

13.5 Verhaltensmerkmale

In Einzelfallberichten werden Kinder mit Rubinstein-Taybi-Syndrom von ihren Eltern als besonders liebenswert, freundlich, ausgeglichen und fröhlich beschrieben. Das entspricht auch der Einschätzung in Temperamentsskalen, die in der holländischen Stichprobe benutzt wurden, sowie dem Eindruck, der sich aus unseren eigenen Erfahrungen mit sieben Kindern im Kleinkind- und Schulalter ergibt.

Bei einer Befragung zu Merkmalen der sozialen Entwicklung werden sie als stärker am Kontakt interessiert und kommunikationsbereiter beschrieben als Kinder mit vergleichbarem Grad intellektueller Behinderung. Bei Aufgaben seien sie aber weniger ausdauernd (Hennekam et al., 1992). Allerdings handelt es sich bei diesen Angaben um die Auswertung von Daten aus einer kleinen Stichprobe mit sehr breitem Altersspektrum, für die keine adäquate Kontrollgruppe gebildet wurde.

Bei der Befragung der Eltern mit standardisierten Verhaltensskalen wie der CBCL ergibt sich kein spezifischer Verhaltensphänotyp beim Rubinstein-Taybi-Syndrom. *Aufmerksamkeitsprobleme und schlechte Konzentrationsfähigkeit* werden im Schulalter als charakteristisch genannt. Etwa die Hälfte der Eltern berichten rasche Stimmungswechsel und impulsive Reaktionen, wenn die Kinder von Umgebungsreizen (z. B. bei größeren Menschenmengen) überfordert werden. 7/37 Eltern klagten darüber, dass ihre Kinder schlecht schlafen, 4/37 über Alpträume. Die Verhaltensbeschreibungen wirken insgesamt sehr ähnlich denen, die auch andere Eltern von Kindern mit geistiger Behinderung in diesem Fragebogen mitteilen. Destruktive oder aggressive Verhaltensweisen gegenüber anderen Kindern oder Erwachsenen stellen die Ausnahme dar. Insgesamt wirkt die Mehrzahl der Kinder mit Rubinstein-Taybi-Syndrom, deren Eltern befragt wurden, gut sozial angepasst (Hennekam et al., 1992; Stevens et al., 1990).

Tabelle 97: Verhaltensbesonderheiten in der CBCL (n = 37) (nach Hennekam et al., 1992)

Verhaltensbesonderheiten	Anzahl
verhält sich zu jung für sein Alter	32
kann sich schlecht konzentrieren	28
motorisch unbeholfen	27
klammert sich an Erwachsene	26
bevorzugt es, allein zu sein	25
hat Sprachprobleme	24
hat Tagträume	23
fordert viel Aufmerksamkeit	23
ist nervös	21
hat Angst vor Tieren oder bestimmten Situationen	20
reagiert impulsiv	20

Standardisierte Fragebögen, die wie die CBCL ursprünglich nicht für die Diagnostik von behinderten Kindern entwickelt wurden, vermögen jedoch die spezifischen Merkmale des Verhaltens von Kindern mit einer schweren geistigen Behinderung nur unzureichend erfassen. Zwei Drittel der Eltern der amerikanischen Stichprobe gaben z. B. auf Nachfrage an, dass ihre Kinder ungewöhnliche *selbstimulierende Verhaltensweisen zeigen wie Körperschaukeln, Handwedeln oder Drehen von Objekten*. Tabelle 98 gibt wieder, welche Verhaltensmerkmale in einem besser für diese Zielgruppe geeigneten Fragebogen (SSBQ-Questionnaire; Boer et al., 1999) als charakteristisch genannt wurden. Mehr als die Hälfte der Kinder werden von ihren Eltern als *sozial distanzlos* geschildert, sind *auf ungewöhnliche Gewohnheiten fixiert oder neigen zu stereotypen Bewegungen*. 14 von 31 Kindern werden von ihren Eltern als ungewöhnlich fröhlich in ihrer Stimmung geschildert, ebensoviele zeigen aber selbstverletzende Verhaltensweisen, zehn sind in ihren Stimmung offenbar sehr wechselhaft, 8 haben Wutanfälle.

Tabelle 98: Verhaltensmerkmale von 44 Kindern und Erwachsenen mit RTB (SSBQ-Fragebogen, Boer et al., 1999)

Verhaltensmerkmale	3 bis 16 Jahre (n = 31)	17 bis 51 Jahre (n = 13)
Schlafprobleme		
häufiges nächtliches Aufwachen	11	5
exzessive Schläfrigkeit tagsüber	2	0
Soziales Verhalten		
isoliert, wie in der eigenen Welt	7	7
distanzlos gegenüber Fremden	22	4
ungewöhnlicher Blickkontakt	8	4
abnorme Mimik oder Gestik	11	4
Aktivitität		
passiv	7	2
überaktiv	6	3
unbeholfen	26	9
Ungewöhnliche Bewegungen und Interessen		
repetitive Bewegungen	24	5
Fixierung auf bestimmte Objekte	10	6
ungewöhnliche Gewohnheiten	16	9
Aggressives Verhalten		
gegenüber anderen Kindern	6	1
gegenüber Erwachsenen	4	2
selbstverletzendes Verhalten	14	7
Sturheit	6	5
zerstörerisches Verhalten	7	2
Ängste und Stimmungen		
ungewöhnlich fröhlich	14	5
ungewöhnlich bedrückt	5	2
oft ängstlich	6	3
wechselhafte Stimmungen	10	2
ernste Wutanfälle (> 1x pro Woche)	8	5

In einer eigenen systematischen Erhebung von Verhaltensmerkmalen mit Hilfe des Nisonger Beurteilungsbogens (NCBRF) bei 15 Kindern mit RTB wurden fünf Kinder als hyperaktiv und als sehr reizempfindlich (im Vergleich zu Kindern mit intellektueller Behinderung gleichen Alters) geschildert. Jeweils bei drei Kindern liegen die Werte in den Skalen zum oppositionell-aggressiven Verhalten, zu sozialer Unsicherheit und Ängstlichkeit, zwanghaftem Verhalten und zu stereotypem oder selbstverletzendem Verhalten über dem Durchschnitt der Vergleichsgruppe. Tabelle 99 zeigt die Einzelitems mit höchstem Ausprägungsgrad (0 bis 3). Die Beschreibungen unruhigen und impulsiven Verhaltens überwiegen. Diese Ergebnisse weisen darauf hin, dass die soziale Adaptation wohl nicht bei allen Kindern mit Rubinstein-Taybi-Syndrom so gut gelingt, wie die Erstbeschreibungen einer freundlichen und ausgeglichenen Grundstimmung aus einzelnen Elternberichten nahelegten.

Tabelle 99: Verhaltensmerkmale mit hoher Ausprägung bei 15 Kindern mit RTB (NCBRF)

Verhaltensmerkmale	Ausprägung 0–3
leicht ablenkbar	2.00
Konzentrationsschwierigkeiten	1.60
trotzig, fordert Authorität heraus	1.53
dickköpfig, muss alles auf seine Art machen	1.53
schnell frustriert	1.40
kurze Aufmerksamkeitsspanne	1.33
ungehorsam	1.33
unruhig	1.27
zappelig	1.27
stereotype Bewegungen oder Manipulationen von Objekten	1.13

Auf eine *mögliche Assoziation dieser genetischen Besonderheit mit spezifischen psychiatrischen Störungen* machten Levitas und Reid (1998) und Hellings et al. (2002) aufmerksam. Sie untersuchten 13 Erwachsene mit diesem Syndrom, die in einer psychiatrischen Klinik vorgestellt wurden, und fanden eine ungewöhnlich hohe Rate von depressiven Verstimmungen (61 %) und zwanghaften Störungen, bzw. Tics (31 %). Angesichts der selektiven Stichprobenerhebung ist nicht die Tatsache unerwartet, dass die betroffenen Erwachsenen psychische Störungen zeigten, wohl aber die spezifische Häufung bestimmter Störungen. Die Daten könnten – wenn sie sich in weiteren Untersuchungen replizieren lassen – u. U. ein Hinweis auf die Bedeutung des Chromosoms 16 als Ort einer genetischen Veränderung bei bipolaren psychischen Störungen oder organischen Depressionen sein. Zur Prävalenz solcher Störungen unter Erwachsenen mit RTB liegen keine Angaben vor.

14 Lesch-Nyhan-Syndrom

14.1 Einzelfall

Thomas wurde erstmals im Alter von 26 Monaten vorgestellt. Die psychomotorische Entwicklung war ab Mitte des ersten Lebensjahres auffällig verlaufen. So erreichte er das Drehen erst mit 12 Monaten, das erste Wort mit 24 Monaten. Im Verlauf des zweiten Lebensjahres kam es zu schweren Verhaltensauffälligkeiten. Thomas hielt die Luft an und schrie exzessiv, wenn er nicht genügend beachtet wurde, schlief schlecht durch und fing an, sich in Finger, Handrücken, Lippen und Wangenschleimhäute zu beißen. Rückblickend berichteten die Eltern bei der ersten Vorstellung im Kinderzentrum, dass die selbstverletzenden Verhaltensweisen zunächst in Situationen aufgetreten seien, die ihm unangehm waren (Misserfolge, langweilige Autofahrten).

Die Autoaggressionen sind zu diesem Zeitpunkt so schwerwiegend, dass es bereits zu Substanzverlusten an der Unterlippe und Verletzungen an zwei Fingern gekommen ist. Die Hände sind verbunden; sobald die Verbände gelöst werden, kommt es sofort zu Beißattacken, die Thomas in Panik versetzen. Die Eltern berichten, dass sie sich gegenüber der jetzigen Form der Verhaltensprobleme hilflos fühlen.

Die Entwicklungsuntersuchung mit der MFED (zu einem etwas späteren Zeitpunkt durchgeführt) ergibt für die Bereiche Sprachverständnis und Perzeption/Kognition jeweils EQ-Werte zwischen 50 bis 70, während die handmotorischen und expressiven Sprachfähigkeiten stärker beeinträchtigt sind.

Zur Modifikation der selbstverletzenden Verhaltensweisen benutzten wir Luftpolster als mechanische Fixierung, die über die Ellenbogen gestülpt wurden und das Beißen verhinderten, ihm jedoch die Möglichkeit zur freien Beschäftigung mit den Händen ließen. Positive Ansätze zu spielzeugbezogenen Handlungen wurden sozial bekräftigt. Dieser äußere Schutz wurde dann in sehr kleinen Zwischenschritten allmählich vermindert, indem der Luftdruck der Polster reduziert wurde. Thomas gelang es, das alternative Verhalten aufrechtzuerhalten und sich mit dem Spielzeug zu beschäftigen. Zudem lernte er, bei Ansätzen zum Heben einer Hand zum Mund sie selbst wieder zurückzuführen. Diese gestaffelte Reduzierung des Schutzes unter Desensibilisierungsbedingungen ermöglichte es Thomas nach sechs Wochen, bei völlig leeren Luftpolstern die Kontrolle über seine autoaggressiven Verhaltensweisen zu behalten.

Zu diesem Zeitpunkt wurde dann an der Generalisierung auf fremde Personen, Materialangebote und Situationen gearbeitet. In der Montessori-Übungsbehandlung gelang es, sein Interesse zu wecken. Er lernte, selbst Materialien aus der vorbereiteten Umgebung auszuwählen, indem er durch Kopfwenden in Richtung des Materials, „da" oder Eingehen auf Fragen mit einem „ja" seine

Wünsche vermittelte. Er arbeitete ausdauernd und brauchte immer weniger
Hilfen. Oft war es nur noch nötig, die Materialien in einer für ihn günstigen Position zu halten.

Nach intensiver Anleitung der Eltern gelang eine befriedigende Aufrechterhaltung der therapeutischen Fortschritte für etwa ein Jahr. Im Rahmen von Krankheitsphasen oder besonderen Belastungszeiten, z. B. als die jüngere Schwester viel Aufmerksamkeit der Eltern verlangte, kam es immer wieder zu Phasen eskalierender Autoaggressionen. Die Belastungsgrenze der Familie wurde erreicht, als Thomas 4 1/2 Jahre alt war. Es konnte dann ein geeignetes Wohnheim gefunden werden, das durch eine kleine Gruppe und einen günstigen Personalschlüssel in der Lage war, den besonderen Anforderungen im Umgang mit den selbstverletzenden Verhaltensweisen gerechtzuwerden. Er fand dort guten Kontakt und fühlte sich wohl, verstarb aber leider im Alter von 6 Jahren aus ungeklärtem Grund.

14.2 Klinische Genetik

Die Erstbeschreibung von zwei Brüdern stammt von Lesch und Nyhan (1964). Es handelt sich um eine x-chromosomal-rezessive Erkrankung des Purinstoffwechsels bei Jungen, die klinisch charakterisiert ist durch eine zunächst unauffällige Entwicklung in der Neugeborenen- und frühen Säuglingszeit, dann durch eine progrediente vorwiegend dyskinetische Cerebralparese mit Verlust bereits erworbener Fähigkeiten ab Mitte des ersten Lebensjahres und schließlich durch spezifische Formen der Autoaggression als zwanghaftes und angstbesetztes, schmerzhaftes Beißen an Fingern, Händen, Lippen und Wangenschleimhaut, das meist im zweiten Lebensjahr beginnt. Etwa die Hälfte der betroffenen Kinder haben Anfälle.

Der metabolische Defekt ist bereits bei Geburt, noch weit vor dem Auftreten der klinischen Symptomatik nachweisbar. Die Sicherung der Diagnose erfolgt in Spezial-Labors durch den Nachweis eines Mangels (< 1 % des Normalwerts) an Hypoxanthin-Phosphoribosyl-Transferase (HPRT), der zu einer Überproduktion an Purin und zu einer Akkumulation von Oxypurin-Metaboliten und Harnsäure führt. Eine partielle Form des HPRT-Defizits geht einher mit einer Hyperurikämie und kognitiven sowie neurologischen Störungen, die aber sehr variabel ausfallen können. Angaben zur Häufigkeit und zum Entwicklungsverlauf von Kindern mit partiellem HPRT-Defizit fehlen noch weitgehend.

Der Verlauf und die Art der Autoaggressionen sind jedoch so charakteristisch, dass die Diagnose klinisch bereits auf der Basis dieser Faktoren gestellt werden kann. Regelrechte Harnsäurewerte zum Ausschluss eines LNS sind bei Vorliegen dieser spezifischen Merkmale insuffizient. Als Suchmethode zuverlässiger ist die in jedem Labor mögliche Bestimmung des Harnsäure/Kreatinin-Quotienten im 24-Stunden-Sammelurin, der auch bei regelrechten Harnsäurewerten erhöht ist (Jankovic et al., 1988).

In den meisten Fällen wird die Diagnose mit dem Auftreten der Autoaggressionen bei den Jungen, also im zweiten Lebensjahr gestellt. Bisher sind auch drei Mädchen mit einem Lesch-Nyhan-Syndrom beschrieben worden (Ogasawara et al., 1989; van Bogaert et al., 1992; Yukawa et al., 1992). Diese seltenen untypischen Fälle erschweren die Diagnostik und genetische Beratung der Familien.

Eine schlüssige Erklärung für die Mechanismen, die der neurologischen Symptomatik und den Autoaggressionen zu Grunde liegen, gibt es bisher nicht (Breese et al., 1995). Offensichtlich handelt es sich um Störungen im Dopamin-Neurotransmittersystem, für die sich in anatomischen Studien bei der Autopsie dreier Patienten und bei bildgebenden Verfahren sowie in biochemischen und psychopharmakologischen Behandlungsversuchen Hinweise fanden (Lloyd et al., 1981; Harris, 1992). Der Zusammenhang zwischen einer Übersensitivität für Dopamin und Selbstverletzungen hat sich auch im Tiermodell nachbilden lassen (Jinnah et al., 1994). Allerdings bestehen Zweifel, dass eine Reduktion von Dopamin-Transportern allein die selbstverletzenden Verhaltensweisen erklären kann, da sich einige Patienten mit einer solchen Reduktion fanden, die zwar eine schwere Dystonie, aber keine selbstverletzenden Verhaltensweisen aufwiesen (Schroeder et al., 2001).

Kasten 21: Klinische Merkmale des Lesch-Nyhan-Syndroms

- Hyperuricemie
- mentale Retardierung
- Cerebralparese
- dysarthrische Sprache
- zwanghafte Selbstverletzungen

Ein x-chromosomal-rezessive Erbgang lässt sich in Stammbäumen dokumentieren. Neumutationen sind möglich. Der Genort wurde von Becker et al. (1979) als X(q26–q27) lokalisiert. Die Diagnose ist in den meisten Fällen bei entsprechendem Verdacht pränatal möglich, ebenso die Bestimmung eines Überträgerinnen-Status. Weibliche Überträgerinnen haben ein 25-prozentiges Risiko, dass ihre Söhne die Störungen ausbilden.

Die Häufigkeit des Auftretens wird mit 1:380 000 geschätzt, die Zahl der bekannten Fälle ist aber noch niedriger als diese Prävalenzrate annehmen lässt (Crawhall et al., 1972). Es sind derzeit etwa 150 Fälle publiziert. Immerhin handelt es sich wohl um die zweithäufigste angeborene Stoffwechselstörung nach der Phenylketonurie. Patienten mit Lesch-Nyhan-Syndrom haben offensichtlich eine begrenzte Lebenserwartung. Es ist kein Patient über 30 Jahren beschrieben, zudem eine hohe Rate von Todesfällen im Kindesalter auf Grund von Infektionen und Nierenversagen, oft aber auch ungeklärter Ursache.

14.3 Kognitive und sprachliche Entwicklung

In der Literatur liegen neben Einzelfallbeschreibungen zwei Berichte über eine größere Zahl von Kindern mit Lesch-Nyhan-Syndrom vor, deren Entwicklungsverlauf beobachtet wurde (Christie et al., 1982; Mizuno, 1986). Mizuno gab Entwicklungstestwerte von zehn Patienten zwischen 7;5 und 19;5 Jahren an. Das Entwicklungsalter schwankte zwischen 7 Monaten und 4;10 Jahren, alle EQs lagen im Bereich schwerer geistiger Behinderung. Die Validität dieser Testwerte ist jedoch zweifelhaft, denn die schwere Störung der Bewegungsfähigkeit und der Aussprache erschwert die Testdurchführung. Zudem beeinflussen die schweren Verhaltensstörungen die Erfahrungsmöglichkeiten der betroffenen Kinder, so dass die Testwerte eher das wahre Verständnisvermögen der Kinder unterschätzen.

Nach anderen Angaben scheint es sich häufiger um eine mäßige mentale Behinderung (IQ 40 bis 60), z.T. auch leichtere Lernbehinderung zu handeln. Christie et al. (1982) teilten einen mittleren IQ von 58 (Schwankung 25 bis 101) bei neun Patienten mit (Peabody-Test). Zwei ältere von Christie et al. untersuchte Patienten lernten lesen, fünf weitere konnten Buchstaben und Zahlen identifizieren.

Matthews et al. (1995) berichteten über sieben Patienten im Alter zwischen 10 und 22 Jahren. Im Stanford-Binet erreichten sie IQ-Werte zwischen 40 und 81 mit konsistentem Profil. Ihre Stärken lagen jeweils im Bereich sprachlichen Verständnisses und schlußfolgernden Denkens, ihre Schwächen im Bereich quantitativer Anforderungen und im Kurzzeitgedächtnis. Alle Kinder und Jugendlichen konnten Fragen zu Ursache-Wirkungs-Zusammenhängen beantworten (z.B. warum ist es gefährlich zu rennen, wenn man eine Schere in der Hand hat?), Sachwissen erklären (z.B. warum soll Müll eingesammelt werden?), einfache Rechenaufgaben lösen und sich 3 bis 5 Einzelheiten (z.B. bei Zahlenreihen) merken. In den meisten Fällen erreichten sie ihre Grenzen erst bei den Aufgaben für 10- bis 11-jährige Kinder, d.h. verfügten über beträchtliche kognitive Fähigkeiten.

Die sprachlichen Äußerungen sind durch die schwere cerebrale Störung immer dysarthrisch und eingeschränkt; Patienten mit guten kognitiven Fähigkeiten können sich aber sehr wohl auf vielfältige mimisch-gestische und sprachliche Weise ausdrücken. Anderson et al. (1992) ermittelten, dass 59% der 42 Patienten, deren Eltern sie befragten, sich erfolgreich sprachlich und 33 % mit kombinierten Verständigungsmitteln auszudrücken vermochten.

Anderson et al. (1992) führten strukturierte Interviews mit den Bezugspersonen durch, um ihre Beobachtungen der Alltagskompetenzen der Kinder zu dokumentieren. Es zeigte sich eine ausgeprägte Stärke bei der Speicherung kürzlich oder bereits länger vergangener Ereignisse, eine gute Ausdauer und sogar ein Verständnis für abstrakte Zusammenhänge. Viele Kinder haben Spaß an Filmen und lachen an den entsprechenden Stellen des Ablaufs. Ein Drittel der Kinder versteht z. B. auch kompliziertere Regeln bei sportlichen Wettkämpfen, die im Fernsehen zu sehen sind. Die Eltern schilderten die Kinder als sehr sozial zugewandt, kommunikativ und auch in der Lage, angemessen auf bestimmte Situationen zu reagieren, z. B. mit Trauer, wenn ein Freund umzog. Von den über 4-jährigen Kindern konnten 58 % zumindest etwas lesen. 15 % der Kinder hatten Fähigkeiten im Lesen und Rechnen erworben, die ihrer Altersstufe entsprachen.

14.4 Verhaltensbesonderheiten

Bedingungen und Verlauf von selbstverletzenden Verhaltensweisen

Die syndromspezifischen Autoaggressionen sind in den meisten Fällen sehr ausgeprägt. Bei 12/14 Kindern, die Christie et al. (1982) untersuchten, war ein äußerer Schutz (z.B. durch Armmanschetten aus Hartplastik) tags und nachts erforderlich, um schwere Verletzungen zu vermeiden. Sie nehmen offensichtlich mit dem Alter ab. Mizuno (1986) berichtete ein Nachlassen der Selbstverletzungen bei 7/10 Patienten im Alter von über 10 Jahren. In beiden Studien wird von je einem Patienten berichtet, bei dem dieses schwerwiegende Problem im Jugendalter ganz oder fast verschwand, und von beträchtlichen Unterschieden in der Häufigkeit und Intensität des selbstverletzenden Verhaltens. Elternbefragungen zeigen zudem große intraindividuelle Schwankungen im Verlauf der Autoaggressionen (Anderson & Ernst, 1994).

Anders als bei vielen anderen geistigbehinderten Kindern mit schweren Autoaggressionen hat das Beißen bei Kindern mit Lesch-Nyhan-Syndrom offensichtlich zwanghaften Charakter. Anderson und Ernst (1994) fragten die Eltern von 40 Patienten nach den Bedingungen, unter denen die Verhaltensprobleme auftraten und nach den Strategien, die sie im Umgang mit den Verhaltensproblemen als erfolgreich empfanden. 60 bis 80 % der Eltern berichteten, dass die Häufigkeit der Selbstverletzungen in Stresssituationen, z. B. bei Krankheit, neuer Situation oder beim Baden, wenn die Fixierung gelöst wird, zunehme. Die Hälfte beobachtete, dass sie abnehmen bei bestimmten Ablenkungen, z. B.

beim Autofahren oder Kontakt zu anderen Kindern. Dass die Autoaggressionen gezielt eingesetzt werden, um etwas durchzusetzen, empfanden nur 3/40 Eltern. Eine funktionale Analyse durch unabhängige Beobachter käme aber u. U. zu anderen Ergebnissen, denn mehr als 75 % der Eltern gaben an, beruhigend auf das Kind einzugehen oder seinen Wünschen nachzukommen, mit ihm zu spielen oder Fernsehen zu schauen, wenn die Autoaggressionen auftraten. Entzug von Zuwendung oder Strafmaßnahmen schätzten sie ihrer Erfahrung nach ganz überwiegend als nutzlos ein.

Tabelle 100: Form und Häufigkeit selbstverletzender Verhaltensweisen bei 40 Patienten mit Lesch-Nyhan-Syndrom (nach Anderson & Ernst, 1994)

selbstverletzende Verhaltensweisen	Anzahl
Beißen der Lippen	33
Beißen der Finger	29
Beißen in die Arme	16
Beißen in die Zunge	14
Beißen in die Schulter	8
Gliedmaßen oder Kopf an Durchgänge schlagen	35
Überstrecken und Kopfstoßen	34
Kopfschlagen	30
Füße unter Rollstuhl einklemmen	23
Finger in Öffnungen stecken	17
Augenbohren	13

Neben den selbstverletzenden Verhaltensweisen treten andere Verhaltensweisen mit zwanghaftem Charakter auf, z. B. perseverierende Äußerungen ängstlicher oder vulgär-aggressiver Art und körperliche Angriffe auf andere Personen, für die sich die Patienten oft im Nachhinein entschuldigen. Die Auslöser für diese Verhaltensweisen sind bislang noch unklar.

Hall et al. (2001) beschrieben den frühen Verlauf der Entstehung selbstverletzender Verhaltensweisen bei drei Jungen mit Lesch-Nyhan-Syndrom, die zu Beginn der Untersuchung 17, 25 und 30 Monate alt waren. Jedes Kind wurde in Abständen von 3 bis 4 Monaten für jeweils drei bis vier Stunden in seiner Kindergruppe systematisch beobachtet und seine Eltern befragt. Der Untersuchungszeitraum betrug insgesamt 18 Monate.

Rückblickend berichteten die Eltern des ersten Jungen, dass ihr Sohn mit elf Monaten einige Male mit den Fingernägeln an seinen Augen gekratzt, mit 14 Monaten Haare ausgerissen und in den letzten drei Monaten vor der Erstuntersuchung dreimal seine Finger gebissen habe. Seine Mutter hatte den Eindruck, dass diese Verhaltensweisen zufällig und durch seine Schwierigkeiten bedingt waren, seine Bewegungsabläufe zu kontrollieren. Der zweite Junge hat mit 21 Monaten begonnen, seine Unterlippe aufzubeißen, als er in der Klinik lag. Dieses Verhalten nahm nach Entlassung zu und trat verstärkt in den Abendstunden auf, besonders wenn er kränklich war oder es ihm nachts unbehaglich war. Der dritte Junge hatte erstmals mit 15 Monaten nachts die Innenseite seiner Wangen aufgebissen; danach kam es zu gelegentlichem Haarereißen und Kratzen im Gesicht. Zu Beginn des Untersuchungszeitraums biss er sich dann, wenn er sich nicht wohlfühlte oder etwas ablehnen wollte, in die Lippe; in die Innenseite der Wangen biss er nachts, etwa einmal pro Woche. Daraus ergibt sich der Eindruck, dass bei allen drei Jungen selbstverletzende Verhaltensweisen zunächst nur mit sehr niedriger Frequenz und in Zusammenhang mit körperlichem Unwohlsein auftraten.

Die Auswertung der Beobachtungsdaten im weiteren Verlauf zeigte dann unterschiedliche Formen von selbstverletzendem Verhalten bei den drei Jungen. Der erste Junge neigte häufiger dazu, sich selbst zu kratzen oder mit dem Kopf gegen Objekte zu schlagen; der zweite biss sich zusätzlich selbst; der dritte kniff sich außerdem in die eigene Haut. Während das zweite Kind ein hohes Maß an sozialer Aufmerksamkeit von den Erzieherinnen erfuhr, erlebten die beiden anderen Kinder relativ ausgedehnte Zeiten, in denen sie keinen sozialen Kontakt hatten. Sequenzanalysen ergaben einen überzufälligen Zusammenhang zwischen selbstverletzendem Verhalten und Zeiten geringer sozialer Interaktion. Ob dies bereits als Hinweis auf soziale Zusammenhänge gewertet werden und einen systematischen Versuch nahelegen kann, bei Jungen mit Lesch-Nyhan-Syndrom in frühestem Alter den Aufbau non-verbaler Kommunikationsformen anzustreben, um ihnen so alternative Wege anzubieten, Bedürfnisse nach sozialem Kontakt auszudrücken, muss offenbleiben.

Behandlungsansätze

Ein Konzept zur ursächlichen Behandlung der metabolischen Grundstörung gibt es bisher nicht. Nierenfunktionsstörungen kann mit Allopurinol vorgebeugt werden (Kelley & Wyngaarden, 1983). Die physiotherapeutischen Behandlungsmöglichkeiten der Dyskinesie sind begrenzt. Eine generell und dauerhaft erfolgreiche medikamentöse Beeinflussung der Autoaggressionen ist nicht bekannt. Anderson und Ernst (1994) befragten die Eltern von 40 Patienten auch nach den Erfahrungen mit Behandlungsmethoden. 35/40 hatten Medikamente erprobt (v. a. Benzodiazepine, Neuroleptika). Einzelne positive Berichte (z. B. mit Fluphenazin und Diazepam) lassen noch keine Schlüsse zu.

Auf der Basis der Annahme, dass die cerebrale Schädigung durch eine zirkulierende toxische Substanz erzeugt wird, wurde in zwei Fällen eine Knochenmarks-Transplantation versucht. Bei einem 22-jährigen Patienten in den USA ließ sich zwar dadurch eine weitgehend normale HPRT-Aktivität erreichen; die neurologische Symptomatik und das Verhalten blieben aber unverändert (Nyhan et al., 1986). Ein 16-monatiger deutscher Patienten überlebte die Transplantation leider nicht (Endres et al., 1991).

Die Erfahrungen mit verhaltenstherapeutischen Methoden zur Beeinflussung des selbstverletzenden Verhaltens sind unterschiedlich. Eine unmittelbare Bestrafung des Verhaltens, wie sie in der klassischen Verhaltenstherapie bei anderen geistigbehinderten Kindern empfohlen wurde, hat eindeutig keinen Erfolg. Anderson et al. (1978) berichteten über fünf Kinder zwischen drei und dreizehn Jahren, bei denen sie die Häufigkeit von Beißversuchen unter verschiedenen Bedingungen beobachteten. Nach einer Grundratenerhebung verglichen sie die Wirkung nachfolgender Bestrafung durch einen kurzen, kontrollierten Schock, Verhinderung durch rechtzeitiges Fixieren der Hand, kurzzeitigen Entzug von sozialer Zuwendung und positive Bekräftigung mit sozialer Aufmerksamkeit für Zeiten, in denen kein selbstverletzendes Verhalten auftrat. Eine Kombination von positiver Bekräftigung für Zeiten ohne Selbstverletzungen und kurzzeitigem Entzug von Zuwendung bei ihrem Auftreten erwies sich bei diesen Patienten als wirkames Mittel zu einer weitgehenden Reduzierung der Auftretenshäufigkeit, während die bloße Unterbrechung und die Bestrafung zu einer erheblichen Steigerung führte. Die Wirkung der Intervention blieb stabil. Eine Nachuntersuchung der Kinder zwei Jahre später zeigte, dass vier der fünf behandelten Kinder über weite Strecken des Tages zu Hause und in der Sonderschule ohne äußeren Schutz durch Fixierung der Arme oder Manschetten sein konnten. Bei allen Kindern war dieser Schutz allerdings nachts nötig.

Von den Eltern der 40 Patienten, die Anderson und Ernst (1994) befragten, gaben 18 an, dass ihre Söhne ganztägig durch mechanische Hilfen geschützt werden müssen, 20 % für die überwiegende Zeit des Tages. Nur 12 % kamen ohne mechanische Fixierung aus. 72 % wurden in der Nacht regelmäßig fixiert, um sie vor sich selbst zu schützen. Die Kinder fühlten sich ohne Fixierung offensichtlich schutzlos ihrem Zwang ausgeliefert. z. T. versuchten sie sich selbst zu schützen, indem sie sich auf die Hände setzten oder an ihren Rollstuhl festklammerten. Die Hälfte der Betroffenen äußerten aktiv den Wunsch nach einem Schutz. 35/40 Eltern hatten den Eindruck, dass die Patienten sich mit ihrer Fixierung sicherer und entspannter fühlten. Nur drei Patienten wehrten sich dagegen.

Bei den Patienten, die auf eine mechanische Fixierung angewiesen sind, kann der Versuch unternommen werden, die Abhängigkeit von äußerem Schutz schrittweise abzubauen und ein gewisses Maß an Selbstkontrolle über die selbstverletzenden Verhaltensweisen zu erreichen, indem die Kinder lernen, alternative, mit dem Beißen unvereinbare Tätigkeiten auszuführen. Neufeld und Fantuzzo (1984) und Cunningham und Peltz (1982) behandelten auf diese Weise mit Erfolg zwei Patienten mit selbstverletzendem Verhalten anderer Genese. Im Sinne eines Desensibilisierungsprogramms wurden in intensiver Arbeit das Tolerieren von angstauslösenden Situationen angebahnt, mit der Selbstverletzung inkompatible Verhaltensweisen (z. B. Erkunden von Spielzeug) gefördert und der äußere Schutz reduziert. Pace et al. (1986) verkürzten z. B. die Armmanschetten von 47 auf 4 cm und ersetzten sie dann durch Stretch-Tennisarmbänder. Ball et al. (1980) benutzten Luftpolster, wie sie als Schwimm-Lernhilfen bei kleinen Kindern eingesetzt werden, und verminderten ganz allmählich den Luftdruck. Bull und LaVecchio (1978) berichteten, dass ein solches Desensibilisierungsprogramm auch bei einem Kind mit Lesch-Nyhan-Syndrom erfolgreich war.

15 Seltene chromosomale Fehlbildungen

15.1 Einzelfälle

Trisomie 18

Melanie (4;6 Jahre) – ein Kind mit Trisomie 18 – lernten wir im Alter von 1;4 Jahren kennen. Sie ist das dritte Kind ihrer Eltern und wurde termingerecht entbunden mit einem Gewicht von 2100 g, einer Körperlänge von 47 cm und einem Kopfumfang von 32 cm. Nachfolgend bestand eine Trinkschwäche. Wegen der Ernährungsprobleme und zur diagnostischen Abklärung wurde sie für sechs Wochen stationär aufgenommen. Es ergab sich eine freie Trisomie 18 mit zusätzlichen Fehlbildungen (Cerebellumhypoplasie, Nierenhypoplasie rechts, Vorhofseptumdefekt und Ventrikelseptumdefekt). Nach Entlassung blieb die Nahrungsaufnahme schwierig, zudem litt sie unter rezidivierenden Pneumonien und chronischer Obstipation.

Die motorische und kognitive Entwicklung war schwerst behindert. Melanie zeigte noch keine Ansätze zum Drehen oder Aufrichten, hatte aber mit sechs Monaten zu lächeln begonnen. Leider kam es immer wieder zu exzessiven Schreiphasen tags und nachts, die über mehrere Stunden anhielten, ohne dass ein Anlass erkennbar war und die Eltern sie trösten konnten. Die Nahrungsaufnahme war zum Untersuchungszeitpunkt sehr wechselhaft. Teilweise akzeptierte sie die Flasche und feinpürrierte Gläschennahrung, teilweise verweigerte sie das Essen ganz.

In der entwicklungspsychologischen Untersuchung zeigte sich Melanie aufmerksam und kontaktbereit, orientierte sich zu einer Geräuschquelle, tippte Gegenstände an und beobachtete ihre Bewegung, hielt sie fest, wenn man sie ihr in die Hand gab. Soziale Spiele verfolgte sie aufmerksam und begleitete sie spontan mit verschiedenen Variationen einzelner Laute.

Mit 1;8 Jahren hat sich diese positive Entwicklung fortgesetzt. Sie lacht, wenn der Vater sie aufnimmt, strampelt mehr, fasst auch ihre Füße an und streckt die Arme nach Spielmaterial aus, das über ihr hängt. Sie reagiert auf vertraute und fremde Personen unterschiedlich, verfolgt ihr Gegenüber mit dem Blick, vokalisiert mit deutlichem Unterschied zwischen Behagen und Unbehagen. Schnuller und ein bestimmtes bevorzugtes Spielzeug versucht sie zu ergreifen.

Bei einer Nachuntersuchung im Alter von 4;6 Jahren wirkt sie wach, interessiert an ihrer Umwelt, sucht nach dem Ursprung von Geräuschen und reagiert auf Reizangebote mit deutlicher Zustimmung und Ablehnung. Der mimische Ausdruck und die Lautbildung sind variabler geworden. Auch das Essen gelingt nach intensiven und kontinuierlichen mundmotorischen Übungsbehandlungen recht gut. Sie beginnt abzubeißen, bewältigt kleine Stücke und trinkt aus einem Becher. Der Alltag miteinander ist um vieles leichter geworden, so dass die Familienbeziehungen ein relatives Gleichgewicht gefunden haben.

Bei Christina liegt ein Mosaikbefund einer Trisomie 18 vor, die bei einer Chromosomenanalyse bereits am ersten Lebenstag festgestellt wurde. Bei 70 % der untersuchten Mitosen fand sich ein überzähliges Chromosom 18, bei ca. 30 % eine „normale" 46,XX-Konstellation. Bei einer Mosaiktrisomie ist mit einer abgemilderten Form der Phänotypmerkmale zu rechnen. Bei Christina liegen bis auf eine Doppelniere links keine weiteren Fehlbildungen vor.

Auch ihre sensomotorische Entwicklung nimmt einen günstigeren Verlauf als bei Kindern mit dem Vollbild der Trisomie 18. So kann sie bei der Erstvorstellung im Alter von 16 Monaten bereits gezielt Dinge ergreifen und inspizieren, führt sie zum Mund, lässt sie wieder fallen, tippt etwas an, was über ihr hängt, beobachtet den Effekt, und zieht etwas auf einem Tuch heran. Zu diesem Zeitpunkt hat sie auch einzelne kommunikative (vorsprachliche) Fähigkeiten erworben, mit denen sie Wünsche deutlich macht. So lässt sie sich z. B. auf dem Schoß nach hinten fallen, wenn sie ein „Hoppe-reiter-Spiel" fortsetzen möchte, protestiert mit nachdrücklichen Lauten, wenn sie abgelegt wird, und streckt sich dem Vater entgegen, wenn sie aufgenommen werden möchte.

Christina musste drei Monate lang sondiert werden. Mittlerweile lässt sie sich mit dem Löffel füttern, zeigt Vorlieben und Abneigungen und macht klar, wenn sie satt ist. Sie toleriert auch festere Nahrungsteile im Mund, hat aber noch nicht begonnen zu kauen. Belastend ist die Schlafsituation. Sie schläft erst sehr spät am Abend ein und braucht dabei viel Hilfe der Eltern (z. B. rhythmisches Klopfen auf den Rücken).

Bei einer Wiedervorstellung im Alter von zwei Jahren hat sie sich in sehr erfreulicher Weise weiterentwickelt. Sie spielt jetzt vorwiegend im Zwischenfersensitz und krabbelt im Raum umher. Bei der Einschätzung der sensomotorischen und kommunikativen Fähigkeiten zeigt sie sich sehr interessiert an verschiedenen Spielangeboten und am Kontakt mit dem Untersucher. Sie nimmt Blickkontakt auf, holt sich mit guter visueller Kontrolle Dinge aus einer Kiste, die sie untersucht und dann wieder fallen lässt. Auch eine Handtrommel interessiert sie, so dass sie toleriert, dass der Untersucher mit ihr zusammen den Schlegel ergreift und auf ihr spielt. Kleinere Gegenstände holt sie aus einem Behälter, entfernt einen Deckel von einer Dose, zieht Stecker aus dem Steckbrett, macht Ansätze zum Einwerfen, braucht dabei aber noch die Unterstützung des Erwachsenen. Solche zielgerichteten, koordinierten Tätigkeiten gelingen noch nicht allein.

Während der Untersuchung ist ihre Lautbildung und Mimik sehr zurückhaltend. Ihre Blickrichtung zeigt aber deutlich, was sie möchte. So schaut sie z. B. einem Kugelball hinterher, den sie zurückgerollt haben möchte, und wechselt mit dem Blick zwischen ihm und einem Teddybär, bis sie sich für ihn entscheidet. Als der

Untersucher Seifenblasen anbietet, erschrickt sie erst für einen Moment, als eine Blase auf ihrer Hand zerplatzt, ist aber dann voller Erwartung, bis es neue gibt, beginnt zu lächeln, nähert sich dem Untersucher und nimmt Blickkontakt auf.

Parzielle Trisomie 13

Die Entwicklung Toms, der jetzt neun Jahre alt ist, zeigt ebenfalls einen günstigeren Verlauf als den Eltern anfangs prognostiziert worden war. Er ist in der 38. SSW geboren worden mit einer Omphalocele und einem ansatzweise ausgebildeten sechsten Finger sowie einigen dysmorphologischen Zeichen. Bei der Chromosomenanalyse fand sich eine parzielle Trisomie 13 (q22-qter).

Nach der operativen Rückverlegung der Organe wird er im Alter von drei Monaten erstmals zur entwicklungspsychologischen und neurologischen Untersuchung vorgestellt. Es zeigt sich eine deutliche Koordinationsstörung. Zu diesem Zeitpunkt wirkt er bereits sehr aufmerksam an akustischen und optischen Reize interessiert, vermag aber noch keinen stabilen Blickkontakt zu halten. Im Alter von fünf Monaten beginnt er, die Hand nach einem Gegenstand auszustrecken, dreht sich mit sechs Monaten und stützt sich auf den Unterarm. Er klopft an ein Mobile, zieht ein über ihm hängendes Spielzeug zu sich heran, lautiert differenziert. Im Alter von einem Jahr kann er dann Dinge explorieren, indem er sie von einer Hand in die andere wechseln lässt, schüttelt, zusammenklopft, sie verfolgt, wenn sie herunterfallen und wegrollen. Er ist dabei recht ungestüm. Er ahmt Klatschen nach und bildet Silbenketten. Wenn er etwas möchte, kommt es kurz zur Blickabstimmung mit dem Erwachsenen, ein Hindeuten oder Zeigen ist aber noch nicht zu sehen.

Bei einer Wiedervorstellung mit knapp zwei Jahren berichtet die Mutter dann, dass er seit einem halben Jahr frei läuft. Er kann sich intensiv mit Gegenständen beschäftigen, blättert im Bilderbuch, macht Kisten auf und zu, legt Dinge aufeinander, versteht offensichtlich einige praktische Zusammenhänge. Er hat gelernt Scheiben aufzustecken oder Stecker ins Steckbrett zu stecken, übergibt dem Erwachsenen etwas, um es ihm zu zeigen, oder deutet auf das, was er möchte. Er freut sich sichtlich an Bestätigung und versucht seinerseits, die Reaktion des Erwachsenen schalkhaft „auszutesten".

Mit 2;2 Jahren erreicht er im Entwicklungstest Vergleichswerte von 17 Monaten in den Bereichen Handgeschicklichkeit und Perzeption. Er ist noch recht schwer zu einer zielgerichteten Tätigkeit zu führen und unruhig. Im Symbolspiel ahmt er vertraute Muster nach (füttert sich z. B. spielerisch selbst oder die Mutter), überträgt dies aber noch nicht auf die Puppe. Er versteht Aufträge, bei denen er einen Gegenstand suchen oder eine Tätigkeit (z. B. „Gib ... zu trinken!") ausführen soll. Einige Begriffe setzt er gezielt ein, z. B. „ham" oder „wau-wau".

Mit 2;8 Jahren zeigt er dann auch symbolische Spielhandlungen mit der Puppe, versucht probierend Formen einzusetzen, ordnet Dinge der Größe nach, wie es einem Kind im Alter zwischen 21 und 24 Monaten entspricht. Zahlreiche Situationen kommentiert er mit einzelnen Wörtern und ersten Zweiwortverbindungen. Daneben echolaliert er häufig, was der Gegenüber sagt.

In der Montessori-Übungssituation ist er sehr neugierig und kooperativ, reagiert auf die Aufträge der Therapeutin, rückversichert sich immer wieder bei der Mutter, ob sie es auch beachtet. Einzeln steckt er Kugeln auf den Steckbaum, kommentiert auch da annähernd verständlich „Kugel", „blau" oder „bravo". Bei einzelnen feinmotorischen Tätigkeiten, z. B. beim Abdrehen der Teile eines Steckclowns braucht er Hilfe. Insgesamt ist sein Vorgehen ausprobierend; auf diese Weise ordnet er z. B. Einsetzzylinder erfolgreich in die passenden Löcher ein. Bei der Matrjoschka-Puppe kann er noch keine Größenordnung vornehmen, setzt aber spontan die kleine in die größte Puppe. Insgesamt ist er sehr interessiert an der gemeinsamen Arbeit mit der Therapeutin. Die gute Lernmotivation und Kooperationsbereitschaft erlaubt es ihm auch, mit vier Jahren einen integrativen Kindergarten zu besuchen.

In diesem Alter wird er wieder vorgestellt. Zu Hause und im integrativen Kindergarten werden die sozialen Beziehungen durch eine ausgeprägte Überaktivität und Aufmerksamkeitsproblematik erheblich belastet. Er beteilige sich zwar sehr gern an Rollenspielen, musikalischen Aktivitäten und beschäftige sich mit technischen Abläufen, bleibe aber nicht lange bei gemeinsamen Spielen und reagiere sehr zornig, wenn er seinen Willen nicht durchsetzen kann. Die sprachlichen Äußerungen umfassen mittlerweile Mehrwortverbindungen, noch ohne Beachtung grammatischer Regeln. Eine orientierende Untersuchung mit den Perzeptionsaufgaben der McCarthy Scales of Children's Abilities (MSCA) ergibt ein Entwicklungsalter von drei Jahren.

Zur Vorbereitung der Einschulung wird er mit 6 1/2 Jahren nochmals mit dem gleichen Verfahren untersucht. Bei diesem Termin können alle Aufgaben gestellt werden, ohne dass seine Kooperationsbereitschaft und Ausdauer nachlässt. Gelegentliches Aufstehen oder Abweichen auf andere Themen lassen sich leicht umlenken. Die Auswertung zeigt ein weitgehend ausgeglichenes Profil von Fähigkeiten, die der Entwicklungsstufe 4-jähriger Kinder entsprechen. Relative Stärken liegen in sprachbezogenen Aufgaben, z. B. wenn er Einzelheiten zu Oberbegriffen nennen oder Wortreihen reproduzieren soll, und beim Abzeichnen von Mustern, bzw. Mannzeichnen, so dass durchaus gute Voraussetzungen für den Lese- und Schreiblernprozess bestehen. Er verfügt über einen differenzierten Wortschatz, kann vollständige Sätze und Fragen formulieren, beachtet grammatische Regeln (z. B. Perfektformen und zeitliche Konjugationen) und kann in einem längeren Gespräch beim Thema bleiben. Einzelne Lautauslassungen und -ersetzungen machen die Aussprache noch etwas schwerer verständlich als bei anderen Kindern. Seine Selbstständigkeit ist beträchtlich gewachsen, er kann sich z. B. völlig ohne Hilfe an- und ausziehen, ist in eine Gruppe der Musikschule, einen Schwimm- und einen Skikurs gut integriert.

Pallister-Kilian-Syndrom

Bei Nina liegt das Pallister-Killian-Syndrom vor, eine seltene chromosomale Veränderung, die 1977 zum ersten Mal beschrieben wurde. In einem Teil der Zellen liegt ein überzähliges Chromosom vor, das aus zwei kurzen Armen eines Chromosoms 12 besteht; zusammen mit den beiden strukturell unveränderten Chromosomen 12 ergibt sich eine Tetrasomie 12p, d.h. der kurze Arm des Chromosoms 12 ist viermal vorhanden.

Nina wird im Alter von sechs Monaten erstmals vorgestellt. Eine Beurteilung ihrer sensomotorischen Fähigkeiten ist dabei kaum möglich, da sie während der gesamten Beratungszeit schläfrig ist und auch durch verschiedene Reize nicht in einen aktiven Wachzustand zu locken ist. In einem differenzierten Fragebogen geben die Eltern aber ihre Beobachtungen aus dem häuslichen Rahmen wieder. Danach kann sie einzelne Objekte anschauen, im Blickfeld manchmal verfolgen und sie festhalten, wenn man sie ihr unmittelbar in die Hand gibt.

Im Alter von neun Monaten erfolgt die nächste Beratung. Nun ist sie wesentlich wacher und orientiert sich in Richtung auf den Untersucher, als er sie anspricht. Ein längerer dialogischer Kontakt gelingt aber noch nicht. Auf verschiedene Laute, Prusten u. Ä. reagiert sie nicht, hält aber eine Kugel eines Mobiles längere Zeit fest, richtet ihren Blick auf sie, lässt sie los und greift eine andere Kugel, gähnt und vokalisiert, versucht dann die Hand nochmals in die Richtung der Kugeln zu bringen. Dies sind erste Ansätze, die zur Gestaltung von Spielangeboten aufgegriffen werden können. Die Eltern brauchen aber Unterstützung und Beratung, um die kleinen Signale von Aufmerksamkeit und Spielbereitschaft zu erkennen und nicht angesichts der überwiegenden Passivität Ninas zu resignieren oder in einen überstimulierenden Interaktionsstil zu verfallen, bei dem sie durch vielfältige und rasch wechselnde Reize ihr Verarbeitungsvermögen sicher überfordern würden.

Translokationssyndrome

Auch bei Timo ist die schwere Behinderung von Beginn seiner Entwicklung zu erkennen. Wegen einer Trinkschwäche, Hypertonie und anfänglichen Zyanoseanfällen wird er mehrere Wochen stationär behandelt. Im Rahmen einer Chromosomenuntersuchung wird bei ihm eine unbalanzierte Translokation (in diesem Fall der Chromosome 11/22) festgestellt, die bei seiner Mutter in balanzierter Form vorliegt. Zusätzlich besteht eine mäßiggradige Schallleitungsschwerhörigkeit.

Bei der ersten Untersuchung und Beratung in unserem Hause im Alter von sechs Monaten berichten die Eltern, dass sich der Alltag recht gut eingespielt habe. Timo lasse sich mittlerweile gut füttern mit der Flasche, beginne auch den Löffel zu tolerieren. Er ist neugierig auf seine Umwelt und beobachtet gern seine beiden älteren Brüder. Auch bei der Untersuchung der sensomotorischen Fähigkeiten verfolgt er den Untersucher und sich bewegende Gegenstände im Blickfeld, hält inne bei Geräuschen, streckt die Hand aus in Richtung auf Gegenstände, hält sie für kurze Zeit und versucht sie zum Mund zu führen.

Mit 1 1/2 Jahren hat sich seine Erkundungsfreude erhalten, obwohl sein Fähigkeitsrepertoire nur langsame Fortschritte gemacht hat. Bei der Untersuchung ergreift er spontan ein Spielzeug, bei dem er durch Schieben und Drehen interessante Effekte auslösen kann, inspiziert es, klopft darauf, entdeckt, wie er etwas drehen kann, und wiederholt das mehrere Male. Zwischendurch wendet er seinen Blick kurz ab, kehrt aber immer wieder zum Gegenstand zurück. Er toleriert die Hilfestellung des Untersuchers, benutzt beide Hände und bleibt lange bei der Sache. Mimische und gestische Reaktionen sind noch nicht zu beobachten, auch die Lautbildung ist nur sehr spärlich und undifferenziert. Während des Beratungsgesprächs ist ein rhythmisches Schaukeln des Kopfes und des Körpers als Selbstimulation zu beobachten, wenn er keine gezielte Anregung erhält.

Aus der häuslichen Umgebung berichten die Eltern, dass er beim Essen sehr empfindlich sei. Er akzeptiert nur pürrierte Nahrung und jeweils nur kleine Mengen, so dass er bis zu achtmal am Tag gefüttert wird. Dabei ist er auf eine ruhige Atmosphäre angewiesen und lässt sich schnell ablenken. Manchmal würgt er auch die Nahrung wieder hoch und erbricht sich. Einige Zeit nach dieser Untersuchung entscheiden sich die Eltern in Zusammenarbeit mit dem betreuenden Kinderarzt, ihn durch eine PEG-Sonde zu ernähren.

Bei der Wiedervorstellung mit fast drei Jahren ist er wiederum aktiv um die Erkundung von Spielsachen bemüht. Mit einfachen sensomotorischen Handlungen versucht er interessante Effekte zu erzielen. So klopft er mit der Hand auf eine Trommel, nimmt sich eine Glöckchenrassel, inspiziert einen Kugelball mit beiden Händen und schüttelt ihn. Die visuelle Aufmerksamkeit ist dabei sehr schwankend, immer wieder kommt es zu ungewöhnlich verkrampften Bewegungen, Mimik und Vokalisation sind wenig differenziert. Ein kommunikativer Austausch gelingt noch nicht. So schaut er zwar dem Kugelball hinterher, als er wegrollt, macht aber keine Versuche, den Erwachsenen dazu zu bewegen, ihn wieder zurückzurollen. Mehrere Male legt er sich auf den Rücken ab; die Mutter hat den Eindruck, dass er damit ausdrücken möchte, dass er seine Ruhe haben wolle.

Mit fast vier Jahren meldet sich die Mutter erneut, weil seine Ansprechbarkeit ab- und die Irritabilität zugenommen habe. Seine Stimmung sei oft unzufrieden er schreie viel und lehne Spielangebote aktiv ab. Die Auffälligkeiten eskalieren phasenweise. Die Mutter hat den Eindruck, dass sie jeweils zeitlich einhergehen mit vermehrter Obstipation, Aufstoßen, Blähungen und Erbrechen der Ernährung, welche weiterhin über die PEG-Sonde erfolgt. Wenn er herumgetragen werde oder in aufrechter Position (z. B. im Autositz) sei, sei er wesentlich zufriedener. Nach einer ausführlichen gastrointestinale Untersuchung wird eine Ernährungsumstellung eingeleitet, die zu einer nachhaltigen Besserung der Situation führt.

Auch bei Joana liegt eine unbalanzierte Translokation zweier Chromosomen vor, die mit einer schweren Entwicklungsstörung sowie Verhaltensauffälligkeiten einhergehen, die sich in ihrem Fall allerdings leider nicht durch gastrointestinale Probleme erklären und eine entsprechende Behandlung bessern lassen. Die erste Vorstellung im Alter von zwei Jahren erfolgt wegen unvermittelter Schreiattacken, in denen sie sich kaum ablenken oder beruhigen lasse. Diese halten bis zu einer Stunde an und treten phasenweise mit Pausen von ein bis zwei Wochen auf. Die neuropädiatrische Untersuchung findet keinen Anhaltspunkt für ein Anfallsleiden.

Die psychologische Anamnese zeigt, dass sie gerade erst Ansätze macht, sich für ihre Umwelt zu öffnen. Sie beobachtet Lichter mit Aufmerksamkeit, nähert sich Gegenständen, indem sie sich auf den Bauch dreht und streckt. Sie nimmt Blickkontakt auf, bildet Silben, lacht, wenn sich ein Erwachsener mit ihr beschäftigt, reagiert zornig, wenn man ihr den Schnuller entzieht, ist aber über weite Strecken mit sich selbst zufrieden und geht ausgedehnten Handstereotypien nach, bei denen sie ihre Finger und den Schnuller inspiziert, dreht und wendet. Auslöser für die geschilderten Schreiphasen sind nicht zu identifizieren. Das Schreien geht einher mit rhythmischem Kopfschlagen auf den Tisch und Körperschaukeln, z. T. auch heftigem Lutschen an den Fingern und Kratzen an einem Ohr. Manchmal beißt und kneift sie sich auch. Teilweise treten auch am Abend und in der Nacht solche Erregungszustände auf, die die Kräfte der Eltern aufzuzehren drohen.

Leider gelingt es nicht, wirksame Hilfen zu finden, die diese sehr belastenden Verhaltensweisen nachhaltig verändern. Auch im weiteren Verlauf kommt es immer wieder zu Phasen extremer Erregung. In anderen Zeiten ist sie aber durchaus zugänglicher. Bei einer Beobachtung ihres Spielverhaltens in der Montessori-Übungsbehandlung ist sie z. B. sehr interessiert daran, eine Dose zu öffnen, zieht den Deckel ab, führt ihn zum Mund, hält ihn sich vor Augen, dreht und wendet ihn. Sie holt kleine Steine aus der Dose heraus, hält sie einige Zeit, lässt sie dann wieder fallen, toleriert auch die Handführung durch die Therapeutin. Allerdings schaut sie weder auf die Gegenstände, die sie in die Hand nimmt, noch auf die Therapeutin. Die Vokalisation ist undifferenziert, nicht auf den Gegenüber bezogen; immer wieder zieht sie sich auf Selbststimulationen durch Handstereotypien zurück.

Im weiteren Verlauf entspannt sich die Situation, wozu die heilpädagogische Betreuung Joanas im Kindergarten wie auch die Gabe von Melatonin als Einschlafhilfe beitragen, die zu einem befriedigenden Schlafrhythmus führt und den Eltern die Gelegenheit gibt, ihre eigenen Kräfte wieder aufzubauen.

Bei einer Wiedervorstellung im Alter von acht Jahren ist sie in die Schule für Kinder mit geistiger Behinderung aufgenommen worden. Das Ein- und Durchschlafverhalten ist weiterhin stabil gebessert, beim Füttern toleriert sie pürrierte Normalkost mit kleinen Stücken, kaut aber noch nicht. Sie hat das selbstständige Laufen erreicht. Ihre Beschäftigungsmöglichkeiten haben sich allerdings nicht wesentlich verändert. Sie bewegt sich gern in der Wohnung und im Hof, ihr Interesse für Spielsachen und andere Gegenstände ist aber weiterhin nur von kurzer Dauer. Häufig ist sie in Selbststimulationen verfangen. Die Erregungszustände, die im Kleinkindalter eine so hohe Belastung darstellten, sind mittlerweile abgeklungen. Sie neigt aber weiterhin dazu, durch Kratzen und Kneifen sowie Haarereißen sich selbst zu verletzen. Hinzugekommen ist ein schmerzhaftes Zwicken des Gegenübers, mit dem sie seine Reaktion zu testen versucht, bzw. erreichen möchte, dass er sie aus einer Anforderungssituation (z. B. sich mit Hilfestellung mit einem Spielangebot zu beschäftigen) entlässt. Trotz dieser problematischen Verhaltensweisen besteht eine innige Beziehung zwischen ihr und ihren Eltern, die sich daran freuen, dass sie ihre Nähe und den Kontakt zu ihnen von sich aus sucht.

15.2 Körperliche Probleme bei Trisomie 18 oder 13

Die körperlichen Phänotypmerkmale und die Probleme, die ihre Entwicklung belasten, können bei der Vielzahl der seltenen Chromosomenstörungen sehr unterschiedlich sein. Es würde den Rahmen und die Zielsetzung dieses Buches sprengen, sie im Einzelnen darzustellen; dazu sei auf humangenetische Atlanten und Fachbücher verwiesen. Einzelne chromosomale Störungen sind so selten, dass nur Beschreibungen von Einzelfällen vorliegen. Als Beispiel soll die körperliche Problematik von Kindern mit Trisomie 18 referiert werden.

Der körperliche Phänotyp der *Trisomie 18* wurde erstmals von Edwards et al. (1960) beschrieben. Es handelt sich um die zweithäufigste Trisomie nach dem Down-Syndrom mit einer Inzidenz von 1: 6000 (Root & Carey, 1994). Das Syndrom tritt im Verhältnis 3:1 häufiger bei Mädchen auf. Die Häufigkeit der Trisomie 18 unter allen Schwangerschaften ist höher, viele Eltern entscheiden sich jedoch bei einer entsprechenden pränatalen Diagnose zu einem Abbruch der Schwangerschaft (Embleton et al., 1996). Die hohe Zahl von Schwangerschaftsabbrüchen bei dieser und anderen seltenen chromosomalen Störungen wird mit Recht in den Elternselbsthilfegruppen als Abwertung des Lebensrechts von Menschen mit schwerer mehrfacher Behinderung kritisiert.

Beim Vollbild der Trisomie 18 findet sich ein zusätzliches Chromosom in jeder Zelle. Diese Form wird bei 95 % der Veränderungen, die das Chromosom 18 betreffen, diagnostiziert. In den meisten Fällen stammt das zusätzliche Chromosom von der Mutter. Diese Gruppe von Kindern ist schwer behindert, während Kinder mit einem Mosaikbefund (der in etwa 3 % vorgefunden wird) oder mit einer parziellen Trisomie 18 (2 %) nicht so stark behindert sind. In den meisten Fällen tritt die Trisomie 18 sporadisch auf. Wie in anderen Fällen autosomaler Trisomien steigt das Risiko mit zunehmendem mütterlichen Alter.

Kinder mit Trisomie 18 haben charakteristische körperliche Merkmale, z. B. einen vergrößerten Stirnschädel, einen kleinen Mund, Lippen-Gaumenspalte (in etwa 15% der Fälle), niedrigsitzende Ohren, eine besondere Form der Hände, überlappende Finger, Klumpfüße, hypoplastische Nägel und ein kurzes Sternum. Ihr Geburtsgewicht und Kopfwachstum liegt unter dem Durchschnitt. Darüberhinaus liegen häufig schwere Fehlbildungen (z. B. Herzfehler, Ösophagusatresie, Fehlanlagen der Nieren) vor, die lebensbedrohlich sind und frühe Operationen erfordern. Beim Abwägen der Operationsrisiken wurde lange Zeit davon abgeraten, Kinder mit Trisomie 13 oder 18 und schwerem Herzfehler zu operieren. Diese Einstellung hat sich in den letzten zehn Jahren gewandelt, seit in der amerikanischen Elterngruppe die Erfahrungen von 12 Kindern mit Trisomie 18 (und vier Kindern mit Trisomie 13) gesammelt wurden, die eine Herzoperation überlebten und die Klinik verlassen konnten. Der Zeitpunkt der Operation lag zwischen dem 4. Lebenstag und dem Alter von 22 Monaten.

Studien aus Dänemark, England, Australien und Utah/USA zeigen – unabhängig von den Operationsbemühungen – übereinstimmend, dass die Lebenserwartung bei den meisten Kindern eng begrenzt ist. Root und Carey (1994) berichteten z. B. über 64 Kinder, die in der Zeit zwischen 1979 und 1988 in Utah geboren wurden. Von ihnen überlebten 45% die erste Lebenswoche, 20% die ersten drei Monate, 9% die ersten sechs Monate und nur 5% das erste Lebens-

Tabelle 101: Medizinische Komplikationen bei Kindern mit Trisomie 18 (n = 98) (nach Brady et al., 1994a)

medizinische Komplikationen	%
congenitaler Herzfehler	80
Anfallsleiden	36
Augenprobleme	20
Nierenprobleme	18
Infektionen des Blasentrakts	17
Hirnfehlbildung	16
Klumpfuß	14

jahr. Zwei Kinder wurden im Alter von sechs Jahren untersucht. Die Überlebenschance der Mädchen war wesentlich besser. Eine Untersuchung in den 60er Jahren bei 192 Patienten berichtete etwas günstigere Ergebnisse und fand in ihrer Stichprobe 8% über einjährige Kinder (Weber, 1967), was sich wohl darauf zurückzuführen lässt, dass zum damaligen Zeitpunkt die Diagnose erst später gestellt wurde und viele Kinder undiagnostiziert früh verstorben sind.

Die genannten Zahlen belegen andererseits, dass Kinder mit Trisomie 18 sehr wohl eine Überlebenschance haben. Wenn ein Kind keine sehr schweren Organfehlbildungen aufweist oder in den ersten Wochen vollständig auf apparative Sauerstoffversorgung angewiesen bleibt, besteht eine gute Aussicht auf eine längere Lebenszeit. Es ist keinesfalls zu rechtfertigen, den Kindern mit Blick auf die wahrscheinlich begrenzte Lebensdauer eine Entwicklungsförderung vorzuenthalten. Die Eltern brauchen Unterstützung, um sich auf die gemeinsame Zeit mit dem Kind positiv einstellen zu können.

Eine Elternbefragung an 98 Kindern mit Trisomie 18 – einem Drittel der amerikanischen Elternselbsthilfegruppe – zeigt, dass der Alltag dieser Familien durch die körperlichen Probleme der Kinder hoch belastet ist. Gastro-ösophagealer Reflux, schwere Ernährungsstörungen, Apnoen und eine erhöhte Anfälligkeit für Infektionen der Atemwege oder Blase wurden in vielen Fällen berichtet. 12 % der Kinder standen unter Monitor-Beobachtung, 19 % brauchten eine Magensonde. Gelenkkontrakturen und Skoliosen mussten bei mehr als 20 % behandelt werden. Bei den meisten Kindern waren mehr als zwei Operationen und erneute Klinikaufenthalte im ersten Lebensjahr nötig.

Eine Verminderung des Hörvermögens als zusätzliches Handicap fand sich in mehr als 50 % der Fälle. Augenfehlbildungen (z. B. Colobom, Unterentwicklung der Augenmuskeln) lagen bei 20 % vor. Das EEG zeigte im Allgemeinen generalisierte cerebrale Funktionsstörungen mit einer langsamen Aktivität über beiden Hemisphären.

Bei der *Trisomie 13* handelt es sich um eine ähnliche Chromosomenaberration, die auch unter dem Namen Patau-Syndrom (entsprechend der Identifikation der Chromosomenstörung durch Patau, 1960) bekannt ist. Die Trisomie 13 tritt offenbar etwas seltener auf als die Trisomie 18. Zwei regionale Studien in England und Dänemark ergaben eine Häufigkeit von etwa 1:20000 lebend geborenen Kindern (Wyllie et al., 1994). Auch hier ist davon auszugehen, dass die Zahl der pränatal diagnostizierten Fälle, bei denen sich die Eltern zu einem Abbruch der Schwangerschaft entschließen, hoch ist. Zum klinischen Erscheinungsbild gehören orofaciale Spaltbildungen, ein charakteristisches Erscheinungsbild des Gesichts, Microphtalmie und eine Polydaktylie der Hände und/oder Füße. Die Fehlbildungen sind vielfältiger, aber oft nicht so schwerwiegend wie bei der Trisomie 18. Häufig sind Augenprobleme, angeborene Herzfehler, Gaumenspalten und Anfälle. Die Überlebensrate ist etwas günstiger als bei der Trisomie 18. 38 % der Kinder überlebten das erste, 13 % das fünfte Lebensjahr. Das älteste Kind der Gruppe war 11 Jahre alt. Der Anteil von Mädchen, die die ersten Lebensmonate und das erste Lebensjahr überleben, ist deutlich höher als der Anteil der Jungen (Brady et al., 1994a).

Wie bei der Trisomie 18 kommen auch hier Mosaikformen vor, bei denen nur ein Teil der Zellen das zusätzliche Chromosom trägt, und parzielle Trisomien, bei denen eine „unbalanzierte Translokation" so stattgefunden hat, dass sich ein Teil eines zusätzlichen Chromosoms 13 an ein anderes Chromosom angehängt hat.

Tabelle 102: Medizinische Komplikation bei Kindern mit Trisomie 13 (nach Brady et al., 1994a)

medizinische Komplikation	%
Polydaktylie	67
angeborene Herzfehlbildung	64
Augenprobleme	64
Gaumenspalte	42
Anfälle	42
Infektionen des Blasentrakts	21

Bei beiden Formen ist der Ausprägungsgrad des körperlichen Bildes und der Entwicklungsverlauf u. U. sehr viel günstiger als bei der freien Trisomie 13. Da der Anteil der betroffenen Zellen, bzw. die Größe der Strukturabweichung nicht exakt bestimmt werden kann, ist der Entwicklungsverlauf aber nicht vorhersagbar.

15.3 Entwicklungsverlauf bei Trisomie 18 oder 13

Kinder mit Trisomie 18 haben eine sehr schwere allgemeine Behinderung. Alle motorischen Meilensteine werden sehr viel später erreicht als bei anderen Kindern. Brady et al. (1994b) dokumentierten den Entwicklungsverlauf anhand der Krankenakten bei 50 Kindern mit Trisomie 18 (im Alter von 1 Monat bis 19;4 Jahren). Für 12 weitere Kinder lagen Ergebnisse aus einer Elternbefragung vor.

Vier Kinder mit Trisomie 18 benutzten einige konsistente Handzeichen oder Gesten. Fünf Kinder setzten einige Worte gezielt ein. Viele der älteren Kinder verstanden allerdings nach Einschätzung der Eltern wesentlich mehr als sie selbst äußerten. Fünf der Kinder bewegten sich mit dem Gehfrei fort, eines machte „Küstenschiffahrt" entlang der Möbel.

Selbstverständlich erreichten die Kinder in Entwicklungstests auch nur niedrige Werte (nicht über einem Entwicklungsalter von neun Monaten). Solche Angaben lassen jedoch nicht erkennen, welche Fähigkeiten die Kinder – vor allem im Bereich der praktischen Fähigkeiten und des Sprachverständnisses – erreichen, und sind für die Förderplanung nutzlos.

Die Eltern der Kinder, die länger als ein Jahr überlebten, berichteten rückblickend, dass die meisten Kinder im Laufe des ersten Jahres Dinge verfolgen lernten, erste einfache Laute bildeten, sich auf die Seite rollten, responsiv lä-

Tabelle 103: Meilensteine der Entwicklung bei 62 Kindern mit Trisomie 18 (nach Brady et al., 1994b)

Meilensteine der Entwicklung	mittl. Alter	Schwankung	N
schaut Spielzeug oder Gesicht an	4.4	0.2–24	57
lächelt responsiv	4.7	0.5–24	54
hält den Kopf aufrecht	9.0	0.3–36	33
greift nach Objekt	9.6	2.5–36	38
lacht laut	13.0	2.3–96	36
sitzt mit Hilfe	20.4	3.5–60	25
bildet Konsonanten	23.0	8.0–52	8
rollt sich von Rücken- in Bauchlage	30.5	0.2–540	32
setzt sich selbst auf	38.5	7.5–72	12
läuft im Gehfrei	39.5	24–60	5
balanciert auf Händen und Knien	53.7	12–204	10
benutzt einzelne Zeichen	61.5	36–84	4

chelten, nach Dingen griffen und vertraute Erwachsene wiedererkannten. In den nächsten beiden Jahren gelang in vielen Fällen das gestützte oder freie Sitzen. Sie merkten sich, wo sich ein attraktiver Gegenstand befand, machten erste Ansätze zur Nachahmung, beteiligten sich an Babyspielen und verstanden Ankündigungen im Alltag. Im Alter von 4 bis 6 Jahren erreichten einige Kinder das Krabbeln, selbstständiges Spiel in einfacher Form, konnten einfache Aufforderungen ausführen, bei der Körperpflege mithelfen, selbstständig stehen, Zusammenhänge wahrnehmen und erste Gesten gebrauchen. Die älteren Kinder konnten dann im Gehfrei laufen und einfache Aufforderungen verstehen. Freies Laufen und eine sprachliche Verständigung ist nur in Einzelfällen berichtet worden (Ray et al., 1986; Woldorf & Johnson, 1994).

Zur Selbstständigkeit berichteten die Eltern, dass 66 % über Sonde ernährt werden mussten. Stillen war möglich bei 8 %, Flaschenfüttern bei 32 %. Einige Kinder ließen sich mit dem Löffel füttern, tranken aus der Tasse und lernten, selbst mit den Fingern zu essen. Viele Eltern, deren Kinder sich nicht mit der Flasche füttern lassen, entschieden sich vor dem Ende des ersten Lebensjahrs dafür, eine PEG-Sonde legen zu lassen (Brady et al., 1994b).

Eine Elternbefragung und Analyse der Verlaufsakten wurde auch zu 32 Kindern mit Trisomie 13 durchgeführt. 77 % wurden termingerecht geboren, 25/32 Kinder mit Kaiserschnitt. Nach der Entlassung benötigten im ersten Lebensjahr

22 % eine Magensonde zur Ernährung, 53 % ließen sich dagegen mit der Flasche füttern oder stillen. 10 % wurden Monitor-überwacht. Bei 22 % wurde eine Hörbehinderung festgestellt. Die weitere Entwicklung konnte bei zwölf Kindern verfolgt werden. Von diesen Kindern setzten sich drei selbstständig auf, zwei konnten an Möbeln entlanglaufen, ein Kind im Alter von neun Jahren auch selbstständig laufen. 10/12 Kinder griffen nach Gegenständen und hatten dies im Durchschnitt im Alter von 14 Monaten begonnen. Zwei Kinder konnten mit etwas Hilfe essen und trinken (erstmals im Alter von 30, bzw. 54 Monaten; Brady et al., 1994b).

Tabelle 104: Entwicklung von 12 Kindern mit Trisomie 13 (nach Brady et al., 1994b)

Entwicklung	Mittl. Alter	Schwankung
reaktives Lächeln	5.5 Monate	1–15 Mon.
Kopfkontrolle	9.5 Monate	1–24 Mon.
rollen	11.2 Monate	4–24 Mon.
Greifen nach Objekten	14.2 Monate	5–30 Mon.
selbstständiges Aufsetzen	31.0 Monate	23–42 Mon.
im „Gehfrei" gehen	32.5 Monate	9–58 Mon.
an Möbeln entlanglaufen	56.5 Monate	41–72 Mon.

15.4 Kommunikative und Verhaltensmerkmale bei seltenen chromosomalen Störungen

Empirische Untersuchungen zu kommunikativen Fähigkeiten und Verhaltensmerkmalen bei Kindern mit Trisomien oder anderen seltenen chromosomalen Störungen fehlen noch weitgehend. Es liegen lediglich Einzelfallberichte vor, die ihren Schwerpunkt auf körperliche Probleme legen und psychosoziale Entwicklungsmerkmale nur am Rande anführen.

Autistische Verhaltensweisen gehören aber offenbar zum Erscheinungsbild vieler dieser Kinder (Gillberg, 1998; Lauritsen et al., 1999; Konstantareas & Homatidis, 1999). Berichte über mehr als 15 Fälle mit autistischen Verhaltensmerkmalen liegen z. B. bei Kindern mit einer parziellen Tri- oder Tetrasomie des Chromosoms 15 vor (u. a. Ghaziuddin et al., 1993; Hotopf & Bolton, 1995). Rineer et al. (1998) fanden in einer Studie an 29 Kindern und Erwachsenen mit isodicentrischem Chromosom 15 (invertierte Duplikation 15) eine autistische Symptomatik bei allen Patienten im Schul- und Erwachsenenalter. Einzelne

Berichte zu autistischen Verhaltensmerkmalen finden sich bei nahezu allen Chromosomenstörungen. In einer großen epidemiologischen Studie, bei der 233 Patienten mit autistischem Syndrom in Utah genetisch untersucht wurden, ließen sich bei 5 % genetische Veränderungen identifizieren (Gillberg, 1998). Über die relative Häufigkeit von Merkmalen des autistischen Spektrums unter allen Kindern mit seltenen chromosomalen Störungen sind dagegen keine Angaben bekannt.

In einer Elternbefragung zu 35 Kindern mit seltenen chromosomalen Störungen, schwerer Behinderung und fehlendem sprachlichen Ausdrucksvermögen haben wir versucht, die kommunikativen Fähigkeiten und Verhaltensmerkmale systematisch zu beschreiben. Die Erhebung erfolgte in Zusammenarbeit mit dem Elternverband „Leona e. V." (Sarimski, 1998c). Es handelte sich um Kinder im Alter zwischen 1 bis 10 Jahren; 11 Kinder waren unter zwei Jahre, neun Kinder unter vier Jahre, sieben Kinder unter 6 Jahre und acht Kinder über 6 Jahre alt. Die häufigsten Diagnosen waren Trisomie 18 (8), parzielle Trisomie 15 (3), Tetrasomie 12p (Pallister-Killian-Syndrom, 3), 4p-(Wolf-Hirschhorn-)Syndrom (3), Translokationssyndrome 11/22 (3).

Tabelle 105 zeigt die Verteilung einzelner vorsprachlicher kommunikativer Fähigkeiten in der Gesamtgruppe, die mit dem „Pre-Verbal Communication Schedule" (Kiernan & Reid, 1987) erhoben wurden. Die Elternangaben zeigten, dass etwa die Hälfte der Kinder einen Wunsch nach Kontakt ausdrücken und von sich aus die Nähe und Aufmerksamkeit des Erwachsenen suchen. Eine gezielte Verständigung über Wünsche und Bedürfnisse durch Hindeuten, Übergeben der entsprechenden Gegenstände, Zeigen o. Ä. ist aber nur einem kleinen Teil der Kinder möglich. Allerdings muss berücksichtigt werden, dass sich in der Befragungsgruppe auch zahlreiche noch sehr junge Kinder befanden, deren kommunikative Entwicklung noch nicht abgeschlossen ist. Somit erlauben die Daten keine Aussage über das kommunikative Entwicklungspotenzial von Kindern mit seltenen chromosomalen Besonderheiten im Allgemeinen.

Bei zwei Drittel der Kinder gaben die Eltern eine erheblich belastende Fütter- oder Essstörung an. Einige Beispiele:
- (Translokationssyndrom 11/22, 5 Jahre): isst nur pürriertes Essen

- (Tetrasomie 12p, 8 Jahre): musste auf Sondenkost umgestellt werden, alles andere wird spontan erbrochen

- (Tetrasomie 12p, 6 Jahre): zeigt häufig keinerlei Hunger, Füttern dauert oft bis zu einer Stunde

- (18p-Syndrom, 4 Jahre): hat lange nur aus der Flasche getrunken, jetzt auch Brei, aber keine feste Kost, bekommt Pregumin wegen einer Unverträglichkeit

- (Trisomie 18, 4 Jahre). Bis zum Alter von neun Monaten kaum Nahrungsaufnahme, danach ständiges Erbrechen, dann weniger Probleme

Tabelle 105: Vorsprachliche kommunikative Fähigkeiten bei 35 nicht-sprechenden Kindern mit seltenen chromosomalen Störungen (PVCS)

vorsprachliche kommunikative Fähigkeiten	% (oft/manchmal)
zeigt auf ein Bild oder Objekt, um Wunsch mitzuteilen	14.3
gibt einer Person ein Objekt, um um Hilfe zu bitten	8.6
schaut auf ein Bild, um einen Wunsch mitzuteilen	11.4
zeigt ein Bild, um die Aufmerksamkeit auf einen Gegenstand zu lenken	2.9
benutzt eine einfache nachahmende Geste, um Wünsche auszudrücken (z. B. Trinken)	20.0
winkt, um zu zeigen, dass eine Person weggehen soll	17.1
nähert sich einer Person oder berührt sie, um auf sich aufmerksam zu machen	48.6
schiebt oder zieht eine Person, damit sie etwas holt, was das Kind möchte	20.0
schiebt eine Person nur, um ihr etwas zu zeigen	8.6
berührt ein Objekt und schaut dann zur anderen Person und zurück, als ob sie „gib mir" sagen wollte	20.0
zeigt mit der Hand auf entfernte Objekte	11.4
nähert sich einer Person und lautiert, um auf sich aufmerksam zu machen	34.3
lautiert einfach, um die Aufmerksamkeit auf etwas zu lenken („schau, das ist es")	20.0
lächelt, wenn es etwas haben möchte	42.9
runzelt die Stirn, um Missfallen auszudrücken	37.1
schlägt nach einer Person, wenn sie das Kind frustriert	8.6

Viele Kinder werden von ihren Eltern als sehr passiv und anregungsbedürftig geschildert:
- (Translokationssyndrom 11/22, 5 Jahre): sehr monotones Spielverhalten, liebt Bänder, Schneebesen, Fliegenklatschen und wirbelt sie herum
- (Tetrasomie 12p, 8 Jahre): zieht sich gern in ihre eigene kleine Welt zurück, wird teilnahmslos und muss immer neu motiviert werden
- (Translokationssyndrom 13/14, 8 Jahre): braucht seine Freiheit, neigt manchmal zu autoaggressivem Verhalten (an den Kopf schlagen); nur bei Zuwendung ist Schluss damit
- (7q-Syndrom, 6 Jahre): muss ständig angeregt werden, sonst würde er nur mit seinen Fingern im Mund spielen

Tabelle 106: Selbstverletzende, stereotype und aggressive Verhaltensweisen bei 35 Kindern mit seltenen Chromosomenstörungen (BPI)

Verhaltensweisen	% wöchentlich > 1x
autoaggressives Verhalten	
den Kopf mit der Hand schlagen	17.2
Erbrechen und willkürliches Hochwürgen der Nahrung	11.5
Kopf mit oder gegen ein Objekt schlagen	14.3
Zähne knirschen	22.9
stereotypes Verhalten	
rhythmisches Kopf- oder Körperschaukeln	34.3
rhythmisches Drehen oder Manipulieren von Objekten	17.1
bizarre Körperhaltungen	22.9
echolalische, „bedeutungslose" Äußerungen	22.9

Tabelle 106 gibt einen Überblick, welche selbstverletzenden, stereotypen und aggressiven Verhaltensformen bei mehr als 10 % der 35 Kinder vorliegen, deren Eltern befragt wurden. Zur Dokumentation wurde das „Behavior Problems Inventory" (Rojahn, 1986) verwendet. Im Vordergrund stehen stereotype Verhaltensweisen zur Selbststimulation (Körperschaukeln, rhythmisches Manipulieren von Objekten), die etwa ein Viertel der Kinder zeigen. Verschiedene Formen selbstverletzenden Verhaltens treten bei 10 bis 20 % auf, aggressive oder destruktive Verhaltensweisen sind dagegen die Ausnahme.

15.5 Belastungen der Eltern

Gegenwärtige Sorgen und Probleme

In der Beschreibung der Belastungen, die die Eltern im standardisierten Fragebogen und in freier Form bei der gleichen Befragung geben, stehen die Schwierigkeiten der praktischen Versorgung der Kinder, der Umgang mit schwierigen Verhaltensweisen und das Erleben persönlicher Überlastung im Vordergrund. Daneben bereitet die geringe zukünftige Selbstständigkeit und die vollständige Pflege- und Hilfebedürftigkeit der Heranwachsenden vielen Eltern große Sorgen. Die Angaben in der Tabelle 107 beziehen sich auf insgesamt 51 Kinder und berücksichtigen auch Kinder mit einer seltenen Chromosomenstörung, deren Entwicklung weniger schwer behindert ist. Es wurde das „Handicap-related Problems for Parents Inventory" (HPPI, Wallander & Marullo, 1997) verwendet.

Tägliche Belastungen in der Versorgung des Kindes empfinden 55 % der Mütter. Die Einschränkung der persönlichen Interessen wird von 20 % der Mütter täglich, von weiteren 27 % der Mütter mindestens einmal in der Woche als schwer erträglich erlebt. Verhaltensprobleme machen bei 25 % täglich, bei 18 % mindestens einmal in der Woche Sorgen. Transportprobleme, die Bewältigung der eigenen Arbeit und Haushaltstätigkeiten, Fragen der Förderung und Beschäftigungsanregung des Kindes werden jeweils von etwa 40 % der Mütter als belastend erlebt.

Tabelle 107: Elternbelastungen (Handicap-Related Problems for Parents Inventory, 7-stufige Skala)

	Für mich war in den letzten zwei Wochen schwierig ...	Mittelwert	1–2 x / Woche	täglich
1	Essen, Anziehen, Pflege des Kindes	4.41	5	28
2	meine persönlichen Interessen	3.06	14	10
3	Verhalten und Gehorsam des Kindes	2.94	9	12
4	Transport meines Kindes	2.94	8	13
5	meine Arbeit, Ausbildung, Hausarbeit	2.90	13	7
6	Gesundheit meines Kindes	2.71	7	7
7	Förderung des Kindes	2.55	11	10
8	Freizeitbeschäftigung und Spaß des Kindes	2.35	9	9
9	Gesundheitsfürsorge/Therapie	2.27	12	4
10	Beziehung des Kindes zu anderen Fam.-Mitgl.	2.12	1	4
11	Beziehung des Kindes zu anderen	1.84	12	1
12	meine Beziehung zu meinem Partner	1.71	10	3
13	Familienfinanzen	1.67	2	7
14	meine Beziehung zu meinem Kind	1.61	8	3
15	meine Beziehung zu anderen Familienmitgliedern	1.59	8	1
16	meine Beziehung zu Freunden	1.08	5	2

In den freien Beschreibungen äußern 13 Eltern ihre Sorge um die zukünftige Pflegebedürftigkeit und Versorgung ihres Kindes.

> (F., Tetrasomie 12p, 6 Jahre): Insbesondere macht uns Sorgen, dass unser Kind niemals selbstständig sein wird und dass wir ihre Betreuung eines Tages in die Hände „fremder Menschen" legen müssen. Weil unsere Tochter Bedürfnisse nur sehr vage äußert, befürchten wir, dass sie womöglich nur „verwahrt" werden könnte. Zum anderen spricht sie nicht, was sie zu einem idealen Opfer von Gewalt, Vernachlässigung oder Missbrauch macht. Diese trüben Zukunftsaussichten lösen je nach Stimmungslage depressive Phasen aus oder aber auch Aktivitäten zur Planung der Zukunft.
>
> (G., Ringchromosom 12, 7 Jahre): Probleme haben mit dem Gedanken an die Zukunft. Jetzt sorgen wir für unser Kind, aber was wird sein, wenn wir das später einmal nicht mehr bewältigen? Wie kann man sein „Sorgenkind" finanziell absichern? Warum muss man sich fast jede Hilfe erbetteln oder erstreiten? Es soll doch gerade auch helfen, in späteren Jahren vielleicht von weniger Hilfe abhängig zu sein.
>
> (T., parzielle Monosomie 18, 4 Jahre): Körperliche und psychische Überlastung durch Landwirtschaft, drei Kinder, Versorgung von großem Haushalt und Pflege der Großtante, finanzielle Sorgen; Angst vor Unfällen der Tochter, wenn sie mobiler wird und ich nicht immer neben ihr sein kann; Was ist, wenn wir unsere Tochter nicht mehr selbst pflegen können? Wie selbstständig wird unsere Tochter sein? Hält unsere Ehe das aus? Leiden die Geschwister darunter? Wie finde ich Zeit für mich und meine Hobbys?

Ihre Belastung durch die Unklarheit der Entwicklungsprognose betonen 8 Eltern.

> (H., Translokation 5/13, 3;6 Jahre): Die Prognose – wo wird er zur Schule kommen, wird er selbstständig essen und trinken lernen, sprechen lernen, wie schwer ist seine Sehbehinderung, wie schwer ist seine Hörbehinderung? Wird er immer Medikamente gegen die Epilepsie nehmen müssen? Wann wird er laufen können?

Acht Eltern schildern ihre Überlastung durch die Pflege und Fragen der Förderung als Hauptproblem.

(C., 18p-Syndrom, 4;6 Jahre): Hauptbelastung ist das Essproblem. Wir müssen C. alle vier Stunden füttern, da sie oft unterzuckert ist. So geht sie immer gegen 22 Uhr zu Bett, bekommt dann um 2 Uhr und um 6 Uhr jeweils eine Flaschenmahlzeit und schläft dann bis ca. 9 Uhr. So geht sie bis jetzt nur nachmittags in den Kindergarten für zwei Stunden. Wir hoffen, dass sie auch in Zukunft keine gastrointestinale Blutung haben wird und die Entwässerungsmedikamente immer wirken.

(P., parzielle Trisomie 8, 2 Jahre): Sorge, das Kind optimal zu fördern es andererseits aber nicht zu quälen (er erduldete bereits vier Operationen, bei der KG nach Vojta sieht er auch nicht glücklich aus, nun steht das Einsetzen von Paukenröhrchen an …) – macht man alles richtig? Mitunter habe ich auch Angst, dass ich nicht genügend Geduld bewahre, z. B. wenn eine Mahlzeit ewig dauert und als Krönung alles ausgebrochen wird oder wenn man tagelang etwas übt, was nach zwei Tagen Pause wieder vergessen ist.

Ebenfalls acht Eltern sorgen sich um die körperlichen Probleme des Kindes als Hauptbelastung.

(K., Trisomie 18, 7 Jahre): K. hat starke Magen-Darm-Probleme, die sehr schmerzhaft sind. Wenn sie vor Schmerzen schreit und wir ihr nicht helfen können, leidet die gesamte Familie. Sie hat zwei ältere Brüder, die sich rührend um sie kümmern. Die Angst vor dem nächsten Darmverschluss belastet mich schon, aber ich weiß, K. ist ein „Kämpfer" – wenn ich ganz am Boden bin, dann kommt oft wieder eine gute Phase, sie lächelt und ist zufrieden und glücklich – und ich auch.

(I., Trisomie 18, 2;7 Jahre): Probleme sehe ich keine, aber ich habe Angst vor dem Tag, an dem wir ihn verlieren könnten.

Durch Verhaltensprobleme (Schlafen, destruktives Verhalten) fühlen sich 5 Eltern besonders belastet.

(J., Translokation 2/22, 3 Jahre): Immer wieder kommen depressive Phasen durch den Vergleich mit gesunden gleichaltrigen Kindern. Unzufriedenheit, weil nur kleine Fortschritte gemacht werden oder gar keine, Zukunftsängste, Probleme im Umgang mit unkontrolliertem Schreien oder Kopfschlagen. Rückenprobleme wegen dauerndem Tragen.

Belastung im Kontext der Diagnosemitteilung

Neben den gegenwärtigen Belastungen wurden die Belastungen erfragt, die die Eltern in Zusammenhang mit der Diagnosemitteilung erinnerten. Die Beschreibungen zeigen, wie oft noch viele Jahre nach der Mitteilung diese Erinnerung von Schock, Trauer und Hilflosigkeit geprägt wurde.

Tabelle 108: Erinnerungen an die Zeit der Diagnosemitteilung (n = 44)

Vorherrschende Erinnerung	Anzahl
Schock	20
niederschmetternde Mitteilung und Prognose	12
wenige und insensibel vermittelte Informationen	8
Trauer	6
Mitteilung als Entlastung	6
Zweifel an eigenen Bewältigungskräften, Hilflosigkeit	6
Belastung durch genetisches Risiko	5
Diagnosemitteilung als Herausforderung	5
Diagnosemitteilung verspätet	4
Hilfe durch Kontakt zu anderen betroffenen Eltern	4

(N., 4p-Syndrom, 1;9 Jahre) Mit dem Gefühl, dass man den Boden unter den Füßen verliert, der Trauer, Hilflosigkeit und Entsetzen. In unserem Fall war es nach der belasteten Schwangerschaft, eingeleiteter vorzeitiger Geburt besonders schlimm, da wir eine genetisch bedingte Behinderung durch den positiven Bescheid der Fruchtwasseruntersuchung ausgeschlossen glaubten. Wir waren unglücklich, wenn wir unsere kleine Tochter im Arm hielten, nicht für uns, sondern nur für sie. Wir waren nur bestrebt, sie aus der Klinik nach Hause zu holen, da man uns eine geringe Lebenserwartung voraussagte. Wir wollten, dass sie schnell zu ihren Geschwistern, Großeltern und Freunden konnte. N. wurde trotz der schrecklichen Diagnose von allen heiß ersehnt und willkommen geheißen. Wir wussten, dass für uns ein neues Leben angefangen hatte und dass unser früheres Leben abgeschlossen war. Wir fühlten uns aufgewühlt, ängstlich, angespannt, wenn wir an die Zukunft unseres Kindes und zukünftigen Familienalltag dachten. Heute, nach 21 Monaten, empfinden wir nur noch selten Angst. Hauptsächlich sind wir alle mit ihr sehr glücklich und freuen uns über sie.

> (A., 7q-Syndrom, 6 Jahre) Diese Diagnose war für mich wie ein Todesurteil, alle saßen um einen Tisch herum, schauten mich an, als ob ich ein Verbrechen begangen habe und sagten mir, dass mein Kind schwer behindert wird und das war's dann. Ich wurde total allein gelassen.

Etwa 30 % der Eltern haben die Art der Mitteilung, insbesondere die Prognoseaussagen (z. B. zur begrenzten Lebenserwartung) als niederschmetternd erlebt. In vielen der Aussagen wird deutlich, wie diese sehr negativen Anfangsaussagen die Bewältigungskräfte der Eltern herausgefordert haben. 20 % geben an, dass sie wenig Informationen erhalten haben oder sie die Ärzte als wenig einfühlsam erlebt haben.

> (C., Trisomie 18, 11 Jahre) Lebenserwartung unter einem Jahr – C. wird jetzt elf Jahre. Zum damaligen Zeitpunkt war für uns nicht erkennbar, was dies bedeutet, welche Belastungen und Sorgen auf uns zukommen. Damals: unklare Zukunft, Füttern alle 2–3 Stunden, viel Krankengymnastik (Vojta), drei Jahre nur Haushalt und Kind, dann die Scheidung, kaum Ansprechpartner …
>
> (K., Trisomie 18, 7 Jahre) Die Diagnose wurde zehn Tage nach der Entbindung gestellt. Das Gespräch mit dem Professor der Genberatung war für uns niederschmetternd. Nach und nach begriffen wir, welche Tragweite die Behinderung Trisomie 18 hatte. Das schlimmste war zu erfahren, K. hätte kaum eine Chance, das erste Lebensjahr zu übrstehen. Aber sie wollte leben – schnell war für uns sicher – sie ist unser Kind, wir lieben sie so wie sie ist und nehmen sie schnellstmöglich mit nach Hause. Äußerungen wie „Sie können Ihr Kind auch hier in der Klinik lassen, falls Sie sich der Situation nicht gewachsen fühlen" oder „Binden Sie sich nicht zu sehr an ihr Kind, es stirbt bald" waren keine Seltenheit. Nur ein Arzt hat uns in einem guten Gespräch zwar die ganze Tragweite erläutert, aber auch einen Funken Hoffnung gelassen. Heute ist K. sieben Jahre alt.
>
> (P., Tetrasomie 12p, 9 Monate) Es war sehr niederschmetternd für uns. Uns wurde gesagt, P. kann nicht laufen, sprechen, alleine atmen. Als wir das Krankenhaus verließen, dachten wir, P. liegt, „solange" sie lebt, nur im Bett, regungslos und ist an Maschinen angeschlossen. – Heute ist P. neun Monate. Wir freuen uns über jeden Tag mit ihr – wenn sie lacht, Regungen zeigt, ihre Mahlzeiten mit dem Löffel isst und der Monitor keinen Alarm gibt.

10 % der Eltern haben die Mitteilung der Diagnose eher als Entlastung erlebt.

> (E., Tetrasomie 12p, 8 Jahre) Wir waren sehr lange im Unklaren über die Behinderung unseres Kindes. Lange Zeit hieß es, dass die Behinderung vererbt sei. So war die Diagnose: Tetrasomie 12p und reiner Zufall – keine Vererbung – für uns eher eine Erleichterung. Da wir nun wussten, dass unsere ältere Tochter nicht erblich vorbelastet war und später evtl. auch ein behindertes Kind bekommt. Außerdem konnten wir uns nach der Diagnose noch für ein weiteres eigenes Kind entscheiden.
>
> (F., Tetrasomie 12p, 6 Jahre) Nach langer Zeit der Ungewissheit bedeutete die Diagnosemitteilung für uns, endlich unsere Zweifel und Schuldgefühle über die Ursache der Behinderung begraben zu können und eine Orientierung für die Zukunft unseres Kindes zu haben. So gesehen waren wir vor allem erleichtert. Die Diagnose wurde uns sehr sachlich-ausführlich mitgeteilt, und wir erhielten verhältnismäßig viel (medizinisches) Informationsmaterial sowie die Adresse von LEONA, wodurch uns recht bald der Erfahrungsaustausch mit gleichbetroffenen Eltern möglich war. Endlich wusste jemand, wovon wir sprachen, was uns bewegte.

Die spezifische genetische Belastung (Wiederholungsrisiko) hat fünf Mütter sehr belastet.

> (G., Coffin-Lowry-Syndrom, 2 Jahre) Die Bedeutung der Diagnose ergibt sich aus der furchtbaren Erkenntnis, dass unser Kind immer auf unsere/fremde Hilfe angewiesen sein wird, niemals selbstständig wird. Der Erbgang ist X-chromosomal dominant. Für mich als Frau bedeutet das auch Trauer über die ärztliche Anweisung, keine weiteren Kinder mehr zu bekommen.
>
> (H., Translokation 2/22, 3 Jahre) Erst nach Mitteilung der Diagnose langsames Einsehen, dass unser Kind behindert ist, aber kein Akzeptieren. Immer wieder die Frage „warum gerade wir?" Zunächst Abkapseln von Anderen, dann langsames Annähern. Später Suche nach Kontakten zu anderen Betroffenen, Austausch in Selbsthilfegruppen. Schock darüber, dass es bei weiteren Schwangerschaften wieder vorkommen kann.

Wünsche an die Fachleute

Auf die Frage nach Wünschen an die sogenannten Fachleuten nennen 40 % der Eltern den Wunsch nach mehr Aufklärung und Information an erster Stelle. 22 % haben Äußerungen der Fachleute so erlebt, als ob Kinder mit schwerer Behinderung nicht das gleiche Lebensrecht hätten wie andere. 17 % haben in erster Linie positive Ermutigung für die Zukunft oder Anteilnahme an der Belastung der Familie vermisst.

(K., Trisomie 18, 7 Jahre). Die Ärzte müssen umdenken lernen. „In jedem Leben steckt etwas Lebenswertes, auch in einem Behinderten", dann würden sie sich vielleicht nicht so wertend verhalten. Sie sollten sich mehr auf die Äußerungen der Eltern verlassen, nicht alles ist medizinisch belegbar. Ich werde nie den fassungslosen Blick des Arztes in der Uniklinik vergessen, der K. nach sechs Jahren erstmalig wiedergesehen hat: „Was, die lebt noch?"

(F., Tetrasomie 12p, 6 Jahre): Wir denken, eine psychologische Betreuung während der zwei Jahre vor der Diagnose und auch noch danach wäre wichtig gewesen. Ärzte haben uns während der ersten zwei Jahre im Ungewissen gelassen, uns Informationen vorenthalten und die Diagnosestellung z. T. geradezu boykottiert. Wir erwarten Antworten, wenn wir Fragen stellen, und dass wir als Eltern auch als vollwertige kompetente Gesprächspartner akzeptiert werden. Nichts hat uns mehr enttäuscht, als von den vermeintlichen Fachleuten mit unseren Fragen allein gelassen zu werden.

(T., Ringchromosom 12, 7 Jahre): Ich bedauere sehr, dass es nicht möglich ist, in Erfahrung zu bringen, welche Hilfen möglich sind. Die meisten Dinge erfährt man zufällig im Gespräch mit anderen Eltern oder vielleicht mit Therapeuten, deren Arbeit zum Lebensinhalt geworden ist, und die nicht nur eng die eigene Arbeit sehen. Oft fehlt auch die Langzeiterfahrung, bzw. sehen sich die Fachleute gegenseitig als Konkurrenz. Wir als betroffene Eltern investieren soviel Liebe und Zeit in unsere Kinder, wir möchten nicht um Hilfe oder finanzielle Unterstützungen betteln müssen, sondern brauchen fachlichen Rat und Hilfe.

(K., Trisomie 18, 4 Jahre): Der größte Wunsch an die Fachleute ist, dass mein Kind als kleiner individueller „Mensch" angesehen wird und nicht als Trisomie 18 ohne Chance, dass erst ich für unser Kind auf Fragen antworten darf und nicht auf vorgefasste Meinungen über die Fähigkeiten usw. unseres Kindes treffe, weil ich mir als Mutter herauszunehmen erlaube, mein Kind (nicht die Trisomie 18) besser zu kennen als jeder Fachmann.

(F., 7q-Syndrom, 6 Jahre): Auch behinderte Kinder sollten ernstgenommen werden und genauso wie nicht-behinderte behandelt werden, aber so ist es oft leider nicht. Immer öfter bekommt man zu spüren, dass man der letzte Dreck ist. Wir haben viele schlechte Erfahrungen gemacht mit Behörden und Ärzten, aber es gibt auch genug sehr nette Menschen und Therapeuten, Ärzte und Schwestern sowie Freunde, die es wert wären genannt zu werden.

(B., parzielle Trisomie 8, 2 Jahre): mehr Aufklärung über zu erwartende Entwicklungs- und Gesundheitsprobleme – meist wollen die Ärzte von mir wissen, was Trisomie 8 bedeutet –, Bereitstellen von Literatur, mehr Hinweise über Hilfsmöglichkeiten und finanzielle Unterstützungen; großes Lob an die Frühförderung, so viel Einsatz und Freude an der Arbeit findet man selten – Danke

16 Smith-Magenis-Syndrom

16.1 Einzelfälle

Peter (16 Jahre)

Peter wurde im Alter von fast neun Jahren erstmals vorgestellt. Die Eltern suchten Beratung zu Entwicklungsperspektiven und insbesondere Hilfe zum Umgang mit belastenden Verhaltensproblemen. Seine Geburtsmaße waren normal (Geburtsgewicht 3650g). Seine Entwicklung verlief von Anfang an auffällig, er wirkte ungewöhnlich ruhig und war schlecht zu füttern. Erst mit zweieinhalb Jahren hat er das freie Laufen erreicht; seine Bewegungen blieben auch im weiteren Verlauf unkoordiniert und durch eine adipöse Entwicklung plump. In einem Entwicklungsbericht, der im Alter von sechs Jahren erstellt wurde, sind schaukelnde Bewegungsstereotypien sowie eine ungewöhnliche Neigung, an den Fingern zu lutschen, sowie eine geringe Schmerzempfindlichkeit beschrieben, daneben eine fröhliche Grundstimmung und Kontaktfreude. Zu jenem Zeitpunkt wurde der Kramer-Binet-Intelligenztest durchgeführt, aus dem sich ein Intelligenzquotient von 56 (Entwicklungsalter 3 $1/2$ Jahre) ergab.

In einer ausführlichen Problemanamnese wird deutlich, dass allgemeine Unruhe, Unfolgsamkeit, impulsive Zornesausbrüche und ungehemmtes Essverhalten den Alltag erheblich belasten. Insbesondere wenn er mit seiner Mutter allein ist, sucht er ständig ihre Aufmerksamkeit, kann sich kaum allein beschäftigen, reagiert auf Verbote und Ablehnung von Wünschen (z. B. nach bestimmten Fernsehprogrammen) mit heftigen Zornesausbrüchen. Ebenfalls schwer sei es, sein Verhalten im Geschäft oder Restaurant zu steuern; er versuche oft, durch ungehemmtes Ansprechen und clownhaftes Verhalten die Aufmerksamkeit der Umgebung auf sich zu ziehen. Darüberhinaus schildern die Eltern lang anhaltende Durchschlafstörungen; mehrfach in der Nacht werde er wach und schlafe schließlich nur im Elternbett wieder ein. Er nässt nachts auch noch häufig ein.

Bei der psychologischen Untersuchung zeigt er sich durchaus kooperationsbereit und motiviert, stellt sich auf die einzelnen Aufgaben ein und bemüht sich, aufmerksam zu bleiben. Aufgaben, bei denen er – wie beim Nachbauen von Mustern oder Ordnen von Fotos in eine logische Reihenfolge – vergleichend und systematisch vorgehen müsste, überfordern ihn noch schnell. Er freut sich am Lob, das er sich selbst ebenso zuspricht wie beruhigende Formeln („keine Angst"), wenn er etwas nicht sofort schafft. Ansonsten äußert er sich mit breitem Wortschatz, die Sätze werden aber noch ohne Beachtung grammatischer Regeln gebildet.

Die Intelligenzuntersuchung mit der Kaufman-Assessment Battery for Children ergibt einen Gesamtwert im Bereich einer leichten geistigen Behinderung

(Standardwert 59 in der Skala intellektueller Fähigkeiten; Standardwert 51 in der Fertigkeitenskala) mit sehr ausgeprägten Diskrepanzen in den Subtestergebnissen. Relative Stärken zeigen sich bei Aufgaben, die visuelles Erfassen von Gestalten und Zusammenhängen prüfen. Ausgeprägte Schwächen bestehen dagegen bei allen Aufgaben, die eine sequenzielle Verarbeitung von Informationen erfordern. Seine Fähigkeiten, sich Zahlen- oder Wortreihen zu merken oder Bilder in eine logische Reihenfolge zu bringen, liegen unter dem Entwicklungsniveau fünfjähriger Kinder.

Im Alter von 12 Jahren wechselt Peter dann in eine Heimsonderschule. Die Pädagogen erleben ihn als kontaktfreudig, unterhaltsam und im Gespräch „witzig", wenn sie für ihn alleine Zeit haben. Er könne sich aber kaum alleine beschäftigen und fordere ständig die Aufmerksamkeit und Grenzsetzungen des Erwachsenen sowie seine ausdrückliche Aufforderung auch bei alltäglich wiederkehrenden Verrichtungen. In der Interaktion mit den anderen Jugendlichen der Gruppe provoziert er stark und setzt manchmal seine Körperkraft ein, um sich Gehör und Anerkennung zu verschaffen. Er kann Worte und kleine Sätze fehlerfrei ab- und überwiegend auch nach Diktat selbstständig schreiben. Wesentlich mehr Probleme bereiten ihm Rechenaufgaben; er zählt zwar mechanisch korrekt ab, hat aber keinen Mengenbegriff. Im Unterricht kommt es 1 bis 2-mal in der Woche zur Verweigerung von Arbeitsaufträgen und massiven Wutausbrüchen, die das Klassenklima sehr belasten.

Mit 16 Jahren findet dann eine erneute Untersuchung statt, um die Perspektiven für den künftigen Ausbildungsweg von Peter zu besprechen. Er besucht zu diesem Zeitpunkt weiterhin die Heimsonderschule. Die bereits früher genannten Probleme der Lenkbarkeit, geringen Frustrationstoleranz, Reizbarkeit und Überaktivität sowie phasenweise auftretende selbstimulatorische und selbstverletzende Verhaltensweisen (Körperschaukeln, Kopfschlagen, Beißen) haben sich nicht nachhaltig verändert.

Bei der Testuntersuchung mit der Kaufman-Assessment Battery for Children (K-ABC) arbeitet er wiederum sehr bereitwillig mit, schätzt adäquat ein, welche Aufgaben für ihn schwierig sind, kann aber nicht zuverlässig beurteilen, ob seine Lösung korrekt ist. Er erzählt mit vollständigen Sätzen, aber polterndem, überhastetem Redefluss, was seine Äußerungen schwer verständlich macht. Die quantitative Auswertung bezieht sich auf den Vergleich mit 12-jährigen Kindern, da adäquate Altersnormen nicht verfügbar sind. Im Vergleich zu dieser Referenzgruppe ergeben sich nahezu die gleichen Ergebnisse wie bei der Untersuchung sieben Jahre vorher (Skala intellektueller Fähigkeiten: Standardwert 55; Fertigkeitenskala: Standardwert 50). Die Subtestwerte streuen wiederum stark, wobei ihm die Speicherung sprachlicher Informationen in Zahlen- oder Wortreihen, die Rekonstruktion von visuellen Gestaltanordnungen („Dreiecke") sowie die Ordnung von Fotos nach logischen Abläufen die größten Schwierigkeiten bereiten.

Er hat eine beträchtliche lebenspraktische Selbstständigkeit erreicht; so benutzt er beim Essen Messer und Gabel, geht selbstständig zur Toilette, ist bei der Körperpflege im Bad weitgehend selbstständig. Er kann kleine Einkäufe allein machen, weiß um den ungefähren Wert von Geldscheinen und kann Münzen nach ihrem Wert ordnen, kennt die Wochentage und die Uhrzeit. Im Rechnen führt er nun Additionen und Subtraktionen im Zahlenraum bis 20 mit Zehnerüberschreitung sicher aus; bei größeren Zahlen oder anderen Rechenoperationen braucht er noch Hilfe. Er schreibt Wörter nach Diktat und liest fremde kleine Texte mit Sinnentnahme.

Er versteht mehrteilige Aufforderungen und kleine Geschichten. Von sich aus äußert er sich in einfachen Sätzen, z. T. verwendet er auch Nebensatzkonstruktionen, hat aber Schwierigkeiten, Sachverhalte oder Geschichten so wiederzugeben, dass die wichtigsten Elemente enthalten sind und der Zuhörer den Sinn verstehen kann. Die Aussprache ist durch Lautauslassungen und ein übermäßig schnelles Sprechtempo schwer verständlich. Er spricht gerne jeden an und benutzt dabei wiederkehrende Themen, Lieblingsausdrücke oder -sätze zur Kontaktaufnahme, kann sich aber schlecht auf wechselnde Gesprächsthemen einstellen und soziale Regeln beachten.

Viele Sorgen bereiten den Eltern aggressives Schlagen nach anderen Jugendlichen oder Erwachsenen, selbstverletzende Verhaltensweisen, Stereotypien (Körperschaukeln) und Durchschlafprobleme. Nach den Zusammenhängen der problematischen Verhaltensweisen gefragt, beschreiben sie als Auslöser, bzw. Funktion: Suche nach Aufmerksamkeit und Zuwendung, Vermeidung einer unangenehmen Situation oder eines Arbeitsauftrags, Frustration über Misserfolge oder Grenzsetzungen, unzureichende Anregung. In vielen Situationen fühlen sie sich überfordert und wünschen sich mehr Beratung, wie sie mit den herausfordernden Verhaltensweisen im Alltag fertigwerden können.

Thomas

Die Entwicklung von Thomas war zu Anfang nur leicht verzögert. Die Geburt erfolgte in der 42. SSW (Geburtsgewicht 3960 g). Mit knapp einem Jahr wurde erstmals eine Entwicklungsuntersuchung durchgeführt, die eine leichte Retardierung in den Bereichen Handgeschicklichkeit, Perzeption und Sprache ergab. Seine Fähigkeiten wurden jeweils der Stufe 10 bis 11 Monate alter Kinder zugeordnet. So klopfte er z. B. Würfel aneinander, nahm kleine Dinge mit dem Pinzettengriff, schob ein Auto hin und her oder holte sich Dinge aus einem Behälter heraus, bzw. mit Hilfe einer Schnur heran. Das freie Laufen erreichte er dann mit 16 Monaten. Im Alter von zwei und drei Jahren wird die Untersuchung wiederholt. Er liegt jetzt nicht mehr innerhalb der Toleranzbreite, in der die Entwicklung als noch altersgemäß angesehen werden kann. Die Retardierung in den einzelnen Bereichen beträgt 6 bis 9 Monate. Besonders deutlich ist sie in der expressiven Sprache.

Thomas besucht einen integrativen Kindergarten und erhält zusätzlich logopädische Behandlung und Ergotherapie. Die Erzieherinnen berichten, dass er sehr auf feste Regeln und gleichbleibende Tagesstrukturen angewiesen sei. Auf Veränderungen reagiert er sehr aufgebracht und fängt an zu weinen. Sehr impulsiv sei auch seine Reaktion auf Verbote; er werfe sich auf den Boden, weine, strampele und schreie, lässt sich nur schwer beruhigen, ist aber mitunter kurze Zeit später „wie ausgewechselt". Er mag den Kontakt zu anderen Kindern, ist aber manchmal impulsiv und schlägt zu, wenn ein Kind nicht das macht, was er möchte. Überfordert ist er noch in größeren Gruppen. – Er ist tagsüber seit dem vierten Lebensjahr, nachts seit dem fünften Lebensjahr sauber.

Mit 5 3/4 Jahren wird er erstmals im Kinderzentrum vorgestellt. Bei dieser Gelegenheit wird die Diagnose des Smith-Magenis-Syndroms gestellt und molekulargenetisch bestätigt. Zu diesem Zeitpunkt äußert er sich in Mehrwortsätzen, wobei er oft formelhafte Wendungen und Höflichkeitsfloskeln einsetzt. Als Hauptbelastungen nennen die Eltern die allgemeine motorische Unruhe, hohe Ablenkbarkeit, sehr impulsive Reaktion auf Einschränkungen (Türenknallen, Umherwerfen von Sachen), fehlende Gefahreneinschätzung und ein reduziertes Schlafbedürfnis. Er ist nachts regelmäßig gegen 2 Uhr wach und möchte bei Licht spielen. Er schläft dann im Elternbett wieder ein, ist aber zwischen vier und fünf Uhr am Morgen vollends wach und sucht Beschäftigung. Tagsüber ist er dann oft müde und überreizt. Er habe Spaß an Computerspielen, Gesellschaftsspielen und der Mithilfe im Haushalt, könne aber kaum ohne unmittelbare Aufsicht des Erwachsenen bei einer Tätigkeit bleiben.

Die psychologische Untersuchung erfolgt zunächst mit dem sprachfreien Intelligenztest von Snijders-Oomen (SON 2 1/2–7). Er zeigt sich motiviert und kooperationsbereit. Die Arbeitshaltung ist geprägt von erheblicher motorischer Unruhe, wobei er allerdings problemlos sitzenbleibt, keine destruktiven Verhaltensweisen zeigt und sich sichtlich über Lob freut – ausgedrückt durch wedelnde Armbewegungen. Die quantitative Auswertung ergibt ein relativ harmonisches Leistungsprofil mit Entwicklungsalterswerten, die jeweils um vier Jahren liegen. So geht er beim Nachbauen von Mustern systematisch vor, korrigiert Fehler selbst, kann einfache geometrische Muster mit Punktvorgaben nachzeichnen und Bilder nach anschaulicher Zusammengehörigkeit ordnen. Den Testleistungen wird ein Gesamt-IQ von 61 zugeordnet.

Eine spätere Untersuchung im Alter von sieben Jahren erfolgt mit der Kaufman-Assessment Battery for Children (K-ABC) und kommt zu recht ähnlichen Ergebnissen. Für die Skala intellektueller Fähigkeiten ergibt sich ein Standardwert von 71, in der Skala ganzheitlichen Denkens ein Standardwert von 64. Relative Stärken zeigen sich – wie bei Peter – im visuellen Erfassen von Abbildungen und Zusammenhängen (bei den Subtests „Gestaltschließen" und „Bildhaftes Ergänzen" errechnen sich Skalenwerte von 8 bis 11). Er vermag sich auch relativ gut die Abfolge von Handbewegungen, Zahlen oder Worten zu merken (Skalenwerte 5 bis 8), hat aber große Schwierigkeiten bei Aufgaben, die visuell-konstruktive Fähigkeiten ("Dreiecke") oder schlussfolgerndes Denken ("Fotoserie") erfordern. Ungewöhnliche Merkfähigkeiten zeigen sich auch daran, dass er – obwohl er noch nicht Lesen gelernt hat – eine Reihe von Namen erkennen, Seitenzahlen oder Telefonnummern in Büchern finden und Handy-Nummern verschiedenster Personen auswendig aufsagen kann.

Ergänzend wird eine logopädische Untersuchung durchgeführt. Die Therapeutin kommt zur Einschätzung einer multiplen Dyslalie mit hypotoner orofacialer Motorik und noch nicht hinreichender Kontrolle über den Speichelfluss. Im Sprachverständnistest erreicht er ein Entwicklungsalter von 3 1/2 bis 4 Jahren, wobei seine Leistungen in Abhängigkeit von seiner Aufmerksamkeit schwanken. In günstigen Momenten kann er auch komplexe Satzkonstruktionen zuverlässig verstehen, die Negationen, Mehrzahlformen oder Perfektkonstruktionen enthalten und entsprechend gestalteten Bildern zugeordnet werden sollen. Der aktive Wortschatz – beurteilt über den "Allgemeinen Wortschatztest" (AWST) – ergibt einen durchschnittlichen Umfang im Vergleich zur ältesten verfügbaren Referenzgruppe (5 bis 6 Jahre). Er kann sich in recht komplexen Mehrwortsätzen ausdrücken. So sagt er z. B. „Da muss ich mal den Stuhl dranschieben", „ich weiß nicht, was da oben drauf ist" oder „Wir wollen noch mal Sätze machen". Mitunter passieren ihm aber Fehler in der Formenbildung (z. B. „Von wer?" „ein Kuh"). Insgesamt kann er seine sprachlichen Fähigkeiten aber so erfolgreich einsetzen, dass der Sinn des Gesagten deutlich wird und der Gesprächspartner seine Gedanken und Mitteilungsabsichten gut nachvollziehen kann.

Thomas wird mit seinen Eltern auf unserer Eltern-Kind-Station zu einer ausführlichen videogestützten Interaktionsanleitung aufgenommen. Anschließend wird er die Schule für Kinder mit geistiger Behinderung in einer Klasse von 8 Kindern besuchen, da es nur in diesem Rahmen möglich erscheint, ihn trotz seiner herausfordernden Verhaltensweisen erfolgreich in eine soziale Gruppe zu integrieren.

16.2 Klinische Genetik

Die charakteristische Merkmalskombination des Smith-Magenis-Syndroms wurde von den Erstbeschreibern in den achtziger Jahren formuliert. Mittlerweile konnte eine Veränderung am kurzen Arm des Chromosoms 17 (17p11.2) als gemeinsame genetische Grundlage bei dieser Gruppe von Kindern, Jugendlichen und Erwachsenen identifiziert werden, welche in den meisten Fällen bereits bei einer cytogenetischen Untersuchung erkennbar, in jedem Fall aber durch eine molekulargenetische Untersuchung (FISH) feststellbar ist. Es handelt sich um eine de-novo-Deletion.

Die Angaben zur Häufigkeit der einzelnen Merkmale beruhen vorwiegend auf einer Untersuchung an 27 Patienten (mittleres Alter 6.5 Jahre), über die in einer multidisziplinären Studie aus den USA berichtet wurde (Greenberg et al., 1996). Zu den Merkmalen des körperlichen Phänotyps gehören ein flaches Mittelgesicht, Brachycephalie, eine breite Nasenwurzel, breit angelegtes Gesicht mit ungewöhnlich geformten Ohren, zeltförmig geformter Oberlippe und einigen kleineren dysmophologischen Kennzeichen, die bei der Mehrzahl, aber nicht allen Patienten beschrieben werden. Darüberhinaus weisen viele Kinder und Jugendliche mit SMS eine Reihe von körperlichen Aspekten auf, die der regelmäßigen Beobachtung und ggfls. Behandlung bedürfen.

Tabelle 109: Körperlicher Phänotyp und Besonderheiten beim SMS (nach Chen et al., 1996; Greenberg et al., 1996)

körperlicher Phänotyp und Besonderheiten	%
flaches Mittelgesicht	93
Brachycephalie	89
breite Nasenwurzel	84
Mittelohr- und laryngeale Anomalien	81
rauhe Stimme	80
periphere Neuropathie (reduzierte Schmerz- und Temperaturempfindlichkeit)	75

Dazu gehören Sehbeeinträchtigungen, vor allem Strabismus und Kurzsichtigkeit, die bei mehr als 75 % vorliegen (Finucane et al., 1993). Hörbehinderungen leichten Grades wurden bei mehr als 60 % der Patienten, festgestellt (Chen et al., 1996). Greenberg et al. (1996) fanden bei 10/25 Patienten der genannten Untersuchung eine Schalleitungsschwerhörigkeit als Folge häufiger Mittelohrentzündungen, bei fünf Patienten eine Schallempfindungsschwerhörigkeit. Eine Neigung zu einer (allerdings leicht ausgeprägten) Skoliose wird in dieser und anderen Studien bei 65 % (der über 4-jährigen Kinder) berichtet, Herzfehler, Nierenfehlbildungen oder eine Schilddrüsenunterfunktion bei 25 bis 30 %. Bei drei Patienten (11 %) kam es im Laufe der Entwicklung zu cerebralen Krampfanfällen. Die Geburtsmaße sind normal. Im weiteren Verlauf der Entwicklung bleibt die Mehrzahl der Patienten mit SMS dann kleiner als der Durchschnitt der Altersgruppe. Über die langfristige Entwicklung liegen noch wenig Erfahrungen vor. Die dysmorphologischen Merkmale werden offenbar im Jugend- und Erwachsenenalter ausgeprägter. Die Lebenserwartung ist generell nicht eingeschränkt; in der Literatur sind mehrere ältere Erwachsene beschrieben, z. B. ein Patient mit 72 Jahren.

Die Diagnosestellung gelingt in den ersten Lebensjahren selten, da die dysmorphologischen Merkmale noch nicht sehr ausgeprägt sind. Eine allgemeine Hypotonie und Gedeihstörungen mit oral-motorischen Dysfunktionen, Abwehr gegen festere Nahrung und in einigen Fällen einem gastroösophagealen Reflux führen zwar früh zur Vorstellung beim Kinderarzt, sind aber unspezifisch. Weil die Kinder insgesamt einen wachen Eindruck machen und sozial sehr zugewandt sind – von den Eltern oft beschrieben als besonders hübsches und „perfektes", allerdings sehr schläfriges, passives Baby, das selten schreit und wenig vokalisiert –, kommt es zunächst nicht zu weiteren diagnostischen Untersuchungen. In einzelnen Fällen wird lediglich auf Grund des körperlichen Erscheinungsbildes eine cytogenetische Untersuchung zum Ausschluss eines Down-Syndroms durchgeführt, bei der die relativ kleine Deletion nicht selten unerkannt bleibt.

16.3 Kognitive und sprachliche Entwicklung

In der bereits erwähnten amerikanischen Studie wurde auch die Verteilung von Entwicklungs- und Intelligenztestergebnissen beim Smith-Magenis-Syndrom mitgeteilt. Dabei wurden sehr unterschiedliche Verfahren vom Bayley-Entwicklungstest über die McCarthy Scales of Children's Abilities bis zum Wechsler-Intelligenztest und der Vineland Adaptive Behavior Scale verwendet (Greenberg et al., 1996). *Die Entwicklungs-, bzw. Intelligenzquotienten schwankten zwischen 20 und 78. Bei elf der 25 Patienten lagen sie im Bereich einer mäßiggradigen intellektuellen Behinderung (IQ 40 bis 54), bei jeweils sieben Patienten darunter, bzw. darüber.* In den 18 Fällen, in denen der Wechsler-Test verwendet wurde, ergab sich kein Unterschied zwischen dem Verbal und Handlungs-IQ. Beide lagen im Mittel bei 55. Ebensowenig fanden sich signifikante Unterschiede in den Subskalen der Vineland-Scale hinsichtlich des Entwicklungsstandes der praktischen Fertigkeiten, der kommunikativen und der sozialen Fähigkeiten. Bei einer 30-jährigen Patientin wurde ein IQ > 70 ermittelt. Crumley (1998) berichtete über ein 12-jähriges Mädchen mit einem IQ im unteren Normbereich.

Dykens et al. (1997) untersuchten zehn Kinder mit der Kaufman Assessment Battery for Children (K-ABC). Sie fanden *relative Stärken in der Fertigkeitenskala, jedoch Schwächen bei Aufgaben, die sequenzielle Verarbeitung von Informationen prüfen* (z. B. akustisches und visuelles Kurzzeitgedächtnis). Ein ähnliches Fähigkeitsprofil findet sich jedoch auch bei Kindern mit anderen genetischen Syndromen, z. B. Jungen mit Fragilem-X-Syndrom, und ist nicht als spezifisch für Kinder mit SMS anzusehen. Ein Test zur Prüfung des expressiven Wortschatzes ergab ein im Durchschnitt um mehr als zwei Jahre höheres Entwicklungsalter als nach dem allgemeinen Intelligenztest zu erwarten war. Auch dies spricht für eine relative Stärke im Bereich erworbenen Wissens, wie sie auch bei anderen Syndromen festzustellen ist.

Tabelle 110 gibt die Ergebnisse der Kaufman-Skalen bei vier selbst untersuchten Kindern im Alter zwischen 5;8 und 9;0 Jahren wieder. Alle Gesamtergebnisse lagen im Bereich einer leichten intellektuellen Behinderung (IQ 50 bis 70). Die von Dykens et al. (1997) beobachteten relativen Stärken in der Fertigkeitenskala sowie relativen Schwächen bei Aufgaben, die sequenzielle Verarbeitung von Informationen prüfen, lassen sich aus diesen vier Untersuchungsergebnissen nicht erkennen. Festzuhalten ist, dass sich bei zwei der vier Kinder bei einer Wiederholungsuntersuchung im Alter von fast 12, bzw. 16 Jahren jeweils niedrigere Werte als bei der Ersttestung ergaben. Ihr intellektuelles Leistungsvermögen lag zu diesem Zeitpunkt im Bereich der mäßiggradigen intellektuellen Behinderung (IQ < 50).

Bei zwei im frühen Kindesalter selbst untersuchten Kindern verlief die Entwicklung der expressiven Sprache wesentlich langsamer als die der übrigen Fähigkeiten; im Profil der „Münchener Funktionellen Entwicklungsdiagnostik" wiesen sie deutlich niedrigere Werte in der entsprechenden Skala auf. Bei den übrigen Kindern, die zu Ende der Kindergartenzeit oder im Schulalter untersucht wurden, ergaben sich keine wesentlichen Unterschiede zwischen den sprachlichen Ausdrucksfähigkeit und den intellektuellen Fähigkeiten insgesamt.

Tabelle 110: Untersuchungsergebnisse von 4 Kindern mit SMS in der Kaufman-Assessment Battery for Children (K-ABC)

	A	B	C	D
Alter	5;10	5;8	7;0	9;0
Einzelheitliches Denken	73	73	79	61
Ganzheitliches Denken	53	51	64	57
Intellektuelle Fähigkeiten	63	62	71	59
Fertigkeiten	–	55	76	51
Handbewegungen	6	3	8	6
Gestaltschließen	4	3	11	10
Zahlen nachsprechen	8	6	5	3
Dreiecke	3	3	1	1
Wortreihe	3	8	7	2
Bildhaftes Ergänzen	4	3	3	7
Räumliches Gedächtnis	3	4	2	1

Udwin et al. (2001) berichteten über die kognitive Fähigkeiten und den Schulerfolg von 29 Kindern (13 Jungen und 16 Mädchen) im Alter von 6 bis 16 Jahren sowie 21 erwachsenen Patienten mit Smith-Magenis-Syndrom. Die Mehrzahl der Kinder gehörte zur Altersgruppe der 6- bis 11-jährigen.

Abbildung 85 zeigt die Verteilung der *Wechsler-Testergebnisse* in der Gruppe der Kinder. Bei sieben Kindern lag eine schwere intellektuelle Behinderung vor (IQ unterhalb der Testgrenze). Der mittlere IQ der übrigen Kinder lag bei 48.5 (SD = 5.1). Es fanden sich *keine signifikanten Unterschiede zwischen dem durchschnittlichen Verbal- und Handlungs-IQ* in der Gruppe. Auf Subtestebene ergaben sich relative Stärken bei Aufgaben, die allgemeines, sprachbezogenes Wissen und schlussfolgerndes Denken prüfen (allgemeines Wissen, Wortschatz, Gemeinsamkeitenfinden). Im Handlungsteil erreichten die Kinder bei Aufgaben, die einfaches Erfassen von unvollständigen Abbildungen prüfen (Bilderergänzen) höhere Ergebnisse als in den übrigen Subtests.

Fast alle Kinder besuchten Schulen für Kinder mit geistiger Behinderung. Sechs von ihnen waren in Heimsonderschulen aufgenommen. Lediglich drei Kinder besuchten integrative Klassen, davon zwei mit individueller zusätzlicher Assistenzkraft. Immerhin *16 Kinder hatten eine basale Lesefähigkeit erreicht*, neun Kinder konnten Wörter buchstabieren. Das mittlere Alter der Teilgruppe, die lesen konnte, lag bei 10;10 Jahren; das Lesevermögen entsprach dabei Kindern im Alter von etwa sieben Jahren, also dem Leseniveau erster Klassen. Die Kinder mit Lesefähigkeit unterschieden sich von den übrigen Kindern signifikant hinsichtlich ihres Alters, nicht aber in ihrem Intelligenztestergebnis. 12 Kinder haben eine unerwartet hohe Fertigkeit in der Arbeit mit dem Computer erreicht.

Die Testergebnisse der erwachsenen Patienten mit SMS waren nicht niedriger als die der Kinder; es ist also von einem stetigen Zuwachs intellektueller Fähigkeiten bei dieser Gruppe – anders als bei einigen anderen Syndromen – auszugehen. Allerdings hatten die Erwachsenen ein geringeres Maß an Unabhängigkeit erreicht, als angesichts ihres kognitiven Leistungsvermögens zu erwarten

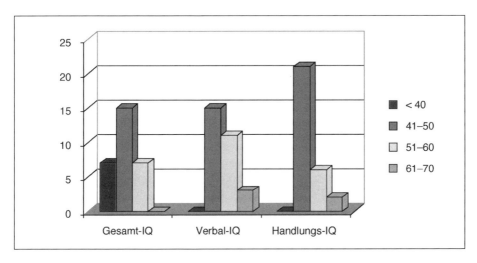

Abbildung 85: Verteilung von IQ-Werten (Wechsler-Test) bei 29 Kindern mit SMS (nach Udwin et al., 2001)

gewesen wäre. 11 von 19 Erwachsenen lebten noch zu Hause, acht in Heimeinrichtungen. Nur drei von ihnen konnten sich im Alltag selbst versorgen (Baden, Zähne putzen etc.), zwei von ihnen nach Anleitung Haushaltstätigkeiten ohne ständige Aufwicht übernehmen. Zwei konnten sich selbst eine Mahlzeit zubereiten, sechs sich selbstständig anziehen. Keiner der Erwachsenen war in der Lage, sich selbstständig im Straßenverkehr zu bewegen; nur einer konnte nach Einschätzung der Betreuer länger als eine Stunde zu Hause allein gelassen werden. Ein Erwachsener erhielt einen betreuten Arbeitsplatz als Küchenhelfer, alle anderen arbeiteten in speziellen Werkstätten. Die Entwicklung größerer Selbstständigkeit im Erwachsenenalter wird u. U. durch die ausgeprägten Anpassungs- und Verhaltensprobleme, die viele Patienten mit SMS zeigen, nachhaltig gehemmt.

Sonies et al. (1997) berichten über die oralmotorischen und sprachlichen Fähigkeiten von 14 Kindern mit SMS im Alter von 6 bis 16 Jahren. Alle Kinder zeigten oral-motorische Dysfunktionen der Zungenbeweglichkeit, oft verbundenen mit persistierendem Speicheln und schlechtem Mundschluss. Die Eltern der Kinder berichteten, dass sie mehrfach unter *Mittelohrentzündungen* zu leiden hatten. Eine operative Versorgung mit Paukenröhrchen war bei 11/13 Kindern nötig. Bei neun Kindern lag zum Zeitpunkt der Untersuchung eine Schalleitungsproblematik vor, bei drei Kindern eine Schallempfindungsschwerhörigkeit. Die sprachliche Entwicklung verlief bei 10 von 12 Kindern, die sich sprachlich verständigen konnten, verzögert. Zwei Säuglinge, die diese Stufe noch nicht erreicht hatten, bildeten auffallend wenig Laute. Die Sprache war überwiegend hypernasal mit überhastetem Sprechtempo und „explosivem Poltern" beim Sprechen.

Die *sprachliche Entwicklung unterscheidet sich in ihrem Verlauf wohl nicht von der kognitiven Entwicklung* der Kinder im Allgemeinen. Dykens et al. (1997) und Greenberg et al. (1996) stellten keine Unterschiede zwischen dem Entwicklungsalter der kommunikativen Fähigkeiten und der sozialen, bzw. praktischen Fertigkeiten bei der Verwendung der Vineland Adaptive Behavior Scale fest.

16.4 Verhaltensprobleme

Viele Kinder, Jugendliche und Erwachsene mit Smith-Magenis-Syndrom entwickeln eine Fülle von problematischen Verhaltensweisen, die eine kontinuierliche Belastung für ihre Familien, Lehrer und Betreuer darstellen. Sie sind bereits im frühen Kindesalter zu beobachten.

Willekens et al. (2000) berichteten über drei Kinder im Alter von vier Jahren. Sie wurden als überaktiv, impulsiv und leicht ablenkbar geschildert, leicht reizbar, neigten zu aggressiven Verhaltensausbrüchen und Selbstverletzungen durch Kopfschlagen und Handbeißen. Darüberhinaus wurden unterschiedliche stereotype Verhaltensweisen genannt, z. B. exzessives Saugen an der Zunge, Körperschaukeln, Bohren mit dem Finger oder Gegenständen in Mund oder Nase.

> **Beispiele**
>
> Sven wurde mit 4;11 Jahre vorgestellt. Auf Grund einer Entwicklungsverzögerung und der auffälligen Verhaltensformen wurde mit 2;10 Jahren eine genetische Untersuchung vorgenommen, bei der die Diagnose gestellt wurde. Seine Entwicklung war von Anfang an verlangsamt. Die Eltern sorgten sich bereits im Säuglingsalter um seine soziale Entwicklung. Er war sehr ruhig, zeigte kaum Interesse an Gegenständen oder den Menschen seiner Umgebung, lächelte nicht und mochte nicht auf den Arm genommen werden. Dies besserte sich nach dem ersten Geburtstag, die Entwicklung blieb aber verzögert. So benutzte er zum Zeitpunkt der Vorstellung Ein- und Zweiwortsätze und hatte einige Gesten zur Verständigung gelernt.
>
> Mit zwei Jahren begannen heftige Wutausbrüche und Kopfschlagen. Er forderte sehr viel Aufmerksamkeit, war sehr stur, wollte alles kontrollieren. Sein Verhalten gegenüber der Mutter war extrem ambivalent. Er war leicht ablenkbar, sehr aktiv und impulsiv, reagierte auf Grenzen mit Aggressionen, schlug andere Kinder und Erwachsene, zog an ihren Haaren und kniff sie. Wenn er sich aufregte, wurde er ganz steif und biss in seine Handgelenke. Oft verfiel er in stereotype Verhaltensweisen wie Körperschaukeln, kniff sich in die Nase, steckte alle möglichen Dinge in den Mund. In der Nacht wachte er sehr oft auf, war dagegen tagsüber müde.

Impulsivität, aggressives Verhalten, Wutanfälle, Aufmerksamkeit fordernde Verhaltensweisen jeder Art, Hyperaktivität, Schlafstörungen, Stereotypien und selbstverletzende Verhaltensweisen wurden bereits in den frühen klinischen Beschreibungen des SMS als charakteristisch angegeben. Während einige dieser Verhaltensweisen zu den weitverbreiteten Problemen bei Kindern mit intellektueller Behinderung gehören, sind andere sehr ungewöhnlich (Tabelle 111).

So machten Finucane et al. (1994) auf *spezifische Stereotypien* aufmerksam, die sie bei elf Patienten (7 bis 51 Jahre) beobachteten. Sieben von ihnen machten häufig Bewegungen, die sie als „sich selbst umarmen" beschrieben (*Verschränken der Arme und Drücken des Oberkörpers in verkrampfter Form* für mehrere Sekunden). Bei vier anderen Patienten kam es zu einem Falten der Hände, Verschränken der Finger und Zusammenpressen in Höhe des Kinns. Beide Formen gingen mit Grimassieren einher und traten mit hoher Frequenz auf. So wurden sie bei einem 16-jährigen Mädchen z. B. innerhalb einer Stunde 98-mal beobachtet während eines Fußballspiels, das sie in der Schule verfolgte.

Die höchste Rate trat dabei auf, während sie zu den Zuschauerplätzen ging, bzw. in der Zeit, in der sie sich auf die Rückkehr vorzubereiten hatte, d. h. in Zeiten des Übergangs. Die Stereotypien ließen nach, als ihre Aufmerksamkeit durch die Beobachtung des Spiels abgelenkt war. Sie haben den Charakter von Tics und ähneln nicht den Selbststimulationen, die bei Kindern oder Erwachsenen mit autistischem Syndrom zu beobachten sind. Eine anderes stereotypes Verhaltensmuster, das Dykens et al. (1997) bei fast allen von ihnen untersuchten Patienten während (Test-) Leistungsanforderungen beobachteten, beschrieben sie als „lick-and-flick-behavior" (Saugen an der eigenen Hand und exzessives Blättern und Wedeln mit Buchseiten).

Tabelle 111: Herausfordernde, belastende Verhaltensformen beim SMS (nach Dykens & Smith, 1998)

Verhaltensformen	%
Aufmerksamkeit forderndes Verhalten	100
geringe Lenkbarkeit	97
Hyperaktivität	94
Wutanfälle	94
geringes Schlafbedürfnis	94
zerstörerisches Verhalten	86
Impulsivität	86
Einnässen	80
selbstverletzendes Beißen	77
selbstverletzendes Schlagen	71
Kopfschlagen	68
exzessives In-den-Mund-Stecken von Objekten	69
stereotypes Saugen an den Fingern und Wedeln	51
stereotypes Sich-selbst-Umarmen	46
Nägelausreißen	30
selbstverletzendes Einführen von Dingen in Körperöffnungen	25

Eine zweite Gruppe sehr ungewöhnlicher Verhaltensweisen umfasst die Neigung von Kindern, Jugendlichen und Erwachsenen mit SMS, *sich die Finger- oder Zehennägel selbst auszureißen (Onychotillomanie), bzw. sich Gegenstände in alle erreichbaren Körperöffnungen zu stecken (Polyembolokoilamanie)*. Exzessive Verhaltensformen dieser Art sind mit einer fehlenden oder sehr verminderten Schmerzwahrnehmung zu erklären, die bei etwa 75 % der Patienten mit SMS beschrieben wird (Greenberg et al., 1996). Sie können extreme Formen annehmen. So sind einzelne dramatische Ereignisse berichtet worden, bei denen ein Kind eine Wand oder eine Glastür in einem Wutanfall durchschlagen hat; in anderen Fällen ist es zur Anzeige wegen des Verdachts auf Kindesmisshandlung oder -missbrauch gekommen auf Grund der Verletzungen, die sich das Kind selbst zugefügt hatte.

Die *problematischen Verhaltensweisen sind bei Kindern und Jugendlichen mit SMS stärker ausgeprägt* als z. B. bei Kindern mit Prader-Willi-Syndrom oder Kindern mit intellektueller Behinderung unterschiedlicher Ursache (Dykens & Smith, 1998). Bei 89 % der Kinder mit SMS lagen die CBCL-Werte im klinisch auffälligen Bereich. Das traf auf 71 % der Kinder mit PWS und nur 28 % der Kinder der Kontrollgruppe zu. Eine Diskrimanzanalyse auf der Basis von 12 Verhaltensweisen erlaubte eine zuverlässige Identifikation von Patienten mit SMS in der Gesamtgruppe.

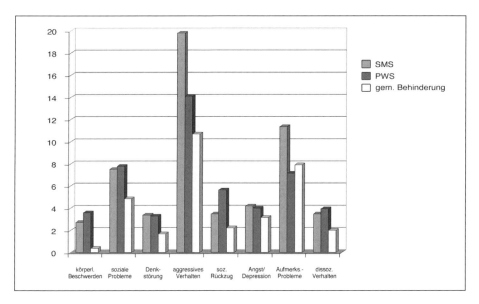

Abbildung 86: Verhaltensauffälligkeiten bei Kindern und Jugendlichen mit Smith-Magenis-Syndrom und anderen Behinderungsformen (CBCL; Dykens & Smith, 1998)

Clarke und Boer (1998) verwendeten in einer Vergleichsuntersuchung von 21 Patienten mit SMS (durchschnittliches Alter 14.5 Jahre) die Aberrant Behavior Checklist (ABC). Sie verglichen die Angaben der Eltern und Betreuer mit denen von Patienten mit Prader-Willi- und Cri-du-Chat-Syndrom. Die Skalenwerte für Irritabilität und Unruhe, stereotype Verhaltensweisen, unangemessene sprachliche Äußerungen und Hyperaktivität/Oppositionelles Verhalten waren durchweg höher als in beiden Vergleichsgruppen (Tabelle 112).

Dykens und Smith (1998) und Finucane et al. (2001) analysierten die stereotypen und selbstverletzenden Verhaltensformen genauer mit Hilfe standardisierter Fragebogen. 92 % der Patienten zeigten mindestens eine Form selbstverletzenden Verhaltens. Handbeißen, Kopfschlagen, Kneifen und Nägelbeißen gehörten zu den häufigsten autoaggressiven Verhaltensweisen. Alle Patienten wiesen Stereotypien auf. Mehr als die Hälfte lutschten an ihren Händen oder an Gegenständen. Ebenso oft waren Zähneknirschen und die oben beschriebenen ungewöhnlichen, syndromspezifischen Stereotypien („lick-and-flick-behavior" und „self-hug") zu beobachten. Sich schlagen, Kratzen und Nägelbeißen war bei älteren Patienten häufiger und bei Patienten mit höherem IQ.

Tabelle 112: Vergleich zwischen Patienten mit SMS, PWS und Cri-du-Chat-Syndrom (Aberrant Behavior Checklist, Clarke & Boer, 1998)

	Cri-du-Chat		Prader-Willi		Smith-Magenis	
	M	SD	M	SD	M	SD
Irritabilität, Agitation	13.21	9.05	14.59	11.90	21.67	11.16
Lethargie, Rückzug	5.24	6.85	6.71	7.59	7.47	5.29
stereoypes Verhalten	5.29	5.25	1.55	2.49	7.00	4.55
Hyperaktivität / Opposition	21.68	10.88	7.60	6.27	26.10	10.13
auffällige Sprache	2.39	3.48	4.20	3.44	6.10	3.66

Beispiele

Jan wurde mit zehn Jahren vorgestellt. Seine Körpermaße lagen unter der 3. Perzentile. Er hatte eine Intelligenzminderung mäßigen Grades und besuchte eine Schule für Geistigbehinderte. Vorstellungsgrund waren anhaltende schwere Verhaltensstörungen. In der Entwicklungsanamnese berichteten die Eltern, dass er bereits mit sechs Wochen gelächelt habe, mit 10 Monaten sitzen, mit 14 Monaten krabbeln und mit 16 Monaten laufen konnte. Seine ersten Worte sagte er mit 18 Monaten, Zweiwortsätze mit drei und kurze Sätze mit vier Jahren. Jan war als Baby schlecht zu füttern, wirkte unausgeglichen und war schlecht zu beruhigen. Mit 18 Monaten trat erstmals selbstverletzendes Verhalten auf. Er begann sich zu beißen, zu kratzen und sich Haare auszuziehen. Seine Wutanfälle waren kaum zu beherrschen. Er zerstörte Möbel und bohrte sich die Finger in die Augen. In der Nacht kam er nur für 3 bis 4 Stunden zur Ruhe. Medikamente zur Besserung der sozialen Verhaltensweisen und der Schlafstörungen brachten keine Hilfe.

Tina wurde mit 5;6 Jahren vorgestellt. Es handelte sich um ein ehemals frühgebores Mädchen aus der 32. Schwangerschaftswoche, deren Entwicklung von Anfang an verzögert verlaufen war. Sie vermochte mit zehn Monaten zu sitzen, mit 17 Monaten zu krabbeln und erreichte das freie Laufen mit 2;7 Jahren. Die ersten Zweiwortverbindungen wurden mit 3 1/2 Jahren gebildet. Die Ernährung gestaltete sich sehr schwierig. Tina ließ sich schlecht mit der Flasche füttern und schrie häufig, ohne sich trösten zu lassen. Ihr Schlafverhalten während der ersten 1 1/2 Jahren war extrem unruhig und belastete die Familie sehr. Mit zwei Jahren kam es gehäuft zu Kopfschlagen. Zum Zeitpunkt der Vorstellung konnte sie längere Sätze bilden, sich teilweise selbstständig anziehen und besuchte einen integrativen Kindergarten. Die Schlafstörungen bestanden weiterhin, tagsüber kam es jedoch nicht mehr zu schwerwiegenden Verhaltensproblemen.

Tabelle 113: Selbstverletzendes Verhalten beim SMS (Finucane et al., 2001)

Verhalten	%
Handbeißen	93.1
Schlagen an den Kopf	62.1
Kopfschlagen	55.2
Skin picking	51.7
Nägelreißen	48.3
Haare ausreißen	34.5
Ausreißen von Zehennägeln	34.5
Einführen von Objekten in die Ohren	31.0
Einführen von Objekten in die Vagina	21.1
Einführen von Objekten in die Nase	17.2
Einführen von Objekten in das Rectum	3.5

Die Beobachtung einer Zunahme mit dem Alter und Entwicklungsniveau widerspricht den Erfahrungen, die bei anderen Patienten mit intellektueller Behinderung gemacht werden, und verdeutlicht nochmals die besondere Neigung zu selbstverletzendem Verhalten als Aspekt des Verhaltensphänotyps beim SMS. Angesichts dieser sehr belastenden Verhaltensprobleme ist verständlich, dass bei dieser Gruppe von Kindern auch nach medikamentösen Behandlungsmöglichkeiten gesucht wurde. Greenberg et al. (1996) berichten, dass sich Psychostimulantien zur Kontrolle des impulsiven und überaktiven Verhaltens in der Regel nicht bewährt haben. Thioridazin hat generell sedierende Effekte bei einigen Patienten. Versuche mit Carbamazepin waren teilweise erfolgreich, in einigen Fällen aber nur vorübergehend. Bei drei Patienten wurde eine Besserung durch einen Serotonin-Reuptake-Hemmer erreicht.

Auch wenn Fragebögen verwendet werden, die speziell für Kinder mit intellektueller Behinderung entwickelt wurden und entsprechende Referenzwerte angeben, erweisen sich Kinder mit SMS als eine Gruppe mit besonders stark ausgeprägten herausfordernden Verhaltensweisen. Bei sieben Patienten im Alter von 6, 9, 11, 13 17 und 18 Jahren konnten wir die Nisonger Child Behavior Rating Form (NCBRF) auswerten. *Sechs der 7 Kinder und Jugendliche erreichten in den Skalen „oppositionell-aggressives Verhalten" und „Hyperaktivität", alle sieben in den Skalen „soziale Unsicherheit/Ängste", „selbstverletzendes und stereotypes Verhalten" sowie „zwanghaftes Verhalten" und „Reizüberempfindlichkeit" überdurchschnittliche Werte.* Bei vier der sieben Patienten ergaben sich für mindestens zwei Skalen weit überdurchschnittliche Werte (PR > 85 im Vergleich zu anderen Kindern und Jugendlichen mit geistiger Behinderung gleichen Alters), bei einem Kind traf dies für fünf der sechs Skalen zu.

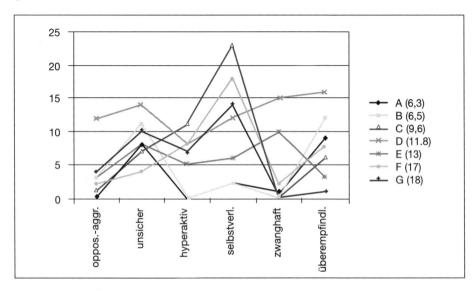

Abbildung 87: Überdurchschnittliche Ausprägung von Verhaltensproblemen bei 7 Kindern und Jugendlichen mit SMS (NCRBF; Alter der Kinder in Klammern; transformierte Daten mit Mittelwert = 0, weit überdurchschnittlich > 10)

Ein zusätzliches Problem stellen schwere *Schlafstörungen* dar. Sie werden bei 75 % der Patienten berichtet (Greenberg et al., 1996). Dazu gehören Einschlafschwierigkeiten, häufiges und langes nächtliches Aufwachen, excessive Schläfrigkeit tagsüber. Polysomnographische Untersuchungen bestätigten die Elternberichte und fanden REM-Schlafstörungen bei 57 % der Untersuchungsgruppe. Smith et al. (1998) baten die Eltern und Betreuer von 39 Patienten (2 bis 32 Jahre; mittleres Alter 10.5 Jahre) um eine ausführliche Dokumentation des Schlafverhaltens (Tabelle 114). Im Durchschnitt waren die Kinder, Jugendlichen und Erwachsenen mit SMS mehr als zweimal in der Nacht wach und brauchten mehr als 30 Minuten, um wieder in den Schlaf zu finden; die Gesamtschlafdauer lag unter 8 Stunden. Tabelle 114 zeigt jedoch die erhebliche Variabilität in den Eltern- und Betreuerangaben.

Tabelle 114: Schlafparameter bei 39 Patienten mit SMS (Smith et al., 1998)

Schlafparameter	Mittelwert	Schwankung
Aufwachzeit	5.30 Uhr	2.00–7.00
Schlafdauer (in Std.)	7.77	3.5–10.5
Häufigkeit des Aufwachens in der Nacht	2.29	0–18
Zeit bis zum Wiedereinschlafen (Min.)	31.4	0–180
Häufigkeit von Schläfchen tagsüber	1.4	1–6

Mit zunehmendem Alter nahm die Häufigkeit des nächtlichen Aufwachens sowie die Zahl der Schläfchen tagsüber zu, die Gesamtschlafdauer ab. Die Zunahme des Schlafbedürfnisses am Tage bei Kindern und Jugendlichen über 10 Jahre ist ungewöhnlich. Darüberhinaus wurde bei 82 % der Patienten Einnässen berichtet, bei 69 % exzessives Schnarchen, bei 68 % exzessive Müdigkeit am Tage. Bei 59 % – vor allem bei den Kindern über zehn Jahren – wurden Medikamente zur Verbesserung des Schlafs eingesetzt. Exzessives Schlafen korreliert mit aggressivem Verhalten und Aufmerksamkeitsproblemen tagsüber; Kinder und Jugendliche mit ausgeprägten Ein- und Durchschlafproblemen haben insgesamt ausgeprägtere Verhaltensprobleme (CBCL; Dykens & Smith, 1998). Der Grad an Schlafproblemen erweist sich statistisch als stärkerer Prädiktor für die Ausprägung von Verhaltensproblemen als z. B. der Grad der intellektuellen Behinderung.

Eine effektive Behandlung der Schlafstörungen beim Smith-Magenis-Syndrom zu finden, wäre somit eine große Erleichterung für Eltern und Kinder. Die abnormen REM-Schlaf-Muster, Störungen des Schlafzyklus sowie erste Untersuchungen zu einem verschobenen Rhythmus der Melatonin-Ausschüttung mit Spitzenwerten am Tage, die bei sechs Patienten mit SMS gefunden wurden (Potocki et al., 2000), sind Hinweise auf eine Störung der biologischen Schlafregulation (circadianer Rhythmus). Erste Erfahrungen von Eltern mit einer unsystematischen Melatonin-Gabe sprechen für einen therapeutischen Erfolg. In einer Studie an neun Patienten mit SMS mit Acebutolol gelang eine Unterdrückung der Ausschüttung von Melatonin tagsüber und nach Einschätzung der Eltern eine Besserung des Verhaltens (de Leersnyder et al., 2001).

16.5 Elternbelastung und -bedürfnisse

Die schweren nächtlichen Schlafstörungen von Kindern mit SMS stellen eine der Hauptbelastungen der Eltern dar. Sie berichten über Schlafmangel und eigene Schlafstörungen sowie die Notwendigkeit, den Schlafraum des

Kindes so auszustatten, dass es zu keiner Gefährdung kommt, wenn das Kind in der Nacht aufsteht. Viele von ihnen räumen alle kleineren Gegenstände in der Nacht weg, verschließen die Tür und bringen einen „Türspion" an, um das Kind beaufsichtigen zu können, ohne den Schlafraum betreten zu müssen, oder besonders undurchlässige Vorhänge, um ihn vollständig abzudunkeln.

Generell ist die elterliche Belastung höher als bei anderen Kindern mit intellektueller Behinderung. Hodapp et al. (1998) befragten die Eltern von 36 Kindern (mittleres Alter 8;35 Jahre) mit einem standardisierten Fragebogen („Questionnaire on Resources and Stress"). Sie berichteten ein hohes Maß an Familienbelastung und Einschränkungen auf Grund der Behinderung des Kindes und Zweifeln, ob die zukünftigen Belastungen bewältigt werden können. Ihre Werte lagen wesentlich höher als in Studien bei Familien mit unterschiedlich behinderten Kindern gleichen Alters. Die Autoren analysierten die Zusammenhänge zu verschiedenen Merkmalen der kindlichen Behinderung. Dazu wurden die Eltern gebeten, die kommunikativen, lebenspraktischen und sozialen Fähigkeiten einzuschätzen (Vineland Adaptive Behavior Scales) sowie die belastenden Verhaltensprobleme des Kindes (CBCL). Die Belastung wurde subjektiv als umso höher erlebt, je ausgeprägter die Behinderung der sozialen Entwicklung des Kindes ist sowie die Problematik seines Verhaltens (sozialer Auffälligkeiten, Aufmerksamkeitsprobleme, aggressives Verhalten). Außerdem fühlten sich die Eltern besonders belastet, deren Kinder ausgeprägte Schlafstörungen hatten.

Systematische Studien zu Verhaltensproblemen im Unterricht und spezifischen pädagogischen Interventionen beim SMS fehlen noch weitgehend. Einige Hinweise sind im Newsletter der amerikanischen Elternvereinigung von einem Team von Sonderpädagogen veröffentlicht worden, die mehrere Kinder mit SMS unterrichten (Haas-Gilver, 1994). Sie entsprechen allerdings weitgehend denen, die sich auch bei anderen Kindern mit intellektueller Behinderung und impulsivem, hyperaktivem Verhalten bewähren. So empfiehlt sich eine Unterrichtung in möglichst kleinen Lerngruppen mit klarer Strukturierung der Förderaktivitäten sowie die Unterstützung des Lernprozesses durch Bilder und andere Veranschaulichungshilfen, die dem visuellen Auffassungsvermögen dieser Kinder entgegenkommen. Außerdem gilt es die kritischen Auslösebedingungen für Wutanfälle zu analysieren und sie auf Übergänge und Veränderungen im Alltag systematisch vorzubereiten.

Eltern und Lehrer von Kindern und Jugendlichen mit SMS betonen andererseits die positiven Seiten der Persönlichkeit dieser Gruppe von Kindern. Viele suchen den sozialen Kontakt mit freundlichem Lächeln und Blickkontakt, bemühen sich, dem Erwachsenen zu gefallen, und haben oft einen Sinn für Humor. Sie können sich gut die Namen von Mitschülern, Lehrern usw. merken und sind begeisterungsfähig, wenn sie an technischen Geräten wie Computern oder Videogeräten arbeiten können.

Beispiele

Craig wies bereits bei der Geburt einige leichte dysmorphe Zeichen auf, so dass die Eltern von Anfang nach einer Ursache für Entwicklungsauffälligkeiten suchten. Die betreuenden Kinderärzte fanden jedoch keine Erklärung; auch eine routinemäßig durchgeführte chromosomale Untersuchung war unauffällig. „Die ersten Jahre waren ein Alptraum voller Angst und Unsicherheit. Craigs Entwicklung war leicht retardiert und zeigte viele autistische Merkmale. Mit zwei Jahren stand seine Schlafstörung im Vordergrund. Er begann, mit dem Kopf zu schlagen ohne erkennbaren Grund. Wir hatten große Sorge, dass er geistigbehindert sei. Manchmal zeigte er jedoch ganz unerwartete Fähigkeiten, z. B. lernte er mit 4 Jahren einzelne Wort lesen, so dass wir diese Möglichkeit immer wieder verdrängten. Die Unsicherheit war jedoch eine Tortur. Manchmal beneidete ich die Eltern von Kindern mit Down-Syndrom; sie hatten jedenfalls eine gewisse – wenn auch schmerzhafte – Klarheit.

Mit elf Jahren stieß ich dann zufällig auf Beschreibungen von Kindern mit Smith-Magenis-Syndrom – und fand so vieles, was auf meinen Sohn passte. Die molekulargenetische Untersuchung brachte dann endlich Gewissheit. Der größte Vorteil war, jetzt mit anderen Familien zusammenkommen zu können, deren Kinder die gleiche Entwicklungsstörung hatten. Auch die Information, dass unsere Tochter kein erhöhtes Risiko hat, dass ihre Kinder ebenfalls das Smith-Magenis-Syndrom haben werden, war uns eine große Erleichterung.

Im Rückblick weiß ich nicht, ob es mir eine Hilfe gewesen wäre, um die Diagnose bereits im Säuglingsalter zu wissen. Ich stelle mir vor, dass es sehr erschreckend sein muss, Literatur und Berichte über das SMS zu lesen, wenn das eigene Kind noch sehr klein ist. Andererseits hätten wir wohl die Förderung spezieller auf seine Bedürfnisse abstimmen können, wenn wir um seine Behinderung gewusst hätten. So verlor er sein linkes Auge wegen einer Netzhautablösung als Folge der Kurzsichtigkeit und des häufigen Kopfschlagens. Niemand hatte uns gesagt, dass diese Gefahr bestand, wenn Kurzsichtigkeit und selbstverletzendes Verhalten zusammentreffen. So machten wir das, was man uns sagte, nämlich das Kopfschlagen zu ignorieren. Vielleicht hätten wir durch ein anderes Vorgehen seine Augen besser schützen können. Auch hätten wir uns vielleicht früher zu Medikamenten entschließen können. Als wir kurze Zeit nach der Netzhautablösung einen Versuch mit Clonidin machten, besserte sich sein Verhalten erheblich und das Familienleben wurde insgesamt viel leichter."

17 22q11-Deletion (Velocardiofaciales Syndrom)

17.1 Einzelfälle

Dennis (3;6 Jahre)

Dennis wurde nach problemloser Schwangerschaft als Frühgeborenes in der 33. SSW (GG 1870 g) geboren. Kurz nach der Geburt wurde ein komplexes Herzvitium diagnostiziert, so dass der Jungen auf die Intensivstation eines Herzzentrums verlegt und im Alter von drei Monaten operiert werden musste. Auf Grund der Art des Herzfehlers und verschiedener Dysmorphiezeichen wurde eine Chromosomenanalyse durchgeführt, welche eine Microdeletion 22q11 zeigte.

Die Entwicklung verlief zunächst nur leicht verzögert. Er wirkte nach der Rekonvaleszenz von der schweren Herzoperation bald aufmerksam und an seiner Umwelt interessiert, untersuchte kleine Gegenstände ausgiebig, begann zu robben und sich Objekte heranzuholen. Die Aufrichtung setzte allerdings erst sehr spät ein. Mit 18 Monaten erreichte er das freie Sitzen und mit 26 Monaten das freie Laufen.

Bei einer ersten entwicklungspsychologischen Untersuchung im Alter von 15 Monaten lässt er sich auf die Spielangebote des Untersuchers gerne ein, sucht Dinge unter einer Abdeckung, holt etwas aus einem kleinen Behälter, sucht ihn mit einem Deckel zu schließen und etwas in ein Steckbrett zu stecken. Diesen Fähigkeiten wird ein kognitiv-perzeptiver Entwicklungsstand von 10 bis 12 Monaten zugeordnet. Bei der Ausführung feinmotorisch anspruchsvoller Tätigkeiten braucht er aber noch Unterstützung. Auffallend ist, dass er wenig sozial-kommunikative Initiative zeigt. Er nimmt Blickkontakt auf, dreht sich weg, wenn er etwas nicht mag, setzt aber noch keine Geste ein, um den Wunsch nach einem Spielzeug oder der Fortsetzung eines Spiels auszudrücken. Selbst beim Angebot von Seifenblasen, die ihn sichtlich beeindrucken, bleibt er zurückhaltend. Die Lautbildung ist noch wenig differenziert, zu hören sind einzelne Silben.

Auch mit zwei Jahren findet sich ein deutlicher Unterschied zwischen seinen sprachlichen Ausdrucksfähigkeiten und seinen Handlungskompetenzen. Er bildet nun einige wenige zweisilbige Wortannäherungen, die für seine Eltern erkennbar sind (z. B. „Mama", „mimi" = Flasche, „kake" = Jacke, „ich" = Licht). Im Übrigen beschränken sich seine Verständigungsversuche darauf, dem Untersucher etwas zu übergeben als Bitte um Hilfe, wenn ihm etwas nicht selbst gelingt. Ausgiebig erkundet er für sich allein Spielsachen, bei denen er durch Drücken, Schieben etc. interessante Effekte erzielen kann, beschäftigt sich mit Vorliebe mit technischen Geräten wie Fernbedienung, PC oder Cassettenrecorder. Er weiß um räumliche Zusammenhänge, steckt Scheiben auf, fügt eine Kugel in ein entsprechendes Loch der Formenkiste ein, versucht sich an anderen Formen, wendet sich aber rasch ab, wenn ihm die Tätigkeit nicht sofort gelingt, wirft sie weg, wehrt auch die Hilfestellung durch den Untersucher ab. Symbolische oder nachahmende Spiele mit der Puppe finden nicht sein Interesse.

Die ausweichenden Verhaltensweisen erschweren auch das gemeinsame Spiel von Eltern und Kind. Zusätzlich belastet ist die Beziehung durch eine nächtliche Durchschlafstörung. Er wacht zwischen zwei und vier Uhr in der Nacht auf, sitzt dann weinend im Bett und ist kaum zu beruhigen.

Mit fast zweieinhalb Jahren besucht er eine Kindergruppe, die 15 Kinder im Alter zwischen 18 Monaten und drei Jahren umfasst. Die Eingewöhnung fällt ihm sehr schwer, er weint anhaltend, wenn er sich am Morgen von der Mutter trennen muss und im Laufe des Tages, wenn er sich unbehaglich fühlt. Die Auslöser sind für die Erzieherinnen oft schwer nachzuvollziehen. Er breche manchmal unvermittelt in ängstliches Weinen aus und sei untröstlich, als ob er von einem Moment auf den anderen „von einem negativen Gefühl überfallen würde". Wütend und anschließend weinend reagiert er darüberhinaus, wenn ihm etwas misslingt oder herunterfällt. Umgebungswechsel verunsichern ihn sichtlich. Mit den Arbeitsmaterialien beschäftigt er sich ausdauernd, oft repetitiv. Er sucht Hilfe durch Gesten, wenn er nicht weiter kommt, setzt aber noch keine Worte ein und nimmt keinen aktiven Kontakt zu den anderen Kindern der Gruppe auf.

Eine erneute entwicklungsdiagnostische Einschätzung zeigt erhebliche Fortschritte in den perzeptiven und kognitiven Fähigkeiten. Er kann jetzt einfache symbolische Spielhandlungen kombinieren, setzt z. B. eine Figur auf einen Traktor, belädt den Anhänger, deckt einen Tisch mit einer kleinen Gabel, einem Messer und einem Teller und ordnet runde und eckige Formen entsprechenden Öffnungen zu. Sein Wortschatz umfasst nun mehr als 50 Begriffe und erste Zweiwortverbindungen, z. B. „Papa Arbeit", „Mama auf". In der Untersuchungssituation ist er jedoch sehr scheu und weicht dem Kontakt aus, so dass die Fähigkeitseinschätzung nur indirekt über eine Beobachtung des Spiels mit den Eltern gelingt.

Im Alter von 3 $1/2$ Jahren sind die Trennungsschwierigkeiten – laut Bericht der Erzieherinnen – zwar abgeklungen, er sei aber noch immer sehr auf gleichbleibende Gewohnheiten angewiesen und nehme kaum von sich aus Kontakt zu den anderen Kindern der Gruppe auf. Auf Misserfolge und Veränderungen reagiert er weiterhin heftig, wirft die Gegenstände oft weg und weint untröstlich, was die sozialen Beziehungen in der Gruppe und in der Familie belastet. Die Beurteilung seiner Fähigkeiten ist wiederum nur indirekt möglich, indem eine Spielsituation mit dem Vater vorstrukturiert wird.

Die Handlungskompetenz entspricht etwa der Stufe 2-jähriger Kinder, ebenso der Wortschatz zur Benennung von Abbildungen. Es fällt eine Neigung zu repetitiven Handlungen auf; er wiederholt einzelne kleine Rollenspielhandlungen wie das Füttern einer Figur viele Male, ohne sie zu variieren. Die Eltern berichten, zu Hause ziehe er sich häufig auf den Umgang mit seinem Lieblingskuscheltier oder seiner Spielzeugeisenbahn, bzw. einen Bagger zurück und sei davon nicht mehr abzubringen.

Seinen eigentlich verfügbaren großen Wortschatz setzt er kaum im Dialog mit dem Erwachsenen ein, um Wünsche auszudrücken, nachzufragen oder etwas von sich aus zu kommentieren. Wenn er die Hilfe des Erwachsenen braucht, macht er stattdessen eine auffordernde Geste und schaut ihn an. Bei unmittelbaren Aufforderungen, einzelne Bilder zu benennen, reagiert er ausweichend, wedelt mit den Armen oder klopft auf den Tisch, als ob er damit ausdrücken wolle, dass er unmittelbar das nächste Bild sehen möchte. Bei wiederholter Aufforderung benennt er dann einige Bilder widerstrebend und unter Jammern mit „Stuhl", „Haus", „Kaffee" u. Ä. Es ist schwierig einzuschätzen, was er wirklich zuverlässig versteht.

Tobias (7;11 Jahre)

Eine Sprachentwicklungsverzögerung ist der Grund, der zur Vorstellung von Tobias in einer Fachambulanz im Alter von 3 ½ Jahren führt. Die statomotorische Entwicklung sei unauffällig gewesen. Er habe mit 12 Monaten das freie Laufen erreicht, habe sich aber beim Erwerb von praktischen Fertigkeiten des täglichen Lebens (Anziehen, Knöpfe schließen, Dreirad schieben) schwer getan. Er habe spät zu sprechen begonnen und sich bis zum Ende des dritten Lebensjahres mit Zweiwortkombinationen verständigt. Erst danach sei er zu Sätzen übergegangen, die aber noch nicht grammatisch korrekt gebildet werden. Ein offenes Näseln, welches sich auch nach Operation einer submukösen Gaumenspalte nicht geändert habe, und multiple Lautbildungsprobleme machen die Sprache schwer verständlich. Die Entwicklung war erschwert durch eine langdauernde Schalleitungsschwerhörigkeit bei Tubenfunktionsproblemen. Auch das Spielverhalten bereitete den Eltern Sorge. Er konnte sich wenig allein beschäftigen und musste ständig angeregt werden. Auch im Kindergarten, den er seit kurzem besucht, schaue er den anderen Kindern zu, ohne mitzuspielen. Die humangenetische Untersuchung ergibt eine Microdeletion 22q.

Eine psychologische Untersuchung im Alter von 5;2 Jahren erfolgt mit den McCarthy Scales of Children's Abilities (MSCA). Er ergibt sich eine altersgemäße kognitive Entwicklung mit einem generellen kognitiven Index von 109. Es finden sich keine Anzeichen für Teilleistungsschwächen im Bereich der nicht-verbalen Fähigkeiten; so wird z. B. das Abzeichnen von geometrischen Figuren und das Mannzeichnen im Wesentlichen altersgemäß bewältigt.

Bei der logopädischen Untersuchung, die zum gleichen Zeitpunkt stattfindet, wird neben der Hypernasalität eine multiple Dyslalie bei oralmotorischen

Schwächen (mangelnder Mundschluss, mangelnde Bewegungskoordination von Lippen und Zunge, taktil-kinästhetische Wahrnehmungsprobleme im orofacialen Bereich) und mangelndem velopharyngealem Verschluss diagnostiziert. Der expressive Wortschatz ist altersgerecht (AWST-Prozentrang 38), das Sprachverständnis (Reynell-Sprachentwicklungsskalen) ebenfalls. Die Spontansprachprobe zeigt Defizite bei der Verwendung von Präpositionen und bei der Kasusbildung als Merkmale einer leichten Sprachentwicklungsverzögerung.

Tobias wird dann in die Förderschule für sprachbehinderte Kinder aufgenommen. Bei einer Wiedervorstellung im Alter von 7;11 Jahren entspricht der Lernstand im Lesen und Schreiben dem Klassendurchschnitt. Schwierigkeiten bestehen aber im Rechnen. Bei der Überprüfung der intellektuellen Fähigkeiten mit der Kaufman-Assessment Battery for Children (K-ABC) arbeitet er kooperativ mit und erreicht wiederum ein durchschnittliches Ergebnis (Standardwert in der Skala intellektueller Fähigkeiten: 96; Skala einzelheitlichen Denkens: 92; Skala ganzheitlichen Denkens: 99). Die Abbildung 88 zeigt sein Fähigkeitsprofil, das erhebliche Schwankungen aufweist, ohne dass sich jedoch eine umschriebene Teilleistungsschwäche abgrenzen ließe.

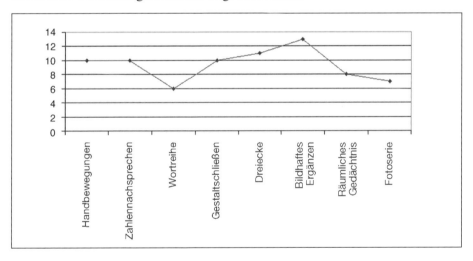

Abbildung 88: Subtestprofil eines normalbegabten 7-jährigen Jungen mit Microdeletion 22q11 (K-ABC)

17.2 Klinische Genetik

Kinder mit 22q11-Deletion können ein breites Spektrum von Symptomen aufweisen. Dazu gehören Herzfehler, Immunschwäche, Probleme im HNO-Bereich sowie eine Retardierung der motorischen, kognitiven und sprachlichen

Entwicklung. Zu den diagnostischen Leitsymptomen zählen: 1) eine (offene oder submuköse) Gaumenspalte oder velopharyngeale Schwäche, 2) kardiologische Probleme (Ventrikelseptumdefekt VSD, Fallot'sche Tetralogie), 3) eine mentale Beeinträchtigung sowie 4) charakteristische Merkmale des Gesichts. Der körperliche Phänotyp ist aber sehr variabel. In der Literatur werden mehr als 40 klinische Einzelsymptome genannt, die bei der körperlichen Untersuchung auffallen können (McDonald-McGinn et al., 1996; Shprintzen, 2000).

Tabelle 115: Körperliche Symptome bei Kindern mit 22q11-Deletion (Velocardiofaciales Syndrom)

körperliche Symptome	%
Immunschwäche	77
Anomalien des Gaumens	69
Kardiologische Anomalien	74
Hörbehinderungen/Mittelohrentzündungen	39
Nierenfehlbildungen	37
Hypocalcemie	20

Die Erstbeschreibung von Shprintzen et al. (1978) bezog sich auf 12 Kinder, bei denen als Gemeinsamkeiten eine hypernasale Artikulation auf Grund einer Gaumenspalte, kardiologische Anomalien und ein typisches Erscheinungsbild des Gesichts (lange Gesichtsform mit „flachem" Ausdruck; langes Philtrum, dünne Oberlippe, kleiner Mund, prominente Nasenwurzel, breite Nase, enger Augenabstand, kleine Ohren mit dicken, gefälteten Ohrmuscheln) aufgefallen waren. Wie bei vielen anderen Syndromen, wurde diese Merkmalskombination dann nach dem Erstbeschreiber als „Shprintzen-Syndrom" benannt. Auf Grund der Kombination der Entwicklungsbesonderheiten trägt es ebenfalls den Namen „Velo-cardio-faciales Syndrom" (VCFS).

Bei allen Patienten findet sich eine submikroskopische Deletion am Chromosom 22q, die durch eine molekulargenetische Untersuchung (Fluoreszenz-in-situ-Hybridisierung, FISH) festgestellt wird. Die genaue Funktion der meisten Gene, die in diesem Bereich lokalisiert sind, ist noch nicht bekannt, so dass der Mechanismus, der zu den unterschiedlich ausgeprägten Symptomen führt, noch nicht beschrieben werden kann. Die 22q11-Deletion (Velo-cardio-faciales Syndrom, Shprintzen-Syndrom) ist das häufigste Mikrodeletionssyndrom (Papolos et al., 1996); ihre Prävalenz wird auf 1:4000 geschätzt. Die Deletion tritt in den meisten Fällen spontan auf, kann aber auch von einem Elternteil auf ein Kind weitervererbt sein. Eine solche familiäre Deletion wurde zum Beispiel unter den 110 Patienten einer belgischen Studie in 14 Fällen (12%) festgestellt (VanTrappen et al., 1999).

Der Erstbeschreiber überblickt derzeit 535 Patienten unterschiedlichen Alters (Shpintzen, 2000) und betont die Variabilität im Ausdruck des Syndroms, ohne dass es obligatorische diagnostische Kriterien gäbe. Viele Kinder werden daher erst relativ spät diagnostiziert. Oft fällt dem Kinderarzt eine Sprachentwicklungsstörung mit ausgeprägter Hypernasalität auf, die dann zur Vorstellung in einer HNO-Abteilung und evtl. einer genetischen Untersuchung führt.

Fast alle Kinder sind im Säuglingsalter schwer krank. Im Rückblick weisen die Krankheitsakten auch der später diagnostizierten Kinder meist komplizierte Herzfehlbildungen, Gedeihstörungen und chronische respiratorische Erkrankungen der Luftwege auf, die zu längeren Klinikaufenthalten oder multiplen Operationen (Herz, Gaumen oder Hernien) sowie häufigen Arztbesuchen und Untersuchungen geführt haben. Im Rahmen rezidivierender Mittelohrentzündungen kann es – wie bei vielen Kindern mit Gaumenspalten – zu einer Schalleitungsschwerhörigkeit kommen. In einer Studie wurde eine solche leichte Hörbeeinträchtigung bei 39 % der Kinder mit 22q11-Syndrom festgestellt (Solot et al., 2000). Bei 20 % liegt eine neonatale Hypercalcemie als Folge einer Unterentwicklung der Nebenschilddrüse vor, die in den ersten drei Lebensmonaten zu Anfällen oder anderen neurologischen Auffälligkeiten (Muskelzittern, Rigidität) führt, aber dann ohne dauerhafte Nachwirkungen abklingt.

Die genannte molekulargenetische Untersuchung – die seit 1992 möglich ist – wird in der Neugeborenenzeit dann empfohlen, wenn neben einem Herzfehler noch andere klinische Merkmale aus dem genannten Spektrum auffallen, hängt jedoch in hohem Maße von der Erfahrung des Kardiologen ab. Vorgeburtlich kann bereits eine Ultraschalluntersuchung auf einen Herzfehler aufmerksam machen und die Diagnose nahelegen. Bei dem Herzfehler kann es sich im Einzelnen um einen unterbrochenen Aortenbogen (d. h. die Aorta hat keine Verbindung zwischen dem Abgang der linken Kopfgefäße und der linken Armschlagader), um eine Pulmonalatresie (fehlende Verbindung zwischen rechter Herzkammer und Lungenschlagader), eine Fallot'sche Tetralogie (Verengung der Lungenschlagader, Kammerscheidewanddefekt und Verdickung der Wand der rechten Herzkammer) oder einen einfachen Ventrikelseptumdefekt (Defekt in der Herzkammerscheidewand) handeln. Je nach Schweregrad ist eine sofortige Behandlung oder frühe Operation erforderlich.

Bei einigen Kindern liegt auch eine Immunschwäche vor, bei der die Zahl oder die Funktion der sog. T-Zellen vermindert ist. Das Wissen um einen solchen Defekt ist wichtig zur Anpassung des Impfplans (vorläufiger Verzicht auf Lebendimpfungen) oder zur Vorbereitung einer Operation oder Bluttransfusion. Bei den meisten Kindern fällt jedoch lediglich eine erhöhte Infektanfälligkeit auf. Schwere Herzfehler oder eine schwere Immunschwäche sind auch die häufigsten Todesursachen bei Kindern mit 22q11-Deletion. Nach einer belgischen Studie verstarben 8.5 % der Patienten daran in der Neugeborenenperiode (Van-Trappen et al., 1999).

Das Körperwachstum von Kindern mit 22q11-Deletion ist in der Regel verlangsamt (< p3). Bei manchen lässt sich ein Wachstumshormonmangel nachweisen und behandeln; die meisten zeigen jedoch ein spontanes Aufholwachstum und erreichen im Erwachsenenalter eine normale Körpergröße.

Eine Deletion am Genort 22q11 wurde erstmals bei Kindern mit DiGeorge-Syndrom gefunden. Dieses Syndrom bezeichnet das gemeinsame Auftreten von schwerem Herzfehler, Immundefekt durch Unterentwicklung der Thymusdrüse und Calciummangel (Wilson et al., 1993). Im Laufe der Zeit wurde aber entdeckt, dass sie auch bei Patienten mit dem genannten breiteren Merkmalsspektrum des Shprintzen- oder Velocardiofacialen Syndroms zu finden ist, so dass Kinder mit DiGeorge- und diesem Syndrom heute unter dem Oberbegriff der 22q11-Deletion zusammengefasst werden. Das Merkmalsspektrum der DiGeorge-Anomalien kann allerdings auch bei anderen chromosomalen oder teratogenen Störungen (z. B. beim Fetalen Alkoholsyndrom) auftreten.

Differenzialdiagnostisch muss die sogenannte CHARGE-Assoziation und die Pierre-Robin-Sequenz abgegrenzt werden. Jede der beiden Diagnosen hat gewisse Ähnlichkeiten mit dem VCF-Syndrom. So findet sich in ca. 17 % der Kinder mit VCF-Syndrom eine Retrogenie des Kinns wie bei der Robin-Sequenz. Zur CHARGE-Assoziaton gehören ebenfalls ein Herzfehler und eine Wachstumsretardierung, zusätzlich aber Colobome und Ohrfehlbildungen sowie eine Choanalatresie, die nicht Teil des Merkmalsspektrums der 22q11-Deletion (VCF-Syndrom) sind (Goldberg et al., 1993).

17.3 Motorische, kognitive und sprachliche Entwicklung

Fütterstörungen machen in der Anfangszeit vielen Eltern die größten Sorgen. In einer retrospektiven Studie an 50 Patienten mit 22q11-Deletion (VCF-Syndrom) wurden *Fütterprobleme von Geburt an bei* 96 % berichtet (Rommel et al., 1999). Bei 73 % wurde die Nahrung auf Grund der velopharyngealen Insuffizienz durch die Nase wieder hochgedrückt; bei 58 % war die Saugstärke generell vermindert, bei 40 % kam es zu häufigem Erbrechen oder zu Koordinationsproblemen beim Saug- und Schluckvorgang mit der Atmung. Diese Probleme sind als Ausdruck einer geringeren pharyngealen Motilität zu verstehen, die im Einzelfall durch einen gastroösophagealen Reflux erschwert werden, und führen oft zu verlängerten Fütterzeiten und einer reduzierten Nahrungsaufnahme. Eine Behandlung mit Medikamenten zur Steigerung der Motilität und Säurehemmung ist angezeigt. In der genannten Gruppe mussten aber auch 17 % zeitweise mit der Sonde ernährt werden. Frühe Ernährungsstörungen treten nicht nur bei den Kindern mit kardiologischen Problemen oder Gaumenspalten auf und sind unabhängig vom allgemeinen Entwicklungsverlauf der Kinder (Gerdes et al., 1999).

Zweitens weisen die meisten Kindern mit 22q11-Deletion eine *allgemeine Hypotonie* auf, so dass die motorischen Meilensteine verspätet erreicht werden. Eine Untersuchung von 37 Kindern ergab, dass sie im Durchschnitt mit 10 Monaten frei sitzen, mit 12 Monaten krabbeln, mit 15 frei stehen und mit 19 Monaten laufen konnten (Swillen et al., 1997). Die Hypotonie ist nicht schwerwiegend, hält aber bis ins spätere Kindes- und Schulalter an. Die motorische Entwicklungsverlangsamung im ersten Lebensjahr führt meist zur Einleitung krankengymnastischer Maßnahmen; es liegen aber – wie bei vielen genetischen Syndromen – bisher keine empirischen Daten vor, die beweisen würden, dass der Entwicklungsverlauf durch eine frühe Physiotherapie wesentlich und nachhaltig beeinflusst wird. Unter 28 Kindern, die zwischen dem zweiten und vierten Lebensjahr mit dem Bayley-Entwicklungstest untersucht wurden, waren *79 % deutlich verzögert in ihrer motorischen Entwicklung* (motorischer EQ 50 bis 60), drei Kindern (13 %) leicht verzögert (motorischer EQ 70 bis 82) und nur zwei Kinder altersgemäß (Gerdes et al., 1999).

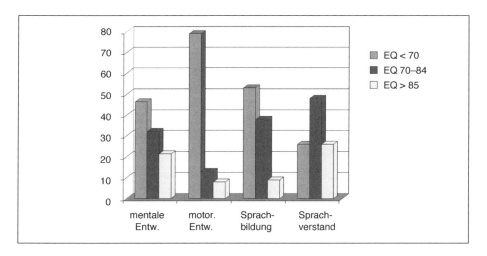

Abbildung 89: relativer Anteil verzögerter Entwicklung bei 40 jungen Kindern mit 22q11-Deletion (Gerdes et al., 1999)

Neben der motorischen Entwicklungsverzögerung ist in dieser Altersgruppe die *Verlangsamung der expressiven Sprachentwicklung* besonders auffällig (Abbildung 89). In der genannten Studie ergab sich in einem standardisierten Sprachentwicklungstest (Preschool Language Scale) bei 28 Kleinkindern und 12 Vorschulkindern insgesamt ein signifikanter Rückstand (zwei Standardabweichungen unter dem Durchschnittswert der Altersgruppe) bei 21 Fällen (53 %), eine leichte Verzögerung bei 38 %. Auch die Entwicklung des Sprachverständnisses verläuft verzögert, wenn auch in geringerem Maße. *Nur 9 % der Kinder sind in ihrer expressiven Ausdrucksfähigkeit, 26 % in ihrem Sprachverständnis altersgerecht* entwickelt. Bereits der Sprechbeginn ist deutlich verzögert. So sprachen fast zwei Drittel der Kinder dieser Untersuchungsgruppe im Alter von zwei Jahren noch kein Wort, zwei Kindern hatten einige erste Wörter erworben (Gerdes et al., 1999).

Studien zum longitudinalen Verlauf der Sprachentwicklung bei Kindern mit dieser genetischen Besonderheit sind noch sehr rar. Die einzige Studie, die den Verlauf longitudinal vom 6. bis zum 30. Lebensmonat dokumentiert, bezieht sich auf vier Kinder und vergleicht ihre Sprachentwicklung mit der Entwicklung von Kindern mit Gaumenspalten (Scherer et al., 1999). Es wurden der Bayley-Entwicklungstest und ein Sprachentwicklungstest (Sequenced Inventory of Communicative Development-R) durchgeführt, halbstündige Sprachproben im Spiel erhoben und die Eltern in einem standardisierten Fragebogen (Communicative Development Inventory, dt. ELFRA 1 und 2) nach den rezeptiven und expressiven Sprachfähigkeiten ihres Kindes befragt. Außerdem fand eine phoniatrische Untersuchung zur velopharyngealen Funktion und zur Analyse der Lautbildung statt. In jedem dieser Maße zeigte sich, dass sich die Kinder mit VCF-Syndrom wesentlich langsamer entwickelten als Kinder ohne Entwicklungsbeeinträchtigung oder Kinder mit einer Gaumenspalte. Die Unterschiede nehmen mit dem Alter zu. Besonders deutlich fällt der Unterschied im Wortgebrauch in der Spontansprachprobe und im Elternfragebogen aus, also in den Maßen, die sich auf die Beobachtung der kommunikativen Fähigkeiten der Kinder im natürlichen Kontext beziehen (Abbildung 90). Im unmittelbaren Vergleich verlief die kognitive Entwicklung der gleichen Kinder wesentlich rascher, wie ein Vergleich der gelösten Items der sprachfreien Items der Bayley-Scales zeigte, die von drei der vier Kinder fast ausnahmslos im alterstypischen Rahmen bewältigt werden konnten.

Auch hinsichtlich des Spektrums der Laute (Konsonanten), die die Kinder bilden konnten, und in ihrer Artikulationsgenauigkeit unterschieden sie sich deutlich von den beiden Vergleichsgruppen. Viele Kinder verfügen im Säuglings-

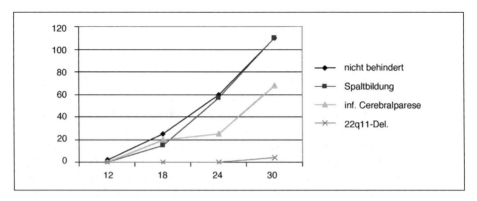

Abbildung 90: Zahl der Wörter in Spontansprachproben bei vier Gruppen von Kindern (Scherer et al., 1999)

alter nur über ein schmales Lautrepertoire und vokalisieren wenig. Die Artikulationsschwierigkeiten sind nicht allein als Folge der Gaumenfehlbildung zu erklären, sondern haben syndromspezifischen Charakter. Besonders auffällig ist die hohe Zahl von sogenannten Glottal-Stop-Substitutionen für p-, b-, t-, d-, k- und g-Laute in der Sprache von Kindern mit VCF-Syndrom; dies sind Laute, bei denen der Luftstrom mit den Stimmbändern anstelle der Mundhöhle reguliert wird. VanLierde et al. (2001) analysierte die Lautbildung von zwei Mädchen im Alter von 6;6 und 3;11 Jahren und stellte ebenfalls fest, dass es sich nicht allein um eine verzögerte Entwicklung, sondern um eine atypische Lautbildung handelte. Bei beiden Mädchen war das Repertoire an Vokalen, bzw. Konsonanten unvollständig, was für die genannte Altersgruppe sehr ungewöhnlich ist. Die phonetische Analyse zeigte auch ungewöhnliche Fehlertypen.

Es handelt sich wohl um *kompensatorische Mechanismen zum Ausgleich der velopharyngealen Insuffizienz*, bei einigen Kindern auch um eine *allgemeine Sprachdyspraxie* mit verlangsamtem Sprechtempo, prosodischen Auffälligkeiten und Schwierigkeiten der Atmungskoordination beim Sprechen, die die Äußerungen der Kinder sehr schwer verständlich machen. Rommel et al. (1999) berichteten aus ihren retrospektiven Daten, dass nur 31 % der Kinder im frühen Kindesalter überhaupt von ihren Eltern und ihrer Umgebung verstanden werden konnten. Zu diesen kompensatorischen Lautbildungsmustern treten andere *Lautbildungsfehler* sowie eine *hypernasale Sprache und Stimmstörungen* (rauhe oder leise Sprache) hinzu. Bei 40 % der Kinder besteht eine Hypernasalität schweren Grades (Solot et al., 2000).

Obgleich sich durch operative Eingriffe und eine systematische logopädische Behandlung in vielen Fällen eine wesentliche Besserung der Verständlichkeit erreichen lässt, bleiben Sprachauffälligkeiten auch im Schulalter erkennbar. In einer Gruppe von 31 Kindern (älter als fünf Jahre) wiesen 77 % persistierende Artikulationsstörungen auf (Solot et al., 2000). In einem standardisierten Sprachtest bei 20 Schulkindern mit VCF-Syndrom (Moss et al., 1999) lagen die Ergebnisse in der rezeptiven und expressiven Skala (70.6, bzw. 66.4) signifikant unter dem allgemeinen sprachbezogenen Wissen der Kinder (Verbal-IQ im HAWIK-III: 78).

Die kognitiven Fähigkeiten sind meist beeinträchtigt, eine schwere intellektuelle Behinderung liegt offenbar aber nur selten vor. *Bei der Hälfte der Kinder findet sich eine gravierende kognitive Retardierung (EQ 50 bis 68), ein Drittel der Kinder sind leicht verzögert, etwa 20 % entwickeln sich im normalen Tempo* (Gerdes et al., 1999). Unter 12 Kindern, die im Vorschulalter mit dem WPPSI getestet wurden, hatte ein Drittel einen IQ im Bereich einer leichten intellektuellen Behinderung (IQ 50 bis 70), vier lagen im normalen Bereich. Swillen et al. (1997) fanden unter 37 Kindern und Jugendlichen eine intellektuelle (meist leichte) Behinderung bei 45 %. Moss et al. (1999) untersuchten in der bereits erwähnten Studie 26 Schulkinder zwischen sechs und 17 Jahren mit dem Wechsler-Test und stellten eine ähnliche Verteilung fest. *Der mittlere Gesamt-*

IQ lag bei 71.2 Punkten und schwankte zwischen 42 und 92. In keiner der Studien findet sich ein signifikanter Unterschied zwischen den Kindern mit und ohne Herzfehler, wohl aber zwischen Kindern mit unterschiedlichem Typ der Deletion. Kinder mit einer de-novo-Deletion waren in ihren intellektuellen Leistungen variabler und erreichten im Durchschnitt höhere Werte als Kinder mit einer familiären Deletion (Gerdes et al., 1999; Swillen et al., 1997).

Beispiele

Jan ist 28 Monate alt. Ein inoperabler Herzfehler wurde unmittelbar nach der Geburt diagnostiziert. Seine motorische Entwicklung verlief verzögert; er erreichte das freie Sitzen mit 12 Monaten, das Laufen mit 24 Monaten. Das Ergebnis im Bayley-Test war signifikant unterdurchschnittlich (EQ jeweils 50 in der motorischen und mentalen Skala). Auch seine kommunikative Entwicklung war bedeutsam verzögert. Wünsche äußerte er durch unspezifische Laute und Zeigen. Das einzige Wort, das er bildete, war „kaka", wenn seine Windel voll war. Sein Sprachverständnis war jedoch weiter entwickelte; er reagierte zuverlässig auf einfache Aufträge. Er reagierte, wenn ein Erwachsener ihn ansprach, zeigte jedoch wenig soziale Initiative. Auffallend war eine ausgeprägte Angst vor Fremden, intermittierende Blickvermeidung und Trennungsangst. Auch bei Spielangeboten der Mutter reagierte er ausweichend und gehemmt, initiierte fast nie selbst ein Spiel und zeigte keine Ansätze zu symbolischem Spiel. Seine Aktivitäten beschränkten sich auf kurze und stereotype Manipulationen der Objekte, die in der Spielsituation angeboten wurden. Er ermüdete rasch und schlief sogar während des Elterngesprächs ein. (Eliez et al., 2000)

Der 3;7 Jahre alte Julian wurde zur Abklärung einer Sprachentwicklungsstörung vorgestellt. Zur Vorgeschichte berichteten die Eltern, dass er mit einem Herzfehler und einer Nierenfehlbildung zur Welt gekommen sei. Der Herzfehler wurde mit vier Monaten operiert. Julian konnte mit neun Monaten sitzen und mit 19 Monaten laufen. Die Intelligenzuntersuchung mit der Kaufman-Assessment Battery for Children erbrachte altersgemäße Ergebnisse (einzelheitliche Verarbeitung SW 106; simultane Verarbeitung SW 95; Fertigkeiten SW 95). Die Sprache Julians war durch eine nasale Stimme und Artikulationsschwierigkeiten kaum zu verstehen. Er äußerte sich selten spontan. Im Sprachtest zeigte er einen durchschnittlichen Wortschatzumfang, kannte Gegensatzpaare von Eigenschaftswörtern, beachtete syntaktische Regeln beim Satzbau und konnte sich sprachliche Informationen altersgemäß merken. Im sozialen Kontakt war er aber sehr gehemmt, schien sichtlich besorgt, dass er von Fremden nicht verstanden würde, während er bei vertrauten Personen keine Scheu zeigte. Seine Aufmerksamkeit und Konzentration bei Aufgaben und Aufträgen war noch sehr begrenzt. (Eliez et al., 2000)

Bei Intelligenzuntersuchungen im Schulalter zeigt sich ein spezifisches Profil mit relativen Schwächen bei Aufgaben, die perzeptuelle Wahrnehmungs-, Verarbeitungs-und Planungsprozesse erfordern. Der Unterschied zur allgemeinen Leistungshöhe beträgt etwa zehn IQ-Punkte im HAWIK (Moss et al., 1999). Die niedrigsten Werte werden regelmäßig in den Untertests „Puzzles", „Bilderordnen" und „Mosaiktest" erreicht (Tabelle 116). Dies gilt sowohl für die Kinder, deren Gesamtwert im Durchschnittsbereich der Altersgruppe lag, wie auch für Kinder mit intellektueller Behinderung.

Tabelle 116: Durchschnittliche Wertpunkte in den Subtests des Wechsler-Tests bei 26 Kindern mit 22q11-Deletion im Schulalter (Moss et al., 1999)

HAWIK	Wertpunkte
Allgemeines Wissen	6.8
Gemeinsamkeiten finden	5.8
Rechnerisches Denken	5.6
Wortschatz	5.0
Allgemeines Verständnis	6.7
Bilder ergänzen	4.1
Zahlen-Symbol-Test	6.2
Bilder ordnen	3.7
Mosaiktest	5.0
Puzzles	4.0

Niklasson et al. (2002) kamen in einer schwedischen Untersuchung an 20 Kindern und Jugendlichen (5 bis 19 Jahre) zu ganz ähnlichen Ergebnissen. Bei der Hälfte lag eine intellektuelle Behinderung (IQ < 70), bei je fünf Patienten eine Intelligenzminderung vom Grad einer Lernbehinderung (IQ 70 bis 85), bzw. eine intellektuelle Leistungsfähigkeit im unteren Durchschnittsbereich vor. Der Verbal-IQ war dabei fast ausnahmslos höher als der Handlungs-IQ, in einigen Fällen um mehr als zehn, bzw. 20 Punkte.

Bei der Untersuchung schulischer Fertigkeiten *schneiden Kinder mit 22q11-Deletion in Tests zur Lese- und Schreibfertigkeit besser ab als in Rechentests.* Diese Ergebnisse sind angesichts der Sprachentwicklungsverzögerung, die bei den meisten im Vorschulalter zu beobachten ist, auf den ersten Blick überraschend. Die Leistungen im Buchstabieren und Leseverständnis liegen im unteren Bereich des Altersdurchschnitts, während die Ergebnisse der Rechentests merklich davon abweichen (mittlerer Wert 80.1; Moss et al., 1999). Auch diese Diskrepanz findet sich bei Kindern mit durchschnittlichem IQ ebenso wie bei retardierten Kindern, ist aber in den meisten Fällen nicht so groß, dass die Kriterien einer „spezifischen Rechenstörung" erfüllt werden. Dieses Profil schulischer Leistungen ähnelt dem Profil anderer Kinder mit Teilleistungsschwächen in visuell-räumlicher Wahrnehmung oder visuell-konstruktiven Prozessen, die als Teilfertigkeiten beim Rechnen (z. B. des Abschätzens von Mengen und Abzählens von Elementen) von Bedeutung sind. Es liegt keine generelle Merkfähigkeitsstörung vor. So schneiden Kinder mit 22q11-Deletion z. B. beim Zahlennachsprechen besser ab als bei Aufgaben zum visuellen Gedächtnis (Untertests der Kaufman-Assessment Battery for Children, K-ABC; Wang et al., 2000).

17.4 Verhaltensmerkmale und psychosoziale Entwicklung

Anmerkungen zum Verhalten und zu Persönlichkeitsmerkmalen bei Kindern mit 22q11-Deletion waren bereits in den ersten klinischen Beschreibungen des VCF-Syndrom enthalten. So beschrieben Golding-Kushner et al. (1985) die Kinder als impulsiv, unaufmerksam und leicht erregbar. In mehreren Berichten wurde auch ein reduziertes mimisches Ausdrucksverhalten betont, das den Eindruck einer gewissen Lethargie vermittelte, sowie eine Neigung zu kurzen Antworten auf Fragen, auch wenn die betreffenden Kinder durchaus komplexere sprachliche Äußerungen bilden konnten (Shprintzen, 2000).

Systematische Untersuchungen mit standardisierten Fragebögen liegen von einer niederländischen und einer belgischen Arbeitsgruppe vor, die die Child Behavior Checklist (CBCL) verwendeten. Heineman-deBoer et al. (1999) verglichen die Daten von 40 Kindern im Alter zwischen vier und 18 Jahren mit denen von Kindern mit verschiedenen craniofazialen Fehlbildungen (z. B. Crouzon-Syndrom, Treacher-Collins-Syndrom). Kinder mit VCF-Syndrom wurden sowohl von ihren Eltern wie auch von ihren Lehrern in fast jeder der Skalen als signifikant auffälliger beschrieben. Die Hälfte von ihnen (gegenüber nur drei Kindern der Kontrollgruppe) hatten klinisch auffällige Werte (T-Wert > 70) in einer oder mehrerer der Skalen. Die Unterschiede sind besonders deutlich in den Aspekten, die internalisierende Verhaltensauffälligkeiten beschreiben, d. h. sozialen Rückzug und soziale Probleme mit Gleichaltrigen. Außerdem werden Aufmerksamkeitsprobleme und Denkstörungen häufiger genannt.

Swillen et al. (1999) analysierten die Daten von 60 Kindern und Jugendlichen in vier Altersgruppen. Sie finden das gleiche Muster von problematischen Verhaltensmerkmalen unabhängig vom Alter (Abbildung 91). *Scheu, soziale Unsicherheit und Aufmerksamkeitsprobleme* charakterisieren bereits 2- bis 3-jährige Kinder wie auch ältere Kinder. Das Urteil der Lehrer entspricht im Wesentlichen dem der Eltern. Nach Auskunft der Lehrer nimmt der Anteil von Kindern mit ausgeprägten ängstlichen und depressiven Merkmalen mit dem Alter zu. Viele Jugendliche haben wenig Beziehungen zu Gleichaltrigen und können sich schlecht behaupten, 30% von ihnen werden nach den Kriterien der CBCL als behandlungsbedürftig bezeichnet (PR > 98). In einer schwedischen Studie mit 20 Kindern und Jugendlichen (Niklasson et al., 2002) erhielten elf die Diagnose eines Aufmerksamkeits-Defizit-Syndroms. Bei sieben Patienten wurde auf Grund der sozialen Interaktionsprobleme und ungewöhnlich reduzierten mimischen und emotionalen Ausdrucksweise eine Zuordnung zum autistischen Spektrum (PDDNOS) vorgenommen. Bei drei Kindern wurde eine ausgeprägte Ängstlichkeit vermerkt (z. B. vor dem Baden, vor Tieren oder größeren Menschenansammlungen).

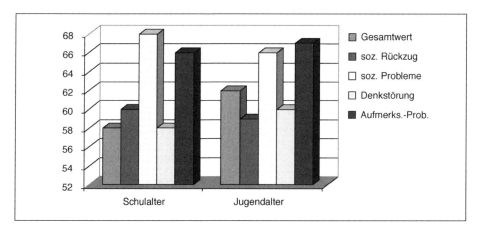

Abbildung 91: Auffälligkeiten im CBCL bei Kindern und Jugendlichen mit 22q11-Deletion (Swillen et al., 1999)

Einige Fallbeispiele illustrieren die Entwicklung und die emotionalen und sozialen Probleme von Kindern und Jugendlichen mit dieser genetischen Besonderheiten.

Beispiele

Tina (4;4 Jahre) wurde vorgestellt, weil Eltern sorgten sich um ihr übermäßig angepasstes und ängstliches Verhalten sowie Durchschlafstörungen sorgten, die seit dem zweiten Lebensjahr bestanden. Anamnestisch wurde ein komplexer Herzfehler und eine laryngeale Fehlbildung berichtet, die operiert wurden. Tina saß mit 7 Monaten und lief frei mit 17 Monaten. Ihr Kaufman-Intelligenztestbefund war leicht unterdurchschnittlich (Gesamtwert 83; einzelheitliche Verarbeitung SW 83; ganzheitliche Verarbeitung SW 88; Fertigkeiten SW 64). Hypernasale Sprache und Artikulationsprobleme machten auch ihre Äußerungen kaum verständlich. Um dies zu kompensieren, benutzte sie Gesten als Begleitung oder alternativ zu Worten. Sie konnte einfache, kurze Sätze bilden. Im Verbalteil der McCarthy Scales of Children's Abilities (MSCA) lag ihr Ergebnis zwei Standardabweichungen unter der Norm, wobei ihr Wortschatz und ihr Sprachverständnis besser

> entwickelt schienen. Es fiel ihr schwer, sich auf längere Aufgaben einzustellen; vor allem bei den Gedächtnisaufgaben gab sie rasch auf. Im Beratungsgespräch mit den Eltern wirkte sie sehr still und zeigte keine mimische Veränderung. Sozialer Rückzug und distanzloses Verhalten wechselten einander unvermittelt ab. Im Spiel mit der Mutter benutzte sie ihre Hand als „Werkzeug", um etwas zu erreichen; es entstand kein reziprokes Spiel und keine dialogische Kommunikation.
>
> Der 15-jährige Bernd wurde mit 3 1/2 und 9 Jahren kinderpsychologisch untersucht. Die Testung ergab einen knapp durchschnittlichen Intelligenzbefund, aber relative Schwächen bei mathematischen Aufgaben, eine reduzierte Aufmerksamkeitsspanne, leichte feinmotorische Koordinationsschwächen. Seitens des Kinderpsychiaters wurde ein Aufmerksamkeitsdefizit-Hyperaktivitätssyndrom diagnostiziert. Er zeigte sich kooperationsbereit, bemühte sich um soziale Interaktionen und Kontakte, wurde aber häufig von älteren Jugendlichen auf Grund seiner Unreife geneckt. Diese negativen Erfahrungen nahmen z. B. im Schulbus so zu, dass er sich weigerte, ihn weiter zu benutzen. Bis heute besteht er darauf, ein Kuscheltier mit in die Schule zu nehmen (Goldberg et al., 1993).
>
> Der 16-jährige Tom wurde von seinen Eltern vorgestellt. Sie schilderten ihn als sehr ruhig; er sei ungeschickt und fühle sich seinen Kameraden immer unterlegen. Er habe wenige Freunde und bleibe lieber für sich. Mit 15 Jahren zog er sich immer mehr vor Menschen zurück, benutzte „unanständige" Ausdrücke, entwickelte Schlafstörungen und begann abzunehmen. Zeitweise kam es zu wütenden Ausbrüchen und körperlichen Angriffen auf seine Eltern. Im Elternfragebogen (CBCL) ergeben sich signifikant erhöhte Werte in den Skalen „Aufmerksamkeitsprobleme", „Ängstlichkeit und sozialer Rückzug" und „Denkstörungen". Es wird eine Depression diagnostiziert und eine psychotherapeutische und medikamentöse Behandlung eingeleitet (Goldberg et al., 1993).

Swillen et al. (2001) gingen der Hypothese nach, ob sich die Symptomatik von Kindern bei 22q11-Syndrom auch bei anderen Kindern mit Lern- und Sprachbehinderung zeigt oder syndromspezifisch ist. Sie verglichen die CBCL-Daten für 31 Kindern mit 22q11-Syndrom und 24 Kinder einer nach diesen Kriterien zusammengestellten Kontrollgruppe (6 bis 11 Jahre; IQ > 70). Im Elternurteil fand sich kein signifikanter Unterschied in den acht Skalen zur Verhaltensbeurteilung zwischen beiden Gruppen. Im Lehrerurteil wurden die Kinder mit 22q11-Syndrom als sozial zurückgezogener, die Kinder mit Lern- und Sprachbehinderung als häufiger aggressiv beschrieben. Offensichtlich sind *soziale Probleme im Umgang mit Gleichaltrigen, zurückgezogenes Verhalten sowie Aufmerksamkeitsstörungen nicht spezifisch für diese genetische Besonderheit. Sie finden sich ebenso bei anderen Kindern mit Lern- und Sprachbeeinträchtigungen.*

Besondere Ängstlichkeit und soziale Kontaktprobleme können bei einigen Kindern mit 22q11-Deletion allerdings Vorläufer psychiatrischer Störungen bei älteren Jugendlichen und Erwachsenen sein. Bassett et al. (1998) diagnostizierten diese genetische Besonderheit bei 10 Erwachsenen, die wegen schizophrener Symptome (Denkstörungen, akustische Halluzinationen, Wahnvorstellungen, aggressive Ausbrüche) in stationärer psychiatrischer Behandlung waren. Nach Papolos et al. (1996) trafen auf 16 von 25 Kindern, Jugendlichen und Erwachsenen mit 22q11-Deletion die Kriterien einer bipolaren affektiven Störung zu. Diese Rate ist wesentlich höher als in der allgemeinen Population; zudem lag der Zeitpunkt des Beginns der Erkrankung bei durchschnittlich 12 Jahren wesentlich früher als üblich. Murphy et al. (1999) diagnostizierten eine psychotische Störung bei 12 von 40 untersuchten Erwachsenen mit VCF-Syndrom. Gotthelf et al. (1999) beschrieben ebenfalls vier Fälle mit ungewöhnlich frühem Erkrankungsbeginn, chronischem Verlauf und geringer Ansprechbarkeit auf eine medikamentöse Behandlung.

Die sozial-emotionalen Auffälligkeiten, die sich in den Eltern- und Lehrerbefragungen mit standardisiertem Fragebogen (CBCL) können als Anzeichen gewertet werden, dass Heranwachsende mit dieser genetischen Besonderheit in ihrer psychischen Stabilität gefährdeter sind als andere Gruppen. Die Untersuchungsergebnisse lassen aber nicht den Schluss zu, dass die 22q11-Deletion generell mit einem erhöhten Risiko für schwere psychiatrische Erkrankungen einhergeht. Die Auswahl von Patienten in psychiatrischer Behandlung führt unweigerlich zu einem verzerrten Bild. Murphy et al. (1998) gingen daher anders vor. Sie untersuchten 265 Bewohner in zwei Wohneinrichtungen auf folgende Kriterien: Vorliegen psychotischer Symptome, familiäre Belastung mit einer psychiatrischen Erkrankung, dysmorphologische Auffälligkeiten des Gesichts, Gaumenspalte, angeborener Herzfehler, anamnestische Angabe einer Hypocalcemie. Unter den 75 Erwachsenen, die eines oder mehrere dieser Symptome aufwiesen, ergab eine humangenetische Untersuchung (FISH) nur zweimal die Diagnose einer 22q11-Deletion. In beiden Fällen handelte es sich um Erwachsene mit leichter intellektueller Behinderung und leichter Form psychischer Störungen.

18 Turner-Syndrom

18.1 Einzelfälle

> **Fallbeispiel**
>
> Meine Tochter Kirsten wurde 1970 geboren. Die ersten Probleme traten nach der Geburt auf. Kirsten wollte keinen Schrei von sich geben. Ihr Körper war völlig angeschwollen, das Atmen fiel ihr schwer. Ich durfte sie nur einmal direkt nach der Geburt sehen, dann wurde sie mir weggenommen und lag tagelang unter dem Sauerstoffzelt. Das Stillen war dann auch später sehr schwierig. Ich hatte den Eindruck, dass Kirsten nicht die Kraft hatte, selbst an der Brust zu trinken. Sie schlief dabei ein. Ich war nach der Entlassung fast ununterbrochen damit beschäftigt, ihr Nahrung anzubieten. Die Schwellungen waren nach einigen Tagen fast zurückgegangen.
>
> Es wurden dann Untersuchungen durchgeführt, die zur Diagnose des Turner-Syndroms führten. Es wurde uns in groben Zügen erklärt, was damit zusammenhängt, und ein Bild eines Turner-Mädchens in einem Fachbuch gezeigt. Danach war das angeblich aufklärende Gespräch beendet. Ein Hinweis, wo wir Hilfe für unser weiteres Verhalten Kirsten gegenüber erhalten könnten, wurde uns nicht gegeben. Wir waren völlig auf uns selbst mit all unseren Sorgen und unserer Unkenntnis angewiesen.
>
> Zu ihrem Werdegang wäre folgendes zu sagen: Ab dem 6. Lebensjahr besuchte Kirsten die Ballettschule. Durch dieses Training erhofften wir uns, dass sich ihr Körperbau streckt und die uns vorausgesagte Gedrungenheit dadurch etwas ausgeglichen werden könnte. Es war auch tatsächlich so. Wegen ihrer Größe haben wir sie ein Jahr später einschulen lassen. Aber viel hat dies nicht gebracht. Sie hatte wahnsinnige Schwierigkeiten, von ihren Klassenkameraden akzeptiert zu werden. Sie war eben immer die „Kleinste". Dementsprechend war auch ihre Einstellung zur Schule. Sie stand richtige Ängste durch. Lernwillig war sie, eher hat sie zuviel gelernt. Aber sie versagte im Unterricht immer wieder. Aus Angst ausgelacht zu werden, meldete sie sich im Unterricht fast gar nicht mehr. Sie nahm still und zurückgezogen am Unterricht teil.
>
> Ein Gespräch, das mit dem Klassenlehrer zwischen mir und meinem Mann geführt wurde, hatte keinen Erfolg. Der Lehrer war daraufhin völlig voreingenommen Kirsten gegenüber. Wir hatten nun den Eindruck, dass er Kirsten als minderwertig und förderungsunwürdig einstufte. Wir haben zwar versucht, ihm die Probleme von Kirsten zu erklären, aber er konnte sich unter „Turner-Syndrom" einfach nichts vorstellen. Nach der Grundschule

bekam sie die Empfehlung, eine Hauptschule besuchen zu können. Uns war jedoch klar, dass mit etwas Förderung mehr aus Kristen herauszuholen sein musste. Wir ließen sie in die Gesamtschule einschulen. Sie lebte in dieser Schule auf, wurde gesprächig, nahm wieder am Unterricht teil und freute sich auf die Schule. Ihre Leistungen ließen dann den Besuch der Realschule zu. Es klappte auch alles gut, nur in Mathematik und Deutsch bekam sie ab und zu Nachhilfeunterricht, was jedoch bei mehreren Schülern der Klasse erforderlich war. Kirsten ist besonders sprachbegabt. Jetzt arbeitet sie als Friseuse und ist ein ausgeglichener und glücklicher Mensch. Seit etwa zwei Jahren hat sie einen Freund, der über sie Bescheid weiß und die kleinen und großen (Pubertäts-) Probleme mit ihr teilt (Nielsen, 1988).

Fallbeispiel

Ich bin 21 Jahre alt und erfuhr mit 16, dass ich ein Turner-Syndrom habe. Als ich 12 Jahre alt war, gingen meine Mutter und ich auf Anraten unserer Hausärztin in eine Kinderklinik, um mich untersuchen zu lassen, weil ich im Gegensatz zu den anderen Mitschülern ziemlich klein war. Erst vier Jahre später wurde dann eine Chromosomenanalyse gemacht, bei der dann herausgefunden wurde, dass ich ein Turner-Syndrom habe. Diese Tatsache hat mich damals sehr bedrückt, als ich dann erfuhr, was damit eigentlich alles zusammenhängt (z. B. Kinderlosigkeit usw.).

Zu meiner Schulzeit ist zu sagen, dass ich die Hauptschule besucht und dann meine mittlere Reife gemacht habe und eigentlich vom schulischen her nie Probleme hatte. Dafür wurde ich aber oft wegen meiner Größe gehänselt und litt sehr unter mangelndem Selbstbewusstsein. Es fehlt mir an Schlagfertigkeit; wenn jemand etwas zu mir sagte, hatte ich nie etwas dagegenzusetzen. Vor allem mit Jungen hatte und habe ich so meine Probleme. Im Gegensatz dazu kam ich mit Mädchen immer gut aus und war immer mit vielen befreundet.

Ich arbeite nun als Steuerfachgehilfin. Ein Jahr vor der Prüfung habe ich auch meinen Führerschein gemacht, worauf ich sehr stolz war. Da ich mehr sprachlich als mathematisch interessiert bin, möchte ich mich im Laufe der Zeit mehr auf den Ausbau meiner Fähigkeiten in diesem Bereich konzentrieren. Im nachhinein gesehen habe ich eigentlich ein ganz normales Leben geführt. Ich habe zwar noch immer meine Probleme mit dem Selbstbewusstsein, aber inzwischen bin ich zu dem Schluss gekommen, dass man sehr gut mit dem Turner-Syndrom leben kann und vor allem, dass manche Probleme, die auftauchen, nicht auf die Körpergröße zurückzuführen sind, sonders dass es sehr darauf ankommt, wie man sich anderen Menschen gegenüber verhält. Wie man nach außen hin auftritt (Nielsen, 1988).

18.2 Klinische Genetik

Das Turner-Syndrom bei Mädchen und Frauen ist durch Kleinwuchs, ein Ausbleiben der spontanen Entwicklung der sekundären Geschlechtsmerkmale, Infertilität und eine Reihe von körperlichen Besonderheiten gekennzeichnet, die erstmals von Henry Turner im Jahre 1938 beschrieben wurden. Die gemeinsame Ursache dieser Entwicklungsbesonderheiten ist in den meisten Fällen ein Fehlen eines der beiden X-Chromosomen (45, X0). Bei 30 bis 40 % der Mädchen und Frauen mit Turner-Syndrom liegt diese Veränderung nur bei einem Teil der Körperzellen vor (Mosaik-Form). Andere chromosomale Veränderungen wie eine parzielle Deletion auf einem Arm des X-Chromosoms oder eine Duplikation mit dem Verlust des anderen Arms des X-Chromosoms sind wesentlich seltener. Die Veränderungen treten spontan bei der Zellteilung auf und sind offenbar unabhängig von äußeren Faktoren oder dem Alter der Mütter oder Väter. Der Mechanismus des Verlusts des X-Chromosoms ist noch nicht geklärt. Es wird aber angenommen, dass über 90 % der betroffenen Schwangerschaften vorzeitig mit einem fetalen Abort enden. Die Häufigkeit des Turner-Syndroms liegt bei 1:3000–1:5000 Mädchen.

Tabelle 117: Körperliche Merkmale des Turner-Syndroms

körperliche Merkmale	%
Kleinwuchs	100
Dysgenesie der Eierstöcke	90
Infertilität	98
Kardiovasculäre Fehlbildungen (Aortenstenose)	55
Nierenfehlbildungen	37
Hypothyreose	34
Auffälligkeiten im körperlichen Erscheinungsbild (kurzer Hals, inverser Haaransatz, Hand- und Fußrückenödeme im Neugeborenenalter u. a.)	40

Das auffallendste Merkmal des körperlichen Erscheinungsbildes ist das reduzierte Körperwachstum von Mädchen und Frauen mit Turner-Syndrom. Geburtsgewicht und Geburtslänge sind bereits um etwa eine Standardabweichung niedriger als der Mittelwerte für das jeweilige Gestationsalter. Das Wachstum verläuft dauerhaft retardiert, der übliche pubertär bedingte Wachstumsschub bleibt aus. Die Endgröße liegt etwa 15 bis 20 cm unter dem Durchschnitt; die durchschnittliche Körperlänge erwachsener Frauen mit Turner-Syndrom liegt bei 145 cm (Spannbreite 133 bis 160 cm). In den meisten Fällen wird die Diagnose im Alter von 10 bis 11 Jahren (auf Grund des Wachstumsverlaufs) oder erst später (bei ausbleibender Pubertät) gestellt.

Die Ursache der Wachstumsretardierung ist nicht – wie bei anderen Formen des Kleinwuchses – ein Wachstumshormonmangel. Dennoch wird die Möglichkeit der Wachstumsbehandlung sowie einer Östrogenbehandlung zur Stimulierung der sekundären Geschlechtsmerkmale (Brustentwicklung, Schambehaarung, Menstruation) und der Knochenstabilität bei vielen Mädchen mit Turner-Syndrom genutzt. Das Längenwachstum lässt sich auf diese Weise nachweislich beschleunigen und eine Zunahme der Endgröße um mehrere Zentimeter erreichen. Die Infertilität kann jedoch nicht hormonell ausgeglichen werden. Das Sexualleben selbst ist – insbesondere bei kontinuierlicher Hormonbehandlung – nicht eingeschränkt.

18.3 Kognitive und sprachliche Entwicklung

Über viele Jahre hielt sich das Vorurteil, dass Mädchen und Frauen mit Turner-Syndrom in ihrer allgemeinen intellektuellen Entwicklung beeinträchtigt seien. Zahlreiche Untersuchungen haben mittlerweile gezeigt, dass dies nicht der Fall ist. *Die Verteilung des Verbal-IQs bei Mädchen und Frauen mit Turner-Syndrom entspricht der Normalbevölkerung.* Allerdings haben viele von ihnen visuelle Wahrnehmungsstörungen, die z. B. dazu führen, dass sie im Handlungsteil des HAWIK-R schlechter abschneiden als ihre Geschwister (Haverkamp et al., 1994).

Shaffer (1962) war der erste, der ein *spezifisches neuropsychologisches Profil* beim Turner-Syndrom herausarbeitete. In seiner Studie lag der Handlungs-IQ um 19 Punkte niedriger als der Verbal-IQ. Diese Diskrepanz wurde in vielen nachfolgenden Studien bestätigt, wobei die Differenzen zwischen beiden Testteilen je nach Untersuchungsgruppe zwischen 8 und 21 Punkten schwankten. Temple und Carney (1993) fanden deutliche Diskrepanzen zwischen den Testteilen nur bei den Mädchen mit dem klassischen Bild des Turner-Syndroms, nicht aber bei Mosaikformen oder den seltenen Deletionen. Ob Mädchen mit einer Mosaik-Form generell in ihren Fähigkeiten weniger beeinträchtigt sind als Mädchen mit dem Vollbild, ist nicht eindeutig geklärt. Einzelne Patienten weisen noch weitaus größere Diskrepanzen auf. So berichten Temple und Carney (1993) z. B. über ein Mädchen mit einem Verbal-IQ von 133 und einem Handlungs-IQ von 90, LaHood und Bacon (1985) über ein 13-jähriges Mädchen mit einem Verbal-IQ von 112 und einem Handlungs-IQ von 77. Rovet (1990) analysierte die Daten aus 13 Studien, die an 226 Mädchen mit Turner-Syndrom und Kontrollgruppen erhoben wurden und ermittelte in einer eigenen Studie an 67 Mädchen (durchschnittliches Alter 12 Jahre) einen Handlungs-IQ von 87.6 und einen Verbal-IQ von 93.0. Die meisten Werte lagen am unteren Ende der durchschnittlichen Verteilung. Weit unterdurchschnittliche Ergebnisse im Handlungsteil waren die Ausnahme.

Im Einzelnen zeigten sich gehäuft *Defizite bei Aufgaben, die visuell-räumliche Wahrnehmung und visuell-konstruktive Fähigkeiten prüfen* (z. B. Mosaike nachbauen oder Puzzle zusammenfügen; Swillen et al., 1993; Ross et al., 1995), sowie bei Aufgaben zum visuellen Gedächtnis (LaHood und Bacon, 1985) und solchen, die in besonderem Maße aufmerksamkeitsabhängig sind (z. B. Rechnen und Zahlenfolgedächtnis im Wechsler-Test; Temple und Carney, 1993). Die Ergebnisse der einzelnen Studien entsprechen sich allerdings nicht immer hinsichtlich des Profils von Stärken und Schwächen; so konnte z. B. ein spezifisches Defizit bei Puzzleaufgaben oder Mosaikaufgaben nicht in allen Studien nachgewiesen werden (Waber, 1979; Lahood und Bacon, 1985). Neben den Wahrnehmungsproblemen zeigen Mädchen und Frauen mit Turner-Syndrom gehäuft fein- und grobmotorische Koordinationsschwächen, die z. B. zu einem deutlich niedrigeren Ergebnis im Bruininks-Oseretsky Test of Motor Proficiency und einem Eindruck von „motorischer Unbeholfenheit" (clumsiness) führen (Lewandowski et al., 1984).

Die Diskrepanzen zwischen den visuellen Wahrnehmungsfähigkeiten, die sich bei der Mehrzahl der Mädchen mit Turner-Syndrom in einem niedrigeren Handlungs-IQ niederschlagen, und den sprachgebundenen Fähigkeiten zeigen sich unabhängig vom Alter der Mädchen. Ross et al. (1995) untersuchten 56 Mädchen im Alter zwischen 6 bis 14 Jahren und eine Kontrollgruppe mit einer neuropsychologischen Testbatterie und fanden keine Unterschiede in sprachbezogenen Aufgaben (Token-Test, Beurteilung des Wortverständnisses, expressiver Wortschatz und Satzbildung), jedoch durchweg signifikante Differenzen bei Tests zur Wiedererkennen, Erfassen und Abzeichnen visueller Gestaltganzer (z. B. Beery Test of Visual-Motor Integration, Motor-Free Visual Perception Test, Rey-Osterrieth Figure Copy Test). Bei Aufmerksamkeitsprüfungen (TOVA) zeigten die Mädchen mit Turner-Syndrom eine größere Impulsivität im Reaktionsverhalten.

Diese Ergebnisse sind nicht durch eine selektive Stichprobenauswahl (z. B. ausschließliche Untersuchung von Kindern, die wegen Schulleistungsproblemen vorgestellt werden) zu erklären. Längsschnittstudien an Mädchen, bei denen das Turner-Syndrom unmittelbar nach oder bereits vor der Geburt diagnostiziert wurde, kommen zu dem gleichen Ergebnis. So berichteten Bender et al. (1984, 1993, 2001) über den Entwicklungsverlauf und die neuropsychologischen Testdaten bei neun Mädchen, die bis zum Alter von 20 Jahren nachuntersucht wurden. Sie fanden im Erwachsenenalter eine Diskrepanz von 23 Punkten zwischen Verbal- und Handlungs-IQ und die charakteristischen Defizite in der visuell-räumlichen Wahrnehmung. Einige Mädchen hatten auch Defizite in Sprach- und Lesefertigkeiten, nur drei von ihnen keine Lernschwierigkeiten.

Die visuell-räumlichen Wahrnehmungsprobleme stehen offenbar nicht in Zusammenhang mit dem Hormonstatus. Sie finden sich auch bei Mädchen, die hormonell behandelt werden, während andere Defizite wie eine verlangsamte

Reaktionszeit bei Aufmerksamkeitstests und eine Verlangsamung allgemeiner motorischer Funktionen durch eine Östrogen-Substitution ausgeglichen werden können (Ross et al., 2000).

Tabelle 118: Testprofile im Wechsler-Test bei 35 Mädchen mit Turner-Syndrom (nach Ross et al., 1995)

Tests	Turner	Kontrollgr.
Verbal-IQ	103	107
Handlungs-IQ	92	107
Gesamt-IQ	98	108
Allgemeines Wissen	10.1	10.9
Gemeinsamkeiten finden	11.7	12.0
Rechnerisches Denken	9.0	11.1
Wortschatz	11.0	10.7
Allgemeines Verständnis	11.1	11.2
Zahlenfolgen	8.0	11.4
Bilderergänzen	8.7	11.0
Bilder ordnen	10.1	11.5
Mosaiktest	9.0	10.9
Puzzles	8.3	10.5
Zahlen-Symbol-Test	8.2	10.1

Nicht bei allen Mädchen und Frauen mit Turner-Syndrom kann allerdings davon ausgegangen werden, dass die allgemeinen intellektuellen Fähigkeiten im Wesentlichen unbeeinträchtigt sind. Swillen et al. (1993) legten eine Übersicht über 50 Mädchen im Alter zwischen 4 und 20 Jahren vor, die im Zentrum der Universität Leuven, Belgien, vorgestellt wurden. Bei immerhin 5 Mädchen mit dem klassischen Bild des Turner-Syndroms lag der Intelligenzquotient < 70, davon bei je zweien im Bereich einer schweren, bzw. mäßigen intellektuellen Behinderung. Ein erhöhtes Risiko für die Entwicklung einer intellektuellen Behinderung tragen Mädchen und Frauen, bei denen ein Ring X Chromosom vorliegt. In der belgischen Studie von Kleczkowska et al. (1990) hatten fünf von 13 Patientinnen mit dieser chromosomalen Besonderheit einen IQ < 70; El Abd et al. (1999) berichteten bei vier von fünf untersuchten jungen Erwachsenen das gleiche Ergebnis.

Etwa *75 % der Mädchen und Frauen mit klassischem Turner-Syndrom haben erhebliche Schwierigkeiten, den Anforderungen des Rechenunterrichts gerechtzuwerden.* Dabei fällt ihnen sowohl die Aneignung von Rechenoperationen (prozedurales Wissen) schwer wie auch die Automatisierung von Rechenfähigkeiten. Eine systematische Fehleranalyse von Rechentests bei 45 Mädchen mit Turner-Syndrom zeigte, dass sie sich im Verständnis der Zahlen und Rechenvorschriften nicht von gleichaltrigen Mädchen unterschieden, aber mehr Fehler bei Additions- und Subtraktionslösungen machten. Die Schwierigkeit in der korrekten Verarbeitung von Zahlensequenzen korrelierte mit den Defiziten im visuell-räumlichen Vorstellungsvermögen der Mädchen (Rovet, 1995). Die Lesefertigkeit entspricht dagegen dem allgemeinen kognitiven Entwicklungsstand, insbesondere ist die Fähigkeit zur phonologischen Dekodierung als wichtiger Teilaspekt des Leselernprozesses unbeeinträchtigt (Ross et al., 1995). Wenn Lese-Rechtschreibschwächen auftreten, dann nicht als isolierte Entwicklungsstörung, sondern immer in Kombination mit Rechenstörungen.

Mädchen mit Triple-X-Syndrom

Eine Sondergruppe stellen Mädchen mit Triple-X-Syndrom (47, XXX) dar. Sie haben im Vergleich zu anderen Mädchen mit Besonderheiten der Geschlechtschromosomen deutlichere Einschränkungen in ihrer intellektuellen Leistungsfähigkeit. Bender et al. (1993, 2001) berichteten bei 11 untersuchten Mädchen einen durchschnittlichen Gesamt-IQ von 84.4 Punkten im Jugend- und 81.8 Punkten im Erwachsenenalter und ein dementsprechend reduziertes schulisches Leistungsvermögen im Rechnen und Lesen. Die meisten Mädchen mit XXX-Konstellation sind auch in ihrer rezeptiven und expressiven sprachlichen Entwicklung deutlich verlangsamt und bedürfen zusätzlicher Hilfen beim Erlernen des Lesens. Dies entspricht den Ergebnissen von Longitudinalstudien an pränatal diagnostizierten Mädchen in Schottland, Kanada und den USA (Ratcliffe et al., 1986, 1991; Robinson et al., 1990; Stewart et al., 1990). Allerdings bedeutet dies nicht eine Notwendigkeit zum Sonderschulbesuch. 15 von 16 Mädchen, die in der schottischen Studie im Alter zwischen 8 und 14 Jahren untersucht wurden, besuchten z. B. die Regelschule.

18.4 Sozial-emotionale Entwicklung

Die sozial-emotionale Entwicklung von Mädchen und jungen Frauen mit Turner-Syndrom ist in vielen Fällen beeinträchtigt durch ein niedriges Selbstwertgefühl und weniger befriedigende soziale Beziehungen zu Gleichaltrigen. Sie hängt aber in hohem Maße davon ab, welche Erfahrungen die Mädchen im Kontakt mit anderen und innerhalb ihrer Familie machen. So gehört die Erfahrung von kränkenden Äußerungen leider zu dem, was viele Kinder mit Kleinwuchs im Schulalltag erleben. Anderes Aussehen, motorische Koordinationsschwierigkeiten oder Hörbeeinträchtigungen können die Entwicklung eines stabilen Selbstbewusstseins zusätzlich behindern. Dass die Pubertätsentwicklung ausbleibt oder von hormoneller Stimulation abhängig ist, sowie die Notwendigkeit, sich mit einer Lebensperspektive ohne leibliche Kinder auseinandersetzen zu müssen, kann die Persönlichkeitsentwicklung im Jugendalter belasten.

McCauley et al. (1986) untersuchten die sozialen Beziehungen und Verhaltensmerkmale von 17 Mädchen zwischen neun und 17 Jahren und verglichen sie mit einer Kontrollgruppe ebenfalls kleinwüchsiger Kinder. Die Mütter bearbeiteten u. a. die Child Behavior Checklist (CBCL), die Mädchen Fragebögen zu Freundschaften, depressiven Stimmungen und Selbstwertgefühlen. Die Einschätzungen von Müttern und Töchtern stimmten weitgehend überein. Die Mädchen gaben eine *geringere Zahl fester Freundschaftsbeziehungen und mehr negative Interaktionen* mit gleichaltrigen Kindern an als die Vergleichsgruppe, ihr *Selbstwertgefühl war niedriger*, sie gaben sich weniger Chancen, durch schulischen Erfolg oder ihr Äußeres Anerkennung zu finden und beschrieben sich als *ängstlicher*. Deutlich höhere Werte als in der Kontrollgruppe ergaben sich in den Skalen „depressiv/zurückgezogen" und „unreif/hyperaktiv" der CBCL.

Swillen et al. (1993) berichten in ihrer Übersicht über 50 Mädchen und junge Frauen zwischen vier und 20 Jahren ebenfalls erhöhte Werte in der Skala „Hyperaktivität" bei den jüngeren Mädchen, aber keine generell erhöhte Rate von Verhaltensstörungen und emotionalen Störungen. Mädchen im Alter zwischen 12 und 16 Jahren, d. h. während der Pubertätsphase, hatten schlechtere soziale Beziehungen und neigten zu sozialem Rückzug.

Diese Ergebnisse bestätigten sich im Wesentlichen in späteren Untersuchungen an größeren Stichproben. McCauley et al. (1995) selbst untersuchten 97 Mädchen mit Turner-Syndrom. Im Vergleich zu einer Kontrollgruppe mit unauffälliger Entwicklung wurden sie in der CBCL und in einer Skala zur Beurteilung des Selbstkonzepts häufiger als hyperaktiv und im sozialen Kontakt mit Gleichaltrigen unreif geschildert, hatten weniger soziale Beziehungen und schulischen Erfolg, bevorzugten jüngere Spielpartner und schätzten selbst ihr Aussehen und ihre Popularität in der Gruppe negativer ein. Korrelationsanalysen zeigten keinen Zusammenhang zwischen sozial-emotionalen Entwicklungsmerkmalen und dem Grad phänotypischer Auffälligkeiten oder dem relativen Größenwachstum, wohl aber zum Alter. Jugendliche äußerten sich negativer über sich selbst als jüngere Mädchen. Allerdings sind *die statistisch bedeutsamen Unterschiede nicht gleichbedeutend mit behandlungsbedürftigen Störungen*. So lagen sehr viele Werte in den Skalen „Hyperaktivität" und „problematische soziale Beziehungen" zwar über dem Durchschnitt (T-Werte > 60), aber nicht im Bereich, in dem eine Behandlung angeraten wird.

Rovet und Ireland (1994) berichteten über 103 Mädchen mit Turner-Syndrom im Alter von 7 bis 13 Jahren (repräsentative Stichprobe von Mädchen, bei denen eine Hormonbehandlung eingeleitet wurde) und eine Gruppe von 52 Mädchen gleichen Alters. Sie fanden signifikante Unterschiede in der sozialen

Kompetenz und im Grad von Verhaltensauffälligkeiten (CBCL) sowie in den Einzelskalen, die soziale Probleme mit Gleichaltrigen und Aufmerksamkeitsprobleme messen. 38.5 % hatten leichte und 5.2 % deutliche Defizite in ihrer sozialen Kompetenz; dies betraf vor allem die Mädchen mit ausgeprägterem Kleinwuchs. 17.6 % hatten leichte und 10.7 % ausgeprägte Verhaltensstörungen. Andererseits waren 24 % in ihrer sozialen Kompetenz und 71 % in ihrem Verhalten unauffällig.

Tabelle 119: Verhaltensauffälligkeiten und Selbstkonzept bei Mädchen mit Turner-Syndrom (nach McCauley et al., 1985)

Verhaltensauffälligkeiten und Selbstkonzept	Turner	Kontrollgr.	Sign
Problematisches Verhalten			
ängstlich-depressiv	54.8	54.4	
zurückgezogen	55.2	54.1	
körperliche Beschwerden	55.8	54.9	
zwanghafte Gedanken	55.6	52.9	
hyperaktiv	60.1	53.5	**
sexuelle Probleme	51.3	53.0	
dissozial	52.9	53.9	
aggressiv	54.3	53.5	
Selbstkonzept			
Verhalten	56.7	57.9	
Schulerfolg	56.2	59.7	
Aussehen	53.2	58.4	**
Ängstlichkeit	53.0	56.0	
Beliebtheit	48.3	54.1	**
Zufriedenheit	55.7	58.7	

Die Belastungen der sozial-emotionalen Entwicklung von Mädchen mit Turner-Syndrom gehen einher mit spezifischen erzieherischen Reaktionen und Sorgen der Eltern. Haverkamp (1998) berichtete über die Befragung von 192 Eltern, die an zwei großen deutschen Behandlungszentren sowie über die Elternvereinigung „Deutsche Ullrich-Turner-Syndrom Vereinigung e. V." zur Mitarbeit gewonnen werden konnten. Die Befragung bezog sich u. a. auf die durch den Kleinwuchs bedingten psychosozialen Belastungen. Aus Sicht der Eltern leiden 21.5 % der Kinder sehr unter ihrem reduzierten Wachstum, 28.6 % machen verletzende Erfahrungen. Ebenso viele Kinder haben Eingliederungsprobleme in der Schule, finden schwerer Spielgefährten und haben Probleme in der Auseinandersetzung mit anderen Kindern. Über 60 % der Eltern machen sich große Sorgen, dass ihr Kind in der Pubertät Schwierigkeiten im Kontakt mit Gleichaltrigen haben wird und später Probleme entstehen werden, eine Partnerschaft aufzubauen. Einschränkungen für das spätere berufliche Fortkommen befürchten 48 %.

Mit Blick auf ihre eigenen Belastungen geben 18.4 % der Mütter an, dass sie sich durch den Kleinwuchs der Kinder in ihren persönlichen Möglichkeiten eingeschränkt fühlen. 30.1 % meinen, dass ihr Kind mehr Sorge und Schutz durch die Eltern braucht als andere Kinder, 11.2 % glauben es vor Anfeindungen schützen zu müssen; mehr als ein Drittel der Eltern gehen davon aus, dass das Kind wegen des Kleinwuchses später als andere Kinder das Elternhaus verlassen wird. Eine (über-)protektive Haltung und die Sorge um das Gelingen des Übergangs ins Erwachsenenalter sind bei Eltern von Jugendlichen stärker als bei Eltern von jüngeren Mädchen.

Die geschilderten *sozialen Beziehungsschwierigkeiten und Selbstwertprobleme scheinen nicht auf das Pubertätsalter begrenzt* zu sein. McCauley et al. (1986) führten Fragebögen und psychiatrische Interviews bei 30 erwachsenen Frauen mit Turner-Syndrom durch. Fünf Frauen hatten wenig Freunde und soziale Aktivitäten, ebensoviele hatten keine Erfahrungen mit sexuellen Beziehungen zu Männern, neun Frauen nur vorübergehende kürzere Beziehungserfahrungen. Allerdings handelte es sich nicht um eine Kontrollgruppenstudie. Pelz et al. (1991) berichteten, dass 26 % von 50 befragten Erwachsenen wenig soziale Beziehungen hatten, 39 % überwiegend zu Hause blieben und 24 % keinen Partner hatten.

Nielsen et al. (1977) verglichen die soziale Situation von 45 Mädchen und Frauen mit Turner-Syndrom (7 bis 39 Jahre) mit der ihrer Schwestern und anderer kleinwüchsiger Patientinnen. Frauen mit Turner-Syndrom lebten häufiger zu Hause, waren seltener verheiratet als ihre Schwestern und hatten weniger soziale Beziehungen. Sie unterschieden sich in dieser Hinsicht jedoch nicht von anderen kleinwüchsigen Frauen.

Mehrere Studien gehen auch der Frage nach, ob erwachsene Frauen gehäuft psychiatrische Erkrankungen zeigen. In der dänischen Studie von Nielsen et al. (1977) war ihre Rate generell niedrig, in einer erweiterten Stichprobe von 103 Patientinnen im Alter zwischen 7 und 24 Jahren fand sich keine einzige Frau mit Turner-Syndrom, die in psychiatrischer Behandlung war. Dagegen wurde in der amerikanischen Untersuchung von McCauley et al. (1986) bei 22 % die Diagnose einer depressiven psychischen Störung gestellt. Kleczkowska et al. (1990) gaben in ihrer Übersicht über 218 Patientinnen (die allerdings in einem sehr breiten Zeitrahmen zwischen 1965 und 1989 vorgestellt wurden) eine Rate von 10 % depressiver Störungen an. Delooz et al. (1993) untersuchten 20 Frauen. Bei sieben lag eine länger anhaltende (in drei Fällen reaktive) depressive Störung vor – beurteilt nach dem Schedule for Affective Disorders and Schizophrenia, SADS-L. Bei fünf Patientinnen waren auch die Kriterien des DSM-III-R erfüllt. Drei Frauen wurden psychotherapeutisch, zwei von ihnen stationär behandelt.

Unter Umständen spiegeln sich in den widersprüchlichen Daten auch kulturelle Unterschiede im Umgang mit genetischen und psychiatrischen Diagnosen wider. Nielsen et al. (1977) verweisen zudem auf einen Zusammenhang zu biografischen Faktoren. Unter den Frauen, die unzureichend über ihre Diagnose informiert wurden, eine überbehütende Erziehung erfuhren und häufiger Kränkungen und Isolation erlebt haben, sei der Anteil von psychischen Problemen im Erwachsenenalter dreifach größer als unter den Frauen, die eine unbelastete Kindheit erlebt haben.

Kasten 22: Schwerpunkte der Beratung

- Pädagogische Hilfen zur Kompensation syndromspezifischer Fähigkeitsdefizite: früher Einsatz von PC-gestützten Lernprogrammen und Taschenrechnern; Verzicht auf Aufgaben zum Abzeichnen und zusätzliche Instruktionen zum Verständnis von Zeichnungen und Karten; systematische Anleitung in kognitiven Selbstinstruktionsprogrammen zur Bearbeitung von Aufgaben, die visuell-räumliche Wahrnehmung erfordern

- Förderung der Selbstsicherheit und Entwicklung von Freundschaften; Übernahme altersgemäßer Selbstverantwortung und Beteiligung an sozialen Aktivitäten

- Unterstützung bei der Auseinandersetzung mit den besonderen Herausforderungen des Übergangs zum Erwachsenenalter: frühe Information über die Diagnose sowie die damit verbundenen Lernprobleme und körperlichen Besonderheiten; adäquate Aufklärung über die Möglichkeiten sexueller Entfaltung und hormoneller Behandlung

19 Klinefelter-Syndrom

19.1 Klinische Genetik

Das Klinefelter-Syndrom wurde in den 40er Jahren bei einer Reihe von Männern, die wegen Infertilität vorgestellt wurden, erstmals beschrieben. Ihm liegt eine veränderte Zahl der Geschlechtschromosomen, d. h. (mindestens) ein zusätzlich vorhandenes X-Chromosom zu Grunde. Die Prävalenz wird mit 1:700 bis 1:900 angegeben (Drugan et al., 1996). Eine populationsweite dänische Studie über einen Beobachtungszeitraum von 13 Jahren ermittelte eine Inzidenzrate von 1:426 (Nielsen & Wohlert, 1991). Für Deutschland bedeutet dies z. B., dass die Zahl der Jungen und Männer mit Klinefelter-Syndrom über 30000 liegen muss.

Das Chromosomenmuster XXY ist dabei am häufigsten und liegt bei mehr als drei Viertel der Jungen oder Männer mit Klinefelter-Syndrom vor. Darüber hinaus treten andere Varianten (XXXY- oder XXXXY-Syndrom) auf, die allerdings wesentlich seltener sind. Bei 6 % findet sich ein normaler Chromosomensatz in einem Teil der Zellen und der Chromosomensatz 47, XXY in den restlichen Zellen (Mosaikform).

Das Klinefelter-Syndrom ist Folge einer Non-disjunktion in der frühen Schwangerschaft (Meiose). Störungen dieser Art treten mit fortschreitendem Alter der Mütter gehäuft auf. Da die körperlichen Besonderheiten, die mit dieser chromosomalen Veränderung einhergehen, wenig offensichtlich sind, wird die Diagnose (durch eine cytogenetische Untersuchung) in den wenigsten Fällen unmittelbar nach der Geburt oder in der frühen Kindheit gestellt. Das durchschnittliche Alter der Diagnosestellung liegt bei fünf Jahren (Weatherall, 1991); manche Jungen oder Männer werden aber erst in oder nach der Pubertät diagnostiziert, wenn nach einer Ursache für ein reduziertes Hodenwachstum und Infertilität gesucht wird.

Endokrinologische Veränderungen, die die normale Entwicklung der Geschlechtsorgane und die Hormonproduktion (Gonadotropin, Androgen, Testosteron u. a.) beeinträchtigen, sind die wichtigsten körperlichen Besonderheiten von Jungen und Männern mit Klinefelter-Syndrom (Jockenhövel & Reinwein, 1992). Die reduzierte Testosteronproduktion führt dazu, dass die Hoden im Jugendalter wesentlich kleiner sind als üblich (bei normaler Penisgröße), keine Spermien gebildet werden können, der Stimmbruch und der pubertäre Haarwuchs ausbleiben und es teilweise zur Ausbildung einer (kleinen) weiblichen Brust (30 bis 60 %) und eines femininen Körperbaus kommt.

Die fehlende Bildung des männlichen Geschlechtshormons Testosteron kann durch eine entsprechende Hormonbehandlung (Spritzen, Tabletteneinnahme oder Testosteronpflaster) ausgeglichen werden. Als optimaler Behandlungsbeginn wird in den meisten Fällen das Alter von 11 bis 12 Jahren angesehen (Nielsen et al., 1988). Sie erlaubt eine normale pubertäre Entwicklung, hat jedoch keinen Einfluss auf die Spermienproduktion, so dass die betroffenen Männer – bei unbeeinträchtigter Libido – trotz der Hormonbehandlung in den meisten Fällen kinderlos bleiben.

Jungen mit Klinefelter-Syndrom sind in der Regel größer als gleichaltrige Kinder auf Grund eines verlängerten Längenwachstums der Beine. Da die Körperlänge jedoch insgesamt in der normalen Streubreite liegt, verursacht dies keine besonderen Probleme. Die grob- und feinmotorische Koordination und die Gleichgewichtskontrolle ist beeinträchtigt, der Bewegungsfluss insgesamt langsamer. Die motorischen Meilensteine werden etwas später erreicht als üblich; neuromotorischen Schwächen sind bis ins Schulalter erkennbar (Robinson et al., 1986).

19.2 Kognitive und sprachliche Entwicklung

Die intellektuelle Entwicklung wurde in amerikanischen, englischen und skandinavischen Studien bei relativ großen Stichproben von Jungen, bei denen bereits bei der Geburt eine Veränderung in der Zahl der Geschlechtschromosomen festgestellt wurde, systematisch dokumentiert. Dabei wurde in den meisten Fällen der Wechsler-Intelligenztest (HAWIK) verwendet. So untersuchten z. B. Robinson et al. (1979) 51 Jungen im Alter zwischen fünf und elf Jahren in Denver, Ratcliffe et al. (1982) 67 Jungen zwischen 2 und 13 Jahren in Edinburgh, Stewart et al. (1986) 52 Jungen im Alter von 9 bis 16 Jahren in Toronto und Nielsen et al. (1982) 25 Jungen zwischen 7 und 11 Jahren Aarhus/Dänemark. Alle Untersuchungsgruppen teilten auch Ergebnisse zum weiteren Verlauf der intellektuellen Entwicklung bis ins frühe Erwachsenenalter mit. Die Ergebnisse solcher prospektiver Studien können eine höhere Validität beanspruchen als die Resultate, die an selektiven Stichproben gewonnen wurden. So werden z. B. bei Patienten, bei denen im Rahmen einer endokrinologischen Untersuchung eine Intelligenztestung durchgeführt wird, höhere IQ-Werte gefunden als bei Patienten, die primär zur neuropsychologischen Untersuchung in einer entsprechenden Klinik vorgestellt werden.

Der durchschnittliche IQ von Jungen mit Klinefelter-Syndrom liegt – unabhängig von der untersuchten Altersgruppe – im unteren Bereich der normalen Streubreite. Es sind auch Patienten mit überdurchschnittlicher Intelligenz beschrieben. Jungen mit Klinefelter-Syndrom erreichen aber z. B. signifikant niedrigere Testwerte im Vergleich zu ihren Geschwistern. Testwerte im Bereich einer mentalen Behinderung (IQ < 70) sind sehr selten (Geschwind et al., 2000). Walzer et al. (1990) berichten aus der Denver-Studie z. B. um 10 bis 15 IQ-Punkte niedrigere Gesamtwerte als in der Kontrollgruppe. Eine Profilanalyse zeigt jedoch regelmäßig, dass es primär die *sprachgebundenen intellektuellen Fähigkeiten sind, die unter dem Durchschnitt gleichalter Kinder und Jugendichen liegen*. So ermittelten Stewart et al. (1982) z. B. bei 18.7 % einen Gesamt-IQ unter 90, jedoch bei 47.5 % einen unterdurchschnittlichen Verbal-IQ.

Tabelle 120: Intelligenztestbefunde bei 18 Jungen mit Klinefelter-Syndrom in einer prospektiven Studie (Ratcliffe et al., 1986)

IQ-Wert	Anzahl
IQ < 85	3
IQ 85–100	10
IQ 100–115	2
IQ > 115	3

Anmerkung: Untersuchung mit den McCarthy-Scales oder Wechsler-Tests im Alter zwischen 5 und 8 Jahren

Eine *sprachbezogene Retardierung zeigt sich oft bereits im frühen Kindesalter.* In einer Verlaufsstudie an 72 Kleinkindern, bei denen die XXY-Konstellation pränatal diagnostiziert wurde, wurde die Entwicklung über einen Zeitraum von fünf Jahren dokumentiert (Samango-Sprouse, 2001). Bei 62% wurde eine Muskelhypotonie und Verzögerung der Bewegungsentwicklung festgestellt; der psychomotorische Entwicklungsindex in den Bayley-Skalen lag durchschnittlich bei 88.5, also etwas unter der Norm. Eine Verzögerung der Sprachentwicklung war bereits mit 12 Monaten an einer geringeren Vielfalt der Lautbildung, Imitationsbereitschaft und Ausbildung des ersten Wortverständnisses zu erkennen. Eine signifikante Diskrepanz zwischen Sprachverständnis und expressiver Sprache ließ sich dann im Alter von 24 Monaten nachweisen. 52% der Kinder in dieser Stichprobe benötigten Sprachtherapie, welche in der Regel mit 18 Monaten begann und etwa vier Jahre anhielt.

Auch im Schulalter finden sich Probleme in der Sprachverarbeitung, in der Fähigkeit, Zusammenhänge wiederzugeben, und in der Artikulation (Leonard et al., 1982). Graham et al. (1988) und Bender et al. (1993) führten spezifische neuropsychologische Tests bei Schulkindern und Jugendlichen (14 bis 17 Jahre) durch und wiesen Teilleistungsschwächen in der Geschwindigkeit und sequentiellen Verarbeitung und Speicherung akustischer Informationen (Kurzzeitgedächtnis) nach, die dafür verantwortlich sein könnten. Sie sind unabhängig von der Intelligenz auch bei Jungen zu beobachten, die weiterführende Schulen besuchen.

Die spezifischen Schwächen in der Sprachverarbeitung gehen in vielen Fällen mit Schulleistungsproblemen einher. So wird z.B. aus einer multizentrischen prospektiven Längsschnittstudie mit 58 Jungen mit Klinefelter-Syndrom ein spezifischer schulischer Förderbedarf bei 63.7% berichtet; diese Rate war höher als in der Kontrollgruppe (Stewart et al., 1982). Dabei handelt es sich vor allem um eine Lese-Rechtschreibschwäche, während die Rechenfähigkeiten oft unbeeinträchtigt sind. 75% der Jungen mit Klinefelter-Syndrom benötigen in diesem Bereich spezielle Hilfen (Bender et al., 1993). Dabei handelt es sich nicht um Schwächen der Aufmerksamkeitssteuerung oder Planungsfähigkeit, wie sie bei vielen Kindern mit Lernbehinderungen oder Aufmerksamkeitsdefizit-/Hyperaktivitätssyndrom zu beobachten sind, sondern um spezifische Schwächen bei Teilkomponenten des Lese- und Schreibprozesses, wie sie auch bei Kindern mit einer Legasthenie, aber unauffälligem chromosomalem Befund auftreten.

Tabelle 121: Neuropsychologische Testergebnisse bei 14 Jungen mit Klinefelter-Syndrom in einer prospektiven Studie (Bender et al., 1993)

Tests	Testergebnis
Verbal-IQ	97.9
Handlungs-IQ	99.5
Lesetest	83.9*
Rechentest	96.3
Trail Making Test	80.4*
Wortschatz	72.9*
Auditive Merkfähigkeit	79.3*

Anmerkung: * = signifikant niedrigere Werte als in einer Kontrollgruppe

Die Schulleistungsprobleme nehmen im Laufe der Schulzeit eher zu, wie sich in einer Untersuchung von Rovet et al. (1996) zeigte, in der 36 Jungen über einen Zeitraum von 20 Jahren verfolgt wurden. Sie stellten konsistente Unterschiede in standardisierten Tests zum Leseverständis, Buchstabieren, Schreiben, Rechnen, mathematischen Verständnis und im Erwerb konzeptionellen Wissens in anderen Fächern im Vergleich zu den 33 Geschwistern der Jungen (Kontrollgruppe) fest.

Es ist nicht eindeutig geklärt, ob es sich bei den Teilleistungsschwächen von Jungen mit Klinefelter-Syndrom um eine direkte Folge der chromosomalen Veränderung auf das Hirnwachstum (im Sinne einer Beeinträchtigung der links-hemisphärischen sprachlichen Verarbeitung) oder eine indirekte Folge der hormonalen Entwicklungsstörung handelt (Geschwind et al., 2000). Auch ergeben sich Unterschiede zwischen den Entwicklungsprofilen von Kindern und Jugendlichen einerseits und Erwachsenen andererseits. Das könnte bedeuten, dass von unterschiedlichen Prozesse auszugehen ist. Sprachbezogene Entwicklungsschwierigkeiten könnten als Reifungsverzögerung zu verstehen sein, die schließlich ausgeglichen werden können, während Probleme der Verarbeitung nonverbaler Informationen im Erwachsenenalter womöglich auf hormonelle Einflüsse zurückzuführen sind (Boone et al., 2001).

19.3 Sozial-emotionale Entwicklung

In den verschiedenen prospektiven Längsschnittstudien zum Klinefelter-Syndrom wurden auch Daten zur sozialen und emotionalen Entwicklung erhoben. Elternangaben und Verhaltensbeobachtungen sprechen für gemeinsame Temperamentsmerkmale im Sinne einer größeren Anpassungsbereitschaft, Passivität und Unsicherheit in fremden Situationen. Allerdings beruhen diese Aussagen auf sehr kleinen Stichproben und wurden nur zum Teil mit standardisierten Fragebögen ermittelt. Systematische Vergleiche zur sozialen und emotionalen Entwicklung von Kindern mit Sprachentwicklungsstörungen fehlen, so dass unklar bleibt, inwieweit diese Beobachtungen spezifisch für Jungen mit Klinefelter-Syndrom oder durch kommunikative Schwierigkeiten bedingt sind.

Behandlungsbedürftige Verhaltensauffälligkeiten oder emotionale Störungen sind bei Jungen mit Klinefelter-Syndrom aber offenbar die Ausnahme. So werden z. B. in der schottischen Stichprobe im frühen Kindesalter von zwölf Jungen mit XXY-Konstellation nur zwei als klinisch auffällig in einem standardisierten Fragebogen (Behaviour Screening Questionnaire) beschrieben. Im Schulalter fanden sich – gemessen mit dem Rutter Parental Questionnaire – mehr Jungen mit Verhaltensproblemen, Ängstlichkeit und sozialen Problemen mit Gleichaltrigen im Vergleich zur Kontrollgruppe (Ratcliffe et al., 1991). In ihrer Selbsteinschätzung beschrieben sich Adoleszenten mit Klinefelter-Syndrom als empfindsamer und unsicherer. Sie berichteten mehr soziale Kontaktprobleme mit Gleichaltrigen als eine Kontrollgruppe (Ratcliffe et al., 1982).

Beispiel

„Unser Sohn Stefan ist heute 12 Jahre alt. Seit etwa 1 1/2 Jahren wissen wir, dass Stefan das Klinefelter-Syndrom hat. Er war im Kleinkindesalter häufig krank. Er hatte sehr oft Fieber, teilweise für uns unerklärlich. Er war in seiner sprachlichen und motorischen Entwicklung nach unserer Ansicht um etwa zwei Jahre zurück. Auch am Ende der Kindergartenzeit wurde die Ursache nicht erkannt, obwohl Stefan schon damals beidseitigen Hodenhochstand hatte. Nach zwei Jahren Kindergarten kam Stefan ein Jahr in die Vorschule und wurde dann in die Grundschule eingeschult. Heute ist er in der 5. Klasse der Förderstufe der Gesamtschule am Ort. Voraussichtlich wird er ab dem 7. Schuljahr die Hauptschule besuchen. Die Probleme, die Stefan nach wie vor hat, sind sein langsames Arbeitstempo und seine motorische Entwicklung. Seine Aussprache ist eigentlich sehr gut, im Rechtschreiben hat er keine großen Probleme, jedoch im Aufsatz und mit Nacherzählungen. Mathematik ist eines seiner Lieblingsfächer, bedingt durch die Fähigkeit, einmal Gelerntes leicht zu behalten. Da Stefan sehr gutmütig ist, wird er aber von Gleichaltrigen manchmal ausgenutzt und nicht für voll genommen. Er geht seit einem halben Jahr zu einer Kinderpsychologin, die ihm helfen soll, durch die Pubertät zu kommen." (Nielsen, 1990)

In Interviews beschreiben sie sich häufiger als einsam, haben weniger soziale Beziehungen und ein geringeres Durchsetzungsvermögen (Nielsen et al., 1980; Theilgaard, 1984). Die Beschreibungen machen den Eindruck einer geringeren Identifikation mit einem „traditionellen männlichen Selbstbild".

Beispiele

„Als Jugendlicher und junger Erwachsener hatte ich Mädchen und Frauen gegenüber Interessen, die rein im Austausch von Gedanken sowie in der gemeinsamen Gestaltung der Arbeits- und Freizeit begründet lagen. Weitergehende Kontakte mied ich aus verschiedenen Gründen, die sich wohl gegenseitig beeinflusst hatten (religiös geprägte Einstellung zum vorehelichen Verkehr, Erleben mangelnder Potenz). Es gab immer wieder junge Frauen, die meine hilfsbreite Art schätzten und meine Nähe sowie meinen Rat suchten. Einsam war ich deshalb nie!"

„Als ich mit 25 Jahren meine erste Freundin kennenlernte und die Partnerschaft durch meine sexuellen Schwierigkeiten und auch wegen meiner Zeugungsunfähigkeit endete, brach für mich eine Welt zusammen. Es verging einige Zeit ohne eine Partnerschaft, in der ich viel über mich selbst grübelte und schließlich zu dem Schluss kam, dass es so nicht weitergehen kann. Ich suchte mir Hobbys, die mir Freude machten und meine Probleme in den Hintergrund treten ließen. Heute bin ich 32 Jahre jung und seit über einem halben Jahr verlobt." (Dt. Klinefelter-Vereinigung e. V., o. J.)

Gerade bei Aussagen über Persönlichkeitsmerkmale ist aber Vorsicht vor einer Attribuierung von Besonderheiten als Ausdruck einer genetischen Disposition geboten. Vielmehr sind sie Ergebnis einer komplexen Wechselwirkung zwischen körperlichen Besonderheiten (Entwicklung vermehrten Brustgewebes, Ausbleiben des Stimmbruchs und anderer männlicher Attribute), grob- und feinmotorischen Schwächen, geringerer Sportlichkeit und Sprachgewandtheit und den sozialen Erfahrungen, die die Betreffenden innerhalb ihrer Familie und ihrer sozialen Umwelt machen. Die Auswirkungen des körperlichen Erscheinungsbildes auf die soziale Akzeptanz sind gerade im Jugendalter nicht zu unterschätzen. Jugendliche mit vermehrtem weiblichen Brustansatz werden in der Gruppe Gleichaltriger häufig gehänselt oder ausgegrenzt, so dass sich einige von ihnen für einen kosmetischen Eingriff entscheiden.

Die Hormonsubstitution mit Testosteron wirkt sich auf die Entwicklung der körperlichen männlichen Attribute günstig aus. Im klinischen Eindruck zeigt sich außerdem eine Steigerung des Selbstwertgefühls, der sozialen Sicherheit und sexuellen Aktivität (Johnson et al., 1970; Nielsen et al., 1988). Systematische Studien zur Auswirkung einer frühzeitigen Hormonbehandlung auf die Persönlichkeitsentwicklung fehlen aber noch, wie es insgesamt an Entwicklungsstudien fehlt, die den Zusammenhängen von körperlicher Entwicklung, Sprachentwicklungsproblemen, Lese-Rechtschreibschwächen und sozial-emotionalen Auffälligkeiten nachgehen.

19.4 Jungen mit Polysomnien (z. B. XXXXY-Konstellation)

Zum kognitiven und schulischen Entwicklungsverlauf bei anderen Verteilungsmustern der X-Chromosomen (48, XXYY; 48, XXXY) liegen gleichfalls einzelne Untersuchungen vor. Patienten mit einer XXYY-Konstellation sind intellektuell stärker behindert. Borgaonkar et al. (1970) gaben einen Überblick über die bis zu diesem Zeitpunkt publizierten 53 Einzelfälle. Bei 70 % lag der IQ < 70, bei weiteren 30 % zwischen 70 und 84. Borghgraef et al. (1991) stellten vier Patienten (4, 6, 18 und 25 Jahre) vor, deren IQ zwischen 55 und 71 lag (Mittelwert 64).

Generell scheint zu gelten, dass Jungen mit Polysomien mit steigender Anzahl der X-Chromosomen eine stärkere intellektuelle Behinderung aufweisen. Sie sollten von Kindern mit Klinefelter-Syndrom getrennt betrachtet werden (Peet et al., 1998). Borghgraef et al. (1991) berichteten bei Jungen und Männern mit einer XXXXY-Konstellation Intelligenztestergebnisse zwischen 20 und 70 mit einem durchschnittlichen Wert von 35. Je älter die untersuchten Patienten waren, desto ausgeprägter war ihre intellektuelle und sprachliche Behinderung. Von fünf untersuchten Patienten im Alter zwischen 13 und 42 Jahren verfügten zwei nicht über sprachliche Ausdrucksmöglichkeiten; einer bildete unvollständige Sätze und zeigte Echolalien, ein weiterer bildete Mehrwortsätze, der fünfte komplexe Äußerungen, allerdings mit vielen Perseverationen und Assoziationen (Curfs et al., 1990). Lomelino und Reiss (1991) berichteten dagegen u. a. über einen 4;10 Jahre alten Jungen, dessen (Stanford-Binet-) IQ bei 78 lag und dessen sprachliche Ausdrucksfähigkeiten seinem mentalen Niveau entsprachen. Sheridan et al. (1990) stellten einen 6jährigen Jungen mit einem WPPSI-IQ von 70 und einem altersgemäßen Sprachverständnis (Peabody-Test: Standardwert 94) vor, Sheridan und Radlinski (1988) einen 14-jährigen Jungen mit HAWIK-IQ 64 (Verbal-IQ 60, Handlungs-IQ 71). Diese Berichte zeigen, dass auch bei dieser chromosomalen Konstellation nicht in jedem Fall von einer schweren intellektuellen Behinderung auszugehen ist.

Die kleine Zahl der jeweils untersuchten Kinder erlaubt keine generalisierbaren Aussagen über die sozial-emotionale Entwicklung von Jungen mit Polysomien. Borghgraef et al. (1991) und Borgaonkar et al. (1970) beschrieben bei fast allen Patienten mit XXYY-Konstellation impulsive und aggressive Verhaltensstörungen. Es ist aber nicht klar, inwieweit sie spezifisch sind oder mit dem Grad der intellektuellen Behinderung zusammenhängen. Borghgraef et al. (1991) und Sheridan et al. (1990) beschrieben die von ihnen vorgestellten Jungen mit XXXXY-Konstellation als scheu, furchtsam und sehr ängstlich bei Veränderungen von gewohnten Abläufen.

20 Elternberatung

20.1 Trauerprozess als Thema der Erstberatung

Die Mitteilung der Diagnose eines spezifischen genetischen Syndroms verändert die Lebensperspektive der betroffenen Eltern schlagartig und unumkehrbar. Dies gilt unabhängig vom Zeitpunkt der Mitteilung, sei es unmittelbar nach der Geburt, wenn schwere Fehlbildungen wie beim Apert- oder Cornelia-de-Lange-Syndrom vorliegen, sei es nach einigen Monaten, in denen die Eltern die verlangsamte körperliche und kognitive Entwicklung der Kinder mit Sorge wahrnehmen, ihre Fragen an die Kinderärzte aber zunächst ohne Antwort bleiben, wie es oft beim Williams-Beuren- und beim Sotos-Syndrom der Fall ist. Auch wenn nach mehreren Jahren eine Diagnose gestellt wird für ein bis dahin ungeklärtes Bild von Entwicklungs- und Verhaltensstörungen, die z. T. den Eltern als erzieherisches Fehlverhalten vorgeworfen werden, hat die Mitteilung den Charakter des Endgültigen. So wissen Eltern von Kindern mit fragilem-X-Syndrom dann, dass ihre Kinder auch bei bestmöglicher Förderung und Therapie meist besondere Entwicklungs- und Verhaltensprobleme behalten werden.

Zu jedem der genannten Zeitpunkte bedeutet das Anerkennen der Diagnose ein Abschiednehmen von der Hoffnung auf ein gesundes, sich gut entwickelndes Kind, das die Eltern in ihren inneren Fantasien vor Augen hatten. *Abschiednehmen und Anerkennen der Realität, dass das Kind eine genetische Besonderheit hat, welche seine Entwicklung dauerhaft beeinflussen wird, bedeutet einen Trauerprozess.*

Es gibt eine Vielzahl von persönlichen Erfahrungsberichten und Systematisierungsversuchen zum Prozess der Diagnoseverarbeitung von Eltern, deren Kinder behindert, chronisch oder lebensbedrohlich krank sind. Oft vermitteln sie den Eindruck, dass es sich dabei um einen regelhaften Prozess aus mehreren Phasen handelt, der bei allen betroffenen Eltern mehr oder weniger gleich abläuft. Es liegt nahe, daraus auch schematische Beratungsansätze zu entwickeln ohne Rücksicht auf die individuellen Bedürfnisse der Eltern.

Die eigenen Erfahrungen aus meiner Arbeit am Kinderzentrum und aus dem Konsiliardienst an einer neonatologischen Intensivabteilung in einer Münchener Kinderklinik sowie die vielen Berichte von Eltern, die ich über Elternselbsthilfegruppen kennengelernt habe, haben mich aber gelehrt, wie vielfältig und lang dieser Trauerprozess ist und wie unterschiedlich die Wege sind, auf denen Eltern nach der Diagnosemitteilung ihr Gleichgewicht wiederzufinden versuchen. Sie haben mich auch gelehrt, dass die Annahme einer genetischen Diagnose eine besondere Herausforderung für die Eltern bedeutet. Die Behinderung eines Kindes muss aber bei allem Schmerz und der Trauer, die sie auslöst, nicht ein tragisches Ereignis mit anhaltend negativer Auswirkung auf die Entwicklung der Familie sein. *Der Respekt vor der Individualität der Wege gebietet es dabei anzuerkennen, dass es keinen „guten" oder „schlechten" Weg der Diagnoseverarbeitung gibt.*

Es ist somit Vorsicht geboten vor verallgemeinernden Aussagen über die Art des Trauerprozesses und hilfreicher Beratung. Dennoch möchte ich versuchen, den Leser für die Formen der Trauerreaktionen, die Gefühle von Angst und Hilflosigkeit der betroffenen Eltern und mögliche Blockaden beim Beziehungsaufbau zum Kind zu sensibilisieren, um dann Bausteine der psychologischen Beratung zu beschreiben, die betroffenen Eltern helfen können, zu „kompetenten Eltern" heranzuwachsen. Weiterführende Literatur zur Bearbeitung von Trauer und Selbstvorwürfen sowie Erfahrungsbeispiele zum „Empowerment" betroffener Familien findet der Leser z. B. bei Powers (1993), Nixon (1993) und Singer und Powers (1993).

Trauer ist die normale Reaktion auf einen Verlust. Eltern verlieren mit der Mitteilung der Diagnose ihre Zuversicht in eine glückliche Zukunft mit ihrem Kind und das natürliche Selbstvertrauen, der Sorge für das Kind und den Anforderungen seiner Erziehung gerechtwerden zu können. Ein Kind mit einer anlagebedingten Fehlbildung zur Welt zu bringen, bedeutet zudem, der gesellschaftlichen Erwartung an körperliche Gesundheit des Nachwuchses nicht zu genügen, welche als Voraussetzung für Glück und soziale Integration angesehen wird. Genetische Ursachen verknüpfen sich zudem allzu leicht mit der Vorstellung einer persönlichen Schuld der Eltern an der Behinderung des Kindes.

Die Trauer bezieht sich auf diesen Verlust von Zuversicht und Selbstvertrauen. Sie bezieht sich aber auch symbolisch auf den Verlust des „imaginierten" Babys, das die Eltern als inneres Bild ihres Kindes im Verlauf der Schwangerschaft entwickelt haben. Es gilt, von diesem Wunschkind Abschied zu nehmen, das sich „proper und gesund" auf die Abenteuerreise der Entdeckung der Welt begibt. Dieser Abschied ist eine Voraussetzung, um sich auf das reale, „verbliebene" Baby mit seinen besonderen Bedürfnissen und Eigenschaften einlassen zu können. Dieser Prozess des Abschiednehmens und Sich-Einlassens geschieht aber nicht in einem vernünftigen, ruhigen Nacheinander, sondern in einer Phase extremer emotionaler Anspannung. Er kann nicht in kurzer Zeit abgeschlossen werden, sondern braucht Zeit für ein Auf und Ab, ein Vorwärts und Zurückweichen. In mancher Hinsicht ist er vergleichbar dem Prozess des Trauerns, wenn ein Kind stirbt.

Weil die Eltern aber eben nicht ein reales Baby verlieren, erkennen sie selbst oder ihre Umwelt oft nicht, dass Trauerreaktionen nötig und angemessen sind, um sich auf das wirkliche Baby einlassen zu können. *Manche Eltern, die ihre Trauer wahrnehmen, empfinden sie als unzulässig, als ob sie damit eingestehen würden, dass sie ihr Kind nicht lieben und annehmen können. Für sie ist es besonders wichtig zu verstehen, dass sich die Trauer auf den Verlust des Wunschkindes richtet.* Sie drückt den Wunsch aus, die Behinderung möge nicht wahr und dauerhaft sein, ist aber nicht gleichzusetzen mit dem Wunsch, das reale Baby möge nicht da sein.

Viele Eltern empfinden *unmittelbar nach der Diagnosemitteilung Schock, Panik und Verzweiflung.* Sie können nicht schlafen, verlieren den Appetit, fühlen sich kraftlos, durcheinander und blockiert, werden heimgesucht von Erinnerungen an den Moment, in dem die Realität über sie hereingebrochen ist. Diese Gefühle machen es ihnen oft ganz schwer, das aufzunehmen, was Ärzte ihnen zu sagen versuchen. Die Tragweite und die Folgen der Diagnose werden ihnen auch oft erst in Etappen klar, wenn sie nach der Erstmitteilung weitere Spezialisten aufsuchen. Eltern setzen sich in zyklischen Prozessen immer wieder mit der Realität der Besonderheit ihres Kindes auseinander.

Eine Mutter eines Kindes mit Apert-Syndrom berichtet

„Geburtsschock, da es zum Kaiserschnitt nach der 4. Presswehe kam. Das Kind wurde mir gezeigt, kurz bevor es in die Kinderklinik verlegt wurde. Ich konnte keine Gefühle zu dem Kind aufbauen. Ich konnte weder weinen noch lachen und habe nur mit „ja" oder „nein" auf Fragen geantwortet. Dadurch dass die Ärzte und Schwestern auch geschockt waren, konnten sie mir nicht zu der Geburt unseres Kindes gratulieren."

Eine andere Mutter

„Als unsere Tochter geboren wurde, erschrak ich so sehr, dass ich wusste: Unser Leben würde nie mehr so sein, wie wir uns das vorgestellt haben. Als unser Kind gleich nach der Geburt aufhörte zu atmen, wusste ich nicht, ob es ein gutes oder ein schlechtes Zeichen für unsere Zukunft sein würde."

Einige Eltern schützen sich vor diesen kaum erträglichen Gefühlen, indem sie *möglichst viele Informationen über die mit der Diagnose verbundene Behinderung ihres Kindes zusammentragen und rasch Angebote aufgreifen, die Entwicklung ihres Kindes durch therapeutische Programme zu fördern.* Ein solches rational-zupackendes Vorgehen kann hilfreich sein, um ein erstes inneres Gleichgewicht wiederzufinden. Der Trauer um den Verlust des Wunschkindes lässt sich aber damit nicht dauerhaft ausweichen. Vielleicht erleben die Eltern sie dann, wenn sie mit den Grenzen der therapeutischen Machbarkeit konfrontiert werden, wenn sie Eltern begegnen, deren nicht-behinderte Kinder sich ganz ohne diese besonderen Anstrengungen erfreulich entwickeln, oder wenn am ersten oder zweiten Geburtstag ihres Kindes die Erinnerung aufsteigt an das, was sie sich für das Leben mit ihrem Kind erträumt haben.

Verzweiflung und Trauer können sich auch in *Zorn und Vorwürfen* ausdrücken. Für eine kurze Zeit können diese mächtigen Gefühle vielleicht nur auszuhalten sein, wenn die Richtigkeit der Diagnose angezweifelt und den Fachleuten Fahrlässigkeit vorgeworfen wird.

Schuldgefühle und Selbstvorwürfe sind bei Eltern mit genetisch bedingten Behinderungen besonders häufig. Insbesondere dann, wenn ein Elternteil einen Überträgerstatus hat (z. B. beim Fragilen-X-Syndrom) oder ihm im humangenetischen Beratungsgespräch erklärt werden muss, dass sein „Erbmaterial" die Besonderheit aufweist, die die Behinderung des Kindes ausmacht (z. B. bei einer Deletion paternalen Ursprungs beim Prader-Willi-Syndrom), kann das Gefühl beherrschend werden, für die Behinderung des Kindes verantwortlich zu sein. Mit solchen Schuldgefühlen fertigzuwerden, ist besonders schwer. Manchmal können sie nur indirekt ausgedrückt werden, z. B. indem die Behinderung des Kindes als Strafe für ein persönliches Vergehen umgedeutet und durch religiöse Rituale zu sühnen versucht wird oder indem dem Partner Vorwürfe gemacht werden, dass er auf dem Wunsch nach einem (weiteren) Kind bestanden hat.

Es gibt auch Situationen, in denen den Eltern gar nicht die Möglichkeit bleibt, ihre Emotionen auszudrücken und sich mit ihnen auseinanderzusetzen. Wenn das Kind körperlich akut bedroht ist oder sehr hohe Anforderungen in der täglichen Pflege (z. B. bei Sondenernährung, Monitorüberwachung, Kanülenbeatmung) stellt, sind sie völlig ausgelastet damit, diese unmittelbaren Belastungen zu bewältigen.

Nicht nur die Eltern geraten völlig aus ihrem inneren Gleichgewicht in dieser ersten Krisenphase. Auch die Geschwisterkinder nehmen die Verzweiflung der Eltern und die Veränderungen in den gewohnten familiären Abläufen wahr, ohne die Tragweite der Diagnose des behinderten Bruders oder der Schwester verstehen zu können. Es ist normal, dass sie in dieser Phase unsicher sind, sich wie Kleinkinder verhalten, Alpträume haben oder ihre Verzweiflung in aggressivem Zorn ausdrücken. Die Situation verschlimmert sich, wenn sich Frustration und Irritierbarkeit der Eltern in häufigem Schimpfen und Schreien auf die Geschwister entlädt.

Die *Partnerschaft* sieht sich auf jeden Fall einer besonderen Herausforderung gegenüber. Dazu trägt bei, dass die *Art der Trauerreaktion bei Müttern und Vätern zu verschiedenen Zeitpunkten sehr unterschiedlich sein kann*. Väter sagen oft von sich, sie haben sich rascher mit der Realität der Behinderung abgefunden. Mütter äußern dagegen anhaltender Gefühle der Niedergeschlagenheit, Angst und Überforderung. Unausgesprochene Erwartungen und Annahmen können dabei zerstörerisch wirken. Häufig nehmen Väter z. B. an, dass ihre Frauen von ihnen erwarten, dass sie ihren Schmerz erleichtern sollten. Sie fühlen sich überfordert und ziehen sich in ein erhöhtes Arbeitsengagement zurück, was ihre Partnerinnen wiederum als Ausdruck mangelnder emotionaler Betroffenheit und Bereitschaft zur Verantwortungsübernahme werten.

Nur wenn die Partner die Unterschiedlichkeit ihrer Trauerreaktionen als normal anerkennen und sich mitteilen, kann es gelingen, wieder ein Gleichgewicht und Zuversicht zu finden. Besonders gefährdet sind junge Partnerschaften, in denen beide noch wenig Erfahrungen in der Bewältigung von Krisen und der gegenseitigen Verlässlichkeit gemacht haben, und solche Beziehungen, die bereits vor der Geburt des Kindes durch Krankheit, finanzielle Sorgen oder andere Probleme belastet waren.

Die *Auseinandersetzung mit der Realität der Behinderung* in der Folgezeit ist eine Zeit sehr widersprüchlicher und wechselnder Emotionen. Zeiten, in denen schon die alltägliche Betreuung des Kindes alle Kraft fordert, wechseln sich ab mit Zeiten der Hoffnung auf eine trotz der Diagnose möglichst günstige Entwicklung und weitgehende Selbstständigkeit im späteren Leben. Hoffnung auf die Wirksamkeit von Therapien gehört in diese Zeit als normale Bewältigungsreaktion. Die Eltern wollen dem Schicksal trotzen und sich der Behinderung des Kindes nicht hilflos ausgeliefert fühlen.

Mit der Zeit kann die Anpassung an die Realität der Behinderung in eine *Annahme des Kindes in seiner Individualität und seine Integration in das Familienleben* übergehen. Das Kind wird dann nicht mehr primär als behindert, sondern als Kind gesehen, das spezielle Bedürfnisse hat. Viele Eltern finden Wege, diese speziellen Herausforderungen zu bewältigen, und empfinden sich wieder als „normale Eltern", die ein weitgehend normales Leben führen können. Viele von ihnen berichten, dass sich ihre Wahrnehmung dessen, was ihnen im Leben bedeutsam ist, verändert und sie bewusster leben.

20.2 Psychologische Unterstützung im Bewältigungsprozess

Wie gut es Eltern gelingt, das Kind in seiner Besonderheit anzunehmen und die mit der Mitteilung der genetischen Diagnose verbundene Verletzung zu bewältigen, hängt von vielen Faktoren ab. Eine erste Weichenstellung geschieht mit der *Art und Weise, wie der Arzt die Diagnose mitteilt*. Es sollte dabei selbstverständlich sein, dass das Gespräch mit beiden Eltern gleichzeitig geführt wird und verbunden wird mit einer gemeinsamen Begegnung mit dem Kind, bei der der Arzt Signale seiner Wertschätzung für die Besonderheit dieses kleinen Wesens setzt, es selbst anspricht, auf den Arm nimmt u. Ä. Das Gespräch sollte ohne Zeitdruck und in ungestörter Atmosphäre stattfinden und mit der festen Vereinbarung einer Fortsetzung enden, um den vielen offenen Fragen der Eltern und dem, was sie beim ersten Mal nicht aufnehmen konnten, Platz zu geben.

> **Eine Mutter eines Kindes mit Cri-du-Chat-Syndrom**
>
> „Die Mitteilung der Diagnose war für uns ein Weltuntergang. Unter anderem wurde uns gesagt, dass es sein kann, dass sich das Kind überhaupt nicht entwickelt oder im Kleinkindalter stirbt. Das erste Lebensjahr war für mich die schlimmste Zeit meines Lebens."

> **Eine andere Mutter**
>
> „Der Kinderarzt, der uns die Diagnose mitteilte, konnte kaum etwas zur Auswirkung des Syndroms sagen. Auch heute noch sind es wir, die Eltern, die dem Kinderarzt Literatur über das Syndrom zukommen lassen statt umgekehrt. Er hatte zwar großes Mitgefühl und ich bekomme auch heute noch jedes Rezept, ohne mich großartig erklären zu müssen. Aber über Therapiemaßnahmen, Hilfsmittel, etc. gab es von ihm keine Informationen."

Eine verbindliche Vermittlung weiterführender Beratung durch spezialisierte Fachleute (Humangenetiker, Pädiater und Psychologe, wie sie z. B. im Kinderzentrum München in einem Team arbeiten) ist wünschenswert, damit die Eltern mit ihren Gefühlen von Trauer, Angst und Perspektivlosigkeit nicht alleingelassen werden. Leider sind diese Voraussetzungen für einen guten Anfang allzu oft nicht erfüllt.

> **Eine Familie erzählt**
>
> „Im Alter von vier Monaten wurde uns die Diagnose mitgeteilt. Da das Syndrom so selten ist, konnte der Kinderarzt uns nichts Genaues mitteilen. Nur auf mehrmaliges Drängen bekamen wir einen kurzfristigen Termin im Humangenetischen Institut in B. Dort konnte man uns genauere Auskunft über die Behinderung geben." – „Ich hätte mir so gern von Fachleuten in dieser schwierigen Situation einfach nur Beistand und Verständnis und natürlich Hilfe für mein Kind gewünscht. Wir haben uns allein auf die Suche nach Fachleuten begeben. Das Ergebnis ist, dass ich die Nase voll von Beleidigungen und dummen Bemerkungen habe, und mir geschworen habe, nirgendwo mehr hinzugehen und um Hilfe zu betteln."

Vorausetzungen für ein hilfreiches Erstberatungsgespräch sind:
- Mitteilung an beide Eltern gleichzeitig in Anwesenheit des Babys und mit spezieller Ansprache an das Baby als Zeichen der Wertschätzung;
- Sicherung der Ungestörtheit während und nach dem Gespräch; Vermittlung von Unterstützungsadressen, weiteren Informationen und weiterer Begleitung;
- guter Informationsstand des Beraters.

Welche Einstellung sollte ein Berater mitbringen für die psychologische Unterstützung der Eltern? Erstens sollte er die Reaktionen der Eltern als Teil des Trauerprozesses anerkennen und benennen können. Vielen Eltern ist es nicht bewusst, dass Stimmungsschwankungen, Desorientierung, Ärger auf Familienmitglieder oder Unfähigkeit, mit den Alltagsanforderungen fertigzuwerden, Ausdruck von Trauer ist, denn es ist eben kein realer „Verlust" zu betrauern.

Zweitens sollte er überzeugt sein, dass die Familie selbst weiß, was für sie gut ist, und über eine eigene Kompetenz zur Bewältigung der Anforderungen verfügt, auch wenn sie gegenwärtig verwirrt und verzweifelt ist. Dieser Glaube des Beraters an die eigene Kompetenz der Eltern spiegelt sich in einem partnerschaftlichen Dialog mit der Familie wider. Der Berater kann Informationen und Vorschläge beitragen, aber nicht die „richtigen" Lösungen vorgeben. Familien mit behinderten Kindern werden nicht zu gestörten Familien durch das schlimme Schicksal, das sie getroffen hat. Sie brauchen keine Behandlung und keine Vorschriften, wie sie das Kind zu fördern und erziehen und ihre Probleme zu lösen haben.

Drittens „darf" der Berater selbst eine Behinderung nicht als tragisches Schicksal empfinden, das das Leben des Kindes und der Familie dauerhaft zerstören wird. Gerade wenn die Eltern in ihrer anfänglichen Verzweiflung Unterstützung suchen, brauchen sie einen Gegenüber, der sowohl ihre Trauer anerkennt wie auch positive Perspektiven aufzeigt, wie Familien mit behinderten Kindern leben können. Er muss um die unterstützenden Dienste wissen, die sie in Anspruch nehmen können, und Zuversicht vermitteln, dass sich für die einzelnen Probleme des Kindes Lösungen finden lassen. Eine positive Sicht, dass Familien mit behinderten Kindern durch diese besondere Herausforderung wachsen können, ist essenziell für die Eltern, um neue Hoffnungen für sich und ihre Kinder zu entwickeln.

Das Schaubild (Abb. 92) gibt einen Überblick über einige wichtige Elemente, die sich in der psychologischen Beratung von Eltern in der Zeit nach der Mitteilung einer genetischen Diagnose bewährt haben.

Eine große Hilfe bei Begleitung im Trauerprozess ist es, die Eltern ihre *gemeinsame Geschichte vom Verlauf der Schwangerschaft, ihrer Sorgen nach der Geburt des Kindes und ihrer Betroffenheit durch die Diagnose erzählen* zu lassen. Indem sie sie erzählen, können sie die Veränderung benennen, die mit ihnen geschehen ist, können versuchen, sie in ihre Lebensgeschichte einzuordnen. Sie erfahren vom Berater eine Bestätigung, dass sie ihr Wunschkind verloren haben und ihre Trauer angemessen ist. Leider erleben viele Eltern, dass der Gegenüber nicht über diesen Verlust sprechen mag, sondern das Gespräch ganz rasch auf die unmittelbaren Anforderungen der Pflege und Förderung des Kindes lenkt.

Auf der ganzen Welt gibt es gesellschaftliche *Rituale*, in denen der Bedeutung eines Familienmitglieds gedacht wird, wenn es verstorben ist. *Im Falle des Verlustes des „imaginierten" Kindes*, den die Eltern behinderter Kinder betrauern, sind solche Rituale nicht vorgesehen. Sie können aber im Einzelfall von großer Bedeutung sein. Jede Handlung, in der der Wandel gewürdigt wird, der durch die Behinderung des Kindes entstanden ist, kann diesen Zweck erfüllen. Sie stellt ein Abschiednehmen dar von den Wünschen für das Leben mit dem Kind, die aufgegeben werden mussten, um freizuwerden und sich auf das „neue" Kind einlassen zu können.

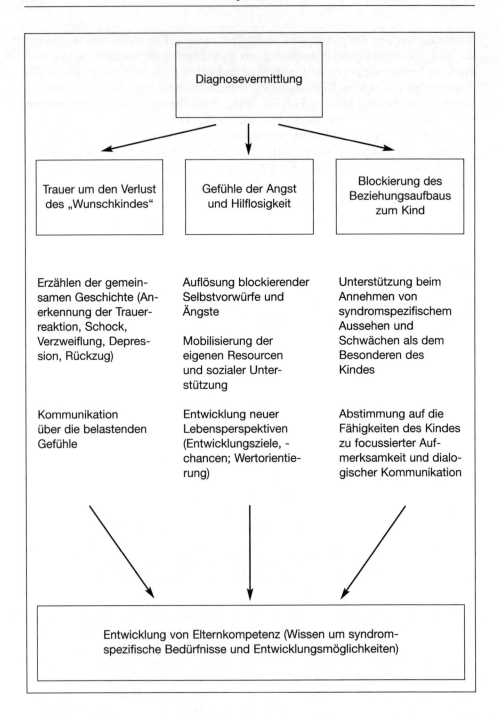

Abbildung 92: Elemente der psychologischen Beratung bei Kindern mit genetischen Syndromen

Im Gespräch kann der Berater nachfragen, wie der Einzelne *frühere schwierige Situationen bewältigt hat, in denen er Erschöpfung, Angst oder Niedergeschlagenheit empfunden hat.* Manchmal erzählen die Eltern dann von entspannenden Tätigkeiten (Essen gehen, Musik hören, Waldlauf, Radfahren usw.), Gesprächen mit dem Partner oder gemeinsamen Zeiten mit Freunden und Verwandten, die ihnen geholfen haben. Es wird ihnen bewusst, dass sie selbst Bewältigungsmöglichkeiten kennen, die sich bereits bewährt haben.

Erstes Ziel des Beratungsgesprächs ist somit, die Eltern zu ermutigen, *über die belastenden Gefühle zu sprechen und Zugang zu ihren persönlichen Bewältigungskräften zu finden.* Es ist manchmal auch der Raum, in dem sich die Partner gegenseitig ihre Angst und Verzweiflung mitteilen können, während sie im Kontakt miteinander ansonsten vermeiden, so intensive Gefühle zu zeigen, um den anderen zu schonen. Gerade Väter neigen dazu, ihre Gefühle zu verbergen, und der Rollenerwartung zu entsprechen, ihren Frauen Halt und Schutz zu bieten. Ein sensibles Nachfragen des Beraters kann dann auch für die Partnerin sichtbar werden lassen, dass der Mann hinter dem, was er nach außen zeigt, sehr wohl ebenso emotional betroffen ist wie sie selbst. Die gemeinsame Sorge auszusprechen, kann die Verbindung stärken.

Ein weiteres Ziel ist die *Mobilisierung sozialer Unterstützung*. Gerade wenn die Eltern im Begriff sind, sich nach der Diagnosemitteilung zurückzuziehen, können Beziehungen zu Verwandten oder Freunden sehr wertvoll sein. Es geht darum, die Eltern zu ermutigen, mit denen, denen sie besonders nahestehen, offen über ihre Trauer und ihre Sorgen zu sprechen. Sich jemandem mit diesen Gefühlen anzuvertrauen, ist ein Wagnis. Manchmal werden die Eltern enttäuscht sein, dass sie beschwichtigt oder gemieden werden; oft werden sie aber erleben, dass Beziehungen fester zusammenwachsen in solchen Zeiten emotionaler Krise. Freunde und Verwandte können aber nur dann hilfreich sein, wenn sie offen informiert werden und spüren, dass ihre Unterstützung willkommen ist.

Eine Mutter erzählt

„Die ersten acht Wochen nach Mitteilung der Diagnose war für mich wie ein Alptraum. Es war unheimlich schwierig, die Tatsache, dass man ein behindertes Kind hat, innerlich zu verarbeiten. Die psychische Verfassung, in der ich damals war, kann ich gar nicht mit Worten beschreiben. Ich dachte immer nur: Jetzt geht es nicht mehr weiter. Ich hatte damals viel Kontakt mit anderen Menschen, die mit mir lange Gespräche führten, und versuchten, mich zu trösten und mir zu helfen. Das hat mich auch psychisch über Wasser gehalten."

Eine große Entlastung kann auch die *Kontaktaufnahme zu anderen betroffenen Eltern* bewirken. Auf diesem Wege können Eltern erleben, wie gemeinsames Leben mit einem behinderten Kind gestaltet werden kann, sich ein Bild von den Entwicklungschancen machen und von praktischen Ratschlägen anderer Eltern profitieren. Für fast alle der hier besprochenen Syndrome bestehen bereits Elternvereinigungen, so dass Eltern sowohl einzelne persönliche Kontakte knüpfen wie auch Informationsmaterial beziehen können. In unterschiedlichen Abständen werden von diesen Gruppen auch Jahrestagungen initiiert, auf denen ein allgemeiner Austausch und die Teilhabe an neuen Entwicklungen möglich ist. Die Vermittlung solcher Kontakte ist ebenfalls ein bedeutsamer Teil der Beratung.

Viele Eltern nehmen das Angebot von Adressen und Telefonnummern von Elterngruppen an, nicht alle vermögen aber in dieser Phase selbst aktiv zu werden. Sie stimmen aber zu, dass eine Kontaktperson der Elternvereinigung ihrerseits anruft oder zu einem Besuch kommt. Es gibt aber auch Eltern, die sich in dieser Phase einer Konfrontation mit anderen Eltern und Kindern gleicher Behinderung noch nicht gewachsen fühlen. Dieser Schritt braucht seine Zeit.

Schließlich geht es in der psychologischen Beratung darum, *blockierende Ängste, Schuldgefühle und Selbstvorwürfe aufzulösen und positive Sichtweisen der Zukunft zu stärken*. Selbstvorwürfe und Schuldgefühle spiegeln sich in automatischen Gedanken, kognitiven Verzerrungen und negativen Einstellungen wider. Dazu gehören z. B. irrationale Verknüpfungen, an der Behinderung auf Grund eines bestimmten Erbgangs Schuld zu tragen, sie als Strafe für eigene (moralische) Vergehen zu begreifen, verallgemeinernde Zukunftsphantasien („ich muss mich von jetzt an für mein Kind opfern") oder Selbstüberforderungen („die Entwicklung des Kindes hängt allein davon ab, ob ich es genügend fördere", „ich muss eine Super-Mami werden"). Es ist wichtig, den Eltern zu helfen, diese an sich selbst gerichteten Sätze zu hinterfragen und durch Sätze zu ersetzen, die der Realität ihrer begrenzen Einflussmöglichkeiten auf die Entwicklung gemäß sind.

Die innere Auseinandersetzung, was die Behinderung des Kindes für das eigene Leben bedeutet, kann auch zu einer neuen Wertorientierung der Eltern führen. So kann ein stärkeres Bewusstsein für die Bedeutung emotionaler Bindungen zwischen Menschen statt materiellen Erfolgs entstehen.

Auch auf diesem Weg ist der Kontakt zu anderen betroffenen Eltern mitunter viel hilfreicher als die fachliche Beratung. Eltern können untereinander feststellen, dass sie ihre besondere Erziehungsaufgabe ebensogut bewältigen wie andere Eltern, sich vor Selbstüberforderung schützen und die Wachstumschancen sehen lernen, die in der besonderen Herausforderung der Diagnose einer genetischen Behinderung liegt.

20.3 Unterstützung der frühen Eltern-Kind-Kommunikation

Solange Trauer, Angst, Selbstvorwürfe und Gefühle der Hilflosigkeit und sozialen Isolierung unbearbeitet bleiben und verdrängt werden, besteht die Gefahr, dass sie die Entwicklung einer innigen emotionalen Beziehung zum Kind blockieren. Die belastenden Gefühle stehen quasi im Weg, wenn der Erwachsene sich auf das reale Kind mit seiner Besonderheit einzulassen beginnt.

Natürlich ist mit dieser Aussage nicht gemeint, dass erst dann und nur dann, wenn die Eltern ihre Trauer über den erlittenen Verlust und ihre Ängste vor der Zukunft überwunden haben, eine liebevolle Beziehung zu ihrem Kind entstehen kann. Vielmehr handelt es sich um einen Prozess, bei dem die Hochs und Tiefs der Gefühlslage der Eltern und die unmittelbare Kontaktaufnahme zum Kind sich in Wechselwirkung miteinander auf ein neues Gleichgewicht zubewegen.

Eine förderliche Interaktion mit dem Kind ist für die optimale Entfaltung seines Entwicklungspotenzials unerlässlich. Dies gilt für jedes Kind; für Kinder mit genetischen Besonderheiten und Entwicklungshandicaps aber in besonderem Maße. Jedes Kind kommt auf die Welt mit einem angeborenen Entwicklungsprogramm, das in der Lage ist, selbst im Laufe der Zeit das Verständnis komplexer Zusammenhänge und den Erwerb neuer Fähigkeiten zu initiieren, und bestimmt, für welche Arten sozialer Einflüsse das Kind jeweils empfänglich ist. Die Entwicklung von Handlungsfähigkeiten und Kommunikationsformen vollzieht sich aber in einem dynamischen Dialog zwischen Kind und Eltern. Die Rolle des Erwachsenen im Spiel miteinander ist dabei die eines guten Beobachters, der das momentane Verständnis des Kindes für eine Situation auslotet und seine Unterstützung der sich entwickelnden Kompetenz des Kindes flexibel anpasst, d.h. die Schwächen des Kindes ausbalanciert und das Entwicklungspotenzial des Kindes herausfordert.

Eltern verfügen dazu über offensichtlich intuitiv angelegte didaktische Fähigkeiten, die das Einüben kognitiv-integrativer und kommunikativer Fähigkeiten des Kindes unterstützen. Viele Forscher haben in den letzten Jahren analysiert, wie diese Verhaltensanpassungen aussehen, die Eltern unbewusst vornehmen, wenn sie mit Babies und Kleinkindern interagieren (Papousek, 1994). Sie bestehen anfangs in der verlangsamten Darbietung der Stimulation und deren häufiger Wiederholung, der Berücksichtigung des optimalen Aufmerksamkeitszustandes und dem Aufrechterhalten der kindlichen Aufnahmebereitschaft durch sofortige, regelmäßie Bekräftigungen. Später unterstützen die Eltern den Erwerb neuer Fähigkeiten beim Kleinkind in Handlungs- und Spielepisoden, indem sie die Aufmerksamkeit des Kindes beobachten, seine Ziele aufgreifen, die Aufgabe vereinfachen, so dass das Kind sich auf die Handlungsschritte konzentrieren kann, die im Rahmen seiner Kompetenz liegen. Sie demonstrieren Lösungen und helfen bei der Bewältigung von Misserfolgen.

Zur Unterstützung des Spracherwerbs nutzen sie Rituale bei täglich wiederkehrenden Handlungen, beim Spiel mit Objekten und bei Interaktionsspielen („Hoppe-hoppe-Reiter u. Ä."), die für das Kind trotz seiner beschränkten Informationsverarbeitungskapazität bald vertraut, vorhersehbar und verstehbar sind. In diesen ritualisierten Episoden werden Worte eingebettet, deren Bedeutung das Kind zunächst in diesem Kontext zu verstehen, dann zu imitieren, schließlich in das eigene Repertoire zu übernehmen beginnt. Wenn das Kind diese Stufe erreicht hat, geht der Erwachsene daran, ein System der Kommentierung des Bedeutungsinhalts zu entwickeln durch Hinzufügen eines Kommentars zu einem Thema, Fragen, Selbstwiederholungen und Expansionen kindlicher Äußerungen. Alle diese Anpassungen geschehen intuitiv, ohne dass der Erwachsene sie bewusst planen muss.

Die Entwicklung einer solchen förderlichen Eltern-Kind-Beziehung ist bei Kindern mit genetisch bedingten Syndromen aus mehreren Gründen gefährdet.

Die *psychische Belastung* in der Auseinandersetzung mit der Realität der Diagnose, die Angst vor der Zukunft und die Trauer um das verlorene Wunschkind, Niedergeschlagenheit und Erschöpfung können das intuitive Einstimmen auf seine Bedürfnisse und Signale hemmen.

Eine besondere Rolle spielt bei der Kontaktaufnahme das Aussehen des Babys. So berichten viele Eltern, dass Gesichtsfehlbildungen wie Lippen-Kiefer-Gaumenspalten, Schädeldeformationen wie beim Apert-Syndom oder die dysmorphologischen Merkmale beim Cornelia-de-Lange-Syndrom, wenn sie stark ausgeprägt sind, eine nachhaltige Schockerfahrung bedeuten. Bisher liegen wenige Beobachtungen vor, wie sich die Interaktion in den ersten Lebensmonaten als Folge dieses besonderen Aussehens des Kindes unterscheidet von der Interaktion von Eltern mit nicht-behinderten Kindern. Erste Interaktionsbeobachtungen bei craniofazialen Fehlbildungen zeigen einen solchen hemmenden Effekt und einen relativen Rückzug der Eltern auf die Pflege und Routineversorgung des Kindes.

Dabei ist allerdings zu bedenken, dass das *andersartige Aussehen* nur ein Teilaspekt einer belasteten Anfangssituation mit dem Kind ist. Oft geht es mit Ernährungsschwierigkeiten und Atmungsproblemen einher, die den Alltag sehr erschweren können. In vielen Fällen ist der körperliche Zustand des Kindes in den ersten Wochen oder Monaten so, dass es in der Klinik, z. T. auf der neonatologischen Intensivstation versorgt werden muss. Die *frühe Trennung* vom Kind, die Erschwernis der Kontaktaufnahme unter diesen (intensiv-) medizinischen Rahmenbedingungen und die besondere Sorge um das Überleben des Kindes, wenn chirurgische Eingriffe nötig sind, wirken sch hemmend auf die Entwicklung einer entspannten Eltern-Kind-Interaktion aus und stellen die Kompensationskräfte der Eltern vor eine große Herausforderung.

In diese Zeit fällt eben auch die Diagnosevermittlung und ärztliche Erstberatung. Sie wird von vielen Eltern als wenig einfühlsam und unterstützend erlebt, stark geprägt von negativen Zukunftsprognosen, die vielfach aber nicht auf eigener Erfahrung der Ärzte, sondern auf Lehrbuchinformationen beruhen.

Ein weiterer kritischer Einfluss entsteht dadurch, dass Eltern oft unmittelbar nach der Diagnosemitteilung einer verwirrenden *Vielfalt frühtherapeutischer Programme* ausgesetzt sind. Sie klammern sich in ihrem Bedürfnis, dem Schicksal zu trotzen, daran, wollen so viel wie möglich für eine optimale Entwicklung des Kindes zu tun und nichts unversucht zu lassen. Gerade krankengymnastische Therapieangebote verlangen den Eltern und Kindern ein hohes Maß an Kraft und Zeit ab, so dass die Gefahr besteht, dass die psychischen Reserven weiter erschöpft werden und im Alltag für ein entspanntes, spielerisches, unbeschwertes Miteinander gar nicht erst Raum entsteht (Papousek, 1996).

Schließlich weisen viele Kinder als Teil ihrer allgemeinen Entwicklungsretardierung oder als *syndromspezifische Besonderheit* Verhaltensmerkmale auf, die die Entwicklung einer harmonischen Interaktion im ersten Lebensjahr erschweren können. Die Erforschung der syndromspezifischen Entwicklungsschwierigkeiten von kleinen Kindern mit einer genetisch bedingten Behinderung steht aber erst am Anfang und ist noch weit davon entfernt, als Grundlage für eine differenzierte syndromspezifische Therapie und Förderung dienen zu können (Papousek, 1996). Empirische Studien liegen dazu fast nur für Kinder mit Down-Syndrom vor, der relativ größten Gruppe von Kindern mit genetisch bedingter Behinderung. Wir hoffen, dazu in den nächsten Jahren weitere Erfahrungen beitragen zu können, je mehr Kinder mit spezifischen Syndromen uns bereits im ersten Lebensjahr vorgestellt werden.

Zu diesen frühen Entwicklungs- und Verhaltensmerkmalen gehört z. B. eine eher *passiv-apathische Temperamentsanlage*, geringe Initiative und Reaktionsbereitschaft, wie sie bei kleinen Kindern mit Prader-Willi-Syndrom oft zu beobachten ist. Bei Kindern mit Fragilem-X-Syndrom oder Angelman-Syndrom wird dagegen ab Ende des ersten Lebensjahres ein sehr *aktives, leicht irritierbares Temperament* beschrieben, das die Entwicklung zielgerichteter Tätigkeiten und gemeinsamen Spiels im Alltag erschwert.

Bei Kindern mit besonderem Aussehen wie craniofazialen Dysmorphien und Fehlbildungen ist die *Interpretation der emotionalen Signale* des Babys erschwert; mimische Zeichen können für die Eltern viel schwerer zu deuten sein als bei anderen Kindern. Bei den meisten retardierten Säuglingen beobachten wir schließlich besondere Schwierigkeiten, den *Blickkontakt* zur Regulation der Interaktion einzusetzen. Nicht-behinderte Kinder lernen bald, wie sie ihren Eltern durch ihre Blickrichtung zeigen können, was sie interessiert. Durch das Hin- und Herpendeln des Blicks zwischen Erwachsenem und Spielzeug können sie ein gemeinsames Thema definieren, bei dem sie dann die Anregungen des Erwachsenen zu ausdauerndem Explorieren aufgreifen. Kindern mit beeinträchtigter kognitiver Entwicklung fällt die Abstimmung auf ein gemeinsames Thema viel schwerer, wie wir z. B. aus Einzelbeobachtungen bei Säuglingen mit Prader-Willi- oder Cornelia-de-Lange-Syndrom lernen konnten.

Fehlschläge der Abstimmung aufeinander haben wiederum Auswirkungen auf das elterliche Interaktionsverhalten. Sie können entweder bewirken, dass *die Eltern resignieren und sich mehr auf die unmittelbare Pflege des Kindes konzentrieren oder dass sie die Kinder bei ihren Anregungsversuchen in Tempo und Schwierigkeitsgrad überfordern.* Viele Beobachtungen zeigen, dass Eltern behinderter Kinder häufiger die Interaktion lenken, Themen vorgeben und Vorschläge machen, als Eltern gleichalter nicht-behinderter Kinder, insbesondere dann, wenn die Kinder passiv sind (Sarimski, 1993, 2001b). Wenn die Abstimmung nicht gut gelingt, können sich die Kinder das kommunikative Angebot der Eltern weniger zu Nutze machen, was die Entwicklung neuer Fähigkeiten, vor allem im Bereich der Sprache, weiter hinauszögert.

> **Beachte**
>
> Behinderte Säuglinge und Kleinkinder brauchen aber in besonderem Maße eine sorgfältig vorbereitete, individuell zugeschnittene Umgebung, die das Kind anspricht, seine Passivität überwindet und es ermuntert, seine Aufmerksamkeit zu focussieren, Aspekte der Umwelt durch eigenes Tun zu erkunden und eine aktivere Rolle in seinem Entwicklungsprozess zu übernehmen (Papousek, 1996).

Angesichts der besonderen Schwierigkeiten, mit denen sie zu kämpfen haben bei der Entwicklung einer förderlichen Interaktion mit dem Kind, bedürfen viele Eltern der Unterstützung bei der Abstimmung ihrer Angebote auf die Fähigkeiten des Kindes zu focussierter Aufmerksamkeit und dialogischer Kommunikation. Die Ziele und Inhalte dialogischer Elternberatung in der Frühförderung sind an anderer Stelle ausführlich dargestellt (Sarimski, 1993, 2001b). Das Konzept interaktionsorientierter Frühförderung unterscheidet sich wesentlich von standardisierten Übungsprogrammen, wie sie in den siebziger und frühen achtziger Jahren in der Frühförderung (early intervention) propagiert wurden. Es orientiert sich auch an den positiven Erfahrungen, die Pädagogen mit den Gedanken und Vorgehensweisen Maria Montessoris in der Förderung behinderter Kinder (Anderlik, 1996) gemacht haben.

Die interaktionsorientierte Beratung der Eltern soll ihnen helfen, ihre intuitiven Verhaltensbereitschaften im Dialog mit dem Kind zu mobilisieren, um seine Initiative zu stärken und durch weiterführende Beiträge auszugestalten. Darüberhinaus gilt es, sich auf spezifische Bedürfnisse ihres Kindes einzustellen. Sie sind je nach Alter und individuellen oder syndromspezifischen Entwicklungs- und Verhaltensmerkmalen (Aktivität, soziale Aufmerksamkeitsabstimmung, Nachahmung usw.) unterschiedlich. Die interaktionsorientierte Beratung soll zielorientiert sein und auf den elterlichen Ressourcen aufbauen.

In der Praxis bedeutet dies, zunächst *gemeinsam mit den Eltern die Hindernisse für das Gelingen des spielerischen Dialogs zu beschreiben und einen Focus der Veränderung zu formulieren*, auf das sie sich konzentrieren können. Statt der behinderungsbedingten Defizite kommen die bereits entwickelten Kompetenzen des Kindes für das dialogische Spielen in den Blick. Die Mutter wird Interaktionsfehlschläge nicht mehr als eigenes Unvermögen ansehen, sondern sie als Ausdruck von spezifischen Entwicklungsschwierigkeiten des Kindes verstehen, die sie durch eine Anpassung ihres Interaktionsverhaltens und geeignete Hilfen kompensieren kann. Es ist für die Motivation der Eltern außerordentlich wichtig, dass sie nicht durch Kritik an ihrem Verhalten in Selbstzweifeln oder durch Aufzeigen der kindlichen Entwicklungsdefizite in ihren Zukunftsängsten bestärkt werden, sondern *auf ihre eigenen Fähigkeiten zur Gestaltung eines förderlichen Dialogs vertrauen lernen*.

Kasten 23: Beziehungs- und Entwicklungsförderung im gemeinsamen Spiel

Diagnostische Einschätzung

1. Beurteilung der sensomotorischen Entwicklungsstufe des Spiels
2. Beobachtung der Fähigkeit zur dialogischen Aufmerksamkeitsabstimmung im Spiel
3. Beurteilung der Fähigkeit zu Nachahmung und symbolischem Spiel
4. Beurteilung der Ausdauer der Exploration bzw. zielgerichteten Tätigkeit
5. Einschätzung der Qualität der Eltern-Kind-Interaktion im Spiel (Direktivität, Responsivität, Angemessenheit der Spielangebote)

(videogestützte) Beratung

1. Reduzierung von Direktivität
2. Sensibilisierung für kindliche Aufmerksamkeitssignale und Initiativen in entwicklungsangepasster, vorstrukturierter Umgebung
3. Ausgestaltung dialogischer Spielformen durch Nachahmung, abwechselnde Beiträge, Variation und Demonstration von Spielformen in der „Zone der nächsten Entwicklung" mit auf die Bedürfnisse des Kindes abgestimmten Hilfen zur Aufmerksamkeitssteuerung und Handlungsplanung

Es wird dazu eine gemeinsame Spielsituation mit Materialien, die an seine Entwicklungsstufe angepasst sind, videografiert. Der Berater betrachtet die Videoaufzeichnung danach gemeinsam mit den Eltern, unterbricht an drei oder vier

Momenten, in denen das mit den Eltern zuvor formulierte Ziel, welche Veränderung sie sich im gemeinsamen Spiel wünschen, ansatzweise erreicht wird, und hebt hervor, was zum Gelingen des spielerischen Dialogs in diesen Momenten beizutragen scheint. In der Regel wird er dabei die Eltern auf Aspekte ihres Verhaltens aufmerksam machen können, die ihnen nicht bewusst sind und zunächst auf Grund ihrer weniger „geschulten" Aufmerksamkeit auch beim Betrachten der Videoaufzeichnung entgehen. Im Verlauf der Beratung wird es ihnen dann leichter zu erkennen, wie sie durch Anpassungen ihres Verhaltens zum Gelingen von Interaktionen gemäß ihrer eigenen „Wunschformulierung" beitragen und dysfunktionale Muster im Spiel vermeiden können.

Bei Säuglingen werden dies in der Regel Elemente der intuitiven Verhaltensbereitschaften sein wie Ammensprache, Vereinfachung ihrer Angebote, Wiederholung mit spielerischer Variation, Nachahmung des kindlichen Verhaltens, Verlangsamung ihres Beitrags, Rhythmisierung, Abwarten spontanen Blickkontakts des Kindes. Bei älteren Kindern wird es darum gehen, die Wahrnehmung der Eltern für die kindlichen Motive und Spielinitiativen zu sensibilisieren und ihnen Wege zu zeigen, wie sie durch Nachahmung der kindlichen Handlungen, paralleles Spiel und die Etablierung abwechselnder Muster („turn-taking") dialogische Spielformen anbahnen und die soziale Aufmerksamkeit des Kindes fördern können, um dann Variationen und Demonstrationen von komplexeren Handlungen (auf der „Stufe der nächsten Entwicklung") anbieten zu können.

20.4 Syndromspezifische Elternkompetenz

Die beschriebene Unterstützung in dem Prozess, ein emotionales Gleichgewicht wiederzufinden und eine förderliche und harmonische Beziehung zu ihrem Kind aufzubauen, trägt dazu bei, dass sich Eltern allmählich kompetent für die Entwicklung ihrer Kinder und sich den besonderen Herausforderungen gewachsen fühlen.

Natürlich handelt es sich dabei nicht um einen zeitlich begrenzten, abgeschlossenen Prozess. Psychologische Beratung mit diesen Zielen kann im Laufe der gemeinsamen Entwicklung wichtig bleiben. Kritische Zeitpunkte sind z. B. Übergänge von einer Entwicklungsphase zur nächsten, wenn die Suche nach einem Kindergartenplatz, die Schulaufnahme oder das Jugendalter bevorstehen. Andere Themen einer Familienbegleitung können bedrückende Ablehnungen sein beim Versuch der sozialen Integration der Kinder.

Zur Entwicklung von Elternkompetenz gehört das Wissen um syndromspezifische Bedürfnisse und Entwicklungsmöglichkeiten, wie sie in den einzelnen Kapiteln herausgearbeitet wurden. Es kann hier nun nicht darum gehen, das ganze Spektrum pädagogischer und therapeutischer Möglichkeiten für behinderte

Kinder darzustellen und zu bewerten. Für einzelne Syndrome haben wir aber einige Förder- oder Therapiehinweise gegeben, soweit sie jeweils nur für diese Gruppe von Kindern bedeutsam sind, z.B. die Kontrolle des Essverhaltens beim PWS oder die Modifikation der Hyperacusis beim WBS. In anderen Kapiteln haben wir zu zeigen versucht, welche therapeutischen Ansätze kombiniert werden können, um den speziellen Entwicklungsproblemen bei einem Syndrom gerechtzuwerden. So haben wir das therapeutische Spektrum zur Besserung von Impulsivität und Überaktivität beim fragilen (X)-Syndrom geschildert und die Möglichkeiten der Musik-, Ergo- und Physiotherapie beim Rett-Syndrom.

Ich möchte nun noch zwei Bereiche behandeln, die für die pädagogische Förderung von Kindern mit unterschiedlichen genetischen Syndromen bedeutsam sind. So wissen wir, dass für einige Kinder mit genetischen Syndromen eine lautsprachliche Verständigung weitgehend unmöglich bleibt trotz z.T. ausgeprägter Kommunikationsbereitschaft. In diesen Fällen ist es wichtig, dass die Eltern Möglichkeiten kennenlernen, wie die Kommunikation nicht-sprechender Kinder systematisch unterstützt werden kann. Die Erfahrung zeigt zudem, dass viele schwierige Verhaltensweisen bei Kindern mit genetischen Syndromen, die die Belastbarkeit ihrer Eltern und Umgebung herausfordern, eine kommunikative Funktion haben. Die Bedingungen und Funktionen herauszufinden, die Unruhe, Impulsivität, Stereotypien, Aggressionen oder Autoaggressionen im Kontakt der Kinder mit ihrer Umwelt haben, und alternative Wege der Kommunikation miteinander zu suchen, kann in vielen Fällen zu einer beträchtlichen Entlastung beitragen.

Förderung der Kommunikation bei nicht-sprechenden Kindern

Bei denjenigen Kindern, bei denen besondere Defizite im Lautspracherwerb als syndromspezifisches Merkmal bekannt sind (z.B. Angelman-Syndrom, Cornelia-de-Lange-Syndrom, Cri-du-Chat-Syndrom) sollte schon im Kleinkind- und Kindergartenalter an die Förderung unterstützter Kommunikationsformen gedacht werden. Der Begriff der „Unterstützten Kommunikation" hat sich vor einigen Jahren auch in Deutschland als Oberbegriff durchgesetzt für alle pädagogischen oder therapeutischen Maßnahmen, die eine Erweiterung der kommunikativen Möglichkeiten bei Menschen ohne Lautsprache bezwecken. Sie wurden zunächst für Kinder mit Cerebralparesen entwickelt, können aber auch bei allen geistigbehinderten Kindern eingesetzt werden, die ihre vorhandenen Kommunikationsbedürfnisse mit den ihnen zur Verfügung stehenden Möglichkeiten nicht zufriedenstellend erfüllen können.

Viele Kinder lernen von sich aus, neben der Lautsprache andere Mittel einzusetzen, um sich mitzuteilen, z.B. Blickverhalten, Mimik, Gesten, bestimmte Tätigkeiten und Gebärden. Die Eltern des Kindes sind mit ihren Kommunikationsformen bald so vertraut, dass sie ihre Gedanken oder Wünsche richtig erfassen können. Es kommt aber oft zu Missverständnissen, weil die nichtsprachlichen Signale in ihrer Bedeutung nicht immer eindeutig sind. Insbesondere können neue Erfahrungen und Begriffe, die einen komplexen, über die gegenwärtige Situation hinausweisenden Inhalt haben, kaum ausgedrückt oder nur schwer von den Bezugspersonen verstanden werden. Eine Verständigung mit Gesprächspartnern, die mit dem Kind nicht so vertraut sind, ist oft vollends unmöglich.

Nichtsprechende Menschen erleben somit häufig, dass ihre kommunikativen Bemühungen erfolglos sind. Dazu kommt, dass ihre Bezugspersonen und möglichen Gesprächspartner oft gar nicht die Erwartung haben, dass das Kind zu kommunizieren versuchen könnte. Ihnen muss erst bewusst werden, wie das Kind ohne Lautsprache Bedürfnisse, Interessen, Unbehagen, Freude oder Überforderung ausdrückt, um seine Aufmerksamkeit und kommunikative Bereitschaft wahrzunehmen und seine Bemühungen um Mitteilungen zu unterstützen.

Deshalb ist es wichtig, die bereits vorhandenen Ausdrucksmöglichkeiten des Kindes zu erweitern und durch individuelle Kommunikationshilfen zu ergänzen. Dabei wird zwischen Kommunikationsformen mit und ohne Hilfsmitteln unterschieden. Eine ausführliche Übersicht geben z. B. Kristen (1994) oder Biermann (2000).

Kommunikation ohne Hilfsmittel setzt bestimmte motorische Fähigkeiten voraus, die geistigbehinderten Kindern nur begrenzt zur Verfügung stehen. So sind sie z. B. mit dem Fingeralphabet oder der Gebärdensprache, die für gehörlose Kinder entwickelt wurde, überfordert. Eine *vereinfachte Form der Gebärdensprache ist für diejenigen nicht-sprechenden geistigbehinderten Kinder sinnvoll, die über Grundfähigkeiten zur optischen Unterscheidung, Nachahmung, feinmotorischen Ausführung von Bewegungen und Symbolverständnis verfügen* (Adam, 1993). In der Regel hat das jeweilige Handzeichen einen anschaulichen Zusammenhang zu dem darzustellenden Begriff und ist daher leicht zu verstehen. Es gibt verschiedene Zusammenstellungen von solchen Handzeichen für Geistigbehinderte (z. B. Bernard-Opitz et al., 1988). Es können aber auch individuelle Handzeichen gewählt werden, die für das Alltagsleben und die Interessen des Betroffenen besonders wichtig sind.

Hilfsmittel zur Kommunikation umfassen u. a. *Kommunikationstafeln oder -bücher (Fotoalben) und Bildkarten*. Sie enthalten Bilder, Symbole oder Fotos, die mögliche Gesprächsthemen repräsentieren und ganz auf die gegenwärtigen Bedürfnisse des Benutzers abgestimmt sind. Zur Herstellung solcher Kommunikationshilfen können sowohl käufliche *Symbolsammlungen oder -systeme* verwendet werden (Touch'n Talk, Aladin, Löb, Bliss, PCS u. a.) als auch eigene Zeichnungen und Fotos benutzt werden. Wenn sie von den Eltern und Pädagogen selbst hergestellt werden, kann das Vokabular individuell zusammengestellt werden.

Kasten 24: Kriterien für die Auswahl von Kommunikationssystemen

- Das Vokabular und System sollte so ausgewählt werden, dass es dem Kind möglichst weitgehend erlaubt, sich an gemeinsamen Aktivitäten mit gleichalten Kindern zu beteiligen.
- Das System sollte so aufgebaut und genutzt werden, dass es dem Kind erlaubt, eigene Entscheidungen, d. h. eine Wahl zwischen verschiedenen Möglichkeiten, in Alltagssituationen zu treffen und mitzuteilen.
- Das System sollte so aufgebaut werden, dass es in der Interaktion mit möglichst vielen potenziellen Kommunikationspartnern (einschließlich Kindern und fremden Erwachsenen) genutzt werden kann; Interaktionsmöglichkeiten sollten nicht bereits vorab begrenzt werden.
- Kommunikationsformen sollten in der alltäglichen Interaktion, nicht in begrenzten Übungszeiten angebahnt werden. Spezielle Übungen zum Aufbau von Kommunikationsformen haben lediglich als Ergänzung dazu eine Berechtigung.
- Die Anbahnung eines erfolgreich eingesetzten Kommunikationssystems setzt eine partnerschaftliche Zusammenarbeit von Eltern und Fachleuten voraus.

Zu den in Deutschland gebräuchlichsten Symbolsammlungen gehört die LÖB-Bildersammlung. Sie umfasst 60 Bildkarten im DIN-A-6-Format zu den Bereichen allgemeine Verständigungszeichen, Nahrungsmittel, häusliche Gegestände, Gesundheitsfürsorge, Körperhygiene, Spielen und Beschäftigung, Arbeit und Vergnügen, Religion und Gefühle und Eigenschaftswörter. Sie können bereits von geistigbehinderten Kindern im Vorschulalter erlernt und angewendet werden. Andere Sammlungen umfassen 600, bzw. 1000 Begriffe (Touch'n Talk, Aladin's Bildersammlung); abstraktere Symbolsysteme wie BLISS sind bei geistigbehinderten Menschen erfahrungsgemäß nur begrenzt einsetzbar.

Der Vorteil solcher Kommunikationshilfen ist, dass sie preiswert und einfach in der Herstellung und einfach zu transportieren sind. Der Nachteil ist, dass die erfolgreiche Benutzung die unmittelbare Nähe und Aufmerksamkeit des Gesprächspartners voraussetzt und dass der Inhalt der Kommunikation nicht festgehalten werden kann. Der technische Fortschritt im Bereich der Mikroelektronik und Informationsverarbeitung bietet mittlerweile zusätzliche Hilfen zur Kommunikation durch tragbare elektronische Geräte, die auch eine Sprachausgabe erlauben. Sie finden bisher meist bei schwerstkörperbehinderten Kindern Verwendung und ermöglichen ihnen bei entsprechender Bedienungsanpassung differenzierte Mitteilungen. Bei geistigbehinderten Kindern liegen hierzu weniger Erfahrungen vor.

Einfache technische Hilfen wie der BIGmack – eine Großtaste, die gedrückt werden kann, um die Ausgabe eines gespeicherten Satzes von bis zu 20 Sekunden Länge auszulösen – können auch von Kindern mit sehr begrenzten motorischen Fähigkeiten bedient werden.

Komplexere Geräte wie der Alpha- und Delta-Talker erlauben es dem Benutzer, differenzierte Äußerungen zu bilden. Sie umfassen 8 bzw. 32 Tastenfelder, die mit Symbolen oder Bildern versehen werden können. Auf jedes Feld können Aussagen gespeichert werden, die wie bei einem Kassettenrecorder aufgenommen und durch Drücken der Tasten abgerufen werden. Tastatur und alternative Ansteuerungstechniken (optischer Sensor, Joystick, Zeilen-Spalten-Scanning mit speziellen Schaltern, so dass einzelne Symbole über Ja/Nein-Signale aus einem sukzessiv aufleuchtenden Angebot von Zeichen ausgewählt werden können) lassen sich an die motorischen Beeinträchtigungen anpassen.

Die Möglichkeit der Sprachausgabe erlaubt eine Kommunikation über größere Entfernung und die Verwendung gesprächssteuernder Formulierungen wie „Du hast mich falsch verstanden" oder „Ich habe eine Frage", um das Gespräch zu beginnen oder Missverständnisse zu korrigieren. Die Wahl des elektronischen Systems richtet sich nach motorischen und perzeptiven Fähigkeiten des Kindes, der Handhabbarkeit (Transport, Robustheit, Kosten, Benutzungsgeschwindigkeit), dem Umfang des damit erreichbaren Ausdrucksvermögens und der Akzeptanz durch das Kind und sein soziales Umfeld. Vor seiner Einführung sollte ein grafisches Symbolsystem aufgebaut sein, das übertragen werden kann.

Eine systematische Förderung alternativer Kommunikationsformen ist dann besonders erfolgversprechend, wenn das Kind ein hohes Interesse am Kontakt mit seiner Umwelt hat, seine bisher entwickelten Kommunikationsformen aber an Grenzen stoßen, wenn es Inhalte mitteilen möchte, die sich auf nicht unmittelbar Gegenwärtiges beziehen, und wenn es bereits über ein gewisses Verständnis für Worte und repräsentationale Darstellungen (z. B. Fotos oder Abbildungen) verfügt. Geräte mit Sprachausgabe werden dabei intensiver genutzt als grafische Symbolsysteme (Schlosser et al., 1995). Sie erlauben eine Angleichung an die natürliche Sprachumwelt und erleichtern die aktive Kommunikation mit vertrauten und fremden Personen (Romski et al., 1999). Es ist somit nicht sinnvoll, mit der Anbahnung alternativer Kommunikationsformen zu warten, bis alle diese Bedingungen erfüllt sind oder eine intensive lautsprachliche Förderung über längere Zeit versucht wurde und ohne Erfolg geblieben ist.

Leider hat der Einsatz alternativer Kommunikationsformen bei Kindern und Jugendlichen mit geistiger Behinderung in Deutschland noch nicht die Verbreitung gefunden, die wünschenswert wäre. Dies ist z. T. Ausdruck einer unzureichenden Wahrnehmung der kommunikativen Fähigkeiten schwerbehinderter Menschen, zum anderen des mangelnden Zutrauens in ihre Fähigkeit zum Umgang mit technischen Hilfen. Fröhlich und Kölsch (1998) dokumentierten den Wissensstand zu alternativen Kommunikationsformen und ihren Einsatz in einer Befragung von Lehrern an Schulen für Geistigbehinderte. Individuell ausgewählte Fotos und Piktogramme waren in vielen Einrichtungen vorhanden, kaum aber standardisierte Sammlungen wie das LÖB- oder BLISS-System. Mit technischen Hilfen waren zu diesem Zeitpunkt lediglich 32 % der Schulen ausgestattet. Angewendet wurden überwiegend Handzeichen/Gebärden oder einfache Fotos, während technische Hilfen oder Symbolsammlungen bei weniger als 10 % der Kinder zum Einsatz kamen. Die Pädagogen äußerten erhebliche Vorbehalten gegen die Praktikabilität technischer Hilfen und betrachteten die Kommunikationsförderung meist als Aufgabe einer (logopädischen) Einzelförderung.

Tabelle 122: Vor- und Nachteile verschiedener alternativer Kommunikationsformen

Kommunikationsformen	Vorteile	Nachteile
Handzeichen/Gebärden	Anschaulichkeit „Ständige Verfügbarkeit"	z. T. hohe Anforderungen an motorische Koordination
Grafische Symbolsysteme	Gute Verständlichkeit Individuelle Abstimmung auf Bedürfnisse des Kindes möglich Einfache Herstellung	Eingeschränkte Mobilität Unmittelbare Nähe des Gesprächspartners erforderlich
Elektronische Hilfen	Anpassungsmöglichkeiten zur Bedienung auch bei motorischen Handicaps Verwendung gesprächssteuernder Formulierungen möglich Sprachausgabe	Zeitaufwand zur Einarbeitung und Programmierung Regelmäßige technische Wartung Grenzen der Tragbarkeit Hohe Kosten

In letzter Zeit hat schließlich die sehr kontrovers diskutierte „Gestützte Kommunikation" („Facilitated Communication") ein beträchtliches Maß an Aufmerksamkeit von Sonderpädagogen und Forschern gefunden. Unter „Gestützter Kommunikation" ist ein Vorgehen zu verstehen, bei dem einer Person, die sich lautsprachlich nicht verständigen kann, eine zweite, stützende Person hilft, auf einer Buchstabentafel oder einem Computer die gewünschte Buchstabenauswahl beim Schreiben zu treffen. Die Stützung soll sukzessive reduziert werden, um dem Kind auf lange Sicht zu selbstständigem Ausdruck zu verhelfen. Diese Methode weckte bei Eltern und Betreuern von Kindern und Erwachsenen mit Autistischem Syndrom oder geistiger Behinderung große Erwartungen, denn in zahlreichen Einzelfällen zeigten FC-Schreiber unerwartete schriftsprachliche Kenntnisse; sie waren z. T. in der Lage, elaborierte Texte zu produzieren.

Bei der überwiegenden Mehrzahl wissenschaftlich kontrollierter Studien konnten jedoch die meisten FC-Nutzer die Aufgaben nicht lösen, wenn sie ihnen ohne Wissen der stützenden Person gestellt wurden. Es stellte sich heraus, dass zuvor die stützende Person diejenige gewesen war, die die FC-Botschaften bestimmt hatte. Auch unter optimalen Bedingungen konnte weniger als ein Fünftel der beteiligten Kinder, Jugendlichen und Erwachsenen authentische FC-Botschaften produzieren und auch dann nur einzelne Aufgaben bewältigen, deren Niveau weit unter dem lag, was sie unter nicht kontrollierten Bedingungen zeigten (Biermann, 1999). Beim gegenwärtigen Stand des Wissens muss somit vor zu großen Hoffnungen gewarnt werden, auf dem Wege der „Gestützten Kommunikation" eine selbstbestimmte Form der Verständigung im sozialen Alltag aufbauen zu können.

Kasten 25: Alternative Kommunikation: Beurteilung und Förderung

---

Diagnostische Einschätzung

- Was tut das Kind, wenn es eine Mitteilung machen will?
- Hat es die motorischen Fähigkeiten, differenzierte Handzeichen zu lernen?
- Versteht es schon Worte und die Bedeutung von Bildern als Symbole für reale Objekte?
- Verfügt es über eine hinreichende Kopf- und Körperkontrolle, um eine Kommunikationstafel oder eine elektronische Hilfe zu benutzen?
- Bietet der Erwachsene dem Kind hinreichend viele Gelegenheiten zum kommunikativen Austausch?

Intervention

- Auswahl einer geeigneten Kommunikationsform (Handzeichen, Kommunikationstafel, grafische Symbole, elektronische Hilfe)
- Auswahl der Symbole je nach funktionaler Relevanz im Alltag
- Anbahnung von Handzeichen oder Symbolen zur Kommentierung und Wunschäußerung
- Gebrauch und Provokation von Handzeichen oder Symbolen durch den Erwachsenen bei möglichst vielen Alltagsgelegenheiten
- Evtl. Übertragung eines grafischen Symbolsystems auf eine elektronische Hilfe (mit Sprachausgabe)
- Stetige Einbeziehung aller Betreuer in Kindergarten und Schule

Umgang mit schwierigen Verhaltensweisen

Der Grad der Behinderung des Kindes ist oft nicht der entscheidende Faktor für die psychische Belastung von Eltern. Zahlreiche Forschungsarbeiten stimmen darin überein, dass sie vor allem davon bestimmt wird, wie weit das Kind zu kommunizieren gelernt hat und wie ausgeprägt aggressive, destruktive und selbstverletzende Verhaltensweisen sind. Diese Faktoren bestimmen auch mit darüber, ob eine dauerhafte Integration in die Familie gelingt oder eine Belastungsgrenze überschritten wird, so dass die Familie sich nur mehr durch eine Heimeinweisung des Kindes zu helfen weiß. Natürlich spielt neben den Verhaltensmerkmalen des Kindes eine entscheidende Rolle, wie es den Eltern mit ihren individuellen Bewältigungskräften und sozialer Unterstützung gelingt, ein emotionales Gleichgewicht aufrechtzuerhalten (Tunali & Power, 1995; Beresford, 1994).

Die Forschungsergebnisse zur *Prävalenz aggressiver, destruktiver und selbstverletzender Verhaltensweisen bei Geistigbehinderten spiegeln ihrerseits wider, wie diese vom Alter, dem Grad der Behinderung, ihrer Kommunikationsfähigkeit und ihren Lebensumständen abhängen.* Für Californien gab Borthwick-Duffy (1994) z. B. eine Prävalenzrate für aggressives Verhalten von 2.1 %, für destruktives Verhalten von 7.1 % und für selbstverletzendes Verhalten von 9.3 % (schwerer Form 2.2 %) an. Für das selbstverletzende Verhalten ist die Rate besonders hoch bei schwerer geistiger Behinderung (24.9 %), fehlender sprachlicher Kommunikation (17.0 %) und institutioneller Unterbringung (31.2 %). Unter diesen Bedingungen traten auch besonders häufig Kombinationen der genannten Problemverhalten auf. Rojahn (1986) führte eine Studie zur Prävalenz von selbstverletzendem Verhalten unter 25872 behinderten Kindern und Erwachsenen in Deutschland durch, die zu Hause lebten. Er fand 431 Fälle.

In einer australischen Studie wurde im Rahmen der Entwicklung der „Developmental Behaviour Checklist" eine populationsweite Erhebung von psychischen und Verhaltensauffälligkeiten bei Kindern und Jugendlichen (4 bis 18 Jahre) mit intellektueller Behinderung durchgeführt. Es ergab sich eine *Rate von 40.7 % bei 454 Kindern mit behandlungsbedürftigen Störungen* (Einfeld & Tonge, 1996b). Cormack et al. (2000) wendeten das gleiche Verfahren bei 123 Kindern in einem Schulbezirk in England an und ermittelten eine Rate behandlungsbedürftiger Störungen von 51.7 %, darunter oppositionell-aggressive Verhaltensformen (12.6 %), selbstbezogene Verhaltensformen (13.1 %), Ängste (7.1 %), autistische Beziehungsstörungen (5.6 %) und kommunikative Störungen (3.9 %).

Diese Zahlen zeigen, wie verbreitet problematische, die sozialen Beziehungen belastende Verhaltensweisen bei behinderten Kindern und Erwachsenen sind. Allerdings muss davor gewarnt werden, diese Verhaltenskategorien als objektive Einheiten analog medizinischer Krankheitseinheiten zu betrachten. Aggressives, Aufmerksamkeit forderndes, oppositionelles, ausweichendes oder selbstverletzendes Verhalten sind nicht per se behandlungsbedürftige Symptome, quasi „Fehler des Individuums". Umgebungs- und Lebensbedingungen können sogenannte „Verhaltensauffälligkeiten" verschärfen oder abschwächen. Haben wir z. B. das Recht, von behinderten Menschen zu erwarten, dass sie nicht-selbstgewählte, langweilige Tätigkeiten gehorsam zu Ende führen oder sich damit zufriedengeben, keine Beachtung oder Zuwendung zu erhalten, solange sie sich „angepasst" verhalten? Bei der Bewertung jedes einzelnen der genannten Verhaltensprobleme muss gefragt werden: Warum verhält sich das Kind/der behinderte Mensch so?

Empirische Studien zeigen, dass viele problematische Verhaltensweisen eine soziale Motivation haben. Taylor und Carr (1992) wiesen z. B. nach, wie *aggressives oder autoaggressives Verhalten und Wutausbrüche das soziale Verhalten der Umgebung beeinflusste*. Lehrer hatten mehr Aufmerksamkeit für die Kinder und wählten häufiger Aktivitäten, die einen kontinuierlichen Kontakt mit ihnen erforderten, wenn die Kinder diese Verhaltensformen zeigten. Sie vermieden es, ihnen Aufgaben zu stellen, die aggressive Reaktionen auszulösen drohten (Carr et al., 1991). Iwata et al. (1994) analysierten die Funktion selbstverletzender Verhaltensweisen bei 152 Kindern und Erwachsenen, die überwiegend schwerbehindert waren und in Heimen lebten. 38.1 % zeigten das Problemverhalten vorwiegend, um Anforderungen und Arbeiten zu entgehen; 26.3 % erreichten positive, v. a. soziale Verstärkung dadurch; bei 25.7 % ließ sich zeigen, dass das Verhalten durch sensorische Verstärkung aufrechterhalten wurde. Sturmey et al. (1988) fanden ähnliche funktionale Zusammenhänge bei stereotypen Verhaltensweisen, Mace und Lalli (1991) bei bizarren Sprachäußerungen.

Die Frage nach der sozialen Funktion problematischer Verhaltensweisen stand nicht immer im Mittelpunkt der Überlegungen derer, die Behandlungsprogramme entwerfen. Die Behandlung von „Verhaltensstörungen" behinderter Kinder, die ihre sozialen Interaktionen und das Lernen hemmen oder das Kind selbst gefährden, geschah lange Zeit nach klassischem operanten verhaltenstherapeutischen Ansatz. Das Problemverhalten wurde definiert, seine Auftretenshäufigkeit durch geeignete Konsequenzen wie systematisches Ignorieren, Time-Out, Überkorrektur, Fixierung oder andere Formen der Bestrafung reduziert, ein alternatives erwünschtes Verhalten durch positive Konsequenzen bekräftigt. Dieses verhaltenstherapeutische Denken kam gänzlich ohne die Frage nach dem subjektiven Zweck des Problemverhaltens und seiner kommunikativen Funktion aus. Die Wirkung der therapeutischen Intervention wurde als unabhängig von der Beziehung des Kindes zum Erwachsenen angesehen. Es ergaben sich aber sowohl systemimmanente Grenzen des Vorgehens, z. B. Schwierigkeiten der Generalisierung und Aufrechterhaltung von Verhaltensänderungen über unterschiedliche Kontexte und längere Zeitspannen hinweg und unerwünschte Nebenwirkungen und Symptomsubstitutionen, wie auch grundsätzliche Zweifel an diesem methodischen Ansatz.

Wir sehen mehr und mehr ein, dass wir dem Kind helfen müssen, andere Formen der Handlung und Kommunikation mit seiner Umwelt zu entwickeln.

Wenn wir zu Strafmaßnahen greifen, gestehen wir damit ein, dass wir unsere pädagogischen Grenzen erreicht haben. Strafmaßnahmen und Verstärkungsprogramme enthalten zudem viele Elemente der Kontrolle (und oft körperlicher Gewalt), vor deren Einsatz wir bei nicht-behinderten Kindern Hemmungen hätten. Ihnen begegnen wir meist mit viel mehr Sensibilität und Wertschätzung. Behinderten Kindern und Erwachsenen verweigern wir aber unsere Wertschätzung und Anerkennung als wertvolle, entscheidungsfähige Partner im sozialen Dialog miteinander, indem wir zu diesen Methoden der „Bestrafung und Bekräftigung" greifen (Lovett, 1996).

In den letzten Jahren hat sich deshalb ein *kommunikationsorientiertes Konzept im Umgang mit „herausfordernden" Verhaltensweisen behinderter Kinder* durchzusetzen begonnen (Carr et al., 1994).

Kasten 26: Grundsätze kommunikationsorientierter Verhaltensmodifikation

- Problemverhalten hat eine Funktion; das Kind hat eine Absicht. Begriffe wie abweichendes Verhalten o. Ä. führen in die Irre.
- Eine genaue Untersuchung/Diagnostik ist erforderlich, um herauszufinden, mit welcher Absicht das jeweilige „Problemverhalten" eingesetzt wird (funktionale Analyse).
- Die Interaktion muss in einem pädagogischen Vorgehen liegen, nicht allein eine Reduktion des Verhaltens anstreben. Es geht darum, dass das Kind lernt, seine Umgebung auf andere Weise zu beeinflussen, so dass das Problemverhalten für das Kind nicht länger erforderlich ist.
- Problemverhaltensweisen haben meist verschiedene Funktionen und erfordern deshalb unterschiedliche Interventionen.
- Interventionen bedeuten eine Veränderung der Art und Weise, wie Menschen mit und ohne Behinderung interagieren, d. h. Interventionen verändern Beziehungen.
- Letztendlich ist das Ziel der Intervention eine Veränderung der Lebensqualität, nicht die Eliminierung von Problemverhalten (soziale Integration).

Im praktischen Alltag geht es deshalb darum, mit den Bezugspersonen möglichst genaue Beschreibungen der Auslösebedingungen des Problemverhaltens und ihrer Reaktionen zu sammeln, sie in einigen ausgewählten Situationen zu beobachten, diese Beobachtungen dann zu kategorisieren und Hypothesen zu formulieren, welche Funktion das jeweilige Verhalten des Kindes hat.

Je nachdem, ob das Verhalten eine soziale Funktion hat (Aufmerksamkeitssuche, Vermeidung unangenehmer Anforderungen, Wunsch nach bevorzugten Dingen oder Tätigkeiten), durch eine bestimmte sensorische Erfahrung auf-

Kasten 27: Diagnostische Befragung von Eltern und Pädagogen

- Rahmenbedingungen und unmittelbare Auslöser problematischen Verhaltens
- Konsequenzen, die in der Regel auf das Verhalten folgen
- positive Alternativen im Handlungs- und Kommunikationsrepertoire des Kindes
- Erfahrungen mit präventiven Unterstützungen durch die Umgebung
- frühere Erfolge/Misserfolge von Interventionsversuchen
- kritische Lebensereignisse mit Auswirkungen auf die Bewältigungsfähigkeiten des Kindes
- soziale Beziehungen und individuelle Stärken des Kindes als Veränderungsressourcen
- subjektive Belastung von Eltern und Pädagogen und Einstellungen zur Veränderbarkeit von problematischen Verhaltensweisen
- zusätzliche Belastungen (z. B. Teamkonflikte, Überforderung durch vielfältige Anforderungen)
---

rechterhalten wird, organische Ursachen hat oder Ausdruck traumatisierender oder die Bedürfnisse nach sozialem Kontakt und Wertschätzung missachtender Lebensumstände sind, lassen sich daraus unterschiedliche Schlussfolgerungen für erfolgversprechende Interventionen ableiten (Carr et al., 1994; Fisher et al., 1994; Sprague & Horner, 1995).

Körperliche Erkrankungen dürfen als mögliche Ursache dabei nicht übersehen werden. Empirische Befunde zeigen z. B., dass selbstverletzende *Verhaltensweisen in Abhängigkeit von biologischen Faktoren wie Mittelohr- und anderen Infektionen, Allergien, Menstruationsbeschwerden, Konstipation/Ernährungsstörungen, Diätmaßnahmen oder Müdigkeit variieren.* Solche Variablen können die subjektiv empfundene Qualität der Umweltbedingungen und Interaktionen modifizieren mit der Folge, dass Anforderungen, die das Kind im Normalfall zu tolerieren vermag, unter ihrem Einfluss aversiven Charakter annehmen und Abwehr, Unruhe oder selbstverletzendes Verhalten auslösen können. Biologische Einflüsse dieser Art – wie sie z. B. beim PWS und Cornelia-de-Lange-Sydrom diskutiert wurden – müssen in die funktionale Analyse und Interventionsplanung einbezogen werden.

Biologische Anlagen können zudem die Toleranz für Umgebungsfaktoren beeinflussen. Eine erhöhte Empfindlichkeit für akustische und taktile Reize, wie sie beim Williams-Beuren- oder Fragilen-X-Syndrom beschrieben wurden, kann be-

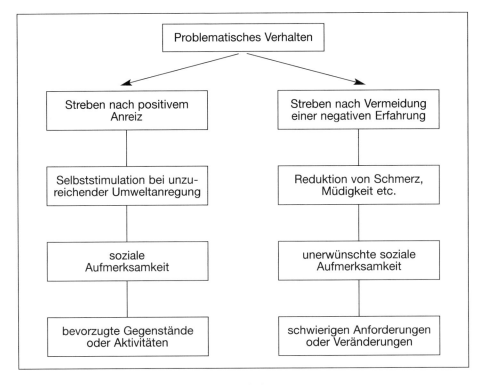

Abbildung 93: Funktionen problematischen Verhaltens

wirken, dass ein Kind von Reizen seiner Umgebung überfordert wird. So kann der Geräuschpegel, die Zahl und Dichte von Personen im Raum, Temperatur, Helligkeit, etc. Stress induzieren, auf den das Kind dann mit aggressiven, stereotypen oder selbstverletzenden Verhaltensweisen reagiert (Tessel et al., 1995).

Bei einer Teilgruppe von Kindern, die selbstverletzendes Verhalten zeigen, scheinen diese Verhaltensmerkmale schließlich endogen-zwanghaften Charakter zu haben, wie sich z. B. beim Lesch-Nyhan-Syndrom zeigt. Die neurochemischen Mechanismen des Dopamin- und Serotoninstoffwechsels, die diese Art von selbstverletzendem Verhalten bedingen, sind noch nicht schlüssig geklärt (Thompson et al., 1995). An biologische Ursachen dieser Art ist aber immer dann zu denken, wenn ein selbstverletzendes Verhalten mit sehr hoher Frequenz auftritt und von Zuständen der Übererregung und Angst/Panik begleitet wird (Mace & Mauk, 1995).

Die Befragung der Eltern und Pädagogen und die Beobachtung ausgewählter Interaktionen kann durch standardisierte Fagebogen ergänzt werden, z. B. die „Motivation Assessment Scale" (Durand & Crimmins, 1988). Der Fragebogen besteht aus 16 Fragen, die sich auf die kommunikative Funktion des problematischen Verhaltens beziehen. Einige Beispiele: „Würde das Verhalten kontinuierlich auftreten, wenn das Kind für längere Zeit allein wäre?" „Tritt das Verhalten auf, wenn eine Anforderung an das Kind gestellt wird?" Eine Bezugsperson, die mit dem Kind gut vertraut ist, soll einschätzen, inwieweit die Beschreibungen auf das betreffende Problemverhalten zutreffen. Die Zusammenschau der Antworten erlaubt die Zuordnung, ob das Verhalten eingesetzt wird, um soziale Aufmerksamkeit oder eine positive Verstärkung zu erreichen, ob mit ihm etwas Unangenehmes vermieden werden woll oder ob es sich um eine Selbstimulation handelt. Studien zur Reliabilität und Validität des Verfahrens haben allerdings nicht immer befriedigende Ergebnisse gebracht (Sturmey, 1994).

Eine Intervention, die die Funktion des Problemverhaltens berücksichtigt, setzt voraus, dass die Eltern und Pädagogen eine gute Beziehung zum Kind aufbauen und sorgfältig beobachten, welche Spiele, Beschäftigungen und Themen es bevorzugt. Körperliche Ursachen müssen behandelt oder berücksichtigt werden, soweit es möglich ist. Wenn ein Verhalten durch einen bestimmten sensorischen Effekt aufrechterhalten wird, geht es darum, andere Wege für das Kind anzubahnen, wie es seine sensorischen Bedürfnisse befriedigen kann. Wenn es eine Reaktion auf Überforderung durch Umgebungsbedingungen oder Aufgaben darstellt, müssen diese modifiziert, der Wunsch nach Pausen respektiert oder das Kind in kleinen Schritten an sie gewöhnt werden (Desensibilisierung). Zeigt die funktionale Analyse, dass das Kind Aufmerksamkeit erreichen möchte oder einen bestimmten Wunsch durch das problematische Verhalten ausdrückt, geht es darum, nach alternativen Kommunikationsmitteln (Handzeichen, Geste, Bildkarte, Wort) zu suchen, mit denen es diesen Wunsch ausdrücken lernen kann. Damit problematische Verhaltensweisen dauerhaft durch positive Kommunikationsformen ersetzt werden können, muss das Kind im sozialen Alltag integriert sein, so dass sich viele Gelegenheiten bieten, die der Kommunikation wert sind.

In einem positiven Umgang mit problematischen Verhaltensweisen spiegelt sich die Wertschätzung, die wir dem behinderten Kind entgegenbringen. Solange wir dem Kind nicht „zuhören", was es möchte, werden wir seine Wünsche, Bedürfnisse, Ärgernisse und Freuden nicht kennenlernen. Diskriminierende Pauschalurteile wie „Behinderte Kinder können ja gar nicht kommunizieren, sie verstehen nichts, ihnen ist ihre Umgebung gleichgültig, sie fühlen keinen Schmerz und keine Freude" liegen dann allzu nah. Nur wenn wir sein Verhalten als Versuch der Kommunikation mit uns verstehen, achten wir das Kind in seinen besonderen Bedürfnissen, Fähigkeiten und Entscheidungsmöglichkeiten.

Merke
Kinder mit spezifischen genetischen Syndromen sind nicht defekt. Sie müssen nicht erst „normalisiert" werden, um sich die soziale Integration in unsere Gesellschaft zu verdienen. Es gilt, uns auf ihre Besonderheiten einzustellen und sie als Partner in einer lebendigen Beziehung miteinander anzunehmen.

20.5 Grenzen des Konzeptes von Verhaltensphänotypen bei der Erklärung von Entwicklungs- und Verhaltensauffälligkeiten

Die Entwicklung „auffälliger", die Beziehung mit der Umwelt belastender Verhaltensformen lässt sich bei Kindern, Jugendlichen und Erwachsenen aus dem Zusammenwirken unterschiedlicher Bedingungen erklären. Eine geistige Behinderung stellt dabei nur einen Risikofaktor im Spektrum der relevanten Einflussfaktoren dar. Sie geht einher mit einer verlangsamten Verarbeitungsgeschwindigkeit, einer limitierten Größe des Arbeitsspeichers für kognitive Operationen, einer reduzierten Hemmung irrelevanter Reaktionen, einer verlangsamten Entwicklung von Strategien der Selbststeuerung bei Problemlöseprozessen und u. U. mit spezifischen Defiziten in einzelnen Fähigkeitsbereichen. Diese Besonderheiten der kognitiven Prozesse sind individuell unterschiedlich ausgeprägt und können das Verständnis sozialer Situationen sowie die Entwicklung von Kompetenzen zur Bewältigung sozialer Alltagsherausforderungen in unterschiedlichem Maße erschweren.

Neben diesen direkten Folgen einer geistigen Behinderung ergeben sich Risiken für die Entwicklung befriedigender, ausgeglichener sozialer Beziehungen aus seinen Lebensumständen und den Erfahrungen, die das jeweilige Kind in seiner sozialen Umwelt macht. Dazu können ungünstige übermäßig direktive Interaktionsformen seitens der Eltern und Pädagogen gehören, die diese mit der Absicht der Förderung und zur Lenkung seines Verhaltens einsetzen, häufige Misserfolgserfahrungen mit der Folge eines reduzierten Vertrauens in die eigenen Fähigkeiten, eine unzureichende Abstimmung von Umweltanforderungen und Hilfen auf die Fähigkeiten und Bedürfnisse des Kindes sowie eine unzureichende soziale Integration in soziale Kontakte, bzw. sozialer Ausschluss von Möglichkeiten zu Selbstbestimmung, befriedigenden Tätigkeiten in der Schule, am Arbeitsplatz oder in der Freizeit. Andere Faktoren haben nichts mit der geistigen Behinderung selbst zu tun. Familiensituationen, die durch zusätzlichen psychosozialen Stress, gestörte Elternbeziehungen oder die psychische Erkrankung eines Elternteils hoch belastet sind, und Erziehungsfehler (ungünstige Bestärkung problematischer Verhaltensweisen, bzw. fehlende Aufmerksamkeit für positive Verhaltensformen) erhöhen – ebenso wie bei nicht behinderten Menschen – die Wahrscheinlichkeit, dass es zu „auffälligen" Verhaltensformen bei Menschen mit geistiger Behinderung kommt (Tabelle 123).

Syndromspezifische Anlagen sind somit nur eine unter vielen verschiedenen Bedingungen, die zur sozialen und emotionalen Entwicklung von Kindern mit Behinderung beitragen. Sie können als individuell unterschiedliche Disposition zur Kontaktaufnahme mit der Umwelt und Fähigkeit der Selbstregulation in der Auseinandersetzung mit ihren Anforderungen (neugierige Erkundungsfreude, Interesse an sozialem Kontakt, Ängstlichkeit und Irritierbarkeit, Frustrationstoleranz und Bewältigungsmotivation) verstanden werden. Wie Temperaments- und Persönlichkeitsanlagen bei nicht behinderten Kindern können sie entweder als Schutzfaktoren wirken, oder das Risiko für die Entwicklung problematischer Verhaltensweien oder psychischer Störungen erhöhen (Sarimski, 2001b).

Tabelle 123: Risiken für die Genese auffälligen Verhaltens bei geistiger Behinderung

direkt	Verlangsamte Verarbeitungsgeschwindigkeit, limitierte Größe des Arbeitsspeichers für kognitive Operationen, reduzierte Hemmung irrelevanter Reaktionen, verlangsamte Entwicklung von Strategien der Selbsteuerung bei Problemlöseprozessen, spezifische Defizite in einzelnen Fähigkeitsbereichen
indirekt	Übermäßig direktive Eltern-Kind-Beziehungsformen, häufige Misserfolgserfahrungen, unzureichende Abstimmung von Umweltanforderungen und Hilfen auf die Bedürfnisse des Kindes, unzureichende Gelegenheiten zur sozialen Partizipation
unabhängig	Zusätzliche psychosoziale Belastungen, gestörte Elternbeziehungen, psychische Erkrankung eines Elternteils, Erziehungsfehler

Die Variationen in den Dispositionen zur Kontaktaufnahme mit der Umwelt und in der Fähigkeit der Selbstregulation in der Auseinandersetzung mit ihren Anforderungen sind nicht alle syndromspezifisch. So ist eine hypotone Bewegungssteuerung oder eine verzögerte Sprachentwicklung vielen Kindern mit intellektueller Behinderung gemeinsam. Andere Entwicklungs- und Verhaltensmerkmale treten häufig in Kombination miteinander auf. So sind Probleme der Aufmerksamkeitssteuerung, Speicherung von (vor allem sprachlichen) Informationen und Handlungsplanung charakteristisch für Kinder mit Fragilem-X-Syndrom, Smith-Magenis- oder 22q11-(Velocardiofazialem) Syndrom, gehören aber auch zu den Besonderheiten der kognitiven Prozesse bei vielen anderen Kindern mit geistiger Behinderung. Die gleichen Kinder haben oft wesentlich bessere sprachliche Fähigkeiten, können sich einmal erworbenes Wissen gut merken und im Alltag differenziert ausdrücken.

Besonders ausgeprägt ist die Diskrepanz der Fähigkeiten bei Kindern mit Williams-Beuren-Syndrom, bei denen die sprachlichen Fähigkeiten weitgehend altersgemäß sein können („spared abilities"), die visuell-konstruktiven Fähigkeiten dagegen schwer beeinträchtigt sind. Bei anderen Kindern (z. B. mit Down-Syndrom, Cri-du-Chat- oder Angelman-Syndrom) sind es gerade die geringen sprachlichen Ausdrucksmöglichkeiten, die die stärksten Entwicklungsauffälligkeiten darstellen. Bei Kindern mit Fragilem-X-Syndrom lassen sich schließlich viele Beobachtungen auf Probleme der Hemmung irrelevanter

Reaktionen und der Affektregulation zurückführen, die in fremden oder belastenden Situationen zu impulsiven Verhaltensmustern und einem Verlust der Selbstkontrolle führen. Kinder mit Cri-du-Chat-Syndrom sind überaus empfindlich für die vielfältigen Reize ihrer Umgebung, Kinder mit Prader-Willi-Syndrom haben besondere Schwierigkeiten, sich auf Veränderungen einzustellen, und einen Hang zu zwanghaften Verhaltensformen. Solche Besonderheiten sind mit dem Begriff der *parziellen Spezifität von Phänotypmerkmalen* gemeint.

Neben den direkten haben die genetischen Dispositionen selbst eine indirekte Auswirkung auf die soziale Umgebung, in der es aufwächst. So liegt es nahe anzunehmen, dass ein Kind mit Down- oder Williams-Beuren-Syndrom, das sich vom Säuglingsalter an als kontaktfreudig und anpassungsfähig zeigt, wesentlich positivere Erfahrungen in der Interaktion mit seiner Umwelt macht als ein Kind, dass rasch überfordert ist, häufig irritiert und mit sozialem Rückzug reagiert. Ein sehr unruhiges Kind mit geringer Anpassungsfähigkeit – z. B. mit Fragilem-X- oder Smith-Magenis-Syndrom – wird sehr viel mehr Restriktionen und konfliktreiche Interaktionen mit seinen Eltern, Geschwistern oder Spielkameraden erleben als ein Kind, das sich leichter auf Andere einstellen kann. Daraus entstehen Interaktionsmuster, die wiederum „unerwünschte" Verhaltensweisen verstärken und so zu ihrer Aufrechterhaltung beitragen. Empirische Studien über solche Zusammenhänge von genetischer Disposition und sozialen Erfahrungen bei behinderten Kindern fehlen noch weitgehend, wie es überhaupt an (Längsschnitt-)Untersuchungen zum Entwicklungsverlauf bei den meisten genetischen Syndromen mangelt.

Das Wissen um spezifische Dispositionen impliziert nicht, dass belastende Verhaltensweisen damit genetisch determiniert und unveränderlich wären. Individuelle Unterschiede in der Ausprägung und Häufigkeit problematischer Verhaltensweisen hängen natürlich in hohem Maße davon ab, wie gut die Entwicklung des jeweiligen Kindes von seinen Eltern und Pädagogen unterstützt wird und wie häufig es mit Situationen konfrontiert wird, die es nicht zu bewältigen vermag. Je besser Eltern, Pädagogen und Therapeuten die Verhaltensbesonderheiten eines Kindes verstehen, umso eher können sie für das Kind schwierige Situationen antizipieren, einzelne Probleme in der Interaktion vermeiden, mit anderen effektiver umgehen und seine soziale Integration wirksam unterstützen.

Literatur

Abbeduto, L. & Hagerman, R. (1997). Language and communication in Fragile X syndrome. *Mental Retardation and Developmental Disabilities Research Review, 3,* 313–322.

Abidin, R. (1990). *Parenting Stress Index.* Charlottesville: Pediatric Psychology Press.

Abrams, M., Reiss, A., Freund, L. et al. (1994). Molecular-neurobehavioral association in females with the fragile X full mutation. *American Journal of Medical Genetics, 51,* 317–327.

Achenbach, T. & Edelbrock, C. (1983). *Manual for the Child Behavior checklist and Revised Child Behavior Profile.* Burlington: Queen City Prints.

Adam, H. (1993). *Mit Gebärden und Bildsymbolen kommunizieren.* Würzburg: Edition bentheim.

Agwu, J., Shaw, N., Kirk, J., Chapman, S., Ravine, D. & Cole, T. (1999). Growth in Sotos syndrome. *Archives of Diseases in Childhood, 80,* 339–342.

Akefeldt, A., Gillberg, C. & Larsson, C. (1991). Prader-Willi syndrome in a swedish rural country: epidemiological aspects. *Developmental Medicine and Child Neurology, 33,* 715–721.

Akefeldt, A., Akefeldt, B. & Gillberg, C. (1997). Voice, speech and language characteristics of children with Prader-Willi syndrome. *Journal of Intellectual Disability Research, 41,* 302–311.

Akefeldt, A. & Gillberg, C. (1999). Behavior and personality characteristics of children and young adults with Prader-willi syndrome: A controlled study. *Journal of American Academy of Child Adolescent Psychiatry, 38,* 761–769.

Allanson, J., Hall, J., Hughes, H., Preus, M. & Witt, R. (1985). Noonan syndrome: The changing phenotype. *American Journal of Medical Genetics, 21,* 507–514.

Allanson, J., Hennekam, R. & Ireland, M. (1997). De Lange syndrome: Subjective and objective comparison of the classical and mild phenotypes. *Journal of Medical Genetics, 34,* 645–450.

Altman, K., Bondy, A. & Hirsch, G. (1978). Behavioral treatment of obesity in patients with Prader-Willi syndrome. *Journal of Behavioral Medicine, 1,* 403–412.

Aman, M., Singh, N., Stewart, A. & Field, C. (1985). The Aberrant Behavior Checklist: a behavior rating scale for the assessment of treatment effects. *American Journal of Mental Deficiency, 89,* 492–502.

Aman, M., Tasse, M., Rojahn, J., Hammer, D. (1996). The Nisonger CBRF: A child behavior rating form for children with developmental disabilities. *Research in Developmental Disabilities, 17,* 41–57.

Amir, R., Vanden Veyver, I., Wan, M., Tran, C., Franke, U. & Zoghbi, H. (1999). Rett syndrome is caused by mutations in X-linked MECP2, encoding methyl CpG binding protein 2. *Nature Genetics, 23,* 185–188.

Anderlik, L. (1996). *Ein Weg für alle. Leben mit Montessori.* Dortmund: Verlag modernes lernen.

Andersen, W., Rasmussen, R. & Stromme, P. (2001). Levels of cognitive and linguistic development in Angelman syndrome: a study of 20 children. *Logopedics Phoniatrics Vocolization 26,* 2–9.

Anderson, L., Dancis, J. & Alpert, M. (1978). An analysis of contingencies contributing to self-mutilation in Lesch-Nyhan disease: Suggestions for a treatment program. *Journal of Consulting and Clinical Psychology, 46,* 529–536.

Anderson, L., Ernst, M. & Davis, S. (1992). Cognitive abilities of patients with Lesch-Nyhan disease. *Journal of Autism and Developmental Disorders, 22,* 189–203.

Anderson, L. & Ernst, M. (1994). Self-injury in Lesch-Nyhan disease. *Journal of Autism and Developmental Disorders, 24,* 67–81.

Angelman, H. (1965). „Puppet" children. *Developmental Medicine and Child Neurology, 7,* 681–688.

Angulo, M., Castro-Magana, M., Mazur, B. et al. (1996). Growth hormone secretion and effects of growth hormone therapy on growth velocity and weight gain in children with Prader-Willi syndrome. *Journal of Pediatric Endocrinology and Metabolism, 9,* 393–400.

Archer, L., Rosenbaum, P. & Streiner, D. (1991). The Children's Eating Behaviour Inventory: Reliability and validity results. *Journal of Pediatric Psychology, 16,* 629–642.

Armstrong, D. (2002). Neuropathology of Rett syndrome. *Mental Retardation and Developmental Disabilities Research Reviews, 8,* 72–76.

Atkinson, J., Anker, S., Braddick, O., Nokes, L., Mason, A. & Braddick, F. (2001). Visual and visuospatial development in young children with Williams syndrome. *Developmental Medicine Child Neurology, 43,* 330–337.

Backes, M., Genc, B., Schreck, J., Doerfler, W., Lehmkuhl, G. & von Gontard, A. (2000). Cognitive and behavioral profile of Fragile X boys: correlations to molecular data. *American Journal of Medical Genetics, 95,* 150–156.

Bailey, D. & Simeonsson, R. (1988). Assessing needs of families with handicapped infants. *Journal of Special Education, 22,* 117–127.

Bailey, D., Hatton, D. & Skinner, M. (1998). The developmental trajectories of boys with fragile X syndrome. *American Journal of Mental Retardation, 103,* 29–39.

Bailey, D., Hatton, D., Mesibov, G., Ament, N. & Skinner, M. (2000). Early development, temperament, and functional impairment in autism and fragile X syndrome. *Journal of Autism and Developmental Disorders, 30,* 557–567.

Bailey, D., Hatton, D., Skinner, M. & Mesibov, G. (2001). Autistic behavior, FMR1 protein, and developmental trajectories in young males with fragile X syndrome. *Journal of Autism and Developmental Disorders, 31,* 165–174.

Bakay, B., Nissinen, E., Sweetman, L., Francke, U. & Nyhan, W. (1979). Utilzation of purines by an HPRT variant in an intelligent, nonmutilative patient with features of the Lesch-Nyhan syndrom. *Pediatric Research, 13,* 1365–1370.

Bale, A., Drum, A., Parry, D. & Mulvihill, T. (1985). Familial Sotos syndrome (Cerebral gigantism): Craniofacial and psychological characteristics. *American Journal of Medical Genetics, 20,* 613–624.

Ball, T., Campbell, R. & Barkemeyer, R. (1980). Air splints applied to control self-injurious finger sucking in profoundly retarded individuals. *Journal of Behavior Therapy and Experimental Psychiatry, 11,* 267–271.

Bankier, A., Haan, E. & Birrell, R. (1986). Familial occurrence of Brachmann-de-Lange syndrome. *American Journal of Medical Genetics, 25,* 163–165.

Barden, C., Ford, M., Wilhelm, W., Rogers-Salyer, M. & Salyer, K. (1988a). The physical attractiveness of facially deformed patients before and after craniofacial surgery. *Plastic and Reconstructive Surgery, 28,* 229–235.

Barden, C., Ford, M., Wilhelm, W., Rogers-Salyer, M. & Salyer, K. (1988b) Emotional and behavioral reactions to facially deformed patients before and after craniofacial surgery. *Plastic and Reconstructive Surgery, 28,* 409–416.
Barden, C., Ford, M., Jensen, G., Rogers-Salyer, M. & Salyer, K. (1989). Effects of craniofacial deformity in infancy on the quality of mother-infant interactions. *Child Development, 60,* 819–824.
Bassett, A., Hodgekinson, K., Chow, E., Correira, S. Scutt, L. & Weksberg, R. (1998). 22q11 deletion syndrome in adults with schizophrenia. *American Journal of Medical Genetics, 81,* 328–337.
Baumgardner, T., Reiss, A., Freund, L. & Abrams, M. (1995). Specification of the neurobehavioral phenotype in males with fragile X syndrome. *Pediatrics, 95,* 744–752.
Bay, C., Mauk, J., Radcliffe, J. & Kaplan, P. (1993). Mild Brachmann-de-Lange syndrome. *American Journal of Medical Genetics, 47,* 965–968.
Beck, B. (1976). Epidemiology of Cornelia de Lange's syndrome. *Acta Paediatrica Scandinavica, 65,* 631–638.
Beck, B. (1987). Psycho-social assessment of 36 de Lange patients. *Journal of Mental Deficiency Research, 31,* 251–257.
Beck, B. & Finger, K. (1985). Mortality, pathological findings and causes of death in the de Lange syndrome. *Acta Paediatrica Scandinavica, 74,* 765–769.
Becker, M., Yen, R., Itkin, P. et al. (1979). Regional localization of the gene for human phosphoribosylpyrophosphate synthetase on the X chromosome. *Science, 203,* 1016–1019.
Bellugi, U., Lichtenberger, L., Mills, D., Galaburda, A. & Korenberg, J. (1999). Bridging cognition, the brain and molecular genetics: Evidence from Williams syndrome. *Trends in Neuroscience, 22,* 197–207.
Bellugi, U., Wang, P. & Jernigan, T. (1994). Williams syndrome: An unusual neuropsychological profile. In: Broman, S. & Grafman, T. (Eds.). *Atypical cognitive deficits in developmental disorders: Implications for brain function.* Hillsdale: Erlbaum, 23–56.
Belser, R. & Sudhalter, V. (1995). Arousal difficulties in males with fragile X syndrome: A preliminary report. *Developmental Brain Dysfunction, 8,* 270–279.
Belser, R. & Sudhalter, V. (2001). Conversational characteristics of children with Fragile X syndrome: Repetitive speech. *American Journal on Mental Retardation, 16,* 28–38.
Bender, B., Puck, M., Salbenblatt, J. & Robinson, A. (1984). Cognitive development of unselected girls with complete and partial X monosomy. *Pediatrics, 73,* 175–182.
Bender, B., Linden, M. & Robinson, A. (1993). Neuropsychological impairment in 42 adolescents with sex chromosome abnormalities. *American Journal of Medical Genetics, 48,* 169–173.
Bender, B., Linden, M. & Harmon, R. (2001). Neuropsychological and functional cognitive skills of 35 unselected adults with sex chromosome abnormalities. *American Journal of Medical Genetics, 102,* 309–313.
Bennett, F., LaVeck, B. & Sells, C. (1978). The Williams elfin facies syndrome: The psychological profile as an aid in syndrome identification. *Pediatrics, 61,* 303–306.
Berger, S. (1996). *Das Cri-du-Chat-Syndrom. Medizinische, psycho-soziale und pädagogische Aspekte.* Wiss. Hausarbeit für das Lehramt an Sonderschulen, Universität Hamburg, unveröffentlicht.
Beresford, B. (1994). Resources and strategies: How parents cope with the care of a disabled child. *Journal of Child Psychology and Psychiatry, 35,* 171–209.

Berney, T. (1992). *The behavioural phenotype of Cornelia de Lange syndrome.* Paper presented to the 2nd International Symposium of the Society for the Study of Behavioural Phenotypes, Welshpool.
Berney, T., Ireland, M. & Burn, J. (1999). Behavioural phenotype of Cornelia de Lange syndrome. *Archives of Diseases in Childhood, 81,* 333–336.
Bernard-Opitz, V., Blesch, G. & Holz, K. (1988). *Sprachlos muß keiner bleiben. Handzeichen und andere Kommunikationshilfen für autistisch und geistig Behinderte.* Freiburg i.B.: Lambertus
Berry-Kravis, E. (2002). Epilepsy in fragile X syndrome. *Developmental Medicine Child Neurology, 44,* 724–728.
Bertrand, J., Mervis, C. & Eisenberg, J. (1997). Drawing by children with Williams syndrome: A developmental perspective. *Developmental Neuropsychology, 13,* 41–67.
Beuren, A., Apitz, J. & Harmjanz, D. (1962). Supravalvular aortic stenosis in association with mental retardation and a certain facial appearance. *Circulation, 26,* 1235–1240.
Biermann, A. (1999). Gestützte Kommunikation bei Personen mit schweren Kommunikations- und Entwicklungsstörungen: Analyse von situationsvariablen in kontrollierten FC-Studien. *Heilpädagogische Forschung, 25,* 106–117.
Biermann, A. (2000). Unterstützte Kommunikation. In: Borchert, J. (Hrsg.): *Handbuch der Sonderpädagogischen Psychologie* (S. 801–810). Göttingen: Hogrefe.
Bihrle, A., Bellugi, U., Delis, D. & Marks, S. (1989). Seeing either the forest or the trees: Dissociation in visuospatial processing. *Brain and Cognition, 11,* 37–49.
Bjerre, I., Fagher, B., Ryding, E. & Rosen, I. (1984). The Angelman or „happy puppet" syndrome: Clinical and electroencephalographic features and cerebral blood flow. *Acta Paediatrica Scandinavica, 73,* 398–402.
Blank, C. (1960). Apert's syndrome (a type of acrocephalosyndactyly): observations on a British series of thirty-nine cases. *Annuals of Human Genetics, 24,* 151–164.
Block, J. & Block, J. (1980). The role of ego-control and ego-resiliency in the organization of behavior. In: Collins, W. (Ed.). *Development of cognition, affect, and social relations.* Hillsdale: Erlbaum, 39–101.
Bloom, A., Reese, A., Hersh, J., Podruch, P., Wisskipf, B. & Dinno, N. (1983). Cognition in cerebral gigantism: Are the estimates of mental retardation too high? *Journal of Developmental and Behavioral Pediatrics, 4,* 250–252.
Blount, R., Drabman, R., Wilson, N. et al. (1982). Reducing severe diurnal bruxism in two profoundly retarded females. *Journal of Applied Behavior Analysis, 15,* 565–571.
Boccia, M. & Roberts, J. (2000). Behavior and autonomic nervous system function assessed via heart period measures: the case of hyperarousal in boys with fragile X syndrome. *Behavior Research Methods, Instruments & Computers, 32,* 5–10.
Boer, H., Langton, J. & Clarke, D. (1999). Development and behaviour in genetic syndromes: Rubinstein-Taybi syndrome. *Journal of Applied Research in Intellectual Disabilities, 12,* 302–307.
Boone, K., Swerdloff, R., Miller, B. & Paul, L. (2001). Neuropsychological profiles of adults with Klinefelter syndrome. *Journal of the International Neuropsychological Society, 7,* 446–456.
Borgaonkar, D., Hules, E. & Charf, F. (1970). Do the 48, XXYY males have a characteristic phenotype? *Clinical Genetics, 1,* 272–293.
Borghgraef, M., Fryns, J., Dielkens, A., Pyck, K. & Van den Berghe, H. (1987). Fragile X syndrome: a study of the psychological profile in 23 prepubertal patients. *Clinical Genetics, 32,* 179–186.

Borghgraef, M., Fryns, J. & Van den Berghe, H. (1988). Psychological findings in three children with ring 15 chromosome. *Journal of Mental Deficiency Research, 32,* 337–347.

Borghgraef, M., Fryns, J. & Van den Berghe, H. (1991). The 48, XXYY syndrome: Follow-up data on clinical characteristics and psychological findings in 4 patients. *Genetic Counseling, 2,* 103–108.

Borghgraef, M., Umans, S., Steyaert, J., Legius, E. & Fryns, J. (1996). New findings in the behavoral profile of young FraX females. *American Journal of Medical Genetics, 64,* 346–349.

Borthwick-Duffy, S. (1994). Prevalence of destructive behaviors: A study of aggression, self-injury, and property destruction. In: Thompson, T. & Gray, D. (Eds.). *Destructive Behavior in Developmental Disabilities.* (pp. 3–23) Thousand Oaks: Sage.

Boyd, S., Harden, A. & Patton, M. (1988). The EEG in early diagnosis of the Angelman (Happy Puppet) syndrome. *European Journal of Pediatrics, 147,* 508–513.

Brady, B., Blackburn, B. & Carey, J. (1994a). Natural History of Trisomy 18 and Trisomy 13: I. Growth, physical assessment, medical histories, survival and recurrence risk. *American Journal of Medical Genetics, 49,* 175–188.

Brady, B., Jorde, L., Blackburn, B. & Carey, J. (1994b). Natural history of Trisomy 18 and Trisomy 13: II. Psychomotor development. *American Journal of Medical Genetics, 49,* 189–194.

Branson, C. (1981). Speech and language characteristics of children with Prader-Willi syndrome. In: Holm, V., Sulzbacher, S. & Pipes, P. (Eds.). *The Prader-Willi syndrome.* Baltimore: University Park Press, 179–183.

Breese, G., Criswell, H., Duncan, G., Moy, S., Johnson, K., Wong, D. & Mueller, R. (1995). Model for reduced brain dopamine in Lesch-Nyhan syndrome and the mentally retarded: Neurobiology of neonatal-6–Hydroxydopamine-lesioned rats. *Mental Retardation und Developmental Disabiliies, 1,* 111–119.

Breuning, M., Dauwerse, H., Fugazza, G. et al. (1993). Rubinstein-Taybi syndrome caused by submicroscopic deletions within 16p13.3. *American Journal of Human Genetics, 52,* 249–254.

Brezinka, V. (1991). Verhaltenstherapeutische Behandlung von Übergewicht bei Kindern und Jugendlichen. *Zeitschrift für Klinische Psychologie, 20,* 205–225.

Brownell, K., Kelman, J. & Stunkard, A. (1983). Treatment of obese children with and without their mothers. Changes in weight and blood pressure. *Pediatrics, 71,* 515–523.

Budden, S., Meyer, E. & Butler, J. (1990). Cerebrospinal fluid studies in the Rett syndrome: Biogenic amines and beta-edorphins. *Brain Development, 12,* 81–84.

Budden, S. (1995). Management of Rett syndrome: A ten year experience. *Neuropediatrics, 26,* 75–77.

Bull, M. & LaVecchio, F. (1978). Behavior therapy for a child with Lesch-Nyhan syndrome. *Developmental Medicine and Child Neurology, 20,* 368–375.

Bull, M., Fitzgerald, J., Heifetz, S. & Brei, T. (1993). Gastrointestinal abnormalities: A significant cause of feeding difficulties and failure to thrive in Brachmann-de-Lange syndrome. *American Journal of Medical Genetics, 47,* 1029–1034.

Buncic, J. (1991). Ocular aspects of Apert syndrome. *Clinics in Plastic Surgery, 18,* 315–319.

Buntinx, I., Hennekam, R., Brouwer, O., Stroink, H., Beuten, J., Mangelshots, K. & Fryns, J. (1995). Clinical profile of Angelman syndrome at different ages. *American Journal of Medical Genetics, 56,* 176–183.

Butler, J., Whittington, J., Holland, A., Boer, H., Clarke, D. & Webb, T. (2002). Prevalence of, and risk factors for, physical ill-health in people with Prader-Willi syndrome: a population-based study. *Developmental Medicine Child Neurology, 44,* 248–255.

Butler, M. (1990). Prader-Willi syndrome: current understanding of cause and diagnosis. *American Journal of Medical Genetics, 35,* 319–332.

Butler, M., Meaney, J. & Palmer, C. (1986). Clinical and cytogenetic survey of 39 individuals with Prader-Labhart-Willi syndrome. *American Journal of Medical Genetics, 23,* 793–809.

Butler, M., Fogo, A., Fuchs, D., Collins, F., Dev, V. & Phillips, J. (1988). Brief clinical report and review: Two patients with ring chromosome 15 syndrome. *American Journal of Medical Genetics, 29,* 149–154.

Butler, M., Mangrum, T., Gupta, R. & Singh, D. (1991). A 15-item checklist for screening mentally retarded males for the fragile X syndrome. *Clinical Genetics, 39,* 347–354.

Cameron, T. & Kelly, D. (1988). Normal language skills and normal intelligence in a child with de Lange syndrome. *Journal of Speech and Hearing Disorders, 53,* 219–222.

Carey, S., Johnson, S. & Levine, K. (1995). Two separable knowledge acquisition systems. Evidence from Williams syndrome. *Genetic Counseling, 6,* 138.

Carlin, M. (1990). The improved prognosis in cri du chat (5p-) syndrome. In W. Fraser (Ed.), *Proceedings of the 8th congress of the International Association of the Scientific Study of Mental Deficiency* (pp. 64–73). Edinburgh: Blackwell.

Carr, E., Taylor, J. & Robinson, S. (1991). The effects of severe behavior problems on the teaching behavior of adults. *Journal of Applied Behavior Analysis, 24,* 523–535.

Carr, E., Levin, L., McConnachie, G., Carlson, J., Kemp, D., Smith, C. (1994). *Communication-based intervention for problem behavior. A user's guide for producing positive change.* Baltimore: Paul Brookes.

Carr, E. & Smith, C. (1995). Biological setting events for self-injury. *Mental Retardation and Developmental Disabilities, 1,* 94–98.

Carrel, A., Myers, S., Whitman, B. & Allen, D. (1999). Growth hormone improves body composition, fat utilization, physical strength and agility, and growth in Prader-Willi syndrome: a controlled study. *Journal of Pediatrics, 134,* 215–221.

Cassidy, S. (1984). Prader-Willi syndrome. *Current Problems in Pediatrics, 14,* 1–55.

Cassidy, S., McKillop, J. & Morgan, W. (1990). Sleep disorders in Prader Willi syndrome. *Dysmorphology and Clinical Genetics, 4,* 13–17.

Cerruti Mainardi, P., Guala, A., Pastore, G., Pozzo, G., Bricarelli, D. & Pierluigi, M. (2000). Psychomotor development in Cri du Chat syndrome. *Clinical Genetics, 57,* 459–461.

Cerruti Mainardi, P., Perfumo, C., Cali, A., Coucourde, G. & Bricarelli, D. (2001). Clinical and molecular characterisation of 80 patients with 5p deletion: genotype-phenotype correlation. *Journal of Medical Genetics, 38,* 151–158.

Chen, K., Potocki, L. & Lupski, J. (1996). The Smith-Magenis syndrome (del17p11.2): clinical review and molecular advances. *Mental Retardation and Developmental Disabilities Research Reviews, 2,* 122–129.

Chery, M., Philippe, C., Worms, A. & Gilgenkrantz, S. (1993). The Noonan syndrome: The Nancy experience revisited. *Genetic Counseling, 4,* 113–118.

Christie, R., Bay, C., Kaufman, I., Bakay, B., Borden, M. & Nyhan, W. (1982). Lesch-Nyhan disease: clinical experience with nineteen patients. *Developmental Medicine and Child Neurology, 24,* 293–306.

Clahsen, H. & Almazan, M. (1998). Syntax and morphology in Williams syndrome. *Cognition, 68,* 167–198.

Clarke, D., Waters, J. & Corbett, J. (1989). Adults with Prader-Willi syndrome: abnormalities of sleep and behaviour. *Journal of the Royal Society of Medicine, 82,* 21–24.

Clarke, D. & Boer, H. (1998). Problem behaviors associated with deletion Prader-Willi, Smith-Magenis, Cri du Chat syndromes. *American Journal on Mental Retardation, 103,* 264–271.

Clarke, D., Boer, H., Cheung Chung, M., Sturmey, P. & Webb, T. (1996). Maladaptive behaviour in Prader-Willi syndrome in adult life. *Journal of Intellectual Disability Research, 40,* 159–165.

Clarke, D., Boer, H., Webb, T. et al. (1998). Prader-Willi syndrome and psychotic symptoms: I. Case descriptions and genetic studies. *Journal of Intellectual Disability Research, 42,* 440–450.

Clarke, D. & Marston, G. (2000). Problem behaviors associated with 15q- Angelman syndrome. *American Journal on Mental Retardation, 105,* 25–31.

Clarke, M., Jayson, D. & Green, J. (1991). *Sotos syndrome: A potential candidate for the inter-syndrome study?* Preliminary ideas and data. Paper presented to the National Meeting of the Society for the Study of Behavioural Phenotypes, London, 20 nov.

Clayton-Smith, J. (1993). Clinical research on Angelman syndrome in the United Kingdom: observations on 82 affected individuals. *American Journal of Medical Genetics, 46,* 12–15.

Clayton-Smith, J. (2001). Angelman syndrome: evolution of the phenotype in adolescents and adults. *Developmental Medicine Child Neurology, 43,* 476–480.

Cohen, I. (1995). A theoretical analysis of the role of hyperarousal in the learning and behavior of fragile X males. *Mental Retardation and Developmental Disabilities, 1,* 286–291.

Cohen, I., Vietze, P., Sudhalter, V., Jenkins, E. & Brown, W. (1989). Parent-child dyadic gaze patterns in fragile X males and in non-fragile X males with autistic disorder. *Journal of Child Psychology and Psychiatry, 30,* 845–856.

Cohen, M. & Kreiborg, S. (1990). The centralnervous system in the Apert syndrome. *American Journal of Medical Genetics, 35,* 36–45.

Cohen, M. & Kreiborg, S. (1991). Genetic and family study of the Apert syndrome. *Journal of Craniofacial and Genetic Developmental Biology, 11,* 7–17.

Cohen, M., Kreiborg, S., Lammer, E. et al. (1992). Birth prevalence study of the Apert syndrome. *American Journal of Medical Genetics, 42,* 655–659.

Cohen, M., Kreiborg, S. & Odont, D. (1993). An updated pediatric perspective on the Apert syndrome. *American Journal of Diseases in Childhood, 147,* 989–993.

Cole, T. & Hughes, H. (1990). Sotos syndrome. *Journal of Medical Genetics, 27,* 571–576.

Cole, T. & Hughes, H. (1994). Sotos syndrome: a study of the diagnostic criteria and natural history. *Journal of Medical Genetics, 31,* 20–32.

Coleman, M., Brubaker, J., Hunter, K. & Smith, G. (1988). Rett syndrome: A survey of North American patients. *Journal of Mental Deficiency Research, 32,* 117–124.

Cormack, K., Brown, A. & Hastings, R. (2000). Behavioural and emotional difficulties in students attending schools for children and adolescents with severe intellectual disability. *Journal of Intellectual Disability Research, 44,* 124–129.

Cornish, K. (1996a). Identifying the cognitive and behavioural profile of children and adults with Fragile X syndrome. *Fragile X society Newsletter, 13,* 24–27.
Cornish, K. (1996b). Verbal-performance discrepancies in a family with Noonan syndrome. *American Journal of Medical Genetics, 66,* 235–236.
Cornish, K. (1996c). The neuropsychological profile of Cri du Chat syndrome without significant learning disability. *Developmental Medicine and Child Neurology, 38,* 941–944.
Cornish, K., Munir, F. & Cross, G. (1998). The nature of the spatial deficit in young females with fragile-X syndrome: a neuropsychological and molecular perspective. *Neuropsychologia, 11,* 1239–1246.
Cornish, K. & Munir, F. (1998). Receptive and expressive language skills in children with Cri-du-Chat syndrome. *Journal of Communication Disorders, 31,* 73–81.
Cornish, K., Munir, F. & Bramble, D. (1998). Adaptive and maladaptive behaviour in children with Cri-du-Chat syndrome. *Journal of Applied Research in Intellectual Disabilities, 11,* 239–246.
Cornish, K., Bramble, D., Munir, F. & Pigram, J. (1999a). Cognitive functioning in children with typical cri du chat (5p-) syndrome. *Developmental Medicine Child Neurology, 41,* 263–266.
Cornish, K., Cross, G., Green, A., Willatt, J. & Bradshaw, J. (1999b). A neuropsychological-genetic profile of atypical cri du chat syndrome: Implications for prognosis. *Journal of Medical Genetics, 36,* 567–570.
Cornish, K. & Bramble, D. (2002). Cri du chat syndrome: genotype-phenotype correlations and recommendations for clinical management. *Developmental Medicine Child Neurology, 44,* 494–497.
Cornish, K. & Pilgram, J. (1996). Developmental and behavioural characteristics of cri du chat syndrome. *Archives of Diseases in Childhood, 75,* 448–450.
Cotterill, A., McKenna, W., Brady, A. & Savage, M. (1996). The short-term effects of growth hormone therapy on height velocity and cardiac ventricular wall thickness in children with Noonan's syndrome. *Journal of Clinical Endocrinology and Metabolism, 81,* 2291–2297.
Crawhall, J., Henderson, J. & Kelley, W. (1972). Diagnosis and treatment of the Lesch-Nyhan syndrome. *Pediatric Research, 6,* 504–513.
Crisco, J., Dobbs, J. & Mulhern, R. (1988). Cognitive processing in children with Williams syndrome. *Developmental Medicine and Child Neurology, 27,* 713–720.
Crumley, F. (1998). Smith-Magenis syndrome (Letter to the editor). Journal of the American Academy of Child and Adolescent Psychiatry, 37, 1131–1132.
Cunningham, C. & Peltz, L. (1982). In vivo desensitization in the management of self-injurious behavior. *Journal of Behavior Therapy and Experimental Psychiatry, 13,* 135–140.
Curfs, L., Schreppers-Tijdink, G., Wiegers, A., Borghgraef, M. & Fryns, J. (1990). The 49, XXXXY syndrome: clinical and psychological findings in five patients. *Journal of Mental Deficiency Research, 34,* 277–282.
Curfs, L., Verhulst, F. & Fryns, J. (1991a). Behavioural and emotional problems in youngsters with Prader-Willi syndrome. *Genetic Counseling, 2,* 33–41.
Curfs, L., Wiegers, A., Sommers, L., Borghgraef, M. & Fryns, J. (1991b). Strenghts and weaknesses in the cognitive profile of youngsters with Prader-Willi syndrome. *Clinical Genetics, 40,* 430–434.
Curfs, L. & Fryns, J.-P. (1992). Prader-Willi syndrome: A review with special attention to the cognitive and behavioral profile. *Birth Defects, 28,* 99–104.

Davies, M., Howlin, P. & Udwin, O. (1997). Independence and adaptive behavior in adults with Williams syndrome. *American Journal of Medical Genetics, 70,* 188–195.

Deal, A., Trivette, C. & Dunst, C. (1988). Family Functioning Style Scale. In: Dunst, C., Trivette, C. & Deal, A. (Eds.). *Enabling and empowering families: Principles and guidelines for practice.* (pp. 179–184) Cambridge: Brookline Books.

Dech, B. & Budow, L. (1991). The use of fluoxetine in an adolescent with Prader-Willi syndrome. *Journal of the American Academy for Child and Adolescent Psychiatry, 30,* 298–302.

deDie-Smulders, C., Theunissen, P. & Schrander-Stumpfel, C. (1992). On the variable expression of the Brachmann-de Lange syndrome. *Clinical Genetics, 41,* 42–45.

Defloor, T., van Borsel, J. & Curfs, L. (2000). Speech fluency in Prader-Willi syndrome. *Journal of Fluency Disorders,* 25, 85–98.

Dekker, M., Nunn, R. & Koot, H. (2002). Psychometric properties of the revised Developmental Behaviour Checklist scales in Dutch children with intellectual disability. *Journal of Intellectual Disability Research, 46,* 61–75.

De Leersnyder, H., de Blois, M., Vekemans, M. et al. (2001). Adrenergic antagonists improve sleep and behavioural disturbances in a circadian disorder, Smith-Magenis syndrome. *Journal of Medical Genetics, 38,* 586–590.

Delooz, J., Van den Berghe, H., Swillen, A. et al. (1993). Turner syndrome patients as adults: a study of their cognitive profile, psychosocial functioning and psychopathological findings. *Genetic Counseling, 4,* 169–179.

Demeter, K. (2000). Assessing the developmental level in Rett syndrome: an alternative approach. *European Child & Adolescent Psychiatry, 9,* 227–233.

Descheemaeker, M., Swillen, A., Plissart, L., Borghgraef, M., Rasenberg, S., Curfs, L. & Fryns, J. (1994). The Prader-Willi syndrome: A self-supporting program for children, youngsters and adults. *Genetic Counseling, 5,* 199–205.

Deutsche Klinefelter-Syndrom Vereinigung e.V. (o.J.). *Erfahrungen mit dem Klinefelter-Syndrom.* Bielefeld.

De Vries, B., Wiegers, A., Smits, A. et al. (1996). Mental status of females with an FMR1 gene full mutation. *American Journal of Human Genetics, 58,* 1025–1032.

De Vries, B., Halley, D., Oostra, B. & Niermeijer, M. (1998). The fragile X syndrome. *Journal of Medical Genetics, 35,* 579–589.

Dilts, C., Morris, C. & Leonard, C. (1990). Hypothesis for development of a behavioral phenotype in Williams syndrome. *American Journal of Medical Genetics, Suppl. 6,* 126–131.

Dimitropoulos, A., Feurer, I., Roof, E., Stone, W., Butler, M., Sutcliffe, J. & Thompson, T. (2000). Appetitive behavior, compulsivity, and neurochemistry in Prader-Willi syndrome. *Mental Retardation and Developmental Disabilities Research Reviews, 6,* 125–130.

Dimitropoulos, A., Feurer, I., Butler, M. & Thompson, T. (2001). Emergence of compulsive behavior and tantrums in children with Prader-Willi syndrome. *American Journal on Mental Retardation, 106,* 39–51.

Dodge, P., Holmes, S. & Sotos, J. (1983). Cerebral gigantism. *Developmental Medicine and Child Neurology, 25,* 248–252.

Döpfner, M., Berner, W., Fleischmann, T. & Schmidt, M. (1993). *Verhaltensbeurteilungsbogen für Vorschulkinder.* Weinheim: Beltz.

Donaldson, M., Chu, C., Cooke, A., Wilson, A., Greene, S. & Stephenson, J. (1994). The Prader-Willi syndrome. *Archives of Diseases in Childhood, 70,* 58–63.

Drugan, A., Isada, N. Johnson, M. & Evans, M. (1996). Genetics: An overview. In: Isada, N. (Ed.). *Maternal genetic disease*. Stamford: Appleton & Lange.

Durand, V. & Crimmins, D. (1988). Identifying the variables maintaining self-injurious behavior. *Journal of Autism and Developmental Disorders, 18,* 99–107.

Dykens, E. (1995a). Measuring behavioral phenotypes: Provocations from the „New Genetics". *American Journal on Mental Retardation, 99,* 522–532.

Dykens, E. (1995b). Adaptive behavior in males with fragile X syndrome. *Mental Retardation and Developmental Disabilities, 1,* 281–285.

Dykens, E. (2000). Contaminated and unusual food combinations: what do people with Prader-Willi syndrome choose? *Mental Retardation, 38,* 163–171.

Dykens, E. (2002). Are jigsaw puzzle skills „spared" in persons with Prader-Willi syndrome? *Journal of Child Psychology and Psychiatry, 43,* 343–352.

Dykens, E. & Clarke, D. (1997). Correlates of maladaptive behavior in individuals with 5p- (cri du chat) syndrome. *Developmental Medicine Child Neurology, 39,* 752–756.

Dykens, E., Hodapp, R. & Leckman, J. (1987). Strengths and weaknesses in the intellectual functioning of males with fragile X syndrome. *American Journal of Mental Deficiency, 92,* 234–236.

Dykens, E., Leckman, J., Paul, R. & Watson, M. (1988). Cognitive, behavioral, and adaptive functioning in fragile X and non-fragile X retarded men. *Journal of Autism and Developmental Disorders, 18,* 41–52.

Dykens, E., Hodapp, R., Walsh, K. & Nash, L. (1992a). Profiles, correlates and trajectories of intelligence in individuals with Prader-Willi syndrome. *Journal of the American Academy of Child and Adolescent Psychiatry, 31,* 1125–1130.

Dykens, E., Hodapp, R., Walsh, K. & Nash, L. (1992b). Adaptive and maladaptive behavior in Prader-Willi syndrome. *Journal of the American Academy of Child and Adolescent Psychiatry, 31,* 1131–1136.

Dykens, E., Hodapp, R. & Leckman, J. (1994). *Behavior and development in Fragile X syndrome.* Thousand Oaks: Sage Publ.

Dykens, E., Hodapp, R., Ort, S. & Leckman, J. (1993). Trajectory of adaptive behavior in males with fragile X syndrome. *Journal of Autism and Developmental Disorders, 23,* 135–145.

Dykens, E. & Cassidy, S. (1995). Correlates of maladaptive behavior in children and adults with Prader-Willi syndrome. *American Journal of Medical Genetics, 60,* 546–549.

Dykens, E. & Cassidy, S. (1996). Prader-Willi syndrome: Genetic, behavioral and treatment issues. *Child and Adolescent Psychiatric Clinics of North America, 5.*

Dykens, E., Leckman, J. & Cassidy, S. (1996a). Obsessions and compulsions in Prader-Willi syndrome. *Journal of Child Psychology and Psychiatry, 37,* 995–1002.

Dykens, E., Ort, S. & Cohen, I. et al. (1996b). Trajectories of adaptive behavior in males with fragile X syndrome: Multicenter studies. *Journal of Autism and Developmental Disorders, 26,* 287–296.

Dykens, E., Finucane, B. & Gayley, C. (1997). Brief report: Cognitive and behavioral profiles in persons with Smith-Magenis syndrome. *Journal of Autism and Developmental Disorders, 27,* 203–211.

Dykens, E. & Kasari, C. (1997). Maladaptive behavior in children with Prader-Willi syndrome, Down syndrome, and nonspecific mental retardation. *American Journal on Mental Retardation, 102,* 228–237.

Dykens, E. & Smith, A. (1998). Distinctiveness and correlates of maladaptive behaviour in children and adolescents with Smith-Magenis syndrome. *Journal of Intellectual Disability Research, 42,* 481–489.

Dykens, E. & Rosner, B. (1999). Refining behavioral phenotypes: Personality-motivation in Williams and Prader-Willi syndromes. *American Journal on Mental Retardation, 104,* 158–169.

Dykens, E. & Rosner, B. (1999). Refining behavioral phenotypes: Personality-motivation in Williams- and Prader-Willi syndromes. *American Journal on Mental Retardation, 104,* 158–169.

Dykens, E., Cassidy, S. & King, B. (1999). Maladaptive behavior differences in Prader-Willi syndrome due to paternal deletion versus maternal uniparental disomy. *American Journal on Mental Retardation, 104,* 67–77.

Dykens, E., Hodapp, R., Ly, T. & Rosner, B. (2000). Profiles and trajectories of cognitive and adaptive behavior in persons with 5p-syndrome. (zitiert nach: E. Dykens, R. Hodapp & B. Finncane. (2000). Genetics and Mental Retardation Syndromes. Baltimore: Brookes.

Dykens, E., Rosner, B. & Ly, T. (2001). Drawings by individuals with Williams syndrome: are people different from shapes? *American Journal on Mental Retardation, 106,* 94–107.

Edwards, J., Harnden, D., Cameron, A., Crosse, V. & Wolff, O. (1960). A new trisomic syndrome. *Lancet, 1,* 787–790

Eiholzer, U. (2001). *Prader-Willi syndrome.* Effects of Human Growth Hormone Treatment. Basel: Karger.

Eiholzer, U., Malich, S. & l'Allemand, D. (2000). Does growth hormone therapy improve motor development in infants with Prader-Willi syndrome? *European Journal of Pediatrics, 159,* 299–301.

Einfeld, S., Molony, H. & Hall, W. (1989). Autism is not associated with the fragile X syndrome. *American Journal of Medical Genetics, 34,* 187–193.

Einfeld, S., Hall, W. & Levy, F. (1991). Hyperactivity and the fragile X syndrome. *Journal of Abnormal Child Psychology, 19,* 253–262.

Einfeld, S., Tonge, B. & Florio, T. (1992). *Behavioural and emotional problems in Williams syndrome.* Paper presented to the 2nd International Symposium. Society for the Study of Behavioural Phenotypes, Welshpool, 19–21 November.

Einfeld, S. & Hall, W. (1994). When is a behavioural phenotype not a phenotype? *Developmental Medicine and Child Neurology, 36,* 463–470.

Einfeld, S., Tonge, B. & Florio, T. (1994). Behavioural and emotional disturbance in fragile X syndrome. *American Journal of Medical Genetics, 51,* 386–391.

Einfeld, S., Smith, A., Tonge, B., Durvasula, S. & Florio, T. (1994). *Behavioural and emotional disturbance in Prader-Willi syndrome.* Paper presented to the 3rd International Symposium, Society for the Study of Behavioural Phenotypes, Maastricht, 23–26 November.

Einfeld, S. & Aman, M. (1995). Issues in the taxonomy of psychopathology in mental retardation. *Journal of Autism and Developmental Disorders, 25,* 143–167.

Einfeld, S. & Tonge, B. (1995). The Developmental Behavior Checklist: The development and validation of an instrument to assess behavioral and emotional disturbance in children and adolescents with mental retardation. *Journal of Autism and Developmental Disorders, 25,* 81–104.

Einfeld, S. & Tonge, B. (1996a). Population prevalence of psychopathology in children and adolescents with intellectual disability: I. rationale and methods. *Journal of Intellectual Disability Research, 40,* 91–98.

Einfeld, S. & Tonge, B. (1996b). Population prevalence of psychopathology in children and adolescents with intellectual disability: II. epidemiological findings. *Journal of Intellectual Disability Research, 40,* 99–109.

Einfeld, S., Tonge, B. & Florio, T. (1997). Behavioral and emotional disturbance in individuals with Williams syndrome. *American Journal on Mental Retardation, 102,* 45–53.

Einfeld, S., Smith, A., Durvasula, S., Florio, T. & Tonge, B. (1999). Behavior and emotional disturbance in Prader-Willi syndrome. *American Journal of Medical Genetics, 82,* 123–127.

Einfeld, S., Tonge, B. & Rees, V. (2001). Longitudinal course of behavioral and emotional problems in Williams syndrome. *American Journal on Mental Retardation, 106,* 73–81.

Einfeld, S., Tonge, B. & Turner, G. (1999). Longitudinal course of behavioral and emotional problems in fragile X syndrome. *American Journal of Medical Gentics, 87,* 436–439.

El Abd, S., Patton, M., Turk, J., Hoey, H. & Howlin, P. (1999). Social, communicational, and behavioral deficits associated with Ring X Turner syndrome. *American Journal of Medical Genetics, 88,* 510–516.

Elfenbein, J., Waziri, M. & Morris, H. (1981). Verbal communication skills of six children with craniofacial anomalies. *Cleft Palate Journal, 18,* 59–64.

Eliez, S., Palacio-Espasa, F. & Cramer, B. (2000). Young children with velo-cardio-facial syndrome (CATCH-22). Psychological and language phenotypes. *European Child & Adolescent Psychiatry, 9,* 109–114.

Ellaway, C., Peat, J., Leoanrd, H. & Christodoulou, J. (2001). Sleep dysfunction in Rett syndrome: lack of age related decrease in sleep duration. *Brain & Development, 23,* 101–103.

Ellaway, C. & Christodoulou, J. (2001). Rett syndrome: clinical characteristics and recent genetic advances. *Disability and Rehabilitation, 23,* 98–106.

Embleton, N., Wyllie, J., Wright, M., Burn, J. & Hunter, S. (1996). Natural history of trisomy 18. *Archives of Diseases in Childhood, 75,* 38–41.

Endres, W., Helmig, M. & Haas, R. (1991). Bone marrow transplantation in Lesch-Nyhan disease. *Journal of Inherited Metabolic Disease, 14,* 270–271.

Epstein, L., Valoski, A., Koeske, R. & Wing, R. (1986). Family-based behavioral weight control in obese young children. *Journal of the American Dietetic Association, 86,* 481–484.

Ewart, A., Morris, C., Atkinson, D., Jin, W., Sternes, K., Spallone, P., Stock, A., Leppert, M. & Keating, M. (1993). Hemizygosity at the elastin locus in a developmental disorder, Williams syndrome. *Nature Genetics, 5,* 11–16.

Fanconi, G., Girardet, P., Schlesinger, B., Butler, H. & Black. J. (1952). Chronische Hypercalcaemie kombiniert mit Osteosklerose, Hyperazotomie, Minderwuchs und kongenitalen Mißbildungen. *Helvetica Paediatrica Acta, 7,* 314–334.

Farran, E., Jarrold, C. & Gathercole, S. (2001). Block design performance in the Williams syndrome phenotype: a problem with mental imagery. *Journal of Child Psychology and Psychiatry, 42,* 719–728.

Ferrier, L., Bashir, A., Meryash, D., Johnston, J. & Wolff, P. (1991). Conversational skills of individuals with fragile-X syndrome: A comparison with autism and Down syndrome. *Developmental Medicine and Child Neurology, 33,* 776–788.

Field, T. & Vega-Lahr, N. (1984). Early interactions between infants with cranio-facial anomalies and their mothers. *Infant Behavior and Development, 7,* 527–530.

Fieldstone, A., Zipf, W., Schwartz, H. & Berntson, G. (1997). Food preferences in Prader-Willi syndrome, normal weight and obese controls. *International Journal of Obesity, 21,* 1046–1052.

Finegan, J., Cole, T., Kingwell, E., Smith, M., Smith, M. & Sitarenios, G. (1994). Language and behavior in children with Sotos syndrome. *Journal of the American Academy of Child and Adolescent Psychiatry, 33,* 1307–1315.

Finegan, J. & Hughes, H. (1988). Very superior intelligence in a child with Noonan syndrome. *American Journal of Medical Genetics, 31,* 385–389.

Finucane, B., Jaeger, E., Kurtz, M., Weinstein, M. & Scott, C. (1993). Eye abnormalities in the Smith-Magenis continuous gene deletion syndrome. *American Journal of Medical Genetics, 45,* 443–446.

Finucane, B., Konar, D., Haas-Givler, B., Kurtz, M. & Scott, C. (1994). The spasmodic upper-body squeeze: a characteristic behavior in Smith-Magenis syndrome. *Developmental Medicine and Child Neurology, 36,* 70–83.

Finucane, B., Dirrigl, K. & Simon, E. (2001). Characterization of self-injurious behaviors in children and adults with Smith-Magenis syndrome. *American Journal on Mental Retardation, 106,* 52–58.

Fisch, G. (1992). Is autism associated with the fragile X syndrome? *American Journal of Medical Genetics, 43,* 47–55.

Fisch, G., Ariname, T., Froster-Iskenius, U., Fryns, J., Curfs, L., Borghgraef, M., Howard-Peebles, P., Schwartz, C., Simensen, R. & Shapiro, L. (1991). Relationship between age and IQ among fragile X males: A multicenter study. *American Journal of Medical Genetics, 38,* 481–487.

Fisch, G., Holden, J., Simsen, R. et al. (1994). Is fragile X syndrome a pervasive developmental disability? Cognitive ability and adaptive behavior in males with the full mutation. *American Journal of Medical Genetics, 51,* 346–352.

Fisch, G., Chalifoux, M., Holden, J., Carpenter, N. & Tarleton, J. (1996). Longitudinal study of cognitive abilities and adaptive behavior levels in fragile X males: a prospective multicenter analysis. *American Journal of Medical Genetics, 64,* 356–361.

Fisch, G., Carpenter, N., Holden, J. & Fryns, J. (1999a). Longitudinal changes in cognitive and adaptive behavior in fragile X females: A prospective multicenter analysis. *American Journal of Medical Genetics, 83,* 308–312.

Fisch, G., Holden, J., Carpenter, N., Howard-Peebles, P., Madalena, A., Pandya, A. & Nance, W. (1999b). Age-related language characteristics of children and adolescents with Fragile X syndrome. *American Journal of Medical Genetics, 83,* 252–256.

Fisch, G., Simensen, R. & Schroer, R. (2002). Longitudinal changes in cognitive and adaptive behavior scores in children and adolescents with the Fragile X mutation or autism. *Journal of Autism and Developmental Disorders, 32,* 107–114.

Fisher, W., Piazza, C., Bowman, L., Krutz, P. & Sherer, M. (1994). A preliminary evaluation of empirically derived consequences for the treatment of pica. *Journal of Applied Behavior Analysis, 27,* 447–457.

Fitzgerald, P., Jankovic, J., Glaze, D., Schultz, R. & Percy, A. (1990). Extrapyramidal involvement in Rett's syndrome. *Neurology, 40,* 293–295.

Fleischer, S., Kraft, E. & Heinemann, M. (1992). Das Cornelia-de-Lange-Syndrom aus phoniatrisch-pädaudiologischer Sicht. *Sprache-Stimme-Gehör, 16,* 29–32.

Flint, J. & Yule, W. (1994). Behavioural phenotypes. In: Rutter, M., Taylor, E. & Hersov, L. (Eds.): *Child and adolescent Psychiatry,* 3rd ed. (pp. 666–687). Oxford: Blackwell Scientific.

Fontanesi, J. & Haas, R. (1988). Cognitive profile of Rett syndrome. *Journal of Child Neurology, 3,* 20–24.
Fossen, K. (1993). *Children with Noonan syndrome. An investigation with main emphasis on language functions.* Post-grad. Thesis. Oslo: University.
Frangiskakis, J., Ewart, A., Morris, C. et al. (1996). LIM-kinase 1 hemizygosity implicated in impaired visuospatial constructive cognition. *Cell, 86,* 59–69.
Fraser, W. & Campbell, B. (1978). A study of six cases of de Lange Amsterdam dwarf syndrome, with special attention to voice, speech, and language characteristics. *Developmental Medicine and Child Neurology, 20,* 189–198.
Freund, L. & Reiss, A. (1991). Cognitive profiles associated with fragile X syndrome in males and females. *American Journal of Medical Genetics, 38,* 542–547.
Freund, L., Reiss, A. & Abrams, M. (1993). Psychiatric disorders associated with fragile X in the young female. *Pediatrics, 91,* 321–329.
Freund, L., Peebles, C., Aylward, E. & Reiss, A. (1995). Preliminary report on cognitive and adaptive behaviors in preschool-aged males with fragile X. *Developmental and Brain Dysfunction, 8,* 242–251.
Fridman, C., Varela, M., Kok, F., Diament, A. & Koiffmann, C. (2000). Paternal UPD15: Further genetic and clinical studies in four Angelman syndrome patients. *American Journal of Medical Genetics, 92,* 322–327.
Fröhlich, A. & Kölsch, S. (1998). „Alles, was wir sind, sind wir in Kommunikation". *Geistige Behinderung,* 22–36.
Froster-Iskenius, U., Bödeker, K., Oepen, T. et al. (1986). Folic acid treatment in males and females with fragile-(X)-syndrome. *American Journal of Medical Genetics, 23,* 272.
Froster, U. (1995). Fragiles X-Syndrom: Klinische und molekulargenetische Korrelationen. *Therapeutische Umschau, 52,* 805–809.
Fryburg, J., Breg, W. & Lindgren, V. (1991). Diagnosis of Angelman syndrome in infants. *American Journal of Medical Genetics, 38,* 58–64.
Fryns, J. (1984). Fragile X syndrome. *Clinical Genetics, 26,* 497–528.

Gabel, S., Tarter, R., Gavaler, J., Golden, W., Hegedus, A. & Maier, B. (1986). Neuropsychological capacity of Prader-Willi children: General and specific aspects of impairment. *Applied Research in Mental Retardation, 7,* 459–466.
Garcia, R., Friedman, W., Kaback, M. & Rowe, R. (1964). Idiopathic hypercalcaemia and supravalvular aortic stenosis: Documentation of a new syndrome. *New England Journal of Medicine, 271,* 117–120.
Garner, C., Callias, M. & Turk, J. (1999). Executive function and theory of mind performance of boys with fragile-X syndrome. *Journal of Intellectual Disability Research, 43,* 466–474.
Gerdes, M., Solot, C., Wang, P., Moss, E. & Zackai, E. (1999). Cognitive and behavior profile of preschool children with Chromosome 22q11.2 deletion. *American Journal of Medical Genetics, 85,* 127–133.
Geschwind, D., Boone, K., Miller, B. & Swerdloff, R. (2000). Neurobehavioral phenotype of Klinefelter syndrome. *Mental Retardation and Developmental Disabilities Research Reviews, 6,* 107–116.
Ghaziuddin, M., Sheldon, S., Venkataraman, S., Tsai, L. & Ghaziuddin, N. (1993). Autism associated with Tetrasomy 15: a further report. *European Child and Adolescent Psychiatry, 2,* 226–230.
Gillberg, C. (1998). Chromosomal disorders and autism. *Journal of Autism and Developmental Disorders, 28,* 415–425.

Gillberg, C. & Rasmussen, P. (1994). Brief report: Four case histories and a literature review of Williams syndrome and autistic behavior. *Journal of Autism and Developmental Disorders, 24,* 381–393.

Gillessen-Kaesbach, G., Robinson, W., Lohmann, D., Kaya-Westerloh, S., Passarge, E. & Horsthemke, B. (1995). Genotype-phenotype correlation in a series of 167 deletion and non-deletion patients with Prader-Willi syndrome. *Human Genetics, 96,* 638–643.

Gillessen-Kaesbach, G., Albrecht, B., Passarge, E. & Horsthemke, B. (1996). Further patient with Angelman syndrome due to paternal disomy of chromosome 15 and a milder phenotype. *American Journal of Medical Genetics, 56,* 328–329.

Glaze, D., Frost, J., Zoghbi, H. & Percy, A. (1987). Rett's syndrome: Characterization of respiratory patterns and sleep. *Annals of Neurology, 21,* 377–382.

Glaze, D. (2002). Neurophysiology of Rett syndrome. *Mental Retardation and Developmental Disabilities Research Reviews, 8,* 66–71.

Glover, D., Maltzman, I. & Williams, C. (1996). Food preferences among individuals with and without Prader-Willi syndrome. *American Journal on Mental Retardation, 101,* 195–205.

Goldberg, R., Motzkin, B., Marion, R., Scambler, P. & Shprintzen, R. (1993). Velo-cardio-facial syndrome: A review of 120 patients. *American Journal of Medical Genetics, 45,* 313–319.

Goldberg, D., Garrett, C., VanRiper, C. & Warzak, W. (2002). Coping with Prader-Willi syndrome. *Journal of the American Diet Association, 102,* 537–542.

Goodban, M. (1985). *Language acquisition in a child with Cornelia de Lange syndrome.* Paper presented at the Annual Convention of the American Speech-Language-Hearing Association, Washington.

Goodban, M. (1993). Survey of speech and language skills with prognostic indicators in 116 patients with Cornelia de Lange syndrome. *American Journal of Medical Genetics, 47,* 1059–1063.

Goodman, J. (1994). *Language acquisition in children with Williams syndrome.* Poster presented at the 6th International Professional Conference on the Williams Syndrome Association. San Diego: University of California.

Gosch, A., Städing, G. & Pankau, R. (1994). Linguistic abilities in children with Williams-Beuren syndrome. *American Journal of Medical Genetics, 52,* 291–296.

Gosch, A. (2001). Mütterliche Belastung bei Kindern mit Williams-Beuren-Syndrom, Down-Syndrom, geistiger Behinderung nichtsyndromaler Ätiologie im Vergleich zu der nicht behinderter Kinder. *Zeitschrift für Kinder- und Jugendpsychiatrie, 29,* 285–295.

Gosch, A. & Pankau, R. (1995). Entwicklungsdiagnostische Ergebnisse bei Kindern mit Williams-Beuren-Syndrom. *Kindheit und Entwicklung, 4,* 143–148.

Gosch, A. & Pankau, R. (1994). Social-emotional and behavioral adjustment in children with Williams syndrome. *American Journal of Medical Genetics, 53,* 335–339.

Gotthelf, D., Frisch, A., Munitz, H. et al. (1999). Clinical characteristics of schizophrenia associated with velo-cardio-facial syndrome. *Schizophrenia Research, 35,* 105–112.

Graham, J., Bashir, A., Stark, R., Silbert, A. & Walzer, S. (1988). Oral and written language abilities of XXY boys: Implications for anticipatory guidance. *Pediatrics, 81,* 795–806.

Grant, J., Valian, V. & Karmiloff-Smith, A. (2002). A study of relative clauses in Williams syndrome. *Journal of Child Language, 29,* 403–416.

Greenberg, F., Lewis, R., Potocki, L., Glaze, D., Parke, J., Killian, J. & Lupski, J. (1996). Multi-disciplinary clinical study of Smith-Magenis syndrome (deletion 17p11.2). *American Journal of Medical Genetics, 62,* 247–254.

Greenswag, L. (1987). Adult with Prader-Willi syndrome: a survey of 232 cases. *Developmental Medicine and Child Neurology, 29,* 145–152.

Greer, M., Brown, F., Pai, S., Choudry, S. & Klein, A. (1997). Cognitive, adaptive, and behavioral characteristics of Williams syndrome. *American Journal of Medical Genetics, 74,* 521–525.

Gross-Tsur, V., Landau, Y., Benarroch, F., Wertman-Elad, R. & Shalev, R. (2001). Cognition, attention, and behavior in Prader-Willi syndrome. *Journal of Child Neurology, 16,* 288–290.

Gunzburg, H. (1968). *Social competence and mental handicap.* London: Bailliere.

Haas-Givler, B. (1994). Educational implications and behavioral concerns of SMS – from the teacher's perspective. *Spectrum, 1,* 3–4.

Hagberg, B. (1985). Rett syndrome: Swedish approach to analysis of prevalence and cause. *Brain and development, 7,* 277–280.

Hagberg, B., Aicardi, J., Dias, K. & Ramos, O. (1983). A progressive syndrome of autism, dementia, ataxia and loss of purposeful hand use in girls: Rett's syndrome. Report of 35 cases. *Annals of Neurology, 14,* 471–479.

Hagberg, B. & Witt-Engerstrom, I. (1986). A suggested staging system for describing impairment profile with increasing age towards adolescence. *American Journal of Medical Genetics, 24,* 377–382.

Hagberg, B. & Gillberg, C. (1993). Rett variants – Retoid phenotypes. In: Hagberg, B. (Ed.): *Rett syndrome – clinical and biological aspects.* (pp. 40–60). London: MacKeith Press.

Hagerman, R. (1995). Molecular and clinical correlations in fragile X syndrome. *Mental Retardation and Developmental Disabilities, 1,* 276–280.

Hagerman, R., Kemper, M. & Hudson, M. (1985). Learning disabilities and attentional problems in boys with the fragile X syndrome. *American Journal of Diseases of Children, 139,* 674–678.

Hagerman, R., Jackson, A., Levitas, A., Rimland, B. & Braden, M. (1986). An analysis of autism in fifty males with the fragile X syndrome. *American Journal of Medical Genetics, 23,* 359–374.

Hagerman, R., Murphy, M. & Wittenberger, M. (1988). A controlled trial of stimulant medication in children with the fragile X syndrome. *American Journal of Medical Genetics, 30,* 377–392.

Hagerman, R., Amiri, K. & Cronister, A. (1991). Fragile X checklist. *American Journal of Medical Genetics, 38,* 283–287.

Hagerman, R., Jackson, C., Amiri, K. (1992). Fragile X girls: Physical and neurocognitive status and outcome. *Pediatrics, 89,* 395–400.

Hagerman, R., Hull, C., Carpenter, I. et al. (1994). High functioning fragile X males: Demonstration of an unmethylated fully expanded FMR1 mutation associated with protein expression. *American Journal of Medical Genetics, 51,* 298–308.

Halal, F. & Silver, K. (1992). Syndrome of microcephaly, Brachmann de Lange like facial changes, severe metatarsus adductus, and developmental delay: Mild Brachmann de Lange syndrome? *American Journal of Medical Genetics, 42,* 381–386.

Hall, B. & Smith, D. (1972). Prader-Willi syndrome: A resume of 32 cases including an instance of affected first cousins, one of whom is of normal stature and intelligence. *The Journal of Pediatrics, 81,* 286–293.

Hall, S., Oliver, C. & Murphy, G. (2001). Self-injurious behaviour in young children with Lesh-Nyhan syndrome. *Developmental Medicine & Child Neurology, 43,* 745–749.

Hanefeld, F. (1985). The clinical pattern of the Rett syndrome. *Brain and Development, 7,* 320–325.

Hanson, D., Jackson, A. & Hagerman, R. (1986). Speech disturbances (cluttering) in mildly impaired males with the Martin-Bell/fragile x syndrome. *American Journal of Medical Genetics, 23,* 295–306.

Harris, J. (1987). Behavioural phenotypes in mental retardation: unlearned behaviours. *Advances in Developmental Disorders, 1,* 77–106.

Harris, J. (1992). *Using PET scanning to investigate a behavioral phenotype: Imaging the dopamine system in the Lesch-Nyhan syndrome.* Paped presented at the 2nd International Symposium of the Society for Study of Behavioral Phenotypes, Welshpool.

Hastings, R., Brown, T., Mount, R. & Cormack, M. (2001). Exploration of psychometric properties of the Developmental Behavior Checklist. *Journal Autism Developmental Disorders, 31,* 423–431.

Hatton, D., Bailey, D., Hargett-Beck, M., Skinner, M. & Clark, R. (1999). Behavioral style of young boys with Fragile X syndrome. *Developmental Medicine Child Neurology, 41,* 625–632.

Hatton, D., Hooper, S., Bailey, D., Skinner, M., Sullivan, K. & Wheeler, A. (2002). Problem behavior in boys with Fragile X syndrome. *American Journal of Medical Genetics, 108,* 105–116.

Haverkamp, F. (1997). *Kleinwuchs beim Ullrich-Turner-Syndrom. Eine interdisziplinäre Herausforderung.* Stuttgart: Enke.

Haverkamp, F., Noeker, M. & Dörholt, D. (1994). Neuropsychological profile in Ullrich-Turner syndrome in comparison to sibs: Patterns of slight impairment and selective deficiencies. *Pediatric Neurology, 11,* 168.

Haverkamp, F., Hoppe, C., Dörholt, D., Ranke, M. & Noeker, M. (1999). Psychosocial aspects of growth retardation in Turner syndrome: Preliminary results. In: Eiholzer, U., Haverkamp, F. & Voss, L. (Eds.). *Growth, stature, and psychosocial well-being.* (pp. 73–94). Seattle: Hogrefe & Huber.

Hawley, P., Jackson, L. & Kurnit, D. (1985). Sixty-four patients with Brachmann-de-Lange syndrome: A survey. *American Journal of Medical Genetics, 20,* 453–459.

Hay, D. (1994). Does IQ decline with age in fragile-X? A methodological critique. *American Journal of Medical Genetics, 51,* 358–363.

Heineman-deBoer, J., Van Haelst, M., Cordia-de Haan, M. & Beemer, F. (1999). Behavior problems and personality aspects of 40 children with velo-cardio-facial syndrome. *Genetic Counseling, 10,* 89–93.

Helbing-Zwanenburg, B., Mourtazaer, M., d'Amaro, J., Dahlitz, M. et al. (1993). HLA types in the Prader Willi syndrome. *Journal of Sleep Research, 2,* 115.

Heller, A., Tidmarsh, W. & Pless, I. (1981). The psychosocial functioning of young adults born with cleft lip or palate. *Clinical Pediatrics, 20,* 459–465.

Heller, A., Rafman, S., Zvagulis, I. & Pless, I. (1985). Birth defects and psychosocial adjustment. *American Journal of Disease in Childhood, 139,* 257–263.

Hellings, J. & Warnock, J. (1994). Self-injurious behavior and serotonin in Prader-Willi syndrome. *Psychopharmacology Bulletin, 30,* 245–250.

Hellings, J., Hossain, S., Martin, J. & Baratang, R. (2002). Psychopathology, GABA, and the Rubinstein-Taybi syndrome: a review and case study. *American Journal of Medical Genetics, 114*, 190–195.

Hennekam, R., Stevens, C. & Van De Kamp, F. (1990). Etiology and recurrence risk in Rubinstein-Taybi syndrome. *American Journal of Medical Genetics Supplement, 6*, 56–64.

Hennekam, R., Baselier, A., Beyaert, E., Bos, A., Blok, J., Jansma, H., Thorbecke-Nilsen, V. & Veerman, H. (1992). Psychological and speech studies in Rubinstein-Taybi syndrome. *American Journal on Mental Retardation, 96*, 645–660.

Hermann, J. (1981). Implications of Prader-Willi syndrome for the individual and family. In: Holm, V., Sulzbacher, S. & Pipes, P. (Eds.). *Prader-Willi syndrome.* (pp. 229–244). Baltimore: University Park Press.

Hertle, R., Quinn, G., Minguini, N. & Katowitz, J. (1991). Visual loss in patients with craniofacial synostosis. *Journal of Pediatric Ophthalmology & Strabismus, 28*, 344–349.

Hertz, G., Cataletto, M., Feinsilver, S. & Angulo, M. (1995). Developmental trends of sleep-disordered breathing in Prader-Willi syndrome: The role of obesity. *American Journal of Medical Genetics, 56*, 188–190.

Hill, P. (1992). *Psychology and education in Noonan syndrome children.* Walsall: Noonan Sydrome Society.

Hodapp, R., Dykens, E., Hagerman, R., Schreiner, R., Lachiewicz, A. & Leckman, J. (1990). Developmental implications of changing trajectories of IQ in males with fragile X syndrome. *Journal of the American Academy of Child and Adolescent Psychiatry, 29*, 214–219.

Hodapp, R., Leckman, J., Dykens, E., Sparrow, S., Zelinsky, D. & Ort, S. (1992). K-ABC profiles in children with fragile X syndrome, Down syndrome, and nonspecific mental retardation. *American Journal on Mental Retardation, 97*, 39–46.

Hodapp, R., Wijma, C. & Masino, L. (1997a). Families of children with 5p- (cri du chat) syndrome: familial stress and sibling reactions. *Developmental Medicine and Child Neurology, 39*, 757–761.

Hodapp, R., Dykens, E. & Masino, L. (1997b). Families of children with Prader-Willi syndrome: stress-support and relations to child characteristics. *Journal of Autism and Developmental Disorders, 27*, 11–24.

Hodapp, R., Fidler, D. & Smith, A. (1998). Stress and coping of children with Smith-Magenis syndrome. *Journal of Intellectual Disability Research, 42*, 331–340.

Hodenius, T., Bruinsma, K. & Holthinrichs, J. (1994). *Unexpected physical findings in Williams syndrome.* 3rd International Symposium of the Society for the Study of Behavioural Phenotypes. Maastricht, 23–26 November.

Hoeksma, J., Koomen, H. & Koops, W. (1987). Responsiviteit en hechting: een enquete bij ouders van kinderen met en kinderen zonder een schisis. *Nederlandse Tijdschrift voor de Psychologie, 42*, 282–290.

Holland, A., Treasure, J., Coskeran, P., Dallow, J., Milton, N. & Hillhouse, E. (1993). Measurement of excessive appetite and metabolic changes in Prader-Willi syndrome. *International Journal of Obesity, 17*, 527–532.

Holland, A., Treasure, J., Coskeran, P. & Dallow, J. (1995). *Journal of Intellectual Disability Research, 39*, 373–381.

Holland, A. (1998). Understanding the eating disorder affecting people with Prader-Willi syndrome. *Journal of Applied Research in Intellectual Disabilities, 11*, 192–206.

Holm, V. & Pipes, P. (1976). Food and children with Prader-Willi syndrome. *American Journal of Diseases in Childhood, 130*, 1063–1067.

Holstromm, G., Almond, G., Temple, K., Taylor, D., Baraitser, M. (1990). The iris in Williams syndrome. *Archives of Disease in Childhood, 65,* 987–989.

Holz, S. (2002). Elternbefragung zum Angelman-Syndrom. *Info-Brief Angelman e.V., 14,* 7–11.

Hook, E. & Reynolds, J. (1967). Cerebral gigantism: Endocrinological and clinical observations of six patients including a congenital giant concordant monozygotic twins, and a child who achieved adult gigantic size. *Journal of Pediatrics, 70,* 900–914.

Hopkins-Acos, P. & Bunker, K. (1979). A child with Noonan syndrome. *Journal of Speech and Hearing Disorders, 44,* 494–503.

Hotopf, M. & Bolton, P. (1995). A case of autism associated with partial tetrasomy 15. *Journal of Autism and Developmental Disorders, 25,* 41–49.

Howlin, P., Davies, M. & Udwin, O. (1998). Cognitive functioning in adults with Williams syndrome. *Journal of Child Psychology and Psychiatry, 39,* 183–189.

Hunter, K. (1999). *Das Rett-Syndrom Handbuch.* Remagen: Reha-Verlag.

Hull, C. & Hagerman, R. (1993). A study of the physical and medical phenotype, including anthropometric measures of females with fragile X syndrome. *American Journal of Diseases in Childhood, 147,* 1236–1241.

Hulse, J. (1981). Two children with cerebral gigantism and congenital primary hypothyroidism. *Developmental Medicine and Child Neurology, 23,* 242–246.

Hyman, P. & Oliver, C. (2001). Causal explanations, concern and optimism regarding self-injurious behaviour displayed by individuals with Cornelia de Lange syndrome: the parents' perspective. *Journal of Intellectual Disability Research, 45,* 326–334.

Hyman, P., Oliver, C. & Hall, S. (2002). Self-injurious behavior, self-restraint, and compulsive behaviors in Cornelia de Lange syndrome. *American Journal on Mental Retardation, 197,* 146–154.

Imaizumi, K., Kimura, J., Matsuo, M., Kurosawa, K., Masuno, M., Niikawa, N. & Kuroki, Y. (2002). Sotos syndrome associated with a de novo balanced reciprocal translation t(5;8) (q35;a24.1). *American Journal of Medical Genetics, 107,* 58–60.

Ireland, M., English, C., Cross, I., Houlsby, W. & Burn, J. (1991). A de novo translocation t(3;17) (q26,3;q26,1) in a child with Cornelia-de-Lange syndrome. *Journal of Medical Genetics, 28,* 639–640.

Ishizawa, A., Oho, S., Dodo, H., Katori, T. & Homma, S. (1996). Cardiovascular abnormalities in Noonan syndrome: the clinical findings and treatment. *Acta Paediatrica Japonica, 38,* 84–90.

Iwata, B., Pace, G., Dorsey, M. et al. (1994). The functions of self-injurious behavior: An experimental-epidemiological analysis. *Journal of Applied Behavior Analysis, 27,* 215–240.

Jackson, L., Kline, M., Barr, M. & Koch, S. (1993). de Lange syndrome: A clinical review of 310 individuals. *American Journal of Medical Genetics, 47,* 940–946.

Jaczek, H.-U. & Sarimski, K. (1995). Ein Kind mit Apert-Syndrom – wie beschreiben Eltern ihre Erinnerungen und Bedürfnisse? *Deutsche Zeitschrift für Mund-, Kiefer- und Gesichtschirurgie, 19,* 132–136.

Jaeken, J., van der Schueren-Lodeweyckx, M. & Eeckels, R. (1972). Cerebral gigantism syndrome: a report of four cases and review of the literature. *Zeitschrift für Kinderheilkunde, 112,* 332–346.

James, T. & Brown, R. (1992). *Prader-Willi syndrome. Home, school and community.* London: Chapman & Hall.

Jamieson, C., van der Burgt, I., Brady, A., van Reen, T., Elsawi, T. et al. (1994). Mapping a gene for Noonan syndrome to the long arm of chromosome 12. *Nature Genetics, 8,* 357–360.

Jankovic, J., Caskey, T., Stout, J. et al. (1988). Lesch-Nyhan syndrome: A study of motor behavior and cerebrospinal fluid transmitters. *Annals of Neurology, 23,* 466–469.

Jarrold, C., Baddeley, A. & Hewes, A. (1998). Verbal and nonverbal abilities in the Williams syndrome phenotype. *Journal of Child Psychology and Psychiatry, 39,* 511–523.

Jarrold, C., Baddeley, A., Hewes, A. & Phillips, C. (2001). A longitudinal assessment of diverging verbal and non-verbal abilities in the Williams syndrome phenotype. *Cortex, 27,* 415–421.

Jarrold, D., Baddeley, A. & Hewes, A. (1999). Genetically dissociated components of working memory: evidence from Down's and Williams syndrome. *Neuropsychologia, 37,* 637–651.

Jernigan, T. & Bellugi, U. (1994). Neuroanatomical distinctions between Williams and Down syndromes. In: Broman, S. & Grafman, J. (Eds.). *Atypical cognitive deficits in developmental disorders.* (pp. 57–66). Hillsdale: Lawrence Erlbaum.

Jinnah, H., Woyjcik, B., Hunt, M. et al. (1994). Dopamine deficiency in a genetic mouse model of Lesch-Nyhan disease. *The Journal of Neuroscience, 14,* 1164–1175.

Jockenhövel, F. & Reinwein, D. (1992). Klinefelter-Syndrom. *Deutsche Medizinische Wochenschrift, 117,* 383–389.

Johnson, H., Myhre, S., Ruvalcaba, R., Thuline, H. & Kelley, V. (1970). Effects of testosterone on body image and behavior in Klinefelter's syndrome: A pilote study. *Developmental Medicine and Child Neurology, 12,* 454–460.

Jolleff, N. & Ryan, M. (1993). Communication development in Angelman's syndrome. *Archives of Disease in Childhood, 69,* 148–150.

Joseph, B., Egli, M., Koppekin, A. & Thompson, T. (2002). Food choice in people with Prader-Willi syndrome: Quantity and relative preference. *American Journal on Mental Retardation, 107,* 128–135.

Julu, P., Kerr, A., Apartopoulos, F., Al-Ramwas, S., Witt Engerström, I. & Hansen, S. (2001). Characterisation of breathing and associated central autonomic dysfunction in the Rett disorder. *Archives Diseases of Childhood, 85,* 29–37.

Karmiloff-Smith, A., Grant, J., Berthoud, I., Davies, M., Howlin, P. & Udwin, O. (1997). Language and Williams syndrome: How intact is „intact"? *Child Development, 68,* 246–262.

Kataria, S., Goldstein, D. & Kushnick, T. (1984). Developmental delays in Williams („elfin facies") syndrome. *Applied Research in Mental Retardation, 5,* 419–423.

Kau, A., Reider, E., Payne, L., Meyer, W. & Freund, L. (2000). Early behavior signs of psychiatric phenotypes in Fragile X syndrome. *American Journal on Mental Retardation, 105,* 286–299.

Kececioglu, D., Kotthoff, S. & Vogt, J. (1993). Williams-Beuren syndrome: a 30-year follow-up of natural and postoperative course. *European Heart Journal, 14,* 1468–1464.

Kelley, W. & Wyngaarden, J. (1983). Clinical syndromes associated with hypoxanthine-guanine phosphoribosyltransferase deficiency. In: Stanburgy, J. & Wyngaarden, J. et al. (Eds). *The metabolic basis of inherited disease.* New York: McGraw-Hill, 1115–1140.

Kemper, M., Hagerman, R. & Altshul-Shark, D. (1988). Cognitive profiles of boys with the fragile X syndrome. *American Journal of Medical Genetics, 30,* 191–200.

Kerr, A. (1987). Report on the Rett Syndrome Workshop, Glasgow, Scotland, 24–25 May 1986. *Journal of Mental Deficiency Research, 31,* 93–113.

Kerr, A. & Stephenson, J. (1986). Rett's syndrome in the West of Scotland. *British Medical Journal, 291,* 579–582.

Kerr, A., Montague, J. & Stephenson, J. (1987). The hands and the mind, pre- and postregression in Rett syndrome. *Brain and Development, 9,* 487–490.

Keysor, C. & Mazzocco, M. (2002). A developmental approach to understanding fragile X syndrome in females. *Microscopy Research and Technique, 57,* 179–186.

Kiernan, C. & Reid, B. (1987). *Pre-Verbal Communication Schedule.* Windsor: NFER-Nelson Publ.

Kleczkowska, A., Kubien, E., Dmoch, E., Fryns, J. & Van den Berghe, H. (1990). Turner Syndrome: II. Associated anomalies, mental performance and psychosocial problems in 218 patients diagnosed in Leuven in the period 1965–1989. *Genetic Counseling, 1,* 241–249.

Klein, A., Armstrong, B., Greer, M. & Brown, F. (1990). Hyperacusis and otitis media in individuals with Williams syndrome. *Journal of Speech and Hearing Disorders, 55,* 339–344.

Kleppe, S., Katayama, K., Shipley, K. & Foushee, D. (1990). The speech and language characteristics of children with Prader-Willi syndrome. *Journal of Speech and Hearing Disorders, 55,* 300–309.

Kline, A., Barr, M. & Jackson, L. (1993a). Growth manifestations in the Brachmann-de-Lange syndrome. *American Journal of Medical Genetics, 47,* 1042–1049.

Kline, A., Stanley, C., Belevich, J., Brodsky, K., Barr, M. & Jackson, L. (1993b). Developmental data on individuals with the Brachmann de Lange syndrome. *American Journal of Medical Genetics, 47,* 1053–1058.

Knoll, J., Nicholls, R., Maggenis, R., Graham, J., Lalande, M. & Latt, S. (1989). Angelman and Prader-Willi syndrome share a common chromosome 15 deletion but differ in parental origin of the deletion. *American Journal of Medical Genetics, 32,* 285–290.

Knoll, J., Wagstaff, J. & Lalande, M. (1993). Cytogenetic and molecular studies in the Prader-Willi and Angelman syndromes: an overview. *American Journal of Medical Genetics, 46,* 2–6.

Kok, L. & Solman, R. (1995). Velocardiofacial syndrome: learning difficulties and intervention. *Journal of Medical Genetics, 32,* 612–618.

Konstantareas, M. & Homatidis, S. (1999). Chromosomal abnormalities in a series of children with autistic disorder. *Journal of Autism and Developmental Disorders, 29,* 275–285.

Kosinetz, C., Skender, M., MacNaughton, N., Almes, M., Schultz, R., Percy, A. & Glaze, D. (1993). Epidemiology of Rett syndrome: A population-based registry. *Pediatrics, 91,* 445–450.

Kozma, C. (1996). Autosomal dominant inheritance of Brachmann-de Lange syndrome. *American Journal of Medical Genetics, 66,* 445–448.

Krause, M. & Penke, M. (2002). Inflectional morphology in German Williams syndrome. *Brain and Cogniton, 48,* 410–413.

Kreiborg, S. & Cohen, M. (1992). The oral manifestations of Apert syndrome. *Journal of Craniofacial and Genetical Developmental Biology, 12,* 41–48.

Kristen, U. (1994). *Praxis Unterstützte Kommunikation.* Düsseldorf: Verlag selbstbestimmtes leben.

Kuo, A., Reiss, A., Freund, L. & Huffman, L. (2002). Family environment and cognitive abilities in girls with Fragile X syndrome. *Journal of Intellectual Disability Research, 46,* 328–339.
Kurotaki, N., Imaizumi, K., Harada, N. et al. (2002). Haploinsufficiency of NSD1 causes Sotos syndrome. Nature Genetics, DOI: 10.1038/ng863

Laan, L., Halley, D., den Boer, A., Hennekam, R., Renier, W. & Brouwer, O. (1998). Angelman syndrome without detectable chromosome 15q11–13 anomaly: a clinical study of familial and isolated cases. *American Journal of Medical Genetics, 76,* 262–268.
Lachiewicz, A. (1992). Abnormal behaviors of young girls with fragile X syndrome. *American Journal of Medical Genetics, 43,* 72–77.
Lachiewicz, A. (1995). Females with fragile X syndrome: A review of the effects of an abnormal FMR1 gene. *Mental Retardation and Developmental Disabilities, 1,* 292–297.
Lachiewicz, A., Gullion, C., Spiridigliozzi, G. & Aylsworth, A. (1987). Declining IQs of young males with the fragile X syndrome. *American Journal of Mental Retardation, 92,* 272–278.
Lachiewicz, A. & Dawson, D. (1994). Behavior problems of young girls with fragile X syndrome: Factor scores on the Conners' Parent's Questionnaire. *American Journal of Medical Genetics, 51,* 364–369.
Lachiewicz, A., Spiridigliozzi, G., Gullion, C., Ransford, S. & Rao, K. (1994). Aberrant behaviors of young boys with fragile X syndrome. *American Journal on Mental Retardation, 98,* 567–579.
Lachiewicz, A., Dawson, D. & Spiridigliozzi, G. (2000). Physical characteristics of young boys with Fragile X syndrome. *American Journal of Medical Genetics, 92,* 229–236.
Lahood, B. & Bacon, G. (1985). Cognitive abilities of adolescent Turner's syndrome patients. *Journal of Adolescent Health Care, 6,* 358–364.
Laing, E., Hulme, C., Grant, J. & Karmiloff-Smith, A. (2001). Learning to read in Williams syndrome: Looking beneath the surface of atypical reading development. *Journal of Child Psychology and Psychiatry, 42,* 729–739.
Largo, R. & Schinzel, A. (1985). Developmental and behavioural disturbances in 13 boys with fragile X syndrome. *European Journal of Pediatrics, 143,* 269–275.
Lauritsen, M., Mors, O., Mortensen, P. & Ewald, H. (1999). Infantile autism and associated autosomal chromosome abnormalities: a register-based study and a literature survey. *Journal of Child Psychology and Psychiatry, 40,* 335–345.
Lee, N., Kelly, L. & Sharland, M. (1992). *Ocular manifestations in Noonan syndrome.* Walsall: Noonan Syndrome Society.
Lees, J. (1990). *Feeding problems (paper).* Noonan Syndrome Society, Walsall.
Lefebvre, A. & Barclay, S. (1982). Psychosocial impact of craniofacial deformities before and after reconstructive surgery. *Canadian Journal of Psychiatry, 27,* 579–582.
Lefebvre, A., Arndt, E., Travis, F. et al. (1986). A psychiatric profile before and after reconstructive surgery in children with Apert's syndrome. *British Journal of Plastic Surgery, 39,* 510–513.
Lejeune, J., Lafourcade, J., Berger, R. et al. (1963). Trois cas de deletion partielle du bras court d'un chromosome 5. *CR Academie de Sciences, 257,* 3098.

Leonard, M., Sparrow, S. & Showalter, J. (1982). A prospective study of development of children with sex chromosome anomalies – New Haven Study III. In: Stewart, D., Bailey, J., Netley, C. & Park, E. (Eds.). *Children with sex chromosome aneuploidy: Follow-up studies.* (pp. 115–160). New York: Alan Liss.

Leonard, H., Thomson, R. & Glasson, E. (1999). A population based approach to the investigation of osteopenia in Rett syndrome. *Developmental Medicine and Child Neurology, 41,* 323–328.

Leonard, H., Fyfe, S., Leonard, S. & Msall, M. (2001). Functional status, medical impairments, and rehabilitation resources in 84 females with Rett syndrome: a snapshot across the world from the parental perspective. *Disability and Rehabilitation, 23,* 107–117.

Lesch, M. & Nyhan, W. (1964). A familial disorder of uric acid metabolism and central nervous system function. *American Journal of Medicine, 36,* 561–570.

Levine, K. (1993). Support for a characteristic learning profile in individuals with Prader-Willi syndrome. Abstracts 32, Annual Conference on Prader-Willi syndrome, San Diego.

Levine, C. & Castro, R. (1995). Social skills profile in school aged children with Williams syndrome. *Genetic Counseling, 6,* 160–162.

Levitas, A. & Reid, C. (1998). Rubinstein-Taybi syndrome and psychiatric disorders. *Journal of Intellectual Disability Research, 42,* 284–292.

Lewandowski, L., Costenbader, V. & Richman, R. (1984). Neuropsychological aspects of Turner syndrome. *International Journal of Clinical Neuropsychology, 7,* 144–147.

Lightwood, R (1952). Idiopathic hypercalcaemia with failure to thrive. *Archives of Disease in Childhood, 27,* 302–303.

Lindberg, B. (1991). *Understanding Rett syndrome.* Toronto: Hogrefe & Huber Publ. (dt. Teilübersetzung: Rett-Syndrom. Eine Übersicht über psychologische und pädagogische Erfahrungen. Wien: WUV-Universitätsverlag.)

Lindgren, A., Barkeling, B., Hägg, A., Ritzen, M., Marcus, C. & Rössner, S. (2000). Eating behavior in Prader-Willi syndrome, normal weight, and obese control groups. *Journal of Pediatrics, 137,* 50–55.

Lloyd, K., Hornykiewicz, O., Davidson, L. et al. (1981). Biochemical evidence of dysfunction of brain transmitters in the Lesch-Nyhan syndrome. *New England Journal of Medicine, 305,* 1106–1111.

Lomelino, C. & Reiss, A. (1991). 49, XXXXY syndrome: behavioural and developmental profiles. *Journal of Medical Genetics, 28,* 609–612.

Lossie, A., Whitney, M., Amidon, D., Dong, H. & Driscoll, D. (2001). Distinct phenotypes distinguish the molecular classes of Angelman syndrome. *Journal of Medical Genetics, 38,* 834–845.

Lovett, H. (1996). *Learning to listen. Positive approaches and people with difficult behaviour.* London: Jessica Kingsley.

Lubs, H. (1969). A marker X chromosome. *American Journal of Human Genetics, 21,* 231–244.

Luteijn, E., Jackson, S., Volkmar, F. & Minderaa, R. (1998). Brief report: the development of the Children's Social Behavior Questionnaire: Preliminary data. *Journal of Autism and Developmental Disorders, 28,* 559–565.

Luteijn, E., Luteijn, F., Jackson, S., Volkmar, F. & Minderaa, R. (2000). The Children's Social Behavior Questionnaire for milder variants of PDD problems: evaluation of the psychometric characteristics. *Journal of Autism and Developmental Disorders, 30,* 317–330.

MacArthur, A. & Budden, S. (1998). Sleep dysfunction in Rett syndrome: a trial of exogenous melatonin. *Developmental Medicine and Child Neurology, 40*, 186–192.
MacDonald, G. & Roy, D. (1988). Williams syndrome: A neuropsychological profile. *Journal of Clinical and Experimental Neuropsychology, 10*, 125–131.
Mace, F. & Lalli, J. (1991). Linking descriptive and experimental analysis in the treatment of bizarre speech. *Journal of Applied Behavior Analysis, 24*, 553–562.
Mace, F. & Mauk, J. (1995). Bio-behavioral diagnosis and treatment of self-injury. *Mental Retardation and Developmental Disabilities, 1*, 104–110.
Madison, L., George, C. & Moeschler, J. (1986). Cognitive function in the fragile X syndrome: A study of intellectual, memory and communication skills. *Journal of Mental Deficiency Research, 30*, 129–148.
Maes, B., Fryns, J., Van Wallgehem, M. & Vanden Berghe, H. (1994a). Personal independence of adult mentally retarded men with fragile-X syndrome. *Genetic Counseling, 5*, 129–139.
Maes, B., Fryns, J., Van Walleghem, M. & Vanden Berghe, H. (1994b). Cognitive functioning and information processing of adult mentally retarded men with fragile-X syndrome. *American Journal of Medical Genetics, 50*, 190–200.
Maino, D., Kofman, J., Flynn, M. & Lai, L. (1994). Ocular manifestations of Sotos syndrome. *Journal of the American Optometrical Association, 65*, 339–344.
Mandoki, M., Sumner, G., Hoffman, R. & Riconda, D. (1991). A review of Klinefelter's syndrome in children and adolescents. *Journal of the American Academy of Child Psychiatry, 30*, 167–172.
Marinescu, C., Johnson, E., Dykens, E., Hodapp, R. & Overhauser, J. (1999). No relationship between the size of the deletion and the level of developmental delay in Cri-du-Chat syndrome. *American Journal of Medical Genetics, 86*, 66–70.
Marsh, J., Galic, M. & Vannier, M. (1991). Surgical correction of the craniofacial dysmorphology of Apert syndrome. *Clinics in Plastic Surgery, 18*, 251–275.
Martin, J. & Bell, J. (1943). A pedigree of mental defect showing sex-linkage. *Journal of Neurological Psychiatry, 6*, 154–157.
Martin, N., Snodgrass, G. & Cohen, R. (1984). Idiopathic infantile hyercalcaemia – a continuing enigma. *Archives of Disease in Childhood, 59*, 605–613.
Massarano, A., Wood, A., Tait, R., Stevens, R. & Super, M. (1996). Noonan syndrome: Coagulation and clinical aspects. *Acta Paediatrica, 85*, 1181–1185.
Matthews, W., Solan, A. & Barabas, G. (1995). Cognitive functioning in Lesch-Nyhan syndrome. *Developmental Medicine and Child Neurology, 37*, 715–722.
Mauceri, L., Sorge, G., Baieli, S., Rizzo, R., Pavone, L. & Coleman, M. (2000). Aggressive behavior in patients with Sotos syndrome. *Pediatric Neurology, 22*, 64–67.
Mazzocco, M. (2000). Advances in research on the fragile X syndrome. *Mental Retardation and Developmental Disabilities Research Reviews, 6*, 96–106.
Mazzocco, M. (2001). Mathematics disability and its subtypes: evidence from studies of fragile X syndrome, Turner syndrome, and neurofibromatosis type 1. *Journal of Learning Disabilities, 34*, 520–533.
Mazzocco, M., Hagerman, J., Cronister, S. & Pennington, B. (1992). Speicific frontal lobe deficits among women with the fragile X gene. *Journal of American Academy of Child and Adolescent Psychiatry, 31*, 1141–1148.
Mazzocco, M., Pennington, B. & Hagerman, R. (1993). The neurocognitive phenotype of female carriers of fragile X: additional evidence for specifity. *Journal of Developmental and Behavioral Pediatrics, 14*, 328–335.

Mazzocco, M., Pennington, B. & Hagerman, R. (1994). Social cognition skills among females with Fragile X. *Journal of Autism and Developmental Disorders, 24,* 473–484.
Mazzocco, M., Bates, W., Baumgardner, T., Freund, L. & Reiss, A. (1997). Autistic behaviors among girls with Fragile X syndrome. *Journal of Autism and Developmental Disorders, 27,* 415–435.
McCauley, E., Ito, J. & Kay, T. (1986). Psychosocial functioning in girls with Turner's syndorme and short stature: Social skills, behavior problems, and self-concept. *Journal of the American Academy of Child Psychiatry, 25,* 105–112.
McCauley, E., Ross, J., Kushner, H. & Cutler, G. (1995). Self-esteem and behavior in girls with Turner syndrome. *Developmental and Behavioral Pediatrics, 16,* 82–88.
McCauley, E., Feuillan, P., Kushner, H. & Ross, J. (2001). Psychosocial development in adolescents with Turner syndrome. *Developmental and Behavioral Pediatrics, 22,* 360–365.
McDonald-McGinn, D., Emanuel, B. & Zackai, E. (1996). Autosomal dominant „Opitz" GBBB syndrome due to a 22q11.2 deletion. *American Journal of Medical Genetics, 64,* 525–526.
McGill, T. (1991). Otolaryngologic aspects of Apert syndrome. *Clinics in Plastic Surgery, 18,* 309–313.
McWilliams, B. (1983). Social and psychological problems associated with cleft palate. In: MacGregor, F. (Ed.). *Clinics in Plastic Surgery.* Philadephia: Saunders.
Mehta, A. & Ambalavanan, S. (1997). Occurrence of congenital heart disease in children with Brachmann-de-Lange syndrome. *American Journal of Medical Genetics, 71,* 434–435.
Mendez, H. & Opitz, J. (1985). Noonan syndrome: a review. *American Journal of Medical Genetics, 21,* 493–506.
Mervis, C. & Bertrand, J. (1997). Developmental relations between cognition and language: Evidence from Williams syndrome. In: Adamson, L. & Romski, M. (Eds.): *Communication and language acquisition: Discoveries from atypical development.* (pp. 75–106). Baltimore: Brookes.
Mervis, C., Morris, C., Bertrand, J. & Robinson, B. (1999). Williams syndrome: Findings from an integrated program for research. In: Tager-Flusberg, H. (Ed.): *Neurodevelopmental disorders.* Cambridge: MIT Press.
Mervis, C., Robinson, B., Bertrand, J., Morris, C., Klein-Tasman, B. & Armstrong, S. (2000). The Williams syndrome cognitive profile. *Brain and Cognition, 44,* 604–628.
Mervis, C. & Klein-Tasman, B. (2000). Williams Syndrome: Cognition, personality, and adaptive behavior. *Mental Retardation and Developmental Disabilities Research Reviews, 6,* 148–158.
Mervis, C. & Robinson, B. (2000). Expressive vocabulary ability of toddlers with Williams syndrome or Down syndrome: A comparison. *Developmental Neuropsychology, 17,* 111–126.
Mervis, C., Klein-Tasman, B. & Mastin, M. (2001). Adaptive behavior of 4- through 8-year-old children with Williams syndrome. *American Journal on Mental Retardation, 106,* 82–93.
Mesumeci, S., Ferri, R., Elia, M., Colognola, R., Bergonzi, P. & Tassinari, C. (1991). Epilepsy and fragile X syndrome: follow-up study. *American Journal of Medical Genetics, 38,* 511–513.
Mesumeci, S., Hagerman, R., Ferri, R., Bosco, P. & Elia, M. (1999). Epilepsy and EEG findings in males with fragile X syndrome. *Epilepsia, 40,* 1092–1099.

Miezejeski, D., Jenkins, E., Hill, A. et al. (1986). A profile of cognitive deficit in females from fragile X families. *Neuropsychologia, 24,* 405–409.

Mizuno, T. (1986). Long-term follow-up of ten patients with Lesch-Nyhan syndrome. *Neuropediatrics, 17,* 158–161.

Moeschler, J. & Graham, J. (1993). Mild Brachmann de Lange syndrome. Phenotypic and developmental characteristics of mildly affected individuals. *American Journal of Medical Genetics, 47,* 969–976.

Money, J. & Kalus, M. (1979). Noonan's syndrome: IQ and specific disabilities. *American Journal of Diseases of Children, 133,* 846–850.

Morris, C., Demsey, S., Leonard, C., Dilts, C. & Blackburn, B. (1988). Natural history of Williams syndrome: Physical characteristics. *Journal of Pediatrics, 113,* 318–326.

Morris, C. (2001). Williams Syndrome. In: Cassidy, S. & Allanson, J. (Eds.): *Management of genetic syndromes.* (pp. 517–534). New York: Wiley.

Morrow, J., Whitman, B. & Accardo, P. (1990). Autistic disorder in Sotos syndrome. A case report. *European Journal of Pediatrics, 149,* 567–569.

Morton, R., Bonas, R., Minford, J., Kerr, A. & Ellis, R. (1997). Feeding ability in Rett syndrome. *Developmental Medicine and Child Neurology, 39,* 331–335.

Moss, E., Batshaw, M., Solot, C., Gerdes, M. & Wang, P. (1999). Psychoeducational profile of the 22q11.2 microdeletion: a complex pattern. *Journal of Pediatrics, 134,* 193–198.

Mouridsen, S. & Hansen, M. (2002). Neuropsychiatric aspects of Sotos syndrome. A review and two case illustrations. *European Child & Adolescent Psychiatry, 11,* 43–48.

Morton, R., Pinnington, L. & Ellis, R. (2000). Air swallowing in Rett syndrome. *Developmental Medicine Child Neurology, 42,* 271–275.

Mount, R., Hastings, R., Reilly, S., Cass, H. & Charman, T. (2001). Behavioural and emotional features in Rett syndrome. *Disability and Rehabilitation, 23,* 129–138.

Mount, R., Charman, T., Hastings, P., Reilly, S. & Cass, H. (2002). The Rett Syndrome Behaviour Questionnaire (RSBQ): refining the behavioural phenotype of Rett syndrome. *Journal of Child Psychology Psychiatry, 43,* 1099–1110.

Mullins, J. & Vogl-Maier, B. (1987). Weight management of youth with Prader-Willi syndrome. *International Journal of Eating Disorders, 6,* 419–425.

Murovic, J., Posnick, J., Drake, J. et al. (1993). Hydrocephalus in Apert syndrome: A retrospective review. *Pediatric Neurosurgery, 19,* 151–155.

Murphy, K., Jones, R. & Owen, M. (1998). Chromosome 22q11 deletions: an under-recognised cause of idopathic learning disability. *British Journal of Psychiatry, 172,* 180–183.

Murphy, K., Jones, L. & Owen, M. (1999). High rates of schizophrenia in adults with velo-cardio-facial syndrome. *Archives of General Psychiatry, 56,* 940–945.

Murphy, M., Greenberg, F., Wilson, G., Hughes, M. & DiLiberti, J. (1990). Williams syndrome in twins. *American Journal of Medical Genetics, Suppl. 2,* 97–99.

Naganuma, G. & Billingsley, F. (1988). Effect of hand splints on stereotypic hand behavior of three girls with Rett syndrome. *Physical Therapy, 5,* 664–671.

Naidu, S., Murphy, M., Moser, H. & Rett, A. (1986). Rett syndrome – natural history in 70 cases. *American Journal of Medical Genetics, 24,* 61–72.

Naidu, S., Kitt, C., Wong, D., Price, D., Troncoso, J. & Moser, H. (1988). Research on Rett syndrome: Strategy and preliminary results. *Journal of Child Neurology, 3,* 78–86.

Naidu, S., Hyman, S., Harris, E. et al. (1995). Rett syndrome studies of natural history and search for a genetic marker. *Neuropediatrics, 26,* 63–66.

Naidu, S., Hyman, S., Piazza, K. et al. (1990). The Rett syndrome: progress report on studies at the Kennedy Institute. *Brain and Development, 12,* 5–7.

Natenstedt, N. (1990). *A review of Rett syndrome: Stressing successful educational interventions.* Research Project Report. University of Texas of the Permian Basin.

Neufeld, A. & Fantuzzo, J. (1984). Contingent application of a protective device to treat severe self-biting behaviors of a disturbed autistic child. *Journal of Behavior Therapy and Experimental Psychiatry, 15,* 79–83.

Newell, K., Sanborn, B. & Hagerman, R. (1983). Speech and language dysfunction in the fragile X syndrome. In: Hagerman, R. & McBogg, P. (Eds.) *The fragile X syndrome: Diagnosis, biochemistry, and intervention.* (pp. 175–200). Dillon: Spectra.

Niebuhr, E. (1978). The cri du chat syndrome: Epidemiology, cytogenetics and clinical features. *Human Genetics, 44,* 227–275.

Nielsen, J. (1988). *Ullrich-Turner-Syndrom.* Neunkirchen.

Nielsen, J., Nyborg, H. & Dahl, G. (1977). Turner's syndrome: A psychiatric-psychological study of 45 women with Turner's syndrome. *Acta Jutlandica, 45.*

Nielsen, J., Johnsen, S. & Sorensen, K. (1980). Follow-up 10 years later of 34 Klinefelter males with karyotype 47, XXY and 16 hypogonadal males with karyotype 46, XY. *Psychological Medicine, 10,* 345–352.

Nielsen, J., Sorensen, A. & Sorensen, K. (1982). Follow-up until age 7 to 11 of 25 unselected children with sex chromosome abnormalities. In: Stewart, D., Bailey, J., Netley, C. & Park, E. (Eds.). *Children with sex chromosome aneuploidy: Follow-up studies.* (pp. 61–98). New York: Alan Liss.

Nielsen, J. & Wohlert, M. (1991). Sex chromosome abnormalities found among 34, 910 newborn children: Results from a 13-year incidence study in Arhus, Denmark. *Birth Defects, 26,* 209–223.

Nielsen, J., Pelsen, B. & Sorensen, K. (1988). Follow-up of 30 Klinefelter males treated with testosterone. *Clinical Genetics, 33,* 262–269.

Nielsen, J., Bühren, A. & Blin, J. (1990). *Klinefelter-Syndrom. Eine Informationsschrift.* Homburg: Neunkirchner Verlag.

Niklasson, L., Rasmussen, P., Oskarsdottir, S. & Gillberg, C. (2002). Chromosome 22q11 deletion syndrome (CATCH 22): neuropsychiatric and neuropsychological aspects. *Developmental Medicine and Child Neurology, 44,* 44–50.

Nixon, C. (1993). Reducing self-blame and guilt in parents of children with severe disabilities. In: Singer, G. & Powers, L. (Eds.). *Families, disability, and empowerment.* (pp. 175–202). Baltimore: Paul Brookes.

Noetzel, M., Marsh J., Palkes, H. & Gado, M. (1985). Hydrocephalus and mental retardation in craniosynostosis. *Journal of Pediatrics, 107,* 885–892.

Nomura, Y. & Segawa, M. (1990). Characteristics of motor disturbances of the Rett syndrome. *Brain and Development, 12,* 27–30.

Nomura, Y., Honda, K. & Segawa, M. (1987). Pathophysiology of Rett syndrome. *Brain Development, 9,* 506–513.

Nyhan, W. (1972). Behavioral phenotypes in organic genetic disease. Presidential address to the Society for Pediatric Research, May 1, 1971. *Pediatric Research, 6,* 1–9.

Nyhan, W. (1976). Behavior in the Lesch-Nyhan syndrome. *Journal of Autism and Childhood Schizophrenia, 6,* 235–252.

O'Brien, G. (1992). Behavioural phenotypy in developmental psychiatry. Measuring behavioural phenotypes – a guide to available schedules. *European Child and Adolescent Psychiatry, Suppl. 1,* 1–61.

O'Brien, G. & Bax, M. (2002). Clinical investigations of behavioural phenotypes. In: O'Brien, G. (Ed.): *Behavioural phenotypes in clinical practice*. (pp. 62–103). London: MacKeith Press.

Ogasawara, N., Stout, J., Goto, H. et al. (1989). Molecular analysis of a female Lesch-Nyhan patient. *Journal of Clinical Investigation, 84,* 1024–1027.

Oliver, C., Murphy, G., Crayton, L. & Corbett, J. (1993). Self-injurious behavior in Rett syndrome: Interactions between features of Rett syndrome and operant conditioning. *Journal of Autism and Developmenal Disorders, 23,* 91–109.

Oliver, C., Demetriades, L. & Hall, S. (2002). Effects of environmental events on smiling and laughing behavior in Angelman syndrome. *American Journal on Mental Retardation, 107,* 194–200.

Olsson, B. & Rett, A. (1987). Autism and Rett syndrome: Behavioral investigations and differential diagnosis. *Developmental Medicine and Child Neurology, 29,* 429–441.

Opitz, J. (1985). Editorial comment: The Brachmann-de Lange syndrome. *American Journal of Medical Genetics, 22,* 89–102.

O'Reilly, M. & Lancioni, G. (2001). Treating food refusal in a child with Williams syndrome using the parent as therapist in the home setting. *Journal of Intellectual Disability Research, 45,* 41–46.

Pace, G., Iwata, B., Edwards, G. & McCosh, K. (1986). Stimulus fading and transfer in treatment of self-restraint and self-injurious behavior. *Journal of Applied Behavior Analysis, 19,* 381–389.

Page, T., Stanley, A., Richman, G., Deal, R., Iwata, B. (1983a). Reduction of food theft and long-term maintenance of weight loss in a Prader-Willi adult. *Journal of Behavioral Therapy and Experimental Psychiatry, 14,* 261–268.

Page, T., Finney, J., Parrish, J. & Iwata, B. (1983b). Assessment and reduction of food stealing in Prader-Willi children. *Applied Research in Mental Retardation, 4,* 219–228.

Pankau, R., Partsch, C., Gosch, A., Oppermann, H. & Wessel, A. (1992). Statural growth in Williams-Beuren syndrome. *European Journal of Pediatrics 151,* 751–755.

Papolos, D., Faedda, G., Veit, S., Goldberg, R. & Shprintzen, R. (1996). Bipolar spectrum disorders in patients diagnosed with velo-cardio-facial syndrome: Does a hemizygous deletion of chromosome 22q11 result in bipolar affective disorder? *American Journal of Psychiatry, 153,* 1541–1547.

Papousek, M. (1994). *Vom ersten Schrei zum ersten Wort.* Bern: Huber.

Papousek, M. (1996). Frühe Kommunikation und Down-Syndrom. *Kindheit und Entwicklung, 5,* 45–52.

Partington, M. (1990). Rubinstein-Taybi syndrome: A follow-up study. *American Journal of Medical Genetics, 6,* 65–68.

Partsch, C., Dreyer, G., Gosch, A. et al. (1999). Longitudinal evaluation of growth, puberty, and bone maturation in children with Williams syndrome. *American Journal of Medical Genetics, 51,* 251–257.

Patau, K., Smith, D., Therman, E. et al. (1960). Multiple congenital anomaly caused by an extra chromosome. *Lancet, 1,* 790–793.

Patton, M., Goodship, J., Hayward, R. & Lansdown, R. (1988). Intellectual development in Apert's syndrome: a long term follow up of 29 patients. *Journal of Medical Genetics, 25,* 164–167.

Pearlman-Avnion, S. & Eviatar, Z. (2002). Narrative analysis in developmental social and linguistic pathologies: Dissociation between emotional and informational language use. *Brain and Cognition, 48,* 494–499.

Peet, J., Weaver, D. & Vance, G. (1998). 49, XXXXY: a distinct phenotype. Three new cases and review. *Journal of Medical Genetics, 35,* 420–424.

Pelz, L., Kobschall, H., Lubcke, U. et al. (1991). Long-term follow-up in females with Ullrich-Turner syndrome. *Clinical Genetics, 40,* 1–5.

Penner, K., Johnston, J., Faircloth, B., Irish, P. & Williams, C. (1993). Communication, cognition, and social interaction in the Angelman syndrome. *American Journal of Medical Genetics, 46,* 34–39.

Pennington, B., Heaton, R., Karzmark, P., Pendleton, M. & Shucard, D. (1985). The neuropsychological phenotype in Turner syndrome. *Cortex, 21,* 391–404.

Pennington, B., O'Connor, R. & Sudhalter, V. (1991). Towards a neuropsychology of fragile X syndrome. In: Hagerman, R. & Silverman, A. (Eds.). *Fragile X syndrome: Diagnosis, treatment, and resarch.* (pp. 173–201). Baltimore: John Hopkins.

Percy, A. (2002). Clinical Trials and treatment prospects. *Mental Retardation and Developmental Disabilities Research Reviews, 8,* 106–111.

Perry, A., Sarlo-McGarvey, N. & Haddad, C. (1991). Brief report: Cognitive and adaptive functioning in 28 girls with Rett syndrome. *Journal of Autism and Developmental Disorders, 21,* 551–556.

Perry, A., Sarlo-McGarvey, N. & Factor, D. (1993). Family stress in Rett syndrome. *Journal of Autism and Developmental Disorder, 23,* 159–166.

Pertschuk, M. & Whitaker, L. (1985). Psychosocial adjustment and craniofacial malformations in childhood. *Plastic and Reconstructive Surgery, 25,* 177–182.

Petersen, M., Brondum-Nielsen, K., Hansen, L. & Wulff, K. (1995). Clinical, cytogenetic, and molecular diagnosis of Angelman syndrome: Estimated prevalence rate in a Danish county. *American Journal of Medical Genetics, 60,* 261–262.

Piazza, C., Fisher, W., Kiesewetter, K. et al. (1990). Aberrant sleep patterns in children with the Rett syndrome. *Brain Development, 12,* 488–493.

Plissart, L., Borghgraef, M., Volcke, P., Vanden Berghe, H. & Fryns, J. (1994). Adults with Williams-Beuren syndrome: evaluation of the medical, psychological and behavioral aspects. *Clinical Genetics, 46,* 161–167.

Plissart, L. & Fryns, J. (1999). Early development (5 to 48 months) in Williams syndrome: a study of 14 children. *Genetic Counseling, 10,* 151–156.

Potocki, L., Glaze, D., Tan, D. et al. (2000). Circadian abnormalities of melatonin in Smith-Magenis syndrome. *Journal of Medical Genetics, 37,* 428–433.

Power, T., Blum, N., Jones, S. & Kaplan, P. (1997). Brief report: Response to methylphenidate in two children with Williams syndrome. *Journal of Autism and Developmental Disabilities, 27,* 79–87.

Powers, L. (1993). Disability and grief: From tragedy to challenge. In: Singer, G. & Powers, L. (Eds.). *Families, disability, and empowerment.* (pp. 119–150). Baltimore: Paul Brookes.

Prader, A., Labhart, A. & Willi, H. (1956). Ein Syndrom von Adipositas, Kleinwuchs, Kryptorchismus und Oligophrenie nah myotonieartigem Zustand im Neugeborenenalter. *Schweizerische Medizinische Wochenschrift, 86,* 1260–1261.

Ranke, M., Heidemann, P., Kunpfer, C., Enders, H., Schmaltz, A. & Bierich, J. (1988). Noonan syndrome: growth and clinical manifestations in 144 cases. *European Journal of Pediatrics, 148,* 22–27.

Ratcliffe, S. (1999). Long term outcome in children of sex chromosome abnormalities. *Archives of Disease in Childhood, 80,* 192–195.
Ratcliffe, S., Tierney, I. & Webber, M. (1982). The Edinburgh study of growth and development of children with sex chromosome abnormalities. In: Stewart, D., Bailey, J., Netley, C. & Park, E. (Eds.). *Children with sex chromosome aneuploidy: Follow-up studies* (Vol. 18). New York: Alan Liss.
Ratcliffe, S., Murray, L. & Teague, P. (1986). Edinburgh Study of Growth and Development of children with sex chromosome abnormalities III. *Birth Defects, 22,* 73–118.
Ratcliffe, S., Butler, G. & Jones, M. (1991). Edinburgh study of growth and development of children with sex chromosome abnormalities. In: Evans, J., Hamerton, J. & Robertson, A. (Eds.). *Children and young adults with sex chromosome aneuploidy.* New York: Alan Liss.
Ray, S., Ries, M. & Bowen, J. (1986). Arthrokatadysis in trisomy 18. *Pediatrica Orthopedica 6,* 100–103.
Reilly, J., Klima, E. & Bellugi, U. (1991). Once more with feeling: Affect and language in atypical populations. *Development and Psychopathology, 2,* 367–391.
Reilly, S. & Cass, H. (2001). Growth and nutrition in Rett syndrome. *Disability and Rehabilitation, 23,* 118–128.
Reiss, A. & Freund, L. (1990). Fragile X syndrome, DSM-III-R and autism. *Journal of the American Academy of Child and Adolescent Psychiatry, 29,* 885–891.
Reiss, A., Freund, L., Abrams, M., Boehm, C. & Kazazian, H. (1993). Neurobehavioral effects of the fragile X permutation in adult women: A controlled study. *American Journal of Human Genetics, 52,* 884–894.
Reiss, A., Abrams, M., Greenlaw, R., Freund, L. & Denckla, M. (1995). Neurodevelopmental effects of the FMR-1 full mutation in humans. *Nature Medicine, 1,* 159–167.
Reiss, S. (1990). Prevalence of dual diagnosis in community-based day programs in the Chicago metropolitan area. *American Journal on Mental Retardation, 94,* 578–585.
Remschmidt, H. & Walter, R. (1990). *Psychische Auffälligkeiten bei Schulkindern.* Göttingen: Hogrefe.
Renier, D., Arnaud, E., Cinalli, G. & Marchac, D. (1996). Prognosis for mental functioning in Apert syndrome. *Journal of Neurosurgery, 85,* 66–72.
Rett, A. (1966). Über ein eigenartiges hirnatrophisches Syndrom bei Hyperammonamie im Kindesalter. *Wiener Medizinische Wochenschrift, 116,* 723–732.
Richdale, A., Cotton, S. & Hibbit, K. (1999). Sleep and behaviour disturbance in Prader-Willi syndrome: a questionnaire study. *Journal of Intellectual Disability Research, 43,* 380–392.
Richman, L. (1978). The effects of facial disfigurement on teachers perception of ability in cleft palate children. *Cleft Palate Journal, 15,* 155–160.
Richman, L. (1983). Self-reported social, speech, and facial concerns and personality adjustment of adolescents with cleft lip and palate. *Cleft Palate Journal, 20,* 108–112.
Rineer, S., Finucane, B. & Simon, E. (1998). Autistic symptoms among children and young adults with isodicentric chromosome 15. *American Journal of Medical Genetics, 81,* 428–433.
Rizzu, P., Overhauser, J., Jackson, L. & Baldini, A. (1995). Brachmann-de Lange syndrome: Toward the positional cloning of a locus at 3q27. *American Journal of Human Genetics, 57,* A 334.
Roberts, J., Mirrett, P. & Burchinal, M. (2001). Receptive and expressive communication development of young males with Fragile X syndrome. *American Journal on Mental Retardation, 106,* 216–230.

Robb, S., Pohl, K., Baraitser, M., Wilson, J. & Brett, E. (1989). The „happy puppet" syndrome of Angelman: review of the clinical features. *Archives of Disease in Childhood, 64,* 83–86.

Robinson, A., Lubs, H. & Bergsma, D. (1979). *Sex chromosome aneupoidy: Prospective studies on children.* New York: Alan Liss.

Robinson, A., Bender, B., Borelli, J. & Winter, J. (1986). Sex chromosomal aneuploidy: Prospective and longitudinal studies. In: Ratcliffe, S. & Paul, N. (Eds.). *Prospective studies on children with sex chromosome aneupoidy.* New York: Alan Liss.

Robinson, A., Bender, B., Linden, M. & Salbenblatt, J. (1990). Sex chromosome aneuploidy: the Denver prospective study. *Birth Defects, 26,* 59–115.

Rogers, S., Wehner, E. & Hagerman, R. (2001). The behavioral phenotype in Fragile X: Symptoms of autism in very young children with Fragile X syndrome, idiopathic autism, and other developmental disorders. *Developmental and Behavioral Pediatrics, 22,* 409–417.

Rojahn, J. (1986). Self-injurious and stereotyped behavior in noninstitutionalized mentally retarded people: Prevalence and classification. *American Journal of Mental Deficiency, 91,* 268–276.

Rojahn, J. (1994). Epidemiology and topographic taxonomy of self-injurious behavior. In: Thompson, T. & Gray, D. (Eds). *Destructive behavior in developmental disabilities.* (pp. 49–67). Thousand Oaks: Sage.

Romano, A., Blethen, S., Dana, K. & Noto, R. (1996). Growth hormone treatment in Noonan syndrome: the National Cooperative Growth Study experience. *Journal of Pediatrics, 128,* 18–21.

Rommel, N., VanTrappen, G. & Fryns, J. (1999). Retrospective analysis of feeding and speech disorders in 50 patients with velo-cardio-facial syndrome. *Genetic Counseling, 10,* 71–78.

Romski, M., Sevcik, R. & Adamson, L. (1999). Communication patterns of youth with mental retardation with and without their speech-output communication devices. *American Journal on Mental Retardation, 104,* 249–259.

Roof, E., Stone, W., MacLean, W., Feurer, I., Thompson, T. & Butler, M. (2000). Intellectual characteristics of Prader-Willi syndrome: comparison of genetic subtypes. *Journal of Intellectual Disability Research, 44,* 25–30.

Root, S. & Carey, J. (1994). Survival in trisomy 18. *American Journal of Medical Genetics, 49,* 170–174.

Ross, J., Stefanatos, G., Roeltgen, D., Kushner, H. & Cutler, G. (1995). Ullrich-Turner syndrome: Neurodevelopmental changes from childhood through adolescence. *American Journal of Medical Genetics, 58,* 74–82.

Ross, J., Zinn, A. & McCauley, E. (2000). Neurodevelopmental and psychosocial aspects of Turner syndrome. *Mental Retardation and Developmental Disabilities Research Reviews, 6,* 135–141.

Ross Collins, M. & Cornish, K. (2002). A survey of the prevalence of stereotypy, self-injury and aggression in children and young adults with Cri du Chat syndrome. *Journal of Intellectual Disability Research, 46,* 133–140.

Rourke, B. (1995). *Syndrome of nonverbal learning disabilities.* New York: Guilford Press.

Rousseau, F., Heitz, D., Tarleton, J., MacPherson, J. et al. (1994). A multicenter study on genotype-phenotype correlations in the fragile X syndrome, using direct diagnosis with probe StB12.3: the first 2,253 cases. *American Journal of Human Genetics, 55,* 225–237.

Rovet, J. (1990). The cognitive and neuropsychological characteristics of children with Turner syndrome. In: Berch, D. & Bender, B. (Eds.). *Sex chromosome abnormalities and human behavior: Psychological studies.* (pp. 38–77). Boulder: Westview Press.
Rovet, J. (1995). Turner syndrome. In: B. Rourke (Ed.): *Syndromes of nonverbal learning disabilites: neurodevelopmental manifestations.* (pp. 351–371). New York: Guilford Press.
Rovet, J. & Ireland, L. (1994). Behavioral phenotype in children with Turner syndrome. *Journal of Pediatric Psychology, 19,* 779–790.
Rovet, J., Netley, C., Keenan, M., Bailey, J. & Stewart, D. (1996). The psychoeducational profile of boys with Klinefelter syndrome. *Journal of Learning Disabilities, 29,* 180–196.
Rubinstein, J. (1990). Broad thumb-hallux (Rubinstein-Taybi) syndrome 1957–1988. *American Journal of Medical Genetics Supplement, 6,* 3–16.
Rubinstein, J. & Taybi, H. (1963). Broad thumbs and toes and facial abnormalities. A possible mental retardation syndrome. *American Journal of Disease in Childhood, 105,* 88–108.
Rutter, S. & Cole, T. (1991). Psychological characteristics of Sotos syndrome. *Developmental Medicine and Child Neurology, 33,* 898–902.

Saal, H., Samango-Sprouse, C., Rodnan, L., Rosenbaum, K. & Custer, D. (1993). Brachmann de Lange syndrome with normal IQ. *American Journal of Medical Genetics, 47,* 995–998.
Saitoh, S., Harada, N., Jinno, Y. et al. (1994). Molecular and clinical study of 61 Angelman syndrome patients. *American Journal of Medical Genetics, 52,* 158–163.
Samango-Sprouse, C. (2001). Mental development in polysomy X Klinefelter syndrome (47,XXY; 48,XXXY): Effects of incomplete X inactivation. *Seminars in Reproductive Medicine, 19,* 193–202.
Sansom, D., Krishnan, V., Corbett, J. & Kerr, A. (1993). Emotional and behavioural aspects of Rett syndrome. *Developmental Medicine and Child Neurology, 35,* 340–345.
Sarimski, K. (1993). *Interaktive Frühförderung. Behinderte Kinder: Diagnostik und Beratung.* Weinheim: Beltz PVU.
Sarimski, K. (1995a). Psychologische Aspekte des Prader-Willi-Syndroms. Ergebnisse einer Elternbefragung. *Zeitschrift für Kinder- und Jugendpsychiatrie, 23,* 267–274.
Sarimski, K. (1995b). Sozialemotionale Entwicklung bei Kindern mit Apert-Syndrom. *Pädiatrische Praxis, 49,* 395–402.
Sarimski, K. (1996a). Specific eating and sleeping problems in Prader-Willi and Williams-Beuren syndrome. *Child: care, health and development, 22,* 143–150.
Sarimski, K. (1996b). Sozial-emotionale Entwicklung und Elternbelastung beim Williams-Beuren-Syndrom. *Monatsschrift für Kinderheilkunde, 144,* 838–842.
Sarimski, K. (1996c). Verhaltensmerkmale von Jungen mit fragilem (X)-Syndrom. *Hautnah Pädiatrie,* 48–59.
Sarimski, K. (1997a). Elternbelastung bei komplexen kraniofazialen Fehlbildungen. *Praxis der Kinderpsychologie und Kinderpsychiatrie, 46,* 2–14.
Sarimski, K. (1997b). Behavioural phenotypes and family stress in three mental retardation syndromes. *European Child & Adolescenty Psychiatry, 6,* 1–6.
Sarimski, K. (1997c). Cognitive functioning of young children with Apert's syndrome. *Genetic counseling, 8,* 317–322.
Sarimski, K. (1997d). Sprachliche Kompetenz von Kindern mit Apert-Syndrom. *Sprache-Stimme-Gehör, 22,* 107–111.

Sarimski, K. (1997e). Communication, social-emotional development and parenting stress in Cornelia-de-Lange syndrome. *Journal of Intellectual Disability Research, 41,* 70–76.

Sarimski, K. (1997f). Sotos-Syndrom – Fähigkeiten, Motivation und Ausdauer in pädagogischen Situationen. *Sonderpädagogik, 27,* 78–87.

Sarimski, K. (1998a). Prader-Willi-Syndrom: Individuelle Fähigkeiten im frühen Kindesalter. *Frühförderung interdisziplinär, 17,* 145–152.

Sarimski, K. (1998b). Verhaltensphänotyp des Cri-du-Chat-Syndroms. *Heilpädagogische Forschung, 24,* 29–36.

Sarimski, K. (1998c). Pädagogisch-psychologische Begleitung von Eltern chromosomal geschädigter Kinder. *Geistige Behinderung, 37,* 323–334.

Sarimski, K. (1999a). Early development of children with Williams syndrome. *Genetic Counseling, 10,* 141–150.

Sarimski, K. (1999b). Beobachtungen zum Spiel- und Sprachverhalten bei Jungen mit Fragilem-X-Syndrom im frühen Kindesalter. *Zeitschrift für Kinder- und Jugendpsychiatrie, 27,* 175–182.

Sarimski, K. (1999c). Sotos-Syndrom. Gibt es spezifische Verhaltensmerkmale? *Kinderärztliche Praxis, 2,* 94–102.

Sarimski, K. (2000). Developmental and behavioural phenotype in Noonan syndrome? *Genetic Counseling, 11,* 383–390.

Sarimski, K. (2001a). Social adjustment of children with a severe craniofacial anomaly (Apert syndrome). *Child: Care, health and development, 27,* 583–590.

Sarimski, K. (2001b). *Kinder und Jugendliche mit geistiger Behinderung.* Göttingen: Hogrefe.

Sarimski, K. (2002a). Schulische und soziale Situation von Kindern mit Prader-Willi-Syndrom. *Heilpädagogische Forschung, 28,* 11–23.

Sarimski, K. (2002b). Expressive Sprachentwicklung bei Kindern mit Fragilem-X-Syndrom im Vorschulalter. *Sprache-Stimme-Gehör, 26,* 117–124.

Sarimski, K. (2002c). Analysis of intentional communication in severely handicapped children with Cornelia-de-Lange syndrome. *Journal of Communication Disorders, 35,* 483–500.

Sarimski, K. (2003a). Beurteilung problematischer Verhaltensweisen bei Kindern mit intellektueller Behinderung mit der Nisonger Child Behavior Rating Form. *Praxis der Kinderpsychologie und Kinderpsychiatrie.*

Sarimski, K. (2003b). Jungen mit Fragilem-X-Syndrom: Adaptive Kompetenz und Probleme der sozialen Integration. *Heilpädagogische Forschung, 29,* 9–18.

Sarimski, K. (2003c). Behavioural and emotional characteristics in children with Sotos syndrome and learning disabilities. *Developmental Medicine and Child Neurology, 45,* 172–178.

Sarimski, K. (2003d). Early play behavior in children with 5p- (Cri-du-Chat) syndrome. *Journal of Intellectual Disability Research, 47,* 113–120.

Sarimski, K. (2003e). Rett-Syndrom: Individuelle Variabilität in Entwicklungs- und Verhaltensmerkmalen und psychosoziale Belastung. *Zeitschrift für Kinder- und Jugendpsychiatrie, 31,* 123–132.

Sataloff, R., Speigel, J., Hawkshaw, M., Epstein, J. & Jackson, L. (1990). Cornelia de Lange syndrome: Otolaryngologic manifestations. *Archives of Otolaryngology – Head and Neck Surgery, 116,* 1044–1046.

Schaefer, G., Bodensteiner, J., Buehler, B., Lin, A. & Cole, T. (1997). The neuroimaging findings in Sotos syndrome. *American Journal of Medical Genetics, 68,* 462–465.

Scherer, N., D'Antonio, L. & Kalbfleisch, J. (1999). Early speech and language development in children with Velocardiofacial syndrome. *American Journal of Medical Genetics, 88,* 714–723.

Schinzel, A. (1976). Autosomal chromosome aberrations. A review of the clinical syndromes caused by structural chromosome aberrations, mosaictrisomies 8 and 9, and triploidy. *Ergebnisse der Inneren Medizin und Kinderheilkunde, 38,* 37–94.

Schlosser, R., Belfiore, P. & Nigam, R. (1995). The effects of speech output technology in the learning of graphic symbols. *Journal of Applied Behavior Analysis, 28,* 537–549.

Schroeder, S., Oster-Granite, M. & Wong, D. (2001). Self-injurious behavior: gene-brain-behavior relationships. *Mental Retardation and Developmental Disabilities Research Reviews, 7,* 3–12.

Selikowitz, M., Sunman, J., Pendergast, A. & Wright, S. (1990). Fenfluramine in Prader-Willi syndrome: a double blind, placebo controlled trial. *Archives of Diseases in Childhood, 65,* 112–114.

Shaffer, J. (1962). A specific cognitive deficit observed in gonadal aplasia (Turner's syndrome). *Journal of clinical Psychology, 18,* 403–406.

Shahbazian, M. & Zoghbi, H. (2001). Molecular genetics of Rett syndrome and clinical spectrum of MECP2 mutations. *Current Opinion in Neurology, 14,* 171–176.

Sharland, M., Burch, M., McKenna, W. & Patton, M. (1992). A clinical study of Noonan syndrome. *Archives of Disease in Childhood, 67,* 178–183.

Sharland, M., Morgan, M., Smith, G., Burch, M. & Patton, M. (1993). Genetic counselling in Noonan syndrome. *American Journal of Medical Genetics, 45,* 430–436.

Sheridan, M. & Radlinski, S. (1988). Brief report: A case study of an adolescent male with XXXXY Klinefelter's syndrome. *Journal of Autism and Developmental Disorders, 18,* 449–456.

Sheridan, M., Radlinski, S. & Kennedy, M. (1990). Developmental outcome in 49, XXXXY Klinefelter syndrome. *Developmental Medicine and Child Neurology, 32,* 528–546.

Shipster, C., Hearst, D., Dockrell, J., Kilby, E. & Hayward, R. (2002). Speech and language skills and cognitive functioning in children with Apert syndrome: a pilot study. *International Journal of Language and Communication Disorders, 37,* 325–343.

Shprintzen, R. (2000). Velo-cardio-facial syndrome: A distinctive behavioral phenotype. *Mental Retardation and Developmental Disabilities Research Reviews, 6,* 142–147.

Shprintzen, R., Goldberg, R., Lewin, M., Sidoti, E. & Young, D. (1978). A new syndrome involving cleft palate, cardiac anomalies, typical facies, and learning disabilities: velo-cardio-facial syndrome. *Cleft Palate Journal, 15,* 56–62.

Simon, E., Rappaport, D., Papka, M. & Woodruff-Pak, D. (1995). Fragile-X and Down's syndrome: are there syndrome-specific cognitive profiles at low IQ levels? *Journal of Intellectual Disability Research, 39,* 326–330.

Simon, E. & Finucane, B. (1996). Facial emotion identification in males with Fragile X syndrome. *American Journal of Medical Genetics, 67,* 77–80.

Singer, G. & Powers, L. (1993). Contributing to resilience in families: an overview. In: Singer, G. & Powers, L. (Eds.). *Families, disability, and empowerment.* (pp. 1–26). Baltimore: Paul Brookes.

Smith, A., Field, B., Murray, R. & Nelson, J. (1990). Two cases of cri-du-chat syndrome with mild phenotypic effect but with different size of 5p deletion. *Journal of Pediatric Child Health, 26,* 152–154.

Smith, T., Klevstrand, M. & Lovaas, I. (1995). Behavioral treatment of Rett's disorder: Ineffectiveness in three cases. *American Journal on Mental Retardation, 100,* 317–322.

Smith, A., Wiles, C., Haan, E. & Trent, R. (1996). Clinical features of 27 patients with Angelman syndrome resulting from DNA deletion. *Journal of Medical Genetics, 33,* 107–112.

Smith, A., Dykens, E. & Greenberg, F. (1998). Behavioral phenotype of Smith-Magenis syndrome (del17p11.2). *American Journal of Medical Genetics, 81,* 179–185.

Smith, A., Dykens, E. & Greenberg, F. (1998). Sleep disturbance in Smith-Magenis syndrome (del17p11.2). *American Journal of Medical Genetics, 81,* 186–191.

Sobesky, W., Pennington, B., Porter, D., Hull, C. & Hagerman, R. (1994). Emotional and neurocognitive deficits in Fragile X. *American Journal of Medical Genetics, 51,* 378–385.

Solot, C., Knightly, C., Handler, S., Gerdes, M., McDonald-McGinn, D. & Driscoll, D. (2000). Communication disorders in the 22q11.2 microdeletion syndrome. *Journal of Communication Disorders, 33,* 187–204.

Sonies, B., Solomon, B., Ondrey, F. et al. (1997). Oral-motor and otolaryngologic findings in 14 patients with Smith-Magenis syndrome (17p11.2): Results of an interdisciplinary study. *American Journal of Human Genetics, 61,* A5.

Sotos, J., Dodge, P., Muirhead, D., Crawford, J. & Talbot, N. (1964). Cerebral gigantism in childhood. A syndrome of excessively rapid growth with acrome-galic features and a nonprogressive neurologic disorder. *New England Journal of Medicine, 271,* 109–116.

Sparks, S. & Hutchinson, B. (1980). Cri du Chat: Report of a case. *Journal of Communication Disorders, 13,* 9–13.

Sparrow, S., Balla, D. & Cicchetti, D. (1984). *Vineland Adaptive Behavior Scales.* Circle Pines: American Guidance Service.

Speltz, M., Armsden, G. & Clarren, S. (1990). Effects of craniofacial birth defects on maternal functioning postinfancy. *Journal of Pediatric Psychology, 15,* 177–196.

Speltz, M., Morton, K., Goodell, E. & Clarren, S. (1993). Psychosocial functioning of children with craniofacial anomalies and their mothers: Follow-up from late infancy to school entry. *Cleft Palate-Craniofacial Journal, 31,* 61–67.

Sprague, J. & Horner, R. (1995). Functional assessment and intervention in community settings. *Mental Retardation and Developmental Disabilities Research Reviews, 1,* 89–93.

Stefanatos, G. & Musikoff, H. (1994). Specific neurocognitive deficits in Cornelia de Lange syndrome. *Developmental and Behavioral Pediatrics, 15,* 39–43.

Steffenburg, U., Hagberg, G. & Hagberg, B. (2001). Epilepsy in a representative series of Rett syndrome. *Acta Paediatrica, 90,* 34–39.

Stein, D., Keating, J., Zar, H. & Hollander, E. (1994). A survey of the phenomenology and pharmocotherapy of compulsive and impulsive-aggressive symptoms in Prader-Willi syndrome. *The Journal of Neuropsychiatry and Clinical Neuro-sciences, 6,* 23–29.

Steinhausen, H., von Gontard, A., Spohr, H., Hauffa, B., Eiholzer, U., Backes, M., Willms, J. & Malin, Z. (2002). Behavioral phenotypes in four mental retardation syndromes: Fetal alcohol syndrome, Prader-Willi syndrome, Fragile X syndrome, and Tuberous Sclerosis. *American Journal of Medical Genetics, 111,* 381–387.

Stevens, C., Carey, J. & Blackburn, B. (1990). Rubinstein-Taybi syndrome: A natural history study. *American Journal of Medical Genetics Supplement, 6,* 30–37.

Stewart, D., Bailey, J., Netley, C. & Cirpps, M. (1982). Growth and development of children with X and Y chromsomal aneuploidy from infancy to puberty. In: Stewart, D., Bailey, J., Netley, C. & Park, E. (Eds.). *Children with sex chromosome aneuploidy: Follow up studies.* (pp. 99–154). New York: Alan Riss.

Stewart, D., Bailey, J., Netley, C., Rovet, J. & Park, E. (1986). Growth and development from early to midadolescence of children with X and Y chromosome aneuploidy: the Toronto study. *Birth Defects, 22,* 119–182.

Stewart, D., Bailey, J., Netley, C. & Park, E. (1990). Growth, development and behavioral outcome from mid-adolescence to adulthood in subjects with chromosome aneuploidy: the Toronto study. *Birth Defects, 26,* 131–188.

Stiles, J., Sabbadini, L., Capirci, O. & Volterra, V. (2000). Drawing abilities in Williams syndrome: A case study. *Developmental Neuropsychology, 18,* 213–235.

Stojanovik, V., Perkins, M. & Howard, S. (2001). Language and conversation abilities in Williams syndrome: How good is good. *Journal of Communication Disorders, 36,* 234–239.

Sturmey, P. (1994). Assessing the functions of aberrant behaviors: A review of psychometric instruments. *Journal of Autism and Developmental Disorders, 23,* 293–304.

Sturmey, P., Carlsen, A., Crisp, A. & Newton, T. (1988). A functional analysis of multiple aberrant responses: A refinement and extension of Iwata et al.'s methodology. *Journal of Mental Deficiency Research, 32,* 31–46.

Sudhalter, V. (1996). *Language and communcation.* Paper presented on the Meeting on Fragile X syndrome. London, June.

Sudhalter, V., Cohen, I., Silverman, W. & Wolf-Schein, E. (1990). Conversational analyses of males with fragile X, Down syndrome and autism: Comparison of the emergence of deviant language. *American Journal on Mental Retardation, 94,* 431–441.

Sudhalter, V., Scarborough, H. & Cohen, I. (1991). Syntactic delay and pragmatic deviance in the language of fragile X males. *American Journal of Medical Genetics, 38,* 493–497.

Sudhalter, V., Maranion, M. & Brooks, P. (1992). Expressive semantic deficit in the productive language of males with fragile X syndrome. *American Journal of Medical Genetics, 43,* 67–71.

Summers, J., Lynch, P., Harris, J., Burke, J., Allison, D. & Sandler, L. (1992). A combined behavioral/pharmacological treatment of sleep-wake schedule disorder in Angelman syndrome. *Journal of Developmental and Behavioral Pediatrics, 13,* 284–287.

Summers, J., Allison, D., Lynch, P. & Sandler, L. (1995). Behaviour problems in Angelman syndrome. *Journal of Intellectual Disability Research, 39,* 97–106.

Summers, J. & Feldman, M. (1999). Distinctive pattern of behavioral functioning in Angelman syndrome. *American Journal on Mental Retardation, 104,* 376–384.

Swillen, A., Fryns, J., Kleczkowska, A., Massa, G. & Van den Berghe, H. (1993). Intelligence, behaviour and psychosocial development in Turner syndrome. *Genetic Counseling, 4,* 7–18.

Swillen, A., Devriendt, K., Legius, E. & Fryns, J. (1997). Intelligence and psychosocial adjustment in velocardiofacial syndrome: a study of 37 children and adolescents with VCFS. *Journal of Medical Genetics, 34,* 453–458.

Swillen, A., Devriendt, K., Legius, E., Prinzie, P. & Fryns, J. (1999). The behavioural phenotype in velo-cardio-facial syndrome (VCFS): From infancy to adolescence. *Genetic Counseling, 10,* 79–88.

Swillen, A., Devriendt, K., Ghesquiere, P. & Fryns, J. (2001). Children with a 22q11 deletion versus children with a speech-language impairment and learning disability: Behavior during primary school age. *Genetic Counseling, 12,* 309–317.

Symons, F., Butler, M., Sanders, M., Feurer, I. & Thompson, T. (1999). Self-injurious behavior and Prader-Willi syndrome: Behavioral forms and body locations. *American Journal on Mental Retardation, 104,* 260–269.

Tager-Flusberg, H. & Sullivan, K. (2000). A componential view of theory of mind: evidence from Williams syndrome. *Cognition, 76,* 59–89.

Tassabehji, M., Metcalfe, K., Karmiloff-Smith, A., Carette, M. & Donnai, D. (1999). Williams syndrome: use of chromosomal microdeletions as a tool to dissect cognitive and physical phenotypes. *American Journal of Human Genetics, 64,* 118–125.

Tasse, M., Aman, M., Hammer, D. & Rojahn, J. (1996). The Nisonger Child Behavior Rating Form: Age and gender effects and norms. *Research in Developmental Disabilities, 17,* 59–75.

Tasse, M. & Lecavalier, L. (2000). Comparing parent and teacher ratings of social competence and problem behaviors. *American Journal on Mental Retardation, 105,* 252–259.

Tassone, F., Hagerman, R., Ikle, D., Dyer, P. & Taylor, A. (1999). FMRP expression as a potential prognostic indicator in fragile X syndrome. *American Journal of Medical Genetics, 84,* 250–261.

Taylor, A., Safanda, J., Fall, M., Quince, C. et al. (1994). Molecular predictors of cognitive involvement in fragile X females. *Journal of the American Medical Association, 271,* 507–514.

Taylor, J. & Carr, E. (1992). Severe problem behaviors related to social interaction: I. Attention seeking and social avoidance. *Behavior Modification, 16,* 305–335.

Temple, C. & Carney, R. (1993). Intellectual functioning of children with Turner syndrome: A comparison of behavioural phenotypes. *Developmental Medicine and Child Neurology, 35,* 691–698.

Tessel, R., Schroder, S., Stodgell, C. & Loupe, P. (1995). Rodent models of mental retardation: self-injury, aberrant behavior, and stress. *Mental Retardation and Developmental Disabilities Research Reviews, 1,* 99–103.

Thake, A., Todd, J., Webb, T. & Bundey, S. (1987). Children with the fragile X chromosome at schools for the mildly mentally retarded. *Developmental Medicine and Child Neurology, 29,* 711–719.

Theilgaard, A. (1984). A psychological study of the personalities of XYY and XXY men. *Acta Psychiatrica Scandinavica, 69,* 1–132.

Thompson, T., Symons, F., Delaney, D. & England, C. (1995). Self-injurious behavior as endogenous neurochemical self-administration. *Mental Retardation and Developmental Disabilities Research Reviews, 1,* 137–148.

Tobiasen, J. (1987). Judgements of facial deformity. *Cleft Palate Journal, 24,* 323–327.

Tomc, S., Williamson, N. & Pauli, R. (1990). Temperament in Williams syndrome. *American Journal of Medical Genetics, 36,* 345–352.

Trauner, D., Bellugi, U. & Chase, C. (1989). Neurologic features of Williams and Down syndromes. *Pediatric Neurology, 5,* 166–168.

Trevarthen, E. & Naidu, S. (1988). The clinical recognition and differential diagnosis of Rett syndrome. *Journal of Child Neurology, 3* (suppl.), 6–16.

Troyer, A. & Joschko, M. (1997). Cognitive characteristics associated with Noonan syndrome. Two case reports. *Child Neuropsychology, 3,* 190–205.

Tsusaki, B. & Mayhew, J. (1998). Anaestetic implications of Cornelia de Lange syndrome. *Paediatric Anaesthesia, 8,* 181.
Tu, J., Hartridge, C. & Izawa, J. (1992). Psychopharmacogenetic aspects of Prader-Willi syndrome. *Journal of the American Academy of Adolescent Psychiatry, 31,* 1137–1140.
Tunali, B. & Power, T. (1993). Creating satisfaction: A psychological perspective on stress and coping in families of handicapped children. *Journal of Child Psychology and Psychiatry, 34,* 945–957.
Turk, J. & Cornish, K. (1998). Face recognition and emotion perception in boys with fragile-X syndrome. *Journal of Intellectual Disability Research, 42,* 490–499.
Turner, G., Webb, T., Wake, S. & Robinson, H. (1996). Prevalence of fragile X syndrome. *American Journal of Medical Genetics, 64,* 196–197.

Uchino, J., Suzuki, M., Hoshino, K., Nomura, Y. & Segawa, M. (2001). Development of language in Rett syndrome. *Brain & Development, 23,* 233–235.
Udwin, O. (1990). A survey of adults with Williams syndrome and idiopathic infantile hypercalcaemia. *Developmental Medicine and Child Neurology, 31,* 129–141.
Udwin, O., Yule, W. & Martin, N. (1987). Cognitive abilities and behavioural characteristics of children with idiopathic infantile hypercalcaemia. *Journal of Child Psychology and Psychiatry, 28,* 297–309.
Udwin, O. & Yule, W. (1990). Expressive language of children with Williams syndrome. *American Journal of Medical Genetics. Suppl. 6,* 108–114.
Udwin, O. & Yule, W. (1991). A cognitive and behavioural phenotype in Williams syndrome. *Journal of Clinical and Experimental Neuropsychology, 13,* 232–244.
Udwin, O., Davies, M. & Howlin, P. (1996). A longitudinal study of cognitive abilities and educational attainment in Williams syndrome. *Developmental Medicine and Child Neurology, 38,* 1020–1029.
Udwin, O., Webber, C. & Horn, I. (2001). Abilities and attainment in Smith-Magenis syndrome. *Developmental Medicine and Child Neurology, 43,* 823–828.
Uhlemann, T. (1990). *Stigma und Normalität. Kinder und Jugendliche mit Lippen-Kiefer-Gaumenspalte.* Göttingen: Vandenhoeck & Ruprecht.

Van Bogaert, P., Ceballos, I., Desguerre, I., Telvi, L., Kamoun, P. & Ponsot, G. (1992). Lesch-Nyhan syndrome in a girl. *Journal of Inherited Metabolic Disease, 15,* 790–791.
Van den Borne, H., van Hooren, R., van Gestel, M., Rienmejer, P., Fryns, J. & Curfs, L. (1999). Psychosocial problems, coping strategies, and the need for information of parents of children with Prader-Willi syndrome and Angelman syndrome. *Patient Education and Counseling, 38,* 205–216.
Van Buggenhout, G., Pijkels, E., Holvoet, M., Schaap, C., Hamel, B. & Fryns, J. (2000). Cri du Chat syndrome: Changing phenotype in older patients. *American Journal of Medical Genetics, 90,* 203–215.
Van der Brugt, I., Thoonen, G., Roosenboom, N., Assman-Hulsmans, C. & Gabreels, F. (1999). Patterns of cognitive functioning in school-aged children with Noonan syndrome associated with variability in phenotypic expression. *Journal of Pediatrics, 135,* 707–713.
Van Borsel, J., Curfs, L. & Fryns, J. (1997). Hyperacusis in Williams syndrome: A sample survey study. *Genetic Counseling, 8,* 121–126.
Van der Veyver, I. & Zoghbi, H. (2002). Genetic basis of Rett syndrome. *Mental Retardation and Developmental Disabilities Research Reviews, 8,* 82–86.

Van Lierde, A., Atza, M., Giardino, D. & Viani, F. (1990). Angelman's syndrome in the first year of life. *Developmental Medicine and Child Neurology, 32,* 1011–1016.
Van Lierde, K., van Borsel, J., van Cauwenberge, P. & Callewaert, S. (2001). Speech patterns in children with velo-cardio-facial syndrome. *Folia Phoniatrica Logoped, 53,* 213–221.
Van Trappen, G., Devriendt, K., Swillen, A., Rommel, N. & Fryns, J. (1999). Presenting symptoms and clinical features in 130 patients with the velo-cardio-facial syndrome. The Leuven experience. *Genetic Counseling, 10,* 3–9.
Varley, C. & Crnic, K. (1984). Emotional, behavioral, and cognitive status of children with cerebral gigantism. *Journal of Developmental and Behavioral Pediatrics, 5,* 132–134.
Veenema, H., Veenema, T. & Geraedts, J. (1987). The fragile X syndrome in a large family. II. Psychological investigations. *Journal of Medical Genetics, 24,* 32–38.
Verhoeven, W., Curfs, L., & Tuinier, S. (1998). Prader-Willi syndrome and cycloid psychoses. *Journal of Intellectual Disabilities Research, 42,* 455–462.
Vicari, S., Brizzolara, D., Carlesimo, G., Pezzini, G. & Volterra, V. (1996). Memory abilities in children with Williams syndrome. *Cortex, 32,* 503–514.
Volterra, V., Capirci, O., Pezzini, G., Sabbadine, L. & Vicari, S. (1996). Linguistic abilities in Italian children with Williams syndrome. *Cortex, 32,* 663–677.
Von Beust, G., Laccone, F., del Pilar Andrino, M. & Wessel, A. (2000). Klinik und Genetik des Williams-Beuren-Syndroms. *Klinische Pädiatrie, 212,* 299–307.
Von Gontard, A., Backes, M., Laufersweiler-Plass, C., Wendland, C., Lehmkuhl, G., Zerres, K. & Rudnik-Schöneborn, S. (2002). Psychopathology and familial stress – comparison of boys with Fragile X syndrome and spinal muscular atrophy. *Journal Child Psychology and Psychiatry, 43,* 949–957.
Von Tetzchner, S., Jacobsen, K., Smith, L., Skjeldal, O., Heiberg, A. & Fagan, J. (1996). Vision, cognition and developmental characteristics of girls and women with Rett syndrome. *Developmental Medicine and Child Neurology, 38,* 212–225.

Waber, D. (1979). Neuropsychological aspects of Turner syndrome. *Developmental Medicine and Child Neurology, 21,* 58–70.
Wagstaff, J., Noll, J., Glatt, K., Shugart, Y., Sommer, A. & Lalande, M. (1992). Maternal but not paternal transmission of 15q11–13–linked nondeletion Angelman syndrome leads to phenotypic expression. *Nature Genetics, 1,* 291–294.
Wallander, J. & Marullo, D. (1997): Handicap-related problems in mothers of children with physical impairments. *Research in Devevelopmental Disabilities, 18,* 151–165.
Walzer, S., Bashir, A. & Silbert, A. (1990). Cognitive and behavioral factors in the learning disabilities of 47, XXY and 47, XYY boys. *Birth Defects, 26,* 45–58.
Wang, P. & Bellugi, U. (1993). Williams syndrome, Down syndrome, and cognitive neuroscience. *American Journal of Diseases in Childhood, 147,* 1246–1251.
Wang, P., Woodin, M., Kreps-Falk, R. & Moss, E. (2000). Research on behavioral phenotypes: velocardiofacial syndrome (deletion 22q11.2). *Developmental Medicine and Child Neurology, 42,* 422–427.
Wang, P., Doherty, S., Rourke, S. & Bellugi, U. (1995). Unique profile of visuo-perceptual skills in a genetic syndrome. *Brain and Cognition, 29,* 54–65.
Warnock, J. & Kestenbaum, T. (1992). Pharmacologic treatment of severe skin-picking behaviors in Prader-Willi syndrome. *Archives of Dermatoloy, 128,* 1623–1625.
Waters, J., Clarke, D. & Corbett, J. (1990). Educational and occupational outcome in Prader-Willi syndrome. *Child: care, health and development, 16,* 272–282.

Waters, J. (1991). *Report on a questionnaire to parents of adults and teenagers with Prader-Willi syndrome.* Herts: Prader-Willi Syndrome Association.

Weatherall, D. (1991). *The new genetics and clinical practice.* New York: Oxford University Press.

Weber, W. (1967). Survival and the sex ratio in trisomy 17–18. *American Journal of Human Genetics, 19,* 369–377.

Wesecky, A. (1986). Music therapy for children with Rett syndrome. *American Journal of Medical Genetics, 24,* 253–258.

Wilson, D., Burn, J., Scambler, P. & Goodship, J. (1993). DiGeorge syndrome: part of CATCH 22. *Journal of Medical Genetics, 30,* 852–856.

Whitman, B. & Accardo, P. (1987). Emotional symptoms in Prader-Willi syndrome adolescents. *American Journal of Medical Genetics, 28,* 897–905.

Whitman, B. & Greenswag, L. (1996). Psychological and behavioral management. In: Greenswag, L. & Alexander, R. (Eds.). *Management of Prader-Willi syndrome.* 2nd ed. (pp. 125–141). New York: Springer.

Whitman, B., Myers, S., Carrel, A. & Allen, D. (2002). The behavioral impact of growth hormone treatment for children and adolescents with Prader-Willi syndrome: A 2-year, controlled study. *Pediatrics, 109,* 308–309.

Wiegers, A., Curfs, L. & Fryns, J. (1992). A longitudinal study of intelligence in Dutch fragile X boys. *Birth defects, 28,* 93–97.

Wiegers, A., Curfs, L., Vermeer, E. et al. (1993). Adaptive behavior in the fragile X syndrome: Profile and development. *American Journal of Medical Genetics, 47,* 216–220.

Wilkens, L., Brown, J. & Wolf, B. (1980). Psychomotor development in 65 home-reared children with cri-du-chat syndrome. *Journal of Pediatrics, 97,* 401–405.

Wilkens, L., Brown, J., Nance, W. & Wolf, B. (1983). Clinical heterogeneity in 80 home-reared children with cri du chat syndrome. *Journal of Pediatrics, 102,* 528–533.

Wilkie, A., Slaney, S., Oldridge, M. et al. (1995). Apert syndrome results from localized mutations of FGFR2 and is allelic with Crouzon syndrome. *Nature Genetics, 9,* 165–176.

Willekens, D., De Cock, P. & Fryns, J. (2000). Three young children with Smith-Magenis syndrome: Their distinct, recognisable behavioural phenotype as the most important clinical symptoms. *Genetic Counseling, 11,* 103–110.

Williams, J., Richman, L. & Yarbrough, D. (1992). Comparison of visual-spatial performance strategy training in children with Turner syndrome and learning disabilities. *Journal of Learning Disabilities, 25,* 658–664.

Williams, C., Angelman, H., Clayton-Smith, J. et al. (1995). Angelman syndrome: Consensus for diagnostic criteria. *American Journal of Medical Genetics, 56,* 237–238.

Williams, J., Barratt-Boyes, B. & Lowe, J. (1961). Supravalvular aortic stenosis. *Circulation, 23,* 1311–1318.

Wilson, D., Burn, J., Scambler, P. & Goodship, J. (1993). DiGeorge syndrome: part of CATCH 22. *Journal of Medical Genetics, 30,* 852–856.

Wilson, M. & Dyson, D. (1982). Noonan syndrome: Speech and language characteristics. *Journal of Communication Disorders, 15,* 137–152.

Winter, M., Pankau, R., Amm, M., Gosch, A. & Wessel, A. (1996). The spectrum of ocular features in the Williams-Beuren syndrome. *Clinical Genetics, 49,* 28–31.

Winship, I. (1985). Sotos syndrome: Autosomal dominant inheritance substantiated. *Clinical Genetics, 28,* 243–246.

Wit, J., Beemer, G., Barth, P., Oothuys, J., Dijkstra, P. & Leschot, N. (1985). Cerebral gigantism (Sotos syndrome), compiled data of 22 cases. *European Journal of Pediatrics, 114,* 131–140.

Witt-Engerstrom, I. (1987). Rett syndrome: A retrospective pilot study on potential early predictive symptomatology. *Brain and Development, 9,* 481–486.

Woldorf, J. & Johnson, K. (1994). Gross motor development of a 7 year old girl with trisomy 18. *Clinical Pediatrics, 33,* 120–122.

Wolf-Schein, E., Sudhalter, V., Cohen, I., Fisch, G. et al. (1987). Speech-language and the fragile X syndrome: Initial findings. *Journal of the American Speech and Hearing Association, 29,* 35–38.

Wood, A., Massarano, M., Super, M. & Harrington, R. (1995). Behavioural aspects and psychiatric findings in Noonan's syndrome. *Archives of Disease in Childhood, 72,* 153–155.

Woodyatt, G. & Ozanne, A. (1992). Communication abilities and Rett syndrome. *Journal of Autism and Developmental Disorders, 22,* 155–173.

Woodyatt, G. & Ozanne, A. (1993). A longitudinal study of cognitive skills and communication behaviours in children with Rett syndrome. *Journal of Intellectual Disability Research, 37,* 419–435.

Wyllie, J., Wright, M., Burn, J. & Hunter, S. (1994). Natural history of trisomy 13. *Archives of Diseases in Childhood, 71,* 343–345.

Yamada, K. & Volpe, J. (1990). Angelman's syndrome in infancy. *Developmental Medicine and Child Neurology, 32,* 1005–1021.

Yasuhara, A. & Sugiyama, Y. (2001). Music therapy for children with Rett syndrome. *Brain & Development, 23,* 82–84.

York, A., von Fraunhofer, N., Turk, J. & Sedgwick, P. (1999). Fragile-X syndrome, Down's syndrome and autism: Awareness and knowledge amongst special educators. *Journal of Intellectual Disability Research, 43,* 314–324.

Yukawa, T., Akazama, H., Miyake, Y. et al. (1992). A female patient with Lesch-Nyhan syndrome. *Developmental Medicine and Child Neurology, 34,* 534–546.

Zappella, M. (1990). Autistic features in children affected by cerebral gigantism. *Brain Dysfunction, 3,* 241–244.

Zappella, M. (1996). *Autism, preserved speech, many features of Rett syndrome.* Paper presented to the 4th Internat. Symposium of the Society for the Study of Behavioural Phenotypes, Dublin, 14–16th november.

Zappella, M., Gillberg, C. & Ehlers, S. (1998). The preserved speech variant: a subgroup of the Rett complex: a clinical report of 30 cases. *Journal of Autism and Developmental Disorders, 28,* 519–526.

Zipf, W. & Berntson, G. (1987). Characteristics of abnormal food-intake patterns in children with Prader-Willi syndrome and study of effects of naloxone. *American Journal of Clinical Nutrition, 46,* 277–281.

Zlotkin, S., Fettes, I., Stallings, V. (1986). The effects of naltrexone, an oral b-endorphin antagonist, in children with Prader-Willi syndrome. *Journal of Clinical Endocrinological Metabolics, 63,* 1229–1232.

Zori, R., Hendrickson, J., Woolven, S., Whidden, E., Gray, B. & Williams, C. (1992). Angelman syndrome: clinical profile. *Journal of Child Neurology, 7,* 270–280.

Zwink, L. (1998). Cognitive functioning profiles for schoolgirls with Fragile X syndrome. *The Fragile X Society Newsletter,* 93–98.

Anhang

Übersicht über psychologische Test- und Befragungsinstrumente

Test	Kurzbeschreibung	Entwicklungsbereich
Aberrant Behaviour Checklist (Aman et al., 1985)	Fragebogen zu Irritabilität, Passivität, stereotypem Verhalten, Hyperaktivität und sprachlichen Besonderheiten bei Geistigbehinderten	Erwachsene
Aktiver Wortschatztest (Kiese & Kzielski, 1996)	Individualtest zur Messung des aktiven Wortschatzumfangs an Bildvorgaben	3 bis 6 Jahre
Bayley Scales of Infant Development (Bayley, 1969; II 1993)	Skala zur Entwicklung der motorischen Fähigkeiten und der mentalen Fähigkeiten, Infant Behavior Record	0 bis 30 Monate (rev. Fassung 42 Monate)
Child Behavior Checklist (Achenbach & Edelbrock, 1981; dt.: Döpfner et al., 1998)	Fragebogen zur Beurteilung von Verhaltensauffälligkeiten (113 Items)	4 bis 16 Jahre
Developmental Behaviour Checklist (Einfeld & Tonge, 1994)	Fragebogen zu aggressiv-destruktivem Verhalten, Rückzugsverhalten, Kommunikationsauffälligkeiten, Ängstlichkeit, autistischer Beziehungsstörung und antisozialem Verhalten bei behinderten Kindern	Kindesalter
Family Functioning Style Scale (Deal et al., 1988)	Kurzfragebogen zur Einschätzung von Merkmalen des Beziehungsklimas in der Familie: innere Beteiligung der Familienmitglieder, Zusammenhalt, Kommunikationsfähigkeit, Kompetenz, Bewältigungsfähigkeiten für Probleme (26 Items)	Eltern

Family Needs Survey (Bailey & Simeonsson, 1988; dt. Sarimski, 1996)	Kurzfragebogen zu den elterlichen Bedürfnissen nach Information über die Behinderung, Unterstützung, Kontakt zu anderen Eltern, Beratung bei der Lösung von Familienkonflikten, praktischen Hilfen (22 Items-Kurzfassung)	Eltern (behinderter Kinder)
Griffiths Entwicklungsskalen (Griffiths, 1954; dt. Brandt & Sticker, 2000)	Skalen zu Motorik, persönlich-sozialen Fähigkeiten, Hören und Sprechen, Auge und Hand, „Leistungen"	0 bis 24 Monate
Hamburg-Wechsler Intelligenztest für Kinder – Rev. 1983 (Tewes, 1983)	Subtests: Allgemeines Wissen, Wortschatz-Test, Rechnerisches Denken, Allgemeines Verständnis, Gemeinsamkeiten finden, Zahlen nachsprechen (Verbalteil); Zahlen-Symbol-Test, Bilderergänzen, Mosaiktest, Figuren legen, Bilder ordnen (Handlungsteil); Gesamt-IQ	6;0 bis 15;11 Jahre
Hannover-Wechsler-Intelligenztest für das Vorschulalter (Eggert, 1976)	Skalen zu verbalen Fähigkeiten (allg. Wissen, Wortschatz, allg. Verständnis); Handlungsfähigkeiten (Labyrinthe, Mosaiktest, Figurenzeichnen); rechnerischen Fähigkeiten; „Tierhäuser" (Konzentrationsfähigkeit)	4;0 bis 6;5 Jahre
Kaufman Assessment Battery for Children (Kaufman & Kaufman, 1986; dt.: Melchers & Preuß, 1991)	Skalen zu einzelheitlichen Fähigkeiten (Handbewegungen, Zahlen nachsprechen, Wortreihe), ganzheitlichen Fähigkeiten (Zauberfenster, Wiedererkennen von Gesichtern, Gestaltschließen, Dreiecke, Bildhaftes Ergänzen, Räumliches Gedächtnis, Fotoserie), Fertigkeiten (Wortschatz, Gesichter und Orte, Rechnen, Rätsel, Lesen/Verstehen)	2;6 bis 12;5 Jahre
McCarthy Scales of Children's Abilities (McCarthy, 1972)	Skalen zu sprachbezogenen Fähigkeiten, Perzeption/Handlungsfähigkeit, Umgang mit Mengen und Zahlen, Gedächtnis, Motorik, generelle kognitive Fähigkeiten	2;6 bis 8;6 Jahre

Münchener Funktionelle Entwicklungsdiagnostik (Hellbrügge, 1978; Köhler & Egelkraut, 1984)	Skalen zu Motorik, Handgeschicklichkeit, Perzeptio/Wahrnehmungsverarbeitung, Sprachverständnis, Sprache, Sozialentwicklung und Selbständigkeit	0 bis 36 Monate
Ordinalskalen zur sensomotorischen Entwicklung (Uzgiris & Hunt, 1976; dt.: Sarimski, 1986)	Skalen zu Objektpermanenz, Wahrnehmung von Mittel-Zweck-Beziehungen, Lautimitation, Gestenimitation, Wahrnehmung kausaler Zusammenhänge, Wahrnehmung von räumlichen Beziehungen und Schemata im Umgang mit Objekten	0 bis 24 Monate
Parenting Stress Index (Abidin, 1990)	Fragebogen zur Beurteilung von kritischen Belastungselementen des Eltern-Kind-Interaktionssystems; Skalen zur interaktionsbezogenen Belastung (Anpassungsfähigkeit des Kindes, Akzeptanz von Verhaltensweisen, Aufmerksamkeit forderndem Verhalten, Stimmungsschwankungen, Ablenkbarkeit / Überaktivität, Verstärkungswert des Verhaltens für die Eltern) und zur psychischen Belastung der Eltern (Depressivität, Bindung zum Kind, rollenbedingte Einschränkungen, Überzeugung von der eigenen Kompetenz, soziale Isolierung, Beziehung zum Partner und körperliche Gesundheit)	Eltern von Kindern im Alter von 0 bis 12 Jahren
Psycholinguistischer Entwicklungstest (Angermaier, 1977)	Untertests: Wortverständnis, Bilder deuten, Sätze ergänzen, Bilder zuordnen, Gegenstände beschreiben, Gegenstände handhaben, Grammatik-Test, Wörter ergänzen, Laute verbinden, Objekte finden, Zahlenfolge-Gedächtnis und Symbolfolgen-Gedächtnis	3 bis 10 Jahre

Snijders-Oomen Non-verbaler Intelligenztest (Snijders et al., 1996)	Untertests: Mosaike, Kategorien, Puzzles, Analogien, Situationen, Zeichenmuster	2 1/2 bis 7 Jahre
Sprachentwicklungstest für zweijährige Kinder (Grimm, 2000)	Untertests: Verstehen von Wörtern und Sätzen, expressiver Wortschatz, Satzbildung	2 bis 3 Jahre
Sprachentwicklungstest für drei- bis fünfjährige Kinder (Grimm, 2001)	Untertests: Verstehen von Sätzen, Enkodierung semantischer Relationen, morphologische Regelbildung, phonologisches Arbeitsgedächtnis, Gedächtnisspanne für Wortfolgen, Satzgedächtnis	3 bis 5 Jahre
Society for the Study of Behavioural Phenotypes Postal Questionnaire (O'Brien, 1992)	Fragebogen zu neurologischem Status, Entwicklung von Sehen und Hören, Mobilität, Gebrauch der Hände, Selbständigkeit, Kommunikation; Verhaltensbesonderheiten: Ernährung, Schlaf, soziales Verhalten, Sprachprobleme, körperliche Bewegung, unübliche Bewegungen und Interessen, selbstverletzendes Verhalten und Aggression, Ängstlichkeit und Stimmung	
Symbolic Play Test (Lowe & Costello, rev., 1988)	Beurteilung kognitiver Vorstellungsfähigkeiten in vier Rollenspielszenen mit Puppenmaterial	1 bis 3 Jahre
Verhaltensfragebogen für Vorschulkinder (Döpfner et al., 1993)	Fragebogen zur Beurteilung von sozialer Kompetenz, oppositionell-aggressivem Verhalten, hyperaktivem Verhalten und emotionalen Problemen (70 Items in der Elternversion; 110 Items in der Erzieherversion)	3 bis 6 Jahre

Hilfreiche Adressen

Kindernetzwerk e.V.
Hanauer Str. 15
63739 Aschaffenburg

Das Kindernetzwerk bietet betroffenen Eltern und Fachleuten Informationen und Kontakte (z. B. zu einzelnen Eltern und Selbsthilfegruppen) bei derzeit mehr als 450 seltenen Erkrankungen, Behinderungen oder (Problem-) Bereichen an.

Das Kindernetzwerk hat ein Buch unter dem Titel „Wer hilft weiter?" (Lübeck: Schmidt-Römhild, 1996) herausgegeben. Dort finden sich Kurzübersichten über eine Vielzahl seltener Behinderungen und ein Adressenverzeichnis von Einrichtungen aus den Bereichen „Sozialpädiatrie" und „Kinder- und Jugendpsychiatrie". Eltern können auf der Suche nach Diagnostik und Beratung in Zusammenarbeit mit ihrem Kinderarzt eine regionale Einrichtung finden, die ihnen weiterhilft.

Viele Eltern suchen auch den Kontakt zu spezialisierten Teams aus Humangenetiker, Kinderarzt, Kinderpsychologe und weiteren Therapeuten, bzw. Fachärzten, wie sie das Kinderzentrum München anbietet:

Kinderzentrum München
Heiglhofstr. 63
81377 München

Ein Verzeichnis der Regionalen Pädagogischen Frühförderstellen ist über das Bundesministerium für Arbeit und Sozialordnung, Berlin, zu erhalten. Kontaktadressen für regionale Einrichtungen für Kinder mit Behinderungen sowie vielfältige Beratungsdienste bietet auch an die:

Bundesvereinigung Lebenshilfe
für Menschen mit geistiger Behinderung e. V.
Raiffeisenstr. 18
35043 Marburg

Zu den folgenden der in diesem Buch vorgestellten Syndrome bestehen in Deutschland Elternvereinigungen:

Angelman e. V.
Herrn H. Bewersdorf
Prettauer Pfad 8
12207 Berlin

Elterninitiative Apert-Syndrom e. V.
für kraniofaziale Fehlbildungen
Herrn H.-U. Jaczek
Bardinghausen 4
58566 Kierspe

Hilfreiche Adressen

Arbeitskreis
Cornelia-de-Lange-Syndrom
e. V.
Geschäftsstelle
Ober-Liebersbach 27
69509 Mörlenbach

Selbsthilfegruppe
Cri-du-Chat-Syndrom
Frau U. Meierdierks
Kurt-Schumacher-Allee 48
28327 Bremen

(fragiles-X-Syndrom)
Interessengemeinschaft Marker-X
e. V.
Frau E. Lamp
Goethering 42
24576 Bad Bramstedt

KiDS-22q11 e. V.
Blumenweg 2
87448 Waltenhofen

Deutsche Klinefelter-Syndrom
Vereinigung e. V.
Im Kirchfeld 1
34599 Neuental-Schlierbach

LEONA e. V.
Verein für Eltern chromosomal
geschädigter Kinder
Herrn R. Maiwald
Auf dem Klei 2
44263 Dortmund

Prader-Willi-Syndrom Vereinigung
Deutschland e. V.
Herrn T. Groß
Söllockweg 66
45357 Essen

Elternhilfe für Kinder
mit Rett-Syndrom in Deutschland
e. V.
Geschäftsstelle
Wörsdorferstr. 3
65510 Hünstetten/Wallrabenstein

SIRIUS e. V.
Smith-Magenis-Syndrom
www.Smith-magenis.de

EISS Eltern-Initiative
Sotos-Syndrom
Frau E. Davis-Klemm
Steinernkreuzweg 22
55246 Mainz-Kostheim

Deutsche Ullrich-Turner-Syndrom
Vereinigung e. V.
Geschäftsstelle
Am Talstücksbach 7
53809 Ruppichteroth-Fusshollen

Bundesverband
Williams-Beuren-Syndrom
e. V.
Herrn W. Wandschneider
Bornkamp 5a
23795 Fahrenkrug

Sachregister

Aberrant Behavior Checklist 75, 182, 483
Ablehnung durch Gleichaltrige 67
Aggression 71
Anfall 163, 361, 414, 456
Anfallsleiden 398, 455
Angst 232, 436
Ängstlichkeit 71, 86, 144, 146, 181, 185–186, 192, 228, 306, 375
Aortenstenose 112, 114
Ärger-Management 91
Atemregulationsstörung 374
Aufmerksamkeitskontrolle 140, 169
Aufmerksamkeitsproblem 232, 266, 340, 405, 434, 502
Aufmerksamkeitsstörung 183, 195
Äußerung
 – echolalische 434
 – perseverierende 60
Autoaggression 27, 440

Behavior Problems Inventory 343, 376, 462
Belastung
 – elterliche 488
 – interaktionsorientierte 88, 148, 270
 – psychische 88, 148, 198, 233, 271, 311, 345, 536
Beratung, interaktionsorientierte 538
Bewältigungskraft 533
Bewegung
 – ataktische 395
 – stereotype 355, 435
Beziehungsaufbau 526

Child Behavior Checklist (CBCL) 29, 69, 73, 144, 183–184, 231, 262, 266, 435, 502, 513
Chromosomenuntersuchung 22
Chromosomenveränderung
 – numerische 22
 – strukturelle 22
Craniosynostose 251

Defizit, oral-motorisches 59
Deletion 22, 52, 55, 81, 112, 326, 395, 398, 493–494, 500
Developmental Behaviour Checklist (DBC) 30, 75, 82, 144, 190, 376, 547
Diagnose 17, 25, 525, 529, 547
Diätempfehlung 86
Diätplanung 93
Disomie, uniparentale 52, 55, 81, 395
Distanzlosigkeit 143
Dysfunktion, oral-motorische 112, 476
Dysmorphie 22

Echolalie 60, 175
Elternbelastung 463
Entwicklungsstagnation 355
Erkrankung
 – psychiatrische 81, 515
 – X-gebundene 24
Ernährungsproblem 423, 429
Ernährungsschwierigkeiten 413
Essstörung 79, 146, 362, 460
Essverhalten 83, 85, 93, 335, 415

Fähigkeit
 – adaptive 178, 363, 431
 – kommunikative 366, 368–369
 – sprachgebundene 116, 169
 – syntaktische 260
 – visuell-konstruktive 170, 510
Fähigkeitsprofil 123
Fehlen sprachlicher Ausdrucksmöglichkeiten 396
förderliche Eltern-Kind-Beziehung 536
Fütterproblem 303, 496

Gebärdensprache 542
Genitale, Unterentwicklung der 50
Geräuschüberempfindlichkeit 142

Handlungsplanung 169
Handstereotypie 358
Handzeichen 337, 402, 404, 432, 457

HAWIK 115, 216, 253, 291, 501
Heidelberger-Kompetenz-Inventar (HKI) 63, 179
Herzfehlbildung 329, 414
Herzfehler 413, 455–456, 493, 495
Hörminderung 414
Hormonbehandlung 517
Hörstörung 113, 289
Hyperaktivität 181, 186, 192, 195, 232, 340, 396, 405, 481, 486, 513
Hypernasalität 495
Hypotonie 215, 223, 328, 414, 429, 476, 497

Immunschwäche 495
Imprinting 52
Irritabilität 341, 406

Kalorienplanung 86
Kaufman Assessment Battery for Children (KABC) 54, 165, 255, 477
Kleinwuchs 413, 508, 514
Kneifen, selbstverletzendes 74, 92
Kommunikation
 – aggressive, destruktive und selbstverletzende 547
 – Gestützte 545
 – soziale 174
Kommunikationsform, alternative 544–545
Kommunikationshilfe 542
Kompetenz, adaptive 62, 65, 332, 334, 399
Körperwachstum 213
 – verlangsamtes 114
Kratzen, selbstverletzendes 92

Lebenserwartung 359, 455
Leistungsprofil 170
Lese-Rechtschreibschwäche 519
Lesefähigkeit 138, 479
Lesefertigkeit 501, 512

McCarthy Scales of Children's Abilities (MSCA) 57, 219, 255, 477
Merkfähigkeit 54, 123
Methylierung 164
Mikrodeletion 214, 428
Minderwuchs 288, 328

Montessori-Übungsbehandlung 65, 120, 224
Musiktherapie 385

Nisonger Beurteilungsbogen für das Verhalten behinderter Kinder (NCBRF) 31, 76–77, 189, 229, 437, 486

Partnerschaft 528
Passivität 71
Perseveration 175, 181
Phänotyp 32
Prävalenz, von emotionalen und Verhaltensproblemen 27
Pre-verbal Communication Schedule 299, 368, 403, 460
Profil 331, 419, 509

Rechenfähigkeit 512, 519
Rechnen 168, 222
Reflux, gastro-ösophagealer 289, 303, 397
Retardierung, sprachbezogene 519

Sättigungsgefühl 84–85
Satzbildungsfähigkeit 127
Satzverständnis 58, 338
Schallleitungsproblematik 258
Schallleitungsschwerhörigkeit 476
Schallleitungsstörung 252
Schlafproblem 227, 336, 436
Schlafstörung 134, 146, 362, 405–406, 481, 486
Schulbesuch 61, 166, 220
Selbstkontrolle 83, 93, 97
Selbstständigkeit im Erwachsenenalter 67
Selbstverletzung 71, 440, 480
Selbstwertgefühl 513, 522
Sondenernährung 303
Spielbeobachtung 297, 342
Spielverhalten 120, 191
Sprache, hypernasale 59, 499
Sprachentwicklung 57–58, 295, 336
 – expressive 497
Sprachgebrauch 433
Sprachgewandtheit 125–126
Sprachhemmung 224
Sprachunflüssigkeit 60

Sprachverständnis 366, 497
Stereotypie 27, 340–341, 344, 377, 481
Stimmstörung 499
Störung der visuell-räumlichen Wahrnehmung 121
Störung des Handgebrauchs 371
Sturheit 74
Symbolic Play Test (SPT) 56, 255

Theory of Mind 178
Translokation 23
Trauerprozess 526

Überempfindlichkeit 182
Überempfindlichkeit für Geräusche 113
Übergewicht 50, 65, 76, 80, 83, 85, 90, 93

Unsicherheit, soziale 67, 177, 195, 230, 232, 502
Unterstützung, soziale 533

Variabilität 25, 33–34
– inter- und intraindividuelle 18
Verarbeitung, sequenzielle 168, 477
Verhalten
– aggressives 144, 186, 228, 306, 436, 486
– autoaggressives 462
– hyperaktives 229
– selbstverletzendes 76, 144, 228, 306, 374, 436, 442, 445, 484–485, 551

– soziales 143, 227, 421, 436
– stereotypes 76, 462
– zwanghaftes 76, 86
Verhaltensbeurteilungsbogen für Vorschulkinder 69, 143, 184, 264, 422
Verhaltensmerkmal, autistisches 167, 233, 297
Verhaltensphänotyp 17, 25, 34
Verhaltensweise
– autistische 358, 459
– destruktive 27
– selbstverletzende 309, 311, 344, 373, 376, 435, 443, 481
– zwanghafte 75, 79, 90, 311
Vermeiden von Blickkontakt 177, 182, 193, 195
Vineland Adaptive Behavior Scales (VABS) 332, 363, 477
Vineland Social Maturity Scale 62, 292

Wachstum 215
– verlangsamtes 113
Wachstumshormonbehandlung 85, 424
Wahrnehmung, visuell-räumliche 124, 510
Wechsler-Intelligenztest 53, 331, 477, 518
Wiedererkennen von Gesichtern 122
Wortschatz 127, 133, 171, 259, 432
Wortverständnis 58, 338
Wutanfall 74, 78, 90, 227, 481

Zwanghaftigkeit 74

Autorenregister

Abbeduto, L. 171, *557*
Abidin, R. 87, *557*
Abrams, M. 170, *557, 559, 570, 586*
Accardo, P. 74, *582, 596*
Achenbach, T. 73, *557*
Adam, H. 542, *557*
Adamson, L. *581, 587*
Agwu, J. 215, *557*
Aicardi, J. *572*
Akazama, H. *597*
Akefeldt, A. 51, 59, *557*
Akefeldt, B. 51, 59, *557*
Albrecht, B. *571*
Allanson, J. 289, 414, 419, *557, 582*
Allen, D. *562, 596*
Allison, D. *592*
Almazan, M. 127, *563*
Almes, M. *577*
Almond, G. *575*
Alpert, M. *558*
Al-Ramwas, S. *576*
Altman, K. 96, *557*
Altshul-Shark, D. *576*
Aman, M. 26, 31, 75, *557, 567, 593*
Ambalavanan, S. 289, *581*
Ament, N. *558*
Amidon, D. *579*
Amir, R. 360, *557*
Amiri, K. *572*
Amm, M. *596*
Anderlik, L. 538, *557*
Andersen, W. 399, *557*
Anderson, L. 441–442, 444–445, *558*
Angelman, H. 395, *558, 596*
Angulo, M. 50, *558, 574*
Anker, S. *558*
Apartopoulos, F. *576*
Apitz, J. *560*
Archer, L. 83, *558*
Ariname, T. *569*
Armsden, G. *591*
Armstrong, B. 360, *577*
Armstrong, D. 360, *558*

Armstrong, S. 360, *581*
Arnaud, E. *586*
Arndt, E. *578*
Assman-Hulsmans, C. *594*
Atkinson, D. 124, *568*
Atkinson, J. 124, *558*
Atza, M. *595*
Aylsworth, A. *578*
Aylward, E. *570*

Backes, M. 165, 168, 183, *558, 591, 595*
Bacon, G. 509–510, *578*
Baddeley, A. *576*
Baieli, S. *580*
Bailey, D. 90, 164, 167, 172, *558, 573*
Bailey, J. 90, 164, 167, 172, *579, 583, 586, 588, 592*
Bakay, B. *558, 563*
Baldini, A. *586*
Bale, A. 223, *558*
Ball, T. 446, *558*
Balla, D. *591*
Bankier, A. *558*
Barabas, G. *580*
Baraitser, M. *575, 587*
Baratang, R. *574*
Barclay, S. *578*
Barden, C. 262, 267, *558–559*
Barkeling, B. *579*
Barkemeyer, R. *558*
Barr, M. *575, 577*
Barratt-Boyes, B. *596*
Barth, P. *597*
Baselier, A. *574*
Bashir, A. *568, 571, 595*
Bassett, A. 505, *559*
Bates, W. *581*
Batshaw, M. *582*
Baumgardner, T. *559, 581*
Baumgartner, 180, 182
Bax, M. 29, *584*
Bay, C. 290, *559, 563*

Beck, B. 288–289, 292, 308, *559*
Becker, M. 440, *559*
Beemer, F. *573*
Beemer, G. *597*
Belevich, J. *577*
Belfiore, P. *590*
Bell, J. 162, *580*
Bellugi, U. 112, 122, 127, 130–131, *559–560, 576, 586, 593, 595*
Belser, R. 177, *559*
Benarroch, F. *572*
Bender, B. 510, 512, 519, *559, 587–588*
Bennett, F. 117, *559*
Beresford, B. 547, *559*
Berger, R. 330, 335, 337–338, 340, *578*
Berger, S. 330, 335, 337–338, 340, *559*
Bergonzi, P. *581*
Bergsma, D. *587*
Bernard-Opitz, V. 542, *560*
Berner, W. *565*
Berney, T. 305, 308–309, 311, *560*
Berntson, G. 84, *569, 597*
Berry-Kravis, E. 163, *560*
Berthoud, I. *576*
Bertrand, J. 123–124, 134, *560, 581*
Beuren, A. 112, *560*
Beuten, J. *561*
Beyaert, E. *574*
Bierich, J. *585*
Biermann, A. 542, 546, *560*
Bihrle, A. 122–123, *560*
Billingsley, F. 385, *582*
Birrell, R. *358*
Bjerre, I. 395, *560*
Black, J. *368*
Blackburn, B. *561, 582, 592*
Blank, C. 253, *560*
Blesch, G. *560*
Blethen, S. *587*
Blin, J. *583*
Block, J. *560*
Blok, J. *574*
Bloom, A. 223–224, *560*
Blount, R. *560*
Blum, N. *585*
Boccia, M. 170, *560*
Bödeker, K. *570*
Bodensteiner, J. *590*
Boehm, C. *586*

Boer, H. 431–432, 434–435, 483, *560, 562–563*
Bolton, P. 459, *575*
Bonas, R. *582*
Bondy, A. *557*
Boone, K. 520, *560, 570*
Borden, M. *563*
Borelli, J. *587*
Borgaonkar, D. 523, *560*
Borghgraef, M. 167, 176, 192, 195, 523–524, *560*
Borthwick-Duffy, S. 27, 547, *561*
Bos, A. *574*
Bosco, P. *581*
Bowen, J. *586*
Bowman, L. *569*
Boyd, S. 398, *561*
Braddick, F. *558*
Braddick, O. *558*
Braden, M. *572*
Bradshaw, J. *564*
Brady, A. 456–459, *564, 576*
Brady, B. 456–459, *561*
Bramble, D. *564*
Branson, C. 58
Breese, G. 440, *561*
Breg, W. *570*
Brei, T. *561*
Brett, E. *587*
Breuning, M. 428, *561*
Brezinka, V. 97, *561*
Bricarelli, D. *562*
Brizzolara, D. *595*
Brodsky, K. *577*
Brondum-Nielsen, K. *585*
Brooks, P. *592*
Brouwer, O. *561, 578*
Brown, A. 50, 62, 67, 86, 89, *563*
Brown, F. 50, 62, 67, 86, 89, *572, 577*
Brown, J. 50, 62, 67, 86, 89, *596*
Brown, R. 50, 62, 67, 86, 89, *575*
Brown, T. 50, 62, 67, 86, 89, *573*
Brown, W. 50, 62, 67, 86, 89, *563*
Brownell, K. 97, *561*
Brubaker, J. *563*
Bruinsma, K. *574*
Budden, S. 358, 361–362, 366, 385, *561, 580*
Budow, L. 90, *565*

Buehler, B. *590*
Bühren, A. *583*
Bull, M. 303, 446, *561*
Buncic, J. 252, *561*
Bundey, S. *593*
Bunker, K. *575*
Buntinx, I. 397–398, 406, *561*
Burch, M. *590*
Burchinal, M. *586*
Burke, J. *592*
Burn, J. *560, 568, 575, 596–597*
Butler, G. 50, 52, 74, 182, *586*
Butler, H. 50, 52, 74, 182, *568*
Butler, J. 50, 52, 74, 182, *561–562*
Butler, M. 50, 52, 74, 182, *562, 565, 587, 593*

Cali, A. *562*
Callewaert, S. *595*
Callias, M. *570*
Cameron, A. 296, *567*
Cameron, T. 296, *562*
Campbell, B. 296, *576*
Campbell, R. 296, *558*
Capirci, O. *592, 595*
Carette, M. *593*
Carey, J. 129, 454–455, *561, 587, 592*
Carey, S. 129, 454–455, *562*
Carlesimo, G. *595*
Carlin, M. 330, 338, *562*
Carlsen, A. *592*
Carlson, J. *562*
Carney, R. 509–510, *593*
Carpenter, I. *572*
Carpenter, N. *569*
Carr, E. 548–550, *562, 593*
Carrel, A. 85, *562, 596*
Caskey, T. *576*
Cass, H. 362, *582, 586*
Cassidy, S. 54, 80, 82, *562, 566–567, 582*
Castro, R. 140, *558, 579*
Castro-Magana, M. *558*
Cataletto, M. *574*
Ceballos, I. *594*
Cerruti Mainardi, P. 327, 335, 337, *562*
Chalifoux, M. *569*
Chapman, S. *557, 575*
Charf, F. *560*
Charman, T. *582*

Chase, C. *593*
Chen, K. 476, *562*
Chery, M. 418, *562*
Cheung Chung, M. *563*
Choudry, S. *572*
Chow, E. *559*
Christie, R. 441–442, *563*
Christodoulou, J. *568*
Chu, C. *565*
Cicchetti, D. *591*
Cinalli, G. *586*
Cirpps, M. *592*
Clahsen, H. 127, *563*
Clark, R. *573*
Clarke, D. 74–76, 81–82, 217–218, 224, 327, 341–342, 401, 405, 483, *560, 562–563, 566, 595*
Clarke, M. 74–76, 81–82, 217–218, 224, 327, 341–342, 401, 405, 483, *563*
Clarren, S. *591*
Clayton-Smith, J. 397–400, 402, 404, 406, *563, 596*
Cohen, I. 170, 177, 193, 250–252, *563, 566, 592, 597*
Cohen, M. 170, 177, 193, 250–252, *563, 577*
Cohen, R. 170, 177, 193, 250–252, *580*
Cole, T. 214–217, 220–221, 223, 225–227, *557, 563, 569, 588, 590*
Coleman, M. 361, 373, 386, *563, 580*
Collins, F. 344, 502, *560, 562*
Colognola, R. *581*
Cooke, A. *565*
Corbett, J. *563, 584, 588, 595*
Cordia-de Haan, M. *573*
Cormack, K. 31, 547, *563*
Cormack, M. 31, 547, *573*
Cornish, K. 170, 179, 193, 326, 331–333, 338, 340, 344, 419–420, *564, 587, 594*
Correira, S. *559*
Coskeran, P. *574*
Costenbader, V. *579*
Cotterill, A. 424, *564*
Cotton, S. *586*
Coucourde, G. *562*
Cramer, B. *568*
Crawford, J. *591*
Crawhall, J. 440, *564*

Crayton, L. *584*
Crimmins, D. *551, 566*
Crisco, J. 121, *564*
Crisp, A. *592*
Criswell, H. *561*
Crnic, K. 54, 217, 226, *595*
Cronister, A. *572*
Cronister, S. *580*
Cross, G. *564*
Cross, I. *575*
Crosse, V. *567*
Crumley, F. 477, *564*
Cunningham, C. 445, *564*
Curfs, L. 52–53, 68, 523, *564–565, 569, 594–596*
Custer, D. *588*
Cutler, G. *581, 587*

d'Amaro, J. *573*
D'Antonio, L. *590*
Dahl, G. *583*
Dahlitz, M. *573*
Dallow, J. *574*
Dana, K. *587*
Dancis, J. *558*
Dauwerse, H. *561*
Davidson, L. *579*
Davies, M. 136, 138, 147, *565, 575–576, 594*
Davis, S. *558*
Dawson, D. 195, *578*
de Blois, M. *565*
De Cock, P. *596*
De Leersnyder, H. 487, *565*
De Vries, B. 163, 170, *565*
Deal, A. 313, *565*
Deal, R. 313, *584*
Dech, B. 90, *565*
deDie-Smulders, C. 289, *565*
Defloor, T. 60, *565*
Dekker, M. 30, *565*
del Pilar Andrino, M. *595*
Delaney, D. *593*
Delis, D. *560*
Delooz, J. 515, *565*
Demeter, K. 364, *565*
Demetriades, L. *584*
Demsey, S. *582*
den Boer, A. *578*

Denckla, M. *586*
Descheemaeker, M. 96, *565*
Desguerre, I. *594*
Deutsche Klinefelter-Syndrom Vereinigung e.V. *565*
Dev, V. *562*
Devriendt, K. *592–593, 595*
Diament, A. *570*
Dias, K. *572*
Dielkens, A. *560*
Dijkstra, P. *597*
DiLiberti, J. *582*
Dilts, C. 112, *565, 582*
Dimitropoulos, A. 79–80, *565*
Dinno, N. *560*
Dirrigl, K. *569*
Dmoch, E. *577*
Dobbs, J. *564*
Dockrell, J. *590*
Dodge, P. 214, *565, 591*
Dodo, H. *575*
Doerfler, W. *558*
Doherty, S. *595*
Donaldson, M. *565*
Dong, H. *579*
Donnai, D. *593*
Döpfner, M. 67, 69, 184, 264, *565*
Dörholt, D. *573*
Dorsey, M. *575*
Drabman, R. *560*
Drake, J. *582*
Dreyer, G. *584*
Driscoll, D. *579, 591*
Drugan, A. 517, *566*
Drum, A. *558*
Duncan, G. *561*
Dunst, C. *565*
Durand, V. 551, *566*
Durvasula, S. *567–568*
Dyer, P. *593*
Dykens, E. 25, 53–55, 62, 69, 72–73, 75, 80–81, 83, 123, 134, 139–140, 145, 165–166, 168, 178, 181, 192, 327, 333, 337, 341–342, 477–478, 480, 482–483, 487, *566–567, 574, 580, 591*
Dyson, D. 420, *596*

Edelbrock, C. *557*
Edwards, G. 454, *584*

Edwards, J. 454, *567*
Eeckels, R. *575*
Egli, M. *576*
Ehlers, S. *597*
Eiholzer, U. 55–56, 85–86, *567, 573, 591*
Einfeld, S. 26, 30, 32, 75, 134, 144, 192–194, 547, *567*
Eisenberg, J. *560*
El Abd, S. 511, *568*
Elfenbein, J. 259, *568*
Elia, M. *581*
Eliez, S. *568*
Ellaway, C. 362, *568*
Ellis, R. *582*
Elsawi, T. *576*
Emanuel, B. *581*
Embleton, N. 454, *568*
Enders, H. *585*
Endres, W. 445, *568*
England, C. *593*
English, C. *575*
Epstein, J. 97, *589*
Epstein, L. 97, *568*
Ernst, M. 442, 444–445, *558*
Evans, M. *566, 586*
Eviatar, Z. 130, *585*
Ewald, H. *578*
Ewart, A. 112, *568, 570*

Factor, D. *585*
Faedda, G. *584*
Fagan, J. *595*
Fagher, B. *560*
Faircloth, B. *585*
Fall, M. *593*
Fanconi, G. 112, *568*
Fantuzzo, J. 445, *583*
Farran, E. 124, *568*
Feinsilver, S. *574*
Feldman, M. 405, *592*
Ferri, R. *581*
Ferrier, L. 176–177, *568*
Fettes, I. *597*
Feuillan, P. *581*
Feurer, I. *565, 587, 593*
Fidler, D. *574*
Field, B. 262, *591*
Field, C. 262, *557*
Field, T. 262, *568*

Fieldstone, A. *569*
Finegan, J. 217, 225, 231–233, 418, *569*
Finger, K. 289, *559*
Finney, J. *584*
Finucane, B. 179, 476, 481, 483, *566, 569, 586, 590*
Fisch, G. 166–167, 171–172, 178, 181, 194, *569, 597*
Fisher, W. 550, *569, 585*
Fitzgerald, J. 375, *561*
Fitzgerald, P. 375, *569*
Fleischer, S. 289, *569*
Fleischmann, T. *565*
Flint, J. 25, *569*
Florio, T. *567–568*
Flynn, M. *580*
Fogo, A. *562*
Fontanesi, J. 363, *570*
Ford, M. *558–559*
Fossen, K. 420, *570*
Foushee, D. *577*
Francke, U. *558*
Frangiskakis, J. 113, *570*
Franke, U. *557*
Fraser, W. 296, *562, 570*
Freund, L. 165–166, 169–170, 192, 195, *557, 559, 570, 576, 578, 581, 586*
Fridman, C. 398, *570*
Friedman, W. *570*
Frisch, A. *571*
Fröhlich, A. 544, *570*
Frost, J. *571*
Froster, U. 163, *570*
Froster-Iskenius, U. 197, *569–570*
Fryburg, J. 396, *570*
Fryns, J. 52–53, 118–119, 131, *560–561, 565, 567, 570, 577, 580, 585, 587, 592–596*
Fryns, J.-P. *564*
Fuchs, D. *562*
Fugazza, G. *561*
Fyfe, S. *579*

Gabel, S. 54, *570*
Gabreels, F. *594*
Gado, M. *583*
Galaburda, A. *559*
Galic, M. *580*
Garcia, R. 112, *570*

Garner, C. 179, *570*
Garrett, C. *571*
Gathercole, S. *568*
Gavaler, J. *570*
Gayley, C. *566*
Genc, B. *558*
George, C. *580*
Geraedts, J. *595*
Gerdes, M. 496–500, *570, 582, 591*
Geschwind, D. 518, 520, *570*
Ghaziuddin, M. 459, *570*
Ghaziuddin, N. 459, *570*
Ghesquiere, P. *593*
Giardino, D. *595*
Gilgenkrantz, S. *562*
Gillberg, C. 357, 459–460, *557, 570–572, 583, 597*
Gillessen-Kaesbach, G. 52, 398, *571*
Girardet, P. *568*
Glasson, E. *579*
Glatt, K. *595*
Glaze, D. 358, 360, *569, 571–572, 577, 585*
Glover, D. 84, *571*
Goldberg 86–87, 496, *571*
Goldberg, D. 86–87, 496, *571*
Goldberg, R. 86–87, 496, *571, 584, 590*
Golden, W. *570*
Goldstein, D. *576*
Goodban, M. 289, 295–296, *571*
Goodell, E. *591*
Goodman, J. 133, *571*
Goodship, J. *584, 596*
Gosch, A. 117, 126–127, 135, *571, 584, 596*
Goto, H. *584*
Gotthelf, D. 505, *571*
Graham, J. 290, 519, *571, 577, 582*
Grant, J. 127, *571, 576, 578*
Gray, B. *561, 587, 597*
Green, A. *564*
Green, J. *563*
Greenberg, F. 476–477, 480, 482, 485–486, *572, 582, 591*
Greene, S. *565*
Greenlaw, R. *586*
Greenswag, L. 50, 67, 73, 90, *572, 596*
Greer, M. 135, *572, 577*
Gross-Tsur, V. 53, *572*

Guala, A. *562*
Gullion, C. *578*
Gunzburg, H. 62, *572*
Gupta, R. *562*

Haan, E. *558, 591*
Haas, R. 363, *568, 570*
Haas-Givler, B. 488, *569, 572*
Haddad, C. *585*
Hagberg, B. 355, 357, 361, *572, 591*
Hagberg, G. 355, 357, 361, *591*
Hagerman, J. 165–166, 170–171, 182, 191–192, 195, 197, *580*
Hagerman, R. 165–166, 170–171, 182, 191–192, 195, 197, *557, 572–576, 580–581, 583, 585, 587, 591, 593*
Hägg, A. *579*
Halal, F. 290, *572*
Hall, B. 32, 58, 443, *573*
Hall, J. 32, 58, 443, *557*
Hall, S. 32, 58, 443, *573, 575, 584*
Hall, W. 32, 58, 443, *567*
Halley, D. *565, 578*
Hamel, B. *594*
Hammer, D. *557, 593*
Handler, S. *591*
Hanefeld, F. 358
Hansen, L. 217, *585*
Hansen, M. 217, *582*
Hansen, S. 217, *576*
Hanson, D. 176, *573*
Harada, N. *578, 588*
Harden, A. *561*
Hargett-Beck, M. *573*
Harmjanz, D. *560*
Harmon, R. *559*
Harnden, D. *567*
Harrington, R. *597*
Harris, E. 25, 440, *582*
Harris, J. 25, 440, *573, 592*
Hartridge, C. *594*
Hastings, P. 31, *582*
Hastings, R. 31, *563, 573, 582*
Hatton, D. 183, *558, 573*
Hauffa, B. *591*
Haverkamp, F. 509, 514, *573*
Hawkshaw, M. *589*
Hawley, P. 289, 292, 303, 305, *573*
Hay, D. 168, *573*

Hayward, R. *584, 590*
Hearst, D. *590*
Heaton, R. *585*
Hegedus, A. *570*
Heiberg, A. *595*
Heidemann, P. *585*
Heifetz, S. *561*
Heineman-deBoer, J. 502, *573*
Heinemann, M. *569*
Heitz, D. *587*
Helbing-Zwanenburg, B. 82, *573*
Heller, A. 254, 263, *573*
Hellings, J. 90, 437, *573–574*
Helmig, M. *568*
Henderson, J. *564*
Hendrickson, J. *597*
Hennekam, R. 428–432, 434–435, *557, 561, 574, 578*
Hermann, J. 66, *574*
Hersh, J. *560*
Hertle, R. 252, *574*
Hertz, G. 82, *574*
Hewes, A. *576*
Hibbit, K. *586*
Hill, A. 418–419, 422, *582*
Hill, P. 418–419, 422, *574*
Hillhouse, E. *574*
Hirsch, G. *557*
Hodapp, R. 89, 165, 167, 169, 346, 488, *566–567, 574, 580*
Hodenius, T. 113, *574*
Hodgekinson, K. *559*
Hoeksma, J. 262, *574*
Hoey, H. *568*
Hoffman, R. *580*
Holden, J. *569*
Holland, A. 84, 562, *574*
Hollander, E. *591*
Holm, V. 83, 561, *574*
Holmes, S. *565*
Holstromm, G. 113, *575*
Holthinrichs, J. *574*
Holvoet, M. *594*
Holz, K. 400, 405, 407, *560*
Holz, S. 400, 405, 407, *575*
Homatidis, S. 459, *577*
Homma, S. *575*
Honda, K. *583*
Hook, E. *575*

Hooper, S. *573*
Hopkins-Acos, P. 420, *575*
Hoppe, C. *573*
Horn, I. *594*
Horner, R. *550*
Hornykiewicz, O. *579*
Horsthemke, B. *571*
Hoshino, K. *594*
Hossain, S. *574*
Hotopf, M. 459, *575*
Houlsby, W. *575*
Howard, S. *592*
Howard-Peebles, P. *569*
Howlin, P. 116, 118, 136, *565, 568, 575–576, 594*
Hudson, M. *572*
Huffman, L. *578*
Hughes, H. 214–217, 220–221, 223, 225, 418, *557, 563, 569*
Hughes, M. 214–217, 220–221, 223, 225, 418, *582*
Hules, E. *560*
Hull, C. 170, *572, 575, 591*
Hulme, C. *578*
Hulse, J. 216, *575*
Hunt, M. *576*
Hunter, K. *563, 575*
Hunter, S. *568, 597*
Hutchinson, B. 336, *591*
Hyman, P. 310, *575*
Hyman, S. 310, *582–583*

Ikle, D. *593*
Imaizumi, K. 214, *575, 578*
Ireland, L. 288, 513, *588*
Ireland, M. 288, 513, *557, 560, 575*
Irish, P. *585*
Isada, N. *566*
Ishizawa, A. 414, *575*
Itkin, P. *559*
Ito, J. *581*
Iwata, B. 548, *575, 584, 592*
Izawa, J. *594*

Jackson, A. 289, 303, *572–573*
Jackson, C. 289, 303, *572*
Jackson, L. 289, 303, *573, 575, 577, 586, 589*
Jackson, S. 289, 303, *579*

Jacobsen, K. *595*
Jaczek, H.-U. 261, *575*
Jaeger, E. *569*
Jaeken, J. 216–217, *575*
James, T. 50, 62, 67, 86, 89, *575*
Jamieson, C. 413, *576*
Jankovic, J. 440, *569, 576*
Jansma, H. *574*
Jarrold, C. 123, 125, *568, 576*
Jarrold, D. 123, 125, *576*
Jayson, D. *574*
Jenkins, E. *563, 582*
Jensen, G. *559*
Jernigan, T. 131, *559, 576*
Jin, W. *568*
Jinnah, H. 440, *576*
Jinno, Y. *588*
Jockenhövel, F. 517, *576*
Johnsen, S. *583*
Johnson, E. 458, 522, *580*
Johnson, H. 458, 522, *576*
Johnson, K. 458, 522, *561, 597*
Johnson, M. 458, 522, *566*
Johnson, S. 458, 522, *562*
Johnston, J. *568, 585*
Jolleff, N. 403, *576*
Jones, L. *582*
Jones, M. *586*
Jones, R. *582*
Jones, S. *585*
Jorde, L. *561*
Joschko, M. 419, *593*
Joseph, B. 84, *576*
Julu, P. 361, 374, *576*

Kaback, M. *570*
Kalbfleisch, J. *590*
Kalus, M. 418–419, *582*
Kamoun, P. *594*
Kaplan, P. *559, 585*
Karmiloff-Smith, A. 128, *571, 576, 578, 593*
Karzmark, P. *585*
Kasari, C. 69, *566*
Kataria, S. 117, *576*
Katayama, K. *577*
Katori, T. *575*
Katowitz, J. *574*
Kau, A. 192, *576*

Kaufman, I. *563*
Kay, T. *581*
Kaya-Westerloh, S. *571*
Kazazian, H. *586*
Keating, J. *591*
Keating, M. *568*
Kececioglu, D. 114, *576*
Keenan, M. *588*
Kelley, V. 444, *576*
Kelley, W. 444, *564, 576*
Kelly, D. 296, *562*
Kelly, L. 296, *578*
Kelman, J. *561*
Kemp, D. *562*
Kemper, M. 165–166, 168–169, *572, 576*
Kennedy, M. *583, 590*
Kerr, A. 357–358, 361, *576–577, 582, 588*
Kestenbaum, T. 90, *595*
Keysor, C. 171, *577*
Kiernan, C. 299, 368, 403, 460, *577*
Kiesewetter, K. *585*
Kilby, E. *590*
Killian, J. *572*
Kimura, J. *575*
King, B. *567*
Kingwell, E. *569*
Kirk, J. *557*
Kitt, C. *582*
Kleczkowska, A. 511, 515, *577, 592*
Klein, A. 113, *572, 577*
Klein-Tasman, B. 116, *581*
Kleppe, S. 58–60, *577*
Klevstrand, M. *591*
Klima, E. *586*
Kline, A. 288, 294, *577*
Kline, M. 288, 294, *575*
Knightly, C. *591*
Knoll, J. 52, 395, *577*
Kobschall, H. *585*
Koch, S. *575*
Koeske, R. *568*
Kofman, J. *580*
Koiffmann, C. *570*
Kok, F. *570*
Kok, L. *577*
Kölsch, S. 544, *570*
Konar, D. *569*
Konstantareas, M. 459, *577*

Koomen, H. *574*
Koops, W. *574*
Koot, H. *565*
Koppekin, A. *576*
Korenberg, J. *559*
Kosinetz, C. 361, *577*
Kotthoff, S. *576*
Kozma, C. 288, *577*
Kraft, E. *569*
Krause, M. 127, *577*
Kreiborg, S. 250–252, *563, 577*
Kreps-Falk, R. *595*
Krishnan, V. *588*
Kristen, U. 542, *577*
Krutz, P. *569*
Kubien, E. *577*
Kunpfer, C. *585*
Kuo, A. 170, *578*
Kurnit, D. *573*
Kuroki, Y. *575*
Kurosawa, K. *575*
Kurotaki, N. 214, *578*
Kurtz, M. *569*
Kushner, H. *581, 587*
Kushnick, T. *576*

l'Allemand, D. *567*
Laan, L. 395, 399, *578*
Labhart, A. 49, *585*
Laccone, F. *595*
Lachiewicz, A. 165, 167, 182, 191, 195, *574, 578*
Lafourcade, J. *578*
Lahood, B. 509–510, *578*
Lai, L. *580*
Laing, E. 138, *578*
Lalande, M. *577, 595*
Lalli, J. 548, *580*
Lammer, E. *563*
Lancioni, G. *584*
Landau, Y. *572*
Langton, J. *560*
Lansdown, R. *584*
Largo, R. 171, *578*
Larsson, C. *557*
Latt, S. *577*
Laufersweiler-Plass, C. *595*
Lauritsen, M. 459, *578*
LaVecchio, F. 446, *561*

LaVeck, B. *559*
Lecavalier, L. 31, *593*
Leckman, J. *566, 574*
Lee, N. 414, *578*
Lees, J. 415, *578*
Lefebvre, A. 253, 267, *578*
Legius, E. *561, 592*
Lehmkuhl, G. *558, 595*
Lejeune, J. 326, *578*
Leonard, C. 362–363, 519, *565, 582*
Leonard, H. 362–363, 519, *579*
Leonard, M. 362–363, 519, *579*
Leonard, S. 362–363, 519, *579*
Leppert, M. *568*
Lesch, M. 439, *579*
Leschot, N. *597*
Levin, L. *562*
Levine, C. 54, 140, *579*
Levine, K. 54, 140, *562, 579*
Levitas, A. 437, *572, 579*
Levy, F. *567*
Lewandowski, L. 510, *579*
Lewin, M. *590*
Lewis, R. *572*
Lichtenberger, L. *559*
Lightwood, R. 112, *579*
Lin, A. *590*
Lindberg, B. 373, 383, *579*
Linden, M. *559, 587*
Lindgren, A. 85, *579*
Lindgren, V. 85, *570*
Lloyd, K. 440, *579*
Lohmann, D. *571*
Lomelino, C. 523, *579*
Lossie, A. 397–398, 402, *579*
Loupe, P. *593*
Lovaas, I. *591*
Lovett, H. 549, *579*
Lowe, J. *596*
Lubcke, U. *585*
Lubs, H. 163, *579, 587*
Lupski, J. *562, 572*
Luteijn, E. 228–229, *579*
Luteijn, F. 228–229, *579*
Ly, T. *567*
Lynch, P. *592*

MacArthur, A. 362, *580*
MacDonald, G. 121, *580*

Mace, F. 548, 551, *580*
MacLean, W. *587*
MacNaughton, N. *577*
MacPherson, J. *587*
Madalena, A. *569*
Madison, L. 165, *580*
Maes, B. 169, 181, *580*
Maggenis, R. *577*
Maier, B. *570*
Maino, D. 216, *580*
Malich, S. *567*
Malin, Z. *591*
Maltzman, I. *571*
Mandoki, M. *580*
Mangelshots, K. *561*
Mangrum, T. *562*
Maranion, M. *592*
Marchac, D. *586*
Marcus, C. *579*
Marinescu, C. 327, 332, *580*
Marks, S. *560*
Marsh, J. 251, *580, 583*
Marston, G. 341, 401, 405, *563*
Martin, J. 112, 115, 162, *574, 580*
Martin, N. 112, 115, 162, *580, 594*
Marullo, D. 379, 463, *595*
Masino, L. *574*
Mason, A. *558*
Massa, G. *592*
Massarano, A. 415, *580*
Massarano, M. 415, *597*
Mastin, M. *581*
Masuno, M. *575*
Matsuo, M. *575*
Matthews, W. 441, *580*
Mauceri, L. 217, *580*
Mauk, J. 551, *559, 580*
Mayhew, J. 289, *594*
Mazur, B. *558*
Mazzocco, M. 170–171, 179, 195, *577, 580–581*
McCauley, E. 513, 515, *581, 587*
McConnachie, G. *562*
McCosh, K. *584*
McDonald-McGinn, D. 494, *581, 591*
McGill, T. 252, 258, *581*
McKenna, W. *564, 590*
McKillop, J. *562*
McWilliams, B. 263, *581*

Meaney, J. *562*
Mehta, A. 289, *581*
Mendez, H. 413, 417, *581*
Mervis, C. 116, 118–119, 123–124, 128–129, 132–135, *560, 581*
Meryash, D. *568*
Mesibov, G. *558*
Mesumeci, S. 163, *581*
Metcalfe, K. *593*
Meyer, E. *561*
Meyer, W. *576*
Miezejeski, D. *582*
Miller, B. *560, 570*
Mills, D. *559*
Milton, N. *574*
Minderaa, R. *579*
Minford, J. *582*
Minguini, N. *574*
Mirrett, P. *586*
Miyake, Y. *597*
Mizuno, T. 441–442, *582*
Moeschler, J. 290, *580, 582*
Molony, H. *567*
Money, J. 418–419, *582*
Montague, J. *577*
Morgan, M. *590*
Morgan, W. *562*
Morris, C. 113–114, *565, 568, 570, 581–582*
Morris, H. 113–114, *568*
Morrow, J. 233, *582*
Mors, O. *578*
Mortensen, P. *578*
Morton, K. 362, *591*
Morton, R. 362, *582*
Moser, H. *582*
Moss, E. 499, 501, *570, 582, 595*
Mount, R. 370–371, 376, *573, 582*
Mouridsen, S. 217, *582*
Mourtazaer, M. *573*
Moy, S. *561*
Msall, M. *579*
Mueller, R. *561*
Muirhead, D. *591*
Mulhern, R. *564*
Mullins, J. 96, *582*
Mulvihill, T. *558*
Munir, F. 338, *564*
Munitz, H. *571*

Murovic, J. 251, 255, *582*
Murphy, G. 112, 505, *573, 584*
Murphy, K. 112, 505, *582*
Murphy, M. 112, 505, *572, 582*
Murray, L. *586*
Murray, R. *591*
Musikoff, H. 291, *591*
Myers, S. *562, 596*
Myhre, S. *576*

Naganuma, G. *582*
Naidu, S. 355–357, 359, 361, 363, 373, *582, 583, 593*
Nance, W. *569, 596*
Nash, L. *566*
Natenstedt, N. 383, 385, *583*
Nelson, J. *577, 591*
Netley, C. *579, 583, 586, 588, 592*
Neufeld, A. 445, *583*
Newell, K. 176, *583*
Newton, T. *592*
Nicholls, R. *577*
Niebuhr, E. 326, 328, *583*
Nielsen, J. 515–518, 522, *583, 585*
Niermeijer, M. *565*
Nigam, R. *590*
Niikawa, N. *575*
Niklasson, L. 501, 503, *583*
Nissinen, E. *558*
Nixon, C. *526*
Noeker, M. *573*
Noetzel, M. 251, 255, *583*
Nokes, L. *558*
Noll, J. *595*
Nomura, Y. 357, 362, *583, 594*
Noto, R. *587*
Nunn, R. *565*
Nyborg, H. *583*
Nyhan, W. 25, 439, 445–446, *558, 563– 564, 579, 583*

O'Brien, G. 29, 69, *583, 584*
O'Connor, R. *585*
O'Reilly, M. *584*
Odont, D. *563*
Oepen, T. *570*
Ogasawara, N. 440, *584*
Oho, S. *575*
Oldridge, M. *596*

Oliver, C. 310, 378, 405, *573, 575, 584*
Olsson, B. 365, *584*
Ondrey, F. *591*
Oostra, B. *565*
Oothuys, J. *597*
Opitz, J. 288, 413, 417, *581, 584*
Oppermann, H. *584*
Ort, S. *566, 574*
Oskarsdottir, S. *583*
Oster-Granite, M. *590*
Overhauser, J. *580, 586*
Owen, M. *582*
Ozanne, A. 364, 367, *597*

Pace, G. 446, *575, 584*
Page, T. 96, *584*
Pai, S. *572*
Palacio-Espasa, F. *568*
Palkes, H. *583*
Palmer, C. *562*
Pandya, A. *569*
Pankau, R. 113, 117, 135, *571, 584, 596*
Papka, M. *590*
Papolos, D. 494, 505, *584*
Papousek, M. 535, 537, *584*
Park, E. *579, 583, 586, 592*
Parke, J. *572*
Parrish, J. *584*
Parry, D. *558*
Partington, M. 432, *584*
Partsch, C. 113, *584*
Passarge, E. *571*
Pastore, G. *562*
Patau, K. 456, *584*
Patton, M. 253–254, 257, *561, 568, 584, 590*
Paul, B. *562, 583, 585, 590*
Paul, L. *560*
Paul, N. *587*
Paul, R. *566*
Pauli, R. *593*
Pavone, L. *580*
Payne, L. *576*
Pearlman-Avnion, S. 130, *585*
Peat, J. *568*
Peebles, C. *569–570*
Peet, J. 523, *585*
Pelsen, B. *583*
Peltz, L. 445, *564*

Pelz, L. 515, *585*
Pendergast, A. *590*
Pendleton, M. *585*
Penke, M. 127, *577*
Penner, K. 403, *585*
Pennington, B. 166, *580–581, 585, 591*
Percy, A. 384, *569, 571, 577, 585*
Perfumo, C. *562*
Perkins, M. *592*
Perry, A. 363–364, 379, *585*
Pertschuk, M. 263, *585*
Petersen, M. 395, *585*
Pezzini, G. *595*
Philippe, C. *562*
Phillips, C. *576*
Phillips, J. *562*
Piazza, C. 362, *569, 583, 585*
Piazza, K. 362, *583*
Pierluigi, M. *562*
Pigram, J. *564*
Pijkels, E. *594*
Pilgram, J. 383, *564*
Pinnington, L. *582*
Pipes, P. 83, *561, 574*
Pless, I. *573*
Plissart, L. 116, 118–119, 131, 136, 60609146, *565, 585*
Podruch, P. *560*
Pohl, K. *587*
Ponsot, G. *594*
Porter, D. *591*
Posnick, J. *582*
Potocki, L. 487, *562, 572, 585*
Power, T. 547, *585, 594*
Powers, L. 526, *583, 585, 590*
Pozzo, G. *562*
Prader, A. 49, *562, 585*
Preus, M. *557*
Price, D. *582*
Prinzie, P. *592*
Puck, M. *559*
Pyck, K. *560*

Quince, C. *593*
Quinn, G. *574*

Radcliffe, J. *559*
Radlinski, S. *590*
Rafman, S. *573*

Ramos, O. *572*
Ranke, M. 414–415, 417, *573, 585*
Ransford, S. *578*
Rao, K. *578*
Rappaport, D. *590*
Rasenberg, S. *565*
Rasmussen, P. *571, 583*
Rasmussen, R. *557*
Ratcliffe, S. 312, 318, 321, *586–587*
Ravine, D. *557*
Ray, S. 458, *586*
Rees, V. *568*
Reese, A. *560*
Reid, B. 299, 368, 403, 437, 460, *577*
Reid, C. 299, 368, 403, 437, 460, *579*
Reider, E. *576*
Reilly, J. 130, 362, *586*
Reilly, S. 130, 362, *582, 586*
Reinwein, D. 517, *576*
Reiss, A. 27, 139, 164–165, 170, 192, 523, *557, 559, 570, 578–579, 581, 586*
Reiss, S. 27, 139, 164–165, 170, 192, 523, *586*
Remschmidt, H. 69, *586*
Renier, D. 253, *586*
Renier, W. 253, *578*
Rett, A. 14, 355, 365, *582, 584, 586*
Reynolds, J. *575*
Richdale, A. 82, *586*
Richman, G. 254, 263, *584*
Richman, L. 254, 263, *586, 596*
Richman, R. 254, 263, *579*
Riconda, D. *580*
Rienmejer, P. *594*
Ries, M. *586*
Rimland, B. *572*
Rineer, S. 459, *586*
Ritzen, M. *579*
Rizzo, R. *580*
Rizzu, P. 288, *586*
Robb, S. *587*
Roberts, J. 170, 172, *560, 588*
Robinson, A. 132, 512, 518, *559, 587*
Robinson, B. 132, 512, 518, *581*
Robinson, H. 132, 512, 518, *594*
Robinson, S. 132, 512, 518, *562*
Robinson, W. 132, 512, 518, *571*
Rodnan, L. *588*
Roeltgen, D. *587*

Rogers, S. 167, 194, *587*
Rogers-Salyer, M. *558–559*
Rojahn, J. 343, 462, 547, *557, 587, 593*
Romano, A. 424, *587*
Rommel, N. 496, 499, *587, 595*
Romski, M. 544, *581, 587*
Roof, E. 55, *565, 587*
Roosenboom, N. *594*
Root, S. 454–455, *587*
Rosen, I. *560*
Rosenbaum, K. *558*
Rosenbaum, P. *558*
Rosner, B. 72, 134, 139–140, 145, *567*
Ross Collins, M. 344, 510–512, *581, 587*
Ross, J. 344, 510–512, *587*
Rössner, S. *579*
Rourke, B. 130, *587–588*
Rourke, S. 130, *595*
Rousseau, F. 164, *587*
Rovet, J. 509, 512–513, 520, *588, 592*
Rowe, R. *570*
Roy, D. 121, *580*
Rubinstein, J. 428–431, *588*
Rudnik-Schöneborn, S. *595*
Rutter, S. 216–217, 220, 226–227, 422, 521, *569, 588*
Ruvalcaba, R. *576*
Ryan, M. 403, *576*
Ryding, E. *560*

Saal, H. 290, *588*
Sabbadine, L. *595*
Sabbadini, L. *592*
Safanda, J. *593*
Saitoh, S. 398, *588*
Salbenblatt, J. *559, 587*
Salyer, K. *558–559*
Samango-Sprouse, C. 519, *588*
Sanborn, B. *583*
Sanders, M. *593*
Sandler, L. *592*
Sansom, D. 362, 373–374, *588*
Sarimski, K. 12, 31–32, 60, 62–63, 65, 67, 69, 76–78, 83, 120–121, 131, 134–135, 141, 172, 183, 189–191, 198, 221, 223–224, 226, 229, 231, 255, 259, 261, 264, 266, 270, 297, 299, 332, 340, 342, 368, 381, 415, 417, 420, 423, 460, 538, 554, *588–589*

Sarlo-McGarvey, N. *585*
Sataloff, R. 289, *589*
Savage, M. *565*
Scambler, P. *571, 596*
Scarborough, H. *592*
Schaap, C. *594*
Schaefer, G. 214, *590*
Scherer, N. 498, *590*
Schinzel, A. 171, 329, *578, 590*
Schlesinger, B. *568*
Schlosser, R. 544, *590*
Schmaltz, A. *585*
Schmidt, M. *565*
Schrander-Stumpfel, C. *565*
Schreck, J. *558*
Schreiner, R. *574*
Schreppers-Tijdink, G. *564*
Schroder, S. *593*
Schroeder, S. 440, *590*
Schroer, R. *569*
Schultz, R. *569, 577*
Schwartz, C. *569*
Schwartz, H. *569*
Scott, C. *569*
Scutt, L. *559*
Sedgwick, P. *597*
Segawa, M. 357, *583, 594*
Selikowitz, M. 85, *590*
Sells, C. *559*
Sevcik, R. *587*
Shaffer, J. 509, *590*
Shahbazian, M. *590*
Shalev, R. *572*
Shapiro, L. *569*
Sharland, M. 413–417, *578, 590*
Shaw, N. *557*
Sheldon, S. *570*
Sherer, M. *569*
Sheridan, M. 523–524, *590*
Shipley, K. *577*
Shipster, C. 260–261, *590*
Showalter, J. *579*
Shprintzen, R. 494, 502, *571, 584, 590*
Shucard, D. *585*
Shugart, Y. *595*
Sidoti, E. *590*
Silbert, A. *571, 595*
Silver, K. 290, *572*
Silverman, W. *585, 592*

Simensen, R. 569
Simeonsson, R. 90, 558
Simon, E. 169, 179, 569, 586, 590
Simsen, R. 569
Singer, G. 526, 583, 585, 590
Singh, D. 562
Singh, N. 557
Sitarenios, G. 569
Skender, M. 577
Skinner, M. 558, 573
Skjeldal, O. 595
Slaney, S. 596
Smith, A. 58, 331, 385, 398, 483, 486–487, 566–568, 574, 591
Smith, C. 58, 331, 385, 398, 483, 486–487, 562
Smith, D. 58, 331, 385, 398, 483, 486–487, 573, 584
Smith, G. 58, 331, 385, 398, 483, 486–487, 563, 590
Smith, L. 58, 331, 385, 398, 483, 486–487, 595
Smith, M. 58, 331, 385, 398, 483, 486–487, 569
Smith, T. 58, 331, 385, 398, 483, 486–487, 591
Smits, A. 565
Snodgrass, G. 580
Sobesky, W. 164, 591
Solan, A. 580
Solman, R. 577
Solomon, B. 591
Solot, C. 495, 499, 570, 582, 591
Sommer, A. 595
Sommers, L. 564
Sonies, B. 480, 591
Sorensen, A. 583
Sorensen, K. 583
Sorge, G. 580
Sotos, J. 580, 582, 589, 591
Spallone, P. 568
Sparks, S. 336, 591
Sparrow, S. 62, 574, 579
Speigel, J. 589
Speltz, M. 262, 268, 591
Spiridigliozzi, G. 578
Spohr, H. 591
Sprague, J. 550, 591
Städing, G. 571

Stallings, V. 597
Stanley, A. 584
Stanley, C. 577
Stark, R. 571
Stefanatos, G. 291, 587, 591
Steffenburg, U. 361, 591
Stein, D. 74, 81, 90, 591
Steinhausen, H. 31, 190, 591
Stephenson, J. 361, 565, 577
Sternes, K. 568
Stevens, C. 430, 432, 435, 574, 592
Stevens, R. 430, 432, 435, 580
Stewart, A. 512, 518–519, 557
Stewart, D. 512, 518–519, 579, 583, 586, 588, 592
Steyaert, J. 561
Stiles, J. 123, 592
Stock, A. 568
Stodgell, C. 593
Stojanovik, V. 129, 592
Stone, W. 565, 587
Stout, J. 576, 584
Streiner, D. 558
Stroink, H. 561
Stromme, P. 557
Stunkard, A. 561
Sturmey, P. 548, 552, 563, 592
Sudhalter, V. 172, 176–178, 559, 563, 585, 592, 597
Sugiyama, Y. 386, 597
Sullivan, K. 573, 593
Summers, J. 401, 405–406, 592
Sumner, G. 580
Sunman, J. 590
Super, M. 580, 597
Sutcliffe, J. 565
Suzuki, M. 594
Sweetman, L. 558
Swerdloff, R. 560, 570
Swillen, A. 497, 499–500, 502, 504, 510–511, 513, 565, 592–593, 595
Symons, F. 75, 593

Tager-Flusberg, H. 581, 593
Tait, R. 580
Talbot, N. 591
Tan, D. 585
Tarleton, J. 569, 587
Tarter, R. 570

Tassabehji, M. *593*
Tasse, M. 31, *557, 593*
Tassinari, C. *581*
Tassone, F. 164, *593*
Taybi, H. 428, 430, *588*
Taylor, A. 548, *593*
Taylor, D. 548, *575*
Taylor, E. 548, *569*
Taylor, J. 548, *562*
Teague, P. *586*
Telvi, L. *594*
Temple, C. 509–510, *593*
Temple, K. 509–510, *575*
Tessel, R. 551, *593*
Thake, A. 163, *593*
Theilgaard, A. 522, *593*
Therman, E. *584*
Theunissen, P. *565*
Thompson, T. 551, *561, 565, 576, 587, 593*
Thoonen, G. *594*
Thorbecke-Nilsen, V. *574*
Thuline, H. *576*
Tidmarsh, W. *573*
Tierney, I. *586*
Tobiasen, J. 263, *593*
Todd, J. *593*
Tomc, S. 139, *593*
Tonge, B. 30, 547, *567–568*
Tran, C. *557*
Trauner, D. 112, *593*
Travis, F. *578*
Treasure, J. *574*
Trent, R. *591*
Trevarthen, E. *593*
Trivette, C. *565*
Troncoso, J. *582*
Troyer, A. 419, *593*
Tsai, L. *570*
Tsusaki, B. 289, *594*
Tu, J. 90, *594*
Tuinier, S. *595*
Tunali, B. 547, *594*
Turk, J. 179, *568, 570, 594, 597*
Turner, G. 163, 508, *568, 594*

Uchino, J. 366, *594*
Udwin, O. 115–116, 121, 126–127, 134, 136–140, 146–148, *565, 575–576, 594*
Uhlemann, T. 268, *594*
Umans, S. *561*

Valian, V. *571*
Valoski, A. *568*
Van Bogaert, P. *594*
Van Borsel, J. *594*
Van Buggenhout, G. *594*
van Cauwenberge, P. *595*
Van De Kamp, F. *574*
Van den Berghe, H. *560–561, 565, 577, 592*
Van den Borne, H. 407, *594*
Van der Brugt, I. 419, 422, *594*
van der Schueren-Lodeweyckx, M. *575*
Van der Veyver, I. 360, *594*
van Gestel, M. *594*
Van Haelst, M. *573*
van Hooren, R. *594*
Van Lierde, A. *595*
Van Lierde, K. *595*
van Reen, T. *576*
Van Trappen, G. *595*
Van Walleghem, M. *580*
Vance, G. *585*
Vanden Berghe, H. *580, 585*
Vanden Veyver, I. *557*
Vannier, M. *580*
VanRiper, C. *571*
VanTrappen, G. 494–495, *587*
Varela, M. *570*
Varley, C. 217, 226, *595*
Veenema, H. 168, *595*
Veenema, T. 168, *595*
Veerman, H. *574*
Vega-Lahr, N. 262, *568*
Veit, S. *584*
Vekemans, M. *565*
Venkataraman, S. *570*
Verhoeven, W. 81, *595*
Verhulst, F. *564*
Vermeer, E. *596*
Viani, F. *595*
Vicari, S. 125, *595*
Vietze, P. *563*
Vogl-Maier, B. 96, *582*
Vogt, J. *576*
Volcke, P. *585*
Volkmar, F. *579*

Volpe, J. 396, *597*
Volterra, V. 127–128, *592, 595*
Von Beust, G. 112, *595*
von Fraunhofer, N. *597*
von Gontard, A. 183, 198, *558, 591, 595*
Von Tetzchner, S. 366, *595*

Waber, D. 510, *595*
Wagstaff, J. *577, 595*
Wake, S. *594*
Wallander, J. 379, 463, *595*
Walsh, K. *566*
Walter, R. 69, *586*
Walzer, S. 518, *571, 595*
Wan, M. *557*
Wang, P. 122, 124, 502, *559, 570, 582, 595*
Warnock, J. 90, *573, 595*
Warzak, W. *571*
Waters, J. 61, 67, 78–79, 82, *563, 595–596*
Watson, M. *566*
Waziri, M. *568*
Weatherall, D. 517, *596*
Weaver, D. *585*
Webb, T. *562–563, 593–594*
Webber, C. *594*
Webber, M. *586*
Weber, W. 455, *596*
Wehner, E. *587*
Weinstein, M. *569*
Weksberg, R. *559*
Wendland, C. *595*
Wertman-Elad, R. *572*
Wesecky, A. 386, *596*
Wessel, A. *584, 595–596*
Wheeler, A. *573*
Whidden, E. *597*
Whitaker, L. *585*
Whitman, B. 74, 83, 86, 90, *562, 582, 596*
Whitney, M. *579*
Whittington, J. *562*
Wiegers, A. 167, 178, *564–565, 596*
Wijma, C. *574*
Wiles, C. *591*
Wilhelm, W. *558–559*
Wilkens, L. 327–330, 332, 335–336, 341, *596*

Wilkie, A. 251, *596*
Willatt, J. *564*
Willekens, D. 480, *596*
Willi, H. 49, *585*
Williams, C. 112, 395, *567, 571, 596–597*
Williams, J. 112, 395, *567, 596*
Williamson, N. *593*
Willms, J. *591*
Wilson, A. 420, 496, *565*
Wilson, D. 420, 496, *596*
Wilson, G. 420, 496, *582*
Wilson, J. 420, 496, *587*
Wilson, N. 420, 496, *560*
Wing, R. *568*
Winship, I. *596*
Winter, J. 113, *587*
Winter, M. 113, *596*
Wisskipf, B. *560*
Wit, J. 217, *597*
Witt Engerström, I. *576*
Witt, R. *557*
Wittenberger, M. *572*
Witt-Engerstrom, I. 355, 357, *572, 597*
Wohlert, M. 517, *583*
Woldorf, J. 458, *597*
Wolf, B. *596*
Wolff, O. *567*
Wolff, P. *568*
Wolf-Schein, E. 176–177, *592, 597*
Wong, D. *561, 582, 590*
Wood, A. 420, 422, *580, 597*
Woodin, M. *595*
Woodruff-Pak, D. *590*
Woodyatt, G. 364, 367, *597*
Woolven, S. *597*
Worms, A. *562*
Woyjcik, B. *576*
Wright, M. *568, 597*
Wright, S. *590*
Wulff, K. *585*
Wyllie, J. 456, *568, 597*
Wyngaarden, J. 444, *576*

Yamada, K. 396, *597*
Yarbrough, D. *596*
Yasuhara, A. 386, *597*
Yen, R. *559*
York, A. *597*
Young, D. *590*

Yukawa, T. 440, *597*
Yule, W. 25, 121, 126–127, 140, *569, 594*

Zackai, E. *570, 581*
Zappella, M. 233, 357, 366, *597*
Zar, H. *591*
Zelinsky, D. *574*

Zerres, K. *595*
Zinn, A. *587*
Zipf, W. 84, *569, 597*
Zlotkin, S. 85, *597*
Zoghbi, H. 360, *557, 571, 590, 594*
Zori, R. 397, *597*
Zvagulis, I. *573*
Zwink, L. 170–171, *597*

Franz Petermann
Kay Niebank
Herbert Scheithauer (Hrsg.)

Risiken in der frühkindlichen Entwicklung

Entwicklungspsychopathologie
der ersten Lebensjahre

2000, 384 Seiten,
€ 39,95 / sFr. 69,–
ISBN 3-8017-1351-2

Die einzelnen Kapitel des Bandes setzen sich mit wichtigen Einflüssen in der Entwicklung während der ersten drei Lebensjahre auseinander, so z.B. Verhaltensteratologie, Frühgeburt, Mutter-Kind-Interaktion, Regulationsstörungen, Temperament, Bindung, Genetische und Entwicklungsstörungen. Abschließend werden Möglichkeiten der Prävention und Intervention vorgestellt.

Klaus Sarimski

Kinder und Jugendliche mit geistiger Behinderung

(Reihe: Klinische Kinderpsychologie)

2001, 175 Seiten,
€ 32,95 / sFr. 51,–
ISBN 3-8017-1308-3

Psychologen, Pädagogen, Therapeuten und Ärzte finden in diesem Buch ein entwicklungspsychopathologisch fundiertes Konzept für die praktische Arbeit mit Kindern und Jugendlichen mit geistiger Behinderung und ihren Familien.

Hogrefe

Hogrefe-Verlag
Rohnsweg 25 • 37085 Göttingen
Tel.: 05 51 - 4 96 09-0 • Fax: -88
E-Mail: verlag@hogrefe.de
Internet: www.hogrefe.de

Brigitte Rollett
Harald Werneck (Hrsg.)

Klinische Entwicklungspsychologie der Familie

2002, XIV/372 Seiten,
€ 34,95 / sFr. 59,–
ISBN 3-8017-1668-6

In dem Buch werden die Grundlagen und Rahmenbedingungen einer klinischen Entwicklungspsychologie der Familie untersucht und auf ihre Bedeutung für den Interventionskontext hin analysiert. Dazu werden die entwicklungspsychologischen, psychopathologischen, familienpsychologischen und familientherapeutischen Aspekte integriert, mit dem Ziel einer wesentlichen Weiterentwicklung sowohl in der Grundlagenforschung als auch in der therapeutischen Praxis.

Manfred Hofer
Elke Wild / Peter Noack

Lehrbuch Familienbeziehungen

Eltern und Kinder
in der Entwicklung

2., vollständig überarbeitete
und erweiterte Auflage 2002,
XIII/428 Seiten,
€ 39,95 / sFr. 68,–
ISBN 3-8017-1619-8

Der Band beschäftigt sich mit der Bedeutung familiärer Beziehungen, der Entwicklung der Beziehungen in den verschiedenen Lebensabschnitten sowie den unterschiedlichen Einflußfaktoren auf diese Beziehungen.

Besuchen Sie uns im Internet:
http://www.hogrefe.de

Hogrefe

Hogrefe-Verlag
Rohnsweg 25 • 37085 Göttingen
Tel.: 05 51 - 4 96 09-0 • Fax: -88
E-Mail: verlag@hogrefe.de

Hannelore Grimm

Störungen der Sprachentwicklung

Grundlagen – Ursachen – Diagnose – Intervention – Prävention

2., überarbeitete Auflage
2003, 276 Seiten,
€ 19,95 / sFr. 33,90
ISBN 3-8017-1673-2

Hedwig Amorosa
Michele Noterdaeme

Rezeptive Sprachstörungen

Ein Therapiemanual

(Therapeutische Praxis),
2003, 97 Seiten, Großformat,
€ 24,95 / sFr. 42,80
ISBN 3-8017-1342-3

Die Neubearbeitung des Buches wurde mit aktuellen Forschungsergebnissen, praxisorientierten Hinweisen zur Intervention und Prävention sowie neuen Verfahren zur Sprachentwicklungsdiagnostik erweitert.

Der Band bietet eine praxisorientierte Beschreibung der Behandlungs- und Fördermöglichkeiten bei kindlichen Sprachverständnisstörungen.

Alexander von Gontard
Gerd Lehmkuhl

Enuresis

(Leitfaden Kinder- und Jugendpsychotherapie, Band 4),
2002, XII/173 Seiten,
€ 22,95 / sFr. 39,80
(Im Reihenabonnement
€ 17,95 / sFr. 30,80)
ISBN 3-8017-1371-7

Franz Petermann / Manfred Döpfner / Martin H. Schmidt

Aggressiv-dissoziale Störungen

(Leitfaden Kinder- und Jugendpsychotherapie, Band 3),
2001, VIII/174 Seiten,
€ 22,95 / sFr. 39,80
(Im Reihenabonnement
€ 17,95 / sFr. 32,–)
ISBN 3-8017-1372-5

Der Band vermittelt in Form von Leitlinien das konkrete Vorgehen bei der Diagnostik und Therapie der einzelnen Subformen des Einnässens.

Der Diagnostik- und Therapieleitfaden bietet Therapeuten wertvolle Hinweise zur Behandlung von Kindern und Jugendlichen mit Störungen des Sozialverhaltens.

Franz Petermann (Hrsg.)

Lehrbuch der Klinischen Kinderpsychologie und -psychotherapie

5., korrigierte Auflage 2002,
634 Seiten, Großformat,
€ 49,95 / sFr. 83,–
ISBN 3-8017-1651-1

Dietmar Heubrock
Franz Petermann

Lehrbuch der Klinischen Kinderneuropsychologie

Grundlagen, Syndrome, Diagnostik und Intervention

2000, 491 Seiten,
€ 39,95 / sFr. 69,–
ISBN 3-8017-1195-1

Auch die fünfte Auflage des erfolgreichen Lehrbuches zeichnet sich durch eine strukturierte Darstellung neuer Ergebnisse und Interventionsverfahren der Klinischen Kinderpsychologie aus.

Das Buch bietet einen Überblick über neurobiologische Grundlagen der Entwicklung, über kindliche Hirnfunktionsstörungen über neuropsychologische Diagnose- sowie Therapie- und Rehabilitationsverfahren.

Hogrefe

Hogrefe-Verlag

E-Mail: verlag@hogrefe.de
Internet: www.hogrefe.de